国家出版基金项目
NATIONAL PUBLICATION FOUNDATION

国家重点图书出版规划项目

20世纪
中国知名科学家学术成就概览

总 主 编　钱伟长

本卷主编　孙鸿烈

地 学 卷

地质学分册（二）

科 学 出 版 社
北 京

内容简介

国家重点图书出版规划项目《20世纪中国知名科学家学术成就概览》，以纪传文体记述中国20世纪在各学术专业领域取得突出成就的数千位华人科学技术和人文社会科学专家学者，展示他们的求学经历、学术成就、治学方略和价值观念，彰显他们为促进中国和世界科技发展、经济和社会进步所做出的贡献。

全书按学科分别结集卷册，并于卷首简要回顾学科发展简史，卷末另附学科发展大事记。这与传文两相映照，从而反映出中国各学术专业领域的百年发展脉络。

书中着力勾画出这些知名专家学者的研究路径和学术生涯，力求对学界同行的学术探索有所镜鉴，对青年学生的学术成长有所启迪。

《20世纪中国知名科学家学术成就概览·地学卷》记述了301位地学家，分别见于地质学、地理学、古生物学、地球物理学、大气科学与海洋科学等分册。其中，地质学分册（二）收录了65位地质学家。

图书在版编目(CIP)数据

20世纪中国知名科学家学术成就概览·地学卷·地质学分册（二）/钱伟长总主编；孙鸿烈本卷主编. —北京：科学出版社，2013.1

国家重点图书出版规划项目. 国家出版基金项目

ISBN 978-7-03-036211-7

Ⅰ.2… Ⅱ.①钱… ②孙… Ⅲ.①地质学家-列传-中国-20世纪 ②地质学-技术发展-成就-中国-20世纪 Ⅳ.①K826.1 ②N12

中国版本图书馆CIP数据核字（2012）第304898号

责任编辑：张　蔚　吴三保/责任校对：包志虹　钟　洋

责任印制：钱玉芬/封面设计：黄华斌

科学出版社 出版

北京东黄城根北街16号

邮政编码：100717

http://www.sciencep.com

中国科学院印刷厂 印刷

科学出版社发行　各地新华书店经销

*

2013年1月第　一　版　　开本：889×1194　1/16

2013年1月第一次印刷　　印张：49 1/2

字数：910 000

定价：208.00元

（如有印装质量问题，我社负责调换）

《20世纪中国知名科学家学术成就概览》
地学卷编辑委员会

主　编　孙鸿烈

副主编　李廷栋　周秀骥　郑　度

编　委　（按姓氏汉语拼音排序）

陈　颙　李廷栋　陆大道
秦大河　秦蕴珊　邱占祥
戎嘉余　苏纪兰　孙鸿烈
孙　枢　滕吉文　童庆禧
吴国雄　郑　度　周秀骥

《20世纪中国知名科学家学术成就概览》

总　序

记得早在21世纪的新世纪之初，中国科学院、中国工程院和中国社会科学院的一些老同志给我写信，邀我来牵头一起编一套书，书名就叫《20世纪中国知名科学家学术成就概览》(以下简称《概览》)。主要目的就是以此来记录近代中国科技历史、铭记新中国科技成就，同时也使之成为科技创新的基础人文平台，传承老一辈科技工作者爱国奉献、不断创新、追求卓越的精神，并以此激励后人。我国是一个高速发展中的大国，世界上的影响力不断增强，编写出版这样一套史料性文献，可以总结中华民族对人类科技、文化、经济与社会所做出的巨大成就与贡献，从而最广泛地凝聚民族精神与所有炎黄子孙的“中华魂”，让中国的科技工作者能团结奋进，为共建和谐的祖国多做贡献，更可以激发年轻一代奋发图强，积极投身祖国“科教兴国”战略的伟大实践中。

在党和政府的高度重视和长期大力支持下，酝酿已久的《概览》项目终于被列为国家重点图书出版规划项目，并由科学出版社承担实施。

《概览》总体工程包括纸书出版、资料数据库与光盘、网络传播三大部分。全套纸书计划由数学、力学、天文学、物理学、化学、地学、生物学、农学、医学，机械与运载工程学、信息与电子工程学、化工冶金与材料工程学、能源与矿业工程学、环境与轻纺工程学、土木水利与建筑工程学，以及哲学、法学、考古学、历史学、经济学和管理学等卷组成。

《概览》纸书预计收录数千名海内外知名华人科学技术和人文社会科学专家学者，展示他们的求学经历、学术成就、治学方略、价值观念，彰显他们为促进中国和世界科技发展、经济和社会进步所做出的贡献，秉承他们在百年内忧外患中坚韧不拔、追求真理的科学精神和执著、赤诚的爱国传统，激励后人见贤思齐、知耻后勇，在新世纪的大繁荣、大发展时期，为中华民族的伟大复兴和全人类的知识创新而奋发有为。

在搜集整理和研究利用已有各类学术人物传记资料的基础上，《概览》以突出对学术成就的归纳和总结为主要特色。在整理传主所取得的学术成就的基础上，分析并总结他们所以取得这些学术成就的情境和他们得以取得这些学术成就的路径，如实评介这些学术成就对学术发展的承前启后的贡献和影响，以及这些学术成就给人类社会所带来的改变。从知识发生、发展的脉络上揭示他们创造、创新的过程，从而给当前的教育界在培养创新型人才方面，以及给年轻科技工作者自我成长方面有诸多启示。同时，《概览》还力求剖析这些海内外知名华人科学技术和人文社会科学专家学者之所以成才成家的内外促因，提供他们对当前科技和学术后继人才培养的独到见解，试图得出在科学史和方法论方面具有普遍性意义的结论，进而对后学诸生的个人成长和科技人才培育体系的优化完善有所裨益。

在世纪转型的战略机遇期，编写出版《概览》图书，可以荟萃知名专家学者宝贵的治学思想、学术轨迹和具有整体性的科技史料，为科研、教学、生产建设、科研管理和人才培养等提供一个精要的蓝本。

他们的英名和成就将光耀中华，垂范青史。

钱伟长

2009年1月9日

《20世纪中国知名科学家学术成就概览·地学卷》

前　　言

《20 世纪中国知名科学家学术成就概览》是一部反映 20 世纪中国科学家传记的鸿篇巨著，是国家重点图书出版规划项目。《概览·地学卷》是《概览》的其中一卷。

地球科学是涵盖地质学、地理学、古生物学、地球物理学、大气科学和海洋科学等学科的总称，简称地学。

地球是人类生存和发展的家园。地球科学是人类认识、利用、改造和保护我们目前唯一生存环境——地球的基础科学。同时，也是一门与数学、物理、化学、天文、信息、生物以及人文社会科学交叉的综合科学。自人类在地球上诞生、繁衍和发展以来，就对自己赖以生存的地球进行了不倦的探索。

20 世纪地球科学突飞猛进，空前地加强了对日地空间、地球深部、海洋和极区的探索，形成了较为完整的以“上天、入地、下海、登极”作为时代特征的内容丰富的学科知识体系，大大提高了对地球的认识；开创了以解决重大科学问题为导向、时空尺度复杂多样、多学科交叉综合和广泛应用高新技术的研究格局。

地球科学及其各分支学科的成就，为人类社会的进步创造了辉煌的业绩，不仅在保证资源供给及其持续利用，减轻自然灾害损失，保护与改善环境，促进生态系统良性循环等方面，取得了长足的进展，为经济和社会的发展、人类生活质量的提高、政府科学决策管理能力的增强做出了重大贡献；而且揭示了人类活动对自然环境的深刻影响以至于威胁人类自身生存的事实，从而日益关注人类与自然的协调发展。毋庸置疑，对地球系统的整体性研究已经成为人类社会可持续发展的科学支柱。回顾 20 世纪，诸如板块构造理论等地球科学重大成果，已经对整个科学技术的发展做出了重大贡献。展望 21 世纪，地球系统科学新思维与地球观测新技术的产生，将对地球科学的发展和人类管理地球能力的提高，产生革命性的影响。

中国不仅是行星地球表面地域的重要而独特的一部分，而且拥有一支在世界上具有较强实力的地球科学研究队伍。在 20 世纪的 100 年里，我国几代地学工作者付出了艰辛的劳动和智慧，奉献了青春和年华，为国家、为民族做出了重大贡献。《20

世纪中国知名科学家学术成就概览 · 地学卷》即是真实地记载我国和世界华人著名地学科学家精彩人生、学术轨迹、学术成就以及治学思想、治学理论和治学方法的一个载体和平台。它将展现我国地学界在国内、国际上的学术地位，对我国当代和未来科研、教学和人才培养，继承和发扬优良传统，以及国内外学术交流具有重要意义，对推进祖国完成统一大业也将产生积极的影响和作用。

为了保证《20世纪中国知名科学家学术成就概览 · 地学卷》的顺利实施，于2007年1月组建了《概览 · 地学卷》编委会，确定了主编和副主编，2007年3月在科学出版社召开了第一次编委会会议。会议认为，根据《概览 · 地学卷》的具体情况和学科发展历史，《概览》传主的遴选原则和标准，门槛要高，条件要严，与《概览》名称和宗旨相符。具体标准是：①中国科学院、中国工程院地学领域的院士，含已故院士和2007年当选院士；②对地学某一学科领域有开创性突出贡献的老一辈科学家。按此原则标准，在征求地学界各有关单位、学会、专家学者意见并参考已出版传记类文献资料和人物的基础上，确定地学入选传主共320人，包括在大陆工作的科学家、港澳台科学家和海外华人科学家。在320名传主中，地质学142名、地理学58名、古生物学38名、地球物理学39名、大气科学30名、海洋科学13名，其中院士197名。这些传主分布于大陆19个省区市、香港特别行政区、我国台湾省，以及美国、瑞士的116家科研院所和高等院校。根据有的入选传主的意愿、有的一时无法联系、有的难以请到撰写人等情况，本卷实际收入传文约300篇。可以说这是我国有史以来，一部具广泛代表性、时代性和权威性的传记类图书，具有划时代、里程碑意义。

《概览 · 地学卷》各篇传文的主要内容包括：摘要、简历（或成长历程、成才之路）、学术成就和学术思想、传主主要论著、撰写参考文献、撰写者6个部分。每篇约8000～12 000字，其中学术成就和学术思想约6000字，约占篇幅的1/2，可以较为详尽地介绍该科学家的成才历程，取得的主要成就及其研究的理论、方法和途径，对于承前启后，传播科学，具有重要的现实意义和深远意义。传文由传主本人、同仁、学生或亲属执笔撰写，具有真实性和可读性。文章深入浅出，通俗易懂，可供地学界科技工作者、教师、学生以及其他广大传记爱好者阅读、参考和使用。

为了便于读者阅读使用，《概览 · 地学卷》分为地质学、地理学、古生物学、地球物理学、大气科学与海洋科学等分册。每一分册由本学科发展史、大事记和传文等部分组成，形成传中有史，史中有传，相互呼应，相得益彰。这也是《概览》特色之一。同时，为方便读者了解我国地学发展历程和科学家之间的联系，传文按传主生年先后排列。

《概览·地学卷》在筹备、遴选人物、物色作者、撰写和审稿过程中，得到中国科协及所属各相关学会、中国科学院地学部、各有关科研院所、高等院校以及专家学者们的热情支持。在此，谨向他们致以崇高的敬意和衷心的感谢。

盛世修典。值此《概览·地学卷》付梓之际，期望这项文化工程能为我国杰出的地学科学家们树立一座丰碑。功在当代，利在千秋。这也是实施党和国家人才强国战略的一项伟大工程。与此同时，《概览·地学卷》将帮助读者了解过去、认识现在、展望未来我国地学发展的轨迹。期盼青年一代沐浴在《概览·地学卷》知识的海洋中，不畏艰险，勇攀科学高峰，创造出我国地学新的辉煌！

《20 世纪中国知名科学家学术成就概览· 地学卷》编委会

主编：

2009 年 1 月 10 日

目　　录

20 世纪的中国地质学*

地质基础学科大致可分为以下几个方面。一是地球历史学科，包括古地理学和构造地质学，还可以包括沉积地质学。构造地质学有它自己的研究内容，但同时它又具有综合性，其中的历史构造部分更是这样。二是地球物质学科，包括矿物学、岩石学、地球化学和矿床学。矿床学既是各有关学科的综合应用，同时在时空分布研究方面又成为与地球历史学科之间的桥梁。三是地质应用学科，包括煤地质、石油及天然气地质、水文地质、工程地质和狭义的环境地质以及应用地球物理等。此外还有新兴学科如数学地质和天体地质等。

20 世纪中国地质科学的发展可以将上述几个方面大致分为三个阶段。一是 20 世纪前半期中国地质科学的奠基阶段；二是新中国成立之初至 20 世纪 70 年代中国地质科学的迅速发展阶段；三是 20 世纪 80 年代改革开放以来中国地质科学的全面发展阶段。

第一章 奠基阶段

20 世纪初，周树人（鲁迅）就曾著文论中国的矿产地质，但中国拥有自己的近代地质科学事业始于 1912 年中华民国的成立。由于中国地质科学的奠基人章鸿钊、丁文江、翁文灏和李四光的远见卓识，由于外籍友人 A. W. 葛利普、P. T. 德日进和 J. G. 安特生的鼎力协助，还由于我国自己培养的第一代地质学家的非凡努力，我国的地质科学在 20 世纪 20 年代末期到 30 年代中期已经建立了全球性的声誉。

在地球历史学科方面，作为地质基础的地层系统已经基本建立。孙云铸等对古生界海相地层研究已经富有成果；杨钟健对古脊椎动物、斯行健对古植物的研究也已开始；新生代的沉积和气候研究，包括第四纪冰期问题也已提出；裴文中发现了“北京人”的头骨化石，使北京一时成为古人类研究的中心之一。李四光在 20 年代末的全球性地质构造论文已经预示了地质力学学说的萌芽。30 年代赵亚曾、黄汲清在秦岭的工作，可以看作造山带研究的开始。在 30 年代后期到 40 年代的战争时期，

---

* 本文是对由王鸿祯、翟裕生、游振东、石宝珩、籍传茂、杨巍然、杨光荣等共同讨论完成的《20 世纪中国地质科学发展的回顾》专稿缩编而成的。叙述当中将着重于综合性的系列成果和总结性的理论概念内容。参考文献过多，只在文末列出少数最主要的。

地质研究的范围扩展到西南和大西北。40年代黄汲清领导地质调查所青年学者编制了中国东部14幅1∶100万地质图（1947～1948），是新中国成立后出版的1∶300万全国地质图的基本依据，对新中国成立初期地矿事业的发展发挥了重大的作用。

在地球物质学科方面，岩石和矿物的研究工作比较零星，较多的成果是矿床的研究和矿业的记载。谢家荣的煤岩学研究在当时处于国际先进地位。30年代末至40年代还开始了石油及天然气地质的研究。石油地质勘探工作主要集中在甘肃和四川。玉门地区的工作除系统的石油地质勘查外，还包括了翁文灏领导的最早的地球物理探查工作。

一、地球历史学科

（一）古地理学

古地理学作为地理学科的一个分支，研究范围较广。这里所说的是与地层古生物相关的古地理学，其研究成果多数表现在古地理编图方面。从广义上说，一般把C. 莱伊尔（1873）和A. P. 卡尔宾斯基在19世纪后期编制的始新世以来欧洲海侵区域图和二叠纪海侵图视作为古地理学的萌芽。20世纪前期中国编制的古地理图件首推A. W. 葛利普的亚洲系列古地理图（1924，1928）。30年代末期至40年代中期，李四光的《中国地质学》（1939）和黄汲清的《中国主要地质构造单位》（1945）两部巨著先后问世。前者附有震旦纪至三叠纪4幅古地理图，区分出古陆和沉积盆地（统称为地槽）两类单元；后者编制了寒武纪、加里东泥盆纪、华力西二叠纪、燕山白垩纪和喜马拉雅第三纪（编者注：按新制订的地质年代表，老第三纪改称古近纪，新第三纪改称新近纪，“第三纪”不再使用。全书同）5幅中国地质构造古地理图，系统解释了中国及邻区地质构造单元的划分及其演化历史。刘鸿允编制的中国寒武纪古地理图于1949年发表。

（二）构造地质与地质制图

构造地质学的诞生是从研究露头尺度的构造现象开始的，以地质路线调查和地质制图为其主要手段，而构造地质的研究则是地质制图的主要基础。

20世纪最早研究我国地质构造的是国际友人的工作，除R. 庞培勒、F. V. 李希霍芬、A. W. 葛利普、B. 维理士外，尚有俄国人B. A. 奥勃鲁契夫，从1880年到1906年多次到中国东北、西北进行考察，对这一带的构造格局作了概略的总结；英国人J. C. 勃朗1907～1910年几次到云南调查，对云南及邻区的地质构造作了比较详细的论述；法国人T. 德普拉1909～1911年在云南东部调查，著有《云南东部地质研究》；日本人小藤文次郎 1910 年对我国东部地区作了系统调查，著有《中国及其附近地质概要》。我国学者系统研究构造地质由翁文灏 1922 年在比利时第 13 届国际地质大会发表的《云南东部构造地质》拉开序幕。较此稍晚，李四光发表了一些东亚乃至全球性地质构造论文，如《东亚某些特殊构造类型及其与大陆运动问题的关系》(1929)、《构造类型和地球运动的探讨》(1931) 等，预示了地质力学的萌芽。此外，王竹泉的《山西地质构造纲要》(1925)，陈恺、熊永先的《北京西山之逆掩断层》(1935)，谢家荣的《北京西山地质构造概说》(1937) 等都是这一时期构造地质研究的重要成果。李四光的《中国地质学》(1939) 和黄汲清的《中国主要地质构造单位》(1945) 两本经典著作的出版是这一阶段我国构造地质研究的总结。

我国自己的地质编图首先要提到周树人（署名索子）1903 年发表的论文《中国地质略论》，在其绪言中明确指出："无一幅自制之精密地质图（并地文、土性等图)，非文明国"。1906 年顾琅、周树人合编出版了《中国矿产全图》（此图是《中国矿产志》的附图)，这是我国编制的第一张矿产图。1910 年《地学杂志》第一号（创刊号）发表了邝荣光从 1905 年开始编制的 1∶250 万《直隶地质矿产图》。1914 年丁文江赴滇、黔、川等省调查，沿途测制了多幅 1∶20 万路线地质图和个旧、东川等地的矿产地质图。1920 年叶良辅等出版了《北京西山地质志》和 1∶10 万北京西山地质图。1924 年翁文灏组织领导编制 1∶100 万国际分幅的"北京—济南幅"、"太原—榆林幅"和"南京—开封幅"地质图，于 1928 年完成，使我国的地质制图工作与国际正式接轨。1935 年李四光等出版了《宁镇山脉地质》和 1∶5 万宁镇山脉地质图。1938 年两广地质调查所编制了东经 108°以东地区的 1∶50 万两广地质图和1∶200 万广东地质图。1938 年江西地质调查所编制了 1∶100 万江西省地质图和江西省矿产图。1940 年四川省地质调查所编制了 7 幅 1∶50 万四川地质图。从 1945 年开始，中央地质调查所黄汲清（主编）组织编制了 14 幅 1∶100 万地质图，于 1948 年陆续出版。与此同时，黄汲清还主编了 1∶300 万中国地质图，于 1952 年出版。

二、地球物质学科

20 世纪前半期中国地质科学的奠基阶段，矿物、岩石、地球化学和矿床学并没有严格的区分。专门从事矿物学、岩石学和地球化学方面研究的人员较少，但成果则是较全面和丰富的。1937 年卢沟桥事变以后，高等学校和研究机构纷纷内迁，重庆和昆明成为战时地质研究中心，我国西部成为当时地质研究的主要地区，许多重要的著作是反映我国西部地区的。

（一）矿物学

1921 年章鸿钊发表《石雅》。这是一部关于中国矿物学史的开创性著作，对了解一些矿物名称在历史上的异同沿革，有很大帮助，是今日从事宝石、玉石研究者的重要参考书。他还著有《古矿录》。该书成于 1935 年，直至 1954 年才出版，对规划我国矿产资源的开发，很有参考价值。

早期宝石、玉石方面的论述还有何杰、李学清等人的著作。何杰在《中国地质学会志》发表《中国北方通用的宝石——变石》（1924），是一篇很完整的宝石学论文。李学清则著有《中国寿山石之研究》（1928），他还先后发表《江苏北部的石陨石》和《黄土之化学及矿物成分》，这是我国最早的陨石矿物学和沉积矿物学的研究成果。

在矿物学的教学方面，王烈任教时间最长，1919 年起即在北京大学（含西南联大）地质学系讲授普通矿物学直至 1950 年。何作霖在我国矿物学发展中有重要贡献：发现并研究白云鄂博铁矿中的稀土矿物，为后来开发利用我国稀土资源做出了重大贡献；长期致力于光性矿物学的研究与教学，所著《光性矿物学》（1935）是我国第一部完善的光性矿物学教材；他是我国岩组学的开拓者，是世界上最早开展 X 射线岩组学的研究者，发明了一种 X 射线岩组学照相机，发表有《用 X 光研究岩组之方法》（1947）和《X 光材料鉴定术》（1947）。

在岩组学方面，王嘉荫著有《一轴晶矿物光轴方位之测定与岩组学》（1940）。池际尚是将岩组学方法运用于变质变形研究的第一人，她的博士学位论文《Wissahickon 片岩与花岗岩化作用的构造岩石学》提出了一个变形-组构的统一模型。

孟宪民在专著《湖南临武香花岭锡矿地质》（1935）中研究了该矿床的 51 种矿物，为后来黄蕴慧等发现新矿物香花石奠定了基础。他发表的《矿物鉴定的微化学方法》（1940）提出了 55 种元素的显微分析方法，在改进矿相学研究中起了重大的作用。

（二）岩石学

我国现代岩石学的研究，是与现代地质学的引入同步的。翁文灏早年在比利时主攻岩石学，1912 年获博士学位，学位论文《勒辛地区的含石英玢岩研究》。他是我国历史上第一个获地质学博士学位的学者，在岩石学、矿床学方面多有建树。1926～1929 年他连续发表《中国东部的地壳运动》（1926）、《中国东部中生代以来之地壳运动及火山活动》（1927）、《中国东部中生代造山运动》（1929）等系列论文，主要论述燕山运动的存在，奠定了研究我国东部中生代岩浆活动和金属矿床分布规律的基础。

现代地质学开创时期，较完整的火成岩石学著作应推叶良辅、喻德渊。他们合作发表的《南京镇江间之火成岩地质史》(1934) 研究了该区侏罗纪、白垩纪象山组沉积以来的岩浆活动，将岩浆活动与地球内部圈层结构相联系，为我国早期的一部区域岩石学的经典著作。此外，叶良辅还连续发表了《中国接触变质铁矿中的闪长岩的岩相学研究》、《山西临汾县方沸石正长斑岩》(1925)，后者是我国最早的一篇碱性火成岩著作。

区域岩浆活动与成矿关系方面，王恒升发表了《大冶铁矿床》(1926)、《北平西山妙峰山髫髻山一带之火成岩》(1928)。他长期从事的新疆地质调查，奠定了后来若干重要金属矿床普查、勘探和开发的基础。

火山作用和火山岩方面，尹赞勋的《中国近期火山》(1937)、杨杰的《中国东北部几个近期火山》(1936)、法国人 A. 赖格华的《满洲及东蒙熔岩研究》(1929)、王炳章的《热河北票之火山岩研究》(1929)、赵家骧的《中国西南部二叠纪玄武岩成因及时代之检讨》(1942)、宋叔和的《天山之火山岩》(1947) 等，都为以后的深入研究奠定了基础。

变质岩石学方面，翁文灏对华北地区大理岩成分的研究，孙健初对雁北桑干系，杨杰对五台系的研究等对后人均有启发。程裕淇早期在《地质论评》发表的《水成岩之接触变质》(1936) 主要介绍了 A. Harker 的《变质作用》(1932) 专著。此外，如彭琪瑞的《西康田湾附近之进度变质》(1946)，至今还是研究川西地质必读的参考资料。

宋叔和的《甘肃皋兰杂岩之初步研究》(1948) 和《甘肃皋兰白银厂火山岩系及其变质》(1949)，为白银厂及西部同类矿床的找矿、勘探都提供了极好的岩石学标志。

现代沉积的研究受到较多的重视。翁文灏对我国沉积地质学方面的贡献有《中国北方河流冲积及其地质意义——华北侵蚀及冲积现象之定量研究》(1931)。此外，早期如 G. B. 巴尔博的《桑干河峡谷沉积》(1925)，F. 桑志华等《关于天津近代海水沉积及其下的淡水沉积》(1927)，P. T. 德日进的《中国之大陆沉积》(1936～1937)，马溶之的《北平尘土之研究》(1934)、《中国黄土之生成》(1944)。生物化学堆积方面如朱庭祜的《广东西沙岛海鸟粪之积储》(1929)，马廷英的《珊瑚礁建造所需的时间》(1937) 及其有关的古气候方面的系列论文，以及阮维周的《山东临朐山旺村之硅藻土》(1937)，叶连俊的《燧石之成因及其沉积环境》(1945) 等，均是现代中国沉积学萌芽时期的代表作。

沉积岩石学的早期著作有赵景德 (1944) 评介克伦宾 (Krumbein)、佩蒂约翰

(Pettijohn) 的《水成岩岩石学》(1944)，阮维周的《水成岩之分类——矿物定量之分类法》(1947)。这些反映了40年代西方沉积岩石学开始引进我国的过程。

（三）地球化学

地球化学是一门新兴学科，20世纪初至20世纪中叶，正是国外地球化学形成的时期，中国的地球化学却并未得到应有的发展。1924年李四光和舒文博分别发表《火成侵入体地质调查之新法》和《豫北红山侵入体地质调查结果》两篇论文，标志着近代中国地球化学思想的萌芽。金耀华和阮维周的《等碳线所示之四川可能产油区》(1940)，是油气化学探测的萌芽。《四川盐矿地球化学性》(1942) 是李悦言开沉积地球化学的先河之作。王肇馨和林文聪的《福州温泉水之分析及研究》(1940) 可谓我国温泉地球化学的先驱。

（四）矿床地质学

20世纪初期，中国的早期留学生们到工业先进国家学习地质矿业，带回了较系统的矿床学理论知识。大约在1920年前后，我国的地质矿产调查工作才逐步展开，矿床学也开始作为一门学科加以研究。老一代矿床地质学家先后调查了几十种金属和非金属矿产，发表了《扬子江下游铁矿志》(谢家荣等，1935)，《湖南锑矿志》(王晓青等，1938)，《中国赣南钨矿床地质》(徐克勤等，1943) 等专著、报告和论文。仅《中国地质学会志》和《地质论评》两个刊物上的矿床地质论文就达200篇，其范围包括煤、石油、天然气、铁、铝、铜、锰、钨、锡、铅、锌、银及若干非金属矿床的研究，其中以云南东川铜矿、湖南水口山铅锌矿、云南个旧锡矿、大冶铁矿和赣南钨矿以及华北地区的煤矿等研究比较深入，对这些矿产的开发起了明显的推动作用。

在这个时期，矿床学的研究是与地质基础学科如地层古生物学、构造地质学、岩石学的研究同时开展的。如翁文灏的《中国矿产区域论》(1920) 就提出了我国南方存在钨锡带、铜铅锌带、汞锑带的区域分带现象；谢家荣的《中国成矿时代和成矿区域》(1934) 按地理位置划分了16个成矿区带。它们的出版标志着我国区域成矿学研究的开始，起到了开拓和先行作用，为以后的矿床学研究打下了一定基础。

三、地质应用学科

（一）能源地质学

1. 石油与天然气地质学

我国早在宋代的科学家沈括就记述了“石油”，然而早期的石油地质理论是从国外开始形成和发展的。早在 18 世纪，就出现了石油有机成因说与石油无机成因说。这两种观点经过了长期的争辩。人们首先找到的富含石油的地层，绝大多数属海相沉积。因此，在石油有机生成说中，从 20 世纪初期开始，许多学者都认为石油是在海相沉积环境中形成的，而对陆相生油持否定或怀疑的态度。

我国正式开采石油开始于 19 世纪末至 20 世纪初，并且是聘请外国技师钻井的。清政府先后聘请美国技师在台湾苗栗（1878）、日本技师在陕北延长（1907）钻凿油井并采油。与此同时，一些外国地质学家对中国开始了石油地质调查，或在地质调查中也注意了石油。主要有：美国地质学家 B. 维理士和他的助手 E. 布莱克韦尔德对山东、山西和长江中、下游的调查（1903）；劳德巴克和汉谟对四川的地质调查（1915）；俄国地质学家 B. A. 奥勃鲁契夫曾 3 次来华，尤其对准噶尔盆地进行了调查（1905，1906，1909）。特别是美孚公司于 1914 年在陕北延安及其以西、以南地区，钻井 7 口，以未获好的结果而告终。该公司还派 F. G. 克拉普（中文名马栋臣）、M. L. 富勒（中文名王国栋）对中国北方进行了大面积石油地质调查（1914～1915）。

我国最早的石油地质调查是翁文灏与谢家荣对甘肃玉门的调查（1921）。1923～1933年王竹泉和潘钟祥 4 次到陕北进行石油地质调查，发现了永坪油田。此外，我国地质学家先后调查了四川、新疆、贵州、浙江、甘肃以及西康等地，取得了一系列成果。如赵亚曾、谭锡畴与李春昱（1933）、陆贯一（1935）、潘钟祥（1936）、黄汲清（1938）、谢家荣（1945，1946）等对四川的石油地质调查；黄汲清、翁文波、杨钟健、卞美年、程裕淇、周宗竣（1943）对新疆油田的调查；张人鉴（1928）、孙健初与美国地质学家 J. M. 韦勒于 1937 年对河西走廊的石油地质调查；乐森璕（1929）对贵阳的泡木冲石油矿调查等。调查结果为我们留下了一批十分珍贵的历史文献，如《陕北油田地质》（王竹泉、潘钟祥，1933），《四川石油概论》（谭锡畴、李春昱，1933），《中国西北部甘肃和青海地质考察报告》（J. M. 韦勒、F. A. 萨顿、孙健初，1938），《论中国陕北和四川白垩系非海相生油》（潘钟祥，1941），《新疆油田地质调查报告》（黄汲清等，1947）等。这期间，最重要的成果是在甘肃玉门发现了老君庙油田（孙健初，1939），建成了我国第一个石油生产基地。

对于美孚公司在中国钻探石油失败后所散布的“中国贫油”论，许多中国地质学家持不同看法。最早提出质疑的是李四光（1928）和谢家荣（1930）等人。李四光（1939）还指出：“如果在华北平原下部，钻探到足够的深度……并且用地震的方法进行勘测时，可能揭露有重要经济价值的沉积物”（即指石油）。

调查实践表明，中国特殊的地质条件，自中生代以来，广泛发育陆相沉积。因此，陆相沉积有无石油，成为中国石油地质另论的关键，是建立中国石油地质学的核心。只有冲破“惟海相生油”的思想束缚，才能解决中国石油地质理论问题。最早关注和倡导进行石油地质理论研究的是翁文灏。他指出：“中国石油地质近来调查渐多，更进一步仍需要理论之研究，庶足为搜求之指导……而油之所由成，及其分布之法则，则惟有从理论地质，以为探索。”并对“非海相不能生油”的理论，提出了质疑（1934）。谢家荣（1935）、潘钟祥（1941）、黄汲清（1943）等先后独立地提出了“陕北油田……属陆相”，石油也可以在“淡水沉积物中形成”，“新疆的石油是非海相成因的”，使他们成为陆相生油说的主要首倡者。以“陆相生油”为核心的中国石油地质理论在50年代，特别是大庆油田发现之后走向完善，并在实践中不断发展。

回顾20世纪上半叶，中国石油事业在艰苦的调查中缓慢发展，地质前辈的努力和辛勤探索，奠定了中国石油地质学基础，也显示了中国石油事业发展的曙光。这50年一些重要的论著有：《石油概论》（张丙昌，1919）、《石油》（谢家荣，1930）、《石油地质矿床要论》（黄承钰，1939）、《国防与矿产》（李春昱，1944）、《中国油矿纪要》（严爽，1948）、《中国石油资源》（翁文波，1948）等。

2. 煤地质学

国人运用现代地质理论与方法研究煤田地质，始于20世纪初，首批出国留学回国的地质学者、开拓者和奠基人为丁文江、翁文灏、谢家荣、王竹泉。如丁文江于1911～1916年先后到浙江长兴、安徽广德、云南富源与宣威、河南、山东枣庄，翁文灏于1915年赴内蒙古等地进行煤田地质调查。他们还兴办教育培养地质人才，建立科研及地质调查机构。1916年首批国内毕业生谢家荣、王竹泉等在北京西山进行地质调查时，将两套煤系分别定为石炭纪和侏罗纪。1920～1949年，由国人进行的煤田地质调查项目约500项，撰写的煤田地质报告、论文250余篇（部），参加的地质人员近700人次。中国老一辈地质学者几乎都从事过煤田地质调查，其中丁文江、谢家荣、王竹泉调查的地区最广，贡献最大。谢家荣于1946年根据华北古生代地层层序，预测淮南八公山奥陶纪灰岩之下应有二叠纪隐伏煤田，经钻探见24层煤，总厚38.9m，开创了煤田预测成功首例。到1949年，中国已基本掌握各省区含煤地层时代、岩性特征、含煤性及大致分布，指出晚古生代煤系为海陆交替相煤系，中新生代煤系为陆相煤系。1929年翁文灏在世界动力会议上宣布中国煤炭资源为2654.5亿吨。1946年中国地质调查所估算为2400亿～2600亿吨。1949年初《中国矿业纪要》发表为 4500 亿吨。中国是煤炭资源丰富的国家，为世人公认。

国人在从事地质调查同时，注意对各地煤质的研究。1931 年中国地质调查所创设燃料研究室，采用煤岩学和煤化学方法研究煤的成因、性质和应用。中国近代煤炭分类始于 1926 年由翁文灏、金开英提出的《中国煤炭分类与标号命名法》。谢家荣于 1929～1931 年赴德国从事煤岩学研究，他首先用偏光显微镜研究中国各类煤，1930 年发表了《煤岩学研究之新方法》，1933 年发表了《江西乐平煤——中国煤之一新种》，指出它主要是由树皮组成的特殊煤种而闻名于世。

（二）水文地质与工程地质学

新中国成立前，在应用地质学科中，在水文地质与工程地质领域中工作的地质学家较少，仅有少数地质学家兼做这方面的工作。章鸿钊根据我国各地的地方志，编著过《中国温泉辑要》，长期以来有参考价值。方鸿慈在《地质论评》上发表过《济南泉水的研究》的论文。有些地质工作者参加过北京、天津、上海等地的凿井工作。抗日战争胜利后姜达权、陈梦熊、刘东生等在三峡地区作过短期的工程地质勘察，姜达权等还在川东红层地区从事过水利工程地质勘察工作。

第二章　迅速发展阶段

中华人民共和国建国初期，全国地质工作者积极投入三年经济恢复时期和矿产资源勘查中。第一个五年计划时期，经济建设大规模展开，由于地质工作者的艰苦努力和各方面的大力支持，地质队伍迅速扩大成长。随着全国范围有计划的 1∶20 万地质调查的开展，带动了各地质学科的快速发展。大规模的区域地质与矿产调查，积累了大量的实际资料，为后来我国地质矿产迅速发展奠定了坚实基础。

在地球历史学科方面，这个时期积累的丰富区域地质资料引发了编制全国性地质图件的高潮。当时由于得到苏联地质科学成就的启迪和借鉴，特别是在大地构造学的研究上，出现了中国大地构造学派林立的繁荣景象。其中以黄汲清的“多旋回说”（1945，1960）应用最广，张文佑的“块断说”（1959，1973）、张伯声的“镶嵌说”（1962）和陈国达的“地洼说”（1959）也各有新意。同一时期，地质力学则在原有的基础上，进一步完善了其理论体系和研究方法，并在生产实践中推广应用。同时各学派从本身学术观点出发，编制了全国性构造地质图。

在地球物质学科方面，彭志忠于 20 世纪 50 年代就已测出了葡萄石的晶体结构。50～60 年代在祁连山造山带开展的综合考察初步查明了构造-岩浆-成矿的基本格局。由徐克勤、涂光炽等在华南开展的多期花岗岩类型及成矿关系的研究取得了重要成果。矿床学研究的学术思想活跃，对长江中、下游等成矿带的研究导致矿床多种成因的认识，也形成了不同的成矿理论。

在应用地质学科方面，石油天然气的勘探为陆相生油理论提供了依据。50年代中后期克拉玛依油田和大庆油田的发现，论证了陆相生油的基本理论。在勘探过程中大量应用了地球物理勘探方法，促进了应用地球物理的发展。此外，自60年代开始的近海大陆架油气资源调查促进了对大陆架沉积的了解，推动了海洋地质的发展。我国干旱地区的水资源问题一直受到特别的关注。1958年编制了全国1∶300万水文地质图。60年代为了农业水利化开展了大量调查研究，还进行了全国性的水文地质普查制图。全国1∶400万地质图和1∶500万亚洲地质图都是在70年代前、中期编制出版的。

一、地球历史学科

（一）沉积学与古地理学

新中国成立初期，由于有计划地开展了全国规模的1∶20万区调工作以及石油、煤、铁、锰、磷、铝等矿产和建筑材料的大面积普查，取得了大量的基础资料。1953年侯德封、叶连俊和孙枢等运用沉积学原理发现湘潭原生碳酸锰矿床，解决了国家的急需。50年代中期吸收和借鉴大量国际上有关沉积古地理、古生态领域文献资料，特别是有关古地理图编制中定量统计方法等内容，因此在50年代后半期出现了第一次编制大、中比例尺古地理图的高潮。这些成果在第一次全国地层会议上得到显示和交流。全国性古地理图以《中国古地理图》（刘鸿允，1955）为代表性的研究成果，包括了自震旦纪至三叠纪按世分幅的古地理图，反映了中国20世纪前期和50年代早期中国区域地层、沉积类型分布的研究成果，是我国第一部较系统的古地理图集，在地质科研和教学中被广泛参考和引用。

（二）构造地质及地质制图

新中国成立以后，构造地质学得到快速发展，现按构造地质（狭义的构造地质，主要为中小型构造）、中国区域大地构造和地质制图三方面叙述。

1. 构造地质

这一阶段，北京地质学院聘请苏联帕夫林诺夫来华讲授“构造地质学及地质制图学”，马万钧等也相继引进了多部苏联的构造地质学著作，极大地推动了我国构造地质学的发展。我国自编的构造地质学也相继出版，诸如北京地质学院（马杏垣等，1963）和成都地质学院（徐开礼等，1961）的《构造地质学及地质制图学》。

60 年代初，中、小型构造研究被视为区域构造和构造地质的理论研究基础，因此，在小型构造研究方面取得了显著的成果。我国构造地质学家在借鉴“国外小构造研究”的同时，在张文佑和马杏垣等的倡导下，一批年轻的构造学者在北京西山掀起了一次小型构造研究的高潮，不仅发表了《北京西山的窗棂构造简记》（马杏垣，1964）、《北京西山的香肠构造》（马杏垣，1965）等对构造现象专门研究的短文，而且还发表了如《北京西山野溪一带不协调箱状褶曲的研究》（马宗晋等，1965）、《北京西山谷积山箱形背斜倾伏端构造研究》（宋鸿林，1966）等构造分析的论文。另一方面，在张文佑的领导下，中国科学院地质研究所以岩石力学实验为基础的断裂构造研究也获得了很大的进展，开展了一系列物理和光弹模拟实验，出版了《构造地质问题》（张文佑等，1965）论文集。其中，如《锯齿状断裂的力学形成机制》（张文佑、钟嘉猷）、《节理力学性质的判别及其分期配套的初步研究》（马宗晋、邓起东）、《几种构造变形体的光弹模拟实验研究》（马瑾、钟嘉猷）等论文，在构造形成机制的研究上，取得了可喜的成果。

70 年代初，板块构造理论的兴起与传播，对我国构造地质产生了一定影响，使构造地质的研究得以焕发了青春，发表了一些文章。如叶洪等的《喜马拉雅弧形山系及其邻近地区现代构造应力场分析》（1975）、阚荣举等的《我国西南地区现代构造应力场与现代构造运动的探讨》（1977）、邓起东等的《中国构造应力场特征及其与板块运动的关系》(1979)、张裕明等的《中国东部新生代构造应力场变化之探讨》（1979）等。此时也出版了一些有影响的著作，如武汉地质学院出版了《地质构造形迹图册》（1978），马杏垣等出版了《嵩山构造变形——重力构造、构造解析》（1981）。

2. 中国区域大地构造

新中国成立后，大规模引进和借鉴苏联的大地构造理论，使大地构造学得到较快的发展。青藏地质考察，祁连山区域地质中的构造演化研究，大区域地球物理勘探的应用，巨大的郯庐断裂带的发现和论证，同位素地质及年代的测定，石油、煤田、区域水文工程地质、矿田矿区构造的研究等，均对中国区域大地构造研究起了重要的推动作用。50 年代中期，中国区域大地构造不同学派形成，其中重要的有：

（1）李四光的地质力学学说。1945 年出版了《地质力学之基础与方法》一书，正式建立了一个新的大地构造学说——地质力学。新中国成立后，这一学术观点又得到进一步发展。1962年出版了李四光的《地质力学概论》，建立了经向构造体系、河西构造体系和古河西构造体系、华夏式构造体系及各种大、中、小型扭动和旋转构造新类型，其中《旋卷构造及其他有关中国西北部大地构造体系复合问题》(1955) 获得中国首届科学奖。结合模拟实验，初步进行了构造应力场的分析。

(2) 黄汲清的多旋回构造学说。1945年黄汲清的《中国主要地质构造单位》一书的出版，标志着多旋回构造学说的诞生。新中国成立后，在黄汲清指导下编制出版了《中华人民共和国1∶300万大地构造图》和专著《中国大地构造基本特征》(1965)，对中国区域大地构造进行了系统全面的总结，认为中国大地构造基本特征是多旋回构造异常明显。

(3) 张文佑的断块学说。50年代中，张文佑引用深断裂概念研究中国大地构造特征及成矿条件，认为断块运动在中国及世界的构造及演化中占有非常重要的位置。他划分出中国不同层次的断裂构造，建立了中国区域断裂体系，研究它们之间相互关系和组合规律，进而创立了断裂体系和断块大地构造学说，简称"断块学说"，并由他主编出版了《中国大地构造图》和专著《中国大地构造纲要》(1959)。

(4) 陈国达的地壳动"定"转化递进律——地洼学说。1956年陈国达发表的《中国地台"活化区"的实例并着重讨论"华夏古陆"问题》一文是该学说的萌芽，1959年正式提出了动"定"转化递进律，标志着该学说的诞生，1960年出版的《地台活化说及其找矿意义》为该学说的经典著作。地洼学说是陈国达用以表示中、新生代时期地台区重新活动及地壳发展过程一种普遍的大地构造演化形成的规律。地壳演化是多阶段、螺旋式的交替更迭的演化，故称"动定转化递进律"。

(5) 张伯声的波浪镶嵌构造说。1962年张伯声提出了镶嵌的地壳概念，认为地壳是由集中的条状的活动带或活动面把分散的块状的不太活动的地块拼合而形成的。他的《从镶嵌构造观点说明中国大地构造的基本特征》(1965) 一文，系统地阐述了这一学术观点。

(6) 马杏垣等的重力构造-解析构造学派。由马杏垣领导的科学研究群体，全面总结了中国区域大地构造特征，以槽台学说为基础，充分吸收了中国各学派的优点，于1963年出版了《中国区域地质》，以五台山、中条山以及嵩山前寒武纪构造形变为特征，相继建立起重力构造-解析构造学派。

60年代国际固体地球科学孕育出了岩石圈板块学说，并得以迅猛发展，促使地质科学产生重大革新。首先是1971年尹赞勋引进板块构造学说，紧接着李春昱三论板块构造，活跃了学术气氛；1979年美国板块构造代表团访华，使引进工作达到高潮。一些地质学者运用板块构造观点对我国区域构造问题进行了深入研究，诸如地震地质学及在震源机制基础上的中国现今构造应力场特征、中新生代构造分析及断裂系的形成、雅鲁藏布江断裂带是否为板块碰撞缝合线等构造问题。常承法和肖序常提出南亚次大陆和青藏区的板块碰撞缝合线为雅鲁藏布江带和北侧的班公湖-怒江带。在对青藏高原长期地质及地球物理调查和综合性考察基础上，中国地质科学院和中国科学院于1979年和1980年分别举行了青藏高原科学讨论会，交流地质调查研究成果，探讨青藏高原形成演化过程和机制，指出莫霍面在冈底斯区埋深最大，青藏高原受到均衡作用。郭令智指导南京大学的研究集体，对西太平洋与亚洲大陆间的沟、弧及弧后盆地进行了研究，分析了我国东南地区自前寒武纪晚期以来的板块构造演化规律，取得了有意义的成果。朱夏（1980）运用板块学说对我国石油地质进行研究，通过分析盆地成因，提出两种体制的含油盆地，古生代为槽台体制含油盆地，中新生代为板块体制含油盆地。王鸿祯以活动论观点讨论了中国东部大地构造分区（1981）和中国地壳构造发展的主要阶段（1982）。马杏垣（1979）对板块运动的力源进行了初步探讨，他认为重力对所有类型的构造都起有一定的控制作用。马杏垣、李春昱以板块构造观点分别编制出版了1∶1400万中国前寒武纪构造格架图和《亚洲大地构造图（1∶800万）及说明书》(1982)。

在板块构造学说影响下，中国各大地构造学派掀起了编图高潮，相继有中国地质科学院地质力学研究所于1976年及1978年分别编制出版了1∶400万中国构造体系图和文字说明——中国主要构造体系，同时编制了除西藏和台湾省以外各省、区、市的1∶100万或1∶50万的构造体系图。中国地质科学院地质研究所以黄汲清为首的研究集体新编了1∶400万中国大地构造图（1979），并在图上第一次较详细的标绘了我国境内的板块缝合线，出版了专著《中国大地构造及其演化》(1980)，进行了新的理论概括。中国科学院地质研究所以张文佑为首的研究集体由张文佑主编了1∶500万《中国及邻区海陆大地构造图》(1981)，对海陆构造演化关系进行了系统的分析研究。陈国达编制出版了1∶400万《中国大地构造图》（1978）和专著《中国大地构造概要》(1978)。张伯声编制了1∶1000万《中国大地构造图》(1977）和专著《中国地壳的波浪状镶嵌构造》(1980)。

3. 地质制图

1954年黄汲清、谢家荣主编了《普查须知》一书，为矿区地质图和大比例尺地质图的统一表示方法提供了科学依据。从1956年开始，有计划有步骤地开展了1∶20万区域地质调查，开拓了我国区域地质调查的新局面。地质部于1959年在北京召开了“第一届全国地质编图工作会议”，根据“会议”精神和要求，1961年春地质部地质科学研究院负责组织和指导各省（自治区、直辖市）地质局按统一要求编制了全国1∶100万国际分幅地质图、矿产分布图、大地构造图和内生金属成矿规律图等一整套综合地质图件。1961～1965年，全国共编制完成了1∶100万国际分幅地质图49幅、矿产分布图48幅、大地构造图29幅、内生金属成矿规律图28幅，全部图件和说明书于1963～1965年陆续内部出版发行。在已完成的1∶100万"套图"的基础上，中国地质科学院地质研究所于1965～1968年编制出版了1∶200万中国地质图（内部）。1970～1975年由中国地质科学院主持，编制出版了中国第一代《中华人民共和国地质图集》和《中华人民共和国矿产图集》，1973～1976年由李廷栋、李春昱和王鸿祯主编了1∶500万《亚洲地质图》和《亚洲地质》专著。在1970～1980年的10年中，全国有20个省（自治区、直辖市）编制出版了本省（主要是中国东部地区各省）地质图。

二、地球物质学科

1950～1980年，地质勘查事业蓬勃发展。而1960年以后，中国的矿物、岩石、地球化学的研究做出了创造性的科研成果。矿物学方面建立起现代化的实验室，在晶体结构研究方面做出突破性的进展；在岩石学方面，区域岩石学研究蓬勃发展，对华南花岗岩研究提出新认识，建立了地球化学新学科；对国家急需的铁铜等矿产资源进行重点勘探，总结了它们的成因类型及分布规律，为国民经济建设、两弹一星上天提供了资源保障。

（一）矿物学

1. 矿物晶体结构和新矿物发现

首先在晶体结构方面，彭志忠与周公度、唐有祺合作，1957年最早测定出我国第一个晶体（葡萄石）结构，并建立起现代X光结晶学实验室，取得了重要成果。在1962年中国地质学会第32届学术年会上，彭志忠介绍了星叶石、塔菲石、包头矿、钡铁钛石等8种矿物的晶体结构。这些成果反映出我国晶体结构分析工作又有了新的突破。到了1963年的第一届全国矿物、岩石、地球化学专业学术会议上，又确定了硼镁石、硅钛铈钇矿、三斜星叶石、顾家石等几种矿物晶体结构，测定了氟镁石中氟的原子坐标；还用单晶中子衍射法测定了重晶石中氧的位置。在晶体形态学方面，测定了长石中稀少复杂的双晶，探索了岩浆岩与变质岩中斜长石双晶形成的规律。矿物物理方面做了矿物压电性的测试；运用物理化学方法研究了碳酸盐的溶解度及其成因联系。1958年黄蕴慧发现中国第一个新矿物香花石。20世纪60年代初，发现了章氏硼镁石、水碳硼石。嗣后，彭志忠、於祖相等发现的钡铁钛石、包头矿等新矿物亦为国际新矿物委员会所承认。

2. 系统矿物学

全面系统地研究了矿物的分类命名、化学成分、晶体结构、物化性质、鉴定特征、成因产状和主要用途等。

3. 成因矿物学

1950 年从苏联引进，在陈光远的指导下，我国开始了矿床成因矿物学研究。1960 年北京地质学院结晶矿物教研室成立了成因矿物研究组，提出成因矿物族的研究方向和成因矿物图表。60～70 年代，运用成因矿物学的手段解决了国家急需的铁、铬等矿种的找矿问题，卓有成效。陈光远的专著《成因矿物学与找矿矿物学》系统整理总结了我国古代找矿矿物学史料，总结出矿物标型的 6 条规律，完善了矿物标型的理论。矿床矿物学方面，钨锑矿床的原生带、铅锌多金属矿床氧化带的矿物组合、黄铁矿型矿石的变质转化、热液矿床矿物垂直分带及其在找矿勘探中的应用等都有深入的研究。

4. 包裹体矿物学

在包裹体矿物学方面做了奠基性的工作。我国包裹体的研究始于 60 年代，李兆麟、何知礼的工作起了推动作用。1977 年召开的“第一届全国包裹体及成岩成矿实验学术交流会”，对促进包裹体研究的发展起着积极的作用。在包裹体研究的新技术、新方法方面，单晶中子衍射、自动化热重仪、视觉显微光度计反射率网，矿石薄片红外线研究、盐类矿物的水浸和酸浸法，矿物固态包裹体的超声提取法和气、液包裹体的测定等都得到广泛的开展。

（二）岩石学

1. 岩浆岩

中国科学院、北京地质学院涂光炽、李璞、池际尚等领导的祁连山科学考察，查明了祁连造山带的构造-岩浆-成矿的基本构造格局，为祁连山金属成矿带的矿产资源勘查奠定了基础。

花岗岩方面，池际尚对燕山西段南口花岗岩的研究，首次划分出一个大型岩浆杂岩体的不同期次，并探讨了其微量元素地球化学特征和成矿专属性；徐克勤开展了华南多旋回花岗岩的研究，为探讨成因系列和成矿专属性打下了基础。

火山岩方面，对火山岩的碱性长石研究上有创见。同时在燕山西段侏罗纪的凝灰岩中发现熔结凝灰岩。基性超基性岩方面，王恒升和吴利仁等先后提出超基性岩的矿物定量分类、命名及岩石化学计算方法，进一步讨论了成矿专属性问题。

蛇绿岩作为一种特殊的岩石组合早已受到重视，常承法等（1973）指出了沿雅鲁藏布江和班公湖-东巧带分布的蛇绿岩，而最早专题论述蛇绿岩的是肖序常等的《祁连山古蛇绿岩带的地质构造意义》（1978）。刘忠光等所著的《台湾东部蛇绿岩》（1977）是中国第一部蛇绿岩专著。这些论著开始了以活动论的观点研究蛇绿岩，因而引起国际地质界的普遍关注。

2. 沉积岩

50年代围绕油气和铁锰等急需的沉积矿产资源的调查，积累了大量的实际资料，有的已上升到理论高度，如锰矿方面，出现了著名的陆源汲取成矿论（叶连俊，1963）。经60年代的总结提高，逐渐形成岩相古地理和沉积建造的分支学科。业治铮、何起祥等关于石灰岩的结构-成因分类研究（1964），推动了我国碳酸盐岩的研究新方向。

70年代是我国沉积学研究蓬勃发展的时期，刘宝珺等对红层型铜矿以及碳酸盐岩型铅锌矿床的研究，提出沉积期后分异作用与成矿作用的理论。孙枢等对川西磷酸盐岩研究建立了铝磷酸盐岩新类型（1973）。

在1979年召开的全国沉积学和有机地球化学学术会议上，宣读的184篇论文表明，我国沉积学和有机地球化学所研究的课题，已涵盖自生矿物、岩石结构构造和成岩、后生作用孔隙类型和油气储集特征、化石岩石学、岩石分类、沉积环境、岩相古地理和相模式、沉积建造及其与地壳运动的关系、沉积盆地分析、沉积矿床、海洋地质与现代沉积、沉积地球化学、石油与煤的有机地球化学等领域。有机地球化学、现代沉积等原来比较薄弱和空白的领域，得到了较快的发展。SEM（扫描电镜）、电子计算机和同位素等新技术得到应用，化学和数学的模拟日益受到重视。

3. 变质岩

50年代初，围绕铜铁等矿产资源的普查和勘探，对与之有关的变质岩系也做了大量工作。当时的主要代表论著有：程裕淇的《中国东北部辽宁山东等省前震旦纪鞍山式条带状铁矿中富矿的成因问题》（1957），刘之远的《中国沉积变质类型的磷灰岩》（1957）等。

为了适应区域地质调查与矿产资源勘探的需要，1961 年程裕淇等发表了《变质岩的一些基本问题和工作方法》，提出了变质岩的分类命名方案，在地质队得到广泛应用。在董申保领导下，贺同兴、张树业和卢良兆合作编写了《变质岩岩石学》(1964)。

70 年代中期，池际尚主持编著了《构造岩组学》（1978）和《费德洛夫法》(1982)。在她的影响下，岩组学方法在《嵩山构造变形——重力构造、构造解析》、石油地质勘查及核工业部的研究院所都得到广泛运用。

（三）地球化学

地球化学在新中国成立以前基本上是一个空白。20 世纪 50 年代以来，由于涂光炽、李璞、司幼东、谢学锦和於崇文等人的努力，已经形成具有中国特色的地球化学学科。各种地球化学实验室相继建立，科研队伍日益壮大，研究成果丰硕。

早在 50 年代初，由于钢铁工业急需锰矿，侯德封、叶连俊等应用锰的地球化学知识扩大了湘潭锰矿的储量。嗣后又用地球化学的方法先后在华北、华中、华南各大区找到了锰矿，并做出成矿远景评价。前后只用 3 年时间就解决了我国锰矿资源亟待解决的问题，是地球化学学科服务于国民经济的良好范例。

50 年代中期，为了独立自主发展我国原子能工业和核武器，国家急需铀矿资源。60 年代对我国东部许多铀矿床进行调查研究，发现我国铀矿以火山岩型和花岗岩型铀矿为主，极不同于国外以古砾岩型和不整合脉型为主的情况。解决了铀矿、稀有金属、稀土元素的找矿远景问题。这为我国两弹一星提供了资源保障，也为和平利用核能奠定了基础。

60 年代初，在中国地质学会第 32 届学术年会上，司幼东宣读了《关于铍矿化交代作用的选择性问题》的论文，从物理化学和化学角度详细论证了铍的主要矿化交代作用，提出钠长石化和云英岩化作用两个阶段的新观点。李璞宣读的《内蒙和南岭地区某些伟晶岩和花岗岩的钾-氩法绝对年龄测定》及陈毓蔚关于内蒙古伟晶岩的锆石、褐帘石的 U-Pb 法定年，都是我国自己建立的实验室首次报道的成果。70 年代末，谢学锦组织领导了全国性的区域地球化学填图，全面掌握各类元素地球化学异常，为找矿远景预测提供了良好的基础。

（四）矿床地质学

中华人民共和国成立以来，为了保证经济建设对矿产资源的迫切需求，矿产地质勘查工作大发展，矿床学也取得了多方面的重要进展。

第一个五年计划期间，地质部等有关部门组织勘探了一批重点矿床。谢家荣、程裕淇、孟宪民、冯景兰、侯德封、叶连俊等根据我国已有的矿山地质资料，初步总结了中国铁、锰、铜、铅、锌等矿产的成矿条件和分布情况，提出了找矿方向，对普查勘探工作部署起了指导作用。对一些重要矿床的地质特征和成矿条件及成因等作了综合分析。如程裕淇关于鞍山式铁矿，郭文魁、郭宗山关于铜官山一带铜矿，宋叔和关于白银厂一带铜矿，程裕淇、黄懿、裴荣富关于大冶铁矿，徐克勤、苗树屏等关于华南钨矿的著述等。李璞等研究了全国超基性岩特征和铬矿勘查问题，涂光炽等对祁连山地质发展史和成矿作用进行了研究，司幼东、郭承基等研究了内蒙古地区稀有和分散元素成矿特征。

1958年全国第一次矿床会议上，对中国已知的铁、铜、锰、铅、锌、钨和铀等矿床的类型、成因和分布规律作了较系统的总结，其中《中国已知铁矿类型的特征、分布、生成地质条件及今后的普查找矿方向》、《中国铅锌矿的工业类型及其发展方向》、《中国铀矿工业类型》、《中国铜矿床的工业类型、分布规律及找矿方向》、《中国锰矿床》、《中国钨矿类型及其分布规律》以及岩浆岩成矿专属性等文章具有导向性意义。这一时期矿床学发展的主要特点是岩浆热液成矿理论起了主导的作用，尤其是中小型侵入体有关的夕卡岩矿床和气成热液矿床受到广泛重视。

20多年的勘查表明，中国矿产资源比较丰富，矿床类型众多。开采矿山和勘探矿床数目日益增多，为矿床学研究提供了广阔空间，学术思想活跃，研究内容拓展，形成或初步形成了不少分支学科和新的研究方向。例如花岗岩与成矿、火山与成矿、沉积成矿、变质成矿、同生和层控矿床、多成因矿床、矿田构造等。我国矿床学家对我国的近百个代表性矿床进行了系统总结，出版了多种专报。在此基础上，进行了矿床模式和成矿模式的综合研究，取得了令人瞩目的成矿理论成就。

(1) 层控矿床研究和多成因理论的提出。50年代末至60年代初，孟宪民等强调了“同生矿床”的重要意义，提出了“顺层找矿”观点。同生成矿论引起矿床学者的关注。70年代以后余鸿彰等主持翻译出版了K. H. 乌尔夫主编的《层控矿床和层状矿床》(共八卷)，对我国的层控矿床研究有重要借鉴作用。涂光炽在研究中国一些Pb、Zn、U、Sb、Hg、Fe矿床的基础上，主编并主要执笔了《中国层控矿床地球化学》专著（1984～1987，三卷本)。朱上庆、郑明华等的《层控矿床地质学》、《层控矿床与找矿》、《层控矿床学》以及曾允孚的《南岭泥盆系层控矿床》等著述，深入分析了层控矿床的地质和成因。

在这个阶段中，与同生成矿和层控矿床等观点的提出相伴产生了矿床多成因论。1974年涂光炽指出，某些矿床具有“三多”特点，即成矿物质多来源、成矿作用多阶段和多种成矿作用的参与（多成因），并提出叠加成矿作用和再造成矿作用的概念。

（2）花岗岩成矿研究的深入。60年代以来，花岗岩与成矿作用关系研究有了很大进展。1963年徐克勤等发表了《华南多旋回花岗岩的侵入时代、岩性特征、分布规律及其成矿专属性探讨》一文，除了已认识到的燕山期花岗岩外，还分别划分出加里东期和海西期花岗岩，并提出了各期花岗岩的成矿特点。

1963年，谢家荣、程裕淇等向国内介绍了花岗岩由沉积岩经花岗岩化形成的观点。谢家荣进而将成矿物质来源分为：地面来源、地壳表层来源、再熔化硅铝层混合岩浆来源和硅镁层来源，从而在依据矿源进行矿床类型划分方面起了先导作用。

1973年涂光炽提出了花岗岩类多成因演化观点和“断裂重熔”形成花岗岩质岩浆的学说。莫柱孙（1962，1995）提出“断裂变质作用”概念用于解释两广地区某些断裂带中花岗岩化、混合岩化现象；并提出云开隆起区的地质发展史，主要表现为陆壳物质的变质-重熔-侵入活动，认为河台金矿、银岩斑岩钨矿等都是混合岩化花岗岩在地壳浅部演化的结果。

（3）矿田构造和成矿预测研究。矿田构造控制矿床的产出位置和矿化分布特征，对找矿勘探有实际指导意义。1964年江西地质矿产专家利用钨矿矿化类型的分带（“五层楼”）和矿化围绕岩体分布的规律和控矿构造研究，发现了隐伏矿床，打开了钨矿找矿的新局面。

矿田构造研究对矿产预测有积极作用。陈国达著有《成矿构造研究法》（1978）一书；杨开庆（1982）在地质力学构造体系控矿理论的基础上提出“动力成岩成矿”学说；翟裕生（1981）提出了将成矿构造研究与矿床成因研究相结合的学术思想，主编了《矿田构造学概论》（1984）和《矿田构造学》（1993）。

（4）矿床成因和矿床模型研究。矿床成因是矿床地质学研究的核心问题。我国学者在系统探索前述主要控矿因素的基础上，通过对代表性矿床解剖，对矿床成因机理也作了多方面的研究。如叶连俊等根据对中国铁、锰、铝矿床的成因研究，于60年代初提出了沉积金属矿床的“陆源汲取成矿说”；袁见齐提出盐类矿床的“高山深盆说”等。

在热液成矿作用方面，胡受奚对交代蚀变作用与成矿，冯钟燕等对夕卡岩和热液型矿床，赵一鸣等对夕卡岩矿床，芮宗瑶、任启江等对斑岩型矿床，都有系统著述。祁思敬、韩发、陈先沛等分别研究了南秦岭和华南的热水沉积成矿作用，发表了相关的专著和论文。

火山成矿作用研究在中国有很大进展。50年代谢家荣强调了火山作用在某些矿床成矿中的作用。宋叔和等深入研究了白银厂含铜黄铁矿床的成因，论述了细碧角斑岩系与Cu、多金属成矿的关系。70年代以来陆相火山岩铁矿研究受到重视，由17个单位联合组成的长江中下游火山岩铁矿研究组，在对宁芜和庐枞地区陆相火山岩区的铁矿床进行了详细研究后提出“玢岩铁矿”这一概念，并对其岩浆演化、围岩蚀变、矿床构造和成矿分带特征进行了详细研究，建立了玢岩铁矿的成矿模式，是我国火山岩区成矿模式研究的重要成果。

在研究与火山作用有关的铁矿过程中，提出了富铁矿石为矿浆成因的观点（如宁芜地区的梅山、姑山，云南大勐龙、曼养以及大红山的铁矿）。石准立、翟裕生等在著名的鄂东大冶式铁矿发现了矿浆成矿的证据。一些作者提出了浅成条件下岩浆分熔作用形成矿浆的观点。苏良赫等对宁芜地区的矿浆成矿，吴延昌、赵斌对铜陵地区的岩浆型夕卡岩及其成矿进行了成矿实验研究。

为了查明中国铬、镍资源问题，王恒升、王树屏、白文吉、鲍佩声等系统研究了中国基性、超基性岩浆的成矿作用。汤中立等发现和深入研究了金川Cu-Ni矿床，提出了深部熔离、矿浆上侵贯入和多次贯入的矿床成矿模式。

在变质矿床研究方面，程裕淇等对北方鞍山式铁矿的找矿勘探工作作了系统总结，指出原岩建造对成矿的重要性。董申保等对变质矿床的划分作了系统论述，指出混合岩化成矿的重要意义。张秋生、张贻侠、冯本智等对前寒武纪地区金属矿床作了系统研究。对于变质铁矿床中富铁矿体的成因提出了混合岩化、变质热液等不同观点。陈光远等系统论述了弓长岭铁矿富矿石形成机理。

随着矿产勘查工作的逐步扩展和深入，同生成矿论崛起，挑起了与岩浆热液论者的论战，这就突破了原来单一岩浆热液观点矿床研究，矿床多成因观点受到越来越多学者的关注与支持。

三、地球应用学科

（一）能源地质学

1. 石油与天然气地质学

新中国成立使石油工业获得了新生。一些地质学家对我国油、气资源前景进行了进一步的探讨，对油、气资源勘探方向有了进一步认识。

从沉积环境来讲，王尚文明确提出了玉门油田生油层是湖相沉积（1949）；高振西指出：“凡湖相白垩纪地层分布之区……均应为探寻石油之对象”（1950）。

从地质构造来讲，潘钟祥提出“盆地对于中国石油生成之重要性”的“盆地说”

(1951)；李春昱从区域地质变形特征，提出了陕甘绥宁地区和华北平原是找油方向(1951)；李四光则运用地质力学观点，论述了我国油气前景，提出了石油远景 3 个区域 (1954)；黄汲清通过对鄂尔多斯地台西缘的大地构造研究，提出了六盘山褶皱带与鄂尔多斯地台轻微褶皱带等找油方向 (1954)，并根据大地构造研究，提出了 14 个勘探重点地区 (1956)；谢家荣认为“产油地带，大都在从前地槽的边缘，或内陆大盆地的陆相沉积中”，并依据大地构造、沉积厚度等，将中国含油气区分为三类 (1954，1956)；翁文波研究了世界油田按油层年代分类，说明“我国应有丰富的油藏”(1954)；谢家荣、黄汲清、邱振馨等编制了一张 1∶300 万中国油气远景分区图，将中国大陆按油气藏希望大小划分为五级。

1955 年起地质部地质普查的重点转为石油普查。同年，在原燃料工业部石油管理总局基础上成立了石油工业部。这样，以西北为重点地区开展了较大规模的石油勘探。1955 年 10 月在准噶尔盆地西北缘发现了克拉玛依油田；继而又先后在柴达木盆地发现了冷湖油田；在准噶尔盆地西北缘白碱滩、百口泉、乌尔禾等地区相继获工业油流，证明了克拉玛依油田是陆相大油田；在四川盆地川中地区发现了蓬莱、南充等油田。

在对勘探成果进行总结的基础上，对中国石油地质也进行了地质理论的探讨。重点是围绕中国陆相沉积生油问题和复杂地质条件下的成藏问题。

潘钟祥系统地研究了中国西北部 10 个盆地的陆相生油地层，并引证了国外陆相油气田实例，认为陆相沉积在有机质含量、转化为石油条件等方面同海相沉积是一样的，从而指出“从新疆克拉玛依、独山子油田以及青海柴达木盆地油田之发现，可以充分证明陆相不仅能生油而且是大量的”(1957)。

谢家荣早在 30 年代就曾提出川陕生油层各异的论点，在讨论 50 年代中、前期勘探成果时，对“西北、华北及华南的 3 个油气省”分别提出了进一步勘探方向和部署意见，并明确指出：“从沉积分异或含油层的再沉积的观点来解说生油层的成因，则陆相生油的学说在理论上是没有什么困难的”(1957)。

以田在艺为代表的一批石油地质学家，对西北地区陆相地层生油和找油的基础理论问题，进行了初步总结，指出：“陆相沉积岩系也同海相地层一样，石油、天然气是会在其中生成的”，“陆相沉积不仅具有生油的原始物质——有机物，而且也具备了有机物转化成石油的地质环境，以及参加这个转化过程的其他因素”。在侯德封指导下，中国科学院兰州地质研究所黄汝昌、黄第藩等 1958 年对西北地区陆相生油进行了总结，出版了我国系统论述陆相生油理论的第一部巨著——《中国西北区陆相油气田的形成及其分布规律》(1960)，提出了内陆潮湿坳陷说，认为“形成陆相油气田的基本地质条件是‘内陆潮湿坳陷’”，其基本论点包括了构造、岩相和气候三种因素。

1959年，翁文波代表石油科学研究院对新中国成立10年来的石油地质研究进行了总结，包括含油远景及油气省的划分等。

20世纪50年代，引进了苏联关于石油地质理论和勘探方法的论著，同时邀请了大批苏联专家来华指导工作，对中国石油工业发展起了一定推动作用。

50年代，以西北地区为重点的石油勘探实践，仅几年时间，在西北几个主要沉积盆地和中部四川、鄂尔多斯盆地以及东部的华北、华东地区等开展了大规模的石油勘探工作，了解了中国基本石油地质条件，并且在陆相沉积地层中找到了一批油气田。至1958年底，全国累计发现地质储量达3.05亿吨，是1949年2900万吨的10倍以上，取得了喜人成果。特别是克拉玛依油田的发现，证实了陆相沉积地层不仅能生油，而且可以形成相当规模的油田。

以往，由于松辽盆地的覆盖层范围广、厚度大，地下地质情况不清，地面又未见油气显示，因此，早期对其油、气远景评价大多是评为有远景的三类区。50年代初期燃料工业部在该地区组织了多次以油页岩调查为主的地质调查工作（1953～1954），随后地质部和石油部先后组织队伍进行石油地质调查（1955～1957），当发现松辽盆地具有良好石油地质条件后，立即加大了勘探力度（1957～1959）。终于在1959年9月26日在松辽盆地中部松基三井喷出了工业油流，发现了大庆油田；9月27日在扶余III号构造也获得工业油流，发现了扶余油田，向国庆10周年献上了一份厚礼。随后，按中央指示，集中力量组织石油会战，在不到一年时间内探明了大庆油田的一些储量，证实大庆油田是个世界级特大油田，为我国石油工业快速发展，提供了丰厚的物质基础。勘探实践证明大庆油田是世界上迄今为止，在陆相地层中发现的最大油田。这一事实证实了陆相沉积与海相沉积一样，是可以生油的，而且可形成大型和特大型油田；证实了中国石油资源是丰富的，从而甩掉了“中国贫油论”的帽子。

大庆油田开发建设之后，按照党中央、国务院的部署，国家石油勘探重点不失时机转向华北平原，开展了渤海湾盆地石油会战，先后发现和开发建设了胜利油田（1961～1966）、大港油田（1963～1968）、辽河油田（1965～1970）等。70年代，又发现了华北古潜山油田（1975）。这样，渤海湾盆地陆地部分先后建立了4个石油生产基地，使全国原油年产量超过1.0亿吨（1978）。

通过我国石油地质科技工作者的顽强努力和拼搏，中国石油地质学得到了令人瞩目的发展，可以概括为以下三个方面：

第一，陆相生油理论研究的日趋深入与完善。以岩石地球化学分析资料为基础，建立了陆相生油层的评价标准。胡见义1962年提出生油母质的富集是石油生成的先决条件，稳定的还原环境是有机质发生转化的必要条件，而有机质转化成石油必须依赖压力和温度的因素。

石油科学研究院在翁文波主持下，进一步研究了“深水坳陷”的作用，强调“长期的深坳陷有利于生油层的形成”，“盆地深坳陷的特征和分布，对油气的分布起着主要的控制作用”（1962～1964）。朱夏也指出：“陆相沉积生油是中国石油地质的最大特征之一”，长期坳陷“无疑是油气生成的必要条件”（1960）。此外，以中国科学院兰州地质研究所为主，于1961年对青海湖现代沉积进行了全面调查。

第二，油区构造与盆地研究。在对含油气盆地研究方面，朱夏在《中国中新生代盆地构造和演化》以及《朱夏论中国含油气盆地构造》中，提出了“运动体制的变化是形成含油气盆地的重要条件”，而“地壳的运动体制是随着地质历史的向前发展而改变的”（1965）。70年代，他又将运动体制的分析概括为历史演化、全球联系、深部根源和动力作用方式等方面，为最终建立一个进行盆地系统研究的动态模拟程序奠定了基础（1978，1979，1981，1982），为中国石油地质学开辟了新的理论。

此外，地质部在关士聪主持下，于1965年编制了全国石油地质图集，并总结了中国东部中新生代盆地的演化特点，划分了断陷型和坳陷型两类盆地，并指出两种类型盆地的结合和转化（1965）。

第三，油气藏（田）形成与分布规律研究。自60年代以来，对陆相沉积条件下油气藏（田）形成与分布规律的研究成就，进一步丰富了中国石油地质学的理论内涵。首先总结了以大庆油田为代表的大型坳陷型盆地油气藏（田）形成条件和分布规律：生油区控制了油气分布的大致范围；盆地发育的多旋回性形成了多套生储盖组合；凹陷、斜坡、隆起的不同构造部位，形成不同类型的油气藏；不同层位、不同类型的油气藏在平面上往往重叠连片分布（胡朝元，1962；钟其权，1974）。张文昭则将陆相油气藏（田）形成的基本条件归纳为“生、储、盖、圈、古、运、保”七要素（1964）。

自60年代初期开始加大了渤海湾盆地的石油勘探力度，对以断块为主的断陷型盆地油气藏形成与分布规律逐渐有了认识。70年代中期“新生古储”油气藏——古潜山油田（藏）的发现，进一步拓展了渤海湾盆地油气勘探领域，也进一步发展了复式油气藏成藏理论，成为中国石油地质学的重要组成部分（李德生，1980；阎敦实，1980；胡见义，1981）。

1982年7月“大庆油田发现过程中的地球科学工作”获国家自然科学奖一等奖；1984年“渤海湾油区复式油气聚集（区）带勘探理论及实践”获国家科技进步特等奖。这些是对20世纪60～70年代我国石油勘探和石油地质科学研究获得成就的肯定。

2. 煤地质学

新中国成立后，煤炭工业得到发展，特别是自1956年起，无论在科研还是勘探方面都得到迅猛发展。1957～1960年在华北、东北、内蒙古等新生界地层下发现了肥城、兖州、丰沛、邢台、铁法、霍林河、依敏河等一系列隐伏大煤田。60年代为扭转北煤南运状况，加强了华南地区煤田普查、勘探工作。1964年开始，在六盘水、徐淮、湘赣、豫西、霍林河、邯郸、依敏河等十几个煤田进行勘探会战。到1975年底全国煤炭储量（找煤、普查、详查、精查储量之和）达5648亿吨，1976年全国煤田勘探职工达7.8万人，开动钻机669台。

新中国成立后，煤田勘探人才得到快速发展。北京地质学院、北京矿业学院建立了煤田地质勘探专业，并在淮南、焦作、西安、山东等矿业学院成立了煤田地质系，一大批煤田勘探专业毕业生充实到生产、科研、教学战线。1956年建立了煤田地质研究所（现煤炭科学研究总院西安分院），对许多煤田可以从事相-旋回分析、聚煤环境和煤层赋存规律研究，按地槽地台学说对煤田成因类型进行了探讨。在煤变质方面，王竹泉于1959年提出中生代大规模岩浆热作用叠加深成变质的观点，当时虽遭非议，后通过地质事件证实，早已得到公认。在煤岩学方面，谢家荣早已奠定了理论基础，中国科学院煤炭化学研究所、中国地质科学院矿产所及高校，开展了煤显微组分与类型研究。冶金系统把煤岩学应用于选煤、煤可选性预测、炼焦煤配比等方面。1956年煤炭部、冶金部、中国科学院共同提出《中国煤（以炼焦煤为主）分类》方案，参照苏联煤分类法，把中国煤分为10大类24小类。1958年初，中国地质科学院完成中国首次煤田预测，经计算中国煤炭资源量约15 000亿吨，随后出版了1∶300万中国煤田分布图和煤质分布图。在预测基础上，1961年出版了首部《中国煤田地质学》。经10余年研究，基本上掌握了中国晚古生代及某些中、新生代煤系分布、岩性与岩相特征、聚煤环境、煤层赋存情况、煤质分布的时空规律。

3. 核地质学

新中国成立之前，对我国铀资源调查、研究较少。1934年张定钊利用分光方法分析赣南钨锡矿石时，鉴定出有铀元素的存在。1938 年张更从广西花岗岩体的冲积沙内选出含放射性元素的独居石、钍石。1943 年南延宗在广西钟山县黄羌坪调查钨锡矿产时，发现了晶质铀矿、“脂铅铀矿”和磷钙铀矿；1943 年，南延宗、吴磊伯发表《广西东部之几种铀矿物》。1948 年何杰在广西钟山县花山村岩体中发现了次生铀矿物。

新中国成立后，于 1955 年正式组建铀矿地质专业队伍。自此，我国铀矿床找矿勘探工作正式展开。随着铀矿床找矿实践，自 20 世纪 60 年代开始，铀矿床学逐步从矿床学中分离出来，而成为一门独立的学科。

在我国，铀矿地质虽然起步较晚，但对成矿理论也多有探索，诸如杜乐天提出了花岗岩型成矿的热水浸出说（1972）；周维勋提出了表生汲取多途淀积成矿模式（1979），刘义发提出了自变质表生成因观点（1980），陈肇博提出了对热水溶液成矿作用具有普遍意义的双混合成矿模式。

大量铀矿床研究表明，多数矿床并非一次形成。据此，涂光炽提出了沉积再造成矿的观点（1965），后来发展成为复成因成矿说。

（二）水文地质学与工程地质学

水文地质学和工程地质学是新中国成立后迅速发展的两门应用学科，随着国民经济恢复与国民经济发展计划的实施，国家向地质工作者提出了许多迫切需要解决的工程建设问题。自 60 年代起我国根据农业发展和社会主义建设等需求，逐步建立了有中国特色的水文地质学和工程地质学。

1. 水文地质学

区域性水文地质调查是掌握全国地下水分布和形成规律最重要的基础性工作。自 1956 年开展以来，我国用了大约 15 年的时间对全国 1/3 的面积进行了 1∶20 万及更小比例尺的调查，主要包括华北地区、西北和东北的平原区、南方的部分地区。1959～1961 年为配合沙漠地区综合考察，进行了沙漠地区水文地质调查和少量勘探工作。60 年代中期，河南、山东、河北、江苏等省首先编制出版了以省为单位的 1∶50 万～1∶100 万的水文地质图；60 年代后期至 70 年代初期又出版了河西走廊、柴达木盆地、四川盆地等自然单元的小比例尺水文地质图。

自 1956 年开始的区域水文地质调查，陈梦熊、孙鸿冰、闫锡屿、李宝兴等在西北干旱地区进行了调查与研究。公开出版的第一部系统阐述中国干旱区地下水分布和形成的专著为《治沙研究 第六号水文地质论文集》（李宝兴、赵运昌等，1964）。

60年代中期，地质部水文地质局组织编制出版了《黄淮海平原水文地质图系》和《松辽平原水文地质图系》（比例尺均为1∶100万），为我国首批跨省按自然单元编制的小比例尺水文地质图系。

1973年，组建了基建工程兵水文地质普查部队，与各省地质局水文地质大队共同承担区域水文地质调查任务，1973～1982年期间完成了许多基建工程中的重要任务，大大提高了我国水文地质研究程度。

调查成果资料对国土规划、农业规划、地下水开发规划、详细勘探设计的编制等都起了重要作用，同时也对提高全国地质研究程度起了很大的作用。

在农业水文地质方面，主要是农田供水水文地质勘查、土壤改良水文地质勘查、农田水利工程的地质勘查三方面的工作。特别是1960年以后，编制成“综合水文地质图”、“农田灌溉水文地质图”、“地下水开发利用条件图”、“地下水开发利用规划图”等图件并直接用于指导地下水开发利用。在一批大中城市和部分井灌区开始建立地下水观测站网，进行地下水动态和均衡的研究。

矿床水文地质方面，50年代末完成了中国固体矿床水文地质类型划分的研究，分别对金属矿床和煤田制定了水文地质勘探规程，形成了一套比较完整的工作方法和程序。对于涌水量大的岩溶矿床常需要进行专门性的水文地质勘探试验工作，主要采用的方法是大型的孔群大降深抽水实验。有的岩溶地区同时存在多种矿产（例如邯邢地区的煤矿、铁矿），而且大降深疏干会影响现有居民点的供水条件。因此，对这类地区研究区域水文地质条件、统筹考虑排水和供水方案更显得十分重要。

随着矿床开采深度的加大，对深部矿井和矿坑的“热害”和有害气体的存在及其对矿山开采的影响，也做了地质勘查研究工作。

在科学研究方面，1956年地质部成立了水文地质工程地质研究所；1964年和1976年又先后成立了专门从事水文地质工程地质技术方面研究和岩溶地质研究的专门机构。从1956年起的10年间，于1959年编制出版了1∶400万中国潜水区划图和说明书。1972～1976年完成了《河北平原（重点鱼龙港地区）地下水资源评价和合理开发利用研究》，大、中城市地下水资源的开发和保护（包括防止地下水位下降、水质恶化、地面沉降、水质污染等问题的综合性研究工作）。编制了全国水文地质图集和中国岩溶图册等。

2. 工程地质学

50年代我国开始大规模的水利、铁路、城市和工矿基地等基本建设，完成了大量工程地质勘查任务，解决了许多复杂的工程地质问题。如淮海上游的佛子岭水库、梅山水库、板桥水库（谷德振、戴广秀等）、黄河的三门峡水库（贾福海、夏其发等）、湖北汉江的丹江口水库（胡海涛、何槛荣）、宝成铁路（陈梦熊、乔作轼等）、武汉长江大桥（谷德振等）、黄土地区重型厂房地基（常士骠等）。50年代中期为配合长江流域规划，编制了我国第一张区域工程地质图——长江流域工程地质分区图（谷德振、张勇等）。1956年成立了地质部水文地质工程地质局、各工业部门的勘查设计院组成了我国工程地质勘查和研究机构，掀开了新中国成立后我国工程地质快速发展的帷幕。

50年代中期开始的长江三峡水利枢纽工程地质勘查历时近半个世纪，经历了坝区选择、坝段选择、坝址选择等多个步骤，为工程的规划、初设要点、初步设计、技术设计、施工等提供了地质科学依据。特别是50年代末至60年代开展了三斗坪坝区风化壳工程地质特征的研究、南津关坝区岩溶工程地质条件的研究、两个坝区的坝基和绕坝渗漏的电模拟实验研究和有关计算、三峡地区新构造运动和地壳稳定性研究、库区工程地质问题的研究等。

1959年开始了西部地区南水北调考察，由中国科学院和黄河水利委员会牵头组织，在我国西部开展了区域工程地质调查研究。1959～1961年组建了中国科学院西部地区南水北调综合考察队，由谷德振任队长，肖楠森、胡海涛、许兵、夏其发、籍传茂、王兰生、封喜华等参加，编制了《西部地区南水北调工程地质考察报告》。

1964年，我国开展了大规模的三线建设，基本建设重点向中西部转移，以山区工程建设为主。根据国家关于加速建设西南地区铁路网的要求，1964年以后地质部调集了全国十几个省的水文地质工程地质大队进行成昆铁路工程地质勘查大会战，积极开展了成昆铁路和成襄铁路（成都—襄阳）在选线、设计、施工阶段的地质工作，保证了工程的顺利实施。

所研究的工程地质问题主要有以下几个方面：

(1) 区域性工程地质问题的研究。编制了1∶300万和1∶400万的全国工程地质图（未公开出版），编制了长江流域工程地质分区图等流域规划性图件；进行了西部地区南水北调的勘查工作，在长江三峡地区、四川西昌地区、辽宁海城地区、河北唐山地区等进行了地壳区域稳定性与工程建设关系的研究；近年来又进行了个别断层活动性的专题研究，开始应用李四光提倡的地应力测量法研究地壳稳定性；70年代以来为配合青藏铁路选线，对沿线地区的冻土、盐渍土的工程地质性质进行了专门调查和研究。

(2) 边坡稳定性和边坡变形的研究。我国是一个多山的国家，山体边坡的变形是工程建设中最常见的问题之一。宝成铁路和成昆铁路都有物理地质现象的“博物馆”之称，但由于查明了地质条件，采取了相应的处理措施，保证了铁路的正常运转。陕西省在水土流失严重的陕北黄土地区，进行了为水土保持服务的工程地质勘查研究工作，把发展当地农业生产与减少入黄泥沙紧密结合起来，在水土保持规划、防止坝地盐碱化、滑塌土地利用等方面提供了地质资料，取得了较好的效果。

(3) 地下建筑的工程地质问题。对水利、铁道和国防建设中的地下建筑物的稳定性评价问题做了大量勘查研究工作，在围岩岩体的工程地质分类、岩体强度的定量评价和声波探测等新技术的应用方面都有较大的进展。在地下硐室的涌水量预测和突然涌水的预报方面，襄渝铁路大巴山越岭隧洞提供了经验，在这项工程中除了进行岩溶发育和分布一般规律的研究外，还专门开展了施工阶段的地质工作，利用隧洞施工时超前小孔中射水的数据结合其他各方面的资料进行涌水量预测，取得了满意的结果。

(4) 地面沉降和地面塌陷的研究。沿海城市在大量开采地下水等人为活动影响下，出现了地面沉降问题。上海市地面沉降勘查研究查明了地质结构、水文地质条件、地下水开采量、水位与沉降量的定量关系以及沉降机理。同时利用人工回灌措施控制地面沉降。利用地下含水介质温度比较固定的特点，成功试验了冬灌夏用和夏灌冬用，提高了地下水资源的利用价值。南方岩溶地区矿山排水或城市供水使地下水位下降常引起地面塌陷，查清岩溶发育规律，合理规划厂址和合理选择水源地可以有效地防止地面塌陷。

（三）环境地质学

我国从1962年开始，在上海开展了地面沉降原因和防治措施的研究，研究结果表明：市区过量开采地下水是引起地面沉降的主要原因。土力学和地下水动力学理论是阐明沉降机理和进行预测预报的重要工具。从那时起我国水文地质工程地质学家一直是环境地质问题研究的主力军。环境地质学研究的问题既有环境水文地质问题（环境地质与水文地质交叉部位的问题），也有环境工程地质问题（环境地质与工程地质交叉部位的问题），还有一些独立的问题，例如核电站和核废料处置库的地质选址等问题。我国环境地质学形成独立的学科，并获得迅速发展则是在改革开放以后。

第三章　全面发展阶段

中国地质科学与国际上的交流是在70年代后期开始恢复的。在改革开放的大好形势下，中国地质学者奋发图强，创造和发展了中国地质科学，取得了可喜的业绩和成就，并努力吸收新思想和新方法，开展对外交流合作，逐步与国际接轨。中国地质科学进入全面发展阶段。

在地球历史学科方面，有两方面重要的研究成果：一是对黄土的深入研究；二是对青藏高原的综合考察。自70年代以来，建立了与全球冰期气候变化相联系的理论模型，得到国际上的赞誉。第13次国际第四纪地质大会在我国召开（1991），刘东生当选为主席。80年代王鸿祯等编制了以沉积古地理和构造古地理为中心内容的多断代、多图种的《中国古地理图集》(1985)。90年代，刘宝珺等又编制了《中国南方岩相古地理图集》(1994)。板块构造学说的出现几乎影响了所有地质科学的分支学科。80年代前期，李春昱等编出了《亚洲大地构造图》(1982)。各个构造学派也都推出了新一代的大地构造图及说明书，或多或少地吸取了板块构造的一些先进概念。马宗晋（1994）将地质力学的一些概念、方法用于晚近期全球动力学的研究，对地质力学是一个有意义的发展。任纪舜等继承黄汲清多旋回说的学术思想，2000年完成并出版了新一代1∶500万中国大地构造图及说明书。现代构造地质学的特征之一是加强了韧性剪切带和大幅度走滑断层的研究，开展了显微构造和流变现象的研究。马杏垣将其命名为“解析构造学”（1981）并主持编制了《中国岩石圈动力学地图集》(1989)。自80年代以来，肖序常、李廷栋等组织了青藏高原的地质调查和国际合作研究。

在地球物质学科方面，彭志忠于80年代中期提出准晶态的分数维模型，是我国研究准晶态的第一人。董申保在花岗岩的研究方面得出了一些新的认识。一些学者将岩浆岩的系列和组合研究与板块构造理论相结合，成为有用的大地构造标志，广泛应用于造山带古大陆边缘和碰撞带的研究。池际尚等（1988）在壳、幔岩石包体方面进行了有效的工作。80年代，董申保、沈其韩等组织编制了全国1∶400万变质地质图，带动了古老基底高压变质带的研究，特别是大别—苏鲁超高压变质带得到国际上的普遍关注，推动了地球化学和同位素地质学的发展。地球化学在油气勘探和造山带岩石圈演化方面，同位素地质学在准确定年和深层地质探索方面都起了重要的作用。80年代以来，开展了区域成矿规律的研究。程裕淇等（1979）提出成矿系列的概念，涂光炽等（80年代）概括了中国的成矿作用类型和地球化学特征，翟裕生等（90年代）初步总结了中国的区域成矿特征。

在应用地质学科方面，80～90年代，由于学科交叉发展和新技术新方法的出现，应用学科与基础学科之间的界线更难以界定。煤成气、气源岩和气藏模式的研究使天然气地质学逐渐发展成为一个应用分支学科。水文地质和工程地质在80～90

年代与环境问题发生了密切的联系。我国西南地区广泛分布的碳酸盐岩岩溶严重地制约着地区的经济发展，90年代的岩溶研究取得了较系统的理论成果，提出了岩溶环境系统的概念（1998），使岩溶地质学发展成为水文地质学中的一个新的分支。

我国的海洋地质工作起步较晚，但发展较快。刘光鼎主编出版了《中国海区及邻域地质地球物理图集》（1993）及专著《中国海区及邻域地质地球物理特征》（1992）；汪品先80年代以微体古生物与沉积学相结合，对中国海域环境进行了研究，推动了海洋地质学的发展。数学地质是以数学为工具，以建立模型为内容，以求解决地质问题的新兴学科，它从进行矿产资源的预测，逐步拓宽应用于资源、灾害及环境各个领域，形成一个单独的体系，赵鹏大在这方面做出了重要贡献。还有一些新的分支学科，如天体地质学和勘查地球化学等，欧阳自远、谢学锦都作了卓有成效的研究。1996年在中国召开了第30届国际地质大会，全面展示了我国学者在各个地球学科领域中取得的重要成果，引起了国际上的重视。

一、地球历史学科

（一）沉积学与古地理学

沉积学发展成为具有系统的理论和方法的学科是在20世纪60年代。我国学者自70年代开始应用新的观点与方法进行沉积建造、沉积环境、沉积成矿以及沉积盆地的研究。何起祥出版了《沉积岩与沉积矿床》（1978）专著。叶连俊、孙枢（1980）首先提出了盆地分类问题。刘宝珺、曾允孚等在沉积学和沉积古地理学概念方法上做了不少奠基性的工作。《岩相古地理》（1981）和《沉积学报》（1982）先后创刊，四年一度的沉积学与古地理学会议推动了学科的发展。业治铮、何起祥等1985年发表《西沙石岛晚更新世风成生物砂屑灰岩的沉积构造和相模式》，开拓了一个新的方向。孟祥化（1979）论述了沉积建造与共生矿床的关系。叶连俊（1983）概述了华北地台的沉积建造。孙枢对豫陕坳拉槽和地台区张裂盆地沉积做出了系列成果（1981，1982，1987，1992）。曾鼎乾等（1988，1994）回顾了地质史中生物礁的发育。李思田等将沉积研究应用于海盆和油气盆地的分析，发表了一系列专著（1989，1992，1996，1998）。古生态学和遗迹化石的研究在中国得到了较快的发展，并较广泛地用于古地理再造和沉积环境分析，以及古气候学和古全球变化的研究。在群落古生态研究方面，殷鸿福等（1996）、陈源仁等（1988）出版了专著。杨式溥（1990）在遗迹化石方面出版了专著。此外，这一时期还出版有《中国古生物地理区系》及《中国古生物地理学》等专集。

20世纪80～90年代是中国古地理研究和编图的兴盛时期。关士聪等（1984）

总结了新中国成立以来的油气地质资料，编制了全国性沉积相和古地理图集，在油气勘探方面起了重要的指导作用。曾允孚（1985）总结了大、中比例尺岩相古地理图编制方法和研究实例。1980 年王鸿祯等组织了全国古地理编图工作，于 1985 年出版了《中国古地理图集》，反映了自中元古代至第四纪的中国古地理和古构造演变史，包括沉积、生物、构造和岩浆活动等多种图幅，受到国内外的注意，还在 1996 年出版了生态地层学专著。冯增昭在 80～90 年代出版了大量古地理学专著和大区及全国断代岩相古地理图。新疆和云南也编制出版了系统的古地理图册。

自 90 年代起，古地理研究和编图工作的进一步发展表现在内容的深入和形式的多样化。刘宝珺、许效松出版的《中国南方岩相古地理图集》(1994) 和专著，总结了 70 年代以来区调工作和沉积相研究的成果，用“阶（期)”作为编图的时限单位，作了沉积古地理、构造古地理和沉积成矿的总结，是一项系统的重要研究成果。

为了提高精度和保持图件的等时性，杜远生、龚一鸣等（1994）按泥盆系划分的三级层序试编了以层序和体系域为单位的岩相古地理图。李思田（1996）对鄂尔多斯盆地、顾家裕等（1997）对塔里木盆地等含煤和含油气盆地按沉积体系编图，提高了预测富煤区和油气储层的作用。

我国学者在 80 年代早期已重视生物古地理与板块构造关系的研究（王鸿祯，1981；刘本培等，1983；王乃文，1984)。系统的研究成果以殷鸿福等（1988）和王鸿祯等（1989）的专著为代表，都含有全球生物古地理再造图。殷鸿福的专著在 90 年代补充了资料，在英国出版了英文版。王鸿祯等（1989，1990）发表的全球古大陆系列再造图使用了自行研制的作图软件，在第 30 届国际地质大会（1996）上作了展示。

（二）构造地质与地质制图

1. 构造地质

80 年代以前，我国中小型构造研究虽取得长足进展，但基本上属传统构造学研究范围。自从板块构造学说出现，构造地质学结构发生深刻变化，诞生了现代构造地质学。

(1) 构造的定量研究。构造分析从定性到定量，是现代构造地质学的重大进展，定量化表现在下列诸方面：

有限应变测量、应力测量和构造应力场分析。郑亚东等出版了《岩石有限应变测量及韧性剪切带》(1985)，韩玉英的《地壳岩石非均匀有限应变场分析》(1990)、宋鸿林的《应变量的测定》(1993) 等论文相继发表。曾佐勋等（1999）利用反向轮法，分别获得界面两侧岩石的应变差，进而获得两种岩石的黏度比，据此在北京西山和川西北地区进行应变测量，获得初步成功。地质力学研究所地应力测量实验室，到80年代中期已形成应力解除、空心包体、水压致裂、压磁、钻孔崩落、震源机制解法、声发射等一系列测量地应力的方法。我国学者对一些区域性的现代应力场的特点及其与周边大陆动力学关系等有很好的讨论，如曾秋生（1990）、孙叶（1995）等。1978年刘瑞珣出版了《应力矿物概念》一书，尔后，我国很多学者广泛开展显微构造研究，进行古应力分析，对许多断层和地区测得了一批位错密度和古差应力值。丁原辰（1991）发现凯塞效应具有抹录不净现象，说明岩石能记录多次应力作用。万天丰的《古构造应力场》(1988)、《中国东部中、新生代板内变形构造应力场及其应用》(1993）是古构造应力场研究的代表性成果。

活动断裂定量测量。由于活动断裂与地震具有生成关系而备受关注。80年代开始了活动断裂的定量研究，1983～1987年出版了《中国活动断层图集》。又先后出版了中国活动断裂专辑，1∶5万活动构造带地质图和活动断裂研究文集多册。

隆升与沉降幅度和速度的研究。大规模的隆升与沉降是我国中新生代以来的显著特征，定量测定其速率对资源环境分析有重要意义。朱照宇（1992）、陈俊勇（1995）、王文颖（1995）等根据构造-地貌分析和重复水准测量，研究了青藏地区的隆升幅度和速度。应绍奋等于1986年编制了中国现代地壳垂直形变速率图。丁国瑜等（1991）根据新近纪夷平面变形抬升幅度及断褶带两侧断裂逆冲速率的资料，大体估算了中国西部各地体和断褶带的新构造形迹及隆升速率。闵隆瑞等（1995）总结了中国大陆第四纪新构造运动的幅度和速率。从第四纪初至今，平原盆地视构造沉降速率随时间越来越大，呈指数增长，若扣除沉积物压实等方面的影响，也存在1～2个数量级的差别（张人权等，1998；杨巍然等，1997）。

平衡剖面和平面平衡问题的研究。平衡剖面已成为区域构造定量研究的必要手段，成为衡量地质剖面及其解释是否正确的可靠标志。它已在石油普查与勘探中普遍采用，取得了重大进展和良好效果。此外，平面平衡问题——构造应变的相容性也受到重视，并争取能做到三维的平衡，这样便可提高构造定量分析的质量和可信度。

(2) 岩石圈流变学研究。流变学的广泛应用是现代构造学的显著特点之一。索书田（1993）系统地介绍了大陆岩石圈流动特征。在具体研究成果中，最广泛、最重要的为韧性剪切带的研究。80年代以来，我国发现一系列各种类型的不同尺度的韧性剪切带（张家声等，1988；许志琴等，1988；吴海威等，1989；刘喜山等，1992；马宝林等，1993；何绍勋等，1996）。刘德良等（1996）、刘忠明等（1997）

通过大量韧性剪切带的研究，将剪切带中体积变化和构造化学作用研究推向了一个新高潮（李树勋等，1988；张秋生等，1991；钟增球，1995；何绍勋等，1996；翟裕生等，1997）。

（3）构造体制、构造体系研究。《逆冲推覆构造》（朱志澄，1989，1991）一书，总结了我国 80 年代以来逆冲构造的研究成果。中蒙边界的特大型推覆构造，推覆距离可能长达 120km 以上，堪称世界大型推覆构造之一（郑亚东，1990）。此外，还有内蒙古大青山、色尔腾山（王建平等，1986；朱绅玉等，1997）、燕山（张长厚等，1996）、秦岭（吴正文等，1991）、大别山北麓（刘文灿等，1999）、宁镇山脉（薛虎等，1985；葛肖虹，1987）等中生代的逆冲推覆构造的研究。

伸展构造的研究在我国始于马杏垣的《论伸展构造》（1982）一文。80 年代末，有少量的论文发表，如马杏垣的《中国新生代的伸展构造》（1988）、宋鸿林等的《剥离断层、板内近水平的剪切带与伸展构造》（1987）、郑亚东的《云蒙山热隆引起的滑覆-推覆构造》（1988）。此后，大量有关伸展构造和变质核杂岩的研究成果陆续发表（单文琅等，1991；傅昭仁等，1992；郑亚东等，1993；颜丹平等，1997；侯立玮等，1996；宋鸿林，1994，1995，1999）。

走滑构造的研究也取得了很大的进展。如徐嘉炜等经过对郯庐断裂带近 40 年的研究，对其几何学、运动学和动力学及其对我国以至东亚地区中、新生代构造演化的意义，作了精辟的论述。万天丰（1996）和王小凤（1996）等的研究，对郯庐断裂带的形成、演化及详细的构造特征有了进一步的认识。其他如对哀牢山断裂带的走滑性质的厘定、对阿尔金断裂的研究、对秦岭—大别造山带中生代走滑构造的认识等都取得了显著的成果。

70 年代以来，作为地质力学理论体系核心内容的构造体系的研究，也有很大的进展。

（4）构造过程及形成机制的研究。进行构造过程和形成机制的动态研究是现代构造学的显著特点。

对盆地构造过程和形成机制进行了研究。如葛肖虹等（1995）对吐鲁番-哈密背驮式盆地的演化过程作了细致的描述，邓起东等（1999）对乌鲁木齐山前坳陷逆断裂-褶皱带的形成过程进行了定量的研究，卢华复等（1999）对库车新生代构造的演化过程作了很好的研究。

对造山带的构造演化过程和形成机制进行了研究。如王清晨等（1992）、张泽明等（1995）、简平等（1997）、徐备等（2000）分别按自己的观点描述了大别高压超高压变质带俯冲和折返过程，王国灿等（1998）对大别造山带核部的罗田顶托式穹隆的演化过程作了深入研究，杨巍然（1996）系统地论述了构造年代学的概念、理论体系和研究方法。《大别造山带构造年代学》（杨巍然等，2000）是运用它们解决实际问题的实例。

构造模拟包括物理模拟和数学模拟。曾佐勋（1992）出版的《构造模拟》一书，对它们的研究原理、方法和应用作了全面介绍。在力学分析基础上进行构造物理模拟在我国一直受到重视，80年代以来又有很大发展，如李东旭（1981）、王成金（1984）、钟嘉猷（1998）、曾佐勋（1990）等的论著。同时还出版了一些综合性的论著，如张文佑等的《构造物理模拟实验图册》（1985），王成金等的《全球构造应力场理论与应用》（1994），钟嘉猷的《实验构造地质学及其应用》（1998）。特别值得提出的，是地质力学所运用构造模拟研究油气运移取得可喜成果，如沈淑敏等（1998）、黄庆华等（2000）的成果。

80～90年代由于计算机的高度发展，使得数学模拟飞速发展并日趋成熟。我国在这方面起步稍晚，但来势很猛，北京大学、中国科学技术大学、石油大学、中国地质大学、吉林大学、中国地震局地质研究所、石油规划研究院、地质部地质力学研究所等单位都有良好的从事构造数学模拟的条件和人才，并已开展了多方面的研究工作，取得了长足发展。如林畅松等（1997）通过对中国东部中、新生代裂陷盆地的热背景模拟，取得了一些有益的认识。

（5）构造研究思路和方法的更新。马杏垣（1983）指出，先进的构造方法学和构造观，能够提高地质工作者认识构造现象的能力，包括观察、分辨、分析和处理的能力。为此，他结合其多年的实践，提出了解析构造学这门新的分支学科。马杏垣在《嵩山构造变形——重力构造、构造解析》（1981）一书中，首次明确提出了构造解析的涵义和方法。1983年他在《解析构造学刍议》一文中，系统阐明了构造解析的八项基本原则。在《中国前寒武纪构造格架及研究方法》（马杏垣等，1987）中，进一步阐明了解析构造学的地球动力观。解析构造学的形成和发展，把我国地质构造研究推到一个以辩证唯物的活动地球观为指导的，以现代系统科学方法为特点的多尺度、多层次、多体制和多世代的构造全方位动态分析的新领域。

2. 中国区域大地构造

改革开放以来，我国区域大地构造研究很好地与国际接轨，因而得到了很大的发展。

（1）岩石圈研究。80年代实施国际岩石圈计划，我国围绕这一计划开展了多方面的工作。首先参与了全球地学断面（GGT）计划，在1989年第28届国际地质大会上展出的 50 条地学断面中，我国占 11 条；1991 年 GGT 在国际大地测量、地球物理联合会第 20 次大会上展出的 6 条断面中我国占 2 条（亚东—格尔木断面和响水—满都拉断面)。我国已完成的 14 条地学断面，遍及我国各地区。其中具代表性的是格尔木—额济纳旗地学断面、响水—满都拉地学断面和满洲里—绥芬河地学断面等。这些地学断面的成果，大大丰富了我国岩石圈研究内容，提高了研究质量，也使我国 GGT 研究，位居世界前列。除 GGT 研究外，还选择典型地区对岩石圈进行了深入研究。在此期间还出版了一批有关岩石圈的基础研究和综合性成果，如马杏垣主编的 1∶400 万《中国及邻区海域岩石圈动力学图及说明书》、《中国岩石圈动力学纲要》(1987) 和《中国岩石圈动力学地图集》(1989)，丁国瑜等的《中国岩石圈动力学概论》（1991)，国家地震局主编的《中国大陆深部构造的研究与进展》(1988)，刘光鼎等编的《中国海区及邻区地质-地球物理系列图》(1992) 等。它们从大陆到海洋、从地表到深部，阐述了我国岩石圈的基本特征，得出了一些规律性认识。为了及时将上述成果用于教学中，1985 年由杨森楠、杨巍然主编出版了《中国区域大地构造学》。杨遵仪、程裕淇、王鸿祯用中英文分别在中国和英国出版了《中国地质学》(1986，1989)。

(2) 大陆动力学研究。90 年代开始，固体地球科学将大陆动力学作为跨世纪的研究目标，美国制定了“1990～2020 年大陆动力学计划”，使大陆构造及动力学的研究进入高潮。我国的研究状况可以概括为 4 个方面：

一是造山带的研究。代表岩石圈热学和力学变化最强烈的造山带自然成为研究重点，国家自然科学基金设立了“八五”重大项目“秦岭造山带岩石圈结构、演化及成矿背景”，原地质矿产部也安排了“八五”重大基础项目“昆仑—秦岭—大别造山带构造特征及形成机制”、“燕山地区中新生代陆内造山作用研究”等专题。在新疆国家 305 攻关项目的实施过程中，对阿尔泰造山带、天山造山带等做了大量工作，取得很大进展。

二是青藏高原的研究。号称地球第三极的青藏高原成为国际研究大陆动力学最热门地区。80 年代以来，我国分别与法、美、德等国进行了合作研究。1992 年启动的国家攀登计划“青藏高原形成演化、环境变化与生态系统研究”是一个包括大陆动力学在内的综合研究。原地质矿产部设立了“八五”重大基础项目“青藏高原岩石圈结构、隆升及其对大陆变形影响”、“青藏高原的后造山期变形和隆升机制”和“九五”重大基础项目“青藏高原隆升的地质记录及机制”等研究项目。青藏高原构造研究的进展和存在的争论集中表现在形成机制和隆升过程两个问题上。有关形成机制问题，90 年代以来多数学者强调高原隆升的分块断性、多阶段性、多因素控制的特点。提出的模式有 Spencer（1996）的“垮塌褶皱模式”，Willett 等（1994）的“亚洲大陆以缓倾长距离向高原俯冲模式”，许志琴等（1999）的“腹地地幔底辟及周缘陆内俯冲模式”，潘裕生（1999）的“叠加压扁热动力模式”等。有关隆升过程，许多学者分别从不同角度研究青藏高原隆升历史：Kazuo 等（1992）、Harnson 等（1992）根据孟加拉扇沉积物研究，认为喜马拉雅脉动性隆升从 20Ma 前开始；钟大赉等（1996）根据构造热事件提出高原隆升分为 4 个阶段；崔之久等（1996）利用古岩溶夷平面重建，提出高原经历了 3 次隆升和 2 次夷平；吴浩若等（1996）通过黄土高原黄土、古土壤系列分析，提出青藏高原从晚中新世以来至少有 5 个隆升阶段；肖序常等（1998）综合有关资料半定量地给出了不同阶段的隆升速率。上述青藏高原隆升的种种机制虽然有较大差别，但都承认来自南面印度板块的俯冲与挤压是青藏高原隆升的基本动因。

三是中国东部中、新生代构造盆地和构造岩浆带的研究。原地质矿产部设置了“八五”重大基础项目“中国东部濒太平洋地区地质构造、岩浆演化及成矿作用”。通过研究划分了 14 种火山岩组合和 9 种侵入岩组合，指出白云母/白云母花岗岩类是陆内俯冲的岩石记录，岩石圈根的形成及其随后的去根作用是中新生代以来东部大陆“活化”的深部原因。原地质矿产部还设立了“八五”重大基础项目“中国东部环太平洋带中新生代盆地演化及地球动力学背景”，计算了中国东部伸展盆地的岩石圈拉伸系数和软流圈顶面隆起高度，揭示了中国东部盆地深部控制因素；对 7 个代表性盆地沉积史、热史、岩石圈伸展及软流圈隆起状况等进行了动态模拟。邓晋福等（1986）提出“大陆根-柱构造”是研究大陆动力学的钥匙。高山等（1999，2000）从地球化学角度论证了中国东部中新生代发生过岩石圈的拆沉作用。

四是大陆与大洋边界关系的研究。滕吉文等（1994）对东南陆缘地带的岩石圈结构进行了专门研究，得出地壳和上地幔均为成层结构，地壳厚度变化较大，显示由大陆型地壳向海洋型地壳过渡的典型特征。姚伯初等（1994）发现作为被动大陆边缘的南海北部陆缘区从陆架、陆坡到深海平原，地壳厚度不断成阶梯状减薄，有 4 级阶梯，反映发生过 4 次幕式拉张。近年来，我国应用自行开发的合成孔径剖面（SAP）技术、扩展排列剖面（ESP）技术、海底地震仪（OBS）观测技术和地震层析成像技术，初步探测出东海陆架与海槽的地壳深部结构，以及太平洋板块在东海之下的俯冲状态（金翔龙，2000）。我国台湾学者对台湾构造进行了深入研究，认为台湾是一个具有地槽和岛弧双重地质背景的岛屿，与太平洋西岸的其他俯冲岛弧活动带不同，它是弧陆碰撞活动带。1995 年在台北专门召开了“台湾活动碰撞”国际学术讨论会，毕庆昌在 Eldridge M. Moores 等主编的 1997 年出版的《欧亚区域地质全书》中对台湾地质构造作了系统介绍。陈雅芳等（1995）应用奥伊勒原理，对弧陆碰撞之路径及速率进行模拟，说明菲律宾海板块与北吕宋板块之间还有相对运动。

在 20 世纪 90 年代，还出版了一批中国大陆构造研究的综合成果，其中有代表性的是任纪舜等完成的新一代《中国及邻区大地构造图（1∶500 万）》及简要说明《从全球看中国大地构造》(1999)，着重从空间上总结了中国大陆构造特点及形成机制。王鸿祯、莫宣学（1995）则着重从时间上总结中国大陆演化规律。许靖华、孙枢、李继亮等提出多岛海和弧后盆地的构造模式，1998 年出版了《1∶400 万中国大地构造相图》。在此期间我国有关大陆构造与动力学的学术讨论会接连召开：1989 年由国家地震局、中国地质大学联合发起在武汉召开了“大陆构造及成矿作用”学术讨论会，1992 年出版了会议论文集《中国大陆构造》；构造专业委员会于 1994 年和 1995 年分别召开了“大陆构造”学术讨论会，1996 年以英文出版了会议论文集《中国大陆构造》；1996 年在中国北京召开的第 30 届国际地质大会，其主旋律也是大陆地质及大陆动力学。在国家自然科学基金委员会资助下，中国地质大学 1998 年在武汉召开了“中央造山带国际学术讨论会”。

3. 地质制图

至 1989 年底，全国 1∶100 万区域地质调查已全面完成，东部地区各省（区、市）的 1∶20 万区域地质调查也已全部完成。全国各省（区、市）地质矿产局从 1981 年开始全面系统地总结本省（区、市）的地质矿产资料，综合研究本省（区、市）地质矿产特征，编著分省（区、市）的区域地质志和相应的地质图件。在此基础上各学科编制出版了一大批专业性图件，按比例尺（由大到小）划分，主要有 1∶100万南岭地区地质图、三江（怒江、澜沧江、金沙江）地区地质图、华北地区前新生代地质图、黄淮海平原第四纪地质图，1∶150 万青藏高原地质图、西藏板块构造建造图，1∶200 万黄河流域地质图、长江流域地质图、黄淮海平原岩相古地理图，1∶250 万中国构造体系图、中国第四纪地质图等。

90 年代以来，为了迎接第 30 届国际地质大会，中国地质科学院编制了 1∶500 万系列图：中国及邻区大地构造图、中国火成岩地质图、中国新构造图、中国区域地壳稳定性图、中国岩溶环境地质图和中国矿床成矿系列图，1∶500 万亚欧地质图和 1∶800 万亚洲水文地质图。与此同时，原地质矿产部系统还编制出版了 1∶250 万中国煤田地质图及煤田预测图，1∶400 万中国岩溶水文地质图和中国可溶岩类型图，1∶500 万南极洲地质图、中国矿产资源图（3 种）、中国航磁图、中国重力图和中国地球化学图，1∶600 万中国环境地质图系（11 种）。除地矿部门外，其他有关部门编制出版的一些重要图件有：中国煤田地质总局编制了1∶200万中国煤炭资源分布图和中国煤层瓦斯地质图；核工业部编制了1∶200万中国铀矿分布图；武警黄金指挥部编制了1∶400万中国岩金成矿规律图和中国砂金成矿规律图；中国有色金属工业总公司编制了1∶400万中国成矿大地构造图；中国建材地质中心编制了1∶500万中国非金属成矿地质图；水利部编制了1∶250万中国地表水资源分布图和1∶800万中国水土流失与治理图；中国科学院系统编制了1∶400万中国大陆地区大地热流平均值分布图和1∶800万亚洲陆海壳大地构造图；北京市环境保护科学研究院编制了1∶400万中国自然保护区分布图和中国荒漠化现状分布图。这些重要图件和许多省（区、市）的各种图件都参加了第30届国际地质大会展览。自1980年冬耿树方、范本贤等与联邦德国合作编制了我国首张“机助”地质图（1∶200万中国阴山—燕山地质图）后，我国计算机辅助制图的研究开发工作迅速发展。特别是80年代中期由中国地质大学（武汉）吴信才研制开发的“MAPCAD”制图软件系统，到90年代中期已日趋成熟，可以应用在地质、测绘、遥感、国土、农林等各类专业的计算机辅助制图技术中。

截至2000年，全国除青藏高原大部分及大兴安岭部分地区外，各省（区、市）均完成了1∶20万区调填图，共完成陆地面积691万km^2。完成1∶5万区域地质填图面积175.9万km^2。航空物探已完成陆地面积调查930万km^2，海域面积调查210万km^2。

“九五”期间，特别是国土资源大调查实施以来，区域地质调查工作取得了积极进展，1999年以来安排1∶25万区域地质调查图幅88幅。

二、地球物质学科

（一）矿物学

改革开放以来，矿物学新概念、新分支、新领域不断出现。1985年，国际冶金界提出具五次对称的骤冷凝聚Al-Mn合金，彭志忠不失时机地开展了准晶态的研究，提出了二十面体原理、黄金中值原理及分数维模型，并对五方晶系、十方晶系准晶进行研究。这些成果在当时国际矿物学界处于领先地位。不幸他因病过早去世，未竟的事业由他的学生们继承。马喆生等（1988）发现了晶体中两类无公度调制现象；施倪承（1992）对八方和十二方准晶进行了研究等。同时，叶大年（1988）提出拓扑体积可加性及地球圈层氧平均体积守恒性。此外，这一时期对超微结构、超显微双晶也进行了研究。随着我国测试技术的进步，新矿物的研究水平日益提高。截至1989年经国际新矿物委员会审定认可的我国新矿物已达57种，1998年骤增至

83种。

（1）系统矿物学。80年代潘兆橹主编并多次再版《结晶学及矿物学》教材；1982～1987年王濮等完成了《系统矿物学》三卷本的编纂，按照矿物结构体系，收集国内外系统的矿物学资料，是一部极具参考价值的著作。此外，在黏土矿物、铌钽、铀、金、盐类等方面都有了系统的研究，还出版了多种有关的专著。

（2）矿物形态学。陈光远等（1982）对动力变质带板状磁铁矿双晶进行了深入研究。80～90年代，王文魁在晶体形貌研究方面做了系统的工作，建立了中国地质大学（武汉）矿物晶体生长和形貌实验室，编著《矿物晶体微形貌学概论》（1984）、《晶体测量学简明教程》（1992）等，利用石英环带最大韵律数为参数在胶东金矿区进行了矿物学填图。

（3）矿物物理学。我国起步较晚，应育浦等（1977）的《穆斯堡尔效应在矿物学中的应用》，对辉石、角闪石等铁镁矿物中铁价态研究起着重要的作用。90年代出现陈丰等的《矿物物理学概论》（1995）等系统性的论著。引进的激光拉曼光谱，已成为研究流体包裹体、微粒包裹物的重要手段。陈光远、邵伟、孙岱生等将穆斯堡尔谱、顺磁共振谱、载流子参数等矿物物理学的理论和方法应用于胶东金矿矿物的标型研究，解决了许多找矿中的问题。

（4）成因矿物学。80年代先后召开过5次全国性的矿床矿物学、成因矿物学与找矿矿物学学术会议，促进了学科知识的普及与提高。10年中组织过4次全国性成因矿物学找矿矿物学短训班，参加人数近500人，起到了培养人才提高素质的作用。在此时期各大专院校纷纷开设了成因矿物学、找矿矿物学课程，培养了一批硕士、博士研究生。在这期间，成因矿物学、找矿矿物学成果广泛运用于铁、铬、镍、铂、金、银、铜、铅、锌、稀土、放射性元素和金刚石等10几种矿产的找矿和勘探，深受广大地质同行的欢迎。90年代成因矿物学持续发展，建立了金矿找矿标志，针对不同地质条件开展了系统的成因矿物学研究，成因矿物学的人工实验也有了新的进展。矿物学的填图参数进一步增加，从矿床矿物学填图发展为区域矿物学填图。1996年第30届国际地质大会上，提交的《中国胶东金矿矿物学填图图册》（英文版），受到国际同行的普遍关注。

（5）高压矿物学。现代微束分析技术的迅猛发展促进了地幔超高压矿物学和冲击变质领域的研究。谢先德以研究冲击石英的微结构为基础，1991年起对天然受强烈冲击陨石开展了深入的微观和超微矿物学研究，发表论文30多篇，提出“动态高压矿物学”这一矿物学的新发展方向。1989年江苏寺巷口陨落了一个受强烈冲击变质的低铁球粒陨石，其冲击时部分熔融脉体中发现具氯磷灰石成分的新相。该相呈重结晶的多晶集合体产出，与林伍德石、镁铁榴石、镁方铁矿等共存于冲击脉体之内，它们是天然产出的地幔超高压矿物组合的代表。此外，在苏鲁—大别山区超高压变质带内也找到柯石英、金刚石、富铝榍石、羟黄玉等超高压变质矿物，获得了陆壳岩石深俯冲的信息。

（6）包裹体矿物学。改革开放以来有了很大发展。李秉伦、谢奕汉（1983，1989）应用包裹体研究查明宁芜玢岩铁矿的形成条件。李兆麟、李秉伦开展的矿物包裹体成矿动力学信息，施继锡、侯增谦等对有机包裹体的研究，夏林圻、李院生关于熔融包体研究，何知礼、徐久华关于幔源包裹体的研究等，都有了显著的进展。20年来主要研究方向包括：①多种成岩成矿物化条件的研究；②温压地球化学找矿的研究；③包裹体测试设备的改进；④包裹体本身的实验研究。在利用包裹体水盐体系相平衡资料求解物化参数和包裹体的Rb-Sr、U-Pb、Sm-Nd同位素研究与定年等方面，也都取得一定的进展。

（7）实验矿物学。中国科学院贵阳地球化学研究所赵斌等对硅酸盐矿物进行了多年的实验研究，近10年来自行设计制造了大腔体高温、高压实验装置（谢鸿森等），进行了水热体系中的矿物合成、矿物溶解、蚀变作用、贵金属和硅酸盐体系相平衡实验（吴学益等）。在自行设计的高温、高压设备支持下，进行了幔源矿物岩石的相转变实验（郑海飞等）。对稠油储层注入蒸汽后，蒙脱石、高岭石、伊利石和石英性状变化进行了模拟（朱自尊，1994）。中国地质科学院李九玲等（1994～1998）对大厂锡矿多种硫盐矿物进行人工合成实验及稳定性条件的研究，成功阐明了硫盐形成的物质来源。

（8）工艺矿物学。随着量子理论在矿物学中的应用，矿物谱学及微束分析技术的应用，人们能够有效地查明有用组分的成分、结构、键性及其与工艺性能之间的关系，从而改进选冶工艺，提高经济技术指标，并解决废料利用和环境保护问题。由于魔角自旋核磁共振（MASNMR）的运用，深化了长石、黏土矿物、硅藻土等各种矿物材料的基础研究，改善了矿物材料的性能，推动了高新技术的发展。同步辐射X射线吸收光谱对硅酸盐结构的研究，可以查明Al在硅酸盐矿物中的配位，Al—O键的键长键角及其与矿物的密度、黏度、扩散系数之间的关系，为进一步利用打下基础。

（9）岩矿测试技术。矿物学、岩石学重大进展是与测试技术的进步分不开的。国家质量监督局所属全国探针分析标准化技术委员会制定了国家标准，制备了近1000余种探针标样，其中28种已被国际标准化组织列入其目录，通报各会员国。如今，微束分析已在地质科学许多领域应用和发展。近年来发表的新矿物和罕见矿物，其化学组成 85%是用电子探针、扫描电镜附 X 射线能谱或波谱仪测定的。

（二）岩石学

1. 岩浆岩与火山岩

改革开放以来，岩浆岩岩石学产生了新的飞跃，岩石物理化学理论和方法已系统地运用于岩浆岩岩石学，池际尚、苏良赫以及邓晋福（1987）等对此有重要贡献。实验岩石学也有一定的发展，赵斌、谢鸿森等自行设计制造的大腔体超高温高压实验装置，能够进行硅酸盐体系相平衡的研究，为实验岩石学的开展创造了条件。

（1）岩浆地质方面。由于板块构造理论的引入，岩浆系列、组合及其构造环境方面的研究日益加强，岩浆物理、岩浆动力学的研究已经兴起。动态地研究构造-岩浆间的相互作用，重建构造岩浆事件的时空格局，已得到较充分的发展。在岩浆传输过程流体动力学、火山喷发动力学、岩浆房过程、岩石流变学等方面已进行不少有意义的工作。正如董申保所指出，岩浆岩的研究"已从 20 世纪早期纯描述的岩相学研究走向一个有着完善的地质环境沿革为背景，以近代测试为手段并基于重熔实验为依据的综合研究方向"。由于我国大陆及边缘海地质构造、岩浆作用与成矿的复杂性与多样性，岩浆岩的地质研究，已经取得一批好的成果。从事中国东部中、新生代濒太平洋岩浆岩与成矿的科学家包括：徐克勤、王德滋之于华南花岗岩，常印佛、翟裕生之于扬子江中下游的岩浆与成矿规律，邓晋福之于中国大陆的根柱构造和他多次强调的中国东部岩石圈减薄，莫柱孙之于东南沿海的花岗岩，邱家骧、李兆乃和周新民之于中国东部的火山活动等。从事秦岭—大别山造山带构造岩浆研究的科学家有张本仁、张国伟、丛柏林，从事青藏、"三江"造山带岩浆与成矿研究的有张旗、邓万明、莫宣学、迟效国等，从事昆仑—祁连、天山以及兴蒙造山带火山岩、蛇绿岩研究的有肖序常、何国琦、张旗、夏林圻和穆克敏等。

中国濒太平洋的岩浆作用与成矿，同美洲西部的濒太平洋带相比，既有共同性，也有重大的差别，此一认识，对于阐明太平洋板块的运动学与动力学是十分重要的。陆壳增生是地球科学最重要的问题之一。我国北方以 ε_{Nd}正值为特征的巨大古生代花岗岩带的发现，为显生宙地壳增生过程中有大量地幔物质的引入提供了重要的依据。青藏高原北部、南部及东缘许多地区高钾火山岩的发现，揭示了印度与欧亚板块的碰撞和碰撞后的过程。通过火成岩的时空分布，提出高原北缘地块对于青藏高原主动俯冲的可能性。此外，在"三江"及西部许多造山带中，在俯冲碰撞过程结束之后，才有"安第斯"型的弧火山岩和斑岩等岩浆活动，并伴随有经济价值的矿床，可称"滞后型"弧火山活动，反映了大陆构造-岩浆-成矿的复杂性。所有这些新发现、新资料都说明了我国岩浆岩岩石学，正在不断创新、走向成熟。

（2）地幔岩石学。我国地幔岩石的研究是从新生代玄武岩中的地幔捕虏体及高压巨晶开始的。80年代以来，深化了东部如河北汉诺坝、广东麒麟等地的包体研究，并扩大到西部如甘肃礼县、湖南宁远及滇西。经研究，提供了东部各典型地区的上地幔岩石剖面，建立起中国东部新生代上地幔组成、结构及热状态的总体框架，发表和出版了不少论文和专著。池际尚主编的《中国东部新生代玄武岩及上地幔研究（附金伯利岩）》(1988)，在国内外产生了强烈影响；刘若新、鄂莫岚、邓晋福、路凤香等也相继出版专著。90年代，发展了为东部岩石圈四维填图和动态综合的深部作用过程的研究。金振民（1994）用实验论证了在塑性变形的条件下，橄榄岩部分熔融的熔体拓扑结构对上地幔流变强度、深部物质波速、导电率等岩石物理性质有明显的制约，同时对元素的溶解度也有直接的影响。近年来地幔温压计研究也有一定的进展。徐义刚（1993）研制了适用于地幔的地质温压计，支霞臣（1996）运用质子探针测定橄榄石中的含Ca量，选用了两种二辉石温度计和压力计计算了扬子地块东段的岩石圈地幔的热状态。金刚石的找矿查明华北地块和扬子地块在古生代时岩石圈地幔的厚度都超过200km，我国东部中新生代的岩石圈根受到侵蚀和减薄，被热的、亏损程度低的地幔所代替，这就控制了我国东部中新生代的岩浆作用和成矿作用。

（3）蛇绿岩。1980～1982年开展的中法喜马拉雅合作研究和1985～1986年中英青藏高原地质考察，大大地推动了中国蛇绿岩及相关领域的研究。我国蛇绿岩分布之广、时代跨度之大、类型之复杂，是世界各国所少见的。王希斌（1987）的《西藏蛇绿岩》系统总结了雅鲁藏布江和班公湖—怒江一带蛇绿岩的特征。此后西准噶尔、天山、内蒙古、秦岭、横断山等地均报道有蛇绿岩。近20年来的研究，渐渐形成一种看法，认为中国是由小的板块拼合而成，蛇绿岩自然是板块边界最好的标志。研究成果表明，中国的蛇绿岩形成环境是多样的，包括岛弧、弧前、弧后及陆间洋盆等。中国的蛇绿岩大多以蛇绿混杂岩的形式出现，混杂岩的基质主要由变质沉积岩组成，而蛇绿岩则是混杂岩中的块体。中国蛇绿岩是多时代的，时代越古老的造山带，受后来构造作用的叠加和改造也越强烈，造山带中的蛇绿岩也越易于受到构造的再造，所以中国的中生代蛇绿岩较之古生代的蛇绿岩保存相对要完整些。扩张的速率、洋盆的规模、蛇绿岩套的地球化学等还都有待详细的研究。

（4）火山岩。1980年11月中国地质学会岩石专业委员会在杭州召开火山岩及火山岩分类命名学术交流会，宣读论文121篇，以火山岩的分类命名为中心兼顾火山地质和火山作用。中国火山学会刘若新等，联合中国地质大学等单位，从环境保护和减灾的角度对长白山、五大连池等休眠火山进行了火山学、火山喷发动力学、火山物质岩石学与地球化学等多方面的研究，获得显著的进展。还有一些学者，从壳—幔之间、岩石圈—软流圈之间物质能量交换的角度研究更长时间尺度的环境效应，虽然仍处于起步阶段，却很有研究前景。

2. 沉积岩

70 年代初，引进了国外福克（1965，1974）等人的碳酸盐岩新分类和沉积模式，极大地改变了传统的对碳酸盐岩成因的认识。1983 年 10 月在成都召开的全国成岩作用学术讨论会，交流了海南、西沙群岛现代碳酸盐岩沉积物成岩作用的研究成果，此后普遍开展了碳酸盐岩成岩环境与成岩序列的研究。研究成果推广应用于四川盆地、华北地区的碳酸盐岩储集层的成岩环境和成岩序列的分析，取得了比较显著的成绩。出于油气资源勘探的需要，普遍重视碎屑沉积和碎屑岩的粒度分布、孔隙类型及成岩作用的研究，采用扫描电镜研究砂岩的成岩作用等。在指相矿物方面，何镜宇等（1982）对渤海湾地区第三纪沉积相的研究发现黄骅盆地北部古近纪的海绿石；河流相、三角洲相沙体的非均质性及其与油田注水动态关系的研究，提高了石油的采收率，效果显著。黏土岩和黏土矿物的研究有许多新的发现：扬子地台的黑色页岩受到关注，范德廉（1987）、张爱云（1987）先后论述了它们的地球化学特征，集中反映了这种特殊的沉积环境下的岩石组合；河北中新元古界中发现的沉积海泡石黏土，被认为是世界首例；华北地区石炭—二叠纪煤系地层硬质高岭石中和其他一些地区的砂岩中都发现了地开石，提高了对硬质高岭石的成岩作用、有机质作用和有序化过程的认识。沉积岩中伊利石结晶度与成岩作用的关系，可以用于碳氢保存程度的预测，已在一些油田开始应用。改革开放以来，重视了钾盐矿床的找矿，张瑞锡等在研究南方红层盆地时提出岩溶角砾岩并讨论其成因。80 年代中期，开始引进风暴岩的概念，发展迅速，我国陆续发现风暴岩的产地，主要是砂质风暴岩（孙枢等，1987，1988），逐渐扩展到钙质风暴岩（孟祥化等，1986）、磷质风暴岩（刘宝珺，1987），研究了风暴沉积机理及其对岩石和矿床形成的意义。

沉积相与沉积环境。从 70 年代后期起，引进国外的理论和方法，沉积相与沉积环境的研究进入了飞跃发展的时期。我国南方，特别是西南地区碳酸盐岩分布极广，面积达 150 多万平方千米；时代跨度大，从新元古代至中生代，是主要的含矿层位及储集层。在“六五”、“七五”国家攻关科研项目中，对南方碳酸盐岩有适当的投入，取得了一定的成果，提出了具有我国特色的海相沉积模式。如油气方面，关士聪等的《中国新元古代至三叠纪海陆分布、变迁及海域沉积相图》提出中国古海域沉积环境的综合模式，吴崇筠总结了中国东部含油盆地的湖泊相和三角洲相，都是很有意义的成果。

1980年10月，中国地质学会沉积专业委员会在陕西长庆油田召开第一届全国碳酸盐岩学术会议，会议对新中国成立以来碳酸盐岩研究工作进行了总结。

其他沉积相模式方面的成果如：前寒武纪陆源碎屑潮汐沉积（孙枢等，1981），以浅水台地与深水盆地相交替的陆棚碳酸盐岩模式（曾允孚，1986），单因素分析综合作图法（冯增昭，1982），碳酸盐与陆源碎屑混合沉积模式等，极大地补充了国外引进模式的不足。碳酸盐岩中的生物礁，以其潜在的油气储集体而受到广泛的重视，其中川东、鄂西二叠纪海绵礁内产出工业油气藏，而广西南丹大厂泥盆纪层孔虫珊瑚礁则蕴藏着多金属矿床。

沉积建造和沉积大地构造。一般认为，沉积建造是指一定大地构造和古气候背景下的岩石共生。19世纪中叶，地槽学说的发展认识到前造山期发育前复理石沉积建造、造山期发育复理石建造、后造山期发育磨拉石建造。自板块构造学说引入以来，人们开始探索新的建造分析方法，孟祥化出版了《沉积盆地与建造层序》（1996）专著，提出按照板块构造不同的环境，建立不同的盆地类型与不同建造类型分布的关系。

现代沉积方面，因其与环境科学的发展关系极大，已成为沉积岩石学中的前沿领域。中国科学院地质与地球物理研究所沙庆安对现代生物礁环境及现代碳酸盐沉积的研究，中国科学院青岛海洋研究所及南海海洋研究所对海洋沉积环境的研究，中国科学院南京地理与湖泊研究所对现代湖泊沉积环境的研究，中国科学院兰州地质研究所对新疆及西北地区现代沉积相的研究，中国科学院青海盐湖研究所对西北地区盐湖沉积的研究等，都取得了丰硕的成果。严钦尚、张国栋对现代长江和现代海岸沉积的研究也富有创见。近10年来对西北地区的黄土、青藏高原古里雅冰帽的冰芯、火山口（玛珥）湖沉积和岩溶石笋等高分辨率的地质记录研究，采用了先进的AMS ^{14}C测年技术，已经使我国在这方面走向世界。

总之，70年代以来我国在沉积岩研究已经达到有严格科学逻辑推理和有完整的系统理论为指导，有科学实验为检验的现代化的沉积岩石学水准。它以密切结合我国实际为特色，按照新的观点编出了中大比例尺区域岩相古地理图，显示出良好效果。1982年我国首次组团参加在加拿大召开的第11届国际沉积学大会，叶连俊当选为国际沉积学家协会理事。此后，业治铮、孙枢、刘宝珺、李任伟先后在国际沉积学家协会等组织任职，我国沉积岩石学和沉积学研究已在国际上受到重视。

3. 变质岩

20 世纪 80 年代以来，通过大范围的 1∶5 万区域地质调查，加深了对区域变质岩的认识。许多早前寒武纪变质岩分布区内的片麻岩，过去均划归表壳岩，按地层处理。1∶5万区域地质调查发现 75%～80%的这些片麻岩，属于变质的深成岩体，而真正的表壳岩仅占 15%～20%。变质岩构造研究得到加强，从而对古老变质地体的演化，有了更新的认识。同位素定年技术不断改进，一些重点地区，如冀东、中条山、五台、太行都建立起前寒武纪地质事件年代表。在程裕淇指导下，董申保、沈其韩、孙大中和卢良兆组织编制了全国 1∶400 万变质地质图，1986 年正式出版。变质地质图将全国划分为 10 个一级单元，详细研究了各个单元的变质岩系、岩石组合、原岩建造、变质时代和序列，划分出变质相系和相组，对变质作用的类型、构造变形和区域变质有关的花岗岩浆作用也作了系统总结和理论探讨。这是我国第一次完整的变质岩和变质作用的总结，受到国际地质学界的广泛关注。

前寒武纪高级变质岩主要研究成果表现为：①识别出一批绿岩带，例如山东西部新太雁领关、河南鲁山舞阳绿岩带等；②确定了一批 TTG 杂岩区并在其中分出部分花岗岩类，它们代表陆壳重熔的产物，为分析地壳演化提供信息；③获得了一批可靠的同位素年代学资料，辽宁鞍山和冀东曹庄出现了 3800Ma 的年龄，说明太古宙陆核物质的存在；④麻粒岩、孔兹岩等高级变质岩得到了系统的研究。在冀西北、恒山等地发现变质压力 1.0GPa 以上的高压麻粒岩类。此外，我国青年科学家已涉足于南极高级变质岩的研究。

90 年代以来，变质地质学者逐步认识到变质作用是一个动态过程。一些总结性的专著已经问世。沈其韩等的《中国早前寒武纪麻粒岩》(1992)，总结了中国各个主要麻粒岩变质地区的地质和岩石特征，包括流体在麻粒岩相变质中的作用；卢良兆等的《中国北方早前寒武纪孔兹岩系》(1996) 研究了中国北部（含湖北黄陵）出露的孔兹岩系区域地质、岩石组合，探讨了孔兹岩系的成因类型、大地构造背景和地球动力学过程；翟明国等的《华北太古代克拉通麻粒岩与下部地壳》(1996) 以冀西北、晋北和内蒙古边界地区太古宇麻粒岩的岩石学、地球化学、构造学和同位素年代学为研究对象，运用板块构造观点解析了怀安陆块与恒山陆块间的拼合问题。

造山带变质作用："七五"、"八五" 期间，在地质矿产部重点攻关项目和自然科学基金重大项目的资助下，在秦岭、大别山、桐柏山、祁连山、三江地区、川西、浙闽及新疆阿尔泰等地都开展了造山带变质作用的研究。80 年代后期以来，与造山带有关的变质作用受到国际的普遍关注。1993 年国际《变质地质学杂志》出版了

《中国的变质作用》专刊，主要反映大陆前寒武纪克拉通之间的各个造山带的变质作用，它们记录了亚洲大陆拼合过程中的变质与变形，以及克拉通块体的后继运动。该专刊发表了董申保、卢良兆等中国学者的论文共计10篇。在造山带变质地质的研究中已广泛运用变质 p-T-t 轨迹以揭示造山作用过程的地球动力学。石耀霖（1987）成功地进行了逆冲推覆地体区域变质的 p-T-t 轨迹的二维热模拟，并已将此项技术运用于青藏高原等地区。90年代初，运用岩石中的矿物成分环带，借助于A. Spear微分热力学的方法，反演了豫西秦岭群两期变质作用的 p-T-t 轨迹，有了一个初步的尝试。

80年代以来，我国学者在大别—苏鲁变质带中相继发现柯石英、金刚石等超高压变质矿物，同时在超高压变质岩石学、地球化学和构造学等方面都有创见，一直受到国际关注。这一地区已成为世界上研究超高压变质和碰撞造山带的典型地区，1995年国际榴辉岩野外会议在大别山召开，中国科学院地质研究所和中国地质科学院地质研究所等单位的工作在国际上有重要影响。

同时，以苏鲁超高压变质带及深部地质构造为科学目标，由中国地质科学院许志琴为首席科学家的中国大陆科学钻探，获得国际岩石圈委员会的资助，被批准列为国家重大科学工程项目，于2002年6月开钻，2005年3月终孔，历时1353天，进尺5156m。500多米的岩心揭示了50多种类型的岩石，发现1600～2000m深、400m厚的新的金红石矿层，首次在世界上超高压变质岩区建立了深入地下5km的精细的“金柱子”，为建立三维物质成分、构造、物理状态及超高压变质岩石形成与折返机理提供了研究基础，在结晶岩地区提供了精细地震和地质构造解释结果及波速模型，首次在国内验证了结晶岩地区强反射层与韧性剪切带和岩性界面有关。

4. 工艺岩石学

作为岩石学的应用研究方向，苏良赫和他的学生们发展起来的工业（艺）岩石学，在冶金、建材、陶瓷等行业发挥着重要的作用，引入工艺矿物学的新理论、新技术，发展了矿物岩石材料应用与开发研究的新方向。这门应用学科不仅在选、冶、加工等方面得到应用，而且在矿物材料、宝（玉）石矿物、农业、环保研究方面都有一定进展。

（三）地球化学

近年来，地球化学发展迅速，与相邻学科的交叉融合，形成了30多个分支学科，概括起来可划分三大领域。

1. 理论地球化学

指地球化学与基础理论学科相结合的领域，包括同位素地球化学、化学地球动力学、有机地球化学、天体化学、地球化学热力学、量子地球化学和实验地球化学等。

(1) 同位素地球化学。这是地球化学中发展迅速的分支。我国同位素地质研究水平有了很大的提高，最重要的成果有：发现华北地块存在老于 38 亿年古老陆核；南方崆岭群中测得 28 亿年的年龄；诸广山、云开混合岩中发现了 25 亿年左右的残留锆石；闽北建瓯群则获 22 亿年 Sm-Nd 年龄，说明华南也应有古元古代，甚至太古宙的基底；对于一些年代不清或长期争议的变质单元，如五台群下部、中条涑水杂岩，秦岭地区的鱼洞子群、秦岭群、宽坪群、陶湾群，广西、湖南等省（区）四堡群、冷家溪群，粤西云开群，海南抱板群等，均已测出可信度高的年龄。此外，还界定了一些显生宙的地层界限，尤其是围绕黄土所开展的第四纪同位素年代学研究，在国际上有重要的影响。青藏高原、秦岭、大别山等地区提供了详细的地质事件年表。在大别—苏鲁超高压变质带进行了详细的同位素定年，除了 Sm-Nd，Ar-Ar 等方法之外，锆石的 U-Pb 体系定年得到广泛的应用。丸山茂德、简平、刘敦一还作了锆石的 SHRIMP 测定。大致说来，碰撞造山年龄即超高压变质的时限，可能有三期：晋宁期（875Ma）、加里东期（335～424Ma）、印支期（平均 210Ma）。如何认识这些年龄，还有不少争议。

(2) 化学地球动力学。把地球视为一个完整的动力学系统，通过地球各个圈层化学结构和圈层间的相互作用的研究，来认识发生在地球内部的各种地质作用。在我国，化学地球动力学在郑永飞等的努力下，获重要进展。近年来，详细研究了大别山和苏鲁超高压榴辉岩中石榴子石、绿辉石的 $\delta^{18}O$，多硅白云母中氢（H）同位素组成，不仅为超高压变质提供了温度范围，而且根据其中仍保存着的原岩与大气降水进行 H、O 同位素交换的特征，因而提出了超高压榴辉岩在地幔深处停留时间很短，以至它们的 H、O 同位素体系都来不及调整的科学论断，深化了对这一超高压变质带的地球动力学演化的认识。

(3) 有机地球化学。在傅家谟等的努力下，成立了全国性的学术组织。出版了一系列高水平的有机地球化学、石油地球化学专著，在油气勘探评价中发挥了明显的作用。出现了一些新的研究领域，如分子有机地球化学、煤成烃地球化学、陆相生油理论、层控矿床有机地球化学等，在能源地质研究中占有重要地位。以煤成气地球化学为例，我国煤成气的研究已有 20 年，探明的煤成气储量从开始时仅占气层气的 9%至目前的 40%，与油型气一起构成我国天然气的主要部分。戴金星等自 90

年代以来对煤成气地球化学的研究发现：成熟阶段的煤成气普遍是湿气，含重烃最高达34％，大多数为5％～20％；煤成气富含汞蒸气；碳同位素的研究可用于查明煤成甲烷和其源岩成熟度的关系；煤成气中C_{5-8}轻烃单体系列同位素组成，可用于鉴别煤成气与油型气。

（4）天体化学。与地球物质科学关系密切。①在太阳系小天体（陨石、宇宙尘）方面，吉林陨石雨的多学科综合研究，开创了我国宇宙化学研究的新阶段。鉴定出41种矿物，包括自然铜、不同结构类型的铬铁矿-尖晶石变种、白色高硅包体等，依据其系统完整的复杂矿物组合和球粒结构类型，提出太阳星云凝聚的过程及其演化模式。在各时代的沉积岩、变质岩以及华南、华北、西北地区的花岗岩体中发现了古代陨石消融型宇宙尘，并进行了深入研究，划分了宇宙尘的类型，提出了宇宙尘的识别判据。②在月岩和比较行星地质学方面，1978年美国政府赠送月岩样品，我国学者用0.5克样，开展了系统的岩石学矿物学研究，查明其来源于月海玄武岩。在比较行星学方面主要进展是查明了行星大气的化学组成，行星表层特征对比，类行星的形成环境，类地行星的地质演化。③在地球物质演化的能源、地球非均一组成与非均变演化方面，早在60年代侯德封等就指出核转变能是地球内部物质演化的主要能源。基于长期的研究，欧阳自远提出“地球非均一组成与非均变演化”的地球观，认为地球早期的星云域内，原行星吸积了不同成分的星子，构成了不均一的原始地球模式丰度，用以解释古陆核的形成，根据地球内部热演化的阶段性，指出16亿～18亿年前后地球的发展极不相同，较好地说明了18亿～20亿年以来板块构造发育的过程。

2. 地质地球化学

涉及地质作用的各个方面，今选择变质作用、流体作用和低温地球化学作一回顾。

（1）变质作用的地球化学。以往的变质作用研究，多集中于矿物学和岩石学方面。80年代以来，在元素地球化学方面，运用变质岩的常量元素、微量元素和同位素来恢复深变质岩的源岩，判别它们生成的构造环境的工作逐渐多了起来。至90年代，国外这方面的方法已多达120余种，许多图表被广泛使用。但有些原岩恢复结果常常出现矛盾，这与深变质作用（尤其麻粒岩相变质）对活动元素的影响有关。据现有资料，华北克拉通的高级区变质岩的源岩主要是拉斑玄武岩、长英质火山岩及火山碎屑岩、硬砂岩、半泥质岩和碳酸盐岩等表壳岩系和基性长英质侵入体等（孙大中，1984；钱祥麟，1985；周世泰，1987；伍家善，1989；王仁民，1994）。

孙大中（1989）指出这些岩石的变质产物比世界上其他古老克拉通同类型岩石相对富钾和其他大离子亲石元素，并认为这是华北克拉通地壳成熟度高的表现之一。开展的大别—苏鲁超高压变质带的研究，涉及深俯冲作用的地球化学。据江博明（2000）Sm-Nd同位素示踪研究，大别山和欧洲加里东造山带的超高压变质岩具有负的ε_{Nd}（T）值，说明属于大陆来源，也就是说这些镁铁超镁铁岩石有长期居留于陆壳的历史；而所有的阿尔卑斯、海西和泛非带上的高压和超高压岩石普遍存在正的ε_{Nd}（T）值（＝变质的初始$^{143}Nd/^{144}Nd$值），说明是洋壳俯冲受榴辉岩相变质，然后在大陆碰撞过程中构造折返于造山带的。此外，H、O、C同位素的研究也证明了大别—苏鲁超高压变质岩的源岩属于陆壳的岩石。

（2）流体作用地质地球化学。板块俯冲带流体作用的研究是最活跃的课题之一。在秦岭—大别碰撞造山带超高压变质岩的研究中，张泽明、韩郁菁（1996）研究榴辉岩及其围岩中的包裹体，发现不仅有气液包裹体，而且有熔融包裹体。对国内一些火山区泉水中气体地球化学研究，已取得一些重要的资料。戴金星（1992，1994）研究了五大连池、长白山天池及云南腾冲3个火山区泉水中天然气和碳、氧同位素成分，查明五大连池火山区冷泉含CO_2达84％～99.4％，$\delta^{13}C$和$^{3}He/^{4}He$的测量，均认为有来自地幔的气体。王先彬（1993）报道了腾冲火山区温泉气体中$\delta^{13}C$和$^{3}He/^{4}He$，并强调温泉中能不断测定出CH_4，因而必有深部岩浆房的CH_4的补给。上官志冠（1977）研究了长白山天池火山区泉水逸出气体及C、H、O、He、Ar、Ne等的同位素组成，证明具有幔源气体组分。有关海底热水沉积的研究，我国起步较晚。1988年中德合作进行了马里亚纳海槽的热水活动调查，对所采的硅质“烟囱”样品产状、矿物和化学成分进行了系统研究，探讨了其成因。1992年我国首次独立组织开展了冲绳海槽的热水沉积调查，查明作为弧后盆地，冲绳海槽热水沉积富集的元素组合是Pb、Au、Ag、Hg等，Hg的异常可作为热水效应的地球化学标志。

（3）低温地球化学。1991～1997年，国家自然科学基金设立“低温地球化学”重点项目。涂光炽为项目的负责人。在他的学术思想带动下，该课题在总结中国低温金、银成矿作用及低温水-岩相互作用、退变质作用、低温吸附实验等方面均取得了进展。在这项工作之前，涂光炽已提出了中国西南大面积低温热液成矿域的概念，探讨了这一成矿域的形成机制和地质背景。他还多次强调煤、石油、天然气、金属矿床、非金属矿床、盐类矿床等在形成机制上是有机联系的。煤成气、煤成油、盐类矿床与金属矿床，某些天然气与汞，油气与低温热液矿床等，都揭示着这种有机联系。

3. 应用地球化学

在区域地球化学方面，於崇文等在成矿作用时空结构的理论观点和动力学思想的指导下，1983～1987年对南岭地区进行了区域地球化学研究，在粤北地区圈定出21个成矿远景区。张本仁80年代中期以来，以历史地球化学的观点，及构造运动与地球化学运动相互制约和转化的思想，对秦巴地区区域岩石圈构造与成矿规律进行了地球化学研究，揭示了这一造山带构造发展、岩石圈演化及地球化学分区。

在勘查地球化学方面，谢学锦指导的全国水系沉积物地球化学测量和他所建立的地球化学块体理论与方法对我国勘查地球化学做出重要贡献。80年代起，运用“地气”所携带的金属物质微粒，作为矿产勘查的手段，可称“地气法”测量。胶东、川北、安徽等地区区域性地气法测量实验结果证明，测区内的大型矿床在地气异常中都有反映，同时，还发现了一些新的异常，表明覆盖区的区域稀网度地气测量，有可能成为寻找隐伏和深部矿床的有效方法。

环境地球化学是地球化学和生命科学的交叉学科。20多年来，我国环境地球化学家和医学工作者密切合作，开展了几种主要地方病的环境病因和病区环境地质行为的研究，取得一批重要成果。郑宝山在大骨节病等地方性疾病的研究中，证明自由基能引起软骨细胞损害及心肌中某些酶的活性下降，出现血管微循环障碍。但正常机体内也存在自由基的清除防御系统，如维生素E、维生素C、β-胡萝卜素和硒等，它们能及时清除自由基，保护机体不受损伤。在阐明环境中致病物质与疾病关系问题上，环境地球化学将发挥重要的作用。

（四）矿床地质学

1. 区域成矿研究

20世纪80年代以来，对成矿区带的研究工作广泛开展，在大量矿产勘查和区域地质成矿研究的基础上，我国新发现或进一步确定了一些新的成矿区域，如三江（金沙江、澜沧江、怒江）成矿域、西南大面积低温热液成矿域、古亚洲或中亚成矿域等。还运用新技术、新方法和新理论，对中国的重要成矿区带作了不同比例尺的成矿规律和成矿预测研究，其中比较重要的有：秦巴地区、南岭、长江中下游、华北地台北缘、三江等地的区域成矿规律研究取得重要成果；新疆维吾尔自治区305项目取得重要进展；中国各省（区、市）地矿局都编著有区域地质志和成矿规律图，完成了各自的区域矿产总结。这些工作使得中国区域成矿的认识提高到一个新的水平，有关成矿规律的研究论文反映在各类地质矿床刊物中。完成了一批区域成矿研究的著作和图集，全国性的如《中国内生金属成矿图及说明书》(郭文魁等，1987)、《中国矿产资源图及说明书》(宋叔和主编，1992)、《中国黑色有色金属矿产图集》(刘兰笙等，1996)、《中国地壳演化与矿产分布图集》(蒋志主编，1996)、《中国主要成矿区带矿产资源远景评价》(陈毓川等，1999) 等。区域性的如《华北陆块北缘及其邻区有色金属矿床地质》(芮宗瑶等，1994)、《中国新疆古生代地壳演化及成矿》(何国琦等，1994)、《秦巴岩石圈构造及成矿规律地球化学研究》(张本仁等，1994)、《秦巴金属矿床成矿概论》(耿树方，1994)、《长江中下游铜铁成矿带》(常印佛等，1991)、《长江中下游地区铁铜 (金) 成矿规律》(翟裕生等，1992)、《华南元古宙基底演化和成矿作用》(涂光炽等，1993) 等。

中国学者在区域成矿研究方面，逐步形成了一些学术观点，如“构造体系控矿”、“全球构造演化控制区域成矿”、“构造-成岩-成矿”、“区域成矿系统”、“边界、转换、耦合、叠加成矿”等，为进一步的深入研究打下了基础。代表性的综合性专著有《区域成矿学》(翟裕生等，1999) 等。

2. 成矿系列研究

在矿床研究中，人们将具有成因联系的一套矿床组合称为成矿系列。1979 年程裕淇等从地史演化和构造、岩浆、沉积、变质等各种成矿地质作用出发，综合概括提出了三大类 19 个矿床成矿系列，每个系列都有其独特的地质成矿条件。将矿床类型间的内在联系与区域成矿背景和演化相结合，无疑是矿床学学术思想和研究方法上的一个进步，对普查勘探工作有广泛的影响。翟裕生等 (1980，1987，1992) 研究了长江中下游、南岭等成矿区带成矿特征和主要成矿系列，提出了成矿系列结构概念，包括分带性、阶段性、过渡性、重叠性、互补性等结构型式，以表示一个成矿系列内部各矿床类型间的时、空、物质和成因联系。陈毓川、章崇真、夏宏远等研究了南岭与花岗岩有关的有色和稀有金属成矿系列。边效曾、沈永和、陶维屏等发表了有关成矿系列的著述。翟裕生等 (1996) 的《成矿系列研究》一书，较系统地论述了成矿系列研究的理论基础。陈毓川等 (1998) 以中国的区域成矿研究为基础，发表了《中国矿床成矿系列初论》。一些省 (区) 地矿局也以成矿系列观点总结了所在区域的成矿规律。

随着系统科学观点向地质科学的渗透，在矿床学研究中也开始重视成矿系统分析。李人澍于 1996 年出版了《成矿系统分析的理论与实践》专著，於崇文 (1994，1998，2000) 从复杂性科学的角度探讨了成矿系统的动力学特征，关广岳等对成矿系统也发表了著述，翟裕生 (1998) 论述了古大陆边缘的构造演化和成矿系统 (以华北陆块为例）并构建了区域成矿系统的理论与方法框架（1999，2001，2002），侯增谦（1998）等运用成矿系统观念分析了西南三江地区的成矿规律。成矿系统研究是矿床成矿系列研究的深入和拓宽，能带动成矿动力学的研究，是矿床学研究的一个前缘领域。

3. 金矿床地质研究

70年代以来，与全球矿床勘查重点一致，中国重点加强了金矿地质勘查和科学研究，金矿储量和黄金产量有了大幅度增长。通过许多地勘部门的金矿勘查和多学科的金矿科技攻关，不仅发现了众多有价值的新类型金矿（蚀变岩型、微细侵染型、斑岩型、红土风化型等），开拓了新的黄金资源基地（如滇黔桂三角地带等），而且解决了生产和理论研究中的许多重大问题，与此相适应的是有关金矿的学术论著也大量问世。

韦永福等《中国金矿床》（1994）一书，较系统地总结了中国金矿的成矿背景、矿床类型和时空分布特征。1996年出版的《中国金矿床研究新进展》（三卷本）集中反映了中国科学院系统黄金科技研究成果。中国人民解放军武警部队黄金指挥部编制了中国黄金矿产图集，出版了《中国黄金地质丛书》，对东坪、东闯、哈德门沟等多个重要金矿床作了深入研究。胡受奚等对中国东部地区金矿床地质和地球化学，沈保丰等对华北绿岩型金矿均作过系统的研究工作。谢学锦等对中国大型金矿的地质背景和化探找金方法有系统探索，包括深穿透方法在寻找盲矿中的有效运用。蔡新平等在金矿预测工作中取得成效。在这个时期中，对各个主要金成矿区带的综合研究成果也大量问世。丰富的金矿地质研究成果表明，中国有较大的金矿资源潜力，金矿分布广，主要为中生代成矿，伴生金占较大比重，这些都与中国复杂的成矿地质背景有关。

4. 超大型矿床研究

因超大型矿床储量规模巨大、罕见且具有重大经济价值和科学研究意义，故寻找超大型矿床已成为许多国家和勘查公司的找矿目标。涂光炽自80年代起，倡导和组织了“找寻超大型矿床的基础研究”（国家科学攀登计划），探讨了中国超大型矿床的时空分布规律，剖析了白云鄂博稀土-铌-铁矿、柿竹园钨-锡-多金属矿、大厂、金顶等多金属矿的形成机制，提出了同生构造、挥发分、碱金属、有机质、热水沉积等是关键控矿因素，并初步总结分析了多数超大型矿床产于大陆边缘构造地带的原因。涂光炽、裴荣富、翟裕生、赵振华等发表了有关超大型矿床地质和成因的论述。

5. 矿床地球化学和成矿实验研究

近年来，在矿床地球化学和成矿实验研究方面已取得丰硕成果，稳定同位素、放射性同位素、微量或痕量元素、矿物包裹体、矿物组合热力学分析、成岩成矿模拟实验（包括水-岩反应和成矿关系的实验研究），以及各种成矿作用的数学模拟、计算机模拟和数学地质、遥感技术、分形理论等方法技术的广泛应用，极大地提高了矿床学研究水平，不仅推动了矿床研究由定性向定量发展，而且加深了对成矿理论基本问题的认识。矿床研究基本问题包括成矿物质来源、迁移、沉淀富集和后期改造等四方面内容，已能从系统角度加以整体研究。我国学者在多年探索的基础上，提出了“成矿物质多来源”、“上地幔元素丰度从根本上决定区域矿专属性”、“壳幔物质再循环使矿质浓集”、“超大型矿床成矿物质主要来自深部”等学术观点。在成矿流体地球化学研究方面，张荣华等开展了超临界流体的动态模拟实验研究。赵斌等进行了高温高压下成矿元素在不同流体间分配特征研究。杜乐天（1996）强调了幔源流体和碱交代作用对成矿的重要意义。季克俭（1994）提出“矿源、水源、热源”的三源成矿说。翟裕生（1997）提出“构造-流体-成矿系统”等。刘丛强组织的地质流体与成矿作用的大型科研项目已取得新的成果。

1982 年起出版的《矿床地质》以及有关矿床地质的大量学术刊物，对矿床学学术交流起了很好的推动作用。1993 年出版的《中国矿床》（三卷本，宋叔和主编）全面总结了 90 年代以前中国矿床地质研究的主要成果。姚培慧主编的《中国铁矿志》、黄崇轲等的《中国铜矿床》(2001)、陶维屏等的《中国非金属矿床成矿系列》(1994) 等一批综合性著述，都是具有重要学术价值的矿床学文献。

三、地球应用科学

（一）能源地质学

1. 石油与天然气地质学

20 世纪 80～90 年代中国石油地质学的成就可归纳为 6 个方面的新进展。

(1) 含油区构造及盆地研究。80 年代初，朱夏吸收板块构造理论，认为控制中国沉积盆地发展的构造体制，在古生代受槽台构造体制控制，属克拉通盆地性质，而中、新生代盆地则受板块构造体制的控制（1986)。

李德生将中国盆地简单分为三类：即中国东部含油气盆地——拉张型盆地；中国中部含油气盆地——过渡型盆地；中国西部含油气盆地——挤压型盆地（1981)。

王尚文等依中国板块演化特点，提出了中国东部属扩张型大陆边缘活动带，西部则形成聚敛型大陆边缘活动带，中部属过渡性质（1983）。朱夏则分为古生代原型盆地（又分为5类）和中新生代原型盆地（又分7类）（1983）。田在艺按构造环境将沉积盆地划分为裂陷盆地（又细分5类）、聚敛盆地（又细分9类）、走滑断裂盆地、克拉通盆地等四大类盆地（1996）。近来，石油大学则将中国沉积盆地简化为3种类型：前陆盆地、裂谷盆地和克拉通盆地（金之均，2001）。

近些年来，沉积盆地的成因，成为国内外的研究热点。由于注意了盆/山关系，盆地原型和成盆动力学机制的研究，使人们对盆地性质和成烃、成藏条件有了更深入的了解。用走滑构造和伸展构造模式及克拉通与前陆盆地叠合、复合模式解释盆地的形成和演化，进一步认识了构造对油气藏形成与分布的控制作用（贾承造，1993；赵文智、何登发，1999；金之均，2000）。

（2）陆相生油理论研究的新进展。由于有机地球化学在石油地质领域中的应用，促进了石油有机地球化学的兴起和发展，并据此逐步揭示了包括陆相生油在内的生油机制，推动了中国陆相生油理论的发展。

自70年代末期以来，我国石油工作者在石油地质学、有机地球化学和有机岩石学的结合点上进行了大量的工作，各油田研究院（所）对我国各主要沉积盆地的烃源岩评价进行了系统总结（杨万里主编，1989），同时进行了理论探索。陆相生油研究的新进展，主要表现在以下5个方面：①陆相烃源岩形成地质条件、类型、有机组分及其丰度、烃源岩演化及成烃模式；②油源对比，基于生物标志物和同位素的分馏规律的研究，对石油及天然气与可能源岩之间有机母源输入成分之间的亲缘关系进行比较，以判识和追溯石油及天然气的可能来源；③未熟-低熟油的认识，这方面的进展不仅对蒂索（B. P. Tissot）的生油模式提出了疑义，进一步丰富了生烃机理研究，而且扩大了找油领域；④煤成烃研究近几年获得了重大进展，为西北一些盆地侏罗系找油的突破提供了理论基础，该理论是中国陆相生油理论的主要特色和重要组成部分；⑤烃源岩评价，包括生油量的定量评价以及区域地质-地球化学条件综合研究与评价。

傅家谟等较早地应用蒂索成烃模式，研究并提出了中国石油演化的机理与石油演化阶段（1975），1995年又完成了《干酪根地球化学》，提出了干酪根热演化成烃模式。黄第藩对陆相生油理论作了系统研究，先后完成了《中国陆相油气生成》（1982）、《陆相有机质演化和成烃机理》（1984）、《陆相油气生成和成烃机理》（1991）、《未成熟石油及其地球化学意义》（1987）、《煤成油的形成和成烃机理》（1995）等研究成果。王铁冠在前人工作基础上提出了低成熟油“低温早熟”成因机制和生烃模式（1995）。程克明等（1995）对“烃源岩地球化学”进行了系统总结，特别是煤成烃研究，促进了吐哈油田的开发。

（3）天然气地质学。1979年戴金星提出的“成煤作用中形成的天然气和石油”一般作为中国天然气地质学的开端。自此，经过20多年的勘探实践和理论探索，中国天然气地质学的理论框架已经形成。包茨（1988）、陈荣书（1986）率先编著了《天然气地质学》，戴金星也著述了《天然气地质学概论》（1989）。90年代初由戴金星等主编的《中国天然气地质学》(1992）问世。同时，冯福闿等也编著了《中国天然气地质学》(1995)。在15届世界石油大会（北京，1997）前后，为展示我国石油科技成就，出版了一批图书。王涛主编的《中国天然气地质理论基础与实践》，概括总结了中国天然气地质理论。

经过努力，中国天然气地质学已成为一门独立的学科，指导着中国天然气工业的发展。概括起来，中国天然气地质学主要涵盖了以下5个问题：①天然气生成与分布的地质条件；②天然气地球化学，包括天然气成因机理、天然气成因类型及其判识、气源对比以及天然气稳定同位素地球化学等；③气源岩，包括有机岩石学、有机地球化学特征以及各类气源岩生烃潜力和成烃演化模式等；④天然气成藏机制，包括储层类型与评价、天然气盖层条件以及天然气运移、聚集及成藏机制与成藏模式；⑤天然气气田形成条件和分布规律。在上述这些领域中，我国学者论述颇多，并形成了中国的特色。煤成烃（气）（戴金星、傅家谟，1990）、天然气成因（徐永昌，1994）、天然气源岩（程克明，1997）、天然气运聚动平衡与成藏模式（郝石生等，1994；张义纲，1991）、天然气聚集区带的划分（戴金星，1997）等都很有建树。

此外，由于我国有丰富的煤炭资源，煤层气（甲烷）资源也是现实的天然气资源。经过几年的努力，对煤层气资源预测以及煤层气藏形成条件，高产富集因素和富集区带分布等亦有了基本认识。加上勘探开采技术的突破，这部分资源已具有开发利用条件（叶建平等，1998；赵庆波等，2001）。

（4）沉积相与储层评价研究。针对陆相沉积的多物源、窄相带、岩性岩相变化快和在时间和空间上多迁移变化的特点，中国学者系统地总结了陆相沉积体系相模式、相结合序列，研究了储层成岩作用和成岩演化序列，突出了次生空隙发育规律的研究。在这方面裘怿楠（1980，1982，1987），吴崇筠、薛叔浩（1988，1992），赵澄林（1988），田在艺等（1997）均有专著总结。层序地层学的引进，为发展陆相地层的层序地层学做了大量工作，目前已成为沉积相研究的常规方法。地震地层学自80年代初传到我国，立即应用于油气勘探，发展了陆相地震相模式，为寻找新类型油气藏提供了理论依据。

（5）油气资源评价和中国油气远景。自1981年开始，开展了全国油气资源评价。当时的石油工业部组织了全国23个石油研究院（所）和石油勘探局等单位，从基础研究入手，在统一研究大纲和计划安排下，历经5年，完成了全国第一次大规模的油气资源评价工作，并出版了系列专题研究成果，包括含油气盆地构造（1989）、烃源岩评价（1989）、沉积相（1989）、煤成气（1987）、油气聚气与分布（1991）及油气资源评价方法（1988）。

在第一次油气资源评价完成之后，经过5年技术准备，自1991年起又进行了全国第二次油气资源评价。广泛地使用了盆地模拟技术，针对各油田实际情况引进和研制、开发了40余种方法，包括地质评价、资源量估算和经济评价3个方面，于1994年底完成了第二次资源评价工作。油气资源评价，既促进了石油地质理论的发展，也证实了中国油气发展潜力还是巨大的。

（6）油气藏（田）形成与分布规律研究及中国（或分区）石油地质特征的总结。80年代初期，胡朝元将60年代总结的“生油区控制油气田分布”的基本规律，概括为“源控论”（1982）。

由于物理模拟和油藏数字模拟的发展，以及同位素分析和包裹体分析研究的应用，使研究油气藏成藏过程，特别是成藏关键时刻的确定成为可能，进而对油气田成藏定量模式研究获得了重大突破式进展（金之均，2001）。

这一时期，对中国石油地质进行系统总结的论著陆续出版。如1985～1995年由翟光明主编出版了《中国石油地质志》共16卷，1991年胡见义、黄第藩等编著了《中国陆相地质理论基础》一书，邱中建、龚再升主编出版了《中国油气勘探》一套丛书（4本）（1999），高瑞祺、赵政璋主编出版了《中国油气新区勘探》一套丛书（7分册）（2001）。这既包括勘探历程、成果和经验总结，也概括了石油地质理论的发展。

为我国石油地质理论发展做出成就的老一辈地质学家，出版了他们关于石油地质方面的文集，这是十分宝贵的历史文献。主要有：《黄汲清石油地质著作选集》（1993），《翁文波学术论文选集》（1994），《朱夏论中国含油气盆地构造》（1986），《孙健初地质论文选集》（1998），《李德生石油地质论文集》（1992），《田在艺石油地质论文选集》（1997），《胡朝元石油天然气地质文选》（1999），《张文昭石油勘探文学》（1995），《裘怿楠石油开发地质文集》（1997）等。

2. 煤地质学

改革开放以来，我国煤田地质事业大踏步前进。先后引进航测、遥感、物探等先进技术装备，地勘速度、精度大幅度提高。从 1978 年开始，对山西、豫西、兖州、神木等地开展会战。于 1980～1996 年分别由地质矿产部和煤炭部门进行了 3 次煤田预测，总资源量约为 5.0 万亿吨。1985 年由煤炭部、冶金部提出《中国煤炭分类》，将中国煤分为 17 类，其中褐煤 2 类、烟煤 12 类、无烟煤 3 类，作为强制性国家标准，在全国执行。

煤田地质研究领域除煤、煤层、煤系和煤田的成因、性质和分布规律外，为减少燃煤污染，80 年代开展了煤中有毒微量元素及砷、氟、氯等的研究。同时，煤成气、煤层气、煤成油的研究也取得很大进展。煤炭科学研究总院西安分院于 1973 年创办《煤田地质与勘探》、中国煤田地质局于 1989 年主办《中国煤田地质》，加上不定期发行的《国外煤田地质》、各省办的《煤田地质》及各院校办的刊物，每年发表煤田地质文献均在数百篇以上，大大活跃了科研气氛。煤炭、地质等出版社先后出版了一批总结性的煤田地质专著，具很高学术价值。其中突出的有：杨起、韩德馨主编的《中国煤田地质学》(1979)，王竹泉主编的《华南晚二叠世煤田形成条件及分布规律》(1980)，李思田主编的《断陷盆地分析与煤聚积规律》(1988)、《含能源盆地沉积体系》(1996)，杨起主编的《煤地质学进展》(1987)、《中国煤变质作用》(1996)，韩德馨主编的《中国煤岩学》(1996)、《中国煤炭工业百科全书——地质卷》(1996)，童玉明著的《中国成煤大地构造》(1994) 等。此外，1994 年出版了《中国煤炭资源丛书》共七册，如《中国煤盆地构造》(莽东等编著)。还有一批区域性"煤田地质"、"沉积环境与聚煤规律"、"煤质特征"等方面的论著。煤层气资源研究有很大进展，如中国煤田地质总局著《中国煤层气资源》(叶建平等，1988)，孙茂远等编著《煤层气开发利用手册》(1998) 等。

3. 核地质学

铀矿床分类是铀矿床学的重要组成部分。我国学者 70 年代以来，根据我国已发现的主要铀矿床产出的围岩成分和分布规律，把铀矿床划分为 4 个大类、11 个亚类：花岗岩型铀矿床（又分 3 亚类）、火山岩型铀矿床（又分 3 亚类）、碳硅泥岩型铀矿床（又分 3 亚类）、砂岩型铀矿床（又分 2 亚类）。这种以围岩成分为基础的铀矿床分类，基本上概括了我国主要铀矿床类型及其分布情况，有助于指导铀矿床的勘探工作，多年来已被生产、科研部门所采纳。

80 年代以来，对我国铀矿床进行了系统总结，主要著作有《火山岩与铀矿化》(北京铀矿地质研究所，1979)、《花岗岩型铀矿论文集》(杜乐天等，1982)、《中国花岗岩型铀矿床地质特征》(王从周等，1985)、《碳硅泥岩型铀矿床文集》(张待时等，1982）。此外，还有《中国铀矿物》（魏思华，1979）、《铀地球化学》（张祖还，1984）。

90年代以来，随着核电站建设、卫星发射等核能和平利用领域的扩展，铀矿床理论也有新进展。突出表现是一批综合性更强的论著出版，如《铀成矿原理》（罗朝文、王剑峰，1990）、《中国铀矿构造与成矿演化》（刘德长等，1991）、《铀成矿预测学》（王有翔、张万林，1992）、《烃碱流体地球化学原理——重论热液作用和岩浆作用》（杜乐天，1996）。姚振凯等依陈国达“多因复成矿床”成矿原理对我国铀矿床进行了系统研究，编著了《多因复成铀矿床及其成矿演化》（1998）。

（二）水文地质学与工程地质学

改革开放以来，水文地质学与工程地质学的新进展可以概括为：研究新问题，采用新手段，进行新的总结（包括充分利用新中国成立以来积累的资料）。

1. 水文地质学

在区域水文地质调查方面，截至1995年，用40年的时间完成了全国陆地（除台湾省外）第一轮调查，基本比例尺为1∶20万，个别高寒和沙漠地区采用比例尺1∶50万或1∶100万。其中1983～1995年完成了条件艰难的西南、西北和黑龙江的雪山、草地、森地、沙漠等地区，面积为290万km^2的调查任务。在积累大量资料的基础上，通过综合分析研究，产生了一批小比例尺的水文地质编图重要成果。如1979年出版的《中华人民共和国水文地质图集》、1988年出版的1∶400万《中国水文地质图》、1992年出版的1∶400万《中国岩溶水文地质图》及说明书。“八五”期间编制的1∶600万《中国温泉分布图及说明书》，收入“中国温泉名录”中不低于25℃的温泉总数达2796处。

在农业水文地质方面，自1960年以来，在全国主要农牧区（特别是在北方）累计完成了1∶5万～1∶10万的农牧业水文地质普查面积130万km^2，其任务包括为井灌规划和土坡改良提供水文地质依据，为牧区和缺水山区寻找人畜饮用水水源。在勘查工作的基础上，进行了多项主要为发展农业服务的专题研究，比较重要的有黄淮海平原旱、涝、盐碱等自然灾害综合治理的研究，河南省商丘地区水资源与人工调蓄的研究，河套平原和银川平原关于水盐均衡和盐土治理的研究，河西走廊地下水合理开发利用的研究等。

包气带水（包括土壤水）一直是水文地质研究中的薄弱环节，但它对促进农业增产与建立节水型农业至关重要。地质矿产部水文地质工程地质研究所在执行“黄淮海浅层地下水资源评价”(UNDP 资助）时，引进零通量面法（ZFP)，根据用负压计测定的“水势”和用中子水分仪测得的“土壤体积含水量”的变化，计算包气带内在非饱和状态下的水分通量。通过开现场会和办培训班，使此法在全国 19 个地下水监测站中推广应用。1994 年水文地质工程地质研究所开放实验室出版了《土壤水分通量法实验研究》(荆恩春、费谨等)，这些成果在农业和水利部门也得到应用。

在城市供水水文地质方面，累计对 1000 多处大中型水源地进行了勘探，对水文地质条件复杂者还进行了专题研究。至 90 年代中期，已开采的 900 处地下水水源地实际开采量 3055 万 m^3 /d，折合 115 亿 m^3 /a，对保证城市和工矿基地正常运转起了重要作用。全国储委专门立项，组织各省有经验专家总结经验，并于 1993 年出版了《地下水水源地勘查和评价》(殷昌平等)。

在矿床水文地质方面，进行了固体矿产水文地质勘探类型划分、大水矿床涌水量预测和治理方法等项研究（辛奎德、王锐、张振国、余霈、刘启仁、叶贵钧等)。80 年代中期地矿、煤炭、冶金等部门的专家协作，完成了《中国北方岩溶地下水资源及大水矿区岩溶水预测、利用与管理的研究》，对缓解我国北方某些地区工农业用水紧缺状况和对水害进行科学治理有重要价值。

在地下水资源计算和评价方面，中国地质学会多次召开地下水资源评价学术会议，对学科的发展起到推动作用。张宏仁等编译的《地下水水力学的发展》(1992) 一书，在向国内同行介绍非稳定流理论的发展等问题起了很好的作用。国内一些大学的数学教授（如清华大学的肖树铁、山东大学的孙纳正等）介入地下水资源评价和矿坑涌水量的效值法计算，大大地提高了这一领域的学术水平。在分省、分自然单元计算的基础上，地矿部门在 1985 年完成了全国地下水天然资源和开采资源数据的汇总。全国地下水天然资源为 8700 亿 m^3 /a，全国地下水开采资源为 2900 亿 m^3 /a，及其分区的分布数据已为各级规划部门广泛使用。陈墨香等 1994 年对全国主要沉积盆地的地热资源进行了估算。曲焕林主编的《中国干旱、半干旱地区地下水资源评价》(1991) 一书，汇总了七八十年代的研究成果。

“六五”和“七五”期间进行的黄淮海地下水资源研究，“八五”和“九五”期间进行的西北干旱区地下水资源研究，都取得了新进展。90 年代初地质矿产部和国家计委（国土司）共同组织了对我国重点地区和重要城市地下水资源保证程度的论证。在地下水开发利用大量实践经验的基础上，涌现了一批带总结性的著作。如《中国蓄水构造类型》(钱学溥，1990)，《中国地下水资源开发利用》(王兆馨主编，1992）等。在一批城市开展地下水管理模型研究的基础上，出版了地下水管理问题的著作，例如 90 年代出版的《地下水管理》(林学钰、廖资生，1995）和《地下水资源管理》(陈爱光、李慈君、苗剑锋，1991)。

在水文地球化学方面取得多项研究成果，地下水水质及其在各种因素影响下的演变的研究越来越引起人们的重视，除了医疗用矿水、提取工业原料的卤水（提取溴、碘、硼等）、地下热水外，各种固体废物、废水和废气对地下水污染的影响，已成为水文地球化学的重要研究课题，而且定量评价和预测日益发展，水质数学模型的研究和污染质在包气带和饱水带中的运移规律的研究取得了许多新成果。中国地质学会水文地质专业委员会张锡根等汇编的《水文地球化学理论和方法研究》(1963)、《环境水文地质理论及方法研究》(1984)，对总结经验和推动水文地球化学的发展起了很好的作用。我国已对3500多处天然矿泉水点进行了勘查评价，已开发建厂的近900处，从化学分析组分来看，偏硅酸和锶是中国已发现的矿泉水中最常见的组分。四川盆地是我国地下卤水的研究工作做得最多和开发历史最久的地区，主要产卤层为三叠系，其次是二叠系，除进行了大量的水文地球化学研究外，李慈君、陈墨香等分别对卤水的资源量进行了估算。地下水同位素组分的研究取得了许多好成果，例如，张之淦、刘存富等对河北平原深层水的年龄进行了研究，对地下水形成历史和开发潜力得出了重要的结论。

自70年代以来，我国对大多数城市开展了地下水污染现状的调查，并在地下水动态检测系统中增加了对地下水污染进行检测的内容，同时开展了多项试验研究工作。例如，呼和浩特市地下水中硝酸盐氮污染机理和防治对策的研究、山东省济宁市地下水水质模拟及其污染趋势预测的试验研究。90年代，地质矿产部水文地质工程地质研究所在北京市房山区牛口峪水库成功地进行了“地学-生态工程学技术”处理污水的试验研究。

2. 工程地质学

1978年以后，许多巨型工程和新型工程的修建对工程地质勘查和研究提出了新的课题。

1992年开始实施的“长江西陵峡链子崖重大地质灾害防治工程”，是在详细的工程地质勘查和研究基础上实施的参与改造自然的项目。在理论上完善了以“灾害地质体”改造为核心的地质工程理论体系，在技术上采用了预应力工程、CAD技术、全自动实时监测系统等高新技术，在100多米高的二叠纪灰岩危岩绝壁上成功地穿越宽达5m的两条裂缝带，安装了3000kN级大吨位超深度（62.5m）预应力锚索，并实现了全自动化的实时监测预报。

海洋工程地质勘查是我国起步较晚的新领域。80年代地质矿产部广州海洋地质局在联合国开发计划署（UNDP）的援助下，开展了珠江口外 6 幅 1∶20 万的海洋工程地质图的图幅联测，引进了国外的海洋物探和海底工程地质取样等仪器设备，通过项目实施掌握了海洋工程地质勘察和制图技术。1989 年 12 月在广州由中国地质矿产部与联合国技术合作发展部联合召开了“发展中国家石油开发中的海洋工程地质勘查会议”。

城市地下空间资源的开发利用是一个新课题。香港已开挖了一些用作地下污水处理场、废物输送站、爆炸物存储中心等市政用的地下硐室，仅在规划阶段就要进行两个步骤的地质调查研究，香港已将一套准则纳入标准和指南中。

在土体研究方面，我国在土的微观结构方面开展了广泛的研究，取得了较大进展，但是土的微观结构与土的物理力学性质间的关系研究还不够充分。海洋土的研究进展显著，其与陆相土的区别在于其中 Na^{+}、Mg^{2+} 氯化物含量较高，并具有絮凝蜂窝状结构，南海土中石英含量较少，而硅质和钙质沉淀物较多，因而其工程地质性质有所不同。膨胀土的研究成绩突出，对其分布范围、判别方法、土的干容重对膨胀性的影响等方面取得了新的认识。西北内陆盆地的盐渍土、黄土高原的黄土、华南的红土、沿海地区的淤泥软土的研究均取得了大量成果。用静力载荷试验、旁压试验、微型载荷试验等测试手段研究花岗岩风化残积土的地基承载力，扰动小，取得的数据可靠，对我国东南沿海广泛分布有这种土的地区的高层建筑经济效益显著。近年来提出发展“土体微结构力学”，作为土体工程地质研究的新领域。

在工程地质力学方面，70 年代谷德振等提出“岩体工程地质力学”新概念，他以地质历史的发展过程——建造与构造，运用地质力学观点，研究了岩体的工程地质特性及力学的成因问题，初步建立了工程地质力学的理论体系与研究方法。80 年代岩体工程地质力学进一步发展，产生了“岩体结构力学”新概念，它主要研究地质模型的力学效应，即把地质模型转化为力学模型，在此基础上进一步将力学模型与岩体变形破坏机制有关要素转为定量的数学语言表达，进行岩体稳定性的力学分析，作为工程设计的依据。工程地质力学的发展要求地质研究与工程高度结合，发展工程结构和地质结构的依存关系和相互作用理论。

在区域工程地质和区域稳定工程地质方面，1993 年刘国昌的遗著《区域稳定工程地质》，提出了区域稳定工程地质研究应包括以下内容：地壳结构和组成、地壳的动力条件、现代地应力场、现代地壳升降活动、现代断层活动、地震活动、火山活动、区域性山体稳定与地表沉降变形、区域稳定性工程地质评价理论和方法研究等。

在编制小比例尺工程地质图方面，任国林主持编制了 1∶400 万《中国工程地质图及说明书》(1990)。按照大地构造和地貌划分 37 个工程地质区，又根据次级构造和地貌划分83个亚区，在说明书中附有一幅1∶2000万的分区图。张咸恭、王思敬、张倬元等合编的《中国工程地质学》(2000)，总结了我国工程地质学的理论体系：以工程地质条件的研究为基础，以工程地质问题的分析为核心，以工程地质评价为目的，以工程地质勘查为手段。该书的出版体现了我国工程地质学的特色。

黄河治理中的工程地质问题一直为广大工程地质工作者关注。张忠胤的遗著《关于地上悬河地质理论问题·关于结合水动力学问题》于1980年出版；70～80年代姜达权发表了多篇关于黄河治理的论文，积极向国务院提出治理黄河方略的建议；90年代胡海涛指导河南、山东两省地质工作者研究黄河中下游治理的水文地质工程地质问题；中国科学院地学部于1998年7月组织两院院士（包括多名高级水文地质工程地质专家）对黄河中下游进行了实地考察，并提出了对策建议。

（三）环境地质学

环境地质问题既有在自然界早已长期存在的，例如与地质条件有关的地方病、火山和地震等自然地质灾害；也有人类活动引起的，如水利建设、采矿活动、核废料处置引起的环境地质问题。80年代以后，我国环境地质学发展迅速，许多院校建立了环境地质教研室，开设了环境地质学的课程。环境地质勘查和研究的问题日益拓宽，取得了许多可喜的成果。

在地方病区的地质条件研究方面，方鸿慈进行了多年的研究和探索，在1986年发表的总结性文章《论大骨节病克山病与水文地球化学的密切关系及其病因与防治问题》中，提出了对于一个病区进行调查研究的预期目标：①查明病区的水文地质条件，特别是水文地球化学特征；②阐明致病水的水质特征（如有可能提出病因的预测性意见）；③探讨换水防病的可能性，并提出改水防病试点工作意见。我国通过编制元素环境化学图、浅层地下水地球化学图、地方病区氟分布图、胃癌死亡率分布图等和对大量资料的分析研究，有力地证明了地方病与地质环境有密切关系。近年来，研究利用自然地球化学作用去除有关化学元素、调整环境条件，取得了可喜的成果。

在核电站的选址及核废料的处置库选址方面，胡海涛等在广东大亚湾核电站选址中应用的“区域地壳稳定性评价‘安全岛’理论及方法”很有特色，采用了三种评价方法：主要指标分级评价法、分区评价法、区域稳定专家系统及风险度评价法。最后提出相对稳定地块——“安全岛”的识别标志以及从地表构造、深部构造和地震活动图像三方面与“地震空区”的主要区别。我国从80年代中期开始这方面的研究工作。

生态环境地质问题，主要是由于不合理的土地利用方式造成的，突出的问题是土地沙漠化问题。我国北方土地沙漠化主要是由于过度放牧、不适当地将草场改为农田、乱砍灌木作为燃料等原因造成。不合理的水利规划也是造成干旱、半干旱地区土地沙化和盐碱化的重要原因。水文地质学家提出，实行还草、还林，首先要还水，重新调整上、下游之间用水比例，重新建立地表水和地下水的联合调度体系。

我国已有 40 余座大、中、小城市发现地面沉降现象，研究表明，过量抽取地下水对地面沉降及地裂缝活动量的增大有决定性影响，除基底构造应力场对盖层的影响外，地裂缝两侧垂直差异升降量的 70％左右属抽水附加效应。

80 年代以来，地下水污染研究的重点已从无机物（重金属）的污染转向微量有机物的种类、物化特征及其在含水层中的迁移转化，以及控制治理技术等的研究，其中非极性难溶解挥发物有机物，主要由氯代脂肪烃和单环芳香烃构成。我国在这方面研究起步较晚。

水利水电工程对地质环境的影响主要有：水库边岸再造、淤积、渗漏、库缘浸没，水库下游地区地下水下降引起的土地沙化，灌溉引起的土壤盐碱化和沼泽化等。

采矿引起的环境地质问题是多种多样的，如滑坡、崩塌、地面沉降、塌陷、诱发地震、大量突水、地热害等。矿区水文地质工程地质工作者做了大量勘查和研究工作，为矿山设计和施工提供了地质依据。一些新建矿山重视土地复垦和生态恢复，取得了宝贵的经验，例如内蒙古准格尔煤田的黑岱沟露天煤矿设计经验对 21 世纪西部大开发有现实借鉴意义。

80 年代中期以来地质矿产部先后组织编制了一批大自然单元的环境地质图系，如长江流域环境地质图系（戴广秀等）、黄河流域环境地质图系（岑嘉法等）。1991 年出版的大型图册《中国地质灾害与防治》，包括了各种地质灾害的典型事例和综合性资料，有许多图表和照片，具有很大的科学价值和实用价值。1992 年中国水勘院编制出版了《中国环境地质图系》共 11 幅，比例尺 1∶600 万，以地质灾害图件为主，该图系综合评价了不同地区的环境地质条件，反映了主要地质灾害类型形成和分布发育规律，提出合理保护地质环境，开发地质资源的建议等。

地质环境监测工作取得很多重要资料，国家、省、地区三级监测站共同管理地下水监测点 2 万余个，其中国家级监测点 1400 多个，有各类地下水均衡场 28 个。在地质灾害监测方面，有上海、天津、宁波、沧州等地的地面沉降监测、西安的地裂缝监测、三峡库区的链子崖危岩体和黄蜡石的滑坡监测等。大气降水同位素组分监测是一项具有重要科学意义的基础工作，取得了随时间和空间变化的长达 10 年的中国大气降水氢氧同位素背景值。根据 δD 和 $\delta^{18}O$ 多年监测的加权平均值求得中国大气降水线的直线方程式为 $\delta D=7.78\delta^{18}O+7.5$，并取得了不同相对湿度和干燥度的直线方程，与北半球大气降水线一致。研究了中国大气降水氢氧同位素浓度场和环境效应，由闽粤高值区、北部低值区和西部低值区组成的中国大气降水氢氧稳定同位素浓度场受多种因素控制，表现出明显的环境效应、海洋-大陆效应、纬度效应、高程效应、季节效应和温度效应。

第四章 启示和思考

20世纪60年代的“地学革命”使地质科学进入到一个新的阶段，各地质学科从分科研究和独立发展转变为综合研究和交叉融合。由于各种全球性国际研究计划的不断推出和实施，地质科学界普遍建立了地球系统科学的概念，这是基本观点上的革新，是地球科学的重大创新。地球系统科学把行星地球看作一个整体，研究其从深部到表层各圈层之间的相互关系、物质和能量转换及其动力演化史，总的研究特征是全球的、全方位的和历史的。地球是一个开放的复杂系统，不少现象和过程是非线性的。这就要求我们发展创新的地质思维，组织大跨度的学科交叉，以适应地球科学的复杂性研究。在选择科学问题、选定研究地区时，应充分发挥我国的地域优势，并处理好地区典型与全球观点的关系，处理好阶段特征与整体过程的关系。应当重视国际交流，争取参加国际上的大规模研究计划，做到真正与国际接轨。总的说来，地球科学总的方向和要求是在统一的地球系统科学认识的指导下，引导不同学科向着共同发展和相互融合的道路前进，逐渐形成一个从微观、宏观到宇观，从地内、地表到空间的大地质科学体系。这是中国地质科学学科发展的时代机遇，重要的问题是把握客观的态势，有所为、有所不为，找准自己的位置，迎接即将到来的地质科学蓬勃发展的大好局面，为把我国从一个地学大国发展成一个地学强国做出应有的努力。

1. 国民经济发展和社会进步的需求是地质科学发展的动力

地质科学与国民经济是同步发展的。20世纪前半期正是由于社会的需求，1912年在农商部成立地质科，1916年成立地质调查所，围绕矿业开发和基础地质调查开展了工作，奠定了我国地质科学的基础。新中国成立后，国民经济迅速发展，对地质科学提出了多方面的要求，使地质科学迅速前进。“十年动乱”给中国人民和国民经济带来了深重的灾难，使地质科学受到严重的挫折。改革开放为国民经济带来蓬勃生机，也使地质科学得到全面发展。

人类社会的发展是在自然、经济、社会相互作用的过程中不断前进的。当前，人类社会的发展面临一系列的严重挑战：迅速增长的人口需要更多的自然资源来维持，日益严重的环境污染和生态恶化亟待改善，不断增加的自然灾害急需防治和减轻。经济的可持续发展已成为 21 世纪的首要任务，地质科学应当能够保障中国现代化的建设和社会进步的可持续发展，因而资源、环境、灾害就成为 21 世纪中国地质科学的主要研究课题。

从资源的研究说，现代化建设对自然资源的需求量越来越大，资源短缺也就日益突出。因此，地质科学工作者要研究如何发现和利用资源，以及如何合理开发和保护资源。要分析各种资源对经济和社会发展的支撑力，寻找高效解决资源问题的途径。石油天然气仍是 21 世纪近期需要的主要能源，而我国石油工业面临的形势十分严峻。今后应遵照“稳定东部、开发西部”、“油气并重”的方针，积极开展石油地质科学研究，包括中国地质结构与盆地演化及其与油气关系、含油气盆地系统分析与模拟、大天然气区的形成与分布规律以及深部油气成因与勘探技术，煤成气形成、转化及其评价，复杂地质条件下的油气勘探技术等问题。还应努力发现各类固体矿产资源、核能源矿产，开发水能资源，寻找新的和替代性矿产资源和能源矿产。

从环境研究说，随着人口的增长和经济的发展，我国也面临着十分严峻的环境污染和生态破坏的双重压力。在这个问题上，地质科学可以和其他学科紧密配合、交叉研究，从资源合理开发、物质能量循环与平衡、生态系统的优化与生态工程等方面，从宏观或微观角度开展预测、预报和预警，并寻求解决问题的途径。还可以从理论上研究人类活动与生态环境之间的相互作用，地圈-水圈-生物圈-人圈之间的物质、能量交换，生态系统的结构、功能与提高生产力的途径等。进而争取在我国建立起关于国土与环境领域比较完整的学科体系。

从灾害研究说，自然灾害实质上是对人类社会有危害的地质作用过程，所以地质科学在防灾、减灾的工作中大有用武之地。诸如：研究各种自然灾害原因，并采用地质、地球物理、地球化学、遥感等手段进行监测和预报；研究它们的前兆、发生、发展、后果等过程，掌握它们的规律性，为预报防灾和减灾服务；研究和调查抗灾、防灾能力，评估灾害损失的技术和方法；抗灾技术研究。也包括工程选址、研究地基稳定性、建立减灾科学体系等。还可研究各类自然灾害的相关性、地域特性及时空群发性，进一步研究地球整体对各类自然灾害的形成所起的控制作用，提高灾害预测的能力。

总之，21 世纪的地质科学要拓宽自己的研究领域，扩展自己的服务功能，从过去以解决矿产资源、能源、气象预报等重大问题为服务目标，扩展到为全方位保护和优化人类生存环境、保障人类社会的持续发展而服务，在实践过程中使有关学科得到迅速发展，更加完善和系统。

2. 地质科学内部与外部学科之间的交叉融合是当代地质科学发展的主流

任何一门学科发展都有两种动向：一是分支学科的出现；二是学科间的交叉、融合。学科的分支和专门化便于更深入、更细致地进行研究；融合交叉则便于开阔视野，更为系统、全面和综合地认识问题。二者既相辅相成，又在不同阶段中各有侧重，不断推进学科的向前发展。地质学科的分支与融合贯穿于整个发展过程中，但从总体而言，从20世纪初到70年代以前，以学科的分支研究为主，发展趋势是越分越细，各分支学科都做了深入的研究和资料的积累。60年代“地学革命”以后，主要趋势是学科交融形成大量边缘学科，学科交叉导致全面的综合研究，从而构建了现代的地球系统科学。

在我国，20世纪初引进了现代地质学，1950年以前，地层古生物、矿物、岩石、矿床、构造地质学等基础学科首先得到发展。新中国成立初期至60年代国民经济的大发展，带动了地质学的应用分支学科和基础分支学科同步发展。石油地质、煤田地质、放射性地质、水文地质工程地质、找矿勘探、应用地球物理以及钻探与坑探工程等相继发展，在国民经济建设中发挥了重要作用。70年代板块构造学说的引进带动了我国地质学各学科的重新定位和全面发展。改革开放以来，特别是80年代后期至90年代，先后出现了成因矿物学、构造岩石学、有机地球化学、生态古生物学、层序地层学、构造解析学等边缘学科。

地质学科的分支与综合从来都是相辅相成、同步共进的。80年代后期以来地质学科的发展逐渐出现以交叉与综合为主的趋势。从地质学内部的学科融合及地质学与数、理、化科学的交叉，发展到地质学与天文学、农学、医学以至社会科学的交叉和联系。这些广泛的学科交叉和交流导致了环境地质学、旅游地质学、灾害地质学、农业地质学、城市地质学、天体地质学等高层次边缘学科的诞生和发展，同时也深化了我们对地球系统科学这一新概念的认识。地球系统科学强调从整体出发，着重研究地球在不同的演化阶段各个圈层相互响应的整体行为及其所反映的总体阶段特征。

总之，地球系统科学是适应人类社会稳定和持续发展的需求的不同学科大交叉、大融合的产物，代表着新世纪地质及地球科学发展的新阶段。因此，地质科学必须融入到地球系统科学之中，以地球系统科学的概念为指导思想，一方面提高地质科学研究的层次，从地球整体来考察地质现象，采用多学科多种手段研究地质问题；

同时要积极参与地球系统科学基础理论和实际问题的研究，争取成为一些研究方面的主力军，为推进和发展地球系统科学做出应有的贡献。

地质科学应予研究的方面和课题主要应包括：地球和生命的起源，不同尺度和序次的精确定年，地球圈层结构及其界面特征，地球内部流体的性质和作用，地表大陆聚散及其深部响应，全球变化及其近期预测，以及建立各种信息模拟和资源数据库的基本建设等。做好了这些工作，就能够为国民经济可持续发展提供一定的科学依据。

3. 学术民主和学术交流是促进地质科学发展的基本途径

任何一门学科都具有社会性，都是社会群体长期积累的结晶，是社会发展到一定阶段的产物，所以学术民主和学术交流对学科发展具有很大的促进作用，对地质科学尤为重要。这是由于地质科学研究对象的时空跨度巨大，包括从 46 亿年以来的地质历史到瞬时发生的地质现象，从整个地球星体到纳米尺度的物质成分和变形特征。地质研究对象形成的物理、化学条件非常复杂，现有科技水平很难对它进行实验和重现；地质学的区域性很强，不同地区的差异十分明显。所以地质学中不同认识、不同观点和不同流派相当普遍，在中国大地构造学中尤为突出，除板块构造外，出现了地质力学、多旋回构造、断块构造、地洼构造、波浪镶嵌构造等不同流派。实际上，这是正常的现象，也是一件好事，因为不同观点，不同流派是从不同的角度或用不同的方式方法来研究地球这个复杂对象，都有一定的依据和合理的部分。如果通过广泛的讨论与充分的交流，可以相互启发、相互补充和修正，会更全面更深刻地认识事物的真相。但如果处理不当，便会阻碍学科的发展。在这方面，我们是有过经验和教训的。新中国成立初期，由于贯彻了“百花齐放，百家争鸣”的方针，促进了不同学术观点和学术流派的形成，给地质科学带来了蓬勃生机。“十年动乱”期间，严重混淆了学术问题和思想政治问题，不恰当地用行政手段干预学术争论，造成了不良的后果。改革开放以来，学术民主得到恢复，学术交流不断加强，从而促进了地质学科的全面发展。

目前，我们的学术民主和学术交流有了长足进步，但还存在一些问题，需要进一步加强：自觉贯彻“百花齐放、百家争鸣”的方针，加强国际合作与交流，倡导不同观点和流派学者间的真诚合作。

4. 人才培养和成长是地质科学持续发展的根本保证

地质科学的发展以人才培养为首要因素，1913 年农商部在北京大学举办的地质研究所（班），培养了第一批地质学家，成为地质学界的中坚和不同学科的带头人。20世纪前半期北京大学、清华大学、中央大学（现南京大学）、中山大学和重庆大学等高校地质系培育了各学科的人才骨干，这就使新中国建立初期短期内培养迫切需要的大量地质人才成为可能。50年代建立了北京、长春、成都三所地质学院，加强了多所大专院校地质系的建设，有力地推进了地质科学的发展。“十年动乱”造成的人才断层严重阻碍了地质科学的发展，后果是惨痛的。改革开放以来，建立了学位制，大批培养研究生，选派优秀青年到国外学习深造，为我国地质队伍增添了新的活力，也推动了我国地质科学的全面发展和提高。由此可见，人才培养和成长，是地质科学持续发展的根本保证。

新世纪的开始，地质科学面临前所未有的机遇与严峻的挑战，我国经济和社会的发展对地质科学提出了更广泛和更高的要求。为此，更应加强和促成地质人才的培养和成长。首先，要培养基础扎实、知识面宽广、综合素质高和创新能力强的新型人才；其次，要加强高层次和拔尖地质人才的培养；最后，要开展远程教育，普及地质科学，提高国民的综合素质。

5. 创新思维和技术进步是推动地质科学发展的决定性因素

思维创新是一切科学技术创新的先导和动力，地质科学史中理论概念的创新发展就是如此。从19世纪初地质科学形成一个较完整的体系以来，所谓正宗的或传统的概念认识不断地为新生的、有时被视为异端的概念所取代。19世纪末至20世纪初，地质学术思想在地层、沉积、构造等方面十分活跃。20世纪60年代以来，迅速的技术进步和信息积累引发了极为活跃的创新思维，导致了地质科学的空前发展。因此，不为传统的、流行的思想和方法所囿，重视和鼓励创新思维，是推动科学发展的有效途径。技术进步基本上也都是创新思维的结果。19世纪末至20世纪初，显微镜技术的普遍使用使地质学物质成分的研究发生了质的飞跃。20世纪50～60年代，地球物理勘查技术的进步，特别是洋底古地磁的调查成果，直接促成了板块构造学说的诞生，从而导致了“地学革命”。70年代以来，空间探测技术的进步、遥感影像的空间分辨力和光谱分辨力明显提高、计算机运算速度和容量成数量级增加、通信技术的飞速发展等，大大促进了地质学的全面发展。

21世纪是知识经济和信息社会的时代，信息化已是世界各国的国策。国际科学联合会理事会已设立了世界数据中心（WDC），中国是5个地区中心之一（WDC-D）。我国的责任是要加速WDC-D的建设，建立包括矿物、岩石、地层古生物、构造及各种图形、图像的基础地质数据库和区域遥感、应用地球物理、地球化学、水文等以及矿产资源、水资源、土壤、灾害、土地利用等应用基础数据库。同时要充分利用这个巨大“资源”来研究诸如地球生命的起源、全球变化、大陆裂解和拼合等基础问题，解决资源、环境、灾害等经济建设和社会发展中的具体问题。“数字地球”系统工程将不断促进地质科学向更高层次和更新领域发展。

主要参考文献

黄汲清．1945．三十年来之中国地质学．科学，28（6）：249-263．

尹赞勋．1979．二十年来我国地层工作的进展．地层学杂志，4（8）：161-190．

夏湘蓉，王根元．1982．中国地质学会史．北京：地质出版社．

中国地质科学院主编．1982．中国地层：1～14卷．北京：地质出版社．

中国科学院南京地质古生物研究所编．1982．中国各纪地层对比表及说明书．北京：科学出版社．

Harland W B，Armstrong R L，Cox A V，et al．1990．A Geologic Time Scale 1989．Cambridge：Cambridge University Press．

谢鸿森，侯渭，张富勤译．1991．地球物质研究．西安：西北大学出版社．

中国矿物岩石地球化学学会编．1991．80年代中国矿物学岩石学地球化学研究回顾．北京：地震出版社．

陈国达主编．1992．中国地学大事典．济南：山东科学技术出版社．

《中国地层典》编委会．1996～2000．中国地层典（1～15分册）．北京：地质出版社．

陈毓川，张之一，项礼文等主编．1997．90年代地球科学的动向——第30届国际地质大会学术报告．北京：地质出版社．

李文范，宋振海．1998．地球科学年表．北京：石油工业出版社．

欧阳自远主编．1998．世纪之交矿物学岩石学地球化学的回顾与展望．北京：原子能出版社．

王鸿祯主编．1999．中国地质科学五十年．武汉：中国地质大学出版社．

王鸿祯，翟裕生，游振东等．1999．中国地质科学50年的简要回顾．中国科技史料，20（4）：285-293．

中国科学院南京地质古生物研究所．2000．中国地层研究二十年（1979～1999）．合肥：中国科学技术大学出版社．

孙枢．2002．中国地质科学的过去、现在和未来——庆祝中国地质学会成立80周年．地质论评，48（6）：576-584．

王鸿祯，翟裕生，游振东等．2002．20世纪中国地质科学发展的回顾//中国地质学会地质学史研究会，中国地质大学地质学史研究所合编．地质学史论丛（4）．北京：地质出版社．

主要编写者

杨光荣（1935～），云南大理人，中国地质大学（北京）教授，地质学史研究室原主任，中国地质学会地质学史专业委员会副主任。主要从事地质学史研究。

吴凤鸣（1926～），河北宁河人，科学出版社编审，全国科技名词审定委员会原副主任，全国地学哲学委员会原副理事长，中国地质学史专业委员会顾问。主要从事地质学史、地学哲学和科技术语学研究。

于洸（1935～），江苏镇江人，教授，中国地质学会地质学史专业委员会副主任，曾任北京大学副校长。主要从事地质学史、高等教育史等研究。

陈宝国（1954～），北京人，中国地质大学地质学史研究所研究员，中国地质学会地质学史专业委员会秘书长。主要从事科学技术史、地质学史研究。

20世纪
中国知名地质学家

郭令智

郭令智（1915～），湖北安陆人。地质学家。1993年当选为中国科学院院士。1938年毕业于中央大学地质系。1951年12月起任南京大学地质系教授，1981年起被聘任为博士生导师。曾任南京大学副校长、代校长、校务委员会主任、南京大学顾问，中国地质学会副理事长，中国地质学会构造地质学专业委员会副主任，国务院学位委员会第二届学科评议组成员，国家教委地学学科评议组组长和地学规划组组长，国际岩石圈对比计划IGCP 224项构造组召集人、IGCP 267项中方主席。他长期致力于华南大地构造研究，强调大地构造研究中时间、空间、物质三位一体的方法论；20世纪60年代，最早提出江南古岛弧的观点；70年代，是在中国最早引进板块构造理论的学者之一，并开展了华南古老造山带中古洋陆格局地质实践的研究。发表科学论著160多篇（部），三次获国家级自然科学奖，五次获省部级科技进步奖。在教书育人方面，也取得了丰硕成果。他长期讲授地质基础课和专业课，治学严谨，严于律己，为人师表。强调野外工作和第一手资料的严肃性，强调人格、道德和学风在学术研究中的重要性，教育学生不仅要做学问，更要做人，认为真诚和信誉是做人做学问的根本。先后为国家培养了大批品学兼优的硕士和博士人才。

一、简　　历

郭令智，字叔明，1915年4月4日生于湖北省安陆县城一个书香门第家庭。其祖父曾考取晚清进士，当过山西省运城、永济等地知府；父亲郭拱晨毕业于山西大学堂化学系，在中国属于接受现代教育的早期学人之一。

郭令智从小就很喜爱自然科学，立志科学救国。在中学阶段，受地质学家李四光著述的影响，立志地质科学的研究。1934年，他从武昌私立博文中学考入中央大学地质系。四年中各门功课成绩优秀。1938年8月，获中央大学理学学士并留校任助教。1939年8月，应聘到云南大学矿冶系任助教。1940年9月，应聘到刚刚组建的四川北碚中国地理研究所工作。当时的地理研究所所长是黄国璋（首任所长），重要学术骨干有李承三教授和林超研究员等；郭令智是中国地理研究所创立初期的青年骨干，先后担任助理员和助理研究员。

1946年12月，郭令智应聘台湾大学地质系副教授、台湾省海洋研究所副研究员。1947年春，受台湾大学地质系主任马廷英委派，参加了中国第一批南沙群岛的地质地貌考察研究工作。1949年9月，经李承三、马廷英推荐，公费赴英国伦敦大学皇家学院留学，从事研究工作，对英国南部侵蚀面和河流的成因和构造背景进行了调查研究。

郭令智对祖国深怀感情，对中国共产党久怀仰慕之心。1949年10月新中国的成立，令他激动不已，他经常收听国内新闻报道、阅读《人民日报》，并受留英同学会进步人士影响，决心不再回台湾。同时，他不断给在台湾工作的夫人侯学焘女士（后任中国科学院南京地理研究所研究员）写信商议回大陆事宜。1951年12月，他夫人在友人帮助下，几经周折，携长子郭德维先期到达香港，与由英国绕道香港的郭令智一同回到新中国。自此，他一直在南京大学地质系任教授至今。

1952～1956年，郭令智担任水文地质及工程地质教研室主任；1956～1982年担任区域地质教研室副主任、主任。其间，为解决国家建设和能源之需，郭令智先后开设了普通地质学、工程地质学、燃料地质学、地貌学、构造地貌学、中国地质学等课程，带领学生赴长兴煤田作地质调查；和薛禹群等赴三门峡作库坝勘察；与孙鼐、张祖还、肖楠森等对南京长江大桥桥址进行地质和地貌勘察，编写报告。

1959年郭令智由刘元常介绍加入中国共产党，并作为先进工作者赴北京参加国庆观礼团。1981年起聘任为博士生导师；1982～1984年任南京大学副校长、代校长及校务委员会主任委员；1984～1988年任南京大学顾问。他还担任过中国地质学会副理事长，中国地质学会构造地质学专业委员会副主任，国务院学位委员会第二届学科评议组成员，国家教委地学学科评议组组长和地学规划组组长，国际岩石圈对比计划IGCP 224项构造组召集人、IGCP 267项中方主席等学术兼职。1993年当选为中国科学院院士。

二、主要学术成就、教学思想及其影响

（一）主要学术成就

1938年，应西康建省委员会邀请，在李承三教授、袁见齐教授的带领下，郭令智参加了西康科学考察团，对青藏高原东部地质和矿产资源进行调查。有关科学成果主要反映在李承三、袁见齐、郭令智等为共同作者的十余篇论文中，是我国最早开展青藏高原地质和矿产资源研究并取得重要认识的奠基学者之一。

1939年，作为主要作者，郭令智和朱熙人、袁见齐合著《云南矿产志略》，系统研究并总结了云南的地质构造和矿产资源情况，是云南地区地质和矿产资源研究的奠基学者之一。

1940～1946年，结合经济建设战略目标，郭令智对四川地质、河流地貌、冰川地貌等科学问题进行了重点研究，在每个方面都取得重要成果，发表了十篇研究论文。他对康定、道孚、大巴山等地冰川类型、冰期划分、冰蚀地貌的创新见解，曾引起当时地学界的极大关注，并对后来地学界产生重要影响。其突出成果有三：①在大巴山最早发现了新生代的砾岩层，认为当时的大巴山处于准平原状态，提出因地壳抬升而形成大宁河叠置河流等现今地貌的观点；②在西康东部发现古生代岩层从西向东朝侏罗纪盆地推进的逆掩断层，据此划分出侏罗纪盆地、盆地边缘褶皱、块状断层等构造单元；③在大巴山南部边缘发现大型从北向南朝四川盆地褶皱-逆掩推覆的构造，总结出盆地边缘构造变形的规律性。这些先导性成果，对后来的地质学界、地理学界以及石油学界影响较大，尤其对20世纪60～70年代该区的油气普查勘探工作起到了重要的指导作用。

1947年，通过实地考察，郭令智对南海太平岛珊瑚礁的成因提出了独到的见解，至今仍有重要科学意义，是南海地质构造研究的重要参考文献。

20世纪50年代后期至60年代中期，根据南京大学地质系制定的华南花岗岩成因与地壳演化研究总体目标，作为构造地质学科的领军人物，他连年带领青年教师和研究生赴华南各省区，风餐露宿，跋山涉水，在极其困难的工作和生活条件下开展系统的野外地质调查，取得了大量珍贵的第一手资料，发表了十多篇有影响的、具有开拓意义的学术论文，开创了华南大地构造研究新局面。通过对华南区域构造演化、构造和花岗岩及其成矿关系的系统研究，他确定华南地区的构造属性为加里东期地槽褶皱区，并据此建立了一个全新的华南构造框架：江南造山带位于核部，东南侧为优地槽褶皱带、西北侧为冒地槽褶皱带。1965年，根据太平洋型构造以及巨大线性构造带制约地槽褶皱区形成演化的观点，他提出江南地背斜实际上为古岛弧构造形象的认识，最早提出江南古岛弧的观点，认为江南古岛弧制约着华南地槽褶皱区的沉积分带性和构造演化，展现了板块构造观点的萌芽理论思维。同期，他和他的研究集体还运用当时先进的继承与上叠理论来诠释华南构造与矿产分布的成因联系，提出在继承构造区寻找煤、石油、天然气等非金属资源，在上叠区寻找金属矿床的新认识，具有现代盆山关系的理论特色。这些成果在国内地质界产生了较大影响。1964年他在南京大学主持召开的高教部直属高校区域地质和大地构造学术会，使我国地学界对华南大地构造的认识达到一个新的阶段。从此，他与其研究集体以华南为科研创新基地，以华南大地构造及其地壳演化为主题，进行了数十年长期不懈的调查与研究，取得了一批又一批成果。同时，也逐渐形成了一个以他为学术带头人、阵容强大的构造地质学科研与教学集体。

20世纪70年代初，随着板块构造理论在全球的传播，郭令智出于对科学新生事物认识的敏锐性和洞察力、对国内外最新研究信息很强的捕捉能力，以科学的态度，领导整个科研集体开始了从固定论槽台观向活动论板块构造科学思维的转化，并用水平活动论思想重新思考华南大地构造问题，成为我国最早系统介绍板块构造学说并倡导把板块理论与地体构造应用于中国地质实践的学者之一。

20世纪70年代中期到80年代初，国际上对板块构造的研究仍然只局限于大洋边缘地区以及中生代以来的演化。能否和如何对古老广阔的大陆内部和大陆造山带进行研究，是回答板块理论能否登陆、是否具有广阔应用前景、是否具有强大生命力的关键问题，也是研究难度很大的问题。为此，他和施央申、马瑞士、卢华复等研究集体成员在阅读大量最新文献的基础上，紧密结合华南的地质实际，连续数年到浙江、江西、安徽、福建、湖南、广东、广西、云南和贵州等省区进行野外调查与研究总结，连续发表板块构造研究论文近20篇（部）。1973年，他与其研究集体在江南古岛弧东南侧发现了代表古板块边界的元古代蛇绿岩套、钙碱性岛弧火山岩和岛弧复理石。1977年，他发表的《论古海沟岛弧系的研究方法及其地质意义》、《现代海沟岛弧系和海沟弧形山脉系的形成和演化》等论文，以华南地质构造为例，提出了根据物质（蛇绿岩、岛弧火山岩和弧后沉积物）的空间分布极向性鉴定俯冲板块及板块俯冲方向的认识，提出古大陆内部鉴定古板块运动和鉴定古海沟岛弧系的8项重要地质标志：蛇绿岩套，钙碱性火山活动，岛弧型复理石，进化变质带和对变质带，不同时代混合岩和花岗岩类，矿产空间分布规律，混杂岩，超壳深大断裂。最早识别和论证了扬子大陆板块东南缘江南地区从元古宙开始就已出现古板块运动机制，率先在国内提出华南元古代板块构造和活动大陆边缘沟-弧-盆体系的观点，确认了华南地壳从西北向东南不断生长的演化规律及其与成矿带分布的关系。他在论证元古宙华南大洋板块向扬子大陆板块俯冲形成江南元古宙沟弧盆复合体系方面取得的创新成果，明确回答了板块构造研究能否登陆这一重大科学问题，为阐明地球演化早期阶段存在板块构造机制提供了重要证据，成为国际上比较完整地重建元古宙板块会聚边界的实例，冲破了板块构造限于显生宙的观点。这批在我国最先详尽论述古老大陆内部岩石圈板块运动特征的论文，对板块构造研究引向中国大陆内部，深化我国大地构造的研究以及重建华南及其邻区的大地构造格架起了先导作用，在国内外引起强烈反响，为中外学者大量引用，加快了我国板块构造研究的进程。

80年代初，他在国内率先提出西太平洋中新生代活动大陆边缘和岛弧构造形成与演化的新认识；总结了板块边界性质和在不同边界条件下形成的各种地层-构造-岩浆记录及其伴生金属成矿带、油气盆地空间分布特征，阐明了中国东南部花岗岩形成与大陆地壳阶段性生长的规律，阐明了华南显生宙金属成矿带与中国东部中新生代油气藏与板块构造演化的关系。对华南各省份的地质普查和找矿及油气勘探工作起到了重要的指导作用。

进入80年代，人们在科研实践中逐渐认识到，单一的经典板块俯冲-碰撞造山理论难以解释古老克拉通和复杂造山带的许多问题。随着当代地质学新进展——地体构造的提出，板块理论开始了新的发展阶段。80年代中叶至90年代，郭令智、施央申和卢华复、马瑞士等及时抓住这一科学新动态，在中国最早引进地体构造理论并倡导应用于中国的地质实践，探索华南大陆内部以及其他地区岩石圈的结构形成与演化。他组织师生在华南、海南岛、西南、西北、东北、秦岭—大别、新疆、西藏等地开展地质调查，将板块构造、地体构造、碰撞构造等理论有机结合，系统研究了我国大陆内部的地质问题，发表了一系列重要著述。发现并论证中国东南部造山带中存在古老的陆块地体，既有古老的冈瓦纳大陆裂解的陆块地体如海南地体，也有岛弧和海山成因的地体如九岭地体、怀玉地体，还有太古代的变质地体，并划分为5个复合地体群和23个地体，历经了自元古宙到新生代多期的聚合与离散过程。提出地体拼贴聚合有俯冲、逆冲和停靠等方式；地体离散则有漂移、旋转、走滑和挤出等方式。认为江南元古宙岛弧和古生代武夷—云开震旦纪—早古生代地质构造由于受地体碰撞、拼贴、离散等复杂构造作用，发生了强烈的变质与变形，从而构成一幅复杂的镶嵌构造图案或拼贴构造图案。

90年代初，郭令智开展了推覆构造、板片构造、伸展构造和碰撞大地构造的研究，并把这些理论运用到华南中下扬子地区和四川盆地的找油找气生产实践中，为国家提供了一批有价值的研究成果。通过对喜马拉雅山地区和天山地区板块碰撞的两种远距离效应研究，提出在亚洲大陆内部发生的走滑作用主要形成挤压-剪切型盆地如三江地区的镇安型盆地，而在挤压构造带则形成天山式的挤压型盆地。由碰撞引发的远距离构造效应，可以波及大陆内部500km和1500km的地带。这些成果，不仅对地震活动和现代构造活动研究有指导价值，而且对古碰撞造山带的形成和演化具有重要启迪意义。

20世纪80年代以来，郭令智先后到日本、美国、法国、泰国等国家进行了9次学术访问和参加国际学术讨论会，推荐了一批优秀学生出国留学，促进与扩大了南京大学与国外学术单位的学术交流和合作研究，对构造地质学科走向国际前沿起了重要促进作用。1986 年，他在南京大学主持了“国际大陆边缘地质学术讨论会”，并作了“华南活动大陆边缘”的学术报告，受到国内外学者赞誉。这次会议促进了大陆边缘地质理论的发展，沟通了国际学术交流渠道。

截至 2007 年，郭令智已发表科学论著 160 多篇（部）。先后三次获国家级自然科学奖，五次获省部级科技进步奖。由于他对构造地质、地貌调查、板块构造、华南大地构造研究和教学事业的卓越贡献，国家给了他一系列的荣誉：1978 年被授予“江苏省先进科技工作者”荣誉称号，1990 年被国家教委和国家科委授予“全国高等学校先进科技工作者”称号，1998 年获何梁何利基金科学与技术进步奖和李四光地质科学奖荣誉奖，2001 年获江苏省优秀研究生导师奖。

（二）主要教学思想与成就

郭令智从事地质学教育已经 70 年，是我国著名的地学教育家。他长期讲授地质基础课和专业课，开设过工程地质学、燃料地质学、普通地质学、地貌学、构造地貌学、中国地质学和板块构造专题等课程，主编过《普通地质学》、《中国地质学》等多本教程。曾任高教部地学教材编委会委员、地质矿产部《普通地质学》教材编审委员会主任委员。

20 世纪 70 年代初，为了把国际地学前沿介绍给我国地质工作者，他潜心阅读了大量国外最新文献，在课堂教学之余，冒着酷暑，到浙江、江西、湖南、福建、广东等省为地质队员讲学，对板块构造理论进行了系统的介绍与传播。1973 年，他还先后到地质矿产部、冶金工业部、石油部等单位举办的板块构造理论学习班讲课，普及板块构造新知识。

在室内外的地质学教学活动中，他循循善诱，奖励后学，治学严谨，为人师表，严于律己。他强调野外工作和第一手资料的严肃性，强调人格、道德和学风在学术研究过程中的重要性，教育学生不仅要做学问，更要做人，认为真诚和信誉是做人做学问的根本。他在我国地学界有很高的声望和地位，但他始终谦虚谨慎，艰苦朴素。他待人真诚，严守信誉。凡是和他一起工作过以及了解他的人，无不尊他为良师益友。他对学生和青年教师既严格要求，又热情帮助指导，以诚相待。他认为科研队伍不能老化，老专家要当引路人，不要做挡路人，希望年轻人尽快成长起来。他在学术思想上发扬民主，支持不同学术观点的人争鸣，鼓舞学生和青年教师不断攀登科学高峰，鼓励学生在科学上超过自己。

他培养了大批优秀人才，桃李满天下。1978 年前，他培养了研究生 13 名；

1978～2005年，他培养了硕士28名、博士32名。他在“文化大革命”前指导的研究生童晓光，曾经负责我国辽河油田的地质勘探开发工作，近年又主持海外油气勘探开发工作，成绩显著，2005年当选为中国工程院院士。“文化大革命”后他和施央申教授共同培养了中国自己培养的第一个构造地质学博士杨树锋，其论文成果受到国务院表彰。他和施央申教授共同培养的贾承造博士在2003年当选为中国科学院院士。他培养的研究生中，有4名获得国务院表彰，大多数已经晋升为教授或研究员，有的在重要学术单位担任领导，有的已成为著名学者和国家重大项目的负责人。

三、郭令智主要论著

李承三，郭令智. 1939. 康定道孚之冰川地形. 地质论评，4 (1)：1-8.

李承三，袁见齐，郭令智. 1940. 西康东部地质构造之探讨. 地质论评，5 (1/2)：69-84.

郭令智. 1945. 大巴山之几个地形问题. 地理，3 (3/4)：2-8.

郭令智，俞创华，施央申等. 1965. 华南加里东地槽褶皱区大地构造发展的基本特征//陈国达等. 中国大地构造问题. 北京：科学出版社：165-183.

郭令智，施央申，马瑞士. 1977. 论古海沟岛弧系的研究方法及其地质意义. 福建地质，(4)：1-24.

郭令智，施央申，马瑞士. 1977. 现代海沟岛弧系和海沟弧形山脉系的形成和演化. 福建地质，(4)：25-41.

郭令智，施央申，马瑞士. 1980. 华南大地构造格架和地壳演化//国际交流地质学术论文集——为二十六届国际地质大会撰写 (1) 构造地质 地质力学. 北京：地质出版社：109-116.

郭令智，施央申，马瑞士. 1983. 西太平洋中、新生代活动大陆边缘和岛弧构造的形成和演化. 地质学报，(1)：11-21.

郭令智，施央申，马瑞士等. 1984. 论地体构造——板块构造理论研究的最新问题. 中国地质科学院院报，(10)：27-34.

郭令智，施央申，马瑞士等. 1984. 中国东南部地体构造的研究. 南京大学学报 (自然科学)，20 (4)：732-739.

Guo L Z, Shi Y S, Lu H F, et al. 1989. The pre-Devonian tectonic patterns and evolution of South China. J Southeast Asian Earth Sci, 3 (1-4)：87-93.

郭令智，施央申，卢华复等. 1990. 武夷—云开震旦纪—早古生代沟、弧、盆褶皱系. 北京：地质出版社.

Guo L Z, Shi Y S, Lu H F, et al. 1990. Terranes of South China//Wiley T J, Howell D G, Wong F L. Terrane Analysis of China and the Pacific Rim. Houston：CPCEMR, Earth Sciences Series, 13：281-282.

郭令智，施央申，卢华复等. 1992. 印藏碰撞的两种远距离构造效应//李清波等主编. 现代地质学研究论文集 (上). 南京：南京大学出版社：1-8.

郭令智，施央申，马瑞士等. 1993. 从固定论到活动论——大地构造理论思维轨迹//赵鹏大，王亨君主编. 地质科学思维. 北京：地震出版社：165-189.

郭令智，卢华复，施央申等. 1996. 江南中、新元古代岛弧的运动学和动力学. 高校地质学报，2 (1)：1-13.

Guo L Z, Shu L S, Shi Y S, et al. 1996. Research on the terrane tectonics in China. Chin J Geochem, 15 (3)：193-202.

郭令智，俞剑华，施央申等．1998．海沟岛弧弧后盆地复合体系//陈述彭主编．地球系统科学．中国科学技术出版社：294-296.

郭令智，舒良树，卢华复等．2000．中国地体构造研究进展综述．南京大学学报（自然科学），36（1）：1-17.

郭令智．2001．华南板块构造．北京：地质出版社.

主要参考文献

马瑞士，张庆龙．1994．郭令智教授学术活动简介//施央申等主编．现代地质学研究论文集（下）．南京：南京大学出版社：203-206.

舒良树，马瑞士，张庆龙．1995．华南板块构造与郭令智．哈尔滨：黑龙江教育出版社：425-434.

马瑞士，张庆龙，舒良树．1998．郭令智//张笛梅，杨陵康主编．中国高等学校中的中国科学院院士传略．北京：高等教育出版社：497-499.

舒良树．2005．为人师表，执着进取——郭令智院士教学科研轨迹．中国地质教育，(2)：1-4.

撰写者

舒良树（1951～），江西玉山人，南京大学地球科学与工程学院教授，博士生导师，曾任学院副院长。长期从事华南和天山地区地质构造和构造变形研究。曾任郭令智的兼职学术秘书。

郭文魁

郭文魁（1915～1999），河南安阳人。地质学家，矿床学家。1980年当选为中国科学院学部委员（院士）。1937年毕业于北京大学地质系。曾任地质部地质研究所所长、名誉所长。一生从事地质调查、找矿探矿及成矿理论的研究。抗战期间，在我国西南一些地质资料空白区的工作，奠定了该区地层与构造格架的基础，发现了一些有价值的矿产地。此后，对我国金属矿产分布规律及区域成矿理论作了系统探索：对我国铜矿床工业类型分布规律作了深入研究；对我国金属矿床的综合原生分带作了具体研究，注意到矿化过程中氧、硫分压交替消长的重要信息；提出我国主要矿产具有分期、分阶段、分矿种与分类型的基本特征，以及在构造岩浆活动相对平静期间成矿的见解；剖析西华山钨矿，阐明岩浆作用后期的渗浸作用与热液矿脉的联系；论证锡的终极来源为超镁铁质岩；阐述了山金矿化与钾元素密切相关，在氧化还原条件下成矿；发现中国矿区岩石某些痕量元素、稀土元素比值特殊性，可作为有意义的找矿标志；提出中国成矿在空间上分为三大成矿域，在时间上分为三大成矿旋回，为奠定中国区域成矿理论基础做出贡献。他指导和领导了对全国金属矿床区域成矿规律的综合研究，先后指导编制和主编了1∶300万中国有色金属成矿规律略图、1∶100万中国成矿规律图和1∶400万中国内生金属成矿图。他主持编制的1∶500万石油、煤、金属与非金属成矿图，是国内创举，国外鲜见。曾获全国科学大会奖、国家自然科学奖一等奖、地质矿产部科技成果奖一等奖。

一、简　　历

郭文魁，1915年6月18日生于河南省安阳县，1999年9月16日于北京逝世，享年84岁。

郭文魁生于地主家庭，其父亲郭家修毕业于师范学堂，所以重视子女教育。郭文魁在家乡读至初中（安阳省立第十一中学），后至北平市立第二中学读高中（外文理科班）。1933年考入北京大学化学系，后转入地质系。自二年级起一直拿奖学金。虽从小学到大学一直在学习，但那是个动乱的年代，先是军阀混战，后是日寇入侵，使他倍感国弱受人欺的道理。他曾发心愿“读书救国”，并参加了“一二·九”运动。他认为国强需要实业强，学地质应当重视矿产资源工作，需要把矿物、岩石学基础打好，他是班里矿物学成绩最好的。1937年夏，他的毕业论文《北京西山玄武岩》，指出长期被认为是侵入岩床的辉绿岩实质上是喷发的玄武质熔岩，完全可与四川峨眉山玄武岩对比。他的这一新见解，对进一步认识北京西山地质历史和特点具有一定影响。

1937～1939年，他先后在北京大学地质系、西南联合大学地质地理气象学系任岩石学、矿床学助教，研究昆明附近二村的奥陶纪地层及易门铁矿、永胜铁铜矿。

1940年，他在叙昆铁路沿线探矿工程处（后更名为资源委员会矿产测勘处）任助理工程师、副工程师，在该单位一直工作到南京解放。1940～1944年期间，他在川、滇、黔一带从事区域地质及矿产地质工作，测制了滇东、川西南1∶10万地质略图多幅。1945～1947年赴美公费留学，先后在美国联邦地质调查所、明尼苏达大学进修金属矿床学与岩石学，并在垦务局学习坝基工程地质。在学习中，他结合中国情况以及对美国多处水坝坝基的研究，提出了与世界著名大坝权威萨凡奇不同的意见，认为三峡大坝应尽量建在结晶岩上，而不是选择在石灰岩上。1947～1949年南京解放前期间，他赴湖南资兴调查东江大坝坝址，到四川、广西调查石油地质，到台湾调查甘蔗种植区的地下水，到四川灌县发现酒店坪铜矿。

1949～1952年，他先后在南京九华山和山东招远玲珑金矿工作，参与创办南京地质专科学校及从事教学。1950年10月被任命为新成立的中国地质工作计划指导委员会委员，荣接周恩来总理签发的任命通知书（政字第0601号）及中国科学院专门委员聘书。1951年赴内蒙古执行集二铁路路线勘测任务。

1952～1953年，他被任命为中华人民共和国地质部321地质勘探队首任队长，负责建队进行铜官山铜矿的初勘工作。不到两年时间，该队成为拥有130余人的勘探大队，超额完成设计的储量勘查任务，为矿业城市铜陵的兴建做了扎实的基础工作。

1953～1956年，他先后被任命为地质部矿产司有色金属处副处长、地质部资源计划司总工程师，负责管理有色金属勘探工作，指导并协助重点矿山的地质勘探与储量报告的编写。1955年，他与助手付同泰一起对我国铜矿工业类型及分布规律进行了研究，分成四个类型，并在1958年第一次全国矿产会议上发言。该分类方案在此后相当长时间为许多野外地质队采用。1956年他参加中国访苏地质代表团。

1957年，他调入地质部地质矿产研究所（后发展为中国地质科学院），先后担任室主任、矿床研究所所长、地质研究所所长、地质研究所名誉所长。1959年5月

8日，由朱效成、王克昌介绍加入中国共产党。在此期间，他除了全力参与国家急需矿产的勘查会战外，主要致力于成矿作用与区域成矿规律的研究。曾先后被任命为全国地质测量指导组成员、国家科委地层委员会委员、国家金矿领导小组成员(1985～1988)。1979年当选为中国地质学会常务理事，任《地质论评》主编，1980年6月当选为中国科学院地学部学部委员（院士），1981年当选为北京地质学会理事长，1983年当选为国际矿床成因协会构造委员会工作组成员，1986～1996年任中国地质学会第三、四届成矿专业委员会主任委员，1987年任美国纽约科学院院士，1989年被国家黄金管理局聘为高级顾问。曾被北京大学、长春地质学院聘为客座教授。数次参加国际地质大会，两次领团参加国际矿床地质大会。其科研成果曾获1978年全国科学大会奖，1982年国家自然科学奖一等奖，1987年地质矿产部科技成果奖一等奖。

二、主要科学研究成就、学术思想及影响

郭文魁对地层、构造、矿物、岩石、矿床、水文地质工程地质、金属矿产、非金属矿产等学科领域有广泛的涉猎，并都有所建树，这些领域的工作又为他进行矿床地质学的研究打下坚实的基础。他注重实践，不断开拓和指导了矿床地质学的综合研究工作；他密切注视国际研究动向和趋势，重视理论结合中国实际，取得了大量高水平的成果；他培养和带出了一支高水平的矿床地质工作者队伍，为我国地质事业做出了贡献。

（一）主要科学研究成就

1. 早期滇东北、川西南的地质调查

郭文魁首次在云南东部发现奥陶纪地层，论述了该地层的层位及所含化石，证明早奥陶世海侵曾至云南东部。首次在云南东北部巧家药山发现第四纪冰川沉积与冰蚀地形，并与大理冰期作了对比研究。他确定了威宁弧，提出了滇东运动和曲靖运动，从而奠定了滇东北的构造构架。他详细研究了四川红层，首次发现硬石膏，并指出其对油、气的屏蔽作用，首次论证了攀枝花钒钛磁铁矿的结晶分异堆积成因，发现了灌县酒店坪铜矿并正确阐明其冷水交代成因。他的开创性工作为该区进一步地质调查和矿产普查打下了基础。

2. 矿产地评估

山东玲珑金矿在1949年遇到生产接续问题。当时资源委员会一个专员前往调查

后，认为深部无矿。郭文魁奉命前去落实这一评价，工作月余后他提出两点新认识：①从原来认为的太古宙胶东杂岩中分出后期侵入的中生代花岗岩。②从含金石英脉矿物组合与共生顺序的上下变化判断深部仍有金矿存在，并估算了储量，指出矿体主要赋存在岩体接触带外。最后结论是："我们可清楚看出玲珑是一个有莫大希望的金矿区域，值得大力开展探采工作。"由于他的工作，矿山一直连续生产至今。

内蒙古索伦山铬矿经多年钻探无法定论。1961年，地质部派郭文魁组织地质研究所、地质力学研究所到内蒙古进行会战。在他领导下做了最终评价的研究工作，指出"在300m深度以上不会有大矿床出现"，为国家节省了大量勘探经费。

3. 对中国铜矿工业类型、分布规律及找矿方向的研究

在我国铜矿床综合研究阶段（1950～1960），郭文魁详细研究了安徽铜官山铜矿，成为当时中国典型的夕卡岩型矿床案例。1955年郭文魁与助手付同泰在前人工作的基础上，把中国铜矿分成四个类型，并在1958年全国第一次矿产大会上作了报告。这一研究成果，对当时普查铜矿具有指导意义。1959年郭文魁、付同泰又根据近百处矿山、矿区、矿点新资料，发表了《中国铜矿工业类型、分布规律及找矿方向》一文，把中国铜矿工业类型分成8个，详细叙述了各类型的基本地质特征、矿山开采及工业技术特性、已知铜矿金属储量的百分比及矿床实例，指出了我国近期及远期铜矿的找矿方向，为以后铜矿床的深入研究奠定了基础。此后进入铜矿床深入研究阶段，我国铜矿床分类研究也从单纯的按产状、成因及工业类型进行划分，转向结合矿石的商品价值、成岩作用进行分类。郭文魁与常印佛、黄崇轲1978年将我国铜矿床分为六大类，走在了此类研究的前沿。

4. 对中国区域成矿规律的研究

矿床的形成、分布是个极其复杂的问题，现粗略从以下6个方面叙述郭文魁的研究成果。

（1）金属矿床的原生分带。郭文魁依据多年实践所取得的第一手资料，分析对比了国内外当时较为盛行的矿液沉淀分带、热水一次上升分带、热水多次上升分带以及离子系数分带理论，提出金属组合的综合分带认识。指出在一个成矿期内，内生金属矿化作用沿一定方向间歇性地持续演化，以不同种类矿物的大量晶出为标志，分出硅酸盐、氧化物、硫化物和碳酸盐四个主要阶段，而不同阶段中氧、硫相对含量的变化，是导致上述系列的关键因素，并推定晚期的氧化环境可能受地表水的影响。

（2）金属矿床成矿作用的深入研究。①渗浸和注浸作用：他深入剖析江西西华山钨矿从岩浆到矿化的进程，阐明了从岩浆后期粒间的浆液渗浸到热水矿脉形成的金属矿化作用的过程，提出金属成矿的渗浸和注浸作用。②构造、岩浆成矿作用之旋回性：他以长江中下游矿床为实例，解剖了构造、岩浆成矿作用的旋回性。在先期旋回中，随着钙碱性岩浆由中性向酸性演化，伴随的金属矿化作用由铁转化到铜，最后有钨、钼的出现。在后期旋回，伴随着钙碱性岩浆向碱性演化，金属矿化由铁向铜、金发展。而向华南方向，由铁铜矿带转变成钨锡矿带。这种转变似与地壳厚度密切相关，他推定金属来源分别是壳下和壳内。③山金的成矿作用：郭文魁指出源岩的含金量可能对矿化有相应的影响，而成矿的关键因素是金矿热水溶液的地球化学性质。他从离子半径探讨了金与碱性元素特别是钾的密切关系，指出金可能像钾的习性一样，能够远离侵入体或混合岩体的灼热区。金的运移有的呈氯的络合物，有的呈硫的络合物，从半封闭到开放系统的成矿热流体的平衡部分被破坏，从而导致硫化物和金的沉积，形成矿体。半封闭的剪切带更容易形成大矿。④痕量元素、稀土元素与成矿作用：1990 年后，他从事痕量元素、稀土元素与成矿作用关系的研究，发现中国矿区岩石的 K/Rb 与 Rb/Sr 比值与世界上经典著作大不相同，在中国可作为有意义的找矿标志。⑤类花岗岩与成矿作用关系：他晚年指出划分类花岗岩类型的主要参数在时空上是变量，用以论证类花岗岩来源难做定论。与类花岗岩有关的大部分金属成矿过程中，类花岗岩的成岩与成矿时间差距可以从数百万年到数千万年。

（3）锡的终极来源。郭文魁以其多年收集的实际材料，写出《论锡的成矿问题》(1987)，向公认的锡与壳源酸性岩有关的经典理论提出质疑。指出陨石中锡丰度的变化，指明了锡元素的亲铁性质。在褶皱带的锡矿床中经常出现锡磁铁矿矿体，是更具体而明显的表现。因此推断锡的最终来源与其说是地壳，毋宁说是地幔。

（4）中国矿产主要成矿特征。郭文魁在 1964 年北京科学讨论会上作了题为“中国主要矿产成矿条件的基本特征”的报告。他根据内生、外生矿产所形成的地质背景，分别从构造-岩浆-围岩和构造-古地理-沉积时代两方面，论述了中国内生与外生矿产的形成条件，指出成矿的分带性和多矿种、多类型的特点。提出：成矿作用是在地质历史过程中，地壳构造的活动与相对稳定的交互作用中发展演化的；地壳活动为有用元素的分散迁移提供了必要条件，而相对稳定更有利于有用元素的集聚成矿；矿化作用的多期性与成矿的阶段性。

（5）中国成矿区域划分。郭文魁从成矿地质构造背景、容矿岩石、金属组合以及金属元素特性等综合讨论了金属成矿规律，将中国金属矿产空间分布上归属世界三大成矿域，即古亚洲成矿域、特提斯—喜马拉雅成矿域及滨太平洋成矿域；在时间上总结出三大成矿旋回，即元古宙成矿旋回、古生代—中生代成矿旋回及新生代成矿旋回，成矿旋回的周期有迅速缩短的趋势。这可能是我国内生金属成矿总的规律性。

（6）中国成矿规律图的编制。郭文魁从1959年主编南岭有色金属、稀有金属成矿规律图起，先后指导编制和主编了各类成矿图件，有1∶300万中国铅锌矿分布图，1∶100万中国成矿规律图，1∶300万中国有色金属成矿规律略图，1∶400万中国内生金属成矿图，1∶500万石油、煤、金属与非金属成矿图。为此，他获1982年国家自然科学奖一等奖（总项目名称为“中国地质图类及亚洲地质图”），1987年地质矿产部科技成果奖一等奖。他主持编制的1∶500万成矿图，以多学科交流渗透方式，综合论证成矿特征与规律性，是国内创举，国外鲜见。

（二）学术思想及影响

郭文魁一生治学严谨，注重实践，志在通过找矿为祖国经济建设服务。他学风民主，尊重持不同学术观点的前辈和同事。他学识渊博，在科学研究中善于由点到面逐渐深入，善于博采众长，不断开拓创新。

1. 突出地质学科的地域性、相对性和时间性

郭文魁紧紧把握地质学科的地域性、相对性和时间性特点，特别注重地质实践，注重理论联系实际。他认为野外地质工作是地质调查、科学研究的基础，正确地获取第一手资料就更为重要，并身体力行，在野外工作、科技管理工作和教学工作中言传身教。他认为对国内外信息要博览广读，了解研究趋势和水平，但不能生搬硬套。要用自己所取得的资料来检验国内外理论，符合的发展它、深入它，不符合的修改它、摒弃它。

2. 研究地质学要“钻进去、钻出来”

研究地质学要“钻进去、钻出来”，这是郭文魁对其工作的形象归纳。“钻进去”就是要深入实际，埋头苦干，不断创新，求得点上突破，打下扎实基础。“钻出来”就是审视点上工作，纵横联络对比，开拓科研思路，扩大研究领域，做出高水平的科研成果。

3. 有关中国内生金属矿床成矿的思路

郭文魁经60年的地质探索，形成了系统的有关中国内生金属矿床成矿的思路。

他认为成矿物质的初始来源是地幔深部的基性浆质，而壳源的花岗岩类及其有关矿种则是幔源物质演化产物。地球化学的某些指标也反映两者是同源的。各类浆质上侵成矿的动力来自地球运动，来自构造运动的动力，来自地球化学的动力。含矿浆液上侵有两种形式，一种是“渗浸”，一种是“注浸”。经济矿床的形成，主要是地壳物质运动的衍生物。地壳的隆起和凹陷是成矿的有利时机和场所。地壳活动相对稳定时更有利于有用元素聚集成矿。不同时期的不同类型岩浆活动都有其不同矿种组合及叠置顺序。中国大陆横贯东西的主要由榴辉岩和麻粒岩等深变质岩组成的主轴为核心，分别向华北和西南增长，由均衡作用为主导致中国大陆隆起和凹陷相伴而生，形成三大成矿域。成矿时间有三大成矿旋回，成矿旋回的周期有迅速缩短的趋势。矿体在空间上的分布，依其跟侵入岩体的远近而形成金属原生分带。

郭文魁把毕生精力都奉献在地质事业上，他的学术思想和成果直接服务于国家经济建设，奠定了我国区域成矿的理论基础。

三、郭文魁主要论著

郭文魁. 1942. 滇北之早期海西运动. 地质论评，7 (1-3)：9-16.

郭文魁. 1949. 四川灌县酒店坪铜矿之发现及其意义. 矿测近讯，(101/102)：67-68.

郭文魁. 1951. 山东招远玲珑金矿区岩石及构造之生成. 地质论评，16 (1)：64-65.

郭文魁. 1957. 中国接触交代型铜矿分布规律及成矿条件初步探讨. 地质知识，(8)：1-6

郭文魁，付同泰. 1958. 中国铜矿的工业类型分布规律及找矿方向. 全国矿产会议. 地质科学通讯，(2)：13-16.

郭文魁. 1959. 编制南岭区内生有色稀有金属成矿规律图中的某些问题. 地质论评，19 (3)：103-109.

郭文魁. 1960. 1∶300 万中国铅锌矿成矿规律略图简要说明. 地质论评，20 (1)：17-22.

郭文魁. 1963. 某些金属矿床的原生分带及其成因问题. 地质学报，43 (3)：247-270.

郭文魁. 1963. 中国含铜砂页岩的成矿规律和找矿方向问题. 中国地质，(2)：1-11.

郭文魁. 1965. 我国主要矿产成矿条件的基本特征. 科学通报，(3)：189-201.

郭文魁，常印佛，黄崇柯. 1978. 我国主要类型铜矿成矿和分布的某些问题. 地质学报，52 (3)：169-181.

郭文魁，刘兰笙，俞志杰. 1982. 中国东部成矿域与成矿期的基本特征. 矿床地质，(1)：1-14.

郭文魁. 1982. 论金属成矿的渗浸与注浸作用. 地质科技通报，(3)：24-26.

郭文魁. 1982. 谈谈花岗岩与金属成矿作用. 中国区域地质，(2)：15-30.

郭文魁. 1983. 西华山钨矿床的金属矿化作用——一个与岩浆后期渗浸相联系的热液矿脉之实例. 矿床地质，2 (2)：1-14.

郭文魁. 1985. 山金矿床的主要地质特征//国际交流地质学术论文集——为二十七届国际地质大会撰写 (4). 北京：地质出版社：253-262.

郭文魁. 1987. 论锡的成矿问题//锡矿地质讨论会论文集. 北京：地质出版社：1-4.

郭文魁，刘梦庚，王永勤等. 1987. 1∶4 000 000中国内生金属成矿图及说明书. 北京：中国地图出版社.

郭文魁. 1998. 论金属成矿流体的痕量元素特征//北京大学地质学系编，李茂松主编. 北京大学国际地质科学学术研讨会论文集. 北京：地震出版社：759-768.

郭文魁. 2002. "21世纪初中国地质科学技术发展的重大问题"的管见//郭文魁文集. 北京：地质出版社：85-102.

主要参考文献

《中国矿床》编委会. 1989. 中国矿床（上册）. 北京：地质出版社.

郭子光. 1990. 郭文魁//黄汲清，何绍勋主编. 中国现代地质学家传（1）. 长沙：湖南科学技术出版社：484-494.

闻广. 1994. 郭文魁//《科学家传记大辞典》编辑部编，卢嘉锡主编. 中国现代科学家传记（第六集）. 北京：科学出版社：681-682.

张以诚. 2000. 郭文魁//卢嘉锡等主编. 院士思维（卷四）. 安徽：安徽教育出版社.

郭文魁. 2002. 郭文魁文集. 北京：地质出版社.

撰写者

郭子光（1941～），河南安阳人，研究员，曾任中国地质博物馆岩矿室主任。

宋叔和

宋叔和（1915～2008），河北迁安人。矿床学家和岩石学家，中国火山岩及其块状硫化物矿床领域的开拓者和创始人之一。1980年当选为中国科学院学部委员（院士）。1938年毕业于清华大学地学系。他长期在我国西北地区从事地质找矿工作，1949年后发现并亲自主持了甘肃白银厂铜矿床、陕西金堆城钼矿床、甘肃镜铁山铁矿床和金川镍矿床等四个大型矿床以及其他矿床的勘查工作，从而使甘肃的白银、金川和嘉峪关等矿业城市在荒原中建立。在长期的野外地质勘查工作中，对我国海相火山岩及其成矿作用进行了研究，提出火山岩型块状硫化物矿床成矿理论，及时地指导了地质找矿工作，并受到国际重视。在总结西北地区海相火山岩岩石学基础上对我国的火山岩地质学与岩石化学进行了全面研究，提出了火山岩生成及其分类、鉴别的标志，成为国内岩石学研究的指导性文献。他依据长年野外地质工作经验，及时总结地区成矿规律，在当时我国1∶20万区域地质调查尚未开展的实际情况下，有力地推进了普查工作的开展。他主编的《中国矿床》，将中国近百年来所寻找到的各种矿床及其地质特征进行了全面总结。他主持的《中国矿床资源图》编制，系统阐述了我国资源情况，为国民经济建设提供了基础资料。他还完成了西北地质科学研究所（现西安地质矿产研究所）和矿床地质研究所（现矿产资源研究所）组建和恢复任务。

一、生平简介

宋叔和，1915年7月14日生于河北省迁安县，2008年2月5日于北京逝世，享年93岁。

宋叔和家境平常，但家教深厚。祖父农忙下地干活，农闲乡间教书；父亲留学日本，攻读教育学。宋叔和7岁进入当地正规小学学习，1928年考入唐山第四中学。在初中毕业前参观了英国人开办的开滦煤矿和塘沽碱厂等厂矿，看到了矿工在井下和盐场上的生活情景，激起了他幼小心灵中的同情感与爱国心。1931年他就读通州潞河中学高中，当时华北正处于生死存亡的关头，他在发奋读书的同时积极参加社会活动，从中萌生了走“实业救国”道路的思想。1934年他以优异成绩考入清华大学地学系。学习期间，他热爱专业，钻研功课，同时博览群书，还旁听文史课程，开阔了思想境界。1937年卢沟桥事变爆发，他中止了野外地质资料的收集和毕业论文的撰写，跟随学校南迁长沙，并积极参加清华、北大和南开三校组成的“西南联大”步行团，徒步2个月到达昆明。沿途他在袁复礼老师带领下一面进行地质考察，增进野外工作技能，一面广泛接触民众，宣传抗日救国，亲眼目睹祖国山河受日寇蹂躏和国破家亡的惨景，更激发了他立志报国的决心。1938年他以优异成绩完成了大学学业并留校当助教直至1942年，在这4年中他除完成教学任务外，还开展多项地质调查，取得丰厚成果。

1942年中国抗日战争进入艰苦与关键时期，他深感自己有责任也有能力为抗日做出更大贡献，于是决定离开校园到重庆中央地质调查所供职，以便前往大西北寻找更多矿产资源支援抗日。抗战胜利前他主要在新疆天山山脉的南、北缘进行综合性地质调查和矿产勘查。当时交通与物质条件十分艰难，每天翻山越岭、风餐露宿，但他们克服了重重困难，测制地质图件，发现和评价了许多矿产地，如照壁山和博乐县的铅锌矿、温泉的钨矿、精河的钼矿、四道沟的铜矿、焉耆的铁铜矿、伊宁的砂金矿以及新疆迪化（现乌鲁木齐）八道湾煤矿等，为抗战以及后来新疆的建设都起了重要作用。1947年受甘肃资源厅邀请前往祁连山一带工作，并重点考察了白银厂和厂坝两地。他通过一段工作后认为，白银厂地表是个大铁帽，其下可能是大型黄铁矿床，并指出它与西班牙里奥廷托（Rio Tinto）黄铁矿型铜-铅-锌矿床可类比，但是他的超前认识在当时无人问津。

1949年中央人民政府接管了中央地质调查所（改为南京地质调查所），他在新的体制领导下以饱满热情投入了工作。1950年国家处于第一个五年计划前夕，资源不清和资源紧缺是一道难关。他便主动向地质部前身中国地质工作计划指导委员会建言，应将白银厂作为寻找铜矿的首选地，并请缨前往甘肃野外工作。他的意见很快被上级采纳，同时任命他组建641地质大队。宋叔和任技术大队长，率队出征甘肃白银厂，从此揭开了他连续25年西北地质工作的序幕。1950～1962年，他活跃在祁连山脉与秦岭的深山峻岭中，用4年时间完成了白银厂大型铜-铅-锌矿床勘探工作，随后又发现并主持了陕西金堆城钼矿床、甘肃镜铁山铁矿床、金川镍矿床等矿床的勘查工作，为西北地区工业化建设和以后白银、金川和嘉峪关建市奠定了物质基础。

1962年他奉命组建西北地质科学研究所（现西安地质矿产研究所）。他依据西北地区实际情况和自己多年工作经验，将西北地质研究所方向锁定为以基性-超基性岩和海相火山岩及其相关矿产为主要研究对象，同时兼顾水文地质与盐湖地质的研究，坚持将理论研究和找矿实践紧密结合的方向。近半个世纪的工作证明他的建所方针具有很高的前瞻性，对推动西北地质科学发展起了重要作用。建所后他身体力行率队转战西北各地，同时将以往工作所获得的资料进行了整理，撰写了多篇有关火山岩型块状硫化物矿床成矿理论和我国海相火山岩岩石学、岩石化学的论文，在国内外地学界中引起很大反响。

1976 年，他结束了 25 年夫妻两地分居的生活回到北京，此时他已到花甲之年，但他仍老骥伏枥，在上级领导下完成了恢复矿床地质研究所的任务后，又开始了新一轮工作。首先他创办《矿床地质》和《矿床所所刊》两个刊物，同时利用他作为主任委员的中国地质学会矿床专业委员会作平台，邀请国外知名专家作专题讲演，召开各种形式的研讨会，把广大研究人员带到学术活动中，打破了数十年的禁锢，将该所学术气氛提到一个新高度。20 世纪 80 年代中期，为总结我国矿床学研究成就，他主编了中国矿床学巨著《中国矿床》，并获国家科学技术进步奖二等奖。90 年代中期，他又组织力量编制《中国矿产资源图》中、英文版共三幅（金属、非金属和能源矿产三部分），全面地反映了我国资源现状，使人们更客观地了解国情，并获全国优秀图书奖。这期间我国地矿行业正处于困难时期，他不顾年迈体弱，仍不遗余力地为矿山和地质队出谋划策、排除困难，取得了良好效果，获得了人们的敬佩。

他是全国政协第 2 届至第 7 届（1954～1993）委员，是科技界中任期最长的政协委员之一。他在担任全国政协委员期间，积极参加社情民意的调研和有关地矿工作的建言献策。1991 年他提出的关于“征收矿产资源补偿费办法”的提案被评为优秀提案而得到嘉奖。

二、主要科学研究成就、学术思想及影响

宋叔和来自地质的基层单位，早年长期在我国地质研究程度较低的西北地区从事地质找矿工作。对此他敢于面对实际，勤于思考，勇于攀登，所以他的科学成就大多反映在地质找矿问题上。晚年他调回北京从事地学综合研究，其科学成就则以社会经济发展为主。他一生学术活动的特点是：研究课题来自实际需要，学术成就服务于生产建设。

（一）主要科学研究成就

1. 发现并主持勘查了白银厂大型铜矿

甘肃白银厂在明洪武年间采过金矿，清乾隆三年一场地震将其毁于一旦，从此

埋没。1947年宋叔和首次到白银厂，认为该矿床虽然作为生产硫酸的黄铁矿矿床，但可能伴有铜、铅、锌。1951年他率队再进白银厂时，不拘泥于原先设想，也不受前人观念束缚，而是依据该区地质情况，大力加强火山岩以及黄铁矿的研究，先后在山沟中发现了绿色水流（含硫酸铜水溶液）和铁帽下烟灰色粉末（辉铜矿），并以此为起点跟踪追索，终于在深部找到原生铜矿体，后经4年勘探，证明是一座铜储藏量达百万吨，并伴有可观数量的铅、锌、银、金的大型矿床。白银厂铜矿的发现为我国第一个五年计划提供了十分急需的铜矿资源。同时，其找矿勘探工作的经验不但鼓舞了广大地质工作者对西北地区地质找矿工作的信心，而且其找矿理念以及工作方法在相当长时期内对西北地区找矿工作都起了指导作用。

2. 金堆城钼矿和镜铁山铁矿的发现与勘查

为了扩大找矿战果，1955年他率队兵分两路开展工作。东线在陕西金堆城一带普查。原先将工作对象放在宽大的石英脉上，但成效不大。他到矿区后经过工作发现，在离石英脉不远的变质火山岩地层中有浸染状硫化物，并依据白银厂矿床评价经验，果断地改变了找矿方向，重新布置了采样工作，找到了钼矿体，并立即启动了勘探工程，最终探明了一座大型细脉浸染型钼矿床。在西线，他依据火山岩地层时空分布规律一直追踪至祁连山西北部，并以深厚的功底在变质火山岩中鉴定出镜铁矿及其产出分布特点，确定了头道沟等地所发现的镜铁矿是属于具有重大找矿前景的火山-沉积变质型铁矿露头，从而打开了寻找铁矿的新局面，后经两年多工作，于1958年底完成了储量达数十亿吨的镜铁山大型铁矿床的勘探任务。金堆城钼矿和镜铁山铁矿勘查任务的完成极大地改变了西北地区矿产资源的面貌。

3. 中国最大的岩浆型铜镍矿的发现

1955年底他依据老乡送来的一块矿石标本，与同仁们一起经过多方研究后确认为铜镍矿石，但经过踏勘，在当地方圆几十公里内再也没有找到第二块，更不要说矿体露头了，一时众说纷纭。于是，他带领队伍进行较详细的地表地质工作，测制有关地质图件，加强综合研究，依据矿石基本特征以及铜镍矿与基性岩生成关系的研究，推断其可能存在部位，果敢地布置了勘查工程，并与同仁们一起经过艰苦探索与工作，终于在白家嘴子不到0.5km^{2}的基性岩小岩体中找到了铜镍矿。后经勘探表明，该矿床是我国国内第一个大型岩浆型铜镍矿床。从此不仅使我国镍矿储量跻身于世界前列，改变了我国镍矿长期依靠进口的局面，而且他在勘查工作中的成功经验也为西北地区寻找该类型矿床吹响了前奏。

4. 火山岩型块状硫化物矿床成矿理论

1955年他在总结白银厂矿床地质基础上，发表了多篇有关火山岩型块状硫化物矿床的论文。他认为，“优地槽火山岩带内是生成大型黄铁矿型铜矿床最有希望的地区”，但“不是所有火山岩系中均有该类型矿床”，“它只是生在具有从基性到酸性、从浅成到喷出等复杂现象的火山岩系中。如果火山岩系的火山岩种类简单，且缺少浅成的火山岩，则可能不产生大的矿床”。而在这套富含钠长石的火山岩系中，“有大价值的矿床均生在凝灰岩或凝灰质千枚岩层位中”。他指出，“含铜块状黄铁矿是该类型矿床的主体”，但其侧旁“网脉状矿体富含铜”，铁帽之下的“次生富集矿对黄铁矿型铜矿来讲不是主要矿”。他对该类型矿床产出位置、容矿围岩、形成机制和富集特征的阐述，有力地肯定了火山喷流成矿作用的存在，奠定了该类型矿床的成矿理论基础，在当时国际矿床学界处于领先地位。因为国外在1958年才提出这个命题，1962年才将他们公认的典型矿床——里奥廷托围岩确定为火山岩。以后他不断在该领域著文耕耘，特别是90年代他又提出“以火山岩为容矿岩石和以沉积岩为容矿岩石的两类块状硫化物矿床，宏观上产出在同一或类似的裂陷地槽中，先后或同期成对出现”。这使他在块状硫化物矿床研究上发生了新飞跃。

5. 开创我国细碧岩-角斑岩套研究先河

20世纪50年代中期，人们对细碧岩-角斑岩的认识还比较模糊，研究也不深入。对此他结合地质找矿实际，通过专题研究并撰文对细碧岩-角斑岩的建造和岩石系列划分标准与命名以及矿物组合与结构等难题给予阐明，有力推动了野外工作。他在此基础上对细碧岩-角斑岩的地质特征作了全面系统的论述，并提出“细碧岩-角斑岩组合在地槽区往往大区域分布”，但“常夹于正常火山岩中，或与正常火山岩呈横向及纵向渐变过渡关系”，不是独立成生；该组合“从基性到酸性都富含钠质，其中钠长石是原生矿物，并非钠质交代的产物”，但“也不排斥含少量或一定数量的钾长石”等。同时他指出，“细碧岩-角斑岩套与玄武岩-流纹岩套有本质的差别”，尤其在岩石化学上，前者具有“高钠，低钾、钙的特点”，若采用欧美国家碱性和钙碱性的二分法方案则无法体现其差别，因此他倡议在“我国火山岩岩石化学分类时应采用碱性、偏碱性和钙碱性三分法”，并且他通过大量资料的运算与研究，确定了各类火山岩岩石化学和标准矿物的数据，创立了一套细碧岩-角斑岩的新图解，从而修改了“世界标准”的细碧岩-角斑岩系列图解，成为人们判定的标准，为火山岩岩石学做出重大贡献。

6. 编撰矿床学巨著《中国矿床》

我国经过数百年地质找矿工作，发现了无数矿产地和大量矿产资源，其中有的名列世界前茅，但以往成果仅涉及局部地区或单一矿种的整理与总结，难以反映我国矿床地质全貌。1980 年宋叔和以全国矿床专业委员会主任委员身份征召了全国 160 多位有关专家举行会议，共商编写《中国矿床》事宜。会上他再三重申，在编写中要将中国矿床地质特点作阶段性总结，同时要研究和对比我国与世界其他国家在成矿地质环境方面的异同，以便在此基础上继续发展我国矿床地质学，推动我国矿产地质研究和勘查工作向更大的深度和广度发展。所以，《中国矿床》全书在他思想指导下，在矿种上除煤和油气之外，涵盖了所有金属和非金属矿产 35 种矿种，列举了 370 个矿床实例。在内容上突出了每一种矿种的地位与研究现状、各种矿床类型特征及矿床实例、矿床成矿规律这三方面内容，分三册出版，约 260 万字。在资料处理上力求引用新资料，并且立论要建立在我国自主研究成果上；力求全面反映不同观点，以便将一个历史阶段中矿床学界前辈的劳动成果，留给当今或今后从事此项工作的广大地质工作者。因此《中国矿床》不论在内容上还是编辑和编写上都达到了较高水平，可与同时期出版的《美国矿床》、《苏联矿床》相媲美。

7. 研究与寻找西北地区基性、超基性岩有关矿产

与基性、超基性岩有关的矿产很多，也是国家所急缺的。60 年代初宋叔和就提出，“细碧岩-角斑岩在优地槽区常与基性超基性岩及钠质花岗岩伴生”，若有岩浆血缘上关系，“应追寻常见于此类岩石中的近乎专属性的矿产”。他认为基性、超基性岩岩体的产出地质特点对成矿有直接关系，于是他通过研究将基性、超基性岩划分为三个系列：镁质岩浆系列、铁质岩浆系列和钙镁铁质岩浆系列，并指出在不同地质环境中有各自不同的岩浆系列，而不同岩浆系列则具有不同的岩石学特征和相应的成矿作用及其成矿形式和规模。他的研究成果对当时在基性、超基性岩中找矿及其评价都起了指导性作用，有力地推动了普查工作开展。同时，为了提升西北地区基性、超基性岩研究水平，他在筹建西北地质科学研究所时便将“基性、超基性岩和海相火山岩及其相关矿产”作为该所长期研究方向之一，并建立了相关实验室，培养了一批技术骨干，使以后西北地区在与基性、超基性岩有关铜镍等矿产寻找上一再突破，显示了他当时对研究项目的实施具有很高的前瞻性。这也是他对西北地区地质科学发展的重大贡献。

8. 创立高效的矿产勘查工作方法

在地质勘查工作中，宋叔和十分注意对矿床各种生成规律的总结。大至矿床产出，小至矿体形态、品位变化等，他都以成矿规律为指导，适时布置工作，特别是在矿区勘探阶段。白银厂矿区具有“铜矿体呈长度远大于厚度的大扁豆状，而其尖灭深度中心最大、两端渐小”的规律，据此他没有固执地按地质勘查规范规定的间距布置工程，而是充分考虑矿体生成特点和展布规律，在规范规定的框架内灵活布置工程；在勘探工程采样和分析项目上虽然当时上级任务只要求勘探铜、铅、锌储量，但他依据多金属矿体中矿物共生组合及其分布规律，在不同地段采用不同取样方法和分析化验项目，使矿区内其他伴共组分得到较全面阐明，从而保证了质量，节省了经费，提高了效率，加快了勘探速度。他以地质研究成果指导勘探工作，通常他所主持的大型矿区一般 2～3 年就可完成勘探任务，不仅创造出高效率的勘查工作方法，而且也给地质勘查学注入了新的内容，使这门以工作方法为主的学科在地质规律支配下显得生机勃勃，为人们在执行地质规范中开辟出一条新思路。这是他对矿产地质勘查学的贡献。

9. 编制我国第一套矿产资源图

为了全面反映我国矿产资源的现状和展现我国矿产地质成果，90 年代初在《中国矿床》的编撰基础上，他组织编制了我国改革开放后首次公开发表的矿产资源图。这套图件有金属、非金属和能源矿产三幅，包括矿产种类 48 种，矿产地 1700 多处，并附相应说明书，以中、英文版同时发行。这套矿产资源图在矿产地选择上，以经过地质勘查并能被工业所利用的中型以上矿床为主；在矿床类型划分上，以含矿岩石和成矿环境相结合的办法将矿床分为七大类；对于石油、煤等能源矿产，为反映其资源前景，以含油、气田和煤盆地的范围表示。上述的规定与改进使矿产资源图更加简洁、通俗易懂，因而受到国内外读者青睐，公开出版发行后创造了地质出版社同类图件同期销售最好成绩，取得较好的社会效益和经济效益，并获全国优秀图书奖。

（二）学术思想及影响

宋叔和在从事地质工作 70 多年中，大部分时间是在研究程度较低的西北地区度过的。他长年面对的是恶劣的自然条件和诸多亟须解决的地质难题，因此他的学术思想基本上是围绕地质找矿中的实际问题展开的。他非常善于发现生产实践中的重大问题，也十分重视来自野外工作中提出的问题，又敢于通过细致的工作去解决地质工作中的实际问题，所以与生产实践紧密结合就成为他整个学术活动的主线。他功底雄厚、博学广闻，能从全国以至全球角度审视地质科学发展的动向与趋势，用全局或战略的眼光看待问题，分析问题，而没有陷于具体细节的争辩之中，因此他在学术活动中始终展现出高瞻远瞩、思路宽广、长远规划、实地耕耘的风格，而从不道听途说、一知半解地高谈阔论。他在学术活动中善于团结同仁、平等待人、求同务实、淡泊名利，特别对年青技术人员，他总是不遗余力地教诲、支持与鼓励。他以崇高的品德、渊博的学识、刻苦的钻研、踏实的工作为国家寻找急需的矿产资源和推进我国地质科学事业的发展做出了重大贡献。

1. 区域成矿是地壳演化的必然结果

不论是在区域岩石学、“地槽区”岩浆演化，还是在区域构造特征以及地层和岩相古地理等方面，宋叔和都做了许多研究工作。他在研究中总是要联系到成矿作用。他认为，既然矿产是地质作用的产物，就应该从上地壳发展演化的过程去探讨成矿的可能性。在这一过程中，岩浆活动、构造变动以及岩相古地理变化等只是地质历史演化中的一个层面，而更深层的是由这些作用所构成的“特定成矿地质环境以及在一定地质环境中有用组分的富集和成矿作用”，从而使成矿作用及其矿床类型都具有一定地区性。基于这种将“区域成矿作用纳入地壳演化范畴”的理念，他多年来一直强调成矿地质环境的重要性，并致力于“主要成矿类型的成矿作用与地质构造背景、成矿地质环境”的研究，探讨其间的必然联系与规律。同时，他还指出地壳演化过程也将促使成矿地质环境的演化，这必将导致成矿作用及其矿床类型的变化，因此，要从“地质构造历史中去揭示矿床类型由简单变为复杂的原因以及某些矿床类型重复出现的必然性”。他的这些学术思想不但丰富和发展了成矿规律的研究内容，而且对矿产寻找与评价起了重要作用。

2. 多样化的成矿作用是自然界中的正常现象

宋叔和在对白银厂火山岩型块状硫化物大型铜矿床研究中提出了许多创新性见解，其中心思想是成矿多样性问题。正如他所说，“岩浆分异作用及其成矿作用在不同地质环境中将有不同的形成方式和产出特点”，不能认为只有岩浆侵入作用可以成矿，火山喷发作用照样也可以成矿，“问题在于成矿地质环境上”。他认为“岩浆房岩浆是呈层状分布的”，在地槽区海相环境和地台区陆相环境，其活动形式及其成矿作用应有所不同。他在许多场合一再强调，这是自然界中地质作用多样化的体现，我们不应该用一种认识去替代自然界中多样性现象，而应该依据“不同地质构造背景和成矿地质环境去探讨其可能的成矿作用形式，寻找不同类型的矿床”。所以，他在西北海相火山岩发育地区普查找矿时，没有受岩浆热液成矿观念的束缚，而面对现实，对火山岩进行了大量工作，并从海相火山岩地层中发现了大型块状硫化物多金属矿床，提出了火山岩型块状硫化物成矿理论。他的这些指导思想和经典的阐述，在当时以至当今都具有重大的现实意义与深远的学术价值，是对长期以来把岩浆侵入而产生的热液成矿作用作为统领内生成矿作用全部内容的一个全面修正，也是对矿床学理论体系的重大补充与发展。

3. 在漫长的岩浆演化中寻找相对短暂的成矿作用

宋叔和认为，不同类型矿床有不同的成矿过程，“块状硫化物多金属成矿作用与细碧岩-角斑岩套有着时间与空间密切关系”。这套钠质火山岩系中“火山喷发常常具有先酸性（流纹岩、流纹英安岩、英安岩）和后基性（玄武安山岩、玄武岩）的演化序列”，其成矿作用在火山岩系中不是任何层位都出现，而只是在岩浆演化特定阶段才发生。在时间上“块状硫化物多金属成矿作用与早期酸性火山喷发有关”，而在空间上在喷发间歇期生成的“凝灰岩或凝灰质千枚岩岩层中常具有大价值矿床”。因此他认为，矿化作用时间相对于整个火山岩系演化时间而言是比较短暂的，其产出与分布虽有一定偶然性，但大多是在演化过程中其性质“转换”的时期，如火山岩岩性、岩相、化学成分等“转换”，因此不是不可知的，而是有规律可循。尽管不同地区同一类型矿床有所差别，但总体的基本规律不会相差太远，于是，如何在漫长的岩浆演化过程中寻找相对短暂的成矿作用将是地质科学研究和地质找矿的核心命题。对此，他不但全面阐述了海相火山喷发作用与成矿的基本模式，而且客观、符合实际地反映了他对自然规律真实的理解和辩证的运用。

4. 用战略的观点开展历史阶段的总结工作

宋叔和经常说：“自然现象是相当复杂的，就地质而言更是如此。”他认为地质问题往往不是一时就被人们所认识的，而是要有一个过程，这个过程有的要经过相当长时间，这其中人们应该是接力跑式的传接，前人将其成果传给后人，让后人减少弯路，继续攀登。因此，他把历史阶段的学术总结工作作为学术研究的重要内容之一。《中国矿床》的编撰和《中国矿产资源图》的编制就是一例。正如《中国矿床》前言写道：“为了推动我国矿床地质研究与勘查工作向更大的深度与广度发展，写一本《中国矿床》，研究和对比我国与世界其他国家在成矿地质环境方面的异同，总结具有中国特色的矿床形成条件与成矿特征，作为一个历史阶段的总结是十分必要的。”显然，他将历史阶段的学术总结视为认识地质规律长河中的一个“传接”驿站，必须长久延续下去。

5. 在地质找矿中运用比较思维方法

宋叔和认为，在不断总结经验与教训同时必须树立起类比的思维方式。20世纪50年代，全国1∶20万地质调查工作尚未开展，区域性地质资料十分欠缺。当时为了普查找矿，他指出要注意每个普查矿点之间的相互关系，要在对比中追索，在追索中对比，并以矿点与地质路线间关系编制图件，使地质找矿工作取得进展。他后来在金堆城、镜铁山等地区也是运用白银厂经验进行类比，并获得巨大成功。他将这种地质找矿中的思维方法概括为“运用比较思维在比较实践中找矿”。但由于地质勘查过程中矿床揭露部分毕竟有限，因而要较全面地了解，只有在矿床开发过程中。所以在80年代他又提出要加强“介乎矿床地质学和矿冶学之间的矿山地质学”工作，以便在工业矿床开发中对典型矿床进行“成因模式特别是经济模式的调查研究”，从而指导找矿。他认为对已知矿床研究愈深刻，地质找矿中类比样本也愈标准，其“比较思维”的内容也更充足，这必将促使找矿效果提高。他将矿山地质工作作为地质勘查工作的延续，并对地质找矿工作起到反哺作用。

6. “三勤”是地质工作者的基本素质

宋叔和所进行的火山岩型块状硫化物矿床研究，最初是由于他在矿区遇到“黄铁矿沿火山岩层之层面为羊肠式持续变化的扁豆体，长1100m，产状约与围岩相同”的现象后，无法用传统的岩浆热液成矿理论来解释而萌生的。细碧岩-角斑岩套的研究是由于当时在西北地区地质找矿中经常会遇到大片火山岩，而野外工作一时又难以鉴别与划分而提出。这些重大问题都是在实际工作中提出，然后又是通过实际工作逐步加以解决的。在实际工作中何以能提出问题和解决问题呢？他以长期地质工作体验悟出了“腿勤、眼勤、脑勤”的治学之道，即“三勤”。腿勤就是坚持实践第一，注重野外调查，深入现场，踏实工作；眼勤就是要多读书，增添聪明才智，多看显微镜，洞察微观世界奥秘；脑勤就是多动脑筋，勤于思考问题，善于将野外实践与室内研究、宏观的与微观的有机结合起来综合分析。他认为这是认识问题与解决问题的必经之路。他自己一直恪守“三勤”之道，坚持务实求真，不图虚有之事。90年代初由院士挂名向上级争项目拿经费之风盛行，许多人恳请他挂名领衔，他都予以谢绝，而是根据自己身体状况，做力所能及之事。

三、宋叔和主要论著

宋叔和. 1949 . 甘肃皋兰县白银厂黄铁矿. 地质论评，14 (1-3)：31-39.

Sung S H. 1949. On the rocks and metamorphism of Peyinchang Volcanic Series, Kaolan, Kansu. Bull Geol Soc China, 29 (1-4)：145-156.

宋叔和. 1954. 白银厂队黄铁矿型铜矿及其勘探方法与经验教训//中央人民政府地质部地质矿产司编. 中央人民政府地质部1954年有色金属专业会议特辑. 北京：地质出版社：78-91.

宋叔和. 1955. 祁连山一带黄铁矿型铜矿的特征与成矿规律. 地质学报，35 (1)：1-21.

宋叔和. 1957. 对祁连山黄铁矿型铜矿地质一些补充意见. 地质学报，37 (1)：57-79.

Sung S H. 1963. On the problem of the spilite- keratophyre formation of northern Chilianshan. Sci China, 12 (11)：1727-1736.

宋叔和. 1964. 关于细碧岩-角斑岩问题. 西北地质科技情报，创刊号：1-23.

宋叔和. 1973. 关于火山岩的岩浆源和分类. 西北地质科技情报，(4)：1-13.

Sung S H. 1978. An outline of the tectonic characteristics and igneous activities of China//宋叔和. 2001. 宋叔和地质文集. 北京：地质出版社：250-266.（在英国皇家地质学会的演讲稿）

宋叔和. 1982. 黄铁矿型铜矿和多金属矿床——世界范围内一些主要矿带和矿床类型的对比及研究趋势. 中国地质科学院矿床地质研究所所刊，第3号：1-33.

宋叔和. 1985. 甘陕境内秦祁地轴两侧古生代断陷地槽海相火山活动与多金属成矿的探讨. 中国地质科学院矿床地质研究所所刊，第2号：1-15.

宋叔和. 1987. 加强矿山地质学的研究，矿山地质，(1).

宋叔和. 1988. 海相火山活动与层控多金属矿床//同生论与层控矿床. 北京：北京科学技术出版社：122-131.

Song S H, Han F. 1989. Time and space distribution of major types of metallic ore deposits of China// Geological Society of China . Progress in geosciences of China (1985～1988) : papers to 28th IGC. Beijing: Geological Publishing House.

宋叔和. 1990. 祁连山地槽褶皱带的地质构造演化与区域成矿的探讨. 中国地质科学院矿床地质研究所所刊，第1号.

宋叔和. 1990. 关于沉积岩层中层状金属和多金属矿床的成矿地质特征问题//冯景兰教授诞辰90周年纪念文集. 北京：地质出版社.

宋叔和. 1991. 中国一些主要金属矿床类型及时空分布规律问题. 矿床地质，10 (1)：10-18.

宋叔和. 1994. 我国一些主要矿产资源状况及对其成矿地质环境的认识. 中国地质科学院矿床地质研究所所刊，第25号：1-6.

宋叔和. 1995. 有关一些喷出-沉积型金属矿床的成矿地质环境问题//孙云铸教授百年诞辰文集. 武汉：中国地质大学出版社.

宋叔和. 1999. 中国岩浆岩和岩浆活动//李四光. 中国地质学（扩编版）. 北京：地质出版社.

主要参考文献

宋叔和. 2001. 宋叔和地质文集. 北京：地质出版社.

撰写者

吴良士（1937～），福建福州人，研究员。从事区域成矿规律与矿产评价工作。

陈　正

陈正（1915～1990），浙江新昌人。矿物学家，中国金属矿物光性系统研究及矿石学研究的开拓者与倡导者。1939年毕业于中央大学地质系。曾任中国地质学会矿物专业委员会副主任、矿相学委员会主任，中国矿物岩石地球化学学会理事，中国地质科学院学术委员会委员，成都地质学院兼职教授。他长期从事金属矿物研究，为提高中国金属矿物研究的科学水平，他单独或主持领导完成《不透明矿物显微镜鉴定》、《金属矿物显微镜鉴定》、《金属矿物颜色指数研究》等专著，为推动中国金属矿物研究做出了巨大贡献。他为矿石学研究开辟了新的思路，主张在大量野外地质、室内显微镜观察及矿物成分和结构构造分析的基础上，充分应用实验室的人工模拟实验成果，深入地研究不同种类矿石。他主持完成的两部《矿石学》专著，在国内有很大影响。他还先后设计自制了自动电磁分离仪、电动求积仪、阴极发光分析仪等仪器，为发展我国地质仪器事业做出了突出贡献。陈正作为主持者或主要完成者完成的“金属矿物光性的系统研究”1987年获国家自然科学奖三等奖，“金属矿物颜色指数研究”获地质矿产部科技成果奖三等奖，《矿石学》获1990年地质矿产部科技成果三等奖。

一、简　　历

陈正，原名陈尚正，曾用名陈平之。1915年8月29日生于浙江省新昌县，1990年7月6日于北京逝世，享年75岁。

陈正出生于一个地主兼工商业家庭，姊弟七人，排行第三。作为长子，深受父母器重。1922年入小学读书，先后在本村小学，新昌县张家店小学，新昌县县立南明小学就读。1929年7月于南明小学毕业，同年8月进入新昌县县立中学读初中，三年后初中毕业，并以优异成绩考入浙江省立高级中学（后改为杭州高级中学），1935年高中毕业。中学时代，他目睹祖国工业落后，民贫国弱，处处受到列强蹂躏。当时日本帝国主义正连续制造九一八事变、“一·二八”事变，穷凶极恶地侵略中国。他怀着科学技术救国的强烈愿望，立志从事地质科学，开发矿业，发展工业，富民强国。1935年8月他以满腔热情考入南京中央大学（现南京大学）地质系。

1937年七七事变后，学校迁至重庆，遂随校入川继续上学。1939年大学毕业，获理学学士学位。大学期间，他学习勤奋，成绩优秀，善于思考，在学业上常发表独特看法。1935年刊于《浙江青年》的论文《湘湖的地理环境及成因》，让人们对这位20岁的年轻人刮目相看。

1939年秋至1942年夏，他在重庆中央大学任助教。1942年秋调至四川乐山县武汉大学矿冶系任讲师。1944年秋重返重庆中央大学地质系任讲师。这期间，除完成教学任务外，还接受其他单位委托，到川东、川北、贵州等地对铅锌矿、锰矿、井盐及煤田进行地质调查，并完成相应地质报告及论文。这些研究成果对当地生产起到良好的指导作用。青年陈正初露锋芒。

1944年底，他参加了国民政府举办的全国公费留学考试，地学科仅有两个名额，在众多考生激烈竞争中，他以优异成绩被录取。1945年初，在准备出国过程中，由于过度劳累患了肺结核病，只得终止出国。起初病情还较轻微，可以边工作边疗养，其后逐渐严重，至1946年秋开始全休养病。由于条件所限，治疗效果甚微。他的思想陷于苦恼，事业也跌入低谷。直到新中国成立后，在政府关怀下，动手术割去病肺，疾病才得以完全根治。身体康复使他对事业又充满信心，遂以饱满的热情重新投入工作，开始了事业的第二个春天。这时已是1952年，从生病到疾病根治前后共7年。

1952年初，陈正调至上海华东地质局工作。次年4月调至北京地质部地质矿产司岩矿鉴定室任工程师。除做好本职工作外，他还在地质矿产司举办的多期岩矿培训班中担任教学任务，培养了许多国家急需的岩矿工作人员。

1956年8月，地质部在地质矿产司化验室和岩矿鉴定室的基础上，成立矿物原料研究所。陈正分配在该所岩矿鉴定室做研究工作，并被评为高级工程师。在此工作的四五年间，他为发展我国地质仪器事业做出了突出成绩。他数理化基础知识扎实，动手能力极强，在他的组织领导和岩矿室同事共同努力下，两年内先后设计自制了自动电磁分离仪、电动求积仪、阴极发光分析仪等先进仪器。为适应野外地质队工作，还试制成功简易显微镜、双石英光度仪等简便仪器。

1961年陈正调至中国地质科学院，先后在该院地质研究所和矿床地质研究所工作。1980年晋升为研究员。1961～1971年，他踏遍新疆西线、内蒙古乌兰察布盟、锡林郭勒盟及东北、河北、湖北、安徽等地重要矿区，对铬铁矿和铜镍矿床进行详细地质调查和研究。1972～1990年，主要从事金属矿物和矿石研究。在中国地质科学院的30年，是陈正事业的黄金时代，除发表若干有影响的学术论文外，还完成重要的矿床研究报告9份。他主持编撰出版的有关金属矿物和矿石方面的专著共6部。

他完成的这些研究成果，明显推动了我国金属矿物和矿石学研究的发展。

陈正不仅学识丰富，还处处热心帮助他人。在他的办公室，经常有络绎不绝的人前来向他请教。他总是不厌其烦地热情接待，并耐心细致地给予指导和帮助。对年轻人，更是毫无保留地将知识传授给他们。他在生命的最后十余年里，亲自培养了博士生1名，硕士生7名。

陈正作为主持者和主要研究者完成的“金属矿物光性的系统研究”1987年获国家自然科学奖三等奖，“金属矿物颜色指数研究”获地质矿产部科技成果奖三等奖，《矿石学》（下编各论）获1990年地质矿产部科技成果奖三等奖。

陈正是中国地质科学院研究员、博士生导师。曾任中国地质学会矿物专业委员会副主任、矿相学委员会主任，中国矿物岩石地球化学学会理事，中国地质科学院学术委员会委员，成都地质学院（现成都理工大学）兼职教授。

二、主要科学研究成就和学术思想

陈正几十年如一日，兢兢业业，在地质科学和教学工作上顽强奋斗，取得丰硕成果，为金属矿物和矿石研究做出重大贡献。

（一）主要科学研究成就

1. 矿床地质研究

陈正不仅是矿物学家，在矿床地质研究方面也很有建树。早在30年代末，陈正就投身于地质矿产调查工作。1939年，他应国民政府盐务总局盐业所所长朱庭祜邀请赴川北考察盐井和天然气。他经过详细地质调查和研究，首次查明含卤层红色砂岩的厚度、含水性、地层倾角、延伸及不透水黏土盖层性质与卤水储量的密切关系，并阐明打井的主要地质条件及今后选择打井位置的必要地质依据。同时，还撰写出《四川北部三台、盐亭、南部等地火气与安北江三县煤矿》等论文。他的这些工作为四川井盐、天然气的进一步寻找和生产起到了很好的指导作用。1943年他受中央地质调查所李春昱所长委托，与薛承风一起考察攀枝花铁矿，首次阐明该矿体母岩为片麻状辉长岩，有细粒冷凝边，矿体与片麻理平行。他发现磁铁矿中含有许多钛铁矿，矿石具典型的海绵陨铁结构，提出该矿床是贯入作用形成的钛磁铁矿矿床，为此类矿床的寻找和研究指出了新的方向。60年代由于国家急需铬、镍、铜矿产，陈正花了较大精力对铬铁矿和铜镍矿床进行研究。他跑遍全国各重要矿区，对铬铁矿和铜镍矿床的成矿作用，成因及分布规律等做了详细研究。他先后撰写《河北密云平顶山铬铁矿地质与矿床》、《我国镍矿床类型》等论文，对当时铬镍矿床的研究起到了积极作用。

2. 金属矿物研究

在金属矿物研究方面，陈正做了许多开创性工作，特别是对金属矿物光性做了深入系统研究。50年代，他开始对金属矿物光性进行系统研究，先后发表《视觉光度仪反射率网》，《利用双石英试片测定矿物反射率的新方法》等数篇论文，引起了人们对金属矿物光性的重视。陈正编著的《不透明矿物显微镜鉴定》于1959年问世，这是我国第一部详细阐述金属矿物光性的著作。书的上编论述镜下鉴定的原理和方法，对反射率、反射色、双反射及反射多色性、非均性与偏光色、偏光图、粉色与内反射等主要可测光性的形成原理与实测方法作了详细论述，全面反映了19世纪以来金属矿物物理光性方面研究的最新成果。下编为鉴定表，包括245种矿物，按反射率的次序编排，分栏列述矿物的各种光学、物理、化学性质，组构特征及鉴定特征等。他摒弃当时以浸蚀反应和微化分析为主的落后鉴定方法，倡导以反射率为纲，以其他光性为目，将一般物理性质置于次要地位的鉴定和研究方法，使我国金属矿物研究水平向前大大迈进了一步。70年代，陈正主持编撰的《金属矿物显微镜鉴定》，基本保留了前书原有格式，但内容更加新颖充实，补充了大量60～70年代的新资料。在鉴定原理和方法部分，特别是晶体光性、反射色、显微硬度测定等章节作了详细论述和补充。在鉴定表部分共计收入金属矿物约700种。该书全面反映了当时国内外研究金属矿物的新方法和新成果。此书出版后在国内有很大影响，不但给岩矿工作人员在工作中带来许多方便，还成为大专院校有关师生的重要参考书。

为使我国金属矿物研究赶上世界先进水平，70年代中期，他主持开展“金属矿物颜色指数研究”项目，做了大量矿物研究和测试工作。1978年项目完成后，于1979年出版了专著《金属矿物颜色指数研究》。书中系统介绍应用色度学方法测量金属矿物反射色取得的成果，并详细阐述了颜色测量的有关理论和方法。首次设计应用电子计算机计算颜色指数的程序。通过大量实测工作，列出108种金属矿物的颜色特征数字，其中包括每一种矿物的15个反射率色散值以及5个指数值，同时还给出能反映颜色特征的反射率色散曲线。他的这些研究成果受到矿物学界的热烈欢迎，大家纷纷用颜色指数定量地表述矿物的反射色，改变了以前因人而异的主观定性描述矿物反射色的混乱局面。此后用颜色指数表述金属矿物反射色的方法在国内迅速普及，并编入大专院校相关教材。更值得注意的是，其应用范围已从金属矿物扩大到透明矿物和宝石研究，使我国在此领域的研究水平步入世界先进行列。

陈正在金属矿物特征、成因等方面也做了许多工作，取得丰硕成果，发表有关论文 10 余篇。值得提到的是，50 年代他在国内首次发现不少金属矿物，如瓦房子的水锰矿、新疆铜花山的硫镍铁矿等。其中，紫硫镍铁矿是一种少见的富镍矿物。山东桃科铜镍矿床曾有日本地质学者富田达等人进行过研究，他们误认为该矿床的主要成矿矿物是含镍的磁黄铁矿，却不知道实际上是紫硫镍铁矿。陈正等人经 X 光粉末照相、化学分析、空气中的不稳定性及显微镜下的各种测定查明，此矿床的主要成矿矿物是紫硫镍铁矿而不是含镍的磁黄铁矿。上述这些矿物的发现对确定矿床的成因类型、探索矿石的利用途径起到了重要作用。1979 年他发表论文《吉林陨石雨及其结构特征》，详尽阐明了吉林陨石雨的陨石矿物及其结构特征，对今后陨石的研究有重大价值。

3. *矿石研究*

80 年代，陈正主持和领导矿石研究课题，他倡导把矿石学作为一门新的学科进行研究。1985 年他主编的《矿石学》（上编概论）出版。这是我国第一部从理论上论述矿石特征的专著。它从结晶化学、物理化学及地质等多个角度，阐明矿石中金属矿物的族类、通性和产状、矿石的结构和构造、矿物共生组合及平衡原理，以及矿石成因。陈正认为，矿石的矿物成分相当复杂多变，但并非漫无规律。相同的矿物共生组合，在世界各地同类矿床中十分相似，表明这类矿石是在某一特定的、有利于成矿的地质环境和物理化学条件下结晶生成的。人们在大量野外与室内工作基础上，通过矿物共生组合和相平衡研究，即能探索和寻求矿石生成机理。他的这一论述为矿石或矿床成因研究提出了一个新的方向。

为使矿石学研究全面深入下去，他领导矿石学研究课题全体成员对我国部分主要矿种的矿石进行系统研究。1990 年他主编的《矿石学》（下编各论）出版。书中对铬、镍、金、银、锑、汞、锰等 7 个矿种按矿石建造分别予以详述。所述建造类型包含造矿矿物和脉石矿物的种类及其含量、矿物及矿石的化学成分、矿物的结晶习性和矿石的结构构造、成矿阶段及其矿物组合、矿体产状、围岩及其蚀变、矿石建造形成的物理化学条件、矿床实例等诸方面内容，是我国首次按矿石建造全面系统研究矿石的著作。其中，他对铬铁矿矿石作了精辟论述。他认为，虽然铬铁矿矿床分类并不完全统一，但目前按照矿石建造的含义，对铬铁矿矿石只能成立两个建造类型，即层状铬铁矿建造和豆荚状铬铁矿建造。简单明了的分类，既有成因意义，又有实用价值。在对两个矿石建造的阐述中，包含了他多年的研究成果。

（二）学术思想及其影响

1. 学科渗透推动金属矿物和矿石深化研究

20世纪50年代，金属矿物研究方法异常落后，通常只是用肉眼，或在显微镜下定性的识别矿物的某些特征；或用浸蚀反应和微化分析鉴别矿物。为改变金属矿物研究的落后面貌，陈正认为学科间应相互渗透，提倡用研究透明矿物的方法研究金属矿物。1959年和1978年先后出版的《不透明矿物显微镜鉴定》和《金属矿物显微镜鉴定》，大力倡导在准确测定反射率的基础上，系统研究金属矿物的光学性质。随着科学技术的进步及他的不懈努力，我国金属矿物研究有了很大发展。

矿物共生组合的概念是矿石学的理论基础之一。20世纪70年代以前，人们对矿物共生组合的认识只停留在野外及显微镜观察阶段，对矿物共生组合的生成机理了解甚微。70年代以来，陈正极为关注物理化学理论的发展和应用。他认为矿石学研究应与物理化学互相渗透，提倡以相平衡原理深化矿物共生组合研究，并充分利用人工成矿实验的研究成果。他主张通过矿石的野外与室内、肉眼与镜下的观察、矿物成分和结构构造的分析及实验室的人工模拟实验等，探索形成各种矿物共生组合的物理化学条件和生成机制。学科的相互渗透有力地推动了矿石学的深入研究。

2. 密切关注国际研究动向和趋势

陈正对国际研究动向和趋势极为重视。他始终站在学科前沿领域，及时引入新思想、新技术和新方法，使我国金属矿物和矿石的研究不断向前发展。

金属矿物反射率是鉴定金属矿物的重要数据。70年代以前我国测反射率的方法还比较落后，主要是用裂隙光度仪、视觉光度仪测量，精确度较差，而且只能测定较大的矿物。在陈正的努力下，1975年中国地质科学院矿床研究所引进了当时国际上最先进的MPV-1型光电倍增管显微镜光度仪，它可测试微细矿物的反射率，极大地提高了测试精度。随着这项新仪器、新方法的推广应用，大力推动了我国金属矿物的深入研究。我国陆续发现的新矿物也有了反射率的准确数据。

色度学是一门比较成熟的科学，它可以用几个简单数字定量地表述各种颜色的特征。以色度学为基础的颜色测量，早已广泛应用于现代工艺有关方面，但20世纪中期在矿物学领域的颜色测量却正处在试验研究阶段。1975年，在陈正主持和领导下开展了金属矿物颜色测量研究，测量了大量金属矿物颜色指数，填补了矿物领域在这方面的空白。在他的努力下，金属矿物颜色测量在国内得到广泛应用。

3. 强调综合研究及应用

矿物学是基础学科，许多学科离不开它，它也离不开其他学科。陈正强调要综合研究矿物，只有这样矿物研究才能深入，也才能为生产所用。他在研究金属矿物时，不仅仔细研究该矿物的物理、化学、光学性质，对它的产出环境（岩石、构造等）、成因（物理化学条件、成矿实验等）、工艺特征及应用价值都尽可能地综合考虑。50年代他研究攀枝花矿床时撰写的《某地钒钛磁铁矿结合选矿问题的矿物及其结构研究》、《攀枝花钒钛磁铁矿矿石研究》等科研报告和论文，深受冶金工业部重视。根据他的研究成果，攀枝花钢铁公司放弃物理选矿而改用化学方法解决降钛问题。60年代他撰写的论文《从铬铁矿的结构构造探讨铬铁矿的成因类型》及70年代的专著《中国铬铁矿矿相图册》等，为铬铁矿床的成因研究提供了有价值的依据。

三、陈正主要论著

陈正. 1940. 胶制薄片的研究. 地质论评，5（3）：203-211.

陈正，章冠环. 1943. 四川石柱县老厂坪及花狗坪锌铅矿之成矿作用及改变作用. 地质论评，8（1-6）：67-83.

陈正. 1954. 铬尖晶石类矿物的分类法和鉴别法拟议. 地质学报，34（3）：301-310.

陈正. 1954. 辉钼矿和石墨在显微镜下的鉴别方法. 地质知识，（5）：41-42.

陈正，於祖相、黄子荣. 1956. 山东桃科铜镍矿床中紫硫镍铁矿的研究. 地质学报，36（4）：525-533.

陈正，郑健. 1959. 某地钒钛磁矿结合选矿问题的矿物及其结构研究. 科学记录，新辑2（10）：399-408.

陈正. 1959. 不透明矿物显微镜鉴定. 北京：地质出版社.

陈正，杨凤英. 1964. 视觉显微光度仪反射率网. 地质论评，22（2）：129-134.

陈正. 1965. 从铬铁矿的结构构造探讨铬铁矿的成因类型. 地质学报，45（3）：276-290.

中国地质科学院（陈正，杨凤英），新疆维吾尔自治区地质局（陈文英，李本海）. 1974. 中国铬铁矿矿相图册. 北京：地质出版社.

河北省地质局第一区测队，中国地质科学院地矿所矿物室（陈正）. 1978. 我国两个产地的砷（斜方）硫锑铅矿. 地质学报，52（3）：231-239.

中国地质科学院地质矿产所（陈正，岳树勒，王吉珺等）. 1978. 金属矿物显微镜鉴定. 北京：地质出版社.

陈正，陈殿芬，李纯杰. 1979. 金属矿物反射色的颜色指数. 地质学报，53（3）：219-233.

陈正. 1979. 吉林陨石雨及其结构特征//吉林陨石雨论文集. 北京：科学出版社.

陈正，陈殿芬，邹星. 1979. 金属矿物颜色指数研究. 北京：地质出版社.

陈正，岳树勒，陈殿芬. 1985. 矿石学（上编概论）. 北京：地质出版社.

陈正. 1987. 矿石的建造及矿物共生组合//中国地质学会矿物学专业委员会矿相学委员会. 全国第一届矿相学学术讨论会矿相学论文集. 北京. 地质出版社：143-148.

陈正主编. 1990. 矿石学（下编各论）. 北京：地质出版社.

主要参考文献

陈殿芬. 1990. 热烈祝贺陈正教授从事地质工作54周年. 中国地质科学院矿床地质研究所所刊，第1号：9-10.

陈殿芬. 1993. 陈正//《科学家传记大辞典》编辑组编，卢嘉锡主编. 中国现代科学家传记（第四集）. 北京：科学出版社：341-346.

撰写者

陈殿芬（1937～），重庆铜梁人，中国地质科学院矿床地质研究所研究员。从事金属矿物与矿石学研究。

陈庆宣

陈庆宣（1916～2005），湖北黄陂人。地质学家，中国地震地质、区域地壳稳定性与地质灾害研究的开拓者之一。1991年当选为中国科学院学部委员（院士）。1941年毕业于西南联合大学地质地理气象学系。曾在资源委员会矿产测勘处和中央研究院地质研究所工作。1949～1956年在中国科学院地质研究所工作。1956～1962年任中国科学院兰州地质研究室研究员、室主任。1962年起任地质部地质力学研究所研究员、室主任。曾任中国地质灾害防治研究会名誉理事，国际岩石力学学会中国组成员，中国地质学会地质力学专业委员会副主任。1986～1990年任国际地质对比计划250项目国际工作组主席。他长期致力于地质力学、构造物理和地壳稳定性、地震地质等领域研究。他在国内首次在实验构造方面研究了扭裂隙的形成条件和过程，得到了两组裂隙间的夹角与受力方向之间的关系；他对岩石非弹性变形的研究，揭示岩石在低温低压条件下，只要力的作用持续很长时间，也可以发生显著的非弹性变形；研究了东西构造带形成的力学机制及其发生的优先纬度；提出了在分析岩石变形与应力场的关系中应当注意的一些问题；为我国西南地区地震地质研究、重大工程选址，为北京、西安、深圳等城市地壳稳定性评价做出重要贡献；发现安徽铜官山矿区外围铁帽，扩大了铜官山铜矿储量；为包钢找到优质耐火黏土；首次发现西康系中的含三叠纪菊石化石的海相复理石沉积，解决了其地层时代问题；发现酒泉盆地早第三纪火烧沟组与白杨河组间不整合，重新厘定了第三系地层，为该区石油远景评价打下基础；首次发现祁连山震旦系和海相三叠系，为该区以后的区测找矿做出了贡献。

一、简　　历

陈庆宣，1916年4月4日生于湖北省黄陂县，2005年10月2日逝世于北京，享年89岁。

陈庆宣生于一个知识分子家庭。父亲是湖北省第一批公派留日学生，回国后曾在武汉工作一段时间，后因不满时政遂回乡从事教育工作。受其父影响，陈庆宣兄弟四人日后皆从事工程建设、科学研究和教育工作，成绩显著。1922～1926年陈庆宣在本族自办的一所小学上学；1926～1928年在湖北省黄陂中心小学读书；1928～1931年在湖北省武昌私立中华大学附属中学读书；1931～1934年在湖北省武昌省立高级中学上学；1935～1936年在湖北省武昌私立中华大学读书。

1937年7月7日，日本帝国主义发动“卢沟桥事变”，大举入侵中国，不久陈庆宣考入湖南大学工学院土木工程系，在长沙岳麓山念了将近两个月课程。9月接到北京大学新生录取通知，遂转到长沙圣经学院旧址长沙临时大学（由北京大学、清华大学、南开大学三校组成）上课。不久，学校转迁昆明。陈庆宣参加学校组织的“湘黔滇旅行团”由长沙步行去昆明。参加旅行团的有各年级同学和部分教师，其中有著名教授曾昭抡、闻一多、李继侗、袁复礼等，他们一路上和同学们同吃、同住，不享受任何特殊照顾和待遇。旅行团实行军事管理，按班、排、连编成小队、中队、大队。每天行军，秩序井然。这次参加旅行团，跋山涉水，使陈庆宣有机会更多地接触到祖国秀丽山河，接触普通劳动人民，受到一次很好的爱国主义教育。曾昭抡教授他们本来是完全有条件走海路，经香港转道越南去昆明的，但他们却心甘情愿地和同学们一起长途跋涉。他们的这种高尚精神和朴实作风，使同学们深受感动、备受鼓舞。在行军中，同学们经常高唱抗日歌曲，做一些抗日救亡宣传工作。旅行团到达昆明后不久就开始上课，学校改名为西南联合大学。陈庆宣念完一年级，听同乡高年级同学说，联大地学系名教授多，毕业出路好，劝他转系学习。经过一番考虑，陈庆宣采纳了他们的意见，从化学系转到地质地理气象学系学习，从此与地质学结下了不解之缘。1941年，陈庆宣从学校毕业。之后曾在资源委员会矿产测勘处工作。1943年，陈庆宣读到了李四光先生在《中国地质学会志》用英文发表的题为《二十年经验之回顾》（1942）的文章。这篇文章思想性和科学性都很强，英文也写得非常好，修辞非常严谨，读来津津有味，陈庆宣爱不释手，更增加了对李四光的崇敬之心。同年晚些时候，陈庆宣被派往桂林同中央研究院地质研究所（当时已从南京迁到桂林）合作调查湘桂钨锡矿，李四光时任中央研究院地质研究所所长，陈庆宣得以见到久仰的李四光。李四光亲自教他做泥浆实验、模拟地质构造现象，使他受益匪浅。1945年，陈庆宣正式调入中央研究院地质研究所，从此便长期跟随李四光工作。

1949年新中国成立后，陈庆宣调中国科学院地质研究所任副研究员、构造研究室副主任。1956年他奉命组建中国科学院兰州地质研究室，任研究员、室主任至1962年。正当兰州地质研究室将升格为中国科学院兰州地质研究所之际，李四光为发展地质力学，有意调陈庆宣到地质部地质力学研究所（现中国地质科学院地质力学研究所）工作，陈庆宣毅然放弃升迁的机会，应召来到老师身边。从此在地质力学研究所工作 43 年，为继承、发展和创新地质力学竭尽全力。

二、主要研究领域和成就

陈庆宣从事地质工作 60 多年，研究领域几乎涉猎了地质科学的各个方面，尤其是致力于构造地质、构造物理、地质力学和地壳稳定性等方面的研究。他主持过多项国际合作项目和国家攻关项目，取得了一系列重要成果。

1. 地质、矿产资源勘查研究

新中国成立初期，国家建设急需矿产资源和水电资源。陈庆宣带队在安徽铜官山铜矿外围普查找矿，发现了外围铁帽带并搞清楚其分布规律，从而扩大了铜矿床的探明储量。他在青海黄河上游龙羊峡电站坝址勘查中首次发现了三叠纪菊石化石，确定了西北地区海相复理石沉积建造的存在及其时代，对研究我国西部地区地层、构造和区域地质测量具有重要意义。他在甘肃酒泉盆地发现了下第三系火烧沟组与白杨河组之间的不整合，重新厘定了该区第三系地层对比，为该区石油远景评价打下了基础；他在祁连山地质调查中，首次发现祁连山震旦系和海相三叠系的存在，为以后祁连山地区地质找矿奠定了基础。

2. 地质力学研究

陈庆宣是地质力学家，他对地质力学的继承、发展、创新做出了卓越的贡献。早在 20 世纪 40 年代，在李四光的指导下，他在国内首次完成了扭裂隙的泥料实验研究，揭示了扭裂隙的形成条件、形成过程及扭裂隙排列方位与受力方向之间的关系。60 年代，他与孙殿卿合作编写了《地质力学研究现状》，介绍了当时国内外地质力学的研究现状和发展趋势，有力地推动了地质力学的发展；他与吴磊伯合作，以冰碛砾石为例，研究了岩石的非弹性变形，初步揭示了岩石在低温低压条件下的蠕变性能，进而提出岩石变形的极限强度问题，受到国际同行的注意和重视。70 年代，他研究了地球自转速度变化引起的地应力分布和构造应力场；讨论了东西向构造带的形成机制和形成的优先纬度。80 年代，他编译出版了李四光所著的《地质力学概论》英文版，并增补全部参考文献，在国际地学界引起强烈反响。进入 90 年代，陈庆宣虽已年逾古稀，但仍活跃于地学和地质力学研究领域，在第 30 届国际地质大会上，他与美国专家一起主持了“地质力学在重大工程场区地壳稳定性评价、构造控矿和矿产预测研究中的应用”专题报告讨论会，通过会议演讲，发表论文和会后学术交流，向与会各国专家学者介绍了地质力学的发展，特别是在地壳稳定性和地质灾害研究方面的新成果。陈庆宣还连续三届担任李四光地质科学奖委员会委员，为弘扬光大李四光的科学精神做出了积极的贡献。数十年来，陈庆宣始终坚持“从现象追寻本质”的理念，研究地壳运动所产生的各种地质现象发生、发展的规律，为地质力学在国土资源开发和国家重大工程建设方面的应用做了大量工作，不仅为发展地球科学做出了重要贡献，而且为提高地质力学研究在新构造、活动断裂、地壳稳定性和地质灾害研究领域的学术地位打下了坚实的基础。

3. 地震地质、区域地壳稳定性与地质灾害研究

陈庆宣是我国地震地质、区域地壳稳定性与地质灾害研究的开拓者之一。20世纪60年代，国家进行西南大三线建设，由于我国西南属于构造强烈活动区，需要开展地震地质研究。为此，地质部成立了西南地震地质大队，任命陈庆宣为大队总工程师。他亲赴西昌地区具体领导了全部工作。首先是编制了我国第一部1∶20万地震地质填图工作规范，填补了我国地质勘查领域的一个空白。其次，在1∶20万区域地质调查的基础上，系统开展了我国西南大三线建设地区五幅1∶20万区域地震地质填图，以查明活动断裂带地质背景为基础，以深入研究历史地震区的发震构造为重点，通过填图工作揭示了整个区域地震地质背景和发震构造的分布规律。最后，对牛朗坝、攀枝花、六盘水、锦屏山等国家大型建设基地进行了地壳稳定性评价。通过活动构造调查和地应力等实际测量，最终否定了牛朗坝的建厂条件；肯定了攀枝花钢铁基地的地壳稳定性；对于锦屏山则提出了针对活动断裂的工作防治措施。这些评价结论得到国家有关部门的重视和采纳，满足了大三线建设的需要，为加速我国西南大三线建设做出了重要贡献，得到了地质部和西南大三线建设指挥部的肯定。

1966年邢台发生地震后，陈庆宣受李四光部长委托，不顾强烈余震的危险，亲赴抗震救灾第一线调查，监测地应力变化趋势，编写了地震地质调查报告，为中央掌握未来地震发展动向提供了科学依据。1976年7月28日凌晨，我国唐山发生的强烈地震波及北京，造成北京城区部分建筑破坏，部分郊区出现翻沙、冒水、地裂缝等现象。此前由于人们对地震知识知之甚少，面对这种突如其来的自然灾害，一时间人心惶惶，不知所措。在地质、地震界，对于近期北京地区是否会发生强烈地震莫衷一是。有鉴于此，北京市地质局的科研人员运用地力学的观点迅速编制出一幅1∶20万的《北京地区构造体系与震中分布图》，供中央防震抗震指挥部参考，同时建议由北京市政府组织在京的中央和地方地学界生产、教育、科研单位采用多学

科、多方法、多手段联合攻关。同年8月，北京市政府批准成立北京市地震地质会战办公室，聘请陈庆宣、徐煜坚、王仁、陈志德、田本裕等专家学者为北京地震地质会战顾问。陈庆宣等带领会战办公室的科技人员参阅了大量地质、地震、地球物理和钻探资料，分析前期工作程度，提出工作存在问题和薄弱环节，对将要开展的北京地震地质会战提出了八个研究专题：

（1）充分利用遥感卫星照片和航空照片资料，对北京及邻区主要断裂构造格架判读及分析研究。

（2）对北京地区构造体系和活动构造体系进行调查研究，查明北京地区主要构造体系，确定挽近地质时期活动构造体系及主要断裂，为划分地震危险区提供地质构造依据。

（3）调查研究北京地区深部地质构造。运用人工地震地壳测深、天然地震转换波、大地电磁测深、航空磁测等手段进行北京地区地壳地质结构探测和资料解释。

（4）对北京平原区全新世构造活动进行调查研究。从全新世地层、水系变迁和地震考古分析研究，为北京地区地震危险性研究提供最新地质时期构造活动的资料。

（5）通过精密水准测量，研究北京地区地壳形变与地质构造和地震活动的关系。

（6）研究北京地区地震活动特征。通过系统整理、补充北京地区地震年表和目录，考证1057年、1484年两次重要历史地震的震中和等震线，全面分析北京地区历史地震和当前地震活动特点及其构造活动特征。

（7）进行北京地区地质构造与地震活动的数学、物理模拟模型试验。

（8）对北京平原区开展地震影响小区划。综合各专题研究成果，配合钻探取样测试，取得土动力特征参数，运用“设计地震”和动力分析技术和一维多质点系剪切模型的计算方法对市区和人口密集的卫星城进行地震反应分析，对北京平原区进行强震地面破坏效应小区划。

按照上述八个专题研究的要求，当时在京的中央和地方所属地学单位50多家共1000余人参加了此次北京市地震地质会战。

陈庆宣亲自指导了北京地区构造体系和活动构造体系的调查研究、北京地区构造应力场分析和模拟试验。经过近三年的地震地质会战，各专题获得了丰富的资料，共编写报告、论文、图件等数千份。基本查清了北京地区主要断裂构造格架，获得了丰富的深部构造资料，查明了活动构造带的产状、规模和性质以及地震活动的特点，考证了1057年幽州地震和1484年居庸关地震的震中位置，基本查清了震害的分布规律，圈定了地震危险区，预测了震害的分布。这些成果为中央和北京市部署防震减灾决策提供了宝贵资料，具有重要的科学意义和重大的实用价值。

陈庆宣还先后担任深圳市地壳稳定性评价、西安市地裂缝与地壳稳定性研究等项目的首席顾问，为指导我国城市地质研究做出了重要贡献。

陈庆宣认为：重大地质灾害如地震、火山、滑坡等是地球内部或表面地质过程长期作用的结果，它们是在特定的地壳和岩石圈结构、特定的地球物理场（包括地应力场、地形变场、地温场等）的特定地带或地区产生的。研究它们发生的特定背景和条件以及它们的时空分布特点，进行有科学依据的危险性区划，将有助于减轻地质灾害。为此，他提出开展“区域地壳稳定性与地质灾害”的国际性研究项目。1986年，该项目被联合国教科文组织（UNESCO）和国际地质科学联合会（IUGS）联合主持的国际性地质研究项目——国际地质对比计划（IGCP）列入第250项。陈庆宣担任该项目国际工作组主席，这也是在IGCP项目中首次由中国科学家担任首席科学家。该项目有美国、加拿大、日本、希腊、泰国等14个国家的科学家参加。陈庆宣提出该项目的研究内容是：

（1）人口密集区和重大工程基地、矿山地壳稳定性评价。对居民区及主要工程、矿区进行地壳稳定性评价；防治地质灾害；减少生命财产损失的措施；收集地质资料提供保证城市建筑项目的安全规划；对大坝、核电站和核废料贮存场所的论证和监测。

（2）区域地壳稳定性区划图的编制。使用广泛的数据库进行自然灾害图编制和区域地壳稳定性区划。

（3）构造作用对某些破坏性地质灾害影响的研究。研究诸如断层、地震、火山、滑坡、地面沉降、海啸、矿害等多种自然灾害的活动特征；改进对其监测的地质技术方法；使用新技术对活动断裂进行监测。

（4）影响区域地壳稳定性的重要因素的理论和实验。理论工作包括稳定性或不稳定性的模拟研究；实验工作包括野外调查和测量。

4. 其他研究

陈庆宣认为，纷繁复杂的地质灾害问题研究涉及很多方面，相关的研究工作以调查、监测、预报、防护和治理为主体，其中，地质灾害调查评价研究、地质灾害监测预警研究、地质灾害治理与应急处置研究，是目前地质灾害研究的主要方向。作为该领域的研究人员必须从中找到适合自身特点的位置，才会有所作为。

他经常分析国内外地质灾害领域科技发展趋势，并结合我国国土资源开发和建设中遇到的问题，对我国地质灾害防治领域科技发展目标任务、战略部署、重大科技计划部署方向、科技创新体系建设等方面提出合理化建议。他曾经提出，虽然我国已经在国土资源合理开发利用与突发性地质灾害预警及减灾防灾决策系统研究方面取得了一系列进展，但是在地质环境和地质灾害研究的一些关键问题和支撑技术方面还存在不少薄弱环节，缺乏系统技术的集成，严重制约了地质灾害监测预警研究的正常发展。例如，地质灾害快速识别判据和临界预警判据研究还处于起步阶段；预警模型库开发还缺乏优化选择过程；监测预警信息系统条块分割不畅通；关键支撑技术不完善，缺乏高新技术集成研究，特别是地质灾害快速调查评价技术集成研究，地质灾害动态实时监测与数据采集、传输、处理分析技术集成研究，预警技术集成研究等。如果集中优势力量，利用前期相关项目的研究基础，针对性地逐步研究解决这些关键科学问题和支撑技术集成，地质灾害监测预警研究将会取得事半功倍的效果。他还提出，我国中小城镇规划和建设将是国家目前及未来国民经济可持续发展和现代化建设的重大策略之一，而中小城镇规划和建设所涉及的自然环境、社会环境、资源和土地条件及综合环境条件等，需要进行多学科交叉的系统探索研究。其中，地质环境是与自然、社会和环境变化密切相关的基本因素，地质环境容量是指特定地质空间可能承受人类社会-经济工程发展的最大潜能。从特定地质空间可能提供人类利用的地质资源量、地质环境质量和对人类排放的有害废物能力等方面，评价中小城镇地质环境容量和城镇发展规模及可持续发展前景，对于区域性城镇规划和建设发展，具有前瞻性和战略性的意义。

5. 人才培养

陈庆宣是地质力学领域的一位杰出的导师。他一直非常重视人才培养，关心学科可持续发展。尤其在20世纪80年代以来，他先后培养硕士、博士及博士后十余名，很多已成为各专业部门的领导和骨干，在地质力学研究所和相关科研院校已经形成一支具有开拓创新精神、作风扎实、有深厚理论功底的地壳稳定性评价、地质灾害勘察和防治的科研技术队伍，正在为我国地震地质、工程地质与岩土工程研究的创新发展做出更多的贡献。

陈庆宣培养学生，言传身教，诲人不倦。他要求学生一定要重视野外实践。有一次，陈庆宣带队穿越祁连山进行路线地质调查，野外工作条件非常艰苦，自然环境相当恶劣，穿越考察工作全靠步行。一天，陈庆宣与他的一位年轻助手因为专注于一个露头上的小型构造型式的观察、测量和研究，竟忘记了与其他队员约定会合的时间。天色已黑，他们赶紧摸黑赶往宿营地。但由于天太黑，他们在深山中迷路了，两人只好在野外露宿。这时候他们才感觉到寒冷、饥饿、劳累，还有野兽侵袭的危险。他们边烤火取暖，边烤自带的干粮充饥。这时，陈庆宣就给他的助手讲地质找矿工作在国家经济建设中的重要性，讲地质工作的艰苦，希望年轻人要有事业心和远大理想。夜深了，他们不敢大意，就采取一个人休息，一个人值班的办法，这样轮流交替，一直到天亮，马上又开始新一天的工作。

陈庆宣在指导研究生的学习和工作过程中，学业上严格要求，非常注重基础理论和实际工作能力的培养，而在生活上则给予慈父般的关怀和帮助。他不仅专业知识面广，而且英语功底深厚。学生撰写的英文学术论文经他审阅、修改后，一般不用再做主体修改，或略作修订，即可被国外著名刊物录用。他常说，写英文文章不能仅限于把自己的意思准确地表达出来，还要做到写出来的话适合英语的表达习惯。

三、陈庆宣主要论著

Lee J S，Chen C H，Lee M T. 1948. Experiments with clay on shear fractures. Bull Geol Soc China，28（1/2）：25-32.

陈庆宣，李玉龙. 1956. 青海东部黄河上游地质. 地质论丛，第1号：209-235.

尹赞勋，陈庆宣，李璞等. 1958. 祁连山区地质研究的新收获. 科学通报，3（4）：113.

中国科学院地质研究所（陈庆宣等）. 1960. 祁连山地质志（第1卷）. 北京：科学出版社.

陈庆宣. 1962. 祁连山西段地层//全国地层委员会编. 全国地层会议学术报告汇编. 北京：科学出版社.

孙殿卿，陈庆宣. 1965. 地质力学研究现状. 科学通报，10（11）：951.

吴磊伯，陈庆宣. 1976. 在长期应力作用下岩石的非弹性变形. 地质力学论丛，第3号：186-188.

Sun D Q，Gao Q H，Chen Q X. 1977. On tectonic systems. Sci Sin，20（2）：256-273.

陈庆宣，孙叶，邵云惠. 1980. 中国构造体系的现今活动性//国际交流地质学术论文集——为二十六届国际地质大会撰写（1）构造地质 地质力学. 北京：地质出版社：69-78.

陈庆宣，石耀霖. 1980. 东西构造带形成机制和有关问题的讨论. 中国科学院院报，2（1）：1-10.

Sun D Q，Chen Q X，Gao Q H. 1980. Geomechanics and its application in petroleum geology. GeoJournal，4（6）：499-505.

Lee J S. 1984. Introduction to Geomechanics（地质力学概论）. 陈庆宣等编译. Beijing：Science Press.

陈庆宣. 1986. 岩石变形与构造应力场分析中值得引起注意的几个问题. 中国地质科学院地质力学所所刊，第8号.

Chen Q X. 1987. Seismicity and tentative seismic hazard zonation of Beijing and vicinity//Proceedings of Regional Crustal Stability and Geological Hazards. IGCP Project 250，Vol 1. Beijing：China Daily Press.

Chen Q X. 1989. Application of stress measurements to the study of tectonic stability of Shenzhen area，Guangdong// Proceedings of Regional Crustal Stability and Geological Hazards. IGCP Project 250，Vol 2. Beijing：China Daily Press.

Sun Y，Zeng W，Chen Q X. 1991. Some considerations on assessment of regional crustal stability//Proceedings of Regional Crustal Stability and Geological Hazards. IGCP Project 250，Vol 3. Beijing：China Daily Press.

陈庆宣. 1992. 探索区域地壳稳定性评价途径. 第四纪研究，（4）：289-292.

Chen Q X, Hu H T, Sun Y, et al. 1995. Assessment of regional crustal stability and its application to engineering geology in China. Episodes, 18 (1/2): 69-72.

陈庆宣，王维襄，孙叶等. 1998. 岩石力学与构造应力场分析. 北京：地质出版社.

主要参考文献

陈庆宣. 1996. 自述//中国科学院学部联合办公室编. 中国科学院院士自述（地学部）. 上海：上海教育出版社：605-606.

撰写者

曾问渠（1938～），广东汕头人，曾任地质力学研究所科技处处长、国际地质对比计划（IGCP）250 项目秘书。长期从事地质找矿、地震地质研究和区域地壳稳定性评价工作。

杨开庆

杨开庆（1916～2005），江苏宝应人。地质学家，中国构造地球化学创建人之一，地质力学矿田构造学科带头人。1942年毕业于西南联合大学地质地理气象学系。中国地质科学院地质力学研究所研究员，成都地质学院兼职教授，我国首批理学博士生导师，并从1992年起享受国务院政府特殊津贴。早年研究矿床地质，追随谢家荣在云南从事铝土矿勘查，发现了贵州云雾山、云南中部高级铝土矿。新中国成立后，在长江中下游开展找矿普查，对安庆铜矿的发现做出贡献。从1956年起，他在李四光的指导下研究构造带地球化学和矿田构造，历时数十年的探索，率先提出：在地壳运动中，构造应力不仅造成岩石、矿物的变形，而且也改变了岩石、矿物的组成，甚至元素的分布，明确“构造不但控岩控矿，有时起到成岩成矿的作用”。逐步形成了构造动力条件下以地壳物质的组成和调整作用为核心的学术思想，1987年提升为“动力成岩成矿理论”框架。在60多年地质科学的不懈奋斗和探索经历中，他开拓了地质力学矿田构造研究方向，创立了构造动力成岩成矿理论，系统提出了矿田构造型式的研究方法，获得了重大的地质找矿效果，取得显著的科学成就，为地质力学创新和地质科学发展、为隐伏矿床预测和培养高素质人才做出了突出贡献。

一、生平与经历

杨开庆，1916年10月26日出生于江苏省扬州宝应县，2005年3月15日于北京逝世，享年89岁。

杨开庆出生时，家住宝应县发财巷1号。其父年轻时因写得一手好字，曾在清宫做抄写，后因抗击英法联军保驾有功，被赐为“督军”，但自认为不是做军人的材料，随后回到宝应做生意，并任当地商会会长。他一直希望并鼓励杨开庆长大后，一定要学习水利、水文、地质等西方的先进技术。1924年9月至1926年7月杨开庆在宝应县思普小学上学；1926年9月至1931年7月在江苏省扬州实验小学上学；1931年9月至1934年7月在江苏省省立扬州中学读书；1934年9月至1937年7月在江苏省省立松江高级应用化学科职业学校读书。杨开庆在中小学期间，得到当时国内高水平老师的教诲，他学习勤奋，成绩优秀，兴趣广泛，音乐、体育、琴棋书画皆有涉及，他也曾随名师学习国画，有作品“四个小鬼抬钟馗”（大意），画得活灵活现。

他曾考入北平艺专，但为了坚决不当亡国奴，转考西南联合大学。1938 年 9 月就读西南联合大学地质地理气象学系，1942 年 7 月毕业。当时的西南联大，虽然校舍简陋，图书馆、教室都是草棚，但教师和管理人员却是中国的精英。抗战期间，几乎所有的师生都有一个共同的信念：报效国家。至于干地质是否艰苦，是否有钱，没人考虑过。杨开庆同宿舍的另外三人，杨振宁、黄昆、韩德馨以及多位同班同学马杏垣、刘东生、谷德振、杨庆如、陈梦熊、李光远等都成为著名科学家。1942 年 10 月毕业后至 1949 年 10 月在江苏省南京市资源委员会任实习员、助理工程师、工程师。

新中国成立以后至 1953 年 4 月在江苏省南京市华东工业部矿产测勘处（1952 年改属地质部南京办事处）任工程师、矿产普查队队长。1953 年 4 月至 1956 年 12 月在地质部资料局编译室（后改为地质出版社）任编辑部主任、副总编辑。负责编辑出版的第一套《全国区域地层表》(1956)，成为新中国第一批地质学系统研究成果，指导了大规模地质勘查工作，为建国初期地质出版事业做出了突出贡献。为表彰他出色的成就，1956 年被授予全国先进生产者称号（享受劳动模范待遇）。由于夜以继日、废寝忘食地编写《全国区域地层表》，杨开庆患胃出血，住在北京中苏友谊医院，李四光到他的床前看望他，向他介绍自己的学术观点，特别仔细地介绍了他所创立的地质力学学说，邀请他共同开创地质力学所。1956 年，地质部地质力学研究室在北京西四地质部主楼地下室创建了。从此，杨开庆在李四光指导下开始从事地质力学研究工作。由于杨开庆在新中国成立初期于上海曾参加过国际原子能会议并向苏联专家学习了原子能科学知识，李四光便请他参与组建我国第一批同位素地质年代学实验室，后来他又参加了我国第一台古地磁实验站和我国第一个地热实验站的筹建工作。作为李四光的助手和弟子，他担任地质力学所技术负责人之一，组建矿田构造研究室，并担任主任数十年，实现了李四光“要研究构造带地球化学和构造形变与相”的愿望。1956 年 12 月，他任地质力学研究室主任工程师；1965～1967 年兼任铬矿指挥部构造岩相组技术主任（由于国家急需铬等贵重金属，1966 年地质部成立了新疆铬矿指挥部，攻克矿床预测难题）。在“文化大革命”期间，铬铁矿预测进展十分艰难。前几个专家定的钻孔都打了空钻。1967 年轮到杨开庆时，他经过反复研究论证，决定开钻。当时的指挥部书记燕登岬为杨开庆捏了一把汗，问他有无把握（因为当时若打不出矿，则可能挨斗），杨开庆胸有成竹地说，应该没有问题，并在开钻书上签了字。他在钻井钻进期间几天几夜没合眼，最后终于打着了萨尔托海深部矿体，为国家做出了重大贡献。1970年杨开庆从北京去江西“五七干校”劳动锻炼，临走前与李四光告别，因为有说不完的话，为多谈一会，李四光就上了送他的车。车开得很慢，他们谈了很久。临别前李四光表示出担忧：“地质力学还能不能发展下去？我年纪也老了，以后不知道你们还有没有信心把地质力学发展下去？”杨开庆回答：“只要还有一个人，这个人就要继续战斗下去……”他们推心置腹地谈了4个重大地质构造问题，包括火成岩问题、雁行排列构造变形问题、构造找矿问题和地质力学发展问题，给杨开庆留下了难以抹去的记忆。

1971年杨开庆晋升为地质力学研究所研究员。1984年获得我国首批地学博士生导师资格。1985年4月至1987年任成都地质学院兼职教授，同年任成都地质干部学院客座教授；1992年开始享受国务院政府特殊津贴。1995年4月退休。

二、主要研究领域和学术成就

杨开庆先生从事科学研究近70年，始终坚持不懈地奋斗和探索。他是我国地质力学矿田构造与构造地球化学研究领域的开拓者，是我国矿产资源勘查和预测研究有独到见地的科学家，是桃李满天下和成果丰硕辛勤学者。他在实践开拓地质力学矿田构造研究方向的基础上，创立了构造动力成岩成矿理论，系统提出了矿田构造型式的研究方法，获得了重大的地质找矿效果，取得显著的科学成就，为地质力学创新和地质科学发展、为隐伏矿床预测和培养高素质人才做出了突出贡献。

1. 创建构造动力成岩成矿理论，发展地质力学

杨开庆先生是我国构造地球化学创建人之一。从20世纪60年代起他在李四光“要研究构造带地球化学”思路的基础上，开始了长达数十年的探索和研究。他率先提出：在地壳运动中，构造应力不仅造成岩石、矿物的变形，而且也改变了岩石、矿物的组成，甚至元素的分布。他明确提出“构造不但控岩控矿，有时起到成岩成矿的作用”。这种构造动力条件下以地壳物质的组成和调整作用为核心的研究思想，在1987年提升为“动力成岩成矿理论”框架。他指出，由于地壳水平运动是在重力场中进行的，因此不仅要研究重力也要探讨构造力对于温度、压力和流体的改变，以及在物质元素组成和集散、重新调整过程中的具体作用；他先后提出了岩石形变与相变、构造动力地球化学、地壳物质构造动力调整作用和成岩成矿同步的构造地球化学作用等一系列新概念和研究领域，逐步构建了构造动力成岩成矿的理论体系。

他在晚年更明确指出，构造动力改造作用是独立于沉积、岩浆和变质作用之外的第四种成岩成矿作用，从而丰富了成岩成矿理论。他指导学生发现长江中下游沙溪斑岩铜矿不同离子半径的元素分布与岩浆侵位过程中应力场梯度的对应关系，即大半径元素（K、Na）对应于低应力场区，小半径元素（Cu、Au）集中在强应力区，而中间半径元素（Pb、Zn、Ca、Mg）分布在中应力区，形成了矿物和元素的空间分带，从而提出应力场与物质场耦合的概念。通过北京石槽铜矿构造带岩浆岩变异的研究，提出"构造附加静压力"概念，指出地壳静压力由重力和构造力两个应力场的静压力合成，构造力通过改变温度、压力等物理、化学条件影响地球化学过程。在研究海南石碌铁矿矿田构造中，提出"多级构造透镜体控矿"控矿构造型式，针对富铁矿的"花脸状"流变富集现象，首次设计了岩石形变-相变的高温高压实验方案，并取得成功。在广东凡口铅锌矿区，厘定坑道铅锌主矿体旁侧的辉锑矿"蒜头"为固态位移的外来矿体，并提出深部成矿远景，为后来的深部找矿勘探实践所证实。

关于固态位移作用，杨开庆将几十年地质野外观察中许多怪异现象所提出的解释，纳入到动力成岩成矿的体系之中。在新疆、吉林、黑龙江和内蒙古等地多次发现的呈"蒜头状"的铬铁矿分布在中生代红层或其他与铬铁矿无关的岩层中，它们孤立分布，表面布满方向杂乱的擦痕，顶部还有热蚀变圈。勘探表明，凡是浅部有铬铁矿"蒜头状"者，其下部一般都有较大的铬铁矿体和超基性岩，因而"蒜头状"铬铁矿成为重要可靠的找矿标志。他认为深部或下部的岩层（石），包括矿体的碎块，在深部构造应力作用下，沿着应力梯度减低的方向（通常是高角度张性断层带），窜位到上部的岩层或岩体之中的地质现象，称为"固态位移"，又称"岩类流动"。已知有两种侵位方式：一种是底辟穿刺作用，如盐丘构造等；另一种方式是深部半塑性状态岩、矿石在断层上盘岩块下落遭受重压而向上流注形成蒜头状团块。固态位移是深部地质体上窜到浅部成为"外来体"的过程，可以根据固态位移的岩块或角砾判断深部盲地层，了解深部地质；从子体与母体关系判断，可以进行深部成矿预测，推测深部有更大规模的同类型矿体。国内许多著名矿山，如甘肃金川铜镍矿床、新疆喀拉通克铜镍矿床和广东凡口铅锌矿、江苏栖霞山铅锌矿床的工业矿床，基本上都呈"蒜头状"，很可能属于固态位移产物。

2. 建立地质力学矿田构造和地质找矿系统方法

杨开庆是我国矿田构造研究的先驱，在研究、确定矿田构造类型和控矿规律方面做出了杰出贡献。他在长期科学实践基础上，建立了以矿田构造型式为基础的矿田构造理论，在矿田构造领域独树一帜。这种理论将地质力学的构造体系和构造型式的概念，延伸到三维空间，运用到矿田构造的立体解析，深化了对矿床、矿体分布规律的认识，提高了隐伏矿床预测成功率，提升了地质力学理论的实用效果。其后，他又将矿田构造型式与动力成岩成矿结合起来，提出构造岩相地质找矿方法，使之更加实用化、普及化，创造性地推动了地质力学发展。在他60多年的科研生涯里，足迹几乎遍全国。他提出西藏罗布莎铬铁矿区宽缓的反S状构造型式，其纵向构造为控制岩带矿带，而次级横向构造为控制岩体矿体的矿田构造型式；新疆萨尔托海铬铁矿区“入”字型控矿型式，通过构造序次及其岩相研究，成功预测发现深部隐伏矿床；发现大青山推覆体压煤的构造型式；厘定诸广山花岗岩体“麻花状扭卷构造”控制铀矿；在吉林小绥河发现铬铁矿固态侵位及成矿机理，形象地提出“大蒜头”构造；提出海南岛“荷叶边构造”区域构造型式，研究石碌铁矿“多级构造透镜体控矿”规律，描述为“花脸状流动构造”富集规律；解释了昆阳群“底辟穿刺”构造类型和控矿作用；提出安徽沙溪斑岩铜矿田“帚状构造型式”；建立胶东金矿中生代“N”字型构造岩相带复合基底反“S”型构造岩相带的区域控岩控矿型式；在粤北凡口提出富集铅锌矿的“下旋涡构造”，广东韶关新洲多层次低角度滑覆构造控制金矿等各种类型的构造型式；编制了粤北地区和胶东地区的构造岩相图，建立了区域构造岩相控矿系统的研究方法。他在矿田构造领域的建树和贡献，集中反映在由他发起并主持的1982年召开的“全国第一届小构造与矿田构造学术讨论会”（海南岛）和1984年“全国第一届矿床构造学术讨论会”（韶关）上，作为会议的主持人，他系统展示了研究思想和突出成果，推广了地质力学矿田构造研究方法，有力地促进了我国矿田构造研究的发展，得到全国同行的公认和推崇。

3. 找矿效果显著，精心培养矿田构造研究人才

杨开庆始终坚持理论与实践的结合，始终致力于矿产资源勘查研究，在找矿预测中取得显著成效。1942～1949年，在云南、四川及南京的资源委员会矿产测勘处工作，与沙广文找寻铝土矿新产地和地质填图，在贵州省会北面发现高铝（含$Al_2O_3$80%）层位，也找到铝土矿层下部的可采煤矿；还在云南双柏—易门一带的深山老林进行地质填图；解放初期在五台山地区建立“茶房子”组，确立了震旦纪与前震旦纪界限并发现钼矿床；“文化大革命”期间，坚持野外工作，运用地质力学理论和方法，使预测的新疆萨尔托海铬铁矿盲矿体得到钻探验证，后续勘探已探明为中型—大型矿床，为我国铬铁矿攻关做出重要贡献。在广东新洲发现钠长石交代新类型富金矿床（1989）；对胶东金矿存在第二富集带的预测意见（1988）得到及时验证，求得百余吨新增储量。他曾获中国科学院集体三等奖、全国科学大会奖

(1978)、地质矿产部（国土资源部）科技成果二等奖（1996，2003）。他指导的科技找矿项目获教育部科技进步一等奖（2003）。

杨开庆经常对学生提起他认为一生难忘的两个找矿经历。一是1966年在新疆铬铁矿找矿期间，他任铬矿指挥部构造岩相组技术负责人，向新疆铬矿专业勘探第三大队提供了22个铬矿预测部位。其中一个是中深部位，验证前，钻孔旁竖一牌子，上书“铬矿指挥部构造岩相组”，表示该钻孔是杨开庆定的。这时因为，当时“文化大革命”波及新疆，如果打不到矿，他就会被揪出来批斗。根据“入”字型构造型式控矿理论，他所部署的钻孔打到了矿，领导向他道贺，并带来大米、鸡蛋等慰劳品。二是1989年他在广东新洲认定新型富金矿后，引来了群众上山开矿的热潮，近万人搭篷做饭，场面壮观，当地群众称他是找矿的“老蜂王”，称赞他76岁还能爬山找矿。杨开庆高兴地接受了这个称呼，深感人到暮年还能为人民做事的幸福。

杨开庆是我国矿田构造领域的开拓者、奠基人，为人师表。1952年8月地质部成立时，他带领8名北京大学地质系新中国成立后的第一届毕业生（包括李廷栋等）去山西五台山学习野外填制地质图，兼任地质部212队普查队长。他领导的矿田构造及动力成岩成矿研究室，先后培育出几十位研究员和教授，以及我国首批地质力学和矿田构造硕士、博士。今天，杨开庆桃李满天下，他的学生已经在各个领域和岗位上成为学科带头人和中坚力量。

三、杨开庆主要论著

杨开庆，沙光文．1945．贵州贵筑云雾山铝土矿之槽探（节要）．地质论评，10（3/4）：162-164．

杨开庆，谢家荣等．1945．云南铝土矿调查汇编．前矿产测勘处临时报告，第50号．

杨开庆．1945．云南富民老煤山煤田地质简报．前矿产测勘处临时报告，第53号．

杨开庆．1946．中国陶瓷原料说略及勘测计划．矿测近讯，(68)．

张兆瑾，杨开庆．1948．广东阳江南鹏岛钨矿地质．前资源委员会季刊，8（2）．

张兆瑾，杨开庆．1948．广东云浮大金山钨矿地质．前资源委员会季刊，8（2）．

杨开庆．1953．认识含铪矿物的一种方法（节要）．地质论评，17（2）：249．

杨开庆．1954．介绍几种野外用的简便化学定性分析方法．地质知识，1（1）：27-29．

杨开庆．1954．台湾地质简介．地质知识，1（6）：32-34．

杨为真（杨开庆）．1956．铁矿物．地质知识，(1)：37-39．

杨开庆等．1956．中国区域地层表（草案）．北京：科学出版社．

杨开庆，马胜云，崔鸣铎等．1959．秦岭东西构造带中、长安—洵阳和周至—洋县间，几条路线地质的观察．地质力学丛刊，第1号．

杨开庆．1979．构造带的特征与超基性岩体和铬铁矿体的分布关系．地质力学论丛，第5号．

杨开庆．1982．构造控岩控矿与构造成岩成矿．地质力学论丛，第6号．

杨开庆. 1984. 构造动力作用中地球化学作用. 大地构造与成矿学，8（4）：327-336.

Yang K Q. 1984. The in-situ tecto-petrogenesis and tecto-metallogenesis. 27th International Geological Congress (Abstracts)，VI，Section 12：359.

杨开庆. 1986. 动力成岩成矿理论的研究内容和方向. 中国地质科学院地质力学研究所所刊，第7号：1-13.

杨开庆，董树文. 1986. 论地壳物质的构造动力调整作用. 中国地质科学院地质力学研究所所刊，第7号：15-22.

杨开庆，熊大和，侯威. 1986. 石碌式铁矿富铁形成机制的形变-相变实验研究. 中国地质科学院地质力学研究所所刊，第7号：23-37.

杨开庆，董发先，王建平等. 1988. 海南石碌矿区铁、金、铜、钴矿构造动力成矿作用的研究. 中国地质科学院地质力学研究所所刊，第11号：83-152.

撰写者

董树文（1954～），安徽芜湖人，祖籍河北省献县，中国地质科学院副院长，德国艾尔福特科学院院士，国土资源部科技专家咨询委员会委员，中国地质科学院科技委员会副主任。长期从事构造地质、地质力学和深部地质研究。系杨开庆的第一个硕士生和第一个博士研究生。

郭承基

郭承基（1917～1997），山西清徐人。矿物学家，地球化学家，中国稀有、稀土元素矿物学与地球化学的创始人之一。1980年当选为中国科学院学部委员（院士）。1943年毕业于北京大学地质系。同年10月赴日本留学，1952年毕业于京都大学大学院。曾先后在中国科学院地质研究所和地球化学研究所任研究员。郭承基用毕生精力致力于稀有、稀土元素矿物学与地球化学的研究。他研究过山西、内蒙古、四川、新疆的花岗伟晶岩型稀有元素矿床；研究过白云鄂博式铁-铌-稀土矿床；研究过广西与江苏的花岗岩型稀有元素矿床。他用矿物化学的理论与方法以及他所创建的矿物化学实验室深入探讨过铌、钽、稀土、锆、铪、锂、铷、铯、铍等各种稀有元素矿物。他倡导与主持编撰了《内蒙矿物志》与《富钟贺矿物志》。他亲自撰写了《稀有元素矿物及其化学分析法概论》、《矿物的化学鉴定法》、《铀矿化学》、《稀有元素矿物化学》、《放射性元素矿物化学》、《稀土矿物化学》、《稀土地球化学演化》等专著十余部，他构建了稀有、稀土元素矿物化学与地球化学的学科体系，留下了宝贵的科学财富。他在主持内蒙古白云鄂博铁-铌-稀土矿床物质成分与综合利用的研究中做出了重要贡献，其研究成果获得国家自然科学奖二等奖。他的学术思想与科学论著对我国矿物学与地球化学的发展具有重要的指导作用。

一、学习与工作历程

郭承基，1917年1月21日出生于山西省清徐县，1997年2月13日于贵阳逝世，享年80岁。

郭承基少年时期好学上进，1931年考入山西太原省立第一中学，1934年入山西太谷铭贤高级中学，1935年转入太原并州高中。1937年中学毕业后返乡自学，其间曾在太原邮局工作，任邮务佐。1939年考入北京大学地质系，1943年毕业。同年10月赴日本留学，先入京都大学理学部地质矿物学系，主攻化学；1947年转入京都大学大学院（研究生院），师从日本稀有元素矿物地质学家田久保实太郎教授，研究稀有元素矿物学与地球化学。田久保实太郎是一位用化学方法研究稀有元素矿物的专家，在他那里，郭承基看到了在国内闻所未闻的学术领域和研究方法，他如饥似渴地学习这门新学科和新知识。郭承基的日本同学梅田甲子郎说："郭先生学习非常用功，周末我们都出外去游玩，而他常常一个人去教室做功课，或去实验室做实验，他的学习成绩在班上是最优秀的。"战后的日本，各种物资匮乏，生活特别艰苦，他一方面要解决生活必需的经济来源，另一方面又要坚持完成研究生学业和论文，面对种种困难，他顺利地闯了过来，并且提交了优秀的论文，1952年于京都大学大学院毕业。可以说，经过这一段时间的刻苦学习，他既精通了地质学和矿物学，又精通了化学，是一位名副其实的地球化学工作者。

1949年中华人民共和国成立后，他在日本了解到祖国发生了巨大变化，并为新中国各方面蓬勃发展的大好形势深感鼓舞，祖国丰富的稀土和稀有元素矿产资源的广阔远景深深地吸引着他，为了深入开展稀有元素地球化学和矿物化学研究，1952年7月，他毅然携眷离开日本，经香港回到了阔别9年的祖国，开始了他的报国之旅——从事稀有元素矿物学与地球化学的研究。

郭承基回国后，先在地质部工作，后转入中国科学院地质研究所任副研究员，组建了国内第一个稀有元素矿物地球化学研究实验室。1958年升任研究员。1966年春，中国科学院地球化学研究所在贵阳成立，他服从工作需要，又举家迁到贵阳。"文化大革命"期间，郭承基处境艰难，但他忍辱负重，坚持工作，随后任稀有元素矿物化学、地球化学研究室主任。1979年任中国矿物岩石地球化学学会名誉理事，1980年当选为中国科学院学部委员（院士），1981年任中国稀土学会副理事长。郭承基1956年4月加入中国民主同盟，担任过民盟贵州省第五届委员会副主委。历任第六、第七届全国政协委员。

由于稀土金属和某些稀有金属在工业和高科技领域有十分广阔的用途，被人们称为新世纪的战略物质，但是这些元素在地壳中含量相对很低，要寻找和评价这类元素的矿床难度较大。尽管我国在稀土和稀有元素矿产资源方面具有得天独厚的地质条件，然而在当时，国内对这类矿床的研究和开发基本上仍处于空白。郭承基回国后不久，便受命开展白云鄂博稀土矿床物质组成的研究工作。经过多年的不懈努力，他相继查明了铁矿石中高磷的原因，矿床中有用元素的赋存形式、组成矿物及分布规律，正式肯定该矿床为含稀土、铌、铁的世界独一无二的超大型综合性矿床。郭承基还对白云鄂博矿床成因提出了"成矿物质的多来源、矿化的多阶段及矿床的多成因"的"三多"成矿理论，并被地学界普遍接受。经过许多部门和单位30多年的系统工作，业已探明内蒙古白云鄂博矿床是一个举世无双的超大型稀土元素矿床，其稀土储量占世界总储量的一半以上，具有十分巨大的经济价值和科学研究意义。

为此，郭承基主持完成的这一科研成果荣获 1989 年国家自然科学奖二等奖，并使我国稀有、稀土矿物学与地球化学的研究跻身于世界先进行列。

在我国辽阔的国土上，有大量花岗岩出露。为进一步预测稀有元素的矿化和寻找稀有元素矿床，郭承基根据稀有元素的地球化学特点，最先把注意力集中到了花岗岩和花岗伟晶岩方面，并很快取得了一批世界先进水平的突出成果。他对内蒙古南部的花岗伟晶岩进行了系统研究，提出了用云母类矿物作为划分花岗伟晶岩类型的标志，为研究花岗伟晶岩的形成条件提供了科学依据，并在指导找矿方面具有重要的实用价值。在花岗岩的研究方面，郭承基除指出我国与花岗岩有关的稀土、稀有元素的矿化远景及找矿标志外，还从理论上阐述了矿化的控制因素。

在我国的稀土和稀有元素矿物地球化学研究领域中，他首先在 20 世纪 50 年代初提出了矿物化学这门新学科，并率先在我国内建立了第一个稀有元素矿物化学实验室，相继出版了一批在国内外有相当影响的有关矿物化学的专著。其中具有独创性的磷酸溶矿法以及对各种矿物溶解条件和机理的探讨，是把矿物学和分析化学有机地结合起来的成功典范。他撰写的《稀有元素矿物化学》、《稀土矿物化学》、《铀矿化学》、《稀有元素矿物及化学分析法概论》等专著及有关论文，为矿物化学学科的建立和发展做出了开创性贡献。

郭承基自从在日本完成学业回国后，就极少出国了，他总是觉得国内有许多做不完的事。唯一的一次出访是在 1985 年 9 月，受日本学术振兴会的邀请，对日本进行学术访问。这一次访问是郭承基 1952 年回国后时隔 30 多年的旧地重游。在短短的一个月时间内，先后访问了日本东京大学、筑波日本地质调查所、京都大学、京都教育大学、奈良教育大学及大阪大学，与日本的有关专家进行了广泛的学术交流。增田彰正是日本东京大学化学系的教授，日本著名的稀土元素地球化学家。郭承基访问了增田彰正主持的稀土元素地球化学实验室，并进行了学术交流，初步达成了双方进行合作研究的意向。郭承基访问的重点放在他曾留过学的京都大学，很多多年不见的老同学闻讯后从日本全国各地赶到京都大学与郭承基会面，场面十分感人。到来的 29 位老同学，当时绝大多数已是日本著名的教授或日本大型企业的高级主管。当郭承基在京都大学地质系礼堂作学术报告时，场内座无虚席。郭承基曾留学日本 10 年，除了精通日文，英文功底也十分深厚，按惯例，作学术报告时可用英语或日语，但郭承基为了祖国的尊严，坚持用汉语作学术报告。因此，专门在系里找了一个中国留学生小张做现场翻译。由于小张到日本时间不长，日语尚不够熟练，加之对某些专业术语不够熟悉，郭承基就不时帮助小张纠正日语用字，场上不时响起了愉快的笑声和掌声。

郭承基的晚年，身体情况不很好，他离开喧嚣的市区，在植物园的山上潜心著述。山上的生活条件很差，但就是在这样艰苦的条件下，他从70岁的高龄开始，用近10年的时间完成了五卷570万字的巨著《稀土地球化学演化》。这是郭承基院士一生辛勤耕耘和创造智慧的结晶，也是稀土元素地球化学的经典文献，给后人留下了一笔珍贵的财富。

二、主要学术成就与学术思想

（一）学术成就与贡献

郭承基用毕生的精力致力于稀有、稀土元素矿物学与地球化学的研究，他为发展我国的科学事业，孜孜不倦，呕心沥血，做出了系统、卓越的贡献。

1. 回国建设第一功——解决了铬铁矿的分析问题并查明了白云鄂博铁矿石含磷高的原因

新中国成立初期，地质部在北方地区大力开展铬铁矿资源的找矿勘探工作，但在铬铁矿矿物分析中遇到的难题是亚铁的测定，组织上把这个任务交给了郭承基的实验组。他们查阅了大量文献，经过多次实验，终于制定了用磷酸溶解铬铁矿测定亚铁的方法并获得成功。后来，磷酸溶矿法还被大量应用在矿物分析及矿物鉴定中，因而这项研究成果获得了奖励。

内蒙古白云鄂博矿床拥有巨大的铁、铌、稀土金属储量，是包头钢铁公司的矿石基地，但是由于铁矿石中磷的含量很高，对提高钢铁的质量不利。1953年，郭承基受何作霖先生委托，用矿物化学方法对白云鄂博矿床中大量存在的“白云矿”和“鄂博矿”进行了研究，发现“白云矿”实为铈族稀土氟碳酸盐，即氟碳铈矿，“鄂博矿”则为铈族稀土磷酸盐，即独居石，从而解决了两种矿物的物质成分、物理和化学性质以及选矿和化学分析等问题，为矿床的综合利用提供了依据。同时，对白云鄂博矿床中大量磷的赋存状态进行了研究，认为磷在矿石中主要以磷灰石存在，把磷灰石排除掉就可以除去大部分的磷，从而为铁矿石除磷提供了实际依据。

2. 我国稀有元素矿物与地球化学事业的开创者

新中国成立初期，我国面临的首当其冲的问题是资源不清，这严重妨碍了经济建设的全面规划。作为国防尖端部门急需的稀有和稀土资源更是一片空白。当时，国际地学界戈尔德施密特（V. M. Goldschmidt）等已创立了地球化学学科，地球化学作为地学分支在国外发展迅速，与地质学和地球物理学有鼎足而立之势，但在国内基本上是个空白。郭承基回国后，刻意宣传地球化学、稀有元素和稀土元素矿物学。郭承基在1955年就率先在山西、内蒙古开始了稀有元素矿物资源的研究，找到了黑稀金矿、震旦矿、铌钽铀矿、绿柱石、金绿宝石、褐帘石、独居石等多种稀有、稀土元素矿物，在国内引起了注意。后来地质研究所把稀有元素矿床的研究列为重点项目，提出了“要使稀有变富有”的豪迈口号，并发动全所有关研究室和研究人员都参与或支持这一项研究任务。经过多年努力，在国内找到了许多稀有元素的新矿床、新矿物，使我国在这一领域跻身于世界先进之林。这个项目也一直是研究所的优势项目，经久不衰。在任务带学科的方针指引下，在中国科学院地质研究所创建了我国第一个稀有元素地球化学研究室，培养了大批青年科学人才，随后又建立了第一个地球化学研究所，这些都与郭承基等打下的基础分不开。

3. 建立稀有元素矿物化学鉴定法

在磷酸溶矿法建立以后，郭承基注意到磷酸虽然不是强酸，但能溶解多种稀有元素矿物。他和钟志成通过多次实验，认定用磷酸溶解矿样后，对多种稀有元素如Nb、Ta、Ti、Be、REE等以及其他常见元素都可以定性地加以鉴别，于是一套稀有元素矿物的化学鉴定系统建立了起来。这种鉴定方法所需要的设备和试剂不多，一个小手提木箱就可以装下，所以很适合于在野外应用。笔者随郭承基在内蒙古研究花岗伟晶岩时，白天在山上观察采样，晚上用磷酸溶矿法鉴定矿物，受益匪浅，深感这一鉴定法的简单、快速和有效性。

4. 国内测定矿物绝对年龄第一人

国内地质界有一件鲜为人知的事情，那就是早在20世纪50年代，郭承基就已经测定和发表了产于内蒙古花岗伟晶岩的一个矿物的绝对年龄数据（在同位素测定方法建立以后，改称同位素年龄），当时是用U-Pb法测定的（《绥远省产稀有元素矿物的研究》，1953；《内蒙南部花岗伟晶岩的时代问题》，1957）。那时国人对矿物年龄的测定方法还知之不多，也没有足够的重视。同位素年代学专家陈毓蔚说，郭承基是国内第一位发表地质绝对年龄的人，只是未能应用同位素对数据进行修正而已。后来，中国科学院地质研究所建立了同位素研究室，经过多年努力，在1963年正式发表了第一批同位素年龄数据。

5. 根据云母的种类划分花岗伟晶岩的类型

在花岗伟晶岩分布地区，伟晶岩脉常常有成千上万条，它们的结构构造和矿物种类也不完全一样，如何对它们进行分类并找出它们的内在联系，是一个重要的科学问题。1954～1957年，郭承基先后考察了山西和内蒙古的稀有元素花岗伟晶岩，提出了按云母种类把稀有元素伟晶岩划分为黑云母型、两云母型和白云母型，指出不同类型的伟晶岩有不同的稀有元素矿物组合：以黑云母为主的伟晶岩所含的稀有、稀土矿物是褐廉石、锆石、黑稀金矿、复稀金矿等稀土的硅酸盐和铌钽酸盐矿物，而且结构分带也不完整，常缺失石英核心带；以白云母为主的伟晶岩则含有铌钽铁矿、绿柱石、金绿宝石等矿物，结构分带完整；兼含黑白两种云母的伟晶岩中除含有上述矿物外，还出现独居石、硅铍钇矿等矿物。这对研究稀有元素伟晶岩的成矿规律、伟晶岩成因和指导找矿工作具有重要意义。

6. 编撰区域矿物志

郭承基早年在中国科学院地质研究所曾倡导编撰区域矿物志，认为这是一项很重要的基础工作。他身体力行，带领研究室人员于1959年编撰出版了《内蒙矿物志》。该书包括了在内蒙古南部地区花岗伟晶岩中所发现的褐帘石、锆石、独居石、磷钇矿、铌铁矿、铌钽铁铀矿、铌钇矿、黑稀金矿、复稀金矿、绿柱石、金绿宝石等多种过去难以见到的矿物，以讨论这些矿物的化学组成为主，对其物理性质作了必要的叙述，书中附有较多的矿物化学分析及X射线粉晶分析的基本数据。另外，概括地论述了区域地质背景、花岗伟晶岩的特征以及铌、钽、稀土、铍等稀有元素的矿化规律及找矿问题。在稀有元素矿物方面参考书很少的情况下，《内蒙矿物志》的出版受到了关注与欢迎。只可惜当时稀有元素属于国家的机密材料，该书只作为内部发行，产生的影响较小。

7. 内蒙古白云鄂博铁-铌-稀土矿床物质成分的研究

内蒙古白云鄂博是我国解放初期勘探的大型铁矿，后来在此基础上建立了著名的包头钢铁公司，20世纪50年代末期中苏合作地质研究队又进一步探明了稀土元素的储量。但是对包括稀土、铌在内的多种伴生金属的赋存状态还不是十分清楚，从而不仅造成了选冶工艺复杂化，而且有些金属还未能得到回收利用。为加速包钢的建设发展，1963年国家科委组织了当时的冶金部、地质部和科学院等部门联合攻关，中国科学院地质研究所把这项任务交给了郭承基，由他负责领导实施。郭承基非常渴望接受这项困难而又艰巨的任务，再者，他早年就对白云鄂博丰富的稀有、稀土矿物有着浓厚的研究兴趣。他从1963年到1965年每年都带领“白云队”（当时研究所为实施这项攻关任务，从各室抽调研究人员，统一组成白云鄂博矿床物质组分研究组，后来简称“白云队”）到野外实地考察。内蒙古草原气温比较低，虽然是春末夏初，但山上探槽里的雪还未完全融化，还会经常有风雨的袭击，所以每次到白云鄂博工作大家都要带着皮大衣。在野外工作开始之前，他们还特地考察访问了包头钢铁公司的各个车间，了解钢铁生产流程及遇到的技术难题，以便有针对性地开展矿床物质组分与综合利用的研究。

白云鄂博矿床有用组分复杂、矿物种类多而且有的还特别细小，要选出和鉴定它们的确是很难的，但是在郭承基矿物化学学科思想的指导下，矿物化学方法被用到了极致，有几件工作做得特别出色，至今仍令人赞赏不已。

（1）在条带状铁矿石中发现了铌铁矿。过去只知道白云鄂博矿床的含铌矿物是易解石，条带状铁矿石中虽然含铌，却找不到铌的矿物。由于铌铁矿的性质和赤铁矿有些类似，藏身在“千军万马”的赤铁矿之中的铌铁矿，是很难被发现的，后来还是被化学人员采用选择溶解的方法把大量的赤铁矿溶去以后，才把铌铁矿找了出来。后来确定它是白云鄂博矿床的主要含铌矿物之一。因此铌的赋存形式很快被查明了。

（2）在烧绿石中发现锆石。地质人员在研究烧绿石时发现其锆的含量特别高，开始定名为含锆烧绿石新变种；后来化学人员在溶解烧绿石时发现了不溶残渣，经X光粉晶鉴定，确认为锆石。这样，烧绿石含锆高之谜也被解开了。

（3）独居石与氟碳铈矿的定量测定。独居石和氟碳铈矿是白云鄂博的两种主要稀土矿物，它们的性质非常相似，在显微镜下难以区分它们。后来还是采用化学物相法做出了定量的结果，把两者区分开来。

以上三件工作即使是很精通矿物学的人员都很难做成、做好，而用地质与化学相结合的方法，也就是郭承基倡导的矿物化学的学科思想与方法，却在这一重要的国家攻关项目中发挥了作用并获得了成功。

“白云队”的研究人员通过这几项工作，更加重视学习与运用矿物化学知识，并在后来其他项目的研究中屡获成功。

8. 倡导与开拓微粒、微量矿物的化学分析

在矿物研究中，测定矿物的化学组成是非常重要的，电子探针等技术尚未在国内广泛应用的时候，要作一个矿物的化学全分析，必须选取足够量的纯净矿物，但是在一些物质成分复杂并且矿物颗粒十分细小的矿床中，要选取一定量的单矿物来作化学分析却非常困难，它不仅花费地质人员的许多时间，甚至有时候还无法办到。郭承基看到这一点，亲自到实验室和分析人员一道探讨微粒、微量矿物的分析方法，

创造了用几十微克矿物就可以作一次化学分析的方法（过去，作一次矿物全分析至少要1克矿物样），这样大大地减少了选样的时间与精力，受到了地质人员的关注与欢迎。例如，X光粉晶衍射方法可以准确地鉴定微粒矿物，但对于铌铁矿和钽铁矿的区分却不十分奏效，用郭承基创立的方法使问题得到了解决。

9. 潜心创建矿物化学学科

矿物化学是郭承基潜心研究和执著开创的一门学科。因为他精通地质，也熟悉化学，所以创建矿物化学学科是水到渠成的事。在20世纪80年代之前，各种物理测试技术尚未普遍应用的时候，矿物化学在矿物及矿床物质成分研究中发挥了重要的作用。除在白云鄂博的工作外，在矿物化学组成研究中也有许多脍炙人口的精彩事例：

（1）矿物学研究中，选出纯净的单矿物进行化学分析是非常必要的，但在矿物很细小并且共生矿物很复杂的时候，挑选矿物往往花费很多时间。在郭承基的指导下，分析人员采用了微量分析法和选择溶解法，这样就排除了混入的杂质，而且矿物的用量也很少。在当时物理测试技术尚未得到广泛应用的时候，这种矿物分析方法发挥了重要的作用。

（2）20世纪70年代之前，分别测定岩石或矿物中15个稀土元素的含量是很困难的事情，尤其是当其含量很低的时候。郭承基提出的化学预富集结合X荧光光谱法，解决了这一难题，也使中国科学院地球化学研究所在稀土元素的矿物化学与地球化学的研究中得到了许多重要的数据，研究工作走在国内的前列。

10. 在高等院校亲自授课，注重培育后备人才

1959年中国科学院利用各个研究所的力量，采取院校结合、所系结合、科研与教学相结合的方法，在北京筹办了中国科技大学。各研究所各个学科的著名科学家都在大学兼课，旨在培养高素质的科学研究人才。郭承基开设了稀有元素矿物化学课，传授他在研究稀有元素矿物中的心得。一位学生回忆说："在我们的印象中，他总是西装笔挺，头发梳得整整齐齐，上课只拿着一些卡片，讲课有条不紊，是我们学生公认的讲课讲得好的老师之一。"可以说，郭承基于百忙中在中国科技大学授课的心血没有白费，他培育的学生有的考上了他的研究生，有的则直接分配到了他领导的研究室，后来大多数都成了研究室的骨干力量。

（二）思想方法与工作方法

1. 学习自然辩证法，学以致用

作为一位自然科学家，既要勤于思考，更要善于思考，正确的思维方法是从事

科学研究的关键。郭承基之所以能够获得丰硕的学术成果，正是由于他一向注意把自然辩证法运用到矿物学与地球化学的研究实践中。早在1960年，他根据自己学习自然辩证法的心得发表了《地球化学演化过程中的辩证法关系》一文，所阐述的观点正是他多年从事科学研究所获得的认识与哲学思想的融合。他指出，自然界所有的元素和由这些元素所形成的矿物是运动的而不是静止的，是演化的而不是一成不变的。在地球化学演化发展过程中，矿物的转化、矿床类型的转化、矿物组合的转化，是一个由量变到质变的过程。在此基础上提出的矿物进化的观点，新颖而富有创造性。从近年来的研究看，这一观点已逐渐被地质学界和地球化学界普遍接受。可以说继承与发展的观点以及演化的观点，始终贯穿在他所从事的各项研究中。1981年他在为《矿物学报》创刊时与王中刚合写的《矿物演化》一文可以说是他这一主题思想的总结。

2. 积累科学问题，不断求索

郭承基有一个好习惯，那就是只要遇到什么科学问题，他就会及时地写在一张张卡片上并压在办公桌上的一块玻璃板下面，然后不断地求索，寻求问题的答案，或制定解决问题的研究方法。有时候他也会把这些问题向他的助手或研究生们提出来，和他们讨论或让他们去研究。这些问题有的是在工作中遇到的，有的是在交谈中产生的，有的是在上下班途中想到的。诸如矿物演化问题、云母的矿物化学问题、特殊稀土问题、类质同象有限性问题等，在不断地探索与思考下，有的成为他的学术思想，有的变成了一篇文章，甚至一本书。

3. 专心致志作研究，不拘泥于传统观点

他在早年就下定决心献身于科学，只要给他实验室，只要让他搞研究，其他一切都可以妥协甚至放弃。也许就是因为如此，郭承基多年来都是深居简出，几乎不与其他人过密交往，不参加聚会，除了书法以外没有其他业余爱好，不发表与他的研究课题无关的意见，不谈论与工作无关的话题。每天除了作试验、搞研究，晚上还要写书论著。从1952年回国到1966年“文化大革命”开始的14年中，他的科研成果累累，在他从事的领域里做出了重大贡献。也因为如此，“文化大革命”一结束，郭承基就被推选为中国科学院学部委员。从这一点来说，郭承基是感到欣慰的，因为他为了自己终生热爱的科学研究事业，战胜了无数生活和精神上的困境。

郭承基经常告诉他的学生，搞科学研究不能拘泥于传统观点，要有预见性，要有新观点和新见解。这是他一贯的创新思路，对学生如此要求，他自己更是身体力

行。1959年，当中苏合作地质队结束工作不久，他根据自己对白云鄂博矿石的研究，依据铈族稀土与钇族稀土比值和钍铀比值，提出白云鄂博矿床中稀土元素来源于地球深部。这个观点在当时还是相当新颖的。他与钟志成通过野外工作实践，发现磷酸溶矿法对鉴定稀有元素矿物卓有成效，便及时总结，将成果发表。他还教育他的研究团队，搞科学研究要热爱自己的专业，要刻苦钻研，达到废寝忘食的地步。他在生活上很简朴，没有什么特殊要求，但对自己的研究课题，总是锲而不舍。他在晚年为了解决稀有、稀土元素的成矿机制问题，提出了阴阳离子平衡和氧离子对成矿富集的重要作用。尽管对这个问题在学术上可能有不同看法，但是郭承基勇于探索新研究方向的精神应是后辈学习的榜样。

三、郭承基主要论著

郭承基. 1953. 绥远省产稀有元素矿物的研究. 地质学报，33（2）：134-143.

郭承基. 1954. 稀有元素矿物及其化学分析法概论. 北京：科学出版社.

郭承基. 1956. 铀矿化学. 北京：科学出版社.

郭承基. 1957. 内蒙南部花岗伟晶岩的类型. 科学通报，（1）：20.

郭承基，张静，李明威. 1957. 内蒙南部花岗伟晶岩的时代问题. 科学通报，（12）：377-378.

郭承基，钟志成. 1957. 矿物的化学鉴定法：磷酸溶矿法的应用. 北京：地质出版社.

郭承基. 1958. 内蒙花岗伟晶岩的类型及其成因. 科学通报，（3）：93-95.

郭承基. 1958. 稀有元素矿物及地球化学研究的某些问题. 地质论评，（5）：338-350.

郭承基. 1959. 一种新的稀有矿床类型的发现. 地质月刊，（3）：18.

郭承基. 1959. 放射性元素矿物化学. 北京：科学出版社.

郭承基. 1960. 地球化学演化过程中的辩证关系. 北京：科学出版社：234-238.

郭承基. 1963. 与花岗岩有关的稀土元素地球化学演化的继承发展关系. 地质科学，（3）：109-127.

郭承基. 1964. 与铌、钽、稀土等矿化有关的离子分异问题//中国地质学会. 中国地质学会第一届矿物、岩石、地球化学专业学术会议论文选集（地球化学部分）. 北京：中国地质学会：24-31.

郭承基. 1965. 稀有元素矿物化学（增订本）. 北京：科学出版社.

郭承基，王中刚. 1981. 矿物演化. 矿物学报.（1）：1-9.

郭承基. 1985. 稀土地球化学演化（一）. 贵阳：贵州人民出版社.

郭承基. 1988. 稀土地球化学演化（二）. 贵阳：贵州人民出版社.

郭承基. 1990. 稀土地球化学演化（三）. 贵阳：贵州人民出版社.

郭承基. 1991. 稀土地球化学演化（四）. 贵阳：贵州人民出版社.

郭承基. 1996. 稀土地球化学演化（五）. 贵阳：贵州人民出版社.

主要参考文献

中国科学院地球化学研究所，中国科学院广州地球化学研究所. 2007. 郭承基院士纪念文集. 广州：广东科技出版社：1-58.

吴明清. 1997. 郭承基//《科学家传记大辞典》编辑组编，卢嘉锡主编. 中国现代科学家传记（第四集）. 北京：科学出版社：347-353.

撰写者

王中刚（1934～），上海崇明人，中国科学院地球化学研究所研究员，博士生导师。主要从事矿物学与地球化学的研究。

赵宗溥

赵宗溥（1917～2003），河北秦皇岛人。地质学家，岩石学家，地球化学家。1946年毕业于北京大学地质系。他在地质学的许多领域都有很深的造诣，对火成岩、变质岩、前寒武纪地质和地壳演化、沸石以及铸石的研究都取得了丰硕的成果。他的论著《中国东部新生代玄武岩类岩石化学的研究》是我国火山岩研究的经典，并成为后来板块构造学说的岩石学依据之一。他指出中朝准地台大陆地壳演化是从早太古代硅铝质陆壳经过阶段克拉通化逐渐垂直生长的过程，他将中朝准地台早前寒武纪大陆地壳演化分成由钠质向钾质变化的几个可识别的阶段。他提出的以24亿年山海关钾质花岗岩的侵位作为中朝准地台晚太古代的结束时限，更符合中国的地质事实，为中外地质学界所采纳。他对人工铸石和天然沸石的开拓性研究取得了巨大的经济效益，在铸石研究过程中研制成功了我国第一批炉渣微晶新材料并帮助建厂生产；70年代初他带队考察了我国第一个沸石矿（浙江缙云），填出了我国第一幅天然沸石矿区域地质图，组织了世界上开采量最大的沸石矿（河北围场）的勘查工作，成功研制了沸石水泥。他对滹沱系与震旦系的关系，对燕山运动的期次，对印支运动的归属，对陆内造山作用等许多地质理论的发展也都做出了杰出贡献。

一、简　　历

赵宗溥，字瞻原，原名赵兴元，小学毕业后改名赵宗溥，满族，原籍河北省临榆县（现秦皇岛市山海关区）。1917年6月8日生于河北山海关龙江，2003年12月1日于北京逝世，享年86岁。

赵宗溥出身于知识分子家庭，祖父曾是清朝军队的教官，出生时他父亲也任军职，祖父与伯父皆居原籍，家境殷实。赵宗溥自称生于没落的封建家庭，幼年受的是教会式教育（赵宗溥《自传》，1956）。四岁时祖父去世，家庭拆居。不久其父因病回家赋闲，愈后应聘做了山海关师范学校的职员，加之尚有田产，生活可谓小康。1935年日寇入侵后，生活日促，将田产变卖，家境渐贫。

1924年赵宗溥入山海关公立小学读书，1931年毕业。同年考入临榆县田氏中学，从初一读至高三，1937 年毕业。1937 年父亲病逝，因家庭变故，不得已卖掉房屋，将其所得入股一合资商号，以维持家计（抗日战争期间物价飞涨，商号赔累倒闭）。是年赵宗溥考入河北开滦矿务局林西工务员训练所，在采矿组学习约一年半，1939 年 2 月结业，分配到古冶开滦矿务局唐家庄矿井工处浅部，任试用工务员。他原以为在英国人掌控的矿务局工作，能避开日本人的欺负，但工作经历让他认识到，英国人同样欺压中国人，在那里做监工等于帮助英国人欺压中国工人。他从不呵斥工人，因而得不到英国人的首肯。他对这种监工的工作很反感，不愿做英国人的帮凶，甚是苦闷，平时只有读书学经，藉以消愁。1940 年 2 月，一次在井下与英国人争吵后，愤然离去。

1940 年 5 月，赵宗溥考取山海关税务关员，6 月入海关工作。在那里他学过税法、商品学、外语，先后在庶务组、货运组、汇兑管理组工作，半年轮换调职一次，做了两年。虽然待遇不菲，生活优裕，但他看不惯周围腐化堕落、庸俗无聊的思想意识和作风，不愿同流合污，又毅然辞职。他想知识救国，于是决定专心温课再谋升学。1942 年他考入北京大学地质系，1946 年毕业。其间，1945 年 8 月日本投降，应关景塘校长之邀，赵宗溥曾在山海关中学任教，教过地理、化学和英语等课程。当年 12 月他又回到北大读书直到毕业。

1946 年，赵宗溥考取了南京资源委员会矿产测勘处和北平地质调查所，他选择了去南京。1946 年 6 月，他到南京资委矿产测勘处工作，任地质课甲种实习员，至 1947 年 6 月。此后升为工务员，主要从事矿产调查工作。他曾随刘国昌先生一起被派往台湾清查和接收日伪地质矿产机构（《赵宗溥先生生平》，2003）。1948 年赵宗溥发表了《对中国地层系统名词用法之商榷》（《地质论评》），《青铜文化来源考疑》（《矿测近讯》）。1948 年 11 月经谢家荣介绍加入中国地质学会。1949 发表了《泰山系老于五台系吗？辽宁式铁矿之地质时代》（《地质论评》）。

1949 年 5～10 月，他在南京军管会矿产测勘处任工务员，其间发表了《青铜文化来源续考》（《矿测近讯》，1949）。1949 年 11 月至 1950 年 5 月，他在华东工业部矿产测勘处任工务员，仍主要从事矿产调查和研究工作。曾先后考察研究了安徽铜陵铜官山地质矿床和江苏江宁铜井镇铜山坳铜矿地质矿床，都有研究报告（后者与段承敬合作完成）。1950 年 5 月至 1950 年 12 月，在政务院财政经济委员会矿产测勘处任助理工程师，作辽宁新宾木奇区地质矿产普查。1951 年 1 月至 1952 年，他在新成立的中国地质工作计划指导委员会矿产测勘局任助理工程师。在此期间，赵宗溥作过东北超基性岩研究和山西五台山区铁矿研究，合著有《吉林桦甸老牛沟地方深成岩类》（《地质论评》，1951）和《山西五台山区大明烟庄子上一带铁矿普查报告》。上述各工作单位变化，只是领导隶属关系变更，并非工作调动。

1952年正处在地质人员和地质机构大调整大改组的时期，在南京的地质机构和工作人员集中在珠江路700号、虹桥2号楼和鸡鸣寺三处，虽各机构和领导已定，但联署办公，人员未定。此间，赵宗溥做铬铁矿考察研究工作，与潘启宇合作完成《吉林延吉开山屯草坪区铬铁矿调查报告》。

1952年6月，经中国科学院与中国地质工作计划指导委员会函商，确定中国科学院地质研究所首批定编人员有侯德封、张文佑等8名，赵宗溥是其中之一。此后直到退休赵宗溥未曾离开过中国科学院地质研究所（现名中国科学院地质与地球物理研究所，以下简称地质所）。他最早分在岩石矿物研究室，任助理研究员。1953年主要做整理光学仪器、试验折光率测定、鉴定陨石等工作。当年完成了《用油浸法测定透明矿物主折光率的方法》的文章，1954年发表于《地质知识》上。1953年8月参加何作霖主持的白云鄂博铁矿成因研究，承担白云鄂博火成岩研究课题。1954年分配到铬铁矿研究组，再次做东北的超基性岩和铬铁矿的工作，完成了《东北绥远超基性岩区地质调查报告》。1954年发表了《中国前寒武纪地层问题》（《地质学报》），《铬铁矿的生成规律和勘探方法》（节要刊登于《中国地质学会会讯》代表大会专刊），《怎样找铬铁矿》（《地质知识》）等多篇论文。1954年还翻译出版了《岩石学与岩石鉴定图表》（科学出版社）。这本书曾多次再版，多年来一直为广大地质工作者作为工具书长期使用。1955年参加张文佑领导的中国地质学区域地层研究。同年与侯珍清共同完成《热河承德高寺台前沟铬铁矿调查报告》。

1956年赵宗溥调回矿物室，年底套6级副研究员（“套”即升职不提薪）。1956年他的任务是负责柴达木盆地周围老山区地质调查工作，并与郦诚等人共同完成《柴达木盆地周围老山区域地质调查报告》。1956年他还参加了中国科学院青藏高原综合科学考察队，在藏北那曲发现并采集到一件细石核，这是一次破天荒的重大发现。同年发表了《关于中国滹沱系与震旦系问题》和《中国东部新生代玄武岩类岩石化学的研究》两篇在地质学界颇具影响的论文。同年12月经张文佑、何作霖介绍加入中国民主同盟。1958年参加并负责“辽宁锦西、黑山及河北平原斑脱岩”，“浙江杭县、诸暨及福建泰宁、连城等地斑脱岩”，以及“中国火山岩的分布及岩浆活动时间”等研究。据部分研究成果与康渔源合作撰写了《中国膨土岩地质情况的初步研究》，1960年发表于《地质科学》。

1959年，地质所任命赵宗溥为岩石研究室行政秘书，并兼任变质组组长。此后一直到1966年赵宗溥主要从事变质岩研究，并指导年青学者，兼作超基性岩和铬镍矿产研究等多项工作。1959年发表了《论燕山运动》（《地质论评》）、《论印支旋回》

(《地质科学》),与何铸文合作发表了《北票地区的侏罗纪地层层序及燕山期火山活动、地壳运动及构造形态的几个问题》(《地质科学》)。1960 年与袁启林等人一起作过“甘肃永昌、阿拉善、东西祁连山边缘一带超基性岩及镍矿、铂金矿调查和研究”,“新疆天山、北塔山西部、伊犁河流域、内蒙巴蒙北部铬镍矿床的调查研究”。1962～1965 年主要作“泰山杂岩研究”(与何作霖、李达周、应思淮等一起),“超基性岩、基性岩、暗色岩及含矿性研究”(与梅厚均、刘秉光等一起),“西南暗色岩建造的研究”,“中国东部前寒武纪变质岩的年代层序和形成条件”(与李璞合作)以及“我国重大矿床物质成分、伴生元素及其综合利用,原生金刚石成矿规律和找矿方向”(与刘秉光等 4 人合作)等项研究工作。在此期间,还发表了《再论印支旋回》(《地质科学》,1960),《中国东部的燕山运动》(《地质科学》,1963),《火成岩定量矿物分类刍议(附岩石化学化学分类及岩浆类型的标准矿物图解)》(《地质科学》,1965)。

20 世纪 60 年代后期,地质所开展铸石研究(铸石是人造玄武岩岩浆通过过冷结晶生成的特种非金属材料),赵宗溥是研究组的技术顾问。70 年代,他涉足沸石方面的研究。这是两个获奖项目。70 年代末开始重点研究早前寒武纪地质。1978 年,赵宗溥开始招收研究生,指导研究生们作早前寒武纪岩石矿物变质作用和地球化学方面的论文。

1980 年 6 月赵宗溥晋升为研究员。80 年代他先后主持了中国科学院重点课题“中国东部早前寒武纪地壳演化”和“华北早前寒武纪麻粒岩和灰片麻岩成因类型及早期地壳演化”。这两个课题的研究成果总结在 1993 年出版的专著《中朝准地台前寒武纪地壳演化》中,这本书也是获奖作品。除了早前寒武纪地壳演化以外,他还做了许多其他方面的研究工作,发表了多篇有分量的学术论文:《震旦系质疑及有关上元古界地层问题》(《地质科学》,1982),《沸石相质疑》(《岩石学研究》,1983),《成岩作用、埋藏变质作用与近变质作用》(《地质论评》,1984)和《蛇绿岩与大陆缝合线》(《地质科学》,1984)。1985 年发表了《热河群及热河动物化石群的地质年代》(《地层学杂志》),1986 年发表了《“印支运动”五十周年的回顾》(《地质科学》),1988 年发表了《震旦系六十五周年的回顾与瞻望》(《地层学杂志》)。

1989 年 1 月 10 日他接到退休通知,但他退而不休,仍很关心地质学的许多重大问题。90 年代,他已近 80 高龄,还写了多篇文章讨论陆内造山作用。2003 年 12 月 1 日,赵宗溥先生病逝,走完了他平凡而又坎坷、艰难而又闪光的一生。

二、赵宗溥为人与科研成就、学术思想及其影响

科学家也是普通人,本文首先介绍一个作为普通人的赵宗溥,然后再讲述一下

他的科学成就。

（一）为人

赵宗溥博学多才，是中国科学院地质研究所公认的“活字典”、“大百科全书”。他有惊人的记忆力，在人们眼里，上至天文，下至地理，他无所不晓，大家遇到难题都愿意找他。在此仅举一例，1980年研究生孙世华（不是赵宗溥的研究生）在江西做野外工作，他留的地址没写县名，财务室会计要给他汇款，但没有县名邮局不给寄。会计正一筹莫展的时候，有人说得去找赵先生，一问，果不其然，赵宗溥真的知道那个地方属于什么县。

在地质所大院里，他是一位可敬可亲的长者。他虽然是一位知名科学家，却没有一点儿架子，非常平易近人，就像邻家一位慈祥和蔼的老爷爷。他可以叫出大院里每个小孩的名字，并且知道他们的父母是谁。你若跟随他去野外工作，他可以告诉你所遇到的每一种花草的名称，还能告诉你野外遇到的各种草药能治什么病。有时野外工作中会经过一些名胜古迹，他都能讲出其中的故事与来历。他还曾在五台山与一位方丈讨论佛经和佛祖。在一些古迹中遇到蒙文、回文或者满文，他都能告诉你是什么意思。因此，有幸跟他一起出差是件很快乐的事。

1978年，已年过花甲的赵宗溥才第一次招收了一名研究生。他一共带过4个硕士、3个博士（其中两名博士还是挂在别人名下，因为1989年1月10日他已退休，不能再招收研究生），但他培养的人才可不只这几个，可以说，全课题组所有研究人员都是他的学生，都得到过他的指导和帮助。他给研究生上的第一课是把学生带到图书馆，教学生怎样用CA和Bibliography查文献。他精通英语、日语、德语、俄语，甚至连意大利语的文章也能读。70年代末，新疆有色冶金局地质公司706地质队的地质人员来京查阅有关宇宙尘的文献，其中有一篇意大利文的文章谁都看不懂。经从柏林介绍，找到了赵宗溥，他一边看一边讲中文，难题就这么简单地解决了，这让在场的人都惊叹不已。他的学生有时遇到日语文献，日语看起来太慢，他会说：“我说中文你记吧。”他很少开口讲英语，他戏称自己的英语是洋泾浜，其实他的口语也很好，他教过中学英语，发音非常正确，许多专业词的发音，他的学生都是跟他学的。他的听力也很好，国际会议上他的学生和他坐在一起，听不懂的他会给他们翻译。他教导学生的一句名言是：“板凳甘坐十年冷，文章不写一句空。”他给学生选的论文题目都是当时地质学的前沿课题，完成后都得到了好评。他从不在学生的文章后面署名，但如果让他过目，他会为学生悉心修改文章。80年代初他的学生为一次学术会议写了一篇论文摘要，请他把关，他改了几处，学生欲重抄一遍（那会儿还不能用电脑写稿），他说不必。他拿来空白稿纸、剪刀和胶水，精心地剪下几条格子纸，仔细地贴在需要修改处，那神态简直像在加工一件艺术品，上下左右格线对得严丝合缝，分毫不差，待修改后几乎看不出来。他说没有必要浪费时间和纸张，此情此景，他的学生铭记一生。图书馆里来了新书、新期刊，他总是第一个翻阅，了解并掌握地学的最新发展和动态，遇到与其学生和课题组有关的文章，他会及时告知，让他们去借阅。当他的学生在工作中有新发现时，他会赞许地说：功夫不负有心人。对学生，他是一位良师；对同事，他是一位益友。

（二）科学研究

赵宗溥学术思想活跃，研究领域广阔，治学严谨，不惧权威，不囿定论，尊重事实，修正自己，不断进步。年轻时他就不迷信洋人，敢于与权威争辩，50多年前他对许多重大地质问题的见解，现在看来也都是正确的。他为我国地质事业做出了一个又一个重大贡献，得到国内外同行一致好评。其主要科研成就简述如下。

1. 火山岩的研究

赵宗溥是中国岩石大地构造学的奠基人。他1956年发表了论文《中国东部新生代玄武岩类岩石化学的研究》，在世界上第一次指出太平洋西岸从日本到中国大陆内部新生代玄武岩碱性增高的特征。在这篇火山岩研究的代表作中，他以翔实的资料论述了中国东部新生代玄武岩各个不同区域岩石种类和组成矿物的不同以及岩石化学成分的差异，把中国东部玄武岩分成四个区域。北满区以白榴玄武岩为主，华北南满区以粗安玄武岩为主，华南区以橄榄玄武岩为主，台湾区以橄榄玄武岩及其分异的辉闪安山岩为主，也有碱性玄武岩。他指出这种玄武岩种类分布的区域性与大地构造单位有密切关系。与世界各地玄武岩的对比说明，中国东部新生代玄武岩在岩石化学方面与岩浆类型及成因方面，皆具其特征，岩石种类复杂，化学成分、矿物成分极富变化，为世界各地所罕见。中国东部玄武岩含碱量最高，尤其是Or（标准矿物正长石）成分最高。他总结出从日本经我国台湾和日本海周围地区到中国大陆，玄武岩岩石化学成分碱性增强的变化规律。他用大量的岩石化学数据和图表，总结出这一可信的规律，结合地球物理资料论证了岩浆来源于橄榄岩圈的部分选择熔融。中国东部各地区玄武岩成分的不同与同化混染有直接关系。此文在国内外都很有影响，不仅在高等学校的教科书中长期引用，也是迄今为止我国东部岩石圈构造演化的重要证据之一。此文长达50多页，被华人地质学家全文译成英文，刊登在《国际地质论评》上，在国外产生很大的影响，是后来板块构造理论的岩石学证据之一。赵宗溥是中国乃至世界最早将火山岩岩石学、岩石化学和大地构造联系起来进行研究的地质学家之一。1956年他这种将火山岩组合与大地构造相联系的创新的地学观念，开创了中国岩石化学研究之先河，为中国岩石大地构造学奠定了基础（叶大年等，1997；从柏林，1978）。此后，特别是80年代以后，岩石大地构造学在地质学家中已深入人心，用起来也都驾轻就熟了。

他为火山岩和火山碎屑岩的研究也做出过令人折服的贡献。1959年，他在中国首次提出了熔结凝灰岩和凝灰熔岩的概念，解决了火山岩和火山碎屑岩研究以及中生代地层研究中的难题（叶大年口述，另见《赵宗溥先生生平》）。

2. 关于中国滹沱系与震旦系问题

关于滹沱系与震旦系，今天每个学地质的大学生恐怕都能分清楚，但这个问题半个多世纪前在中国地质学界却争论得非常热闹。1953年王曰伦领导的五台调查队发表了《五台山五台纪地层新见》，认为五台系大部分为滹沱系花岗岩化变质部分，认为滹沱系底部为冰碛砾岩，其时代应属震旦纪。这一新见引起地质学界的注意与讨论。赵宗溥是五台调查队成员之一，他对这种认识保留有不同意见。

1955年中国地质学会29届年会讨论了震旦系和滹沱系问题，未能得出结论。1956年，赵宗溥在总结他1954年的论文《中国前寒武纪地层问题》的基础上，发表了《关于中国滹沱系与震旦系问题》一文，重申他对中国滹沱系和震旦系划分的认识。文章全面且有说服力地论证了滹沱系的地层意义及其在全中国的分布，认为滹沱系在中国前寒武纪地层中颇为固定，其上下界限极为清楚。他指出在中国各地，凡是不整合于寒武震旦纪地层下面，而以不整合沉积于五台系上面的前寒武纪地层都可称为滹沱系。赵宗溥在文中还指出，外国学者维理士（B. Willis）没有把五台系和滹沱系划分清楚，葛利普（A. W. Grabau）则引用了维理士的错误观察材料，把中国前寒武纪地层划分为泰山系、五台系和震旦系三个系统，实际上是没有足够的地层学依据的。同时生硬地把滹沱系拉来与震旦系对比，更是不符合地质的实际情况，致使中国前寒武纪地层划分扑朔迷离了30年，并且使中国许多地方的前寒武纪地层，五台系不能从“泰山系”，甚至不能从“震旦系”分出来，造成了中国前寒武纪地层上长时间的混乱。前寒武纪地层的对比与划分使有识者越看越糊涂。在这种情况下赵宗溥发表了这篇论文。

赵宗溥说，震旦系问题并非难以解决。不过由于震旦系和滹沱系在岩性、层序和变质上有时可能有部分的相似之处，自然不能只用“岩性相似”和“层序相同”这种主观、片面的观点来划分对比中国各地震旦系，而应该全面合理地用地壳运动、侵蚀旋回以及沉积特征等地质事实与现象作前寒武纪地层对比的标志。尤其是应该全面联系地考虑地层的分布与岩相变化，例如山西中部的霍山砂岩实与震旦纪硅质灰岩有相变关系，可以证明是震旦纪地层。同时证明霍山砂岩下面不整合的滹沱系硅质灰岩、板岩、石英岩自然不属于震旦纪沉积岩系。在研究前寒武纪时，如果不考虑相的演变，决不会得出正确结果。不同的地层可以有相似的岩性，但相似的岩性不一定是同一地层。赵宗溥认为要解决中国震旦系问题必须首先认识滹沱系的地层意义，不能把滹沱系与震旦系混淆。他呼吁地质界同行在实践中获得更多的新事实、新材料，用更多更全面的论据，解决这一关键性的中国前寒武纪地层问题。

半个多世纪过去了，今天看来，当年赵宗溥那种不迷信洋人、不畏权威、尊重事实、力排众议、追求真理、坚持到底的品德和精神真是难能可贵。实践证明他是对的。

3. 关于中朝准地台早前寒武地壳演化

70 年代末以来赵宗溥主要研究中朝准地台（包括整个华北、东北南部、渤海和朝鲜北部）早前寒武地质、早期地壳演化和变质岩石学。从冀东、冀西北、晋冀蒙交界地区和辽吉地区的研究，总结了中朝准地台早期地壳演化过程，提出了阶段克拉通化模式和中朝准地台太古宙大陆地壳垂直增生模式。他最大的贡献之一是在古老的前寒武纪变质岩中分出了表壳岩和深成岩，拨开了早前寒武纪研究的迷雾。此前中国地质学界对早前寒武纪岩石都作为地层处理，称“××群”，“××组”。他主持领导“中国东部早前寒武纪地壳演化”课题以后，首先由冀东开始，从过去统称曹庄群和迁西群的岩石入手，指导他的学生用地球化学的方法，特别是用稀土元素和微量元素恢复原岩，识别出大量的深成岩，统称灰片麻岩 TTG（奥长花岗岩 Trondhjemite、英云闪长岩 Tonalite 和花岗闪长岩 Granodiorite，取第一个字母简称 TTG），而原来的沉积岩和火山沉积岩只是深成岩中的包体。今天这种地层扩大化的现象已经不多见了，在这方面赵宗溥功不可没 。1993 年出版的《中朝准地台前寒武纪地壳演化》一书是他多年工作的全面总结，书中指出中国大陆缺乏早前寒武纪洋壳存在的证据，太古宙不存在刚性板块，板块理论显然不能用于早前寒武纪。地壳发展演化的总趋势是由活动转向稳定，并且成旋回式前进，包括变质作用和克拉通化作用。大陆地壳的生长应是地幔的分异、演化和组成逐渐变化的一种结果。地质问题犹如福尔摩斯探案，要从现象，从许多蛛丝马迹去推断事件的真相，从现在的地质现象中提取不完全的资料去推测、思考、判断已消失了的地质历史。赵宗溥正是从大量的野外地质资料和实验室分析数据，以及所能搜集到的前人工作的成果和文献中得出结论，做出了令人信服的前寒武纪地层单位的划分和对比表，其中包括了构造岩浆事件和地壳发展阶段。此表说明，构成中朝准地台基底岩系的太古宙和早元古代（古元古代）岩石地层单位发育齐全，分布普遍，并可在太古宙杂岩基底内识别出三次克拉通化的代表——三个古陆（怀安古陆、铁甲山古陆和山海关古陆）和早元古代地壳演化开始具有槽台发展阶段的活动带特征，最后发生磨拉石建造，标志了原地槽封闭并固结为中朝准地台。表内列出中朝准地台的形成过程至少包括四个构造旋回式发展阶段（曹庄旋回、迁西旋回、五台旋回和滹沱旋回）。

赵宗溥认为36亿年前中朝准地台就已经存在一定范围的硅铝质地壳，从铬云母石英岩中的夕线石以及锆石可得到论证。他把从35亿年到24亿年划分了几个阶段，或称构造岩浆旋回。每个阶段都有一定的具演化规律的构造岩浆事件。曹庄阶段，或曹庄旋回（3500～3200Ma）是中朝准地台基底大陆地壳形成期，首先是曹庄表壳岩（火山-沉积岩）沉积在早太古代硅铝质大陆壳上；然后发生区域变质作用和构造变形：褶皱，断裂，包括变质岩内各种类型的构造置换或改造；最后是黄柏峪灰片麻岩侵位，在冀北和山西就是葛胡窑灰片麻岩（钠质花岗岩类TTG）的侵位，这是第一次钠质克拉通化。曹庄群的沉积变质旋回构成冀东最古老的构造层。赵宗溥还以他渊博的学识建立了相应的构造运动名称：令支运动（令支是春秋古国名，西晋古都名，据赵宗溥考证在迁安的松汀附近）；后来是迁西阶段（3200～2800 Ma），作为结束该阶段的代表事件是铁甲山花岗岩和白山镇花岗岩（钠、钾）的侵位，完成第二次克拉通化。这两个阶段赵宗溥称之为原大陆地壳形成阶段。晚太古代末期五台阶段以山海关复杂混合花岗岩（钾质）侵位（2450～2400 Ma），山海关古陆形成而告终，至此中朝准地台的太古宙结束。最后在太古宙克拉通内部发生的早元古代活动带（滹沱群）标志着中朝准地台进入槽台系。中元古代长城群以不整合平缓地覆盖在下前寒武系的夷平面上，宣告了早元古代活动带的结束和准地台的形成。

赵宗溥还确定了中国第一个为国内同行所公认的太古宙变质绿岩带——清源绿岩带，并指导他的研究生以此为题做了颇受好评的硕士论文。

1996年，《中朝准地台前寒武纪地壳演化》获中国科学院自然科学奖二等奖。

4. 对造山运动的研究

“燕山运动”是中国东部地质史上一个重要的造山旋回，该词是翁文灏1926年创立的，原意是指侏罗纪终白垩纪前的造山运动。按通行的说法它发生在中生代晚期，而以侏罗纪白垩纪之间的褶皱幕最为显著。这一运动也称太平洋运动，在太平洋两岸非常发育。从20年代到50年代，中国地质学界对燕山运动无论在概念上还是意义上大家所指都不同，比较混乱。赵宗溥多次撰文发表自己的意见，阐述了燕山运动的分期、性质与识别标志。50 年代他写了《论燕山运动》、《北票地区的侏罗纪地层层序及燕山期火山活动、地壳运动及构造形态的几个问题》、《燕辽地区中生代地层及燕山运动时期的构造基本特征》，指出有的学者不是根据地质现象，而是盲目附和洋人，得出的结论不符合地质事实。他对燕山运动的期次划分提出了修改意见。1963 年他又发表了《中国东部的燕山运动》，指出视燕山运动为侏罗与白垩之间的褶皱运动名不符实。燕山旋回的褶皱幕各地区发育不均一，对中生代地层划分对比不够正确造成了对燕山运动期次划分和对比的困难。他详细阐述了燕山地区的构造特征，将燕山运动分成 6 个期，第一期发生在下侏罗和中侏罗之间，最后一期在第三纪的始新世。他认为，“燕山旋回应与始新世沉积同时结束”。

他多次撰文（1959，1960，1986）讨论印支运动，对印支运动的独立性提出质疑。他认为印支运动是东亚地区海西造山旋回的最后褶皱幕，不是独立的造山旋回。

赵宗溥还对板块构造的造山学说有不同认识。板块构造学说认为板块边缘才能形成造山带。两大陆板块相向运动，大洋逐渐俯冲消失，两大陆碰撞形成山系。并以喜马拉雅山和青藏高原作为印度和欧亚大陆碰撞的样板。他认为板块构造造山模式，俯冲和碰撞作用不能解释大陆地壳上发生的造山作用。他以喜马拉雅山和秦岭—大别造山带为例，剖析了陆内造山的成因机制。他认为喜马拉雅山作为碰撞造山的样板没有地质事实根据，青藏高原的蛇绿岩是陆内裂谷环境产生的初始洋壳而不是大陆缝合线。秦岭—大别造山带不是由广阔的大洋分开的两个板块的俯冲和碰撞造山带，至少从新元古代，秦岭—大别山地区就不存在洋壳和洋盆环境。晋宁、加里东、海西运动都属于陆内造山运动，燕山运动与板块构造碰撞作用更无关系。大别山地区的混杂岩是多期次大规模拆离构造的产物。北秦岭经历了多期次的强烈变形、变质和岩浆活动，使各岩群之间和岩群内部呈构造堆叠或拼合，未发现有造山运动指示意义的磨拉石沉积，表明未发生大陆碰撞。地槽回返也不是秦岭—大别山造山作用的成因机制。赵宗溥认为壳幔拆离构造导致陆内 A 型俯冲才是陆内造山的成因机制。正如赵宗溥所言，这并非他一人一时的创见，地质学界持此观点的大有人在，赵宗溥无疑是这些有识之士的代表，他的多篇文章无疑是这个大辩论中的最强音。

5. 矿物材料沸石和人工合成材料铸石的研究及应用

赵宗溥不仅在地质学的重要领域有丰硕的研究成果，而且在矿物材料的开发和应用，以及人工合成材料的研发和利用方面的贡献，在全国地质界也是颇为有名的。他是地质所铸石研究组的技术顾问，1967 年研究组成立，很快成为全国玄武岩铸石的科研中心和生产咨询中心。60年代末，在他的指导下研制成功了我国炉渣微晶新材料，研究成果获1978年全国科技大会奖。他还根据铸石研究中的资料和实验结果，作了引申，应用到月球玄武岩的研究上。他1975年曾以祝时照（铸石赵的谐音）的笔名发表了《从玄武岩铸石论月球玄武岩的冷却史》的论文。根据他提供的玄武岩的线索，地质所科研人员为河北万全县岩棉厂找到了优质原材料。

在沸石矿物学研究及其应用方面，赵宗溥也做出了卓越贡献。70年代初地质所刘秉光、韩成等人在浙江发现沸石后，赵宗溥积极支持帮助他们工作，后来亲自带队考察，为这个中国第一个沸石矿填了矿区地质图，并撰文介绍了世界上近20年来对天然沸石的开发利用和研究现状。阐述了世界上从1756年到1975年200多年间发现的30多种沸石，对沸石的矿物成因和矿床类型以及天然沸石的开发利用都作了介绍和评述，推动了我国天然沸石的矿物学研究和找矿工作。他先后研制成功沸石水泥、沸石钢渣水泥和石灰沸石水泥，为我国天然沸石的应用研究和建材工业的发展做出了突出贡献。“沸石在水泥中的应用研究”项目获中国科学院技术成果一等奖，国家科学技术进步奖三等奖。

6. 成岩作用和埋藏变质与近变质作用

赵宗溥经多年对成岩作用和变质作用的潜心研究，并查阅大量国内外有关文献，认为把沸石相列为最低级变质相是不对的，所谓埋藏变质是不存在的，由于过去缺乏对成岩作用的全面认识，才在变质岩石学界造成像“沸石相”、“浊沸石最低变质级”和“埋藏变质作用”等错误概念和使人困惑的局面。实际上浊沸石是在成岩作用中产生的，例如在加利福尼亚始新—中新世盆地深3100m处的浊沸石，其形成温度只有104℃，这比最低变质级的温度200℃低得多，且含浊沸石的岩石都是典型的沉积岩，并无所谓浊沸石变质相，埋藏变质作用也是不存在的。当年定埋藏变质作用时Cooms指的是新西兰的巨厚的火山碎屑岩区域性的部分或完全的再结晶作用，不包括早期成岩作用，也不发生贯穿性变形作用，只是自生矿物的组合，因为深埋故称埋藏变质作用。当他的学生问他：“赵先生您1978年讲变质作用分类时可是讲过埋藏变质作用，也讲过沸石变质相的，怎么现在又否定了？”赵宗溥回答：“我就不兴进步了？”这正说明赵宗溥追求真理、修正错误、治学严谨的科学态度和实事求是的高贵品格。

7. 其他方面

在中国地质学界赵宗溥的博学多才是众所周知的，他在地层学、古生物学、光性矿物学、地质学名词翻译和厘定等方面都颇有建树，在中医药学、汉语语言文字、考古乃至红学等多种学科也都有贡献。这里仅举几例。

1956年他首次在西藏那曲河地区发现了一件细石核（细石核是砾石经加工剥去石片和石叶后剩下的部分），考古学家对这一发现给予了很高的评价：这不仅是西藏境内首次发现的细石器，而且对认识西藏高原的石器时代文明，具有开创性的重大意义。它开了西藏史前文明科学研究的先河。随后，中国科学院青藏高原综合科学考察队在藏北那曲和藏西阿里等区域内，相继发现了5个旧石器地点和几十个细石器的采集点（侯石柱，1991，《西藏考古大纲》）。用作家马丽华的话说，考古学家侯石柱一米九的大个儿，入藏以来天天低着头到处找，几年来一无所获，考古学家“踏破铁鞋无觅处”，非考古学家却“得来全不费工夫”。因此侯石柱高度评价赵宗溥的这一发现。

如前所述，赵宗溥1948年就发表过考古的文章《青铜文化来源考疑》，1949年又发表了《青铜文化来源续考》，这两篇文章也为考古学家所称道，至今仍是考古学家相关研究的重要参考文献。

赵宗溥是全国自然科学名词审定委员会的委员。他对一些地质名词的译法反映出他对地质科学和中国语言文字的真知灼见。例如，Sillimanite原来译作矽线石，但后来“矽”字改成“硅”了，许多书上也就相应地改成了硅线石，矽卡岩改成硅卡岩，有的书上仍用“矽”不作修改。他对他的学生说，这两种作法都不对，应该改成夕线石和夕卡岩，因为本来这两个名词一个是音译，一个是音译意译兼顾，偏重音译的。“矽”字只有在医学上还用于矽肺病，其他的地方都必须改，矽灰石和矽藻土都得改成硅灰石和硅藻土。他1948年就曾发表过《对中国地层系统名词用法之商榷》（《地质论评》）。他还把太古宙绿岩带的Kmatiite非常恰当合理地译成镁绿岩，既反映了产状又反映了化学成分。

赵宗溥还曾在《红楼梦学刊》上发表过文章《曹雪芹的旗籍问题考释》、《“玻璃”解》，参与有关讨论。几十年来对曹雪芹究竟属于满洲旗籍还是汉军旗的问题，颇有争论，一直没有得出令人满意的结果。赵宗溥查阅了大量历史文献，并作了详细比对，找出了对曹雪芹旗籍误解的症结所在是由于许多清代官书就有误。实际上曹雪芹是满洲正白旗包衣人。包衣人就是奴隶，大部分是战俘（有女真人、朝鲜人、蒙古人，更多的是汉人）和罪犯子孙，当时分隶八旗，为旗主管家，供差役及随侍人员。内务府是由包衣制演化而来的。包衣即是奴籍，未经主人特许不能脱离。内务府可以有自己的官阶、财产和奴仆，曹家可谓例证。八旗旗籍从来就不是严格以民族划分，满洲旗籍早就有朝鲜、蒙古和汉人入旗。从曹雪芹祖上曹锡远到曹天佑六世都附载在《八旗满洲氏族通谱》内，应属于满洲旗籍。这个“氏族通谱”内并不包括汉军旗籍的氏族。曹雪芹先世的“内旗旗鼓”与“八旗汉军”在隶属、人事和待遇方面都有很明显的区别。包衣汉军皆系内务府世仆，向无出旗为民之例，与八旗汉军又自有别。这是包衣与汉军最根本的，即奴籍与兵籍的区别。因此把曹雪芹说成是汉军旗是不合历史事实的错误，他和汉军旗根本没有任何隶属关系。曹雪芹是满洲正白旗包衣的旗籍，应是无可争论的问题。

《“玻璃”解》则指出了新版《红楼梦》（1982）对第三回中贾政案上的“玻璃盆（新版为玻璃盒）”注释的错误以及《玻璃辨异》（1982）中对玻璃解释的错误。一个说是石英透明晶体，一个说是碧绿有光泽的矿物，两者都是不对的。他引经据典论述了玻璃传入中国的历史，以及名称的演化。并指出至少从明初中国已会制造玻璃，当然也认识玻璃，无论是石英还是水晶自古以来从未与玻璃混淆过。他认为老版红楼梦对贾政案上的玻璃盆原注“玻璃器皿”未必有误，不应取消，《玻璃辨异》不能令人信服。

其他，如语言文字及中医药学等方面的研究从略。

三、赵宗溥主要论著

赵宗溥. 1948. 对中国地层系统名词用法之商榷. 地质论评，13（1/2）：83-94.

赵宗溥. 1954. 中国前寒武纪地层问题. 地质学报，34（3）：169-196.

赵宗溥. 1956. 关于中国滹沱系与震旦系问题. 地质学报，36（1）：81-94.

赵宗溥. 1956. 中国东部新生代玄武岩类岩石化学的研究. 地质学报，36（3）：315-367.

赵宗溥. 1959. 论燕山运动. 地质论评，19（8）：339-346.

赵宗溥. 1959. 论印支旋回. 地质科学，（5）：134-136.

赵宗溥. 1960. 再论印支旋回. 地质科学，（1）：45-46.

赵宗溥. 1963. 中国东部的燕山运动. 地质科学，（3）：128-138.

赵宗溥. 1965. 火成岩定量矿物分类刍议（附岩石化学分类及岩浆类型的标准矿物图解）. 地质科学，（2）：113-132.

赵宗溥. 1965. 火成岩定量矿物分类刍议（续）（附岩石化学分类及岩浆类型的标准矿物图解）. 地质科学，（3）：221-234.

祝时照（赵宗溥笔名）. 1975. 从玄武岩铸石论月球玄武岩的冷却史. 地质科学，（2）：150-160.

赵宗溥. 1982. 震旦系质疑及有关上元古界地层问题. 地质科学，（1）：13-20.

赵宗溥. 1983. 沸石相质疑. 岩石学研究，（4）：127-138.

赵宗溥. 1984. 成岩作用、埋藏变质作用与近变质作用. 地质论评，（5）：501-509.

赵宗溥. 1984. 蛇绿岩与大陆缝合线. 地质科学，（4）：359-372.

赵宗溥. 1985. 热河群及热河动物化石群的地质年代. 地层学杂志，（2）：89-95.

赵宗溥. 1986. 印支运动五十周年回顾. 地质科学，（1）：7-15.

赵宗溥等. 1993. 中朝准地台前寒武纪地壳演化. 北京：科学出版社.

赵宗溥. 1994. 大陆碰撞构造剖析. 地质科学，(2)：120-129.

赵宗溥. 1995. 试论陆内型造山作用——以秦岭-大别山造山带为例. 地质科学，(1)：19-27.

赵宗溥. 1996. 再论陆内型造山作用. 地质科学，(4)：353-363.

主要参考文献

赵宗溥. 1956. 自传.（未刊）

赵宗溥. 1981. 曹雪芹旗籍考释. 红楼梦学刊，(4)：247-257.

侯石柱. 1991. 西藏考古大纲. 拉萨：西藏人民出版社.

叶大年，刘嘉麒，翟明国. 1997. 祝贺赵宗溥教授从事地质科学研究六十年. 地质科学，(2)：1-6.

中国科学院地质与地球物理研究所. 2003. 赵宗溥先生生平.（未刊）

撰写者

阎月华（1939～），山东泰安人，任职于中国科学院地质与地球物理研究所。从事岩石学、矿物学与变质作用研究。系赵宗溥的研究生。

池际尚

池际尚（1917～1994），湖北安陆人。岩石学家，地质学家，中国岩石学的主要奠基人之一，中国岩石学国家重点学科点的创建人。1980年当选为中国科学院学部委员（院士）。1941年毕业于西南联合大学地质地理气象学系，1949年获美国布伦茂大学博士学位。1950年回国，任清华大学地学系副教授，1952年院系调整后到北京地质学院任教授，先后担任专修科主任、系副主任，武汉地质学院地质系主任、副院长，中国地质大学（北京）教授。曾任中国矿物岩石地球化学学会副理事长，地质矿产部学位委员会副主任，国际地质对比计划（IGCP）执行局委员，国务院学位委员会地质、石油、矿业、煤炭学科评议组组长。她始终站在岩石学的学科前沿，在构造岩石学和花岗岩研究等方面取得了开拓性成果。她领导开展金伯利岩研究，提出我国金伯利岩的分类、命名原则和方案，总结了金伯利岩的岩石学特征，并在深部地质和地幔研究领域取得了突破性成果。她主编和撰写《岩浆岩石学》、《费德洛夫法》和《构造岩组学》等教材，创建了岩浆岩石学的教学体系。她主持完成的“中国东部新生代火山作用、深源包体及其成矿作用和矿源的关系”研究成果，1989年获地质矿产部科技成果一等奖；《华北地台金伯利岩及古生代岩石圈地幔特征》和《中国原生金刚石成矿地质条件研究》，1996年获地质矿产部科技成果二等奖。

一、学术经历

池际尚，1917年6月25日生于湖北省安陆县，1994年1月1日于北京逝世，享年77岁。

池际尚4岁时随父母到了北平。7岁时上了北京师范大学第二附属小学。由于勤奋好学，她各门功课成绩都名列前茅。1930年池际尚考入北师大附中。她酷爱英语，常到北京图书馆借托尔斯泰、屠格涅夫等作家的英文小说阅读。她爱好体育，是学校排球队主力队员。1936年高中毕业后，她以优异成绩考取清华大学物理系。1937年7月7日抗日战争全面爆发，她随清华大学师生转移到湖南。为响应进步学生会的号召，她报名参加了做抗日救亡工作的战地服务团，和熊向晖等被派到国民党第一军胡宗南的部队工作。1938年经郭见恩（清华大学女同学）介绍加入中国共产党。她救护伤员，在街头演过宣传抗日救亡的活报剧。后来，战地服务团从武汉转往陕西凤翔，她被分配到西北干部训练团做政治指导员。在一次事件中，她的身份暴露，于是被迫来到昆明上学。池际尚原在清华大学上物理系，到了西南联合大学后改学地质。到了三年级，因父亲失业，母亲和哥哥、姐姐先后去世，家里不能再寄给她生活费用。但她没有半途而废，在同学的接济、老师的帮助下，她更加用功学习。她完成的毕业论文，获得了中国地质学会设立的第一届“马以思女士纪念奖金”。1941年毕业后留校任教。

1946年，经地学系主任袁复礼教授推荐，她获得了美国宾夕法尼亚布伦茂大学研究生奖学金。新婚仅20多天，她就和丈夫李璞离别，只身赴美深造。1949年，她以出色的研究成果通过了博士论文答辩。授予学位那一天，当校长念到池际尚的名字时说道：“我们学校为有池际尚这样的优秀毕业生感到骄傲!”校长这么说是因为池际尚的博士论文讨论了当时国际地质界正在热烈争论的“花岗岩化”问题，她不仅阐明了它的成因机理，纠正了构造岩石学权威所提出的观点，还提出了变形-组构的统一模型。论文发表后，受到美国著名岩石学家特涅尔的好评，她也被推荐到伯克利加州大学地质系当了特涅尔的科研助理，不到一年时间就合作发表了几篇具有开拓性研究成果的论文。当新中国成立的消息传到美国之后，她立即给袁复礼教授写信，希望回国工作，很快就收到了“祖国很需要人”的回信。特涅尔教授十分赏识她的才华，以自己是新西兰人为例说“科学是没有国界的”，劝说她留居美国，还要同她签订7年合同，给她增加工资。但她想：外国条件再好总是当客人，祖国解放了，我要赶快回去为她服务。1950年8月，她踏上归国的旅途。

回国后，池际尚被聘任为清华大学地学系副教授。她和一同归国的涂光炽博士的到来，使地学系增加了生气和活力。她把在国外研究获得的最新成果引入教学内容，编写了内容丰富、新颖的费德洛夫法讲义，引进了岩组学分析方法。在岩石学教学中以相律、相图等新的岩石物理化学理论体系革新了教学内容，使青年教师和学生们既掌握了岩石学的基本知识，又了解了当时学科的动向。当时没有现成的教材，她便自编自刻蜡板油印教材。新颖的教学内容和教师精心育人的精神为学生们打下了很好的基础。当时听过她讲课的学生至今仍留有难忘的印象。

1952年院系调整，池际尚来到北京地质学院任教授，担任北京地质学院筹委会委员及办公室主任，负责组织和筹建工作，领导和培养了一大批国家急需的人才，同时担任地质矿产勘查专修科主任，在地质勘探的第一线发挥了重要作用。建国初期，为了改变我国贫油的面貌，学校急需设立与找寻石油有关的课程，池际尚毅然改变了专业方向，担任起石油教研室主任，在国内首先设立了一门新型的沉积岩岩石学课，还应西北找油的需要指导讲师何镜宇开设了含盐量分析等有实用价值的实验课。1954 年 12 月她任可燃性矿产地质及勘探系副主任，协助系主任王鸿祯教授培养了大批石油及煤田地质勘探人才。1957 年 9 月她任地质测量及找矿系副主任，协助系主任杨遵仪教授主持教学科研工作，特别是在培养师资方面倾注了大量心血。多年来，她先后讲授过沉积岩岩石学、变质岩岩石学、晶体光学及造岩矿物、岩浆岩岩石学、构造岩组学、费德洛夫法等课程，编写过《岩石学》、《沉积岩岩石学》等多种教材。1959 年她参考国外的先进理论和方法，结合我国大量实际资料，主编了我国第一本《岩浆岩岩石学》高等学校统编教材（内部发行），后于 1962 年又编著了《费德洛夫法简明教程》。

1956 年和 1957 年，她参加中苏联合组成的祁连山综合地质考察队，先后两次横跨祁连山，进行地质构造及矿产调查。祁连山地区工作条件十分艰苦，早晨 9 时出发，要到晚上 10 时才能回到帐篷。她放手让研究生独立工作，让刘宝珺兼做地形和地质测量。在她的亲自参与和精心指导下，刘宝珺独立完成了一幅地形-构造岩相图。他们还对一个闪长岩侵入体的构造作了详细的测量和研究，汇编成闪长岩流动构造立体图，被高校用作岩石学教材多年。1958 年，北京地质学院 200 多名师生参加了山东中、西部 1∶20 万区域地质测量和普查找矿工作，池际尚任大队长兼总技术负责人。该队在 4 年之内提交的 14 幅地质图（面积 89 600km^2）及图幅报告，均正式出版，为山东沂沭断裂以西的找矿勘探工作打下了基础。特别是该队在我国东部首次认识到沂沭大断裂带的存在，对指导找矿和构造理论方面都有重要的意义。

20 世纪 60 年代初，她领导专题科研组，对京郊八达岭一带的燕山花岗岩进行研究，1962 年发表了论文《燕山西段南口花岗岩（主要涉及岩浆分异作用、同化作用和成矿专属性)》，首次深入、详细地研究和划分了一个大型岩浆杂岩体的不同期次；探讨了南口花岗岩的地球化学特征和成矿专属性，并首次深入探讨了该区花岗岩类的分异作用和同化混染作用成因。这篇论文在研究思路、研究方法和理论方面，都为当时国内岩石学界树立了一个范例，在国际上也处于先进水平。

我国经济建设急需金刚石资源，1965 年地质部组织地质科学院、北京地质学院、山东 809 队组成山东 613 科研队，由池际尚任技术负责人。通过一年多的艰苦努力，完成了我国第一批山东含矿金伯利岩的研究成果，1978 年在全国科学大会上获集体奖。

20 世纪 60 年代末，她在河北宽城地区首次发现了我国华北偏碱性超镁铁岩中的岩浆岩型磷灰石矿床。这一发现，为在北方寻找同类型矿床，为扭转我国南磷北调的局面开辟了新的前景。“文化大革命”中她身陷逆境，仍然到河北、江西、辽宁、河南和湖北等省的地质队举办培训班，帮助建立实验室，在极困难的条件下继续为找寻金刚石资源做出了贡献。

1975年武汉地质学院成立，池际尚先后担任地质系副主任、主任和武汉地质学院副院长。她主持了与湖北省地矿局合办的“七二一大学”，组织教师自编教材，认真授课，为地质队培养了100多名地质及地球化学专业的大专生。后来学校在迁校过程中办学，她全面主持工作，在人员不稳定、设备和教材十分缺乏的条件下，引导全院的教学工作逐步走上正轨，重新培养了一批批大学毕业生。党的十一届三中全会之后，科学的春天来到了，她主持申请世界银行贷款，筹建了具有现代化设备和高水平的测试中心。她为建设师资队伍费尽心血，主持选派一批批教师出国进修。同时她还一直担任岩组学的教学任务，编著出版了《构造岩组学》和《费德洛夫法》等教材和专著。几十年来，池际尚从事的研究课题包含了岩石学的各个领域和地质学的许多学科，她的野外工作足迹踏遍了包括西藏在内的20多个省区。她对发展中外科学家的友谊和合作，也做了大量积极、卓有成效的工作。她是联合国教科文组织和国际地科联所属的国际地质对比计划（IGCP）执行局委员（1979～1982），曾赴华盛顿、巴黎参加国际会议。她多次接待访华的外国学者，与美国、苏联、澳大利亚的著名岩石学家 P. J. Wyllie 教授、L. S. E. Carmichael 教授、西尼村教授、D. H. Green 教授、В. И. 列别金斯基教授等都有友好往来和学术交往。

二、主要学术成就与学术思想

（一）学术成就

1950年池际尚归国后，始终站在教学科研第一线。她的研究选题，一直处于当时的学科前沿，与地质科学的整体发展步伐相吻合，并总是急国家之所急，与矿产资源紧密结合，取得了突出成就。

1. 在构造岩石学、变质岩石学与流变学方面的成就及贡献

池际尚在这一领域的贡献集中体现在她在美国发表的4篇论文和1977年发表的《构造岩岩组分析入门》一文中。构造岩石学（Structural Petrology）是构造地质学（Structural Geology）与岩石学（Petrology）之间的一门交叉边缘学科，岩组分析（Petrofabric Analysis）可看作构造岩石学的同义语。20世纪30～40年代，这一领域的学术代表在西方主要是 B. Sander 和 E. Cloos，在苏联有 A. A. Полканов 和

E. A. Елисеев。池际尚发表的《Wissahickon 片岩与花岗岩化作用的构造岩石学》一文的最主要贡献有：①改正了 E. Cloos 等人对 S_2 定义为流劈理或轴面劈理的传统观点，论证了 S_2 是沿着拖曳褶曲的皱纹细褶（crenulation）的一翼滑动和重结晶的结果；②提供了一个范例，通过岩组分析，把变质作用、花岗岩化作用与区域构造形成演化史有机地结合起来；③基于质量平衡原理对片岩的花岗岩化作用建立了两个精细的化学反应式；④详细地划分了变形结构面 S_1、S_2、S_3、S_4 及其形成演化史，绘制了一张表现组构要素的构造图。这一论文是池际尚博士论文的核心部分，它不仅是那个时代的开创性研究成果，而且从现代构造地质学来看，亦具有很高水平。构造岩石学的研究虽然在 20 世纪 50 年代已达到相当高的水平，但遗憾的是，它仅限于岩石学家来研究，构造地质学家还未给予足够的重视，其主要精力还仅用于研究宏观的变形构造。直至 20 世纪 70 年代构造地质学家才重视变形结构面 S_1、S_2、S_3、S_4 等的识别及其形成演化史的研究，称为构造序列分析，它已成为现代构造分析方法中的一个重要部分。像池际尚这样的表现组构要素的构造图在现代构造地质学研究成果中亦是不多见的，至今这种构造填图仍有重要的示范作用。

另外 3 篇关于大理岩变形实验的论文，是她博士后期间研究成果的一部分。岩石变形实验完全是一项开拓性的前沿研究。现代地球科学研究的前沿之一是岩石圈研究，它已从主要针对地表的研究走向深部的研究，岩石的流变学（Rheology）已成为研究岩石圈的一个重要方向，岩石变形实验已成为当前研究岩石圈流变学的最重要支柱之一。池际尚根据上述思想于 1977 年发表了《构造岩岩组分析入门》论文，专门培养了这一方向的硕士生、博士生、博士后，专门编写了详细的讲义，并亲自给研究生和教师、研究人员讲课，为我国构造岩石学与流变学的发展做出了贡献。

2. 在新中国成立初期创建岩石学教学与研究体系的贡献

1950 年起池际尚在清华大学讲授费德洛夫法和岩石学，在岩石学课中介绍了许多成因岩石学的新资料，如岩浆物化体系与结构解释、花岗岩化作用等。1952 年在北京地质学院亲自讲授岩石学，并自编讲义。

1961 年青岛地质教育工作会议之后，她亲自抓构造地质、岩矿和古生物地层 3 个理科教学计划的修订，成为地质系本科教育的蓝本。

池际尚领导教师创建岩石学教学与研究系统，她总是走在第一线，在完成一件工作后就去创建另一项工作，把机会留给年轻人。例如，她对晶体光学与岩浆岩岩石学均进行过示范教学，至今我国这方面的教材仍沿用池际尚当时的授课框架；她是周口店地质教学实习第一任队长，至今周口店一直是中国地质大学（北京）一个重要的实习基地，侵入岩体的工作方法、岩浆分异与同化作用的野外识别、接触变质分带研究等都是她在这里教授给年轻教员的。费德洛夫旋转台在当时是十分先进的测试仪器，它对于提高矿物鉴定的精确度、了解固溶体矿物系列化学成分、矿物成分和光性特征之间的关系，有极大的实用意义和理论意义。可是当时许多教员都不会操作。池际尚就亲自写讲义、授课并带实习课，为教师进行培训。这一新技术在后来的科学研究和岩组分析工作中一直起着重要的作用。

池际尚主编的《岩浆岩岩石学》(1959) 教材，前言与第一章绪论对了解新中国成立初期岩石学工作具有重要意义，其中有关岩石学发展史部分特别值得反复研读。她谈了 3 个问题：①历史上，偏光显微镜的出现是岩石学发展史中一个大转折点，具有重大意义，但是几十年内，相当多的岩石学家过于偏爱显微镜，以致出现了脱离地质的纯显微镜描述的倾向，把岩石学引向了歧路，其中以 H. 罗森布施为代表，后来得到了“碎片岩石学家”的讽刺称号。池际尚特别写出这一点，在当时是要告诫年轻的地质工作者，不要只有岩石概念，而忽视岩体的概念，不去从地质体观点出发研究岩浆岩体和构成岩体的岩石，这一告诫至今仍具有现实意义。如今相当一部分年轻地质工作者已出现了类似“碎片岩石学”的只注重室内工作、忽视野外工作的偏向，这正是许多老年地质工作者所担忧的。②强调岩石学工作要结合中国实际，为寻找矿产资源做出贡献。这对我们今天的岩石学工作者仍是十分重要的。③池际尚指出了今后岩浆岩岩石学发展的几个方向，即地质研究方向、化学研究方向、矿物研究方向、物理化学和实验方向，以及工艺岩石学方向，并指出前 3 个方向仍处在积累资料阶段，尚需向区域岩石学方向发展，以进行更高阶段的理论综合。我国物理化学和实验方向的工作尚待开展，这一工作必须提到日程上来。池际尚对岩石学发展的展望，显示出她高瞻远瞩的学术思想，以及她对岩石学前沿的深刻见解。池际尚的一生正是按照她所主张的“重视地质体”、“重视矿产资源”、“重视前沿研究”，言传身教地领导着大家从事岩石学的教学与研究工作，并由此创建了岩石学国家重点学科点。

3. 在花岗岩研究方面的成就及贡献

20 世纪 60 年代初池际尚领导专题科研队，开展对京郊八达岭一带燕山期花岗岩的研究。池际尚带领大家在野外从如何识别和圈出单个侵入体开始，进行岩浆侵入期次的划分。明确提出“旋回、阶、期、次、岩体”五级划分的方案，进而建立了侵入岩标准序列。证明了“岩基”不是一个均一的地质体，而是一个由按一定规律依次侵入形成的“杂岩体”。在地质图上应从一片红色改变为多种颜色的小区镶嵌在一起的具有时代、构造含义的构图。1962年在中国地质学会第32届年会上，池际尚宣读了《燕山西段南口花岗岩（主要涉及岩浆分异作用、同化作用和成矿专属性）》论文，提出了两个重要的概念，即同源岩浆系列与深部和就地岩浆的分异、同化作用，从理论高度解释了本区侵入岩多样性的原因，并讨论了花岗岩的成矿专属性。论文得到高度评价，并受地质学会推荐，代表中国参加苏联全苏岩石学会议，受到苏联地质界的高度评价。这一开创性的研究，不仅为当时国内花岗岩地区的填图与研究工作树立了范例，而且其学术思想在当时亦具国际领先水平。

4. 在金伯利岩、钾镁煌斑岩与金刚石研究方面的成就及贡献

我国于1962年开始寻找原生金刚石矿，1965年我国地质工作者继贵州之后又在山东蒙阴找到了原生金刚石矿。为了指导全国金刚石找矿工作，当时地质部宋应副部长亲自委任池际尚去山东蒙阴组织并主持613科研队，开展多学科交叉研究，总结找矿标志与规律，同时举办培训班指导二十几个省（区）寻找金刚石。池际尚提出了“对比思想”，专门成立研究组进行国内外金伯利岩与金刚石对比工作；总结了金刚石伴生矿物的组合和特征，作为最重要的找矿标志；总结了控制金伯利岩与金刚石分布的地质构造特征；提出了我国金伯利岩的分类命名、填图单位及岩石特征（该分类命名方案一直沿用至今），同时还提出了识别金伯利岩含金刚石性的T·A公式（T·A＝TiO_2＋Al_2O_3＋K_2O＋Na_2O＋P_2O_5。当T·A＝4～6.5时为富矿；T·A＝ 6.5～9.5时为较富的贫矿；T·A＞9.5时基本无矿）。指出含矿金伯利岩的产状，除岩筒外，呈脉状产出的也可能含有高品位的金刚石，拓宽了找金刚石的远景范围。

20世纪70年代中期，国家开展第二轮金刚石找矿工作，基于高温高压实验新成果与岩石物理化学的基本原理，池际尚又从金伯利岩岩浆不同的温压上升机制对保存金刚石与金刚石石墨化的制约，提出研究深部岩石圈的新思路以指导找矿。这是当今地球科学的前沿之一，亦是金刚石及其母岩成因的关键科学问题。池际尚学术思想的先进性以及对前沿研究的敏感性又一次放射出光芒。她提出的地幔及其与寻找金刚石的关系，在当时我国广大地质工作者中还鲜为人知。她在全国许多省区进行金伯利岩与金刚石找矿工作的现场进行考察指导，并利用多种会议讲述和宣传她的思想，为第二轮寻找金刚石的工作提供了理论指导。

20世纪80年代中期，在澳大利亚发现了第二类含金刚石的母岩——钾镁煌斑岩。尽管此时她已近70高龄，但仍努力探索，在全国有关生产、科研、教学单位讲

解这种新的金刚石母岩，结合中国实际指导寻找钾镁煌斑岩的工作。20 世纪 80 年代后期先后在我国的湖北、山西、湖南发现了钾镁煌斑岩，为寻找金刚石开辟了新远景。她直接领导下的科研集体完成了一系列重要成果，这些成果对新一轮全国寻找金刚石工作具有指导意义。其中，关于华北和全国金刚石的专著《华北地台金伯利岩及古生代岩石圈地幔特征》和《中国原生金刚石成矿地质条件研究》分别于 1996 年正式出版，并获地质矿产部科技成果二等奖。

5. 关于岩浆岩型磷矿的研究

池际尚心中一直惦念着我国北方缺乏磷矿资源的问题。1958 年在她领导山东 1∶20万区域地质测量工作时，为了查明山东磷矿的分布情况，她专门请来化学专家指导师生如何配制和使用钼酸铵化学试剂以确定岩石中磷的含量，并要求每条路线地质测量时必须进行岩石含磷量的测定，从而查明了区域含磷分布特征。“文化大革命”后期处在逆境中的她随教改小分队去河北宽城劳动时，发现辉石岩中含有可达工业品位、且容易分选的磷灰石。由于磷灰石结晶粗大，地质队曾误认为是斜长石。她发现这一情况后，非常喜悦。随后她向地质部建议开展北方岩浆岩型磷矿的找矿工作，以解北方缺磷之急。池际尚的这个建议具有深远的战略意义。地质部领导听取了她的建议，经过多年来的努力，已在北方岩浆岩型磷矿找矿方面取得了较大进展，已有一批中小型磷矿投入开采，对缓解北方缺磷起了良好作用。80 年代池际尚曾领导一个关于北方岩浆岩型磷矿的国家自然科学基金项目，带领一批研究生进行工作，完成了一批高水平的博士、硕士学位论文。临终前她已开始组织班子编写专著，系统总结北方岩浆岩型磷矿。可惜的是，她的这些研究生先后出国，或调离学校，在她病故后中断了该项工作。

6. 关于火成岩构造组合与壳幔深部过程的研究

70 年代后期，板块构造理论日趋成熟，在地学领域产生了许多新思路和新学科生长点。国际地学界在完成了上地幔研究计划与地球动力学计划之后，80 年代又转入探讨大陆岩石圈。我国在这方面落后了约 20 年。面对这种严峻形势，池际尚组织和领导科研集体，在结合国家经济建设需要的同时，瞄准上述学科领域的前沿，先后开展了许多大型课题研究，她主持完成的“中国东部新生代火山作用、深源包体及其成矿作用和矿源的关系”研究成果，获得 1989 年地质矿产部科技成果一等奖。她要求大家的研究成果和测试数据要经得起检查，要求必须深入学科前沿去探索，要求每一项科研成果或论文有新的认识。她以宽阔的胸怀，鼓励和支持她的助手和学生超越自己擅长的学科方向去开拓新领域，为他们创造脱颖而出的条件。池际尚一生坚持前沿研究与找矿事业结合，招收的研究生的专业方向一直是“岩浆岩与成矿”。《池际尚论文选集》中收入的《岩浆作用与岩浆岩概念》一文，是池际尚当时对我国在岩浆岩研究方面的最新总结与展望。

（二）精心育人　为人师表

池际尚在教学科研工作中重视理论联系实际，这是她教育思想的核心。早在20世纪40年代留美期间，她已经接触了不少有关花岗岩化的问题和新理论，回国后即应用于教学科研中。1958年在山东领导进行区域地质测量及找矿时，她没有引导师生去讨论花岗岩化的学说，而是引导大家去观察古老岩系中的诸多现象，由他们自己得出花岗岩化的结论，摸索和总结出自己的研究方法。池际尚主张将学校自组生产队的岩石鉴定工作安排在岩石实验课中，改变了过去只让学生看现成教学薄片而脱离实际的教学方法，大大提高了师生的实际工作能力。她还主张岩石实验课不必面面俱到，着重培养观察能力、鉴定方法。科学研究要为生产建设服务是池际尚的重要学术思想。因此她不仅在岩石学理论方面有很深的造诣，而且在区域地质调查、找寻国家急需的含矿金伯利岩、磷灰石矿床等方面做出了重要贡献。求实与创新相结合是池际尚的治学态度，但是，她一贯坚持任何新观点、新结论都必须有可靠的证据，因此在野外工作中十分重视收集第一手资料，在研究工作中总是不轻易做出结论，提倡多看，多积累事实。她常对大家说，研究生、科研助手只完成了导师布置的任务，那仅仅达到二流水平，要在质量和数量上超额，要有新的发现，要有所创造，那才算第一流水平。

她对学生的工作要求十分严格。她检查学生的野外工作时，对每个重要的观测点都要亲自核实，重要的接触界线要重新追索，有些地方山高且陡并需多次翻越，她都从不放弃，直到证据确凿为止。她重视科研工作中的实践性环节及实验室工作，她要求年轻教师和学生认真对待每一个测试检验。20世纪60年代岩石学研究中测试矿物固溶体成分的方法主要依靠费氏台和油浸法。费氏台测定矿物光性方位的难度大，也很麻烦，为了提高质量，她花费很多时间教会学生如何准确地摆正消光位，但对误差三角形的要求一点也不降低。她说，不要嫌麻烦，也不要怕费时间，数据准确心里才踏实，才能保证成果的科学性，即使观点不同或有改变，但提供出可靠的实践资料也是对学科的贡献。70年代末实验室条件有所改善，她要求研究生在条件允许的情况下，亲自动手进行样品测试（包括主要元素和微量元素分析、X光分析等），逐步改变由实验室分析出结果的现状。她亲自与高能物理研究所联系，让研究生自己作稀土元素的中子活化分析。在她的倡导下，岩石教研室的研究生在动手能力方面有了很大的提高。她的研究生到国外攻读博士学位，在进行各种测试时能很快地独立工作，与这段时期打下的基础有很大的关系。

60年代初我国刚刚建立第一个同位素地质年代学实验室，1962年池际尚打算和他们进行岩石学与同位素地质学跨学科的合作研究，以检验对八达岭—南口花岗岩在野外确定的侵入顺序和期次划分是否正确。南口花岗岩的5次侵入均为燕山期，进行年龄间隔如此小的同位素年代学研究在当时不仅在国内无人进行，在国外也属先进思路。在赤日炎炎的夏日，她与科研助手完成了前4期花岗岩的取样，这几期的取样点距公路较近，困难不大。难度最大的是第5期白查钠闪石碱性花岗岩，因花岗岩含云母少，所需要的样品量大，岩体离公路远，山也较高，只有小路相通。当时建议找一位年轻人和她的助手一同去，但她不同意，她说，这是第一次进行这类的研究，取样是关键，这一步做不好，可能会导致全盘失败。实际上岩体在小路边就有出露，但为了找到更新鲜的标本，她们穿越了整个岩体，最后选定在岩体中心最高处取样。她们两人分别背了满满的一大背包和一小背包标本，一大早离开白查村步行前往居庸关火车站。经过单矿物分离挑选，年龄测定的结果令人十分满意，这5期侵入的K-Ar同位素年龄依次排列，与野外观察完全吻合。文章在苏联全苏岩石学会议上发表后引起国际同行的关注与兴趣，也为我国侵入杂岩体的研究开辟了新思路。

她要求在工作上不能有半点马虎和虚假，但又真诚地关心着他人。谁家有困难，她便主动借钱给这些同志，也从不要求他们偿还，而自己的生活却很俭朴，一套出国穿的西服用了10多年。对一些1957年被错划为右派的教师，她尽力顶住各方面的压力，坚持让他们留校上课，从而挽救了他们的科学生命，这在当时是很不容易的。她对周围的同志都一律平等对待，包括在“文化大革命”期间对她作出过激行为的人，她也不计前嫌，热情地为他们解决困难。她对学生更是无微不至地关心，80年代她和一位女研究生一同出野外，研究生去大队收集资料，到了晚上还未返回，她不放心，怕遇到坏人，就在路上等，研究生回来时见到年逾花甲的老师在等着她，感动得热泪盈眶。

她十分注意对年轻人在品德方面的要求，对于一些只考虑自己、对工作不负责任的行为，她都进行严肃的批评。她希望科研集体团结一致，同舟共济，为学科的发展开拓创新，勇攀高峰。在她的领导下，岩石教研室的教师们遵循这一原则努力工作、积极进取，为祖国的科学事业培养了大批德才兼备的优秀人才。

她很有远见地看到助手们的潜在能力，提前为他们创造脱颖而出的条件。她让年轻教师独立主持科研课题，推荐他们到重要的学术会议上报告由她主持的集体研究成果，推荐他们的论文在知名度较高的学术刊物上发表，在对外学术交往中将优秀的骨干教师介绍给国际上有影响的学者。尤其可贵的是，她能以宽阔的胸怀，鼓励和支持助手超越自己擅长的学科范畴，开拓新的领域。她不拘一格培育人才，对思想活跃、钻研精神强的年轻人，具体帮助他们提高业务和克服困难，使他们迅速成长。她认为："老一辈地质学家的力量是有限的，要把主要精力放在发现和培养人才上，要使每个层次都后继有人。"培养人才，身教重于言教。池际尚一贯重视野外地质调查，1986年她已到了古稀之年，还坚持到野外检查研究生的工作，她仔细核对学生的每个测试数据，一丝不苟，严格把关。她对研究生说："我们的测试数据要经得起任何人的检查，我们的研究成果，至少要经得起20年的考验。"她全心全意献身于地质教育事业的精神影响着几代人。他们不但在品德和作风上受到她的影响，而且在生活上得到过她的具体帮助。因此，她的许多学生不仅业务水平较高，而且有很好的学术道德和作风。

池际尚在教学科研中重视出成果，更重视出人才，通过言传身教，使她的学生和助手受益匪浅。50年代初作为她的研究生和助手的刘宝珺，1991年当选为中国科学院学部委员（院士）后，给母校来稿说道："池老师对我的教育关心是全面的，她是我的楷模，对于我的成长有深刻的影响。我从她那里学到了如何做一个合格的地质学家，如何对待自己的工作，为祖国做出更大的贡献。"现在，池际尚曾工作过的岩石教研室已经培养出了3个层次的接班人队伍，他们不仅继承和发扬了她开创的业务方向，还继承了她治学严谨、勇于探索、重视实践、不图虚名的优秀品格和学风。

1980年池际尚当选为中国科学院学部委员（院士），同年被聘任为国务院学位委员会和国家自然科学基金委员会的学科评议组成员，担任地质矿产部学位委员会副主任。她曾被选为北京市第三届人民代表和湖北省第五届人民代表，出席了第五次全国妇女代表大会。她是中国民主同盟中央常务委员，第六届全国政协委员，第七届全国政协常务委员。曾获得全国三八红旗手、地质矿产部劳动模范和优秀共产党员等称号。

1991年3月初，池际尚教授因患肺癌住进了医院。全国各地她培养过的学生们闻讯后心情十分沉重，有的从外地赶来要集资为她拍摄电视片，记录她无私奉献的一生；有的要拿出钱来为老师买好药、买补品，衷心希望她早日恢复健康；学校里与她共事多年的几代学生自发组织起来，每天为她做点可口的饭菜，送到病床前一口一口地喂她，连续数月，从不间断。她几十年如一日，只知道关心别人，不知道关心自己；只知道为学校、为国家多做工作，无暇顾及家庭和孩子。1994 年 1 月 1 日早晨 8 时 55 分，池际尚教授终因医治无效，走完了她光辉的人生旅程。1994 年 3 月 4 日，中共中央统战部、中国科协、全国妇联和地质矿产部联合召开了由首都各界人士一千多人参加的池际尚院士事迹报告会。1994 年 3 月 31 日，中央统战部、中国科协、全国妇联和地质矿产部共同发出通知，号召全国科技界、教育界、妇女界、地矿界和各行各业的知识分子开展向池际尚学习的活动。学习她一贯热爱祖国、矢志报国的爱国主义精神，鞠躬尽瘁、全心全意为人民服务的优良品质，热爱科学、顽强拼搏、勇攀地质科学高峰的献身精神，严谨求实、精心育人的治学思想，淡泊名利、助人为乐、甘为人梯的高尚情操。

三、池际尚主要论著

Chih C S. 1950. Structural petrology of the Wissahickon schist near Philadelphia，Pennsylvania，with special reference to granitization. Geol Soc Am Bull，61：923-956.

Turner F J，Chih C S. 1950. Note on survival of fabric characters in Yule marble after heating to 700℃. Am J Sci，248 (5)：347-354.

Turner F J，Griggs D T，Chih C S. 1950. Fabric of Yule marble deformed experimentally at ordinary temperatures in absence of water. Geol Soc Am Bull，61：1512.

Turner F J，Chih C S. 1951. Deformation of Yule marble，Part III. Geol Soc Am Bull，62 (8)：887-905.

池际尚. 1962. 费德洛夫法简明教程. 北京：中国工业出版社.

池际尚，苏良赫主编. 1962. 岩浆岩岩石学. 北京：中国工业出版社.

池际尚，李兆乃，李文祥等. 1962. 燕山西段南口花岗岩（主要涉及岩浆分异作用、同化作用和成矿专属性）//中国地质学会第二十二届学术年会论文选集（矿物、岩石、地球化学）. 北京：中国科学技术情报研究所：200-213.

池际尚. 1973. 金伯利岩//江西省地质局中心实验室编. 江西省地质局岩矿重砂会议资料选辑.

池际尚. 1973. 池际尚同志在我省谈“金伯利岩地质特征”以及对湖北今后工作的建议. 湖北省地质科技情报，第 3 期.

池际尚. 1977. 构造岩岩组分析入门//地质科学研究院地质力学研究所编. 岩组分析方法文集. 北京：地质出版社：11-28.

池际尚，吴国忠. 1983. 费德洛夫法. 北京：地质出版社.

池际尚. 1987. 岩浆作用及岩浆岩概述//张炳熹主编. 当代地质科学技术动向. 北京：地质出版社：77-81.

池际尚主编. 1988. 中国东部新生代玄武岩及上地幔研究（附金伯利岩）. 武汉：中国地质大学出版社.

池际尚，路凤香主编. 1996. 华北地台金伯利岩及古生代岩石圈地幔特征. 北京：科学出版社.

池际尚，路凤香等. 1996. 中国原生金刚石成矿地质条件研究. 武汉：中国地质大学出版社.

池际尚. 1997. 关于岩浆岩型磷灰石矿床的几个问题//池际尚论文选集. 北京：地质出版社：159-177.

池际尚. 1997. 一九八四年池际尚教授在洛阳金刚石工作会议上的即席讲话//池际尚论文选集. 北京：地质出

版社：178-181.

池际尚. 1997. 池际尚教授在河北省石家庄全国金刚石地质、地球物理找矿工作会议上的学术报告（1986.9.）//池际尚论文选集. 北京：地质出版社：182-189.

池际尚著，中国地质大学岩石教研室编. 1997. 池际尚论文选集. 北京：地质出版社.

主要参考文献

张以诚. 1983. 毕竟不同于魏克福——地质学家池际尚//金涛，刘国雄. 女学部委员访问记. 北京：海洋出版社：181-198.

赵崇贺，杨光荣. 1992. 池际尚//《科学家传记大辞典》编辑组编，卢嘉锡主编. 中国现代科学家传记（第三集）. 北京：科学出版社：347-353.

李敬. 1994-03-26. 中华大地的女儿. 团结报，第1494号.

赵崇贺，杨光荣. 2001. 精心育人 锐意开拓——岩石学家池际尚院士传略//中国地质大学校史编撰委员会编，赵克让主编. 地苑赤子——中国地质大学院士传略. 武汉：中国地质大学出版社：64-72.

杨光荣，赵崇贺. 2004. 池际尚//中国科学技术协会编. 中国科学技术专家传略·理学编·地学卷3. 北京：中国科学技术出版社：365-382.

撰写者

杨光荣（1935～），云南大理人，中国地质大学（北京）教授，地质学史研究室原主任，中国地质学会地质学史专业委员会副主任。主要从事地质学史研究。

赵崇贺（1934～），广东新会人，中国地质大学（北京）教授，原岩石研究室主任，中国地质学会岩石专业委员会委员。

董申保

董申保（1917～2010），江苏常州人。地质学家，岩石学家。1980年当选为中国科学院学部委员（院士）。1940年毕业于西南联合大学地质地理气象学系。曾任长春地质学院院长、北京大学地球与空间科学学院教授。他在变质岩石学和岩浆岩石学方面做出了重要贡献。20世纪50年代末到60年代初，提出了变质建造和混合岩化成矿的理论，对开展我国变质岩区地质调查和找矿工作具有重要的指导意义。80年代，组织和领导中国变质地质图编制工作，出版了《中国变质地质图（1∶400万）》及说明书和《中国变质作用及其与地壳演化的关系》等专著。论著中对中国的变质作用类型、变质相及变质相系、变质旋回及变质地质单元等进行了合理划分，并以此为基础论述了中国大陆形成与演化的历史，成果获1989年国家自然科学奖二等奖、1994年第一届国家图书奖提名奖。80年代从事蓝闪石片岩等高压变质岩的研究，提出的扬子北缘元古宇陆内板块俯冲得到国内外广泛关注，他主持完成的科学专著 *The Proterozoic Glaucophane-Schist Belt and Some Eclogites of North Yangtze Craton, Central China* 获1998年度教育部科技进步一等奖。90年代系统总结了世界范围的花岗岩研究现状与成果，提出“花岗岩拓扑学”理论，强调花岗岩系列是地壳和地幔相互作用中，以地壳深熔为主的多种地质作用相互反应的产物，提出利用花岗岩系列的侵位状态、结构构造特征、矿物组合及地球化学特征来建立其在自然热力学中的动态轨迹，并与区域大地构造环境的某一阶段建立联系。1995年荣获李四光地质科学奖。

一、个人经历与学术成就

董申保，祖籍江苏常州。1917年9月17日生于北平，2010年2月19日于北京逝世，享年93岁。

1. 西山红叶落京都，书香门第有奇葩

1917年9月17日这一天，正是秋高气爽、红叶待赏之时，董申保诞生于北平

的一个书香门第之家。父亲董康曾是与蔡元培同科的前清进士，法律学家，北洋时期曾担任过司法部长和财政总长，并担任过东吴大学法学院教授及北京大学教授。优裕的家境使得少年时代的董申保得以“弃八股而投西学”，接受当时最先进的西式教育，学习西方先进的科学知识与科学理念；而父辈深厚的国学底蕴，又使得少年时代的董申保深受传统儒家思想的熏陶，了解当时中国民不聊生与国家社稷亟待维新的国情。优越的家族环境与动荡的时代特性，让他兼具贵族世家的责任感和对劳苦大众的同情心。

少年时代的董申保曾就读上海东吴第二中学和浦东中学。当时的上海浦东中学享有“北南开，南浦东”的美誉，是一所曾培养出20余位院士的著名私立中学，曾有张闻天、闻一多等一大批名人在此就读。浦东中学注重外语和科学素养的培育，除国文课外，其他的课程一律使用英语课本。中学时代接受的西式教育，为董申保日后的求学与研究打下了坚实的外语基础。

在上浦东中学时，董申保对化学实验很感兴趣。他买来成套的化学仪器，把家里的地下室改造成化学实验室，将老师课堂上讲解的实验流程重演并加以改进。一次实验中，产生的硫化氢气体泄露，董申保被毒气熏晕，差点危及生命。这位未来的中国岩石学家，在少年时代就已经表现出了强烈的求知欲与实践精神。

董申保于1936年考入北京大学地质系。在谈及为什么选择这个专业时，董申保说有两个原因，一是“北大地质系全国有名”，二是“满足游山逛水的心愿”，对于地质是什么，学成后做什么工作，却知之甚少。此举，可谓率性！

1937年，七七事变爆发，北平沦陷，董申保辗转去了昆明西南联合大学，继续本科学业。西南联大是由清华大学、北京大学、南开大学三校在抗战时期联合而成的大学。在联大精神，特别是清华的“严格要求，宁缺毋滥”和北大的“百家争鸣，兼容并包”思想的影响下，董申保的信念得以坚定；在联大期间经历的“倒孔”及“一二·一”等学生运动中，董申保的意志得以锻炼。而在联大学习的经历也为他日后的专业发展奠定了基础。与大多数的联大学子一样，董申保提及联大时虽然感叹联大物质条件的清苦，却非常怀念那时浓厚的学术氛围。短短数年，董申保读贤理、贯六艺、结挚友，收获良多。

1940年，董申保于西南联大本科毕业后，就任国家资源委员会西南矿产勘测处技术员。出于工作需要，董申保在云南许多地方进行野外考察。当时虽然面临日军全面侵华的危急局面，当地的国民党政府官员却横行乡里、作威作福，使得民不聊生。董申保还记得，他们穿着野外工作制服进行地质考察时，当地乡民竟然把他们当成抓壮丁的国民党军官而畏惧躲避。旧中国的衰弱和黑暗极大地震撼了董申保，他深感应该为国家的强盛做一些事情。

1941年，董申保重返西南联合大学，在王恒升和德国教授米士（P. Misch）的指导下，攻读硕士学位，研究云南易门地区昆阳群变质岩。1944年硕士毕业后留校，担任王烈、米士、王竹泉等教授的矿物学和岩石学实验课的研究助教。在联大任助教期间，董申保没有“两耳不闻窗外事，一心只读圣贤书”，而是积极投身到革命活动中。当时北大成立了讲师助教联合会，配合地下党搞学生运动。董申保在联合会中担任组织委员，主要负责发动北大持各类不同政治观点的教授支持学生运动。

1946年董申保考取公费留法生（法国政府交换生）。然而，经过一系列爱国运动的洗礼和锻炼，董申保在政治上已经坚定了参加革命、推翻国民党反动统治的决心。虽然法国大使馆一再催促董申保尽快赴法，他却一直待在国内，没有成行。在此期间，由于积极支持爱国运动，董申保受到了反动当局的关注。为了保护董申保免受迫害和支持他在学术上继续深造，孙云铸教授等劝他尽快出国。最终，董申保于1948赴法国巴黎大学，后转入克莱蒙非朗大学攻读博士学位。在J. Jung教授和M. Roques教授指导下，研究法国中部高原的变质岩系。在法国留学期间，董申保在从事科学研究的同时，仍积极参加留法学生会和华侨联合会的爱国运动。

2. 二月晓风剪柳绿，归来游子报春晖

1949年新中国成立后，百业待兴，国内高等教育人才尤其稀缺。为了新中国的建设需要，1951年2月，董申保返回祖国，回到北京大学，任地质学系副教授。1952年初，全国高校开展大规模院系调整，由于国家建设急需地质人才，中央决定成立北京地质学院，将北大、清华、唐山交大等院校的地质学科进行调整，合并组建北京地质学院。董申保全程参与了北京地质学院的筹建工作。然而在北京地质学院正式挂牌成立前夕，由于长春地质学院成立，需要变质岩专家，董申保马上听从组织安排，于1952年10月借调至长春，并于1953年初任教授，而当时的教授聘书还是由北京地质学院颁发的。在长春工作一年以后，地质部副部长何长工找董申保谈话，请他留在长春地质学院工作，董申保于是举家搬迁至长春，一待就是32年。在长春地质学院工作期间，董申保历任长春地质学院地质勘探系副主任、主任（1952～1959）、院长助理（1959～1966）和院长（1978～1983）等重要职务。1980年被推选为中国科学院学部委员（院士）。1984年，已届古稀之年的董申保申请调回北京大学，在地质学系任教授。

作为一名岩石学家，董申保在变质岩石学和岩浆岩石学方面做出了重要而杰出的贡献。

50年代末到60年代初，董申保带领长春地质学院地质勘探系师生对山东、辽宁、吉林及河北等地的前寒武纪变质岩区作了1∶20万地质调查。在这一基础上，他重点研究了辽东半岛的变质岩系和变质矿床，提出了变质建造和混合岩化成矿的理论。这对开展我国变质岩区的地质调查和找矿工作具有重要的指导意义。

70年代中后期，世界上变质岩区编图工作发展迅速。欧洲和苏联等地区的变质图编制工作相继完成。为填补我国这一空白，董申保从1980年开始积极组织和领导了由全国22个省区直辖市、26个单位200多名科技工作者参与的中国变质地质图编制工作。他从中国的实际情况出发，总结了若干与国外不同的中国变质作用演化特点，于1986年完成了编图工作，出版了《中国变质地质图（1∶400万）》及说明书（1986，中、英文）、《中国变质作用及其与地壳演化的关系》（1986）等专著。在这些图件和论著中，对中国的变质作用类型、变质相及变质相系、变质旋回及变质地质单元等进行了合理的划分，并以此为基础论述了中国大陆形成与演化的历史。由中国著名地质学家组成的评审组认为，该成果"是建国以来全国变质岩研究工作的一次深入总结，在学术上具有一定程度的开创性"。国际变质带编图分会主席兹瓦特（H. J. Zwart）教授曾给予高度评价，认为该图优于国际上同类图件的水平，中国变质地质图的编制将有助于推动世界变质作用的研究。

通过对各种变质地区和变质作用类型的综合研究，董申保对变质作用的基本概念和理论有了深刻的认识。他强调变质作用是与地壳的发生、发展密切相关的一种地质作用，研究变质作用要着眼于其全过程。这包括：①变质作用的起始状态——指原岩建造特征及形成时的大地构造位置；②变质作用的进行状态——指变质相和相系特征；③变质作用的后继状态——指混合岩化作用及地壳深熔型花岗岩浆作用特征等。

关于花岗质岩石的分类与演化，董申保亦有深刻而独到的见解。他认为，从变质作用到地壳深熔型花岗质岩浆作用是一个连续的发展过程。在地壳深熔的初期，可形成混合花岗岩，晚期出现岩浆花岗岩，在某些地区可以形成花岗岩系列。此外，岩浆型花岗岩也可以由地幔热流和混熔形成。相对于碰撞来说，伸展构造也在花岗岩形成中起着重要作用。

在变质地质图编图工作完成以后，董申保虽已年近古稀，但又开始了对蓝闪石片岩等高压变质岩石的研究。他提出，过去认为代表高压相系的蓝闪石片岩可分成蓝闪石-硬柱石片岩相和蓝闪绿片岩相两种，二者形成不同的变质相系。中国的蓝片岩带大部分属于蓝闪绿片岩相型，它们形成于硅铝壳环境之上，与陆内A型俯冲有关。这一论点与蓝闪石变质作用仅与大洋板块俯冲有关的传统认识不同，引起了国内外同行们的关注和讨论。董申保领导的课题组对扬子克拉通北缘的蓝片岩和有关榴辉岩进行了系统研究，建立了陆壳俯冲型高压变质作用的一个典型实例。发表的相关英文版专著 *The Proterozoic Glaucophane-Schist Belt and Some Eclogites of North Yangtze Craton, Central China*（《扬子克拉通北缘前寒武纪蓝闪石片岩带及有关榴辉岩》）（1996），获得 1998 年度教育部科技进步一等奖。

调回北大的十几年中，董申保先后承担了 3 项国家自然科学基金项目和 4 项国家教委博士点基金项目，先后多次到苏、鲁、皖、鄂、豫、陕、滇、桂、粤等省区考察蓝闪石片岩、榴辉岩和花岗质岩石，回来后又亲自观察和描述了数以千计的岩石薄片。为了增进国际间的学术交流，培养研究生和青年教师，董申保领导的课题组与美国斯坦福大学进行了合作研究，在北京大学召开了中美双边高压变质作用讨论会，并出版了研究专著，在国内外产生了很大影响。

董申保一生所获学术奖励颇丰。他主编的《中国变质地质图（1∶400 万）》及说明书（1986，中、英文）和《中国变质作用及其与地壳演化的关系》（1986）于 1987 年获全国优秀图书一等奖，1989 年获国家自然科学奖二等奖，1994 年获第一届国家图书奖提名奖。他曾于 1978 年中国科学大会上被授予先进工作者称号。1995 年荣获李四光地质科学奖，2007 年获得北京大学第二届“蔡元培奖”。

3. 立德立身学无涯，桃李芳菲不尽言

董申保在从事科学研究的同时，仍时刻关注着国家的进步与发展，一直积极投身社会活动。早在西南联大时，董申保就确定了“国家兴亡，匹夫有责”的朴素爱国信念。经历了 1941 年“倒孔”运动与 1945 年“一二· 一”惨案后，董申保开始真正认识到国民党政府的腐败，深感国民党专制政府必会阻碍国家民主与平等的革命进程。在回到北平后，董申保积极参加爱国民主运动，加入了“北京大学讲师助教联合会”并在其中担任组织委员，组织并参与了许多爱国运动。1946 年，虽考取了赴法公费留学，董申保却不愿意在中国民主革命浪潮激荡时离开祖国，心中的爱国热情促使他留在国内，为中国的民主事业奉献自己的一份绵薄之力，直到 1948 年，董申保才远赴法国。到达法国以后，南京解放的消息传到巴黎，董申保深受鼓舞，在刻苦钻研学术的同时，还参加了留法学生会和华侨联合会的许多活动。1949 年中华人民共和国成立，董申保在法国参加了新中国成立的庆祝活动，还到当时国民党政府驻法国大使馆进行了抗议活动。董申保回国后，于 1951 年加入了中国民主同盟，次年加入了中国共产党。尽管教育科研任务繁重，董申保还是承担了很多社会工作，先后任国务院学位委员会第一届评议组成员（1979～1983）、吉林省地质学

会理事长（1980～1984）、中国地质学会理事（1979～1988）、中国矿物岩石地球化学学会常务理事等职。

董申保治学极为严谨，为了获得第一手资料，他一直坚持野外实地考察。仅在编制《中国变质地质图》期间（1980～1985），他就踏遍了中国除西藏和台湾之外的所有省份，并观察研究了数以千计的岩石薄片。董申保认为，科学是全人类的共有财产，知识与智慧不应被独享。每到一个地方，他总是把自己的最新认识和理论知识传授给基层同志，并经常把自己未发表的手稿毫无保留地提供给他们，引导他们总结科研成果。

1991年末，董申保患病动手术后，身体受到很大影响，健康状况大不如往日。并且由于患白内障，左眼基本失明，右眼视力也不到0.1，但这些并没能阻碍董申保继续从事他所热爱并为之奋斗一生的地质研究。每天，如果不去医院，董申保都会步行到办公室上班或到图书馆查阅资料。在阅读了数百篇中外文献的基础上，董申保用一台比他年龄还老的英文打字机，总结了20世纪80年代以来，中外在变质作用和花岗质岩石研究上的新进展，完成了50多万字的书稿。

作为一名教师，董申保非常重视我国的地质教育事业，尤为关心青年教师的成长。半个多世纪以来，他呕心沥血，勤勉耕耘，培养了一大批从事地质工作的优秀人才。

刚到长春地质学院时，学院百业待兴，师资短缺尤为明显，他就责无旁贷地担负起培训青年教师的任务。通过讲授基础理论和专业课程以及培养青年教师们对前沿学科发展的关注，董申保培养了一支高水平的师资队伍，尤其在变质地质学领域培养了一批国内外知名的学者，使长春地质学院变质地质学研究长期处于国内领先地位，在国际上有一定的影响。长春地质学院从一个地质专科学校变成一所基础理论雄厚、专业基础扎实、学科专业齐全、人才培养质量较高的重点大学，董申保功不可没。

1984年，董申保调回北京大学以后，虽已年近古稀，但仍以饱满的热情勤奋工作。得知地质系岩石学专业还没有博士点以后，董申保开始积极申报国家教委岩石专业博士点，经过周密的准备与不懈的努力，1986年北京大学岩石学专业博士授予点得到正式批准，并于1987年开始招生。在担任北京大学教授期间，董申保仍是亲力亲为，先后指导了十余名从事变质作用研究的青年学者，使北京大学“变质作用与造山带演化实验室”成为国家优秀创新群体。自1987年以后的10年中，董申保先后指导了10名博士、2名硕士和3名博士后。在每个学生的毕业论文中，都凝结着他的汗水和智慧，从选题到野外工作，从显微镜下观察到对实验数据的讨论，他都亲自过问，悉心指导。他那诲人不倦、认真负责的精神使每一个了解他的人都钦佩不已。

在85岁高龄时，董申保仍坚持开课，并亲自编写课程讲义。在讲授岩石学进展课程时，为了能给学生介绍岩石学最新最前沿的进展，他从来不将往年的材料直接带上讲台，而是每次都根据最新资料进行细致的修订。在上课过程中，他旁征博引、条理清晰、声音洪亮，3个小时的课时，常常是一口气讲完，学生们听得入迷，常常忘了他们所敬爱的董先生已是耄耋之年。董申保对学生素来严格认真，循循善诱，并一直极力鼓励学生们在学术上讲求事实与创新，学生们从他那里不仅学到了知识，更树立起了良好的学习和研究态度，养成了良好的学风。在董申保的指导下，一大批优秀的学生成长起来，成为我国地质科学的杰出人才。

在潜心追求学问和培养学生的同时，董申保还十分关心国家的科教事业的发展。他在《科技日报》上发表谈话，指出当前教育领域存在的问题和解决这些问题的措施，提出“培养人才，要有一个宏远的目标和一代代优秀的宗师，要有学派的继承和发展”。还向国家自然科学基金委员会提出书面建议，阐明在执行“九五”重大项目中应注意的一些问题。

近年来，随着市场经济的发展，社会上的一些不正之风和腐败现象也在科技领域滋生、蔓延。董申保对此深恶痛绝，并自觉抵制。在很多评审、评议会上，董申保一贯坚持标准、严格要求，而对会后各种看似理所当然的报酬和礼物总是拒而不受。在一些涉及国计民生的重大课题决策上，董申保亦敢于直言利弊，不惧权贵，体现了董申保刚直不阿、光明磊落的人格，更代表了一名科学家的良知和正义。

董申保的严谨与创新昭示着一位学术先行者的特质，他的勤奋与正直显示出一个知识分子的风范，对于后来的学子们而言，董申保永远是一个榜样。

4. 欲问功名成就处，却话师恩同窗谊

当人们问起董申保何以获得如此巨大的成就时，董申保却说，是他的老师给他指明了科学研究的方向，是他的同学和他一起攀登了科学的高峰。良师益友的无私指导与帮助，董申保一直感念于心，终生铭记。

提及早年在西南联大的学习生活，董申保回忆说，“迁校初期连一片瓦都没有”。因迁校仓促，相关的专业书籍都未带至云南，实验设备更是紧缺。在那样极端艰苦的条件下，能够培养出一代人才，立志报效祖国，为国家的科技事业的发展做出相当的贡献，不能不说与教师们的辛勤耕耘是分不开的。董申保还回忆，“老师的正气凛然的精神，‘绝徼移栽桢干质，九州遍洒黎元血’（联大校歌），和他们的言传身

教，至今犹历历在目”。

董申保时时铭记西南联大的优良学术传统，并以此自励。在校期间他曾选修了不少数理化课程。联大老师的要求之严格是当时著名的，其中特别是吴有训先生的普通物理、张文裕先生的物性论、饶毓泰先生的光学以及高崇熙先生的定量分析实验，都给予他深刻的影响。据董申保回忆，一次理论化学小考时，黄子卿先生在他的考卷中加了眉批，批评他对小数点后的数字漠不关心，说：“足下算数太差，……科学界无此办法也”。这一批语，成为他工作中的鞭策力，时刻不敢忘记。

联大的学习生活中，地质系的老师和同学们常常是融洽无间。老师们，如孙云铸、袁复礼、张席禔、王恒升、冯景兰和米士等，经常和学生们生活在一起。不论是在课堂讲课，还是在野外篝火边谈话，老师们总是娓娓不倦地把地质知识融入中国地质实际中，并通过各种学派的分析和对比，逐渐使学生们导出若干理论线索来。尽管当时云南交通条件恶劣，山路崎岖难行，经费又复短少，但他们始终不辞劳累，跋山涉水带着学生跑遍了滇中的十多个县，滇池周围的山山水水都留下了西南联大地质系师生的足迹和汗水。董申保数次强调：“正是他们培养了我们从事地质事业的决心，扩大了我们的地质视野，开启了我们通往地质理性认识的门径。”

西南联大地质系老师中，最使董申保终生难忘的，便是地质系主任孙云铸教授。孙云铸是葛利普的传人，在中国古生代地层和古生物方面有独到的见解，开创了寒武纪三叶虫化石的系统研究，堪称中国古生物学的宗师。他在地质学的各个学科中都培养出许多大师级人才，仅在联大当过助教的，就有十多位后来成为了院士。他不仅关心自己专业学生的成长，对其他专业的年轻教师也都一视同仁。董申保回忆时这样说道：“我们（张炳熹、池际尚和我）都不是古生物专业的助教，孙老师照样带我们去个旧锡矿进行岩石和矿床的研究，派我们去清华物理研究所随余瑞璜教授学习晶体构造。在我留学法国时，他曾陪我去找 Cahier 教授，谈我进修的事宜。”孙云铸教授的谆谆教诲，董申保至今心存感激，“这些关注，使我永远铭记孙先生的无私帮助。”

在回忆自己的恩师——米士教授时，董申保强调：“我专业方向的进一步确定与米士先生有关，他讲授区域变质时，把他早年在阿尔卑斯的工作经历和喜马拉雅山、滇西以及云南大理苍山等变质地区的研究融汇在一起，深深地吸引了我们一批的青年人，确定了我在区域变质作用的研究方向。”

在 40 年代末期，作为法国政府的公费生，董申保在巴黎大学 J. Jung 教授和克来蒙非朗大学 M. Roques 教授的指导下，在法国中部高原变质地区进行了近两年的研究工作。法国中部高原是岩石学研究的发源地之一，很多的变质岩和岩浆岩的开拓性和先驱工作都从这里开始。这两年的研究工作，使董申保初步认识到自然界中地质作用的特殊性，并有了深刻体会："没有一个典型地区的反复和全面细致的野外观察，光想走捷径、抄短路是不可能了解地质作用的基本法则的，同时，没有与地质作用相适应的物理化学作用作为指导，并辅以相应的实验技术方法的应用，地质作用的认识也只能停留在质朴的总体认识，不可能由表及里去揭示其中的本质，成为一门完整的学科。二者之间的联系，亦即在某一地质作用的控制下，如何用与之相适应的物理化学作用来解释其形成和深化其过程，成为我教学和研究中的一个主要方向。"多年以后，董申保回忆起这段留学经历与教授们的学术指导时，总是说："我真正的区域变质作用的研究应该说是从 40 年代末期开始，是在法国留学期间开始的。"

董申保心中感念老师们的无私培育，在自己成为一名教师之后，亦传道授业，竭尽心力。据董申保的学生回忆，在年过八旬以后，董申保仍把讲台当成他奋斗的第一线，某次讲课过程中，总共 4 个小时的课，除了中间的一次短暂休息，剩下的时间里，董申保是站着讲完全部课程的。桌上放着的那杯水，董申保只喝了一口。那次短暂的休息时间里，面对围上来请教的学生们，他如往常一样耐心地一一解答。即便是科技发达、网络遍布的今天，口头传授依然具有其不可替代的地位，因为智慧的传播，并不只是知识的授予，还有品行的引领与感染。董申保从他的老师那里学到了知识与对真理的热爱，又以身作则将这知识与热情传授给了他的学生。从古老的雅典学派开始的学术传统，在遥远的东方，在这样一个谦虚和蔼的地质学家身上，得到了传承。

董申保院士是当代杰出的科学家、教育家、卓越的科技工作组织者，是我国变质地质学的奠基人之一。他热爱祖国，热爱人民，为人正直，虚怀若谷，不慕名利，不谋仕途，将其毕生精力贡献于我国的科技和教育事业。作为中国 20 世纪智慧群星中闪耀的一员，董申保以其毕生辛勤与奋斗实践了西南联大的学术传统与爱国精神，是西南联大之骄傲，亦是国家之骄傲!

董申保一生潜心治学，赢得硕果累累；辛勤耕耘，种得桃李天下；淡泊名利，写得正直人生。

二、董申保主要论著

董申保. 1983. 变质作用类型划分初议. 中国区域地质，(1)：1-16.

董申保. 1983. 变质作用研究的发展动向. 中国地质，(7)：4-8.

董申保. 1984. 变质作用中原岩建造的地位及意义. 岩石矿物及测试，(2)：97-103.

董申保，沈其韩，孙大中等．1986．中国变质地质图（1∶400 万）．北京：地质出版社．

董申保等．1986．中国变质作用及其与地壳演化的关系．北京：地质出版社．

董申保，沈其韩主编．1987．中国变质地质图编制与研究论文集（第 1 辑）．北京：地质出版社．

董申保，沈其韩主编．1988．中国变质地质图编制与研究论文集（第 2 辑）．北京：地质出版社．

董申保．1989．中国蓝闪石片岩带的一般特征及其分布．地质学报，(3)：273-284.

Dong S B．1993．Metamorphic and tectonic domains of China．J Metamorph Geol，11 (4)：465-481.

董申保．1995．近代花岗岩研究的回顾．高校地质学报，(2)：1-12.

董申保，陈斌．1995．变质作用地质思维的发展与中西交流简史//地质学史论丛（3）．北京：中国地质大学出版社：124-130.

Dong S B，Cui W Y，Zhang L F，et al．1996．The Proterozoic Glaucophane-Schist Belt and Some Eclogites of North Yangtze Craton，Central China．Beijing：Science Press.

董申保，魏春景．1997．变质地质学的某些进展．岩石学报，13 (3)：274-288.

董申保．1998．地壳物质组分的共生组合法则．地学前缘，(3)：59-66.

董申保．1999．变质作用矿床概述．地学前缘，(2)：38-49.

董申保．1999．董申保文集．北京：北京大学出版社．

董申保，洪大卫，许保良．2001．花岗岩拓扑学的研究展望．地质论评，(4)：356-360.

董申保，田伟．2003．花岗岩拓扑学的反思．地学前缘，10 (3)：1-13.

董申保，田伟．2004．埃达克岩的原义、特征与成因．地学前缘，11 (4)：585-594.

董申保，田伟．2007．花岗岩研究的反思．高校地质学报，(3)：353-361.

主要参考文献

于洸，张立飞，魏春景．2007．董申保教授在北京大学．高校地质学报，(3)：i-iv.

马志红，金巍，王群．2007．董申保教授在长春地质学院．高校地质学报，(3)：vii-ix.

撰写者

田伟（1976～），山东潍坊人，北京大学地球与空间科学学院副教授，主要从事岩浆岩石学研究。系董申保院士的博士研究生。

魏春景（1962～），辽宁凌源人，北京大学地球与空间科学学院教授。主要从事变质岩石学研究。系董申保院士的博士研究生。

陈梦熊

陈梦熊（1917～），浙江上虞人。水文地质环境地质学家。1991年当选为中国科学院学部委员（院士）。1942年毕业于西南联合大学地质地理气象学系。同年考入中央地质调查所，在西北地区从事地质矿产调查，并参与黄汲清主编的中国地质图编图工作。20世纪50年代以来，长期担任地质部、地质矿产部水文地质工程地质局主任工程师、副总工程师职务。曾先后参加宝成线、成昆线新线铁路工程地质勘测，以及葛洲坝水利工程的勘查工作；组织领导并完成全国区域水文地质普查，制定水文地质图编图方法和一系列规程规范；组织各省首次完成全国地下水资源的计算与评价。20世纪80年代开始，改任地质矿产部科技顾问委员会委员、科技高级顾问，兼任长春地质学院等院校客座教授，《地质论评》、《自然资源》、《水文地质工程地质》等刊物编委，以及国际水文科学协会中国国家委员会副主席、国际水文地质图委员会委员等职务。主要致力于地下水资源与环境水文地质问题的研究，多次出国进行国际学术交流。完成国际水文计划（IHP）“地下水流系统分析”与“水资源开发的负环境效应”两项国际合作研究课题。在国内外发表论文140余篇。曾先后获全国科学大会奖、国家科技进步奖二等奖、地质矿产部科技成果奖二等奖、三等奖，何梁何利基金科学与技术进步奖等多项。2005年荣获德国地质学会颁发的利奥普德·冯·布什奖。

一、简　　历

1. 学生时代

陈梦熊，原籍浙江上虞，1917年10月12日生于江苏省南京市。陈梦熊生长在一个兄弟姊妹众多的知识分子家庭，全家五姊妹五兄弟，他排行老八。由于家里兄弟姊妹多，父母没有能力抚育年幼的子女，他从小学到中学，一直都是由当时在南京中央大学实验学校（中大实校）担任小学老师的三姊培育成长的。1923～1930年，他在中大实校度过小学时代（包括幼稚院），1930～1936年就读于金陵大学附属中学，1938～1942年在昆明西南联合大学读大学，并考入中央地质调查所，任技佐、技士，一直到新中国成立。新中国成立后，地质调查所大部分人员并入地质部，他也进入地质部工作，一直从事地质工作至今。

中大实校当时是一所全国闻名的学校，不仅师资水平高，而且实施一套新的教学方法。他的三姊陈郇磬当时在学校担任音乐教师，她同进步教育家陶行知、陈鹤琴等一同从事教育改革运动：她所教的歌曲多半具有新思想，如《劳动歌》、《锄头歌》、《织布歌》、《寒衣曲》、《满江红》、《苏武牧羊》等，都是宣扬劳动神圣与爱国主义的，令陈梦熊至今记忆犹新。他就读的金陵大学附属中学是一所教会学校，英文水平比较高，数理化的师资比较强，仪器设备也比较好（新中国成立后金中一度更名为南京市第十中学，被列为全国最好的10所中学之一）。他感到十分幸运，能在全国最好的小学和中学度过青少年时代，这使他有可能考入著名的西南联大地质地理气象学系（主修地质），在昆明度过了4年难忘的大学生活。在许多名师的教诲与北京大学、清华大学、南开大学三校传统的优良校风熏陶下，他在抗战时期完成了大学学业，为毕生从事的地质事业奠定了良好的基础。

2. 抗战时期

1942年他离开昆明，考入重庆中央地质调查所。那里有许多在学术上很有权威的学者、专家，而且经常有去全国各地进行野外考察的机会，是青年地质学者所向往的地方。他在入所的第二年，就被派到兰州，参加刚建立的由王曰伦先生领导的西北分所。他先后追随路兆洽、徐铁良等很多位地质学家，接连几年在野外进行地质填图与矿产调查。1945年他参加以王曰伦为首的祁连山地质矿产考察队，自西宁向北翻越祁连山主脉，进入河西走廊，成为国内第一个横越祁连山的地质调查队。在西北工作期间，他开始发表一些有关西北区域地质方面的文章，如《甘肃中部之地文》、《泛论甘肃中部之变质岩系》、《皋兰系的初步研究》、《祁连山东段之山系》等，阐述他的早期地质研究成果。

3. 复员南京

抗日战争胜利后，1946年他随所自重庆复员到南京，追随黄汲清先生参加其主持的中国地质图编图工作，主要负责西北地区。黄汲清对工作要求非常严格，使他学习到认真细致和一丝不苟的科学精神，在新中国成立前夕完成了我国第一幅1∶300万中国地质图和14幅1∶100万的分幅图。通过这项工作，他掌握了全套的编图方法与印制技术，为后来从事水文地质图的编图工作，提供了重要的经验。

4. 新中国成立以后

新中国成立以后，他的第一项任务是担任天成、宝成线的新线工程地质勘测。这是我国兴建的第一条横跨秦岭的复杂山区铁路新线。当时在苏联专家的指导下，边学边干，完成了宝略段从选线到技术设计阶段的全部勘测任务，为以后许多困难山区的新线勘测，铺平了道路。

20 世纪 50 年代中期，当他正想系统总结铁道工程地质工作的经验，并致力于工程地质研究时，组织上根据工作需要，又调他负责领导全国区域水文地质普查。这是一项复杂、艰巨而又没有现成经验的任务，从拟定规划、编制规程规范、确立编图方法，一直到组织专业队伍，指导野外工作，前后延续近 30 年之久。经过许多曲折，到 20 世纪 80 年代初，才基本完成预定的任务。

在水文地质普查工作中，首先遇到的是编图问题。当时在苏联专家的指导下，一直沿用苏联的一套编图方法。20 世纪 70 年代初，才有机会看到欧洲一些国家的有关图件，同时发现苏联编图方法的许多缺陷。他根据国外的最新发展，结合中国的实际，创立了一套具有中国特色，又基本符合国际规范的综合水文地质图编图方法与统一图例，在全国得到普遍应用，取得较好效果，并在国际上得到好评。

其次，是地下水的储量计算，在 20 世纪 70 年代初废除了沿用多年的苏联四大储量分类法，创立了地下水天然资源与开采资源的新体系。80 年代初，在全国水文地质普查工作的基础上，根据上述原则，统一计算方法，组织各省首次完成了全国地下水资源的计算与评价。

水文地质学是地质科学在 20 世纪 40 年代刚发展起来的一门新的分支学科，新中国成立后才从苏联引进国内。当时，水文地质学对他来说是非常陌生的，他完全是通过生产实践，才逐渐掌握了水文地质学的基本原理与工作方法。长期以来他因忙于技术管理业务，没有时间从理论上进行深入研究。直到 20 世纪 80 年代初退居二线后，他才有比较充裕的时间，在总结普查工作经验的基础上，致力于地下水资源与地下水系统和环境水文地质问题的研究，完成了一些研究课题。

在此期间，他多次出国访问和参加国际学术会议，不仅扩大了眼界，开阔了思路，而且通过国际合作，对他的研究工作起到了重要的推动作用。20 世纪 80 年代初，他通过参加两次有关的国际会议，把正在欧洲兴起的地下水系统理论引进国内；邀请荷兰著名地下水系统专家英格伦（G. B. Engelen）教授来华讲学；搜集国外有关文献，编辑出版《地下水系统研究论文汇编》；通过分析比较各国对地下水系统理论存在的不同观点，发表了《地下水系统的基本概念与研究方法》等论文，阐述了自己的认识与见解。与此同时，他参加以英格伦教授为首的国际水文计划（IHP）地下水系统研究专题工作组，承担亚洲典型地区的实例研究，完成论文 *Groundwater systems of the Yellow River alluvial plain, North China*（《华北黄河平原地下水系统》，与许志荣合著），被纳入国际水文科学协会（IAHS）1986 年出版的《地下水流系统分析》中，列为全球六大实例研究之一。目前地下水系统理论已在国内得到广泛应用，并已得到进一步的发展，特别对于解决复杂条件下地下水资源的计算与模型研究，起到了重要作用。

为了研究地下水系统由于水资源开发可能产生的各种环境效应，他又承担了国际水文计划关于"水资源开发的负效应与管理"的国际合作课题，负责其中地下水部分；他组织国内专家，在总结我国经验的基础上，分析由于地下水过量开采造成的水资源枯竭、水质恶化、海水入侵、地面沉降、岩溶塌陷，以及生态环境恶化等现象，研究这些现象的形成机制及其对环境的影响。这项成果已于 1988 年由国际水文科学协会正式出版，基本上系统地反映了我国在环境水文地质研究方面所取得的重大成就，受到国外同行的较高评价。

5. 收获时期

1978 年十一届三中全会以来，他虽已进入古稀之年，但在新形势的鼓舞下，精神焕发，在短短 20 多年时间内，共发表论文 100 多篇，包括英文论文 20 多篇，并完成两项国际合作课题；曾先后获全国科学大会奖、国家科技进步奖二等奖，以及地质矿产部科技成果奖二等奖、三等奖多项。德国地质学会为了表彰他对推动中国水文地质学发展和促进国际合作所做出的贡献，特授予他 2005 年度的利奥普德 · 冯 · 布什奖（Leopold von Buch Medal）。这 20 多年是他一生中著述最丰盛的时期，其中代表性专著有《地下水资源与地下水系统研究》、《中国水文地质环境地质问题研究》、《中国水文地质工程地质事业的发展与成就》以及《中国地下水资源与环境》等。目前他还受聘任吉林大学兼职教授、中国地质灾害研究会顾问、《水文地质工程地质》双月刊主编、国际水文科学协会及国际水文地质学家协会会员。他还曾兼任自然资源研究会理事、铁道学会理事、中国科学院第四纪研究委员会委员、国际水文科学协会中国国家委员会副主席、国际水文地质图委员会委员，以及《地质论评》、《地质学报》、《环境遥感》编委、《自然资源学报》副主编、克卢韦尔（Kluwer）出版公司国际水科技丛书编委会顾问委员等职。

在此期间，他曾出访英国、荷兰、德国、芬兰、苏联、美国、泰国、印度尼西亚等国家，进行学术交流，并参加重要国际学术会议十余次。事实说明，科学事业更加需要彻底开放，面向全球。只有加强国际学术交流，积极参与国际学术活动与国际合作，认真吸取国外的先进理论与先进技术，发扬开拓创新精神，才能更好、更快地推动我国科技事业的发展。

二、主要成就与学术思想

1. 组织完成全国区域水文地质普查

1954～1982年，长期担任全国区域水文地质普查工作的技术领导；从制订规划、组建队伍、培训技术人员、编制规程与规范，一直到野外技术指导与成果验收，前后近30年之久。为了亲身掌握实践经验，1956年到柴达木盆地建立了青海省第一个水文地质队，并担任队长与技术负责人，完成冷湖地区两个图幅的普查任务。根据我国不同地区之间自然条件差异较大的特点，20世纪70年代分别制订了平原地区、丘陵山区、黄土地区、沙漠地区、岩溶地区、滨海地区、冻土地区等不同类型地区的普查要求，为保证普查质量创造了有利条件。

同时，为加快普查进度，提高精度，在70年代初与北京大学合作，创办了我国第一个遥感水文地质培训班，培养了我国第一批遥感水文地质技术人员，使遥感技术在普查工作中得到普遍应用，并分别编制了南方及北方地区遥感水文地质图像集(后者由陈梦熊主编)，推动了我国遥感水文地质的发展。

70年代初，为加强水文地质普查工作，根据周恩来总理指示，采用军队体制，组建了一支水文地质普查部队，共包括3个师、12个团，2万余人，为保证普查任务的顺利完成，发挥了积极作用。他为组建这支部队，并在短期内顺利开展工作，做出了重要贡献。自实行改革开放以来，上述大量普查成果，对促进国民经济建设发挥了重要作用，“全国比例尺1∶20万区域水文地质普查”项目并于1985年获国家科技进步奖二等奖。

2. 带动区域水文地质的研究

20世纪50年代普查工作促进了区域水文地质的研究，成为我国区域水文地质学的开创时期。在此期间，先后发表了《柴达木盆地的区域水文地质条件》(1957)、《中国水文地质分区的初步研究》(1957)，以及《中国自流盆地的类型划分及其分布》(1959)等论文，是他早期从事水文地质研究的代表作，也是我国最早具有较大影响的有关区域水文地质研究的重要文献之一，在当时起到了一定的带头示范作用。在同一时期，又发表了《我国水文地质科学现况与今后发展方向》(1956)、《一年来水文地质工作的成就与存在的问题》(1957)，系统地反映了我国50年代水文地质学发展早期的科技水平与主要成就。1959年在充分搜集国内勘察资料的基础上，编著出版了我国第一本完全利用本国资料所编写的教科书《实用水文地质学》(1959)，作为新中国成立10周年的献礼。

3. 创立具有我国特色的综合水文地质图

20世纪50年代组织编制出版了我国第一幅1∶300万水文地质图。60年代组织有关各省编制出版1∶100万黄淮海平原及松辽平原的水文地质图系，是我国最早按自然单元编制的跨省小比例尺图系，开创了新的编图方法，建立了“图系”的典型模式，获1978年全国科学大会奖。70年代进一步系统地制订一套具有我国特色，又基本符合国际统一规定的《综合水文地质图编图方法与图例》，在全国得到普通应用。编制出版了大量图幅、图系或图集，在国内外均获好评，促进了我国水文地质编图技术的发展。

60年代发表的《综合水文地质图编图原则的探讨》，首次提出水文地质图应突出反映水文地质特征的新方案。80年代发表的《我国水文地质编图工作的发展与成就》与《我国岩溶地区水文地质图编图经验》，是两篇关于编图工作的经验总结。我国在编图工作中对含水介质的分类，既符合国际规定，又具有中国特色；对反映含水层结构的双重叠置法，能较好地表示含水体的三维特征，在编图方法上有所创新。

1983年和1989年，先后分别到印度尼西亚万隆和德国汉诺威，两次代表我国参加全球性的国际水文地质图大会，展出我国出版的大量图幅或图集，并在大会介绍我国水文地质编图工作的发展与成就，受到高度评价，特别受到第三世界国家的热烈欢迎。会后在国内发表了《最新〈水文地质图国际图例〉评价》(1985)、《亚太地区水文地质编图现状与发展动向》(1987) 等论文。

近10年来，直接指导宁夏、黑龙江、内蒙古、吉林等省、自治区分别编制出版了各省区的水文地质或环境水文地质图集，并参加自然科学基金资助的“松嫩盆地水文地质系列编图”的研究课题，以地下水系统理论为基础，创造性地应用新方法，编制了一套以反映地下水资源为中心的水文地质图系。

4. 组织完成全国地下水资源的计算和评价

组织编写《全国地下水资源调查和评价工作要点》，确定地下水资源评价的基本原则，统一计算方法，组织各省在普查资料的基础上，完成全国地下水资源的计算任务。在论文《试论地下水资源的基本概念与评价原则》(1984) 中，提出了地下水资源的新概念与新的分类方法，是开展全国地下水资源计算的理论依据。论文的基本观点与分类方法，已被许多论著或教材所引用，如朱学愚等编著的《地下水资源评价》(1987)。《中国地下水资源的区域特征与初步评价》(1986) 系统总结了全国地下水资源的计算结果，在国内外均有较大影响。《我国地下水资源及其合理开发利用的研究》(1987) 全面反映了我国地下水资源开发利用现状、存在的问题与开发前景。

近 10 年来，加强了对城市水资源与农业水资源的研究，发表了《城市水资源问题及对策研究》、《中国城市地下水资源危机》(英文)、《农业水资源与可持续发展》、《地下水资源开发与环境效应系统》(英文) 等论文；多次到西北各省、自治区进行实地考察，发表了一系列有关西北干旱区水资源问题的论文，如《河西走廊水资源开发与生态环境》、《新疆水资源及其合理开发利用》，以及《西北干旱区水资源与第四纪盆地系统》等，深入分析了干旱区地下水系统与地表水系统、水资源系统、灌溉系统，以及生态环境系统之间，相互制约与相互影响的复杂关系。

5. 开拓环境水文地质学新领域

80 年代初分别组织召开北方地区、南方地区两次环境水文地质工作经验交流会，汇编出版了《环境水文地质问题》论文集 (1984)。发表论文《环境水文地质问题与环境水文地质学》，首次提出“环境水文地质学”这一新学科名称。《试论环境水文地质学的基本概念与研究范畴》，是我国最早比较系统地探讨环境水文地质学这一新学科基本概念的一篇重要论文，在国内有较大影响，已被若干院校的教科书所引用，如杨忠耀主编的《环境水文地质学》(1990)。由他组织国内知名专家共同编著的《水资源开发的环境效应与管理》(英文) 地下水部分，系统论述了国内外地下水资源开发所发生的各类环境问题与治理措施，突出介绍了我国经验，在巴黎组织专家评审时，得到较高评价，并全部被采纳，已由国际水文科学协会公开出版。该书是国际上第一本比较系统全面、具有规范性的有关水资源合理开发与系统管理的专著，在国际上有较高的权威性。

1993 年参加中国科学院地学部组织的沿海地区海平面上升问题的考察，引起他对沿海地区水资源与生态环境问题的兴趣，先后发表《关于海平面上升及其环境效应》、《海平面上升与控制城市地面沉降》，以及《沿海地区地质环境与地质环境系统》等论文，提出应用系统理论与系统分析的方法，研究沿海地区海平面上升对生态环境的影响和采取防治措施的主要途径。

6. 引进和倡导“地下水系统”新理论

20 世纪 80 年代初，通过国际学术会议，引进“地下水系统”理论，发表论文

《地下水系统的基本概念与研究方法》，编辑出版《地下水系统研究论文选编》，介绍国外最新动向；参加国际水文计划（IHP）“地下水系统研究”专题组，担任亚洲地区实例研究，完成论文《华北黄河平原地下水系统》，邀请荷兰著名地下水系统专家英格伦教授来华讲学；在国内联系实际，积极推广应用，在吉林、陕西、河南、江苏、青海等省、自治区的水资源评价工作中，取得显著效果，促进了我国理论水平的提高。《地下水系统的基本概念与研究方法》一文，是我国最早比较深入探讨这一新理论的重要论文之一，对地下水系统的涵义、基本概念与研究范畴，提出了自己的观点与认识，在国内有较大反响。《黄河平原地下水系统研究》一书，就是在此基础上完成的，并已作为全球六大实例之一，纳入国际水文科学协会出版的专著《地下水流系统分析》一书，获1991年地质矿产部科技成果奖二等奖。该书是目前各国研究地下水系统的权威性著作之一，国际影响较大。

为了联系实际，应用地下水系统理论，开展了关于概念模型的研究，发表论文《地下水系统研究与概念模型》，列举了国内外大量实例，提出表现概念模型的不同方式与具体方法。结合西北水资源的研究，先后发表了《河西走廊水文系统分析》、《人类活动对西北干旱区水资源和生态环境系统的影响》、《地下水资源开发与生态环境系统》等论文，探讨了西北地区水资源与水文系统的基本特征与演化规律，以及水资源开发与生态环境系统的相互制约关系，提出荒漠化现象的发生原因与主要防治措施。

7. 系统总结50年来中国水文地质学的发展历史，建立水文地质学新的学科体系

80年代，陈梦熊负责完成《当代中国》地质卷的水文地质工程地质部分。先后发表论文《中国水文地质工程地质事业的发展与成就》、《国内外地下水研究现状与展望》等论文，系统总结了新中国成立以来，我国水文地质科学与水文地质事业的发展与成就。近10年来继续深入研究水文地质学的发展历史，先后发表《水文地质学的最新发展与展望》、《现代水文地学的演变与发展》、《新中国水文地质学发展的四个时期》、《水文地质学及其分支学科的发展》，以及《五十年来我国水文地质学的演变与发展》等论文，提出50～70年代为传统水文地质学阶段，70～90年代为现代水文地质学阶段，分析了两者之间的关系与主要差异，并根据分支学科的发展，创立了水文地质学新的学科体系，提出了新世纪的发展方向。

8. 促进国际学术交流与国际合作

从20世纪80年代以来，先后访问了泰国、英国、荷兰、印度尼西亚、德国、

芬兰、苏联、美国等国家，进行学术交流或参加国际学术会议。通过以上活动，与有关国际组织，如国际水文地质学家协会（IAH）、国际水文科学协会（IAHS）等，建立了密切联系。

80 年代表我国参加在曼谷联合国亚太总部（ESCAP）召开的水资源会议，任代表团团长并在大会宣读国家报告和多篇论文，这是我国第一次派代表团参加亚太地区的水资源会议。

1982 年参加在英国由 IAHS 召开的第一次国际水文科学大会，成为该组织的个人会员。通过这次活动，与 IAH 负责人取得联系，正式申请并办理入会手续，成为该组织的个人会员与国家会员，并担任以上两个国际组织的国家委员会委员和 IAHS 国家委员会副主席。

1985 年组织 4 人代表团，再次到英国参加 IAH 第十八届年会。这是我国第一次参加 IAH 的国际学术活动，并在这次会议上确定 1988 年在中国桂林召开第二十一届年会，桂林会议到会各国代表 400 余人，举办得十分成功。

80 年代先后在万隆与汉诺威两次参加国际水文地质图大会，被选为国际水文地质图委员会委员。1994 年应邀到芬兰参加第一届地下水未来危机（FGR）国际会议，并担任大会学术委员会委员，在大会作重点专题报告。通过这次活动，确定第二届会议将由中国组织召开。1995 年到美国参加国际大地测量与地球物理学联合会（IUGG）大会，在这次会议上与各国际组织，协商了召开第二届 FGR 大会筹备事宜。1998 年成功地在长春召开了第二届大会。1996 年参加在北京召开的第 30 届国际地质大会，担任“全球变化与水文系统”专题组组长。

80 年代还参加并完成国际水文计划（IHP）两项国际合作课题，得到较高评价。从 80 年代到 90 年代，多次邀请国外著名专家，如荷兰的英格伦教授和芬兰的苏弗里博士来华讲学，取得良好效果，并促进了多次互访活动和多项合作项目。

三、陈梦熊主要论著

陈梦熊主编．1959．实用水文地质学．北京：地质出版社．

陈梦熊．1984．试论地下水资源的基本概念与评价原则．自然资源，(4)：11-18.

Chen M X，Hsu Z Y．1986．Groundwater systems of the Yellow River alluvial plain，North China．IAHS Publ，163：243-297.

Chen M X．1987．Groundwater resources and development in China．Environ Geol Water Sci，(3)：141-147.

Chen M X，Lin X Y，Liu T Z，et al．1988．Side effects related to groundwater management．IAHS Publ，172：123-268.

Chen M X．1990．Analysis of the hydrological system of Hexi．Corridor，Gansu Province//The Hydrological

Basis for Water Resources Management. Oxfordshire：International Association of Hydrological Sciences：3-10.
陈梦熊. 1994. 关于海平面上升与控制城市地面沉降//中国科学院地学部编. 海平面上升对中国三角洲地区的影响及对策. 北京：科学出版社：267-278.
Chen M X. 1994. Characteristics of inland Quaternary basins in Northwest China with reference to their hydrological significance. Eng Geol，37（1）：61-65.
Chen M X，Cai Z H. 1994. Risks for development of groundwater resources in urban areas of China. IAHS Publ，222：471-480.
陈梦熊. 1995. 环境地质科学的基本理论与发展前景. 工程地质学报，3（3）：31-35.
陈梦熊. 1996. 关于海平面上升及其环境效应. 地学前缘，（1/2）：133-140.
程裕淇，陈梦熊主编. 1996. 前地质调查所（1916－1950）的历史回顾. 北京：地质出版社.
陈梦熊. 1997. 西北干旱区水资源与第四纪盆地系统. 第四纪研究，（2）：97-104.
陈梦熊. 1998. 中国水文地质环境地质问题研究. 北京：地震出版社.
Chen M X. 1998. Water resources development related to eco-environmental systems in arid area of Northwest China. Proceedings of the 2nd International Conference of Future Groundwater Resources at Risk.
陈梦熊，刘成琦，陈昌礼等. 2001. 地下水资源图编图方法指南. 北京：地质出版社.
陈梦熊，马凤山. 2002. 中国地下水资源与环境. 北京：地震出版社.
陈梦熊. 2003. 西南岩溶石山地区岩溶水资源与石漠化治理//中国地质调查局. 中国岩溶地下水与石漠化研究. 南宁：广西科技出版社.
陈梦熊. 2003. 中国水文地质工程地质事业的发展与成就. 北京：地震出版社.
陈梦熊. 2005. 海岸带城市地质环境特征与主要地质环境问题//中国地质调查局编. 海岸带地质环境与城市发展论文集. 北京：大地出版社。

主要参考文献

九三学社中央宣传部编. 2002. 九三学社院士风采. 北京：学苑出版社.
曾绵华. 2003. 浓浓山水情//姜建军，汪民主编. 地下水耕耘者. 北京：中国大地出版社.
陈梦熊. 2003. 中国水文地质工程地质事业的发展与成就. 北京：地震出版社.

撰写者

陈梦熊。

刘成琦（1933～），辽宁海城人，国土资源部中国地质环境监测院，教授级高级工程师。

郭宗山

郭宗山（1917～2001），山西山阴人。矿物学家，中国新矿物与矿物命名研究和矿物学数据库研究的开拓者和倡导者。1940年毕业于西南联合大学地质地理气象学系。1949～1951年赴英国剑桥大学岩石矿物学系学习，并取得候补博士资格。1951年冬季回国投身于新中国的地质勘探事业。曾任中央地质部321地质勘探队地质科长、地质部矿物原料研究所稀有分散元素矿床研究室副主任、中国新矿物与矿物命名委员会主任委员和国际矿物协会（IMA）新矿物与矿物命名委员会（CNMMN）委员及中国国家代表。他长期致力于地质矿产调查和矿物学研究。他和同事们编写的《铜官山铜矿地质勘探报告》和《铜官山矽嘎岩型铜矿的特征、评价和正确的勘探方法》，以及相关论文对安徽铜陵地区和长江中下游地区乃至于其他类似地区的铜矿找矿勘查工作具有重要的借鉴和指导意义。他翻译的矿物学家W.E.特吕格的《造岩矿物光性鉴定表》和编著的《透明矿物特征分类鉴定表》，以及参与编写的《透明矿物显微镜鉴定表》成为广大岩矿鉴定人员不可或缺的工具书、岩石矿物学家喜爱的参考书。他领导的中国新矿物与矿物命名委员会为我国发现更多新矿物并被IMA所承认做出了极其宝贵的贡献。他主持完成的矿物数据库是当时国内外最全面和最系统的矿物数据库，具有极高的科学与应用价值。

一、简　　历

郭宗山，1917年11月12日生于山西省山阴县（当时称右玉县）口前村，2001年10月20日于北京逝世，享年84岁。

郭宗山出生在晋北山阴县洪涛山区农村的一个地主人家。他的原名叫郭崇，家有兄弟姐妹六人，他排行老四。由于父亲郭介隆英年早逝，他和几位兄弟（姐姐老三幼年夭折）主要由母亲王敏和接替祖父担当郭家家长的叔叔抚养成长。郭宗山的母亲是一个非常开明的农村妇女，她谆谆教育并竭尽全力支持几个儿子读书。1924～1928年，郭宗山先后在山阴县口前村小学和岱岳镇（现为山阴县城关镇）学校读初小和高小。山阴一带，由于土地瘠薄，气候干旱缺雨，所以农业收成不好，灾荒不断，百姓生活十分困苦。郭家虽为地主家庭，但很勤劳节俭，一到假期，郭宗山和兄弟们都下地干活和上山放羊。

由于母亲和户主叔叔的大力支持，1929年8月郭宗山随大哥郭芩到北平市立师范学校读书，直到1934年7月。1934年8月至1935年7月，就读于北平市私立镜湖中学。1935年8月，考入北京大学医学院，由已经工作的大哥和二哥资助。后因山西省政府资助读地质的山西籍大学生，所以一年之后他转入北京大学地质学系学习。1937年抗日战争爆发，北京大学被迫辗转内迁昆明，并与当时同样内迁的清华大学和南开大学合并为西南联合大学，郭宗山遂转入新组建的西南联大地质地理气象学系继续完成地质学学业，直到1940年毕业。

1940～1942年，郭宗山先是加入到他刚入北大时的地质学系主任谢家荣先生任总工程师的叙（永）昆（明）铁路沿线探矿工程处，任工务员，其间曾与卢衍豪等一起进行云南宣威至贵州威宁一带的地质矿产调查。后来叙昆铁路沿线探矿工程处改为国家资源委员会西南矿产勘测处，由谢家荣任处长，郭宗山亦转入该处并任助理工程师。此后，他继续在谢家荣的领导下从事云南昭通、鲁甸、宣威、易门、安宁和贵州威宁、盘县、普安、兴仁、兴义等地的地质矿产调查，这期间完成多份考察报告。之后，郭宗山调入当时位于重庆北碚的经济部中央地质调查所。

1943～1948年，郭宗山先是参加经济部中央地质调查所王曰伦先生为首的西北地质矿产调查队工作；后来，即1943年夏天，王曰伦为所长的经济部中央地质调查所西北分所成立，郭宗山亦调到该分所任技士，主要负责甘肃永昌、民乐、临泽一带的地质矿产调查，并到陕西、青海和内蒙古部分地区进行地质调查。在此期间，他完成了多篇报告和论文。

1949～1951年他被公派赴英国剑桥大学岩石矿物学系学习，师从著名岩石学家诺克德（R. S. Nockolds）和著名矿物学家乌斯特（W. A. Wooster）教授，完成《英国苏格兰卡维特安山岩》论文，并取得候补博士资格。

1951年冬季，他毅然放弃攻读博士学位机会，几经辗转，克服艰难险阻，回到祖国并立即投身于新中国的地质勘探事业，被任命为中央地质部321地质勘探队地质科长。

1955年，他奉调进京，在全国地质矿产普查委员会任石油室主任工程师。1956年，他被调至新成立的地质部矿物原料研究所，出任稀有分散元素矿床研究室副主任。

1962年以后，他在新组建的地质部地质科学研究院第六研究室（即矿物学研究室，后为中国地质科学院矿床地质研究所矿物学与矿石学研究室），专门从事透明矿物研究、晶体结构学研究和关注新矿物与矿物命名研究，并开始指导研究生。1977年由四级地质工程师转升为研究员。

自1979年担任中国新矿物与矿物命名委员会主任委员，特别是自1982年担任国际矿物协会（IMA）新矿物与矿物命名委员会（CNMMN）委员和中国国家代表以后，他主要致力于我国新矿物与矿物命名评审及管理工作和主持矿物数据库与检索系统的研究及建立工作。他还曾担任全国自然科学名词审定委员会委员、《矿物学报》副主编和《岩石矿物学杂志》编委。他以资深矿物学家代表身份参加过1982年在保加利亚贝尔纳举行的第13届国际矿物学大会和1986年在美国斯坦福召开的第14届国际矿物学大会。

1986年5月，他被英国剑桥传记中心授予“有成就的人”称号；1988年1月17日被美国传记研究所授予“杰出成就荣誉纪念奖章”。

二、主要研究领域和学术成就贡献

作为我国老一辈地质矿物学家，郭宗山在学术上走的是一条从广博到专深的发展道路。在研究中，他既注重野外宏观的地质调查，又重视室内微观的鉴定实验；既注意广泛吸取外国的先进理论、知识和技术，又紧密结合本国地质矿物的特产和特色。在抗日战争、解放战争时期和新中国建设初期（1941～1955），他主要从事野外地质调查和矿区地质勘探工作。在社会主义经济大发展和“向科学进军”时期（1956～1966），他主要从事南岭花岗岩和相关矿床的矿物学和地球化学研究，以及晶体结构学研究。在“文化大革命”时期（1966～1976），遭受冲击，主要从事透明矿物鉴定专著的编纂。在改革开放时期（1978～2001），他在进行晶体结构学、矿物学研究的同时，更侧重于我国新矿物与矿物命名评审及管理工作和矿物数据库与检索系统的研究及建立工作。

（一）主要科学研究成就

1. 中国西南、西北某些地区地质矿产调查

在叙（永）昆（明）铁路沿线探矿工程处和国家资源委员会西南矿产勘测处工作期间，郭宗山主要完成了《昭通、鲁甸、威宁间地质矿产》、《贵州盘县、普安县地质矿产》、《宣威附近地质》、《云南安宁、易门、峨山等县地质》等报告。这些地质矿产调查报告，对于抗日战争时期乃至新中国成立后的我国云贵地区的矿产资源勘查和开发具有重要的参考和指导意义。其中1941年春季，郭宗山与董申保在测制

昭通附近地质图时，就曾发现昭通坝子下蕴藏有大量的褐煤。郭宗山独立完成了贵州盘县的地质矿产调查工作。其成果受到谢家荣先生等的高度赞赏。

在经济部中央地质调查所西北分所任职期间，郭宗山在野外调查研究的基础上，发现了龙首山铁矿、妈啦婆岭金矿、前窑庙底一带煤矿，以及古生物化石纺锤虫新种和古鏇蜗等，并著有《河西山丹、民乐地质矿产初报》、《甘肃山丹龙首山铁矿》、《甘肃临泽县板桥堡石膏矿》、《甘肃山丹磨召湖玻璃砂》、《甘肃山丹磨召湖石膏矿》、《甘肃山丹瓦窑沟瓷土矿》、《甘肃民乐及北山妈啦婆岭金矿》、《甘肃民乐前窑庙底一带煤矿》、《瀚海系之经济价值》、《“南山系”之时代范围》、《秦岭西段之变质岩》、《纺锤虫新虫之发现》、《古鏇蜗（*Paleofusulina*）在中国之发现》等多篇报告和论文。这些区域性和独立地（矿）区金属、非金属与能源矿产考察及地层古生物研究报告和论文，为以后甘肃河西地区的基础地质研究和矿产勘查与开发打下了良好的基础，具有重要的实用价值和一定的创新性。

2. 安徽铜陵和庐江地区铜矿勘查

铜矿是新中国建设迫切需要的矿产资源，铜官山铜矿是我国六大铜矿区之一，铜官山铜矿资源勘探在我国有色金属工业建设中具有举足轻重的作用。郭宗山在担任中央地质部321地质勘探队地质科长期间（1951年冬至1955年），深感责任之重大，他积极进行调查研究，与同事们一道为铜官山铜矿的成功勘探付出了辛勤的劳动，取得了出色的成绩，超额完成了上级下达的储量任务。在勘探铜官山铜矿的同时，还开展了外围普查，找到了许多矿点。在此期间，他们共同编写了内容丰富、颇有价值的《铜官山铜矿地质勘探报告》和《铜官山矽嘎岩型铜矿特征、评价和正确的勘探方法》。此外，他在对比研究铜官山及其他铜矿的基础上，写成《扬子江下游某些矽嘎岩型铜矿床》和《安徽庐江中性火山岩中之石英黄铜矿脉状矿床》两篇论文。这些报告和论文，不仅具有巨大的经济和科学价值，而且对于后来该区和相邻或相似地区的铜矿的普查勘探和地质研究具有重要的借鉴和指导意义。

3. 南岭花岗岩及相关矿床的矿物学和地球化学研究

郭宗山在任地质部矿物原料研究所稀有分散元素矿床研究室副主任和地质部矿床地质研究所高级工程师期间，与其同事和助手主要从事某些南岭花岗岩及相关稀有、多金属矿床的地质矿物学研究。曾发表《伟晶岩中的一个锡石变种》和《论南岭花岗岩的相》两篇英文论文。“文化大革命”以后，郭宗山及其助手继续从事南岭地区矿物学研究，并于1985年完成研究报告《南岭地区一些云母的研究》。

此外，他还于1959年翻译出版了德国著名矿物学家W. E. 特吕格著的《造岩矿物光性鉴定表》。这本书当时曾是广大岩石矿物鉴定工作者和高校师生的重要参考书。

4. 编著《透明矿物特征分类鉴定表》

在十年“文化大革命”期间，像许多高级知识分子和学术权威一样，郭宗山也遭到冲击和审查，并被下放到“五七干校”去劳动。刚一恢复工作，他就立即与助手一起开始酝酿已久的《透明矿物特征分类鉴定表》一书的资料收集整理工作。在“边闹革命，边抓业务”的情况下，经过几年的艰辛努力，终于在“文化大革命”后期编写完成了包括3000多种矿物的《透明矿物特征分类鉴定表》，于1980年正式出版。该书根据国内外文献资料中所载的各种矿物主要特征，经过整理、归纳，分类制定表格，使各种矿物特征系列化、数字化，具有很大的实用价值。对一个不认识的矿物，在经过一定的测定工作，掌握了一定的特征数据后，即可查阅本书中各相关表格，确定矿物名称。从而可以节省大量翻阅文献资料的时间，这对于手头文献资料较少的矿物工作者尤为便利。

5. 低级晶系矿物晶体结构学研究

晶体结构学与晶体化学是郭宗山在英国剑桥大学留学时主攻的课程，他认为这是矿物学研究中不可或缺的基础研究，也是他的专长之一。他在积极完成国家各项任务的同时，始终坚持其研究，并深入到低级晶系矿物晶体结构学研究。在他培养的四名研究生中，其中有两名的研究方向也是晶体结构学与晶体化学。1964年李四光部长邀请英国剑桥大学岩石矿物学系乌斯特（W. A. Wooster）教授来华主讲晶体结构学与晶体化学时，他积极组织研究室年轻同事参加讲座。其时，郭宗山也在进行矿物晶体结构学研究，并曾经计算过不同晶系20余种矿物的晶胞参数。1983年发表的《用比值法指标化X光粉晶衍射低级晶系$d(A)$值》一文，正是这一研究的继续和深化。该文旨在探索斜方晶系和单斜晶系矿物在没有单晶且晶系不明的情况下，求其晶面指标以及晶胞参数，同时检查粉晶$d(A)$值和晶胞参数的精度、线条的重叠、$d(A)$值与晶胞参数是否一致等，从而判定线条测量是否有误。

6. 我国新矿物与矿物命名评审及管理工作

自从1979年担任（中国）新矿物与矿物命名委员会主任委员，特别是自1982年担任国际矿物协会（IMA）新矿物与矿物命名委员会（CNMMN）委员和中国国家代表以后，郭宗山就以极大的热情把主要精力投入到我国新矿物与矿物命名评审及管理工作中。他把CNMMN副主席和主席E. H. 涅科和I. A. 曼达令诺编写的《关于向国际矿物协会（IMA）新矿物与矿物命名委员会（CNMMN）提交新矿物程序与注意事项及矿物的命名原则》译成中文发表，并撰写了《矿物命名与译名》以供广大中国矿物学工作者在申报和发表新矿物时参考使用。特别是他和有关同事陆续发表了《两年来我国发现的新矿物和矿物译名修订工作的进展》(1983)、《近年来我国新矿物工作的回顾》(1985)、《1981年—1984年报导历年发表新矿物的修正与补充》(1987)、《经国际矿物协会（IMA）新矿物与矿物命名委员会（CNMMN）批准1986年发表的新矿物》(1987)、《新矿物（1981—1988）》(1990）等文章，对于推动指导和规范发展我国的新矿物与矿物命名工作起到了至关重要的作用。

由于郭宗山领导的中国新矿物与命名委员会的出色工作，我国矿物学工作者发现新矿物的积极性大为增长，对新矿物申请规则和获批原则更加明晰，因此发现的新矿物种数和被国际矿物学协会新矿物与矿物命名委员会批准的概率大幅提高。根据郭宗山和叶庆同的文献调查、研判和统计，1981～1988年经CNMMN批准而发表的新矿物有541种，其中由中国矿物学工作者发现的就达29种。

此外，由郭宗山领导的中国新矿物与矿物命名委员会编辑出版的《英汉矿物种名称》(1983）手册，更深受中国广大地质矿物学工作者喜爱和长期使用，为中国地质矿物学的发展和对外交流做出了重要贡献。

7. 矿物数据库及其检索系统研究

1992年，由郭宗山先生主持完成的国家自然科学基金项目“矿物数据库及其检索系统研究”，建成了当时我国第一个内容全面、结构完整的系统化矿物数据库系统。该系统收录了截至1991年国际上已经发现并经CNMMN批准的4400余个矿物种的矿物名称、对称性、物理性质、化学性质、光学性质、波谱特性和其他特性等方面的47项数据，具有强大的数据库检索和维护功能。

这一矿物数据库及检索系统，不仅可以为矿物学本身的深入研究提供基础资料，而且能广泛地应用于岩石、矿床、地球化学及其他地质科学的理论研究、教学和生产领域；为提高地质矿产资源的发现和利用水平提供科学依据和有价值的参考信息；还可以为许多新的高科技材料（如超硬材料、具有特殊电子性质和光子性质的材料等）的开发提供启迪性认识，因而具有重要的科学意义和极大的实用价值。

项目评审专家认为，该矿物数据库及其检索系统研究“是矿物学领域利用计算机的先进手段与系统矿物学相结合的最新成果”，“与国内外已建立的类似数据库相比较，是第一个最完整的矿物数据库，达到90年代初期世界同类研究的先进水平”。

该研究项目1995年获得地质矿产部科技成果三等奖，建立的矿物数据库及其检索系统1994年在中国软件登记中心申领了软件著作权证书。

（二）学术思想及人才培养

“中华大地探宝忙，矿物园里耕耘勤。”郭宗山从事地质矿物学研究工作达60余年。他青年时，不畏艰险，跋山涉水，填图勘探，为国寻宝；中年时，书海探胜，钻研矿物，著文写书，教书育人；老年时，管理学会，甘为人梯，建库立系，奉献社会。在基础地质和矿产勘查方面，他不仅为我国云南、贵州及甘肃等省的古生物地层、成矿地质背景和某些金属与非金属矿床地质研究贡献颇多，而且为我国著名铜矿富集区铜陵地区及相邻或相似地区的找矿勘探工作做出了历史性贡献。在矿物学研究方面，他密切注视国际矿物学发展的动向和趋势，强调和重视矿物鉴定表和矿物数据库等矿物学科的基本建设，以及晶体结构学等矿物学基础研究，倡导矿物命名与译名的规范化和统一化，开拓和推动中国新矿物与矿物命名评审及管理工作，为中国矿物学发展和中外矿物学界的学术交流合作做出了重要贡献。

1. 坚持按现代科学探矿思想对主矿区进行深入勘探，并加强外围普查找矿

铜官山铜矿是一个早已享有盛名的老矿山，中国有名的“铜都”，古地名、古采坑、古冶迹、古史料不少，就是对矿的形成和品质、规模知之甚少。郭宗山在担任中央地质部321地质勘探队地质科长期间，参与领导铜官山等铜矿勘查，与同事们一道出色地完成了中央下达的任务，提交了国家急需的铜矿储量，为铜官山铜矿的建设和新中国铜业的发展做出了巨大的、历史性的贡献。他和同事们共同完成的相关地质勘探报告和勘探方法报告，以及其撰写发表的论文，对于后来长江中下游铁铜成矿带的大规模勘查、开发和研究起到了重要的铺垫、带动和指导作用。当时他们发现的一些矿点，以后经有关地勘单位进一步详查、勘探，证实有4处为大型铜矿，并伴生有可达工业品位的金、银等有益元素。据报道，其中有4个矿体含金较富，最大者金储量达11t，平均品位为5.5g/t。

2. 强调晶体结构学与晶体化学和矿物鉴定等矿物学基础研究

绝大多数矿物都是结晶质的，因此晶体结构学与晶体化学是矿物学及其研究的基础。每一种矿物都具有一种特定的晶体结构和一套特征的晶胞参数，因此矿物的

晶体结构特征的确定就成为矿物命名和鉴定至关重要的依据。郭宗山从留学剑桥开始，到调入研究所从事矿物学研究、培养研究生和组织年轻同事参加英国专家的结晶学讲座，一直到晚年的矿物数据库建立与研究，都始终重视和强调晶体结构学与晶体化学的研究。他的一位晶体结构学与晶体化学专业研究生，毕业后薪火相传地从事矿物晶体X射线衍射研究，并多有建树，曾任中国地质科学院矿床地质研究所矿物物理研究室X射线衍射研究组负责人。

在郭宗山的研究生涯中，矿物鉴定专著的翻译和编著花费了他的大量精力和心血，也是他科学成就的闪光点之一。他的译作和编著成果，不仅为自己和同事们的研究工作助力，而且也为广大中国地质矿物学工作者提供了有力的鉴定和研究工具。

3. 重视矿物数据库及其检索系统研究

目前人类发现和认识的矿物已达4500种左右，而每种矿物都有包括结晶学、物理、化学、光学、波谱等方面的四五十种数据，对于这些近乎“海量”的矿物和有关数据如何储存、检索和管理使用，就成为迫切需要解决的问题。矿物数据库的巨大容量和强力检索功能使地质矿物学工作者“如虎添翼”，他们不仅可以用它快捷、高效地对比研究和鉴定矿物，而且在使用过程中还能不断补充、改进和发展它，使之更臻完善。晚年，郭宗山与其年轻同事完成建立的“矿物数据库及其检索系统”，不仅是当时国内外最完整的矿物数据库，而且具有很好的示范作用和带动作用，具有重要的科学意义和实用价值。

4. 开拓和推动中国新矿物与矿物命名评审及管理工作

郭宗山是中国新矿物与矿物命名评审及管理工作当之无愧的开拓者和推动者。他在担任（中国）新矿物与矿物命名委员会首任主任委员和CNMMN委员及中国国家代表（首任）期间（1979～1990），牢记使命，团结同事，克服困难，宣传推介，勤奋工作，热心服务，严谨治学，为中国新矿物与矿物命名评审及管理工作做出了开创性贡献，为以后该项工作的进一步开展打下了良好的基础。正是由于他领导的中国新矿物与矿物命名委员会的出色工作，中国矿物学工作者发现的新矿物数占世界发现新矿物数的比重大为提高，越来越多的我国新矿物发现者登上国际矿物学论坛。

5. 人才培养

郭宗山非常重视人才培养。他先后共培养了4名研究生。他为人正直，待人宽厚，研究勤奋，治学严谨。他言传身教，教育学生做学问要兢兢业业，一丝不苟；做人要老老实实，善良正直。他的四位学生中，毕业后有两位是武警黄金地质研究所的高级研究人员；一位曾是留加访问学者、中国地质学会矿物学专业委员会秘书长和现任的国际矿物学协会中国国家代表；还有一位是留瑞士访问学者和国土资源部广州海洋地质调查局教授级高工，并曾任该地质调查局实验室技术负责人和战略研究室主任。

郭宗山先生个人生活极其简朴，晚年更省吃俭用，竭尽全力资助家乡贫困学生上学，积极向西南联大希望小学基金捐款。

三、郭宗山主要论著

郭宗山，杜恒俭. 1945. 河西山丹民乐地质矿产初报. 经济部中央地质调查所西北分所简报，26：1-12.

郭宗山. 1947. 甘肃临泽县板桥堡石膏矿. 地质论评，12（6）：591-596.

郭宗山. 1948. 瀚海系之经济价值. 地质论评，13（1）：139-141.

郭宗山. 1948. 南山系之时代范围. 地质论评，13（2）：251-253.

郭宗山. 1954. 铜官山矽嘎岩型铜矿的特征、评价和正确的勘探方法//中华人民共和国地质部 1954 年有色金属专业会议特辑. 北京：地质出版社：100-113.

郭宗山. 1957. 扬子江下游某些矽嘎岩型铜矿床. 地质学报，37（1）：1-9.

Kuo T S. 1957. The skarn type of metamorphic copper ore deposits in Lower Yangtze. Sci Sin，16：1105-1120.

特吕格. 1959. 造岩矿物光性鉴定表. 郭宗山译. 北京：地质出版社.

Kuo T S. 1962. A variety of cassiterite in pegmatite. Sci Sin，11（6）：821-836.

Kuo T S. 1963. On the phases of Nanling granite. Sci Sin，12（1）：121-136.

郭宗山，辛玉美. 1980. 透明矿物特征分类鉴定表. 北京：中国建筑工业出版社.

郭宗山，陈树荣. 1983. 两年来我国发现的新矿物和矿物译名修订工作的进展. 矿物学报，3（2）：78-79.

郭宗山，陈树荣. 1983. 经国际矿物协会（IMA）新矿物与矿物命名委员会（CNMMN）批准 1981 年发表的新矿物. 岩石矿物学杂志，2（1）：50-52.

郭宗山. 1983. 用比值法指标化 X 光粉晶衍射低级晶系 $d(A)$ 值. 岩石矿物学杂志，2（2）：26-39.

郭宗山. 1985. 近年来我国新矿物工作的回顾. 矿物学报，5（2）：93-96.

郭宗山，罗谷风，关雅先等. 1986. 经国际矿物协会（IMA）新矿物与矿物命名委员会（CNMMN）批准 1985—1986 年发表的新矿物. 岩石矿物学杂志，5（4）：344-345.

涅科，曼达令诺. 1987. 关于向国际矿物协会（IMA）新矿物与矿物命名委员会（CNMMN）提交新矿物程序与注意事项及矿物的命名原则. 郭宗山译. 岩石矿物学杂志，6（3）：252-278.

郭宗山，赵春林，王濮等. 1987. 经国际矿物协会（IMA）新矿物与矿物命名委员会（CNMMN）批准 1986 年发表的新矿物. 岩石矿物学杂志，6（4）：374-375.

郭宗山，叶庆同. 1990. 新矿物（1981—1988）. 中国地质科学院矿床地质研究所所刊，（第 1 号）：73-267.

郭宗山，郭月敏. 1997. 矿物数据库研究. 岩石矿物学杂志，16（Z）：172-175.

主要参考文献

宋学信. 1990. 中华大地探宝忙 矿物园里耕耘勤——庆祝著名矿物学家郭宗山先生从事地矿工作50年. 中国地质科学院矿床地质研究所所刊，第1号：6-7.

撰写者

宋学信（1939～），辽宁朝阳人，中国地质科学院矿床地质/矿产资源研究所研究员、研究室主任。长期从事金属和非金属矿床的地质学、矿物学和地球化学研究.

刘东生

刘东生（1917～2008），天津人。地球环境科学家，第四纪地质学家。1980年当选为中国科学院学部委员（院士），1991年当选为第三世界科学院院士，1996年当选为欧亚科学院院士。1942年毕业于西南联合大学地质地理气象学系。曾任中国科学院地质研究所和中国科学院地球化学研究所第四纪地质研究室主任，中国科学院西安黄土与第四纪地质研究室主任，中国科学技术协会书记处书记，中国科技馆馆长，中国科学院环境委员会副主任、主任，国务院环境办公室专家顾问组组长，中国第四纪研究委员会秘书长、主任，国际第四纪研究联合会（INQUA）副主席、主席。对古脊椎动物学、第四纪地质学、环境地质学、青藏高原与极地考察等科学领域多有建树，特别是在黄土研究方面做出了大量原创性的研究成果，使中国在古全球变化研究领域中跻身世界前列。他创立了新黄土风成学说，平息了170多年来黄土成因之争；他在国际上第一个以黄土-古土壤序列为代表的陆相沉积记录，证实了第四纪环境变化的多旋回理论；他是我国高山科考事业的奠基人之一，多次带队开展西部高山的综合科学考察，开创了将青藏高原隆起历史与东亚乃至全球环境演变过程联系在一起的、全新的研究思路，为地球系统科学研究提供了成功范例；他将地质科学的研究成果应用到环境问题，创建了我国环境地质学和环境地球化学研究基地；他还在古脊椎动物研究领域做出了杰出贡献，是我国鱼化石研究专家。曾4次获得国家自然科学奖一、二等奖，还获得陈嘉庚地球科学奖、中华绿色科技特别奖金奖、何梁何利基金科学与技术进步奖。2002年获泰勒环境成就奖，2003年获中国国家最高科学技术奖。2007年获欧洲地球科学联合会（EGU）“洪堡奖章”。

一、简　　历

刘东生，祖籍天津。1917年11月22日生于辽宁省沈阳市，2008年3月6日于北京逝世，享年91岁。

刘东生的父亲刘辑伍年轻时是铁路工人，后来自学成才，曾任沈阳附近的皇姑屯站站长。母亲来自农村，是一位宽厚仁慈的家庭妇女。父母特别重视对刘东生科学知识的教育和优秀品格的培养，要求孩子勤奋好学，刻苦努力，具有宽厚、谦虚的品格。当时日本帝国主义正蚕食、入侵东北，中华民族遭受蹂躏和蒙受羞辱，这在刘东生幼小的心灵中留下了深刻的印象。后来他在接受澳大利亚科学家 Jim Bowler 访谈时曾经提到，八九岁时，他目睹了日本军人横行霸道，对日军的暴行十分痛恨；每次放学路过为侵华日军人员的子弟开办的日本学校，都能听到日本青少年接受训练时发出的令人恐怖的喊叫声。日本军人的倒行逆施，使他从小就立志救国和强国。

1930 年，13 岁的刘东生离开出生地沈阳，回到祖籍天津，进入南开中学继续学业。在那里，刘东生接受了良好的教育，为日后的继续深造奠定了很好的基础。毕业那年，日军侵占了北京和天津，战争使他失去了就地上大学的机会，于是辗转跋涉，1938 年到达昆明，进入西南联合大学，并于 1942 年毕业。大学期间，他得了很严重的胃病。毕业后，他一方面去医院治疗，一方面积极参与抗日斗争，在战地服务团的美国空军招待所工作。大学毕业虽然没能立即实现科学救国的理想，但亲身参与抗日战争，使刘东生各方面的能力得到锻炼，为他日后的科研工作奠定了坚实的基础。

1945 年抗战胜利前夕，刘东生考入了当时在重庆的中央地质调查所，师从杨钟健教授研究古脊椎动物。新中国成立后，在中国地质工作计划指导委员会（地质部前身）任工程师，从事矿产资源调查和重大工程选址的地质研究等工作。1953 年中国科学院地质研究所成立，刘东生入地质所从事脊椎动物，特别是鱼化石的研究。他与潘江合作完成了《南京附近五通系泥盆纪鱼化石》。1954 年李四光、侯德封等推动在中国科学院地质研究所成立了我国第一个第四纪地质研究室，他就长期在第四纪研究室工作，先后任副主任，主任，1956 年晋升为研究员，开拓了我国第四纪地质研究事业。从 1955 年开始，他组织并参与黄河中游水土保持综合考察队的工作，完成黄土高原 10 条大断面的调查，并通过大量野外资料和室内分析数据，完成了《黄河中游黄土》、《中国的黄土堆积》、《黄土的物质成分和结构》等专著。20 世纪 60 年代起，先后组织、领导了希夏邦马峰（1964）、珠穆朗玛峰（1966）、托木尔峰（1978）和南迦巴瓦峰（1984）的综合科学考察，组织编写了多卷本的科学考察报告。

刘东生 1980 年当选为中国科学院学部委员（院士），1991 年当选为第三世界科学院院士，1996 年当选为欧亚科学院院士，1987 年被授予澳大利亚国立大学名誉科学博士，1995 年被授予香港岭南大学名誉法学博士。

刘东生被他的同事戏称为“获奖专业户”，早年他就获得了中国地质学会马以思奖（1947），竺可桢野外科学奖，李四光地质科学奖荣誉奖。1982 年、1987 年、1991 年、2000 年 4 次获国家自然科学奖一、二等奖，3 次获中国科学院自然科学奖一等奖，1 次中国科学院科技进步奖特等奖和 1 次贵州省科技进步奖一等奖。1989 年获陈嘉庚地球科学奖，1993 年获中华绿色科技奖特别金奖，1995 年获何梁何利基金科学与技术进步奖，2002 年荣获国际著名的泰勒环境成就奖，2003 年获中国国家最高科学技术奖，2007 年获欧洲地球科学联合会（EGU）"洪堡奖章"。

刘东生曾任第五届全国政协委员，第六届、第七届全国人民代表大会常务委员会委员，人大教科文卫委员会委员。

二、主要科学研究成就、学术思想及其影响

刘东生是进入国际著名科学家殿堂的少数中国科学家之一。1999 年在南非召开的第 15 届国际第四纪研究联合会（INQUA）大会上，时任 INQUA 主席的美国人 Stephen Porter 列举出国际第四纪学术界 100 多年来杰出的 10 多位科学家时，刘东生赫然在列。澳大利亚科学家 Donald Walker 在谈到 20 世纪 80 年代中澳第四纪研究的合作计划时，不吝赞美之辞："要是没有刘东生的科学创新精神、丰富的学识和超强的能力，（中澳合作）一切就远不会获得如此巨大的成功，而现在合作的成果很多是顶级的。"国际地圈-生物圈计划古全球变化（IGBP-PAGES）项目的科学指导委员会的主席 Oldfield 教授撰文评价说，刘东生是中国黄土古环境研究之父，他的研究在国际学术界所受到的尊重，是无论怎么评价都不为过的。

（一）主要科研成就

1. 黄土"新风成说"的创立者

黄土是分布于全球温带干草原环境的粉砂质沉积物，是第四纪时期一类特殊的沉积物。广泛分布于世界各大洲，尤其是中亚、中欧、南北美洲。中国的黄土高原以黄土分布连续、厚度大、地层完整而最具特色。对黄土的成因，长期以来有着复杂而激烈的争论。比较有代表性的学说有水成说、风成说和就地成壤说。早在 19 世纪时，德国学者李希霍芬就提出黄土物质是风力搬运来的，这种看法就是早期的风成说，可以说李希霍芬是风成说的鼻祖。另外一些学者则根据黄土沉积的分布常有一定的极限高度，以及一些地方的黄土剖面中常见有流水作用痕迹，提出黄土是流水搬运的沉积物。习惯上，这种学说就被称为水成说。再一种比较有影响的观点，认为黄土是岩石经过深度风化，就地成壤形成的沉积物。其依据就是黄土覆盖在各

种类型的岩石之上，通常称其为就地成壤说。虽然还有其他的成因学说，但是由于这三类学说或多或少与观测事实相符，就比较有影响力。

黄土成因是自黄土的概念提出直到20世纪50年代第四纪研究的重要课题。从20世纪50年代中期起，根据国家经济建设的需要，针对黄土成因这一基本科学问题，刘东生组织了数十位年轻的从事第四纪研究的工作者，在我国黄土高原作了十条大断面的野外考察。考察队员徒步行走，靠租用毛驴来驮行李与标本，条件十分艰苦。通过在野外建立的上百个地质剖面，获得了大量第一手资料。根据十条大剖面，编制了中国黄土分布图，确定了各地区黄土分布的高程、各地黄土剖面的地层结构、黄土沉积与古地形，以及与下伏基岩的关系等。同时采集了大量样品，分析它们的粒度分布、矿物组成、元素地球化学特征以及水文和工程地质性质，获得了多方面新证据。它们总体上说明，中国黄土是分布在沙漠的外围、粒度从西北往东南逐渐变细、黄土的矿物成分和化学成分在整个黄土高原具有很好均一性的一类沉积物。

考察的证据表明，黄土沉积的顶面高度在比较小的范围内具有一定限度，而且比较一致，但整个黄土高原则相差甚巨；在河谷等较低地貌部位，黄土剖面的底部确实有流水作用的痕迹，但广泛分布在其他地貌部位的黄土，尤其是黄土塬上的黄土，岩性均一，完全不具有流水作用痕迹；如果黄土本来就是在水中的沉积，那么黄土遇水湿陷的性质也就无法理解了，显然水成说是无法解释中国黄土成因的。黄土确实可以分布在各类不同的岩石之上，如果它是由下伏的基岩就地风化而成，那么黄土与基岩之间的界面就应该是逐步过渡的，但十条大断面调查所观测的黄土剖面，与下伏基岩的界面基本上都是突变而不是渐变的，这样的事实显然也不是就地成壤学说所能解释的。所有这些证据表明，黄土成因的水成学说和就地成壤说与观测事实和实验结果不符。黄土在分布上与沙漠的紧密联系，黄土粒度从西北向东南的逐渐变细，黄土粒度组成与风力搬运能力的粒级十分接近，黄土矿物和元素组成的高度均一性，以及黄土的地层结构在空间上可以很好地对比等证据表明风成说最好地解释了各种观测事实和实验结果，原始的黄土物质确实是由风力搬运而来。如果研究工作只是停留在这一层面，那无非只是为李希霍芬的风成说提供了更为翔实的证据，又落入风成说的窠臼。难能可贵的是刘东生并没有就此止步。他不断地发问：原始的粉尘是怎样产生的？搬运这些粉尘的气候条件和环流形势又是如何？风力搬运的粉尘应该在下风方向到处都有分布，为什么只在黄土高原形成巨厚的黄土堆积？粉尘能堆积并保留下来的特定环境又是什么面貌？黄土不同于自然沉降粉尘，那么从粉尘到黄土的后生转变过程又该如何？他不但不断提出问题，还不断研究探索。功夫不负有心人，在解决了这一系列问题之后，一个有别于李希霍芬的“风成说”，全新的黄土“新风成说”就应运而生了：证明黄土的原始物质与沙漠同源；指出季风环流和西风带对粉尘扬起和搬运的作用；强调水汽对粉尘物质沉降的作用；特定的干草原环境使粉尘得以保留且在黄土化过程中形成特殊的结构；对历史时期“雨土”记录和现代尘暴过程降尘的进行了对比研究。

黄土的新风成说，有几大方面的突破。首先是概念的扩展，过去李希霍芬只强调风力搬运堆积这一过程，而刘东生的风成概念包括了黄土原始颗粒的产生、黄土物质的搬运与堆积的过程与环境条件，以及黄土堆积后成壤、成岩作用这一全过程。第二是时代的延伸。李希霍芬只强调黄土高原的顶部，即后来德日进和杨钟健所命名的“马兰黄土”是风成成因，而刘东生则证明黄土高原整个第四纪时期的沉积（包括德日进和杨钟健所命名的“红色土 A，B，C”）都是黄土。第三是认定原先“红色土 A，B，C”中所谓的“红色条带”是第四纪地质时期的“古土壤”，这一见解与土壤学家朱显谟是同时分别提出的。在黄土剖面中鉴别出古土壤，认为典型的黄土和古土壤是形成于不同的环境条件之下，对后面要讨论的第四纪气候变化多旋回理论的确立有着非同寻常的意义。黄土的沉积过程与我们现在看到的沙尘暴一样，是逐渐地从沙漠里面搬运出来，在黄土高原慢慢沉积下来，也就说，黄土是几百万年来一次次沙尘暴的叠加，它的沉积过程同时记录了环境变化的信息，黄土的新风成学说为从黄土沉积中提取环境变化信息奠定了基础。

刘东生黄土新风成学说的思想最早体现在《黄河中游黄土》、《中国的黄土堆积》和《黄土的物质成分和结构》等三本专著中，而集大成者则是后来出版的《黄土与环境》（1991 年获国家自然科学奖二等奖）。黄土的新风成学说是在吸收了前人各种黄土学说的合理内核的基础上发展的系统完整的论述，一经提出就在国际上得到广泛承认，它严密的科学性使得关于黄土成因的争论戛然而止。2006 年，英国莱切斯特大学著名的黄土研究专家 Smalley 教授在《自然地理学进展》（*Progress in Physical Geography*）杂志上撰文介绍刘东生于 1988 年出版的 *Loess in China* 一书时，开宗明义地说：“这是一本经典的著作，在很多方面有所创新……它使得刘东生被置于世界上最杰出的黄土研究专家的位置。”作为国际上黄土研究史的权威专家，Smalley 认为刘东生位于全世界黄土研究的 12 位杰出科学家之最前列。

2. 第四纪气候“多旋回学说”的奠基人

从 19 世纪晚期到 20 世纪初期，欧洲科学家通过阿尔卑斯山地区的冰川作用和冰川沉积物研究，划定了贡兹、民德、里斯、武木四次寒冷时期（称为冰期）和每两个冰期之间的温暖期（称为间冰期），这四次冷暖的交替，地质学上称为旋回，“四次冰期-间冰期旋回理论”一直是地学界认识第四纪气候、环境变化的基本模式。这个模式后来得到北美、欧洲大陆冰川沉积物研究的支持，更成为牢不可破的经典，亦深深地影响了中国的地学界。当时世界各国的第四纪地质学家都热衷于从其研究区域中寻找与这四个冰期相对应的沉积记录，在李四光通过对庐山第四纪冰川作用和冰期的研究划分出鄱阳、大姑、庐山三次冰期后，又有科学家在西部地区定义了更新的大理冰期，使之与阿尔卑斯四次经典冰期相对应。

前面提到，刘东生对中国黄土沉积记录的研究中，将黄土沉积划分为两个基本地层单元，一是灰黄色层，二是红棕色层。灰黄色层是狭义的黄土层，红棕色层即古土壤层。在中国黄土研究初期，在黄土地层（当时称为“红色土 A，B，C”）中出现的红色条带究竟代表什么，并不为人所知。刘东生与其同事通过薄片观察、化学成分、黏土矿物、孢粉组合分析等一系列的深入研究，认识到这些灰黄色层是典型的风成黄土堆积，它们是在干旱、寒冷的气候条件下的产物；而红棕色层为古土壤，是在相对潮湿、温暖的气候条件下由风成沉积物经过改造和成土作用发育而成。在中国黄土地层中，这样的黄土层和古土壤层相互交替，均多达数十层，表明第四纪时期气候变化发生的次数远远超过四次。如此频繁的冷暖波动，无疑是无法用经典的四次冰期-间冰期旋回的模式来解释的。1958 年，刘东生及其合作者将陕西、山西的黄土研究结果发表在国内出版的英文刊物 *Science Record* 上，文章刚发表，德国的一位科学家即将其翻译成德文，刊发在 *Geologie* 上，将这一重要的成果介绍给欧美同行。1961 年，INQUA 在波兰华沙召开学术大会，刘东生（与张宗祜合作）在大会上作了题为“中国的黄土”的学术报告。中国黄土记录的第四纪时期多次冷暖和干湿的气候波动引起与会者的高度重视。第四纪时期多旋回气候变化的理论得到广泛接受，它可以简单地归纳为：第四纪环境变化为频繁的、周期性的冷暖交替。多旋回理论取代经典的四次冰期-间冰期旋回理论，是全球第四纪地质学和环境地质学研究历史上的一次重大革命，刘东生和他领导的研究集体，为这次革命做出了重要的贡献，成为这一理论的奠基人之一。在该理论基础上发展的冰期地球轨道控制理论被美国自然科学研究会评为最近几十年以来地球科学 4 项重大进展之一。Oldfield 教授在 1998 年撰文指出：“1961 年，在他（刘东生）出席国际第四纪大会时，通过典型黄土剖面的研究，就指出第四纪气候变化有远比原先视为经典的四次冰期要多得多的冰期-间冰期旋回”。曾任 INQUA 黄土委员会主席的 Smalley 教授亦在 2000 年撰文指出：“1961 年在波兰召开的第 6 届 INQUA 大会是一个重要的转折点。在这个会议上，中国科学家报告了黄土的成果……中国科学家显然走在了前头”。

3. 全球变化“国际对比标准”的建立者

20世纪80年代，全球变化研究成为第四纪地质学和环境地质学关注的热点。全球变化研究就是要在全球与区域尺度上，了解环境是怎么变化的，以及为什么会变化。这里面包含科学家们所关注的诸多科学问题：气候系统是如何演化的？气候变化的幅度有多大？是否有周期性？驱动不同时间尺度气候变化的原因是什么？气候为什么有突变现象？在不同的气候背景下全球不同地区有什么样的生态格局？气温同 CO_2 浓度有什么样的关系？海平面升降的规律和控制因素是什么等。第四纪时期的气候变化信息保存在不同的沉积物之中，科学家的任务是从不同的沉积物中提取出这些信息，完整地恢复这个时期气候变化的历史，掌握其变化规律，并理解其变化机制。在这样的背景下，全球变化研究者围绕海洋沉积、黄土沉积、湖泊沉积、冰芯、石笋、树轮、珊瑚等记录，做了大量的研究工作。刘东生通过对中国黄土的系统研究，完整地重建了250万年以来环境变化的历史，获得了迄今为止全球唯一完整的陆相沉积记录，并将这个变化历史同地球轨道参数变化做了因果关系上的联系，同时探讨了东亚气候变化同全球冰盖大小变化、海平面变化等方面间的动力学联系。这方面的成果，主要反映在1985年出版的中英文专著《黄土与环境》上。专著在中国出版后，应德国科学家的要求以 *Loess in China* 为题由 Springer-Verlag 出版公司再版，这项研究成果，受到广泛的好评。国际上的有关科学家对此非常钦佩。华盛顿大学的 Busacca 教授在一篇书评中就这么写道：“曾多少次，地质学家以及那些努力探索第四纪历史的学者们渴望着一个在完整性、时间跨度和详细程度可以与深海岩心相媲美的陆相岩石记录。我们多年地苦苦奋斗，去识别、去对比、去定年，着眼于那总共才占第四纪时期一小部分的四五个冰碛垄。我们怎能想到刘东生等对中国的（约）200m厚、含30多层古土壤以及无脊椎、脊椎动物和早期人类化石的风成沉积的研究，竟然建立了整个第四纪时期的丰富记录！”黄土记录发表后，全球其他记录纷纷与之比较、验证，一些在西方出版的教科书，如美国的 *Paleoclimatology*（《古气候学》）和澳大利亚出版的 *Quaternary Environments*（《第四纪环境》），都将这部分成果编入其中。

黄土、深海沉积、极地冰芯的记录已成为全球环境变化的三大国际对比标准。2002年度泰勒环境成就奖评奖委员会就刘东生获奖发表评价说：“自然界把它的环境变化写入了三本天书中，一本是深海沉积物，一本是极地冰芯沉积，另一本就是中国的黄土沉积……刘东生在半个世纪的不懈努力中，和他的同事们一起开启了这三本天书中的一本——中国的风成黄土沉积。”

4. “青藏高原隆升与环境演变”研究新思路的开拓者

刘东生是中国高山科学考察事业的奠基人之一。早在20世纪60年代初，他作为副队长协助队长施雅风先生一起领导了在我国高山科考史上具有重要地位的希夏邦马峰地区综合科学考察，成果在1964年北京科学讨论会上交流，获得了巨大的成功。随后，他作为队长又先后领导了对珠穆朗玛峰、托木尔峰、南迦巴瓦峰等一系列大规模、多学科的综合考察。高山和高原综合考察通常涉及地质、大气、植物、动物、水文、矿产、冰川等众多学科。通常，无论国内还是国外，鉴于恶劣的自然条件，综合考察的目的无非就是收集资料，完成各个专业的考察报告。但刘东生还想得更多，他的脑子里装着中国黄土所记录的第四纪气候变化，他要把青藏高原的研究同黄土高原的研究结合起来。他惦记着第四纪的气候变化为什么既有波动性又有趋势性；他惦记着为什么在黄土记录中颇具特征的第五层古土壤时期的状况在深海找不到对应的变化；他惦记着中国北方，特别是西北地区的气候为什么在第四纪时期变得越来越干旱；他惦记着对东亚现代环境格局有着重要影响的东亚季风是怎样演化的？他意识到，这一切可能与青藏高原的阶段性隆升有着紧密的联系。因此他作为考察队队长，在20世纪六七十年代组织青藏高原的综合考察时，就提出“青藏高原隆起及其对自然环境和人类活动影响的综合研究”这一研究课题，试图将青藏高原隆升历史与环境演变历史结合起来。尽管表面上看起来只是一个科研题目名称的改变，但实际上这反映了学术思想的飞跃。基于这样的先进思想，刘东生主持编写的几次科学考察的几十卷科学考察报告，以及他作为秘书长全力主持的首届青藏高原国际学术讨论会（1980）就具有不同的特色。对于刘东生在这方面的学术贡献，英国伦敦大学的Derbyshire教授曾在一篇文章中予以总结，他认为刘东生的重要贡献有三：一是第一个发现第四纪初期青藏高原发生过快速隆升的证据；二是认识到青藏高原隆升与大气环流变化的密切联系；三是认识到在青藏高原隆升背景下，东亚季风变化与全球冰量变化逐步耦合的关系。首届青藏高原国际学术讨论会，得到了国内外学者的高度评价，为改革开放之初的祖国赢得了荣誉，也为后来的青藏研究的国际合作奠定了基础，美国Smithonion研究院主任S. Dillon Ripley教授在大会后代表与会外国专家，在写信给时任副总理的方毅时说：“我们特别要请方毅院长注意的是讨论会秘书长刘东生教授全身心的投入和孜孜不倦的努力，要是没有他对各相关领域的科学事业持之以恒的支持和无私奉献精神，讨论会绝不可能取得如此巨大成功。我们期待他主编的讨论会论文集这一重要出版物能尽快出版，并对刘东生以及他的同事在这方面的工作即将取得成功表示祝贺。”

5. 地质科学研究转型的倡导者和引路人

早在 20 世纪 60 年代，也许是第四纪地质与环境有着密切的“血缘”关系，刘东生敏锐地感觉到，环境问题会是 21 世纪全球经济和社会可持续发展的主要障碍，而环境问题的本质是地球环境的自然演化过程受到了人类活动的严重干扰。他认为环境问题中很大一部分是地球科学应该研究的问题。但是当时正值“文化大革命”，正常的科研工作无法开展。当中国科学院地球化学研究所的几个年轻人倡导进行生物地球化学的研究，开展对克山病、大骨节病等地方性疾病调查和防治时，刘东生以他敏锐的嗅觉，感知到地质学研究正在发生重大转型，于是因势利导，积极参与其中，从地质环境的角度对克山病等地方性疾病的病因提出“水土病因”的看法。随后，又结合官厅水库的环境污染问题，开展了环境污染的调查和环境质量评价等课题的研究。紧接着这一课题又延伸到北京西郊的污染和环境质量等研究。在开展这些项目与课题研究的同时，刘东生逐步确定研究方向，归纳科学问题，积累基础资料，探索研究方法，培养优秀人才，为后来环境地学研究做好了充分的准备。到 20 世纪 70 年代，基础科学研究逐渐得到重视，刘东生当机立断提出了开展环境地学研究的建议，撰写了《环境地质学的出现》、《当前环境科学中的若干课题》、《环境污染问题与地学工作者的任务》和《磷肥与环境保护问题》等一系列科学论文，并在中国科学院地球化学研究所适时成立了环境地质学研究室、环境地球化学开放实验室，创立了我国最早的环境地学研究系统。刘东生为我国环境地学研究从一开始就能紧跟国际发展潮流发挥了巨大作用，他也成为我国地质科学研究转型的积极倡导者和引路人。

另外一个反映地质科学转型的国际重大科学活动，就是 20 世纪 80 年代开始的“国际地圈-生物圈计划（IGBP)”，即“全球变化计划”。这个计划在空间上把大气、海洋和陆地的各种过程相互联系起来，在时间上重视过去、现在和未来研究的结合，体现了地质科学的转型。由于长期从事中国黄土研究，刘东生适时转移了黄土的研究方向，将中国黄土-古土壤序列建成为全球变化的“国际对比标准”，为 IGBP 中的核心计划之一“古全球变化（PAGES)”做出了重要贡献。刘东生还多年担任 PAGES 的国际科学指导委员会的成员和中国 PAGES 负责人，为我国在这一国际研究项目中处于前列做出巨大贡献。

（二）主要学术思想

2002 年在美国参加泰勒环境成就奖颁奖典礼的现场，与评奖委员会的成员——

哈佛大学米切尔（R. Mitchell）教授交谈中，刘东生议论起一个成功科学家的基本素质，归纳起来主要有：扎实、深厚的知识积累功底；符合国际学术发展潮流的创新性、领先的学术思想；持之以恒、坚韧不拔的意志；宽厚的待人处事的团队精神。除此之外，还强调了颇具中国式的一点，就是“另一半”的全力支持。在南开和西南联大的学习生涯，为刘东生奠定了扎实深厚的基础，但他更为注重之后的继续学习。刘东生在《院士自述》中记述了他刚到中央地质调查所时的一件小事。他习惯于每天晚上在实验室阅读。一个寒夜，杨钟健先生发现他正在苦读齐特尔的古生物教科书，很为这个年轻人的治学精神感动，就说，“这本书像本字典，难读，但很有用处”，并当即开始而且每晚讲解一段该书。刘东生自己的苦读，加上杨钟健的精心点拨，很快就啃下了这本经典之作。如果没有刘东生这种挑灯夜读、孜孜以求的精神，没有杨钟健的悉心指教，刘东生不一定能成为我国鱼化石研究的一流专家。再如刘东生当年参加黄河中游考察结束后，除了完成考察报告之外，还整理出三本黄土专著，可见持之以恒、坚韧不拔的意志对科学家的成功是何等重要。当前的地球科学，为解决一个科学问题，从野外到室内，浩瀚的工作量已经不是一个人关起门来就能完成的，需要有一个能互相配合的团队。在刘东生获得国家最高科学技术奖后，曾组织过一次学术思想讨论会，会议邀请了各个时期与刘东生在第四纪地质和环境地质领域同室工作过的同事，结果盛况空前，除了因身体原因缺席的外，几乎前前后后所有合作者都踊跃从国内各地赶来参加，一位远在国外的室友专程回国与会，整个会议气氛热烈，大家争相发言，共同回顾了与刘东生一起攀登地质科学高峰的愉快经历。没有刘东生宽厚的待人处事的团队精神，就没有如此热烈的氛围。刘东生夫人胡长康的全力支持也是刘东生成就事业的重要保障。1955年，刘东生与毕业于南开大学生物系的胡长康结为伉俪，由于两人都从事野外工作，向来是聚少离多。尤其在刘东生远离家人内迁三线到贵阳地球化学研究所开拓事业的时候，胡长康默默承担了扶老携幼、独立支撑家庭的责任，给予刘东生全力的支持。刘东生每次有机会路过北京作短暂停留时，母亲、妻子和子女都期望能有更多相聚的时间，但他很少有时间共享天伦之乐，而是一头扎进图书馆，如饥似渴地查阅贵阳看不到，或者能看到但时间要晚很多的国外学术刊物以能第一时间把握国际学术发展的动向。

刘东生注重学术思想的创新。关于中国黄土的成因研究，如果仅仅停留在认为黄土原始物质是风力搬运而来的，那么，刘东生不过是中国版的李希霍芬。但是刘东生没有止步于此，他以收集到的资料为基础，在接受原地成壤说中的一些合理内核后，将黄土原始物质形成、扬尘和搬运的天气条件、粉尘沉降过程、沉积环境和保存条件、粉尘沉积以后的变化的研究连成一体，从而形成了源于李希霍芬又大大超过李希霍芬的“新风成学说”。“新风成学说”的提出，已经先于20世纪80年代末兴起的“地球系统科学”思想，将岩石圈、大气圈、水圈和生物圈的相互作用联系了起来。在研究青藏高原时，他同样将固体岩石圈演化同地表各圈层演化和相互作用结合起来。刘东生的前瞻性和深邃的科学洞见性，令后学者由衷钦佩。

刘东生注重理论联系实际，关注基础研究为国民经济建设服务，关注研究成果的社会应用价值。事实上，他最早开始黄土研究，是从如何防治黄土高原水土流失开始的。他的环境地质研究，也是通过地方病水土病因（微量元素与人体健康的关系）和环境污染的调查研究开始的。他的研究成果也为国民经济发展和人民生活发挥了巨大的作用。黄土高原区植被演化的历史研究，关系到国家治理黄土高原的方针究竟是“退耕还林”还是“退耕还草”。刘东生带领队伍，通过对黄土高原不同地区、不同时代的样品采集，分析了孢粉组合、植硅体组合以及土壤微形态等，获得明确的结论：黄土高原除南部有限区域外，过去15万年来，塬面上的自然植被以草本为主，而树林只在沟谷与基岩山地上出现。于是他建议黄土高原治理应以“退耕还草”为主。

刘东生还是当之无愧的教育家。70年代后期高考制度恢复后，他一直坚持给本科生、研究生授课，即使年近90，他还坚持站着讲课，并且一站就是几小时，对这一点，听过他授课的学生均十分钦佩。在培养青年科技人员和学生时，他从来不宥于自己的所长，让后人跟着他亦步亦趋，而是选择他所不能，聘请国内相关领域的专家学者与他一起共同培养。他总是鼓励手下的青年科技骨干和学生到世界各国的著名实验室，吸纳国际一流学者的先进学术思想和先进实验技术。他不屑于人才选拔上的“近亲繁殖”，而是广招天下贤士，他的团队常被人称为“多国部队”，有留学美、英、法、德、加、比、日、澳等发达国家的学者，也有国内培养的精英。刘东生曾在许多国际学术组织任职，在科技外交领域广交朋友，可谓是一位优秀的外交家。许多国际同行谈起刘东生，无不对他的和善、谦虚、平实的性格交口称赞。他也充分利用这一资源优势，凡是国际著名的专家学者来华，他总邀请他们来做学术报告，开阔了他的团队成员的眼界。正因为如此，他的不少学生已成为本领域的研究骨干。

刘东生的广博学问和人格魅力获得了国际同行的高度信任。1982年，我国首次以正式成员身份参加在莫斯科举行的第11届INQUA大会，他当选为INQUA副主席，在以后的17年中，他以副主席、主席、前主席等身份，一直在INQUA执委会中任职，这在INQUA历史上是绝无仅有的。

2004年春天，胡锦涛主席在人民大会堂将2003年度国家最高科学技术奖的证书庄重地授予刘东生时，全场响起了雷鸣般的掌声，这代表了祖国与人民对他孜孜不倦、努力奋斗的精神与所获得的巨大成就的充分肯定和高度礼赞！

三、刘东生主要论著

刘东生，潘江. 1958. 南京附近五通系泥盆纪鱼化石. 中国古生物志，新丙种，第15号.

Liu T S，Wang T M，Wang K L，et al. 1959. Die Verbreitung les Löβ in den Provinzen Shansi und Shensi (Gebiete des mittleren Huangho，China). Geologie，8 (2)：123-130.

刘东生，张宗祜. 1962. 中国的黄土. 地质学报，42 (1)：1-14.

刘东生等. 1964. 黄河中游黄土. 北京：科学出版社.

刘东生等. 1964. 中国的黄土堆积. 北京：科学出版社.

刘东生等. 1965. 黄土的物质成分和结构. 北京：科学出版社.

Heller F，Liu T S. 1982. Magnetostratigraphical dating of loess deposits in China. Nature，300：431-433.

刘东生等. 1985. 黄土与环境. 北京：科学出版社.

Liu T S. 1988. Loess in China (second edition). Beijing：China Ocean Press；Berlin，Heidelberg：Springer-Verlag.

丁仲礼，刘东生，刘秀铭等. 1989. 250万年以来的37个气候旋迴. 科学通报，34 (19)：1494-1496.

Liu T S，Ding Z L. 1993. Stepwise coupling of monsoon circulations to global ice volume variations during Late Cenozoic. Glob Planet Change，7 (1-3)：119-130.

Liu T S，Ding Z L，Yu Z W，et al. 1993. Susceptibility time series of the Baoji section and the bearings on paleoclimatic periodicities in the last 2.5 Ma. Quat Int，17：33-48.

Liu T S，Guo Z T，Liu J Q，et al. 1995. Variations of eastern Asian monsoon over the last 140，000 years. Bull Soc géol France，166 (2)：221-229.

Liu T S，Liu J Q，Han J M，et al. 1995. Quaternary research in China and global change. Episodes，18：54-57.

Liu T S，Guo Z T，Wu N Q，et al. 1996. Prehistoric vegetation on the Loess Plateau：steppe or forest. J Southeast Asian Earth Sci，13 (3-5)：341-346.

Liu T S，Ding Z L. 1998. Chinese loess and the paleomonsoon. Annu Rev Earth Planet Sci，26：111-145.

Liu T S，Ding Z，Rutter N. 1999. Comparison of Milankovitch periods between continental loess and deep sea records over the last 2.5 Ma. Quat Sci Rev，18 (10)：1205-1212.

刘东生，施雅风，王汝建等. 2000. 以气候变化为标志的中国第四纪地层对比表. 第四纪研究，20 (2)：108-128.

Liu T S，Zhang X S，Xiong S F，et al. 2002. Glacial environments on the Tibetan Plateau and global cooling. Quat Int，97/98：133-139.

刘东生，韩家懋，张德二等. 2006. 降尘与人类世沉积——I：北京2006年4月16～17日降尘初步分析. 第四纪研究，26 (4)：628-633.

主要参考文献

刘东生. 1996. 科学家的责任感//中国科学院院士联合办公室. 中国科学院院士自述. 上海：上海教育出版社：

141-145.

Smalley I J. 2006. Liu Tungsheng 1988：Loess in China（second edition）. Beijing：China Ocean Press，Berlin：Springer-Verlag，224 pp. Prog Phys Geogr，30（5）：673-676.

丁仲礼，朱日祥. 2007. 锦绣文章傲群伦 精博学问育桃李. 第四纪研究，27（6）：911-914.

Bowler J. 2007. Professor Liu Tungsheng：Australian- Chinese Quaternary connections. Quat Aus，24（2）：2-10.

撰写者

韩家懋（1942～），浙江余姚人，研究员。长期从事第四纪黄土黏土矿物、稳定同位素和岩石磁学研究。

丁仲礼（1957～），浙江嵊州人，中国科学院院士，中国科学院副院长。长期从事新生代地质和环境研究。

关士聪

关士聪（1918～2004），广东南海人。区域地质学家，石油地质学家。1980年当选为中国科学院学部委员（院士）。1940年毕业于西南联合大学地质地理气象学系。曾任经济部地质调查所调查员、技佐、技士，地质部内蒙古桌子山地质队队长兼主任工程师，地质部石油地质局总工程师。1982年后任地质矿产部科学技术顾问委员会委员、科学技术高级咨询中心咨询委员。早年在甘肃、云南、新疆等地从事区域地质矿产调查，发表了《甘肃中南部地质志》等重要著作。新中国建立初期，在辽宁、吉林、山东、内蒙古等地从事地质工作，对内蒙古桌子山煤田的开发和煤都乌海市的建立做出了贡献，被誉为“乌海市的奠基人”。从20世纪50年代中期起，他主要从事油气地质勘查和研究，对我国大庆、胜利、华北、江汉、苏北等油气田的发现与开发做出了重要贡献，是“大庆油田发现过程中的地球科学工作”这一国家自然科学奖一等奖的获得者之一。他的代表作有《中国新生代陆相沉积盆地与油气》、《中国含油气区地质与生油层系特征》、《中国古海域沉积相与油气》、《中华人民共和国石油地质图集》、《亚太地区沉积盆地中国部分地层对比图集》等。这些著作和图件对生产、科研具有很大的指导意义。在油气地质学方面，他提出了“石油地层学”的概念。在沉积学方面，他致力于沉积相与油气关系的研究，并取得了重要成果。

一、简　　历

关士聪，曾用名关山，陈军。1918年1月3日生于广东省南海县南畔村，2004年4月5日于北京病逝，享年86岁。

关士聪出生在一个乡村医生家庭。幼年时期，父亲在京汉铁路任职，他随父亲辗转各地。他聪颖好学，1922年秋，他才4岁多就发蒙，在河南信阳第三师范学校附属小学就读，后又转学到河南郑州扶轮小学。1929年秋，他考入天津南开中学，不仅学业成绩优异，而且思想进步，参加过左翼作家联盟组织的读书会。初中三年级时，九一八事变爆发，他又积极投身到抗日救亡运动的洪流中。

1935年，关士聪以优异成绩考入北京大学地质系本科，那里师资力量很强，学习条件很好。他最初抱着科学救国的愿望，发愤读书。但是，在日本帝国主义侵略势力步步紧逼、中华民族处于生死存亡关头的形势下，他与宋应、陆平、吴磊伯、袁宝华等积极投入“一二·九”爱国学生运动，虽然他年龄偏小，被大家亲切地称为“小关”，但他却在斗争中表现出色。关士聪于1936年春加入中国共产主义青年团，同年秋加入中国共产党。

1937年七七事变后，抗日战争全面爆发，关士聪离开学校，到济南、武汉等地从事抗日救亡工作。尔后他去湖南长沙，进入由北京大学、清华大学、南开大学三校合组的临时大学继续学习。1938年春随该校师生迁往云南昆明，同时学校改称西南联合大学。

1940年毕业于西南联大地质地理气象学系的关士聪（其毕业论文是与同班同学杨登华合著的英文稿《云南滇池附近地质志》）考入位于重庆的经济部地质调查所。刚报到不久，就和已有3年工作经验的学长叶连俊到少数民族聚居区（现甘南藏族自治州）从事地质调查。当时那里一切都很原始、落后，他们经费紧缺，又没有先进的仪器，只有靠两条腿踏勘岩石露头，靠数步子估计距离来测地质剖面。他们在那里工作了大半年，没有星期天和节假日，连元旦、春节都在老乡家里度过。他们有时连食盐也吃不上，营养不良，浑身困乏，但仍以顽强的毅力完成了任务。后来，他们写成《甘肃中南部地质志》，在《地质专报》出版。

1943年，地质调查所西北分所成立。关士聪与宋叔和也参加了该分所的工作，被派到新疆从事地质调查。他们专门去请教了原西南联大的老师袁复礼教授，袁老给他们提供了重要的文献资料，又向他们详细介绍了新疆的地质情况，鼓励他们努力工作，为祖国争光。他们遵循袁老的教导，排除万难，横穿人烟稀少、条件艰苦的东天山，测绘了路线地质图，这为黄汲清、曾鼎乾、朱夏等编制第一幅1∶300万中国地质图的天山部分提供了当时唯一的依据。他们又特别调查了新疆温宿县钨矿、精河县铜矿、鄯善县锰矿、博尔喀拉森铅矿、托克逊盐矿和八道湾、七昌湖、三道岭等地的煤田，编写了很多简报、专刊。这些可贵的成果为进一步寻找矿产资源做出了重要贡献。

刚解放时，关士聪与王钰等奉派去四川、甘肃，为天成铁路（后改为宝成铁路）建设进行水文地质工程地质调查，后来写成了《天成铁路地质勘探报告》。

1950年，关士聪参加了以李春昱为首的东北地质矿产调查总队。他与侯德封、刘东生等去辽宁清原县和吉林磐石县调查金矿、铜矿，他们提交的报告有很多新的发现，并且更正了以前日本地质学者的一些陈旧观念。

1952年，地质部成立，关士聪调任该部地质工程师，主要负责华北和西北一些中生代煤田的普查勘探工作，复查过山东淄博等老煤田。1954年，他任地质部内蒙古棹子山地质队队长兼主任工程师，到棹子山地区进行煤田地质普查，提交了报告，估算了地质储量，提出了勘探开发规划方案，促进了煤田开发和煤都乌海市的建立。1955年，他任地质部633地质队主任工程师，在甘肃六盘山地区完成了1∶20万石油普查任务。

1956年，他调到地质部，任石油地质局、区域地质测量局、地质矿产司主任工程师。主要从事和主持全国石油地质勘查技术工作。1961年，他任地质部石油地质局副总工程师，后任总工程师，直至1981年。他同时兼任国家科学技术委员会地质专业组成员，国家能源委员会顾问团成员。他几乎跑遍了全国各地含油气盆地及可能含油气地区，指导所属各石油普查勘探队的技术业务工作，对我国一系列油气田的发现做出了很大贡献。他是“大庆油田发现过程中的地球科学工作”这一国家自然科学奖一等奖的获得者之一。

1980年，关士聪当选为中国科学院学部委员（院士）。他1981年提出了“要重视包括煤成气在内的天然气的普查勘探工作”的意见，受到国家科委重视，被列为“六五”、“七五”国家攻关项目，获得了一批重要科研成果，开拓了油气地质勘查的新途径。

1982年，关士聪退居二线，改任地质矿产部科学技术顾问委员会委员，以后又任该部科学技术高级咨询中心咨询委员。他终年为国家能源事业而奔波劳碌在油区矿田、科研院所与高等学校之间，坚持进行新地区新领域的找油和开拓新能源研究，尽心竭力为国家寻找新的油气勘探开发基地。

二、学术成就与思想

1. 区域地质矿产勘查的成就

关士聪早期主要从事区域地质矿产调查，足迹遍及全国6个大区23个省、自治区、直辖市，他完成了很多调查报告、简报，更出版过很有分量的专著。

1940年9月，关士聪刚到地质调查所时即与叶连俊去甘肃省中南部调查地质，与叶连俊加工编撰成《甘肃中南部地质志》，堪称两人早期的代表作。全文12万字，图版12幅。该文论及的调查区域包括陇中之一部及陇南之大部，北起永登，南至碧口，东至两当，西至享堂，包括大巴山以北陇南盆地和祁连山以东的陇中盆地。这是该区第一份最详尽的地质研究成果，对该区的地质、构造和铁、煤等矿产都有详细的记述，为认识整个秦岭大地构造和地质演化历史提供了很多资料。

“龙山运动”一词是1920年翁文灏根据甘肃第三纪红层相关构造变动创立的，叶、关二人利用从工作中取得的丰富资料对其作了进一步论述。他们在礼县、天水曾采到保存完整的东方剑齿象相似种（*Stegodon* cf. *orientalis* Owen）和小型介形类，参照前人的化石成果和地层接触关系，将本区第三系红层分为两个层系，上部为晚中新世的甘肃组（现为新近系），下部为下第三系（现为古近系）的固阳组。第三系红层厚度各地差异较大，最薄200m，最厚可达1000m。

关士聪1948年发表了《天山的钢铁资源》一文，文末归纳了以下几点：①铁、煤、耐火土、石英质类均生于侏罗纪水西沟煤系中，均极丰富，铁以菱铁矿为主，适于小炉冶炼，煤为低级烟煤，部分可炼焦；②钨及钼均分气化矿床与气化热液过渡矿床两种，后者含量较富，已知储量不丰，但在天山山脉中，似有高温矿床带存在，仍有寻觅新矿区的可能；③锰矿生于第三纪底部砾岩中，为软锰矿，矿质欠佳，但可能寻到更丰富的新矿床；④石灰岩分布广泛，距离铁矿不远；⑤新疆的地理环境和目前的政治条件，都需要建立小规模的轻重工业以自给自足，就天山钢铁资源来说，除开焦煤的分布略嫌不足外，别的原料在西北诸省中当推首富，拟设新疆炼炉地点似以乌鲁木齐或奇台较为适合。这是他多年在新疆天山地区从事区域地质矿产勘查工作的心血和结晶。

新中国建立之初，关士聪与侯德封、刘东生将在东北的地质工作成果编撰成两本书。其中，《辽宁清原金铜矿地质》一书，共计11万字，插图16幅，图版14幅。该书除阐述清原地区著称的金矿以外，还调查发现该区岩浆岩（花岗岩等）和变质岩（片麻岩等）发育，并有断裂构造，有很多金属矿产。他们把本区矿产分为金矿带、金铜矿带和铜镍矿带。万宝钵、湾垅地一带为原始岩浆分异矿床，含有铂、镉、铍、镍、铜等，其南稗子沟等地为后期岩浆热液及气化矿床，含有铜、锌等。更趋外围则出现矿脉，为中-浅成热液型矿床，含金、铜、银、铅、锌等。曾家顶子矿区除有铜矿外还有磁铁矿。总之，该区是多金属矿产基地，前景很好。另一本书《吉林磐石石嘴子铜矿地质》，全书2万字，插图5幅。该书指出，吉林盘石县石炭二叠系盘石群是轻变质的沉积岩，自下而上可分为下板岩层、下灰岩层、上板岩层和上灰岩层四部分，共厚约800m。石嘴子铜矿区围岩为下板岩层，接触变质矿床（夕卡岩型）和热液矿床同处于矿化带中，前者为主，以斑铜矿为最多，黄铜矿次之，少量为辉钼矿、辉铜矿、赤铁矿、镜铁矿、硫砷矿及黝铜矿等。他们的调查还新发现了白钨矿和菱锶矿，也是热液交代作用产物。这打破了长期沿袭日本地质学家的玢岩运矿和中低温热液成矿说的思维定式。

1954年，关士聪率内蒙古棹子山地质队到棹子山地区，主要任务是为我国重要的钢铁基地——包头钢铁公司解决用煤问题。他团结全体同事，不辞风餐露宿之苦，查清了该地区下奥陶统三道坎组、桌子山组和中奥陶统乌拉力克组、拉什仲组之上缺失从上奥陶至中石炭统的地层，上面是石炭二叠系卡布其组煤系地层，假整合覆于下、中奥陶统之上。最后不但解决了包钢的用煤问题，又在桌子山以西的冈德尔山发现“铁帽”，经详查勘探，发现了有色金属（铜、铅、锌等）矿和铁矿。于是，以桌子山附近的乌达和海勃湾两个小荒滩为基地建起了煤矿、钢铁厂、有色金属选冶厂及其他配套工业，两个小荒滩地名之首字合成一个新兴城市的名称——乌海市。而今，乌海已是拥有数十万人口的中等工业城市，人们把关士聪誉为“乌海市的奠基人”。

2. 石油天然气勘查及石油地质学的成就

1955年，根据国家对油气资源的迫切需要，关士聪转而从事油气地质勘查和科研工作。他任地质部633队主任工程师，首战甘肃六盘山地区。六盘山两侧都是黄土分布区，所以要研究地文期。关士聪把该区黄土划分为几个地文期，成果超过了苏联地质学家奥勃鲁契夫院士早年在中国西北对黄土所做的研究。关士聪在六盘山地区工作了几个月，弄清了56个储油构造，明确了生油岩系和找油方向，出色地完成了1∶20万普查任务。在他领导下，有谢继哲、夏西蒙、张瑞翔等参加，编撰了《甘肃六盘山区域石油地质普查简介》一书，于1957年出版。值得注意的是，在鄂尔多斯西缘渐次隆起过程中，曾停积了海相的平凉群灰岩和富含笔石的砂泥岩，说明具有还原的沉积环境。过去曾有于平凉群中发现油苗之传说，以及华北奥陶系灰岩具有原油和白垩系砂岩中钻遇油砂层的事实，为地台边缘洼地可能存在油气区的假设，提供了较有力的依据。狭义的六盘山区在大地构造上属于海西山前拗陷，该山前拗陷长期处于不稳定状态，印支运动使地槽褶皱带构造活动加剧，在向斜带发育有零星的侏罗纪内陆盆地。燕山运动使南山褶皱带继续上升，山前拗陷又复出现，并停积了白垩系六盘山组的底砾岩。当山前拗陷急剧下降，南山褶皱带相对上升，又发育有巨厚的白垩纪沉积（厚度可达2000m）。该地层中发现有较多的油气显示，估计测区为有利的含油气聚集带。在同心县的窑山、土坡以及固原县王家堡等地，均见有石炭系含煤层及二叠系石盒子组，甚至包括部分石千峰组地层，它属祁连山山前凹地沉积类型。在中卫县上河沿一带已发现四排构造及油气显示，说明此含煤岩系也是生油的地层。同时在这些地层中找到油砂，表示了有储油层存在的可能。如果确信六盘山区是属于南山山前拗陷构造体系的话，那么海原西万山一带似亦有古生代煤系存在，则整个山前拗陷内都可能有煤系分布，特别是六盘山区东北及西部，更可能有石炭系含煤层存在。因此，六盘山地区是具有区域性的含油气远景的地区，生油岩的层位多、分布面积广，具有较好的油气前景。该书乐观的结论，为开展鄂尔多斯大规模的石油普查勘探打下了坚实的理论基础。

关士聪还注重国际学术交流。他于1958年出席在莫斯科召开的“国际第二届石油成因学术讨论会”，作了“中国的生油层序”的报告。会议前后还访问了全苏石油地质勘探科学研究所。1963年他应邀访问朝鲜，协助部署和指导石油地质普查。他踏勘了朝鲜北部的中新生代盆地，提出了首先在安州盆地进行石油地质普查的建议，并为朝鲜石油地质队选定了第一口钻井井位。他还在平壤市为朝鲜地质工作者作了“朝鲜含油气盆地地质构造特征及油气远景”的学术报告，颇受好评。1964年，他再度应邀赴朝，进一步协助朝鲜石油地质勘查。1979年，他出席泰国曼谷联合国亚太经济委员会第六届会议，作了“中国陆相盆地与油气”的报告。1980年，他在美国丹佛出席美国石油地质学家协会第65届年会，作了“中国古海域沉积相与油气”的报告，受到很好的评价。

1960年，关士聪与地质部第一普查勘探大队主要技术负责人彭世福、杨兆宇、蔡乾忠、刘正增等详细考察了整个华北盆地，后来写出报告，明确提出由济阳、黄骅、下辽河等坳陷组成的古渤海坳陷区是最有油气远景的地区，而下第三系（古近系）是重要的含油气层系。同年10月，在天津召开了第一次华北石油普查勘探工作会议，关士聪作了“华北石油地质与油气突破点的选择”的报告，会议决定选择东营、义和庄、盐山、羊三木、北塘、马头营6个构造为突破点。会后仅半年时间，石油工业部和地质部就分别在东营构造的华8井及义和庄构造的沾一井之下第三系沙河街组钻获工业油流，以后一系列油气田相继被发现，证实了古渤海坳陷区是一丰富的含油气区。

1961年6月，关士聪在检查江汉盆地的石油地质工作后，曾书面向地质部石油地质局和湖北省地质局作了汇报，并给该省石油地质队（后改为“五普”）全体科技工作者作了学术报告，明确指出主攻方向是白垩—下第三系，突破点应选在潜江凹陷的广华寺构造，因为该构造位于潜江凹陷中心，为穹窿构造，圈闭平缓，面积较大，闭合差大，高点较为明显，所以应在广华寺构造高点上打一口深井。他与当地同志一道在王场断层两侧选定两口井位，结果相继喷油，江汉油田即正式投产。

1962～1964年，关士聪组织编写了《松辽盆地石油地质——1955～1963年石油地质普查阶段总结报告》，全文约40万字，附图90余幅，是第一部深刻系统阐述陆相油气生成和赋存规律的专著。1963年，他又在济南石油普查工作会议上，提出编制《中华人民共和国石油地质图集》的建议，经地质部批准，成立了以旷伏兆副部长为首的石油地质图集编委会。关士聪作为主持者，四处奔走，八方督战，动员500多人，历时3年，出版了13个含油气区的共800余幅石油地质图集，并附相应数据、钻井成果，又编了两册《石油地质文集》。这些成果于1978年获全国科学大会奖。

1979年初，关士聪在南宁组织召开了“全国石油地质学术讨论会”，近200名中老年科学家到会，共提交论文400多篇，由他主持编辑出版了《石油地质论文集》共7册。他本人在大会上作了两个重要的学术报告。其中一篇是《中国东部中新生代陆相沉积、构造与油气》。此文首先谈了中国东部中、新生代陆相沉积，从晚三叠世到第四纪都有。然后谈到中国东部中新生代构造运动与成盆成油期，他指出，我国东部陆相沉积盆地的发展，不论在空间还是时间上都是不平衡的。陆相沉积盆地规模大小和沉积岩相、岩性的差异，直接或间接地影响到含油气地层的发育和油气资源的分布，而它们又受各幕构造运动的影响和控制。由此可见，各幕构造运动对我国东部陆相沉积成盆成油的作用表现不尽相同，燕山运动一幕和二幕是主要的成盆成油期；第四纪构造幕，对于陆棚区而言，则是一次重要的生、聚油期；印支运动一幕、二幕和燕山运动二幕也属较为重要的成盆成油期；印支运动一幕对于中三叠世以前的油气而言，更是重要的生、聚油期。

关士聪对我国中新生代陆相盆地地层划分对比的意见和方案，以及对一些重要地质问题的认识，都有很高的学术水平和应用价值。他结合石油地质学原理建立的“石油地层学”概念，在研究内容和工作方法上，都具有独创的学术见解。他与袁凤钿、江圣邦、许鸣光、袁捷、邹汉成、邓茨兰、舒志清等于1983年发表了一篇长文《中国陆相白垩系三分及其含油气性》。文中指出我国陆相白垩系在岩性建造序列、沉积旋回、接触关系及所含古生物化石等，均显示出三分性。在进一步探讨白垩系含油性时，他们仔细阐述了两个大问题：

（1）如何寻找大庆式油田问题。首先应寻找大庆含油层位的油，即寻找新的中白垩统的油气。截至目前，在全国范围内还没有找到另一个大庆式油田，究其原因，应当在白垩系三分的基础上，根据我国陆相白垩系的沉积类型和成盆成油期的特征，去寻找新的大庆油田。

（2）寻找下白垩统油气的选区问题。除在松辽盆地南部继续寻找松花江群的油气外，还应对其下伏登娄库组进行探索。河西走廊地区的酒西盆地下白垩统下新民堡组发育有良好的生油层，上覆第三系储油或高部位志留系变质岩储油，均为大家所熟知，类似的情况也可能在酒东盆地和民和盆地存在。

关士聪领导编制的《亚太地区沉积盆地中国部分地层对比图集》作为参加国际

地质对比计划（IGCP）第 322 项目的成果之一，他与王胜、袁捷、袁凤钿、许鸣光、陈晓东、江圣邦等撰写了该图集的代序——《中国中新生代陆相盆地简介》。文中指出了中国中新生代陆盆的几个主要特征：①盆地相互分割，大小悬殊，基底性质各异；②盆地发生和结束时期不一，后期演变不尽相同；③陆盆的沉积建造具有多旋回性和韵律性；④古构造条件和古地理特征常为划分不同盆地成因形态类型的主要因素；⑤在某一特定地史时期，中国乃至全球，地壳运动有统一的应力场，但应力作用却受地区性边界条件制约，导致中国陆盆的不同成因形态类型和展布规律，并影响到中国陆盆在岩性、岩相、厚度和古生物组合诸方面的变化。文中列出了中国中新生代陆盆沉积的 15 种重要矿产，主要有能源矿产（煤、石油、天然气、油页岩）、金属矿产（铁、锰、铜、铝）、盐类矿产（膏盐、钾盐、芒硝）、放射性矿产（铀）、非金属矿产（膨润土、建筑石材）。这套成果获地质矿产部科技成果二等奖。

关士聪退居二线以后，特别致力于沉积相与油气的研究，他领导编制了新的一套岩相古地理图，探讨了从新元古代到早、中三叠世的海域沉积与油气的关系，重塑了我国各地史时期的海陆展布与变迁，为我国开拓海相碳酸盐岩的油气勘查提供了重要依据。他与演怀玉、丘东洲、王守德、陈显群、周经才、袁凤钿、陈绍琦编著了《中国海陆变迁、海域沉积与油气（晚元古代—三叠纪）》一书，于 1984 年由科学出版社出版。全书 43 万字，附有按地质年代编制的海陆分布及海域沉积相图 20 幅（彩色）和海陆变迁图 5 幅（彩色）。每幅图都有相应的地层对比、沉积相和含油气性的简要论述，该书在系统分析我国各地区大量地层岩相资料的基础上，研究和总结了我国各地质时代的沉积特点，根据沉积理论，结合我国具体实践，对我国海域沉积提出由 2 个相组、6 个相区、16 个相带组成的沉积环境综合模式，重塑了我国各地质时代海陆的展布与变迁，系统描述了我国古海域沉积相，着重论述了它们与油气之关系，全面评述了我国新元古代至三叠纪地层的生储油性能，综合讨论和展望了各时期、各地区的海相油气资源远景。此书对油气普查勘探指导意义极大，获地质矿产部科技成果奖二等奖。

关士聪在 20 世纪 80 年代中后期与袁捷、江圣邦、许鸣光、袁凤钿、陈晓东等编撰了《中国中新生代陆相沉积盆地与油气（晚三叠世—第四纪）》，于 1991 年由科学出版社出版。全书 40 万字，插图 350 幅，图版 25 幅，这是关士聪系统研究我国近 30 年来第一轮油气普查实践的科学总结。此书提出“地壳运动发展具有明显的叠置与组合”的理论，对寻找油气很有实际意义，堪称他的重要代表作。

关士聪于 1942 年加入中国地质学会，1957～1962 年任学会第 30 届理事会学术委员会委员，1979～1983 年任学会第 32 届常务理事兼石油地质专业委员会主任委员，1983～1988年任学会第33届理事兼石油地质专业委员会主任委员，1988年12月1日在学会第六次全国会员代表大会上被授予名誉理事称号（终身）。在连任两届石油地质专业委员会主任委员期间，他积极组织关于油田地球化学、蒸发岩与油气、煤成气、碳酸盐岩与油气等方面的大型学术讨论会，有力地促进了油气勘查工作。他于1989年当选为中国石油学会副理事长。他还是《石油与天然气地质》、《石油实验地质》等6种学术刊物的主编、副主编，又是中山大学、浙江大学、西北大学、成都地质学院（现成都理工大学）、江汉石油学院（现长江大学）、长春地质学院（现吉林大学）的兼职教授，地质矿产部广州海洋地质调查局高级研究员，地质矿产部石油地质研究所、海洋地质研究所学术顾问。他于1964～1993年担任中国人民政治协商会议第四至第七届全国委员会委员，常去全国各地考察，他提交的"关于长江三峡大坝工程建设意见"和"关于海南岛特区开发的几点意见"，是参政议政的重要成果，对国家建设决策很有参考价值，深受重视。

关士聪数十年内发表的论著和报告达400多万字，地质矿产部石油地质中心实验室及石油地质综合大队等单位特精选他1944～1986年发表的主要论著46篇，摘编为35万字的《关士聪地质文选》，于1988年由地质出版社出版。此书更便于广大石油地质工作者快捷地了解他的学术成就，可为他们更广泛、深入地钻研石油地质打下基础，因而有很大的实用价值。

关士聪一生为祖国地质矿产事业，特别是油气普查勘探事业奔波劳碌，走遍了祖国的山山水水，公而忘私，国而忘家。结婚37年之际，他夫人对同事们讲，他们相聚的时间总共不到10年。退居二线之后，他仍以事业、工作为重，或著书立说，或出野外考察，即使在卧病之时，仍手不释卷。他德高望重，从来不以专家学者自居自傲，始终生活俭朴，平易近人，虚怀若谷，关怀青年，扶掖后学，甘为人梯，深受我国地质学界、尤其是石油地质学界广大科技工作者的尊敬爱戴。

三、关士聪主要论著

Yeh L T, Kwan S C. 1942. The nature of the Lungshan Movement in southern Kansu Province. Bull Geol Soc China, 22 (3/4): 247-252.

叶连俊，关士聪. 1944. 甘肃中南部地质志. 地质专报，甲种，第19号：1-72.

关士聪. 1948. 天山的钢铁资源. 地质论评，13 (1/2)：67-76.

关士聪，车树政. 1955. 内蒙古榫子山区域地层系统. 地质学报，35 (2)：95-108.

关士聪，谢继哲，夏西蒙等. 1957. 甘肃六盘山区域石油地质普查简介. 北京：地质出版社.

关士聪，袁凤钿，许鸣光等. 1981. 中国东部中新生代陆相沉积，构造与油气//地质部石油普查勘探局，中国地质学会石油地质专业委员会石油地质文集编辑委员会编. 石油地质文集（1）：区域评价. 北京：地质出版社：1-16.
关士聪，阎秀刚，芮振雄等. 1981. 对我国石油天然气资源前景的分析. 石油与天然气地质，2 (1)：47-56.
关士聪，王胜，张绍维等. 1981. 关于研究中国中、新生代陆相含油气盆地几个问题的讨论. 石油与天然气地质，2 (4)：314-319.
关士聪. 1982. 油气普查勘探中的几个有关问题. 石油与天然气地质，3 (4)：295-296.
关士聪. 1982. 茅山地质构造与找油. 石油与天然气地质，3 (4)：395-400.
关士聪，袁捷，许鸣光等. 1983. 雪峰飞来乎 湘中油安在. 石油与天然气地质，4 (1)：116-120.
关士聪，江圣邦，袁凤钿等. 1983. 中国南方几个红盆对比与生油层——从南雄标准剖面谈起. 湖南地质，2 (2)：1-8.
“国际地质对比计划第322项专题”中国工作组，“中国中新生代陆相盆地与含油气研究”专题组（执笔人：关士聪，王胜，袁捷，袁凤钿，许鸣光，陈晓东，江圣邦）. 1983. 中国中新生代陆相盆地简介. 石油与天然气地质，4 (4)：423-430.
江圣邦，袁凤钿，关士聪等. 1983. 中国陆相白垩系三分及其含油性. 石油实验地质，5 (1)：9-17.
关士聪，演怀玉，丘东洲等. 1984. 中国海陆变迁、海域沉积相与油气（晚元古代—三叠纪）. 北京：科学出版社.
许鸣光，关士聪，袁捷等. 1987. 中国中、新生代陆相盆地成盆期//关士聪主编. 中国中新生代陆相盆地发育沉积与油气. 北京：石油工业出版社：19-32.
袁捷，关士聪，许鸣光等. 1987. 中、新生代陆相沉积盆地分类及盆地叠置关系的讨论//关士聪主编. 中国中新生代陆相盆地发育沉积与油气. 北京：石油工业出版社：33-52.
关士聪，江圣邦，袁捷等. 1987. 河西走廊盆地群系//关士聪主编. 中国中新生代陆相盆地发育沉积与油气. 北京：石油工业出版社：111-115.
关士聪，袁捷，江圣邦等. 1991. 中国中新生代陆相沉积盆地与油气（晚三叠世—第四纪）. 北京：科学出版社.

主要参考文献

蔡乾忠. 1985. 华北盆地早期的石油普查工作. 石油与天然气地质，6 (4)：395-401.
贺自爱，易治华. 1987. 霜叶红于二月花——庆祝关士聪总工程师地质生涯五十秋. 石油知识，(3)：51-53.
黄汲清. 1988. 序//关士聪地质文选. 北京：地质出版社.
袁宝华. 1988. 序//关士聪地质文选. 北京：地质出版社.
潘云唐. 2005. 煤山油海度春秋——纪念著名能源地质学家关士聪院士. 地球，(4)：6-8.

撰写者

由雪莲（1984～），辽宁辽阳人，中国科学院地质与地球物理研究所沉积学与油气地质学专业研究生。

潘云唐（1939～），生于四川合江，祖籍湖北广济（现武穴），中国科学院研究生院教授。主要从事古生物学、地层学、地质学史、地学哲学、地学科普等领域的研究。《中国科学技术专家传略·理学编·地学卷》编委。

杨　起

杨起（1919～2010），山东蓬莱人。地质学家，煤地质学家，地质教育家，中国煤地质学的奠基人和开拓者之一。1991年当选为中国科学院学部委员（院士）。1943年毕业于西南联合大学地质地理气象学系。1946年于北京大学理科研究所地质学部研究生毕业并留校任教。1952年调入北京地质学院并主持创办我国第一个煤田地质与勘探专业，组建国内第一个煤田地质教研室。先后在北京地质学院、武汉地质学院、中国地质大学任副教授、教授，兼教研室主任、系副主任等。长期担任中国煤炭学会理事和常务理事、中国地质学会煤田地质专业委员会主任委员、中国煤岩学组组长等职。他长期致力于我国地质基础学科和煤田地质学、煤岩学、煤地球化学、煤层气地质学等教学科研工作。他主持了中国区域性聚煤规律的研究；开展了中国的聚煤模式与沉积环境研究，认为聚煤环境是影响煤层厚度原生变化的首要原因；长期钻研中国煤变质理论，提出中国煤的“多阶段变质演化和多热源叠加变质”新理论；积极从事能源洁净化以及洁净能源煤层气的研究工作。他的《中国煤变质作用》等成果，获省部级科技成果一等奖、二等奖多项。2001年获何梁何利基金科学与技术进步奖和李四光地质科学奖。其研究成果和学术思想，推动了我国煤地质学的发展。

一、简　　历

杨起，1919年5月17日生于山东蓬莱，2010年11月21日于北京逝世，享年91岁。

其父杨振声曾就读于北京大学，后留学美国哥伦比亚大学、哈佛大学，获教育学博士学位，是一位很有民族气节的爱国者，也是反封建的斗士和新文学运动的先驱者之一。受父亲的言传身教，杨起从小在心灵深处萌发了强烈的爱国热情。他青少年时期随父辗转于青岛、北平等地，完成中小学学业。1937年，日本发动侵华战争，北平沦陷。当时，他已考取燕京大学物理系，因不甘当亡国奴而毅然冲破校方阻拦，历险南下借读于由北京大学、清华大学和南开大学在长沙联合成立的临时大学，1938年随临时大学步行迁往昆明，继续就读更名后的西南联合大学。受李四光先生的影响，入门地学，立志“为祖国多寻找地下宝藏，使国家富强起来”。当时国难当头，生活和学习条件异常艰苦，更加激发了他为振兴中华而刻苦学习的报国之志。1943年，杨起毕业于西南联合大学地质地理气象学系，同年考入北京大学理科研究所地质学部，成为研究生。

杨起1944年在读研究生期间自愿西征，参加筹备建立新疆地质调查所，成为我国早期涉足准噶尔盆地的地质研究者之一，为乌鲁木齐煤田的开发做出重要贡献。1946年，他毕业并留校任教，从事地史古生物和基础地质学的教学和研究工作。1952年全国院系调整，他被调到北京地质学院。为了发展我国能源事业，他主持创办了我国第一个煤田地质与勘探专业，组建国内第一个煤田地质教研室并出任主任。

20世纪50年代末到70年代，杨起主要从事中国区域性聚煤规律研究，主编《试论闽粤湘赣四省煤田分布规律》(1961)，领衔撰写《中国东部主要含煤建造与构造体系的关系》(1978)等专著，对开展第二次全国煤田预测工作起到了理论上的先导作用。

80年代初至90年代末，杨起主要从事中国的聚煤模式与沉积环境、中国煤变质理论研究。主编《河南禹县晚古生代煤系沉积环境与聚煤特征》(1987)，成功地将沉积学引进煤田地质学领域，开展聚煤模式研究，其研究成果有效地指导了云盖山井田精查勘探，并获得煤炭部优秀勘探成果奖，被作为产学研结合典范推广。自70年代开始，杨起就潜心研究中国煤变质问题，先后完成了《中国煤变质问题的探讨》(1981)、《区域岩浆热变质作用及其对我国煤质的影响》(1987)、《华北石炭二叠纪煤变质特征与地质因素探讨》(1988)、《华北晚古生代煤变质演化及煤质预测》(1989)、《中国煤变质作用》(1996)及《中国煤的叠加变质作用》(1999)等科研论文和专著。根据中国煤田的地质特点，总结了中国煤的变质类型、变质演化、变质规律、变质特点等，提出“中国煤的多阶段变质演化和多热源叠加变质”新理论，建立了煤变质作用热动力学模拟和煤盆地古地热场演化数学模型与上地壳古地热场演化模型等。

20世纪90年代起，杨起主要从事能源洁净化、洁净能源煤层气研究，探讨了煤中潜在有害元素的地质地球化学异常、赋存状态、分布规律与富集机理，将煤地球化学与环境科学理论和方法有机结合，深刻地剖析了我国煤炭生产、加工、利用过程中煤中有害物质的环境取向、释放模式和污染机制。发表论文《华北煤变质作用对煤含气量和渗透率的影响》(2000)、《对华北煤层气勘探选区的几点看法》(2000)。积极从事洁净能源煤层气的研究，推进了中国煤层气资源的开发利用。

杨起以其渊博的学识和辛勤的劳动，对我国地质学事业做出了卓越的贡献。由他担任第一主编的《中国煤田地质学》1988年获国家教委全国高等学校优秀教材特等奖，《河南禹县晚古生代煤系沉积环境与聚煤特征》1988年获地质矿产部科技成果二等奖（他为主编），《华北石炭二叠纪煤变质特征与地质因素探讨》1988年获地质矿产部科技成果二等奖（他为第一作者），“鄂尔多斯盆地含煤系生烃潜力研究”1992年获地质矿产部科技成果二等奖（他为第一负责人），《中国煤变质作用》1997年获地质矿产部科技成果一等奖（他为第一作者与主编）。2001年获何梁何利基金科学与技术进步奖，同年获李四光地质科学奖。他长期担任中国煤炭学会理事和常务理事、中国地质学会煤田地质专业委员会主任委员、中国煤岩学组组长等职。他曾应邀担任第10届与第11届国际石炭纪地层和地质会议，以及第30届国际地质大会的经济地质学科组和煤地质学科的执行主席，是负责“国际地质合作与对比（IGCP）166项目”的中国工作组组长。

二、主要科学研究成就、学术思想及其影响

在我国现代煤地质学的发展历程中，杨起遵循学科本身的特点和规律，努力实践煤地质学为国家能源建设服务的宗旨，科学求实，不断开拓和指引着我国煤地质学不同领域的综合研究。他积极参加国际合作和交流，紧密跟踪国际研究动态和趋势，结合中国的实际情况，创造性地提出和发展了具有中国特色的煤地质学理论。他提倡学科间的相互交叉、渗透和综合研究，积极引入新思路、新技术和新方法，重视理论与实践相结合，为中国地质学尤其是煤地质学的研究水平不断提升并跻身世界地学前沿做出了杰出的贡献。

（一）主要科学研究成就

为了开辟新的能源基地，1953年杨起急国家之所急，率先涉足我国的煤地质学研究，自此矢志不渝。他的主要科学研究成就大致可归纳为以下五个领域：中国区域性聚煤规律、中国沉积环境与聚煤模式、中国煤变质新理论、能源洁净化和洁净能源煤层气。

1. 中国区域性聚煤规律

20世纪50年代末，针对当时我国煤地质研究程度低、研究范围窄的现状，为了探讨我国煤炭资源的赋存前景，杨起带领专业师生开展了全国的区域性聚煤规律调查，尤其是对南方缺煤省份煤田的分布规律进行了研究，发表了《试论闽粤湘赣

四省煤田分布规律》(1961)，提出了大地构造活动性、地壳运动多旋回性、古地理环境的多样性等因素造成闽粤湘赣四省在地史上虽多次出现成煤凹陷，且凹陷的继承性为双纪或多纪煤田、煤产地的形成创造条件，但因为构造活动强烈而使聚煤不理想。杨起提出的从建立标准剖面、沉积特点、煤田构造和煤变质分带规律等方面进一步研究东南各省煤田分布规律的意见，促进了当时煤地质工作的开展。20 世纪 70 年代，在对华北晚古生代区域性聚煤规律的研究中，杨起带领科研队伍，共同完成《中国东部主要含煤建造与构造体系的关系》(1978)、《华北晚古生代含煤建造》(1980) 等。运用地质力学构造体系控矿的观点，阐明了构造体系控制华北晚古生代巨型波状坳陷中的聚煤作用和富煤带的形成，后期形变将巨大的聚煤坳陷改造、分割成众多大小不等、保存程度不同的煤田、煤产地。研究成果对开展第二次全国煤田预测工作起到了理论上的先导作用。

2. 中国沉积环境与聚煤模式

80 年代初，杨起与课题组同志一道通过系统研究沉积环境、聚煤模式及生物地层，认为聚煤环境是影响煤层厚度原生变化的首要原因，即区域海陆分布决定了煤层厚度变化的趋势。提出以河南禹县为代表的华北地区南部太原组和山西组下段分别为陆表海碳酸盐-碎屑海岸与三角洲边缘潮坪相的沉积环境，上、下石盒子组中存在的半咸水盆地属三角洲沉积体系，发现禹县一带缺失奥陶系、中石炭统和太原组下部，推断华北地区南部与华北其他地区相比，早古生代抬升较早，而晚古生代沉降又相对较晚，导致错过了聚煤有利阶段，从而阐明了华北地区南部虽地处“北型南相带”，聚煤本应更好但实际却不理想的原因。这一研究开创了我国将沉积学成功地引进煤地质学领域的先河，受到国际地学界的好评，并指导了云盖山井田精查勘探。

3. 中国煤变质新理论

为了保证煤炭资源的合理有效利用、寻找急需的工业煤类以及改变我国对煤炭资源“重储量、轻质量”的倾向，杨起自 20 世纪 70 年代起一直潜心研究中国煤变质理论。根据中国煤田地质特点，总结了中国煤的变质类型、变质演化、变质规律、变质特点等，提出“中国煤的多阶段变质演化和多热源叠加变质”新理论，建立了煤变质作用热动力学模拟、煤盆地古地热场演化数学模型与上地壳古地热场演化模型等，为形成具有中国特色的煤地质学理论做出了卓越贡献。

(1) 中国煤的变质类型。自 20 世纪 70 年代开始，在多年学识积累的基础上，杨起带领一批中青年教师通过长期潜心研究，先后完成了《中国煤变质问题的探讨》(1981)、《区域岩浆热变质作用及其对我国煤质的影响》(1987)、《华北石炭二叠纪煤变质特征与地质因素探讨》(1988) 等科研论文和专著，创造性地总结出符合中国实际的煤变质分类方案。他将中国的煤变质作用划分为两大类四小类：一是正常的热煤变质作用，主要指煤的深成变质作用；二是高温异常热变质作用，包括煤的区域岩浆热变质作用、煤的接触变质作用和煤的热液热水变质作用。

(2) 多热源叠加多阶段煤变质演化。20世纪80年代发表论文《华北晚古生代煤变质演化及煤质预测》(1989)，将华北石炭—二叠纪煤的变质演化划分为稳定期深成变质作用、活化早期的区域岩浆热变质作用及活化晚期的煤变质作用三个阶段。20世纪90年代发表了《中国煤的叠加变质作用》(1999)，进一步将中国煤的多阶段变质演化划分为三个阶段，即第一演化阶段，以煤的深成变质作用为主；第二演化阶段，以多热源叠加变质为特征，加深了煤的变质程度；第三演化阶段，中生代晚期，特别是新生代构造运动，使已形成的煤变质带发生位移，通过构造变动奠定了中国煤变质的格局。

(3) 中国煤变质规律。杨起通过多年研究，宏观地总结出中国煤变质的历史性与地域性规律。从时代上看，成煤时代越老，煤的变质程度越高，晚古生代以中、高级变质煤为主，中生代以低、中变质烟煤为主，第三纪以褐煤和低变质烟煤为主。从区域上看，中国煤变质具有南北分区、东西分带的规律，从北到南、从西往东煤变质程度呈逐渐增高趋势：北部煤变质区基本上以煤的深成变质为主，中部煤变质区分布较广且煤的异常热叠加变质作用明显增加，南部尤其是东南部异常热叠加变质作用更加广泛且显著；西部以煤的深成变质作用为主，东部则异常热叠加变质作用比较普遍且强度渐增。20世纪90年代杨起主编了《中国煤变质作用》(1996) 一书，系统总结了中国煤变质的特点，主要有六条，即具有明显的分带性（针对具体区域而言）、存在深成变质作用的普遍性与部分区域（如华北石炭—二叠纪煤）反射率值特高的特殊性、具有多阶段演化与多热源叠加变质特点、煤变质带常呈环带状与串珠状分布且其展布方向与区域构造线走向常呈斜交关系、高变质带具有明显的方向性（多呈东西向和北北东向与北西西向断续分布），以及高变质带常发育天然焦，尤以中国东部华北地区石炭—二叠纪煤田为甚等。

4. 能源洁净化

针对我国煤炭中有害物质通过转化、释放、迁移造成严重环境污染的问题，20世纪末，杨起主持了国家自然科学基金重点项目“中国东部富硫煤中有害物质赋存规律及其对环境的影响”和相关课题的研究工作，对煤中潜在有害元素的地质地球化学异常、赋存状态、分布规律与富集机理进行探讨。将煤地球化学与环境科学理论和方法有机结合，深刻剖析了我国煤炭生产、加工、利用过程中煤中有害物质的环境取向、释放模式和污染机制。为煤炭资源的合理有效与洁净化利用、能源与环境的可持续发展，提供了重要的科学依据，有力地提升了中国在煤地球化学领域的学术地位。

5. 洁净能源煤层气

近十几年，杨起积极从事洁净能源煤层气的研究，努力推进中国煤层气资源的开发和利用。发表论文《华北煤变质作用对煤含气量和渗透率的影响》（2000）、《对华北煤层气勘探选区的几点看法》（2000）、《中国西北煤层气地质与资源综合评价》（2005）等，指出在煤层气评价选区的诸多参数中，煤层的含气量和渗透率最为关键。提出“中国煤的多阶段变质演化与多热源叠加变质作用”特点对煤层气的富集性与可采性有重要影响的观点。指明我国有利于煤层气富集并且高渗的煤级，包括叠加岩浆热变质作用形成的高煤级煤和同一成因的中、低煤级煤，因此华北（全国亦然）应重视在岩浆热变质煤中寻找煤层气勘探区，特别是沿几个纬向和北东—北北东向分布的煤田、煤产地。此项预测指导了我国在处于北纬35°～36°纬向构造带受岩浆侵入的沁水盆地南部打出多处煤层气工业气流。

（二）学术思想及其影响

杨起紧跟国际最新研究动态，始终站在学科前沿，重视煤地质学的实践性和综合性；不断开拓煤地质学的深化研究；强调煤地质学为国家能源建设服务的宗旨；提倡资源综合利用，走可持续发展道路。他以渊博的学识和辛勤的耕耘，为我国的地球科学发展、地质工作振兴、国家经济建设做出了重要贡献。

1. 重视煤地质学实践性和综合性

杨起从煤地质学本质特征出发，始终坚持煤地质学的实践性和综合性特点。地质学（包括煤地质学）的研究对象异常复杂，是经历了漫长的时空演化留下的遗迹。这些能观察到的地球历史发展记录常常显得有些凌乱或残缺不全，需要运用“将今论古”的观点从中去伪存真、去粗取精，研究工作必须建立在大量的实践基础之上，包括丰富的野外实际调查和相应的室内研究，同时要求有渊博的学识和综合的技术。

他在学生时代就主动观察云南洱海周围地区、新疆准噶尔盆地等的地质。野外地质工作虽不得不时常提防土匪和野狼，忍饥受冻，但他从不舍得扔掉一块地质标本。他获得的八道湾矿区煤系地层、构造和含煤性等丰富翔实的地质资料及其精辟的地质分析，为乌鲁木齐煤田的开发起了重要作用。从事地质工作半个多世纪以来，杨起以实际行动证明他尊重事实、勇于实践的思想。他带领学生和研究人员奔波野外，跋山涉水，进行了大量的区域地质调查，获得了丰富的第一手资料。

在大量实践的基础上，他重视煤地质学的综合性研究，研究范围大到全国、小到区带，涉及的年代早到远古、近至现代，推进着煤地质学多个不同领域的发展。

他抓住煤地质学的特点，坚持煤地质学的实践性和综合性，不断开展煤地质学的综合研究，为我国煤地质学的发展奠定了基础。

2. 坚持不懈地创新煤地质学理论

杨起作为我国煤地质学的奠基人和开拓者之一，肩负着我国煤地质学从开创、发展到壮大的使命，他兢兢业业，乐此不疲，不断开拓着煤地质学新的研究领域。他结合中国的地质特点，及时汲取国外最新研究成果，带领课题组成员深入系统地研究了中国的区域性聚煤规律、聚煤模式与沉积环境以及中国煤变质理论等。提出海进成煤、聚煤作用迁移变化规律、火山活动与成煤作用的关系等新认识，并得出构造是控制含煤建造的主导因素的观点，认识到构造体系控制着聚煤盆地的形成和演化，而同沉积构造则控制着富煤带的形成，还总结了后期构造形变与煤系地层保存和分布的关系等。

他始终关注着国家建设，他主持的研究工作已渗透到包括煤岩学与煤化作用、煤盆地分析、煤系沉积学、煤的有机地球化学等更深的领域，同时又在煤的综合利用、煤的伴生矿产、煤层甲烷、煤油气之间的成因关系、煤中污染源与环境保护等方面，不断发展煤地质理论，扩展其应用范围。

他不断深化和拓展着我国煤地质学研究领域，丰富和发展我国煤地质学理论，为煤地质勘查和煤田预测提供了科学依据，使中国煤地质学的研究跻身世界先进行业。

3. 始终贯彻煤地质学服务于国家能源建设的宗旨

杨起强调煤地质学为国家能源建设服务的宗旨，努力促进科技转化为生产力，为中国煤地质学的发展指明了方向。20世纪80年代末完成的《华北石炭二叠纪煤变质与地质因素探讨》，提出煤变质温度和叠加变质理论，不仅对华北晚古生代煤质分布规律进行了详细研究，预测了煤田深部的煤种牌号，而且在此理论的指导下，预测山西河东煤田南部晚古生代含煤带应赋存有炼焦用煤。后被山西省地矿局证实，该煤田成为炼焦煤潜力很大的煤炭基地，总储量高达126亿吨。

20世纪50年代末，他带领专业师生开展全国的区域性聚煤规律调查，尤其是对南方缺煤省份煤的分布规律进行了研究，促进了当时煤地质工作的开展。他还运用地质力学构造体系控矿的观点，阐明了构造体系控制了华北晚古生代巨型波状凹陷中的聚煤作用和富煤带的形成规律。

80年代初，他强调聚煤环境是影响煤层厚度原生变化的首要原因，阐明了华北地区南部聚煤作用的控制因素，此项成果指导了云盖山井田的精查勘探。

20世纪90年代以来，他特别关注、精心扶植中国煤层气产业的发展，研究指出“中国煤经过多阶段变质演化与多热源叠加变质作用提高了其煤层气的富集性与可采性”，为沁水盆地等煤层气工业基地的建设提供了科学支撑。

他长期坚持科研为生产服务，选择研究课题总是密切结合国家建设需要和学科发展，走“科研、生产相结合”的道路，以科研指导生产，以生产促进科研，不断创新，开拓进取，使我国的煤地质学事业蓬勃发展。

4. 提倡资源综合利用，走能源可持续发展道路

杨起非常重视我国煤炭资源的合理开发和利用，提倡走可持续发展道路。他认为我国的煤炭资源和煤类分布都不均衡，优质动力用煤资源丰富而优质炼焦用煤因“超前开采”而紧张，内部和外部条件都优越的地区少，而且我国煤的利用以燃烧为主，90%以上的煤用于发电、工业锅炉、炉窑、民用炉灶和铁路，因燃烧技术落后、供煤不合理而造成能源浪费、环境污染。有鉴于此，他提出我国要及早重视煤炭资源的合理开发和利用，尽量减少因燃烧煤炭造成的环境污染，做到节能减排。

他提出加强综合利用和洁净煤技术。煤（约含有475种成分）不仅可作燃料，它还可作多种工业原料，将优质煤作为劣质煤用或直接燃烧掉本可以用于其他工业用途的煤，都是极大的浪费，而用煤作为原料制成产品却可以大幅度提高其经济效益。他还指出，经济发展应与环境、资源相互协调，煤作为一种非洁净能源在开采、运输、储存和利用转化的各个环节都可能造成环境污染，因此有效预防和治理的工作十分紧迫，应该在煤投入使用之前，就采取防治措施，清除煤中污染源，做到防患于未然。同时加强煤质研究，包括加强污染环境的煤中有害物质的研究，走提高煤质、合理用煤、综合用煤的道路。他还指出，应从多方面发展洁净煤技术，包括增加煤的入洗量，重视燃煤过程中的脱硫技术研究，开发简易实用的烟道气净化技术等，真正做到发展经济、保护环境、提高煤的综合利用率并举。

21世纪能源形势十分严峻，煤层气作为一种“接替能源”日益受到关注。杨起十分重视对煤层气的研究工作，认为这是综合利用煤炭资源、减少环境污染的有力举措。他认为煤炭资源还应该包括来源于煤层和煤系的煤层气与煤层油。煤层气是一种高效、洁净的燃料和原料，煤层甲烷（煤层气）的开发除作为能源外，还可减轻煤矿灾害，可变害为利；同时，减少向大气排放甲烷有利于环保和减缓大气温室效应。他指出，大力开发利用煤层气有利于改善我国以燃煤为主的能源结构，我国煤层气资源十分丰富，应作为第二煤炭资源开发利用。

杨起特别关心国家经济建设、社会发展和能源安全，提倡煤炭资源的综合合理利用，走能源可持续发展道路，为建设我国“资源节约型、环境友好型”社会，为更新、拓展、引领煤地质科学继续发挥重要作用。

三、杨起主要论著

杨起，韩德馨主编. 1979. 中国煤田地质学（上册）. 北京：煤炭工业出版社.

韩德馨，杨起主编. 1980. 中国煤田地质学（下册）. 北京：煤炭工业出版社.

Yang Q，Ren D Y，Pan Z G. 1982. The preliminary investigation on the metamorphism of Chinese coals. Int J Coal Geol，(2)：31-41.

Yang Q，Li B F，Li Z，et al. 1985. The depositional models and coal-forming characteristics of the Late Paleozoic coal measures in Yuxian，Henan. Dixième Congrès International de Stratigraphie et de Géologie du Carbonifère，Madrid：255-267.

杨起主编. 1987. 河南禹县晚古生代煤系沉积环境与聚煤特征. 北京：地质出版社.

杨起主编. 1987. 煤地质学进展. 北京：科学出版社.

杨起，潘治贵，翁成敏等. 1987. 区域岩浆热变质作用及其对我国煤质的影响. 现代地质，1 (1)：123-130.

杨起，潘治贵，翁成敏等. 1988. 华北石炭二叠纪煤变质特征与地质因素探讨. 北京：地质出版社.

Yang Q. 1988. Coal resources of China. Bull Chin Acad Sci，12 (4)：275-282.

杨起. 1989. 中国煤变质研究. 地球科学，14 (4)：341-345.

杨起. 1992. 煤变质作用研究. 现代地质，6 (4)：437-443.

杨起. 1994. 我国煤炭资源开发利用应重视的几个问题. 中国科学院院刊，(2)：125-126.

杨起主编. 1996. 中国煤变质作用. 北京：煤炭工业出版社.

杨起. 1997. 中国的煤炭资源//周光召，朱光亚主编. 共同走向科学——百名院士科技系列报告集（上）. 北京：新华出版社：276-288.

Yang Q，Wu C L，Tang D Z，et al. 1997. Multistage metamorphic evolution and superimposed metamorphism through multithermo- sources in Chinese coal//Yang Q. Proceedings of the 30th International Geological Congress，volume 18B，Geology of Fossil Fuels-Coal. Utrecht：VSP：59-76

杨起. 1998. 中国煤的多阶段变质演化与多热源叠加变质作用//中国科学技术文库（院士卷）. 北京：科学技术文献出版社：2690-2695.

杨起. 1999. 中国煤的叠加变质作用. 地学前缘，6（Z）：1-8.
杨起. 1999. 中国煤田地质学五十周年的回顾与进展//中国地质科学五十年. 北京：中国地质大学出版社：211-219.
杨起，汤达祯. 2000. 对华北煤层气勘探选区的几点看法. 国土资源科技发展，(3)：1-4.
杨起，刘大锰，黄文辉等. 2005. 中国西北煤层气地质与资源综合评价. 北京：地质出版社.

主要参考文献

张笛梅，杨陵康主编. 1998. 中国高等学校中的中国科学院院士传略. 北京：高等教育出版社：445-450.
蓬莱市政协文史资料委员会编. 1998. 杨氏三杰.（内部资料）
汤达祯，李祯. 2001. 辛勤耕耘惟奉献 奋力探索六十载——煤地质学家杨起院士传略//中国地质大学校史编撰委员会编，赵克让主编. 地苑赤子——中国地质大学院士传略. 北京：中国地质大学出版社：74-79.
李四光地质科学奖委员会编，王泽九主编. 2003. 2001第七次李四光地质科学奖获得者主要科学技术成就与贡献. 北京：地质出版社：27-41.

撰写者

汤达祯（1957～），江苏滨海人，中国地质大学（北京）教授、博士研究生导师，中国煤炭学会理事。主要从事煤油气地质教学与研究。

马杏垣

马杏垣（1919～2001），河北乐亭人。构造地质学家，地震地质学家，地质教育家。1980年当选为中国科学院学部委员（院士）。1942年毕业于西南联合大学地质地理气象学系。1948年获爱丁堡大学博士学位。曾任北京大学教授、北京地质学院副院长、国家地震局副局长兼国家地震局地质研究所所长等职。他研究领域广阔，尤专于构造地质学、前寒武纪地质学、岩石圈动力学和地震地质学。曾获李四光地质科学奖荣誉奖、国家自然科学奖三等奖（2次）、国家科技进步奖三等奖、国家图书奖一等奖、国家地震局科技进步一等奖（2次）、全国科学大会奖以及地质矿产部科技进步奖等多项奖励。其中《五台山区地质构造基本特征》、《中国大地构造的几个基本问题》、《中国前寒武纪构造格架及研究方法》、《嵩山构造变形——重力构造、构造解析》、《中国岩石圈动力学纲要（1∶400万中国及邻近海域岩石圈动力学图说明书）》、《江苏响水至内蒙古满都拉地学断面》等影响较大。他领导编制的六条总长8000余千米的地学断面均获国际编号，由美国地球物理联合会（AGU）资助出版，其中亲自主编的断面在国际上发行。他主编的《中国岩石圈动力学地图集》在第28届国际地质大会上被国际岩石圈委员会选作经典出版成果，并被美国国家科学院图书馆收藏。曾任国际地学刊物 *Journal of Structural Geology*、*Tectonics*、*Tectonophysics*、*Geophysics*、*Surveys in Geophysics*、*Physics of the Earth and Planetary Interiors* 的编委，《地质论评》主编、《地震地质》主编、《地质学报》编委等。

一、成长历程

马杏垣，祖籍河北省乐亭县。1919年5月25日生于吉林省长春市，2001年1月22日于北京逝世，享年82岁。

1. 多难的求学历程，热血投身抗日

1931年九一八事变，东北沦陷在日本军国主义的铁蹄之下，刚刚小学毕业的马杏垣不得不流亡关内，先后就读于河北昌黎汇文中学和天津南开中学。祖国的危亡、

民族的灾难以及政府的腐败，在他幼小的心灵中留下了深刻的印象，同时也激起了他强烈的爱国热情。在1935年发生的“一二·九”学生运动中，他毅然参加南下请愿团，准备与大家一起卧轨拦截火车，受阻后又辗转抵南京，向国民党政府请愿。抗日战争爆发后，为了不当亡国奴，他辍学随一批革命青年和进步人士离开天津，途经烟台，来到抗日大后方重庆。长期的流亡生活使他思想更加成熟。1938年5月，他加入了当时由周恩来领导的中共南方局地下党组织，并在八路军办事处接受培训，从此冒着生命危险在白区从事地下革命活动。他还以“马蹄”为笔名在共产党主办的《新华日报》上发表过一幅表现八路军战士的木刻画。

2. 献身地质事业，立志科学救国

1938年，马杏垣高中毕业，他牢记鲁迅告诫的“不要做空头艺术家”的教诲，准备选择一个面向实际的专业，以实现“马蹄踏遍祖国山河”的理想。这年秋天，他考取西南联合大学地质地理气象学系，从此走上了一生从事地质科学的道路。四年的大学生活，他一面努力学习各门功课，一面积极宣传革命，揭露国民党政府的腐败和社会的黑暗。在孙云铸、袁复礼、冯景兰、张席禔、王恒升以及德籍教授米士等老一辈地质学家的熏陶下，养成了注重实践、一丝不苟的作风。大学毕业后，他留下当助教。1945年抗日战争胜利后，他考取了英国文化教育委员会奖学金出国留学。经党组织同意以后，于1946年1月赴英国爱丁堡大学地质系攻读博士学位，师从地质学家亚瑟·赫尔姆斯（Arthur Holmes）教授。1948年8月他以优异的成绩和高水平的论文获得了博士学位，并在伦敦召开的第18届国际地质大会上宣读了他的论文。虽然国外有着良好的研究环境和优厚的待遇前景，但祖国的希望、党的召唤、自己的追求，使他毅然返回祖国，满腔热血地迎接全国解放。

3. 教书育人，严谨求实，培养数代地质英才

从1948年底起，他在教育岗位工作30年，先后任北京大学副教授、教授，北京地质学院教授、教研室主任、副教务长和副院长等职。

新中国成立后，作为“开路先锋”的地质矿产工作，急需大量人才，因而创办地质学院成为地质部门的一项重大战略任务。作为领导者，马杏垣团结自己的师长和学友，带领原清华大学、北京大学、天津大学和唐山铁道学院的在校学生，夜以继日地投入北京地质学院的筹建工作：他组织年轻教员和学生到全国各地采集教学标本，亲自教授普通地质学和构造地质学课程，并到周口店建立教学实习基地。他

身任领导职务却从不离开基层，坚持工作在教学、科研的第一线，亲自开设中国区域大地构造课程，主编构造地质学基础教程。马杏垣认为，野外是地质科学的第一实验室，野外实习基地是培养地质专业人才的第一课堂。他经常向身边的助手和学生们说：要成为一个优秀的构造地质学家，首先必须掌握辩证唯物的构造观和方法论，这样才能驾驭不同尺度和不同层次的构造现象。

他主管北京地质学院科学研究工作时，坚持教学和科学研究与生产劳动相结合，组织全校师生到国家建设急需和具有重要地质意义的地区进行生产实习。他亲临第一线，直接主持五台山、秦岭、大别山和嵩山等地的区域地质填图和找矿工作，使当时的北京地质学院成为全国地质和矿产研究的主要中心之一，也为造就优秀地质学家和高级工程人才打下了坚实的基础。他常说，要办好学校，一是抓政治素质，二要打好基础，再就是有一个有利的发展条件。他强调指出："我们办的是具有中国特色的社会主义大学，首先要注意学生的政治素质，要树立为国家富强、为地质事业发展而奋斗的理想。"在他从事的地质教育活动中，始终坚持让学生德智体全面发展的社会主义办学方向。他在教育战线上辛勤耕耘，用注重实践的优良学风，影响和教育了一批又一批的学生。他亲手培养的研究生，如今有的已是研究所所长、教授、地学部门的高级研究人员，乃至中央领导成员。

调入国家地震局后，虽然任务从教学为主变成了科研为主，但他深知祖国的建设需要大量人才，就义不容辞地担负起培养研究生的担子。20 年来他培养了十余名博士，数十名硕士。从研究生的选题、野外工作、论据的获取到结果的得出、验证以及论文的结构，他都要一一过目，亲自指导，决不当挂名的空头导师。他不顾年迈，带领弟子们去燕山、阴山、秦岭、阿尔金山，考察甘孜地震、海原地震、鲜水河断裂带、红河断裂带、汾渭地堑、柴达木盆地、雁北高原、内蒙古高原以及东南沿海地震带。从南到北，从东到西，除了西藏和台湾外，几乎全国有名的地震构造带都留下了他的足迹。他每到一个地方，除了具体指导研究生外，都要向当地的同行们传递最新的研究动态和国际最新学术信息。由于长期的奔波和繁重的工作，他的健康状况连年下降，严重的甲状腺功能亢进导致心房纤颤，使他数度住院。但即使在医院里，他也不忘工作，常约研究生谈话，指导他们的研究工作。他严谨的学风、广博的知识、注重实践的求实精神，给学生们树立了光辉的榜样。

虽然他自 1978 年离开了大学的教学岗位，但仍不忘教育事业，一直兼任中国地质大学（武汉）顾问，中国矿业大学教授、博士及博士后导师，中国地质大学（北京）名誉教授，经常前往讲学，指导教学和科研工作。

二、研究领域、主要成就和学术思想

1. 探究地质奥秘，构造解析传后人

马杏垣的一生与区域地质填图结有不解之缘。早在青年时代，他就与米士教授合作完成昆明附近 1∶5 万地质填图。以后又与司徒穗卿一起对滇东北昭通、盐津、永善、绥江等地进行野外地质调查，获得了这些地区最早的地质研究成果。1948 年从国外学成归国后，他就带领北大学生在燕山地区进行 1∶5 万区域地质测量。他认为：区域地质调查是一项综合性地质研究工作，是一切地质工作的基础，一个国家的地质水平如何，首先看其地质图的质量：特别是构造地质学，本身就是从区域地质调查过程中发展起来的，不会填图的地质学家不可能是一个好的地质学家；构造地质学家首先要学会填地质图。为了培养我国区域地质调查的骨干，他在 1955 年带领北京地质学院地质系 6 名教员和 48 名学生，在地质构造十分复杂的五台山区开展了 1∶20 万区域地质调查，为以后在全国全面开展 1∶20 万区域地质调查取得了丰富的经验。在此基础上，他编写了新中国第一部区域地质构造专著——《五台山区地质构造基本特征》。接着他又把目光转向嵩山，先后发表了《河南嵩山区前寒武纪构造形变史及古构造型式》等研究论文，并在地质部第一次区测会议上作了专题报告。他强调，作为生产规划依托的区域地质调查工作，首先要抓区域地质构造的研究。会后，他亲自担任北京地质学院区调大队长，领导师生在湖北、河南等省份开展了大规模的地质填图工作。他到各省队亲临指导、检查工作，足迹遍及大半个中国。尽管当时正处在三年困难时期，他始终坚持与青年教师和学生们同吃、同住、同上山，常常日行数十千米进行实地调查。1959 年，在他主持下，专门总结区调找矿经验的《北京地质学院学报》（12 期）得以出版，一幅幅 1∶20 万地质图和地质报告相继得到验收。丰收之余，他又亲自挂帅另一项重大的科教工程，组织编写《中国区域地质》教科书和编制 1∶400 万中国大地构造图。这本全面阐述中国地质构造及矿产的教材，是以《中国大地构造的几个基本问题》专论为纲，全面总结我国各地区域地质调查成果编写而成的。在这部著作里，他从中国的地质构造实际出发，紧紧抓住中国地台具有明显活动性的特点，正确处理了中国大陆地壳的活动与稳定关系，进而提出中国大陆构造不断发展，并与发展阶段相结合的构造思想，成为当时认识构造、解决构造问题的指南。此后，他又致力于区调方法学的研究，接受地质部区调领导部门及地质出版社的委托，主持 1∶5 万区域地质测量研究方法的编写，并亲自主编《地质构造的观察与方法》分册。为了提高广大地质人员对构造

现象的认识，他又与其他同志一起，主持编写了《地质构造形迹图册》，加强了小型构造成因的分析，有力地促进了我国复杂变形变质岩区的地质填图工作。马杏垣到地震战线以后，仍然关注着我国区调工作的进展，关心区调人员素质的提高。1983年，我国《区域地质》杂志发刊时，编辑部曾对马杏垣进行了专访。他语重心长地指出：当前最重要的首先是武装野外地质人员的头脑，使他们有一个正确的哲学思维，“用先进的构造方法学和构造观去提高地质工作者认识地质构造现象的能力，包括观察、分辨、分析和处理构造的能力”。他及时将得到的国际地科联为主办“高级片麻岩区演化讨论班”编写的《高级片麻岩区野外工作方法》一书组织翻译和出版，极大地推动了我国深变质岩区的地质填图和构造解析的研究水平。

前寒武纪古老地壳和变质岩区构造研究，是马杏垣一生中投入精力最大、遇到困难最多的课题，也是他培养人才最多、研究成果较为丰富的领域。他深知，研究前寒武纪古老变质岩的构造是认识岩石圈结构构造、探索地球早期历史和起源的关键。从在苏格兰北部做博士论文收集资料开始，数十年来他从未间断过这一领域的研究。“求太古之奥秘，窥元古之真谛”成为他不倦的追求。他以重点深入、点面结合的研究方法，带领科研集体，五台起家，嵩山为续，东至胶辽，西抵太华，北涉冀蒙，南进康滇，中国绝大多数前寒武纪变质岩区都留下了他的足迹。特别是在“文化大革命”期间，他虽身处逆境，仍矢志不渝，十上嵩山，断断续续22载，克服了重重的自然和人为的困难，终于在1981年出版了《嵩山构造变形——重力构造、构造解析》专著，受到地质界一致好评，被誉为研究之范本，并获得了地质矿产部首批科技成果二等奖。1983年，又在那里召开了“前寒武纪地质构造现场会”。同年，国际前寒武纪构造演化学术会专门组织中外专家赴嵩山考察。地学前辈黄汲清教授读了这部著作后，兴奋地写信向他祝贺，说该书“阐述令人信服，确是我国地质界之重大贡献”。国际地科联构造委员会主席 Zwart 教授也对该书予以高度评价。

众多学者侧重于从研究变质岩石学入手研究中国前寒武纪地质，但他的研究则以研究变形构造为其特色。他强调变质岩石的形成，是当时构造热事件的必然结果，是地壳深层流动的产物；变质地体的形成，前寒武纪大陆克拉通的演化是一个不断发展和不断组合的过程。早在20世纪60年代，他就从华北地台上变质岩区构造研究出发，深透地洞察到，华北地台原先并不是一个统一的大陆克拉通，而是由若干变质地块和变质褶皱带组合而成的。他曾用“萌地台”、“萌地槽”、“原地台”、“原地槽”等概念，形象地描述我国东部前寒武纪不同构造单元的性质和演化，指出：正是由于我国古老变质基底的构造复杂性，才导致中国大陆构造呈现出“台中有槽、槽中有台”的复杂图像。这一创造性的认识，在他的《中国东部前寒武纪大地构造发展的样式》等一系列论著中得到反映，并在1978年全国第一届科学大会上获奖。如今虽有些提法已有所不同，但他的认识仍影响着我国前寒武纪大陆地壳的研究。他也从未固其所得、定其所识，当注意到板块学说对前寒武纪大陆地壳研究的重大影响时，就不断用更为鲜明的活动地球观深化这门学科的研究。他撰写的《中国前寒武纪构造格架及研究方法》等专著，重点阐明了他对变质构造成因机制的认识。

在我国区域地质、构造地质和前寒武纪地质构造的研究中，马杏垣积累了十分丰富的经验。他注意到，人们为区分各种构造和构造类型而进行比较，通过比较去鉴别、分类；然而，传统的比较构造方法有很大局限性，只有应用辩证法，才能对构造现象的内在矛盾和运动规律做出科学的解析。为了探索和建立构造地质学新体系，他以很大精力致力于构造方法学的研究。在这一过程中，他十分关注国外先进方法学的进展，从早期苏格兰地质学家创立的几何分析，到以后Ramsay的应变分析，Hansen的应变相分析，以及Hobbs、Davis等对构造地质学的系统论述，他都以博采众长、为我所用的态度去研读，并以锐敏的洞察力从中发现其精华，通过自己的著述，结合我国构造实际，把构造解析方法介绍给国人。继《嵩山构造变形——重力构造、构造解析》之后，1978年他又编写了《变质岩构造工作方法》，系统论述了构造置换、叠加和构造序列等一系列重要的地质概念。但他更关心的是如何通过自己的实践，建立起属于自己的构造方法学。1983年，总结其一生心得和经验撰写的《解析构造学刍议》终于问世了。在这篇纲领性论文里，他指出：“提出解析构造学是为了探索地质构造教学的一种新体系”，建立起一个能把辩证唯物主义应用于地质构造研究、以分析地壳内在矛盾为核心、运用当代最新构造解析方法进行研究的构造学。他倡导：“我们需要在高度活动的动力地球构造观的指引下，用新的构造方法学，去进行新一代的地质构造实践。”在文中，他系统地提出尺度、层次、构造变形场、岩性介质、叠加、置换、序列等解析构造的基本原则。他强调，全面的构造解析应该做到分解与综合的统一，把地球构造当做一个系统来研究；应当把国外将复杂事物分解为简单要素来研究的方法与李四光先生有关构造体系的思想结合起来。他的这一学术思想把我国的地质构造研究带进了一个以辩证唯物构造观为指导，以现代系统科学方法为特点的多尺度、多因素、多体制和多世代构造的全方位动态分析的新领域。

2. 花甲逢转变，地震战线做贡献

1978年，党的十一届三中全会实现了从“以阶级斗争为纲”到“以四化建设为

中心”的转变，强调“实事求是”、“实践是检验真理的唯一标准”。各条战线都面临着大转变所带来的冲击和考验。也就在这一年，马杏垣参加了首次“全国科学大会”并获得奖励，这一年他还被推选为第五届全国政协委员。对马杏垣来说，这一年也是一生中的重大转折：他从武汉地质学院（原北京地质学院）奉调国家地震局，担任国家地震局副局长，兼国家地震局地质研究所所长。已近花甲之年的马杏垣，追溯数十年走过的革命、教育和科研的坎坷道路，内心感慨万分。虽然从学术地位上看，数十年的辛勤耕耘和追求，他已是誉满全球的地质学家，他独自或与同事一起先后在国内外杂志上发表了近100篇论文，出版图书9部。他担任了中国地质学会副理事长、中国地质学会构造地质专业委员会主任，兼任《地质论评》、《地震地质》等杂志副主编、主编，同时担任过国际地震危险咨询委员会委员。但他并不因此躺在功名簿上，他向往更高层次的理想和追求。对他来说，没有年龄和健康状况的约束，只有毕生为祖国做贡献的崇高境界。在当年的国家地震局春节座谈会上，他满怀激情地赋诗一首：“年近花甲逢转变，地震战线献余年。重视实际求实是，四化建设做贡献。”他以诗铭志，表达了自己在夕阳岁月中的壮志豪情。他又开始在新的地震学术领域中辛勤耕耘。

经过了反复深入的调查研究，马杏垣在地震领域抓住了我国地震活动与第四纪以来的盆地构造有着密切的时空联系这一特点，把对大陆的裂陷作用、伸展构造与地震关系的研究作为主攻方向，开始了地震地质领域中新的探索。从过去精通的前寒武纪到第四纪，时隔了漫长的地质年代，他以顽强的毅力和艰苦的探索，实现了这一历史性的跨越。在短短的几年里，他陆续发表了《中国的地震活动性和地震构造》(英)、《华北新生代地堑系》、《论滑覆与岩石圈多层次滑脱构造》等论文。以深部重力均衡调整和热对流作用产生的垂直运动，导致表壳不同层次的水平扩展和横向位移为理论基础，结合我国具体的裂陷和伸展构造实例，深入讨论分析了不同的构造特征、形成机制、发育历史以及它们和地震活动的联系。此外，他还积极指导和鼓励他的研究生们在变质岩构造和岩石学研究的基础上，开展对“多震层”、深蚀断层带和“古震源实体”构造的深入研究，开辟了地震成因研究的新途径。

当时，马杏垣又指出了块体构造的研究方向，通过亚板块和块体去阐述中国的岩石圈动力学。他认为，块体转动在我国整体构造变形中起着相当重要的作用，对地震预报和减轻地震灾害来说，运用块体模型和均匀弹性模型截然不同。因为在块体模型中变形和应力的格式受相对强的块体与较弱的断裂带控制。这个模型预测的应力-应变表现与均匀弹性模型不同。块体模型可以得到构造、地震及古地磁数据的验证。为此他为研究生选择了在滇西、阿尔金、华北三个地区开展块体转动方面的深入研究课题。

1982 年，为配合“80 年代国际岩石圈计划”，国家地震局下达了编制中国岩石圈动力学图集的任务，并任命马杏垣为主编，他作为国际岩石圈计划委员会执行局委员，以满腔的热情，决心为此做出贡献。作为“六五”期间的重点项目，国家地震局组织了国内 31 个科研教学单位近 200 名科学家协同努力，共同完成各类序图、地质基础图、地球物理和地球化学专题图，以及新构造变动、地震活动、各省（区）地震构造以及分区岩石圈动力学特征图共 68 幅。他主编完成了 1∶400 万中国及邻近海域岩石圈动力学挂图一幅，以及作为说明书的中英文专著。

在完成如此浩繁的编图工作中，马杏垣在图集的整体设计和总的指导思想方面进行了广泛深入的研究，并努力使之体现到每一幅图件的资料选取、内容表达和表现方式上，在组织领导工作中倾注了大量心血。为了使图集能更好地表达岩石圈动力学的研究主题，并且尽可能多地反映实际资料和有关参数，他采用了多手段、多层次组合和综合的表现形式，达到了理想的效果。在 1985 年召开的评审会上，数十名国内著名专家一致给予了高度评价，认为图集是“目前国内岩石圈动力学研究方面编成的第一部大型地区性综合图集，在国际上也处于领先地位，具有重要的理论和实际意义以及重要的科学价值”。这一成果已被授予国家地震局科技进步奖一等奖、国家自然科学奖三等奖、国家图书出版奖一等奖、国家科技进步奖三等奖，并在第 28 届国际地质大会上，被国际岩石圈计划委员会列为经典出版物，被美国国家科学院图书馆收藏，体现了中国对国际岩石圈计划所做的贡献。

“全球地学大断面的编辑和综合研究”是 20 世纪 80 年代国际岩石圈计划后五年的又一全球性的综合研究项目。马杏垣率先组织各方面人员编制出我国响水至满都拉地学大断面的草图，在苏联伊尔库茨克的国际地学大断面协调会上展示，受到各国科学家的重视。虽然当时他已临近古稀之年，身体条件已明显不如以前，但是为提高我国地学研究水平，共享国际研究的成果，他毅然主持了“国家地震局地学大断面的编制和综合研究”，成为地震局系统六条断面的编制和研究的总带头人。他不仅从整体学术思想和组织领导方面花费了大量精力，而且兼做其中一条地学断面的编制和研究工作，以作表率，引导大家从新的学术思路和新的理论加以认识和研究，以便赶上或接近国际地学的研究水平。他以严谨的学风和科学态度，作为名副其实的科学家和实干家而受到同行的尊敬和拥护。这六条断面均获国际地学断面委员会评审通过和统一的国际编号。这在国际上已出版 20 余条断面中占有重要的位置，并获国内外著名学者的高度赞赏。该成果被授予国家地震局科技进步奖一等奖、国家自然科学奖三等奖。国际岩石圈委员会主席 K. Fucks 1989 年 8 月在美国首都华盛顿第28届国际地质大会期间召开的国际岩石圈委员会招待会上称，“马杏垣院士主编的《中国岩石圈动力学地图集》对国际岩石圈计划做出了卓越的贡献，为其他国家编制这类图件建立了范例，为所有研究岩石圈动力学的科学家提供了很实用的参考资料”。国际地学断面计划委员会两任主席 J. W. H. Monger 和 H. J. Götze，对马杏垣主编的六条总长8000余千米的地学断面评价道：“以马杏垣院士为首的科学家为全球地学断面计划（GGT）做出了最出色的成果，你们的断面显示了科学上的高水平，并为岩石圈的结构演化和动力学提供了重要轮廓，全世界的GGT工作组都将从你们伟大的工作和经验中获益”。

“全球变化”是20世纪90年代国际全球性的地学界、生物学界的联合研究项目，马杏垣作为创始该项目的规划组成员之一，一方面积极介绍项目，另一方面酝酿组织相应的课题，促进这一国际间的联合研究项目在中国的执行和发展。

3. 坚信马列，辩证科学地质观

马杏垣是一位学者，也是一位有60多年党龄的老共产党员。在过去一些政治运动中，他不同程度地受到冲击，但他坚持马列主义信仰，经常运用辩证唯物主义的观点来认识和分析科学研究中诸多因素之间的矛盾转化规律，逐渐形成了辩证的地质观。他写的《解析构造歌》就是写照：理、化、热、重，质量流展，升降开合，岩席运转。垂、平、转化，穹、坳、褶、断，动静相间，掌握突变。时、空、介质，调研格式，伸、缩、隆、陷，剪、斜、滑、旋。层次、尺度，叠加、置换，转化、再造，得失增减。实验模拟，探索机制，组合演变，利于预言。

他连任第五、六、七届全国政协委员，直接参政议政。在历次全国政协会议期间，他都积极提出议案，对我国的对外开放政策、国家的建设与发展，尤其是科学文化水平的提高，提出许多很有意义的建议。

“不用扬鞭自奋蹄”是他暮年的工作写照。然而，当同行们在概括评价他一生的科研成就时，他却引用托尔斯泰说过的话作比喻：“一个人就好像是一个分数，他的实际才能好比分子，而他对自己的估价好比分母，分母越大则分数的值越小。”他的研究成果、他的献身精神、他的优良学风和谦逊品质，在同行们心中树起了丰碑。

三、马杏垣主要论著

Ma X Y (Ma Hsing-yuan). 1948. The Origin of the Rocks of Ach'uaine and Appinite Types in the Rogart Area, Sutherland (A Petrological and Geochemical Study of Granitisation Phenomena in the Rogart District, Sutherland). Edinburgh: University of Edinburgh.（博士论文）

马杏垣，蒋荫昌，蔚葆衡等. 1957. 五台山区地质构造基本特征. 北京：地质出版社.
马杏垣. 1960. 中国东部前寒武纪大地构造基本轮廓. 科学通报，(16)：29-36.
马杏垣，游振东，谭应佳等. 1961. 中国大地构造的几个基本问题. 地质学报，41 (1)：30-44.
马杏垣，游振东，谭应佳等. 1963. 中国东部前寒武纪大地构造发展的样式. 地质学报，43 (1)：27-52.
马杏垣，蔡学林. 1965. 中国东部早太古阶段构造变形的特点//陈国达等. 中国大地构造问题. 北京：科学出版社：141-150.
马杏垣. 1978. 变质岩构造工作方法. 地质参考资料，总第5期.
马杏垣，索书田，游振东等. 1981. 嵩山构造变形——重力构造、构造解析. 北京：地质出版社.
Ma X Y，Wu Z W. 1981. Early tectonic evolution of China. Precambrian Res，(14)：185-202.
马杏垣. 1983. 解析构造学刍议. 地球科学（武汉地质学会学报），(3)：1-9.
Ma X Y，Zhang J S，Bai J，et al. 1984. Variations in tectonic style through the Precambrian history of China. Ann Geophys，2 (6)：611-620.
Ma X Y. 1986. Lithospheric Dynamics Map of China and Adjacent Seas 1∶4 000 000 and Explanatory Notes. Beijing：Geological Publishing House.
马杏垣主编. 1987. 中国岩石圈动力学纲要（1∶400万中国及邻近海域岩石圈动力学图说明书）. 北京：地质出版社.
马杏垣，白瑾，索书田等. 1987. 中国前寒武纪构造格架及研究方法. 北京：地质出版社.
Ma X Y，Wu D N. 1987. Cenozoic extensional tectonics in China. Tectonophysics，133 (3/4)：243-255.
Ma X Y. 1988. Lithospheric dynamics of China. Episodes，11 (2)：84-90.
马杏垣主编. 1989. 中国岩石圈动力学地图集（中英文）. 北京：地质出版社.
马杏垣主编. 1991. 江苏响水至内蒙古满都拉地学断面1：1 000 000附说明书. 北京：地质出版社.
Ma X Y，Liu C Q，Liu G D. 1991. Xiangshui to Mandal transect，North China (Global Geoscience Transect 2). Washington：American Geophysical Union.
马杏垣. 1995. 中国地质构造学的回顾与展望. 地质论评，41 (5)：483-485.

主要参考文献

李存悌，杨主恩. 1993. 马杏垣//《科学家传记大辞典》编辑组编，卢嘉锡主编. 中国现代科学家传记（第四集）. 北京：科学出版社：368-373.
傅昭仁，吴正文，杨光荣等. 1999. 驿路万里总奋蹄——马杏垣院士传略//马宗晋. 构造地质学-岩石圈动力学研究进展. 北京：地震出版社：1-8.
杨主恩. 2001. 老骥奋蹄志环球，红杏出墙遍地春——构造地质学家及地震地质学家马杏垣院士传略//中国地质大学校史编撰委员会编，赵克让主编. 地苑赤子——中国地质大学院士传略. 武汉：中国地质大学出版社：82-88.
马丽. 2004. 后人拾遗——构造地质学家、地震地质学家及教育家马杏垣院士生平//马杏垣. 解析构造学. 北京：地质出版社：423-431.

撰写者

杨主恩（1949～），福建惠安人，中国地震局地质研究所研究员。1978～2001年师从马杏垣院士，获构造地质学硕士和博士学位，并一直协助马杏垣院士在此期间的科研项目组织和实施。

马宗晋（1933～），吉林长春人，中国科学院院士，中国地震局地质研究所名誉所长。50年代曾在北京地质学院师从马杏垣院士，并共事数年，1978～2001年一直在地震系统共事。

张炳熹

张炳熹（1919～2000），河南社旗人。矿床地质学家，地质科技管理专家。1980 年当选为中国科学院学部委员（院士）。1940 年毕业于西南联合大学地质地理气象学系。1946 年赴美国哈佛大学留学，先后获硕士、博士学位。1950 年回国后历任北京大学地质系副教授，北京地质学院教授、教研室主任、系主任，北京市地质局总工程师，地质矿产部地质矿产司和科学技术司总工程师，地质矿产部科学技术高级咨询中心主任。1984 年、1992 年连续两届任国际地质科学联合会副主席。他领导完成了北京 1∶5 万区域地质调查，出版的《北京地质》、《北京市 1∶20 万地质图》是北京市区域地质研究的经典性成果，开创了首都地质矿产调查的新局面。他熟悉国内外地质矿产资源情况，对我国金属矿产，特别是稀有金属、特种非金属矿产的普查勘探做出了重要的贡献。他长期担任地质科技管理领导职务，具体负责地质矿产部若干重点科技攻关项目的业务指导和顾问工作，主持完成了《中国地质工作发展战略研究》等重要报告，组织领导了中外合作的“喜马拉雅和青藏高原深剖面及综合研究”等重大项目。从事地质教育工作 16 年，培养了大批人才。

一、简　　历

张炳熹，祖籍河南省社旗县。1919 年 6 月 12 日生于北京，2000 年 6 月 21 日于北京逝世，享年 81 岁。

张炳熹生在一个铁路职员家庭。其父清末毕业于京师测绘学堂，在京绥铁路局地亩科工作，曾在詹天佑领导下，从事铁路选线及征地业务。父亲的爱国、敬业精神，以及家庭的知识氛围，潜移默化地影响了张炳熹。

他 11 岁时从铎民小学毕业，以优异成绩考入北京师范大学附属中学。该校名师云集，当时即以提倡素质教育著称。张炳熹对该校开设的地质矿物学课程饶有兴趣。他在高中时，还读过斯文·赫定所著《长征记》的中译本，书中谈到的中国和瑞典科学家 1927～1932 年组织的“中国西北科学考察团”引人入胜的经历和卓越的贡献使他受到很大鼓舞。1936 年高中毕业时，听说北京大学地质系在国际地质界也是举足轻重的，于是欣然投考，一考而得中。

北大地质系有很优越的学习条件。当时的著名教授有葛利普、孙云铸、谢家荣、何作霖、杨钟健、斯行健等，学术气氛十分浓厚。他们那一届同学中，他和董申保、黄劭显、关士聪后来都当选为中国科学院院士。

1937年七七事变后不久，北平、天津沦陷。北京大学、清华大学、南开大学三校迁往湖南长沙岳麓山下，组成长沙临时大学。张炳熹进入地质地理气象学系继续学习。1937年12月，南京沦陷，武汉告急，学校当局于1938年1月决定从长沙迁往云南昆明，分两路前往，其中一路步行。根据志愿，经体检合格，核准步行的学生有244人，组成“湘黔滇旅行团”。教职员中有教授袁复礼、曾昭抡、吴征镒、闻一多、李继侗等，地质系的学生有10多名，王鸿祯、张炳熹也在其中。还有一位化学系的学生陈庆宣，到昆明后转到地质地理气象学系，后来也成为地质学家。他们于1938年2月20日出发，4月28日抵达昆明，历时68天，全程1671千米，净步行40天，行程1300多千米。沿途他们作社会调查，与苗族等兄弟民族举行联欢会，深入社会底层，体察民间疾苦，一路上还观察大自然，采集生物、岩石、矿物、化石标本，进行难得的野外实习，这在中外教育史上堪称壮举。

学校迁到昆明后，改名“西南联合大学”。张炳熹在这动荡环境和困苦条件下刻苦钻研，不仅学好了地质专业课程，还选修了数理化方面的课程，从而打下了广泛、扎实的基础。后来，他与董申保一道，在昆明以东填绘了200多平方千米的1∶5万地质图，并共同完成了《云南嵩明杨林一带之地质》的毕业论文，两人都以优异成绩于1940年毕业。21岁的张炳熹留校任助教，后任研究助教。

任助教时，张炳熹主要担任光性矿物学和岩石学的实习辅导。他重视并积极参加野外地质调查。1942年初，他们系与云南省建设厅合作，成立省地质矿产调查委员会，孙云铸教授兼主任委员，张炳熹积极参加了这项教学、科研、生产三结合的有益工作。初出茅庐的张炳熹，在前5年的10个寒暑假里共进行了7次大的野外地质调查，使他对云南区域地质诸多方面了若指掌，为日后的地质实践和进一步的科学研究打下了良好的基础。

1943年夏天，张炳熹参加了清华大学第六届留美公费生“物理矿物学”名额的考试，1944年榜单揭晓，他被录取。由于他身负繁重的教学、科研任务，因此没有立即出国。1946年5月，北大、清华、南开三校恢复，分别迁回北平和天津，张炳熹也就离开昆明赴美国哈佛大学地质系和矿物学系做研究生。1948年，他获硕士学位后，又继续攻读博士学位。1950年，他以 *Structure and Metamorphism of the Bridgewater-Woodstock Area, Vermont*（《佛蒙特州布里奇沃特—伍德斯托克地区的构造和变质作用》）的论文通过答辩，获得博士学位。由于他学习成绩优异，在获博士学位之前即被教授们推荐为美国的“Sigma Xi”学会会员。

1950年8月，张炳熹乘坐美国开向新中国的第一艘客轮——“威尔逊总统号”回国，到北京大学地质系任副教授。1952年全国高等学校院系调整时，成立北京地质学院，他任该院教授兼矿床学教研室主任，以后又任勘探系主任。1958年，他兼任北京市地质局总工程师。1960年调到地质部，先后任第二地质矿产司、地质矿产司总工程师。1972～1975年曾担任联合国海底委员会中国代表团的顾问、代表。1980～1982年出任联合国亚洲太平洋地区经济社会委员会（UNESCAP）自然资源司司长。1982年任地质矿产部科技司总工程师，兼任地质矿产部科学技术顾问委员会副主任、国务院技术经济研究中心顾问。1986年任地质矿产部科学技术顾问委员会主任，联合国国际海底管理局筹备委员会审查先驱投资申请技术专家小组成员。1989年任地质矿产部高级科学技术咨询中心主任。

张炳熹于1956年加入中国共产党。曾任北京市第三届人大代表和中国共产党第10、11、12次全国代表大会代表。1988年被选为第七届全国人大代表。

张炳熹积极参加国内外学术活动。他早年加入中国地质学会，先后任理事、常务理事、科技顾问和编辑委员会副主任、编辑委员。他曾多次参加中国地质代表团出访美国、加拿大、联邦德国等，参加学术会议或进行地质考察，并翻译介绍了很多国外最新研究成果。20世纪七八十年代，他在联合国机构工作时，高质量地完成工作任务。在1984年莫斯科举行的第27届国际地质学大会上，他当选为国际地质科学联合会（IUGS）副主席。1989年在华盛顿举行的第28届国际地质学大会期间又连任副主席。张炳熹1980年当选为中国科学院学部委员（院士）。1991年任中国科学院地学部副主任。

二、主要科学研究、学术思想及其影响

1. 全心育新人，桃李满天下

1950年，张炳熹从美国回到北京后，应聘为北京大学地质系副教授，主讲矿床学课程。他讲课认真负责，条理清楚，很注意理论与实际结合，特别能灵活地运用国内相关资料，令学生倍感亲切。在矿床学实习课上，为了给学生创造看光片的条件，他将淘汰的10台岩石显微镜加以改造，在镜筒上钻一个眼，使强光能射入，又装一个45°的反射盖玻片，前面加一个蓝色滤光玻璃，这样一来，学生就能看光片了。

张炳熹不仅在业务上精益求精，而且政治上拥护党，热爱新社会。他不仅教书，而且育人，关心学生的思想品德，比如他把自己早年从事地质调查过程中的见闻告诉大家，使学生们通过新旧社会对比而提高政治觉悟。1950年抗美援朝，全国人民踊跃捐献，支援前线。北大地质系师生请刚回国的张炳熹推荐一批书籍来集体翻译，以捐献所得稿费。其中有一本是张炳熹的导师毕令斯写的《构造地质学》，由他领导译出。

1951年张炳熹带学生去黑龙江省鸡西、鹤岗煤矿实习，当时矿上正遇到煤层由于断层而“失踪”的麻烦事，矿上的苏联采矿工程师也束手无策。张炳熹用“构造制图法”解决了这个问题，深为大家所敬佩。

1952年上半年，张炳熹晋升为教授。当年暑假以后，适逢高等学校院系大调整，北大地质系与清华地学系等强强联合，组建了北京地质学院，张炳熹调到了该学院。他在该院工作了整整8年，先后担任过建校委员会（校务委员会）委员、地质矿产系副主任、岩石矿物教研室主任、矿床教研室主任、科研处副处长、院学术委员会常委、矿产地质勘探系主任。

他领导组建了矿床教研室，其中既有他的老师，老一辈矿床学家冯景兰教授、袁见齐教授，也有他的学生，刚毕业不久留校的赵鹏大、翟裕生等，他真正做到了尊重前辈，提携后进。他编写的《矿床成因讲义》内容丰富、论述透彻、重点突出、文字简练，深受师生们欢迎。这也成为后来教研室主编的《矿床学》教科书的蓝本。

他十分关心青年教师和研究生的成长。他大胆安排年轻教师讲授专业课，热情指导他们备课和试讲，又常随班听课，帮助年轻教师改进教学方法，不断提高教学质量。他还对研究生进行个别辅导，细致入微。

在科学研究工作中，他充分发挥了组织领导作用。他于1954年担任了该院科研处副处长兼科研科科长，具体组织全校科研工作，包括制订科研规划、组织研究力量、建设重点研究室、组织学术交流等。在教学与科研中，他充分发扬学术民主。例如他领导矿床教研室时，各派观点异彩纷呈。一方面是欧美矿床学的传统理论，包括美国W. 林格仑、英国E. 艾孟斯、瑞士P. 尼格里等的传统理论；另一方面是A. T. 别捷赫琴、H. C. 柯尔仁斯基、B. И. 斯米尔诺夫和C. C. 斯米尔诺夫等苏联的矿床学理论；还有冯景兰、袁见齐等老地质学家关于中国国内矿床的理论。他坚持让不同学派自由发表观点，不急于作结论，也不强加于人。在他努力营造的这种和谐气氛下，教学和科研都得到了长足的进展。

张炳熹担任北京地质学院矿产地质勘探系主任期间，亲自主持和领导广大师生按教学、科研、生产三结合的原则，进行了两项意义深远的研究工作。一是“我国南方湘赣闽浙四省地质特征及成矿规律”项目。他提出用不同的构造层来分析地质条件与成矿的关系，以及从研究地质演化史的特点来认识成矿规律性等指导思想。经过师生们三年努力，撰写了《湘赣闽浙四省内生金属成矿规律及对太平洋矿带的新认识》一书。书中提出了一些重要学术观点：中国中生代燕山运动形成的构造-岩浆-成矿带具有截穿中生代前不同大地构造单元的特征；针对苏联学者强调太平洋矿带以钨锡矿为主而铁矿贫乏的说法，指出铜铁也占有一定的重要地位。该书被认为是20世纪60年代我国开始研究太平洋矿带的先导性作品。二是他主持编著了《中国矿床学》一书。他与广大师生一起，学习运用唯物辩证法和新的成矿理论，对新中国成立10多年来矿产地质勘查的新成果进行了系统整理和综合研究，对我国主要矿种、矿床类型进行了实例解剖，分析了时空分布规律，提出了远景评价，指明了找矿方向，划分了综合成矿区，进行了综合成矿预测。所有这些，都为以后的矿床学教学与科研奠定了良好的基础。该书被认为是我国区域成矿学研究的代表作。

张炳熹于1958年兼任新成立的北京市地质局总工程师。他带领北京地质学院学生在北京远近郊区实习，踏遍了北京的山山水水。

张炳熹自1940年毕业于西南联合大学留校任助教开始，至1960年调往地质部的20年间，除在美国留学深造的4年而外，他在西南联合大学、北京大学、北京地质学院先后从事地质高等教育工作16年，为祖国培养了大批人才，其中有的已当选为院士。

2. 开创首都地质矿产调查新局面

北京是新中国政治经济文化中心，为了查明首都地质矿产资源情况，因而成立了北京市地质局，张炳熹兼任总工程师，又是局党组成员、党委副书记。经研究决定，利用两三年时间，在北京地区开展1∶5万区域地质调查。这项工作以该局与北京地质学院合作的形式进行。在短短3年的时间里，共完成1∶5万区测图幅29幅，覆盖区域面积9120km^2，占山区总面积90%以上，基本上在有岩石露头的地区都填了图。

这套图幅是北京市第一套系统、完整、全面的，并且是具有战略意义的基础地质调查成果。这套图幅及其说明书首次系统地划分了太古宙的变质岩系与元古宙至新生代的沉积地层层序，以及北京山区的构造单元，并划分了中生代的岩浆侵入期次及火山岩系，尤其阐明了区内矿产资源的分布、成矿地质条件、矿产特征及一些主要矿种的成矿规律，具有较高的理论水平和很大的实际意义。这一套成果经进一步研究、提炼，北京市地质局于1961年出版了《北京地质》一书，1964年又缩绘、编制出版了《北京市1∶20万地质图》，成为北京市区域地质研究的经典性成果，为区域地质、矿床地质、水文工程地质等专业的科研与教学人员，以及工矿部门有关的工作人员等，提供了可资利用的重要参考资料。

张炳熹也很重视北京市各区、县地质技术人员的培养。他很重视地质局办的地学知识培训班，组织编写简明适用的教材，抽调北京地质学院师资力量为培训人员讲课。他还亲自参加了开学典礼，并热情洋溢、语重心长地鼓励大家努力学习地质知识，争取为祖国做出贡献。

3. 为我国特种金属、特种非金属矿产勘查奠定基础

1960年，地质部为了适应我国发展国防尖端和现代工业的需要，加强稀有金属、放射性金属及特种非金属矿产资源的地质勘查工作，决定成立第二地质矿产司，张炳熹调任总工程师。

新中国成立前至20世纪50年代，我国对稀有金属、放射性金属和特种非金属矿产地质工作做得很少，发现的矿产地和探明的储量不多。1960年后地质部加强了这方面的工作，在张炳熹技术业务指导下，工作及时得以开展，并取得了显著的勘查成果。例如，他对川西北康定甲基卡、秦岭东部、幕阜山区与伟晶岩有关的铍、锂矿床，广东风化壳型的铌、钽矿床，福建南平西坑的铌、钽矿床，内蒙古白云鄂博稀土、稀有金属矿床的评价，都起了重要的技术指导作用。此外，他对山东、湖南、贵州等省压电水晶矿床的评价和辽宁凤城、吉林辑安硼矿床以及河南淅川蓝石棉矿床的勘查工作，都十分关心，亲临现场指导，有力地促进了上述矿区的勘查工作。

张炳熹对我国突破金刚石原生矿的找矿工作非常重视。1963年3～5月，张炳熹在地质部机关张宏仁、张培元等陪同下赴湖南、贵州，重点调查了解湖南省地质局413地质队和贵州省地质局101地质队金刚石砂矿勘查和原生矿的找矿情况，实地考察湘西、黔东南地区的地质构造和岩浆活动特点。

1964年10月，地质部在山东临沂市召开了全国金刚石地质工作会议（由于保密，当时称第一号地质专业会议）。张炳熹在会议上作了题为“有关金刚石原生矿床几个问题的认识——国外金刚石原生矿地质资料的述评”的学术报告。报告包括以下几个主要内容：①当前需要找寻的主要目标应当是金伯利岩型；②金伯利岩生成的地质环境及时代，包括构造条件及与金伯利岩有关的岩浆活动和主要的成矿时代，由此得出可靠的找矿地质先决条件；③金伯利岩体本身的特点，包括岩体形态、大小、构造、岩石、矿物、化学成分特征，岩体出露特点及含矿性等；④金刚石原生

矿床的找矿方法，包括重砂法的运用和含铬镁铝榴石等指示矿物的测试鉴定，物探方法特别是磁法在寻找金伯利岩体方面的重要作用。

1965 年，普查金刚石原生矿的工作在山东、贵州、湖南、江苏、广西、辽宁等省、区展开。当年 7 月 1 日，贵州的 101 地质队首次在我国发现了金刚石原生矿。

4. 活跃在地质科学的外交舞台上

1972 年 7 月 7 日至 8 月 18 日，我国刚恢复在联合国的合法席位不久，张炳熹作为中国政府代表团高级顾问出席在日内瓦联合国欧洲分部召开的“和平利用国家管辖范围以外海床洋底委员会”的第二次会议。张炳熹具有丰富的国内外地质地理知识和地质勘查实践经验，会议期间他向中国代表团建议，我国应在支持拉美沿海发展中国家维护海洋权益斗争的原则下，支持发展中国家提出的 200 海里专属经济区和大陆架自然延伸的原则。回国后，张炳熹深感我国海域形势严峻，主动向地质部领导提出调整地质工作计划、加强海洋矿产资源勘查、摸清我国大陆架特征的建议。

1973 年 6 月 1 日至 3 日，张炳熹陪同地质部副部长许杰参加在汉诺威举行的德国地质调查所成立 100 周年庆典暨学术交流活动，利用会议期间和会后等待航班时间，他全面、具体地了解了该所科研项目与生产建设要求的情况。

1973 年 12 月 3 日至 15 日，张炳熹出席第三次联合国海洋法会议第一次会议期间，得知海牙《国际法院关于欧洲北海大陆架案判决书》案文内容后，十分兴奋。他深知该案例对解决我国东海大陆架争端非常有利，回国后便废寝忘食，把该判决书的主要内容，尤其是对解决丹麦和联邦德国大陆架划界争端的处理原则准则，及时向主管机关作了通俗易懂的汇报。其中“大陆架自然延伸原则”和“等距离方法的使用在当事国之间并不是强制性的”观点，后来成为我国政府维护海洋权益的重要政策和主张的依据。同时，张炳熹还在 20 世纪 70 年代初，最早提出了南沙群岛曾母暗沙是我国管辖海域最南界限的依据。他提供的资料至今仍然是捍卫南海诸岛及其附近海域资源主权权益的有力证据。

1980 年 2 月至 1982 年 3 月，张炳熹在曼谷担任联合国亚洲及太平洋经济社会委员会（简称“亚太经社会”）自然资源司司长期间，出色完成任务，为国家赢得了声誉。

1987 年 3 月 30 日，张炳熹出席在纽约召开的联合国国际海底管理局筹委会技术专家组首次会议，审议国际海底多金属结核（即锰结核）资源矿区申请登记的技术经济指标。1987 年 7 月 27 日至 8 月 21 日，他又出席技术专家组第二次会议，审议第一个国际海底开发的先驱投资者——印度在印度洋的海底矿区申请登记。尤其重要的是，他从技术上指导了我国作为东北太平洋多金属结核矿区先驱投资者申请书的起草工作，正确处理了海底地形、矿石金属含量、丰度和覆盖率之间的关系，提出了一份具有国际水平的高质量的技术报告，得到国际海底管理局筹委会的赞扬。

1984 年在莫斯科召开的第 27 届国际地质大会上，张炳熹正式当选为国际地科联副主席。1989 年在华盛顿举行的第 28 届国际地质大会上又连任副主席。

1980～1989 年期间，中国地质学会在各方面支持下组织了近 10 次小型的国际地质会议，扩大了中国的影响。为确保第 30 届国际地质大会在中国召开，张炳熹通过地科联执委会会议，宣传中国政府对地质工作的重视，以及中国地质学家欢迎各国朋友到中国考察地质的态度，张炳熹还建议把每年一次的地科联执委会会议邀请到中国来开，并于 1988 年春在广州召开了地科联执委会会议，会后还组织地科联的领导人进行野外考察，用事实说明中国申请举办第 30 届大会的诚意。这一系列工作得到各国地质学家的认可，中国顺利地获得举办权，这与张炳熹在地科联期间的工作是分不开的。

5. 杰出的地质科技管理专家

从 1982 年起，张炳熹任地质部科技司总工程师。他十分重视地质工作与国家经济、社会发展的关系，强调矿产资源对新中国发展的重大战略性作用。他说，我们应当牢固地确立地质工作在我国国民经济中的基础地位，它是国民经济长期持续、稳定、协调发展的重要保证之一，要有计划地提前开展区域地质调查与找矿勘查工作。必须遵循“十分珍惜、合理利用和有效保护矿产资源”的战略思想，使地质工作贯穿于矿山设计、建设、开采的全过程，保证矿山的合理布局，加强环境保护，有效防止乱采资源。所强调的这些内容正是新时期地质工作可持续发展的原则。

张炳熹重视实践，要求人们多作野外地质观察，并重视各种实际探测与分析测试的结果，包括重视运用多学科多种手段来采集地下信息和进行综合研究。当这些信息所反映的地质事实与地质人员的推测不一样时，更要重视实际资料。

张炳熹多次在会上提出要“多学科协作”，强调加强群体建设、发挥综合学科带头人的作用、领导部门的积极引导等至关重要。

张炳熹重视地学重大科学问题的研究，亲自参与了深部地质地球物理调查研究。他曾多次科学地表述了基础地质、区域地质与地质找矿突破的关系，以及基础地球科学研究与提高地质研究程度的关系。

他强调要加强深部调查研究。提出为地表地质调查工作能查明和控制的深度是很有限的，查明各种地质体的分布和演化规律，就要开展大陆动力学、各圈层相互作用、地下流体研究等。提倡用多种手段去查明地下地质体三维的分布与随时间的演化。他还亲自组织有关专家编写了《岩石圈研究的现代方法》(1997) 一书。

地质部与美国、德国、加拿大等国合作开展了“喜马拉雅和青藏高原深剖面及综合研究 (INDEPTH)”项目的工作。张炳熹是这一项目的首席顾问。后来大家对这种合作方式作了总结，即开展大陆动力学基本问题研究应当以国际舞台为背景进行科学竞争，并采取多国、多学科与高技术的协作攻关方式。曾任国际岩石圈委员会主席的巴尔克 (K. Burke) 教授在第 30 届国际地质大会主题报告中指出，中国地学家在西藏高原所创造的工作模式很可能会成为今后解决重大地学问题的一种可仿效的模式。这是对我们开创的工作模式的肯定，在这一成就中，张炳熹功不可没。

张炳熹对学风的要求非常严格。他曾主持地质部每年一度的国家和部门重大项目汇报评估会，会上他着重从基本的治学态度和方法论上给大家以指导和帮助，使与会者受益良多。

6. 中国地质科技战略专家

在原国家计划委员会国土局的支持下，张炳熹挂帅完成了《中国地质工作发展战略研究》报告，提出了新形势下的地质工作发展战略目标。报告中提出：力争满足 2000 年国民经济总产值翻两番的总目标对能源和矿产资源的需求，并为下个世纪国家经济发展做好资源准备；为 2000 年全国达到减轻自然灾害 30%，2020 年达到减轻自然灾害 50%的目标服务；在 2000 年使北方缺水有所缓和；建立以中国地质特点为基础的地质科学理论体系，研究与发展为地质工作向纵深发展所需的新技术，等等。

张炳熹极力倡导数据资料的共享。他提出，地质调查从本质上讲，就是信息的采集与综合研究。作为信息资源，它是可以不断利用的，多用就可以多得到效益，本身是无所损耗的。在一定意义上讲，建立数据库，实现资源共享，实质上就是解放资源调查的生产力问题。

张炳熹认为，人才是关键。新的队伍建设问题应当引起高度重视，关键是吸引和留住有用人才。要在各个主要工作与学术领域内形成一个有水平、有干劲的工作班子和综合研究班子。发现人才是重要的，更重要的是建立一支自己的导师队伍和科研群体，培养所需的人才。

7. 扶掖后进，探索前沿

1972 年，张炳熹翻译了《太平洋火山带》，给地质部矿床地质研究所青年研究人员张荣华等看，还向他们介绍了美国斑岩铜矿的蚀变分带研究情况。当时张荣华等正在长江中下游火山岩区研究硬石膏-磁铁矿-辉石组合和两套蚀变带，探索铁矿床为什么会有大量硬石膏。1976年，张炳熹去了长江中下游，和张荣华等一道研究蚀变与矿化的关系。后来，张炳熹和郭文魁、宋叔和等几位老先生推荐张荣华去美国留学。

张荣华等回国后，即下决心引进新的科学思想，筹建自己的地球化学动力学实验室。张炳熹当时在科技司任总工程师，他听了张荣华等的工作汇报后，认为他们的研究是一项创新研究，具有前沿性，非常重要。

1988年，张荣华等开始取得一些新的实验数据，而且很快有了新的科学发现。张炳熹很高兴，激情满怀地说，“中国人也能在国际科学前沿领先发展”，“外国人能做到的，中国人也能做到”。

“八五”立项时，张炳熹认为，地球化学动力学实验室观察的化学振荡等一系列复杂动力学现象，是很有意义的发现，呼吁予以重视和关怀，并向“八五”项目立项专家组成员建议支持地球化学动力学实验室继续进行创新性的基础研究。1992年年底，地质矿产部批准成立地球化学动力学开放研究实验室，张炳熹担任学术委员会主任。此后，张炳熹对实验室工作倾注了更多的精力，每次学术讨论会他都亲自主持。1992年该实验室的第一本专著《矿物在热液内化学动力学和物质迁移》出版了。张炳熹高兴地挥笔写“序”，充分肯定了这一研究成果的理论意义和科学价值。张炳熹扶掖后进的精神，使青年科学工作者在探索前沿的艰苦求索中自强不息。

三、张炳熹主要论著

张炳熹. 1952. 矿石储量的估定. 地质学报，32（1/2）：50-60.

查哈罗夫等. 1954. 金属矿床学与矿床分类法. 张炳熹等译. 北京：中国科学院.

沃里弗菾. 1956. 热液矿床学研究问题. 张炳熹，袁见齐译. 北京：科学出版社.

毕令斯. 1959. 构造地质学. 张炳熹译. 北京：地质出版社.

Chang P H，Ern E H，Thompson J B. 1965. Bedrock Geology of the Woodstock Quadrangle，Vermont. Montpelier：Water Resources Dept.

张炳熹. 1982. 有关长江中下游中生代晚期火山岩系中铁矿的若干问题. 矿床地质，1（1）：25-34.

张炳熹. 1984. 对地质工作与新技术革命的几点看法. 中国地质，（9）：21-25.

瑞奇. 1985. 成矿概念的变化和发展. 张炳熹译. 北京：地质出版社.

张炳熹主编. 1985. 2000年的中国研究资料——2000年的中国地质. 北京：中国科协2000年的中国研究办公室：1-94.

张炳熹. 1987. 总结提高“六五”地质科技攻关成果在“七五”科技工作中取得更大成绩. 中国地质，（5）：

3-5.
张炳熹主编. 1987. 当代地质科学动向. 北京：地质出版社.
张炳熹. 1988. 地质科技发展的几个战略性问题. 中国地质，(11)：9-10.
赫奇逊. 1990. 矿床及其构造背景. 张炳熹，李文达译. 北京：地质出版社.
张炳熹. 1994. 地质工作中的生产与科研. 中国地质，(8)：1-3.
张炳熹. 1996. 正确对待地质科研中的分歧意见. 中国地质，(5)：13-14.
张炳熹主编. 1997. 岩石圈研究的现代方法. 北京：原子能出版社.
张炳熹. 1998. 关于岩石学研究的思考. 地学前缘，(3)：1-5.
张炳熹主编. 1998. 中国大陆岩石圈组成、结构、演化与环境. 北京：地质出版社.
张炳熹. 1999. 浅谈矿床研究与勘查实践. 地学前缘，(1)：2-12.
张炳熹主编. 2000. 50年来中国地质科学技术进步与展望. 北京：地质出版社.

主要参考文献

中国科学家辞典编委会. 1985. 中国科学家辞典（现代第4分册）. 济南：山东科技出版社：174-175.
矿床地质编辑部. 1989. 我国老一辈著名矿床地质学家简历介绍（5）. 矿床地质，8（2）：1.
潘云唐. 1992. 张炳熹//《科学家传记大辞典》编辑组编，卢嘉锡主编. 中国现代科学家传记（第五集）. 北京：科学出版社：485-489.
沈时全，王泽九，潘云唐. 2004. 张炳熹//中国科学技术协会编. 中国科学技术专家传略·理学编·地学卷3. 北京：中国科学技术出版社：452-460.

撰写者

潘云唐（1939～），生于四川合江，祖籍湖北广济（现武穴），中国科学院研究生院教授。主要从事古生物学、地层学、地质学史、地学哲学、地学科普等领域的研究。《中国科学技术专家传略·理学编·地学卷》编委。
韦含（1990～），广西东兰人，中国地质大学能源学院资源勘查工程专业学生。
荆涛（1990～），山西运城人，中国地质大学信息工程学院地理信息系统专业学生。

田在艺

田在艺（1919～），陕西渭南人。石油地质学家。1997年当选为中国科学院院士。1945年毕业于中央大学（现南京大学）地质系。曾任新疆、大庆、大港、江汉、吉林等油田勘探指挥部副指挥兼总地质师，中国石油勘探开发研究院副院长兼总地质师。先后担任石油工业部科技委员会委员，地质标准化委员会主任，中国地质学会及中国石油学会常务理事，国家IGCP及ICL成员，《石油知识》编委会主任，《石油学报》编委会副主任。他较早系统地研究陆相盆地成油理论，提出“沉积盆地是油气形成与赋存的基本地质构造单元”，“生、储、盖、运、圈、保等条件的有机匹配是寻找油气田的基本地质要素”；创造性地开展含油气盆地分析的理论和方法研究，提出了沉积盆地控制油气生成与赋存的九大因素和含油气盆地分析的十项内容；组织领导并直接参与全国第一次油气资源评价研究，系统研究自元古宙至新生代各地质时代的岩相古地理及其油气分布规律，为油气勘探决策提供了科学依据。1982年因“大庆油田发现过程中的地球科学工作”获国家自然科学奖一等奖（主要成员之一），并先后5次荣获部级科技进步奖一、二等奖，1989年获首届李四光地质科学研究者奖，2002年获何梁何利基金科学与技术进步奖。

一、成长历程

1919年12月5日，田在艺出生于陕西省渭南县一户普通的农民家庭，并在渭南县城读完小学。那时，正值国家政局动乱，军阀混战，民不聊生。父亲曾做过小学教师，为人正直，常对他讲“人活一辈子要有知识，愚昧无知会贫穷一辈子”的人生箴言。田在艺在父亲的严格管教和熏陶下，逐步养成了刻苦读书的习惯，而且勤学好问，追根求源，建立了探索未知世界的坚定信念。

中学时代的地理课激发了他对地质科学的浓厚兴趣。那是在中学阶段的第二学期，一位叫白超然的地理老师给同学们讲了很多地质知识，并经常利用假日带学生到郊外山上观察岩石、矿物和古生物标本，讲解岩石、地层、构造等地质知识，说掌握了这些知识，就能发掘出许多对人类有用的宝藏。探索大自然神奇奥秘的强烈欲望，使田在艺对地质找矿产生了浓厚兴趣。

20世纪30年代，国难当头，日本帝国主义侵略中国，中华民族遭受残酷欺凌。“科学救国”的想法强烈地撞击着田在艺的心灵，他想：欲要救国，须先找矿，国有实力，日寇怎敢猖狂。尽管地质找矿是个尽人皆知的艰苦行业，但他于1939年9月毅然报考了西北大学地质地理系，一年后，转入重庆国立中央大学理学院地质系。当时祖国半壁河山已经落入日寇铁蹄之下，田在艺的心情十分沉重，为民族复兴贡献一份力量，成为他好学奋进的驱动力。当时，由于家庭贫困和疾病侵扰，他被迫休学两年，但仍以坚强的毅力刻苦学习，以优异的成绩修完了大学全部学分，于1945年7月获得理学学士学位。

田在艺在大学期间，师从构造地质学家李春昱教授、地层古生物学家朱森教授、矿床及石油地质学家张更教授。名师们崇高的做人品德、渊博的地质理论知识、精湛的野外地质功底、严谨的治学态度，使他懂得一个地质工作者应该具有勤奋、刻苦、探索、求实、创新的素质和为国家、为社会寻找地下宝藏的敬业精神。

大学毕业后，田在艺心怀开发石油、报效国家的满腔爱国热情，义无反顾地报名到“春风不度”、自然条件十分艰苦的玉门油矿工作，担任中国石油公司甘青分公司技术员、地质师。当时，指导他们的是中国石油工业的先驱者、玉门油矿的创始人孙健初先生。孙健初经常给他们讲解石油地质问题和国际石油地质学进展的新知识，亲自带领田在艺到民和盆地和六盘山盆地勘察地质构造，并语重心长地说：“你们来到玉门油矿为国家开发油田，长年工作在人烟稀少的戈壁沙滩，这个意志是可钦佩的，但一定要热爱祖国，热爱石油地质事业，矢志不渝，勤勤恳恳，努力学习，只有这样才可能干出卓越的成绩。”孙老的这番话，给了田在艺无穷力量，立志把自己的一生献给祖国的石油事业。从此，他跟随孙健初上祁连，下酒泉，入六盘，风餐露宿，千里跋涉，在陕、甘、青地区开展石油地质调查，为祖国探寻石油宝藏。

1949年中华人民共和国成立以后，田在艺调到石油管理总局地质局任地质师，步入人生另一段全新的旅程。1950年始，他先后对鄂尔多斯盆地、民和等盆地徒步考察了5年，走遍了陕、甘、青、宁的山山水水，练就了野外石油地质调查的基本功，丰富了油田生产实践经验，深化了石油地质的理论知识。1955年3月，调任新疆石油管理局地调处总地质师和研究所副所长。其间，他和苏联专家一起野外调查，并对此前中苏地质工作者在克拉玛依取得的大量物探资料进行深入分析，通过综合研究，最终确信克拉玛依油源丰富并有较好的储油构造，从而支持并参加了克拉玛依第一批探井的部署研究工作，当年10月发现了新中国第一个大油田——克拉玛依油田。1956年5月，田在艺光荣地加入了中国共产党，实现了人生的一大夙愿。20

世纪60年代初，中国面临严重的经济困难，松辽盆地石油勘探成为国家摆脱经济困境的希望所在。田在艺携家人从风雪严寒的乌鲁木齐迁往千里冰封的大庆，参加大庆石油会战，任大庆油田地质调查处处长兼总地质师（一年后任大庆油田勘探指挥部副指挥兼总地质师）。此时，距大庆油田第一口钻井松基3井喜喷工业油流只有3个多月，2000多平方千米的长垣构造亟待查明。田在艺运用多年总结的陆相盆地找油原理，带领十几个地震队在26万平方千米的松辽大地上，整体“解剖”松辽盆地，进一步查明了大庆长垣巨型含油构造，为大庆油田这一世界特大型油田的探明做出了突出贡献。因此，田在艺当之无愧地成为1982年“大庆油田发现过程中的地球科学工作”国家自然科学奖一等奖23名获奖者之一。

1964年，田在艺来到河北大平原，投入大港石油会战。他亲自部署渤海湾盆地地震大剖面解剖方案并进行综合研究，指挥地震队伍在水泡子群里靠划船进行地震勘探，突破了黄骅坳陷地质结构复杂、断层发育、构造破碎等地质难题。他参与部署的港5井于1965年11月喜获工业油流，随后在港东、港西又接连获得重要发现，为大港油田的发现和勘探开发做出了重要贡献。1966年，这位开路先锋又挥师南下，参加江汉石油会战，任江汉油田副指挥兼总地质师，领导并参加了湖北王场油田的解剖方案及外围勘探部署工作。半年之后，他被打成“反动学术权威”，暂时离别钟爱的油气勘探一线工作，但他“身在曹营心在汉”，依旧关心着油田的勘探和开发。1972年3月，他终于走出“牛棚”，出任江汉石油学校副校长。一年后，他又北上吉林扶余，重返找油找气第一线，担任吉林油田副指挥兼总地质师。在这里，他同广大职工一起战天斗地，共同开辟了新木、新立、乾安、红岗等新的油区；调整扶余油田开发方案，改气驱开采为水驱开采，保持了油田稳产高产，扩大了含油面积，增加了可采储量。

1980年初，年过花甲的田在艺，肩负着发展石油科技事业的重任，来到石油部石油勘探开发科学研究院，担任主管勘探研究的副院长兼总地质师。在这石油工业的智力中心，他组织“六五”科技攻关，主持了全国第一次油气资源评价，亲自指导和参加中国含油气区大地构造与油气远景评价研究工作，拟定评价方法，举办学习班，开展国内外技术合作。在繁忙的工作之余，他抓紧一切时间把几十年油气勘探积累的实践经验，以及所思所得凝结成科学论文，阐明中国石油地质规律，指导中国油气勘探实践。同时，为了更快地培养石油地质人才，他担任研究生导师，培养了10多名硕士、博士研究生。

几十年来，他发表论文135篇，出版专著3部（其中1部以中、英文出版）、编著6部、论文选集2部，编写科研报告30多部。由于出色地组织和领导全国第一次油气资源评价，1989 年获国家科技进步奖一等奖。此外，还获得部级科技进步奖二等奖 3 次，三等奖 1 次。鉴于在石油地质相关领域的杰出贡献，1989 年获首届李四光地质科学研究者奖，1991 年获国务院政府特殊津贴，1997 年当选为中国科学院院士，2002 年荣获何梁何利基金科学与技术进步奖。

二、学术成就与思想

田在艺是一位具有丰富实践经验的油气勘探家。他长期在玉门、长庆、新疆、大庆、大港、江汉、吉林等油田的勘探一线工作，为我国许多油气田的发现、勘探和开发做出了突出贡献。田在艺更是一位造诣深厚的石油地质学家。在长期的油气勘探过程中，他善于从第一性资料出发，抓住各时期重大的地质理论和实践问题，不断在理论上升华并科学地加以阐述。实践出真知，他在陆相生油理论、陆相成油气系统理论、含油气盆地地质学、油区岩相古地理学、油气资源评价、油气勘探技术诸多方面都有深入的研究和建树，获得一系列研究成果，促进了各学科的建立和发展，对中国的油气勘探具有重要的理论意义和指导价值。

1. 发展陆相生油理论

田在艺是国内较早倡导和发展陆相生油理论的老一辈地质学家之一。自 1948 年在《石油地质专刊》上发表其第一篇科学研究论文《陕西彬县油母页岩地质》以来，他不断探索陆相生油、成烃成藏的基本规律。20 世纪 50 年代后期，他经过多年的野外地质调查和油田勘探实践，积累了丰富的第一手地质资料，从而对中国的油气远景信心更加坚定。然而在 20 世纪 50 年代以前，西方学者基于中国中新生代盆地多为陆相沉积，提出了“中国贫油论”，认为中国的陆相地层生油岩难以沉积、保存。中国学者在 20 世纪四五十年代相继提出了陆相地层生油的观点，但主张中国油气资源丰富的诸多学者，对于陆相生油的理论以及如何在陆相盆地中找油，尚处于探索阶段。田在艺结合自己在西北地区多年的勘探实践，形成了一系列陆相生油和陆相成藏及陆相形成大油田的理念，特别是发现克拉玛依油田后在认识上有了飞跃，又查阅了四川、松辽、华北、江南、羌塘和长江中下游等许多盆地的地质资料，于 1959 年撰写了 3 万余字的长篇论文《中国陆相地层的生油和在陆相地层中找油》，在我国较早地阐述了陆相生油的地质条件及油气成藏规律。该文作为开篇要文收录在《中国陆相地层生油和找油论文集》（第一集）（1960）中。

在这篇论文中，他明确提出“盆地长期下沉、下降幅度大的中新生代沉积盆地，沉积巨厚，在湖水扩大的地质条件下，湿润气候、湖泊相暗色黏土质岩层、封闭深水盆地、还原介质水域，是陆相生油岩沉积的必要条件”。这一陆相生油岩的沉积模式和构造环境的提出，从理论和实践上科学、有力地驳斥了当时盛行的陆相贫油论和唯海盆有利于石油生成的概念，修正了盐浓度较大的海盆才有利于石油生成和陆相地层生油岩不易堆积和保存的旧概念。这篇石油地质学史上有影响的论文被科学界认为是“丰富、发展了陆相生油理论”。

文中，他还首次全面系统地分析了准噶尔、塔里木、鄂尔多斯、松辽等18个主要沉积盆地陆相生油岩的形成环境和分布，同时还对伊犁、沁水、民和等9个小型盆地的石油地质特征进行了论述，为我国陆相地层的生油和成藏提供了科学论据，为我国油气资源的评价建立了基础，明确了找油领域，有力地指导了我国20世纪五六十年代的油气勘探，其中12个盆地都先后找到了大油气田。

2. 提出“生、储、盖、运、圈、保”有机匹配的油气成藏地质理论

田在艺较早系统研究陆相盆地成油理论，并不断创新，为成油气地质理论的建立做出了重要贡献。20世纪50年代，中外地质家已逐渐承认陆相盆地生油的事实，但对于陆相地层中油气如何生成、运移和聚集的研究仍是一片空白。50年代末期，田在艺从生油层、储油层，油气运移、聚集、圈闭到油气藏形成等方面进行全面论述，提出盆地形成是受大地构造、沉积环境和沉积物的控制，生油深凹陷及其邻区是找油的有利地带，油气自生油深凹陷按油藏动力学原理向隆起区运移的盆地成油理论。强调生油岩在石油沥青形成中的主控作用，“没有物质的来源，就不会有物质的储存”，反对单纯寻找储油构造的观点，指出“要寻找油藏必须在生油岩系，或其附近地区，或上下相邻的其他岩层中去找”。这些论述为当时的油气勘探提供了科学的理论依据，丰富了中国石油地质学理论。

他还运用成藏动力学观点分析探讨油气的运移和聚集，认为“油气从沉积的油母岩层中转移到储集的孔隙岩层中，主要是因为压力的关系，无论是地层的静压力或是地壳变动的动压力，都能够使流动的油流沿岩石裂缝或岩层面或不整合的构造面，从强烈的高压区转移到低压区”。指出“油气的聚集总是从盆地的中部向边缘部分运移，从凹陷深处向长垣的隆起部分运移；盆地中部多为泥质的生油岩层，边缘部分多为砂质的储油层和圈闭构造”。

1963年，田在艺作为大庆油田勘探指挥部副指挥兼总地质师，和同志们一起总结松辽盆地成油地质规律，并作出经典概括，得出言简意赅的六个字：生、储、盖、运、圈、保，即是说生油层、储集层、盖层、运移、圈闭、保存六大条件的有机匹

配是油气田形成的基本要素。这一论断因其科学准确，直至今天仍赫然写入大学石油地质学教科书中，对我国陆相乃至海相油气田的勘探和理论研究起到了重大的科学指导作用。

20 世纪 70 年代，美国学者提出“隐蔽油气藏”的概念，田在艺意识到这一油气圈闭类型在中国陆相含油气盆地中具有重要地位。80 年代他在国内较早地开展隐蔽油气藏研究，建立了中国陆相盆地隐蔽油气藏圈闭模式；90 年代初又对我国发现的油气藏类型进行系统研究，划分为 5 大类 26 亚类，并按照盆地地壳演化、构造样式、沉积模式的不同，提出了裂陷型、坳陷型、克拉通型、挤压型等四类盆地中油气藏类型的分布模式，把油气圈闭理论与勘探实践结合起来，有力地指导了生产实践。

3. 阐述“盆地论”思想，指导油气勘探实践

田在艺是国内较早倡导“含油气盆地论”的学者之一，长期深入开展含油气盆地分析的理论和方法研究，推动了含油气盆地地质学的发展。20 世纪 50 年代晚期，他首次提出完整的含油气盆地分析概念，指出“应在生油岩系沉积环境的整个盆地里寻找储油构造”。他提出的“长期沉降、沉积巨厚、湖水扩大的地质条件、湿润气候、湖泊相暗色黏土质岩层、封闭深水盆地、还原介质水域”有利于生油岩沉积和保存的论断，成为含油气盆地中烃源岩沉积背景分析的重要内容，尤其是关于湿润气候对于陆相盆地生油岩形成重要性的认识在世界上都是最早的，国外在七八十年代才开始重视古气候对于烃源岩形成的重要作用。在油气勘探和科学研究中，他一贯强调“沉积盆地是油气形成的基本地质构造单元”，“油气和油气藏形成的每一环节，都是在沉积盆地演化过程中实现的”，“为了有效地勘探油气，必须把握完整的盆地概念，深入开展含油气盆地分析”。

80 年代中期，田在艺在担任中国石油学会石油地质专业委员会主任期间，主编《石油地质进展丛书》和《油气资源评价丛书》，深入研究盆地类型，按照活动论和板块构造观点，将盆地划分为裂陷型、聚敛型、走滑型和克拉通型 4 种构造环境 16 个亚类。1986 年，他领衔完成的“六五”科技攻关项目“中国含油气区大地构造与油气远景评价”，获得部级科学技术进步奖二等奖。

90 年代，田在艺撰写了 50 万字的专著《中国含油气沉积盆地论》，全面系统地分析论述了中国含油气沉积盆地及盆地分析的原理和方法；首次成功地将成油气系统引入含油气盆地分析；在早期“构造是主导、沉积是基础、生油是关键、保存是条件”的学术思想基础上，进一步提出并阐述了沉积盆地控制油气生成与赋存的 9

大因素和含油气盆地分析的10项内容，对我国主要的含油气盆地进行了实例剖析。该书是他50年来一贯倡导的“盆地论”学术思想的全面诠释，被誉为“融作者实践经验与理论研究于一体，追踪国内外含油气盆地分析新进展的学术专著，国内第一部全面论述含油气盆地同时论及盆地分析原理方法的系统专著，形成了较完整的理论和方法体系”（王鸿祯院士语），“对当前和今后的油气勘探实践都有指导作用”（原中国石油天然气总公司总经理王涛语）。该书1999年获中国石油天然气总公司科学技术进步奖二等奖。

4. 组织全国第一次油气资源评价研究工作

油气资源评价现已成为油气勘探必不可少的研究环节和重要基础，但在20世纪80年代却存在不同的看法。由于地质认识和评价方法的差异，全国各主要盆地的油气资源潜力尚不清楚。田在艺认为：“油气资源评价就是科学地进行石油地质研究，贯穿于盆地油气勘探之始终”，“今后既要在陆上找油，也要在海域找油；既要在陆相地层中找油，也要在海相地层中找油；既要找简单的背斜油藏，也要找复杂的隐蔽油藏；既要找油，也要找气”。因此，必须开展全国范围的油气资源评价研究工作，搞清油气资源“家底”，为今后的油气勘探和国家中长远发展规划提供科学依据。1981年，在田在艺以及石油系统其他同志的极力倡导下，石油工业部决定设立“六五”国家重大科技攻关项目，开展全国第一次油气资源评价研究。田在艺组织协调石油系统23个油田、研究院（所）的840多名科技人员，运用国内外先进地质理论、方法和技术，系统、全面、定量地对全国各大油气区进行了首次资源评价研究，确定了全国各盆地、各层系的油气潜在资源量，填补了国家层面上油气资源评价的空白，其成果成为编制国家“七五”石油工业发展规划及制定2000年发展战略的重要依据，在我国油气勘探中发挥了重要作用，获得了显著的经济效益和社会效益。“六五”期间我国石油工业新增地质储量达30亿吨，开辟了很多新领域，获得了大量新发现，是我国油气勘探发展史上最好的时期之一。

5. 海陆并举，系统开展中国油气区岩相古地理研究

自20世纪70年代以来，岩相古地理学在预测沉积矿床方面取得了较大发展。较之其他沉积矿床，生油母质和烃源岩的形成受大地构造环境和古气候的影响更为严格，无论在地史时间上，还是空间地域上都具有很强的不均一性。运用大地构造学、含油气盆地地质学、古气候学原理，对中国各地质时代沉积地层的岩相古地理以及含油气性进行综合，一直是国内沉积学界的薄弱环节。田在艺在80年代中期对

此予以极大重视。他结合自己长期从事油气勘探的实践经验和资料积累，陆续发表了中、新生代各层系以及石炭系的岩相古地理与油气研究成果。在此基础上于1997年完成了40万字的《中国含油气盆地岩相古地理与油气》专著。他按照含油气盆地论的观点，对大地构造环境、沉积环境、多旋回含油气盆地、古气候诸因素，对各时代沉积岩的形成、油气生成、成藏等方面的控制和影响，进行了全面系统的剖析，科学地指出了我国油气勘探的两大领域：一是中、上元古界和古生界海相沉积盆地，一是中新生界陆相沉积盆地，并论述了沉积盆地形成的地球动力学和油气聚集因素的不同特征，指明了中国油气勘探的新领域和老油区的潜力所在。这部专著丰富和发展了油区岩相古地理学，对我国海相和陆相油气勘探具有很大的指导意义。

三、田在艺主要论著

田在艺. 1948. 陕西彬县油母页岩地质. 石油地质专刊，第1号：61-66.

田在艺. 1957. 新疆石油地质概述. 石油勘探，(3/4)：8-13.

田在艺. 1960. 中国陆相地层的生油和在陆相地层中找油//中国陆相沉积生油和找油论文集（第一集）. 北京：石油工业出版社：1-41.

田在艺. 1980. 中国地质演变与石油的关系. 石油勘探与开发，7（4）：1-14.

田在艺. 1982. 油气运移与油气藏的形成. 天然气工业，(1)：3-8.

田在艺. 1983. 中国石油地质构造特征与油气远景评价. 石油学报，4（1）：1-10.

Tian Z Y，Chang C Y，Huang D F，et al. 1983. Sedimentary facies，oil generation in Meso-Cenozoic continental basins in China. Oil Gas J，(2)：120-126.

Tian Z Y，Du Y L. 1987. Formation and evolution of the Yilan- Yitong graben. Tectonophysics，133（3/4）：165-173.

田在艺. 1989. 从地质发展历史分析准噶尔盆地油气远景. 新疆石油地质，10（3）：3-14.

田在艺，韩屏. 1990. 渤海湾断陷盆地拉张量分析与油气潜力. 石油学报，11（2）：1-12.

Tian Z Y. 1990. The formation and distribution of Mesozoic-Cenozoic sedimentary basins in China. J Pet Geol，13（1）：19-34.

Tian Z Y，Han P，Xu K D. 1992. The Mesozoic-Cenozoic East China rift system. Tectonophysics，208（1-3）：341-363.

田在艺，张庆春. 1993. 沉积盆地控制油气赋存的因素. 石油学报，14（4）：1-13.

田在艺，张庆春. 1996. 中国含油气沉积盆地论. 北京：石油工业出版社.

田在艺，张庆春. 1997. 中国含油气盆地岩相古地理与油气. 北京：地质出版社.

田在艺. 1997. 田在艺石油地质论文选集. 北京：石油工业出版社.

田在艺. 2000. 21世纪中国油气资源的可持续性发展. 勘探家（石油与天然气），5（4）：1-9.

田在艺，张庆春. 2001. 论改造型盆地与油气成藏——以华北东部盆地为例. 石油学报，22（2）：110-116.

田在艺，薛超. 2002. 流体宝藏——石油与天然气. 北京：石油工业出版社.

田在艺．2006．田在艺石油地质文集．北京：石油工业出版社．

主要参考文献

张庆春．1992．为了祖国的石油事业——记教授级高级工程师田在艺//梁克荫，王周昆．西北大学英才谱．西安：西北大学出版社：33-40.

张朝军，薛超．2005．田在艺//中国科学技术协会编．中国科学技术专家传略·工程技术编·能源卷 2．北京：中国科学技术出版社：165-176.

田在艺．2006．田在艺石油地质文集．北京：石油工业出版社．

撰写者

张庆春（1964～），河南鲁山人，中国石油勘探开发研究院教授级高级工程师。主要从事油气资源评价和盆地定量分析研究工作。田在艺的硕士研究生（1986～1989）、博士研究生（1999～2002）。

涂光炽

涂光炽（1920～2007），湖北黄陂人。矿床学家与地球化学家，中国地球化学事业的奠基人与开拓者。1980年当选为中国科学院学部委员（院士）。1944年毕业于西南联合大学地质地理气象学系，1949年获美国明尼苏达大学理学博士学位。1950年任清华大学副教授，首次在我国开设了地球化学课程。1951年赴苏联莫斯科大学深造并获副博士学位。1954年学成回国，在中国科学院地质研究所任副研究员、研究员、副所长。1966年主持创建中国科学院地球化学研究所，任所长。曾任中国科学院地学部主任、中国科学院学部主席团成员、国家学位委员会委员、国家自然科学奖励委员会委员、中国矿物岩石地球化学学会理事长等职。他从事地球科学研究和教学60多年，潜心矿物学、岩石学、矿床学和地球化学等领域，提出了一系列符合我国地质特点的新思想和新理论，为我国矿产资源的研究和开发做出重要贡献。他带队综合考察祁连山，划分了构造岩相带，发现两种新矿物；他承担了“铀矿地质综合研究”，首次提出了“沉积改造”的成矿理论；他创建了“改造矿床”理论；他组织地球化学研究所200余人参加了全国富铁矿大会战，指明了寻找富铁矿的方向和方法；他组织了我国层控矿床地球化学的研究，由他主编并主要执笔的《中国层控矿床地球化学》，是我国矿床学及地球化学史上一部里程碑式的巨著；他系统总结了超大型矿床的全球背景，提出了寻找超大型矿床的6个新的成矿域；他承担了“我国金矿床主要类型、成矿模式及找矿方向”的项目，提出“攻深找盲”，为我国拓展了可观的黄金储量；他确立了分散元素可以形成独立矿床及低温成矿作用的地球化学理论体系。发表论文200余篇，出版主要专著25部。获国家一、二等重大科技成果奖18项。

一、简　　历

涂光炽，祖籍湖北黄陂。1920年2月14日生于北京，2007年7月31日于北京逝世，享年87岁。

1931～1936年，涂光炽在天津南开中学读书。在南开中共地下党的影响下，他组织参加了天津“一二·一六”学生大游行。1937年10月，他进入长沙临时大学

（西南联合大学前身），不久之后，他和几位同学决定弃学从戎。

1938年1月，涂光炽去西安参加了革命队伍，在临潼一带开展抗日救亡和统一战线宣传工作。同年8月，党组织决定派涂光炽等11人去延安抗大第五期四大队学习。毕业后，经党组织同意，他回到西安。1939年6月，涂光炽来到蒲城中学，在支部书记李璞的领导下从事党的地下工作。

1940年7月，党组织决定要他回西南联大复读。他入学不久即参加了名为“流火”的进步学生组织的革命活动。1944年，他以优异的成绩毕业于地质地理气象学系。西南联大地下党组织经研究，批准他留美深造。

1946年1月，涂光炽在美国明尼苏达州大学地质系入学。留美期间，他参加、组织、领导了“北美中国基督教学生会”、“明社”、“时事座谈会”、“留美科协”等进步学生组织。1949年8月，经徐鸣、浦寿昌介绍，他在纽约加入了中国共产党。1949年，涂光炽获理学博士学位，聘任为宾夕法尼亚大学地球化学副研究员。

1950年9月，他动员、组织、带领了111名留美学者，冲破美国方面的重重阻力，回到祖国怀抱。在广州的欢迎会上，他发表了激情洋溢的讲话。接着被聘为清华大学副教授，在我国率先开设、讲授地球化学课程。

1951～1954年，涂光炽由国家选派去苏联莫斯科大学深造，并获副博士学位回国。

1954～1966年，涂光炽在中国科学院地质研究所任副研究员、研究员、副所长。并先后兼任矿床岩石研究室主任、内生矿床研究室主任。其间，承担和领导了祁连山综合地质考察及铀矿大会战。

1966年，涂光炽受命组建了中国科学院地球化学研究所，并担任首任所长。自此，他全身心致力于我国地球化学事业的开拓与发展。他对地球科学研究具有超前的预见性和创新性，站在地球化学学科发展的前沿，领导地球化学研究所的科学家们，开创了30多个地球化学新的分支学科，使地球化学研究所成为国内地球化学研究基地，跻身于世界地球化学发展前沿行列，在国际上享有较高的声誉。为此，明尼苏达大学1999年授予他荣誉科学博士学位，在学位证书中称他为“中国地球化学之父”。

1980年，涂光炽当选为中国科学院学部委员（院士）。同年，中国矿物岩石地球化学学会成立，他担任首任理事长。1980～1996年，他担任中国科学院地学部主任。任职期间，他针对我国资源环境中的重大战略问题，组织院士们主动向国务院及有关部门提出了“关于我国海洋资源的开发与利用”、“关于黄河综合治理”、“关于我国干旱与半干旱地区的水资源”、“关于加速天然气与东南核能资源的开发与利用”、“继续和深化新疆北部成矿规律研究”等咨询建议，引起了国务院和有关部门的重视，取得明显的社会效益。1980～2000年，他担任中国科学院第一、二、三届主席团成员。

涂光炽1993年当选为第三世界科学院院士，1996年当选为俄罗斯自然科学院院士。

涂光炽先后培养了71名研究生。先后兼职：国家学位委员会委员，国家自然科学奖励委员会委员，《中国科学》、《科学通报》副主编，《矿物学报》、《地球化学》（中英文版）主编，*Earth and Planetary Science Letters*、《地球化学杂志》编委，美国地质学会终身荣誉会员，北京大学、中国科技大学、中国地质大学、南京大学、浙江大学、中山大学、西北大学教授。曾任第五届、第六届全国人大代表和第七届贵州省人大常委会副主任。共获国家一、二等重大科技成果奖18项，包括何梁何利基金科学与技术进步奖在内的优秀科技工作奖5项。

二、主要学术成就与学术思想

（一）主要科学研究成就

涂光炽的研究工作始终与国家目标相结合，紧密围绕国民经济和国防建设中重大和紧缺矿产资源的需求，先后对国内外400多个矿床进行了实地考察和对比，足迹遍及除西藏外的我国各地山川与除极地外的世界各大洲。根据中国及不同区域地质特色和多年找矿实践，开展了多项具有国际前沿和国家战略意义的重大课题和重要方向的研究，为我国地学科学发展和矿产资源的开发做出了重大贡献。

1. 祁连山综合地质考察

1956～1960年，涂光炽作为队长，组织和领导了祁连山综合地质考察和研究工作，总结了干旱地区硫化物矿床氧化带发育特征及分带，与同事们共同提出了祁连山构造岩相带的划分，发现锌赤铁矾和锌叶绿矾两种新矿物变种。他与尹赞勋、李璞和陈庆宣等合作主编的《祁连山地质志》，填补了该区地质研究的空白，为国家在祁连山地区进行地质普查和矿产资源的开发提供了基本依据，获1978年中国科学院重大科学技术成果奖。

2. 为我国原子能事业奠基

1964～1978年，为了发展核工业，他承担了国家重大科研项目“铀矿地质综合研究”。在中国科学院地质研究所，他组织和领导科研人员，先后到秦岭地区和南方诸省区及铀矿山进行野外工作，开展了铀矿资源、成矿理论、矿床物质成分、矿产评价与找矿标志的研究。通过实际调查和深入研究，他指出：我国主要铀矿类型明显不同于国外，不利于形成前寒武纪不整合脉型铀矿、古砾岩型金铀矿，不宜生搬硬套他国经验。他首次提出了符合我国实际情况的“沉积再造”成矿的新观点，为我国在沉积岩中找铀矿提供了理论指导。这一创新观点后来发展成为“沉积改造”成矿理论。他与同事们一起撰写的有关中国铀矿床的论著，全面论述了我国铀矿床的类型、成因、地球化学特点、物质成分、成矿条件、机理和模式以及找矿标志，指出了我国找铀矿的时空方向。其研究成果获1978年全国科学大会奖。1999年9月18日，国家召开“两弹一星”庆功大会，他因对寻找铀矿有杰出贡献，受到表彰。

3. 花岗岩类地球化学研究

1973年夏，涂光炽带领20多位科研人员，乘坐一辆解放牌卡车，对华南花岗岩进行了为期一个月、行程数千公里的野外考察。经过十多年的研究，他提出花岗岩类多成因演化的观点和“断裂重熔”形成花岗岩质岩浆的理论。1982年，他正式提出将我国花岗岩划分为壳型、壳幔型和富碱侵入体三种类型，用富碱侵入岩的新概念，探讨了华南两个富碱侵入岩带的形成机制与分布规律，指出花岗岩类的成矿作用不能只限于结晶分异，还应包括热水淋溶与叠加，促使被侵入岩石中的成矿元素发生活化转移等成矿作用。概括出花岗岩成矿的9种方式，丰富和发展了花岗岩的分类、成因和成矿作用理论。首次提出并论述了全球第三条巨型汞锑矿带——中亚-秦岭带及其特征。他率先提出并强调了改造成矿作用概念，将传统的三分类矿床（沉积、岩浆与变质矿床）变为四类（增加一类“改造矿床”）。由他主持的研究项目“华南花岗岩地质地球化学与成矿关系”获1982年国家自然科学奖二等奖。

4. 为富铁矿大会战指明方向

1975～1979年，国务院下达了富铁矿研究的“会战”任务。一开始的主要找矿指导思想是“寻找前寒武系古风化壳型富铁矿”。涂光炽在对我国不同类型铁矿床的调查实践和对我国地壳发育特点认识的基础上，总结出我国铁矿床的十大特点，指出原找矿思路存在问题。他多次在会议上明确阐述自己的观点：“我国的地质条件不适于大规模风化壳型富铁矿的深透发育形成与保存。因此，我国在探寻富铁矿时应广开门路，而不应过多地考虑风化壳型富铁矿”，建议不要把“寻找前寒武系古风化壳型富铁矿”作为战略方向。他负责了国家重大科研项目“我国富铁矿成矿规律、形成机理、远景预测及新技术、新方法研究”，亲自组织、指挥、领导了地球化学研究所200余人的富铁矿研究队，分赴全国几个重要矿区，参加了全国富铁矿大会战。他总结出一套对生产部门有实际指导意义的寻找富铁矿的方向和方法，深受生产部门的重视，并被后来的找矿实践所证实。在大量细致的野外考察和深入的室内研究基础上，由他主持提交的“中国富铁矿地质地球化学综合研究”成果，获中国科学院1979年重大科技成果奖一等奖。

5. 中国层控矿床地球化学研究

1979～1986年，为进一步完善层控矿床新理论，涂光炽组织领导并直接参加了我国层控矿床地球化学的研究和总结。他设计了课题的研究任务、内容、进展及预期成果，提出了课题的学术思想及指导原则，经常检查、督促与指导，严格审查把关，亲自动笔撰写主要章节，保证课题研究的高质量。由他主编并主要执笔的《中国层控矿床地球化学》（三卷本），分别于1984年、1987年、1988年由科学出版社出版发行。1996年又出版了英文版 *Geochemistry of Strata-bound Deposits in China* 一书。专著深入探讨了17个矿种250个矿床的地质地球化学特征及成矿机制，提出了许多创新性理论：明确规范了层控矿床的概念；归纳了层控矿床的5种成矿方式；创造了“改造成矿作用”术语，提出矿床成因分类四分法；深入讨论了改造矿床的物质来源、介质条件、热液运移的驱动、矿床定位的因素、方式和场所等形成机理、地球化学特征与规律、成矿作用与矿物共生组合等；分析了层控矿床元素地球化学性质与矿床类型的关系；总结了中国层控矿床的特点，解释了中国层控矿床特别发育的原因。他反复强调成矿的多成因、多来源、多阶段观点，并在理论上突破了传统成矿理论，形成了一套较完整的层控矿床理论，促进了矿床地球化学的发展，在找矿勘探领域提供了新的前提与方向。

《中国层控矿床地球化学》被誉为“我国有关层控矿床及其地球化学的最全面、最系统的总结，也是这方面研究的最新成就”，“在我国矿床学及地球化学史上是一部里程碑式的巨著”，“它无疑是一部高学术水平和具有理论及实际价值的科学著作，对世界矿床学宝库将是一个重要贡献”。这项成果荣获1988年国家自然科学奖一等奖。

6. 加速查明新疆北部矿产资源

1986年，年近古稀的涂光炽刚做完心脏手术不久，身体虚弱，但他置之不顾，仍领导科技人员请战“北疆主要矿产成矿规律与找矿方向研究”等 8 个研究课题。三年中，他每年都要抽出一定的时间到新疆，对北疆地质构造、沉积建造、岩浆岩以及各种主要金属、非金属矿床进行系统的野外考察，获取第一手资料。利用各种先进测试手段取得了大量的同位素、岩石化学、微量元素、矿物化学、矿物谱学、成岩成矿实验、包裹体测温等数据，对北疆地质发育和地球化学的特征、成矿带划分、某些岩类及矿床形成机理、演化规律、找矿方向等提出了新的看法。其成果于 1993 年获中国科学院科学技术进步奖二等奖。

7. 与寻找超大型矿床有关的基础研究

耄耋之年的涂光炽十分关心我国矿产资源的前景，负责承担了国家重大科研项目“与寻找超大型矿床有关的基础研究”。他指出今后我国矿产资源的出路是要寻找超大型矿床，首次系统阐述了某些超大型矿床具有多种成矿作用叠加、封闭的聚矿盆地、同生构造发育、热水沉积成矿作用等特点；揭示了超大型矿床的时空分布特征和规律；提出了超大型矿床的概念、分类原则；指出了超大型金属矿床在矿化类型上的选择性和局限性；深入细致地剖析了成矿元素超常富集的若干关键控制因素及形成超大型矿床的机制；系统总结了超大型矿床的全球背景；提出了寻找超大型矿床的 6 个新的成矿域。该项研究丰富和发展了矿床学、地球化学和区域成矿学理论，拓宽了找矿思路，为开展超大型矿床的寻找和理论研究提供了科学依据。

8. 黄金大会战

国家需要黄金，而黄金埋于地下。科学家们看在眼里，急在心里。1987 年，孙鸿烈、涂光炽、陈国达给国务院总理写信请战，要求“全国黄金地质工作领导小组将我院作为找金部门之一”，提出“找大矿，重视科研”的观点，得到国务院的重视。涂光炽负责承担了国家重大科研项目“我国金矿床主要类型、成矿模式及找矿方向”，中国的大型黄金矿山和重点金矿勘探区均留下了他的足迹。中国科学院地球化学研究所投入了相当的力量，编辑出版了 6 卷《中国金矿大全》。

涂光炽认为中国不具备世界产金大国那种古砾岩型金矿床的成矿条件，我们要走自己的找金之路。在他指导下，探讨了含矿岩系的成矿地质背景，划分了矿床类型，指出了金矿床类型分布的区域性特点、金矿的时空展布、形成机制与成矿模式，阐述了我国金矿的成矿物质来源、活化、运移、定位、富集及流体体系的地球化学特点，指明了找矿方向、远景预测和采、选、冶新技术方法。他多次去山东招远、牟坪等矿山，下矿井考察，提出“攻深找盲”，救活了 9 个废弃矿山，拓展了可观的黄金储量。其研究成果分别获 1993 年国家黄金局一等奖、1997 年中国科学院科学技术进步奖特等奖。“我国金矿成矿模式、找矿方向及找矿选矿技术方法研究”获 1998 年国家科学技术进步奖二等奖。

9. 低温地球化学

低温地球化学主要研究自然界 200℃以下（包括常温和零摄氏度以下）元素被活化、迁移和富集的地球化学行为。这是涂光炽 20 世纪 90 年代初提出的研究课题，是地球科学的重要前沿领域。中国的低温成矿作用，主要集中发生在我国西南地区。该项研究采用矿床地球化学-实验模拟-计算模拟紧密结合的方法，对地块基底和盖层结构与大面积低温成矿的关系、动力学背景、物质和能量传输机制、矿床分区和元素共生分异机制、元素活化-迁移-沉淀实验和低温开放体系中水-岩相互作用实验以及成矿规律和预测等，进行了开拓性的综合研究，取得了一系列重要创新成果：①确立了我国西南地区存在 90 万 km^2 的大面积低温成矿域，其面积之大、矿种之多、矿床组成和组合之复杂堪称世界之最，揭示了形成的背景、过程和机制；②确定了成矿元素在低温条件下活化、迁移和沉淀的条件；③将有机地球化学与无机地球化学融合，提出了油气形成过程可促进金属成矿的理论；④突破了只有高、中温才能形成贵金属矿床的传统观念，建立了低温条件下贵金属富集成矿的理论；⑤建立了低温成矿作用的地球化学理论体系。“成岩成矿低温地球化学”获 1999 年中国科学院自然科学奖一等奖。

10. 分散元素成矿机制

分散元素指地壳中丰度很低，在岩石中以分布极为分散为特征的元素，包括 Cd、Ga、In、Tl、Ge、Se、Te、Re 等 8 个元素。多数分散元素在自然界中形成矿物的几率很低，加上产地稀少，形成独立矿床的几率也就更小。涂光炽和他的科研集体，研究了分散元素的成矿地质背景、构造环境、岩石特征、矿化与蚀变、元素及同位素特征、元素的赋存状态、成矿流体及生物和有机质对矿床形成的贡献，以及某些分散元素的环境效应，开展了某些分散元素的迁移富集实验、淋滤实验和载体矿物的吸附实验，取得了创新成果：①确立了分散元素可以形成独立矿床的理论体系；②确定了分散元素矿床中分散元素的赋存状态为独立矿物、类质同象和有机质吸附三大类；③发现了 9 种分散元素新矿物，两种是国际上首次发现，国际矿物协会新矿物和矿物命名委员会将其中一种命名为“涂氏磷钙石”；④确定了分散元素矿床的分类；⑤揭示了西南地区某些分散元素的成矿机制；⑥确定了我国西南地区分散元素矿床集中出现的有利因素；⑦确定了分散元素成矿的专属性；⑧提出了分散元素的找矿方向。此项研究成果获2003年贵州省人民政府自然科学奖一等奖，与“低温地球化学”一起获得2005年国家自然科学奖二等奖。

（二）学术思想及其影响

涂光炽始终瞄准国际学科前沿，他始终践行着科研紧密结合经济建设实际，不断提出新方向、新课题；他主张兼容并蓄，多学科交叉融合；他坚持实事求是，自主创新；他致力于把中国科学院地球化学研究所建成第一流的研究所；他一再强调地质工作者应力求掌握正确的思维方法；他提出的座右铭，是学风严谨的真实写照。他渊博的学识、精辟的学术观点和辛勤的耕耘，影响并推动了地学事业的发展。

1. 主张兼容并蓄，多学科交叉融合

涂光炽说：“我认为一个研究所、室可以为发展某一学科而设立，但不应为维护某一学派或某一观点而设立。以行政手段打击一个学派或观点是错误的；同样，以行政手段扶持一个学派或观点也未必正确。只有通过长期实践，才能检验某一观点是否正确。因此，研究单位对于各种学术观点力求兼容并蓄，各种观点可以通过讨论、争鸣，互相补充。”

他的主攻研究方向是固体地球化学。然而，他以极其敏锐的思维扶持在当时看来是有悖其主攻方向的研究。例如，1968年，地球化学研究所几位年轻人向他提出研究“克山病”的病因。他立即表态：这是非常有意义的课题，值得研究。随后他连续发表了《70年代自然科学领域中一个新生长点——环境科学》、《关于环境科学》等文章，为这门新兴学科大声疾呼。在他的支持下，地球化学研究所率先建立了环境化学分析实验室，随后在对“克山病”和其他地方病及环境污染元素调查与分析的基础上，发展了“环境地球化学”，并发展成为“环境地球化学国家重点实验室”。1979年，结合国家的需要，他将石油天然气作为地球化学研究所第一项科研任务，要求全所上下齐心协力共同开展研究，取得多项重大成果，获1979年国家科技进步奖一等奖。随即发展了“有机地球化学”，研究室也发展成为“有机地球化学国家重点实验室”。

由于学科本身的特性，第四纪地质当时在地球化学研究所没有相邻学科的技术支撑，这时，地球化学研究所从^{14}C测年技术到古地磁实验等都给予了大力支持。刘东生院士曾深有感触地说：“中国第四纪研究，就是从地球化学研究所开始发展起来的，西安的黄土与第四纪研究室，现在叫地球环境研究所，更是直接由地球化学

研究所的发展和支持才得以诞生的。”正是涂光炽“兼容并蓄，多学科交叉融合”发展的主张，在地球化学研究所相继产生和发展了同位素地球化学、天体化学与核地球化学、有机地球化学、环境地球化学、第四纪地球化学、实验地球化学等30多种学科，为中国地球化学事业的发展描绘了美好的蓝图，促进了我国地学事业的迅猛发展。

2. 致力于建立第一流的地球化学研究机构和研究体系

1986年，涂光炽在地球化学研究所庆祝建国35周年大会上说：“党中央提出了科技工作要面向经济，要大力开展应用研究，积极而又有选择地搞一些发展工作，继续重视基础研究的方针。我们全所同志应该按照这个方针齐心协力，再接再厉，开创新局面，把地球化学研究所办成第一流的研究所。”他要求“出第一流的成果”，“出第一流的人才”，“出第一流的刊物”，“建立第一流的实验室”，“办好第一流的学会”，要有“第一流的组织管理”。为此，他采取了以任务带学科，以学科建研究室的指导方针，从课题设计、人员组合、设备配置、技术更新、后勤保障及行政管理等方面，建立起了一整套行之有效的技术支撑系统和地球化学研究体系，完成了许多国家重大任务，取得了卓越成就。1999年，涂光炽被美国明尼苏达大学授予荣誉科学博士学位，其证书上写道：“因为您被公认为中国地球化学之父，对中国地质科学的发展影响深远，通过创建与发展地球化学研究所而为中国的地球化学事业奠定了坚实的基础；在艰苦的环境下，您领导地球化学研究所取得了丰硕的研究成果，在国家矿产资源的勘探与开发和环境保护等方面起到了重要的指导作用，促进了国家经济的发展和环境质量的改善；通过您对国际合作与交流项目的不懈倡导，有效地提高了中国科学的国际水平，并把地球化学研究所发展成为世界知名的研究机构。”

3. 瞄准学科前沿，结合国家需求，不断提出新方向、新课题

涂光炽学识渊博、思维敏锐，提出“要把双眼紧紧盯在经常变化而又丰富多彩的学科前沿上，并结合国民经济需求不断提出新方向、新课题，并亲自组织实施，在工作中逐渐提出新看法，新见解”。他从中国的地质实际出发，实事求是，绝不人云亦云，生搬硬套别人的经验、看法。诸如他及时提出“中国不具备古风化壳型富铁矿、不整合脉型铀矿和古砾岩型金铀矿”的观点，为富铁矿、铀矿及黄金大会战指明了找矿方向。他在成岩、成矿方面提出的“断裂重熔”、“叠加与再造”、“沉积改造”、“富碱侵入岩”、“层控矿床”、“低温成矿”以及“分散元素可以形成独立矿

床”等自主创新的理论，强调形成矿床的“多源性、多期性、多成因”。为寻找矿产资源和建立矿业基地，他开展了“超大型矿床的基础研究”，指出更多的矿产资源应该突破目前的300m，向500m乃至上千米以下寻找，认为这才是建立我国矿产资源安全体系的关键所在。为解决“危急矿山”和寻找“隐伏矿体”，他提出“攻深找盲”的观点。在他领导完成的众多科研成果中，他的学术思想、创新理论，对我国矿产资源的深入系统研究、勘探寻找和合理开发利用，在理论上与实际应用上都具指导意义，对矿床学、地球化学以及整个地球科学的发展做出了卓越贡献，具有深远的影响。

4. 地学研究中若干思维方法

涂光炽提出：“地学工作者应当自觉地运用辩证唯物主义指导自己的业务实践”。他多次强调，并力求自己做到。他提出，要下大力气突破三种制约因素：①地质作用本身和地质体的形成是长期的（常有几千万年、几亿年的过程）、错综复杂的，我们现在只能看到这些长期作用的最后结果；要探讨全过程，如果缺乏系统的理论、方法、手段，容易带上主观因素。②地学的区域因素很强。某一地带的规律、现象不一定会出现于其他地带，但在一个地方工作时间长了，就容易把对这一地方的看法推广到其他地方，这就可能带来一定的片面性。③各种传统观念和习惯势力的束缚。

为恰如其分地反映客观实际，涂光炽提出要讲究思维方法，处理好下列8个关系和矛盾问题：非此即彼与亦此亦彼，复杂成因与单一成因，将今论古与地球演化，突变论与渐变论，共性与个性，开放体系与封闭体系，野外观察与实验测试，均一性与非均匀性。80年代，他多次探讨了这8个地学思维问题，并写成文章《地学中若干思想方法的讨论》（1989），发表于《自然辩证法研究》上。这8个问题涉及地学在数百年的发展历史中的主要思想方法问题，他正确地处理了这些关系和矛盾，建立了符合客观实际的地学理论体系，取得了令人瞩目的成就。这对整个地学界的研究具有深刻的启迪意义和影响。

5. 学风严谨，厚德载物

涂光炽为祖国、为人民、为科学事业坚贞不渝、无私奉献；他严于律己、宽以待人；他在做人、做事、做学问上总是强调并身体力行“德尊贵”、“品先行”的原则；他在人才培养上十分强调“一定要从学术道德上教育、影响学生，言传身教、潜移默化地接受，使之形成好的学术作风”。他始终保持高尚的品德和崇高的人格魅力。他治学严谨、锐意进取、学术民主、实事求是，是受到普遍尊重的治学楷模。他为自己和地学工作者提出了下面8句座右铭："设想要海阔天空，观察要全面细致。实验要准确可靠，分析要客观周到。立论要有根有据，推论要适可而止。结论要留有余地，表达要言简意赅。"这就是他严谨治学作风的真实写照。

涂光炽是革命者、学者、师者、仁者、善者、领导者。他为我国的国民经济、科学事业和教育事业的可持续发展，做出了卓越的贡献。

三、涂光炽主要论著

中国科学院地质研究所等编（涂光炽等）. 1960. 祁连山地质志. 北京：科学出版社.

涂光炽，于学元. 1979. 花岗岩类成因讨论//中国科学院贵阳地球化学研究所. 华南花岗岩类的地球化学. 北京：科学出版社.

涂光炽. 1981. 我国铁矿地质若干特点与找矿问题//中国科学院地球化学研究所. 铁的地球化学. 北京：科学出版社.

涂光炽等. 1982. 西藏南部花岗岩类地球化学. 北京：科学出版社.

涂光炽等. 1984. 地球化学. 上海：上海科学技术出版社.

涂光炽等. 1984，1987，1988. 中国层控矿床地球化学（一），（二），（三）. 北京：科学出版社.

中国科学院地球化学研究所编（涂光炽等）. 1986. 地球化学文集. 北京：科学出版社.

宋叔和，康永孚，涂光炽等编. 1989. 中国矿床（上册）. 北京：地质出版社.

涂光炽，霍明远等. 1991. 金的经济地质学. 北京：科学出版社.

Tu G Z，Xu K Q，Qiu Y Z. 1992. Petrogenesis & Mineralization of Granitoids-Proceedings of 1987 Guangzhou International Symposium. Beijing：Science Press.

涂光炽主编. 1993. 新疆北部固体地球科学新进展. 北京：科学出版社.

涂光炽等. 1993. 华南元古宙基底演化和成矿作用. 北京：科学出版社.

涂光炽主编. 1995. 庞然大物——与寻找超大矿床有关的基础研究. 长沙：湖南科学技术出版社.

Tu G Z，et al. 1996. Geochemistry of Strata-bound Deposits in China. Beijing：Science Press.

Tu G Z，et al. 1996. Low-Temperature Geochemistry. Beijing：Science Press.

涂光炽等. 1998. 低温地球化学. 北京：科学出版社.

Tu G Z，Chow T C，et al. 1998. Isotope Geochemistry Researches in China. Beijing：Science Press.

涂光炽等. 2000，2002. 中国超大型矿床（Ⅰ），（Ⅱ）. 北京：科学出版社.

涂光炽. 2003. 成矿与找矿. 石家庄：河北教育出版社.

涂光炽等. 2004. 分散元素地球化学及成矿机制. 北京：地质出版社.

主要参考文献

卢嘉锡等主编. 1998. 院士思维（卷二）. 合肥：安徽教育出版社：688-702.

中国科学院地球化学研究所等编. 1999. 资源环境与可持续发展——庆祝涂光炽院士从事革命和地球科学工作

60周年暨80华诞. 北京：科学出版社.

朱新国，杨光荣. 2001. 钟情学科前沿 矢志开拓创新——矿床学家及地球化学涂光炽院士传略//中国地质大学校史编撰委员会编，赵克让主编. 地苑赤子——中国地质大学院士传略. 武汉：中国地质大学出版社：98-106.

中国科学院地球化学研究所，中国科学院广州地球化学研究所. 2006. 艰苦创业 铸就辉煌——中国科学院地球化学研究所建所40周年. 北京：科学出版社.

撰写者

成忠礼（1939～），四川南江人，副研究员，曾任中国科学院地球化学研究所科技开发部主任。长期从事同位素地球化学研究、科技管理和《矿物岩石地球化学通报》编辑。地球化学研究所40周年发展史《艰苦创业 铸就辉煌》编委会委员、编辑部编辑。《涂光炽院士图传》和《涂光炽回忆与回忆涂光炽》两书编辑。

陈光远

陈光远（1920～1999），江苏南京人。地质学家，矿物学家，中国现代矿物学研究的奠基人之一，中国成因矿物学与找矿矿物学的开创者。1943年毕业于西南联合大学地质地理气象学系，1948～1951年在瑞典乌普萨拉大学地质矿物系学习并获副博士学位。曾在北京大学、清华大学与中国地质大学任教，任结晶学矿物学、成因矿物研究室主任。历任中国矿物岩石地球化学学会常务理事、矿物专业委员会副主任、成因矿物与找矿矿物专业委员会主任等职。曾任援外地质专家组组长、联合国特聘专家等职，为俄罗斯科学院乌拉尔分院外籍院士。他的学术贡献主要为：将成因矿物学与找矿矿物学引进地质学研究和多种矿床的成因与找矿研究；建立完善学科的理论及应用体系；开辟了矿物系统发生史新领域；提出成因矿物族的概念与应用；总结了矿物标型学的普遍规律；发展了矿物学的填图工作；提出了学科的方法论。他急国家之所急，面对后备资源危机，研究有疑难问题的矿山，对我国找矿战略部署、开拓矿山远景有较大贡献。著有专著9部、论文130多篇。曾获省部委科技一等奖3项、李四光地质科学奖等多项奖励，1989年被评为北京市及全国优秀教师。

一、成长历程

陈光远，1920年4月29日生于南京，1999年11月6日于北京逝世，享年79岁。

1. 热爱祖国，立志振兴中华

陈光远生于一个世代书香人家。父亲陈品三是清朝秀才，毕业于北京大学的前身——京师大学堂。母亲刘启秀知书达理，相夫教子，使子女五人都学有所成。陈光远排行第三，自幼聪颖过人，小学毕业后即考入当时南京最有名的中学——南京中学。他文理俱佳，语言天赋尤为显露，在背诵英文篇章的同时，竟以惊人的记忆力将大部头的《英汉字典》背了下来。中学时他曾参加南京市中学生英语演说竞赛，获得第一名，奖品是一块银盾。青少年时期，中华大地兴起的抗日救亡运动，激发了他的爱国热情，坚定了他振兴中华的志向。抗日战争爆发后，陈光远随着家庭辗转来到湖北、四川。受两位哥哥的影响，他在四川大学机械系学习一年后，于1939年考入因战争而南迁至昆明的西南联合大学。在西南联大，他转而学习地质。他认为，对于贫弱的祖国，地质学是一个强国梦的根基。于是，他毕生的志向就这样定了。

因学业优秀，他获得上海银行和资源委员会的两项奖金。求学期间，他曾到滇西一平浪煤矿实习，解决了采煤断线的生产问题。在煤层中，他发现了海相双壳类化石，由此确定该煤田并不像过去认为的那样属于陆相侏罗系，而是三叠世诺利期海陆交互相。他由此撰写的毕业论文获得中国地质学会学生论文奖。

1943年毕业于西南联合大学地质地理气象学系后，陈光远当上了地质系主任孙云铸教授的古生物学助教。后经全国统考，被录取为公费留学生，准备到瑞典留学。为协助北大顺利北迁，他一直工作到地质系的全套标本全部运回，且有人接手教学后，才辞别老师，于1948年赴瑞典乌普萨拉大学（Uppsala University）攻读地质学和矿物学。

斯堪的纳维亚半岛美丽而宁静，陈光远为那里平等而自由的学术空气所陶醉，同时关注着万里之外进行着命运大搏斗的祖国。来到瑞典，陈光远订阅了《大公报》和《文汇报》，还订阅了新华社的英文电讯，他经常将英文电讯翻译成中文，寄给北欧的同学和华侨。1949年，中华人民共和国成立了，他照着新闻图片做了一面国旗。从此，在出野外的时候都带上这面国旗，把它悬挂在露营帐篷上。

1951年，他在瑞典学习期满。导师挽留他在瑞典工作，台湾当局也向他发出邀请。陈光远不为所动，他用节约下来的生活费采购了地质标本和图书，装了满满12箱，乘船一个多月，回到他曾任教的北京大学。次年，全国院系调整，陈光远参加了北京地质学院的筹建工作。后来，他将带回的所有标本和书籍，送给了北京地质学院博物馆和图书馆。

2. 急国家之所急，急生产之所需

陈光远时刻关注国家的生产需要。50年代，国家需要钨矿，他就研究钨矿，并在“赣南地质问题”学术报告中，提出对赣南钨矿成因与找矿的不同看法，受到了与会者的重视。

60～70年代，国家需要富铁矿，他又把全部精力投入对富铁矿的研究。他组织北京地质学院的师生，研究鞍山式铁矿，以密云沙厂与鞍山樱桃园铁矿为基地，开展成因矿物学与找矿矿物学的研究。他还主持应用矿物应力标志，解决了沙厂铁矿

构造及进一步的找矿问题，否定了当时流行的单斜构造观点，提出复向斜构造模式，指出矿体主要集中于向斜核部，建议集中打钻。12 年后，这一观点得到证实，使储量提高了 5 倍。70 年代初，应首都钢铁公司邀请，他对迁安、滦县铁矿作了研究。他推广沙厂铁矿成因构造模式，肯定迁安-滦县铁矿储量为我国第二个鞍山，这对后来的勘探和扩大远景起了促进作用，并为实践证实。他还对多种成因类型铁矿开展研究，总结出一套成因矿物学理论与找矿矿物学标志。

在这期间，国家需要铬矿，他就在铁矿研究的间隙，又进行铬矿研究。70 年代初全国铬矿大会战，他应邀参加全国铬铁矿会议与中南地区基性、超基性岩矿产座谈会，又应湖北地质局及北京地质局邀请考察黄陵背斜、大别山、密云水库。他根据地质背景及矿物标型指出西藏铬铁矿最有远景，其次为新疆，否定了黄陵背斜、大别山及密云水库的铬铁矿远景，节省了找矿勘探投资，对铬铁矿找矿的战略部署起了指导作用。

80～90 年代国家需要金矿，他全力以赴地投入金矿研究，并领导科研集体对胶东 21 个金矿床开展系统研究，协助矿山修改探矿设计、降低矿石贫化率与损失率，扩大矿山储量，开拓矿山远景，效益卓著。

他敢于面向深埋和极难勘测的矿山、资源危机及存在多种争议的矿山。他沐风浴雨，亲临野外，上山下坑。70 多岁高龄的他，还沿斜井上、下 1600 个台阶，深入矿井底层观察地质矿化现象，令人感佩不已。几十年来应有关部、局、队邀请，风尘仆仆，足迹遍及 20 多个省区 50 多个大小城市和几十座矿山，为矿山解决疑难问题，为有关矿种的找矿及战略部署做出贡献。

90 年代以来，许多地区环境问题形势严峻。他的目光又转向生态环境研究，期望“利用固体废弃物改良退化土地，改善生态环境”。他对自然环境的关注，拓展了成因矿物学的范畴。他的后继者继续开展此项目研究，取得了较大的社会经济效益与环境效益。

3. 走向学科的深处

20 世纪 50 年代，陈光远首次从国外译介拟定了矿物发芽、矿物世代、矿物标型、贯通矿物、矿物复成因性等现代成因矿物学术语和概念，一直沿用至今。与苏联专家一起，指导了钨矿、汞矿、铅锌矿、铬铁矿等矿床矿物学研究生，首次将成因矿物学思想与工作方法引入矿床学研究。

60 年代初期和 70 年代中期到 90 年代，是他生命中的“科学的春天”。1980 年，在他的创议下，成立了“成因矿物学与找矿矿物学专业委员会”，召开了第一次全国性研讨会，有300多人参加。十几年来又陆续召开了4次全国性学术会议。他在国内不同地区应邀举办（主讲）了13次该学科的短训班。当前我国在矿床学、岩石学，矿物学研究及找矿领域中广泛应用成因矿物学与找矿矿物学，与他的倡导与推广是分不开的。除了学科普及推广外，在完成生产任务同时，他还带领科研集体，开展铬矿、铜矿、铁矿和金矿研究，特别是对铁矿和金矿系统研究的科学实践、理论探索和资料积累，使成因矿物学与找矿矿物学研究日趋成熟，走上一个新的台阶。在此期间，他笔耕不辍，著作丰硕，大部分著作完成于他一生中的最后25年，他无愧于改革开放这段宝贵时光。

二、科学贡献与学术思想

（一）学术研究上的主要贡献

1. 建立完善成因矿物学与找矿矿物学理论体系

在近40年的工作实践、理论探索和资料积累的基础上，1987年陈光远出版了专著《成因矿物学与找矿矿物学》，全面反映了现代成因矿物学与找矿矿物学内容，建立了较完善的理论体系，阐明了成因矿物学与找矿矿物学的内在联系，并系统提出了两者的思想方法和工作方法。该书出版后两年内即两版三次印刷，受到一致好评，于1989年获国家教委科技进步奖一等奖，1990年获国家级优秀科技图书奖二等奖。该专著除建立学科完整体系外，还作了重要的补充、创新和发展。其一，他从8个方面（矿物区域分布、矿床矿物分带、矿物标型、矿物共生组合、矿物形成作用、矿物产状和复成因性、矿物找矿标志、找矿方法）系统整理了我国浩瀚古籍中的学科史料和光辉思想，理清了该学科在中国古代的发展历史。其二，他开辟了矿物系统发生史研究新领域，提出按不同层次和不同时空，分别研究矿物自然历史的方法，把矿物成因演化同地质历史发展相结合。其三，他提出了成因矿物族的概念。在传统的矿物分类中，对矿物的不同成因特征没有予以分别考虑，因而不利于区分岩石、矿床成因与找矿。成因矿物族概念的提出，则把矿物成因、矿物标型、矿物晶体化学有机地结合起来，从而提高了矿物学在成岩成矿研究中的作用。其四，他总结了矿物标型的普遍规律，从哲学高度提出矿物标型六性：普遍性、特殊性、变化性、相应性、继承性和分带性，为矿物标型研究指出了方向。其五，他从八个方面提出找矿矿物学的系统内容。其六，他把一系列新技术、新方法和相关学科引入成因矿物学与找矿矿物学研究，促进了微观成因矿物学的发展。如微分干涉仪和电子显微镜的使用发展了矿物成因形态学，电子探针和热电结构分析发展了矿物个体发生史研究，生物地层学方法的应用发展了矿物系统发生史研究，矿物谱学、矿物热电性、热发光性等发展了现代矿物标型领域。其七，他开拓了矿物学填图多项新的填图要素，发展了矿物学填图这一新的研究方法。其八，他提出学科研究的方法论，阐明了理论与实际、野外与室内、宏观与微观、常规方法与现代方法、成岩成矿实验与地质观察相结合的五结合方法。这些方法是唯物辩证法在学科中的具体体现，不仅适用于矿物学研究，而且地质学其他学科的研究也可借鉴。

2. 开拓成因矿物学与找矿矿物学应用领域

他除了将学科引进对多种矿床的研究外，还把学科理论与方法引进对变质岩类、花岗岩类、构造岩类的研究，加强了学科交叉渗透，促进了相邻学科发展。

（1）引进区域变质岩与花岗岩类研究。60 年代初，他以密云沙厂铁矿大曹群、鞍山樱桃园铁矿鞍山群为基础，通过变质岩角闪石族、绿泥石族、云母族等成因矿物族与辉石、石榴子石、磁铁矿、长石、石英等矿物标型研究，提出区分正副变质岩及变质铁矿成因的矿物学标志。当时国内外该类型铁矿成因学说有 63 种之多，通过以上研究，结合岩石化学方法，提出该类型变质铁矿为地槽型幔源火山喷发沉积变质成因，这在当时是十分新颖的学术观点，为解决鞍山式铁矿成因提供了矿物学依据。

80～90 年代他在胶东又开展了玲珑、郭家岭、昆嵛山三大产金花岗岩类主要造岩矿物与副矿物的研究。查明它们来自胶东群部分重熔，均属Ⅰ型磁铁矿系列花岗岩类，并从矿物标型阐明它们对胶东群的继承性，开展了以成因矿物学与找矿矿物学为纲研究花岗岩类的先例，确立了胶东三大产金花岗岩类的共同性与差异性，探讨了它们对所成金矿的不同影响。尤其是在理论上首次提出在胶东分布广泛但常被忽视的郭家岭花岗闪长岩，不仅有利于形成金矿，且应形成富矿。这一科学论断已不断为生产证实，在国内外首次提出了产金花岗岩类矿物学定量标志。以上研究成果集中体现在 1993 年出版并获山东省科技进步奖一等奖的《胶东郭家岭花岗闪长岩成因矿物学与金矿化》专著中。

（2）引进构造地质研究。60 年代应用矿物应力标志的空间定位，配合磁法物探，确定密云沙厂铁矿成向南倾斜的复向斜，终于在千年陡岸古废石堆下发现向斜转折端，从而进一步否定了当时流行的单斜观点，为找矿勘探指出了正确方向。

70 年代早期他推广沙厂成因构造模式，确定迁安变质铁矿基底褶皱的空间模式，肯定其铁矿远景。80 年代根据玲珑石英脉型金矿的矿物标型垂直分带，确定北北东向玲珑断裂的性质及其两侧相对升降与断距，为矿山探矿指出正确方向。

（3）引进矿床成因及找矿研究。他对多种矿种都进行过研究。现以铁矿与金矿研究为例，说明他在矿床研究方面做出的贡献。

70年代后期至80年代初期，他的科研集体出版了《弓长岭铁矿成因矿物学专辑》。该专辑从成因矿物学角度对该铁矿作了深入探讨；确定了贫、富矿化在时空上的分布规律；建立了指示硅铁建造中贫、富铁矿的岩石学和矿物学标志；从矿物演化角度探讨了变质地层发展历史；通过编制矿物层位柱状图，确立了矿物系统发生史。这项研究得到评审委员会专家的高度赞扬，被认为“是一个较完整的成因矿物学研究典范”，“为找富铁矿开辟了新路”。苏联同行专家也认为，该专辑是“矿床矿物学、成因矿物学和找矿矿物学三位一体，这样的书在苏联也很少见”。1985年，“弓长岭铁矿成因矿物学”项目获地质矿产部科技成果奖二等奖。

80～90年代他领导科研集体对胶东21个金矿床开展系统研究。进行胶东金矿地质背景及石英、黄铁矿等30多种矿物的矿物学研究。首次提出金矿成矿地质作用三阶段的标型矿物，金矿找矿评价的10种方法，判别金矿床剥蚀程度9条标志与判别金矿床规模的6条标志。首次确定“红长石化”围岩蚀变为长石的金红石化及赤铁矿化。首次发现胶东金矿标型矿物铬云母，应用24种参数进行了上百幅矿物学填图，效益卓著。金矿成果集中体现在1989年出版的专著《胶东金矿成因矿物学与找矿》上，该专著获国家教委科技进步奖一等奖。由于他在成因矿物学与找矿矿物学的卓越贡献，1995年获李四光地质科学奖。

（二）主要学术思想

传统矿物学本身是一种描述性很强的学科，就像植物学在介绍某种植物的时候要从外观开始描述那样，矿物学是从形态、物性、成分、内部结构的描述开始。任何岩石的构成单位就是矿物，因此它是地质学的基础。陈光远将信息论理论导入矿物学，认为矿物是成因和找矿信息的载体，又是自然历史的产物，矿物本身，随着时空及物理、化学条件的变化而变化，它们的形成过程记载了地质条件演变的全过程。研究和提取这些信息，历史地阐明地质作用，恢复地质历史，为地质成因找矿勘探服务，是成因矿物学与找矿矿物学的中心课题。

他用这种思路和观点进行地质科学研究。例如，传统岩石学是以岩石化学为主，并结合部分矿物特征进行研究。而他是以矿物学为主，结合岩石化学方法进行探讨。对组成岩石的每种矿物进行细致观察，特别重视矿物形态、物性及所含微量元素分析，并观察每种矿物形成的历史过程，因此能更细致深入地提取更多的成因与找矿信息。

陈光远最大的成就之一，就是将学科引进对各种矿床的研究，并对铁矿和金矿进行了深入系统地探索。他认为，矿床的形成是成矿元素由固定到活化，后经运移到富集过程。矿床形成过程需经过物化条件反复交互转化，导致成矿元素多次运移富集，才可能形成可开采的矿床。这个复杂过程的每个细节，都在矿物标志上留下痕迹，并能观察和追索到。他常说研究矿床要从元素起源、发生和发展（活化运移）、形成（富集）和变化的角度去研究。为了研究某类矿床，要在广泛地质背景上，以"贯通"矿物（在围岩、蚀变及矿体中普遍出现的某种矿物）为线索，研究其标型特征（形态、成分、结构、物性）的演化，才能追索矿床的形成历史，为判断矿床成因与找矿服务。对构造研究，他强调要将宏观构造演化和微观构造演化结合起来，要观察矿物集合体与矿物种微观应力的变化。由于他观察地质现象的独特视觉，和大量实际资料的应用，他的观点和结论常常使人有醍醐灌顶、耳目一新和豁然开朗的感觉。

他花费半个世纪的时间与精力，在中国创建了成因矿物学与找矿矿物学方向，赋予传统矿物学以新的生命，在学科理论与应用方面，取得重要成果，做出卓越贡献。

（三）教书育人，桃李满天下

陈光远不仅是地质科学家，还是地质教育家。50年来，他曾从事不同层次的教学工作。在建国初期为适应地质人才需要，他培养了我国第一批煤炭、矿产贸易人才，并为各大学地质系培养了大批师资。除承担本科生教学外，还培养了大批硕士生、博士生与博士后人才和青年教师，他们有的已经成为中国地质界教学、科研和生产骨干，知名学者和中国科学院院士。他首先在国内为本科生高年级开设成因矿物学课程，继而又为研究生开设了成因矿物学与找矿矿物学课程，对其他院校亦起到开创示范和促进作用。

他学识渊博，思路清晰，讲课内容丰富，联系实际，深入浅出，幽默风趣。不仅如此，讲课中还充满对地质科学和大自然的热爱。有一次，他在课堂上充满激情地为大家朗诵了一首诗，赞美蓝天白云、大地和海洋，赞美沐浴在大自然中的地质勘探队员，他动情的朗诵使师生们深为感动，当他高声问同学这首诗作者是谁时，谁也说不出来。他笑着说："是我，我就是这首诗的作者！"他的讲课，不仅能让学生学到丰富的知识，还能体会到献身地质科学的崇高精神。

他认为地质学是一门实践性很强的学科，因此特别重视野外教学。指导研究生，他一定要亲临野外进行指导。他几乎年年出野外，很少间断，直到70多岁高龄。凡是跟随他出过野外的教师和学生，无不被他渊博的学识、敏锐的观察力和综合分析能力折服，无不感佩他诲人不倦的热心肠。他要求学生在观察岩石标本时不能停留在描述性语言上，而是透过岩石矿石标本的矿物学观察分析，看到地质体演化和形成过程。他常说：“石头不会说话，地质科学家要懂得石头的语言。同样是在用眼睛看，有的人是看热闹，而有的人是看门道——是观察”。他又说：“一个优秀的地质学家的眼光是独特的，走进由沉积岩形成的大山，普通旅行者看到的只是石头，一般地质学家看到的是砂岩、页岩、石灰岩等，但沉积岩专家看到的是河流、湖泊、海洋，是从海洋到群山的沧海桑田变化。地质学像一门侦探学，会观察是第一要求”。因此，他在野外教学中教给学生观察方法，如何将矿物现象与地层、岩石、构造和矿化有机联系的方法，教给学生将多种现象进行综合分析和提高的方法。有的学生这样回忆说：“陈先生和我们一起跑了三天野外。这三天使我们受益匪浅。在野外他指着茫茫大山，从宏观讲到微观，在一个个岩石露头的地方，他从元素如何形成矿物，这些矿物又如何在岩石中成为这样的结合形态，一直讲到宏观地质体形成的成因……使我们深受启发。”他善于从一个普通岩石露头、一块标本、一片切片的矿物组合和矿物种的细微特征，判断晶体生长方式、形成条件、形成过程与成岩成矿作用及构造运动的关系。参加第一届成因矿物学短训班的学员在总结中指出：“陈先生讲课讲事物联系，讲演化、讲机理、讲事物本质。成因矿物学与找矿矿物学好比是一根线，把其他许多学科都像串珠一样，一粒一粒地穿起来了，一提此线，线上的串珠就都被提起来了。”参加短训班的老岩矿鉴定人员说：“过去对标本和光薄片，只做一般描述定名。像开中药方子，而成因矿物学却给岩矿工作带来了新的生命力，是岩矿工作的必由之路。”

陈光远对研究生要求十分严格，他特别重视研究生论文的编写。他告诫教师说，论文是研究生毕业前最后一次加工和提高机会，对他们今后工作有很大的影响。因此，他对研究生论文一字一字仔细阅读，除了改正错字、修改词句、要求符合规范外，特别重视基本概念和实际资料的应用，特别反对没有根据和实际资料的夸夸其谈。有的研究生论文在他的要求下，修改数次以上。由于他教学上的优异成就，1989 年被评为北京市和全国优秀教师。

他不仅矿物学造诣很深，对岩石、矿床、地球化学、地层古生物、构造地质学及物探、化探、遥感等相关学科，也有较深入的了解。他具有敏锐的观察能力和综合分析能力，这与他深厚的地质学基础是分不开的。

他在学术问题上，根据实际资料，敢于提出与前人不同的见解，敢于挑战权威观点。这样做有时会使他失去一些东西，但他认为，这是科学精神所要求的。他对青年教师和学生严格要求，但又亲切关怀，热情帮助。他有深厚的古文功底及文学修养，精通多种外语，加之勤奋努力，使他以知识面广而为人称道。他说，“科学家不仅是继承，而应前进”。因此，在学科领域内，他与他的科研集体总是不断地以较高层次的目标为起点。他虽历经挫折和困难，但他对科学的热爱一直不改初衷。他一生工作十分勤奋努力，已进入高龄仍不计节假日、不顾寒暑，每天多次来往于办公室与宿舍之间，两点一线成为他固定的程序。在他重病入院后，还在病床上工作，床头摆满了书籍和资料，在他病重弥留之际，去世的前两天，还打电话要助手到他病床前讨论工作，关心着中加合作项目的进展。他工作到了生命的最后一息！

三、陈光远主要论著

Chen G Y. 1951. A preliminary study on the sodium-poor potash-feldspar. Bull Uppsala Univ，34.（副博士论文）

陈光远. 1966. 矿物学发展现状及我国今后矿物学发展方向. 科学通报，(12)：1078-1088.

陈光远. 1978. 有关铁矿理论和实践几个问题的探讨，福建地质，(11).

陈光远，黎美华，汪雪芳等. 1981. 弓长岭石榴石成因矿物学. 地球科学（中国地质大学学报），6 (1)：128-157.

陈光远. 1982. 成因矿物学与矿物物理//矿物物理与矿物材料研究论文集. 北京：科学出版社：5-8.

Chen G Y，Sun D S，Wang Z F，et al. 1982. The genetic significance of magnetive twins from China. Bull Mineral，105：11-19.

陈光远，孙岱生，孙传敏等. 1984. 弓长岭铁矿成因矿物学专辑. 矿物岩石，4 (2)：1-253.

陈光远. 1987. 成因矿物学发展与现状. 地质与勘探，(2)：26-28.

陈光远，孙岱生，张立等. 1987. 黄铁矿成因形态学. 现代地质，1 (1)：60-76.

陈光远，孙岱生，殷辉安. 1987. 成因矿物学与找矿矿物学. 重庆：重庆出版社.

陈光远，邵伟，孙岱生. 1989. 胶东金矿成因矿物学与找矿. 重庆：重庆出版社.

邵伟，陈光远等. 1990. 黄铁矿热电性研究方法及其在胶东金矿中的应用. 现代地质，4 (3)：36-40.

陈光远，孙岱生，周珣若等. 1993. 胶东郭家岭花岗闪长岩成因矿物学与金矿化. 武汉：中国地质大学出版社.

陈光远，孙岱生. 1995. 矿物标型学//王鸿祯主编. 中国地质学科学发展的回顾——纪念孙云铸教授百年诞辰纪念文集. 北京：地质出版社.

李胜荣，陈光远，邵伟等. 1996. 胶东乳山金矿田成因矿物学. 北京：地质出版社.

Chen G Y，Sun D S，Shao W，et al. 1996. Fuchsite and Mariposita，two typomorphic minerals of gold deposits，Jiaodong//Theoretical and Applied Problems of Geology. Moscow：Moscow University Press：159-175.

Chen G Y，Sun D S，Shao W，et al. 1996. Atlas of Mineralogical Mapping in Jiaodong Gold Province. Beijing：Geological Publishing House：1-127.

陈光远，孙岱生，邵伟. 1997. 胶东金矿红化蚀变的实质与成因及其找矿意义. 中国地质科学院地质研究所文集，(29/30)：128-134.

邵伟，陈光远等. 1999. 黄铁矿霍尔效应测量及载流子参数标型//“世界学术文库”系列丛书编委会编，异天，戈德主编. 世界学术文库·华人卷Ⅰ. 北京：中国言实出版社：475-479.

陈光远. 冯建良，袁润厂. 1999. 我国首次成因矿物学研究的实例——密云沙厂变质铁矿研究//马宗晋. 构造地质学——岩石圈的力学研究进展. 北京：地震出版社：55-65.

主要参考文献

徐元蒂. 1991-09-02. 贡献卓越的学者——记陈光远教授. 中国地质矿产报.

孙岱生. 1997. 陈光远//《科学家传记大辞典》编辑组编辑，卢嘉锡主编. 中国现代科学家传记（第六集）. 北京：科学出版社：450-458.

钱江. 2001. 与岩石、矿物相伴的生命——记地质学家陈光远//蒋震主编. 传记文学. 北京：文化艺术出版社：30-39.

孙岱生. 2001. 纪念陈光远教授诞辰80周年文集. 现代地质，15（2）：117-121.

孙岱生. 2004. 陈光远//中国科学技术协会编. 中国科学技术专家传略·理学编·地学卷3. 北京：中国科学技术出版社：483-496.

撰写者

孙岱生（1934～），山东泰安人，中国地质大学（北京）地球科学与资源学院教授，博士生导师。从事成因矿物学与找矿矿物学教学与科研。与陈光远为师生关系。

朱　夏

朱夏（1920～1990），浙江嘉兴人。大地构造学家，石油地质学家。1980年当选为中国科学院学部委员（院士）。1940年毕业于中央大学地质系。1940～1946年任职于经济部中央地质调查所，1947～1949年赴瑞士联邦理工高等学校地质研究所攻读构造地质学。回国后，曾任地质矿产部科学技术顾问委员会委员，上海海洋地质调查局技术顾问，同济大学兼职教授，国际地科联沉积学会（IAS）特别委员会委员，中国石油学会副理事长，中国地质学会常务理事，第三届上海地质学会理事长，中国海洋地质学会常务理事，地质部华东地质矿产研究所副所长，地质部海洋地质研究所副所长，江苏石油勘探指挥部副指挥兼总工程师，《石油实验地质》季刊主编等职。1955年参加新疆和青海石油普查，对一些重要油气田（如克拉玛依、柴达木和大庆）的发现和探明有重要贡献，是新中国石油地质普查的开拓者之一。在含油气盆地大地构造研究中，创造性地提出了3T（构造环境）-4S（地质作用）-4M（油气响应）工作程序，建立了盆地分析的理论体系。一生著述丰厚，累计有200余万字，对指导我国油气田的找矿与发展做出重大贡献。代表作有《朱夏论中国含油气盆地构造》。晚年从事地质研究生教育，培养了一批高层次人才。1982年作为发现和开发大庆油田贡献者之一获自然科学奖一等奖。

一、个人简历

朱夏，字小可，祖籍浙江省嘉兴市。1920年9月10日生于上海市，1990年11月25日于上海逝世，享年70岁。

朱夏出生在一个书香门第的诗礼世家。其父朱大可，一度任上海《新申报》主编，曾先后在上海务本女中、爱群女中、正风文学院、正始中学、大经中学、无锡国学专修学校、南通学院、比乐中学等任教，热衷于教育事业。朱大可毕生勤于治学，热诚从教，对甲骨文、铭文和金文有深湛的研究，且擅长古体诗，著述颇丰。其母孙企馨，诵诗擅文。朱夏自幼深受良好的传统教育，仅以较短时间就完成了中小学学业。在他10岁时，朱大可偕朋友同游宋庵时作了四首诗，朱夏均一一顺畅地和于父作，凸显出他深厚的古诗造诣。在他 11 岁时，随父母游览富春江，登临钓台，从咏严子陵“先生之风，山高水长”中领悟到了山何以高，水何以长，从而萌发起探索地球奥秘的思想。

1935 年，15 岁的朱夏考入上海交通大学物理系。他博览群书，一些地质学的书籍，唤醒了他早期的记忆。1936 年，他抱着“原天地之美达万物之理”（庄子）的朴素自然哲学思想，以“科学救国”之志纯真而赤诚地投入地质事业，离开交大，考入位于南京的中央大学地质系。1940 年，他大学毕业考入中央地质调查所，从此开始了他一生的地质工作生涯。

他先后参加和担任四川威远构造详查、川康边境地质矿产调查和变质岩研究，黔湘边区和贵州开阳、务川等地汞矿调查工作，并参加了黄汲清领导的 1∶300 万中国地质图和 1∶100 万国际分幅地质图编制工作。

1945 年，朱夏与地理学家严重敏结婚。1946 年考取公费留学。1947 年，他与严重敏同去瑞士深造。朱夏就读于苏黎世瑞士联邦理工高等学校地质研究所，师从地质学家 Staub，专攻构造地质学，又在纳沙泰尔大学（Université de Neuchatel）师从 Wegmano 教授，最后获得苏黎世大学地质研究所博士学位。

随着解放战争的节节胜利，这时远在西欧的朱夏夫妇决定中止学业，于 1949 年 10 月 6 日毅然回到了刚刚诞生的祖国。

朱夏回国后，到杭州协助组建浙江省地质调查所，任副所长。1951 年到上海参加筹建华东工业部地质处，任副处长，激情地投入三年经济恢复时期的矿产资源勘探工作。此间，撰写了《矿物原料概论》、《中国的金》等专著。1953～1954 年调往地质部地矿司主管煤田勘探。

严重敏回国后任华东师范大学地理系教授，从事地理科学教学与生产配置专题研究，足迹遍布长江三角洲地带，对社会主义经济建设的生产配置做出过重要理论论断，也是最早提出开发浦东战略的学者之一。

在新中国诞生初期，在学习苏联地质科学先进理论和成就的热潮中，朱夏积极学习俄文，以他通晓多种文字的基础取得成效。1954 年，与谢家荣共同主编《煤地质学理论问题》，并积极地承担翻译《边缘凹地含煤沉积》、《苏联中生代含煤沉积》和《含煤系中沉积旋回的划分定型原则》。他在《火成岩的起源与花岗岩问题》一书中，承担了最难译的苏联著名大地构造学家克鲁泡特金的长篇论文《关于地球结构及玄武岩质与花岗岩质岩浆生成问题的近代地球物理学论据》；在《地壳发展的规律性与区域大地构造》一书中，翻译了《地壳发展的若干一般性规律》；在结合全国石油普查工作的基础上，谢家荣主编了《古勃金院士与苏联石油地质学》一书，他承担翻译了有关石油起源及运移的学术性论文等。1957～1958 年，他还翻译出版了《构造断裂分类及其几何学研究方法》，曾 5 次印刷。1953～1955 年他在地质部地矿司主管煤田勘探及参与全国石油普查期间，这些苏联的先进地质科学理论和成就，起到了借鉴和启迪作用。

1955 年，地质部开展全国石油普查，朱夏主动请战，到大西北野外工作。作为地质部新疆石油大队总工程师，他率领全队地质工作者，完成了准噶尔盆地的石油地质普查任务，指出盆地西北和东北部均有良好油气远景，为新中国成立后找到的第一个大油田克拉玛依油田的发现奠定了基础。1956 年，朱夏到青海石油大队进行柴达木盆地的全面油气普查。1957 年，首先在冷湖浅钻中喷出油流，不久又钻出了马海与盐湖构造的天然气，同时还开拓了藏北伦坡拉盆地的地质勘探工作。1958 年，地质普查工作拓展到当时尚属地质空白区的祁连山、阿尔金山南坡和昆仑山北坡，朱夏还率领部分地质工作者穿越昆仑山、可可西里山和唐古拉山到藏北工作。在勘探石油期间，朱夏作七绝十六首以纪念当时的经历和情景，其中一首《听雨斋》云："征尘未负此良宵，塞月笼沙万顷涛。喜见群峰迓归客，古城新酿醉醇醪。"

1959 年 9 月，朱夏当时奉调去松辽盆地，长期留驻协助指挥油田勘探和技术工作，为大庆油田勘探、扩大成果、评价油区（田）做出了重要的贡献，为此成为 1982 年国家自然科学奖一等奖——"大庆油田发现过程中的地球科学工作"的获奖者之一。

1960～1962 年，朱夏调回北京，先后任地质部地质研究所石油地质研究室主任和地质部石油地质局副总工程师。在此期间，他又对南方各省的油气地质学进行了调查研究，并提出了勘探陕北麒麟沟一带古生界油气藏的建议。

1962～1975 年，朱夏任地质部华东地质矿产研究所副所长，主持华东各省 1∶20万地质图幅的野外验收与报告审定，进行了区域地质矿产的广泛研究。此外，他还担任过江苏石油勘探指挥部总工程师、地质矿产部石油地质研究所所长、无锡石油地质实验中心室顾问等，坚持领导了地质矿产部的石油勘探与研究工作。

70 年代初，在特殊困难的情况下，他介绍板块构造学说并将之运用于中国油气盆地的研究。译著了《板块构造的岩石证据与历史实例》和《动力地球学》，对板块学说在中国的传播起了积极的推动作用。

二、学术成就与思想

1. 对中国油气盆地形成演化及其动力机制的理论研究

在板块构造理论的启迪下，朱夏结合对我国油气盆地大地构造特征及其演化的认识和研究成果，提出“变格运动”、“两种运动”体制的盆地及其叠加的新观点。这一新思维不仅从理论上深化了对含油气盆地的认识，同时也有效地指导了油气勘探的实践。

朱夏在无锡组建地质矿产部石油地质研究所及石油地质实验中心期间，亲自主持中国沉积盆地研究，开展了中国油气盆地形成发展动力机制的理论探索，通过中国石油学会，以他在油气地质学研究的声望，组织有关权威专家共同讨论中国油气盆地形成条件及其分布规律，主编出版了《中国中新生代盆地构造和演化》，作为科学出版社《石油地质理论丛书》之一。

该书精选我国中新生代盆地研究成果27篇。其论文作者，均是国内石油地质勘探第一线的知名大地构造学家和石油地质学家，以我国东部和西部主要大型盆地研究成果为基础，以不同角度反映出我国对中新生代盆地构造与演化的不同认识。正像朱夏在“序”中所指：“中新生代盆地是全世界油气资源繁荣富集的场所，是盆地发展历史长河中一个波澜壮阔的段落。中国中新生代盆地作为全世界中新生代盆地大家族中的成员，又有其本身的独特风格。它们是在什么基础上、什么条件下，以怎样的方式形成发育的？它们和更早世代的盆地在演化历史上有哪些继承、发展和改造关系？……涉及到大陆地质以及岩石圈动力学和演化等基本概念……今后探讨的对象……开展大陆岩石圈动力学和演化研究规划中，把大陆盆地的演化列为专题，足以说明盆地研究工作的重要意义……可以相信，中国为数众多、幅员广大、类型各别、历史复杂的盆地必然能够提供丰富资料；最后提出对盆地发展与油气生成演化的关系，以及海区盆地与大陆盆地的相互关系等加强重点研究。”

朱夏在该论著首篇论文《试论中国中新生代油气盆地的地球动力学背景》中，首先从法国地质学家Perrodan教授在《石油地球动力学》一书中着重强调的各类型盆地的形成、演化、发展是制约石油天然气的决定因素出发，提出：“没有盆地，也就没有石油”的论断。同时指出了制约因素，强调必须探究其所处的地质历史和地球动力学背景——时间和空间相结合的研究。系统地阐述了他早在1978年发表的《关于我国陆相中新生界含油气盆地若干基本地质问题的初步设想》中的科学论证。

从阿尔卑斯盆地开宗明义，朱夏表述了他主张的三分类法，即内陆盆地、边缘盆地、裂陷盆地（拗拉谷），他以自己长期从事石油地质的实践和理论研究，比较系统地分析和论述中国各类型盆地的特征，其中特别是对我国西部盆地形成、发展、演化做了更为精辟的论述，最后根据中国中新生代盆地的形成机制和地球动力学条件，概括出几类总结性论断：

(1) 中国的中新生代盆地是在中生洋开启、全球板块构造体制建立以来先后形成的。但由于中国所处的特殊位置，它们既非拉张大陆边缘的盆地，也不是敛合边缘的盆地，又不同于大陆内部的裂谷和克拉通盆地。

(2) 在西面受中生洋扩张边缘的挤压，东面受太平洋板块的俯冲作用和北面受古生代造山带的阻挡这样的特定地球动力学条件下，这些盆地基本上是大陆地壳受挤压的状况下发生的，但表现的方式多种多样。

(3) 中国南部的地壳压缩是以西部的潜没带（川西）和东部的几个基底滑移（包括华南的广大地区）实现的。在两者之间的是四川盆地。其余的盆地都是在推掩体上盘通过断裂发生的，盆地的范围较小，影响的深度一般也较小。

(4) 中国北部的地壳压缩首先是通过岩石圈的大型起伏，凹下的部分是早期的沉降盆地（如三叠纪—侏罗纪的鄂尔多斯）。凸起的部分接着发生断陷和向两侧的拉张，产生对应的箕状断陷。随着地幔垫的发生和回收，转化为大规模的拗陷，侏罗纪—白垩纪和古近纪—新近纪是两个明显的旋回。这种活动涉及的岩石圈深度较大，盆地总体的范围也较大。

(5) 北北东向和北西—北西西向的平移断裂先后对盆地的发生有重大影响。前者从晚三叠世持续到白垩纪—新近纪，先是由于来自北方的压力而左移，后来由于来自西面的影响而逆转了移动方向。后者是印度板块从白垩纪末开始靠拢的效应，到新近纪又因太平洋岛弧后扩张而被阻止或逆转，并使早期的近南北向的裂陷受到挤压。

(6) 北西西向的平移断裂活动，包括与之相伴随的相对升降活动，从白垩纪末期起把中国大陆分成3个与古生代构造体系大致相适应的段落，东北的地槽区表现为白垩纪末期以后的上升和挤压，华北的地台区此时出现了拉张和沉降，华南的褶皱区继续受到挤压。与台湾在新近纪向大陆推掩相适应的是东海外侧冲绳海槽的弧后扩张及其向大陆的挤压。

(7) 西部的盆地先是受中生洋扩展时其海西褶皱带上不均一沉降的影响，包括褶皱带内的沉降、海侵、古地台的隆起拉张；后来又因为中生洋的封闭和印度板块的碰撞引起地壳缩短和强烈抬升与平移扭动，从而产生的大幅度断陷、巨厚磨拉石沉积和复杂的褶皱断裂。

(8) 这些中新生代盆地大部分发生在古生代地台内部、地台边缘和拗拉谷盆地上，沉积和构造的叠加作用对古生代油气的分布和再分布起了重大的建设性与破坏性作用。

以上8点总结性论点，对中国含油气盆地形成演化研究具有理论指导和应用价值。出于对中国大陆地质的深刻认识与长期深入思考，朱夏将全球板块大地构造理论与中国油气勘探的实践结合起来，在《中国含油气盆地形成、发展机制及其对油气生成、运移、聚集的控制作用》一文中提出了盆地研究“3T-4S-4M”工作程式，即从3T［Time（时代），Tectonic Setting（构造处境），Thermal Regime（热体制）］出发，经过4S［Subsidence（沉降作用），Sedimentation（沉积作用），Stress Condition（应力条件），Style（构造风格）］到4M［Material（物质），Maturity（成熟度），Migration（运移与圈闭），Maintenance（改造与保持）］的盆地动态系统分析的思路，最终实现由GT［Global Tectonics（全球构造）］到HC［Hydrocarbon（油气藏预测）］的研究流程。这一研究流程实际上涵盖了沉积盆地的地史（沉降史、沉积史）、热史和成烃史的全部动力学过程。该程式表明，在不同地史阶段，全球构造的三大要素（3T）控制了盆地的形成，不同的机制生成不同的原型盆地；而盆地作为一个整体是原型盆地的并列与叠加。因为盆地本身是原型的组合，各有不同的形成与演化机制，所以盆地内的四大地质作用要素（4S）和四大油气响应要素（4M）各具特色。盆地研究的系统性使得盆地研究涉及多种学科，与油气盆地成因有关的各类参数之间形成了一个庞大的连锁网络，几乎其中任何一个因素的变化都会牵动系统网络的变化。在这网络中，各项要素是按照地质已知事实所构成的量化模式关系进行整合的，即在整体网络匹配中联运锁合，如此才能揭示油气的成藏效应。因此，它要求在即时的地史复原中和勘探检验的进程中，合理地逼近或反复预测油气的所在位置和数量，这样才能提高勘探命中率。对这样一个系统的研究应当按理论建模—实例校验—动态模拟的程序来进行。因此，TSM程式已把盆地研究的系统性和动态性有机地融合在一起，并为盆地的定量分析和模拟提供了一个可行的指导思想。

1986年，《朱夏论中国含油气盆地构造》专著出版后，受到广泛的称赞和应用。

他主编的*Chinese Sedimentary Basins*（《中国沉积盆地》）已由荷兰埃尔塞佛出版社出版，成为世界沉积盆地丛书的首卷，促进了中外学者的学术交流，也显示出中国石油地质学家对沉积盆地研究的光辉成就。

朱夏以思维敏捷、学术思想活跃而著称。随着科技发展，朱夏又从系统论的观点出发，倡议用计算机模拟的方法，进行含油气盆地的理论分析，并提出了以3T、4S、4M理论模式—实例校验—动态模拟的程式进行系统研究的方法，被誉为原始独创之举。

作为石油地质学家，朱夏涉猎的学科领域是宽阔的。他对中国中古生代海相碳酸盐岩残留盆地生油理论与找油方法论早有关注。1979年4月，在中国石油学会成立大会及第一届学术年会期间，他与关士聪、刘光鼎共同呼吁在加强陆相生油理论的同时，不放弃对中国南方古生代古板块构造海相碳酸盐岩盆地的研究与勘探。正是由于他们的倡导，国家曾实施过海相碳酸盐岩盆地的10年规划，动员4000人参与攻关，虽然未获得突破性成果，但取得的启示和经验是宝贵的。例如，鄂西—渝东海相碳酸盐岩油气勘探已获得天然气百亿立方米成果；他多年研究的油气盆地——柴达木盆地最近证实油田是古板块三次拉张三次挤压形成的海陆相沉积叠加的复合体。再如，大港千米桥地区钻透古潜山获得油流；胜海古二井在2490m古生代海相白云岩风化壳中钻得工业油流；其他如川东、松潘、广西百色盆地等，都展示出我国碳酸盐岩油气资源有美好前景。更可庆幸的是，他的次子朱铉曾得到朱夏生前嘱托，重视南方中古生代碳酸盐岩油气问题，多在地球物理方面攻坚。朱铉2002年被中石化委任为南方勘探开发分公司总工程师，他与杨方之、马永生等人在四川达州发现了储量达5000亿m^3的普光海相碳酸盐岩大气田，因而获得2006年国家科技进步奖一等奖。父子两代相继为中国油气资源勘探开发以及石油地质学研究做出贡献，这是我国地学界的一段佳话。

在逝世半年之前的1990年4月17日，朱夏在无锡地质部石油地质中心实验室作了最后一次讲话，他从运用板块构造理论研究中国石油地质，特别是从研究中国含油盆地的实践中，总结了他的活动论构造历史观，指出："活动论不能简单地理解为在一个空间位置上的移动"，而应该"把整个地球的各种物质运动、物质转化、能量的交流以及产生的形式和机制联系起来"。另外，他认为"活动论承认运动是永恒的……各种物质运动都是在变化之中的。这种变化不是均变，而是有阶段性的。"他的活动论构造观，不仅对后来者有指导意义，更丰富了自然科学哲学认识论的内涵。

2. 轶事数例

70年代中期，中央责成王震抓黄金地质工作，得悉朱夏早年曾撰写过一本《中国的金》(1953)，王震很受启发，便派人找寻朱夏下落，命其快速来京。当时朱夏正在江苏油田任总地质师，连衣服都没来得及换，便从油田连夜抵京。后来朱夏说，他到北京机场冻得直哆嗦，临时发给他一件棉大衣御寒，来京后他就黄金地质向王震作了详细汇报，并提出许多宝贵的建议，为我国早期黄金地质工作的起步做出可贵的贡献。(这一故事由笔者聆听朱夏讲述，在地质学界传为佳话。)

1980年7月，朱夏参加了在巴黎召开的第26届国际地质大会，发表了"中国含油气盆地的形成机制和油气资源勘探方向"学术报告，受到称赞。回国后负责总结《石油地质勘探和研究的一些动向》，比较系统地论述了各国有关石油地质研究的趋势和动向，并作了"地质学与巴黎香槟酒"的学术报告，从地质学角度论述了

1804～1808年法国大科学家居维叶（1769～1832）在巴黎盆地作地质调查时发现第三纪香槟苔原地区盛产优质葡萄，正是制作巴黎香槟酒的主要原料，故巴黎香槟酒闻名于天下。朱夏以此命题，风趣地讲述了一段法国地质史上的佳话，这反映了他知识之渊博。

朱夏多才多艺，既是科学家，又是地质学界有名的诗人，曾任上海诗词学会理事。他自幼受家教影响而以诗词见长，从未辍笔，写下千余首诗词。1981年，《新华日报》刊载中国科学院学部委员名单时，将朱夏误植为"失夏"，当朱夏在南京见报后，发现"朱"姓被搞断了脊梁骨，不恼不怒，并风趣地挥笔作诗一首："铮铮脊骨何尝断，小小头颅幸尚留。从此金陵无酷暑（失夏），送春归后便迎秋。"命题为《失夏》，足见朱夏人格之宽厚和诗路之幽默。1993年《朱夏诗词选集》出版，苏渊雷为之作序，并称赞他"秉性高洁，怀抱热情，学者诗人，二而一之"。

三、朱夏主要论著

马哈茨基. 1952. 矿物原料概论. 朱夏编译. 上海：商务印书馆.

朱夏. 1953. 中国的金. 上海：商务印书馆.

别里茨基（А. А. Белицкий）. 1954. 构造断裂的分类及其几何研究方法. 朱夏译. 北京：科学出版社.

任竹士尼柯夫（Ю. А. Жемчужников）等. 1954. 煤地质学的理论问题. 朱夏等译. 北京：科学出版社.

金士蒲格（А. И. Гинзбург）等. 1955. 煤的成因类型与煤岩学研究. 谢家荣，朱夏译. 北京：科学出版社.

朱夏. 1957. 关于柴达木盆地的几个主要问题. 地质知识，(6/7)：9-14.

朱夏. 1965. 我国中新生界含油气盆地的大地构造特征及有关问题//陈国达等. 中国大地构造问题. 北京：科学出版社.

朱夏. 1965. 关于预测我国含油气性的几个基本问题//地质部石油地质局编辑. 中华人民共和国地质部石油地质文集，(1).（内刊）

威利（P. J. Wyllie）. 1978. 动力地球学. 朱夏译. 北京：地质出版社.

朱夏. 1979. 中国东部板块内部盆地形成机制的初步探讨. 石油实验地质，(创刊号)：1-9.

朱夏. 1980. 对石油地质普查工作部署的设想，地质工作研究，(11).

朱夏主编. 1983. 中国中新生代盆地构造和演化. 北京：科学出版社.

朱夏，陈焕疆，孙肇才等. 1983. 中国中、新生代构造与含油气盆地. 地质学报，(3)：235-242.

朱夏. 1983. 试论古全球构造与古生代油气盆地. 石油与天然气地质，(1)：1-33.

朱夏. 1984. 多旋回构造运动与含油气盆地. 中国地质科学院院报，(2)：197-209.

朱夏. 1986. 朱夏论中国含油气盆地构造. 北京：石油工业出版社.

朱夏. 1987. 关于中国大陆边缘构造演化. 海洋地质与第四纪地质，7 (3)：115-120.

Chu H. 1989. Chinese Sedimentary Basins. Amsterdam：Elsevier.

朱夏，徐旺主编. 1990. 中国中新生代沉积盆地. 北京：石油工业出版社.

朱夏. 1991. 活动论构造历史观. 石油实验地质，(3)：201-209.

朱夏. 1993. 朱夏诗词选集. 北京：地质出版社.

主要参考文献

朱夏同志治丧办公室. 1990. 深切悼念国际著名地质学家、我刊主编朱夏教授. 石油实验地质，12（4）：339-344.

劳秋元. 2004. 朱夏//中国科学技术协会编. 中国科学技术专家传略·理学编·地学卷3. 北京：中国科学技术出版社：513-523.

撰写者

吴凤鸣（1926～），河北宁河人，科学出版社编审，全国科技名词审定委员会副主任，全国地学哲学委员会副理事长，中国地质学史专业委员会顾问。主要从事地学哲学，地质学史和科技术语学研究。

司幼东

司幼东（1920～1968），河北滦县人。地质学家，中国稀有元素地球化学的开创者和奠基人之一。1942年毕业于北京大学地质系，1951年赴苏联留学，1955年获苏联地质矿物学副博士学位后回国。历任中国科学院地质研究所副研究员、研究员，研究室副主任、主任，中国科学院研究生委员会委员，中华人民共和国科学技术委员会地学组组员等职务。1956年，他参加我国“十二年科学技术发展规划”的起草工作，负责制定地学方面稀有、稀土元素地球化学学科发展规划。1957年他在中国科学院地质研究所组建了中国第一个稀有、稀土元素地球化学研究组。1956～1965年，他亲自率领科研人员先后赴新疆、内蒙古、江苏、江西、浙江、福建、广东、广西、湖南、湖北等省区进行稀有元素地质地球化学调查，尤其对内蒙古含稀土元素的白云鄂博铁矿，含铌钽三木代庙伟晶岩及江苏苏州，广东博罗、台山等含铌钽花岗岩进行了较深入的研究，为当时我国急需的矿产资源寻找与开发做出了重大贡献。1963年他提出挥发分络合物运移、碱交代及钙、铝沉淀剂等多元作用成矿的锂、铍等稀有元素成矿理论，被广为接受和普及。1964年他提出“在我国东南沿海一带省区寻找花岗岩型铌钽矿床的迫切性与重要性”的建议书。这些对后来迅速开展南方花岗岩中铌、钽稀土矿床的研究与找矿起了很大的指导和促进作用。

一、简　　历

司幼东，1920年9月15日生于河北省滦县，1968年6月16日于贵阳去世，终年48岁。

司幼东年幼时，家中有祖母、父母及两个弟弟和两个妹妹，是一个温馨、祥和的大家庭。不料在1936年父亲因心脏病猝然逝世，时年仅39岁。孩子中，司幼东才刚刚初中毕业，最小的弟弟刚满周岁，上面还有60多岁的祖母，家况实为凄楚。但司幼东好学、上进，考入北京大学地质系。他常常鼓励弟妹们好好念书，说念好书比什么都光彩。在他的带动下，弟妹们一个个都考上了大学。1942年司幼东从北京大学毕业，先后在北京大学及山东大学任助教和讲师。

1947年前后，司幼东在山东大学任教，尽管当时国内大学地质系还没有开设地球化学这门课程，但他在讲授普通地质课期间，已开始学习和收集有关化学和地质学结合的文献和资料。他对助教和学生们强调，化学学科对地质矿物学的发展将起着决定性的作用。后来，他还写了一篇供校内交流的文章《地质化学未来发展之我见》(1951)。其间，他还对青岛海滨砂样进行过稀有元素矿物学研究，其结果发表于1950年的山东大学校刊。他夫人蔡良婉教授曾深情追忆："在青岛，我还记得我们漫步在海滩时，你拾了一把海砂，仅十分钟它就成为你钟爱的东西了。回到系里你开展了振荡分离，在十分简易的条件下，竟筛出你所希望获得的稀有元素。当你的论文登在《山东大学学报》时，有人曾认为刊登是不合适的，而我却觉得从方法学上试一下是值得的。这就是我们的相爱时期。"司幼东对地球化学和稀有元素矿床专业的热爱就像他和蔡良婉教授纯朴高尚的爱情一样，执著追求，终身相守。50年代到60年代，苏联在地球化学尤其是稀有元素地球化学领域蓬勃发展，处于世界领先地位。1951年，司幼东被选为国家第一批赴苏留学生。系主任何作霖先生要求他学习稀有元素矿床学。赴苏后，他师从苏联通讯院士K. A. 弗拉索夫，辅助导师为A. A. 别乌斯，他们均以研究稀有金属矿床地球化学著称于世。在苏期间，司幼东以其渊博的知识和对学问的孜孜追求，不但顺利完成论文并获得副博士学位，而且和弗拉索夫及别乌斯成为亲密的朋友，他们之间可以随时讨论学术问题。司幼东是我国第一个从苏联学成回国的稀有元素地球化学专业的副博士，1955年回国后，他被分配到中国科学院地质研究所矿物室，任副研究员，1962年晋升为研究员。同年，他被聘为中华人民共和国科学技术委员会地学组组员及中国科学院研究生委员会委员，是当时最年轻的26个研究生委员会委员之一。1956～1958年他曾数次赴内蒙古白云鄂博矿山进行野外工作。1959年，由司幼东主持编写了作为中国十大稀有元素基地之一的白云鄂博矿床的研究评价报告《内蒙古白云鄂博铁氟稀土和稀有元素矿床研究总结报告》。报告中，他向矿山建议勘探白云岩中的稀土和铁矿体中的铌，提出白云鄂博不仅是一个大型铁矿山，而且还应是一个巨大的稀土铌钽矿床。1957年他在中国科学院地质研究所组建了我国第一个稀有、稀土元素地球化学研究组。1956～1965年，他亲自率领科研人员先后赴新疆、内蒙古、江苏、江西、浙江、福建、广东、广西、湖南、湖北等省区进行稀有元素地质地球化学调查，尤其对内蒙古含稀有、稀土元素的白云鄂博铁矿，含铌钽的三木代庙伟晶岩及江苏苏州，广东博罗、台山等含铌钽花岗岩进行了较深入的研究。为当时我国急需的矿产资源寻找与开发，做出了重大贡献。1963年他提出挥发分络合物运移、碱交代及钙、铝沉淀剂等多元作用成矿的锂、铍等稀有元素成矿理论，被广为接受和普及。1964年他提出“在我国东南沿海一带省区寻找花岗岩型铌钽矿床的迫切性与重要性”的建议书。这些对后来迅速开展南方花岗岩中铌、钽稀土矿床的研究与找矿起了很大的指导和促进作用。1963年他主编的《中国锂铍矿床矿物及地球化学》及1965年主编的《江苏苏州花岗岩型钶铁矿矿床物质成分及稀有元素地球化学特征》等专著，在他去世10年后，获得了1978年举行的全国科学大会科研成果奖。

1966年，他随所从北京搬迁到贵阳。正当他意气风发在新建的中国科学院贵阳地球化学研究所要干一番事业的时候，却因在“文化大革命”中受诬陷，于1968年6月16日含冤去世。1978年，司幼东平反昭雪。1997年，由广州和贵阳的两个中国科学院地球化学所，联合在广州召开了纪念会，会后编印了由23篇回忆文章组成的《司幼东先生诞辰七十七周年纪念文集》。

二、主要科学研究成就、学术思想及其影响

（一）主要科学研究成就

1. 对中国稀有元素地球化学科学研究事业的贡献

50年代早中期，中国稀有元素地球化学学科几乎还处于空白、半空白状态，1955年司幼东的《中国东北海城伟晶岩地球化学研究》副博士论文，是中国首篇有关稀有元素地球化学的研究生论文。回国后，他便全身心地投入建设祖国、发展祖国科学事业的洪流中。1956年，司幼东参加了我国“十二年科学技术发展规划”的起草工作，负责制定我国稀有稀土地球化学学科发展规划。1958～1959年在全国大跃进背景条件下，由中国科学院地质研究所发起和具体组织了全国稀有分散元素资源大调查，继而在北京先后召开两次全国稀有分散元素地质工作会议，评价出中国十大稀有元素基地。1960～1963年，地质研究所认真贯彻国家“调整、巩固、充实、提高”的方针，对已经观察和收集到的资料，进行三年的理论总结，写出了数十份与稀有元素有关的专著、科研报告及论文。与此同时，地质研究所掀起了大建实验室的热潮，从无到有建起了10多个先进的测试技术和实验室，实现了跨越式的腾飞。1966年在贵阳创建了中国科学院贵阳地球化学研究所，司幼东是建所功臣和开创者之一，是中国稀有元素地球化学学科的创建人。

2. 率先在大学开设稀有元素地球化学课程

1958年，司幼东参与组建了在中国科学技术大学设立的中国第一个地球化学系，并首先在大学开设稀有元素地球化学课程。翁克难研究员回忆当时的情景说：

"我是1958年入学的中国科技大学的学生，当时学校刚成立，地质所的老先生都到地球化学系执教，把他们渊博的知识、丰富的经验和最新的科技成果深入浅出地传授给我们。记得司先生的课程是稀有元素地球化学。每当上课时，我们都全神贯注地专心听讲。司先生讲课很生动，Li、Be、Nb、Ta、Zr、Hf、REE……一个个稀有元素在地壳中如何运移、如何富集，它们在空间上如何分布，在时间上相互又是什么关系，等等，就像一幅幅图画深深地吸引着我们，他挥洒自如的风度、和蔼可亲的音容笑貌至今还历历在目。转眼之间到了四年级，该做毕业论文了，司先生又为我们指定了指导老师和选题。我的导师是肖仲洋老师（留苏回国的副博士，司幼东的助手），在导师们的精心指导下，我从野外调查、镜下鉴定、矿物分选、化学分析、数据处理、文献资料收集、实验结果的解释以及论文的编写等各个环节，都得到了一次全面的、严格的训练，这为我日后从事科学研究，打下了良好基础，可以说是受益终身……毕业分配时（1962年），是司先生把我们好几位同学留在地质所，而且让我们都去筹建实验室……对科大地化系毕业生的培养，司先生倾注了大量的心血。"在同一时期，司幼东还到北京大学及北京地质学院讲授"地球化学发展方向和展望"及"稀有元素地球化学"，并吸纳北京大学、北京地质学院师生，以勤工俭学方式参加了地质研究所全国稀有元素大调查队伍。

3. 中国稀有元素矿床、矿物、地球化学综合研究

以司幼东、郭承基为主要学术带头人的地质研究所稀有元素研究团队，1957～1960年，从北到南、从东到西对我国稀有元素矿床与矿化点进行了全面和重点深入的调查和研究，涉及类型有砂矿型、伟晶岩型、云英岩型、气热交代型、脉岩型、白云鄂博型、花岗岩型、碱性岩和火山岩型，涉及矿种有Li、Be、Nb、Ta、Zr、Hf、W、Sn、B、U和REE等。研究团队共写出数十篇（部）科研报告、论文及多部矿物志专著。其中，被国家科委作为第0001号及第0002号的科学技术研究报告的有《中国铌钽稀土矿床矿物及地球化学》（郭承基等著）及《中国锂铍矿床矿物及地球化学》（司幼东等著）。该两部专著对我国不同类型稀有元素矿床成矿的地质特征、背景、条件、标志及成矿机制与预测进行了阐述，是对我国稀有元素矿床地球化学研究的理论总结，是我国该领域最早的高水准的稀有元素矿床综合研究专著。

4. 白云鄂博稀土矿床的开拓性研究

1955年，司幼东留学学成回国。这时正当我国第一个五年计划时期，国家开始大规模建设包头钢铁基地，中国科学院承担了有关矿石的物质成分和综合利用等问

题的研究。1956年6月，司幼东赴内蒙古白云鄂博铁矿及乌拉特中后联合旗稀有元素花岗伟晶岩区域进行野外考察，并布置研究生的选点及野外工作。同年12月，他陪同苏联国家生产力建设委员会专家及苏联科学院秘书长先后到白云鄂博及包钢进行实地考察。1957年，在司幼东的积极努力下，中苏科学院签订了成立白云鄂博合作地质队的协议。1958年6月，中苏科学家赴白云鄂博工作，中方队长何作霖因体弱多病，秘书长司幼东挑起了主要重担。1959年，司幼东主持编写了作为中国十大稀有元素基地之一的白云鄂博矿床的研究评价报告《内蒙古白云鄂博铁氟稀土和稀有元素矿床研究总结报告》，全文40多万字。报告中他向矿山建议勘探白云岩中的稀土和铁矿体中的铌，认为白云鄂博不仅是一个大型铁矿山，而且还应是一个巨大的稀土铌钽矿床。这是白云鄂博矿床地球化学第一份系统的综合研究报告，也是后来进一步勘探白云鄂博矿床的一份重要科学资料。司幼东是世界最大的稀土资源基地——白云鄂博矿床综合研究的先驱之一。

5. 华南含铍铌钽花岗岩及云英岩研究

50年代中期，国外发现了好几种稀有金属花岗岩，而当时我国铌钽资源急需而紧缺，这就引发了我国大力开展稀有金属花岗岩研究的热潮。当时司幼东提出稀有金属花岗岩的寻找，首先应该注意花岗岩的成因产状和岩体大小，然后结合稀有元素矿物的地球化学特征进行工作。后来他指出要到那些小岩体的顶部或边缘部位，寻找遭受交代蚀变的钠长石化和云英岩化的花岗岩和采用副成分矿物学方法查明稀有元素矿物及其含量的组合规律。1957年他和他的研究生率先开展了粤东地区钠长石化云英岩化含铍花岗岩的研究。1961年又与他的助手在苏州钠长石化花岗岩中鉴定出原生铌铁矿矿物。1962～1964年，司幼东及其助手们对苏州花岗岩进行多次野外调查及室内研究，1965年出版了国家科委第0364号研究报告《江苏苏州花岗岩型钶铁矿矿床物质成分及稀有元素地球化学特征》。1963年，在司幼东的倡议和参与下，在苏州举行了一次现场会议，推广副成分矿物学方法和钠长石化等交代蚀变花岗岩鉴别和研究方法。

1963～1964年，司幼东及由他指导的科研队，用新颖的成矿理论和找矿标志，帮助广东地质队找到稀有元素矿床。广东省地矿局凌井生高级工程师回忆说："记得在60年代初的那段日子里，我们一批年轻的地学工作者聚集在博罗521矿区，听司先生给我们讲稀有金属成矿实验成果，告诉我们到什么样的地质环境去找铌钽矿，它的前导元素是锡，凡有锡矿床的地方都应该注意寻找铌钽矿床。司先生一讲完课，我们就去实践，结果在惠阳太美附近的大坑锡矿附近，果真找到了含Nb与Ta的钠长石化花岗岩露头，经过后来的勘查，查明为一座中型规模的 Nb 与 Ta 花岗岩型矿床，深部还有多金属（即 525 矿区）。这是一段真实的故事，是用理论指导找矿的典型实例。我们记忆犹新。司先生的成矿理论影响了 719 队，影响了我们一批地学工作者，我们永远怀念他。”

6. 推动副成分矿物学的建立与发展

稀有元素矿物在成矿的岩石（矿床）中往往是含量低、粒度细，以副成分矿物出现，肉眼难以看见。在司幼东的指导下，1959 年在中国科学院地质研究所二室专门成立了副成分矿物实验室，该实验室还同时配备有较强的选矿分离人员和设备。地质研究所的副成分矿物研究工作，在 60 年代到 80 年代对该所矿床、矿物、地球化学的物质成分研究，尤其是对花岗岩铌钽矿床的找矿与评价起了重要作用。

7. 开拓我国稀有元素成矿实验和分析测试领域

司幼东深知，实验和分析测试工作对地球化学研究非常重要。1958 年他率领一批年轻的科研人员赴苏联，参观学习先进的测试和实验技术。回国后，他亲自指导建立挥发分与成矿作用实验室、副矿物实验室，配合涂光炽组建络合物与稀有元素成矿作用实验室，并为红外光谱、荧光光谱、顺磁共振和直读光谱等实验室的组建帮助培养了一批人才，为发展我国稀有元素地球化学奠定了基础。

此前，苏联一些学者认为，成矿溶液中碱度的增高，是络合物解离成矿的主要因素。但是司幼东根据中国含矿花岗岩中 Li、Be、Nb、Ta 矿物的富集经常与萤石和黄玉等富 Ca、Al 的氟矿物共生的实际情况，认为这种观点存在片面性。司幼东组织进行了氟铍酸钾溶液在不同 pH 值、不同钙量和不同铝量，以及 $CaCl_2$ 和 $AlCl_3$ 共同参与条件下，沉淀出铍量的一系列实验，发现 $Be(OH)_2$ 的沉淀量与溶液中钙、铝参与量“呈正比关系”，“钙和铝显而易见担当了重要的矿化沉淀剂作用”。1963 年司幼东等先后发表两篇文章，阐述钙、铝作为沉淀剂对氟铍络合物解离成矿起重要作用的新观点。

1960 年，中国科学院地质研究所二室建立了成矿实验室，在涂光炽、司幼东的领导和指导下，进行了如铍矿物合成、锡石合成、锡搬运形式，以及铌钽氟络合物水解稳定性等一系列实验，并取得了有意义的开拓性成果。由于司幼东专业侧重研究稀有元素地球化学，他渴望通过实验认识稀有元素络合物的配位、稳定和解离的边界条件，用以阐明稀有元素地球化学及成矿作用机制，因此他对稀有元素络合物的水热合成及水解条件的实验倾注了更多的注意和学术上的指导。1964 年司幼东在

《科学通报》上发表了《络合物在地球化学中的作用》文章，从理论和实践上阐述了络合物在地球化学和元素成矿作用中的意义、机制和研究方法。他对络合物实验工作提出了两个主攻问题：①能否用络合物解决花岗岩中稀土、稀有元素迁移、沉淀和成矿序列问题；②微斜长石化、钠长石化、云英岩化与矿化的关系是什么。还安排他的研究生到实验室学习和进行铌、钽氟络合物水解稳定性研究。1966年搬迁到贵阳后，他积极筹建络合物实验组。“文化大革命”终断了司幼东的科研生涯。王玉荣研究员回忆说：“司先生被关进‘牛棚’后，仍不忘基础研究，每次在路上遇见时都鼓励我们要坚持基础实验研究，并把一包分离好的稀土元素试剂交给了我，叮嘱要做下去。这使我非常感动……经过1964～1984年20年的努力，我们终于找到了络合物水解和温度的关系、酸碱组分分离与矿化关系以及成矿流体酸碱度变化与蚀变的关系的实验依据。这些工作都与司先生早年提出的理论有关。”

8. 提出多元作用成矿的稀有元素成矿理论

司幼东在他发表和出版的多篇文章和专著中，曾深入阐述了挥发分络合物运移、碱交代及钙、铝沉淀剂等对于稀有元素迁移和富集成矿的机制及相互关系。其要领概括如下：①随着岩浆-热液作用从老到新、从早到晚、从地壳深部向地壳浅部、从大岩基向小岩体、从小岩体的下部向上部、从内部向边缘的时空变化，稀有元素（Li、Be、Nb、Ta等）、碱金属（K、Na）及挥发分（F、Cl）呈同步富集之趋势。但岩浆活动的原始地球化学特征，也常为决定以后矿化与否的主要因素之一。②岩浆高温气热溶液中所含的稀有元素成分，多以卤元素络合物形式存在。例如，铍以氟合铍（$[BeF_4]^{2-}$）络离子的络合物为主要转移形式，当有氯、氟、硼的参与下，可以导致某些金属在高温状态转为可溶性化合物。例如，电气石、萤石、斧石、黄玉、含氟白云母等和金属矿物的共生关系，提供了许多有力的证明。气热交代成矿作用中，卤元素也是最活跃的元素。由于许多元素的卤化物对热的稳定性等常常是依照F—Cl—Br—I的顺序而降低，所以在成矿过程中氟化物和氯化物最常见。③较完整的碱交代作用形成的顺序是微斜长石化—钠长石化及至云英岩化作用。钠长石化意味着交代作用过程早期的产物，以后代之以云英岩化的酸性淋滤作用。其中硅化作用常为酸性淋滤程度较高的产物，而云母云英岩则为云英岩化析出沉淀的代表。一般在下部开始发育以淋滤作用为主，而上部接近终了阶段，则以析出沉淀为主。云英岩化的酸性淋滤作用过程，不仅使造岩矿物得以蚀溶淋滤，而且早期世代的铍矿物，也因而再被溶解运移，形成次一世代铍矿物的富集沉淀。④目前多认为岩浆期后气成-热液的碱性度，受到交代作用的影响而显著变化，从而导致络合物的解离。实际上其运移形式绝非是单一形式，而络合物的解离也不能仅仅依赖于碱性度的变化。稀有元素矿化绝非是单元因素。⑤从相关元素的存在，特别是钙和铝成分，在很大程度上可以看做是离解氟合铍络离子的主要矿化沉淀剂，而氟仅起到运移铍的作用，这种情况也可能适用于其他稀有元素矿化过程。

司幼东提出的这一成矿理论，在60年代非常新颖，逐渐被广为普及，尤其指导了花岗岩、云英岩及伟晶岩型稀有元素矿床的找矿工作，迄今仍是有影响的指导理论。

综上所述，司幼东对我国地球化学尤其对稀有元素地球化学学科的建立和发展做出了巨大的贡献，这种贡献具有奠基性、全面性和深远性的特点。他是中国稀有元素地球化学学科的奠基者和创建人。

（二）学术思想及其影响

司幼东的学术思想非常明确：提倡地质与化学相结合；创建地质、测试和实验三大基础；组建培养高素质创新人才队伍；大力提高地球化学理论；快速建立和发展中国稀有元素地球化学，促进稀有金属等矿产资源的寻找与开发利用。

1. 为中国稀有元素地球化学的建立与发展提供了架构与发展方向

司幼东从苏联回国以后，就全身心地从6个方面构建稀有元素地球化学相关学科及研究方法：①稀有元素成矿地质学，其中包括岩石学、矿床学、矿物学和地球化学（狭义）；②在气热溶液中，稀有元素迁移和富集的机制，主要是挥发分络合物运移，碱交代和钙、铝沉淀剂等多元作用成矿；③建立先进的岩石、矿石、矿物成分的分析测试技术与方法；④建立确定岩石和矿石中矿物成分，尤其是副成分矿物的有效定性和定量的方法与相应的设备；⑤筹建进行各种温、压、酸、碱和浓度条件下稀有元素迁移，富集成矿的模拟实验室；⑥培养和建立一支高素质高水平的科研队伍。到1966年中国科学院地球化学研究所成立，司幼东的学术思想基本上得到实现，他为此付出了全部心血，做出了重要贡献。

2. 认真贯彻任务带学科，科研为国民经济服务的方针

新中国成立初期，国家急需而又急缺稀有元素资源，稀有元素地球化学又是应用基础型的学科分支，所以司幼东特别重视与地矿和冶金有色部门的交流与合作。他经常带着助手到冶金部汇报和通报研究成果，冶金部也通报他们的进展、发现及要求。有时写出简报进行交流，当有特别重要的认识时，他就写出报告呈报中国科

学院及地质部、冶金部等有关部门。如1964年，他向中国科学院及有关各部领导呈交了《在我国东南沿海一带花岗岩中寻找钶铁矿床的重要意义》的报告。司幼东多年的一系列宣传、汇报活动，对有关领导部门决策开展稀有元素的找矿勘探和科研工作起到了重要促进作用。他在野外调研中，与基层的矿山、地质队也建立了良好的关系。如前广东地质局总工程师吴广宇高级工程师回忆说："在60年代与司先生的交往过程中，除对先生知识渊博、学者风范、平易近人有深刻印象外，还从心底产生特殊依赖感，这一方面是司先生的人格力量，另一方面也许受他弟子们的感染。他的弟子们对他有一种特别尊重的感情，工作态度严谨，短时间内即与野外分队技术人员融为一体。经过先生的启蒙和指引，仅用了两三年时间，广东地质局属下的766队、719队就相继在台山地区和博罗地区找到并评价了501、521、523、524、525等一批铌钽或高钽花岗岩型稀有元素矿床，就我个人记忆所及，其后的广东省稀有元素伟晶岩型矿床，乃至花岗岩型稀土矿床的发现和评价，在理论上也基本上是沿着司先生开创的思路发展而来的。这是科研与生产最有力的结合，是理论研究成果迅速转化为生产力的典范。"原广东719队综合研究组王笃昭高级工程师回忆说："司先生在工作中从不考虑本单位的名利得失，总是将各项测试分析的原始分析数据和试验成果首先提供给野外队，使野外队能依据这些分析测试数据和试验结果，结合野外观察进行综合分析和专题总结……野外队亦将野外地质观察矿究工作中的新发现、新认识，以及各项专题总结、季度地质报告等及时提供给司先生及其领导的研究室，从而促进了野外队、科研单位各自优势互补，达到共同提高。在博罗地区含铌铁矿花岗岩各矿床的普查、勘探中，来考察和进行不同专题研究的地质研究院（所）、高等院校为数不少。但与地质队合作最有成效、最受欢迎的就是司先生和他所领导的中科院地质所二室。"

3. 强调地质学必须与化学、物理学的交叉与渗透

司幼东早在40年代后期在山东大学任教时就认识到地质学要发展就必须与其他学科结合，首要的是与化学相结合。1947～1948年，当时任助教的关广岳教授回忆说："我们俩碰到一起，谈话多集中在地球化学方面。那时国内的大学地质系还没有开设地球化学课程，也没有什么参考书。我们天南海北地议论着地球化学的研究领域和发展方向等等，虽然不着边际，但却取得一个共识，就是化学学科对地质矿物学的发展将起着决定性的作用。基于这一认识，司先生到苏联专攻地球化学。"司幼东到苏联后，如鱼得水，勤奋好学，博览群书，打下了深厚的地球化学基础，他本人是地质专业出身，但他看了不少化学与物理化学的书籍，对络合物地球化学有相

当深的造诣。同时他吸纳物理化学、无机化学及物理人员，进行成矿实验及测试分析，为建立稀有元素成矿理论提供了实验和测试数据。司幼东虚心与他们求教讨论，并向他们讲解成矿理论、实验的目的和要求，讲解在气热溶液中强酸强碱离子与成矿元素如何组成络合物以及这些络合物搬运条件及水解条件。气热溶液地球化学实验的学术带头人王玉荣研究员回忆说："50年代，他身体力行带头实行学科交叉，买了许多有关络合物化学的书籍刻苦自学，并把络合物化学原理引进地学，研究元素的迁移形式等，这不但在当时50～60年代是先进的，而且直到现在仍然是先进的和有生命力的。"司幼东提出的稀有元素成矿理论，就是地质学与化学相互渗透和交融的产物，为新边缘学科分支——络合物地球化学的创立与发展，奠定了坚实的基础和广阔的前景。

司幼东在其回国后短短十年里，做了大量而有效的工作，创造了辉煌的业绩，开辟出稀有元素地球化学的广阔天地。他热爱科学，热爱祖国，勤奋好学，严谨求实，敢于创新，勇于实践，真诚待人，互助互利。他的思想和精神风貌，深深地感动和影响着他的学生和助手们。他们在他开辟和关注的领域继续奋斗，并取得了显著成果。今天，人们追思司先生奋斗的身影，回眸他成功的足迹，他那高贵品德和优秀风范的高大形象，仿佛就显现在眼前。他的学生弟子们必将一代一代地延续及提升司先生和前辈们一生为之奋斗的科学事业。

三、司幼东主要论著

司幼东. 1945. 北平玉泉山地层层序及岩石.（北京大学地质系，校内交流稿）

司幼东. 1950. 青岛海滨砂矿的地质来源、矿物组成及工业意义. 山东大学校刊.

司幼东. 1951. 地质化学未来发展之我见.（校内交流稿）

司幼东. 1951. 华北稀有元素矿物资源在地球化学上分布的概念. 地质论评，16（1）：37-46.

司幼东. 1951. 浙江普陀山朱家尖产条纹长石的成因. 地质论评，16（3-6）：98-101.

司幼东. 1955. 中国东北海城伟晶岩地球化学研究.（苏联副博士论文）

司幼东. 1959. 某地花岗伟晶岩类的矿物——地球化学调查研究工作//稀有、分散与放射性元素矿床论文集（第一集）. 北京：科学出版社：37-38.

司幼东. 1959. 稀有元素新类型矿床——含铍花岗岩的发现. 科学通报，（6）：207.

司幼东，洪文兴等. 1959. 内蒙古白云鄂博铁氟稀土和稀有元素矿床研究总结报告.（内部资料）

司幼东. 1960. 地球化学研究工作的展望. 科学通报，（1）：10.

司幼东，黄舜华. 1963. 关于铍矿化交代作用的选择性问题. 地质科学，（1）：1-10.

司幼东，黄舜华. 1963. 铍矿化交代作用的地球化学实验研究. 地质科学，（4）：169-176.

司幼东，王中刚，袁忠信等. 1963. 中国锂铍矿物矿床及地球化学. 北京：中华人民共和国科学技术委员会.

司幼东等. 1964. 在我国东南沿海一带花岗岩中寻找钶铁矿床的重要意义.（内部汇报及交流稿）

司幼东等. 1964. 铍矿化气成热液交代作用机制问题//中国地质学会编. 第一届矿物、岩石、地球化学专业学术会议论文选集（地球化学部分）. 北京：中国地质学会：65-67.

司幼东. 1964. 铍元素矿化交代作用的模拟实验研究//中国地质学会编. 第一届矿物、岩石、地球化学专业学术会议论文选集（地球化学部分）. 北京：中国地质学会：87-88.

司幼东，洪文兴等. 1965. 江苏苏州花岗岩型钶铁矿矿床物质成分及稀有元素地球化学特征. 北京：中华人民共和国科学技术委员会.（内部资料）

司幼东，洪文兴，吴六汀等. 1965. 蚀变天河石花岗岩中烧绿石的产出特征. 地质科学，(2)：133-136.

司幼东，肖仲洋等. 1965. 广东博罗增城台山一带花岗岩类型钶铁矿矿床地球化学研究总结报告.（内部资料）

司幼东. 1966. 稀有元素络合物在成矿作用中的相关机理问题. 地质科学，(1)：1-21.

主要参考文献

“司幼东先生诞辰七十七周年纪念会筹备组”主编. 1997. 司幼东先生诞辰七十七周年纪念文集. 广州：中国科学院广州地球化学研究所；贵阳：中国科学院贵阳地球化学研究所：1-71.（内部资料）

中国科学院地球化学研究所，中国科学院广州地球化学研究所. 2006. 艰苦创业，铸就辉煌——中国科学院地球化学研究所建所40周年（1966－2006）. 北京：科学出版社：357-358.

撰写者

刘义茂（1934～），广东梅县人，中国科学院广州地球化学研究所研究员。长期从事与花岗岩类及钨锡稀有稀土和铁铜多金属矿床地球化学研究。曾为涂光炽、司幼东任研究室正、副主任时的业务秘书（1959～1965）。

刘鸿允

刘鸿允（1920～1998），江西泰和人。古地理学家，地层学家。1944年毕业于西南联合大学地质地理气象学系。曾任中国科学院地质研究所地层室副主任、学术委员会副主任、学位委员会委员、高级职称评审组成员等职。他编制出版了我国最早的《中国古地理图》；主持编制出版了《中国区域地层表（草案）》和《中国区域地层表（草案）补编》；在早年震旦系标准剖面中发现“南沱冰碛岩”之下存在一个广泛的不整合，故以“莲沱组”取代“南沱砂岩”，并明确其为冰期前地层；根据我国新元古代冰川地层特征，提出了“南华冰期”的概念；创建了一系列震旦系的地层单位，其中许多一直沿用至今；出版了系统总结我国震旦系研究成果的专著《中国震旦系》。他积极参加学会和学术刊物的编审工作，曾任北京地质学会理事、中国地质学会前寒武纪委员会委员、全国地层委员会晚前寒武纪组组长。1999年全国地层委员会为纪念他，尊用他提出的“南华大冰期”之名而称原下震旦统为“南华系”。曾获中国科学院科学奖三等奖、中国科学院重要科技成果奖、全国科学大会奖、中国科学院自然科学奖一等奖。

一、简　　历

刘鸿允，1920年10月10日生于江西省泰和县，1998年8月24日于北京病逝，享年78岁。

1938年，刘鸿允进入浙江大学地理系学习，后因日军南侵而转学到西南联合大学地质地理气象学系，学习期间曾参加远征军，担任翻译，1944年毕业。1945年经系主任孙云铸教授推荐，到中央地质调查所黄汲清先生门下从事古地理图的编制研究。刘鸿允作为一名刚出校门的年轻学子，大学期间又赶上日本帝国主义强盗蹂躏中国的悲惨年代，学习、生活环境极不稳定，以他当时的经历和学识，要开展这样一项需要广博地质知识、要收集并掌握大量基础地质材料，然后进行系统综合分析、整理和编辑的工作，是十分困难的。他之所以能够比较顺利地完成任务，得益于他所在的中央地质调查所为他提供了得天独厚的有利条件，特别是得到了黄汲清的指导、启发和鼓励。当时，黄汲清已编制完成并出版了《中国主要地质构造单位》，书中还结合几个重要的地质构造历史阶段，创制了5幅构造古地理图，这无疑成为刘鸿允编制古地理图最好、最具体的学习样板。同时黄汲清还领导着主编14幅1∶100万中国地质图，所收集的地质资料对编制古地理图也十分有利。黄汲清也正是通过上述实践，体会到编制各地质时代更详细、更深入的一套中国古地理图的必要性和可能性。刘鸿允受命在黄汲清的指导和规划下工作，是最直接的受益者。正如刘鸿允晚年在文章中指出："黄汲清先生上述图幅，是地质构造（大地构造）与古地理相结合的，而大地构造又是重建古地理的主要依据之一"。此外，刘鸿允在可能的条件下，还广泛地听取前辈的意见。刘鸿允个人的勤奋努力，也是这项工作量十分庞大、复杂的项目得以顺利完成的重要原因之一。1949年刘鸿允完成了第一篇古地理学的论文《中国寒武纪古地理及古地理图》。

1952年6月27日，经过中国科学院和当时的中国地质工作计划指导委员会商定，确定了9名中国科学院地质研究所定编研究人员，其中就有刘鸿允。因此，可以说刘鸿允是中国科学院地质研究所名正言顺的元老之一。当时刘鸿允还在南京，直到1954年初才迁往北京。

1953年，刘鸿允完成了他的第二篇古地理学论文《古地理学和它的基本方法》。经过长达9年的努力，到1953年10月，《中国古地理图》初稿终于完成并上报征求意见。很快就得到了李四光部长、西南地质局的黄汲清、华北地质局的李春昱、中南地质局的田奇瑰，以及斯行健、赵金科、卢衍豪、孙云铸等老一辈地质学家的热情支持和极大关怀。黄汲清从重庆急电所长，建议"从速付印"。李春昱来函回顾了当初在重庆筹备成立"中国西部博物馆"时提出编辑古地理图的需求经过。孙云铸复函并肯定编制原则和方法，并希望尽速出版。各地也纷纷致函所领导，希望尽快付印，有的因等不及而前来抄索。1955年6月李四光部长邀请在京地质学家讨论刘鸿允编的20幅中国古地理图，并为图册写序。《中国古地理图》于当年正式出版。第二年即1956年初，科学出版社就计划再版《中国古地理图》，可见其受欢迎的程度。1956年中国科学院评定科学奖时，刘鸿允的《中国古地理图》获三等奖，这是一项很高的荣誉，因为该奖项的得奖人只有他一人。该图集在国际上也受到重视，曾被苏联、德国等国翻译出版，日本的有关刊物上也给予较高评价。冯增昭先生高度评价这部古地理图，认为"这是我国第一部古地理学专著，是我国古地理学的正式起点。这一著作开创了我国的生物古地理学"。

在完成古地理图的出版之后，刘鸿允就和几位同事一起投入到《中国区域地层表草案》和《中国区域地层表草案补编》的收集和编写工作。显然，区域地层表工作与《中国古地理图》有着密切的联系，在完成古地理图的基础上整理编制区域地层表是十分合理的安排；而且考虑到新中国成立之初，全国各地的区域地质工作刚刚起步，基础地质资料缺乏，无论是区测、普查，还是勘探，都十分需要这样一份地层表，因此可以说该项工作是急国家之所急。这也是我国第一次编辑出版地层学方面的专著。刘鸿允等站在全国的高度，对大量区域地层资料进行收集、汇总、整理，然后合理地进行编辑、表述，为广大地质工作人员提供了很大的方便，也成为后来同类著作的一个范例。《中国区域地层表草案》和《中国区域地层表草案补编》在1958年获中国科学院重要科技成果奖，并有俄文版在国外发行。

1956年，刘鸿允提职为副研究员，1957年5月被任命为地层室副主任。这以后，地层学的现状、存在问题和发展方向就成为他经常思考的问题。在具有多年室内外地质理论和实践的基础上，加上及时关注国际地层学的发展动向，他成为国内较早形成多重地层学发展思路的地层学者之一。传统地层学主要研究手段是古生物化石，即所谓的生物地层学。初期，人们有一个误解，以为地层学的研究就等于古生物化石研究。诚然，古生物研究对于地层学是十分重要的工具，但是它仅仅代表了地层的一些方面，而远不是全部。除了生物化石之外，地层的特性还有岩石特征、化学特征、同位素特征、磁性特征和绝对年龄测定等。在这一思想认识的指导下，刘鸿允明确了地层研究室的发展方向。随后，研究室逐渐增加了从事多重地层学研究的课题、人员和设备，对我国现代地层学的发展起到了重要的推动作用。随着区测工作在全国的迅速铺开，地层学的理论研究也深入开展。刘鸿允参照国际先进理论，结合我国实际，对地层学基本原理和规范进行了积极探索。特别是在多重地层学工作方面，他更是身体力行地积极倡导和实践。

刘鸿允的另一个重要的研究领域是前寒武系，特别是我国南方的新元古代（原震旦系；为简略起见，本文所说的震旦系均指1983年全国地层委员会定义的震旦系）。当刘鸿允完成《中国古地理图》的出版之后，面临着后续研究方向的选择问题。当时，他选择了研究程度比较差、研究手段比较少、古生物基本空白的震旦系作为自己的主攻方向之一。由于他在长期的研究工作中凭借深厚的理论专业素质和孜孜以求的刻苦钻研精神，积累了广博的地层学理论知识，加上野外细致、踏实、艰苦的工作作风，很快他就在南方震旦系研究中独树一帜，提出了许多独到的见解，被誉为中国震旦系研究两大学派中的“南派”代表，在学术界有重要影响。1978年由他主持的“中国震旦纪地层的研究”项目荣获全国科学大会奖。1980年刘鸿允被提职为研究员。1994年他正式出版的《中国震旦系》专著获得中国科学院自然科学奖一等奖。刘鸿允对震旦系的研究，解决了一些地区震旦系地层划分对比上的实际地质问题，推动并提高了我国震旦系的研究水平，也提高了中国震旦系在国际上的知名度。特别是《中国震旦系》一书系统地从多学科的角度，分析总结了我国震旦系的研究成果，把我国的震旦系研究从理论和实践上提升到新的高度，具有重要的学术意义，是中国震旦系研究的一个里程碑。

刘鸿允对地质基础理论研究服务于国家经济社会发展的思想高度重视。50年代初期，他参加了天（水）—宝（鸡）—成（都）铁路选线工程地质任务、黔桂铁路都—筑段和川黔铁路贵—綦段工程地质调查；1953年在湘桂两省进行了锰矿资源的调查；1956年还负责研究山西晚古生代含煤地层；1966年运用古地理学的概念，为寻找油气资源，完成了《西南地区震旦系沉积特性及含油气性的初步评价》的研究报告；70年代后期，围绕国家急需的磷矿、富铁矿资源从古地理的角度进行了探索，为我国经济建设做出了应有的贡献。

刘鸿允在人才培养、科普教育、科研管理，以及学术刊物的编审等方面也做出了许多贡献。他积极为科普刊物撰稿，发表了《隐生代的中国大地》的科普文章。他曾兼任北京地质学院和中国科技大学副教授，数十年里他直接间接地培养了多名硕士和博士，1990年被评为中国科学院优秀研究生导师。此外，他还热心社会工作，参加民主党派活动，他是中国民主同盟的盟员，曾任中国科学院地质研究所民盟支部主委。

二、主要科研成果、学术思想及其影响

刘鸿允科研成果丰富，涉及多个方面，基本上与他一开始所从事的古地理图编制工作紧密相关。在20世纪四五十年代，与中国古地理相关的地质资料主要是以古生物为基础的地层资料，且当时的资料十分有限和零散，需要借助于构造（包括古构造）等其他地质资料进行补充、验证。这给他提供了一个具体掌握系统理论知识和全面了解我国地质资料的机遇，从而为他在地层学研究中做出的贡献，打下了广博而坚实的知识基础。

（一）主要科学研究成就

1.《中国古地理图》的编制

在当时的理论水平和有限地质资料的条件下，对于古地理的认识基本上局限于海陆的分布及其变化，而海陆的识别主要依赖于沉积相和古生物物种。古地理图的编制工作，主要就是要在浩瀚复杂、简繁不一、正式出版的和未正式出版的、正确

的和谬误的资料中进行艰苦的研读、分析和整理，进行正确的系统地层对比，并进一步把沉积相与化石种群的相互关系加以清理。古地理图的底图是当时中央地质调查所正在编辑的 1∶100 万地质图，考虑到资料的详略程度不同，所编制的古地理图灵活地选取了不同的地质时间单位：其中震旦纪以纪为单位，三叠纪以后各时代基本为陆相故未考虑编图，其他各纪均以世为单位。共成图 20 幅，然后缩编成图集。各图幅着重描绘了海陆分布、海侵路径、生物分布、地壳褶皱、矿产沉积、火山冰川活动等地质地理现象。为了弥补不足，各图幅都配有详细的文字说明，扼要地说明所涉及的地层范围、主要岩性、古地理和生物基本状况等。该图集是在当时条件下对我国古地理研究的一个探索性的总结，它把各地质时代的古地理面貌及其变化，概略地展示在人们面前，是一部具有里程碑性质的著作。

2. 三峡地区莲沱组的建立

南方震旦系的标准剖面在湖北宜昌峡东地区。在新中国成立后的大规模区域地质普查工作中，该剖面的地层格架被作为南方各地震旦系的对比标准。刘鸿允等通过对峡东地区的细致考察后，发现所谓的“南沱冰碛岩”和“南沱砂岩”虽然是上下关系，但不是整合关系，两者之间存在微角度不整合。根据地层工作规范，刘鸿允将“南沱砂岩”正式命名为莲沱组。对于莲沱组，刘鸿允还进一步指出：其上界对应于澄江运动，是一次以造陆为主的隆升运动，露头上主要表现为假整合或微角度不整合；其下界则对应于分布广泛的晋宁运动，该运动强烈，造成地层的强烈褶皱和轻微变质，其主要地层界面特征是角度不整合。

3. 滇东地区下震旦统地层格架的建立

1960 年刘鸿允等通过对云南陆良牛头山地区的调查，在南沱组之下建立了牛头山组，认为其层位在澄江组之上或部分与澄江组相当。1978 年再次考察，进一步确认滇东地区下震旦统包含了牛头山组和澄江组两个地层单位。这一观点引起当地地质工作者的高度重视，也同时引起了关于牛头山组层位和时代的争论，争论的焦点是关于牛头山组应属于震旦系还是前震旦系，这一争论前后持续了 20 余年。刘鸿允等为了进一步探讨该问题，于 1981 年和 1982 年，连续进行了实地考察，终于再一次肯定了原定义的牛头山组是滇东地区下震旦统一个广泛分布的地层单位，其下覆地层与澄江组相当，但岩性、岩相有所差异，于是刘鸿允另创一单位称陆良组与之对应。不久，发现了陆良组角度不整合于昆阳群之上，这一重要发现确认了刘鸿允的上述观点。滇东地区下震旦统的这个地层格架还被推广到黔中遵义—开阳地区。

4. 南华大冰期的提出与冰期地层的对比

早在1980年，刘鸿允根据我国南方震旦系冰期地层的组合特征，结合各大洲地质年代大致相同、基本特征相似的冰期地层，提出了统一的南华冰期的概念，它包括了两个冰期和一个间冰期。这一思想，与20世纪末出现的、以两个冰期的基本特征为理论依据的雪球地球理论（snowball Earth hypothesis）基本相同，后者还认为这两个冰期是地球历史上最强烈的冰川事件。刘鸿允提出南华大冰期的用意，在于强调震旦系的冰期地层是一个统一的整体，不能割裂，不能也不应该与非冰川地层进行对比。刘鸿允关于冰期地层的重视，赢得了广大地质工作者的尊敬。1999年12月，第二届全国地层委员会晚前寒武纪工作组在北京十三陵召开的第三届全国地层会议预备会期间提出的以“南华系”命名原下震旦统，就源自刘鸿允命名的“南华大冰期”。

5. 正确地指出早震旦世存在火山岩系

数十年里，在讨论震旦系的底界时往往有较大分歧。刘鸿允的一个基本见解就是把南方广泛存在的晋宁运动界面作为震旦系的底界。但是实际情况却复杂得多，因为在晋宁运动之后沿着扬子地块周边发育了一系列的火山岩建造，那么这些火山岩建造应该划归晋宁运动还是早震旦世？在没有系统年龄测定资料的条件下，这些争论虽然不可能最终解决，但是，刘鸿允则明确认为这些火山岩属于早震旦世。近年来围绕这一段火山岩地层，获得了大量的高精度年龄测定结果，证明了刘鸿允的预见是基本正确的。

6. 搭建南方各地震旦系地层的基本格架

20世纪五六十年代，南方广泛开展了区域地质调查。由于没有化石依据，对震旦系的了解处在比较落后的状况，连基本层序都不清楚，因此急需搭建起各地震旦系的基本层序。刘鸿允通过对各地的实地考察，并在当地地质工作者的协助下，为建立各地的基本层序做出了突出的贡献。他建立了许多重要的地层单位，其中主要有：莲沱组、牛头山组、陆良组、洪江组、泗里口组、洋水组、雷公坞组、志棠组等。上述地层单位的建立，为当地开展基础地质工作起到了积极的推动作用。

7. 论证了板溪群属下震旦统

对于板溪群的时代归属，地质界存在长期争论，一种意见认为它是前震旦系

（即青白口系）地层，另一种意见则认为它是下震旦统的一个地层单位。多数学者持第一种观点，以刘鸿允为代表的学者则持后一种观点。由于意见不同，所建立的南方元古宙地层格架及相应的地质历史观也不同。早在1961年，刘鸿允就提出了板溪群的地层层位可能相当于后来称为莲沱组的下震旦统的可能性，尔后于1966年和1973年正式明确提出板溪群属下震旦统，并对比于三峡地区的莲沱组和滇东地区的牛头山组—澄江组。以刘鸿允为代表的这一个观点，现在已经被锆石的高精度年龄测定结果所证实。

8. 关于湖南省“江口组”时代的认定

在20世纪六七十年代，湖南省经过大面积的区域地质测量，在经典的南沱组之下，发现了类似于三峡地区“南沱砂岩”的地层，被称为“江口组”（现称为江口群），认为应对比于莲沱组。刘鸿允经过实地考察，明确地提出“江口组”是冰期地层，应和南沱组（洪江组）一起组成统一的南华大冰期地层。从而明确地指出，在板溪群之上，南沱组之下，不存在相当于“南沱砂岩”的层位。因此“江口组”不能对比于非冰期地层莲沱组。

9. 震旦系地质年表研究

刘鸿允一直十分重视震旦系地质年表的建立，这也是多重地层学的一个重要方面。围绕震旦系顶、底和内部分统界线的位置及其年龄测定，从1963年开始，一直持续到1991年，只要有条件，他都积极努力地开展年龄测定工作。他在不同时期提出的震旦系地质年表，在我国产生了重要影响。

10.《中国震旦系》一书的出版

经过三四十年的深入探索，刘鸿允对我国震旦系，特别是南方震旦系的研究，取得了丰硕的成果，产生了重要影响。《中国震旦系》正是他毕生研究震旦系的系统总结。该书系统地把他对我国震旦系的认识、理论依据进行了全面的陈述，对于有争议的问题也详细地从理论到实践进行了多方面的分析讨论。该书共分11章，其中主要章节有：区域地层（其中给出了各地许多代表性剖面）、震旦系的划分、震旦系的对比（其中详细讨论了震旦系若干关键对比问题）、震旦系的地质年代表（讨论了顶、底及分统界线和年龄）、晋宁—澄江期岩浆特征与板块构造活动的探讨、中国震旦系的古生物、震旦系古构造特征及古地理沉积演化（有一幅震旦系古构造图和四副古地理图），最后一章讨论了震旦系的范围及其在地质年表中的位置。

（二）学术思想及其影响

1. 正确把握岩石地层单位界面的性质

岩石地层单位的界面，是划分对比地层的重要依据。地层界面基本上分为整合和不整合两大类。在野外细致深入地考察一个界面，是地层工作的基本要求。这方面，刘鸿允的工作堪称楷模。如研究初期，关于峡东地区的原“南沱砂岩”与南沱冰碛岩之间的关系，文献资料中未详细交代。为了具体了解两者的接触关系，刘鸿允等对该界线进行了长距离追索，他们绕着湖北宜昌地区整个黄陵花岗岩体转了一圈，对其周边出露的各个露头进行仔细观察，终于明确了两者为不整合接触关系。这一发现，成为刘鸿允关于震旦系认识的一个重要理论依据。

2. 强调构造运动界面对地层划分对比的重要意义

大地构造运动控制着地层的分布和形态，不同性质的大地构造运动对于地层有不同的影响。在我国南方，与震旦系有密切关系的构造运动主要有两个：一是晋宁运动，一般认为发生在中、新元古代之间；另一个是澄江运动，一般认为发生于新元古代中期。这两次运动的地层表现都是不整合面，然而两者又有重要区别。刘鸿允强调指出：前者是褶皱运动，后者则以升降运动为主。刘鸿允对于相应的两个构造界面及其差异能够深入掌握，并成为他识别南方震旦系不同地层层位的一个基本工具。正是根据对这些界面的辨识，他明确地提出，峡东地区的莲沱组应该对比于湖南的板溪群、贵州的下江群、广西的丹州群。此外，关于滇东地区牛头山组和陆良组与澄江组的关系，刘鸿允也提出了一个明确的对比意见，其根本依据，就是这一套地层是在澄江运动界面之下、晋宁运动界面之上。

3. 沉积相变化与地层对比

地层的整体面貌，无论在时间上（纵向）还是在空间上（横向），都是变化的，不可能一成不变，但是这种变化又不是杂乱无章，而是有规律可循的。刘鸿允对于地层整体面貌的变化规律有比较好的掌握。他早年曾试图建立“地层相”的概念，以揭示地层整体面貌的变化规律，并运用于地层的划分和对比，可惜由于种种原因，这一思想终究未能实现。正是基于这样一种对于地层整体面貌的概括能力，他往往能够比较正确地判断出一个地层单位与另一个地层单位的关系。如关于云南陆良地区的牛头山组，刘鸿允在建立该组之初，就正确地指出了该组与澄江组的关系，即基本是上下关系，并可以有部分重合，后来的进一步研究完全证实了这个认识。又如关于“江口组”的判断，他根据国内外新元古代冰川地层的变化规律，正确地指出了该组和南沱组一起构成了一个统一的大冰期，而不能对比于其他非冰期地层。

4. 新元古代冰川地层的分布规律

我国南方广泛分布着新元古代特有的冰川地层，虽然也是地层，但是却有其自身特殊的规律。首先，它是古气候的记录，古气候的分布和影响显然不是局部的，而是区域性的，甚至可能是全球性的。冰期的来临必然伴随着海平面的下降、激烈的冰川刨蚀作用和广泛的海退，结果就对应于一个广泛分布的侵蚀不整合面，这个界面在南方所代表的就是人们熟悉的澄江运动。冰川的消融又必然出现海平面上升，并在被冰川夷为平地的陆上发生迅速推进的广泛海进。刘鸿允比较充分地掌握了这些冰川作用的基本特征，并正确地运用到地层的划分对比工作中。由于他十分重视冰川地层的作用，从而提出了“南华大冰期”的概念，把冰川地层和非冰川地层严格地区别开来。

三、刘鸿允主要论著

刘鸿允. 1955. 中国古地理图. 北京：科学出版社.

中国地质学编辑委员会，中国科学院地质研究所. 1956. 中国区域地层表（草案）. 北京：科学出版社.

刘鸿允，沙庆安. 1963. 浙江西部常山龙游一带震旦纪地层//全国地层委员会编. 全国地层会议学术报告汇编，浙西地层现场会议. 北京：科学出版社.

刘鸿允，刘钰. 1963. 云南中东部震旦纪地层的组成、划分与发育. 地质学报，43 (1)：53-78.

沙庆安，刘鸿允，张树森等. 1963. 长江峡东区的南沱组冰碛岩. 地质科学，(3)：139-148.

刘鸿允，沙庆安. 1963. 长江峡东区震旦系新见. 地质科学，(4)：177-187.

刘鸿允，沙庆安. 1965. 中国南方震旦纪地层问题. 地质科学，(4)：313-324.

刘鸿允，沙庆安. 1965. 关于震旦系在地质年表中的位置问题. 地质科学，(4)：325-329.

刘鸿允，沙庆安，胡世玲等. 1966. 贵州北部的震旦系及其与邻区的对比. 地层学杂志，1 (2)：137-162.

刘鸿允，沙庆安，胡世玲. 1973. 中国南方的震旦系. 中国科学（A 辑），16 (2)：202-212.

刘鸿允. 1978. 关于地层学要素和地层表编写的有关问题. 地层学杂志，2 (1)：16-22.

刘鸿允，董榕生，李建林等. 1980. 论震旦系划分与对比问题. 地质科学，(4)：307-321.

刘鸿允，董榕生，李建林. 1980. 中国南方早震旦世火山活动特征//国际交流地质学术论文集——为二十六届国际地质大会撰写 (7). 前寒武纪地质. 北京：地质出版社：59-64.

刘鸿允，胡华光，胡世玲等. 1981. 从 Rb-Sr 及 K-Ar 年龄测定讨论某些前寒武系及中生代火山岩地层的时代. 地质科学，(4)：303-313.

刘鸿允，董榕生，戚中林. 1982. 震旦系有关问题的讨论. 地质科学，(3)：264-273.

刘鸿允. 1983. 前寒武系的划分//中国科学院地质研究所，国家地震局地质研究所编. 前寒武纪论文集. 北京：

地质出版社：1-22.

刘鸿允，沙庆安，胡世玲等．1983．贵州北部的震旦系及其与邻区的对比//中国科学院地质研究所，国家地震局地质研究所编．前寒武纪论文集．北京：地质出版社：115-139.

刘鸿允，熊家镛，蔡宗柏等．1983．云南东部下震旦统地层复议——牛头山区下震旦统层序的确立．地质科学，(2)：103-115.

刘鸿允等．1991．中国震旦系．北京：科学出版社．

Liu H Y，Li Y J，Hao J．1996．On the Banxi Group and its related tectonic problems in South China．J Southeast Asian Earth Sci，13（3-5）：191-196.

主要参考文献

全国地层委员会．1983．《晚前寒武纪地层分类命名会议》纪要．地层学杂志，7（1）：78-80.

中国科学院地质研究所．1991．刘鸿允教授地质科学研究五十年．地质科学，(4)：307-308.

张启锐．1999．刘鸿允教授的《中国古地理图》和他对古地理学的贡献．古地理学报，(1)：93-96.

冯增昭．1999．我国古地理的形成、发展与展望．古地理学报，1（2）：1-7.

撰写者

张启锐（1939～），广东新兴人，中国科学院地质与地球物理研究所研究员。主要从事新元古代，特别是扬子地区南华纪的地层、沉积研究。1964年考入中国科学院地质研究所，成为刘鸿允先生的第一个研究生。

王　仁

王仁（1921～2001），浙江吴兴人。力学家，地球动力学家，力学教育家。1980年当选为中国科学院学部委员（院士）。1943年毕业于西南联合大学航空工程系并获得工学学士学位，1950年获美国西雅图华盛顿大学航空工程系理学硕士学位，1953年获美国布朗大学应用数学专业哲学博士学位。在地球科学领域，曾任中国地震学会副理事长和地球物理学会理事，国际 *Pure and Applied Geophysics* 和 *Tectonophysics* 杂志编委。他对地球自转引起地球构造运动的假说做了严格的力学分析，给出了快速和慢速分层均匀地球模型自转速率变化以及引潮力产生的应力场的解析解，揭示了地球自转速率变化对应力场和地表变形的影响，此项工作为研究潮汐应力对地震的触发奠定了理论基础。他率先将有限元方法引进中国的地球动力学领域，提出了研究地震迁移、地震危险区预测的思想与方法；提出了板块运动学和动力学的联合反演方法以及地应力场的反演方法。为了深入了解地震断层的破裂机制，他组建了岩石力学实验室和模拟实验室，并将塑性力学和损伤力学引入到岩石破裂的实验研究中。在教书育人方面，他将《固体力学基础》引进中国大学的地质系教学中，创建了中国第一个地球动力学研究中心和第一个地球动力学硕士生点，培养了一批力学与地质学结合的地学研究者和工作者。曾获2000年度何梁何利基金科学与技术进步奖。

一、生平经历

王仁，1921年1月2日生于浙江省吴兴县，2001年4月8日于北京逝世，享年80岁。

王仁1938年毕业于上海沪江大学附中，同年考入沪江大学物理系。1939年转道越南进入西南联合大学航空工程系重读。1943年6月毕业并获得工学学士学位。1944年春到贵阳飞机制造厂做设计员工作。1945年抗战胜利后被派到台湾参加接收日军修理厂的工作，在台中市第三飞机制造厂任工程师。1948年经原西南联大老师冯桂莲教授推荐，赴美国西雅图华盛顿大学航空工程系，师从美国非线性力学专家罗森堡（R. M. Rosenberg）教授。1950年在罗森堡教授的推荐下，获得美国罗得岛布朗大学洛克菲勒奖学金，到由国际著名塑性力学教授W. Prager创办的应用数学部攻读博士学位。这个学部是美国的第一个应用数学专业，当时在Prager周围聚集了许多国际上著名的力学家，王仁的导师E. H. Lee就是其中之一。1953年春王仁获得应用数学专业哲学博士学位后，念念不忘报效祖国。但是由于当时美国政府对中国留学生的阻挠，申请回国遭到了美国移民局的拒绝。随后他参加了留学生争取回国的斗争和活动。面对美国移民局的刁难，他勇敢地呼喊出："我要回去，我是中国人，我有自己的祖国。"1955年4月，王仁等一批海外莘莘学子经香港回到祖国。从获取博士学位后到归国前，王仁曾任布朗大学应用力学部的副研究员和美国芝加哥伊利诺伊理工学院力学系助理教授。

王仁回国后，应周培源教授邀请到北京大学数学力学系任教。他与叶开沅和董铁宝等一起创建了北京大学固体力学教研室。1962年担任该系副主任。"文化大革命"期间，王仁受到诬陷、打击和迫害，1969年被下放到北京大学江西干校农场劳动，1971年结束干校劳动后，由于所谓"海外关系"和"台湾关系"问题，未能去当时设在"三线"的北京大学陕西汉中分校力学系工作，而被分配到北京大学地质地理系（后来分为地质系和城市与环境系，地质系现属北京大学地球与空间科学学院）的地质力学专业。当时正值中国地质力学的创始人李四光先生过世。如何把力学与地质学相结合的探索传承下去，就成了摆在王仁面前的一个严肃课题。对于一个年届50的人，要舍弃自己辛勤耕耘的力学专业而转到一个完全陌生的学科，所面临的困难和挑战是不言而喻的。到地质系之后，为了尽快和构造地质方面的老师建立起共同语言，他虚心向他们学习，并同他们一起跋山涉水进行野外地质考察。从中他认识到地质科学的极端复杂性，也发现了很多前人鲜有触及的力学问题。同时，他积极主动地开展了力学在地质学中的普及和应用的工作。在此期间通过编写供地质科研人员和地质系学生使用的《固体力学基础》讲义和在校外地震地质单位举办力学学习班，他开始了力学与地质学结合的尝试。在中国大学的地质系开设固体力学课、设立模拟实验室和岩石力学实验室，以前鲜有先例。

70年代中期，在理论方面，王仁利用变形体力学对李四光提出的全球构造运动的驱动力源与地球自转速率的变化进行了严格的理论分析，首次给出了分层快速和慢速地球模型的理论解，揭示了短期和长期地球自转速率变化对应力场和地表变形影响的大小和量级，以及驱动全球构造运动的可能性。这个理论为研究日月引潮力对地震的触发奠定了理论基础。

1976年唐山地震后，人们迫切需要知道京津唐地区近期是不是还会发生大地震。王仁急人民之所急，提出了模拟地震迁移与危险区预测的思想和方法，领导他的研究组同构造地质专业老师合作，利用中国历史地震资料和弹塑性有限元方法，先后研究了1966年邢台大地震后到唐山地震期间京津唐地区大地震的迁移和华北700年间历史大地震的迁移，并且预测了唐山地震后的地震危险区和北京的安全度。这个研究成果在1979年巴黎召开的地震预报会和1981年国际地震与地球内部物理学会（IASPEI）上进行了报告，引起了与会者的极大关注，开创了地球物理方法之外的研究地震迁移与危险区预测的新方法，这个力学方法要早于现在国际上流行的地震触发库仑应力变化的研究方法。

由于工作需要，1983年王仁被学校调回力学系任系主任（仍兼地质系地震地质专业主任）。1986年被聘任为中国自然科学基金委员会副主任，1991年届满后，被续聘为特邀顾问。1986年以后，虽然他大部分时间在国家自然科学基金委员会工作，但始终没有离开他所开辟的地球动力学领域，没有离开教学和培养研究生的第一线。在这段期间，他提出了利用大地测量和地震学资料进行板块运动学和动力学的联合反演的方法。为了深入了解地震断层的破裂机制，他将塑性力学和损伤力学引入到岩石破裂机理的研究中。

1994年，王仁与国际著名地震学家安艺敬一（K. Aki）共同在北京主持了由国际理论和应用力学联合会（IAUTAM）主办的“地球动力学中的力学问题国际研讨会”。会后在国际刊物《理论与应用地球物理》（*Pure and Applied Geophysics*）上出版了会议文集。在这次会议上，王仁回顾了世界百余年来地球动力学发展的历史以及中国学者的有关工作，有力地促进了中国的地球动力学研究，也促进了国外同行对中国在这个研究领域工作的交流和了解。这次会议上，王仁被安艺敬一誉为“中国的地球动力学之父”。

90年代，地球动力学在世界上蓬勃发展，为了使中国在此研究领域跻身于世界前列，王仁提出了东亚地球动力学研究计划。这个计划得到了中国地震局同行的积极支持，后来被国家科委批准为国家攀登预研项目。这个项目在首席科学家陈运泰院士的主持下获得了一批优秀的研究成果，并获得中国地震局防震减灾成果一等奖。

鉴于王仁的这些学术思想和开创性的研究工作，以及他对中国的地球动力学发展做出的重要贡献，他荣获2000年度何梁何利基金科学与技术进步奖。

2001年王仁因患胰腺癌在北京病逝。为了促进中国地球动力学的发展和人才的培养，北京大学教育基金会根据王仁的遗愿，在王仁亲友和他生前学子的资助下设立了王仁奖学金，鼓励从事固体力学和地球动力学领域探索的优秀研究生。

二、主要学术成果和学术思想

（一）地球动力学的主要研究方向和学术思想

“地球动力学”一词最早是由力学家 A. E. H. Love 在他 1911 年获剑桥亚当斯奖的论文《地球动力学的若干问题》中提出来的。现在地球动力学是力学和地学结合的交叉学科。它主要研究地球的整体运动、地球内部和表面构造运动的动力学过程及其驱动机制。它对于探测和开发地球矿产及能源、预测和减轻地质和地震灾害，以及保证大型工程稳定性都有重要的意义。

1. 地球自转与构造运动

板块运动的驱动机制、造山带的成因、地质构造的演化以及地震的孕育和触发是地球动力学关注的热点问题。我国地质力学的创始人李四光先生，从在野外工作中观测到的地质构造形迹和特征出发，提出地球自转速率的变化是导致地质构造运动的主要驱动力。一般认为，地球自转速率变化所导致的地球内部应力非常小，大约只有 1 达因/厘米^2（0.1Pa）。这个数字是根据地震波速得到的地球模型和采用长趋势地球自转速率变化在一年内的平均值估计得到的。王仁称由地震波提供的地球模型为快速地球模型（FMM），即弹性模型；考虑地球黏性流变得到的模型称为缓慢地球模型（SMM）。他利用弹性理论建立了不同分层的快速地球模型和缓慢地球模型，给出了在日月引潮力作用下这些地球模型自转速率变化引起的地球位移场和应力场的严格理论解，并且首次讨论了它对全球构造运动的影响。使用快速地球模型研究地球内部的应力时，无论是地球自转速率短期最大变化导致的应力（约 10 达因/厘米^2），还是月球引潮力引起的应力（约 10^3达因/厘米^2），数值都非常小，不足以导致构造运动。后者可能对地震触发产生影响。使用缓慢地球模型时，发现在减速过程中，两极和高纬度地区（48°以上）沿东西向和南北向均受拉，有利于极区的环向放射状和高纬度处张裂；低纬度地区沿东西向受压，沿南北向受拉，有利于那里的板块俯冲和北东或南西方向的剪切网络的形成。在加速过程中的应力，有助于低纬度地区（南纬和北纬 48°之间）形成洋脊。

2. 地震序列的数学模拟与地震危险区预测

一次大地震后，还会不会发生大的余震，或诱发其他地方的地震，是人们最为关切的问题，这对于震区灾后重建和防震减灾具有重要意义。1976 年唐山大地震后，王仁为了回答这个问题，提出了利用弹塑性理论和库仑破裂准则研究震后地震危险区和地震迁移的方法。这个方法的基本思想是地震的发生不但与岩石的强度有关，还与地震断层震前的应力状态有关。一个地方发生了地震，震源处积累的弹性应变能被释放，使地震断层内部的应力降低，从而导致应力的重新分布。从理论上说，如果能知道一个地区的地应力分布和岩石强度，就可以估计那里地震的危险性。但是在实践中这二者都很难确切知道。为了研究大地震后的地震危险性问题，王仁提出了地震序列的数学模拟方法和地震安全度（等于断层内的剪应力与断层摩擦强度之差与断层的摩擦强度的比值）的概念。大致步骤是根据构造地质学和地震地质学确定研究区域的地质构造格局和边界形状，利用地震波速和岩石力学实验确定区域岩石力学参数，结合现场应力、形变测量和震源机制解确定边界外力。通过调整边界外力和岩石力学参数，使所要研究的地震序列中某次地震的地震断层震前应力最接近破裂的临界值，然后通过降低该地震断层的摩擦系数，模拟地震的发生（从静摩擦到动摩擦），并且使计算的断层位错和所释放的应变能与地震学得到的该次地震的结果一致。在计算下一次地震时，上一次地震的断层错距被保留下来，断层摩擦系数恢复到原来静摩擦的状态。按照这种方式依次对地震序列中的每一个地震进行模拟。如果每次所得到的地震位错和所释放的应变能都与实际地震相符合，那么最后得到的这个应力场就被认为是一个比较接近实际的应力场了。这样就可以由这个应力场和地震安全度预测将来的地震危险区。王仁等利用这个方法，模拟了华北地区 700 年来 14 个 7 级以上地震的地震迁移过程，预测了唐山地震后的危险地区和北京的安全度。经过 30 多年的考验，发生在预测地区的 6 级以上地震基本正确，5 级以上的地震大部分正确，小地震则比较分散。

3. 构造应力场反演

地球内部的应力可以分为动态和静态两种。前者指那些不能积累起来的短周期变化的应力，它们不能推动构造运动，只能起到触发作用，例如地震波和地球自由振荡、固体潮、极移以及短期地球自转速率变化引起的应力波动；后者指与重力、地球内部的热和长期构造运动有关的应力。地应力对地震活动性、岩体工程的稳定性以及矿产资源的成矿环境具有重要意义。在构造地质学中，将偏离静岩压力（一点各个方向的压力都相等，类似于静水压力）的那部分地应力称为构造应力，它可以分为历史上构造变形遗留下来的古应力和现今构造运动产生的应力。由于受到技术、财力和其他种种因素的制约，人们迄今已经得到的现场地应力测量数据还很少，虽然少数测点深度可达数千米，但多数都不超过 1000m，而且精度较低。尽管可以通过地震震源机制解、构造地质学分析和大地测量手段得到地应力场的大致方向，但很难精确确定其大小。因此，如何获得地下的应力状态，目前仍是地球动力学中难以解决的问题之一。

对于线弹性或黏弹性体的小变形情况，王仁提出了利用震源机制解给出的主应力方向、大地测量和应力测量数据作为约束条件，联合反演板块运动学和动力学参数的方法。具体做法是，首先把运动学边界和动力学边界上的速度和拖曳力视为一组待求的参数，对于给定的岩石力学参数，可以用叠加原理和最小二乘方法把这组参数反演出来，然后反复调节岩石力学参数并进行相应的反演，直至得到一个与实际观测结果符合得更好的结果。王仁等利用这个方法反演得到了北美板块的速度场和应力场以及相应的板块边界的运动速率和其底部的拖曳力。

对于存在弹塑性变形或大变形情况，叠加原理不再适用，应力场与变形历史有关。为了考虑地质构造、岩石力学性质和边界几何形态的复杂性，王仁提出利用有限元方法反演应力场的方法。王仁等利用这个方法，通过模拟华北700年来7级以上地震区的迁移，最后得到了唐山地震后的应力场。这个应力场是预测华北地震危险区的基础之一。

4. 固体潮汐应力对地震的触发

日月引力不但可以引起海水的涨落，而且可以引起地球的变形。前者称为海潮，后者称为固体潮。导致固体潮的力称为引潮力，它是日月对地球的引力和地球自转引起的惯性离心力的合力。引潮力能否触发地震一直是地震预报的一个热门话题。国内外很多人对这个问题进行了研究，目前还没有一个确定的结论。地震能否被触发，不但取决于断层面上固体潮引起的应力大小，还取决于地震前断层面上的初始应力与断层的摩擦滑动强度相差多少。

王仁等利用15层快速地球模型得到的固体潮应力场的理论解，提出了研究固体潮触发地震的理论方法。这个方法是首先利用固体潮应力场的理论解，计算出在发震时刻断层面上的正应力和沿断层错动方向的剪应力。假设断层已经处于破裂的临界状态，然后根据岩石的库仑破裂准则判断断层面上的应力对地震的触发作用。如果断层面上的应力落在库仑破裂线的外面，就表示能够触发，反之，就不能触发。通过对中国以及国外较大地震的研究得知，潮汐应力对浅源走滑型地震的触发效应明显，可以达到50％以上，对倾滑型地震则不明显。

5. 岩石力学实验

地震孕育和发生的动力学过程一直是人们渴望解决的难题。除了利用理论和数值方法探讨这个问题外，岩石力学实验也是一个重要的研究方向。人们试图通过含预制割缝岩石试件的破裂过程了解地震断层的破裂机制。

王仁等把光弹、云纹、激光全息干涉和扫描电镜技术以及有限元方法引入到岩石力学实验的研究中。利用这些实验手段可以得到岩石试件在不同加载时刻的变形，并记录下破裂的演化过程；利用有限元方法则可以研究破裂的力学机制和动力学过程。王仁等利用这些措施研究了在刚性实验机上单向加压条件下，具有一条预制割缝的大理岩试件的破裂过程。他们发现对于割缝表面接触的情形，破裂方式与以往脆性材料相同，即首先在裂纹端点产生张破裂，然后破裂弯向加载方向发展；但是对于割缝表面不接触的情形，他们发现在压力达到极限载荷时，张裂隙仍首先出现在割缝端点，但是当压力接近峰值载荷时，弯向加载方向的张裂隙停止发育，与张破裂相反的方向发展的 X 型剪切破裂最终导致试件的整体破坏。有限元模拟研究结果表明，这种 X 型破裂可以用弹塑性材料的应变软化解释。为了进一步研究岩石破裂过程，王仁等利用扫描电镜实时研究了具有割缝的大理岩的破坏过程，观察到试件宏观破坏是细观裂纹逐步集中和联结所导致的。王仁等还将损伤力学引入到岩石力学实验中，研究了岩石试件表面裂纹的发展变化及其与外载和预制缺陷之间的关系。以实验观测和分维统计分析结果为依据，建立了岩石分维损伤本构模型，它可以用来模拟各种岩石材料的实际问题，还可应用于大尺度地球动力学问题的分析计算。

（二）地球动力学的学科建设和人才培养

1. 学科建设

1971 年王仁被分配到北京大学地质地理系的地质力学专业工作，与他同时到地质地理系的还有力学系从事实验力学的黄杰藩老师。1973 年后又从力学系调来了丁中一、殷有泉老师，这样就初步形成了一个用力学思想和方法研究地质学问题的研究组。研究组与构造地质专业的教师密切配合，开始探索力学与地学结合的道路，初步形成了一个地球动力学研究方向。1976 年唐山地震前，研究组的主要研究方向是地球自转速率变化对构造变形和地震触发的影响，以及用自制的光弹仪器进行含预制割缝光弹性模型的变形分析。

由于北京大学构造地质专业何国琦教授等人的热心支持和合作，地球动力学研究方向得到进一步发展。1976 年王仁率先把有限元方法引入到唐山大地震后地震危险区的研究中。通过办学习班的形式向全国地震和地质领域推广有限元方法在地学中的应用，学习班学员最多时超过百人。在他的领导下，由殷有泉主持、开发了具有特色的用于岩土力学与工程和地震的热、弹塑性有限元软件包 NOLM，这个软件在我国水电部和地震研究领域得到了广泛应用和受到高度的好评。为了进一步普及有限元在地学中的应用，还编写了专供教学的有限元程序，这个程序被用于北京大学和中国科学院研究生院的地学研究生教学中，收到了很好的效果。1981 年研究组又增加了来自河北电力学院的孙荀英老师（毕业于北京大学数学力学系流体力学专业），从此研究组开始了地球流变学方向的研究。此后又在研究组周仁德老师的努力下，建起了从事岩石力学实验的压机实验室。从 1976 年唐山地震后到 1994 年的这段时间，研究组主要开展了以下研究：①历史地震序列的数值模拟和唐山地震的断层软化和震后流变研究；②固体潮汐应力对地震的触发研究；③利用光弹、激光全息摄影、云纹图像分析、扫描电镜技术研究具有裂纹岩石试件的破裂过程；④利用线性叠加原理反演构造应力场；⑤地震流变学研究。

王仁特别注重开展合作研究和解决工程实际问题。在此期间，他领导研究组和中国地震局地球物理研究所开展了与地震有关的岩石破坏的实验研究，和广东省地震局合作开展了水库地震数值模拟工作，并积极参加了大庆油田套管损坏以及“九五科技攻关项目”煤矿突水机理的研究。

为了深入开展地球动力学研究和深层次的学术交流，王仁从 1980 年起先后邀请了多名在地球科学领域的国外知名学者到北大讲学，例如美国加州大学伯克利分校的王其允教授、纽约州立大学石溪分校的黄庭芳教授、澳大利亚的 Paterson、英国的 Murrell、联邦德国的 Rummel、美籍日本地震学家安艺敬一、日本东京大学活动构造专家松田时彦和东京大学地震研究所的茂木清夫、奥地利的 Scheidegger、瑞士的 Ramsay 等。通过交流，不但增强了师生对世界地学前沿最新进展的了解，看到了自己的差距，同时也使国外学者对我们的工作有了初步了解。此外，王仁还亲自主持研究生的地球动力学讨论班，为讨论班选取阅读文献和聘请校外专家、学者到讨论班演讲。这有力促进了学术交流和活跃了学术氛围，培养了研究生阅读文献的能力和演讲能力。

1992 年王仁创立了北京大学地球动力学研究中心，并任中心主任。这是国内第一个地球动力学研究中心，是一个跨地质学、地球物理学和力学的综合研究体，中心成员分别来自北京大学地质系、地球物理系和力学系。这个研究中心为地球动力学的研究和校内外学术交流提供了一个良好的氛围和条件。

2. 人才培养

1972 年北京大学地质系创办了以李四光学术思想为指导的地质力学专业。正是在这样的背景下，为了把力学和地质学结合起来，王仁等编写了《固体力学基础》讲义，这是一部培养具有力学思想的新型地质学研究者的教材，并于 1979 年由地质出版社正式出版。

1978 年恢复研究生考试制度后，地球动力学研究方向开始挂靠在北京大学地质系构造地质学硕士点名下。在王仁的努力下，1983 年地球动力学研究方向从构造地质学硕士点独立出来，成立了国内第一个地球动力学硕士点，开始单独招收硕士生。为了培养博士生，王仁和地球物理系固体物理硕士点联合，于 1998 年成立了固体地球物理博士点。从 1978 年到 2001 年，地球动力学研究方向培养研究生 30 余名，其中很多人后来又获得了国外博士学位。他们在不同的领域已经获得累累硕果。虽然他们身在国外，但仍不忘中国的地球科学发展，经常回来讲学和开展合作研究。例如 1978 年入学的石耀霖在美国加州大学伯克利分校获得博士学位归国后，以他出色的研究工作，2001 年当选为中国科学院院士，并在中国科学院研究生院创立了计算地球动力学重点实验室。王仁先生孜孜不倦为之奋斗的中国地球动力学事业正在得到继承和发扬。

三、王仁主要论著

王仁. 1976. 地质力学提出的一些力学问题. 力学，(2)：85-93.

王仁. 1977. 地震预报中提出的一些力学问题. 力学，(3)：234-241.

王仁，丁中一. 1979. 轴对称情况下地球自转速率变化及引潮力引起的全球应力场//天文地球动力学文集(1978). 上海：中国科学院上海天文台：8-21.

王仁，丁中一，殷有泉. 1979. 固体力学基础. 北京：地质出版社.

王仁，何国琦，殷有泉等. 1980. 华北地区地震迁移规律的数学模拟. 地震学报，2 (1)：32-42.

王仁，黄杰藩. 1981. 地学中的岩石力学研究//陶振宇. 岩石力学的理论与实践. 北京：水利出版社：277-297.

王仁，殷有泉. 1981. 工程岩石类材料的弹塑性本构关系. 力学学报，13 (4)：317-325.

王仁，黄杰藩，孙荀英等. 1982. 华北地震构造应力场的模拟. 中国科学 (B 辑)，(4)：337-344.

王仁. 1982. 地球构造动力学//中国力学学会. 力学与生产实践. 北京：北京大学出版社：169-197.

王仁，孙荀英，蔡永恩. 1983. 华北地区近 700 年地震序列的数学模拟. 中国科学 (B 辑)，(8)：745-743.

Wang R. 1983. A short note on the inversion of tectonic stress fields. Tectonophysics，100：405-411.

Wang R，Wu H L. 1983. Displacement and stress fields due to non-uniform slip along strike-slip fault. Pure Appl Geophys，121 (4)：601-609.

王仁，梁海华. 1985. 用叠加法反演东亚地区现代应力场//国际交流地质学术论文集——为二十七届国际地质大会撰写 (2). 北京：地质出版社：29-36.

王仁. 1986. 地质材料的力学问题. 力学与实践，8 (4)：2-6.

Wang R，Zhao Y S，Chen Y，et al. 1987. Experiment and finite element simulation of X-type shear fractures from a crack in marble. Tectonophysics，144：141-150.

王仁. 1989. 大地构造分析中的一些力学问题. 力学进展，(2)：145-157.

王仁. 1994. 有限单元等数值方法在我国地球科学中的应用和发展. 地球物理学报，34（Z)：128-139.

Wang R. 1995. Mechanical problems in geodynamics and work done in China. Pure Appl Geophys，145（3/4)：759-773.

Wang R，Aki K. 1995. Mechanics Problems in Geodynamics Part I，Part II. Basel：Birkhäuser.

王仁. 1998. 地球构造运动与驱动机制的反演//21世纪100个科学难题. 长春：吉林人民出版社：298-306.

主要参考文献

王大钧. 1993. 王仁//中国科学技术协会编. 中国科学技术专家传略·工程技术编·力学卷1. 北京：中国科学技术出版社：493-503.

王仁. 1999. 王仁文集（北京大学院士文库). 北京：北京大学出版社.

《王仁先生纪念文集》编委会. 2002. 仁厚笃实的一生. 北京：气象出版社.

撰写者

蔡永恩（1949～)，吉林扶余人，北京大学地球物理系教授，博士生导师。主要从事地球动力学与地球物理研究。系王仁院士的研究生。

吴崇筠

吴崇筠（1921～1995），四川江津人。沉积学家。1945年毕业于中央大学地质系。曾任中国石油勘探开发研究院副总地质师，博士生导师，中国石油学会第一、二、三届理事，中国矿物岩石地球化学学会第二、三届理事，中国沉积学会副理事长。1947～1949年在美国路易斯安那大学地质系学习，获硕士学位后继续在美国威斯康星大学攻读博士学位。1950年回国参加新中国的建设。回国后担任燃料工业部石油管理总局技术处工程师。她是新中国石油地质实验室创始人，主持建立了玉门、西安和成都三个石油地质实验室。她是中国沉积学教学和教材建设的开拓者和奠基人，主编了《沉积岩石学》等第一批高校地质学教材，培养了一批又一批石油科技人才。她是中国陆相含油气盆地沉积学的创立者，以她为首编著的《中国含油气盆地沉积学》是国内外第一本系统论述陆相含油气盆地沉积学的专著，在理论和实用上都有重要价值。她提出的以古构造、古气候和古地理三因素划分湖盆类型，是油气资源潜力评价的重要沉积学基础；以浪基面、枯水面和洪水面三界面划分湖泊内部次级环境，指明了不同类型湖泊的油气生成和聚集环境；确定了湖盆砂体成因分类，是油气储层评价和预测的科学根据。她积极参加大庆油田开发研究，获国家科委授予的科学技术进步特等奖。

一、成长历程

吴崇筠，1921年9月18日生于四川省江津县，1995年8月7日于北京逝世，享年74岁。

1. 幼竹初露尖尖角

吴崇筠出生于四川江津县一个风景如画的地方，那里远山隐约，丘陵起伏，橘丛竹林之间，溪水潺潺。

吴崇筠的父亲和善，母亲慈祥，父母极其注重子女的教育，尤其是母亲，她一贯主张女孩子也要像男孩子一样读书上进。争气自立的思想从小就印在吴崇筠的脑海里。吴崇筠刚刚五岁，就跟堂哥堂姐们一起上了私塾。

老师宣布她的名字叫做“筠”，并说：“‘筠’就是竹子，特指竹子的青皮，就如周围这郁郁葱葱的竹林，希望你将来也能成材。”长大后的吴崇筠果然没有辜负老师的期望。

吴崇筠后来转入正规学校江津女子小学读书。通过勤奋学习，成绩逐渐领先。她思维活跃，不仅功课好，课余时间还喜欢唱歌、跳舞、打乒乓球。小学毕业时参加“会考”，她获全县第一。

2. 立志学地质

1938年夏天，吴崇筠考入南开中学，这增加了她进入大学深造的信心和决心。在这里，她第一次见到了周恩来。周恩来是应邀来作演讲的，他透彻地分析了当时抗日战争的形势。周恩来说到“中国必胜”时的神情与语气，给吴崇筠留下了极深的印象。

高中三年转眼过去，眼看到了报考大学的时候，对于报考的专业，吴崇筠想了许多，她希望学一个能对国家富强做出直接贡献的专业。虽然她平时也偏爱物理和农业，但她认为资源的开发利用，更能够富国强民、造福子孙后代。当时又听说了著名地质学家丁文江先生在找矿过程中因煤气中毒而牺牲的事迹，非常感动与钦佩，决心要继承和发扬丁文江的精神和事业，于是报考了地质系。可家人和周围的一些同学都不大赞成，哥哥希望她学经济。当时一些著名的大学分别在不同日期报名和考试，哥哥便建议她多报考几所学校，不要仅局限于地质系。于是她先后报考了五所大学：成都华西坝医学院、金陵大学农业经济系、重庆大学地质系、西南联合大学地质系和中央大学地质系。几所大学先后发榜，她竟然全都被录取了！这全靠她坚韧不拔的艰苦努力，才收获了如此骄人的成绩。

经过慎重选择，1941年，吴崇筠背起行囊，走进了中央大学的校门，如愿以偿地学习地质专业，成为班上唯一的女生。

3. 夫妻双双把“家”还

大学四年，吴崇筠学习勤奋，成绩优异。1945年大学毕业后，她留校做助教。1946年，内战爆发，吴崇筠从小立下的建设繁荣祖国的梦想一时难以付诸行动，于是萌发了留学深造的念头，并寄希望于学成后报效祖国。联系申请的是美国路易斯安那大学（Louisiana State University）。在校期间，她顺利拿到学位，并与同在该校攻读硕士的朱康福结为伴侣。硕士毕业后，两人携手一同去了威斯康星大学

(University of Wisconsin) 攻读博士学位。

1950年春回大地，中国留美科协在芝加哥附近召开一个夏令会，实为动员留学生回国参加建设。吴崇筠夫妇也参加了，并在会上看到了周恩来总理号召留学生回国参加建设的公开信，心情十分激动。她的导师一再挽留，但她没有心动。只是再有些时间就可以拿到博士学位，这时回国真有些可惜。人生的十字路口，她在徘徊。可转念一想，祖国建设急需人才，晚归不如早归。在关键时刻，报效祖国的念头压倒了一切，她作出了回国的选择。

当她与丈夫怀着满腔的热忱，冲破重重阻力，终于到达深圳的罗湖桥头时，吴崇筠激动得热泪盈眶，嘴里只会说："回来了！回家了！"

回国后，吴崇筠夫妇把省吃俭用节约下来的2000美元一次性全部捐献给国家用于抗美援朝战争。

4. 甘当基石心不悔

中国的石油工业基础薄弱，急需人才。因此，刚一回国，吴崇筠便被派到燃料工业部下属的石油管理总局工作。

第一个孩子出生刚满9个月，她就迫不及待地要求去西北勘探。她和同伴坐着敞篷车，从宝鸡、天水、兰州到玉门。沿途看到荒凉的黄土高原，脏乱残破的简陋屋舍，心灵受到极大的震撼，想到这些土地沙漠都是中国的一部分，这里的老百姓都是同胞，不能再让他们如此生活下去。西北的石油资源很有希望，只有去勘探、去开发，找到油，这里的老百姓才会富裕，祖国才会富强。想到这里，吴崇筠心中对未来充满了希望。不顾扑面而来的黄沙，她和同伴们唱着歌，盼望早到目的地，尽快开始工作。

到玉门后稍作休整，她们就开始野外工作。她带一个小队，且是唯一的女性，但照样骑骆驼，住帐篷，每天要走2500～3500m的山路，个个累得气喘吁吁。黄土高原的风里带着沙粒，没几天，脸上就脱了一层皮。

随着野外工作的开展，后方实验工作很快就有些跟不上了。于是她被调回玉门担任实验室主任，组建新的实验室，并着手培养一批年轻人。她把从国外学习到的最新实验方法，手把手地教给学员们，时间不长，实验室工作全面展开，配合野外的研究也上了轨道。这是国内第一个比较正规的油田地质实验室。实验室很快地完成了古近系及新近系岩矿综合剖面分析，对这里缺少生物化石的陆相地层划分起到了很大作用，为确保探井钻达层位提供了依据。1952年10月在北京勘探会议上，研究成果受到了与会者的一致好评。

此后，吴崇筠又在西安、成都创建了两个实验室。本来她可以做些科研项目，但她觉得国家的当务之急是需要人才，便默默地甘作一块基石，为人才培养打下坚实的基础。

有一次在成都，她带实验员去江油、四郎庙等地看剖面。那时她已经怀孕几个月了，为了不影响学员，不给大家添麻烦，当时她没有告诉任何人。山路不平，一路颠簸，她强忍着，用自己的手背当坐垫以减轻震动；为避免呕吐、晕车，她不敢吃饱饭。她随身带几块干净棉布，备一把剪刀，以防流产。支撑着吴崇筠的力量，是从小树立的为祖国富强而献身的坚强信念，是时时铭记的热爱祖国的高尚情操。

自从松基三井喷油后，为弄清大庆油田是大油田还是小油田，队伍就在长垣上全面展开勘探。1960 年春，开始在萨尔图、杏树岗、葡萄花打探井。1960 年 3 月，石油部点名让参加“大庆会战”的吴崇筠负责组建地质实验室，主抓样品分析及培养鉴定人员。对钻井所取得的岩心进行分析、对比，这是摸清油田地层情况的重要一环，为此专门成立一个岩心队，吴崇筠担任队长。她带领石油学院学生，踏着泥泞，奔波于各个油井之间。此后连续三年，她的大部分时间都是在大庆油田度过的。她领导学生描绘出大量齐全准确的岩心图，给地质人员提供了可靠的第一手资料，为油层对比提供了重要依据，对后来油田的分层注水和高产稳产起到了重要作用。她常说：“我的工作很平凡，也很基础。”但没有基础科学，哪来石油工业的发展。

1962 年 6 月 21 日，周恩来总理视察大庆油田，吴崇筠也站在欢迎的队伍里，总理与她握手，亲切地嘘寒问暖，问这里苦不苦，还问她是哪里人，当得知她是四川江津人时，还笑着说她是聂荣臻元帅的老乡。1963 年，她当选为全国第四届政协委员。12 月 3 日，周恩来总理在第二届人大四次会议上宣布我国石油基本自给。12 月 16 日，《人民日报》发表《中国人民使用“洋油”的时代即将一去不复返》。年底政协会上，聆听学习了周总理的政府工作报告后，她的心情十分振奋，觉得国家富强真正有了开端。吴崇筠与大庆结下了不解之缘，把它视为自己的第二故乡，1963 年她生下最小的女儿，起名小松，以示纪念。

5. 从教廿载

1954 年秋，北京石油学院（中国石油大学的前身）创建，组织上动员她去担任副教授、勘探系岩矿教研室主任。学校刚刚建立，需要做的事很多。吴崇筠既要安排授课，又要组建实验室。在缺乏教材、实验仪器和标本，以及师资不足的情况下，怎么办？丈夫出差在外，第二个孩子还没有断奶。那一阵子，真把她忙坏了。于是她就严格安排好时间，包括给孩子喂奶的时间，力争做到工作家务两不误。吴崇筠与天下做母亲的人一样疼爱孩子，家中老保姆几次发现她眼中噙着泪水，匆匆喂完奶，又匆匆赶回办公室，按计划工作。

当时石油高等院校的专业教材少部分是参照苏联的，更多的是靠教师自编。吴崇筠1954～1975年执教于北京石油学院和华东石油学院，她在承担沉积岩石学的教学工作中，先后编写的教材有：《结晶矿物学》、《光性矿物学》、《普通矿物学》、《沉积岩石学》、《沉积岩石学参考教材》及《沉积岩》。其中《沉积岩石学参考教材》于1958年由北京石油学院出版，全书约有30万字，多次再版。《沉积岩石学》于1961年由中国工业出版社出版发行，是这门学科在国内公认的第一本大学教科书。

6. 十年磨一剑

1992年，吴崇筠主编的《中国含油气盆地沉积学》出版。这是我国油气地质学的第一本沉积学专著。该书1993年11月荣获第七届中国图书奖，1994年获中国石油天然气总公司科技进步奖一等奖。该书内容系统翔实，论述严谨，重点明确，用中国陆相含油气沉积盆地的实际材料，论述中国油气区的形成与展布，是中国陆相油气沉积学的理论概括，是指导进一步找油的科学依据。它反映了中国陆相油气沉积学的创造与水平，为我国陆相油气沉积学界翻开了新的篇章。

中国目前已经发现的原油地质储量90%来自陆相沉积地层，与国外有很大不同。这主要是由于一个特殊条件造成的：在中、新生代这一全球性油气富集的主要时期，中国大部分地区处于大陆沉积环境。所以研究中国含油气盆地沉积学，除了借鉴国外先进经验，更重要的是立足于本国实际，总结和创造自己的特色。

该书从1983年开始撰写，1992年第一次出版，1993年再版，经历了漫长的十年工夫。全书77.5万字，字里行间无不倾注着吴崇筠近10年的辛劳和心血。真可谓“十年磨一剑”。

但有谁能想得到，那时的吴崇筠竟是一位癌症患者，她竟是在病痛中忍受着常人难以理解的困难完成此书的。为了总结学术成果，她不顾健康状况的下降，也不听医生和家人的劝告，坚持编写不辍。

该书由吴崇筠主编，参加撰写的有30多位同志，其中大多数是油田生产第一线的同志。写出的初稿，几乎全部由吴崇筠仔细审阅，再与原作者商讨修改。个别章节，她与作者字斟句酌，函谈面议，以至“三易其稿”。在全书审稿、付印、出版社送来清样后，吴崇筠更是一页不漏地最终校核、修改了三遍。她就是这样呕心沥血，一丝不苟。而她在书的前言中则强调注明：“实际上这本书是集体创作，是由石油战线上众多人的心血和辛劳铸成的。”

7. 希望的寄托

吴崇筠治学严谨，博采众长，乐于助人，谦虚正直，诲人不倦，甘为人梯，是石油地质工作者的良师益友。她鞠躬尽瘁，甘把一切都无私奉献给了她所热爱的祖国和石油事业。看到自己多年培养的学生、研究生在各自的工作岗位上为祖国做出贡献，她感到很欣慰，觉得自己的事业后继有人，自己的希望寄托在他们的身上。

吴崇筠曾说："工作四十年，教书、带研究生与培养年轻人占较大比重。做点实际工作与研究，也都是基础的，服务于油气勘探的整体目标。我认为这是一个普通科技人员应尽的职责。'后来居上'与'青出于蓝'是科学发展的必然规律。我能作为更多年轻人发展途中的一级'台阶'，是心满意足的。"

吴崇筠曾任北京石油勘探开发科学研究院副总地质师，中国石油学会第一、二、三届理事，中国矿物岩石地球化学学会第二、三届理事，中国沉积学会副理事长；第四届全国政协委员。

二、主要学术成就和学术思想

吴崇筠是中国陆相含油气盆地沉积学的创立者，是我国油气地质实验的开拓者和沉积学教学的奠基人。她理论研究紧密结合实际，指导油气勘探开发，为发展中国石油事业做出了重要贡献。

（一）主要科学研究成就

1. 中国陆相含油气盆地沉积学的创立者

中国原油地质储量90%以上蕴含于陆相储集体中，或以陆相沉积层为烃源岩而储集于非陆相的储集体中，研究陆相盆地沉积学对查明油气的生成、聚集与分布具有重要的学术意义和实际价值。经过几十年的刻苦实践和潜心研究，吴崇筠提出了中国中新生代陆相盆地分布规律、湖泊分类及湖盆充填模式、湖泊内部沉积环境的划分、湖盆砂体类型与分布规律等学术见解与观点。

（1）提出了中国中新生代湖盆类型及分布规律。她系统而深入地研究了中国中新生代湖泊沉积特征及其控制因素，提出古构造性质、古地理位置和古气候环境作为划分湖盆类型三原则。根据古构造性质划分为断陷湖、坳陷湖和断陷-坳陷过渡型湖泊；根据古地理位置划分为近海湖泊和内陆湖泊；位于不同古气候带的湖泊具有不同的湖水盐度，区分为淡水湖（含半咸水湖）和盐湖（含咸水湖）。综合上述三原则的分析结果和实际应用的需要，建立了中国中新生代湖泊类型分类系统，共12种湖泊类型。即近海断陷淡水湖，内陆断陷淡水湖，近海坳陷淡水湖，内陆坳陷淡水湖，近海断-坳过渡型淡水湖，内陆断-坳过渡淡水湖，近海断陷盐湖，内陆断陷盐湖，近海坳陷盐湖，内陆坳陷盐湖，近海断-坳盐湖，内陆断-坳盐湖。她指导其研究集体编制中国中新生代沉积盆地沉积相系列图（以世为单元），展现了各类湖盆的沉积演化及油气生成与聚集环境，为油气资源评价和明确勘探领域奠定了沉积学理论基础。

（2）确立了湖泊内部沉积环境划分原则和划分系统。她深入地研究了古代湖泊沉积特征，详细考察和分析现代湖泊岸线变迁、水动力状况及相应沉积物特征和分布，提出以浪基面、枯水面和洪水面三个界面作为湖泊内部环境划分的原则。浪基面是指波浪搅动所能达到的有效深度，浪基面以下是静水和还原环境，有利于有机质的埋藏和保存。枯水面是枯水期的湖水界面，界面以下是始终有水的稳定湖区，枯水面附近是湖滨区，水动力条件最强，其沉积物具有较高的成分成熟度和结构成熟度。洪水面是指洪水期湖水上涨达到的最高界面，如现代鄱阳湖，枯水期到洪水期，湖面可上升10m，面积由1000km^2扩张到4000 km^2。浪基面以下为深湖环境（亚相），浪基面至枯水面为滨-浅湖环境（亚相），枯水面至洪水面为扩张湖环境（亚相）。这三个界面控制着生储油层的分布，良好的生油层分布于浪基面以下，大部分储集砂体如三角洲、扇三角洲和滩坝分布于浪基面和洪水面之间，浊积砂体位于浪基面以下。以三个界面作为湖泊内部环境划分的依据具有重要的理论意义和实际价值，得到普遍的赞同和推广应用。

（3）建立了湖盆砂体成因分类系统。她对近源区至远源区所发育的各类砂体的沉积特征和成因环境进行系统剖析，提出了划分原则方法、鉴别标志和划分系统。处于不同的古地理位置，水动力条件和砂体形成机制会有相当大的区别，其砂体形态和大小、岩性和物性都会有所不同，生储盖组合也有优劣之分。因此，湖盆砂体成因类型的划分原则强调指出，要从湖盆整体着眼，根据砂体所处的湖泊亚相带，即砂体所处的水深、坡度、距源区、距岸带和距河口远近等因素来划分砂体类型。划分的方法是从沉积相分析着手，不仅要研究砂体本身的沉积特征，还要研究砂体围岩（如泥岩和特殊岩类）的沉积特征和环境因素，以了解砂体所处位置，实际上就是应用相的共生组合原理的沉积相综合分析方法，此方法提高了砂体预测能力和勘探预见性。将湖泊砂体划分为三角洲、扇三角洲、水下扇、滩坝和广义的浊积砂体五大类。三角洲区分为长河流三角洲和短河流三角洲（即辫状河三角洲），分别发育于湖盆的长轴方向和短轴方向。扇三角洲区分为靠山型扇三角洲和靠扇型扇三角洲。三角洲和扇三角洲都具有垂向分三层和平面上分三带（三角洲平原、三角洲前缘和前三角洲）的发育特征。广义深水浊积砂体（即含多种沉积机制的重力流砂体）区分为陡岸浊积扇、陡岸断槽浊积砂体、远岸缓岸浊积扇、缓岸浅水砂体前方浊积扇砂体和透镜体、湖底平原席状浊积砂体等。对于各类砂体的鉴别标志，从沉积环境、围岩特征、沉积作用、砂体特征（岩石类型、层理构造、砂体形态、分布位置）、主要发育阶段、相邻砂体及其与相似砂体的区别等方面，作了全面而系统的总结。

（4）总结了中国中新生代湖盆沉积模式。阐明了坳陷型、断陷型和断陷-坳陷过渡型三种湖盆沉积模式的沉积格局，生油层和储集层类型及其在湖盆中的分布规律。

坳陷型湖盆沉积模式：如晚白垩世松辽盆地，晚三叠世鄂尔多斯盆地。这类湖盆地形开阔，岸坡较缓，沉积中心位于湖盆中央，沉降中心与沉积中心一致，不同沉积发育阶段略有迁移。深陷扩张期，深湖区面积大，滨浅湖亚相呈环状分布于深湖区外围。生油层分布面积大，质量好。在湖盆长轴方向，发育源远流长的河流三角洲，三角洲沉积规模宏大。在短轴方向，坡度较陡，发育辫状河三角洲或扇三角洲。在各类三角洲沉积区之间和滨浅湖带发育滩砂和坝砂。深湖区发育浊流沉积。湖盆收缩期，各类三角洲向湖方向进积，储集砂体广布，尤其是长轴方向长河流三角洲油气最为富集，其次为短轴方向辫状河三角洲和扇三角洲、滨浅湖滩坝砂体和深水浊积砂体。

断陷型湖盆沉积模式：如渤海盆地、苏北盆地等。断陷湖盆呈不对称的箕状，边界正断层一侧岸坡陡，沉陷深；另一侧较缓，湖盆长轴与边界断层走向平行。一个凹陷就是一个沉积单元，面积一般几百至几千平方千米，湖泊面积与凹陷面积的比率，以及深湖亚相与湖泊面积的比率都比较高，一般为60%～70%，最高可达90%。深湖区位于边界大断层下降盘，沉降幅度大，属非补偿沉积状态，生油层厚度大。滨浅湖亚相分布不对称，陡坡一侧很窄甚至缺失，缓坡则宽。断陷湖盆深陷期地形陡，湖水深，重力流砂体十分发育，类型多。陡岸侧发育近岸浊积扇，断槽浊积砂体；缓坡侧为远岸浊积扇；近岸砂体前方湖中央为浊积透镜体。收缩期地形发生明显变化，湖泊面积缩小，水体变浅，滨浅湖面积扩大，长轴方向发育长河流三角洲，短轴缓坡侧发育辫状河三角洲或扇三角洲，短轴陡坡侧发育扇三角洲，浅水湖湾区发育滩坝砂体。深陷期和收缩期的各类砂体与生油层相匹配，都是重要的含油砂体，形成多种类型油气藏。

断陷-坳陷过渡型湖盆沉积模式：如古近纪及新近纪柴达木盆地。从总体看是一个大型坳陷盆地，其地形平缓，中间无明显的凸起分隔，但其西南是一个断陷区，其西面为阿尔金山，南面为昆仑山，受山前大断层控制形成深断陷，湖水深，发育良好生油层。阿尔金山前地形陡峻，发育冲积扇、近岸水下扇和扇三角洲。昆仑山前坡度较缓，发育辫状河三角洲。断陷区以东受祁连山物源区控制，供给大量碎屑物质，在长轴方向形成长河流浅水三角洲。该湖盆反映出断陷湖和坳陷湖的双重特征。

（5）中新生代盆地分析及其含油性研究。吴崇筠及其领导下的研究集体对中国东部、中部、西部及东南沿海大陆架众多中新生代沉积盆地开展了系统的盆地分析和含油性研究。东部包括松辽、二连、渤海湾、南襄、江汉和苏北等盆地。中部包括陕甘宁、四川和滇黔桂等盆地。西部地区包括酒西、柴达木、吐鲁番、准噶尔和塔里木等盆地。沿海大陆架地区包括东海、珠江口、莺琼和北部湾等盆地。对盆地地质结构、沉积环境、沉积相类型与沉积演化、成岩作用以及生储组合与油气分布等作出了全面的剖析，阐述了各种类型盆地的含油气潜力和油气分布型式。在探讨海侵对中国东部中新生代生油层的影响时，着重分析了辽河西部凹陷、黄骅坳陷、冀中坳陷、东濮凹陷、济阳坳陷、江汉盆地、苏北盆地和松辽盆地等生油层位的沉积发育、生物组合和地球化学特征。指出中国中新生界是以河湖沉积为主的陆相沉积，而东部地区少数地层中确实见到少量海相或海陆过渡相化石，它们出现于一定层位，从晚白垩世、古新世至始新世和渐新世，以渐新世居多，分布于相当大的面积并有一定规律，说明这些盆地受到海侵的影响，但受海侵影响的时期和地区是短暂的和局部的，是近海盆地和近海湖泊的特点。进一步指出受海侵影响的时期是盆地最大断陷期或其前期，也正是主要生油层发育期，如渤海湾盆地的沙三、沙一和沙四段，苏北盆地的阜宁组二段和四段。海侵带来了更多种类的丰富生物，有利于良好生油母质的形成，是近海湖泊生油的有利条件。从海侵标志性生物组合和沉积物特征的综合分析，判断古近纪中国东部的海侵方向有自南而北和由东向西的发展趋势。

2. 沉积学教学的开拓者和奠基人

沉积学是地学中重要的基础学科之一，其原理和方法对寻找沉积矿产，特别是对油气勘探和开发有着重要的指导作用。

吴崇筠是北京石油学院讲授沉积岩石学的第一人。20 世纪 50 年代，北京石油学院建校初期，吴崇筠调来任教，担任矿物岩石教研室主任。当时没有适合教学使用的教材，吴崇筠查阅了大量国外文献，一方面安排授课，一方面系统编写教材，完成了近 30 万字的《沉积岩石学参考教材》，大大提高了沉积岩石学的教学水平。该教材也是石油系统高校沉积岩石学教材建设的先导。1961年由吴崇筠任主编的石油高校教材《沉积岩石学》（38万字）出版，该书是中国第一本正式出版的沉积岩石学教材。国内几乎所有高校的相关专业都采用了这一教材，其影响广泛而深远。吴崇筠是中国沉积岩石学教学和教材建设的开拓者和奠基人。

1963年，在《沉积岩石学》基础上，吴崇筠又组织教师和厂矿专家合作，花了三年功夫，编写了《沉积岩》（54万字），进一步充实和提高了教材水平。以后又几经修编，并于1993年再次由石油工业出版社出版《沉积岩石学》（第二版）（100万字）。该教材获得中国石油天然气总公司石油高校第三届优秀教材特等奖，它是以吴崇筠为首的中国石油大学两代人40余年教学实践和教材建设的结晶。

3. 新中国石油地质实验室的创始人

1950年，吴崇筠响应国家召唤回国工作，是新中国成立后留美人员中最早回国的学者之一。为了祖国的经济建设，她积极投身到石油事业的行列，1952年任石油管理总局甘肃野外地质小队小队长，在青草湾、红树峡、积阴功台等地开展野外地质调查。之后，她担任玉门油田实验室主任，组建新实验室。在当时艰难的条件下，她积极组织，调配实验设备，按不同实验项目，分组训练专业人员，使实验室工作得以全面展开，成为那时国内第一个比较正规的油田地质实验室。培养出来的人才都成为技术骨干。随着石油勘探工作的开展，实验分析任务也越来越重，在各个油田和探区推广实验技术迫在眉睫。因此，1953年上半年在西安、1953年下半年在成都，吴崇筠创建了相应的实验室，满足了生产和科研的需要。这样，新中国第一批石油地质实验室的建立，为油气勘探提供了大量丰富的基础数据和分析成果，大大提高了油气勘探开发的水平，进一步促进了石油事业的发展。

（二）学术思想及其影响

1. 具有中国特色的含油气盆地沉积学研究影响深远

深入研究中新生代陆相沉积层，创立中国含油气盆地沉积学，为油气勘探服务，提高中国沉积学在国际上的学术地位是吴崇筠的理想。

面对分布广泛、类型众多、沉积变化复杂的陆相盆地，如何客观地反映其沉积规律和沉积特色，必须有正确的学术思路。吴崇筠通过几十年科学实践经验的积累和辩证思维，从中国中新生代整体地质背景和地质演化出发，着重从成因分析入手，研究了控制陆相盆地发育的基本地质因素：第一，构造作用和古构造环境决定着湖盆的发生、发展和沉积格局；第二，大区域古地理决定着湖盆水介质并进而影响相关生物门类的发育及生物组合特征，特别是和生油母质密切相关的各种藻类的繁荣程度；第三，古气候环境决定着植被面貌、湖盆水介质性质、沉积物性质、水生生物的丰度和高频沉积旋回的发育。这三种地质因素共同控制着陆相沉积盆地的形成和发育过程，并反映着沉积物的综合特征、盆地类型或盆地沉积类型，进而影响着油气的生成和丰富程度。

湖盆类型是多样的，研究工作必须抓住其共性和特殊性。其共性为湖泊是各类盆地形成演化的核心，因此，研究现代的沉积过程和沉积响应，将今论古是吴崇筠研究含油气盆地沉积学的另一把锁匙。她不顾年事已高，不辞辛苦地调查现代湖泊沉积物的特征和分布，并敏锐地觉察到湖泊沉积过程有三个重要的界面，即浪基面、枯水面和洪水面，据此，对湖泊内部环境作出合理划分，成为认识湖盆砂体类型及其分布规律的理论依据。不同类型湖盆沉积有其特殊性，她概括为三种沉积模式。

她的学术构思缜密，体系完整。既有对湖盆沉积基本理论的阐释，又有对重要含油气盆地沉积特征及含油性的描述，并上升为陆相沉积与油气生成、储集和成藏的总结。吴崇筠在多次国内外学术会议上的学术报告受到广泛的赞誉。她于1982年在加拿大安大略省汉密尔顿市召开的第十一届沉积学家大会上以“构造湖盆三角洲与油气分布”为题，所作学术报告引起与会者的极大兴趣和好评，此后多次国际学术会议都邀请她参加。

1985年在大庆油田召开的油气储层学术会议上，她所作的关于国际上浊流沉积和扇三角洲沉积研究成果的评述，使与会者得到很大的启发和收获，并推动了沉积相研究的发展。1993年《中国含油气盆地沉积学》正式出版，成为从事盆地地质研究和油气勘探开发有关人员的必备参考书，也是有关院校师生重要的教学参考书。叶连俊院士对该专著作了高度评价，他指出：“本专著是对中国油气盆地沉积学的科学总结，有广度，有深度，有创见。”1997年世界石油大会在北京召开，该书以英译本公开发行，其影响更为深广。

2. 把握前缘，重视实际，服务生产

20世纪七八十年代，我国油气勘探开发事业迅速发展，在各个油区相继发现丰富多彩的、沉积特征各异的多种油气储集砂体。正确鉴别这些砂体的成因类型，预测其分布，以提高勘探开发效益，是沉积学工作者面临的重要课题。吴崇筠十分注意把握国际沉积学研究前缘，借鉴其研究新成果。她亲自领导和组织研究集体成员，和她一起翻译了国外浊流和扇三角洲最新发表的论文，并亲自撰写综合评论文章，总结了浊流和扇三角洲的形成机理、沉积模式和识别标志，极大地促进了各油气区

相关沉积砂体的勘探。

吴崇筠十分重视实践，她亲自到各油田调查研究。在年事已高，身体很不方便的情况下，还和年轻人一起到大庆、胜利、华北、中原和南阳等油田看岩心，仔细观察，作记录，以便确定砂体的成因类型。结合中国各盆地的地质状况，总结各类砂体的沉积特征，提出断陷盆地浊流砂体和扇三角洲砂体的分类，为相关砂体预测提供了沉积学理论根据。重视实践，服务生产是吴崇筠一贯的主导思想和学术风格，早在60年代初她即积极参加大庆油田勘探开发研究工作，当时担任岩心队队长，深知岩心对地质研究的重要性，亲自到取心钻井队向工人师傅们进行宣讲，大幅度提高取心率和岩心质量。她和油田同行一起对岩心作出准确详细的描述，并绘制成图表，保证了当年大庆油田地质储量计算资料的全面准确。她为大庆油田勘探开发付出的辛劳，融入到“大庆油田长期高产稳定注水开发技术”研究项目中。该项目被国家科委授予科技进步特等奖。

3. 治学严谨，为人师表

吴崇筠治学严谨，教书育人，为人师表，堪称楷模。在她的指导和帮助下，一批批年轻的沉积学工作者迅速成长，成为石油行业中相关技术领域的技术骨干和学科带头人。当国家批准中国石油勘探开发研究院招收研究生时，吴崇筠是第一批被聘请的导师，先后共招收硕士生和博士生11名。她在研究生培养中十分认真负责，对学生严格要求。她亲自有针对性地为学生讲授沉积学课；带领学生到油田调查研究，了解生产需要，与油田技术负责人共同商定对生产上有实际意义、在学术上也有研究价值、资料较丰富的题目；指导学生仔细观察描述岩心和明确必须搜集的资料；认真审查研究生论文编写提纲和进行论文初稿的初审；对学生即将定稿的论文更是逐字逐句进行审定，一丝不苟。有一次，一位研究生对沉积岩中的微细构造很有兴趣，并以此编写出论文，而偏离了原先确定的主题和主要研究内容时，她严肃指出其不妥之处，决定推迟答辩，要求学生重新按要求编写论文。

吴崇筠在沉积学的教学和科学研究上，倾注了毕生的心血，即使身患重病，仍孜孜以求地奋斗着。她的未竟事业，仍由她领导过的研究团队和学生们继续开展着，2002年5月，《湖盆沉积地质与油气勘探》专著公开发行。书中对不同水介质湖盆的沉积特征和油气生成与聚集环境、各类沉积体系与油气成藏特征、湖盆沉积研究的技术方法，包括古生物组合分析、层序地层分析、湖盆砂体沉积模拟、储层地震学研究方法和地球物理测井的地质应用等技术方法，都以实证资料作了介绍和阐释，这些都是她在世时想做而未实现的事业。我国油气勘探事业不断发展，进入了构造圈闭和岩性地层圈闭勘探并重的新阶段，近年来岩性地层油气藏的地质储量所占比重不断提升，达到60%，沉积学正发挥着越来越重要的作用。她的学生和学生的学生们将沉积学研究和层序地层学分析紧密结合，应用于全国包括海域大陆架各类盆地的油气勘探中，取得了明显的勘探开发效益。吴崇筠开创的中国含油气盆地沉积学的事业正代代传承，永葆青春。

4. 高瞻远瞩，积极促进基础科学研究的发展

吴崇筠是中国沉积学会副理事长，中国石油勘探开发研究院副总地质师和沉积学领域学科带头人。她一方面积极参加到许多油田的具体研究项目，带领科研集体的青年人认真工作，揭示沉积规律和地震及测井信息响应，提高油气藏的预测性；另一方面则热心倡导沉积学领域学术活动，积极参加石油系统和全国性的相关重要会议，除了亲自作学术报告，推动学术交流，帮助鼓励青年人之外，还从提高基础学科研究水平和发展出发，高瞻远瞩，提出切实可行的重要建议。80年代中期油气储层作为石油部重点攻关项目，已取得了重要成果，但也面临着进一步提高研究水平的问题，在此关键时刻，吴崇筠向主管科技领导部门提出了两项重要建议。一是研究和编制我国含油气盆地的岩相古地理图集；二是建立专门实验室，开展水槽试验与现代湖泊的调查研究。关于水槽实验，确定由江汉石油学院负责，几经论证，针对储层成因类型的研究和预测需要，设计为湖盆沉积模拟实验装置，并于1998年开始启用，收到了良好的效果。关于全国岩相古地理图的编制，则在北京石油勘探开发研究院地质所成立编图小组，开展了1∶400万的编图，完成了中国中新生代含气盆地沉积相系列图，为湖盆分类及其含油潜力评价奠定了沉积学基础。此后，为了进一步加强基础研究工作，以主要勘探目的层为对象，相继开展中国含油气区古近系及新近系和中国北方白垩系、侏罗系和石炭系的研究，既解决了生产中提出的问题，又发展了基础学科的研究，成为中国石油学术研究领域可贵的优秀传统。

三、吴崇筠主要论著

吴崇筠. 1950. 沉积岩石学参考材料. 北京：北京石油学院.

吴崇筠. 1961. 沉积岩石学. 北京：中国工业出版社.

吴崇筠. 1977. 沉积岩. 北京：石油化学工业出版社.

吴崇筠. 1979. 谈谈生物礁. 石油勘探与开发，(6)：74-85.

吴崇筠. 1980. 判断沉积相的古生物标志. 北京：石油工业出版社.

吴崇筠. 1981. 湖泊沉积相的划分. 石油勘探与开发，(2)：1-10.

吴崇筠，刘宝珺，王德发等. 1981. 碎屑岩沉积相模式. 石油学报，(4)：1-10.

科尼比尔. 1982. 砂岩体油气田地貌学. 吴崇筠译. 北京：石油工业出版社.

吴崇筠. 1983. 构造湖盆三角洲与油气分布. 沉积学报，(1)：5-26.

吴崇筠，裘亦楠，朱国华. 1983. 暴风浪形成的丘状交错层理和洼状交错层理. 石油勘探与开发，(4)：77-80.

高延新，吴崇筠，庞增福等. 1985. 辽河盆地大凌河油层湖底扇沉积特征. 沉积学报，(4)：83-93.

吴崇筠. 1986. 湖盆砂体类型. 沉积学报，(4)：1-27.

吴崇筠. 1986. 沉积学进展. 石油实验地质，(1)：1-7.

赵澄林，吴崇筠. 1987. 油区岩相古地理. 北京：石油工业出版社.

吴崇筠，薛叔浩. 1988. 我国油区碎屑岩沉积学研究现状. 矿物岩石地球化学通讯，(2)：81-82.

吴崇筠等. 1992. 中国含油气盆地沉积学. 北京：石油工业出版社.

主要参考文献

吴崇筠等. 1993. 中国含油气盆地沉积学. 北京：石油工业出版社.

邢娅. 1998. 青竹幽香 岁月流金——记石油科技专家. 北京：石油工业出版社.

薛叔浩，刘雯林，薛良清等. 2002. 湖盆沉积地质与油气勘探. 北京：石油工业出版社.

顾家裕. 2005. 继承吴崇筠先生的学术思想，为石油工业再创辉煌.（纪念吴崇筠学术思想座谈会上的发言）

薛叔浩，邹才能，袁选俊等. 2008. 湖盆沉积与油气——从沉积到层序//中国石油勘探开发研究院编. 中国石油勘探开发研究院五十年理论技术文集（1958-2008）. 北京：石油工业出版社：368-398.

撰写者

薛叔浩（1933～），广东潮州人，中国石油勘探开发研究院教授级高级工程师。主要从事石油地质、湖盆沉积地质与油气勘探研究。

邢娅（1970～），山东聊城人，中国石油勘探开发研究院工程师。主要从事油气资源评价与有利探区选择研究。

沈其韩

沈其韩（1922～），江苏海门人。地质学家，中国早前寒武纪地质学和变质地质学的主要研究者之一。1991年当选为中国科学院学部委员（院士）。1946年毕业于重庆大学地质系。曾任地质部地质矿产研究所所长、地质矿产部科学技术委员会委员、全国地层委员会委员、中国地质调查局前寒武纪研究中心学术委员会副主任、《岩石矿物学杂志》主编等，现任中国地质科学院地质研究所科学技术委员会主任、国土资源部和中国地质调查局高级咨询专家、北京离子探针中心科技委员会主任。他长期从事早前寒武纪地质、变质岩石学和早前寒武纪同位素年代学及铁铜矿产等研究，在基础研究和应用研究方面，都做出了重要贡献。50年代从事铁、铜勘查，参与中国前寒武系首次总结和1∶300万前寒武纪地质图编制工作；60年代致力于早前寒武纪地质、同位素年代学和变质岩区工作方法研究；70年代在青海、陕西进行铁铜矿产调查；80年代在华北地台对深变质岩和重大地质事件进行深入研究，参与主编1∶400万中国变质地质图及其说明书；90年代对早前寒武纪麻粒岩和地层（构造）年代格架进行系统研究。提出变质作用的发生、发展和演化，是各种地质作用综合控制的结果，深部热流在动态条件下的活动起主导作用等认识论。曾获国家自然科学奖二等奖、地质矿产部科技成果一等奖、全国科学大会奖等多项。

一、简　　历

沈其韩1922年4月27日生于江苏省淮阴市，原籍江苏海门。中学时期，他的家乡沦陷于日本军国主义铁蹄之下，与当时多数家庭一样，沈其韩的家庭生活十分困难，几乎难以为继。由于日军的扫荡，学校不断搬迁，无法进行正常的教学，在这种情况下，他勉强读完高中。饱受日本侵略的屈辱以及艰难的生活更加坚定了他发奋图强的决心。1941年沈其韩与有关人士一起从上海转道浙西，于夜间偷渡日伪封锁线，成功进入国统区。然后绕道衡阳、桂林、贵阳等地，几经艰难辗转，最后到达重庆。在重庆期间，他借居同乡所办的私立东方中学，边工作边学习，后去北碚大学先修班进修了3个月。在十分困难的条件下，1942年夏参加了重庆大学的招生考试，被地质系录取。能够进入大学学习，实现自己继续求学的理想，是沈其韩人生的一次重大转折。入学以后他逐渐了解到地质学与开发祖国资源、促进国民经济有密切关系，因而更热爱此专业，并立志为之奋斗终生。1946 年夏，沈其韩于重庆大学地质系毕业，考入南京中央地质调查所，开始了地质生涯。

1946 年 6 月，沈其韩任职于中央地质调查所岩石研究室，随即和全所人员一起投入了战后紧张的重建工作。在地质学家程裕淇的指导下，他随李广源在南京附近江宁镇一带进行中生代陆相火山岩 1∶1 万填图工作。在填图过程中发现了祖堂山明矾石矿点，并进行了初步详查，编写了《江宁祖堂山明矾石地质报告》；利用新引进的微化分析方法发现该区重晶石脉和其他脉石矿物中含有铀元素。这一阶段为今后的地质工作打下了初步基础。

新中国成立后，国家百废待兴，工业发展急需各种矿产资源，为了国家经济建设的需要，他先后奔波于辽宁、湖北、山西、河北、内蒙古、山东、青海、陕西、河南、浙江、甘肃、宁夏、云南、福建等省区，参与和组织了铁、铜、硼等矿种上百个矿区、矿点的普查评价工作，参与和组织了许多重大基础地质课题的研究工作，为新中国的地质矿产事业和地质科学研究的恢复和发展做出了重要的贡献。

20 世纪 50 年代初中期，沈其韩主要从事鞍山式铁矿的详查，夕卡岩铁矿和古斑岩型铜矿的详细勘探。

1956 年秋冬，国家加强基础地质研究，沈其韩被调入地质部地质研究所工作，除间断性地进行铁铜矿床的普查、评价与研究外，更多地致力于变质岩石学、早前寒武纪地质、同位素年代学和变质岩区工作方法研究。由在第一线的直接详勘矿床转为基础地质研究，是沈其韩人生旅途中的又一个重要转折。

50 年代末，他参与编制 1∶300 万中国前寒武纪地质图；60 年代参与地质部组织的内蒙古铬铁矿会战，还负责组织青海铁矿研究队开展都兰—格尔木地质矿产普查和参与磁法扫面工作；70 年代在青海、陕西进行铁、铜矿产调查；80 年代对华北地台变质岩和重大地质事件进行深入研究，并参与主编 1∶400 万中国变质地质图。

沈其韩不仅在地质勘查和地质研究中成就卓著，而且做过长期的学会专业委员会的负责工作和大量的所务管理工作。1978 年为所行政领导小组成员。1983 年 3 月至 1986 年 5 月任地质研究所所长。

90 年代以来，沈其韩致力于我国早前寒武纪麻粒岩和地层（构造）年代格架的系统研究，先后担任地质矿产部和国家自然科学基金重点项目的负责人。

进入 21 世纪，沈其韩又积极投身于地质大调查的行列中，担任地质调查项目“中国西北地区若干重点前寒武纪区构造-岩石-地层单元的划分对比及年代格架”以及“中国与亚洲早前寒武纪地层划分与对比研究”的负责人，对西北和华北等前寒武纪出露区进行了重点研究。近年来，主要从事早前寒武纪地质的综合研究，以及中国蓝片岩和麻粒岩以及变质作用类型的综合研究。

二、主要科学研究成就、学术思想及其影响

在近70年的地质生涯中，沈其韩始终以开发祖国矿业、促进中国地质事业的发展为己任，立足于中国的地质实践，在生产、科研第一线努力耕耘，在矿床普查与勘探、变质岩石学、同位素地质年代学和前寒武纪地质学等领域取得了一系列高水平的成果，为国家做出了重要的贡献。通过对变质岩和前寒武纪地质的长期研究，他逐步形成了“变质作用的发生、发展和演化，是各种地质作用综合控制的结果，但深部热流在动态条件下的活动起到了主导作用”的学术思想。他强调早前寒武纪地质的特殊性和复杂性，明确指出，研究方法不能套用显生宙的研究方法，必须构造、地层、岩石学（包括岩浆岩和变质岩）、地球化学、地质年代等多学科互相交叉渗透，以综合分析为切入点，加强地层-岩石-构造-年代格架的研究，才能弄清其形成、发展和演化的规律。基于多年的有关矿产勘查和研究，他强调指出，前寒武纪是一个重要的成矿期，金属和非金属矿产都极其丰富，因此他积极倡导加强对赋存于前寒武纪岩石中的各种矿产资源形成条件及其地质背景的深入研究。

（一）主要研究领域及成就

先后完成专著、图件和报告15部、论文120余篇（包括合著）以及研究报告等数十篇（部），为中国地质事业的发展做出了贡献。曾获国家自然科学奖二等奖1项（第二名），地质矿产部科技成果一等奖1项（第二名）、二等奖（第一名2项，第二名1项）3项、三等奖1项，全国科学大会奖1项。追溯沈其韩走过的足迹，我们可以清晰地领悟到他从青年时代起就怀着一腔热血，走上了科学报国的求学之路，在近70年的地质生涯中更是精心治学、勇于探索、爱国敬业、无私奉献，体现了报效祖国的拳拳赤子之心。

1. 铁、铜等矿产详勘与调查

20世纪50年代初，沈其韩参加政务院财经委组织的南满铁矿调查队，在李春昱的直接指导下，同邢抚安一起从事鞍山地区鞍山式铁矿的详细调查，测制鞍山樱桃园至眼前山一带1∶5000矿区地质图，研究铁矿床的矿床赋存状态、物质组成、

可选性和评估远景储量。他们测制的地质图和编写的《辽宁鞍山樱桃园至眼前山铁矿研究报告》是东北解放后中国人在该区自己提交的第一份系统铁矿床研究成果，为鞍山钢铁公司所属矿山的恢复开采和后来的详勘，提供了极为宝贵的资料，受到当时东北人民政府和鞍钢有关部门的高度评价。

1952～1954年，受地质部的委派，沈其韩在湖北大冶429队工作。作为矿区地质方面的主要骨干之一，他参与组织了铁山矿区和领导了金山店矿区的后期详勘工作（前期由李毓英负责）。他配合边效曾等结合地球物理勘探和钻探验证，在铁山矿区发现了尖林山隐伏富矿体，大大增加了该矿区的富铁矿储量，为武汉钢铁公司第一期矿山建设提供了足够的高级储量，当时《人民日报》为这一重要发现作了专门报道。他们的勘探工作还证明，该区除富铁矿外，部分区段还伴生有富铜铁矿石，为此加密勘探网和系统采样分析，圈定其范围，分别计算了储量和品位，为后来铜矿的综合利用打下了良好的基础。在勘探后期，又发现了铁矿石中伴生有可利用的钴矿。他调离该队后，由队上其他同志负责作了补充勘探，计算了储量，使一矿变多矿，大大增加了矿山潜在的经济效益。

1954～1956年在山西垣曲华北地勘局214队工作期间，沈其韩在王植总工程师领导下，参与组织中条山铜矿峪的详细勘探和外围的铜矿普查，并亲自参加了铜矿峪矿区的许多基础性的地质工作，如组织和亲自参加了矿区地质图的填制，含矿岩石和围岩的系统岩矿鉴定和审定，矿山开采技术条件和选矿条件的实验研究等。肯定了铜矿峪矿区的含矿岩石为变质火山-沉积岩，含矿侵入岩为花岗闪长岩，与王植、白瑾一起确定了该区矿床为细脉浸染的古斑岩型。最后参与编写了符合设计要求的最终地质勘探报告，提供了一个大型铜矿矿山后备基地，随后即被国家开采利用，成为我国铜矿资源的重要基地。由于工作努力，成绩突出，被评为214队劳动模范。

60年代参与了地质部组织的内蒙古铬铁矿会战，他与其他同志一起主要承担矿区外围的地层和部分岩浆岩的研究工作。他还对本溪后仙峪硼矿床进行过短期专题研究。他不赞同该矿床为镁夕卡岩成矿的论点，提出了硼矿床是由具有一定层位的含硼建造经历混合岩化作用热液流体富集而成的观点，这是“层控矿床”观点的初步应用。硼矿床具有一定的层控性，已被后来的许多地质工作者所认同。

1966～1968年，沈其韩受命负责组织青海铁矿研究队，与青海省有关地质队和矿床所有关研究队合作，开展青海都兰—格尔木地质矿产普查和磁法扫面，为青藏铁路选线服务。编写了《青海都兰—格尔木一带铁矿的区域成矿规律和找矿方向的研究报告》。这一研究成果指出了都兰和格尔木以西一带的铁矿远景和找矿方向，为以后铁矿普查提供了线索，为青藏铁路选线提供了矿产资源方面的确切依据。

70年代，沈其韩参与秦岭黄铁矿型铜矿普查的前期预研究，在陕南平利一带，较详细地研究了耀岭河群火山岩系地质和有关矿床（黄铁矿、重晶石矿等）形成条件，随后对陕西中部周至县西骆峪夕卡岩型铜矿进行矿床地质的研究。他又和陈文明一起踏勘了河南大部分矿山，做出矿床远景评价，为下一阶段研究工作提出建议。

1977年起，沈其韩负责地质部重点项目冀东前震旦纪铁硅质建造铁矿等专题的研究。基于大量的研究，他明确提出冀东地区不利于大面积风化淋滤型富铁矿形成的证据，为后来调整铁矿找矿战略部署提供了重要依据，改变了富铁矿找矿方向，不再盲目进行风化淋滤型富铁矿的寻找。有关研究成果于1984年获地质矿产部科技成果三等奖。其后受中国地质科学院指派，担任浙江铁铜等矿床的评价和咨询工作，从浙西、浙北、浙东一直到浙南，跑遍了绝大多数的地质队和有关矿区及普查区，与当地地质人员一起，共同评估矿床类型、远景以及确定普查方向，最后提出了浙江普查找矿的战略性意见。

他十分重视我国早前寒武纪鞍山式铁矿的总结与研究，1998年利用国家自然科学基金项目，总结发表了《华北地台早前寒武纪条带状铁英岩（石英磁铁贫矿）地质特征和形成的地质背景》一文，系统地总结了华北地台条带状铁建造和铁英岩的时空分布、层位对比和类型、铁英岩的地质特征和区域地质背景等。

变质矿床成因分类对普查找矿具有重要意义，他始终关注这一问题，收集了大量有关矿床的资料，经过系统的分析研究，于2007年发表了《变质矿床成因分类的讨论》一文，供地质普查找矿人员参考，具有重要的意义。

沈其韩急国家之所急，勇于承担国民经济建设中急需的应用性地质工作，除进行多个地区的矿产普查评价外，还先后在鞍山、大冶、中条山等地进行了铁、铜等矿床的详查和勘探工作，为国家做出了重要的贡献。这些地方也早已成为我国重要的工业基地，充分体现了地质工作为国民经济服务这一宗旨。沈其韩正是在这些艰苦的工作中实践着为国家富强而奋斗的理想，他常常为人生中有这样的经历而感到自豪。

2. 早前寒武纪同位素地质年代学研究

50年代晚期，沈其韩在国内较早地利用钾氩法测年技术，测定了山西吕梁地区寒武纪—前寒武纪地层和岩浆岩中的富钾矿物，获得了一批最早的定年数据。60年代至80年代初，较大规模地应用同一方法，对山东泰山群和我国北方许多地区的变质岩和岩浆岩的富钾矿物进行了年代学研究。80年代以后，先后采用Rb-Sr全岩、

Sm-Nd全岩、单颗粒锆石蒸发法、锆石U-Pb等时线等定年方法，对冀东滦县含铁岩系、双山子群、山西兰芝山岩体进行了同位素年代学的研究，都取得了很好的成果。2000年以后，他更多地采用先进的单颗粒锆石离子探针（SHRIMP）U-Pb定年，确定了不少早前寒武纪地层、岩浆岩的形成时代或变质时代，大大推动了早前寒武纪地质演化的研究。他领导的科研群体，在鞍山、冀东、鲁西等地，系统测定了不同时期的花岗质岩石，发现了较多2500～3600 Ma不同期次的岩类，并在鞍山附近和冀东等地区，发现了大于3800 Ma的古老岩浆杂岩体或硅铝基底残余，肯定了始太古代古老岩浆岩在我国的存在，为早前寒武纪地质体的阶段划分和演化提供了重要的年代学依据。他还十分重视华北陆块和扬子陆块及秦岭—大别山深部基底岩石的年代学信息，收集了大量不同岩类岩石中的继承性锆石和地表岩浆岩年龄资料，对各地区深部太古宙基底年龄信息进行了总结。通过自己多年的研究积累和较系统地收集华北地区早前寒武纪岩浆岩年龄资料，发现华北陆块最高年龄峰值位于2450～2600 Ma区间，尤以2500～2550 Ma最多，表示了这段时间岩浆热事件最为强烈，导致了华北克拉通地壳大规模增生。

3. 早前寒武纪地质学研究

沈其韩参与编制了1∶300万中国前寒武纪地质图和对中国前寒武系的首次总结，参与编写了《中国的前寒武系》一书。这些成果反映了当时我国前寒武纪地质的研究水平。书中提出了前寒武纪地质今后的工作建议，对后来的前寒武纪地质研究工作起到了指向和推动作用。

沈其韩对冀东太古宙地层划分、地质年代格架、花岗质岩石的分期等方面，都取得了一些重大进展。他主持了中法合作的“前寒武纪地质研究”项目，在泰山杂岩研究中，详细划分了花岗质岩石的时代、源岩类型，深入地进行了地球化学的研究，获得了从长期亏损地幔中增生新地壳的有关证据，进而探讨了中国太古宙地壳演化的规律。“七五”期间，他领导了地质矿产部重点科技攻关项目“华北陆台早前寒武纪重大地质事件”的课题研究，该课题以板块构造理论对华北陆台进行了构造区划，以丰富的同位素年代学资料确立了太古宙地质年表，他领导的研究群体多次发现中国最古老的陆块。在对不同时期变质作用和岩浆作用的研究中也提出了许多新的认识和见解。这一成果被认为是当时我国在这一领域里非常重要的进展之一，对前寒武纪地质研究具有深远的指导意义。该研究的主要成果《华北陆台早前寒武纪重大地质事件》获地质矿产部科技成果二等奖。

90年代，沈其韩出任地质矿产部重大基础研究项目“华北地台早前寒武纪地质特征及构造演化模式”的首席科学家，对中朝古大陆进行了全面系统的研究，在许多方面都取得了重要的进展。例如，较有根据地提出了中朝古大陆的大于3600 Ma，3600～3200 Ma，3200～2800 Ma和2800～2500 Ma四个地质演化阶段的新认识，这一方案可与地科联国际前寒武纪地层分会的划分方案接轨和对比；与研究集体一起首次对中朝古大陆陆壳进行了构造单元划分，认为太古宙基底是若干大小不一的陆块，经过碰撞拼合逐渐联合起来的，在新太古代之前没有统一的联合古大陆；提出了太古宙陆壳的增生方式是随着时间演变，逐渐由垂向增生向横向增生转变的。这些认识和进展，对促进我国太古宙地质研究水平具有重要意义。

世纪之交，沈其韩对阿拉善等前寒武纪出露区进行了重点研究，对原阿拉善群进行了解体和重新划分，并系统地进行了矿物、岩石、变质作用、年代学和构造的研究，确证了叠布斯克岩群不属中太古代而属于新太古代，阿拉善岩群的时代可能更新。他首次对阿拉善地区前寒武纪斜长角闪岩的岩石学、矿物学、变质温压条件、地球化学、年代学和形成环境进行了系统研究。

4. 变质作用、区域变质岩石学和地球化学研究

1962年，他参与程裕淇主编的《变质岩的一些基本问题和工作方法》一书，反映了当时我国变质岩研究水平。该书理论与方法并重，指导性和针对性强，对当时的1∶20万和后来的1∶5万区调及变质岩区的地质、岩石学研究和地质背景分析等工作，都起到重要的指导和促进作用，受到广大野外地质工作者和有关研究人员的欢迎。该书曾被誉为变质岩区地质工作必不可少的“工作手册”，重印三次，是当时区域普查、科研、教学等方面的重要参考书，产生了很大的影响。该书于1978年获得全国科学大会奖。

70年代，沈其韩在广泛研究的基础上，与刘国惠合写了《识别混合花岗岩类岩石的若干标志》一文，提出了一个区分不同成因花岗质岩石的综合划分方案，供区调普查工作使用，为解决区域地质调查中这一关键性的岩石学难题，起到了一定的促进作用。在程裕淇领导和直接参与下，沈其韩与王泽九和部分省局地质工作者一起，先后在山东新泰雁翎关地区，对泰山群的雁翎关组和山草峪组的地层和岩石、混合岩和混合花岗岩进行了详细的研究。他们将泰山群雁翎关组划分为两个较大的海陆交替的火山沉积旋回，以及若干亚旋回、小旋回和10个地层单位（相当于段）。对所有变质岩石均进行了详细的岩石类型、矿物组成、化学成分、原岩性质和变质作用及叠加变质的研究。提出混合岩化作用有25亿年和22亿年两期，雁翎关组斜长角闪岩的变质作用时间大于24.5亿年。之后在程裕淇的指导下，由沈其韩执笔完

成的《山东太古代雁翎关变质火山-沉积岩》一书，对鲁西泰山群雁翎关组的岩石学作了进一步深入系统的研究和总结，重点区分了变质火山成因和侵入成因的斜长角闪岩。在雁翎关组中（特别是底部）发现多层科马提岩，这是我国较早确定的太古宙科马提岩。该项研究还同时提出了泰山群雁翎关组和山草峪组相当于绿岩带的一部分等新观点。

80年代，沈其韩主持了许多重大课题的研究工作，主要对华北克拉通高级变质岩区的变质岩石学和同位素年代学、华北区的重大变质事件进行深入研究，对太古宙地层划分、地质年代格架、花岗岩成因与分期、地壳演化等方面，取得了一系列重大进展。他组织领导了地质矿产部部控项目“中国北方早前寒武系变质作用与年代学”的实施和研究工作，并亲自负责“内蒙古中南部早前寒武系变质作用和同位素年代学”课题组研究工作。在对集宁群变质矿物、变质岩石和变质作用系统研究的基础上，分析了区域变质带在空间分布和时间演化上的若干规律，进而探讨了该区早前寒武纪的地质演化特点。该研究成果专著《内蒙古中南部太古宙变质岩》于1991年获地质矿产部科技成果二等奖。

1980～1986年，沈其韩作为项目负责人之一（也是主编之一），在董申保统一规划下，共同组织了1∶400万中国变质地质图的编制与研究项目，与其他主编一起确定图幅总体设计，并负责各参加单位的协调领导、有关疑难问题的分析解决和全国同位素年龄方面的分析研究。该研究对中国变质作用及其演化进行了系统的总结，其成果《中国变质地质图（1∶400万）》及说明书（中英文）、《中国变质作用及其与地壳演化的关系》引起了国内外地学界的极大重视，被认为是我国变质地质学研究史上的一个里程碑。该成果于1987年获地质矿产部科技成果一等奖，1988年获新闻出版署全国优秀科技图书一等奖，1989年获国家自然科学奖二等奖。

2008～2009年，沈其韩对世界上的变质作用分类进行了历史回顾，并提出了新的分类建议，有一定新意。

5. 中国早前寒武纪麻粒岩研究

沈其韩一直致力于我国早前寒武纪麻粒岩的系统研究，编著了《中国早前寒武纪麻粒岩》一书（中英文）。该书论述了我国前寒武纪麻粒岩的分布、时代、构造格局和地质演变特征，划分出7个主要麻粒岩相带，并进一步划分出4个变质类型和6个亚类型；对麻粒岩的分类命名、地球化学、造岩矿物和紫苏花岗岩等方面都进行了系统研究，对麻粒岩中的流体包裹体率先开展了探索与研究，对麻粒岩的成因也进行了深入的探讨。上述成果是对我国麻粒岩研究进行的第一次全面总结，有若干创新，并填补了某些空白。1992年获地质矿产部科技成果二等奖。

1995～1999年，沈其韩负责完成了国家自然科学基金项目“山东沂水汞丹山地块太古宙麻粒岩相带和地壳演化”的研究工作，首次发现了铁堇青石、堇青石和方柱石等矿物组合，通过全岩Sm-Nd同位素定年确定了本区主要表壳岩的形成时代属中太古代（2997 Ma），并用先进的SHRIMP U-Pb定年方法，系统地测定了沂水岩浆杂岩的时代，证明了它们主要属于新太古代，而非以前认为的中太古代。根据对角闪石和黑云母等矿物的Ar-Ar年龄的研究，提出了本区曾经历了2500 Ma、1800 Ma和1600 Ma的三次抬升，进而总结出了研究区早前寒武纪地质事件的年代框架及早期的地壳演化历史，并出版了《山东沂水杂岩的组成与地质演化》一书。

2010年以来，沈其韩对华托克拉通地区和华南地区下地壳麻粒岩捕虏体进行综合研究并指出其重要地质意义。

6. 早前寒武纪地层学研究

20世纪50年代初，沈其韩在鞍山式铁矿研究过程中，首次发现了辽河群底部炮台山砾岩，肯定了辽河群和鞍山群之间的不整合，这一发现得到了公认。50年代后期，在参加中苏前寒武纪研究合作项目期间，沈其韩等肯定了五台繁峙一带寒武系与茶房子灰岩之间、茶房子灰岩与滹沱群之间均为不整合关系，首次发现了茶房子灰岩和滹沱群中有古孢子存在，为我国这一经典地区的前寒武纪研究打下了坚实的基础。

60年代初，他参与了以程裕淇、王曰伦为首的中国前寒武系第一次总结，并对辽宁鞍山地区鞍山群、山西地区五台群和吕梁群的地层进行了深入研究。70～80年代，在从事早前寒武纪地质研究的同时，也一直从事地层划分和对比的研究。他通过较详细的同位素年代学的研究，厘定和修正了许多早前寒武纪地层的时代，为地层的区域对比创造了条件。

1993～1995年，沈其韩主持了国家科委和地质矿产部联合资助的《中国地层典：太古宇》的编制，从168个群级单位中挑选了37个群级单位作为立典的条目，按规范进行描述，并进行了地层区划和多种地层划分与对比。此典是我国首次编写的地层典，已出版中英文版本。之后，他又先后发表了《太古宙地层研究中应注意的几个问题》（2002）、《早前寒武纪变质地层研究的回顾和思考》（2002）和《我国早前寒武纪地层研究的主要进展》（2004）等有关早前寒武纪地层学研究的重要文章。2009年，他又以太古宇和古元古界地层典为基础，补充了若干新的资料，编写了“太古宙—元古宙”作为地层总结的一部分，正式刊于《中国地层典总论》第四章“中国区域地层特征”第一节。

（二）科技管理与人才培养

1. 热爱专业，勤政爱所，殚精竭虑

沈其韩不仅在地质勘查和地质研究中成就卓著，而且做过长期的学会专业委员会的负责工作和大量的所务管理工作。他曾长期担任地质研究所的主要领导。“文化大革命”后，当时刚拨乱反正不久，百废待兴，为了地质所的发展，他孜孜不倦、呕心沥血、不辞劳苦、辛勤工作。他较早地认识到办好一个研究所，人才是第一位的，因而积极推动全所研究生的培养，身体力行。并积极邀请外国专家来所讲学，主动派年轻人出国进修，鼓励青年人去国外留学等。当年培养的研究生如今多数都已成为所里的骨干力量，有的留学人员回到所内，已成为中坚。事实证明，这一远见卓识的举措为地质所的发展起到了重要的作用。当时在所领导班子中，有人认为所里的大多数科研项目没有实用意义，主张多数项目要停下来，进行重大调整与重组。沈其韩力排众议，认为这些科研项目极大部分是符合科研发展方向的，而且多已执行过半，不宜大动，应因势利导。事后证明，沈其韩的观点是正确的，避免了大起大落造成的混乱，地质所参与实施的许多重大基础课题和矿产资源的研究工作，绝大多数按计划完成了预定任务，有多项成果获得了全国科学大会奖及国家自然科学奖一、二等奖和地质矿产部科技成果一、二等奖，为我国地质矿产事业和地质科学研究的恢复和发展做出了重要贡献。在这个过程中，地质研究所也不断发展壮大，各方面都有了长足的进步。当年，沈其韩还敏锐地注意到实验室的建设和实验研究是地质研究的重要基础，因而力主大力加强实验室的建设，制订了实验室发展规划，但由于各种原因，一些设想没有实现。时至今日，每每谈及此事，沈其韩还倍感遗憾。

沈其韩长期担任中国地质学会岩石专业委员会和矿物岩石地球化学学会变质岩专业委员会的主任，积极团结和依靠全国同行，热心组织学会专业学术活动，召开过20多次有全国影响的大小学术会议，多次对岩石学和变质岩石学的进展和发展方向进行了总结，并提出建议，对推动这些专业的提高、发展和横向交流起到了重要作用。

2. 精心育人，诲人不倦

沈其韩十分重视人才在实际工作中的培养，对青年人关怀备至，百问不厌，言传身教，并创造机会，使青年人能赴国外进修，希望中青年同志后来居上。他不但关心他们业务的进步，更关心他们道德修养的提高。他认为培养年轻人首先要重视

德育的培养，要政治上过硬，要热爱祖国，要不怕吃苦，要热爱地质工作。他经常教育学生要谦虚谨慎、艰苦朴素，要热爱集体、顾全大局，要学风严谨、肯钻研。在现实生活中他也正是这样以身作则，严于律己。沈其韩还非常重视学生们实际工作能力的培养。针对有些年轻人不重视野外工作和基本的岩相学工作，认为这些工作费力而出不了成果，而只重视测试分析，他常教育学生，地质科学是一门实践性很强的系统科学，野外的详细观察是最重要而且必不可缺少的第一步，而基础的岩相学和矿物学工作更是测试分析的依据；只有将基础打实，将宏观和微观的各种信息和资料综合分析，去伪存真，才能提出较为确切的结论；要遵循观察、认识、再观察、再认识的多次提高的过程，才能一步一步地深入，最终发现一些规律性的认识。沈其韩还花费大量的时间和精力审查修改年轻人的学术论文以及各种立项申请，为他们解答问题、出谋划策。如今，他所培养的硕士生（10名）、博士生（2名）和指导的博士后（2名）研究人员以及研究群体中的一些中青年科技人员，多已在自己的岗位上崭露头角，成为我国变质岩和前寒武纪地质研究领域的中坚力量，并取得优异成绩。

3. 学者风范，学习楷模

在长达近70年的地质生涯中，沈其韩的足迹遍及祖国各地，在地学诸多领域中取得了丰硕的成果。更令人钦佩的是，他对事业一直充满信心，无论在何种条件下始终勤勤恳恳，尽职尽责，诠释着爱国敬业的精神。沈其韩学识渊博，德高望重，但从不居高临下，总是平等待人、平易近人。他为人正派，待人宽厚，享有很高的威望。他治学严谨、求实，学术上一丝不苟，一贯倡导重视野外地质调查和基础性的地质工作，并身体力行。对学术界的一些浮躁作风和某些炒作行为，他深感忧虑，一再强调学术研究一定要扎扎实实，夯实基础，来不得半点虚假和浮夸，要耐得住寂寞，不要急功近利。他堪称学者风范，学习楷模。

（三）学术思想及其影响

在长达半个多世纪的基础研究中，沈其韩对我国变质岩、变质地质学、早前寒武纪同位素地质年代学和前寒武纪地质学做出了重要贡献，他始终站在这些学科的前沿领域，他的许多研究成果大大提高了我国在这些领域的研究水平。他创造性地提出了许多新的认识和见解，形成了自己的学术思想。

1. 强调地质工作要为国家建设服务

从青年时代植根于内心的科学强国梦想开始，为国家建设服务思想贯穿于沈其韩整个的科学实践活动。他参与、组织勘查和研究过的鞍山、大冶、中条山等矿山早已成为我国重要的铁、铜等矿业基地，为国民经济建设做出了重要的贡献。对我国华北克拉通风化淋漓型富铁矿成矿背景不良的评价，为国家铁矿找矿重新部署及宏观决策提供了重要依据，少走了不必要的弯路。对秦岭、青藏铁路都兰—格尔木段沿线、浙江等一些地区矿产的研究，为区域成矿规律研究和找矿方向部署提供了重要的依据。

2. 倡导前寒武纪研究，强调前寒武纪是我国重要的成矿期

沈其韩是我国早前寒武纪地质研究的开拓者之一。多年来他一直从事早前寒武纪地质的研究。他开创性地提出了我国太古宙4个演化阶段的划分方案，已被广泛接受，并与国际接轨，成为太古宙年代及地层划分的基础。他通过对我国华北克拉通深入系统地研究，认为前寒武纪至少在新太古代已存在板块，新太古代地体是由不同微板块拼贴而成，但与显生宙以后的板块具有明显不同的特征。基于大量的研究，他提出太古宙下地壳主要由20％～25％的基性麻粒岩和75％～80％的深成紫苏花岗质岩石组成，总化学成分相当于中性成分。他的这些开创性的研究成果，大大提高了我国在这些领域的研究水平，早前寒武纪地壳演化的研究成果在我国固体地球研究进展中占有重要的地位。

沈其韩积极倡导前寒武纪研究，指出前寒武纪有着漫长的地质演化历史，约占地球演化历史中7/8的时间跨度，它上连行星和太阳系起源，下接大陆地质学的起点，是固体地球科学的重要领域。他认为前寒武纪地质是探讨早期大陆地壳的成因、性质、演化过程及模式的特定学科。我国前寒武纪基底及边界区占整个陆地面积的2/5强。现有的资料表明，前寒武纪陆壳基底的范围、特征等直接或间接地制约着显生宙的大地构造分区、演化特点及矿产的形成和演化，是研究显生宙大陆地质的起点和重要背景。他常常提及，我国前寒武纪有自己独到的特点，有延伸达1000km以上的麻粒岩相带，有出露范围不大，但从38亿年到24亿年连续演化的鞍山地区等特有的前寒武纪地质体，因此我国研究前寒武纪具有得天独厚的地质条件。但仍有许多重要的地质问题尚未解决，而这些恰恰正是研究者能为地学理论做出贡献和为国家可持续发展提供潜在资源的关键。此外，我国还有一支水平较高的前寒武纪地质研究的队伍，近年来的研究取得了不少突破性的进展，很容易与国际研究接轨。因而，他始终强调要重视前寒武纪地质的研究，为我国前寒武纪地质研究起到了积极的推动作用。

沈其韩经过多年的综合研究指出，前寒武纪是一个重要的成矿期，就世界范围

而言，绝大多数的铁矿，大量的金矿、金铀矿、铜镍矿、铜矿和铅锌矿等金属矿床，以及宝玉石、石墨、磷矿、菱镁矿、硅灰石、蓝晶石、红柱石和夕线石等非金属矿产都赋存于前寒武纪地质体中。在我国，绝大多数的铁矿（以鞍山式条带状铁矿为代表）产于前寒武纪，绝大多数金矿虽然其形成时代延续较长，但都产于前寒武纪出露区特定的岩系中，也有相当多的铜矿、银矿和铅锌矿及大量的非金属矿产产于前寒武系出露区。因此，他始终呼吁加强对前寒武系分布区矿产的调查和研究，这不仅具有重要的理论意义，同时还具有重要的实际意义。

3. 变质岩及变质作用的综合研究

沈其韩以动态和演化的观点对变质岩和变质作用进行综合研究，逐步形成了这些学术思想：变质作用的发生、发展和演化，是各种地质作用综合控制的结果，但深部热流在动态条件下的活动起到了主导作用；变质反应不是简单的固相矿物之间的相互反应，含水矿物的脱水熔融以及熔体的参与反应过程起到了重要作用。

4. 前寒武纪地质年代学研究

沈其韩较早地开展了我国前寒武纪同位素年代学研究，他坚持在先搞清野外地质产状和地质关系的基础上，根据岩石性质和研究目的，再通过不同的方法进行同位素测年，获得了大量早前寒武纪不同岩类岩石的同位素年龄，修正和厘定了许多早前寒武纪地质体的地质时代，为区域对比以及早前寒武纪地质演化研究提供了重要依据，大大推动了我国这方面的研究。

他领导的科研群体成员，在鞍山附近和冀东等地区，发现了大于 3800 Ma 的古老岩浆杂岩体或硅铝壳基底残余，肯定了始太古代古老岩浆岩在我国的存在，为早前寒武纪地质体的阶段划分和演化提供了重要的年代学依据。

三、沈其韩主要论著

李春昱，沈其韩，邢抚安．1958．辽宁鞍山樱桃园至眼前山铁矿地质．北京：地质出版社．

程裕淇，沈其韩，刘国惠等．1963．变质岩的一些基本问题和工作方法．北京：中国工业出版社．

程裕淇，沈其韩，王泽九．1982．山东太古代雁翎关变质火山-沉积岩．北京：地质出版社．

董申保，沈其韩，孙大中等．1986．中国变质地质图（1：400 万）．北京：地质出版社．

Dong S B，Shen Q H，Sun D Z，et al．1986．Metamorphic Map of China（1：4 000 000 Explanatory Text）．Beijing：Geological Publishing House．

沈其韩．1989．华北陆台前寒武纪变质作用及其演化特征．前寒武纪地质，第 4 号：1-7．

沈其韩，张荫芳，高吉凤等．1990．内蒙古中南部太古宙变质岩．中国地质科学院地质研究所所刊，第 21 号．

沈其韩. 1991. 再论麻粒岩的分类和命名. 岩石矿物学杂志，10（3）：193-204.

沈其韩，徐惠芬，张宗清等. 1992. 中国早前寒武纪麻粒岩（中英文）. 北京：地质出版社.

Shen Q H，Xu H F，Zhang Z Q，et al. 1994. Early Precambrian Granulites of China. Beijing：Geological Publishing House.

Shen Q H，Qian X L. 1995. Assemblages，episodes and tectonic evolution in the Archean of China. Episodes，18（1/2）：44-48.

沈其韩，耿元生，刘国惠等. 1996. 中国地层典：太古宇. 北京：地质出版社.

沈其韩. 1998. 麻粒岩相变质作用//地球系统科学：中国进展、世纪展望. 北京：中国科学技术出版社：364-368.

沈其韩，沈昆，耿元生等. 2000. 山东沂水杂岩的组成与地质演化. 北京：地质出版社.

Shen Q H，Geng Y S，Liu G H，et al. 2000. The Archean Eonothem Edited in the Precambrian（Part Ⅰ）of Stratigraphycal Lexicon of China. Beijing：Geological Publishing House.

沈其韩，耿元生，王新社等. 2005. 阿拉善地区前寒武纪斜长角闪岩的岩石学、地球化学、形成环境和年代学. 岩石矿物学杂志，27：20-216.

沈其韩. 2007. 变质矿床成因分类的讨论. 高校地质学报，13（3）：371-382.

沈其韩. 2008. 再论我国早前寒武纪地层研究的新进展. 地层学杂志，32（3）：231-238.

沈其韩，耿元生. 2009. 变质作用分类的历史回顾和新的试行分类雏议. 岩石学报，25（8）：1737-1748.

沈其韩，耿元生. 2011. 华北克拉通和华南地区下地壳麻粒岩捕虏体的研究进展及其地质意义. 岩石矿物学杂志，30（5）：853-864.

主要参考文献

郭云麟. 1992. 热烈祝贺沈其韩研究员地质生涯50周年. 地学研究，第25号：1-8.

沈其韩. 1996. 沈其韩//中国科学院学部联合办公室编. 中国科学院院士自述. 上海：上海教育出版社：590-592.

汪东波. 2002. 热烈祝贺沈其韩院士地质生涯60周年及80华诞. 岩石矿物学杂志，21（4）：1-2.

撰写者

杨崇辉（1965～），黑龙江萝北人，中国地质科学院地质研究所研究员。主要从事早前寒武纪地质研究及区域地质调查工作。

李德生

李德生（1922～），江苏苏州人。石油地质学家，中国石油地质勘探、地球物理勘探和油气田开发地质的开拓者之一。1991年当选为中国科学院学部委员（院士），2001年当选为第三世界科学院院士。1945年毕业于中央大学地质系。1945～1977年在玉门、延长、四川、大庆、胜利、大港和任丘等油气田从事现场石油勘探与开发地质工作，其间（1946～1948）曾被派遣台湾进行重磁勘查。自1978年以来，任中国石油勘探开发研究院总地质师、教授级高级工程师，博士生导师。他长期致力于石油勘探开发和地质研究工作。在中国陆相石油地质理论、含油气盆地构造类型、油层对比研究、古潜山油气藏研究、裂缝性储层特征研究、油气田开发研究、油气储量计算和油矿地下地质学等方面都做出了重要贡献。他是大庆油田的发现者之一，又是渤海湾油区复式油气聚集（区）带的理论与实践的创导者之一。他在60多年的工作实践中，足迹遍历国内主要含油气盆地和重要油气田，参与了历次重要的石油大会战。曾获国家自然科学奖一等奖、国家科学技术进步奖特等奖、全国科学大会奖、何梁何利基金科学与技术进步奖、陈嘉庚地球科学奖、美国石油地质家协会（AAPG）杰出成就奖等。

一、简　　历

李德生1922年10月17日生于上海市，原籍江苏苏州。李德生的少年和青年时期是在家境贫困、社会动乱和日本侵略中国的环境下成长的。1937年他在上海刚读完初中，就爆发了抗日战争，“八·一三”战火在上海燃起。由于不满日本侵略军的统治，他被迫只身离开上海，到浙江丽水碧湖浙江联合高中读书。1941年高中毕业那年，日军又在浙江温州登陆，占领青田，进逼丽水。他和一部分毕业班同学离校，途经江西到湖南。当年8月，中央大学、浙江大学、武汉大学和西南联合大学四校统一招生考试，他在湖南衡阳报名参加统考。考试期间，日军飞机经常轰炸衡阳。他白天在防空洞里复习功课，晚上到考场应试。当年11月他在桂林打工期间收到中央大学地质系的录取通知，便由广西经贵州到四川重庆的中央大学报到。那年，中央大学沙坪坝校舍遭日军飞机轰炸受损，新学员不得不后延到12月才开学。四年大学学习期间，他靠战区学生贷学金维持生活。在校期间，他选择了经济地质专业，对石油地质、煤田地质和金属矿产地质潜心钻研。当时日本侵略军占领我国东部和中部半壁江山。我国西北和西南抗日后方地区汽油、柴油等燃料奇缺。学校通往重庆市区的校车，有些用木炭炉产生煤气行驶，有些用桐油、植物油炼制的柴油作燃料，交通用油极度困难。1939年甘肃玉门发现了老君庙油田，给抗战军民带来了希望。

经过中央大学地质系四年的努力学习和三个暑假野外地质实习，他于1944年经老师介绍加入中国地质学会。1945年7月，大学毕业，获理学学士学位。正值资源委员会甘肃油矿局玉门油矿来校招聘地质技术人员，他和同学田在艺、张传淦等报了名，经面试录取。他到甘肃油矿局重庆办事处报到，领取重庆至玉门的路费和预支的一个月工资，还清了四年学习期间战区学生贷学金。当时抗日战争尚在进行中，他告别了老师和同学，于1945年7月从重庆歌乐山资源委员会运输处搭乘运送油矿器材的汽车北上。到歌乐山来送别他的是他的女友朱琪昌，她是上海沪江大学化学系转到中央大学外文系读书的学生，比他低一年，她鼓励他去西北建设石油工业，并答应在她次年毕业后，到西北来和他结婚，将家安顿在玉门。

从重庆到玉门，公路里程2500km，由于卡车车况不好，沿途走走停停，经常抛锚，花了两个月时间，才于9月10日到达玉门油矿。矿区南侧是雪峰连绵的祁连山，山麓则是一望无际的戈壁砾石滩。从上海滩到戈壁滩就是他石油地质生涯的起点。

1945年10月5日，我国第一个重磁力测量队在酒泉县成立，队长是翁文波先生，李德生被分配到该队工作，在河西走廊从事地球物理勘探工作。1947年中国地球物理学会在上海成立时，翁文波和李德生等都是该学会创始人之一。他先在玉门油矿任实习员、工务员。抗日战争胜利后，又到中国石油公司上海总公司探勘室任助理地质师。他被派往台湾任重磁力探勘队队长三年，足迹遍历台湾西部平原及主要油气田。他于1948年11月率队回到上海。

1949年5月上海解放后，他调到中央人民政府石油管理总局西北石油管理局，任陕北石油探勘大队地质师。1951～1952年任陕北第二地质队队长，去鄂尔多斯盆地南部从事石油地质详查工作，编制1∶5万地质图。1953～1954年任延长油矿主任地质师兼地质室主任，家庭亦从上海搬到延长油矿。1954～1958年他又调回石油工业部玉门矿务局任总地质师，全面负责甘肃河西走廊石油勘探工作和老君庙、石油沟、白杨河等油田的开发地质工作。1956年，他在鸭儿峡构造所拟定的探井鸭1井（原井号746井），于1957年元月完井试油获自喷高产油流，从而发现了鸭儿峡油田，其储量仅次于老君庙油田。

1959～1963年，李德生参加了松辽盆地和大庆油田的勘探开发工作，他是石油工业部奉调参加大庆石油会战的8名不同专业的总工程师之一。在大庆油田的预探阶段，1960年元月，他根据由地质部物探大队完成的大庆长垣背斜带1∶10万地震构造图，同时根据沉积相的研究，认为大庆长垣北部萨尔图、杏树岗、喇嘛甸诸构造面积大，近物源，储油层厚度可能增大，便积极建议向大庆长垣北部甩开勘探，得到了石油部余秋里部长的支持。他被指派与地质司调度处处长邓礼让一起到野外测定萨1井、杏1井和喇1井三口预探井位。这三口井完钻后，测试获得日产原油100～200t高产油流，并研究证实萨尔图、杏树岗、喇嘛甸三个构造的油水界面均在海拔−1050m（井深1200m），含油面积连为一体，达920km²，证实了特大型的大庆油田。1960年9月他在吉林长春市举行的地质部和石油部工作联席会议上，作了“大庆长垣石油地质特征”的工作报告，获得了两部领导和与会专家的高度评价。勘探实践证实松辽盆地下白垩统陆相沉积不仅可以形成石油，而且陆相的生储盖组合也可聚集形成特大油田。1982年国家科学技术委员会授予“大庆油田发现过程中的地球科学工作”国家自然科学奖一等奖，他和地质部、石油部及中国科学院等单位以李四光为首的23位同行专家分享了这份荣誉。

1960年9月，石油工业部松辽石油会战指挥部决定在萨尔图油田中部开发一块面积30km²的生产试验区。李德生被任命为地质指挥所副指挥兼地层对比大队长。他和同事们在艰苦的物质条件下创造性地开展了分井取全取准20项地质资料、72个数据和详细的油层对比研究工作。

1961年，他被任命为大庆油田开发方案研究组负责人之一，在北京和大庆同时开展方案编制工作，他和另外三位负责人秦同洛、童宪章、谭文彬共同邀请了来自各大学和研究所的85位有关科学家一起参与开发方案的编制工作。他和同事们根据下白垩统湖相沉积三角洲前缘相的地层韵律变化，运用三级划分和正旋回对比的方法，将萨尔图、葡萄花储油层划分为5个油组、14个砂岩组和45个砂层，每个砂层绘出反映储层特性的各类等值图，为正确划分开发层系及布置生产井网提供了重要资料。他积极创议采用横切割分区开发和早期线状注水保持油藏压力的开发方法。1962年研究组编写完成了“萨尔图油田146km²面积开发方案报告”，经国家计委和石油工业部批准实施。1964年在设计开发面积内年产原油量500多万吨。根据开发区的实践经验，接着又将920km²探明面积逐步投入开发。至1976年，大庆油田第1～12区、杏树岗油田第13～19区和喇嘛甸油田第20区全面投入开发，并从这一年起，大庆油田达到年产油5000万t以上的高峰期保持27年，历年累计产油量达

20.7亿t（145亿桶），在开发水平上达到国际领先。1985年“大庆油田高产稳产的注水开发技术”成果获得国家科学技术进步奖特等奖，他是主要完成者之一。

1964年，他在山东东营参加胜利油田勘探开发石油会战，并担任胜利油田地质指挥所副指挥兼地层对比室主任，他和同事们根据微体古生物化石和测井曲线确立地层对比标志，又根据岩心分析资料确定了济阳坳陷各井第三系（古近系—新近系）的分层数据，同时通过井与井的对比，标定了油田内复杂的正断裂系统。1964年底，探井坨9井和坨11井从渐新统沙二段地层内测试获千吨高产油流，发现了胜坨大油田。

“文化大革命”后期，他从湖北潜江石油部“五七干校”劳动三年半后出校，1973年被分配到大港油田地质研究所任主任地质师。在那里他进行了井与井间由地面至井底的二维地层对比研究，发现了许多新油层。1975年，冀中坳陷发现了任丘古潜山油田，他又调到任丘华北石油会战指挥部石油勘探开发设计研究院，开展任丘古潜山油藏的研究工作，参与制定了稀井高产、底部注水的开发方案。初期单井日产油量1000～3000t，历年累积产油量1.295亿t（9亿桶）。1973～1978年他担任渤海湾盆地综合研究大队地质顾问，对全盆地的地质、构造、地球化学、地球物理及钻井数据进行综合研究，并和同事们对渤海湾地区地质规律和勘探目标定期进行讨论。1977年由他执笔编写的《渤海湾油气区石油地质特征与油气分布规律》一文于1978年获全国科学大会奖（以单位署名）。

1975年辽河石油管理局在下辽河坳陷发现西斜坡大油田，石油部派他去辽河曙光油田会战前线。他与大庆油田前来参加会战的石油队伍一道，住在帐篷里，在曙光地区大约200km^{2}范围内进行详探和开发。1983～1985年他又三次去河南中原油田参加科技攻关会战，通过采用连片三维地震技术，搞准了文留构造带极为复杂的断裂系统，探明了黄河以北近500km^{2}含油面积和储量。

在十多年时间内，他倾注了大量心血研究渤海湾盆地这个地质规律异常复杂的第三纪（古近纪—新近纪）裂谷盆地。他的足迹遍历渤海湾盆地陆上和海上的主要油田。1978年以后，他发表了十多篇有关渤海湾盆地的地质论文，参与总结出渤海湾盆地复式聚集（区）带的六种主要复式油气藏模式。自1986年起，渤海湾盆地原油年产量保持5000万～6000万t水平，历年累计采油20.6亿t（144亿桶）。1985年“渤海湾盆地复式油气聚集（区）带的理论和实践——以济阳等坳陷复杂断块油田的勘探开发为例”成果获得国家科学技术进步奖特等奖，李德生又是主要完成者之一。

1978年3月全国科学大会在北京召开，带来了科学的春天。同年7月，石油工业部调李德生回北京，任石油勘探开发研究院总地质师、教授级高级工程师、博士生导师。他在该单位一直工作到现在。他独自或与合作者完成了各项课题研究，并为国家培养了 25 名硕士、博士研究生和博士后。1979 年李德生前往四川成都参加中国石油学会成立大会，当选为该学会第二届常务理事。

1982 年中国海洋石油总公司成立。李德生被聘任为该公司地质顾问，并于 1983 年当选为中国海洋学会常务理事。1985 年李德生被聘任为国务院学位委员会第二届评议组成员。1986 年被聘任为石油工业部科学技术委员会委员。自 1990 年起享受国务院政府特殊津贴。1991 年被授予中国石油天然气集团公司“石油工业有突出贡献科技专家”称号。

自 1986 年起，他先后被南京大学地质系、浙江大学地质系、武汉石油学院石油系、西南石油学院、西安石油学院、中国石油大学和西北大学等校聘为兼职教授，被美国俄克拉何马大学聘为客座教授。

1980 年他开始走出国门，先后赴英国、挪威、荷兰、日本、美国、新加坡、印度、法国、意大利、加拿大、巴西和墨西哥等国参加学术会议共 24 次，宣读论文 18 篇。1992～2004 年多次去美国俄克拉何马大学地质与地球物理学院讲授中国石油地质课程。1994 年 8 月美国石油地质家协会（AAPG）授予他 1994 年石油地质学“杰出成就奖”，奖辞为“奖给李德生，为他对石油地质科学所做出杰出成就及他半个世纪来对中国石油勘探、开发和地质研究方面做出的贡献”，并授予他 AAPG 终身会员资格。1997 年他获得何梁何利基金科学与技术进步奖地球科学奖。2005 年他与罗群合作编著的院士科普书系之一《石油——人类文明社会的血液》获国家科学技术进步奖二等奖。2010 年他获得陈嘉庚地球科学奖，获奖项目为“中国含油气盆地构造学”研究。

李德生于 1991 年当选为中国科学院学部委员（院士），同年当选地学部常委。1996 年当选为中国科学院第三届学部主席团成员。2001 年当选为第三世界科学院院士。曾任第二届甘肃省政协委员，第六届全国政协委员。1984 年经组织批准为中共党员。

二、主要科学研究成就、学术思想及其影响

（一）主要科学研究成就

在 60 多年的科技工作中，李德生形成了以下 7 个方面的创新研究。

1. 陆相油气形成与聚集规律

1953 年在《陕西延长油田上三叠统浅油层的储油和出油条件》一文中，他提

出："陕北盆地是一个下降盆地，上三叠统延长组生物群有羊齿植物、新芦木、银杏、方鳞鱼及小软体动物等，其环境可以造成有机物的堆积和石油的生成。"在1960年出版的《甘肃石油地质》一书中，他写到："酒泉盆地第三系油藏的生油岩系为下白垩系下新民堡统的灰黑色页岩湖相沉积，因其有丰富的腹足类、斧足类、介形类及鱼类等生物遗迹，厚度超过1000m。湖盆的中心在青西凹陷。"1960～1963年大庆石油会战期间，他们对下白垩统姚家组和青山口组地层在生产试验区内钻了多口全部取心井。在这两套地层黑灰色泥岩内取到了大量富含介形类化石（工人俗称"芝麻饼"）的岩心，有机地球化学分析表明生油指标很高，证实了松辽盆地下白垩统陆相生油的理论。大庆油田的发现和开发实践证实，陆相油气可以聚集形成超级巨型油田。他认为，中国克拉通自晚二叠世海水退出中朝地台，中三叠世海水退出扬子地台以后，在中、新生代地质时期，湖相沉积广泛发育，因此，我国陆相沉积盆地具有规模大、时间长、类型多、沉积厚和有机质丰富的特点。这一理论的验证是对过去以海相生油为主的世界石油地质学的补充和创新。

2. 中国含油气盆地的构造类型

1959年4月他在石油科学研究院曾从事过编绘1∶300万中国沉积盆地分布及地质背景图及说明书的任务，该项成果在当年11月石油工业部第三届科研会上宣读。他研究了中国西北、华北、东北、东南、西南，包括西藏和台湾等地区大小共219个沉积盆地，奠定了他研究中国含油气盆地构造学的基础。1981年他在中国石油学会第二次年会上宣读了《中国含油气盆地的构造类型》一文，后刊登在1982年《石油学报》上。他将中国的含油气盆地科学地划分为三种基本类型：东部为拉张型盆地，如松辽、渤海湾、珠江口等，其形成与上地幔隆起有关；中部为多旋回坳陷盆地，如四川、鄂尔多斯等，其形成受特提斯与环太平洋体系的联合作用；西部为挤压型盆地，如准噶尔、塔里木、柴达木、吐鲁番、酒泉等，其挤压应力主要来自印度板块向北推挤。该论文的基本论点符合中国大地构造实际，至今仍是我国油气地质勘查的指导性论著之一。2002年他和同事、学生们合作出版了《中国含油气盆地构造学》一书，详细解剖了各盆地的古构造、古地理和多套含油气系统特征。他的这些理论建立在大量第一性资料基础之上，它们来自实践，形成理论，又进一步指导了油气田的勘探和开发。

3. 陆相湖盆储层特征

1945年玉门老君庙油田在开发过程中，只粗浅地将中新统储油层划分为K、L、

M 三套油层组。开发方案和调整方案都按这三套油层组设计。1956 年在编制老君庙油田调整开发方案时，他又将构造西部的 L4、L5、L6 构造岩性油藏编制了单独的开发方案，将 M 层亦划分为 M1、M2 和 M3 三组油层。

1960 年在大庆油田生产试验区的开发工作中，开展了下白垩统储油层的详细对比研究工作。他当时担任会战地质指挥所副指挥兼地层对比大队长，他和同事们根据沉积的旋回性和夹层的分布，把萨尔图油层和葡萄花油层划分为五个油层组：萨一组油层差，萨二组油层好，萨三组油层中等，葡一组油层连通性好、厚度大，葡二组油层岩性变化大。又把五个油层组进一步细分为 14 个砂层组和 45 个单油层，其中萨一组 5 个单油层，萨二组 16 个单油层，萨三组 7 个单油层，葡一组 7 个单油层，葡二组 10 个单油层。每口探井或评价井钻完后，立即进行地层对比和定量解释。油层对比获得的成果，首先绘成 1∶200 比例尺的油井对比剖面图，确定射孔和开采层位。此外，还绘制了生产试验区 45 个单油层的分层平面图、夹层等厚图和物性变化图等，认识了各油层、各油砂体在平面上的岩性和物性分布规律，以及在垂向上的连通性和叠加状况，成为制定油田开发方案的重要地质依据资料。超过了当时国外同类型大油田的油层对比研究水平，储层特征研究推动了沉积相的研究。1984 年他在 AAPG Bull 发表的《中国大陆架含油气盆地地质发展史》一文，将沉积岩和沉积模式分为断陷型、坳陷性、开阔海型等三种沉积类型，分别论述了相特征和模式。

4. 复式油气聚集（区）带的成油规律

李德生从 1964 年在山东东营参加胜利油田会战，到 1985 年在东京向日本石油界和科技界作“渤海湾盆地复式油气聚集（区）带的开发前景”报告，在这 20 年内，他对渤海湾盆地的油气聚集和分布规律不断进行研究并深化认识。渤海湾盆地是中国东部拉张型第三纪裂谷盆地之一，是一个极为复杂的断块型大油田，其丰富的油气资源都聚集在比较复杂的圈闭之中，勘探难度较大。我国石油地质和地球物理专家经过多年的探索、研究和实践，在 70 年代初正式提出渤海湾盆地油气藏分布“源控论”的理论。每个古近系（下第三系）生油凹陷都是一个独立的油气聚集区。胜利油田地质工作者进一步提出“油气田环绕生油凹陷呈多环式展布”的模式，将源岩、储集岩、圈闭、运移、聚集和时间等匹配关系联系起来。1985 年东部地区勘探工作会议在辽河油田举行，他在报告中进一步发展了同一油源区内由不同储油层系和不同圈闭类型形成叠合连片的复式油气聚集（区）带的成油理论；建立起一个在箕状凹陷或地堑凹陷油源区内有特定位置的中央背斜型、低潜山型、高凸起型、同生断层滚动背斜型、斜坡型和凹槽内砂体型等六种复式油气聚集（区）带。由于勘探工作大力发展三维数字地震勘探技术以搞清复杂的断层系统和寻找高产富集油气的断块，并灵活运用滚动勘探开发的做法，从而推动了济阳、辽河、黄骅、冀中、中原、冀东和渤海湾海域各油区的勘探进程，使渤海湾盆地建设成为我国又一个重要的石油产区，并为各油田培养了一批能攻坚啃硬、善于作地震精细解释、巧于布井、实施滚动勘探开发的石油地质科学专业人才。

5. 古潜山油气藏

1957 年李德生在玉门工作期间，发现了鸭儿峡油田，这是我国第一个发现的志留系变质岩古潜山油田。其上覆的中新统 L、M 油层亦为主要产油层。

1975 年 7 月在华北平原冀中凹陷发现了任丘油田，李德生又从大港油田调到任丘油田工作了三年。这是一个古潜山高产大油田，储层为中元古界雾迷山组硅质白云岩，油藏高度达 870m。不整合面之上被 2600～3000m 厚的新生界地层覆盖。油水界面在－3500m，具有统一的压力系统。油田西侧为正断层，落差达 1600m，被分支断层切割成四个断块山。地层向东北倾斜，倾角约 10°～20°。这个油田具有高产的特点，李德生和同事们首先到燕山蓟县和太行山易县等地详细观察和丈量雾迷山组硅质白云岩的构造、岩性和多组的裂缝系统。对储层特征有了宏观的认识，然后根据岩心、测井和试井等井下地质资料，制定了“稀井高产、底部注水”的开发方案。只用了一年半时间，将任丘油田建成年产油量 1000 万 t 以上的高产油田。由于在元古宙储集层内产出的原油内含有第三纪孢子花粉化石，所以石油地球科学工作者认为任丘油田具有“新生古储”的成油史，即古近系生油岩的油通过油源断层和不整合面储聚到雾迷山组白云岩内。针对这种拉张型盆地内新的油气圈闭类型，他在 1985 年撰写了《倾斜断块-潜山油气藏——拉张型断陷盆地内新的油气圈闭类型》论文，刊载于《石油与天然气地质》：他认为中国板块经历了比较复杂的构造运动和地质演化历史，各种不整合面下的基岩抬升部位经历了长期的风化作用和古喀斯特作用，其油气生成可能是多源的，油气运移和聚集的过程是比较复杂的；潜山为块状的古地貌圈闭，山顶的覆盖层属披覆背斜圈闭。目前在我国东部拉张型和西部挤压型盆地内已先后发现古潜山油气藏 60 多个，今后仍将成为我国油气勘探的主要圈闭类型之一。

6. 海相古生界储层研究

1958 年李德生参加川中石油会战，任川中矿务局总地质师，研究了下侏罗统凉高山砂岩和大安寨灰岩的裂缝性储油层特征。但他的学术观点没有被接受，暂时中断了在四川的研究工作。

1965～1968年他又去四川参加四川盆地“开气找油”会战，担任会战总部总地质师兼地质指挥所指挥。四川盆地主要含气层为震旦系、石炭系、二叠系和三叠系等海相碳酸盐岩，包括各层累积厚度1900m的碳酸盐岩和1000m的页岩。生油岩长期深埋，成熟度很高。储集层物性差，基质孔隙度平均仅1.86%，渗透率小于3毫达西。许多高产气井都是靠碳酸盐岩裂缝系统和溶洞产气。为了弄清储层特征和高产规律，他于1965年和同事们组织研究队进行了以下研究：①开展重庆中梁山煤矿二叠系坑道1181.5m洞壁观察，对茅口灰岩观察并测绘裂缝36338条，溶洞14542个。最大的横裂缝宽达1.02m，最大的洞（一号溶洞）连通空隙体积达12600m^3。从1960年9月到1965年7月该溶洞已累积采出天然气1232万m^3。②开展成昆铁路乐山范店乡震旦系隧道104m洞壁观察，共测绘溶洞3万多个，裂缝1230条，最大的溶洞直径0.6m，最小的如针孔状。③开展自流井气田三叠系嘉三组气藏缝洞分布规律的研究，共调查64口气井的钻井资料，在雷口坡组钻遇裂缝次数为30井次，嘉五组68井次，嘉四组为86井次，嘉三组为215井次。每一个层都有裂缝系统分布，但裂缝发育程度不一。在钻井过程中钻遇大缝大洞，经常有钻具放空和泥浆漏失现象，完井后都是高产气井。他们还在野外露头上人工采集了3套储层各约1m^3大小的岩石标本，运回威远地质研究所实验室，准备建立碳酸盐岩储层定量地质模型和钻孔后进行压裂酸化模拟实验。后因1967年“文化大革命”，科研队伍离散，这项研究工作被迫中断。

李德生认为，从世界范围来看，碳酸盐岩储层和碎屑岩储层油气田的储量和产量约各占一半。中国近年来，在四川、鄂尔多斯和塔里木等3个微板块的古生界海相碳酸盐岩油气勘探均有新的发现和进展，应在自主创新的基础上加大对中国海相古生界储层研究工作的力度。

7. 低—特低渗透致密砂岩储层的勘探开发

李德生在20世纪50年代参加过鄂尔多斯盆地的石油地质普查和陕北地区的石油地质详查，后来担任延长油矿主任地质师。他在探索上三叠统延长组特低渗透性储层油田地质规律和钻采工艺技术的实践，是对人生观和科技生涯的一次严格的锻炼。延长油矿在极端困难的交通和物资条件下，他们住的是黄土窑洞，办公室是几间平房，外出地质调查要骑毛驴。面对特低渗透储集层的复杂地质条件，他们测量了数百个地质点的储层露头剖面，观察了上千米延长组致密砂岩的岩心、岩屑和分析测试数据，摸索出一套因地制宜、适应特低渗透油藏勘探开发的工艺技术。1907～1952年采用顿钻钻井、裸眼完井、提捞采油，每年只能钻几口油井，钻井井深平均150m，年采油量1000t以下，只能保持很低的生产水平。1953～1970年，采用爆炸油层增产，加深油层接替，每年能钻几十口油井，平均井深300m。旺油井安装抽油机，低产井提捞采油，年产量逐步达到1万t以上。1971年以后延长油矿配备压裂车，开始实施油层水力压裂增产措施。采用旋转钻井、套管固井、射孔完成、加砂压裂等措施，2000年延长油矿8个采油厂年产油量达到100万t以上。2010年地方国营的陕西延长石油（集团）公司共生产原油1080万t，加上国营的中石油长庆油田公司年产油1825万t，鄂尔多斯盆地低—特低渗透油层的产油量达到2917万t。历年累计产油2.44亿t。李德生写了《重新认识鄂尔多斯盆地油气地质学》一篇论文，刊登在2004年12月《石油勘探与开发》上。他认为鄂尔多斯盆地内共有4套中生界、古生界含油气层，均属低—特低渗透致密储层。长期以来，该地区几代石油职工探索出一套符合地下地质规律和适用于勘探开发低—特低渗透油气藏的钻采工艺技术，依靠科技进步并进行多种所有制经营，达到地尽其利、物尽其用、人尽其才的蓬勃发展局面。这为陕甘宁和内蒙古贫困地区的经济建设做出了重大贡献，并为国内其他低—特低渗透致密储层油田的勘探开发提供了经验和借鉴。

（二）学术思想及其影响

1. 实事求是，立足大量第一性资料，是创新的基础

20世纪50年代，李德生在担任玉门矿务局总地质师时，上手工作的第一件事是组织技术人员整理油井井史资料。从1939～1954年老君庙油田共有59口油井。新中国成立前由于技术手段简陋，既没有系统的录井资料，也没有试井数据和正规的采油制度，油井情况只能依靠当时操作的技术人员和老工人口头述记和回忆。参加井史资料组的技术人员，不辞辛苦地查阅资料，访问当事人，去伪存真。他们将计量单位统一换算成公制，每口油井按照规定的格式整理成8种图表：①地下分层及井身数据记录表；②固井及钻进情况记录表；③录井记录表；④井身构造图；⑤井口装置图；⑥采油简史；⑦自油井投产日起的分月采油工作月表；⑧修井工作月表。这是玉门油田第一套比较完整的油井井史资料。

20世纪60年代，大庆油田会战初期提出的取全取准各项第一性资料，大搞百万次分析化验，百万次地层对比。他协助领导制定了每口井在钻探过程中，必须取得20项资料和72项数据的技术准则，使这个大油田的勘探开发工作和科学技术分析都建立在大量数据资料、大量事实的基础上。

李德生从 1945 年到现在，在 60 多年的地质生涯中，无论是野外调查、井口工作、开会听报告、座谈讨论，他都做到了眼到、耳到、心到、手到。他的工作记录本累计有数百本之多。在参加国际学术会议时，由于放映幻灯片，室内灯光昏暗，他随身带有小手电筒，边听边做笔记。他认为只有博闻强记，才能推陈出新。

2. 勤奋努力、独立思考，是科学家应有的品格

李德生一贯的工作态度和治学精神是勤奋。作为一个在旧社会生活和工作过的知识分子，在数十年的石油地质生产和科研工作中，他亦碰到过历次政治运动，被迫暂时中断自己的地质业务工作，但始终没有动摇他为国家寻找和开发更多油气田、建设我国强大石油工业的信心。他抱着“大批（判）则小干、小批（判）则大干，不批（判）则勤干”的态度，对待逆境和顺境。

他在科研方面的心得体会是：先要有深入的实践，掌握大量第一性资料，才能“去粗取精、去伪存真、由表及里”，上升为符合规律的理论；先要努力学习前人的成果和经验，加以总结和提高，才能有新的突破。石油和天然气是一种化石燃料矿产，它是有机质在漫长的地质历史时期内堆积、埋藏、演化后形成的。石油和天然气都是流动的物质。现在所发现的油气田，并不一定就是这些矿床生成的原始层位和位置。石油和天然气深埋在地下，勘探工作所取得的各种地质和地球物理信息都要通过石油地质家的综合分析和推理研究来认识，还要通过钻井和测试来证实。所以对石油地质家来说，发现油气田就是创新。

3. 理论来源于实践，理论为实践服务

石油、天然气储量是勘探成果的定量指标，是编制油田开发方案、确定油田建设规模和企业投资的依据。由于受“反右运动”和“文化大革命”的干扰，我国原由地质矿产部领导的全国矿产储量委员会被迫中断工作十几年。

1983 年 8 月李德生随中国石油工业代表团前往英国伦敦参加第十一届世界石油大会。大会有一个“关于石油和石油储量的命名和分类问题”小组，李德生参加了这个研究组的讨论。其内容是：①推荐一个常规原油和天然气的命名和分类系统，包括所有天然产出的烃类，无论是现在已经存在的，还是将来可能发现的。②研究世界各国和石油组织对储量计算命名和分类系统，包括各种级别的储量。由世界石油大会推荐一个各国都能普遍接受，既简明实用又精确科学的储量分类和命名系统。李德生从英国开会回来后，当即写报告给石油工业部部长唐克和国务委员康世恩，建议尽早制定我国“油气储量计算规范”，并考虑采用世界通用的储量分级、命名系

统。领导采纳了他的建议，在1983年11月东部石油勘探会议上，由部勘探司、开发司、研究院和各油田共20人组成储量组，李德生为召集人。

1984年5月在北京召开的新一届全国矿产储量委员会工作会议上，正式成立全国储委油气专业委员会，聘阎敦实为主任，李德生为副主任，张文昭为专业委员，杨通佑为办公室主任。并聘任一批评审专家，负责全国各油气田新增储量的审批和老油田的油气储量复核工作。1985年6月由油气专业储委办公室杨通佑、范尚炯、陈元千等专家编写，并经油气专业委员会年度全会讨论通过的《石油储量规范》和《天然气储量规范》由国家标准局发布。自1985年起，油气专业储委办公室每年编印一册《年度全国石油及天然气探明储量公报》，成为石油行业专家、学者、经济家、领导决策层的重要参考资料。李德生在第一届油气专业储委副主任的兼职岗位上工作10年，直到1995年第二届油气专业储委换届卸任。

2006年6月，李德生在中国科学院第十三次院士大会期间的两院院士座谈会上，提出我国温室气体减排，向油田注入CO_2提高采收率的建议，引起了路甬祥院长和地学部有关院士的极大重视。会后科技部设立了国家“973”项目“温室气体减排及资源化利用项目”，聘沈平平为项目首席科学家。2007年中国石油已开始在吉林油田开展CO_2注入油层提高采收率的现场先导性试验。他相信这项技术不仅能满足石油工业提高采收率的油田增产要求，还可以解决封存CO_2的环保要求，将成为目前我国高含水率注水油田升级换代进一步提高油田采收率的新技术。减少温室气体排放，是人类面临的共同挑战，油田早期注水开发和后期注聚合物驱油是目前我国油田开发中的主要技术措施。2010年我国向大气中排放CO_2已达83亿t。根据美国石油工业资料，某油田水驱采收率为29%，注CO_2后，采收率提高到52%。在我国有条件的油田，应将注CO_2作为三次采油的新选项。这是一举两得、造福人类的重要措施，争取早日在我国形成配套的系统工程技术。

李德生认为基础研究交融于知识创新和技术创新，必然衍生成为提高生产力的经济行为。

4. 我国石油地质学科发展的前景展望

李德生培养研究生的指导思想是：要求学生首先要有强烈的事业心，要有为石油工业持续发展而奋斗的精神；培养他们理论联系实际，重视生产实践的作风；同时培养他们具有科学的想象力。人们对石油地质规律尚有许多未认识的领域，许多油气藏隐伏在地下，尚待探索和发现；依靠日新月异的勘探技术进步，不断发现新的油气储量增长点；同时依靠开采技术的进步，日益提高经济可采储量的采收率。

当前在中央提出科学发展观，建设资源节约型、环境友好型社会的决策中，我国石油工业已进入一个“开源节流”的发展新时期。他认为今后在相当长的一段时期内仍要加大本国陆地和海域的油气勘探力度，通过精细勘探，可以在陆相老油区内再造青春，在海相新层系、新领域、新圈闭类型中有重大发现。加速浅海区、滩海区、海洋大陆架和深水区的油气资源勘探开发。与此同时，积极稳步地开展海外油气资源的勘探开发。依靠科技进步开发国内各种非常规油气资源，并着手开展对清洁能源和各种可再生能源的研发工作。

三、李德生主要论著

Weng W P, Li D S. 1946. A preliminary study on the Quaternary glaciation of the Nanshan. Bull Geol Soc China, 26：163-171.

Li D S. 1949. The topographic reflection of subsurface structure as shown by the gravity anomalies in western plain of Taiwan. J Chin Geophys Soc, 1 (2)：205-212.

李德生. 1960. 甘肃石油地质. 北京：石油工业出版社.

李德生. 1960. 大庆长垣石油地质特征. 松辽石油会战指挥部.（1960年9月在长春举行的地质部和石油工业部工作联席会议上宣读）

秦同洛，童宪章，李德生等. 1962. 萨尔图油田146平方千米面积的开发方案报告. 石油工业部松辽油田开发研究组，石油工业部松辽石油会战指挥部.

李德生. 1965. 四川油气田碳酸盐岩储集层地质学研究. 四川石油会战指挥部.（1965年11月在四川泸州地质技术座谈会上宣读，原题为“大搞缝缝洞洞碳酸盐岩储集层地质学研究”）

李德生. 1980. 渤海湾含油气盆地的地质构造特征. 石油学报，1 (1)：6-20.

李德生. 1982. 中国含油气盆地的构造类型. 石油学报，3 (3)：1-12.

李德生，薛叔浩. 1983. 中国东部中、新生代盆地与油气分布. 地质学报，57 (3)：224-234.

李德生. 1983. 关于石油和石油储量的命名和分类——第十一届世界石油大会研究小组推荐. 石油勘探与开发，6：77-79.

Li D S. 1984. Geologic evolution of petroliferous basins on continental shelf of China. AAPG Bull, 68 (8)：993-1003.

李德生. 1986. 渤海湾盆地复合油气田的开发前景. 石油学报，7 (1)：1-21.

李德生. 1989. 石油勘探地下地质学（石油地质勘探技术培训教材）. 北京：石油工业出版社.

Li D S. 1994. AAPG honorees, international meeting, distinguished achievement award, biography and response. AAPG Bull, 78 (9)：1436-1439.

Li D S. 1995. Hydrocarbon occurrences in the petroliferous basins of western China. Mar Petrol Geol, 12 (1)：26-34.

Li D S, L D, J CZ, et al. 1996. Hydrocarbon accumulations in the Tarim Basin, China. AAPG Bull, 80 (10)：1587-1603.

李德生，罗群．2002．石油——人类文明社会的血液．北京：清华大学出版社；广州：暨南大学出版社．

Li D S，Li D W．2003．Tectonic Types of Oil and Gas Basins in China（Second Edition）．Beijing：Petroleum Industry Press.

李德生．2007．李德生文集（上、下卷）．北京：科学出版社．

李德生．2007．中国石油地质学的创新之路．石油与天然气地质，28（1）：1-11.

主要参考文献

李德生．1987．萨—喇—杏大油田是怎样发现和探明的//大庆市政协文史资料研究委员会编．大庆油田的发现（大庆文史资料，第一辑）．哈尔滨：黑龙江人民出版社：134-146.

李德生．1989．雪峰，戈壁，石油城（玉门油田工作记事）//玉门油田开发五十周年纪念文集（一）（1939－1989）．中国石油学会甘肃省石油学会玉门分会和玉门石油管理局科学技术协会：4-25.

中国科学院学部联合办公室编．1996．中国科学院院士自述．上海：上海教育出版社：576-578.

李德生．2000．迈向新世纪的中国石油地质学．石油学报．21（2）：1-8.

李德生．2005．我的科技生涯//中国科学院院士工作局编．科学的道路（上、下卷）．上海：上海教育出版社：1102-1109.

撰写者

李德生。

吴利仁

吴利仁（1923～1998），河北滦县人。地质学家，中国成因岩石学的开拓者和奠基人之一。1949 年毕业于北京大学地质学系，1953～1958 年赴苏联列宁格勒大学学习，并获得副博士学位。曾任中国科学院地质研究所岩石学研究室主任、所学术委员会副主任、国际火山及地球内部化学协会（IAVCEI）中国委员会主席、《岩石学报》主编等职。他长期致力于成因岩石学的研究，并力推基础理论研究和国民经济需要紧密结合。他将基性岩、超基性岩划分为三类，并阐述了每类岩石的成矿专属性，即铬铁矿与镁质超基性岩有关，而铁质超基性岩与硫化铜、镍矿有关，高铁质超基性岩则与钒、钛磁铁矿及碳酸盐矿床有关；将内生铁矿矿床分为“岩浆熔离铁矿床系列”和“残余岩浆、气、液矿床系列”两类，并提出了鉴别标志；在对斑岩成因岩石学研究的基础上，将中国东部斑岩矿床分为与壳幔混源岩浆有关的（M-C）型斑岩的 Au、Cu、Mo 斑岩矿床和与壳源岩浆（C 型）斑岩有关的 W、Sn、U、Ag 斑岩矿床两大成因类型，并提出了找矿标志。在 1982 年用板块构造学说解释中国东部中生代火山岩的成因，提出中国东部南、北、中火山岩区是同一板块运动不同地质条件下的产物，是多源的。

一、简　　历

吴利仁，1923 年 5 月 14 日生于河北滦县，1998 年 3 月 28 日于北京逝世，享年 75 岁。

吴利仁 1949 年毕业于北京大学地质系，并于 1950～1952 年在该校任助教。1953～1958 年赴苏联列宁格勒大学学习（研究生），获得副博士学位。1958 年回国后，在中国科学院地质研究所从事岩石学和矿床学的研究工作，直至 1998 年离休。

吴利仁曾任中国科学院地质研究所岩石学研究室副主任、主任，地质所学术委员会副主任，地质所学位委员会委员，国际大地测量与地球物理学联合会（IUGG）中国委员会委员，国际火山及地球内部化学协会（IAVCEI）中国委员会主席，中国矿物岩石地球化学协会理事及岩浆岩专业委员会副主任，中国地质学会理事及岩石学专业委员会副主任和矿床学专业委员会常委等职。

吴利仁是《岩石学报》创刊人之一，并长期（1985年创刊～1998年）担任《岩石学报》编辑委员会主任（主编），为该刊成为我国地球科学领域内主要核心期刊做出了重要贡献。

吴利仁从事岩石学和矿床学研究50年，他致力于推动岩浆活动和成矿作用关系的研究。为了我国国民经济发展，他始终将找矿工作的研究置于他成因岩石学研究的首位。在他的一生中先后主持了一系列与国民经济息息相关的找矿工作，涉及的矿种主要有稀有元素、铬、镍、富铜、富铁和金等。吴利仁的研究成果获得了不少奖励：他主持的“宁芜富铁矿的形成机理找矿标志及预测研究”和他参加的“中国基性岩、超基性岩及铬镍矿床”两项研究成果分别获得1978年全国科学大会奖；他主持的“华东及邻区中新生代火山岩研究”获得中国科学院科技成果奖二等奖；他主持的“庐枞盆地火山岩”和“中国东部两大类斑岩矿床”分别获得中国科学院科技成果奖三等奖。

二、主要研究领域和成就

（一）主要科学研究成就

1. 中国基性岩、超基性岩的成矿专属性

吴利仁对中国超基性岩和基性岩，从成因岩石学的角度进行了成矿专属性的研究。他在1963年的《论中国基性岩、超基性岩的成矿专属性》一文中，基于热力学和矿物化学的原理，提出了自己独到的关于超基性岩岩石化学成分的计算方法和图解。他将中国基性超基性岩按图解分为三类，即镁质超基性岩（区）、铁质超基性岩（区）和超铁质超基性岩（区）。指出镁质超基性岩区岩石与铬铁矿成矿有关，铁质超基性岩区岩石与硫化铜镍矿有成因联系，而高铁质超基性岩区岩石则与钒钛磁铁矿及碳酸盐矿床有密切联系。对这种关系从热力学和地球化学角度进行了阐述与解释。例如，对镍的成矿，他指出镍有亲石和亲硫两重性，在镁质含量过高的岩浆中，镍成硅酸镍倾向于分散，较难形成硫化物，因此镁质超基性岩中镍含量虽高，但不易成矿；而铁质超基性岩和基性岩中，有利于硫化镍的生成。并指出铝、硅、钙过高，也不利于成矿，这是因为这些元素达到过高数量时，硫化镍已经熔离了。所以，铁质超基性岩最有利于成矿。这些观点对于铬、镍、钛等矿种的找矿有很大意义。

2. 碱性岩和稀有元素矿床

吴利仁对我国碱性岩的研究做出了开拓性的贡献。他在苏联留学做研究生期间，学位论文是研究世界著名的科拉半岛希宾碱性岩。回国后，在1962～1966年开展了“中国碱性岩成因类型、岩石特点、矿化作用和分布规律”及“四川稀有元素矿化伟晶岩物质成分及矿化评价”的课题研究（部分课题由于参加“四清运动”于1966年停止）。他的工作范围涉及山西、安徽、四川、内蒙古和河北等省区。1966年出版了专著《若干地区碱性岩》，这是我国最早的有关碱性岩方面的专著之一。吴利仁从碱性岩的成因岩石学对稀有元素的赋存及其规律进行了详细研究，为在当时开始不久的稀有元素矿床的找矿工作提出了不少方向性的意见。

3. 中国东部中新生代岩浆岩

吴利仁是我国较早用板块学说来解释中国东部岩浆岩分布规律和岩石特点的岩石学家。在1982年《中国东部中生代火山岩》论文中，他将中国东部中生代火山岩，依宝坻—昌黎—锦州和常州—岳阳深断裂为界，划分为北、中、南三个大岩区。指出岩区主要分界线不与中生代海沟平行，呈锐角相交，并与库拉板块运动方向近于垂直。这反映了由于板块斜俯冲岩浆形成源区自南向北的变化，远大于东西方向的变化，并将此命名为“化学分带”，以区别于形成双变质带的“物理分带”。指出南、中、北三大火山岩区是在同一板块运动过程中，不同地质条件下的产物，是多来源的，明确提出中岩区富碱质（尤其是富钾）。该类岩石与钾玄岩十分相似，碱质来源于上地幔、地壳，一部分来源于膏盐层。他还认为生成岩浆的物质来源是划分花岗岩类型的第一要素，在1985年发表的《中国东部中生代花岗岩类》一文中，明确将岩浆岩按照岩浆来源划分为三个类型：幔源型（M型）、混源型（M-C型）、壳源型（C型）。

4. 提出中国内生铁矿的两个成因系列

在70～80年代富铁会战中，吴利仁提出一部分宁芜式和邯邢式铁矿是熔离型铁矿的成因观点。他按铁从载体中分离方式不同，把宁芜等地的铁矿分为两大成因系列：①岩浆熔离矿床系列。该类型矿床是在成矿温度较高的情况下，铁的氧化物从硅酸盐熔体中熔离的产物。②残余岩浆、气、热液矿床系列。该类型矿床是由岩浆分异、演化后期的残浆、气、液发展而来。他论述了这两类矿床的矿石矿物组合、矿石结构构造、矿体形态产状、围岩蚀变、矿床形成温度等明显不同的特点。他明确指出，宁芜地区的梅山和姑山铁矿属于岩浆熔离铁类型矿床系列（1978）。这些认识为随后的研究所证实，包括包裹体测温等。他还指出两大系列铁矿均有一定数量的挥发分，经历了岩浆、伟晶岩、气成、高中低温热液阶段，由于实际地质条件不同，并不总是在同一地区共同存在两个系列的矿床，但两个系列不同矿化阶段产生的叠加经常可以看到。

5. 中国东部中生代两大类斑岩型矿床

吴利仁突破了传统的斑岩铜（钼）矿床的范畴，在对中国东部16个斑岩成矿带、40余个矿床及对其赋存的斑岩的成因岩石学和与矿化关系详细研究的基础上，将中国东部斑岩划分为两类，即与壳幔混源岩浆有关的斑岩型（M-C型）Au、Cu、Mo矿床，其成矿物质来源于洋壳消减；另外一类是与壳源岩浆有关的斑岩型（C型）Sn、U、Ag矿床，成矿物质来源于壳源的矿源层。他还提出了详细的地球化学、岩石学、矿物学和同位素的鉴别标志，特别是他提出的不同斑岩矿种具有不同的酸碱度参数（Iak）和等碱度硅质参数（Iac），具有很强的实用价值。

6. 成因岩石化学参数研究

吴利仁基于其良好扎实的岩石学、矿物学和物理化学的基础，对成因岩石学岩石化学研究颇有建树。他1963年提出的对镁铁质岩石的岩石化学计算方法和1982年对QAPF岩浆岩岩石分类中CIPW标准矿物分子换算的Rittman法的修正计算法，为许多学者所接受和采用。

（二）学术思想和影响

吴利仁是我国成因岩石学学科的奠基者之一。该学科是他致力于发展和为此贡献一生的事业。在他任中国科学院地质研究所岩石学研究室主任期间，就将成因岩石学作为全研究室的主攻方向。他身体力行地将成因岩石学理论研究和国家急需的矿产资源找矿紧密结合，先后主持和参加了一系列与国民经济发展息息相关的找矿项目。五六十年代的铬、镍，60年代的稀有元素，70年代的富铁会战，八九十年代的富铜和金的找矿工作，是他作为一个成因岩石学家所走过的研究工作轨迹。

吴利仁自20世纪60年代初就开始培养研究生，一生培养了大量博士和硕士。他学风严谨，工作勤奋，勇于创新，从不计较个人得失。他强烈的爱国爱党的情怀和学术民主的风范，深深地激励和鼓舞着年轻的地质工作者。

三、吴利仁主要论著

吴利仁. 1959. 论希宾次火山体碱性岩浆的演化及成因. 地质科学，(11)：321-327，341.

吴利仁，刘若新，梅厚钧等. 1959. 云南某地基性岩岩石学上的一些问题. 地质科学，(12)：354-364.

吴利仁，刘若新，梅厚钧等. 1960. 云南某地硫化铜镍矿床. 地质科学，(2)：73-78.

吴利仁. 1963. 论中国基性岩、超基性岩的成矿专属性. 地质科学，(1)：29-41.

吴利仁等. 1966. 若干地区碱性岩. 北京：科学出版社.

吴利仁. 1978. 我国东部中生代陆相火山岩宁芜型铁矿形成的基本原理. 地质与勘探，(6)：1-8.

吴利仁等. 1982. 华东及邻区中新生代火山岩. 北京：科学出版社.

吴利仁，张秀棋，孙世华. 1982. 关于火山熔岩分类命名的建议. 地质科学，(1)：21-29.

吴利仁，齐进英，王听渡等. 1982. 中国东部中生代火山岩. 地质学报，(3)：223-234.

吴利仁. 1985. 中国东部中生代花岗岩类. 岩石学报，(1)：1-10.

吴利仁，翟明哲，郑祥身等. 1985. 中国东部新生代火山岩. 岩石学报，(4)：1-23.

Wu L R，Zhai M Z，Zheng X S，et al. 1987. Physicochemical processes involved in Cenozoic volcanism in eastern China. Chin J Geochem，6 (3)：193-215.

吴利仁. 1988. 中国东部中生代花岗岩类及两大斑岩类矿床成因类型. 地质科学，(4)：313-323.

吴利仁，张秀棋，孙世华. 1990. 论辽宁锦西杨家杖子杂岩体的岩浆成因演化及成矿作用. 岩石学报，(3)：1-11.

吴利仁，李秉伦主编. 1991. 中国东部中生代两大类斑岩型矿床. 北京：科学出版社.

吴利仁，徐贵忠主编. 1998. 东秦岭—大别山碰撞造山带的地质演化. 北京：科学出版社.

主要参考文献

中国科学院地质研究所岩石学研究室，《岩石学报》编辑委员会. 1998. 纪念我国著名岩石学家吴利仁教授七十五诞辰. 岩石学报，14 (4)：407-408.

撰写者

金成伟（1941～），江苏苏州人，研究员，曾任中国科学院地质研究所岩石学研究室主任。

谢学锦

谢学锦（1923～），北京人。勘查地球化学家，中国勘查地球化学的开拓者和奠基人。1980年当选为中国科学院学部委员（院士）。1947年毕业于重庆大学化学系。1952年起历任地质部化探室主任，中国地质学会理事，中国地质学会勘查地球化学专业委员会主任委员，地球物理地球化学勘查研究所副所长、名誉所长，*Journal of Geochemical Exploration* 副主编，国际地科联全球地球化学填图工作组指导委员会委员、分析技术委员会主席，联合国教科文组织国际地质对比计划（IGCP）执行局委员，*Geochemistry*:*Exploration* · *Environment* · *Analysis* 编委。1951年他与徐邦梁赴安徽发现了铜矿指示植物——海州香薷。50～60年代他与邵跃合作进行矿床原生晕的研究，在青城子发现深埋的Pb-Zn盲矿体，与苏联学者各自独立地同时发现了热液矿床的原生晕的几何模式与组分分带特征。70～80年代，他提出并系统指导了中国的区域化探全国扫面计划，使中国有了全世界最引人注目的全国性地球化学数据库，并在矿产勘查尤其是金矿的勘查中发挥了巨大作用。90年代，提出了地球化学块体的新理论和"迅速掌握全局，逐步缩小靶区"的一整套矿产勘查新战略。他进行的研究为全球地球化学填图采样介质的选择提供了范例。世纪之交，他领导实施全国76种元素的地球化学填图，为研究周期表中绝大部分元素在我国地表的分布提供基础性资料。

一、简　　历

谢学锦，1923年5月21日生于北平。其父谢家荣是我国经济地质学的鼻祖、石油地质学和煤岩学的先驱。母亲吴镜侬毕业于北京女子师范大学，擅长绘画和音乐。家庭中浓厚的学术和艺术氛围深深影响了谢学锦的人生。

1934年，谢学锦考入辅仁大学附属中学（现北京第13中学）。1937年北平沦陷后，父亲"只身南下参加共赴国难的工作"。翌年谢学锦随母亲和弟妹历经艰辛，经香港、上海，取道越南，于1940年辗转到了昆明与父亲团聚，后又随父亲所领导的矿产测勘处迁往云南昭通。他的中学学业就是在这种颠沛流离的日子里，先后在北平、上海（沪江大学附属中学）、昆明（天南中学）和云南（昭通中学）完成的。1941年，他考取了内迁贵州的浙江大学物理系，两年后转入化学系。由于参加学生运动上了国民党的黑名单，被迫于1945年潜往重庆，在小龙坎动力油料厂工作了近一年。次年进入重庆大学化学系并于1947年毕业，获理学学士学位，随即受聘于南京永利铔厂任技术员，直到南京解放。

1950年，谢学锦进入其父领导下的矿产测勘处，在化验室从事矿石分析工作。第二年，受父亲的派遣，他与徐邦梁一起赴安徽安庆月山进行了中国勘查地球化学的首次实验，发现了著名的铜矿指示植物——海州香薷。1952年，谢学锦奉调进京，参与创建地质部地球化学探矿研究室，开拓中国的勘查地球化学事业。1956年，他进入当年成立的地质部地球物理探矿研究所（现地球物理地球化学勘查研究所），任化探室主任。50～60年代，谢学锦从事热液矿床原生晕的研究，与苏联学者同时各自独立地发现了热液矿床原生晕的几何模式与组分分带现象，并撰写专著《地球化学岩石测量的理论基础与工作方法》，可惜由于种种原因未能出版并在传阅中散失多章。70年代，谢学锦着手筹划全国的地球化学填图。70年代末，谢学锦发表了《区域化探的数据处理与解释推断》和《当前区域化探若干问题的探讨》，为区域化探全国扫面计划的开展奠定了坚实的理论和技术基础，后于1978年正式向国家地质总局提出了“区域化探全国扫面计划”的建议，并于1979年1月获得批准。80～90年代，谢学锦部署和指导了区域化探全国扫面计划，他的专著《区域化探》是执行该计划的指南；该计划迄今已经进行了30年，覆盖了全国700万 km^2 的面积，它使中国拥有了全世界最引人注目的全国规模的地球化学数据库，并在矿产勘查中发挥了巨大的作用：依据他所发现的异常而进行的勘查，已经发现了1947个矿产地（截至2005年），还有大量的异常有待检查和进一步工作。该计划执行期间，谢学锦还着重进行了金矿的化探找矿研究，发表了5篇《金矿化探》的系列文章，解决了金矿化探中的粒金效应等一系列国际上找金的关键问题，为中国金矿勘查中上千吨金矿的发现奠定了基础。他和学生王学求合著的《金的勘查地球化学》是世界金矿地质理论与勘查技术的经典之作。1993～1995年，由谢学锦主持的“环境地球化学监控网络与全国动态地球化学填图”项目，发表了 *The suitability of floodplain sediment as global sampling medium: evidence from China*，为全球地球化学填图采样提供了典范。依据区域化探全国扫面计划获得的海量数据和他与刘光鼎所主持的国家攀登项目“找寻难识别及隐伏的大矿、富矿的新战略、新方法、新技术基础性研究”取得的重大突破，发表了专著《走向21世纪矿产勘查地球化学》，提出了地球化学块体的新理论和“迅速掌握全局，逐步缩小靶区”的一整套矿产勘查新战略。

如今年近九十的谢学锦，仍然壮心不已，决心将勘查地球化学的应用范围进一步扩展，以解决资源、环境、农业、健康等领域的许多重大问题，为地球表层系统科学、区域找矿学、矿床成因学、地球起源及演化、地球表层动力学、生命起源学提供新思路及新的基础性资料。世纪之交，他领导实施了一项创举和伟大工程：全国76种元素的地球化学填图——了解化学元素周期表上76种元素在中国大陆表层的分布，为查清我国矿产资源和环境的监控与治理提供可靠的资料；这项工程的试点研究——中国西南五省市区76种元素地球化学图的编制，已经取得了可喜的成果，为这5个省市区的矿产资源勘查和环境治理提供了大量有价值的资料。南方8省76种元素地球化学图的编制也已经完成。

作为区域化探全国扫面计划的倡导者和技术指导，以他为首完成的“水系沉积物标准样研制”、“岩石，土壤，水系沉积物18个标准物质的研制”、“水系沉积物，岩石，土壤系列国家级地球化学标准物质”、“地球化学填图的战略、方法、技术与应用的研究”等于1985～2006年先后获地质矿产部、国家科委、国土资源部科技进步奖一等奖两项，地质矿产部和国家科委科技进步奖二等奖各一项。2002年获何梁何利基金科学与技术进步奖。2007年获国际应用地球化学家协会最高奖项：国际应用地球化学家协会金奖和国家科学技术进步奖二等奖。

谢学锦1980年当选中国科学院学部委员（院士）。1984年起历任地球物理地球化学勘查研究所副所长、名誉所长。历任北京大学和长春地质学院兼职教授，中国地质学会勘查地球化学专业委员会主任委员、名誉主任委员，国际《地球化学勘查》杂志副主编和编委、国际 *Geochemistry*：*Exploration* · *Environment* · *Analysis* 杂志编委，国际地科联全球地球化学填图工作组指导委员会委员、分析技术委员会主席，联合国教科文组织国际地质对比计划（IGCP）执行局委员等职务。

二、主要科学研究成就、学术思想及其影响

1. 开拓中国的勘查地球化学

1947年谢学锦从重庆大学毕业后，进入南京永利铔厂从事工业分析工作，直到南京解放。在这期间，他读了其父谢家荣介绍给他的 H. S. Washington 的经典著作 *Manual of the Chemical Analysis of Rocks*（《岩石化学分析》），又经他父亲介绍，看了 F. W. Clarke 的 *Data of Geochemistry*（《地球化学数据》），由此对地球化学发生了兴趣，意识到化学也可以在地质界闯出另一番天地来，并在1950年进了他父亲

领导下的矿产测勘处。

这时候，谢家荣读到了 T. S. Lovering 等 1950 年发表在 *Economic Geology* 上的一篇介绍美国亚利桑那州圣曼努埃尔铜矿用地球化学方法找矿的文章。他以其敏锐的眼光对谢学锦说："这个方法将来可能很有前途，你是不是去试试?" 1951 年夏，谢学锦受他父亲的派遣，与徐邦梁一起前往安徽作地球化学调查，书写了中国勘查地球化学的第一页。在安庆月山，他们进行了土壤和水系沉积物测量，最终发现了铜矿的指示植物——海州香薷。海州香薷已被国际上公认为铜的有效通用指示植物。这一重大发现是中国勘查地球化学的起点和奠基石。

勘查地球化学是地学中的一门年轻的边缘分支学科，30 年代兴起于苏联和北欧国家，美国的首次实验则是在 1947 年才进行的。在谢学锦进入这门学科的时候，能找到的参考文献还非常有限，总共只有 40 多篇。

1952 年，地质部成立。谢学锦从南京调到北京，参加地质部地球化学探矿研究室的筹建，开拓中国的勘查地球化学事业。

地质部化探室成立后的第一个实验是在陕西省安康县牛山做的。谢学锦和化探室的全体人员连同新分配来的 18 位大学生一起来到牛山，他们刻苦钻研，扎实工作，取得了丰富的高质量资料，彻底否定了之前一位苏联专家对牛山铜矿点的评价。

在这之后，地质部化探室在谢学锦等领导下做了大量工作：1954 年翻译出版了谢尔盖耶夫等著的《地球化学探矿法》；1954～1955 年，在中条山铜矿峪外围、个旧锡矿、吉林大黑山铬镍矿开展化探试验；1956 年，组建了 6 个分队，分别在白银厂、个旧、黄沙坪、锡林郭勒盟、会理及中条山进行 1∶5 万比例尺的大面积普查。所有这些工作，使中国的化探工作，从无到有、从小到大，逐渐地发展起来。

2. 热液矿床原生晕研究

自 1959 年起，谢学锦与邵跃合作，开始了长达 7 年之久的热液矿床原生晕研究。1960 年，他亲赴辽宁凤城青城子铅锌矿工作。青城子铅锌矿是一个日本侵略时开采的铅锌矿，到 50 年代末，已经快要采完闭坑了。谢学锦和邵跃，分析了过去的一些钻孔和岩心，研究它的原生晕，发现了下伏厚层大理岩中的隐伏矿，使该矿得以起死回生。这是当时化探找矿在中国取得的最大成功，震动了地质界，这一发现已经被写进了中文的勘查地球化学教科书中。由此，研究原生晕以找盲矿的工作便在全国迅速开展起来。

大量的研究工作实践使谢学锦获得了丰硕的成果，最终他与苏联学者各自同时独立地发现了热液矿床原生晕的组分分带特征，提出了通用的分带序列。该研究成果在当时世界领先。谢学锦对原生晕形态、规模、内部结构的统一描述方法和术语在国内得到了广泛的使用，找矿效果十分显著。他1964年写成的《地球化学岩石测量的理论基础与工作方法》全面总结了原生晕的研究成果，堪称热液矿床原生晕理论与实践相结合的经典之作。非常可惜的是，尽管地质出版社约稿出版该书，但由于种种原因，未能正式出版，且在传阅过程中散失多章，实为一大憾事。仅其中两章以“地球化学岩石测量的工作方法与解释推断方法”为题发表在物探所的内部刊物上，成为中国20世纪60～70年代化探工作者必读的文章和工作手册。

3. 倡导并指导区域化探全国扫面计划

原生晕研究虽然取得了非常大的进展，但它毕竟是一种战术性的方法，仍然被认为是一种辅助的找矿手段。谢学锦认为，人们讲物质第一性，成矿物质是成矿作用的基础，而化探资料所反映的是成矿物质的直接信息，因而化探在地质找矿中不应当只是一种辅助手段而应当起着更重要的作用，即起指导找矿的战略作用。因此，写完《地球化学岩石测量的理论基础与工作方法》一书以后，他毅然中断了原生晕的研究，决心去开辟新的领域，决心要把化探变成一门在找矿工作中起到战略性指导作用的科学。

为了实现这个目标，谢学锦1965年赴四川参与1∶20万米易幅区域地球化学调查。1973年，他读到了国外一些区域化探及地球化学填图的著作，看到了国外同行普遍存在的一些严重缺陷，于是开始筹划中国的区域化探全国扫面计划（地球化学填图），并首先在浙江省和江西省进行了试点研究。

1975年，在浙江省莫干山举办了为期5天的区域地球化学短训班，谢学锦亲自授课，接着发表了《区域化探的数据处理与解释推断》。1977年，他又发表了《当前区域化探若干问题的探讨》。这两篇文章的发表为区域化探全国扫面计划的开展奠定了坚实的理论和技术基础。1978年，谢学锦正式向国家地质总局提出了“区域化探全国扫面计划”的建议，并于1979年1月获得批准。同年5月，谢学锦编写了区域化探全国扫面计划内地及沿海采样暂行规定，8月在郑州举办了为期7天的全国地球化学填图方法短训班；他在此次短训班上的讲稿经补充后于同年以专著《区域化探》的形式出版。谢学锦的这些著作系统地阐述了在中国进行大规模地球化学填图的理论、方法与技术，是进行区域化探全国扫面计划的指南。

为使区域化探全国扫面计划获得圆满成功，谢学锦从一开始就针对国外同行工作中存在的严重缺陷，采取了十分严格的质量保证措施。这些措施包括：

（1）中国地域辽阔，景观差别极大。为了获取不同景观区的代表性样品，他将中国大陆划分为内地及沿海地区、边远地区（边远地区指特殊景观区）两大部分，为前者制定了标准化的水系沉积物采样方法，将后者进一步划分为森林沼泽区、半干旱荒漠区、干旱荒漠区、高寒山区、高寒湖区、岩溶区、黄土覆盖区及深切割山区等，要求分别制定相应的采样方法，并由任天祥与有关省区的勘探队合作，成功地研究出了上述不同地球化学景观区的不同采样方法。

（2）分析质量是区域化探全国扫面计划成功与否的关键。为使参加计划的全国各实验室的分析数据能够进行对比，必须制定统一的分析质量监控方案，为此由他建议，组织了全国 40 多个实验室，先后研制了 18 个水系沉积物、8 个土壤和 6 个岩石的标准样。这些标准样在监控各个实验室的分析质量上起了重大作用，使中国的区域化探全国扫面计划获得了数以千万计的高质量数据。这些标准样已被公认是权威性的国际地质标准物质。

（3）国外的一些地球化学填图项目由于重要的痕量、超痕量元素的分析检出限太高，而漏掉了许多理应被发现的异常。因此，他认为，大幅度降低分析检出限是提高地球化学填图的质量所必需的。为此，他要求所分析的所有痕量及超痕量元素的分析检出限都必须低于其地壳丰度值。为达此目的，他提出应使用一套多元素、多方法分析系统，即以一种能够高效率同时分析多种元素的分析仪器和方法为主，另外辅以不同的仪器和方法，分析那些困难的元素。参加该计划的陕西（负责）、辽宁、湖北、江苏和甘肃五省局中心实验室沿着他指引的这个方向，开展了大规模分析方法研究，并取得了极大的成功，从而保证了区域化探获得高质量的成果。

热液矿床原生晕的研究成果和区域化探全国扫面计划的成功，将中国的勘查地球化学推到了国际勘查地球化学的最前列，使它成为中国在地学领域内取得国际领先地位的少数学科之一。谢学锦因此在 2007 年获得了国际应用地球化学界的最高奖项“国际应用地球化学家协会金奖”。

4. 独辟金矿勘查的新途径

长期以来，化探都只是找金的一种辅助手段；世界各国将庞大的资金投入到金矿勘查中，但花在化探上的钱却非常之少。之所以如此，是因为在 70 年代之前，化探找金使用的主要是 As、Sb、Hg 等这样一些所谓指示元素，到 80 年代初，由于高灵敏度检测仪器的出现和使用，而开始直接分析金，用金异常找金，其效果当然要比利用指示元素好，因为它提供的是直接信息。然而，由于金在自然界中主要是以颗粒的形式产出，而金颗粒的分布又极不均匀，且由于它的延展性非常好而难以磨碎，因此造成的样品代表性和分析重现性问题即所谓粒金效应问题始终很难解决。

为了克服粒金效应带来的难题，国外采取了两种方法，即分析重砂中的金和使用采大样的方法，但这两种方法既昂贵又很不方便。为此，谢学锦在区域化探全国扫面计划中采用了与国外完全不同的新思路与新技术。他根据少量文献推测，自然界中的金除了以颗粒金的形式存在外，还应当有大量超微细（纳米及亚微米）颗粒的金存在，以此要求大幅度降低金的分析检出限。分析工作者根据他的要求，经过不懈的努力，将金的分析检出限一降再降直至 0.3 ppb。在此基础上，他指导他的学生制定了一整套避开颗粒金而着眼于超微细分散金的化探找金的方法。试验结果表明，许多金矿都处在用 2～4 ppb 的异常下限值圈定的区域异常内。而在区域异常内，以超过 4～8 ppb 的金含量作为异常检查区，在重复测量时有非常好的重现性。这就使金的地质找矿工作发生了革命性的变化，并取得了突破性的进展，使化探方法成了中国找金矿的主要方法，并取得了重大成果：发现了数百个新的金矿床，仅据新疆、甘肃、贵州、四川、云南五省区的不完全统计，就找到了千吨以上的金矿。谢学锦与他的学生王学求所著《金的勘查地球化学：理论与方法·战略与战术》系统总结了中国找金的理论、方法和经验，一扫国际上金矿化探的沉闷局面，使之面貌焕然一新，堪称世界金矿地质理论与勘查技术的经典之作。对于谢学锦在这方面的贡献，地球化学家、美国地质调查所的元老、美籍华裔赵畯田（T. T. Chao）评价说，这是谢学锦“最大的在理论与实用上的成就”，“过去所谓的专家走错方向，至今仍在迷途中”。

5. 创建地球化学块体理论，制定全新的找矿战略

谢学锦依据从区域化探全国扫面计划所取得的数以千万计的高质量数据的研究中发现的许多重要事实，提出了一系列新概念和地球化学块体的新理论，进而在这些新概念和新理论的基础上，提出一整套矿产勘查的新战略，使勘查地球化学从一种辅助性的战术方法上升成为一种战略性的勘查方法。

他将这一系列的新概念和地球化学块体的新理论表述为：

(1) 传统的地球化学理论认为，地球化学异常是成矿物质从矿床或矿体向四周分散而形成的各种晕，可称之为分散模式，或地球化学局部异常模式。但自然界不仅有地球化学局部异常模式，亦存在套合的地球化学模式谱系：从零点几到几平方公里的局部异常到数十至数百平方公里的区域地球化学异常、数千至上万平方公里的地球化学省、数万至十几万平方公里的地球化学巨省和数十万平方公里的地球化学域。

(2) 这种宽阔的套合的地球化学模式不是由一个点源（矿床或矿体）向周围扩

散形成的，而是由于地球太初的不均匀性引起的，从而提出了在地球上存在着富含某种或某些元素的不同规模的地球化学块体的概念。

(3) 形成大型、特大型矿床的必要与充分的条件是要有巨量的成矿物质供应。这种巨量的物质供应与聚集表现为成矿元素特别富集的地球化学块体。地球上一些巨大的成矿带很可能都是富含巨量的某种或某些金属的地球化学块体。有了这种地球化学块体内成矿物质的巨大太初供应量才有可能在漫长的地质时期中经过各种不同规模的地质过程，逐步富集成矿。同时，地球化学块体内的金属中只有一部分呈活动态而被各种流体携带的金属才能富集成矿。

(4) 这种地球化学块体可以用低密度的地球化学填图方法勾绘出来，并且可以勾绘出其内部结构——在其中套合着的地球化学模式谱系。通过套合的地球化学模式谱系可以追踪到巨型矿床在巨大的地球化学块体中“聚焦”的地点。

对于隐伏的地球化学块体与隐伏的巨型矿床，谢学锦提出了一种假说，即认为整个地球深部有流体呈微气泡形式上升，这种来自地球深部的、全球性的上升微气泡流可将隐伏于深部的矿床、矿体、原生晕、区域性异常、地球化学省、地球化学巨省乃至地球化学域中的成矿金属或元素带到地表，并以各种活动态形式存在于地表土壤中。进而研制了战略性与战术性的深穿透地球化学方法，用以有效地捕捉这种来自深部的信息，圈定出隐伏的地球化学块体，并追踪到隐伏的巨型矿床。由此提出了在出露区、半出露区及隐伏区以一整套直接信息勘查为先导，可“迅速掌握全局，逐步缩小靶区”的矿产勘查新战略。

中国地质调查局运用谢学锦的地球化学块体理论与方法，对中国东、西部的矿产资源潜力进行了预测和评估，在大面积隐伏区广泛应用深穿透地球化学方法，发现了一批新的寻找大型、巨型矿床的战略靶区。

6. 研究“化学定时炸弹”

工业化的高速进行和社会经济的发展使有毒、有害物质大量排放，其造成的环境污染、生态环境破坏乃至食品安全问题，极大地威胁着社会经济的发展和人类的健康与生存。有害物质的累积量若超越土壤的承受力，则会造成巨大的灾害。这种难以预料的延缓性地球化学灾害，被欧洲科学家称之为“化学定时炸弹”，并已经在美国纽约州和波兰、捷克等地发生。我国工业化、城市化进程正在加速，空气与水的污染日益加剧，土壤中污染物的累积不断增加，每年向空气和水中排放的污染物的数量已居世界首位。面对这样严峻的现实，谢学锦及时引进了“化学定时炸弹”的概念，指出：如果我们对“化学定时炸弹”缺乏认识，听任有害物质在土壤中大量累积，“总有一天我国很大一部分土地将不适宜耕种，中华民族将失去赖以生存的空间，民族的素质亦日益恶化，我们这一代人将成为历史的罪人”。为了预防“化学定时炸弹”的爆发，谢学锦于1994年3月向香山科学会议提交了题为“化学定时炸弹研究”的申请书，并获得批准。他提出，为了及早治理延缓性地球化学灾害，防止“化学定时炸弹”的爆发，应当进行4个方面的工作：①建立多层次的长期监控系统；②大力研究发展灾害治理的地球化学工程学方法及植物与微生物修复技术；③取得全国土壤收支的统计学资料，包括工业排放、农业投入、人类消耗、土壤淋滤、生物淋滤与输出等；④在大量资料的基础上，从各种不同角度进行生物地球动力学研究，提出延缓性地球化学灾害的各种预测模型。

他指出，在解决环境科学问题时，勘查地球化学可以充分利用长期以来研究元素从矿床或矿体向周围环境扩散迁移的丰富经验，来研究污染物从污染源向周围环境扩散迁移的规律，更可以通过地球化学填图为环境监控提供重要依据。1993～1995年，谢学锦在他所主持的“全国环境地球化学监控网络及全国动态地球化学图编制”项目中，在同一个采样点上同时采集地表及深层样品，以比较中国大规模工业化造成的环境污染，取得了非常有说服力的资料。他建议这项工作每隔10～20年进行一次，以获得我国环境变化的连续记录，为制定环境治理对策提供依据。

7. 编制76种元素地球化学图集

谢学锦认为，人类生存所依赖的地球环境，是由元素周期表中的所有元素组成的，了解周期表中所有元素的空间分布情况，探索找寻巨型矿床与利用新型资源的可能性，分析所有元素的空间分布规律及与人类生存环境之间的关系，将为人类更好地认识自然、利用自然并与自然协调相处，提供最基础的信息。正因为如此，国际地球化学填图计划（IGCP 259/360）于1995年作出了新的规定：今后的地球化学填图须分析周期表内绝大部分元素（71种），痕量、次痕量元素的检出限必须降至地壳丰度值以下，并通过严格的质量监控使数据可以进行全球对比。

我国的区域化探全国扫面计划除只分析了39种元素（不到规定的71种）外，其他方面都符合IGCP 259/360的要求，并且在矿产勘查方面取得了举世瞩目的成功，因而一直在世界上享有无可争议的领先地位。欧洲26国的FOREGS计划虽然分析了69种元素，但并未遵照IGCP 259/360的要求，用IGCP 259/360建议的标准化监控系统来监控分析质量。

谢学锦决心要进行一项人类历史上前所未有的工程，了解周期表中除人工元素和气体以外的几乎所有元素在中国大陆表层的分布情况，编制全国76种元素的地球化学图。作为试点，谢学锦充分利用我国区域化探全国扫面计划在西南五省区市中采得的数以百万计的样品，将每个1∶5万图幅（约400 km^2）内的样品组合成1个组合样，分析其中76种元素的含量，编制出了我国西南五省区市76种元素的地球化学图集（总面积达134万多平方公里，相当于法国、西班牙和意大利三国面积之和）。这一空前创举将持续进行下去，它不仅会进一步巩固中国地球化学填图在全世界的领先地位，大力推动各国地球化学填图工作的发展，而且会对环境、资源和基础理论的研究产生重大影响。继西南五省区市之后，南方八省76种元素地球化学图集的编制也已经完成。

为加强全球地球化学填图的研究，谢学锦正努力促成在河北廊坊的中国地质科学院地球物理地球化学勘查研究所内建成全球尺度的地球化学研究中心，根据分形自相似规律编制全球地球化学图。

8. 全球地球化学填图研究

谢学锦准确地认定世界各国已经进行的数十个地球化学填图计划普遍存在缺陷的关键问题是分析问题。他在80年代末90年代初先后两次主持了“国际地球化学填图中的多元素分析问题”的讨论，先后三次作了题为“Analytical Requirements in International Geochemical Mapping”（国际地球化学填图对分析的要求）的学术报告，并最终写成文字发表在1995年5月的*Analyst*上。他指出“国际地球化学填图中……痕量和超痕量元素的检出限应当低于它们的地壳丰度值，以使这些元素的地球化学图能提供更多的信息。应当采用统一的数据质量监控方案和合格的参考物质，使不同填图计划取得的数据在全球可以进行对比。应当制订出能够达到这些要求的多方法、多元素分析方案。这样编制出的地球化学图对监测地球环境和评估世界矿产资源会具有极大的价值”。他与其他国家10位科学家共同撰写的IGCP 259的总结报告*A Global Geochemical Database*（《全球地球化学数据库》）大量列举了中国地球化学填图的进展与成就，并吸收了他在上述几次报告和文章中的思想及所提出的具体规定。这些思想及规定对国际地球化学填图方法的标准化产生了巨大的影响。

鉴于世界各国都用标准化方法进行工作，完成全球地球化学填图需要几个世纪的时间，为早日了解周期表中大部分元素在人类生活的地球表层的分布情况，1987年，谢学锦与芬兰的A. Björklund和挪威的B. Bølviken一起提出了一项建议，将全球大陆划分为5000多个160 km×160 km的方格，以每个方格一个组合样品覆盖全球大陆，分析其中71种元素的含量，尽早编制出反映其在全球大陆表层分布情况的全球地球化学图来。这个建议使用的1个组合样25600 km^2的采样密度使许多科学家大为吃惊，但这项建议最终得到了国际地质对比计划（IGCP）执行局的批准立项，成为IGCP 360“全球地球化学基准”（Global Geochemical Baseline）项目。

在这5000多个格子中取什么样的组合样才能具有代表性呢？这是一个有争论的问题。

谢学锦发现，中国环境监测总站依据4000多件土壤样品制作的中国土壤的元素含量分布图与区域化探全国扫面计划所取得的数以千万计的数据制作的图件非常相似。他将这4000多件样品先后抽稀到800件和400件，结果所作出的图件仍然惊人地相似。1990年，谢学锦在布拉格的国际地球化学填图会议上展示了这些图件，引起了与会学者的轰动。

为什么会这样呢？谢学锦苦苦思索着这个问题。他最终断定他们所采集的土壤样品是泛滥平原沉积物，是洪水泛滥期间从面积达数千甚至数万平方千米的汇水盆地上游冲下来的，是经过洪水充分混匀的上游物质。想分析这样的物质来追索上游矿床的具体位置当然毫无用处，但却能够很好地反映整个汇水盆地的元素平均含量，这对于研究地球上存在的那些巨大的地球化学模式具有极大的价值。他据此指出，泛滥平原沉积物是全球极低密度地球化学填图的最佳采样介质，引起了各国学者的浓厚兴趣。

为了证实泛滥平原沉积物作为全球极低密度地球化学填图采样介质的可行性，谢学锦在中国进行了试验：在全国范围内采集了529个泛滥平原沉积物样品。根据其分析结果编制的地球化学图与根据全国区域化探扫面20年间采集的500多万个水系沉积物样品的分析结果所编制的地球化学图竟惊人地相似。以此证明了这种极低密度的泛滥平原沉积物采样是迅速得到地球表面广大地区地球化学概貌的一种花费相对少的可行办法，为将泛滥平原沉积物作为极低密度全球地球化学填图的采样介质提供了范例，从理论上和实践上为以极低密度的泛滥平原沉积物采样分析结果编制全球地球化学图奠定了基础。

1998年，谢学锦应邀在香港召开的第一届亚洲太平洋地区环境地球化学大会上作了题为“Global geochemical mapping and its implementation in the Asia-Pacific region”（全球地球化学填图及其在亚洲-太平洋地区的实施）的主旨演讲，并经整理后于2001年发表在*Applied Geochemistry*上。该文指出亚洲太平洋地区地形复杂多变，要在相当短的时期内以较低的费用获得地球化学概貌，最现实的途径是进行泛滥平原沉积物测量。这篇文章的发表促成2001年5月21～26日在北京举办了有CCOP秘书处及成员国、协作国和阿根廷共11个国家的17名外国专家和国内近40名专家参加的“区域地球化学勘查研讨班”，并取得了巨大的成功。谢学锦和他的学生及同事在研讨班上全面介绍了中国的做法和经验，引起广泛的兴趣。

为加快全球地球化学填图的进程，挪威地质调查局和挪威水资源委员会于 2004 年 6 月在奥斯陆举行了一次国际地球化学填图会议，特别邀请谢学锦作报告。会议决定采用谢学锦的办法，在全球各大流域采集泛滥平原沉积物，拟用大约 3000 个样品覆盖全球大陆，以期尽快制作出全球的地球化学图来。这将为概括地了解全球资源的分布和环境状况提供可靠的基础资料。

在谢学锦的指导下，哥伦比亚、巴西、南非、哈萨克斯坦等国正与我国合作，进行各自国家的地球化学填图。至今已有来自亚洲、非洲地区 20 多个国家的专家前来了解中国地球化学填图的做法和经验，全球地球化学填图正在谢学锦的推动下快速向前发展。

三、谢学锦主要论著

谢学锦，徐邦梁. 1953. 铜矿指示植物海州香薷. 地质学报，32（4）：360-368.

谢学锦. 1979. 区域化探. 北京：地质出版社.

Xie X J，Sun H Z，Li S F. 1981. Geochemical exploration in China. J Geochem Explor，15（1-3）：489-506.

Xie X J. 1990. Some problems，strategical and tactical in international geochemical mapping. J Geochem Explor，39（1/2）：15-33.

Xie X J，Wang X Q. 1991. Geochemical exploration for gold：A new approach to an old problem. J Geochem Explor，40（1-3）：25-48.

Xie X J，Yin B C. 1993. Geochemical patterns from local to global. J Geochem Explor，47（1-3）：109-129.

谢学锦. 1995. 用新观念与新技术寻找巨型矿床. 科学中国人，5：14-16.

Xie X J. 1995. Analytical requirements in international geochemical mapping. Analyst，120：1497-1504.

Xie X J. 1995. The surficial geochemical expressions of giant ore deposits//Hodgson C J，Clark A H. Giant Ore Deposits II. Kingston：Queen's University：479-492.

Xie X J，Cheng H X. 1997. The suitability of floodplain sediment as a global sampling medium：Evidence from China. J Geochem Explor，58（1）：51-62.

谢学锦. 1998. 战术性与战略性的深穿透地球化学方法. 地学前缘，5（2）：171-183.

谢学锦，邵跃，王学求主编. 1999. 走向 21 世纪矿产勘查地球化学. 北京：地质出版社.

Xie X J. 1999. Empirical prospecting，scientific exploration and information exploration. J Geochem Explor，67（1-3）：97-108.

王学求，谢学锦. 2000. 金的勘查地球化学：理论与方法·战略与战术. 济南：山东科学技术出版社：451.

Xie X J，Cheng H X. 2001. Global geochemical mapping and its implementation in the Asia-Pacific region. Appl Geochem，16（11-12）：1309-1321.

谢学锦，刘大文，向运川. 2002. 地球化学块体——概念和方法学的发展. 中国地质，29（3）：225-233.

谢学锦，邵跃. 2002. 地球化学岩石测量的工作方法与解释推断方法//谢学锦等. 面向 21 世纪的应用地球化学——谢学锦院士从事地球化学研究50周年. 北京：地质出版社：10-49.

谢学锦，周国华. 2002. 多目标地球化学填图及多层次环境地球化学监控网络——基本概念与方法. 地质通报，21（12）：809-816.

谢学锦. 2003. 全球地球化学填图. 中国地质，30（1）：1-9.

Xie X J，Liu D W，Xiang Y C，et al. 2004. Geochemical blocks for predicting large ore deposit—concept and methodology. J Geochem Explor，84（2）：77-91.

主要参考文献

王恒礼，王子贤，李仲均. 1989. 中国地质人名录. 武汉：中国地质大学出版社：223-224.

中国科学院兰州文献情报中心，中国科学院地学情报网. 1990. 中国科学院地球科学家名录. 兰州：甘肃科学技术出版社：451.

文乐然. 2002. 战略眼光、想象力、洞察力、超前意识与技术突破——谢学锦院士的科学思维特色//谢学锦等. 面向21世纪的应用地球化学——谢学锦院士从事地球化学研究50周年. 北京：地质出版社：503-510.

张立生. 2003. 谢学锦院士传略//张立生，王学求主编. 奋斗的人生 辉煌的事业——祝贺谢学锦院士80寿辰暨中国勘查地球化学50周年. 北京：地质出版社：389-397.

张立生. 2004. 谢学锦//中国科学技术协会编. 中国科学技术专家传略·理学编·地学卷3. 北京：中国科学技术出版社：557-576.

撰写者

张立生（1940～），四川简阳人，研究员，长期从事矿床地质-地球化学研究和地质学史的研究。《奋斗的人生 辉煌的事业——祝贺谢学锦院士80寿辰暨中国勘查地球化学50周年》第一主编。

於崇文

於崇文（1924～），浙江宁波人。地球化学动力学家、矿床地球化学家。1995年当选为中国科学院院士。1950年毕业于北京大学地质学系。中国地质大学一级教授。1950年至今，先后任教于北京大学、北京地质学院、中国地质大学。历任地质矿产部科学技术高级顾问、国土资源部地质调查局顾问、地质过程与矿产资源国家重点实验室顾问、中国矿物岩石地球化学学会常务委员、顾问等。在我国系统全面地引进数学地质的理论和方法，出版专著《数学地质的方法与应用——地质与化探工作中的多元分析》，促进了地质科学的定量化。以耗散结构理论为基础提出了“区域地球化学”理论，出版了《南岭地区区域地球化学》专著，发展了区域地球化学分支学科。在我国率先研究“成矿作用动力学”，开拓了矿床成因理论的新领域，出版了《成矿作用动力学》等专著。近年来，提出“矿床在混沌边缘分形生长”的成矿系统复杂性理论并出版了同名专著，是矿床成因理论的重要突破。提出地球科学的复杂性理论，出版了《地质系统的复杂性》专著，使地质科学从唯象科学向精确科学跨越，并将它应用于中国东部区域与深部地球动力学及成矿系统复杂性研究。发表学术论文60余篇，出版专著8种。获国家科技进步奖二等奖（1988），第一届中国出版政府奖图书奖提名奖（2007），全国优秀科技图书奖二等奖（1990），地质矿产部科技成果奖一等奖（1988）、二等奖4项（1985，1990，1997，2003），李四光地质科学奖（1991）等。

一、简　历

1924年2月15日，於崇文生于上海市一个寻常人家（祖籍浙江省宁波市）。父亲是纱厂的一名会计，母亲年轻时曾为纱厂女工，后来操持家务。他出生在1919年的五四运动之后，又生活在文化教育水平较高的上海，从小学到初中，接受了德、智、体、美、劳全面发展的启蒙教育，即现在所谓的“素质教育”。通过老师和家长的言传身教和潜移默化，於崇文要求自己分辨真伪、善恶和美丑，并且为人处世必须认真、求实和准确。

高中阶段，於崇文在上海的南洋中学求学，接受了科学技术与人文学科并重的坚实的中学基础教育。该校的教育传统以数、理、化、生等基础自然科学为重点，高二前用中学课本，高三用大学教材，均为英文版教科书。国文课涵盖四书五经、唐宋八大家古文和现代文学。英文课包括文法、修辞学、英国文学、现代英语、会话、作文和中英文互译。20 世纪初，特别是抗日战争前夕，上海既是中西方文化交汇之地，又是各种思想、文艺激烈交锋的战场。同时，苏联的政治书籍和文艺作品也纷纷输入上海。总之，三年高中学习，使他初步奠定了广泛的学术基础，培养了自学的能力。

1937 年抗日战争爆发，上海沦陷，作为青年人，於崇文深感压抑和苦闷。1943 年高中毕业后，他离开上海，辗转八省，长途跋涉，奔赴重庆，投考大学，被西南联合大学和中央大学录取，最后他决定去西南联大上学。西南联大是北大、清华和南开三大名校联合组成的，名家荟萃，号称“民主堡垒”。他有幸在西南联大艰难困苦而又令人奋发向上的校园环境中度过了影响深远的两年学习生涯，其中包括身临其境、震惊中外的“一二·一”反内战、争民主的学生运动。於崇文受到了深刻的爱国主义、政治民主教育和学术自由思想的启迪。1945 年八年抗战取得伟大胜利，1946 年西南联大复员北上。考虑到北大地质学系享誉国内外，於崇文决定进北大继续学习。北大培养了他独立思考、自由探索的思想和作风，影响了他的一生。

1950 年，於崇文从北京大学毕业，先后任教于北京大学、北京地质学院和中国地质大学。大学期间他听到一位地质学界的前辈说：地质学是不科学的科学。这种似是而非的说法和他当时对于科学的认识格格不入，使他难以接受。从此他下定决心，以地质、成矿系统为依托，在教学和科研工作中致力于将数学、化学、物理学、非线性科学及复杂性理论与地质科学相结合，促进地质科学由唯象科学向精确科学跨越，先后开拓出五个创新的学术领域。

在半个多世纪的生涯中，有三段经历分别在教学、科研和政治生活方面对他有纪念意义。毕业刚三年他就晋升为讲师，开设结晶学和矿物学两门专业基础课，实行“自导、自编、自印、自演”。所谓“自导”是指自行选定教学内容；“自编”是指自己编写教材讲义；“自印”是指自己刻写钢板、自推油印机印讲义；“自演”是指自己讲课自己辅导。当时我国政治上向苏联一边倒，从教学体制到教学内容、教学方法一概向苏联学习。于是，於崇文白天工作，晚上突击学习俄语，短期内基本掌握了语法和专业词汇，并尽力将苏联的地质专业知识吸收到教学内容中去，以达到将西方和苏联学术专长兼容并包的目的。在开课的一年教学期间，他经常是在通宵不眠、开夜车中度过的。一夜未睡，凌晨刚印完讲义，就从端王府夹道登车赶往位于沙滩的北大地质馆讲课。回想当年，一个人竟有如此之大的精力，他自己也感到吃惊。

20 世纪 50 年代，他因学习苏联和“向科学进军”受到表扬；继而又在“红专辩论”中因走“白专道路”和“知识资本论”而受批判；并在 1958 年大跃进时被“拔白旗”。正、反对比引发了他的思考，建立了他为科学事业献身的信念。

1969 年，於崇文被下放到“五七干校”劳动，想到今后扎根农村，书籍已成无用的多余之物，就下狠心将近 20 麻袋的外文专业书籍当废纸卖掉，奔赴农村。其间，他老老实实从事体力劳动，改造思想，组织上还让他数次作学习毛主席著作、自我改造的报告。当泥瓦工时，他向工人师傅学习“横平竖直”的要领，打土坯烧砖砌墙造住房。插秧、种地时，向农民学习“干根湿芽”的要领，并经过不断改进，取得了将发芽周期从 35 小时缩短至 24 小时的佳绩。因工作需要，参加教改和教育革命时，他在闽南地区的主要矿山进行地质调查和考察，理论联系实际，编写教材，和地质队的工人同吃、同住、同劳动，向他们传授有关矿产资源的地质知识。

1972 年，於崇文从干校归队返校。当时，他觉察到多元统计分析研究正在国内兴起，决心组织人力将其引入地质科学。于是选择某地的镍矿床为研究对象，从野外地质、室内鉴定分析、计算机数据处理，直到实现地质学与多元分析相结合的地质数学研究。为了搜集国内外的最新文献资料，他在北京各大图书馆和科技情报所，骑着自行车巡回往返，数年时间里，行程累计不下六七百公里。那时图书馆门可罗雀，读者寥寥无几。没有复印设备，他就连续去图书馆数十次，将重要的专著抄写成数厚册。野外采集的标本样品，从碎样加工、光谱摄像、显影、读谱，直到取得高质量的完整数据，他们全都亲自动手。为进行计算机的数据处理，他奔走于北京和河北正定之间，从编制多元分析的计算机程序到实现运算，一气呵成。完成研究成果、总结经验之后，又立即为冶金部开办化探电算训练班，为生产单位培养出一批用数学地质方法处理化探数据的技术骨干，将研究成果转化为生产力，然后又将这些成果和经验在理论上加以拓宽和深化。经过四年时间，他终于完成了 942 页 145 万字的专著，将多元统计分析系统全面引入我国，为我国地质科学的定量化研究起到了相当大的推动作用。

最近，在地质系统复杂性研究的基础上，於崇文正在进一步进行“区域与深部地球动力学及成矿系统复杂性”研究，为发现新的矿产地，为危机矿山寻找后继资源而努力。回顾自己一生的学习和工作，他归纳成 16 个字：学习思考，锲而不舍，探索创新，攀登不息。

二、主要科学研究领域和成就

（一）治学思想与理念

地质科学是在 15 世纪中叶从西方产生和发展起来的。中国古代地质知识的兴盛期是春秋、战国时代和宋、明两代。中国的现代地质科学是在18世纪中期从西方引进的。新中国成立以来地质科学获得很大发展，它的应用为国家的经济建设和社会进步做出了重大贡献。然而，其基础研究的现状在现代自然科学基础和高新技术的层次上，还落后于世界科学技术的前进步伐。

於崇文从事地质科学的教育和研究，半个多世纪以来将数学、化学、物理学、非线性科学及复杂性理论与地质科学相结合，长期探索地质现象的本质和地质科学的基础问题，逐步认识到基础研究和应用基础研究的程度是一个国家科学发展水平的主要标志。他认为自然科学的研究程度由浅入深可以分为以下四个层次：①将观察所得的经验事实进行总结；②将基本现象进行归纳和演绎，并形成唯象理论；③上升到具有普适性和包容性的基础理论和方法论；④抽象为数学的形式体系和哲学思维。

他认为，国内外的地质学研究不少是在第二层次上。一些研究成果在观察的经验事实方面较前人工作可能有所补充或更新，然而在基础理论和方法论上仍缺乏创新，大体在同一水平上重复，本质上还是徘徊于“必然王国”之中。因此，无论是国际还是国内地学界所面临的迫切任务就是要努力将地质科学的研究水平从第二层次提升到第三层次，甚至第四层次，实现从唯象科学向精确科学的跨越、从“必然王国”到“自由王国”的飞跃。

1. 地质作用与时-空结构是一切地质现象的本质与核心

地质科学的研究对象和内容大体上可以划分为四大基本范畴，即：①地球物质的成分与结构；②地质作用；③地质学场；④地质系统的演化。四者之间存在如下的辩证关系。

地球物质及其运动是客观存在、是第一性的。地质作用是地球物质的运动，它既不能脱离时间，又不能超越空间。地质作用的时间演化具有一定的规律性，即“时间结构”；地质作用的空间展布也有一定的规律性，即“空间结构”。地质作用和时-空结构三位一体，相互耦合，不可分割，而地质作用（即地球物质的运动）则是第一性的。

地质作用与四维时-空的紧密交织构成了地质作用与时-空结构，反映了地质事件的发生与运行机制及其时-空定位。地质作用与时-空结构是一切地质现象的本质与核心，它是人们认识和研究地质现象的重要自然哲学理念。

2. 时-空对偶性和时-空标度不变性（标度律）

（1）时-空对偶性。时间和空间的关系是自然哲学的根本问题，也是人类在认识自然的过程中长期面对的重大问题。对于地质科学而言，地球作为一种星体存在于浩瀚的宇宙空间已经经历了45亿年以上的漫长时间跨度。地质作用与时-空结构的深化涉及时-空的本性和现代时-空观。时间具有不对称性和单向性。时间之箭指向前进的方向、指向未来。时间的进程一往无前，但从“已然”至“将然”之间的全过程却瞬息万变，时-空斑图具有多样的复杂结构。

时-空关系问题在认识论上涉及“内在”和“外在”的关系，而后者在历史上又进一步被深化为笛卡尔的理性主义和培根的经验主义。笛卡尔将“内在”和“外在”看作矛盾对立的两方面，将它们截然分割开来（即所谓“笛卡尔分割”），因而出现了所谓“内在、外在二分（对立）论”。但是从现代的认知科学来看，内在和外在之间的所谓“分割”、“界面”、“区分”或“过滤”等二者之间的关系是一种“转变”关系。这种从内在向外在的转变是一种“客观化过程”，这种客观化揭示了二者之间的关系并不是简单的二分和对立，实质上是一种辩证统一的“对偶性”（又称“两重性”）。这种对偶性包括内在和外在，主观和客观，内省和外延（内省实体，外延实体），经验和理性以及具体和抽象。

就时间和空间的关系而言，时间和空间具有辩证统一的对偶性（两重性）。“时-空对偶性”（或“对偶时-空”）的实质是“时-空对立统一的互补关联”的本质属性。

从观察和操作的经验层次上可以得出如下结论：一切可以想象的观察活动最终归结于作为系统的结构性质的空间位置，对于时间的观察和测度最终归结为某一种空间模式识别方法。总之，以空间和时间表示的外在事实是由外在和具体（操作上）的空间给出。

（2）“时-空几何学”对于时-空对偶性的诠释。现在从观察和操作的经验角度，用“时-空几何学”和“时-空图解”对时-空对偶性作进一步的诠释。H. Minkowski（1908）曾用“时-空图解”（世称“Minkowski geometry”）来解释爱因斯坦相对论中的时-空关系，嗣后发展成“时间几何学”或“时-空几何学”。在作解释之前，先说明四个要点：

一是“事件”。一个“事件”是发生在一定时间和一定地点的某个事物。例如，沿着一条直的铁轨运行的火车。

二是事件在“时-空图解”中的“大小”。通常，一个事件用一个在整个时-空图解的尺度上小的“区域”来表示。但是为了对时-空图解进行更抽象、从而更本质的概括，将“区域”压缩成几何学的“点”。

三是参考系（统）。在“时-空图解”的适当参考系中，用两个区域（点）的水平间隔表示事件的空间间隔，而用图解不同部分的垂向间隔表示事件的时间间隔。

四是空间维数。为简单计，只考虑一维空间，我们考虑所有的事件均沿着一条直的轨道发生。实际上，许多重要现象的相对运动只涉及一维空间。

在时-空图解中，一个点可以代表一个事件，也可以代表若干重合事件。所谓“若干重合事件”是指发生在同一时间和同一地点的两个或两个以上的事件。这种重合现象称为“时-空重合”。图解中不同的点代表不同的事件，它们发生在不同地点、不同时间，或者不同地点和不同时间。

於崇文认为可以研究一种重要情况：即所有事件的集合发生在任一时刻而只占据一个空间点。所有这些事件的整体在图解上用一条连续的线“时-空线”表示，而个别事件或者重合事件则是线上的“时-空点”。这一条线表示了对象的整个历史，它被称为对象的“世界线”或者“时-空轨线”。

由此他认为，研究任何一种物质运动，最终归结为对于“时-空轨线”的考察。在地质学上，地球物质运动的历史表现为各种“时-空剖面线”。时-空剖面是特定区域中“地质作用与时-空结构”的综合体现。

（3）时-空标度不变性（标度律）。爱因斯坦的广义相对论指出，时间和空间是一体化时-空结构的两个方面，它们藉物质的运动而联结在一起，并且认为一体化的时-空结构是弯曲的，时-空曲率决定于宇宙中物质的分布，时-空域内的物质密度越大则时-空曲率也越大。广义相对论原理可表述为：“物理学的定律必须能应用于任一状态的坐标系”。坐标系的状态包括原点、轴、单位和分辨率四方面。广义相对论只将上述原理应用于时-空坐标系的位置（原点、轴）和运动状态，而并未涉及单位和分辨率状态。因此广义相对论适用于运动定律，是一种“运动相对性原理”。

自然界中存在普适性的标度律。Nottale（1993，1997）根据自然界中长度和时间标度的相对性，将时-空分辨率定义为坐标系的标度状态，即分辨率状态，从而由相对论引申出“标度相对性原理”（theory of scale relativity）：“物理学的定律必须能应用于任一标度状态的坐标系”。标度相对性理论论证了自然界从微观物理学的微标度历经复杂自组织系统的中标度直至宇宙学的巨标度中标度相对性的存在性。标度相对性原理引申出的一个重要结论是对于时-空结构进行了深刻的修改与补充。在广义相对论中，时-空是弯曲的，而在标度相对性原理中，时-空是分形的，或称“分形时-空”，即时-空具有分形结构。

时-空分形结构的另一个物理根源则是自然界的基本不可微分性。二者殊途同归。量子力学中的一个微粒的路径可以用一条连续而不可微分的曲线来描述。由量子微粒运动轨迹的不可微分性可以推知时-空是不可微分的。当标度越来越小时，不可微分几何无休止地展示出它新的细部。当分辨率趋于零的极限时，一个不可微分的分形空间之曲率不断增大，直至无穷大。不可微分的分形可以由一族可微分曲线的极限来构筑。由此可以得出结论：不可微分性意味着时-空对标度的显式依赖，即时-空的标度不变性（scale invariance of space-time）。因此分形时-空实质上就是时-空的基本不可微分性在结构上的展现。混沌是分形的一种不规则的表现形式，与分形时-空相对应则有混沌时-空。除此而外，还有与混沌边缘相对应的弱混沌的相干、准规则结构。

（二）研究理论与方法

为了实现“地质作用与时-空结构”这一自然哲学理念，於崇文提出了由浅入深、由静态到动态三个层次的理论与方法：

用平衡、可逆过程热力学研究地质作用，并分别用概率论中的随机过程（马尔可夫过程）和随机场（地质统计学）理论和方法研究时间和空间结构。这是静态的地质作用与时-空结构。

用非平衡、不可逆过程热力学研究地质作用，并用非线性、非平衡热力学中的耗散结构理论研究时间和空间结构。这是准动态的地质作用与时-空结构。

用非线性、不稳定系统动力学研究地质作用，并用复杂性科学中的分形与混沌、孤子和相干结构以及斑图及其形成与竞争的理论与方法研究时间和空间结构。这是复杂、不稳定系统动力学的地质作用与时-空结构。

他提的理论和方法分别概述如下。

1. 多元统计分析理论与方法

“多元分析”（multivariate analysis）是数理统计学的一个分支，它研究相依变量的集合和个体之间的相互关系。多元分析要求通过对多元数据集合的研究达到下列主要目的：简化结构，进行分类，组合变量，分析相依性和依赖性。

经典物理学主张严格的决定论，认为任何一个系统一旦知道了它的初始状态，即可根据普遍的物理学定律，推导出它随条件变化的规律。概率论则认为客观世界中还存在随机性和偶然性的另一种物理规律。有序和无序、确定性和不确定性以及必然性和偶然性是认识论和哲学上的一个根本问题。近代理论物理学研究证实，确定性和随机性之间不是对立的而是互补的，二者在说明物理世界的本质中都起着基本的作用。在确定性和随机性的复杂联系之中，正在萌生着新的自然法则。

所谓“过程”就是一个物质系统的状态随时间的转移。近年来国内外的研究表明，对于各种地质过程，体系状态的转移（即过程的发展）往往受概率规律的控制和支配，并且体系的现时状态又只能继承前一时刻的状态而与其以往的历史无关，因而又是一种对历史“无记忆”的马尔可夫过程。这种过程必然具有向前发展和演化的特征。任何一个地质过程的时间参数总是连续的，它的状态空间也是连续的，但过程的进行往往是不平稳的。这就是说，地质过程往往是“连续参数非平稳马尔可夫过程”。但是人们可以近似地用离散参数平稳马尔可夫过程理论来研究地质过程的演化。

马尔可夫过程适用于时间序列。在实际地质过程中，有时可以直接确定时间序列，有时只能间接地用距离量纲代替时间量纲。但只要空间序列有类似马尔可夫性质的关系存在，仍然可以应用马尔可夫过程的理论进行研究。这种既适用于时间序列又适用于空间序列的马尔可夫性概率模型统称为“马尔可夫概型”。应用马尔可夫概型研究实际地质过程所取得的重要结果揭示了它具有随机性和结构性的双重属性。

由于矿物、岩石中的原子间距与地质体的规模相比甚小，因此可将地球物质视为连续介质。在局域平衡下，人们可以用宏观参数的场来描述连续介质非平衡状态的变化。这些状态参数（“区域化变量”的数量、矢量和张量）依赖于时间和空间，是时-空的函数，称为“场量”。因此地质区域是一种“地质学场”。地质学场具有随机性和结构性的双重属性，是一种随机场。人们应用随机场的理论和方法——地质统计学（geostatistics）研究地质作用的空间展布，揭示其空间结构。任何一种地质现象（比如矿化现象）可以用“区域化变量”的空间分布来表征。区域化变量是空间上的一个数值函数。区域化变量的空间分布具有随机性与结构性的双重性质。所谓“结构性”是指区域化变量值之间的空间自相关。可以以地质现象（比如矿化）的空间结构（空间相关）为基础，以区域化变量为核心，以变异函数为基本工具，运用随机函数来研究和揭示区域化变量空间分布的随机性与结构性的双重性质与规律。

2. 非平衡、不可逆过程热力学和耗散结构理论

在20世纪50～60年代，於崇文用化学元素和同位素组成研究地质-成矿系统的物质组成和结构，并且突破了将平衡、可逆过程热力学应用于地质学的传统，尝试用非平衡、不可逆过程热力学研究成岩、成矿过程。在20多年的实践中，他认识到平衡是暂时的、局部的和相对的，而非平衡则是永恒的、全局的和绝对的。自然界的系统和复杂的环境相联系，二者之间进行持续不断的物质、能量和动量交换，时刻受到来自环境的扰动，同时系统的内部又不断自发产生涨落，因此不会在时间的推移中永远停留在静止的平衡状态。一个地质区域通常由于曾经历过沉积作用、岩

浆活动、构造运动、变质过程和成矿作用以及表生的风化、剥蚀和生态变化等作用的复杂历史，因此从全局和整体看来，它经常处于偏离平衡、甚至远离平衡状态。“局域平衡”或“部分平衡”可能存在，然而是局部和暂时的。平衡反映为静止状态，在自然界中长期的、绝对的静止难以维持、甚至不可能存在。非平衡则是变化之源，也是物质运动的原动力。非平衡所引起的状态转移包含着动力学的机制或历程。非平衡、不可逆过程热力学通向动力学，二者息息相通。

在平衡热力学中，热力学力（广义力）和热力学流（广义流）均消失，因此在平衡系统中只出现平衡热力学结构。在线性非平衡热力学中，未消失的流是力的线性函数。Onsager 原理（动力学系数对称性原理）建立了交叉现象的动力学系数之间的倒易关系。普利高津的最小熵产生原理指出：当外部条件使系统偏离平衡时，非平衡定态对应于最小熵产生，因而系统在此条件下出现非平衡定态。非平衡定态的稳定性准则是“超熵产生”必为正。超熵产生描述了系统呈最小耗散状态时的性质。

在非线性非平衡热力学中，流是力的非线性函数。Glansdorff-Prigogine 定理指出，当系统偏离非平衡定态至某一临界值（不稳定性阈值）（即远离平衡）时，超熵产生变号为负，热力学分支发生分岔，非平衡定态失稳，在超临界区产生“耗散结构”。这是开放系统远离平衡时由于能量耗散而产生的一种新的有序状态。但在非平衡的非线性区，至今尚未找到一种热力学函数借以描述耗散结构的性质。因此非平衡定态结构的不稳定性阈值实质上标志着热力学有效范围的上限，超过这一极限就进入动力学区。

20 世纪 80 年代初，於崇文开始用非平衡、不可逆过程热力学研究成岩、成矿过程，并用耗散结构表示地质系统的时间结构和空间结构，又进一步以耗散结构理论为基础，提出了一种“区域地球化学理论”，进行南岭地区区域地球化学研究，并出版了专著《南岭地区区域地球化学》(1987)。

这种理论在时间上将地质作用的演化视为多重、多阶耗散结构的时、空重叠，并以此阐明地质作用的演化与时间结构。热力学分支的相继分岔和相应的非平衡定态的相继失稳将“历史”引入了地质科学。在空间上，他们应用耗散结构理论阐明成矿区域形成与发展的原因与机制。当成矿作用发生于有界介质时，开放的地质子系统在边界条件的约束下可以远离平衡，并形成局限于自然边界的“局域化耗散结构”。自然边界正处于区域性的近平衡定态与局域性的远离平衡态的分界处。自然边界为局域空间内的非线性反馈创造了有利条件，促进了不可逆成矿过程的发生和矿床及成矿区带的形成。

3. 广义地球化学动力学

鉴于目前国内外均将化学动力学（kinetics）和动力学（dynamics）划分为两个学科，而在地球化学的实际研究和应用中二者兼而有之，不宜截然分割。於崇文根据不可逆过程热力学中某一体系的单位体积的熵产生率等于与各种不可逆过程相联系的单位体（或面）积的流（速）和引起这些流（速）的（动）力的乘积之和，并且在这些（动）力的作用下，各种不可逆过程才得以自发地进行的原理，提出了广泛适用于地球化学作用的广义动力学定义："在广义（动）力的驱动下各种不可逆过程（力学、物理学、化学、生物学、地学）进行的速率、机制和全过程"。这里，所谓"广义（动）力"是指温度梯度、浓度梯度、速度梯度和化学反应亲和力。在不可逆现象中，温度梯度（力）引起热流，从而产生热传导；浓度梯度（力）引起物质流，从而产生扩散；速度梯度（力）引起动量流，从而产生黏滞流；化学反应亲和力（力）引起化学反应速率，从而产生化学反应。

在这一定义中隐含着：平衡热力学严格说来只能研究地球化学体系的状态，而非平衡（或不可逆）热力学则可提供地球化学过程进行速率的定量估计，与动力学息息相通，因而才能真正研究实际的地球化学过程。

上述广义动力学的定义将其研究范围和内容大大拓宽，涉及化学运动、力学运动、电学运动和磁学运动，并涵盖各种地球化学作用。因此於崇文将这种广义动力学称为"广义地球化学动力学"。

他进一步从"广义地球化学动力学"开拓出一个专门适用于矿产资源形成的"成矿作用动力学"的重要学术新领域和现代地球化学的理论体系和方法论。

现代地球化学的理论体系和方法论。将地球化学定义为："地球化学是研究地球以至部分天体物质中化学元素及其同位素的起源与丰度，其中所发生的质量、能量和动量传输、物理和化学转变及其空间分布和时间演化的科学"。这一定义将研究对象从传统的化学元素的原子拓宽为地球化学系统，并将"地球化学系统"界定为"化学元素及其同位素在地球或天体中气、液、固三态的物质载体"。这一定义又将化学元素的迁移拓宽为地球物质的质量、能量和动量传输，物理和化学转变及其空间分布和时间演化；同时指出地球化学系统是复杂的动力学系统，地球化学的任务及其最终目的是探索地球化学系统的复杂性，阐明复杂性的涌现机制和发展规律。这一定义体现了地质学与众多现代基础自然科学的交叉与融合，突破了地球化学局限于地质学与化学相结合的传统观念，体现了物质运动与时-空结构三位一体的现代时-空观以及整体观和系统论的思想。

根据上述思想，他们将地球化学的学科体系分为四个基本领域——地球物质的成分与结构、地球化学作用、地球化学场和地球化学系统的演化。它们具有各自的内在本质——物质、运动、空间和时间以及相应的基础理论与研究方法。

4. 非线性科学与复杂性理论

於崇文对于复杂性科学中的自组织临界性、瞬态混沌、混沌边缘和弱混沌四大前沿领域作较深入的剖析后得出结论，认为以上四者是人们对自然界中开放、远离平衡的耗散动力学系统时-空演化普遍规律的本质的面面观，於崇文进一步将这种普遍规律的面面观整合成以下的统一表述：

“开放、远离平衡和时-空延展的耗散动力学系统通过自组织过程而自发地向有序和混沌之间的过渡时-空域发展与演化，经过临界慢化的瞬态过渡而归宿于自组织临界性。自组织临界性边际稳定而又具稳健性，是系统的全局吸引子，它涌现在混沌边缘。系统在混沌边缘呈弱混沌的规则和混沌并存与混合的运动，并且经由分形生长而形成准规则的相干结构——耗散系统中的‘自孤子’。混沌边缘具有最高度的复杂性、最完善的演化性和最巨大的创新性。系统整体的演化遵循串级、崩塌-间断平衡相交替的分形动力学，并且最终以自组织临界性与混沌边缘为归宿”。简而言之，“开放、远离平衡、时-空延展的耗散动力学系统自发地通过自组织而归宿于自组织临界性和混沌边缘，并且分形生长。”

将上述的论断应用于地质系统，可以作如下的表述：“地质作用的自组织临界过程动力学——地质系统在混沌边缘分形生长”，并称之为“地质科学的复杂性理论”。将以上的论断应用于成矿系统（或矿产资源），则可以作如下表述：“矿产资源自发地通过自组织而归宿于自组织临界性与混沌边缘，并且分形生长”，或者简约为：“矿床在混沌边缘分形生长”，并称之为“成矿系统复杂性理论”。

（三）学术领域与成就

1. 地质科学中的多元统计分析

地质系统具有多组分和多因素以及空间分布和时间演化的特征。大量事实和实践经验表明，人们难以精确地预测突发地质事件的发生与演化，往往只能用概率性模型（$0\leqslant P\leqslant 1$）来研究各种地质现象总体的统计规律。

20 世纪 70 年代初，於崇文用多元分析研究多组分、多因素地质-地球化学系统的数值和几何学特征，在内容上兼容并包了 11 种多元分析方法。此外，还用随机过程（马尔可夫概型分析）研究地质-成矿过程，用随机场理论（地质统计学分析）研究地质-地球化学场，形成了自己的特色。经过8年的工作，完成并出版了专著《数学地质的方法与应用——地质与化探工作中的多元分析》(1980)。

该书内容包括数学预备知识、多元分析方法、计算机程序和地质与化探工作中的应用四部分，将多元分析的理论、方法、计算和应用四方面紧密结合，是我国地学界最系统、最全面的数学地质专著。本书出版以来，被我国高等学校、研究院所和生产单位广泛采用，为生产单位和高校培养了大量数学地质骨干和专门人才；对于我国地质科学向精确科学方向（从定性到定量、从确定性到概率性、从一元分析到多元分析、从观测描述到计算机模拟实验）发展起到了重要的推动作用。

2. 区域地球化学

20世纪40～50年代，不可逆过程热力学（非平衡势力学）从经典的平衡热力学脱颖而出。80年代初，於崇文运用非平衡、不可逆过程热力学研究成岩、成矿过程，并以非线性、非平衡热力学中的耗散结构理论为基础，提出了一种“区域地球化学理论”进行“南岭地区区域地球化学”研究，并出版了同名专著（1987)。这种区域地球化学理论以他本人提出的新的地球化学理论体系与方法论为依据，并以之作为区域地球化学研究和成矿预测的理论基础与基本指导思想。研究工作取得了以下的重要成果：

(1) 提出了新的区域地球化学理论与方法。

(2) 提供了南岭地区各时代地层三大岩类47种化学元素和花岗岩类40种元素丰度的最佳近似值，为该地区积累了基础地球化学资料。

(3) 应用高温高压模拟和动力学实验以及计算机模拟技术，对粤北加里东构造带和古生代沉积盆地的四个典型矿床的矿床地球化学特征进行了综合研究。应用耗散结构理论阐明了粤北地区前燕山期和燕山期花岗岩浆结晶作用的动力学特征，并研究了花岗岩浆侵位后的热传导，建立了成矿作用的化学和热力学模型。

(4) 将“铅构造学”分析和沉积作用-岩浆作用-成矿作用综合时间序列与马尔可夫概型分析相结合对成矿作用的演化与时间结构进行了研究，揭示了粤北地区主要矿种的成矿时代、成矿地质构造环境、成矿物质来源以及成矿作用的演化与时间结构。在此基础上进一步应用耗散结构理论深入揭示了该地区上部地壳地球化学演化的动力学规律，反演和揭示了泥盆纪和石炭纪地层金属含矿性的动力学原因；指出耗散结构的多重性和多阶段性决定了地球化学作用的演化，并将历史引入了地球化学，从而阐明了成矿地球化学作用的动态演变与时间韵律。

(5) 耗散作用的局域化将地球化学场引入了地质学，从而阐明了成矿地球化学分区（成矿远景区带）的形成与发展及其动力学空间模式，并在粤北地区圈定了 21 个金属成矿远景区，既验证了现有矿区又扩大了其外围和深部。

这一成果为阐明金属成矿学、历史地球化学和区域地球化学之间的内在联系提供了新的启示，开拓了新的领域并展示了新的前景，发展了地球化学的“区域地球化学”分支学科。

该研究成果获 1988 年地质矿产部地质科技进步奖一等奖。总项目“南岭地区钨、铅、锌等有色稀有金属矿床的控矿条件、物质成分、分布规律”获 1988 年度国家科技进步奖二等奖，於崇文为二级专题负责人和主要完成者之一。

3. 成矿作用动力学

20 世纪 70 年代以来，国际上在地球化学研究中出现了一种由热力学向动力学发展的趋势。为了顺应这一发展趋势，於崇文于 80 年代初提出了“广义地球化学动力学”的新定义，并在我国率先将其引入矿床成因和成矿规律研究，开创了“成矿作用动力学”新的学术方向，将矿床成因机制研究从静止和定性的情态提升到动力学水平，从“六五”至“八五”三个五年计划期间，在我国南岭和扬子古陆周缘地区 7 个矿集区完成多个科研项目，取得多项研究成果，并出版了《云南个旧锡-多金属成矿区内生成矿作用的动力学体系》（1988）、《热液成矿作用动力学》（1993）、《成矿作用动力学》（1998）等三本专著和数十篇学术论文，为“成矿作用动力学”的新学术方向奠定了基础，并分别获得了 1990 年、1997 年和 2003 年度地质矿产部和国土资源部科技成果二等奖。其主要研究成果为：

（1）系统地提出了新的“成矿作用动力学”的理论体系和方法论，开拓了矿床成因研究的新领域，使矿床成因研究从静态上升到动态，从定性走向定量，对传统的矿床成因理论有新的突破。

（2）应用近代矿物学和元素地球化学方法，研究了成矿物质的来源及成岩、成矿的物理化学条件以及成矿溶液中锡及其他金属的迁移形式。

（3）对岩浆期后阶段的成岩、成矿作用开展了热力学与动力学的实验和理论研究，取得了开拓性的重要进展。

（4）应用输运—反应耦合过程动力学研究了不同类型热液矿床的成矿作用动力学机制，深化了矿床成因理论。

（5）应用物理化学流体动力学和多组分耦合系统动力学理论，揭示了热液成矿分带结构形成的动力学机制，并提出了一种新的热液成矿分带理论。

（6）研究了各种地球化学场的时-空结构，揭示出成矿地球化学场具有空间分形结构和时间分形结构的特征。

（7）在国内首次设计并完成了流体热、质输运-反应动力学的一维和二维模拟软件系统。

4. 地质系统的复杂性

半个多世纪以来，於崇文将基础自然科学和非线性科学及复杂性理论与地质科学相结合，以地质、成矿系统为依托，长期探索地质现象的本质，提出了地质作用与时-空结构是一切地质现象的本质与核心的自然哲学理念，认为地质科学的基本问题是地质系统的复杂性。

（1）提出了地质科学的复杂性理论。在“地质作用与时-空结构是一切地质现象的本质与核心”的自然哲学理念的指导下，对于复杂性科学中的自组织临界性、瞬态混沌、混沌边缘和弱混沌四大前沿领域作了较深入的剖析后得出结论，认为“开放、远离平衡、时-空延展的耗散动力学系统自发地通过自组织而归宿于自组织临界性和混沌边缘并且分形生长”。将以上的论断应用于地质系统，可表述为：“地质作用的自组织临界过程动力学——地质系统在混沌边缘分形生长”，并称之为“地质科学的复杂性理论”。

（2）厘定了地质科学复杂性理论的基本内涵。结合地质科学的四大基本范畴（地球物质的成分与结构、地质作用、地质学场、地质系统的演化），从地质系统复杂性的视角厘定了地质科学复杂性理论的九项基本内涵。

（3）从四大基本范畴的九个重大基础地质问题中凝练出众多基础理论问题。

（4）用复杂性理论和方法对这些基础理论问题进行系统、深入和具体分析。

以上全部内容已以《地质系统的复杂性》（2003）专著出版。

现在国际上对于复杂性的科学研究大多集中于数学理论及其在物理、化学、生物、生命、人脑和社会系统等方面的应用，较少研究地质系统，并且主要涉及地震现象、地壳断裂构造、地幔对流和大气环流动力学等少数领域，工作比较零散。复杂系统研究要求重组科学的现有固定分野，实现跨越不同学科的大整合，从而促进多学科的交叉和融合，并且已经引起认知过程和方法论的深刻变革，推动认知科学的重大发展。“地质系统的复杂性”是当代“地质系统科学”的重要组成部分和重要研究领域，是传统地质科学的创新和发展。对于地质系统的复杂性研究将是21世纪地学发展中居于战略地位的生长点之一，可以对古老而常新的地质科学进行再认识，将重大基础地质问题的研究提高到非线性科学和复杂性理论的层次，实现地质科学从唯象科学向精确科学的跨越，取得突破性进展，并带动相关学科同步发展。

5. 成矿系统复杂性

近十年来，於崇文运用复杂性科学研究矿产资源的形成与发展，提出了“矿床在混沌边缘分形生长”的成矿系统复杂性理论，并出版了同名专著（2006）。他将非线性科学和复杂性理论与矿床地质学、地球物理学和地球化学相结合，在地质系统复杂性理论的基础上进一步深入研究成矿系统的复杂性，获得了“矿床在混沌边缘分形生长”的重要结论。

他提出了“矿床在混沌边缘分形生长”的理论框架和理论纲要，将矿床成因和成矿规律研究划分为五大基本范畴及其七项外延、19项基本内涵以及与它们相对应的诸多非线性动力学特征。后二者构成了对于“矿床在混沌边缘分形生长”命题的客观性的系统和全面的严格论证，足以表明：①上述命题成立，并且它是一种不同于前人的全新的成矿理论；②“矿床在混沌边缘分形生长”是关于矿床成因与成矿规律的一项重要突破。

他们对于扬子古陆周缘和南岭地区七大矿集区近30年的成矿系统动力学与复杂性的研究成果表明，该成矿理论系统深入地研究了成矿的发生、驱动力、过程和演化、动力学机制和时-空结构与定位，使矿床成因和成矿规律研究从定性走向定量，从静态上升到动态，并进一步从“动力学”提升到非线性科学和复杂性理论的层次，从而使矿床学从唯象科学向精确科学跨越。同时，通过矿床范式的研究与实践，指出该理论对于矿床成因与成矿规律的探索及矿产资源的勘查具有重要意义。应用复杂性科学研究矿产资源的形成与发展，在国内外均为创新之举。

该专著获2007年第一届中国出版政府奖图书奖提名奖。

现在於崇文正在继续运用这一理论进行“区域与深部地球动力学及成矿系统复杂性研究”，为发现新的矿产地和为危机矿山寻找后继资源提供依据而努力。

三、於崇文主要论著

於崇文等．1980．数学地质的方法与应用——地质与化探工作中的多元分析．北京：冶金工业出版社．

於崇文，骆庭川，鲍征宇等．1987．南岭地区区域地球化学．北京：地质出版社．

於崇文，唐元骏，石平方等．1988．云南个旧锡-多金属成矿区内生成矿作用的动力学体系．武汉：中国地质大学出版社．

Yu C W．1988．Ore-forming processes and dissipative structures．Acta Geol Sin，1（2）：177-192．

於崇文，岑况，鲍征宇等．1993．热液成矿作用动力学．武汉：中国地质大学出版社．

於崇文．1994．成矿作用动力学——理论体系和方法论．地学前缘，1（3）：54-82．

Yu C W，Jiang Y S，Xiao Z Y．1995．Dissolution/precipitation wave structure of hydrothermal ore zoning．J China

Univ Geosci，6（1）：85-96.

Yu C W，Jiang Y S，Xiao Z Y. 1996. Dynamics of ore-forming processes of the stratabound skarn copper deposits of Tongling，Anhui Province. Acta Geol Sin，9（1）：59-73.

Yu C W. 1997. Theoretical systematics and methodology of contemporary geochemistry//Wang H Z，et al. Proceedings of the 30th International Geological Congress，volume 26. Utrecht：VSP：281-297.

於崇文，岑况，鲍征宇等. 1998. 成矿作用动力学. 北京：地质出版社.

於崇文. 1999. 大型矿床和成矿区（带）在混沌边缘. 地学前缘，6（1）：85-102；6（2）：195-230.

Yu C W. 1999. Large ore deposits and metallogenic districts at the edge of chaos//Stanley C J. Mineral Deposits：Processes to Processing. Rotterdam，Brookfield：Balkema：137-140.

於崇文. 2000. 揭示地质现象的本质与核心——地质作用与时-空结构. 地学前缘，7（1）：2-12.

於崇文. 2000. 地质作用的自组织临界过程动力学——地质系统在混沌边缘分形生长. 地学前缘，7（1）：13-42；7（2）：555-586.

於崇文. 2001. 成矿动力系统在混沌边缘分形生长——一种新的成矿理论与方法论. 地学前缘，8（3）：9-28；8（4）：471-489.

於崇文. 2003. 地质系统的复杂性（上、下册）. 北京：地质出版社.

於崇文. 2004. 多重水力断裂的分形扩张. 地学前缘，11（1）：11-44.

於崇文. 2006. 矿床在混沌边缘分形生长（上、下卷）. 合肥：安徽教育出版社.

於崇文，彭年. 2009. 南岭地区区域成矿分带性——复杂成矿系统中的时-空同步化. 北京：地质出版社.

Yu C W. 2011. The characteristic target-pattern regional ore zonality of the Nanling region，China（Ⅰ，Ⅱ，Ⅲ）. Geosci Front，2（2）：147-156；2（3）：323-347；2（4）：551-569.

主要参考文献

於崇文. 2001. 学习思考锲而不舍，探索创新攀登不息——地球化学家於崇文院士传略//中国地质大学校史编撰委员会编，赵克让主编. 地苑赤子——中国地质大学院士传略. 武汉：中国地质大学出版社：118-131.

撰写者

於崇文。

张培善

张培善（1925～），山东滕县人。矿物学家。1952 年毕业于山东大学理学院地质矿物学系，后作为中国科学院第一届副博士研究生毕业。一生从事地质学、矿物学研究，曾任国务院稀土专家组成员和国家奖励办科技著作评委，国际矿物学会（IMA）矿物分类委员会（CCM）第 13～16 届中国委员。数次主持国家重要科研项目。获国家自然科学奖二等奖和中国科学院奖励多次。他发现了黄河矿等新矿物和新变种十余种。他全面详细研究了我国的稀土矿物，奠定和发展了我国的稀土矿物学研究。他是白云鄂博矿床研究（继铁矿和稀土之后）第三个里程碑——铌钽的发现者。英国岩石学家曾将白云鄂博矿区火成碳酸岩岩墙命名为“张氏岩墙”，日本矿物学家曾将他们在白云鄂博发现的新矿物命名为“张培善矿”，以表彰他对白云鄂博矿物学研究的贡献。他还研究过吉林陨石、陨石矿物和宇宙矿物学，研究过金缕玉衣、殷墟玉器和全国宝石玉石矿物。曾赴英、美、德、奥、保、原苏联等国家进行实地考察、参加学术会议或合作研究，多次参与主持国内、国际专业学术会议，促进中外科技学术交流。出版《白云鄂博矿物学》、《中国稀土矿物学》、《中国稀土地质矿物学》（英文版）等著作 6 册，发表学术论文 100 余篇。培养硕士生、博士生和博士后多名。享受国务院政府特殊津贴。

一、简　　历

1925 年端午节（6 月 25 日），张培善出生于山东省滕县（现滕州）城东南 20 多公里的偏僻山村轩辕庄。父亲是滕县城里关岳庙小学（初级小学）教员。张培善 8 岁时跟随父亲到城里上学，吃住都在学校。高小时，张培善在县城西关外的培英小学念书，因二叔在这里教书，就跟随他在学校吃住。读到高小六年级时，卢沟桥事变爆发，日军顺津浦路南下，家乡即将沦陷，学校停办，便跟随二叔步行回轩辕庄，时为 1937 年秋。

回到家乡不久，日军进犯，为了躲避战乱，全家逃到东山里的亲戚家。数月后，风声渐息，全家又逐渐搬回故里。此后，张培善农忙时帮着干农活，农闲时就跟邻村私塾先生背诵古文。在前途渺茫之际，传说大后方招收沦陷区青年学生且管吃管穿，为了寻求知识、将来报效国家，是张培善当时的愿望。他便跟随父亲的朋友秦大伯，拉着独轮车，伴装成商贩，风餐露宿，徒步七天，来到大后方皖北阜阳求学，时为1942年秋。

皖北阜阳的国立第22中学，校本部设在阜阳城西南的柴集，张培善则进入设在后湖的一分校初四级一班读书。一年过后，一班从后湖调往柴集校本部。处在这个人才荟萃的新环境，他学习了物理、化学、生物等课程，学习热情高涨。

1944年秋，日军占领平汉铁路，切断了学校与大后方的联系，学校决定西迁，师生分批徒步两月，经安徽、河南，过平汉铁路，经鄂西北，到达陕南汉阴涧池铺。经考试后，张培善升入高中部高十级一班。在国难当头之际，传出校方贪污消息，而此时学生伙食每况愈下，衣单被薄，顿时学潮爆发，同学们的怒火汇成洪流，他们冲向校方行政当局进行声讨。在停课旷教之际，张培善曾想转到四川绵阳国立六中读书，但无分文路费，只能是空想一阵。

1945年8月，抗战胜利的消息传到陕南山间小镇涧池铺，国立第22中学的学生可领取复员费自行回山东。张培善和同桌友好魏培经便领取了复员费，西行经汉中而北过秦岭，刚到宝鸡，路费便已花光，无奈之下，他们分头投亲靠友，求借路费，然后继续东行。张培善去了宝鸡旁边的虢镇，跟远亲马表叔东行至郑州，马表叔指点他南下漯河，转临泉长官店山东第一临中继续读书。

据张培善回忆，临中读书的一年是忍饥挨饿的一年，诗曰："安徽临泉长官店，高二生活最艰难，功课学习蛮紧张，饮食营养差甚远，寺庙殿内地作桌，每顿一馍忍饥寒，八人小盆青菜汤，一年过后近视眼。"次年夏天，临中复员山东，至徐州而停下，这里是："徐州南郊三官庙，高三时期临中校，农场房舍暂寄居，学习风气达高潮。"

高中毕业之后，张培善考取江苏省立江苏学院外文系。张培善曾用两首诗形容这段经历："江苏学院外文系，入学报到在谏壁，遥指镇江东南方，江南水乡稻香里。""黄浦江湾是闵行，临江西岸我学堂，英诗选读难弄懂，春夏之交迎解放。"新中国成立后，根据上级指示，外文系和数学系合并到青岛山东大学。

新中国成立后，百废待兴，社会主义经济建设迫切需要开发矿藏资源。于是，张培善申请转到地质矿物学系学习。他穿着一双破布鞋，来到系主任何作霖的办公室，何作霖正在操作偏光显微镜弗氏旋转台，他看了张培善一眼，让他到教务处办手续，转系的事就算成了。

在青岛山东大学，是张培善求学生涯的黄金时代。他求知心切，虽无经济来源，但在刻苦攻读的同时，通过做家教、给教务处刻蜡纸、到青岛市人民政府举办的老干部夜校任教等勤工俭学，克服了经济困难。在学校里，师生间团结，同学间互助，亲如手足，让张培善体会到无比温暖。这正是："山东青岛大学路，地矿系内习矿物，莫道系小人丁少，师生团结多相助。理论实践学并重，尔后工作定基础，埋头耕耘岁月稠，星移斗转知几度。"

1952 年夏，张培善大学毕业，被国家统一分配到北京全国地质工业计划指导委员会专家办公室工作。上级派他去突击学习俄文，数月后回到新成立的编译出版室（后改成地质出版社）。参加工作后，张培善深感个人知识之不足，羽毛不丰满者不足以高飞。1955 年底，他应试考取了中国科学院第一届副博士研究生。翌年春，到中国科学院地质研究所报到。

地质所坐落在沙滩北大红楼旁，他的学术导师是特级研究员何作霖。何作霖先生先为他制订了基本功训练，然后才给他分配具体研究工作。基本功包括：矿物岩石的标本鉴定、岩矿薄片观察、矿物折光率测定、矿物化学定性分析、差热分析、X 光鉴定和岩石磨片技术。经过基本功训练之后，张培善才真正步入科学研究的门槛。

导师何作霖的科学献身精神和优良学风，他的基本功训练和三严作风（严肃、严密、严格），他的亲自教导，促使着张培善不断进步，并逐渐认识到什么是矿物学，该如何研究矿物学，以及矿物学与地学中相邻学科的关系。何作霖为张培善准备了两个选题，其一是白云鄂博稀土矿物研究，其二是北京西山硬绿泥石矿物研究。这两个题目都是导师的强项，都很有意义。当时，考虑到国家的经济建设，张培善选择了前者。

1956 年夏，司幼东先生自苏联学成归来，要对白云鄂博和内蒙古西部伟晶岩进行地质考察，何作霖派张培善跟司幼东学习野外地质工作方法，司幼东成了他的第二学术导师。这期间是张培善羽翼渐丰的大好时光，他不仅学习到许多苏联的先进经验和工作方法，还学习到地质所许多老科学家们的优良学风、敬业精神和研究工作经验。

1957 年夏，张培善再次赴白云鄂博进行野外地质工作。在主矿南坡的牧羊小道旁，黑色板岩经受了钠长石化，岩石中有金刚光泽的矿物闪闪发光，越往下挖掘越多，这立刻引起他的注意。后经室内分析，鉴定为稀土钛钽铌酸盐类矿物易解石，从此揭开了白云鄂博盛产铌钽的序幕。数日之后，他在主矿平峒南口采样时，发现从平峒运出的矿石中有密蜡黄色油脂光泽的矿物，就采了一大包。次日又在不远处，发现矿石的新鲜面上，含有烟草状赤铜色矿物，也同样采了一大包。他从未看见过这两种矿物，当时就认为它们并不一般，后经室内详细鉴定分析研究，张培善等将前者定名为新矿物黄河矿，后者定名为新矿物钡铁钛石。

1958～1959年，张培善参加了中苏科学院白云鄂博合作地质队的工作，与苏联专家谢苗诺夫共同研究矿物，获益良多。苏联专家走后，他独立研究白云鄂博矿物，屡有新发现。三年困难期间，肚子吃不饱，生活艰苦，但他对矿物的研究热情不减。1963年“415”会议后，地质所把白云鄂博作为重点研究项目，跨室组成“白云队”，他和王中刚任队长，郭承基为业务指导，全面研究白云鄂博的矿床、矿物、岩石、同位素、地球化学等，取得大量科研成果。

1966年开始的“文化大革命”，严重阻碍了科学研究，“白云队”的同志大部分去了中国科学院贵阳地球化学研究所。“文化大革命”之后，方毅院长主持包头资源综合利用研究，并在1978年召开了白云鄂博学术讨论会，于是他们重新开展白云鄂博矿床矿物学的研究。其间，他还参加了吉林陨石雨的野外考察和室内研究工作，对陨石矿物学和宇宙矿物学研究方面也取得成果。

1986年，中国科学院稀土办公室统一规划全院各所稀土研究，布置开展南方离子型稀土矿地质地化、分离分析及综合利用的一条龙作业，作为院重点课题。张培善等和贵阳地球化学研究所分别赴南岭一带考察，跋山涉水驱车走遍了赣南的山山水水，以及福建、广东、广西、湖南等省区的离子型稀土矿区和矿点，考察了稀土矿的空间分布、矿床分类、成矿过程、利用前景，并提出比较系统的理论总结。

“七五”、“八五”和“九五”期间，张培善等将稀土铌钽的地质学矿物学研究扩展到全国，实地调查研究了许多知名稀土铌钽矿山，对众多矿物进行过鉴定分析，积累了大量矿物学数据和资料，为全面研究我国稀土铌钽地质学和矿物学打下了坚实基础。

他山之石，可以攻玉。张培善亲自参加或参与主持过国内、国际一些专业学术会议，受到许多启发，获益良多。矿物界同行的合作与相互观摩，也大大促进了他的研究工作。他说：科技进步，一日千里，只有不断学习他国、他人先进的东西，才能丰富自己，才能“江海不择细流，故能成其深”。

二、主要科学研究成就、学术思想及其影响

（一）主要科学研究成就

张培善的主要科研成果有：发现黄河矿等一批新矿物和新变种；发现白云鄂博的铌钽资源，并大大扩展了原先圈定的稀土矿化范围；全面详细研究了我国的稀土铌钽矿物，提供120余种稀土矿物的矿物学数据；提出稀土氟碳酸盐类矿物中的晶变系列理论、稀土偏钽铌酸盐类矿物中的双类质同型理论，以及白云矿床中轻奇数稀土富集

异常的规律等；调查研究了全国稀土铌钽矿床，探讨其成因，并进行成因分类等。

1. 发现新矿物，提出新理论

张培善发现了黄河矿、钕易解石、中华铈矿、钡铁钛石等新矿物和新变种15种。发现稀土碱土氟碳酸盐晶变系列矿物，分为钡稀土系列和钙稀土系列，系列中的矿物化学组成和晶体结构均作规律变化，并创建了矿物晶变系列的理论。对矿物新种和新变种的鉴别和超微结构的观测，取得重要进展。提出稀土偏钛铌酸盐类矿物中双类质同型的理论。发现钠、钙、锶、稀土氟碳酸盐矿物的类质同象置换系列及其等价异价类质同象置换规律。发现白云鄂博矿床中轻奇数稀土富集异常的规律，为矿区中铕的富集提出理论说明。

2. 发现我国最大铌矿

自20世纪50年代以来，张培善对白云鄂博矿床研究数十年。1957年首先发现铌钽矿物易解石，1960年在铁矿石中发现铌铁矿，以后相继发现多种铌矿物，是包头白云鄂博矿床研究（继铁矿和稀土之后）的第三个里程碑——铌钽矿物的发现者。铌钽矿物的发现和研究，大大扩展了我国的铌矿资源，从而使白云鄂博成为我国最大的铌矿资源基地，使矿区范围从原来的东西长16km，延伸了一倍以上（大于32km）。20世纪60年代初，包钢开采主、东矿体铁矿石，大量采剥废石，并用铁路运往东部的花岗岩接触带堆放。张培善等发现堆放点的地下埋藏有大片铌矿（主要为烧绿石），当即建议对运废石的铁道改线，矿山采取了建议，从而避免了铌资源的浪费。著有《白云鄂博矿物学》专著。

3. 全面详细研究了我国稀土矿物

对我国产出的120余种（包括新种、变种和亚种）稀土矿物的化学组成、稀土配分、物理性质、结晶学参数、共生组合和产状成因，作了全面系统的鉴定记载和描述。其中对稀土工业矿物和我国特征稀土矿物作了重点详尽描述。从稀土地质演化、地球化学和矿物、矿床成因等角度，探讨总结了我国稀土矿的形成、产出和地质时空分布特征，从而建立了我国稀土地质学和稀土矿物学研究的基础。撰写出版了《中国稀土矿物学》和《中国稀土地质矿物学》（英文版）专著。

4. 确立两个矿物族

确立了易解石族和褐钇铌矿族为两个新的矿物族。易解石族矿物在我国有广泛分布，其中除铈易解石、钕易解石、钇易解石外，还有铈铌易解石和钕铌易解石，及许多新变种，如震旦矿和钛钇矿等，前者富钍和铀，后者富钛和钇。钛在易解石族矿物中的含量变化甚大。褐钇铌矿亦称褐钇钶矿，是分布广泛的稀土铌酸盐矿物；铈褐钇铌矿（褐铈铌矿）的发现，特别是钕褐钇铌矿的发现，以及它们相应的单斜相的发现，大大扩充了褐钇铌矿族成员的阵容。南有褐钇铌矿，北有褐铈铌矿，是我国铌矿矿物学的分布特点。

5. 提出变生矿物学理论

研究了钽铌酸盐和硅酸盐类中的一大批变生矿物后，发现变生矿物中光性与X光衍射不一致规律，发现矿物结晶蜕变程度的多样化，对其原因进行了探索，并提出变生程度分级的标准。天然变生矿物的研究，既揭示了地质事件的发生和发展，也有利于当代核废料处理的借鉴，是矿物学领域的一个重要分支。

6. 详细研究了离子型稀土矿成矿机理，并提出稀土次生富集的成矿条件和规律

张培善率领课题组多次赴江西、广东、广西、湖南等省区实地考察，详细研究了许多离子型稀土矿矿山地质，对次生富集作用下离子型稀土矿进行大量野外和室内研究，查明了稀土转移富集的条件和规律，阐明了离子型稀土矿的成矿机理和过程。发现稀土地质演化的三次富集规律，并依据地质和气候条件，指出我国北纬28度线以南为该类型稀土矿的远景区。依据保护资源环境的观点，对现有开采方式方法多次提出建议。主编了《华南离子型稀土矿地质、矿物、地球化学》专著。

7. 与英国学者合作，发现白云鄂博稀土与火成碳酸岩的成因联系

发现白云鄂博矿区外围火成碳酸岩岩墙中的稀土含量，超过主、东矿体中稀土富矿石的品位，且与富矿石中的稀土矿物组合和稀土配分相近似，为主、东矿体中的稀土来源提供了有力线索。根据矿物共生组合和成矿地质背景，指出白云鄂博稀土成矿与火成碳酸岩的成因联系，提出稀土稀有金属成矿与碳酸硅酸岩浆分异演化有关的理论，强调在我国研究火成碳酸岩及其岩浆活动的理论和实际意义。

8. 研究证明许多罕见稀土矿物在我国有广泛分布

硅钛铈矿在我国产地甚多，湖北庙垭产出有富铁变种。硅钛铈矿与钛硅铈矿均产出于白云鄂博地区，但产状有别。前者产出于花岗岩与白云岩的接触变质带上，

后者则产出于铁矿体的热液脉中。铈硅磷灰岩和钇硅磷灰石是具磷灰石结构的稀土硅酸盐矿物，在我国有许多产地和产状。稀土矿物多以富铈或富钇著称。经过研究，中国稀土矿物许多为富钕新种和变种，开创了稀土矿物命名的新内容：钕易解石、钕褐钇铌矿、钕独居石及钕褐帘石等。

9. 科学划分了我国稀土铌钽矿床成因类型

张培善在研究稀土铌钽元素地球化学和矿物晶体化学的基础上，根据我国造山运动、岩浆活动、成矿时代和其他地质条件特征，科学划分我国稀土铌钽矿床成因类型13种，每种类型列出具体矿床和矿化地点，为今后的开发利用和科学研究提供了依据。

10. 陨石学和其他学科科研成果

张培善率领课题组参加吉林陨石雨的实地考察，在我国陨石研究中，较早地发现位错、层错、出溶、晶畴和包裹体等微观结构，提出陨石矿物的微观结构中有宇宙事件记录的观点和宇宙矿物学研究的设想。还研究过殷墟妇好墓出土的宝石玉器、汉墓中山靖王金缕玉衣、湖北随州曾侯墓出土的玉器宝石，并研究过当代宝石玉石矿物多种，如和田玉、岫岩玉、南阳玉、蓝田玉、缅甸翡翠、辽宁玛瑙、阿拉善玛瑙等，写有《中国宝石玉石矿物研究资料手稿》。还曾对东海榴辉岩、密云超基性岩和奥长环斑花岗岩等岩体进行过地质考察。

（二）学术思想及其影响

1. 矿物学是地质学的主要基础

矿物是自然条件下的单质或化合物，是自然物体演变的全过程记录，地质学研究的正是这一演变过程，因此，矿物学是地质学的主要基础。矿物学又是认识宏观世界与微观世界的桥梁，地壳大断裂大褶皱可延伸到1000km之外，而矿物研究则深入到矿物内部的原子和离子之中，因而矿物学是地质学的放大镜和显微镜。矿物是一种天然物质在特定地质条件下形成的，它与地质学的关系密不可分。

新中国成立前，全国高校都设有地质学系，只有山东大学设的是地质矿物学系，这是因为全体师生牢记创系人何作霖的意图和宗旨：工作中必须根据实际地质来研究矿物，脱离开实际地质条件而研究矿物，是无本之木，是无泉之水，而具体地质条件下的矿物鉴定和研究，是矿物学者的基本信念。

2. 科学研究必须亲自动手

实践出真知，这个道理，古今中外概莫能外。何作霖先生在矿物岩石研究领域之所以能取得辉煌成就，正是他亲自实践的结果。老一辈地质学家的出色成就，也都是在实践中取得的。

矿物研究必须从野外地质入手，考察实际地质条件，亲自采集标本、作记录，以及室内样品破碎过筛、矿物分离分选等，也都要亲自动手，否则不容易发现问题，也只有在亲手操作过程中，才能真正认识所研究的矿物。矿物的鉴定分析，方法很多，除大型仪器分析外，有些要自己操作，但大型仪器的分析原理，也要明白。

3. 矿物学研究要扩大研究对象

矿物学是地质学的基础，应当研究所有地质体，以便揭示所有地质作用信息。除生物以外的全部天然无机物，都应是矿物学的研究范畴。研究者不应只注意结晶矿物，在地表条件下，许多隐晶质和非晶质的数量往往很大，它们也包含着许多地质信息，不可忽视。

此外，矿物种名是以矿物化学组成中的端元组分而定，但是，自然界的矿物，并不是这样规则，有许多变种或亚种，这恰好反映了当时矿物形成的地质条件，它们携带的地质信息，就在其中，也不可忽视。

4. 重视对相邻学科的学习和渗透

矿物学研究的方法和手段，有些和相邻学科，例如岩石学、矿床学、地球化学、陨石学、宝玉石矿物学等相同或相似，因此，要重视对相邻学科的学习和渗透，只有这样，矿物学才能充分发挥作用和取得自身发展。

此外，自然科学的学科越分越细，近年来出现了许多新兴学科，这是边缘学科相互杂交的结果。矿物学对相邻学科的渗透和结合，是新兴学科产生萌芽的土壤。

5. 科学无国界，科学家有祖国

改革开放以来，国家采取“请进来派出去”的政策，以促进发展我国的科学技术事业，因此，张培善曾多次出国访问、参观或合作研究。当他在国外访问参观时，触景生情，会经常想到自己的祖国。近代列强的侵略和国耻，也一直激励着他振兴中华的决心。他的信念：出国的目的是洋为中用，学习国外先进的科学技术，来建设自己的祖国。科学无国界，但科学家要爱国。

6. “张氏岩墙”和“张培善矿”

英国岩石学家曾以白云鄂博矿区火成碳酸岩岩墙命名为“张氏岩墙”；日本矿物

学家曾将他们在白云鄂博发现的新矿物命名为“张培善矿”，以表彰他对白云鄂博矿物学研究的贡献。《白云鄂博发现的新矿物——张培善矿》（2010）一文介绍，2008年，“日本国家自然科学博物馆的岛崎英彦等人与中国科学院地质与地球物理研究所的杨主明合作，在我国内蒙古自治区白云鄂博稀土铁矿中发现了一种新矿物，经国际矿物学会新矿物、矿物命名和分类委员会审查批准，该矿物被命名为Zhangpeishanite”，有关该矿物的详细研究结果，岛崎英彦等人用英文发表在2008年的国际学术刊物《欧洲矿物学期刊》第20卷第1141～1144页中，文章对此新矿物作了详细描述。有关“张氏岩墙”的描述，已刊载于勒巴教授等发表于2007年西欧出版的《矿物学和岩石学》期刊第90卷第233～248页的学术论文之中，论文题目是“火成碳酸岩岩墙正是白云鄂博矿床块状含矿白云岩岩浆起源的新证据”。

三、张培善主要论著

张培善. 1958. 内蒙新发现的易解石. 地质论评，18（5）：360-383.

Chang P S. 1962. Huanghoite and series bastnaesite-$BaCO_3$（β）（in Russian）. Sci Sin，11（2）：251-258.

Chang P S. 1962. Niobian aeschynite. Sci Sin，11（7）：969-976.

Chang P S. 1963. Dimorph and isomorph in system $CeTiNbO_6$- $YTiNbO_6$（in Russian）. Sci Sin，12（2）：237-243.

张培善执笔. 1978. 吉林陨石雨物质成分研究并讨论其与地球起源和演化问题的启示. 地质科学，（2）：113-133.

Zhang P S，Tao K J，Yang T Y，et al. 1980. Transmission electronic microscopy（TEM）analysis of Jilin meteorite. Kexue Tongbao，25（20）：943-944.

张培善. 1981. 河北满城汉墓玉衣等的研究. 考古，（1）：79-83.

张培善. 1982. 安阳殷墟妇好墓中宝石玉器矿物研究. 考古，（1）：204-206.

张培善，陶克捷. 钕易解石. 1982. 地质科学，（4）：424-428.

Zhang P S，Tao K J. 1984. A study on rare Earth and alkaline Earth double carbonate minerals in China. Developments in Geoscience，Contribution to 27th International Geological Congress，Moscow：271-286.

张培善，陶克捷. 1986. 白云鄂博矿物学. 北京：科学出版社.

Zhang P S，Tao K J，Yang D Y，et al. 1986. Microanalysis of olivines from basaltic xenoliths//Crystal Chemistry of Minerals，Proceedings of the 13th General Meeting of the IMA，Varna，1982. Sofia：Publishing House of the Bulgarian Academy of Sciences：749-760.

张培善. 1989. 中国稀土矿床成因类型. 地质科学，（1）：26-32.

Zhang P S. 1991. Mineralogical research of the Bayan Obo rare Earth-Niobium-Iron ore deposit. J Rare Earth，9（3）：221-225.

Zhang P S，Yang Z M，Tao K J，et al. 1995. Mineralogy and Geology of Rare Earths in China. Beijing：Science Press.

张培善. 1995. 稀土矿物//徐光宪主编. 稀土三卷集（上卷）. 北京：冶金出版社：133-210.

Zhang P S, Yang Z M. 1996. A review of achievements in scientific research of REE mineralogy of China// Progress in Geology of China (1993 - 1996) -Papers to 30th IGC. Beijing: Geological Publishing House: 96-99.

张培善，陶克捷，杨主明等. 1998. 中国稀土矿物学. 北京：科学出版社.

张培善，陶克捷，杨主明. 2000. 我国稀土铌钽矿物学研究回顾与展望. 高校地质学报，6（2）：126-131.

张培善，陶克捷，杨主明等. 2001. 中国稀土铌钽矿物研究及其地质意义探讨. 中国稀土学报，19（Z）：1-6.

主要参考文献

张培善，王中刚，李绍柄等（郭承基指导）. 1975. 内蒙白云鄂博矿床物质成分地球化学及成矿规律的研究. 中国科学院地质研究所和地球化学研究所：1-226.（内部发行）

张培善，林传仙主编. 1993. 华南离子型稀土矿地质矿物地球化学. 中国科学院地质所地化所：1-234.（内部发行）

张培善. 2005. 第一章，稀土地质及地球化学//倪嘉缵，洪广言. 中国科学院稀土研究五十年. 北京：科学出版社：1-12.

张培善. 2005. 第十四章，白云鄂博稀土资源的发现//倪嘉缵，洪广言. 中国科学院稀土研究五十年. 北京：科学出版社：202-205.

撰写者

张培善。

张宗祜

张宗祜（1926～），河北满城人。水文地质工程地质学家，第四纪地质学家。1980年当选为中国科学院学部委员（院士），1994年当选为首届中国工程院院士。1948年毕业于北京大学地质系。曾任地质部水文地质工程地质研究所土质学研究室、工程地质研究室主任、总工程师、所长、名誉所长。并任中国地质学会第32、33届理事会理事、中国地质学会水文地质专业委员会主任委员、第四纪冰川与第四纪地质专业委员会主任委员、河北省地质学会副理事长、中国第四纪研究委员会副主席等学术职务。他是我国黄土研究的开拓者和学术带头人之一。他首先提出黄土的综合研究方法，建立黄土多成因学说，在确立典型地层剖面和层型剖面基础上，对黄土地层划分提出新的建组命名。他首创用野外现场试验和微观结构方法来研究黄土特殊工程地质性质，从而取得重要认识。他对黄土高原土壤侵蚀的发生发展规律、第四纪下限、黄河治理、环境地学、水资源合理开发利用等方面，都有创新、独特的学术观点。作为首席科学家，主编了《中华人民共和国水文地质图集》、《中华人民共和国及其毗邻海区第四纪地质图》、《亚洲水文地质图》；组织领导多项有关地下水资源评价和开发利用的国家重大科技攻关项目，均取得重大成果，做出了卓越贡献。曾获国家自然科学奖一等奖、二等奖，国家科技进步奖二等奖、李四光地质科学奖荣誉奖、中国工程科学技术奖和何梁何利基金科学与技术进步奖等。

一、简　　历

张宗祜1926年2月19日出生于河北省满城县。祖父为清末秀才，张宗祜幼年时随祖父在北京生活。读高中时由于一位数学老师在课外常讲一些有关矿物岩石方面的知识，并告诉学生说只有破译石头的“语言”，才能了解远古时代的历史秘密。这使他对地质产生了兴趣。中学毕业，他毅然报考了北京大学地质系。他勤奋好学，成绩优异。还常常利用假日，约上同学，骑着自行车到北京西山作地质考察，看地层，打化石，采集标本，回来后还进行小结，培养了坚持野外地质调查、细心观察、认真思考的良好作风。

1948年张宗祜北京大学毕业后，即到甘肃兰州中国石油公司地质勘探处，在我国石油地质先驱者孙健初领导下从事石油地质工作。由于他细心观察，在老君庙油矿区（现玉门油田）发现了含中新世微型软体化石的层位，从而填补了确定该矿区含油地层地质年代的化石依据的空白。1950年张宗祜调到北京地质调查所工作。同年被派往内蒙古伊克昭盟鄂托克旗沙漠区调查碱湖的天然碱资源。这是新中国成立后最早一次碱湖水文地质和水化学调查研究工作，工作环境和条件十分艰苦，同去的还有知名钾盐专家李悦言和化工局人员。他们成为我国最早进入该荒漠区的地质工作者。1950年末张宗祜、姜国杰二人受命对包（头）—银（川）铁路线进行沿线工程地质调查。他们步行600km，多次穿越近100km荒无人烟的沙地盐碱滩，4次渡过黄河，还3次遭遇武装匪徒袭击，但他们坚持完成了这项铁道工程地质调查工作。1951年张宗祜又前往山西太原西山进行石膏矿产资源的地质调查。这一段从事不同方面地质工作的经历，给张宗祜打下了坚实、宽厚的地质功底。

1951年底张宗祜被选派到苏联莫斯科地质勘探学院水文地质工程地质系攻读研究生。导师И.В.波波夫是苏联著名工程地质学家。考虑到中国黄土分布面积广、厚度大、与工程关系密切，他建议张宗祜选择黄土地区工程建设中的工程地质问题作为研究方向，这也成为张宗祜以后地质生涯中的一个主要研究方向。学习期间，张宗祜跑遍了中亚黄土分布区，广学博览，为日后的研究工作奠定了厚实的理论基础。1955年获得地质矿产学副博士学位。回国后在地质部水文地质工程地质局任工程师。先后参加了中苏专家组对长江三峡枢纽的地质鉴定，以及国家计委为制定第二个五年经济建设计划组织的西北地区工业布局的考察工作。1956年他加入中国共产党。同年到地质部水文地质工程地质研究所工作至今，先后任土质学研究室、工程地质研究室主任，所总工程师、研究员、所长兼党委书记、名誉所长。他尽心尽责，对水文所的创建和发展做出了重要的贡献。1957年他参加国家自然科学12年科技发展规划（1956～1967）中水文地质工程地质部分的编制。1963年参加全国农业科技十年规划的制定。

张宗祜作为学术带头人，一直从事黄土、水文地质、工程地质、第四纪地质研究工作，取得多项重要成果并获奖。他带领课题组开展对黄土基础性地质问题及水文地质工程地质问题的系统研究。主编了《1∶100万中国黄土工程地质图》、《1∶50万黄土高原地貌类型图》。专著《中国黄土》获得第六届全国优秀科技图书二等奖。他主持编辑《中华人民共和国水文地质图集》、《中华人民共和国及其毗邻海区第四纪地质图》、《亚洲水文地质图》等大型图集和图件，填补了国际、国内的空白，获得国家级及部级大奖。他主持组织华北地区、西北地区地下水资源评价和开发利用等国家科技攻关项目的研究，以及新一轮全国地下水资源及环境评价工作，对地下水资源可持续利用做出战略分析，这对经济资源环境的协调发展具有重要的指导和实用意义。

1980年初张宗祐被授予全国地质系统劳动模范称号，获奖章及证书。1980年11月当选为中国科学院学部委员（院士），并于1984年被国家授予有突出贡献的中青年专家称号。1985年被聘为国务院学位委员会第二届学科评议组成员。1979～1988年曾任中国地质学会第32、33届理事会理事，中国地质学会水文地质专业委员会主任委员，第四纪冰川与第四纪地质专业委员会主任委员，河北省地质学会副理事长，河北省地球物理学会常务副理事长，中国第四纪研究委员会副主席，全国地层委员会第四纪地质组副组长，中国地质科学院学术委员会委员。在国际学术组织中，曾任国际第四纪研究联合会黄土委员会委员，国际水文地质学家协会中国国家委员会副主席，国际工程地质协会会员以及国际地圈生物圈计划中国委员会委员。1990年获第一批国务院政府特殊津贴。1992年在中国科学院第六次学部大会上当选为地学部副主任，同年被聘为国务院学位委员会第三届学科评议组特约成员。1994年当选为首届中国工程院院士。

1993年他荣获李四光地质科学奖荣誉奖，1998年获中国工程科学技术奖，2000年获何梁何利基金科学与技术进步奖。

二、主要研究领域和学术成就

张宗祐的主要研究领域，从20世纪50年代开始，根据当时国家发展建设西北地区经济的需求，着重黄土高原黄土的地质、工程地质、水文地质等方面的研究。自70年代以来，我国北方干旱、半干旱地区的水资源成为国计民生中的突出问题，因此华北、西北地区以至后来全国的地下水资源的评价、开发利用，环境演化和发展等也成为他关注研究的领域。由于水文地质、工程地质涉及的主要是地壳表层的物质，因此张宗祐的研究也相应扩展到第四纪地质学、环境地学的领域。他紧密结合国家建设需要开展研究，开拓、指导、组织许多重大科技项目的实施。他积极参加中国科学院、中国工程院组织的科学考察，为社会经济可持续发展建言献策，提出许多真知灼见。他对推动和促进地质科学的发展和创新做出了卓越的贡献。

1. 黄土的综合研究方法

很长时间国内外研究黄土多采取地貌分析及一般野外地质的方法，但生产实践要求进一步探讨黄土的工程地质性质及其规律性。早在1956～1957年开展陇东地区黄土区域地质特征及工程地质性质研究时，张宗祜就提出了黄土的综合研究方法。黄土综合研究方法的基本学术思想是：黄土的工程地质性质的特征及其形成直接决定于在其沉积过程中所经过的地质环境，因此研究黄土的工程地质性质必须以历史的观点分析其形成地质历史过程。即通过黄土的成因及形成过程的分析，研究黄土沉积的地理-地质分布规律特征（古地理的、沉积相的、地球化学的、地层的规律性），以求阐明其工程地质性质的形成及区域变化规律。

黄土综合研究法内容包括野外地质工作和室内分析实验两大部分。前者主要研究区域地质特征、新构造运动、地貌地形分析、地层划分和岩石性质外部特征等；室内研究包括黄土的物理力学性质研究、化学成分及稀有分散元素分析鉴定、矿物成分及其特征的分析鉴定、岩石性质及组织构造的研究以及地层的地质年代鉴定等。通过上述宏观和微观研究的结合，探讨、阐释黄土的成因及形成过程；研究黄土工程地质性质的形成机制及其区域性变化规律；最终提出研究地区工程地质条件的预测和改善利用自然条件的对策。这种综合研究方法使我国黄土研究工作从以往仅在地层、古生物和一般地质问题的局限范围，跨入更为广阔，并与工程实践更加紧密结合的学术领域。

2. 黄土的形成理论——黄土多成因学说

自20世纪初国外地质学家提出中国黄土的风成成因假说后，数十年来，大多数地质、地理等方面工作者都沿袭这一观点，认为中国黄土是北部沙漠经风的吹扬搬运的粉土堆积而成。张宗祜通过大量的野外地质调查和工程实践中取得的资料，认为仅用一种成因无法解释我国黄土的复杂形成过程。在黄土的“成因”概念上，应是从黄土物质的堆积到形成黄土的全部过程的统一地质过程。它是包括了物质来源、搬运沉积方式以及黄土化（即成土作用）的三个地质过程的统一体。张宗祜提出的中国黄土多成因的基本论点是：中国的黄土是由多种地质营力作用（有残积作用、坡积作用、冲积作用、洪积作用、风积作用、冰川作用等）堆积并在相似的气候条件下，经过黄土化作用以后逐渐演化形成的。其物质来源主要是区内或邻近地区的早期堆积物和基岩风化碎屑物。整个黄土形成和发展过程可以归纳为四个阶段：黄土物质特别是粉土物质的堆积阶段；黄土化的初期阶段，形成黄土的特殊胶结结构；黄土化的后期阶段，结构调整，强度增加；黄土退化阶段，形成风化层或土壤化，或由于土层的天然压密，失去黄土的某些特殊外观和原有的结构特征。张宗祜提出的黄土多成因学说和黄土化作用的新概念，具有重要的科学意义和生产实践意义。

1989年张宗祜在《中国黄土》专著中，通过对黄土分布区第四纪地质发展史及古环境变迁的阐述，进一步指出黄土地层大部分形成于黄土高原周边的沙漠形成时期之前。周边沙漠的形成地质年代，都在第四纪晚更新世后期和全新世时期，而黄土的堆积自早更新世初，第三纪末就开始了。沙漠形成的地质年代均较高原早期黄土形成时间晚200余万年。形成黄土的物质来源并非只来源于周边沙漠。这些重要认识已被最新的实际资料所证实。1992年该著作获得第六届全国优秀科技图书二等奖。

3. 中国黄土地层划分新方案及新的岩石地层建组命名

在研究和总结30多年来大量野外实地调查和实测黄土剖面的地层岩性资料基础上，张宗祜从岩石地层学的角度，辅以生物地层学、气候地层学、磁性地层学、年代地层学以及古地理环境研究等方法，对11个黄土分布地区，分别建立了地区性的典型地层剖面和地层层型剖面。在统一的岩石地层划分原则下，建立各地区的岩石地层单位——“组”，并予以命名。从代表性地区选择了四个地层出露最完整、研究程度较高的典型黄土剖面（洛川、吴旗、平凉、西峰），根据其岩性变化特征以及剖面底部出现的岩性混杂带，将黄土地层自下而上划分为四个“组”，分别命名为坡头组、秦家寨组、西峰组和第四组（黄土夹黑垆土1～2层），地质时代相当于早、中、晚更新世和全新世。以上述岩石地层划分方案为依据，对全国黄土地区的黄土地层进行了区域性对比研究。该方案是按国际上规定的年代地层划分原则，在年代地层研究的基础上，以岩性特征为主要依据建立的。

4. 第四纪下限的地质年代

通过对典型黄土剖面岩性特征、古地磁资料分析和地层划分、对比，张宗祜认为黄土开始堆积的时间相当或略早于磁性地层年表中松山期与高斯期的界限，即黄土堆积下限的地质年代距今250万年左右。而在黄土高原内，黄土在第四纪一开始时就已开始沉积了。这是我国第四纪发展史中的一个重大的地质事件。黄土堆积的地质年代下限与第四纪下限年代基本上相近，从而提出我国第四纪下限的地质年代为距今250万年，为解决中国大陆第四纪下限问题提出重要依据。

5. 黄土高原土壤侵蚀规律

张宗祜认为黄土高原的土壤侵蚀作用可概括为三种类型：水流侵蚀、重力侵蚀和风力侵蚀，其发生、发展规律是有区别的。水流侵蚀又分为两种侵蚀方式：面状侵蚀或称坡面侵蚀与沟壑侵蚀。黄土高原土壤侵蚀的基本因素可概括为四个方面，即降水、地形、植被、岩土，这四种因素不同的组合导致不同的土壤侵蚀强度。要全面深入掌握黄土高原土壤侵蚀发生、发展的基本规律，必须将其区域性规律与具体侵蚀作用发生的过程一起来研究。据此他建立了黄土高原土壤侵蚀作用过程的基本模式，总结出黄土区现代侵蚀作用的垂直分带规律、侵蚀形态的转化规律及相应的主要侵蚀类型和侵蚀形态发育的继承性规律。他指出黄土高原水土流失治理的关键在于掌握其发生发展规律，针对不同的土壤侵蚀作用，采取不同的措施，以减少治理实施上的片面性和盲目性。

1986年张宗祜以完全有别于以往黄土地貌图编制方法和地貌分类的原则，编制了我国唯一的一幅中比例尺（1∶50万）《黄土高原地貌类型图》。此图不仅反映了多种类型地貌形态的空间分布，而且反映出高原区不同的地貌发育历史、发育阶段以及土壤侵蚀的地质背景。这项创新成果有很强的实用性，获得了地质矿产部科技成果二等奖，在国际上也受到高度评价。

6. 对黄土工程地质特性研究的新认识

张宗祜认为黄土的特殊工程地质性质，特别是湿陷性的形成和特点，与黄土形成时的自然地质环境有着密切的关系。他最早在我国把微结构的研究方法应用到黄土研究中，进行了黄土的显微结构分类，并提出黄土工程地质特性及其力学变形机制取决于黄土的微结构特征的学术观点。1964年前后，他又深入研究黄土的结构单元体（主要是水稳性集合体）在湿陷变形前后微结构的变化特征以及它们在不同的外部压力作用下的变化特征，从而进一步揭示了黄土微结构与湿陷性的内在联系，集合体含量的变化决定着黄土湿陷变形程度，在此基础上提出了判别黄土湿陷性新的方法。

1965年张宗祜主编出版了1∶100万中国黄土类土工程地质图，该图对我国黄土主要分布区的湿陷性黄土进行了系统分类，区别了黄土湿陷性的区域特点，反映了黄土的主要工程地质特性——湿陷性类型及其空间分布。因而被国家列为自新中国成立以来全国百余项重大科技成果之一。

为了掌握黄土高原引水工程中黄土渗透性的规律，1960年张宗祜设计了在厚层黄土层中长时期（达77天）连续注水入渗的大型野外（海拔2163m的黄土梁上）现场试验。通过试验，在国内外首次揭示出厚层黄土长期渗透状态下水流的运动规律：黄土渗透性随入渗时间的延长和入渗水量的大小而改变，即它的渗透系数不是一个常数。而达西定律认为，在孔隙介质中渗透系数是个常数。

7. 主编《中华人民共和国及其毗邻海区第四纪地质图（1∶250 万）》

张宗祜除对黄土地区第四纪地层研究有所建树外，还对全国其他地区如华北、云南元谋盆地、河北阳原等地的第四纪地层进行过调查，作过深入、系统的研究。他对第四纪地质研究的成就，集中体现在 1985～1990 年张宗祜主编的反映我国大陆与海区第四纪地质情况的《中华人民共和国及其毗邻海区的第四纪地质图（1∶250 万）》。该图件在系统总结第四纪研究成果的基础上，深刻地反映了中国第四纪地质发展和演变的特点。编图方法独特创新，为国土整治、农业规划、环境保护、大型工程建设布局、地下水资源的合理开发利用、地质灾害研究以及第四纪地质矿产勘探布局等，提供了科学依据；在国际上受到高度重视和很高的评价，被认为是具有里程碑意义的作品。1993 年获地质矿产部科技成果一等奖，1994 年获国家自然科学奖二等奖。

与此同时，他负责主编的《中国第四纪地质》（英文版），全面总结了中国第四纪地质发展史、各类堆积物的分布规律、新构造运动、气候演变、地层和古地理等。

2001 年他又领衔主持“中国第四纪泥河湾地层阶及以上层位的年代地层学”研究，目前已完成泥河湾地层的建阶工作。

8. 主编《中华人民共和国水文地质图集》和《亚洲水文地质图》

20 世纪 70 年代末，张宗祜主持编辑了《中华人民共和国水文地质图集》。这是我国第一部大型综合性水文地质专业图集，也是建国后 20 多年来水文地质调查研究成果一次系统的科学总结。它反映了我国地下水的区域分布和各种不同自然单元景观的复杂水文地质特征，对国民经济建设规划及国际科技交流有重要意义，被列入《中国地质图类及亚洲地质图》系列，1982 年获国家自然科学一等奖。

1996 年张宗祜主持编辑了《亚洲水文地质图（1∶800 万）》。该图反映了全亚洲地下水赋存特征及分布规律，不仅为研究全球水循环变化、地下水环境和资源及可持续发展提供了重要的洲际性基础资料，而且还填补了洲际水文地质图在亚洲的空白，得到国际水文地质界的高度评价，认为具国际一流水平。2002 年该图获国土资源科学技术二等奖。2003 年获河北省自然科学奖一等奖。

9. 地下水资源的评价和合理开发利用

围绕地下水资源的合理开发利用，保证社会的可持续发展，张宗祜连续主持开展“我国北方地区地下水资源评价与合理开发利用”、“华北地区水资源评价和开发利用研究”、“人类活动影响下华北平原地下水环境演化与发展”、“区域地下水演化过程及其与相邻层圈的相互作用”、“中国西北地区水资源开发利用”、“新一轮全国地下水资源评价”等多项重大国家科技攻关项目研究。张宗祜作为项目负责人和首席科学家，带领同志从总结区域水文地质规律-地下水资源评价-地下水环境演化-水循环与相邻层圈作用，一直到水资源可持续利用与社会发展的研究，并提出了解决途径、方针、对策和科学管理等措施意见。既体现了水文地质科学的发展历程，又紧密连接国民经济可持续发展对水资源的需求。这些研究成果获得国家科技进步奖二等奖、地质矿产部科技成果一等奖等。2004年出版的《中国地下水资源》和《中国地下水资源与环境图集》对促进我国经济资源环境的协调发展具有十分重要的意义。

综观全局，张宗祜认为，水资源的紧缺和供需矛盾在我国北方最为突出，已成为北方经济发展的制约因素。造成紧缺的原因除自然因素外，人为因素是主要的。他提出解决问题的途径：首先要节约利用水资源，其次是加强水资源开发利用统一管理，三是采取有效措施防止水资源的污染。对于西北干旱地区水资源问题的对策，还应考虑不同类型地区采取不同的办法，重视深部地下水的寻找和开发。

10. 开展环境地学的研究

20世纪90年代以后，鉴于国际地学的发展趋势，以及共同关心的人类生存环境问题，张宗祜指出地学发展的方向应以人类生存发展对地学的需求为主要方向。当前环境地学已为全球所关注，环境地学将成为21世纪重大地学问题。他认为主要的环境地学问题为：淡水资源危机、城市发展中的环境问题、大量有害固体废弃物造成的环境问题、人类工程经济活动诱发的环境问题、经济技术活动产生的化学过程形成的环境灾害、地球化学循环对人类生存环境的影响，以及地质灾害造成的环境问题。他提出环境地学研究的前沿问题应是：地球各层圈相互作用系统、大陆水圈演化、生态环境地质和地质环境工程。

张宗祜针对黄土高原地区开展综合治理研究。1996年在《黄土高原区域环境地质问题及治理》一书中，分析了黄土高原区域开发中，诸如土壤侵蚀、土地沙化、水资源的开发利用等主要问题，指出黄土高原开发的总方针是：治理是基础，治理开发相结合，治理保开发，开发促治理。在《中国北方晚更新世以来地质环境演化与未来生存环境变化趋势预测》中，他把全球变化与人类活动的相互作用作为重点，通过从西向东几个典型地区：青藏高原、黄土高原、华北平原，在三个不同时段（晚更新世、全新世、历史时期）的古气候、古环境演变研究，掌握其特点，进而预测 21 世纪我国北方生存环境要素（水、土地、气候）的变化发展趋势。

他对一些其他重大的环境地质问题，如黄河的治理、东部沿海地区海平面的上升等都给予很大的关注，建言献策。他认为黄河的根本问题是泥沙，黄河治理与开发应以根治“水害”为主，把中游减沙和下游排沙结合起来，把产沙的重点地区作为治理的重点地区，以“兴利”为目的的水利设施应考虑是否有利于黄河的治理。

在任中国科学院地学部副主任时，他积极组织院士专家对国内其他一些重大环境地质问题，如三峡库区土地利用及移民、西南岩溶石山地区及西北水资源情况等进行考察并负责提出咨询建议，供领导部门科学决策参考。1997 年，他受地学部委托，起草了《中国水问题的出路》作为中国科学院文件上报国务院。在报告中提出，应把建立一个节水型社会作为奋斗目标，建议把节水作为一项国策，水资源要市场化，提倡污水资源化和加大节水科技投入，而强化统一管理是解决好我国水问题的一项重大措施。

11. 黄土与全球变化

张宗祜认为中国黄土堆积是第四纪时期地质环境演化最丰富的信息库。它分布范围广，出露地层连续完整（包含整个第四纪），是记录全球变化信息的最佳地质载体。在研究中国黄土与全球变化问题方面，有别于古季风控制中国环境的观点，和以古季风研究作为中国黄土高原古环境变迁的研究途径，张宗祜认为黄土的形成和演化与其所在的古环境（如古地貌、古水系、新构造运动、非黄土沉积物以及环境地球化学过程等）紧密相关，它既是其所在的古环境中的一部分，又是古环境演化过程的产物。因此，应研究黄土中蕴藏着的反映古气候的、构造的、地表非黄土堆积的、地球化学的以及古地理环境的诸多地质信息。基于这种思想，他指导开展“中国黄土与全球变化”研究，遴选出典型的黄土层型剖面，提取多源信息，初步揭示了第四纪时期黄土高原古气候的演化。

12. “农业地学”的研究方向

张宗祜分析了国内当前有关农业地质的工作，概括为两方面：一是地质作用过程与农业生产的关系；二是物质元素的地球化学作用过程与农业生产的关系。今后的发展趋势已开始走向农学与地学两大学科的交叉、融合，因而他提出了“农业生态地质学”的科学概念。它是农业科学、地质学、环境科学等多学科交叉的边缘学科，可作为地学的一个分支学科。这门新学科要研究作为生态系统组成部分的农业活动和所处的地质环境相互作用的过程、机理，并使它在人为调控下达到可持续发展的目的。他认为今后的研究方向应该是：进一步加强地学与农业科学交叉渗透的结合点的探求和深入研究；研究适合我国区域地质环境的大农业结构的布局；总结已有的研究、实践成果，研究具有中国特点的农业生态地质学；大力开展生态地球化学的研究，研究地质环境中微量元素的地球化学分布规律和它与农业作物的相关性；加强大农业水资源环境的地质研究；开展地区性问题，如沿海滩涂的农业生态地质研究。

在地球科学的诸多领域内，张宗祜总是密切注视国际研究的新动向，他学术思想活跃，善于综合分析和吸收其他学科的新成就为我所用，不断开拓创新。他治学严谨，十分重视野外实地调查，即使已过古稀之年，仍然带领年轻地质工作者跋山涉水到黄土高原、川西山地、云贵高原等地进行研究。他人品高尚，言传身教，关心和培养年轻人，指导了14名博士生，是大家学习的楷模和良师益友。张宗祜为新中国的科技事业拼搏了半个多世纪，为促进学科发展和研究水平的提高，做出了重大贡献。不懈求索，竭诚奉献，是张宗祜科学人生的真实写照。

三、张宗祜主要论著

Чжан Цзун-ху. 1954. Инженерно-геологические исследования при проектировании и строительстве каналов в районах распространения лёссов (Автореф. канди. дисс). Моск: геолого-разведочный институт.

张宗祜. 1959. 中国黄土及黄土状岩石. 北京：地质出版社.

张宗祜，姚足金，张之一. 1965. 中国黄土类土工程地质图（1∶100万）及说明书. 北京：中国工业出版社.

张宗祜，姚足金，王开申. 1973. 中国黄土的主要工程地质问题. 地质学报（2）：255-269.

张宗祜等. 1980. 中华人民共和国水文地质图集. 北京：地图出版社.

张宗祜主编. 1986. 中国黄土高原地貌类型图（1∶50万）及说明书. 北京：地质出版社.

张宗祜，张之一，王芸生. 1989. 中国黄土. 北京：地质出版社.

张宗祜，周慕林，邵时雄等. 1990. 中华人民共和国及其毗邻海区第四纪地质图（1∶250万）. 北京：地质出版社.

Zhang Z H. 1991. The Quaternary Geology of China. Beijing: China Ocean Press.

张宗祜，陈云，石建省等. 1993. 黄土高原地区土壤侵蚀. 武汉：中国地质大学出版社.

张宗祜主编. 1994. 川滇南北构造带中段晚新生代地质研究. 北京：石油工业出版社.

张宗祜等. 1996. 黄土高原区域环境地质问题及治理. 北京：科学出版社.

张宗祜，焦淑琴等. 1997. 亚洲水文地质图（1∶800万）. 北京：地质出版社.

张宗祜等. 1999. 中国北方晚更新世以来地质环境演化及未来生存环境变化趋势预测. 北京：地质出版社.

张宗祜等. 2000. 华北平原地下水环境演化. 北京：地质出版社.

张宗祜. 2000. 九曲黄河万里沙——黄河与黄土高原. 北京：清华大学出版社；广州：暨南大学出版社.

张宗祜，卢耀如主编. 2002. 中国西部地区水资源开发利用（中国可持续发展水资源战略研究报告集，第九卷). 北京：中国水利水电出版社.
张宗祐. 2003. 中国黄土（中国院士书系）. 石家庄：河北教育出版社.
张宗祐，李烈荣主编. 2004. 中国地下水资源. 北京：中国地图出版社.
张宗祐，李烈荣主编. 2004. 中国地下水资源与环境图集. 北京：中国地图出版社.

主要参考文献

张之一. 1992. 张宗祐//《科学家传记大辞典》编辑组编，卢嘉锡主编. 中国现代科学家传记（第四集）. 北京：科学出版社：398-403.
张宗祐. 1996. 张宗祐//中国科学院学部联合办公室编. 中国科学院院士自述. 上海：上海教育出版社：597-600.
张之一. 2004. 张宗祐//中国科学技术协会编. 中国科学技术专家传略·理学编·地学卷3. 北京：中国科学技术出版社：577-588.
任福弘，石建省主编. 2006. 润物无声——张宗祐院士八十华诞庆贺文集. 北京：中国大地出版社.

撰写者

张之一（1932～），中国地质科学院研究员。曾在张宗祐领导下，进行土质学及黄土工程地质问题研究，后在中国地质科学院负责水文、工程、环境地质等领域的科技管理。80年代任中国地质学会专职副秘书长。曾与张宗祐合著《中国黄土》一书。

王德滋

王德滋（1927～），江苏泰兴人。岩石学家。1997年当选为中国科学院院士。1950年毕业于南京大学地质系。现任南京大学地球科学系教授、博士生导师。曾任南京大学副校长、地学院院长。先后兼任中国地质学会副理事长、中国矿物岩石地球化学学会岩浆岩专业委员会主任、国务院学位委员会地质与地球物理学学科评议组成员、《岩石学报》副主编、《南京大学学报》（自然科学版）主编、《高校地质学报》主编等职。专长于岩石学，长期从事花岗岩、火山岩及其与成矿关系的研究。他最早提出次火山花岗岩概念，以“时、空、源”一致性准则作为花岗质火山-侵入杂岩的鉴别标志；在国内首次发现S型火山岩，将其划分为富水、贫水、富氟三种类型，指出S型火山岩与锡、铀成矿的密切联系；确认中国东部中生代火山岩呈“夹心式”分布格局，划分出橄榄安粗岩省，对寻找金矿具有指导作用；研究花岗岩构造岩浆组合，指出伸展构造对于花岗岩形成具有重要意义。他终身从事地质教育工作，注重教书育人，为地球科学人才的培养做出了较大贡献。发表论文200余篇，出版专著、教材、译著14部。曾获国家自然科学奖二等奖、国家教委科学技术进步奖一等奖、教育部自然科学奖一等奖等多项奖励。

一、简　　历

1927年6月27日，王德滋出生于江苏省泰兴县城的一个教师家庭。父亲王心楼早年毕业于南通师范，是一位教育工作者。人生无常，命途多舛。在王德滋7岁和9岁时，母亲和父亲相继病逝。两个姐姐合力挑起了将他抚养成人的重担。

1933年，王德滋进入家乡的襟江小学读书。该校历史悠久，前身是襟江书院，创办于咸丰十一年（公元1861年），建校者借用王勃《滕王阁序》中的名句“襟三江而带五湖”给学校起名“襟江”，旨在培养具有宽广胸襟和高远眼界的学生。

1938年小学毕业后，王德滋先后就读于泰兴私立沪光中学分校（县城庆云寺旁）、泰兴县立初级中学（简称泰兴县中，现江苏省泰兴中学前身）。那时正值抗日战争时期，日机经常到泰兴县城轰炸骚扰，泰兴中学一度迁至离县城10多公里的樊家堡的一座庙宇，而宿舍则安排在相隔3华里的另一座更小的破庙里，条件极其艰苦，每天清晨学生都要整队跑步上学。艰苦的学习生活情景，深深地铭刻在王德滋的脑海中。

1941年，王德滋考取了泰兴私立延令中学高中。位于县城香花桥畔的延令中学（泰兴旧称延令），师资力量较强，“内充实，外光华”的六字校训，蕴涵儒家“内圣外王”之深意。作为一所私立中学，延令中学每学期向学生收取一石米的学费，但同时也规定：“凡是品学兼优、学习成绩位居前三名的学生，免缴学费。”王德滋凭借勤奋、毅力和才华，学习成绩始终保持在前三名，从而获得了整个高中阶段免缴学费的奖励。

1944年秋，王德滋中学毕业后考取了江苏教育学院数学系。次年，抗日战争取得胜利。1946年夏季，中央大学从陪都重庆迁回南京并恢复招生。王德滋毅然决定报考中央大学地质系。因为中央大学是他心仪已久的著名学府，地质学则是他立志终身研究的学科。通过入学考试的激烈竞争，王德滋跨进了中央大学的门槛。

王德滋之所以热爱地质科学，主要是受了地质学家丁文江和谢家荣的影响。丁文江是泰兴黄桥镇人，清末留学日本和英国，学习生物和地质，是我国地质学的先驱。从获知这位家乡名人的事迹时起，王德滋便萌发了一个心愿：“像丁文江一样，做一名出色的地质工作者。”谢家荣也是我国第一代的地质学家，写过一本名为《地质学》的书，当王德滋在邻居家读到这本书时，一下子就被书中那一幅幅美妙的地质现象照片所吸引，这进一步坚定了他学习地质的决心。

在中央大学学习期间，王德滋的学习成绩几乎门门优秀。与此同时，他向往革命，追求进步，积极投身于爱国学生运动，参加了发生在1947年的著名的“五二〇”爱国学生运动。1949年1月，王德滋加入中国共产党，成为中央大学地下党组织的一员。南京解放前夕，他又参加了“四一”爱国学生运动和“应变、护校、迎解放”的斗争，成功阻止了国民党政府极力想将中央大学迁往台湾的企图，使中央大学完整地回到人民手中。1950年夏天，作为中央大学更名为南京大学后的首届毕业生，王德滋被分配留校任教。

王德滋终身执教于南京大学。1955年晋升为讲师，1978年由讲师越级晋升为教授，1984年起任博士研究生导师，1997年当选为中国科学院院士。其间，他于1978～1984年任副教务长，1984～1988年任副校长，1991～1993年任地学院院长。他先后兼任的学术职务有：中国地质学会副理事长、中国矿物岩石地球化学学会岩浆岩专业委员会主任、国务院学位委员会地质学与地球物理学学科评议组成员、《岩石学报》副主编、《南京大学学报》（自然科学版）主编、《高校地质学报》主编。王德滋曾多次出国参加国际学术交流活动：1982年3～4月参加南京大学教师代表团访问美国霍普金斯大学等14所院校，进行校际学术交流；1986年9～10月赴日本名古屋大学讲学；1987年5月受教育部委托，率中国大学校长代表团访问澳大利亚22所大学，签订中澳联合培养博士研究生协议。

二、主要科学研究成就、学术思想及其影响

（一）主要学术成就

20世纪60年代中期，南京大学的科学园地里盛开了五朵灿烂夺目的花朵，南大人自豪地称之为“五朵金花”。作为重大科研成果，“五朵金花”在1965年高教部举办的“全国高校科研成果展览会”上展出，受到全国人大常委会委员长朱德、中共中央书记处总书记邓小平等党和国家领导人的充分肯定和热情赞扬。“华南花岗岩研究”就是其中的一朵奇葩。该成果后来又获得1978年全国科学大会奖和1982年国家自然科学奖二等奖。1982年，南京大学举办了“花岗岩地质与成矿关系”国际学术讨论会，在国内开创了由高校独自承办国际学术会议的先例，这标志着南京大学的花岗岩研究已居于世界先进水平，王德滋便是这次具有里程碑意义的国际学术会议组织委员会的秘书长。

从50年代开始，王德滋数十年间持续不断地开展花岗岩研究，并把花岗岩和火山岩研究有机地结合起来，取得了突破性进展。概括地说，王德滋的创造性成就，主要有四个方面。

1. 系统研究花岗质火山-侵入杂岩，取得重要成果

以往，研究花岗岩者很少注意花岗岩与火山岩的成因联系，而研究火山岩者亦忽视与其伴生的花岗岩的关系，两者被人为地割裂开来。国内如此，国际上亦有此倾向。在国内王德滋首先注意到酸性、中酸性火山岩与花岗岩的成因联系。1980年，他在浙江莫干山进行野外考察时，发现莫干山顶为流纹岩，山麓为花岗岩，沿途观察未见花岗岩与流纹岩的明显接触界线，而是出现逐渐过渡状态。这引起了他的关注与思考。同年在浙江桐庐火山断陷盆地内，他亦发现类似现象，这表明花岗岩与流纹岩之间必然存在某种成因联系。于是，他在国内首次提出“次火山花岗岩”（subvolcanic granite）这一概念，并在《中国地质》（1983）上发表了这一观点。随后，他又进一步提出在时间、空间和成岩物质来源近于一致条件下，花岗岩实质是流纹岩、英安岩所构成的中心式火山机构的“根”，形成了在成因上有机联系的花岗

质火山-侵入杂岩。嗣后，他和他的同事们在浙江北雁荡山、福建钟腾、江西岩背等地又陆续发现这类花岗质火山-侵入杂岩。这些发现都证明了这类杂岩存在的普遍性和他所提出的观点的正确性。与此同时，美国著名岩石学家 R. L. Smith 在大洋彼岸的美国西部圣胡安火山岩区也有类似发现，他确定了十余个受破火口控制的花岗质火山-侵入杂岩体。这与王德滋等人的研究几乎是同时的。可以说，关于花岗质火山-侵入杂岩的研究，是王德滋在火成岩研究上的一个突破，是他的一个重要研究特色。

2. 在国内首次发现S型火山岩，破除了两位花岗岩权威所谓不存在S型火山岩的片面观点

1974 年，澳大利亚花岗岩地质学家 Chappell 和 White 根据其在澳大利亚东部拉克兰褶皱带内花岗岩的研究工作，提出将花岗岩划分成 I 型和 S 型两类。其区分标志之一是：I 型花岗岩存在同源火山岩，而 S 型花岗岩则无同源火山岩的存在。这个结论是片面的，因为 80 年代国际上首次在秘鲁发现了 S 型火山岩，稍后在澳大利亚又发现了三条 S 型火山岩带。80 年代末，王德滋等在江西东乡、相山一带亦发现 S 型火山岩，在流纹岩中确证有岩浆成因的红柱石和石榴子石斑晶存在，说明流纹岩是过铝质的。这条 S 型火山岩带向东延伸至浙江境内，是国内极为重要的一条铀成矿带。继而他又在武夷山西坡发现与斑岩锡矿有密切关系的另一条 S 型火山岩带。经过几年持续不断的研究，他们先后在华南发现多处 S 型火山岩，并按其矿物组成和地球化学特征划分为富水、贫水和富氟三种类型，不仅修正了 Chappell 和 White 的观点，而且大大深化了对 S 型火山岩成因机制的认识。在此基础上，王德滋将花岗质火山-侵入杂岩区分为两类，一类是同熔型（壳幔混源型），另一类是陆壳重熔型（壳源型），并研究了它们的制约因素（基底、构造）和成矿专属性，深化了对华南金属成矿分带的认识。在多年系统研究的基础上，他和同事合作撰写了英文专著《中国东部中生代火山-侵入杂岩及其成矿关系》。该书由科学出版社出版，作为固体地球科学丛书之一，1996 年在第 30 届国际地质大会上进行了广泛交流。他的这项研究工作不仅具有重要的理论意义，而且对找矿实践具有重要指导作用。

3. 研究中国东部中生代火山岩的时空分布，划分出“橄榄安粗岩省”，提供了将板块理论运用于火山岩研究的一个范例

近年来国外的研究，一般把橄榄安粗岩视为岛弧靠近大陆一侧的晚期成员。王德滋从 90 年代初开始指导其研究生对分布于苏、鲁、皖地区的大面积橄榄安粗岩进

行了研究，发现其明显有别于岛弧的橄榄安粗岩。据此，他和他的研究生把散见于该区众多盆地内的橄榄安粗岩视为一个整体单元，划分出“橄榄安粗岩省”，其北侧和南侧均为“高钾钙碱性火山岩省”，整个中国东部火山岩带呈现一种典型的“夹心式”格局。何以会出现这种南北两翼呈钙碱性，而中部呈现碱性的地质现象呢？他们研究以后认为，这是两大动力体系耦合的结果：其一是华北板块与扬子板块碰撞拼贴后续的伸展引张作用与软流圈地幔上涌；其二是库拉-太平洋板块向欧亚板块的斜向俯冲。而橄榄安粗岩主要受前者制约，同时也受到后者影响。从其构造环境来说，中国东部中生代橄榄安粗岩的成因属于陆陆碰撞造山后期的产物，而与岛弧成因迥然有别。这项研究是以南京大学地质系为主承担的“中国东部金矿研究”重大项目的一个组成部分，王德滋是该项目所属二级课题的主持人。专家评审后，对橄榄安粗岩省的划分及其与金矿的关系给予了充分肯定，整个项目被评价为“达到了国际先进水平”。

4. 研究花岗岩与构造环境的联系，提出了创新见解

英国地质学家Pitcher是从事花岗岩与构造环境研究的先驱，他将花岗岩的构造环境类型划分为安第斯型、海西型和阿尔卑斯型，后来又进行了更为细致的划分。然而，Pitcher对花岗岩与伸展构造的关系却未给予充分注意。1997～2000年，王德滋在主持一项自然科学基金重点项目时，他和同事在研究中发现，中国东南部晚中生代，特别是白垩纪期间，形成一种特殊的构造岩浆组合，即双峰式火山岩（复合岩流）、双峰式侵入岩和A型花岗岩构成的组合。这一组合的构造背景是岩石圈厚度和地壳厚度均明显减薄，表明这一时期的中国东南大陆边缘处于不断地伸展之中。中国大陆边缘这一构造属性与南美安第斯型大陆边缘形成了鲜明对照，后者属强烈挤压型，地壳厚度大，岩石组合以安山岩和英云闪长岩为主，与中国东南部岩石组合明显不同。王德滋称中国东南大陆边缘与伸展构造作用有关的岩浆组合为“陆缘伸展型组合”，这在一定意义上是对Pitcher分类方案的一个重要补充。在此基础上，王德滋将花岗岩构造岩浆组合划分为五个主要类型：①洋壳俯冲消减型；②陆-陆碰撞型；③陆缘伸展型；④陆内断裂坳陷型；⑤裂谷型。并且他提出一个观点，认为造山带花岗岩可以从一种构造岩浆组合演变为另一种构造岩浆组合，即俯冲型→碰撞型→伸展型，而A型花岗岩的出现则意味着造山运动趋于尾声，这几乎是一条普遍性规律。经过四年锲而不舍的努力，王德滋主持的“中国东部晚中生代花岗质火山-侵入杂岩与地壳演化”研究项目获得教育部2003年自然科学奖一等奖。

（二）办学理念与治学之道

王德滋既是一位优秀的地质学家，又是一位出色的高校管理工作者。他长期肩挑学术与管理两副重担，兢兢业业，埋头苦干，为南京大学的建设与发展付出了辛勤汗水和宝贵智慧。综观他的办学理念与治学之道，以下几点为人们留下了深刻印象。

1. 重视基础理论教学，《光性矿物学》教材享誉地质界

王德滋终身从事地质教育工作，为地质人才的培养贡献了毕生的力量。他在多年的教学实践中体会到人才培养的关键是要打好坚实的基础。他身体力行，长期担任基础课教学，并编写出版了两本基础课教材《光性矿物学》和《晶体光学》。其中，《光性矿物学》教材系统介绍了200多种造岩矿物的光性特征，着重培养学生利用偏光显微镜鉴定矿物的能力。该书于1965年初版，1974年再版，多次重印，在国内影响较大。2006年初，王德滋偶尔发现，这本距再版已逾30年之久的《光性矿物学》教材仍被学校自行翻印给学生使用。由于年代久远，翻印后该书的字迹已很不清晰。这件事深深地触动了他，感到有责任对《光性矿物学》进行再次修订。在谢磊博士的协助下，经过近一年的努力，已届80高龄的王德滋终于完成了修订工作。新修订的《光性矿物学》（第三版）增加了不少新内容，插图达200多幅，增加了50余张矿物显微照片，加强了直观性，于2008年由科学出版社出版。此外，王德滋还根据自己的科研心得，与周新民教授合著了一本教学参考书《火山岩岩石学》，1982年出版。该书撰写的时代背景是：当时正处于改革开放初期，全国经济建设正蓬勃开展，然而由于“文化大革命”的影响尚未消除，出现前所未有的“书荒”。王德滋决心利用自己长期积累的科研心得着手撰写《火山岩岩石学》教材。该书具有一定的特色，例如书中火山碎屑岩一章增加了由隐爆作用形成的“自碎火山碎屑岩类”，这是一种与成矿关系甚为密切的火山碎屑岩新类型。《火山岩岩石学》的出版不仅满足了教学的需要，而且深受科研、生产部门的欢迎。

数十年来，王德滋一直注重教书育人，提倡严谨、求实、创新的学风，1991年被江苏省教委评选为“优秀研究生导师”，2005年被中共江苏省委教育工作委员会授予“优秀共产党员标兵”荣誉称号。

2. 组织多个学科联合攻关，制定学校科研工作指导方针

“华南花岗岩研究”这项科研工作始于20世纪50年代，开拓者是地质学家、矿

床学家徐克勤院士。作为徐先生的得意门生，王德滋是该项研究的组织者和主要参加者。“华南花岗岩研究”集中南京大学地质系岩石、矿物、矿床、构造、古生物、放射性地质等6个学科的力量，开展了持续多年的协同攻关。“华南花岗岩研究”创造了南京大学多学科合作、攻克重大地质科学难题的范例。嗣后，王德滋出任南京大学科研处长和主管全校科研工作的副教务长。他从组织“华南花岗岩研究”当中得到启示：全校的科学研究也要抓住重点，集中力量打歼灭战。他在全校近300个科研项目中，遴选了12个重点项目，以点带面，有力地推动了全校科研工作的开展。自1984年起，王德滋担任主管科研工作的副校长，工作思路由战术层面转向战略层面。根据国家的科研方针、社会经济建设需要、学科发展趋势和南京大学的特点，王德滋提出了“加强应用，注重基础，发展边缘，促进联合”的科研工作指导方针。在具体贯彻实施这一方针的过程中，他又指导科研处制定了一系列有效措施。在这一方针指导下，南京大学的科研工作取得了显著成效，名列全国高校前茅。许多南大人都记得王德滋曾经讲过这样一段质朴而隽永的话：“我们的任期是有限的，南大的事业发展是无限的。我们应该在有限的任期内努力工作，对南大的历史和未来负责。”不再担任行政职务以后，他仍时刻关心南大的发展。在学校召开的一次座谈会上，他说：“我们要增强忧患意识，发扬拼搏精神，希望南大早日跻身于世界先进大学的行列。”

3. 正确领会和模范执行党的知识分子政策

王德滋于1949年1月在中央大学加入中国共产党。毕业留校后，他在党内先后担任过党支部书记、系党总支书记、中共南京大学委员会常委等职。他认为，高校内共产党员必须又红又专，既要在教学、科研中起表率作用，又必须正确贯彻和模范执行党的知识分子政策。1956年1月，中共中央召开知识分子工作会议，南京大学党委据此制定了《南京大学知识分子工作规则》（简称《规则》）。地质系党支部认真地贯彻和执行学校党委的《规则》，充分调动了知识分子尤其是高级知识分子的政治热情和工作积极性，不少老教授纷纷要求加入中国共产党。地质系8位教授中，有5位入了党。与此同时，在青年教师中亦吸收发展了一批党员。历史经验证明，加强教师中的党建工作，是建立地质系又红又专教师队伍的关键性措施。1957年，反“右派”斗争在全国范围内展开，地质系有位三年级女学生在地质队实习时被地质队定为“右派”。地质队将材料寄给了地质系党总支。王德滋认真细致地审阅材料，全面客观地分析案卷以后发现，这位学生只是在向党支部汇报思想时讲了一句“为什么12位副总理不能有一位是非党员”，既没有贴大字报，又没有在公众面前鸣放。经过慎重讨论，地质系党总支做出了“该学生不应该定为‘右派’”的结论上报学校党委，并建议党委“否决地质队的错误决定”。学校党委同意了地质系总支的意见，一位年轻知识分子的政治生命就此得以保护。在当时“左”的思潮肆虐之际，这件事反映了王德滋坚持正义、实事求是、敢于担当、爱护学生的可贵品质。

4. 坚守“坚、毅、诚、朴”的治学之道

从求学时期决心投身爱国学生运动，执教之后追求又红又专，盛年时期“双肩挑担不歇肩”，以及退居二线以后甘当“伯乐、教练、参谋”这四次大的人生抉择和60年的科学生涯当中，王德滋总结了四句话：“坚毅自强，诚朴求真，学有专长，事业有成。”后来他又进一步凝练为“坚、毅、诚、朴”四个字的治学之道。他认为：坚，就是树立坚定的理想、信念、目标，就是要坚持正确的政治原则和创新的学术理念。毅，就是要有毅力，为了实现自己的目标，必须持之以恒，自强不息。诚，就是要真诚，做学问要真诚，做人要真诚，做事要真诚。没有诚实的科学态度，就不可能取得创新的研究成果。朴，就是朴实无华，不务虚名，脚踏实地，埋头苦干。这从王德滋早年从事科学研究的第一行“脚印”中，便可略见端倪。那是1956年，当时高校的科研刚刚起步，王德滋立志从事宁镇山脉煌斑岩的研究。宁镇山脉是中国地质研究开展较早的地区之一，但是煌斑岩的研究却是个空白。王德滋平时教学和行政工作繁忙，无暇顾及，于是他就利用了十几个星期天进行这项研究。清晨他从南京出发，在高资站（江苏镇江境内）下车后步行十余里到达工作地点。他独身一人，翻山越岭，精心观察研究，每次都要采集几十斤重的岩石标本背回实验室进行研究。通过锲而不舍的努力，他终于把整个宁镇山脉的煌斑岩几乎都调查清楚了，最后写成一篇学术论文《江苏高资下蜀煌斑岩的研究》，刊载于1957年的《南京大学学报》，那就是他的处女作。王德滋常对他的研究生说：“如果你有坚毅的心理素质，又采取诚朴的科学态度，并将两者结合起来，那么你就必然学有专长，事业有成”。他以自己的人生经历为青年学者指明了正确的治学之道。

三、王德滋主要论著

王德滋. 1957. 江苏高资下蜀煌斑岩的研究. 南京大学学报，(4)：57-76.

王德滋，涂绍雄. 1963. 宁芜地区中生代火山岩系的岩石学与岩石化学研究. 南京大学学报，(1)：71-92.

王德滋. 1965. 华南不同时代花岗岩的成因问题. 国家科委科学技术研究报告.

王德滋. 1974. 光性矿物学. 上海：上海科技出版社.

王德滋，林承毅，周新民. 1978. 江西慈竹英云闪长岩体及其周围区域变质岩的成因. 南京大学学报，(1)：

81-99.

王德滋，周新民. 1982. 火山岩岩石学. 北京：科学出版社.

Wang D Z，Zhou J C. 1986. An autoclastic volcanic-intrusive rock and its metallogenetic relations//Advances in Science of China：Earth Science，Vol 1. New York：John Wiley&Sons：133-150.

Wang D Z，Peng Y M，Yuan P. 1986. Petrology，geochemistry and genesis of Kuiqi granite batholith. Chin J Geochem，5 (2)：97-107.

Wang D Z，Zhou X M，Xu X S. 1989. Types and genetic model of Precambrian granitoids in South China. J Southeast Asian Earth Sci，3 (4)：255-261.

王德滋，陈克荣，周金城. 1989. 中国东南部的次火山花岗岩类及其成矿作用. 中国科学（B辑），5：546-552.

王德滋，刘昌实，沈渭洲等. 1991. 江西东乡—相山中生代S型火山岩带的发现及其地质意义. 科学通报，36 (19)：1491-1493.

王德滋，刘昌实，沈渭洲等. 1993. 桐庐I型和相山S型两类碎斑熔岩对比. 岩石学报，9 (1)：44-54.

王德滋，沈渭洲，刘昌实等. 1994. 江西岩背火山侵入杂岩的地球化学特征和成因. 中国科学（B辑），24 (5)：531-538.

王德滋，任启江，邱检生等. 1996. 中国东部橄榄安粗岩省的火山岩特征及其成矿作用. 地质学报，70 (1)：23-34.

Wang D Z，Ren Q J. 1996. The Mesozoic Volcanic-Intrusive Complexes and Their Metallogenic Relations in East China. Beijing：Science Press.

王德滋，周金城，邱检生等. 2000. 中国东南部晚中生代花岗质火山-侵入杂岩特征与成因. 高校地质学报，6 (4)：487-498.

Wang D Z，Shu L S，Faure M，et al. 2001. Mesozoic magmatism and granitic dome in the Wugongshan Massif，Jiangxi province and their genetical relationship to the tectonic events in southeast China. Tectonophysics，339：259-277.

王德滋，赵连泽. 2002. 关于地球科学人才培养的实践与思考. 中国地质教育，(1)：9-13.

王德滋，沈渭洲. 2003. 中国东南部花岗岩成因与地壳演化. 地学前缘，10 (3)：209-220.

Wang D Z，Shu L S. 2012. Late Mesozoic basin and range tectonics and related magmatism in Southeast China. Geosci Front，3 (2)：109-124.

主要参考文献

朱文祥等. 1993. 群星闪烁——地质学家王德滋. 南京：南京大学出版社：1-16.

王德滋主编. 2002. 南京大学百年史. 南京：南京大学出版社.

王德滋. 2004. 华南花岗岩研究的回顾与展望. 高校地质学报，(3)：305-314.

陈骏主编. 2006. 地质与地球化学研究进展——庆贺王德滋院士致力于地质科学六十周年暨八十华诞. 南京：南京大学出版社.

王德滋. 2007. 科学人生六十年. 高教研究与探索，(2)：1-3.

撰写者

王运来（1962～），山东嘉祥人，南京大学教育研究院教授、副院长，博士生导师。

张本仁

张本仁（1929～），安徽怀远人。地球化学家。1999年当选为中国科学院院士。1952年毕业于南京大学，1956年北京地质学院矿物学专业研究生毕业。后留该院矿物结晶学教研室任教，其间曾参加中、苏科学院联合研究白云鄂博铁-稀土矿床。1960年参加该院地球化学专业的创建，为主要负责人之一。自此长期在该校从事地球化学教学与科研，为地质事业培养了一批从事地球化学找矿与研究的创新型开拓性人才。20世纪80年代前期他将成矿带地球化学研究与区域基岩地球化学测量相结合，突破了当时勘查地球化学单一找矿目标和就异常评价异常的局限，并开发出基岩测量数据在解决地质和成矿问题上的多种应用，发挥了重要作用，做出了开拓性的贡献；80年代后期至1991年，他将区域岩石圈地球化学研究与区域构造、岩石、成矿地球化学研究有机结合，深化了对区域岩石圈演化、构造发展、成岩成矿规律的认识；1992年以来通过区域壳幔演化和壳幔相互作用及其深部过程研究，探讨秦岭—大别山造山带构造分区与演化，揭示了造山运动和深部过程及其动力学因素。他的代表作有《秦巴岩石圈构造及成矿规律地球化学研究》和《秦岭造山带地球化学》。曾获李四光地质科学奖、全国教育系统劳动模范称号、国家自然科学奖二等奖和三等奖各1项、教育部科技进步奖一等奖1项、原地质矿产部优秀科技成果二等奖2项及湖北省高校优秀教学成果奖一等奖1项（各奖项均为第一获奖人）。

一、简　　历

1929年5月28日，张本仁出生于安徽省怀远县。当时怀远县虽是内陆小县，但因为被美国教会势力选中，在那里建有从幼稚园、小学到中学的较完整的教育系统。张本仁家庭殷实，住的是一座三房合居旧制式屋，靠祖父遗留下的一个中药店和农村的一些土地生活。当他出生时伯父已去世，由其父亲主持家务。张本仁四岁上幼稚园，六岁上小学，家庭的生活条件较为优越。然而，1937年日本侵华战争爆发后，国家和个人的不幸就开始了。那年秋父亲因病逝世，全家的泪水尚未干，日寇侵略的铁蹄就冲向他可爱的家乡。8岁的他随家人逃难，每日步行几十里，头上有日机轰炸扫射，地面有日寇追兵，同胞被杀事件每日可闻。在逃到大别山区麻城县后，生活陷入困境，张本仁卖过油条、讨过饭。后来实在无奈，全家只得返回沦陷的家乡，过着亡国奴的生活。国破家亡的苦难生活深深地烙印在他幼小的心灵中。

由于张本仁上的是教会学校，在1942年太平洋战争爆发和学校停办前，他还能较好地完成小学学业。当时沦陷区的学校都有日本人教的日语课，而他不愿上，这是当时他所能表示的反日爱国的唯一形式。他基本没有接受过初中教育，在应上初中的三年中，对他以后产生较大影响的有两件事。其一是有机会在以前的英语教师刘毓华先生处补习英语，这为他打下了一定的英语基础。另一件更重要的事是，他有幸结识了一位青年朋友张延福。他比张本仁长几岁，因家庭困难，初中未读完就辍学在粮店做管账工作。然而，他通过顽强的自学，掌握了几乎全部高中课程内容，甚至少量大学课程知识，还会修理钟表、唱机等。张本仁从他那里获得了极大的启示，通过交往和学习，张本仁逐渐学会了自学，并靠自学补上了初中的课程。抗战胜利后，张本仁先后进入省立怀远中学和私立淮西中学（教会学校）读高中，但那时两校的教学情况远不如前，每学期都完不成教学计划。张本仁全靠自学弥补了这些不足，并常辅导同班同学学习，这更增强了他对知识的掌握程度。1948年张本仁高中毕业，淮西中学因他学习成绩优秀，直接保送他到齐鲁大学医学院学习，但因经济困难，他放弃齐鲁学医而于当年考取了南京中央大学地质系。

1948年9月，当他由闭塞的小县城来到南京时，立刻被卷入中国解放战争的洪流之中。他亲眼目睹了国民党日益腐败、民不聊生的悲惨社会景象。在学校受到进步同学的影响，初步了解到共产党在领导全国进行推倒压在人民头上的三座大山和建立新中国的伟大革命斗争。他通过参加地下党组织的南京学生反内战、反饥饿游行示威，以及1949年4月揭露国民党搞假和平阴谋的“四一”运动等斗争的实践，使他第一次摆脱了仅考虑个人前途的局限，开始关心国家的前途、人民的命运。

1949年4月23日南京解放后，中央大学改名为南京大学。张本仁在南京大学接受了地质科学的启蒙和基础教育。除了课堂教学外，他得益最大的是南大那时重视的实践教育方针。他们在校学习地层和古生物课程，其间多次去宁镇山脉熟悉南方地质地层，到华北学习北方地层，在皖南参加地质填图实践。为增进学生对矿床学的理解，徐克勤教授亲自带领学生参观马鞍山铁矿和硫铁矿、白云鄂博铁矿、淄博铝土矿、金岭镇铁矿、招远金矿、莱西石墨矿、连云港磷矿等十多个各种类型的矿床。为了掌握围岩蚀变，徐克勤曾要求张本仁独立鉴定了80张薄片。这种理论联系实际的学习，对他后来的研究工作很有帮助。

1952年7月张本仁大学毕业，不久南京大学推荐他到当时刚成立的北京地质学院做研究生，师从苏联专家 B. A. Токарев。到地质学院后，他立即参加了学校组织的为期一个月的俄语速成班学习，由于他采用了俄语英语语法的类比法，学习成绩优秀，结业时已能借助字典阅读俄语专业书。后分配到矿物教研室，他一面进行教学准备，同时也加入了翻译俄文矿物学教科书的行列。1953 年 1～8 月，学院派他与另外 7 位年轻教师到哈尔滨工业大学研究生班参加强化俄语学习。返校后，由于苏联专家尚未来华，他于 1953 学年分别承担了地质矿产专业和石油地质专业两届本科生的矿物学实验课程。1954 年 6 月，他正式在 B. A. Токарев 教授（博士）指导下，开始了研究生课程学习，并进行题为“湖南临湘县桃林铅锌矿矿床矿物学研究”的论文工作，1956 年 5 月通过论文答辩，以优秀成绩毕业，并留矿物教研室任教。1956 年 7 月至 1957 年 7 月，苏联专家 Латыш 来矿物教研室讲授地球化学课程及指导研究生，张本仁承担了他的专业翻译任务。1958～1959 年，受学校委派，张本仁参加中、苏科学院合作队，从事白云鄂博铁-稀土矿床多学科研究，他独立地完成了部分研究任务。可以说，自大学毕业到 50 年代末的近 8 年时间，张本仁主要是在学习和接触苏联的地质科学和地球化学。

在此期间，结合上述向苏联专家学习及同苏联专家共事和合作研究的实践，他较系统地阅读了苏联地球化学及相邻学科的经典著作和重要代表性著作。诸如，费尔斯曼《地球化学》四卷集、《能量地球化学》、《地壳的化学》、《景观地球化学》、《同位素地质学》、有关 Коржинский 交代作用理论与方法的著作、《岩浆期后热液矿床》、《硫化物矿床氧化带》等，以及相当数量的有关文献。这使他对当时苏联地球化学学派的学术思想与地球化学主要分支发展的状况有了基本的了解。这些知识构成了他后来形成自己地球化学学术思想的主要来源之一。

二、主要研究领域和学术成就

（一）主要科学研究成就

1. 创建北京地质学院地球化学专业

1960 年北京地质学院开始筹建地球化学专业，学校从矿物教研室抽调曹添、於崇文和张本仁三人（均为讲师）为核心（曹任教研室主任、於任副主任、张任党支部书记），负责筹建地球化学教研室和创办地球化学专业。当时缺少教员，就从物探系抽调三位从事化探教学的助教，加上从矿产勘探专业未毕业学生中抽调来的几个预备教员，就搭起了教研室的架子，第二年又吸收本校和北大五位应届毕业生为新教员。专业建立的当年，就从矿产勘探专业在读生中分别抽一、二、三年级各一个班转入地球化学专业学习，第二年招收了四名研究生。任务之重、困难之大可想而知。

当时，通过国内外地球化学教育情况的调研，确定了专业方向为“地球化学及地球化学勘探”、明确了“理工结合”的目标，大家齐心合力，团结奋战，互相砥砺，战胜了一个个困难。在短时间内，开出了所有专业课程，包括学生的专业实习与毕业论文，稳步地提高了教学质量，于1962年如期培养出第一批地球化学专业毕业生，于“文化大革命”前培养出了四批本科毕业生和一批毕业的研究生；而且还结合教学开展了科学研究，探索了科研方向。后来虽有“文化大革命”和迁校的干扰，但通过地球化学教研室这个团结向上集体的不懈努力，自北京地质学院发展到中国地质大学时期，地球化学专业已发展成为具有特色、理工结合、四个科研方向并存、系所合一的教学和科研单位。这个团结友爱的集体为张本仁治学和研究提供了极佳的环境，曹添教授无私忘我的工作精神，於崇文教授勇于攀登求索的风范，成为激励他不断进取的榜样。建设地球化学专业的实践过程，进一步锤炼了张本仁为增强我国综合国力、提高人民生活质量而奋斗的信念和意志。

2. 区域基岩勘查地球化学的探索

20世纪60年代，张本仁就开始了成矿作用地球化学与勘查地球化学相结合的研究，以期提高矿床地球化学研究的实际意义，并为勘查地球化学的发展提供理论基础。80年代初，他根据上述思路和以往的经验，形成了将成矿地质背景、条件和因素转化为地球化学背景、条件和因素，并查明地球化学参数和异常的地质意义；再将控矿地球化学背景、条件和因素转化为异常评价的指标和参数的“两个转化”的构想，试图突破当时勘查地球化学的单一找矿目标和就异常特征评价异常的局限，以及开拓地球化学测量数据用于解决基础地质和成矿问题的途径。

“六五”期间，张本仁和他的科研集体，按此预期目标，以学校与地质队合作形式，采取区域基岩地球化学测量同矿田和矿带地球化学研究相结合的技术路线，先后通过豫西卢氏—灵宝、陕西柞水—山阳等六个成矿区带研究，取得了突破性的成果，实现了将成矿环境条件诸因素引入异常评价系统、扩大找矿信息的目标；由他所指导的青海赛什塘—日龙沟矿带专题研究中，预测出后来经钻探证实了的锡矿盲矿。同时，他的地球化学研究深化了矿带地质构造及成矿规律的认识，在应用基岩测量数据揭示区域地球化学背景，进行构造单元分界、沉积环境、控矿因素、岩浆岩演化序列、地层对比及火山机构研究等方面均取得了明显进展。这使我国在区域基岩勘查地球化学理论与解决区域地质和成矿问题的深度和广度上，处于国际前列。

这一有特色的研究思路和方法，通过张本仁对地质、冶金、有色系统组织的技术员与工程师 30 多次系统讲课，对我国区域地质调查、成矿带研究和基岩勘查地球化学研究的发展起了重要推动作用。

3. 区域地球化学理论与方法体系和实践的开拓

20 世纪 80 年代中后期，国际范围内尚缺少能适应现代地学和地球化学发展水平的区域地球化学理论体系，以致阻碍了已积累起的大量区域地球化学资料和数据的有效综合，不利于区域地球化学研究成果与全球研究的接轨，张本仁和他的科研集体为此又开展了区域地球化学的探索。在板块构造学说和全球岩石圈新认识的基础上，张本仁提出了区域地球化学研究以区域岩石圈为系统、以各类地质体的地球化学记录为基础、以历史地球化学理论和观点为指导、以地球物质和元素在层圈间的交换和再循环为主线，强调在区域岩石圈组成和状态的约束下开展区域构造及成岩成矿作用探讨的理论框架，以及相应的一套研究岩石圈深部组成、区域构造和区域成矿规律的方法体系。

在此有特色的理论构想-方法体系的指导下，张本仁结合自己所承担和主持的地质矿产部“七五”重点攻关项目——“秦巴地区重大基础地质问题及主要矿产成矿规律研究”地球化学二级课题，通过五年的集体努力，于 1991 年完成了“秦巴岩石圈、构造及成矿规律地球化学研究”报告，开创了在同一区域将岩石圈地球化学研究与区域构造、岩石、成矿地球化学研究有机结合，以解决固体地球科学某些基础理论问题和矿产地质问题的先例。其突出成果有：①首次提出秦岭及邻区地壳各结构层与上地幔化学组成和元素丰度，并探讨了岩石圈热结构。②系统研究了区域花岗岩类、火山岩、变质岩和沉积岩的地球化学特征、成因和形成构造环境，并联系区域岩石圈组成和热状态阐明了秦岭花岗岩类及其成矿的特殊性。③通过岩石圈化学不均一性的约束、构造环境的多岩类和多岩套的综合判别，以及碎屑岩物源区和沉积水体特征的地球化学鉴别等综合论证的途径，系统探讨了秦岭构造发展历史，包括俯冲造山、碰撞造山、古洋封闭时限等。④在区域岩石圈系统特征的约束下，以类比选冶过程的成矿观点为指导，结合区域构造与各类岩石形成过程中元素集中和分散的分析，阐明了秦岭可能的优势和劣势矿产、区域成矿分带的控制因素，以及主要矿产形成的规律和模式。⑤在岩石圈的层次上，对秦巴地区进行了地球化学省、区、场的划分，并编制了区域地球化学分区图。涂光炽、王鸿桢、李廷栋三院士为首的评审委员会认为：这项研究“在理论体系和方法的特色和完整性上，在研究内容、对象和时空范围的系统和综合性上，在运用其成果阐明秦岭地质构造演化、岩石圈演化、成矿规律的水平和深度上，是国内外没有先例的，达到了国际领先水平”。

4. 大陆动力学的造山带地球化学研究

在承担国家自然科学基金“八五”“秦岭造山带岩石圈结构、演化及成矿背景”重大项目课题研究中，张本仁和他的研究集体及时地将造山带地球化学研究引导入探索大陆动力学的方向。通过区域壳幔演化和壳幔相互作用及其深部过程研究，约束造山带岩石圈的结构及构造的分区和演化，探讨和揭示造山带发展的运动过程与动力学因素。为此着重采用了多同位素系统和多微量元素联合示踪技术，揭示幔源和壳源岩浆源区及地壳深部和地幔的化学特征与过程；同时开展了岩石圈三维化学结构研究，进行了秦岭岩石高温高压下地震纵波波速的系统实验测定。经5年实践，于1996年底完成了秦岭重大项目地球化学课题的研究报告。经过进一步加工提炼，于2000年又完成了该项目多学科研究成果专著——《秦岭造山带及大陆动力学》中的地球化学部分及地球化学课题成果专著——《秦岭造山带地球化学》(2002)。

研究取得的主要创新成果有：①开拓了伊川到宜昌的地球化学断面研究，通过岩石地震波速的实验测定值与地震测深剖面观察值的拟合，建立了秦岭及邻区地壳的结构-岩石模型，进而揭示了区域岩石圈的化学和热结构，并对壳和幔中的高导低速带做出了新解释。②在四个构造单元内，开展了地壳增生历史、早期地幔性质和演化、Pb同位素填图及微量元素对玄武岩地幔源区化学特征的示踪等研究。据此综合论证了：华北和扬子早期应为独立发展的陆块，南秦岭属于扬子板块，而北秦岭于新元古代前后应是在扬子板块洋壳洋岛基础上发展形成的微陆块。③开展了深部过程的地球化学综合研究，为秦岭于1.1Ga曾发生镁铁质岩浆底侵、商-丹古会聚带曾发生洋壳俯冲和壳/幔再循环、印支期陆-陆碰撞晚期扬子被动大陆边缘（南秦岭）陆壳基底曾俯冲垫置于北秦岭地壳下部、尔后秦岭又发生过岩石圈下部的拆沉等提供了较充实的证据。④论证和提出：松树沟和勉-略蛇绿岩具有洋壳残片性质，所代表的洋盆均属于扬子板块岩石圈内部裂开类型，它们的地幔源区属于特提斯构造域的地幔类型。⑤由地幔柱源区岩浆活动的论证，初步探讨了秦岭复合造山带发展的动力学特征，具体表现为扬子的裂解和华北的增生。⑥编制了反映区域地壳化学和热结构、构造-地球化学分区及壳幔演化的秦岭造山带（四维）地球化学图(1∶100万)。这项研究大大深化了秦岭造山带岩石圈结构、演化及造山过程的认识，揭示了浅部构造与深部过程的联系，架设了沟通地表地质研究与地球物理测深的桥梁，展现出地球化学在多学科研究中的独特作用和优势，提供了改善、充实地学断面地球化学研究及开展造山带系统综合地球化学研究的经验，使秦岭造山带地球化学研究跨入国际的先进行列，部分成果处于领先地位。所编制的秦岭造山带地球化学图，与秦岭造山带大地构造图和秦岭地球物理断面图一起在第30届国际地质大会展出时，引起国际同行的兴趣与好评。

1997年之后，张本仁和他的科研集体开始进行大别造山带壳幔结构、演化及深部过程的地球化学研究。这个课题是国家自然科学基金“九五”重大项目“超高压变质作用与碰撞造山动力学”研究的组成部分。

（二）学术思想及其影响

张本仁在学习了《自然辩证法》之后，恩格斯提出的由物质运动形式进行科学分类的观点，一直萦绕于怀，他反复以此观点衡量地球化学学科的性质。20世纪70年代初，在他对地球化学的基本思想与地球化学教学的质量进行反思的过程中，总觉得当时地球化学研究元素自然历史（元素在地壳中分布、分配和迁移历史）的基本思想并未能很好地反映作为地球系统化学的实质，而只是地球系统中化学运动的表现或记录。但是如果将地球化学视为处理地球系统中化学运动的学科，这种化学运动似乎又非完全独立，表现为其宏观位移主要是受地球系统中机械或力学运动（构造运动、流体运动）的制约。所以在实践上，地球化学对元素在地壳中分布、分配和迁移规律的阐明，除局域区中的晶体化学和物理化学因素外，主要还是依赖于矿物、岩石与地质构造因素。这样就很难使地球化学具有明显不同于地质类学科的学科思维与方法论，地球化学的研究成果常常只是对已被揭示规律的解释，并未能很好发挥地球化学解决地学问题的应有作用。这样的地球化学教学，培养的学生应用地球化学原理和方法解决地学问题的能力当然不会高。因此，探索地球科学及地球化学学科本质问题就成了张本仁特别关心的课题。

1978年改革开放以来，我国科学界重新获得了解世界，尤其是了解西方科学发展的机会。这为张本仁形成自己的地球科学观和地球化学观提供了必不可少的条件。通过比较行星学的学习，使他进一步理解了地球的特殊性取决于地球系统的特殊组成与热动力状态，并与它处于太阳系的特殊部位有关，从而认识到系统性质决定其中物质组成形态与过程特征的普遍意义。板块构造学说与研究成果，不仅将张本仁的视野从矿物、岩石、矿床的狭窄井口，阔宽到整个地球、太阳系，乃至宇宙，而且使他看到了壳幔相互作用及物质再循环对地壳形成、消减、运动的重大意义，以及地球放射性能量衰减对全球构造体制演化的约束意义。历史地球化学的研究揭示了生物圈的形成、发展和演化同大气圈、水圈和地表环境发展和演化的密不可分与相互制约的关系。有了这些认识基础，结合吸收当时哲学界有关地质运动为几种基础运动相互作用构成的高层次运动的合理部分，张本仁于 20 世纪 80 年代初形成了自己的地学哲学观与地球化学基本观点的初步框架，通过十多年的再实践与发展完善，于 1992 年正式以论文形式发表了他的这一思想体系。

张本仁的地学哲学观的要点为：地球科学是研究地球系统物质运动的科学。地球系统物质运动（含固体地球部分的地质运动）应为力学（构造）、物理学、化学和生物学形式的运动相互作用构成的综合复杂的高层次运动。这种运动的载体应为地球系统物质客体，包括地球系统中无机物质、有机物质和生命物质，以及由它们组成的不同层次的层圈和地质体。为了深入研究地球系统物质运动中含有的力学、物理学和化学形式的运动，已经先后形成了构造地质学（固体地球的力学）及大气和海洋动力学、地球物理学（含大气和海洋物理学）与地球化学（含大气和海洋化学）。虽然目前尚无独立的生物地质学，但其有关内容已包容于生物地球化学、古生物学和生物成矿研究领域。同时为了深化地学各级问题（大到地球、地圈，小到矿物形成）的研究，又需多学科，尤其地质学、地球物理学、地球化学及生物地质学有机结合的综合研究，以利于从不同运动形式全面认识和解决地学问题。

根据上述地学哲学思想，就可较深刻地把握住地球化学研究地球系统物质化学形式运动的学科本质。1973 年美国国家研究理事会地球科学地球化学学科委员会给出了有关地球化学的新定义："地球化学是关于地球和太阳系化学成分和化学演化的科学领域，它包含着所有支撑它的科学的化学方面"。这标志着地球化学已由早期的探索元素（原子）自然历史的阶段，跨入了研究地球系统化学的新阶段。上述由运动形式对地球化学学科本质的认识，可以为地球化学的新定义提供很好的诠释。

在上述地学和地球化学哲学思想的基础上，结合吸收现代地球化学各个研究领域的新思想和新成果，张本仁概括出五个地球化学基本观点：①地球化学系统观点，强调系统性质对其中化学作用特征和元素行为的制约；②寓于地球系统物质运动中的化学运动同力学（构造）、物理学和生物运动相互依存、相互制约和相互转化的观点，强调不同形式运动的相互作用；③地球层圈相互作用与物质循环观点，强调层圈物质组成、热动力状态和能量差异是推动壳、幔和地球发展的动力，层圈间物质循环是追索壳、幔和地球演化的线索；④历史地球化学观点，强调层圈与整个地球化学演化的不可逆性和螺旋式上升发展；⑤各类地质体的化学物相、化学组成、相反应关系及相应参数为地球物质化学运动记录的观点。

对于五个地球化学基本观点，张本仁分别赋予了以下主要方法论的意义：①研究一个区域的地球化学问题时，必须以该区域岩石圈或壳幔体系的组成和热动力状态为约束；②自觉地以研究其他运动形式学科的客观资料与成果来约束地球化学的研究和构思，同时，要善于将地学和地质问题剖析为地球化学性质的问题来研究，以发挥地球化学学科的优势和专长；③善于以层圈相互作用和物质循环为主线，开展地学问题的地球化学研究；④以历史地球化学理论和观点为指导，坚持层圈和地球化学演化的发展论和阶段论；⑤善于从化学和物理化学观点揭示地质体中的地球化学运动的记录，形成地球化学研究的构想。

20 世纪 80～90 年代，张本仁致力于开拓应用地球化学理论和方法来解决固体地球科学某些问题的探索，就是以上述思想的基本框架为指导，并不断充实与改善这一思想和方法论体系的过程。

（三）人才培养

在邓小平建设有中国特色的社会主义的理论及改革开放政策的指引下，中国经济有了快速增长，综合国力有了明显增强。然而，张本仁看到国际社会仍然存在着霸权主义和强权政治，我国科学总体同西方强国尚有较大差距，所以抓住机遇，增强国力，就成为他科学研究上不断攀登的动力，并产生了培养开拓创新型人才的迫切感。他深知能发挥集体力量是我国赶超西方强国的优势之一，而关键是必须培养出在 21 世纪国际科技发展中有竞争力的青年人才。因此，在近 20 年的科研中张本仁依靠的是集体力量，走的是群众路线，目标是出成果、出人才。如参加上述三方面探索研究，除了张本仁的 10 多位同事、8 个协作地质队的 20 多位同志（参加“六五”期间成矿区带研究）外，还先后培养出 22 名硕士、29 名博士和 2 名博士后，他们已成为科研的重要力量。所以张本仁的科研成果是集体奋斗的结果。

在探索地球化学发展道路的同时，张本仁也在探索如何培养能适应 21 世纪国际科学技术激烈竞争、具有创新能力人才的问题。基于我国现有地学科技人员知识模型和状况的分析，联系地学未来发展趋势，张本仁深深感到只有培养全新知识结构人才，才能使我国在 21 世纪地学发展竞争中立于群强之林、争得一席之地。因此，在研究生的培养中他明确提出，不以导师的知识模型来限制研究生的发展，而应按未来地球科学发展需要培养能力型人才的原则。张本仁除鼓励研究生向能者学习外，还特别注意引导研究生探讨地学和地球化学的前沿课题或者国家经济建设所急需的课题，使他们能在较高起点上进行学习和研究，尽早接触先进的知识与方法。为了调动研究生学习钻研的主观能动性，张本仁注意发扬学术民主和贯彻教学相长原则，平时重视和采纳他们的合理意见与建议，尊重他们的研究成果，鼓励他们发表论文，并为之创造条件。对于基础较好、能力较强的博士生，则委以专题组长任务，给他们压担子。在学位论文工作中，给研究生留有一定自由空间，鼓励他们开拓创新。同时对研究生明确提出德育要求，注意管思想，抓学风。

通过这样培养研究生的途径，张本仁已经培养出一批能力较强、有创新意识的博士和硕士。其中有不少人已做出显著的成绩，成为我国地学战线的骨干和学科带头人。例如，高长林、高山、郑海飞、汪东波等。这使他感到欣慰。同时，他感触最深的方面，还是他在治学上得益于教学相长的方面。张本仁永远不会忘记，1979年与高长林讨论他的硕士学位论文选题时，他提出希望做华北北缘白乃庙古岛弧地球化学研究的建议，正是受此启发，张本仁才开始了区域构造和造山带的地球化学探索。高山在下地壳研究方面的开拓、郑海飞关于玄武岩微量元素比值示踪地幔源区方法的探索、张宏飞在花岗岩源区同位素示踪方面的进展等，都是张本仁能构筑区域地球化学和造山带地球化学研究理论框架不可缺少的基础。学术民主和教学相长，使张本仁的科研群体较好地发挥了集体的力量和优势，取得了科研与培养人才双丰收的成果。

张本仁也一直在思考，如何能在大陆动力学这一跨世纪的地学前沿领域的地球化学研究方面再上一个台阶，如何能在西部大开发方面尽自己一点微力，以及再培养几个有战略思想和组织能力的开拓创新型人才等问题。

三、张本仁主要论著

张本仁，李泽九，骆庭川等. 1985. 豫西卢氏—灵宝地区区域地球化学初步研究//国际交流地质学术论文集——为二十七届国际地质大会撰写（3）. 北京：地质出版社：181-194.

张本仁，李泽九，骆庭川等编. 1987. 豫西卢氏—灵宝地区区域地球化学研究. 北京：地质出版社.

张本仁主编. 1989. 勘查地球物理勘查地球化学文集（第9集）. 北京：地质出版社.

张本仁，陈德兴，李泽九等. 1989. 陕西柞水山阳成矿带区域地球化学. 武汉：中国地质大学出版社.

张本仁，骆庭川，高山等. 1990. 秦巴地区岩石圈地球化学特征和演化及其地质意义//张本仁等. 秦巴区域地球化学文集. 武汉：中国地质大学出版社.

Zhang B R, Luo T C, Gao S, et al. 1991. Relation between the North China and Yangtze continental blocks and their converging process: Evidence from geochemical research in East Qinling and adjacent cratonic regions//Proceedings of First International Symposium on Gondwana Dispersion and Asian Accretion—Geological Evolution of Eastern Tethys. Beijing: China University of Geoscience: 81-86.

Zhang B R, Ouyang J P, Luo T C, et al. 1991. Geotectonic subdivision and Paleozoic subduction and collision orogeny of East Qinling and its adjacent regions: Evidence from geochemical research. J China Univ Geosci, 2 (1): 1-17.

张本仁. 1992. 地球化学的基本观念与方法论. 地球科学，17（Z）：18-25.

张本仁，骆庭川，高山等. 1994. 秦巴岩石圈构造及成矿规律地球化学研究. 武汉：中国地质大学出版社.

张本仁. 1994. 区域岩石圈组成和热状态对岩浆作用和成矿的制约——以秦岭地区为例. 地球科学，19（3）：345-352.

张本仁，欧阳建平，韩吟文等. 1996. 北秦岭古会聚带壳/幔再循环. 地球科学，21（5）：469-475.

Zhang B R，Zhang H F，Ling W L，et al. 1996. On crustal accretion and mantle evolution in Qinling orogenic belt//Proceedings of the 30th International Geological congress，Volume 1，Origin and History of the Earth. Utrecht：VSP：129-142.

Zhang B R，Zhang H F，Zhao Z D，et al. 1996. Geochemical subdivision and evolution of the lithosphere in East Qinling and adjacent regions implications for tectonics. Sci China Ser D，39（3）：245-255.

张本仁，韩吟文，许继锋等. 1998. 北秦岭新元古代前属于扬子板块的地球化学证据. 高校地质学报，4（4）：369-382.

张本仁，骆庭川，高山等. 1998. 秦岭及邻区岩石圈地球化学特征和演化及其地质意义//朱光亚，周光召主编. 中国科学技术文库：普通卷（天文学，地球科学）. 北京：科学技术文献出版社：699-701.

Zhang B R，Zhang H F，Ling W L，et al. 1998. Recycling and interaction of the crust and upper mantle in Qinling orogenic belt：From isotopic and trace element evidence//Matcalfe I. Gondwana Dispersion and Asian Accretion—Final Result of IUGS IGCP Project 321. Rotterdam：A A Balkema Publishers：161-174.

张国伟，张本仁，袁学诚等. 2001. 秦岭造山带与大陆动力学. 北京：科学出版社.

张本仁. 2002. 秦岭造山带地球化学. 北京：科学出版社.

张本仁，傅家谟主编. 2005. 化学进展丛书——地球化学进展. 北京：化学工业出版社.

路凤香，张本仁，韩吟文等. 2006. 秦岭一大别一苏鲁地区岩石圈三维化学结构特征. 北京：地质出版社.

撰写者

张本仁。

许靖华

许靖华（1929～），江苏扬州人。地质学家。美国科学院外籍院士、第三世界科学院院士、地中海科学院院士、中国台湾“中央研究院”院士。1948 年毕业于中央大学。同年赴美，先后获俄亥俄州立大学硕士及洛杉矶加利福尼亚州立大学博士学位。美国地质学会、美国经济古生物学家和矿物学家协会和国际沉积学会荣誉会员；南京大学荣誉博士。瑞士苏黎世联邦高工教授，地质研究所所长、地球科学系主任。曾任国际沉积学会主席、国际地科联沉积委员会主席、国际地科联海洋地质委员会主席、国际海洋研究科学委员会执委会委员、国际南极调查委员会执委会委员、欧洲地球物理学会司库和主席。历任世界上许多学术刊物的主编、副主编或编委，许多大型国际科学计划的主席或首席科学家。他的学术贡献是多方面的，在地壳均衡作用、纵向浊流说、混杂岩理论、非史密斯地层学、复理石沉积的双盆地模式、白云岩形成的蒸发泵假说、地中海盐度危机和蒸发岩形成的干化深盆地模式、薄壳板块碰撞模式、白垩纪末期地外星体撞击地球导致全球环境恶化和生物大灭绝的假说等方面，均有卓越贡献。先后发表论文 400 余篇，专著 10 余部，并主编出版多部论文集。曾荣获沃拉斯顿勋章、彭罗斯勋章、童霍夫勋章、鲍诺克尔奖、南京大学杰出校友金奖和美国石油地质学会特奖。

一、简　　历

许靖华，江苏扬州人，1929 年 7 月 1 日生于南京。扬州地处京杭运河之畔，交通便利，物阜民丰，人文荟萃，自古以来就是全国重要的经济和文化中心之一。前清一代，盐商云集，富甲天下。许靖华的高祖许一清原是一代富商，清朝末年，家道式微，遂弃商从学。许靖华的父亲许心武是水利学家，早年从政，后见时政日非，萌生倦意，1930 年退出政坛，出任河南大学校长。母亲黄氏，幼读诗书，崇尚妇德，凡事克己待人，终身以相夫教子为己任。许靖华有姐妹四人，他为独子。许靖华 1934 年入小学接受启蒙教育。1937 年，抗日战争爆发，华北危殆，许随家迁居重庆，开始长达 9 年的流亡生活。1939 年，许靖华在重庆巴蜀小学毕业后升入青木关第十四中学。1942 年入中央大学附属中学高中部学习。1944 年，以优异成绩考入中央大学地质系。1946 年，随校回迁南京。1948 年大学毕业，同年 8 月获准赴美留学。

1948～1950 年，许靖华在美国俄亥俄州立大学哥伦布分校师从斯皮克尔（E. Spieker）研究造山理论，获硕士学位。后转赴加利福尼亚大学洛杉矶分校师从格里格斯（D. Griggs）研究圣加布里埃尔山的变粒岩和糜棱岩的变质相，1953 年初获博士学位。时年 23 岁。

许靖华勤于钻研，敏于思考，在校成绩斐然，深受导师的赏识和同学的爱戴。然当时的美国社会，种族主义横流，麦卡锡主义甚嚣尘上。华人入籍既难，谋生更加不易。许靖华学成后就业无门，生活陷于困境。后由同窗力荐，遂以博士之身，受雇于得克萨斯州休斯敦壳牌石油研究公司为临时受训雇员，谋生而已。翌年任地质员。由于表现出色，累迁项目负责人、研究室主任等职。1958 年，与鲁丝·格兰德尔女士（Ruth Grunder）结婚。伉俪感情弥笃。鲁丝来自湖山之国瑞士，不适应得克萨斯平原的恬淡生活，许遂生迁居之想。1963 年，借研究美国西海岸弗朗西斯科杂岩之机，举家迁居加州。同年入籍美国，离开石油工业界。先筑巢纽约，任纽约州立大学宾厄姆敦分校副教授。翌年，受加州大学里夫塞德分校之聘，任该校副教授。在前往加州途中，鲁丝因车祸身亡。1966 年，许续弦鲁丝青年时代的女友克里斯蒂（Christine）。1967 年，遵照鲁丝的遗愿，迁居瑞士，任苏黎世瑞士联邦高等理工大学实验地质学讲座教授。1973 年任终身教授。历任地质研究所所长、地球科学系主任等职。2004 年离异，与英国音乐家苏珊·米兰（Susan Milan）再结连理，定居伦敦。

许靖华是国际上公认的地学大家。其研究领域涉及沉积学、地层学、大地构造学、海洋地质学、微体古生物学、环境地质学、岩石力学、石油地质学和应用地质学等多种学科。他在一系列重大理论地质学问题上，都有突破性的贡献。已发表论文 400 余篇。曾主编《远洋沉积》、《造山作用》、《中新生代古海洋学》、《南大西洋古海洋学》、《阿尔卑斯地中海地球动力学》、《苏黎世湖深钻计划》等文集。他著述的《搏击沧海——地学革命风云录》、《古海荒漠》、《大灭绝》、《大地构造与沉积作用》、《沉积学的物理原理》、《物理沉积学》、《中国地质图集》、《中国构造相图集》、《瑞士地质与大地构造相引论》等专著，在地学界影响深远。他在其他自然和人文科学领域也有很大的成就，著有《时间的物理理论》、《气候与人类》，以及莫扎特的传记性小说《阿玛迪斯的爱与死》（*Amadeus and Magdalena*）等。

许靖华是国际地学界卓越的活动家。历任国际沉积学会（IAS）理事和主席、欧洲地球物理学会（EGS）司库和主席、国际地质科学联合会（IUGS）沉积学委员会委员和主席、国际地球科学联合会海洋地质委员会主席、国际海洋学研究科学委员会（SCOR）执行委员会委员、国际岩石圈计划海洋史工作组主席、瑞士海洋湖沼学会理事、欧洲地球物理学会第一届大会组委会主席、第一届国际古海洋学大会组委会主席、瑞士科教文委员会委员。

许靖华曾任《沉积学》主编、《沉积岩石学杂志》副主编、《地球物理研究》副主编、《海洋地球物理研究》副主编、《海洋学报》副主编、《美国石油地质学会会刊》副主编、《地球物理研究通讯》编委。

许靖华还是许多大型国际合作项目的参加者和领导人。曾任地球深部取样联合海洋研究机构（JOIDES）地中海委员会主席、南大西洋工作组主席、大洋钻探计划（ODP）规划委员会委员、大地构造委员会委员、国际大洋钻探计划（IODP）古海洋环境顾问组成员、欧洲大洋钻探计划科学委员会主席、国际地球动力学委员会第三工作组（阿尔卑斯—地中海构造）秘书、国际岩石圈计划大洋历史工作组主席、国际地质对比计划（IGCP）第199项工作组（地质历史上的稀有事件）主席、南极地质及地球物理工作组成员、深海钻探计划第13、42A、73航次的首席科学家、国际地质科学联合会全球变化委员会主席。

许靖华在国际地学界拥有崇高声誉。他是意大利地中海科学院院士、美国科学院外籍院士、第三世界科学院院士、中国台湾“中央研究院”院士，Guggenheim学会会员、美国地质学会荣誉会员、国际沉积学会（IAS）荣誉会员、澳大利亚伊丽莎白女王二世海洋科学协会会员、美国经济古生物学家和矿物学家协会（SEPM）荣誉会员、中国南京大学荣誉博士。许靖华还是世界上许多知名大学和研究所的顾问、名誉教授或名誉研究员。曾受聘为中国科学院名誉教授、中国地质科学研究院名誉顾问、中国前石油部荣誉顾问、中国前化学工业部矿物研究所荣誉顾问、中国同济大学名誉教授、中国西北大学名誉教授、中国华东师范大学名誉教授、台湾大学客座教授、青岛海洋地质研究所名誉顾问、美国斯克里普斯海洋研究所、加州理工大学、科罗拉多矿业学院、以色列希伯莱大学、柏林进修学院、伦敦帝国学院、东京海洋大学和阿根廷科学研究院客座教授。曾多次应邀在世界知名大学，如哈佛大学、耶鲁大学、普林斯顿大学、麻省理工学院、斯坦福大学、加州大学伯克利分校、蒙特利尔大学、多伦多大学、牛津大学、剑桥大学、伦敦大学、巴黎大学、柏林大学、佛罗伦萨大学、巴塞罗那大学、莫斯科大学、克拉科大学、贝尔格莱德大学、悉尼大学、奥克兰大学、巴西大学、阿根廷大学、马来西亚大学、香港大学等讲学授课。曾荣获伦敦地质学会的沃拉斯顿勋章（Wallaston Medal）、美国地质学会的彭罗斯勋章（Penrose Medal）、美国经济古生物学家和矿物学家协会的童霍夫勋章（Twenhofel Medal）、俄亥俄大学的鲍诺克尔奖（Bownocker Award）、南京大学杰出校友金奖和美国石油地质学会特奖。

二、主要研究领域及学术成就

许靖华早年接受地球科学的传统教育，中年接受地学革命的千锤百炼，一生拼搏在地学前沿的争论漩涡之中。既有在石油工业第一线和大型国际项目中从事地质研究的丰富经验，又有在高等学府教书育人、从事理论地质学研究的长期科学积淀。他是一位学识渊博、内外兼修、勇于追求真理、备受尊崇的地质学家。他的贡献涉及地球科学的许多领域。他始终认为，地质学是一门充满着争论和疑团的探索性很强的基础科学，需要人们做出不懈的努力方能达到自由王国的彼岸。

（一）主要科学研究成就

1. 冲破旧思想的桎梏，在文图拉盆地初战告捷

1954 年，许靖华初到壳牌石油公司之时，文图拉盆地的油气勘探方兴未艾。石油公司竞相圈地，争夺十分激烈。文图拉盆地是美国西海岸的一个狭长形新生代深海盆地。根据传统的石油地质理论，油气应当聚集在盆地的斜坡。盆地边坡的地价因此飞涨。其时，Ph. H. Kuenen 的浊流理论刚刚问世。充其量还不过是一种工作假说，地质界疑信参半。许靖华从他的科学敏感性出发，大胆利用浊流理论分析文图拉盆地的储层分布规律。他认为，在文图拉那样的线性深盆地，浊流抵达盆地底部后不会停止，而应继续沿着盆地的长轴流动，形成“纵向浊流”（longitudinal turbidity current）。纵向浊流形成的浊积岩，在有利的生油条件下完全可以成为优质的储层。许靖华根据等厚度图、沉积物的粒度变化和沉积构造，恢复了砂体形态，并力排众议，主张沿着盆地的中央轴线布钻。壳牌公司接受了他的大胆设想，一举攻克文图拉油田。盆地中央地价远低于边坡，公司因此获得巨利。许靖华的纵向浊流模式，证实和发展了 Kuenen 的思想，是一种创新。由于保密原因，此项研究成果在 20 年后方解密发表。

2. 混杂岩——板块理论的先驱

美国西部海岸山脉发育着一套岩性复杂、层序混乱、时代不清和变质程度不一的岩系，称为弗朗西斯科杂岩（Franciscan rock）。百余年来，众多地质学家，包括

一些大家，用正统的地层学和构造学方法研究这一岩系，始终扑朔迷离、矛盾重重。地层叠置律受到严重挑战。许靖华大胆摆脱传统思想的束缚，另辟蹊径，提出了混杂岩的思想。

混杂岩一词最早由 E. Greenly（1919）引入地质文献，用来描述威尔士的一套原地碎屑混杂堆积，在地学界知者寥寥。许靖华借用这一词汇，重新加以定义，认为混杂岩是一种构造岩。它的基本特点就在于不服从一般的地层学规律。他摒弃传统的地质模式，用构造混杂岩的概念重新解释弗朗西斯科杂岩的地质产状，立即在地学界引起轰动。当时，板块构造理论尚未问世。虽然在历史上早就有人认为，美国的西海岸是世界上唯一的一例硅镁地槽，但无人敢于设想，弗朗西斯科杂岩会是太平洋底向东俯冲的产物。许靖华的结论与板块理论不谋而合，不久即成为对板块构造理论的实证与支持，混杂岩也因此成为薄壳板块构造模式的一个重要组成部分。在此基础上，许靖华又提出非史密斯（non-Smithian）地层学，即造山带地层学，来解决混杂岩的地层学问题。

混杂岩理论较好地解释了洋壳岩石圈的俯冲，是地质学历史上的一项具有划时代意义的发现和创造。直至今日，仍然是地学界最具吸引力的范例和争论最多的命题之一。许靖华因此被国际地学界尊为板块理论的先驱，他构建了地质学和地球物理学的桥梁，并因此荣获沃拉斯顿勋章。

3. 用板块构造理论研究阿尔卑斯山的复理石地质

阿尔卑斯山是欧洲地槽论的发源地。用新理论重新解释阿尔卑斯地质，是板块构造理论责无旁贷的历史使命。许靖华移居瑞士后，用古水流分析的方法发现古尼格尔（Gurnigel）复理石中有来自北部的物质，据此肯定了古岛弧的存在，提出了阿尔卑斯复理石沉积的双盆地模式。他明确指出：将发生复理石沉积作用的海槽，简单地比作大洋板块俯冲边缘的深海槽是一种错误，外赫尔微的野复理石应属于构造混杂岩，阿尔卑斯复理石在沉积上具有连续性，其延续时间可以长达几千万年或几亿年。

许靖华的研究工作证明，所谓特提斯洋远非一个像大西洋那样的由于古洋壳扩张而形成的古大洋；所谓阿尔卑斯地槽也不是一个真正的大洋，而是一个巨大的弧后盆地；而所谓阿尔卑斯造山运动也不是欧洲和非洲的碰撞，而是由于弧后盆地洋壳俯冲引起弧-陆碰撞或弧-弧碰撞的结果，相当于弧后盆地的垮塌作用。

许靖华的这些创新性的研究成果，受到了地质界的高度重视，把阿尔卑斯的地质研究推向了一个新的高峰。

4. 白云岩成因的蒸发泵说

20 世纪 60 年代，由于碳酸盐油气藏勘探的需要，白云岩的成因问题成为地球科学的新的热点。当时，Deffeyes 等（1965）的渗滤回流说甚为盛行。1967 年，Lucia 在 Bonaire 岛 Pekelmeer 潟湖钻探验证渗滤回流说失败，学术界一片唏嘘。白云岩化的核心问题是镁离子的来源问题。许靖华通过计算发现，Deffeyes 等人设想的渗滤回流水头，无论如何也不足以保证足够的含镁水体流过泥晶碳酸盐沉积物而导致广泛的白云岩化。他根据中东萨布哈盆地在干旱气候下发生蒸发沉积作用的事实，提出由于海水蒸发引起的泵吸作用使水体由下而上运动从而导致白云岩化的蒸发泵模式，独树一家之言；并根据实验室模拟资料和阿布扎比的野外观察，证明了蒸发泵的存在。这一研究结果受到学术界的广泛关注，成为教科书中有关白云岩成因的一种重要假说。

由许靖华开创的白云岩成因研究，至今依然是理论沉积学研究的热点之一。近年来的工作表明，蒸发泵无疑仍是白云岩化的一种驱动方式，但硫酸盐还原细菌在白云岩形成过程中的作用不容忽视。

5. 地中海盐度危机和干化的深盆地模式

许靖华在 20 世纪 60 年代后期因为一个偶然的机会卷入深海钻探计划（DSDP），成为该计划的旗手之一。1969 年，美国伍兹霍尔海洋研究所的“铁索号”（Chain）考察船在地中海深部发现了类似盐丘的海底构造。其产状与 M. Ewing 在墨西哥湾发现的盐丘十分相似。尽管地中海周边地区广泛分布着中新世米辛尼亚期（Messinia）的蒸发岩，但是无人敢于冒天下之大不韪，设想深海之下仍然有蒸发岩存在。以许靖华为首席科学家的 DSDP 第 13 航次在地中海用钻探取得了巨厚的蒸发岩岩心，证实地中海底部不仅存在米辛尼亚期的萨布哈型蒸发岩，而且在纵向上与深海页岩相交互。浅水萨布哈沉积物与深海沉积交互又是一个传统地质理论所无法解释的难题。许靖华大胆假设，当时的地中海是一个借直布罗陀海峡与大西洋相通的陆间海，直布罗陀海峡的启闭和地中海的盐度都直接受到海平面变化的控制。当时地中海气候炎热，海平面下降导致直布罗陀海峡关闭，地中海成了一个封闭的蒸发盆地，形成萨布哈型的蒸发岩。反之，当海平面升高超过直布罗陀海峡时，海水倾泻而入，地中海又变成一个碧波万里的深海盆地，形成深海泥质沉积。中新世末期，南极冰盖形成。地球上出现一个重要的冷期。海平面频繁升降，地中海多次发生干化，形成了萨布哈沉积物与深海泥质沉积物相互交替的沉积序列。

这一假说提出后，学术界为之震动。对传统的地球科学哲学，特别是莱伊尔的均变论，是一次巨大的冲击。对以板块构造理论为代表的新的科学思潮，则是一个巨大的贡献。

6. 薄壳板块构造理论

许靖华在大地构造方面的贡献是有口皆碑的。早在学生时代，他就在均衡论的研究方面有所突破，有所创新。在以深海钻探为旗帜的地学革命中，他完成了“从梭罗到保罗的转变”，撰写了一系列脍炙人口的大地构造学方面的论文，如《地槽史话》、《地槽概念今昔谈》等，为新的科学思想体系大声呐喊。

自然科学的普遍规律和研究方法，在学科之间应当是相通的。大地构造的研究，也应当采取比较地质学的方法。许靖华在研究陆壳碰撞型板块构造运动时，利用比较地质学的方法，建立了由超叠地壳楔、碰撞混杂岩、俯冲地壳楔三部分组成的薄壳板块构造模式。以模式总结规律，用模式进行对比，比较大地构造学因此而大大向前推进了一步。

在此基础上，他又将他在弗朗西斯科杂岩研究中积累的经验与碰撞型薄壳板块构造模式结合起来，提出了“大地构造相”的概念。并在许多地区应用大地构造相进行地质填图，取得了较好的效果。在他与中国科学院地质研究所合作进行的编图项目中，应用这一方法研究华南地质，也取得了许多创新性的见解。

许靖华的一生都离不开地球科学的重大争论。早在他的硕士论文（1950）中，他就已经指出，造山运动是一个连续的、渐进的地壳变形过程。板块理论的研究使他更坚定地认为，所谓幕式的、全球性的、等时的造山运动是一种主观的牵强的伪科学理论，应当予以摒弃。

7. 白垩纪/第三纪界线事件

中生代末期，地球环境突发巨变，引起包括恐龙在内的生物大灭绝。这就是所谓的白垩纪/第三纪（K/T）界线事件。19 世纪中叶，莱伊尔在达尔文的支持下，创立均变论，排斥地质历史上任何灾变性的事件，使灾变事件的研究成为禁区。20 世纪 70～80 年代是科学思想十分活跃的一个时期。K/T 界线事件再次成为地学界关注的热点。测年方法的进步，彻底否定了达尔文有关 K/T 界线存在沉积间断的说法。1980 年，W. Alvarez 等根据界线黏土中的铱异常提出小行星冲击说。许靖华根据南大西洋开普盆地 DSDP524 站位的铱异常和碳氧稳定同位素资料提出地外冲击引起地球环境急剧恶化，造成食物链中断进而导致生物大灭绝的观点。他把这种环境极端恶劣的海洋环境称为“死劫难海洋”（Strangelove Ocean）。在此基础上，他尖锐地指出了达尔文主义的三个错误。批判了社会达尔文主义者利用达尔文“物竞天择，适者生存”的理论实行种族灭绝的卑鄙行径，掀起了地学界又一次大规模的学术争论。

深海钻探计划对海底地质的大规模钻探，开创了古海洋学，许靖华是古海洋学的奠基人之一。早在 1972 年，他就对古海洋学的一些重大问题产生了浓厚的兴趣。1983 年，第一届国际古海洋学大会在苏黎世召开，许靖华任大会组委会主席，这次大会标志着古海洋学作为一门独立的地球科学分支学科的诞生。

（二）学术思想及其影响

许靖华是一位科学思想家。他早年接受中国的传统教育，18 岁以后，在西方的科学环境里成长，在科学哲学和思维路线方面，兼具东西方的一些优势和特色。他善于把握全局，从不因小失大；他敏于发现问题，从不半途而废；他勇于向传统挑战，从不随波逐流；他勇于改正错误，从不文过饰非；他喜欢直言不讳，从不人云亦云；他善于从实践中总结经验，从不在困难面前低头。他博览群书，思想敏锐，视野开阔，治学严谨。他的论文高屋建瓴，挥洒自如，词锋犀利，富含哲理，一如行云流水，引人入胜。他的学术经历和学术思想，具有鲜明的时代特色。

1. 高屋建瓴，永远站在地学革命的风口浪尖

许靖华的科学生涯，始于地学革命的前夜。从那时开始，他始终站在地学革命的风口浪尖，用革命的思想指导自己的科学实践。他是地学革命的闯将，又是地学革命的产儿。Kuenen 的浊流学说，标志着现代沉积学的诞生。当人们还在犹豫观望的时候，许靖华却在第一时刻用浊流理论找到了文图拉油田，而且突破 Kuenen 的学说，提出了纵向浊流模式。他对弗朗西斯科杂岩的研究和混杂岩概念的提出，犹如地学革命前夜的一声惊雷，其意义不在瓦因（Vine）的海底磁条带发现之下。他为深海钻探计划花费了几近 20 年的光阴，在大西洋的第三航次中，完成了“从梭罗到保罗的转变”。从那时开始，他一路披荆斩棘，在地中海干化和白垩纪末期事件的研究中，继续站在革命的前沿，与强大的传统势力战斗。有人称许靖华是“传统论的叛徒”，也有人攻击他是一个惯于看风使舵的机会主义者。但是，实践证明，许靖华的道路是一代地球科学家的共同道路。他的道路是正确的，诚如他在《搏击沧海——地学革命风云录》中所说的，“科学是人类同自然搏斗的经验总结。它既能给人以满足、快乐和成就感，也能带来迷茫、失望，甚至愤怒和悲哀；既有嫉妒、自

私、妄自尊大和渺小，也有豁达大度、虚怀若谷和公正无私。”他为科学献身，无怨无悔。

2. 探索科学的疑团，在争论中发展科学

许靖华毕生为之努力的地球科学问题不仅是科学前沿的难题，同时也是地球科学领域里争论多年的历史疑团。对于这样一些疑团，有的人绕道而行，有的人擦肩而过，有的人视而不见。许靖华的态度是迎难而上，通过证伪来寻求真理。他主张争论，主张在争论中探索，通过争论辨明是非，从而推动科学的进步。他的学生和朋友为他的60岁生日举行的科学报告会，题目就叫“现代地质学中的争论”。而他70岁生日的纪念会的标题却是“地质学中的疑团”，十分恰当地反映了许靖华的科学哲学观。

3. 利用基础自然科学的成就解决地质学中的问题

地球科学属于自然史科学，它所面对的自然现象，是一个复杂的多变量函数。尽管对地质现象这样的多变量函数要寻求单一解在某种意义上说是不可能的，但是它们毕竟要服从基本的物理和化学的定律。因此应用数学、物理、化学的理论和方法，通过实验探索地质问题的可能解，是多少代地球科学家的不懈追求，而许多地质问题也正是用这种方法解决的。白云岩化的蒸发泵假说就是以实验验证为基础的一项创新。他所撰写的《沉积学中的物理原理》，则是利用物理原理揭示沉积作用规律的一种尝试，再版时更名为《沉积物理学》，充分反映了许靖华利用基础自然科学的成就解决地质学问题的学术思想。

4. 掌握科学的研究方法，永远立于不败之地

许靖华的兴趣涉及数学、物理、化学，哲学和文学。他在地球科学领域的成就得益于他对科学方法论的潜心学习，也得益于他在多种学科的研究中产生的互动和交融。他在一系列的科学论文中，都强调了科学哲学和方法论对地质学家的极端重要性。他嗜书成癖，尤好历史。他的每一篇论文都要从问题的源头说起。这反映了许靖华的科学观：不了解问题的来龙去脉，不了解问题的症结所在，就无法找到问题的答案和解决问题的正确方法。而正是这种在科学方法论方面的造诣，造就了一代科学巨匠。

许靖华是一位爱国主义者。改革开放以来曾多次回国服务，努力为国家培养人才。作为一位科学家，许靖华从苏黎世联邦高等理工大学退休后并没有停止战斗。

不时有文章发表和著作出版。他是十多项发明专利的拥有者，他发明的集成水路技术（IHC）已经引起了政府和实业界的广泛重视。

三、许靖华主要论著

Hsu K J. 1960. Paleocurrent structures and paleogeography of the Ultrahelvetic Flysch Basins, Switzerland. Geol Soc Am Bull, 71 (5): 1063-1074.

Hsu K J. 1967. Mesozoic geology of the California Coastal Ranges—a new working hypothesis//Schaer J P. Etages Tectoniques. Neuchatel: Baconniere: 279-296.

Hsu K J. 1968. Principles of mélanges and their bearing on the Franciscan-Knoxville paradox. Geol Soc Am Bull, 79 (8): 927-952.

Hsu K J, et al. 1969. Preliminary experiments on hydrodynamic movement induced by evaporation and their bearing on the dolomite problem. Sedimentology, 12 (1/2): 11-25.

Hsu K J. 1971. Franciscan mélanges as a model for eugeosynclinal sedimentation and underthrusting tectonics. J Geophys Res, 76 (5): 1162-1170.

Hsu K J. 1971. Origin of the Alps and western Mediterranean. Nature, 233: 1162-1170.

Hsu K J. 1972. Origin of saline giants: a critical review after the discovery of the Mediterranean evaporates. Earth Sci Rev, 8 (4): 371-396.

Hsu K J. 1972. When the Mediterranean dried up. Scientific American, 277 (6): 26-36.

Hsu K J. 1973. Odyssey of geosyncline//Ginsburg R N. Evolving Concepts in Sedimentology. Baltimore: Hopkins University Press: 66-92.

Hsu K J, Ryan W B F, Cita M B. 1973. Late Miocene desiccation of the Mediterranean. Nature, 242: 240-244.

Hsu K J. 1977. Studies of Ventura field, California, I, Facies geometry and genesis of Lower Pliocene turbidites. AAPG Bull, 61: 137-168.

Hsu K J. 1977. Studies of Ventura field, California, II, Lithology, compaction and permeability of sands. AAPG Bull, 61: 169-191.

Hsu K J. 1979. Thin-skinned plate tectonics model for collision-type orogenesis. Sci Sin, 29: 100-110.

Hsu K J. 1980. Terrestrial catastrophes caused by cometary impact at the end of Cretaceous. Nature, 285: 201-203.

Hsu K J. 1983. Mountain building processes: an introduction//Hsu K J. Mountain-building Processes. London/Orlando: Academic Press: 7-8.

许靖华. 1985. 大地构造与沉积作用. 何起祥等译. 北京：地质出版社.

许靖华. 1986. 古海荒漠. 朱文焕译. 北京：地质出版社.

许靖华. 1992. 大灭绝——寻找一个消失的年代. 任克译. 台北：天下文化出版社.

Hsu K J. 2004. Physics of Sedimentology. 2nd ed. New York: Springer.

许靖华. 2006. 搏击沧海——地学革命风云录. 何起祥译. 北京：地质出版社.

主要参考文献

Muller D W，et al. 1991. Controversies in Modern Geology：Evolution of Geological Theories in Sedimentology，Earth History and Tectonics. San Diego：Academic Press.

何起祥. 1992. 许靖华//《科学家传记大辞典》编辑组编，卢嘉锡主编. 中国现代科学家传记（第一集）. 北京：科学出版社：387-395.

Briegel U，Xiao W J. 2001. Paradoxes in Geology. Amsterdam：Elsevier.

许靖华. 2003. 孤独与追寻——我的青年时代. 唐清蓉译. 北京：生活·读书·新知三联书店.

许靖华. 2006. 搏击沧海——地学革命风云录. 何起祥译. 北京：地质出版社.

撰写者

何起祥（1936～），江苏宜兴人，研究员，曾任青岛海洋地质研究所所长，东亚东南亚地球科学项目协调委员会（CCOP）高级区域专家。

张秋生

张秋生（1929～1987），辽宁鞍山人。矿床地质学家，中国前寒武纪地质及成矿作用研究的开拓者及倡导者。1953 年毕业于长春地质学院，1957 年毕业于长春地质学院矿床研究生班。曾任长春地质学院矿床研究所所长，吉林省地质学会理事长，联合国教科文组织国际地质对比计划项目（IGCP）第 91 项和第 247 项中国工作组负责人，IGCP 第 247 项国际工作组联合主席和第一主席。1965 年发现的铈硼硅石在国内属首例，对全面认识这一矿物的产状意义重大。1975 年提出的秦岭山脉的“多期变质与变形”在国内属首次。1982 年系统地引用同位素地质成果出版了《矿源与成矿》研究生参考教材，代表当时矿床理论研究的前沿。1984 年以后提出的花岗岩类的“既老又新”的概念模式，对当时古老花岗岩的研究起到了导向作用；所提出的早元古代优地槽“辽吉岩套”的新概念，对研究辽东半岛地质和成矿作用起到了指导和推动作用。1987 年，在详细总结我国原生金矿地质特征，详细考察和论证已有金矿成矿理论和假说的基础上，提出了“大陆边缘古地壳内深部液态含金矿源层”金矿成矿假说。这一假说以其地质事实的广泛性和多样性，推理的严格性、思维的先进性，在当时许多相似的金矿成矿假说中脱颖而出。曾获地质矿产部科技成果二等奖、全国科学大会奖等。

一、成长历程

张秋生，1929 年 9 月 23 日生于辽宁鞍山市，1987 年 12 月 28 日病逝于从非洲归国的客机上，享年 58 岁。

张秋生的父亲是鞍山市一名矿山技术职员，有一次，父亲下班后带回家一张矿山地质图及许多矿石标本，张秋生问道：“爸爸，你看的这张纸怎么这么大呢？上面画的是什么呀？”父亲笑着给他讲道：“等你再长大点就知道了。这叫矿山地质图，上面画的是铁矿石和各种岩石。”说到这里，父亲拿起旁边一块黑色的矿石说：“这就是铁矿石块，里边含有铁，等把它们放在火炉中烧时，便会把铁熔炼出来。”此后，张秋生天天盼着父亲回来给他看标本，有时则干脆求父亲带他到矿山附近看看。

久而久之，他对矿山产生了十分浓厚的兴趣。

父亲勤奋、踏实的生活和工作习惯为张秋生树立了良好的榜样，加上他自己的刻苦用功及父母的严格要求，他在学习上进步很快。他认为珍惜时间、周密的计划以及全神贯注是他一生取得成功的法宝。“我工作和学习时，全神贯注、高度集中精力的好习惯就是从小养成的。记得小学时，有一次我正在解数学题，邻居家发生一起未成灾的失火，当时人声喧闹，而我却丝毫未闻，直到被父母拖出室外才知道。”

新中国成立后，他由东北大学转入东北工学院地质系，后来在院系调整中转入长春地质学院地质系。多年的愿望终于有了实现的基础，从此，他开始了探索地球奥秘的生涯。

称心的专业，奋发向上的劲头以及聪慧的头脑，使他在大学的学习成绩十分出色。他那似乎无可限量的学习能力，刚毅的性格以及敏锐的观察力令同学们赞叹。有鉴于此，他被推选为系团总支书记。其间，他表现出出色的组织能力。1953 年，张秋生以优异的成绩毕业。毕业后，又就读于长春地质学院矿床研究生班，继续他的求学之路。

然而，前进的道路充满艰辛，仿佛是一个大起大落的“正弦曲线”。他读研究生期间被错划为“右派”边缘人物，差一点不能在 1957 年正常毕业；在“向科学进军”时他被树为“红专标兵”，但“拔白旗”时却成为批判对象；“文化大革命”时作为反动学术权威被打倒；“反回潮”时又险些成为“知识越多越反动”的“另类”…… 可是，他深怀要成为一流科学家，为国为民奉献的雄心壮志始终不渝。他始终没有中断教学、科研工作，在外部条件极差的情况下，完成了吉林大栗子铁矿形成规律和赋存条件的研究，编写了《吉林大栗子富铁矿床的赋存条件》的科研报告。他的《矿源与成矿》的雏形也是在 1972 年开始形成的。

张秋生是长春地质学院“文化大革命”后第一批被破格提拔的教授，他多次在公开场合说：“人活着就要干一番事业，就要在短暂的一生中争分夺秒，奋力拼搏，为子孙后代、为国家多做点贡献。”他说，“当了教授意味着要出更多的成果，‘文化大革命’耽误了 10 年，我们这些人等于比别人少干 10 年，我更得拼命干，把耽误的时间夺回来。”

在一次闲谈中，一位研究生曾问他：“您现在已是出名的教授了，工资也不少，是否可以喘息休整一下？”张秋生笑了笑说：“我觉得庸庸碌碌、无所事事，就失去了人生的价值，人生只有拼搏才有意义。”

张秋生是这样说的，也是这样做的。作为学术带头人，他的研究梯队取得了一系列具有国际先进水平的研究成果；作为人民教师，他不仅培养了一大批优秀的研究生，而且还以其大家风范和富有感召力的学术报告和讲学，影响了长春地质学院的几代学子；作为地质学家，他为中国找到了两个大型的工业矿床。

1987 年 12 月应邀赴非洲参加国际地质学术讨论会暨国际地质合作计划 IGCP 第 247 项工作会议。会议期间不幸感染非洲传染病，于 1987 年 12 月 28 日病逝在归国的客机上，年仅 58 岁。

张秋生因公殉职后，原地质矿产部部长朱训题写了挽词："献身地质事业，崇高精神长存"。中共吉林省委员会发出向优秀共产党员张秋生同志学习的号召："他以自己的模范行动，为广大知识分子做出了榜样。我们为有这样的优秀知识分子感到骄傲，这不仅是地质学院的骄傲，也是吉林省的骄傲。"

二、主要科学研究成就和学术思想

（一）主要科学研究成就

张秋生短暂的一生共出版专著 7 部、合译专著 1 部、内部版专著 4 部，在国内发表论文 93 篇，提交研究报告 7 份。其中所有专著和译著，以及 53 篇论文都是 1980 年以后完成的。

1958～1962 年，他发表了一系列变质地质、变质成矿和混合岩化成矿作用的论文，在国内外引起了关注。1965 年发现的铈硼硅石在国内属首例，对全球全面认识这一矿物的产状意义巨大。

1975 年提出的秦岭山脉的"多期变质与变形"在国内属首次。这一成果 1978 年获全国科学大会奖。

1982 年系统地引用同位素地质成果撰写出版了《矿源与成矿》研究生参考教材，代表当时矿床理论研究的前沿。

1984 年出版了《中国前寒武纪地质及成矿作用》，提出了早元古代优地槽"辽吉岩套"的新概念，对认识花岗岩类的"既老又新"有重要的指导意义。这一成果获地质矿产部科技成果二等奖和国家自然科学奖四等奖。

1985 年，以张秋生为中国工作组负责人的 IGCP 91 项研究取得了国内外瞩目的成果。1985 年 10 月 10～13 日，以 IGCP 91 项工作成果为基础，在长春地质学院召开"国际早前寒武纪成矿作用学术讨论会"。参加会议正式代表 190 人，其中国外代表 20 人，分别来自美国、加拿大、英国、法国等 13 个国家。会议上张秋生及其科研集体的系列报告受到与会代表的高度评价。会议的成功举办，加深了各国代表对中国地质学的认识，也提高了长春地质学院的国际知名度。国际权威性《前寒武纪研究》学术刊物聘他为特约主编，出版了长春国际会议的专刊。

IGCP 第 91 项的优秀科研成果得到了联合国教科文组织和国际地科联的高度评价。由苏联卡赞斯基、中国张秋生和芬兰盖尔为首申请的 IGCP 第 91 项的后续项目——IGCP 第 247 项（“前寒武纪构造成矿构造式样”）获得了批准，张秋生被推选为 IGCP 第 247 项中国工作组负责人、国际工作组联合主席和第一主席。

1988 年出版了《辽东半岛早期地壳与矿床》等专著。

张秋生特别关注将成矿理论用于找矿实践，1996 年出版的他生前主编的《矿床发现的最佳途径》一书，详细讨论了科学找矿问题，对矿产勘查活动有重要指导意义。

1. 混合岩化及花岗岩化

花岗岩类岩石的成因问题，一直是地学领域争议较大、讨论较多的问题。张秋生作为一名研究生，选定了江苏海州锦屏山变质磷矿作为研究对象，1955 年及 1956 年两个夏季，他用了将近五个月的时间进行野外地质工作。靠着一个罗盘、一把锤子和一只放大镜，奔波于矿区方圆上百里的山水之间。下矿井，钻坑道，取得了大量的第一手资料，对海州朐山花岗岩和海州磷矿的成因得出了一个与当时地质学界权威人士相悖的结论。1958 年，他的部分论文内容以“江苏海州一带朐山系岩层的花岗岩化作用”为题，发表在《地质学报》上，不久又被苏联的《国外地质文摘》选中摘登。他认为，海洲附近朐山系岩层的花岗岩化作用实质上就是碱交代作用，片面强调所有花岗岩皆源于岩浆的观点是不正确的，认为花岗岩化的发生一定和其附近存在的花岗岩或其他岩浆岩侵入体有关，实质上也是将混染岩与混合岩混为一谈。花岗岩化作用本身并不能携带很多金属造成金属矿床，只是对原有矿床起了一定的产状破坏或富集作用。上述认识至今仍是变质地质学研究的基础。

2. 矿化集中区及矿床的多源成矿说

矿源、矿化集中区及矿床的多源成矿说一直是地质学家密切关注的问题。然而，20 世纪 70 年代以前，传统的矿床成因理论中一直是一元成矿论占主导地位。1982 年，张秋生等人根据自己多年的研究成果和体会，结合 1967 年板块构造学说提出以来在矿床成因概念和矿床学结构方面的改变，出版了《矿源与成矿》专著。专著根据对地球演化的新认识，阐述了矿源问题，并提出了矿化集中区的概念。他认为矿源具有多源性，矿化集中区是深部矿源的地面响应；阐述了人们日益关注的矿床多源成矿说和成矿模式问题；利用板块构造学说，分析区域成矿规律，提出了地球早期“古板块”与成矿关系的一些新认识。同时，还讨论了矿源在变质成矿作用中的意义以及变质成矿作用的一些重要问题和矿产类型等。专著讨论的问题均代表当时矿床理论研究的前沿水平，其认识、结论、工作方法和思路有的至今仍具有重大的指导意义。

3. 多期变质多期造山说

地处中国腹地的东秦岭山脉，远在古生代以前，就已经成为南北两大地质构造单元的分界线。张秋生及其科研集体经过两轮的基础地质工作，在该区研究取得了基础地质重大突破和一系列新认识，主编了《中国东秦岭变质地质》。其中，阐述了东秦岭地区是一个多期构造活动带、多期变形带；探讨了秦岭型变质作用具有特殊的变质矿物相演化曲线以及破片岩的形成机理；首次在东秦岭发现了古生代蛇绿岩套及罕见的变质矿物天蓝石；建立了秦岭地区前寒武纪地层柱，给予了秦岭地轴以新的含义。利用钾氩法和铀铅法数据论述了活动带地质年代学的一些理论问题；采用硫、铅同位素划分，着重讨论了加里东期成矿作用的类型及成矿物质来源，以及采用数学地质理论，较为成功地进行了变质岩原岩恢复等。东秦岭多期构造活动带、多期变形带研究以及相应的多期变质多期造山说，开拓了我国类似研究的先河，在国际上处于前沿地位；在东秦岭发现的蛇绿岩套及天蓝石也为我国进行大陆内部造山带研究提供了极其宝贵的素材，具有里程碑意义。

4. 中国早前寒武纪地质及成矿作用

《中国早前寒武纪地质及成矿作用》专著是中国参加 IGCP 第 91 号项目——“早前寒武纪成矿作用”的中国工作组总结。该专著全面系统地阐述了地球早期地质构造演化基本规律和成矿作用特点，尤其强调了这一地质时期特有的地质事件和全球早期地质演化的统一性：绿岩-花岗岩地体，太古宙低级区与高级带，奥长花岗岩的形成，作为地球初始时期的壳岩问题，以及稳定型和非稳定型古地块等概念模式。该专著最早在国内系统地提出了中国早前寒武纪地质对比的原则，对中国早前寒武纪地层作了新的划分，建立了区域地质构造演化模式。首次提出了变质重就位和早前寒武纪变质成矿作用的理论体系，建立了早前寒武纪优地槽型“辽吉岩套”新概念和铁、铜、硼、铅-锌、金、铀、滑石-菱镁矿、石墨等有关矿产的区域成矿模式。以此项成果为基础，1995 年 10 月在长春组织召开了“国际早前寒武纪成矿作用学术讨论会”，他们的成果受到国内外代表的高度评价，称这些成果具有国际先进水平。

5. 辽东半岛早期地壳与矿床

辽东半岛是全球研究地球早期地壳和成矿作用的最关键地区之一。在多年的研究成果基础上，张秋生等出版了《辽东半岛早期地壳与矿床》专著，全面系统地阐述了辽东半岛地区地壳演化的早期历史和成矿作用特点。他们率先建立了较完善的辽东早前寒武纪地质事件表，率先对辽东半岛进行了较详细的大地构造分区和早前寒武纪岩层的划分。他们在早期研究工作的基础上，进一步地论述了辽东半岛区域性“花岗岩-绿岩带”的地质特征、层序和成矿作用等。“辽吉岩套”概念的提出和进一步论证对研究辽东半岛地质和成矿作用起到了指导和推动作用。专著更加完善了辽东半岛早前寒武纪构造演化模式，加强了“变质重就位”和变质成矿作用体系的研究。尤其可贵的是，专著将理论研究成果与具体找矿勘探和成矿预测相结合，根据对不同矿产资源区域地质背景的重新研究和认识，对辽东半岛未来的矿产资源远景进行了综合分类，其结论在当时和现在都具有重要的指导意义。

6. 大陆边缘古地壳内深部液态含金矿源层

这一新颖有趣而且明显与众不同的成矿假说，是在详细总结我国东部地区原生金矿时空分布、地质特征、原生分带特征基础上，考察已有成矿理论和成矿假说在解释金矿形成和分布方面所面临的挑战，结合科拉半岛超深钻变质带与水文地质研究成果而提出的。假说认为，在深 800～4500m 的区间内，绿片岩相岩石中，除了后生的深部构造外，基本上可视之为一个巨厚的不透水“盖层”。而在绿帘角闪岩相变质带以下，虽然有强烈的片理化发生，但一般可视为是封闭条件的。成岩裂隙、进化变质期裂隙及退化变质期裂隙的破坏，导致了几乎到处都可形成的贯通裂隙系统和非贯通裂隙系统交替出现的地段。这些贯通裂隙多被封闭在巨大的不透水层的某些部位，从而使强压带的自由水可以流至“到处可见”的贯通区的顶部。这些处于深部的水温度大于 400℃（绿帘角闪岩相），而且富含 Cl、I、F、B、CO_2、H_2S 等，具有高侵蚀性、强淋滤性和溶解造岩和造矿组分的能力，实质上是一种温度相当高的含金卤水。在古老的地台区，这种含金卤水的年龄往往大于 10 亿年，分布于上覆巨大不透水层的下部，从而在各古老的地台区深部形成具有含金的卤水带，称其为深部液态“矿源层”。这种金矿源的大小和规模可能相差较大，其成分上也有差异，一旦有了破坏这种封闭条件的构造-岩浆活动时，就可以将矿液迁移、成矿。这一假说可以较为完美地解释各地台区金矿床的时间分布规律。由于含金液态矿源层在成矿前就已存在，因此导致金矿中的矿石矿物组合及蚀变不具有明显的垂直分带性。这一假说所依据的地质事实的广泛性和多样性、推理的严格性、思维的先进性，在当时许多相似的金矿成矿假说中脱颖而出，与1998年以后才出现的、目前广为流传的造山带型金矿的假说有异曲同工之妙。

7. 科学找矿是矿床发现的最佳途径

张秋生特别关注将成矿理论应用于地质找矿实践中。1986年，在他主编的《矿床发现的最佳途径》一书中，以当时吉林省十多个矿床的成功勘查经验为基础，详细讨论了当时地质人员特别关注的科学找矿问题。他认为科学找矿必须以精确地认识、了解已知矿床为基础；科学找矿必须充分了解成矿的区域地质背景；科学找矿必须使地质、地球物理、地球化学方法研究处于最佳组合状态。地质勘查工作具有明显的探索性、科学实验性，因而它的冒险性也很大。任何一个矿床的勘查过程实际上都是不断思索、不断加深认识、不断总结经验得以提高的过程，只有这样，才能使矿床勘查这一决策过程不断接近最佳状态。他还指出，地质、物探化探方法的综合利用，是当代科学找矿的必然趋势，在任何情况下，都不应过分片面地强调一种方法，而排斥另一种方法，而应着眼于选择最佳的组合方式。矿床所处的地质条件各具特点，所以没有，也不会有固定的组合模式可以一成不变地适用于所有矿床的勘查工作。合理选择本身既反映科学水平的高低，也是管理才能的体现。上述矿床勘查思路在目前的矿床勘查活动中仍具有重要的指导意义。

8. 东北经济区矿产资源优势及其向经济优势转化

张秋生充分注意到，工业社会的经济发展表明，矿产资源在国民经济中的作用日益增大，因为90%以上的重工业产品和20%的消费品均直接来自矿产资源。因此，矿产资源的开发利用水平，已经成为现代社会发展、进步的一个重要衡量尺度。他认为，如何判断和衡量一个国家或地区的矿产资源是否具有优势并没有统一的标准。从理论上看，某种矿产资源已查明的潜在资源量，可望成为举足轻重的影响国家以及全球经济发展的资源，就可称为优势资源。但更为经常性的判断准则，则仅仅具有相对概念：自给自足的能力及其在该地区（或国家）经济中的位置。他认为东北经济区的矿产资源可划分为四大类，应区别对待和利用：第一类资源是石油、铁和煤（尤其是石油），在东北是优势资源。对此类资源，从经济区角度，首先要保证在未来相当长一段时间内（至少20年）有足够的资源保证。第二类资源是立足于保证国家或经济区内的现有冶炼设备所需的资源，诸如贵金属、富铁矿、铬铁矿、铝土矿等。它们是属于供不应求，相对处于劣势的资源。第三类资源是经济区供给全国有余并有大部分矿量可自行消费或出口的资源。诸如菱镁矿、石墨、硅灰石、硅藻土和建筑材料等。第四类资源，是国家虽有统一的要求，但经济区有关省、市、地、县都有一定自主权的矿产资源，诸如金、宝石、煤等。如果将东北经济区视为一个“经济实体”，在矿产资产状况上，是介于苏美之间的一个类型，那么在资源优势向经济优势转化时，应充分借鉴两国的先进经验。

（二）人才培养

1. 虚怀若谷，大家风范

自20世纪60年代以来，在长春地质学院逐渐形成了一个由20余人组成的多学科综合性的科研集体。该科研集体按年龄和知识结构分为六个梯队，跨学科、跨院系，完全是自愿走到一起来的，张秋生是其中众望所归的首席科学家。该科研集体的凝聚力不仅来自张秋生的博学多识、勇于创新，而且还在于他虚怀若谷、心地坦荡，具有优秀的学术领袖品质。

张秋生常说：“在科学上来不得半点宽容；千万不要搞关系学；不管是谁，不合格一律重作，并限期完成，不能拖拉……科学是不断发展的，科学工作者应有勇气推翻错误的结论，包括自己以往错误的结论。”他毕生坚持野外实践第一，始终要求野外第一手资料正确无误。他十分善于发挥科研团队中每一个人的作用，使每一个成员都在最适合自己的位置上体现自己的价值。

他气量很大，在他所领导的科研集体中，有贴过他大字报的人，也有批判过他的人，但他不计较这些，也没有花时间去想这些，只要这些人有才能，只要他们愿意献身地质事业，他都一概录用，并根据他们的特长把他们安排在合适的科研岗位。

一位教授曾这样感慨地说：“我们中有许多人是搞其他专业的，但我们愿意到张先生的科研集体中来，因为张先生博学多识、虚怀若谷、心地坦荡的优秀品质吸引着我们。”

2. 教书育人，甘为人梯

张秋生参加工作34年，始终坚持在教学和科研第一线，恪守教书育人的天职。他先后主讲了11门矿床学等有关课程，共培养硕士研究生23名、博士研究生8名。

对研究生的毕业论文，张秋生从论文选题、基本素材的组织、结构的安排直到理论分析，都一一指出问题所在。有的论文数易其稿才最后通过答辩，并获得优秀成绩的评语。有的论文在国内外学术刊物上发表，受到国内外专家的好评。他还利用出国开会和讲学的机会，用自己节省下来的外汇购买了一些基础地质理论及成矿方面的最新资料和论著，抓紧时间译成中文，并编写成专题教材给学生讲授。

时刻注意国内外学术动向并将之及时传予地质同仁的做法已成为张秋生的习惯。他每次参加国内外重大学术会议后都会为教师、同学和同事准备好一系列的精彩学术报告，如“四年来地球科学进展述评——从 1980 年巴黎地质大会到 1984 年莫斯科地质大会”，“当代地球科学的一个重要发展趋向——岩矿地质学”，“大陆边缘古地壳内深部液态含金矿源层”等。他的报告极具感染力，因此总是座无虚席，连过道和教室后边也站满了慕名而来的听众。“这几乎成为惯例，只要是张秋生教授作报告，人们总是早早赶到指定地点，稍后来的人只好站着。当然，即使站着，他们也毫无怨言，一听到底。”

1983 年 6 月，年轻的大学生们成立了“长春地质学院地质系大学生学术理论研究会”，研究会刚成立不久，他们便组织了一批稿件，并筹备召开第一次学术报告会。事先邀请了学院的不少教授、副教授到会。虽然他们也邀请了张秋生教授，却对这位早已德高望重的教授是否能够在百忙中“屈尊”参会并无把握。张秋生不但十分高兴地接受了学生们的请求，还在会上致了开幕词。

张秋生先后到国内外大学、研究所、地矿局和地质队等 30 多个单位讲学和作学术报告。“他作为青年自然科学基金矿床地球化学组的评委，对申报者的论证报告不仅提出中肯问题，而且还就一些关键性问题给以详细讲解和说明……真可谓青年的良师益友。”

张秋生最爱说的一句话就是“学生一定会超过先生的”。他常说：“如果我在有生之年不培养出超过自己的学术带头人，那就说明我没有尽到自己的责任，我会死不瞑目”，“我愿意充当一架站得稳、立得住的梯子，让中青年同志踩着我的肩膀、头顶，攀登地质科学高峰”。

三、张秋生主要论著

张秋生. 1958. 江苏海州一带朐山系岩层的花岗岩化作用. 地质学报，38（4）：403-420.

张秋生. 1962. 混合岩化成矿作用的几个问题. 地质学报，42（1）：72-78.

张秋生. 1966. 磷灰石伟晶岩的发现——在辽东半岛地区寻找变质磷矿床的一个线索. 中国地质，（3）：32.

张秋生. 1977. 矿床认识史与基础地质研究. 长春地质学院学报，7（1）：11-16.

张秋生，朱国林，朱永正等. 1977. 东秦岭多期变质作用和形变史. 长春地质学院学报，7（3）：6-35.

张秋生. 1978. 矿源与矿化集中区. 长春地质学院学报，8（3）：1-23.

张秋生. 1979. 塞浦路斯国际蛇绿岩学术讨论会概况. 长春地质学院学报，9（2）：127-128.

张秋生，杨连生. 1979. 中国东秦岭北部地区变质地质. 科学通报，（16）：751-755.

张秋生. 1980. 地球科学的现状和未来——二十六届国际地质大会综述. 长春地质学院学报，10（4）：60-72.

张秋生主编. 1980. 中国东秦岭变质地质. 长春：吉林人民出版社.

张秋生，刘连登. 1982. 矿源与成矿. 北京：地质出版社.

张秋生等. 1984. 中国早前寒武纪地质及成矿作用. 长春：吉林人民出版社.

张秋生，朱永正. 1984. 东秦岭古生代蛇绿岩套. 长春地质学院学报，14（3）：1-13.

张秋生. 1985. 四年来地球科学进展述评——从1980年巴黎地质大会到1984年莫斯科地质大会. 长春地质学院学报，15（2）：105-109.

张秋生，李守义. 1985. 辽吉岩套——早元古宙的一种特殊优地槽相杂岩. 长春地质学院学报，15（1）：1-12.

张秋生. 1987. 对"科拉半岛超深钻井"简介与评价，地质论评，33（5）：489-491.

张秋生，任洪茂. 1987. 蛇绿岩地质及共成矿作用//矿床学参考教材（下册）. 北京：地质出版社.

张秋生，王安建. 1987. 早前寒武纪成矿作用//矿床学参考教材（下册）. 北京：地质出版社.

张秋生等. 1988. 辽东半岛早期地壳与矿床. 北京：地质出版社.

Zhang Q S，Stragway D W（ed）. 1988. Precambrian Research Volume 39，Issues 1-2. Amsterdam：Elsevier；Beijing：Science Press.

主要参考文献

银剑钊. 1990. 师魂. 长春：吉林科学技术出版社.

毛成云，刘连登主编. 1998. 张秋生论文集. 长春：吉林科学技术出版社.

撰写者

王安建（1953～），山东蓬莱人，中国地质科学院教授，博士生导师。主要从事矿床学与成矿预测研究。系张秋生的硕士、博士研究生。

李绪俊（1958～），山东梁山人，教授，博士生导师。主要从事矿床学与矿床勘查研究。系张秋生的硕士、博士研究生。

翟裕生

翟裕生（1930～），河北文安人。矿床学家，地质教育家。1999年当选为中国科学院院士，2007年当选为俄罗斯工程院外籍院士。1952年毕业于北京大学地质学系。曾任中国地质大学（北京）校长和中国地质学会副理事长。他对矿田构造、金属矿床、区域成矿均有系统研究。主编《矿田构造学概论》和《矿田构造学》教材，提出了控矿构造与矿床成因结合研究的思路，建立了该分支学科的理论框架，在我国的矿田构造研究领域起了开拓作用。他长期探索长江中下游地区的成矿规律，建立了该区的铁-铜成矿系列结构模型，由此发展了成矿系列理论。他主笔的《区域成矿学》和《区域成矿研究法》是我国区域成矿学的开拓性著述，为重点成矿区带研究提供了基础理论与研究方法。他倡导对矿床研究的系统分析与历史分析，主张研究矿床形成-变化-保存的全过程。他提出的"成矿系统及演化论"，是我国矿床研究的主要理论之一。依据系统科学的思维方式，他将地球系统科学思路引入矿床研究，提出了地球系统-成矿系统-勘查系统的学术理念。其研究成果和学术思想对我国矿床学发展有重要指导意义。曾获国家级科技奖4项和省部级科技、教育奖励16项。

一、成长历程

20世纪三四十年代，是一个动荡不安、深处内忧外患的时期。翟裕生1930年2月6日出生于河北省大城县的翟家村（后划归文安县）。1937年日本发动侵华战争侵占华北，年幼的他不得不在战乱的硝烟中随父母背井离乡，举家迁至天津。他先后就读于天津市模范小学、梁家嘴小学和河北省立天津中学。自记事起，他目睹了民族危亡的屈辱和国民党统治的腐败，经历了生存和求学的艰辛，由此他渴求光明，刻苦学习，发愤图强。

翟裕生受过良好的家庭教育，肯吃苦，爱学习。在求学生涯中，当时的河北省立天津中学（现天津市三中）和北京大学两所学校对他的影响很大，他认为这种影响为他"一生的政治方向和从事教育科研事业打下了坚实的基础"。

河北省省立天津中学校风纯朴，名师荟萃，有优良的教育传统，以教书育人为本。语文老师裴学海先生是梁启超的学生，他以“裕慰苍生”为立意，为翟裕生取字曰“慰苍”，希望他以天下为公，以社会责任为己任。翟裕生忆起这位知识渊博、和蔼可亲的老师时说：“裴先生的博大胸怀使我的精神世界得到了一次升华，对我的人生目的产生了深刻影响。”

在省立天津中学，除了正规的学习外，学校还鼓励学生们参加社会实践活动。学校办了一所附属民众小学，由高中的一些优秀生任教师，利用课外时间为孩子们义务上课，其目的是让学生们在社会实践的过程中领悟人生，了解社会。翟裕生那时也不过十六七岁，他教语文等课，并当班主任，下课后就和孩子们一起玩耍。这难得的教育实践，不仅丰富了他的学习生活，还锻炼了管理和组织能力，培养了他对教师这个职业的兴趣和感情。

1948年9月，翟裕生在读完高中二年级后，以同等学力考入了北京大学地质学系。到北大后，他积极投身进步的学生运动，参加反蒋、迎接解放、护校等运动。1949年2月他参加了由中国共产党领导的地下进步青年组织——民主青年联盟，并于5月4日转入青年团。1950年1月他加入了中国共产党，面对鲜红的党旗，他发出了自己的誓言——为共产主义的远大理想忠诚奉献自己的一生。

在北大学习期间，他担任过地质学系学生会主席、校团委组织部副部长等职务，这使他的组织能力得到了锻炼。

北京大学地质学系是培养地质学家的摇篮，名师荟萃，设备优良。老师们不仅有深厚的学术造诣，还有着严谨求实、开拓创新、敬业爱生、言传身教的优良传统。在老师们的指导下，他热爱地质科学，渴望求知，喜欢钻研问题。他参加填制的第一幅1∶5万地质图（密云县镇罗营幅），是1950年暑期在马杏垣教授带领下完成的。在填图过程中，他不慎摔断手臂，但还忍痛用水壶带吊起左臂坚持上山。他的第一个矿区实习是在张炳熹教授指导下完成的，他与几个同学共同完成了对鹤岗煤田的地质调查和储量计算工作。求学期间他还聆听了地质学家、地质教育家孙云铸、王烈、王鸿祯等教授的悉心指导。在名师的教诲下，他受到了全面的大学素质教育，为以后的发展打下了良好的基础。

年轻的中华人民共和国百废待兴，经济建设急需各类人才。1952年，他结束了大学生活，被分配到全国院系调整后新成立的北京地质学院任助教，从此，他与地质教育和科研结下了不解之缘。

为了适应工作的需要，他如饥似渴地学习俄语和新的专业知识。他所在的矿床教研室有着很好的学术空气，冯景兰、袁见齐、张炳熹三位教授（先后均为院士）主张学术民主，兼收并蓄。在学科理论方面不仅并存欧美矿床学的基本理论，也有苏联成矿学的观点，同时还有三位中国矿床学家对中国矿床研究的理性认识。对此，翟裕生曾谈到："这种民主和谐的学术空气和作风，使我在后来领导长江中下游科研集体时，能够注意充分调动大家的积极性，允许和支持不同的学术观点。当时仅富铁矿成因就有矿浆、矿浆-热液过渡、热液等三种观点，对此，我只作正面的引导，因为这有利于学科进步，也有益于年轻同志的成长。"

翟裕生勤奋好学，乐于实践，学校领导识才乐荐，曾先后派他去哈尔滨工业大学学习俄语（1953 年 2 月～1953 年 7 月）和长春地质学院矿床学研究生班学习（1955 年 9 月～1957 年 8 月）。经过系统、严格的深造，使他对苏联矿床地质学的成就和特点有了较为全面的认识。在此期间，他随苏联专家去野外协助指导研究生，调查了华南、华北的十多个金属矿山，对中国矿床的实际情况有所了解。在董申保教授和别列杰夫教授指导下，他的研究生论文对河北大庙斜长岩及钒钛磁铁矿矿床成因进行了探讨，以对矿区地质的精细观察为基础，基于实验测试和综合分析，划分出不同的岩石和矿体类型，建立了斜长岩类演化序列和浸染状矿石、贯入型矿石三阶段成岩成矿模式，将构造与岩石化学结合，进行了较充分的论证。他的论文成果被认为填补了我国斜长岩类及钒钛磁铁矿床研究的空白，一直被同行所采用。

他于 1955 年任讲师，1960 年任副教授。"文化大革命"中被下放江西"五七干校"劳动，但一有空闲，他还是念念不忘、想方设法阅读地质学的书籍。

自 1975 年起，北京地质学院迁校武汉后更名为武汉地质学院［现中国地质大学（武汉）］，他在该校工作了 10 年。1980 年任副院长，主要任务是建立科研管理体制，开办研究生教育，组建图书馆和大学出版社、出版大学学报《地球科学》等。在这期间，他到北京中央教育行政院学习（1983 年 9 月～1984 年 6 月），比较系统地学习了教育学、高等教育学、研究生教育等理论和国内外经验，结合自己多年的教育工作体验写出有关高等学校研究生教育的论文，发表在《学位与研究生教育》、《高等教育学》等上。

1985 年，他奉调回到北京，先后担任地质矿产部北京地质教育中心主任和中国地质大学（北京）首任校长。他和党政班子一道，带领教职工开展了艰难的复校工作，为学校的发展打下了基础。

1990 年他已年满 60 岁，在组织的安排下，他辞去了中国地质大学（北京）校长的职务，从此，有了充分的时间和精力从事教学和科研工作，形势发展又要求他挑起学科带头人的重担，于是他开始了一个新的征程。

作为我国知名的地质学家和地质教育家，他在几十年的教学和科研工作中，勤勤恳恳地工作，为我国地质科学的发展和地质教育事业做出了重要贡献。他曾历任北京地质学院矿产勘查系主任、三系主任，武汉地质学院副院长，中国地质大学（北京）首任校长。1983～1996年任中国矿床地质专业委员会副主任委员，1988～1992年任中国地质学会副理事长，同时还担任过国家自然科学基金地质评议组、国务院学位委员会地质评议组的成员、中国地质学史专业委员会主任、中国矿床地球化学专业委员会委员、国际地质学史委员会委员和国际矿床成因协会矿田构造组主席的职务。1999年当选为中国科学院院士，2007年当选为俄罗斯工程院外籍院士。

二、主要研究领域和成就

在几十年的学术研究中，翟裕生在矿田构造学、金属矿床学、区域成矿学等研究领域均有重要研究成果，在国内外享有盛誉；他从事地质教育工作50余年，教书育人，桃李芬芳。

1. 深入实际，开拓进取

翟裕生热爱野外地质工作，他对矿床学研究是以扎实的野外工作为基础的。1958～1959年他带队在赣东北等地区找矿，经过调查和研究，对区域成矿的研究内容及方法有了感性认识。接着，在张炳熹先生的领导下，他参加组织了湘、赣、闽、浙四省内生矿床成矿规律研究，在广泛找矿、矿点检查和重点矿区研究的基础上，共同提出了构造-成岩-成矿带的概念，认识到W与Sn矿带和Pb、Zn、Cu、Ag矿带属于两个不同的成矿体系，并有先后叠加复合关系，对C.C.斯米尔诺夫的太平洋成矿带内带外带观点的局限性进行了评述。这项研究被评为20世纪60年代区域成矿研究的重大成果。

在此之后，为了教学的需要，为进一步锻炼和培养年轻教师和高年级学生的研究能力，以张炳熹、袁见齐先生为首，组织勘探系师生完成了《中国矿床学》教材（内部版）的编著工作。翟裕生主要分工做内生矿床成矿特征的研究和汇总，以及研究项目的组织工作。

这两项研究虽然是初步的、“速成的”，但它体现了集体的力量和探索精神。翟裕生渴望求知，虚心向长者求教，带着问题钻研。他善于思考和总结，在研究中发现了在中国区域成矿研究中有待解决的一些问题，同时老一辈地质学家严谨宽容的学术思想和风格，对他后来的教学和科研产生了潜移默化的影响。

知识的获得依靠积累和思考。积累需要实践做基础，乐于吃苦、精于考察是求知的第一要义；而思考则意味着循着客观事物发展规律从客观存在的现象中经过归纳、推理、总结，对自然界各类物质运动的内在规律给予理论上的解释、论证。如果说在1955～1960年短短的6年中，他从典型矿床（大庙）点上做起，又在区域上展开（四省项目），进一步对全国矿产地质有了概括的认识（《中国矿床学》），那么，矿田构造学的研究就是在已有基础上，对一个分支学科的重点深入的探索和开拓。

矿田构造学是一门兼有矿床学和构造地质学的理论和方法，对找矿、勘探和采矿都有重要应用价值的分支学科。早在40年代，苏联大学中就开出“矿田构造”课程。50年代后期，地质部、高等教育部拟请苏联矿田构造专家来北京地质学院讲授该课程，后因中苏关系紧张而作罢。当时教研室指派他讲授“矿田构造学”课，接受任务后，他怀着奋发图强、为国争光的热忱，深入到东北、华南一批老矿山研究构造控矿作用，搜集典型实例。当时矿坑内工作条件很差，他经常是一个人爬行在低矮、阴暗、潮湿的旧坑道中观测构造现象，有时还冒着滚石和塌方的危险。但经过艰苦工作，终于搜集到比较真实生动的第一性资料。在此基础上，又系统参照对比苏联和欧美同行的矿田构造文献，写出了讲稿，并于1961年对高年级学生开出了“矿田构造学”课。在教学中他发现，苏联和欧美的矿床矿田构造研究，多侧重几何学描述和类型划分，只探讨成矿的构造控制，而与其他因素的联系注意不够。但据他的观测研究，构造不是孤立地起控矿作用，而是在与其他因素的结合中起作用的，构造研究不能与其他控矿因素脱节，因此他在1979年提出了控矿构造研究与矿床成因研究相结合的思路，并将其贯彻到教学和研究工作中。黄汲清先生在一次全国地质学会议的总结中肯定了这一认识，认为这是“矿田构造研究的方向”。他的《矿田构造研究内容与方法》被日本教授译为日文在日本同行中交流。

在构造研究中他发现了不整合面对内生成矿的控制作用，是矿田构造的一种新类型。这一观点已为后来国内外发现的多个不整合面型金属矿床所证实。他运用系统综合法对侵入岩体接触带构造作了较全面的研究，提出了控矿侵入接触构造体系观点。1965年起，他开始了对长江中下游成矿带中典型矿床（如铜官山矿床）的系统深入研究。

“文化大革命”时期，地球科学在世界上突飞猛进，国外的矿床学研究也日新月异，如在火山成矿作用等多方面的研究有不少进展。科学家的生命属于人类，而社会的动荡使科学研究中断甚至遭到破坏的情况是最令人痛心疾首的。处在那种特殊的环境里，为了科学的真谛，翟裕生和李文达、陈毓川等顶着压力，共同组织了“宁芜火山岩区铁铜成矿规律和找矿方向”的研究项目，在1972～1976年间较系统地研究了宁芜地区的铁（铜）矿成矿特征。由翟裕生牵头，由北京（武汉）地质学院的矿床、岩石、矿物、构造、数学地质等学科的老师们组成多学科集体，以宁芜盆地中段为主，与当地矿山和地质队密切合作，深入解剖了火山-次火山岩型铁矿特征，共同建立了玢岩铁矿成矿模式。这个在70年代中期的创新成果，对以后我国的火山岩区矿床研究起了推动作用，项目研究成果“宁芜中段铁、铜矿床地质特征、成矿规律及找矿方向”获1978年全国科学大会奖，“宁芜玢岩铁矿”获国家自然科学奖三等奖。

此次实践，使他积累了研究成矿系列的初步经验，也在学术思想上认识到运用系统综合方法研究矿床学的重要性和有效性。此后，他还参加了长江中下游成矿带和南岭成矿区两个重点科研项目。通过对南岭花岗岩有关的W与Sn矿床研究，提出了成矿系列结构概念（1987）和构造-岩浆动态耦合与矿床分带等学术观点。

长江中下游是他的科研基地，多年以来，他不知在那里洒下了多少汗水。他和他的科研集体带着高年级学生经常冒着七八月高温进行野外作业，在烈日下，他们认真观测矿体的产状结构，填图，采样，工作一丝不苟。他在基地上反复研究，重点剖析了十多个矿床，同时结合室内实验获得了大量的宏观、微观信息，这些信息都是经他直接采取，或经他检验的可信的实际资料。经过实践再上升到理论，由此反复进行，使其研究不断获得新的成果，并于1992年出版了《长江中下游铁铜（金）成矿规律》，这是关于该区成矿学研究的经典著作之一。地质科学是世界性的，翟裕生在早年接触俄国文献较多，80年代改革开放以来，他先后参观考察了英、美、澳、加等国的地质教学和科研单位及矿山，也多次接待来访外国同行，又通过参加国际会议，对于80年代国际地质矿床研究增加了感性认识，进一步认识到地质学是全球性科学，中国是一个局部，矿床学更是这个局部的一小部分。地质学已进入全面综合高度融合的时代，矿床学研究不能就矿论矿，而应站在地球系统科学的全局，去认识特定时空域中的成矿作用。他认为：①矿床形成和分布受深部作用控制，与壳、幔等层圈作用密切相关，系统研究矿床的构造背景对认识成矿规律十分重要；②成矿是一个自然系统，有其要素和作用过程，探讨成矿系统动力学过程是矿床学前沿方向；③适应地球科学的整体化趋势，要采用基础地学的新成果和新的技术方法来研究矿床，要大力更新矿床学的研究思路。他多次在培训班、进修班上讲课，全面介绍矿床学研究动向和新近成果；通过著文评述矿床学发展态势，介绍矿床学科学思维方法。同行们反映他的讲课和文章，“既新鲜又实在，抓住要领，启发很大”，起到了很好的引领作用。

2. 融会贯通，厚积薄发

自1987年以来，他先后承担了多个矿产资源方面的重点研究项目。通过参加涂光炽院士领导的超大型矿床基础研究的国家攀登项目，他和研究小组一起深入地研究了东升庙、凡口、焦家等超大型金属矿床，对大型控矿构造作了较系统的研究，提出了同生断层多级控矿和多阶段活动控矿模式；按地质时代论述了中国主要矿床的构造背景和时空分布特征，对地史上成矿作用演化有了新的理解和认识。在原来矿田构造研究的基础上，扩展研究区域构造的控矿作用，将大、中、小构造的控矿机理结合研究，逐步构建了构造成矿体系的框架。

为了教学需要，他和研究组为博士生开设了“区域成矿学”课程。通过系统整理过去长期积累、广泛搜集的文献资料，又经过讲课、讨论、交流、编写教材，使他对这门课程的任务、内容和方法、研究历史、学科思想等有了较深入的思考，总结提出了区域成矿学的研究思路。在此基础上，他又结合对中国地质构造演化特点的认识，提出了中国区域成矿的若干基本特征，新划分了中国成矿区域和成矿时代，提出了“复合大陆成矿体系”观点，经过多年的教学和研究的反复实践与总结提高，于1999年3月出版了我国首部《区域成矿学》专著，以及其姊妹篇《区域成矿研究法》(2004)，都已成为我国成矿区带研究的重要参考书。

在这个过程中，他还运用历史分析法，一改过去矿床学只重视成因研究而忽视矿床变化的传统观念，对矿床形成后的变化、保存条件和机理十分重视，并倡导对其进行研究。由于这种研究不仅能应用于找矿工作，而且对认识矿床形成演化过程及其所反映的全球环境演变也有重要学术价值，引起了同行们的赞同和关注，因此开拓了对矿床形成-演变-保存的整体化研究的新方向。

进入21世纪以来，地球科学不断朝系统化方向发展。翟裕生以他特有的敏锐科学洞察力认识到，要想推动我国矿床学研究，也必须用系统的方法来探索创新。他在多年进行成矿系列研究的基础上，率先提出“成矿系统及演化论”，包括：①按构造动力环境划分成矿系统类别；②多因耦合、临界转换的基本成矿机制；③矿床系列、异常系列构成的矿化网络及其四维结构；④矿床形成-变化-保存的全过程研究；⑤成矿系统的资源、环境双重效应等基本内涵，从时空和物质运动的结合上发展了区域成矿研究，从而在对矿床成因和成矿规律研究方面走上一个新的台阶。他很关注地球系统科学的兴起及其对矿床研究的影响，进而提出地球系统-成矿系统-勘查系统三结合的研究思路和成果（2006），将传统的矿床研究提高到地球系统科学层次，不仅起到了先导作用，而且还在成矿学研究领域有重要创新意义。目前，以翟裕生为首提出并建立的“成矿系统及演化论”已经成为全国重要成矿区带、成矿规律研究的重要指导思想之一，为广大地质工作者广泛应用（中国地质调查局评价）。

翟裕生领导他的研究小组，以成矿系统及演化为主线，对华北古陆边缘的地壳结构、物质组成、构造演化、成矿系统以及区域成矿动力演化进行了详细研究，初步再造了华北古陆边缘的地质成矿历史，探讨了华北古陆区域成矿分带，总结提出古陆边缘成矿的十个要素。他出版的《古陆边缘成矿系统》专著，是我国近年来区域成矿研究的重要成果之一。

“大陆演化过程中成矿系统的形成与保存——典型矿集区剖析”（2003～2006），是翟裕生主持完成的我国首个矿产资源领域的自然科学基金重点项目。项目主要通过对长江中下游成矿带和内蒙古狼山—渣尔泰成矿带的综合研究，剖析了典型成矿系统的组成、结构及矿化特征，揭示成矿系统形成、演化和保存的大陆动力学背景，建立了SEDEX型和岩浆热液型成矿系统发生-演变-保存的地质模型；深入剖析了大陆演化不同阶段成矿系统的叠加复合机制，揭示成矿物质的反复聚集过程及其制约因素。项目在揭示大陆动力演化与成矿作用的耦合机制方面做了新的探索，并取得了很好成果。他关于中国金属成矿特征的成果曾多次在国际学术会上交流，并应邀为《澳大利亚地球科学》杂志撰文《中国的矿产资源及其构造背景》，被称为“是有关中国矿产资源最深入全面的论述”。

3. 注重实践，指导找矿

“矿床学研究不仅要查明矿床成因，更重要的是掌握成矿规律指导找矿工作”。翟裕生以其渊博的矿床学知识和科学的思维方法，亲临矿山一线指导找矿勘查工作，既向第一线地质同行虚心学习，又热情帮助他们学习新知，因而能在多处取得找矿突破。

江西省冷水坑矿田是江西省地矿局912大队20世纪80年代后期发现的一处银铅锌特大型矿田。采取地质填图、物化探、坑探、钻探方法就矿找矿，但进展不大。翟裕生在担任江西省地矿科学顾问期间，通过实地考察，结合冷水坑矿田地层、岩浆岩、构造等特征及其他找矿信息，运用成矿系统分析法帮助该队建立了“冷水坑矿田成矿模式”，并指出冷水坑矿田外围有广阔的找矿前景，这为在银珠山矿区乃至矿区外围寻找大中型铅锌银金多金属矿床指明了方向。在新的思路指导下，912大队在冷水坑矿田外围发现了一个大中型规模的矿床。《国土资源报》曾以“思路决定出路”为题报道了这一生动事例。

近年来我国的危机矿山日益增多，开展深部找矿已迫在眉睫，翟裕生急国家之所急，深入研究和总结深部找矿的理论与方法，多次向地勘一线的地质工作者介绍自己的成果，帮助他们开拓找矿思路，提高找矿效果。胶东地区是我国重要的黄金生产基地，也是中国地质大学的“三结合”基地。翟裕生及其研究集体，十多次深入该区在夏甸、谢家沟、大尹格庄等矿山作成矿规律和找矿预测研究，他倡导的成矿系统理论在胶东金矿找矿工作中得到实践的检验，在邓军教授的具体带领下，与矿山密切合作在矿山深部和周边的找矿获得成功，为招金公司下属矿山提供了雄厚的资源基础，获得了显著的经济和社会效益。

4. 教书育人，倾情地质教育事业

翟裕生院士不仅是矿床学家，还是地质教育家。他从教 50 多年，热爱教学工作。在讲课中，他坚持因材施教和启发式教学，善于将传授知识、活跃思维和培养良好学风融为一体，讲课内容新颖，生动活泼，深受学生欢迎，认为“听他的课是一种艺术享受”，教学效果一贯优异。他自 1958 年担任系主任助理起，先后担任副系主任、系主任、副校长、校长等职务直到 1990 年，他以身作则，廉洁奉公，精研业务，依靠群众，为中国地质大学的建设尤其是为北京校区的恢复和发展做出了重要贡献。

1985 年起，他先后担任地质矿产部北京地质教育中心主任和中国地质大学（北京）首任校长。在“文化大革命”后，他和党政班子一道，带领大家开展了艰难的复校工作。对外疏通和理顺各种关系，对内整顿并建立工作和教学秩序，要收回被占用的校园空间，要赶上延误了近 20 年的时间，真是百废待兴。他们全心全意地办学。有一年冬天他去平房宿舍看望学生时，发现暖气不足房间里很冷。为了学生的健康，他决定把办公楼让给学生做宿舍，而将办公机构迁到阴冷潮湿、供暖条件很差的平房小院。这一情况曾由《北京晚报》报道。他们舍不得花十几万元用部拨指标去买一辆新的“桑塔纳”，宁愿继续坐破旧的“老上海”，省下这笔钱去装修教学实验室。为了让老师们能住上新单元房，他从江西“五七干校”回京后一直在原学生宿舍住了 18 年，使用公共水房和厕所，直到 1989 年末才最后一批搬入教授楼……这些以身作则、克己奉公的感人事例，已成为中国地质大学的宝贵精神财富之一。

他自年轻时就认真钻研教育理论，总结实践经验，著有《研究生教育的特点和基本原则》等十多篇论述高教特点的学术论文。他认为，教学与科研结合，这是高等学校科研的特点。翟裕生在工作中将两项任务有机地结合，尤其对高年级学生效果很好。他注重在学生的学习过程中培养他们的基本研究能力，把学习过程作为打好研究基础的过程。他编写教材突出学术内容，“既新颖又实用”，既反映学科知识的涵盖面，又突出学科研究中的探索性，使教学与科研形成一种知识系统并逐步深化，在广大教师中起到了示范作用。

翟裕生重视科研集体对培养人才的作用，他在研究集体中既严格要求，又创造宽松自由的气氛，鼓励不同方向的探索。他的第一个博士生赵永鑫在研究姑山铁矿时，提出与他不同的矿浆成因观点，他实地调查后认为赵有一定的论据，便支持鼓励赵永鑫将其观点写入论文中，并出资帮助他将学位论文作为专著出版。他的这种尊重科学和热心提携优秀人才的做法收到了很好的效果，培养出不少思想作风和学术业务都优秀的青年教师和科技骨干。

他还经常给学生们作报告，以自已的切身经历启发年轻学子如何将自身的发展与祖国的需要相结合，如何成为祖国的有用之才。勉励学生们踏实学习，立志成才，做对社会有贡献的人。他常以生动浅显的语言告诉学生们地球科学是什么：地学事业是勇敢者的事业，需要勇于探索、豪迈、求真、务实的性格，它使人得到自然熏陶，又广泛接触人民群众，有利于造就优秀人才；地学工作者经常与岩石为伴，以大地为家；几十亿年的地球演化，深不可测的地心奥秘，充满无情诱惑的油气田和矿床的成因，使我们胸怀宇宙，心地开阔，乐趣无穷；地学是理论性和实践性都很强的学科，优秀的地学人才是在勇于实践、锲而不舍的奋斗中成长的。他热切期望有更多的青年人关注并喜欢这门科学，积极投身到地学队伍中来。他用20字心得总结自己的科研工作："兴趣＋责任、学习＋实践、思考＋总结、交流＋合作、积累＋开创"，让学生们在做学问、做人方面深受启示，受益匪浅。

5. 自强不息，奋斗不止

在长期的科研工作中，翟裕生以他忘我的研究、不懈的探索，坚持理论联系实际、理论指导实践的科学精神和科学方法，拓展了矿床研究的领域，实践了科学为社会经济发展服务的科学研究理念，取得了一系列的学术成就。由他参加主编的《矿床学》获地质矿产部优秀教材一等奖，主持的"宁芜中段铁、铜矿床地质特征、成矿规律及找矿方向"获全国科学大会奖，合著的《宁芜玢岩铁矿》获国家自然科学奖三等奖，主持的"长江中下游铁、铜成矿规律与成矿预测"和"大型构造与超大型矿床"等科研项目获地质矿产部科技二等奖，《长江中下游铜金矿床矿田构造》专著获湖北省科技一等奖，参加合作的"中国成矿体系与区域成矿评价"获国家科技进步奖二等奖等，共获国家级和省部级科技奖励20项。以他为主还著有《矿田构造学概论》、《矿田构造与成矿》、《长江中下游地区铁、铜、金成矿规律》、《成矿系列研究》、《区域成矿学》、《古陆边缘成矿系统》、《区域成矿研究法》等12部专著。在国内外刊物上发表学术论文180篇。他已培养硕士16人，博士40人。此外，1997年获第五届李四光地质科学奖，1999年获北京市"五一"劳动奖章。

多年以来，翟裕生重视学习和应用哲学思想来改进自己的教学和研究工作。他勇于实践，勤于思考，善于开拓。他由对单个矿床成因的综合分析，到对矿床系列的全面探讨，再发展到对区域成矿系统的整体认识，更进一步到成矿系统的历史演化，一步步地形成了系统成矿学和历史成矿学的学术思想，体现了矿床学研究的前进方向。他对矿田构造学和区域成矿学的研究工作，起到了开拓和先导作用。1990年以来，翟裕生参加了由王鸿祯院士领导的地质学史研究会的活动，初步研究了矿床学、矿田构造学、长江中下游地质矿业等的发展史。1999年撰写了《矿床学研究50年回顾与展望》学术论文，还多次讨论矿床学的思维与研究方法。社会经济可持续发展问题提出后，他多次展望矿床学发展前景，认识到环境问题的日益引人关注，积极主张矿床学研究应拓展到矿床环境质量研究和评价，大力推进矿业开发与环境保护的协调发展。他还著文论述了21世纪矿床学发展前景，提出了矿床学要扎根于地球系统科学和矿业开发，要为可持续发展服务的五个功能，引起了同行们的广泛关注与响应。

翟裕生为人谦和、作风质朴、宽厚勤勉，常怀赤子之心。几十年的积累，几十年的探索使他领悟了人生、科学、社会的关系，他不仅仅以他的谦虚和审慎在同行中赢得赞誉，更以严谨、勤奋、宽容的科学家的气质受到了同行们的赞同。他并没有刻意去追求什么，只是按照自己认定的方向执著地走下去。学习、实践、总结、创造……探求真知的渴望从未停顿过。对走过的几十年路程，他感受很多。当问及他的感想时，他说，这50年来工作和生活比较充实，在地质教育和地质研究方面做了些工作，但贡献不多，与祖国人民的培养和期望相比，总感到“人民给予的多，自己付出的少”而心有不安。因此，他更珍惜自己的晚年。目前，他正和博士生与年轻教师一起，从事矿床学的前沿研究，继续努力实现他的人生目标：“勤奋工作学习，忠诚奉献人民”。

三、翟裕生主要论著

翟裕生．1965．某斜长岩的岩石特征及成因．地质论评，23（3）：186-195.

翟裕生，黄民智，池三川．1981．安徽铜官山矿床的构造特征及其对矿化原生分带的影响//翟裕生等．矿田构造与成矿．北京：地质出版社.

翟裕生，石准立，林新多等．1982．鄂东大冶式铁矿成因的若干问题．地球科学——中国地质大学学报，18（3）：239-244.

翟裕生等．1984．矿田构造学概论．北京：冶金工业出版社.

袁见齐，朱上庆，翟裕生主编．1985．矿床学（高等学校教材）．北京：地质出版社.

翟裕生，姚书振，林新多等．1992．长江中下游地区铁铜（金）成矿规律．北京：地质出版社.

翟裕生，林新多主编．1993．矿田构造学（高等学校教材）．北京：地质出版社．

翟裕生．1996．关于构造—流体—成矿作用研究的几个问题．地学前缘，3（4）：71-77．

翟裕生，姚书振，崔彬等．1996．成矿系列研究．武汉：中国地质大学出版社．

Zhai Y S，Deng J．1996．Outline of the mineral resources of China and their tectonic setting．Aust J Earth Sci，43：673-685．

Zhai Y S，Xiong Y L，Yao S Z，et al．1996．Metallogeny of copper and iron deposits in the Eastern Yangtse Craton，east-central China．Ore Geol Rev，11：229-248．

翟裕生，张湖，宋鸿林等．1997．大型构造与超大型矿床．北京：地质出版社．

翟裕生，邓军，李晓波．1999．区域成矿学．北京：地质出版社．

翟裕生．1999．论成矿系统．地学前缘，6（1）：14-28．

翟裕生．2001．矿床学的百年回顾与发展趋势．地球科学进展，16（5）：124-130．

翟裕生，吕古贤．2002．构造动力体制转换与成矿作用．地球学报，23（2）：2-7．

翟裕生，邓军，汤中立等．2002．古陆边缘成矿系统．北京：地质出版社．

翟裕生，彭润民，向运川等．2004．区域成矿研究法．北京：地质出版社．

翟裕生，邓军，王建平等．2004．深部找矿研究问题．矿床地质，23（2）：16-23．

翟裕生．2007．地球系统、成矿系统与勘查系统．地学前缘，14（1）：172-181．

主要参考文献

陈宝国（改写）．2001．寸草报春晖 矢志攀高峰——矿床学家翟裕生院士传略//中国地质大学校史编撰委员会编，赵克让主编．地苑赤子——中国地质大学院士传略．武汉：中国地质大学出版社：158-164．

撰写者

陈宝国（1954～），北京人，中国地质大学地质学史研究所研究员，中国地质学会地质学史专业委员会秘书长。主要从事科学技术史、地质学史研究。

王建平（1972～），河北昌黎人，中国地质大学（北京）地球科学与资源学院副教授。主要从事矿床学研究。

李廷栋

李廷栋（1930～），河北栾城人。地质学家。1993年当选为中国科学院院士。1953年毕业于北京地质学院。历任中国地质科学院院长，地质矿产部副总工程师、部高级科技顾问，中国科学院地学部副主任、学部主席团成员，长春科技大学名誉校长，吉林大学教授、地学部名誉主任，中国地质图书馆名誉馆长，全国地质编图委员会副主任，中国地质学会副理事长，《中国地质》主编等职。长期从事区域地质调查研究和综合地质编图工作。曾在大兴安岭北部、燕山、四川西部、青藏高原等地进行地质调查研究，建立或重新厘定了大兴安岭北部、四川西部地层系统、侵入岩期次和构造格架，提出青藏高原隆升的机制，证实高原大幅度快速隆升始于第四纪。主持编制了中国地质图集、亚洲地质图等多种地质图件，把我国地质编图、制图提高到国际先进水平。曾多次主持国内及国际学术讨论会，主持制定了国家科委《中长期科学技术发展纲要（地矿部分）》，参与制定了我国“八五”南极科学研究规划，参加了众多国家和部门重大科研项目立项论证等工作，为我国地质科技发展做出了积极贡献。曾赴20多个国家和南北极进行地质考察，发表论著150余篇（部），主编地质图件8种。其多项成果获得国家和省部级奖，1984年被授予“国家级有突出贡献的中青年专家”称号，1999年获李四光地质科学奖荣誉奖。

一、成长历程

李廷栋，1930年10月7日生于河北省栾城县宋北村一个并不富裕的农民家庭。他的童年和少年是在抗日战争和解放战争的烽火中度过的。侵华日军的暴行，亡国耻、民族恨给他幼小的心灵留下了无限的悲愤，激发了他求知报国的欲望。他自幼酷爱学习，崇尚科学，对天文、地理、文学、艺术等都有浓厚兴趣，向往求知深造，以竟报国之志。但家庭以农耕为业，收入微薄，无法供他读完从小学到大学的全程。他在本村读了两年多的私塾和初级小学，于1942年秋考入栾城县中心小学，在那里读完两年高级小学（即现在的小学五、六年级）。在姑母的鼓励和资助下，于1944年夏考入北京平民中学。这所私立中学设有奖学金（雷氏奖学金），奖励各年级考试成绩前三名的优秀学生。他十分珍惜来之不易的求学机会，学习非常刻苦，前三个学期均考得全年级第一名，免交全部学杂费。第四学期因请病假扣分而未获第一名，要交部分学杂费。因此，他只好转学到免交一切费用的河北省立杨村师范初中部读完初中三年级，于1947年夏考取北京市第一中学。作为一所市立中学，除免交学杂费、住宿费外，京外学生每人每月补助20多公斤面粉用作伙食费。他因几个学期考试都列班上第一名，其中一个学期获全校总分第一名，获得学校颁发的特殊奖学金。正是靠勤奋刻苦学习而获得的免交学费、伙食补助和奖学金，他度过了一年半的高中生涯，1948年底北京解放后全部改为公费。解放后，他当选为北京一中学生会副主席，1949年春加入新民主主义青年团，同年加入中国共产党。

高中三年级时，他经常到北京大学地质系探望同乡同学任冠政，参观地质系岩矿标本陈列馆。了解到地质学的粗浅知识和地质工作对国家经济建设的重要意义后，他萌发了学习地质的兴趣和志向。1950年夏，他如愿以偿地以第一志愿考入北京大学地质系，开始了他的地质生涯。1952年在全国高等学校院系调整中，北京大学地质系并入新成立的北京地质学院。在大学期间，从地质系学生会主席、北京大学党委干事，到北京地质学院学生会副主席，在社会活动的历练中，他不断充实自己，同时也坚定了献身地质事业的决心和信心。

1953年大学毕业后，他被分配到地质部从事地质矿产勘查的技术管理工作，其中有一年多的时间担任刘景范副部长的业务秘书。在此期间，他考察了许多矿区，搜集积累了大量区域地质及矿产地质资料，向老专家和苏联专家学习到不少矿床地质和地质勘查技术知识。但是他并不安于机关的管理工作，他认为野外地质调查研究是获取地质知识和高水平地质成果的基础，是人才健康成长的必由之路。作为一名年轻地质工作者，他渴望投身于地质调查研究工作的实践，去充实基础地质知识，提高地质鉴别能力。基于这种认识，他曾多次申请到野外进行地质调查研究工作，终于得到批准。1957年6月，他走出地质部机关，奔赴大兴安岭进行区域地质调查研究工作。

从1957年至1968年的十多年时间里，他基本上是在地质调查研究工作的第一线度过的。他在这期间主要进行了3个项目的研究工作：第一项是1957～1959年中国科学院黑龙江流域综合科学考察队大兴安岭北部的地质考察；第二项是地质部立项的大兴安岭东坡的地质调查；第三项是1965～1968年地质部立项的四川西部区域地质综合研究。1961～1964年，他从事区域地质调查的技术管理工作，主持了若干区域地质调查图幅设计和报告的评审验收，主持编制了1∶20万及1∶100万比例尺区域地质调查规范，利用管理工作的方便条件和图幅验收机会广泛搜集和综合研究了全国各地区的地质调查资料和成果，并经常到多个地区进行短期地质考察，积累了大量地质实际资料，掌握了各地区的主要地质特点，为后来的综合地质编图打下了良好基础。

黑龙江流域综合科学考察是中国科学院和苏联科学院联合实施的一个大型科研项目，主要任务是对黑龙江流域地理、地质、水利、农业、林业、气象、土壤、生物、经济等进行综合考察，为该地区社会生产力的发展提供科学依据。该项目成立了“黑龙江流域综合考察中苏联合学术委员会”，中方由竺可桢副院长亲自领导，中方考察队队长由时任水利部副部长的冯钟云将军担任。李廷栋在俞建章、张兆瑾两位教授领导下参加了大兴安岭北部的地质调查，任分队长，并具体负责组织了总报告，即《大兴安岭北部地质》专著的编写、统稿工作，其间曾两次赴苏联进行合作研究和年度科研报告的编写。为了填补大兴安岭北部地质调查的“空白区”，地质部于1960年成立大兴安岭东坡地质队，他被任命为大队技术负责人，组织领导了大兴安岭北部东坡约65 000km^{2}的地质调查研究，编辑出版了《大兴安岭东北部区域地质的初步研究》一书。当时的大兴安岭北部森林茂密，人烟稀少，交通极为不便，他们克服了种种困难，最终完成了大兴安岭北部的地质调查研究任务，其间有4位队员不幸遇难。

60年代，为加强西部地区建设，由时任地质部副部长的宋应同志建议并指导组建了“地质部川西地质综合研究队”，其主要任务是在川西高原宝兴、丹巴、小金、金汤及德格、义敦一带进行区域地质综合研究，提高地质研究程度，为矿产资源勘查评价提供地质依据。当时，尽管受到“文化大革命”的破坏和干扰，他作为队长还是带领全体队员，顶着政治上的压力，基本完成了阶段性的工作任务。遗憾的是科研报告未能正式出版，影响了其使用范围。

1968～1979年的大部分时间是在“文化大革命”中度过的。在“文化大革命”中，由于他“思想保守”和“有政治问题”，在很长一段时间他被当做“怀疑对象”，被解除了有关行政职务而“靠边站”。坏事变好事，这倒给他创造了更多时间进行科学研究的机会。1968～1970年，他与楚旭春研究员一起完成了1∶200万中国地质图说明书的编写，出版了《中国地质概述》一书。1971～1972年，参加了由许杰院士领导的李四光遗留著作的整理编辑工作，出版了专著。1972～1973年，作为项目负责人，主持编制了1∶400万中国地质图（1972）、中国地质图集及1∶200万中国矿产分布图。1973～1978年，作为项目负责人，主持编制了1∶500亚洲地质图，并在综合研究基础上编著了《亚洲地质》（1982）一书。1976年8月，作为中国地质学会代表团成员出席了在澳大利亚悉尼举行的第25届国际地质大会，展示了我国新编的地质图件，介绍了中国地质工作成果。

1980年10月到1986年10月，他受命担任中国地质科学院院长。尽管他舍不得丢开从事多年的区域地质研究和地质编图工作，但由于当时“拨乱反正”工作刚刚开始，“文化大革命”的遗风还相当盛行，治理整顿的任务很重，他决定暂时放弃科研工作，集中精力抓好院务管理和改革。因此，从1980年到1986年的6年时间内，他未再主持任何科研项目，只是根据地质部的决定，以中方联系人的身份，参与了中法喜马拉雅地质构造合作研究项目的组织领导工作，承担了少量研究任务。其间，三次赴法国商谈合作事宜和进行成果交流，并赴阿尔卑斯山、比利牛斯山和中央高原等地进行地质考察。1984年8月赴莫斯科参加了第27届国际地质大会，并宣读了《青藏高原地壳演化和隆升机理》的学术论文，会后赴克里米亚、高加索山进行地质考察。在主政地质科学院期间，最使他难以忘却的遗憾，是在科技体制改革中，尽管经过他们多次辩解，还是把地质科学院划归“混合类型”，而且把开发比例定得高达60%，严重影响了地质科学院日后的发展。

1986年10月，他带着遗憾离开了中国地质科学院，调任地质矿产部副总工程师，一直到1993年4月退居二线，其间于1988～1990年兼任科技司司长。调离地质科学院以后，由于去掉了繁重的党务和行政管理工作，他又开始承担科研任务。1986～1990年，参与主持了“亚东—格尔木地学断面研究”。1991～1995年，主持完成国家科技攻关项目“南极大陆岩石圈构造演化”研究，并于1990年赴南极进行了地质考察；参与主持了“青藏高原岩石圈结构、隆升机制及其效应”科研项目，在此期间，他曾赴冰岛、美国、苏联、泰国、德国、日本等国参加学术会议和进行地质考察。

1993～1998年，他用了相当多的时间进行第30届国际地质大会的学术筹备工作，并被任命为大会学术委员会主席，主编了1∶500万《亚欧地质图》。1996～2000年，主持完成“青藏高原隆升的地质记录及机制”的研究。1998年至今，主要在中国地质科学院从事科研工作，主持完成国土资源部专项科技计划项目“中国岩石圈三维结构”的研究；主编了1∶250万的《中国西部及邻区地质图》，参与主持了中国、俄罗斯、哈萨克斯坦、蒙古、韩国等五国1∶250万比例尺的“中国中部及邻区地质图系”研究项目，主编了该图系的地质图，在项目实施过程中，多次赴俄罗斯、蒙古、哈萨克斯坦和韩国进行学术交流和地质考察。2004年8月赴意大利参加了第32届国际地质大会及会后地质旅行。

李廷栋历任地质部技术员、专业组组长、部长秘书，地质部地质研究所副研究员、研究室副主任、主任、研究队队长、所领导小组及核心组成员，中国地质科学院院长、党委副书记、书记、研究员，地质矿产部副总工程师、科技司司长、部高级科技顾问、高级咨询中心地质咨询部主任，中国科学院地学部常委及副主任、学部主席团成员，国土资源部咨询研究中心研究员，长春地质学院名誉院长、长春科技大学名誉校长，吉林大学教授、地学部名誉主任，中国地质图书馆名誉馆长，全国地质编图委员会副主任，中国共产党第十二届全国代表大会代表，第八届、第九届全国政协委员。在群众学术组织方面，曾任中国地质学会理事、常务理事、副理事长，南极研究学术委员会副主任，中国极地考察咨询委员会委员，中国大洋协会副理事长、高级顾问、咨询委员会委员，中国青藏高原研究会常务理事、副理事长，中国老科学技术工作者协会国土资源分会（地矿分会）副会长、会长，中国岩石圈委员会副主任，国际岩石圈委员会喜马拉雅地区协调委员会委员，《地质学报》编委、副主编，常务副主编，《中国区域地质》主编，《中国地质》主编等职。

二、主要学术成就及学术思想

（一）主要科学技术成就和贡献

李廷栋长期从事区域地质调查研究和地质编图，亦作过较多的地质矿产科技管理工作。他研究的领域较广，熟悉中国及亚洲区域地质情况，擅长于综合研究，在区域地质研究和地质科技管理方面都做出了重要成就和贡献。

1. 填补了大兴安岭北部地质调查的“空白区”

20 世纪 50 年代后期，他参加了大兴安岭北部两个项目的地质调查研究工作，与全体队员一起编著《大兴安岭北部地质》及《大兴安岭东北部区域地质的初步研究》两部专著，填制了 1∶100 万比例尺地质图，填补了本区地质调查的“空白区”，建立了地层系统、侵入岩分期和构造格架，总结了区域地质特征，提出本区构造的多旋回发展过程和继承性、新生性、迁移性演化规律，为东北地区乃至全国区域地质构造综合研究和地质编图提供了重要资料，特别是得尔布干大断裂、前寒武纪地层和热河生物群的发现，对于区域地层对比和构造研究都有重要意义。

2. 重新厘定了四川西部地层序列和构造格架

20 世纪 60 年代后期，他所领导的四川西部综合地质研究工作，在四川西部三叠纪“西康群”及宝兴、金汤一带志留系、泥盆系、二叠系中采获丰富的古生物化石，重新厘定了川西地区地层层序、侵入岩期序和构造格架，初步建立了宝兴一带古生代地层层序，查明了二叠系构造轮廓及其与三叠系接触关系。特别是在宝兴以北首次采获早泥盆世布拉格期镰形新单笔石和丰富的珊瑚、虫牙、几丁虫、单细胞藻类化石及高等植物孢子，堪称我国地层古生物研究上的一次重要发现，对于研究志留—泥盆系过渡层和泥盆纪古地理等，都具有重要意义。他们还首次测得“宝兴杂岩”7亿年的同位素年龄数据，为厘定扬子地台西缘诸多“变质杂岩”时代起到了率先突破的作用。这些成果为尔后的区域地质调查研究奠定了基础。

3. 提出青藏高原隆升的过程和模式

20世纪60年代以来，他先后主持或参与主持6个青藏高原地质研究项目，对青藏高原地质构造进行了较深入的研究，发表论著20余篇（部），总结了青藏高原的地质调查研究史，划分了高原构造-地层区和地体构造单元，分析了高原的基底类型，研究论述了高原隆升的古生物、古气候、沉积-古地理、古地貌、岩溶、夷平面等方面的证据，依据热年代学和裂变径迹研究成果估算了高原各地区隆升速率和幅度；把高原隆升划分为三大阶段：俯冲隆升阶段（K_2—E_2）、汇聚隆升阶段（E_3—N_1）和均衡隆升阶段（N_2—Q），证实高原大幅度快速隆升始于第四纪，提出“陆内汇聚—地壳分层加厚—重力均衡调整”的高原隆升模式。他撰写的有关青藏高原地质构造的论文曾两次应邀发表于国际英文期刊 *Tectonophysics*（《构造物理学》）上。其成果曾获地质矿产部科技成果奖一等奖。

4. 把中国地质编图提高到国际先进水平

1972年以来，他领导的科研集体先后编制了《中国地质图》、《中国地质图集》、《亚洲地质图》、《亚欧地质图》等一系列地质图件。在编图过程中，他们始终坚持“严格要求、精心设计、精心编绘、严格审校、力求创新”的指导思想。在综合研究基础上，统一地层、侵入岩等各种地质要素，统一对比划分方案，制定先进的制图流程和技术标准，使编制的图件不但做到了资料新、内容丰富、繁简适度、地质轮廓清晰，而且图面结构合理、绘制精细，具有较佳的色标配置，使我国常规地质编图、制印达到国际先进水平，获得国内外地质界的高度评价，并被广泛使用。成果获国家自然科学奖一等奖和地质矿产部科技成果奖一、二等奖。

5. 总结论述了中国地质的基本特点

结合区域地质调查和地质编图的科学积累，他多次总结论述了中国地质的主要特点，发表了多篇论文和专著。在《中国地质概述》一文中，把中国大陆地质演化划分为 6 大阶段，总结了中国地质的 6 大特点，论述了矿产资源分布的地质条件。在后来的一些论文中，他又把中国大陆划分为大陆克拉通、陆间增生褶皱区、陆缘增生褶皱区等 3 种类型的构造-地质区，并分别论述了各构造-地质区的主要特点；把古生界划分为 10 个构造-地层区，并重新厘定了中国构造运动及岩浆活动期序，划分出 5 个构造发展阶段和 12 期主要的构造运动。

6. 剖析了亚洲大陆岩浆活动的时空规律

通过编制亚洲地质图，他们编纂出版了《亚洲地质》专著。作为集体研究成果，《亚洲地质》总结、论述了亚洲地层、岩浆岩、构造时空发展的基本事实和主要特点。他负责执笔的岩浆岩一章把亚洲大陆划分为 6 大构造-岩浆岩域，分别论述了它们的总体特征，提出亚洲岩浆活动的阶段性、继承性、分异性、分带性和迁移性的时空演化规律；在有关论文中，还把滨太平洋中新生代岩浆岩划分为陆内、陆内断陷、陆缘盆地及西太平洋岛弧 4 个构造-岩浆岩区和 20 个构造-岩浆岩系，并分别论证了它们的基本特点。

7. 划分了中国岩石圈构造单元

在实施“中国岩石圈三维结构”专项研究过程中，他致力于中国岩石圈构造特点和构造单元划分的研究。在提出岩石圈构造单元划分 6 条原则基础上，以贺兰山—川滇南北构造带为界，把中国大陆与邻近海域划分为中亚与东亚两大岩石圈构造域，并进一步把中国岩石圈划分为西域、青藏、东北、华北、华南、南海等 6 个岩石圈块体，分别论述了各岩石圈块体的地质、地球物理、地球化学的主要特点。他还概要总结了中国岩石圈三维结构研究的主要进展和成果。

8. 探讨了南极大陆地质构造及其演化

在综合研究南极地质调查研究成果基础上，讨论了南极大陆地质构造格架、地壳结构和构造演化，把南极大陆划分为 3 个构造单元：东南极地盾、横贯南极山脉造山带及西南极造山带，分别论述了它们的主要地质特点；汇集研究了中外学者地球物理调查成果，给出了若干地区地球物理场特征及地壳厚度变化，指出东南、西南极岩石圈结构明显不同，南极大陆地壳具有明显的层块结构，大部分地区为地壳厚度缓变区，东南极沿海和横贯南极山脉为地壳厚度陡变带；把南极大陆构造演化划分为 4 个阶段，分别探讨了各阶段的主要特点。

（二）学术思想及科技贡献

李廷栋在长期科研和科技管理的实践中，逐步形成了自己的学术思想。他经常关注本学科国内外研究动向，提倡专题研究与综合研究的结合，强调地质科学技术研究面向经济建设和社会可持续发展。为推动我国区域地质研究和地质科技发展做出了重要贡献。

1. 倡导地质立典性的研究工作

他认为，许多地质理论、学说和概念是从一个地区或某项专门研究发源的；许多重大的科学新发现、新认识是从一点突破的。因此，对一个地区、一个专门问题进行精细的立典性的研究，取得高水平科学成果，是推动地质工作深入开展和地质科学进步的重要途径。所谓“地质立典性研究”，就是对一个典型地质区、一种地质现象、一个主要的科学问题或一个地质事件，经过反复和深入的调查研究，取足证据，概括出规律和理论，为地质工作提供范例，为地质对比研究提供标准和尺度。地质立典包括规范、规程、指南类的地质立典，区域性或典型地质现象的地质立典研究，学科或专业性地质立典研究，以及专题性地质立典研究等。

2. 坚持创新和提高地质科学水平

他认为，创新不但是推动社会和科技进步的动力，也是繁荣地质科学，提高地质工作水平的必由之路。要大力倡导探索和创新精神，营造一个激励创新自由争论的宽松学术环境。要发扬学术民生和高尚的科学道德，树立勇于创新和敢于标新立异的风尚，鼓励科学家发展或创建新的地质理论和流派。对于探索性强的地质科学更需通过创新去开辟新路。

3. 主张把我国地质上的区位优势转化为科学技术上的优势

中国有许多地质现象是世界其他地区所罕见的，甚至是绝无仅有的。如青藏高原独特的地貌景观和岩石圈结构，新生代的黄土堆积，南方的岩溶地质，苏鲁—大别—秦岭—柴达木超高压变质带，澄江动物群、热河生物群及其他独特的古生物群落，滨太平洋带的典型沟-弧-盆体系，以及某些特殊类型矿床等。他多次指出，充分利用我国这些地质上的优势，长期持久地开展精细的调查研究，取得世界先进乃至领先的科学成果，就可以把地质上区位优势转化为科学技术上的优势。这是我国地质科学走跨越式发展道路十分有利的条件，应该充分利用这些条件，使我国在这些方面的研究率先走在国际的前列，为发展地质科学做出更大贡献。

4. 强调地质科学研究与区域地质调查紧密结合

区域地质调查是一项探索性、综合性很强的调查研究工作，需要采用先进的科学理论和技术方法。他多次呼吁，要把区域地质调查同地质科学研究，特别是基础地质与成矿规律的研究紧密结合起来。一方面，区域地质调查工作要加强科学研究，不断提高工作的质量和水平，切实解决工作区域内重大科学问题；另一方面，科学研究单位要面向区域地质调查，协同研究，解决某些重大科学技术问题，共同担负起提高区域地质调查工作水平和地质研究程度的任务。李廷栋认为二者应该从以下几方面加强协调与结合：加强综合研究，提高全国地质研究程度；有针对性地开展基础地质研究，为区域地质调查提供理论支撑；加强地质立典性研究，为区域地质调查提供地质对比的范例和标准；加强技术方法研究，为区域地质调查工作扩大信息来源提供条件。

5. 在地质编图中强调科学与艺术的统一

积多年地质编图的经验，李廷栋认为，地质图件是地质调查研究成果的集中体现，是反映一个国家地质研究程度、地质科学总体水平和科学文明程度的重要标志。它既是一项科学成果，又可以看做是一个艺术作品。地质编图过程是对区域地质进行综合研究和合理标绘的过程，要不断创新，力争做到科学和艺术的统一，既要有丰富的科学内容，又要有完善的表现形式。他一再强调，地质编图要做到“杜绝政治性错误，减少地质上的错误，把一般技术上的错漏降低到最低限度”；在编图上要做到地质内容翔实、数据可靠、繁简适度、地质轮廓清晰；在制图上，做到绘制精细、图面结构合理、色调配置得当、图形美观大方。

6. 总结了我国地质科技成就和经验

50 多年来，李廷栋兼任了较多的科学技术学术职务，参与了较多的科技管理和科学活动，早年参加了国家和部门科技发展规划和地质工作规范、规程等的制定。近年来参与制定了我国“八五”南极科学研究计划，主持了国家科委《中长期科学技术发展纲要（地矿部分）》的制定，参加了国家和部门重大科技项目的立项论证和成果验收，总结了我国地质科技成就和经验，对地质工作的部署、地质科技体制改革、国家重大基础研究计划，以及极地科学考察、大洋矿产资源勘查等，都提出了一些建设性的意见和建议，对我国地质科技发展做出了重要贡献。

三、李廷栋主要论著

李廷栋，李永森，蒋国源等. 1962. 大兴安岭东北部区域地质的初步研究. 北京：地质部地质科学研究院.

李廷栋. 1963. 大兴安岭北部大地构造及多旋回发展过程. 地质学报，43（4）：345-360.

中国地质科学研究院主编. 1973. 中华人民共和国地质图集. 北京：地质出版社.（李廷栋为项目负责人）

中国地质科学院主编. 1975. 亚洲地质图（1∶500万）. 北京：地图出版社.（李廷栋为项目负责人）

Li T D. 1980. The development of geological structures in China. GeoJournal，4（6）：487-497.

李廷栋. 1982. 中国构造运动期序和构造发展阶段. 中国区域地质，（1）：13-25.

亚洲地质图编图组编. 1982. 亚洲地质. 北京：地质出版社.（李廷栋为项目负责人，执笔部分章节）

李廷栋. 1986. 地质科学研究与区域地质调查相结合. 中国区域地质，（1）：10-15.

Li T D，Xiao X C，Li G C，et al. 1986. The crustal evolution and uplift mechanism of the Qinghai-Tibet Plateau. Tectonophysics，127：279-289.

李廷栋. 1991. 加强地质立典工作发展地质科学理论. 中国区域地质，（3）：193-198.

李廷栋. 1993. 中国地质//《中国大百科全书》编辑委员会. 中国大百科全书·地质学卷. 北京：中国大百科全书：651-662.

李廷栋. 1993. 亚洲地质//《中国大百科全书》编辑委员会. 中国大百科全书·地质学卷. 北京：中国大百科全书：575-578.

李廷栋. 1996. 跨越世纪的地质科学前沿. 地质科技管理，（5）：36-47.

Li T D. 1996. The process and mechanism of the rise of the Qinghai-Tibet Plateau. Tectonophysics，260：45-53.

李廷栋，肖序常. 1996. 青藏高原地体构造分析//中国地质科学院岩石圈研究中心，地质矿产部地质研究所. 青藏高原岩石圈结构构造和形成演化. 北京：地质出版社：6-20.

李廷栋主编. 1998. 亚欧地质图（1∶500万）. 北京：地质出版社.

李廷栋. 1999. 加强地球表层系统的研究和地质制图工作. 第四纪研究，（3）：193-197.

李廷栋. 2000. 青藏高原地质调查研究历史//肖序常，李廷栋主编. 青藏高原的构造演化与隆升机制. 广州：广东科技出版社：297-309.

李廷栋. 2002. 南极地质构造及其演化//中国地质学会80周年学术文集. 北京：地质出版社：142-152.

李廷栋. 2006. 中国岩石圈构造单元. 中国地质，33（4）：700-710.

主要参考文献

李廷栋. 1995. 跨越世纪的地质科学前沿. 地质科技管理，（5）：36-47.

彤宇，李云鹤. 1997-12-12. 李廷栋：地学卷里续新篇. 科技日报，第2版.

潘云唐，毕孔彰. 2002. 四十春秋山与水 百万里程暑和寒——区域地质学家李廷栋院士传略//中国地质大学校史编撰委员会编，赵克让主编. 地苑赤子——中国地质大学院士传略. 武汉：中国地质大学出版社：165-171.

李廷栋. 2003. 加强基础地质研究推动地质工作可持续发展. 地质通报，22（9）：647-650.

李廷栋. 2003. 地质科学探索. 石家庄：河北教育出版社.

撰写者

张玉珠（1931～），江苏苏州人，中国地质科学院地质研究所高级工程师。长期从事地质科技情报研究，主要译著有《大学专业英语基础教材——地质学》、《加勒比特提斯海的张开——加勒比海和墨西哥湾的发生和发展》、《环印度缝合带》等。

肖序常

肖序常（1930～），贵州安顺人。构造地质学家。1991年当选为中国科学院学部委员（院士）。1952年毕业于北京大学地质系。曾任中国地质科学院地质研究所所长，中法喜马拉雅山合作研究项目地质考察队中方队长，国际岩石圈委员会喜马拉雅区副主席，IGCP 283项目负责人等职。50年代初期在甘肃从事有色金属地质调查、勘探，并在甘肃白银厂外围发现、评价了小铁山多金属矿床；50年代后期在黄汲清院士指导下编制了中国大地构造图及撰写《中国大地构造基本特征》一书，对区域地质调查、普查找矿以及某些基础地质问题的探讨具有一定先导意义；60年代结合国家急需矿产铬铁矿，编著了《含铬基性、超基性岩的地质构造特征》一书，为铬铁矿战略部署及普查找矿等提供了较重要信息；70年代到现代，主要在我国新疆、青藏高原等西部地区从事地质构造演化及其成矿乃至成藏（油气藏）的探讨研究。他较先结合我国地质实际，开展板块构造的研究，首次较系统地论述了祁连山高压变质带，较早建立完整的蛇绿岩剖面，论述了我国主要蛇绿岩带分布特征及其大地构造意义；对国际地学界关注的某些重大问题——特提斯洋形成、演化，冈瓦纳大陆裂解、离散、聚合，青藏高原形成演化及其多重效应等进行了探讨研究。曾先后获1978年全国科学大会奖，省、部级一等奖1项，二等奖2项，李四光地质科学奖，何梁何利基金科学与技术进步奖等。

一、简　　历

1930年10月12日，肖序常出生于贵州省安顺。他的父母均出自书香门第。外公黄志澄是举人，正当赴京考进士之际，清政府已崩溃，故成为家乡的“地主绅士”。大外公黄尧澄，民国初在北京当议员，后返回贵州参与讨袁（世凯）、讨曹（锟）运动。远房外公则是“四八”烈士黄齐生。父亲肖灿20世纪20年代中期毕业于“云南讲武学堂”，是有知识的武才，返乡之后，在贵州筹办并建立了“贵州讲武学堂”，积极培养年轻人才，不幸于1928～1929年在军阀混战中阵亡。肖序常虽是遗腹子，但父亲读书好学，形成了家风，这既影响了兄长，也影响了肖序常。母亲黄钟秀毕业于师范学校，在当时的社会情况下，能到师范学校就读的妇女为数不多。母亲好学而知书达理，在肖序常的父亲去世以后，年仅 28 岁的她固守田产家业和“守节”，操劳家务，悉心教育子女，在“万般皆下品，唯有读书高”的思想指导下，她循循善诱，严格要求子女一定要好好读书，读好书上大学。在母亲含辛茹苦地督导下，肖序常兄姐都考上了大学，受到了良好的高等教育。

青少年时期的肖序常之所以知道读书的重要意义，主要来自家兄肖序刚的教诲。肖序刚先是就读于浙江大学数学系，后转入北京大学地质系，肖序常从事地质工作也受到了兄长的一定影响。40 年代后期，肖序常就读的安顺黔江中学，是一所由“中英庚子赔款”创办的重点中学，不仅教学要求很严格，教学质量高，学生学习成绩好，而且政治思想很活跃。肖序常在与进步同学交往中常接触到一些进步书刊，并暗中传递阅读了《二万五千里长征记》、《新民主主义论》、《群众》、《新华日报》等中国共产党重庆办事处的书籍、刊物。此外还阅读了《暴风雨中诞生》、《战争与和平》以及列夫·托尔斯泰、高尔基、屠格涅夫等苏俄作家的小说，这个时期可算得上是他一生中看小说最多的时期。当时的国民党贪污腐化，导致钱币贬值、物价飞涨、民不聊生，以上刊物和书籍却反映了一个截然不同的社会，从而使他认识到了俄国革命的深远意义和中国共产党拯救中华民族的必然性。他虽受到进步思想的教育，也向往革命，但由于家庭出身的影响，未能投身到地下党行列，当时他唯一向往的就是进入进步的名牌大学。因而在 1948 年夏，肖序常只身离家赴重庆投考大学。重庆炎热酷暑，食宿条件又差，他不幸染上了恶性疟疾，若不是同学和同乡的关注，差点客死他乡，当他带病返回安顺时已骨瘦如柴。肖序常病愈后，考入贵州大学地质系。1949 年冬，贵州解放，其兄长自北京返回贵州探望离别多年未能通讯的家，肖序常就随其兄去了北京。是年夏季，他考进了北京大学地质系，实现了他梦寐以求的愿望。

肖序常是在新中国成立后读完大学的，他深知来到北京进入北京大学很不容易，必须珍惜时机，努力学习，学好本领建设祖国。1952 年他大学毕业，在爱国主义思想的教育下，他响应党的号召——到祖国最需要的地方去。当时，国家建设百废待兴，急需开发地下宝藏，肖序常第一志愿就是要求到西北边疆，进行野外地质勘查。他的要求得到了批准，被分配到刚进入详查阶段的甘肃白银厂。当时各方面条件都极为艰难：蔬菜、肉食极为匮乏，经常食用干菜或咸菜，新鲜菜、肉则很少见到；饮用水也缺乏，因为是大型硫化矿床，矿区水的硫酸根含量很高，饮后经常导致腹泻，长期饮用则致使头发脱落，因此要从 40～50km 以外的黄河运来；住宿不但没有像样的宿舍，且十分拥挤，地质、物探和测量等人员挤在甘肃白银厂 60～70m^2 的旧老君庙内。尽管如此，肖序常等年轻地质工作者以老一辈地质学家宋叔和等人为榜样，为新中国矿产资源开发扎根边疆，以苦为荣、不畏艰险、坚持工作。入冬收队，但他还自愿留守矿区，与两名测工在北风呼啸、气温低到零下的寒冬中坚持进行矿区大比例尺地质填图工作；第二年矿区建立了小型岩矿鉴定分析室，他在短短数月内进行了岩矿鉴定、分析测试和综合研究等基础性研究工作。以上工作为1953～1954年白银厂含铜黄铁矿型大型铜矿床的顺利勘探，乃至尔后的开发，提供了较确切的实际资料。这一时期他和有关同志一起，经过大比例尺地质填图，在矿区不远处还发现了小铁山金属矿床，并提交了相应的报告。在这段野外地质勘查工作中，肖序常始终奋发工作，很好地完成了各项任务，积累了工作经验，提高了认识水平，受到了表扬，并被评为“先进工作者”。这使得他更加热爱自己所从事的艰巨而光荣的地质事业。

1955年初夏，肖序常突然接到调他回地质部的通知。到人事司报到时，有关负责人问他：“拟选派你到苏联进修，但地质部地矿司有色稀有金属处刚成立，也需要你，你本人有何意见?”肖序常回答道：“服从工作急需。”自此，他做了近两年矿产科技管理工作。

二、主要学术成就及影响

1957年是肖序常一生的重大转折点。那一年，他被调到地质部地质矿产研究所给黄汲清当助手，实际就是师从黄汲清从事大地构造研究。50年代末至60年代初，在黄汲清指导和参与下，肖序常与其他同行一起完成了1∶300万中国大地构造图及《中国大地构造基本特征》一书的编著工作。该书系统、详细地划分了构造单元，并论述了各构造单元的特征及其演化，总结了中国大地构造演化的多旋回性，以及印支运动与燕山运动在中国大地构造演化过程中的重要性。对区域调查、普查找矿及某些重大基础地质问题的探讨，均具有较重要的指导意义。该成果获1978年全国科学大会奖（排名第二）。60年代初，肖序常结合国家急缺矿产的需要，与另一位年青同志一起编著了《含铬基性、超基性岩的地质构造特征》一书。该书从大地构造分析出发，对世界（国外为主）主要含铬基性、超基性岩的地质构造特征作了初步总结；并根据岩石、地球化学及铬铁矿矿床等方面资料对不同地质时期、不同大地构造阶段含铬基性、超基性岩产出特征，铬铁矿成因规律，赋存状态及找矿标志作了较详细的论述，为当时寻找国家急缺的铬矿在战略上提供了较重要的信息，至今仍对我国铬矿普查找矿、评价及铬矿科研工作等，具有一定的参考价值。这个时期他还发表了《内蒙地质的几点新认识》等论文。

1964 年肖序常被任命为地质研究所大地构造研究室副主任（黄汲清兼主任），他开始肩负起科研的重担。在“文化大革命”期间，在无固定科研任务的情况下，他阅读国际有关地质文献，复习在学校中无法掌握的费氏台及微构造方面等的测定、分析，为日后深入研究构造地质打下了更加坚实的基础。

“文化大革命”之后，他和其他科学工作者一样，在黄汲清和李春昱两位先生指导下，以愉快的心情尽快浏览了国际上刚兴起的板块构造学说及有关地质构造新的理论和方法方面的文献，并结合我国地质实际，系统地开展了板块构造研究，先后对秦岭、祁连山、内蒙古及新疆等地进行实地考察，研究板块构造演化及其相关的蛇绿岩高压变质带及有关成矿作用等。相继发表了《关于北祁连山古板块构造的几点认识》、《祁连山古蛇绿岩带的地质构造意义》、《藏南日喀则蛇绿岩及有关的大地构造问题》、《中国蛇绿岩概论》、《上地幔塑性变形及岩石圈板块动力学初析》，以及有关新疆北部蛇绿岩、高压变质带论著等（不含国际会议和国外地学杂志发表的论文）20 余篇。在北祁连山建立了我国第一条蛇绿岩剖面，发现并深入研究了与其共生的蓝片岩高压变质带，提出并论证了祁连古沟-弧-盆构造格局的认识等。这里值得一提的是，1980 年国际地质大会成立 100 周年暨第 26 届国际地质大会召开，他与有关同行完成的 *Ophiolites and their tectonic significance of the Tethys-Himalayas of China*（《中国特提斯蛇绿岩及其构造意义》）被选为中方三篇大会发言论文之一（另有朱夏院士等两篇）。当时正值我国科技界开放不久，论文的宣读引起了与会地质学家们的关注，他们带去 100 份论文，导致不敷散发。

1980 年夏，国家开始了较大规模的中法合作，肖序常负责主持中法“喜马拉雅地质构造与岩石圈的形成和演化”合作研究项目。这是喜马拉雅地区的多学科地学考察，历时四年。他作为中方队长（法方队长先后是 Prost 和 C. J. Allegre 教授等），多次深入喜马拉雅进行野外地质综合考察。他与同行们一起完成了《西藏雅鲁藏布江缝合带中段高压低温变质带的新认识》、《再论青藏高原的板块构造》、《喜马拉雅岩石圈构造演化总论》（1989 年荣获部一等奖）等，揭示了喜马拉雅及邻区地壳上地幔的构造演化特征，对青藏高原构造作了进一步划分，厘定了冈瓦纳与欧亚大陆界线，提出该区不存在广阔浩瀚的特提斯大洋，主要是具有一定规模的洋盆和微古陆相间的格局，喜马拉雅—冈底斯·念青唐古拉地带为一较典型的被动大陆边缘——沟、弧、盆活动大陆边缘特征的认识等。

80 年代后期以来，肖序常先后在内蒙古、新疆以及青藏等地区进行地质科研工作，负责“305”项目中有关北疆地质构造研究（含中美北疆地质构造演化及油气地质背景研究）、IGCP 283 项目（国际地质对比计划——古亚洲洋演化）及有关青藏高原构造演化等较重大的国内、国际项目。对我国西北部造山带构造演化等也进行了研究。提出蛇绿岩的构造成因分类方案，论述了国际地学界关注的前寒武纪高压低温变质带——阿克苏蓝片岩、西天山北缘高压变质带的时代、变质变形期次、组合特征及构造意义，提出“古中亚复合巨型缝合带”，并认为其南缘不存在广阔无际的大洋，提出大陆古造山带岩石圈板块演化的不均衡性等。

在历年青藏高原野外考察基础上，他与同行编著的 *Tectonic evolution and uplift of the Qinghai-Tibet Plateau*（《青藏高原的构造演化与隆升机制》）又一次被选为1996年第30届国际地质大会中方大会发言论文。

青藏高原隆升、演化及其多重效应，一直是国内外地学界关注的重要研究领域，肖序常于“十五”和“十一五”期间先后负责的“新疆天山—昆仑山地学断面地质、地球物理综合研究”和“中国西部岩石圈三维结构及演化”分别获省、部级二等奖。在分析研究国内外在青藏高原及邻区的地球物理深探测成果基础上，他结合历年积累的地质、地球化学资料，指出“拆沉作用”对青藏高原碰撞造山过程有重要作用，对“拆沉作用”时空演化特征及其效应进行了论述和类型划分。

近年来，肖序常致力于我国短缺矿产——冶金型铬铁矿以及油气藏等成矿、成藏地质背景的研究。我国的铬铁矿绝大部分依靠进口，国内主要勘探、开发地区在西藏曲松的罗布莎等地，然而近些年采冶等单位已发出了“拯救西藏铬铁矿危机矿山”的信息。冶金型铬铁矿主要赋存于蛇绿岩带中，肖序常从事蛇绿岩的研究已多年，但近年国内外某些专家对蛇绿岩和铬铁矿组成、生因等提出“岩石/熔体反应成矿论（rock/melt interaction metallogeny）”，这一论点涉及对西藏南部蛇绿岩带铬铁矿生因、评价及找矿方向等问题。因此，他不顾耄耋之年与中青年一起进藏，到关键地带采集标本，收集资料，进一步作测试分析，力图对该带蛇绿岩豆荚状铬铁矿的生因、赋存特征等作出确切的论证，从而为西藏铬铁矿生因、找矿前景以及进一步开展勘探地带等提供依据。

近几年，肖序常还承担了西藏羌塘地区油气等能源矿产地质背景的研究。根据他的经历和有关同行专家的研究，他强调我国某些地区多能源矿产（油气、天然气水合物以及砂岩型铀矿）在时空和生因上有共生关系，因而在能源矿产勘查开发中，他倡导“综合研究、协同勘探”的原则。关于油气生因，他赞同国内外有关专家的论点——应破除“盆地沉积生油论”、“唯有机生油论”等束缚。他之所以对油气生因感兴趣，不仅在于他有过青年时期在玉门油矿工作的经历，以及20世纪90年代中美（斯坦福大学）合作的新疆石油考察，更使他思想发生转变的主要是90年代初在美国新墨西哥州召开的“国际大陆科学钻探大会”。会议期间，他获悉乌克兰顿涅茨盆地前寒武纪结晶基底（深3000～4000m）花岗质岩石、角闪岩，以及外喀尔巴阡山等地火山岩中都发现了较大油气田。对此，他与原苏联与会地学家就前寒武纪微体古生物及深部“排气作用（the outgassing function of the Earth）”以及非沉积地层（火成岩）成藏等进行了讨论，深受启发。鉴于油气需求量日益增长，肖序常返京后曾将上述非沉积地层油气藏的发现及其生因等新认识，向地学部涂光炽主任作了汇报。黄汲清先生闻此信息，也甚感兴趣，可惜他年事已高，无力赴会发言。其后，肖序常曾撰文阐述第聂伯-顿湟茨盆地等前寒武纪非沉积地层油气藏特征（见《探矿工程》，1994年第6期）。

对于非沉积地层油气藏的发现，肖序常早在60年代中晚期就已经开始关注。当时他在查阅文献时，发现日本已经在安山质火山岩、玄武岩等岩石中发现了油气，他非常重视这一新发现，并向黄汲清作了简要汇报。黄汲清问及“具体油气产地在何处、储量有多少”等时，由于当时文献局限性，肖序常未能详细回答，但火山岩中存在油气藏，一直是他默默关注的问题。可喜的是，21世纪以来，在广大石油战线同志的努力下，人们解除了思想上的束缚，在松辽盆地徐家围子、渤海湾盆地济阳坳陷、准噶尔盆地等均发现了火山岩油气藏。他认为，这类似于工业上的“费托合成油气（Fischer-Tropsch Synthesis）”机理，在自然界、在地质构造演化过程中很可能也存在这种机理。例如，蛇绿岩在蛇纹石化过程中发生“去H_2作用”，与沉积岩和火山岩“脱碳酸盐岩化产生的CO_2”可合成碳氢化合物（烃类）。同时即使是生物地层中产生的油气，也需要幔流热源和加氢催化合成油气。因而他近些年倡导“幔源合成催化生油论”，并呼吁重视、加强油田深部地球物理等探测，深入开展深部地质构造演化格局（断裂体系等）的研究。

光阴荏苒，肖序常已步入耄耋之年，但他常以“老牛自知夕阳晚，不待扬鞭自奋蹄”，“谁道人生无再少，门前流水尚能西”（苏轼）等诗句激励自己，争取更多机会与青壮年地学家赴野外进行国家急缺矿产的地质背景调查研究。

三、肖序常主要论著

肖序常，刘涌泉. 1962. 内蒙地质的几点新认识. 地质学报，(4)：379-387，446.

肖序常. 1965. 中朝准地台，台湾褶皱带//地质部地质科学研究院主编. 中国大地构造基本特征. 北京：中国工业出版社：5-53，277-282，311-333.

肖序常，李永煌. 1965. 含铬基性、超基性岩的地质构造特征. 北京：中国工业出版社.

肖序常. 1974. 燕山地区超基性岩及铬铁矿地质特征的几个问题. 中国地质科学院地质研究所所刊，第2号.

肖序常，陈国铭，朱志直. 1978. 祁连山古蛇绿岩带的地质构造意义. 地质学报，(4)：281-295，338.

肖序常. 1984. 藏南日喀则蛇绿岩及有关的大地构造问题//李光岑，麦尔西叶主编. 中法喜马拉雅考察成果. 北京：地质出版社：143-168.

肖序常，高延林. 1984. 西藏雅鲁藏布江缝合带中段高压低温变质带的新认识//喜马拉雅地质文集编辑委员会编. 喜马拉雅地质 II. 北京：地质出版社：1-18.

肖序常，王方国. 1984. 中国蛇绿岩概论. 中国地质科学院院报，第9号：19-30.

肖序常. 1986. 上地幔塑性变形及岩石圈板块动力学初析//李春昱，郭令智，朱夏等. 板块构造基本问题. 北京：地震出版社：143-158.

肖序常，汤耀庆，高延林. 1986. 再论青藏高原的板块构造. 中国地质科学院院报，第14号：7-19.

肖序常，李廷栋，李光岑等. 1988. 喜马拉雅岩石圈构造演化总论. 北京：地质出版社.

肖序常，汤耀庆主编. 1991. 古中亚复合巨型缝合带南缘构造演化. 北京：北京科学技术出版社.

肖序常，汤耀庆，冯益民等. 1992. 新疆北部及其邻区大地构造. 北京：地质出版社.

肖序常，王军. 1998. 青藏高原构造演化及隆升的简要评述. 地质论评，(4)：372-281.

肖序常，李廷栋主编. 2000. 青藏高原的构造演化与隆升机制. 广州：广东科技出版社.

肖序常，王军，苏犁等. 2003. 再论西昆仑库地蛇绿岩及其构造意义. 地质通报，(10)：745-750.

肖序常，刘训，高锐等. 2004. 新疆南部地壳结构和构造演化. 北京：商务印书馆.

肖序常，姜枚等. 2008. 中国西部岩石圈三维结构及演化. 北京：地质出版社.

肖序常等. 2010. 中国新疆地壳结构与地质演化. 北京：地质出版社.

肖序常等. 2010. 青藏高原的碰撞造山作用及效应. 北京：地质出版社.

主要参考文献

苏丹. 2007. 放怀天地千仞立——构造地质学家肖序常院士. 科学中国人，(10)：32-35.

撰写者

肖序常。

赵鹏大

赵鹏大（1931～），辽宁清原人。地质学家，中国“数学地质”学科的开拓者。1993年当选为中国科学院院士，1995年当选为俄罗斯自然科学院院士，同年当选为国际高等学校科学院院士。1952年毕业于北京大学地质系，1958年获苏联莫斯科地质勘探学院地质矿物学副博士学位。曾任中国地质大学校长、中国地质学会副理事长、国际数学地质协会专门委员、国际地质数据委员会亚洲地区代表、第12届国际数学地质大会主席、*Nonrenewable Resources* 及 *Computers and Geosciences* 编委等。他长期致力于矿产资源勘查与评价工作，1975年率先在中国开展矿产资源定量预测研究，提出了“矿床统计预测”的基本理论、准则和方法，建立了“数学地质”学科新体系；提出了矿产资源预测与评价的“地质异常”理论，由此创立了数学地质的一个崭新的学科方向；提出的“非传统矿产资源”和“三联式成矿预测”理论与方法，已成为学科发展前缘的探索热点。发表论文140余篇，出版专著10余部。曾获国家自然科学奖三等奖、国家教学成果二等奖、地质矿产部科技成果二等奖、国家教委优秀学术著作一等奖、教育部科技成果一等奖及俄罗斯自然科学院“彼得大帝金质奖章”等奖励。1992年获国际数学地质协会最高奖“克伦宾奖章”，成为获此殊荣的亚洲第一人。

一、成长历程

1. 艰苦环境中磨炼，勤奋求索中成长

1931年5月25日，赵鹏大出生在辽宁沈阳一个铁路小职员的满族家庭。童年和少年时代正值中国多事之秋，出生后4个月就爆发了日寇侵占东北的九一八事变，他开始了随父母逃难的动荡生涯。从初小开始直至高中毕业，他共换了6所学校，但不论搬迁到何地，父母都没有让他耽误学业。从12岁开始，他就离开父母到设在四川威远县远郊静宁寺处的国立东北中山中学住校读初中。三年紧张而艰苦的初中生活，对他日后的成长影响颇大，半军事化的独立生活，使他养成了适应集体、整齐有

序、严格守时、行动敏捷等良好习惯。赵鹏大认为，青年人要有“自讨苦吃”的精神，也要有争取在艰苦环境中磨炼自己意志的勇气，要从小养成严格要求自己、高标准要求工作、低标准要求生活、争取向上、乐于助人等高尚情操和品德，培养自觉学习、自理生活及自我调节的自治能力以及面对各种复杂环境、困难条件的适应能力。

2. 确定人生理想，选准发展方向

赵鹏大在四川读小学时，曾在老师的带领下参观当地的煤矿和盐矿，下矿井、上采场，使他对矿产生了浓厚的兴趣，从此立志学习地质。1948年当他报考大学时，本可以在不同时期报考许多大学，但他唯一的志向目标就是报考北京大学地质系。当时他的祖父极为反对，认为地质是“看风水”，但是哥哥的支持和鼓励坚定了赵鹏大的决心。赵鹏大一举中的，理想得以实现。

北京大学地质系有极好的学习条件和环境，那里注重培养学生的自学能力、实践能力和创新精神，赵鹏大在那里如鱼得水。在大学一、二年级的时候就超前自学了不少高年级的课程，阅读了大量地质期刊，并在报刊上发表了数十篇科普文章，有的还在当时的新华广播电台播报。最终赵鹏大选择了“矿”作为主攻目标，不仅是因为他自幼对矿情有独钟，更因为他在建国初期就认识到开发矿产资源的重要意义，所以他的大学毕业论文选择了研究“陕北四郎庙油田地质问题”。1952年，他以优异成绩毕业，在全国院系调整中分配到刚刚筹建的北京地质学院。

1954年，国家派赵鹏大前往苏联莫斯科地质勘探学院攻读研究生，师从地质学家雅克仁教授，参与了当时矿产勘查前沿课题的研究，使他在学术思想上亲身实践和领悟到科学研究工作的基本要点：一是要了解前人对所研究问题的已有成果，把握问题的研究现状；二是要明确自己的主攻目标和所研究的科学问题及实现目标的关键步骤；三是要自己获取丰富的第一手资料，从野外的直接观察和实验室的亲自测试中获取；四是工作要突出创新，包括数据创新、思路创新、方法创新、应用创新、观点创新乃至理论创新；五是力求成果对国民经济建设有实际意义和应用价值；六是尽可能将新成果上升到新认识、新规律，使其结论具有更高的普适价值。当时他选择了“矿产普查与勘探”作为攻读的专业方向，并以我国富有但在当时属于新类型的网脉状钨锡矿床作为论文研究对象。在研究中他发现，矿产普查勘探工作缺乏定量的研究过程，这大大降低了矿产普查勘探作为一门现代学科的科学性，也降低了作为一门实践性最强的应用学科的可操作性。因此，他的研究生论文把地质勘探工作和矿床地质研究定量化作为首选方向，至此定量地学及数学地质就成为他终身的研究方向。

3. 以知识报效祖国，以勤奋耕耘成果

赵鹏大留学归国后在北京地质学院以极大的热情投入工作，承担了重要的教学和科研任务。他用所学到的知识报效祖国。在“矿产普查与勘探”教材建设中，他第一次将“矿床勘探中矿体地质研究”作为专门章节编入教材，突出了影响矿床勘探程度和勘探精度的核心问题——矿体变化性问题，并强化和创新了对变化性的定量研究，从而加强了矿产勘查的理论基础。他的成绩和贡献被充分肯定，1980 年他被评为北京市文教战线先进工作者。20 世纪 80 年代以来，他对找矿勘探地质学的研究成果进行了全面系统的总结，进一步完善了该学科的理论和方法。他在《矿床勘查与评价》专著中，针对矿产勘查难度日益增大的趋势，提出了集“理论找矿、综合找矿、立体找矿、定量找矿”为一体的科学找矿新思路，引起同行的高度重视。以他为学科带头人的矿产普查与勘探学科于 1987 年被评审为国家级重点学科。

由于赵鹏大在国内外矿产普查与勘探和数学地质学界的声誉和影响，他经常被邀请出席或主持国际学术会议并在学术团体中任职。1989 年在美国华盛顿召开的第 28 届国际地质大会上，赵鹏大宣读了“矿产定量预测的基本理论、基本准则和基本方法”论文，引起与会各国学者的关注和重视。1992 年他应邀出席了在日本召开的第 29 届国际地质大会，并授予他国际数学地质协会最高奖——克伦宾奖章，使他成为获此殊荣的第一位亚洲人。此外，他任国务院学位委员会委员及地质勘探、矿业、石油学科评议组召集人，全国博士后流动站管委会专家组成员，国际定量地层委员会表决委员，《地球科学》主编，《计算机与地球科学》（美国，英文版）顾问编委，《不可再生资源》（美国，英文版）编委等。

几十年来，他为发展我国地质矿产事业坚持不懈，做出了卓有成效的努力，取得了丰硕的科学研究成果，出版了 10 多部专著，在国内外刊物上发表百余篇学术论文，多次获国家和省部级奖励。为表彰他在建立和发展我国“数学地质”以及“矿产普查与勘探”学科做出的重大贡献，国家劳动人事部于 1988 年授予他“国家级有突出贡献的中青年专家”称号。1993 年，他光荣地当选为中国科学院院士。

二、科学贡献与学术思想

（一）主要科学研究成就

1. 定量地学研究

传统地质学的很多领域属于定性的、描述性的和历史分析性的科学。社会经济

和生产的发展，要求对资源进行更为精确的定量评价，同时科学技术的发展，特别是数据分析处理技术和信息技术的发展，则为地学定量化提供了基础的研究条件。

赵鹏大认为地质学与数学交叉结合，地质学走定量化发展道路是历史的必然。选择定量化研究方法，也源于赵鹏大对地质学研究对象的特点和地质学学科发展趋势的把握。早在苏联留学期间，他就开始在找矿勘探中运用数学分析方法解决问题，回国后便首开我国数学地质学研究先河，系统地研究矿床勘探中数学模型的建立与应用问题。他把找矿勘探地质学的任务确定为分析成矿地质条件、圈定成矿远景区域、研究地质体变异特征、查明矿床形成和分布规律，进行地质、技术、经济和环境评价，并确定合理开发途径，主要包括地质体物质组成分析、结构构造特征分析、成因过程分析、类型异同分析、发展演化历史分析、地质技术经济分析等。60年代，赵鹏大创造性地将概率模型应用于个旧锡矿复杂矿体勘探过程，为选择合理勘探手段，提高钻孔见矿率提供了科学基础，取得了良好的经济效益和社会效益。1964年他提出应用数理统计研究矿床合理勘探手段及工程间距的途径和方法，比美国学者G. S. 科克和R. F. 林克在《地质数据统计分析》一书中提出的类似方法早6年。他率先在我国开展矿产资源定量预测的研究工作，1975年起先后在江苏、湖北、内蒙古、新疆及云南等地的一些矿区或成矿远景区开展了不同比例尺成矿定量预测工作。在吸取国外先进理论和大量实践基础上，于1983年提出了“矿床统计预测”的基本理论、准则和方法体系，并以此为内容编写了教材和专著，从而创立了“矿床统计预测”新学科方向。80年代至90年代，赵鹏大在不断丰富和完善“数学地质”学科方面进行了多方面的研究，建立了“数学地质学”新体系，即研究地质体数学特征，建立地质体数学模型；研究地质作用因素及相互关系，建立地质过程数学模型和研究地质工作方法及地质数据特点，建立地质方法数学模型。1982年，他发表了《试论地质体数学特征》一文，首次论述了“地质体数学特征”的内容和方法。1989年，在成矿预测中根据“求异理论”提出“地质异常”问题，并于1991年发表了《初论地质异常》一文，系统阐述了“地质异常”的不同模式、不同尺度水平、成矿意义及其表示和研究方法。1995年发表文章《中国“地质异常”》，一改传统的区域成矿规律划分方法，从定量求异的角度对中国主要成矿带的分布总结出新的规律。“地质异常”的提出，丰富了成矿预测的研究内容，完善了对物探、化探异常的综合配套解释，为寻找超常矿床提供了新的途径。地质体数学特征和地质异常等新问题的提出，开辟了对地质体进行深入定量研究的一个新领域，创立了数学地质的一个崭新的学科方向。第30、31届国际地质大会都将“地质体数学特征”作为分组学术会的专题组织学术报告。

2. 地质异常与矿床统计预测

运用定量研究、相似类比与求异理论、多维性与非线性等思维方法，是赵鹏大取得丰硕成果的关键因素之一。相似类比方法就是根据地球物质和地质作用的相似或相同，推出其地质产物（如矿产资源）也可能相似的一种逻辑方法。在苏联留学期间，为了掌握一批典型的矿床实例，他利用假期到乌拉尔、乌克兰、科拉半岛、外贝加尔等地区考察了各类数十个大中型矿床。回国后在对宁芜地区、迁安、白云鄂博、个旧及铜陵等地的矿床统计预测研究中，广泛运用相似类比的方法，并取得成果。赵鹏大在进行相似类比研究的同时，更注重在同中求异。在地球与其他类行星之间，在地球各种物质客体之间，在相同地质作用之间，始终存在着既相似又相异的双解性，只有相似类比与求异思维的有机结合、互相补充，才是比较完善的科学思维方法。

赵鹏大认为地质学充满了辩证法。地质过程和地质体中同时存在着大量确定性与随机性、线性与非线性并存的现象。因此他在开展数学地质研究时绝不墨守成规，既沿用过去的传统方法又以全新的思维触角考虑、分析和解决问题。他特别强调在矿产普查与勘探工作中，要“理论找矿、综合找矿、立体找矿和定量找矿”相结合的科学找矿方法。地质学研究的对象，无论是各种地质体或地质现象，以及各种地质观测结果，都普遍地受概率法则的支配和影响，因此他把发现率作为“矿床统计预测”理论中的重要准则之一。自然界的过程从本质上讲是一个混沌过程，地质演化也是一个混沌过程，赵鹏大认为必须以非线性科学的眼光来认识既非确定性又非随机性的地质问题，混沌现象的存在一方面意味着矿产定量预测能力受到新的约束，另一方面它固有的确定性因素表明许多随机现象比过去能更准确地作出预测。因而他倡导结合一些新兴的数学分支学科如数学形态学、模糊数学、分形几何学及稳健统计学等用于研究和解决地质问题，并用于对地质体数学特征的研究。

3. 非传统矿产资源及“三联式”成矿预测

非传统矿产资源，是指受目前经济、技术以及环境因素的限制尚未发现和尚未工业开发利用的矿产资源及尚未被看做矿产或未发现其用途的潜在矿产资源。开展认知、发现和开发、利用非传统矿产资源研究工作之所以重要，是因为随着时间的推移，不可再生的传统矿产资源将日趋减少直至枯竭，为此必须有非传统矿产资源作为接替资源加以利用。

20 世纪 90 年代末期，赵鹏大提出并初步建立了“非传统矿产资源”研究体系。

由他和其他6名院士联名发出“关于开展非传统矿产资源发现与开发研究”的院士倡议书在1998年5月两院院士大会期间引起关注，由中国科学院以院士建议递交中央和国家领导以及有关部委。赵鹏大提交的加强非传统矿产资源研究的议案通过全国政协提案，得到国土资源部的正式文件批复和有关领导的重视。当前非传统矿产资源已经成为学科发展前缘的探索热点，他的前期研究成果不仅首开国内研究的先河，在国际上也是首次系统的理论探讨。

2001年5月中国地质大学主持召开“成矿多样性与矿床谱系国际学术讨论会”，赵鹏大首次提出“三联式成矿预测”数字找矿理论，将致矿地质异常提取、成矿多样性分析和矿床谱系建立三者紧密结合。这一理论强调成矿预测中地质基础条件定量化及数字化的重要性，以识别、揭示和提取新型、隐式和深层次的成矿地质信息——各种类型和尺度的致矿地质异常为重点；它不仅以发现传统矿床类型和矿产资源为目的，而且强调不可忽视对非传统新类型矿产资源的预测和评价；此外它把作为预测对象的矿床放到预测区的成矿时空及成因演化系统中去考察，通过对成矿特征及成矿规律的数字化和定量化揭示成矿多样性和构建矿床谱系，从而建立数字找矿模型进行矿床预测。这一理论的提出得到了国际学术界的关注。在2001年首尔第53届国际统计学大会上，赵鹏大提出的以地质异常致矿及成矿预测为主题的“地质异常：地质学中的极值及其在矿产资源定量评价中的应用”被作为国际数学地质协会三篇特约报告之一在会上作专题报告。2003年应邀赴俄罗斯参加在莫斯科大学举行的“斯米尔诺夫院士论坛”，并在会上宣读论文“三联式数字找矿：矿产资源定量预测与评价的新途径”。

（二）学术思想

1. 创新是科学研究的灵魂

赵鹏大认为：做任何事情都不能墨守成规，搞科学研究就需要创新。一个人的创新能力是需要培养的，广泛知识的获取力、清晰敏锐的洞察力、瞬间现象的捕捉力、关键之处的提取力、复杂事件的分辨力、相关事物的综合力、不同学科的交叉力、灵感思维的爆发力、不屈不挠的坚持力等，都是创新能力的基础和要素。要创新，必须亲自获取新数据，识别新现象，提出新思路，运用新方法，采用新技术；要创新，必须熟知前人已有基础和成果，必须不断接受实践检验和印证，必须把握学科发展趋势和前沿，必须不满足已取得的成绩和迷信已有的结论或理论；要创新，必须善于与人合作，必须虚心向别人学习，必须善于吸收别人长处，必须听得进反对意见。

在赵鹏大的研究生涯中，从最早进行的定量地质研究，到后来提出的“地质体数学特征”、“矿床统计预测”、“科学找矿”、“地质异常”以及“非传统矿产系统”等都是在一种“求异”思想指导下进行的科学探索，都是旨在探索解决问题的新途径和揭示事物的新面貌。赵鹏大指出：“这些名词，甚至命题很多都不是我的新发明，但是我看到了它的重要性、它的发展前景，抓住它不放，我把这些命题深化了、量化了、系统化了和实际化了，增加了它的内涵和外延。”

2. 以科研指导服务于生产实践

赵鹏大在几十年的科学活动中，始终坚持实践第一，解决生产实际问题第一，以及理论与实践相结合的思想。他认为地质科学研究不仅要把握住世界地质科学发展的前沿，而且要把握我国国民经济建设的前沿。一方面，在经济建设前沿中发现问题，进行总结提炼，推动理论前沿的研究；另一方面，又把理论前沿的成果应用于生产前沿之中。1980 年，赵鹏大带领科研组去云南个旧与冶勘 308 地质队合作，在个旧东区进行矿床统计预测研究，采用地质类比和数理统计两种方法圈定出成矿远景预测区，经 1981 年钻探工程验证，在芦塘坝矿段揭露了厚大的富矿、富铅氧化矿体，从而在原有的老、马、松三个矿田之间的空白区取得了找矿的新突破，以至后来发展成为一个独立的“高松矿田”。此项成果被刊载于《云南省有色地质三〇八队志》（2007）中。1989 年赵鹏大承担新疆 305 科技攻关课题，1990 年夏天不顾许多人的劝阻，毅然带队深入新疆罗布泊地区进行实地考察，风餐露宿，历经艰辛。课题组运用地质异常理论和矿床统计预测方法，在新疆北山地区发现两条铜镍硫化物远景成矿带，在东准噶尔发现一条金矿带，其中清河金矿已开始堆浸开采。此项研究成果“北山成矿远景区地物化综合研究与找矿靶区圈定”于 1992 年获国家计委、科委和财政部联合颁发的“七五”科技攻关重大成果奖。近年来，赵鹏大根据我国资源需求和开发现状以及可持续发展战略要求，提出“非传统矿产资源”研究的思想，得到了国家有关部门积极支持并不断取得重要进展。

3. 教育为本，科教兴国

长期以来，赵鹏大“双肩挑”重担系于一身。从 1958 年回国至今，历任教研室主任、系主任、院长及校长等职，此外还兼任众多社会团体和学术机构的职务。执教 60 余年，从 50 年代末开始，他多次为本科生和研究生开设“矿床普查与勘探”课程，1960 年便开始招收矿产普查与勘探专业的研究生。1978 年他首次在我国为研究生和本科生开设“数学地质”、“地质勘探中的统计分析”及“矿床统计预测”等课程。1983年，以他为首编著的《矿床统计预测》一书获地质矿产部优秀教材奖。1984年和1986年，国务院学位委员会先后批准他为“矿产普查与勘探”和“数学地质”两个学科的博士生导师。他指导培养的博士生已毕业110人。他指导的研究生多已成长为全国矿产资源勘查、预测和数学地质领域的骨干力量，取得了较为突出的成就。1985年赵鹏大担任武汉地质学院院长不到两年，就以地质科学家的远见卓识，超前提出“一个为主（教学），两个中心（人才培养、科学研究），三项功能（培养人才、发展科学、服务社会）”的办学思想。并且根据地质科学和国民经济的发展趋势，提出“建设理工文管相结合的社会主义综合性地质大学”的办学目标。他和同事一道为学校的改革发展呕心沥血，采取内联外交的途径措施，使学校办学水平迅速提高。1987年1月经国家教委批准，中国地质大学宣告成立，标志着学校由单科性地质学院向多科性大学的改造迈出了重要的第一步。赵鹏大心中感到欣慰的同时，也感到肩上担子更加沉重。他根据国外大学的发展状况，适时提出要建设“现代型、开放型、国际型综合性地质大学”的目标，并带领中国地质大学全体师生员工艰苦创业。1993年中国高等教育的跨世纪工程——“211工程”在全国上下掀起阵阵热潮，他果断提出，争取中国地质大学进入“211工程”前列，创办地质矿产能源类一流大学。他提出的建设目标、步骤、途径和措施，使师生员工空前团结、艰苦拼搏。中国地质大学如今早已成为国家计委、教育部首批立项进入“211工程”，中国地质大学一个崭新的发展时期已经到来。他的一些办学思想和理念，部分反映在他的著述《高等地质教育的思考与实践》（2002）之中。

如今赵鹏大虽然已年过80，但仍有一副强健的体魄和异常敏锐、活跃的大脑。他自幼立志报效祖国，如今更以祖国需要为己任，并将继续引领中国在“矿产普查与勘探”和“数学地质”学界取得更大的发展。

三、赵鹏大主要论著

赵鹏大，彭程电．1964．应用数理统计方法探讨矿床合理勘探手段及工程间距的新途径．地质与勘探，（3）：16-20.

赵鹏大等．1978．宁芜地区铁矿床统计预测//宁芜火山岩铁铜矿床会议选集．北京：地质出版社.

赵鹏大．1982．试论地质体的数学特征．地球科学——武汉地院学报，（1）：145-155.

赵鹏大，胡旺亮，李紫金．1983．矿床统计预测．北京：地质出版社.

Zhao P D. 1986. Review of geomathematical applications for mineral resources evaluation in China. Proceedings of the NATO ASI on Statistical Treatments for Estimation of Mineral and Energy Resources，Ⅱ Ciocco，(Lucca) Italy.

Zhao P D，Hu W L，Li Z J. 1986. Variable Selection in Statistical Prediction for Mineral Deposits. Nancy：Sciences de la terre.

赵鹏大等. 1992. 重点成矿区三维立体矿床统计预测. 武汉：中国地质大学出版社.

Zhao P D. 1992. Theories, principles and methods for the statistical prediction of mineral deposits. Math Geol, 24 (6): 589-595.

Zhao P D, Wang J G, Rao M H, et al. 1995. Geological anomaly of China. J China Univ Geosci, 6 (1): 97-106.

Zhao P D, Hu G D, Li S Z. 1995. Expert system for statistical prediction of mineral deposits on middle and large scales. J China Univ Geosci, 6 (2).

赵鹏大，池顺都，陈永清. 1996. 查明地质异常：成矿预测的基础. 高校地质学报，2 (4)：2-14.

赵鹏大，陈建平. 2000. 非传统矿产资源体系及其关键科学问题. 地球科学进展，15 (3)：251-255.

赵鹏大，陈永清. 2000. 地质异常成矿预测理论与实践. 武汉：中国地质大学出版社.

赵鹏大. 2001. 地球科学的新使命：认知和发现非传统矿产资源. 地球物理学进展，16 (4)：127-132.

赵鹏大. 2002. 高等地质教育的思考与实践. 武汉：中国地质大学出版社.

赵鹏大. 2002. “三联式”资源定量预测与评价：数字找矿理论与实践探讨. 地球科学——中国地质大学学报，27 (5)：482-489.

赵鹏大等. 2003. 非传统矿产资源概论. 北京：地质出版社.

赵鹏大等. 2004. 定量地质学理论与方法. 北京：教育出版社.

赵鹏大等. 2006. 矿产勘查理论与方法. 武汉：中国地质大学出版社.

Zhao P D, Cheng Q M, Xia Q L. 2008. Quantitative prediction for deep mineral exploration. J China Univ Geosci, 19 (4).

撰写者

陈建平（1959～），福建闽侯人，教授，博士生导师，中国地质学会数学地质专委会主任，中国地质大学（北京）国土资源与高新技术研究中心主任。长期从事矿产资源预测评价和“3S”技术应用的教学与科研工作。

常印佛

常印佛（1931～），江苏泰兴人。矿床地质学家和矿产地质勘查专家。1991年当选为中国科学院学部委员（院士），1994年当选为中国工程院首批院士。1952年毕业于清华大学地质学系。曾任安徽321地质队总工程师，安徽省地矿局副局长、总工程师，中国科技大学地球和空间科学学院院长。1965～1974年先后赴越南和阿尔巴尼亚从事援外。在区域成矿学方面，发现了铜陵隐伏基底断裂及其对矿集区的成矿控制作用，进而全面总结了长江中下游成矿带的成矿特征和富集规律，在构建中国大陆成矿学理论、指导找矿实践方面都有重要意义。在矿床学方面，他将层控成矿概念引入矽卡岩（编者注：现称夕卡岩）型矿床的研究中，超越关于这类矿床成因的“水成”、“火成”之争，提出层控矽卡岩型的概念，对于深化该类矿床的认识，正确指导找矿，均有推动作用。在找矿勘探方面，他提出条件具备地区及时开展深部调查、立体找矿的理念，促进了找矿工作向新阶段发展。在找矿实践中也做出重要贡献，为铜陵有色金属熔炼基地提供了丰富矿源。曾获国家科技进步奖特等奖、部级科技进步奖一、二等奖、省科技成就奖及何梁何利基金科学与技术进步奖。

一、成长历程

1. 早年身世

常印佛1931年7月6日出生于江苏泰兴县城。父亲常遗生（慰先）毕业于上海龙门高等师范（大同大学前身），先后供职于上海几所中学和交通大学，抗战时期曾任重庆市图书馆馆长，后不幸罹病客死他乡。母亲朱茝沅毕业于南通女子师范，曾任教小学，后退职在家。由于祖母不愿随他父亲播迁大后方，常印佛只好随母回家侍奉老人。日寇铁蹄下的沦陷区，暗无天日，百业凋零，民不聊生，文化上更是一片沙漠。许多爱国老师不愿在敌伪学校任教，家长也不愿送子女去就读。在这种特殊的时代背景下，常印佛的启蒙及初小教育，都是由其母亲在家庭中进行的。“柳丸欧荻”，至今提起来他还感慨不已！嗣后，敌人禁令稍弛，一些老师纷纷开办“私塾”，1941年他被送往其父亲的老同学宋介之先生处就读小学五年级，直至毕业。其间，还遵照其父亲的嘱咐，在两位老先生处补习了《四书》和古文。后来他进入由当地一些文教界名流主办的“扬陋学塾”读初中。这所学校由于“学塾”的名分，可免开“日语”、“公民”等课程，还可自选补充教材，其中明末少年爱国英雄夏完淳的狱中家书，以及都德的《最后的一课》等，激发了同学们的爱国热情，影响至深。抗战胜利后，该“学塾”并入复校的“泰兴县中”（现泰兴中学前身）。他于初中毕业后即负笈江南，从此告别了在故乡的学习和生活历史。抗战八年，处于童年和少年阶段的常印佛，正是求知欲极旺盛的时期。小城僻处江隅，加之敌伪文化控制，市上买不到什么“好书”，他就翻遍了家中旧藏，连片纸残页也都要捡起来看看。古典及现代文学作品，更令他陶醉，以至于手不释卷、废寝忘食。自然科学方面的书，则把他带到了一个浩渺神秘世界的大门外，使他钦羡好奇不已。其中有一本由任鸿隽等人编写的《世界科学家传记》，给他的影响很大，书中许多科学家的业绩，深深打动了他，而关于卡文迪许工作和生活的叙述，则使他产生了崇敬之情，暗暗地孕育着献身科学的念头。

常印佛的高中学业是在南京原中央大学附属中学（简称中大附中，现南京师范大学附中）完成的。该校系江苏沿江江南一带名中学之一，教学上有其传统特色，相对而言，不提倡“压”作业，比较鼓励独立思考。这期间他阅读了不少西方国家和苏联的小说，以及国内当代作家作品，还初步接触了哲学著作。有时，他还利用星期六下午无课时间，和同窗好友去新街口美国新闻处和山西路苏联大使馆阅读开架书。给他印象最深的是美国田纳西水利工程和苏联伏尔加河上的水电站，以及苏联天文学家的星子学说等。虽说这一时期他在贪婪地汲取知识，但社会现实却要他作出新的抉择。内战的炮声粉碎了他那驱走外寇后即可建设富强国家的美梦，而当时国民政府的腐败无能，使他彻底失望，转而把国家前途寄托在共产党身上，提前做好了迎接解放的思想准备。高中毕业，面临着专业的选择，早在初中时期萌发的科学救国思想，在高中期间进一步具体化。他认为要富强首先要开发富源。幼时他从家人和老师处得知同乡中有丁文江先生和严爽先生，是著名的地质学家和采矿专家。可能出于对前辈的敬慕，他加强了立志开发矿业的信念。但上述田纳西和伏尔加的水利工程建设成就，特别是当时美国专家萨凡奇来三峡考察，一时“扬域安”（YVA）成为媒体宣传的热点，他又想投身于开发水利和水力资源的事业。因此，在高考时，他报了地质和水利两个志愿，最后被清华大学地学系录取，从此与地质学结下了终身不解之缘。

2. 地质生涯

1952年7月，常印佛从清华大学毕业，被分配到正在组建中的地质部。在那里他参加了地质部的成立大会，会上李四光部长、何长工、宋应副部长都讲了话，这是他地质生涯开端的第一课，特别是宋应副部长描绘了中国地质事业的壮丽前景，使他深受鼓舞，认为这一辈子有了奉献和用武之地。随后他和北京大学、清华大学的四个应届毕业生被派往驻在安徽铜陵铜官山的321地质队（也称铜官山队）。

321队是地质部六个直属队之一，拥有当时为数不多的一批地质专家，还装备有野外条件下当时可能有的先进仪器设备，队长郭文魁先生是矿床学家，也是常印佛走上工作岗位后的第一位导师和学术引路人。在这样良好的工作和学习环境里，加之组织上的放手使用和培养，1952年9月至1955年6月近三年时间，他参加了铜官山铜矿勘探，贵池、繁昌、枞阳等地区的地质调查和找矿，贵池铜山等矿床的普查和详查，以及铜官山铜矿"中间"勘探报告和"最终"勘探报告的编制等项工作，初步掌握了内生有色金属矿产从面上找矿到点上详勘全过程的主要业务内容，也使他从第一年当助手，较快地成长到后两年能率队（组）独立工作。

1955年7月至1956年6月，他调到新成立的地质部华东地质局，在地矿处从事有色金属矿产勘查技术管理，使他有机会在局总工程师严坤元先生直接领导和指导下工作，学习了找矿勘探学的理论思维和运作经验，严先生成为他的又一位导师和矿产勘查领域的引路人。常印佛在华东地质局工作一年，对各方面条件均满意，工作也有吸引力和成就感，但他总认为地质工作的广阔天地和认知源泉在野外，青春岁月更应在野外度过，所以当地质部筹备实施中苏技术合作项目时，局里批准了他的请求，派他到中苏技术合作扬子江中下游铜矿普查队（编号374队，简称扬子江队）。当他怀着鱼归江海、鸟返山林的心情，离开南京奔赴扬子江队队部所在地安庆时，在大轮上写下了他平生第一首诗："月光如泻笼江干，一曲离歌秣陵关，星火危崖采石渡，紫烟青霭铜官山；三载征程兴未尽，期年伏枥当思还，此身许国无多求，乐在图书山水间。"

他在扬子江队呆了一年半。建队之初，他陪同驻队苏联专家到各处了解铜矿地质情况，落实工作方案，并选定铜陵狮子山作为工作重点。后来他又去皖南青阳和鄂西北房县—竹山一带普查。1957年秋，苏联专家撤走，年底他也奉调去321队。

1957年12月，他回到321队，被任命为技术负责人（后改称总工程师），直至1965年初，为时七年整，这是他野外生涯中的关键时期。这期间，他主持了铜陵狮子山和凤凰山两矿区的勘探技术工作，为铜陵铜冶炼基地提交了丰富的后备资源。

在大跃进运动的推动下，开展了煤、铁、锰、铅、锌、金、锑和硫等矿产的普查勘探，改变了321队以往铜矿专业队的单一结构。按照地质部安排，进行了1∶5万普查-测量的试点，其成果被地质部推介到全国，也为后来推行1∶5万区调和矿调在方法和经验上作了准备和积累。与此同时，他还进行了一些科研活动，主要有“关于铜官山矿床勘探方法的研究”、“铜陵地区基底构造的研究及区域成矿规律的研究”等。不过这些都没有专门立项，成果也没有登记，完全是出于实际找矿勘探需要而进行的另一类“自由选题”和“自由探索”。

1958年大跃进以后，地质工作质量急剧滑坡，他深为忧虑。为此，从1958年底起，他就向有关方面力陈情况的严重性，并提出了改进意见，还以队技术负责人名义向队党委打了报告，得到了队、局两级领导的认可和支持，使他得以在力所能及的范围内（主要是狭义的地质技术工作方面），抑制了下滑的趋势。

为了吸引院校科研单位来铜陵工作，他采取了“热情欢迎、积极配合、相互学习、共享成果”的原则，为来队单位尽可能提供方便，被戏称为“开明地主”，先后有七八个单位、十多个项目在该区进行专题研究和方法试验，对于提高该区地质研究程度和队伍业务水平，均有很大帮助。

1965年春节后，他被地质部“借调”派赴越南从事援外技术工作。是年4月，他和两位同事由北京前往河内，当火车驶过武汉大桥时，他目光随着东流的江水，遥望321队方向的星空，不禁心潮澎湃，思绪起伏，后来以“赠皖中诸同事”为题，写下了两首五律。其一：“今夕复何夕，烟花三月天，风光无限好，心事万千旋；莺迁栖新绿，燕归识旧椽，大江如有意，随我回金川。”其二：“凤丹胜芙蓉，杜鹃别样红，群山多碧矿，众朋建新功；由来鏖战地，常入征夫梦，此去三千里，西南待好风。”

他援越的主要任务是对越南老街胜权铜矿勘探工作进行技术指导，按两国政府协议，项目为期四年。这里铜矿地质条件和矿床类型与他在国内工作区大不相同，在世界上也是比较特殊的一种。他通过一段时间深入了解情况，较快地熟悉其特点，掌握其规律，三年半时间即提前完成了任务，扩大了胜权铜矿储量和外围找矿远景。

从越南回来不久，他又被派赴阿尔巴尼亚工作，这次是“成套”援助性质，地质部组织了一个“援阿尔巴尼亚地质大队”，包括几十位各工种的专家，对阿方相应工作进行对口技术指导。他担任大队技术负责人，除协助大队长掌握全队各项目外，主要从事自己承担的铜矿区域地质工作。1970年4月至1974年7月的四年多时间里，对阿尔巴尼亚四个铜矿区作了面上的地质调查和控矿规律研究，完成了项目任务，曾被阿地质总局局长誉为“样板性工作”。

1977年常印佛调安徽省地质局，直至2000年机构改革，改属新成立的安徽省国土资源厅。在此期间，他主持和领导安徽省地矿系统的业务技术工作近十年之久，在中央“拨乱反正”、“工作中心转移”的号召下，认真贯彻执行了地质部“以地质找矿为中心”的方针，为地质队伍建设和地质生产力及生产秩序的恢复，做了很大努力。关于技术管理方面，他针对当时状况，在保持地质工作各部分均衡发展的同时，重点抓了基础地质研究的开展和新技术、新方法的应用。而他本人则尽可能抽出时间承担多项国家和部省级的科研和大型综合项目。这些项目都是围绕矿床地质和勘查领域的重要问题而展开的，包括矿床学、区域成矿学和找矿勘探学等领域，取得了不少理论和应用成果。1974年以来，他还对多个国家的地质矿产进行了考察，特别对世界上一些主要类型铜矿床有较多了解和研究。这一时期也是他地质生涯中又一重要时期。

二、主要科学成就与学术思想

（一）探索之途

常印佛作为从地质勘查一线走出来的地质学家，他的学术成就也自然打上了地质勘查的烙印。其特色就是所探索的科学问题基本上都来自野外实际，而不是从文献上找方向。因此，其成果即使属于基础性研究范围，也往往带有应用色彩或指向。

1. *矿床学方面*

在20多年野外生涯中，他接触最早且最多的就是矽卡岩型铜矿床。在长江中下游成矿带中有一种亚类常沿着上下石炭统之间特定的层位上产出，规模较大而规则，成为该矿带的主要铜矿类型，也是找矿的主攻目标之一。以往传统观点认为，它系岩浆热液顺层交代成因。60年代初期国内有学者提出质疑，认为可能系沉积成因，一时在地质界引起了激烈的“水成”与“火成”、“同生”与“后生”观点之争。稍后又有学者提出它属于国际上流行的与海底火山作用有关的块状硫化物型矿床，后来（70年代末）又改称“沉积（火山沉积）-热液叠加矿床”。这种复合成因观点，其实在60年代一位野外队地质人员就已发表文章提出过，不过使用的是一个朴素的话语“沉积+热液”，但未引起人们注意。常印佛通过其业务实践，有其自己的看法。早在1952年，他就在铜官山矿区铜矿体的外侧钻孔中发现不含铜的胶黄铁矿层，从它的矿物学特征和化学成分来看，不能排除其同生沉积成因的可能性，但该区铜矿床的分布则又确切无疑与侵入岩体密切相关。他认为这些都是事实，必须综合考虑，不能以偏概全。所以他对上述“纯”同生沉积/火山沉积成因观点持怀疑态度。他不反对“沉积+热液”观点，问题是双重因素中何者为主，这关系到找矿方向和靶区的确定，不能含糊地同等对待。20世纪70年代前后，国际上广泛传播着层控成矿概念，他认为这是一种很有前景的理论思维，因而把它引入铜陵—贵池一带这类矿床的研究中。

研究证实该区在早晚石炭世之交，全面海侵之初，局部地段沉积了黄铁矿层。根据未受热液改造的产地研究，这类黄铁矿层的铜含量不高，它对铜矿床中铜的贡献是不大的，但它和有利岩性组合，在铜矿床富集中起着介质、载体、矿胚或矿源层的作用，意义很大。因此他虽然赞成“沉积+热液”的观点，但认为这不是简单的沉积作用，应体现上述介质、载体、矿胚及矿源层等多重意义，以用“层控”一词更合适，而“热液”一词应更明确是岩浆热液，并产生矽卡岩及其成矿作用。为此，他提出了“层控矽卡岩型矿床”概念。1977年与1978年间，他曾分别到几个地质队，对地质人员阐述过这一新认识。1980年他和合作者把它写成论文，在杭州召开的全国矿床会议上宣读，经稍加修改后，发表在《矿床地质》上。论文中又将这类矿床细分为以热液作用为主的、以叠加作用为主的和以改造作用为主的三个亚类，从而在经典的岩浆热液矿床与沉积矿床之间构成一个完整的过渡系列，使研究成果更加系统和完善。他的这项成果的意义在于超越“水成”与“火成”、“同生”与“后生”之争，运用层控成矿概念，把它们融为一体，更能反映矿床的实质。从大的分类上看，它也属于一般所称的“沉积-改造矿床”或“层控-叠改矿床”的范畴，但它突出了岩浆成矿作用，而与那些和岩浆作用关系不大的矿床严格区分开来，从而改变了把许多成因不同、面貌迥异的矿床混装在一个大口袋的做法，使它更贴近实际，既利于深化成矿规律研究，更便于指导实际找矿应用。直至现在，这一理论认识已得到不少地质工作者的赞同和采用，在指导找矿方面也取得很好实效。如近年危机矿山贵池铜山铜矿深部接替资源找矿中，应用此观点已使一个中等规模铜矿床骤升至接近大型规模（目前工作仍在进行中）。不过问题并未就此结束，随着20世纪80年代喷流沉积成矿理论的风行，不少研究者也将这类矿床划归喷流沉积型矿床。但是常印佛最关心的是如何运用同生成矿理论（包括喷流沉积），找出规模较大的同生黄铁矿堆积的部位，因为如果有含铜岩体的存在，这也就意味着是大型铜矿床的可能部位。为此，近年他建议安排了关于石炭纪同生（包括喷流沉积）硫化物层的控矿规律和找矿预测研究，这个项目如获成功，不但在找矿应用上可取得新突破，对各种同生成矿观点也是一个检验，在理论研究上也将攀上一个新台阶。

2. 区域成矿学方面

燕山期陆内成矿作用覆盖了中国大陆东部的绝大部分地区，并形成了多个陆内成矿区带。常印佛长期工作在长江中下游成矿带，对该成矿带的成矿作用和成矿规律有比较系统的研究。

20世纪50年代末到60年代初，他就对该成矿带中重要组部分之一的铜陵矿集区进行过成矿分析，发现该区存在一条近东西向隐伏基底断裂，区内成岩成矿作用均主要沿它分布，是矿集区的一级控矿因素。这个观点已写入他主编的《东西狮子山矿床勘探报告》(1963) 中。“基底断裂控矿”这一概念在当时国内尚很少有人明确论及，所以他开始提出时，还遇到一些怀疑或反对意见，但经过一段时间检验，已为来该区工作的大多数地质学家所接受。接着他与合作者进一步总结了区内成矿规律，其主要内容后来发表在《中国地质》上。这些观点已经经过近半个世纪的实践检验，并且见到找矿实效，同时也是他进一步研究长江中下游成矿带的工作基础。

80年代初，由他牵头，鄂、赣、皖、苏、沪四省一市地矿局密切配合，分工协作，共同完成了长江中下游成矿带跨省成矿区划，他和综合组同事负责综合研究，提交了区划报告，构筑了该成矿带区域成矿学的框架和基本内容，获得地质矿产部科技成果一等奖，并由他和合作者写成专著出版。以后，两轮国家科技攻关课题（“七五”、“八五”）和其他项目（“九五”至“十一五”）作了进一步深化研究。通过这些工作，对该成矿带取得了比较系统的认识：①成矿带主体位于大别山印支造山带前陆拗陷中，它的上地壳具“一盖两底”的结构。这两个基底结合带具有岩石圈不连续性（邓晋福），在燕山运动中沿着它形成了具有深断裂性质的长江断裂（破碎）带，并与其他方向断裂联合组成构造网络系统，控制着成矿带的岩浆-成矿活动。②在构造大转折期间，前陆拗陷在燕山早中期发生构造分异演化，在中国东部走滑构造活动的大背景下，长江断裂也发生左行走滑运动。大约在135Ma±以前，主要以走滑挤压（压扭性）为特征，形成了近东西向次级隆拗分异格局，在次级隆起区出现高钾钙碱性岩系岩浆活动，伴随铜金成矿作用。在135Ma±以后，应力场转向以走滑引张（张扭性）为主，在次级凹陷中形成了北北东向的火山盆地，出现橄榄安粗岩系岩浆活动，伴随铁硫成矿作用，从而形成了区内铜金及铁硫两个主要成岩成矿亚系列（序列）的格局。介于次级隆起和火山盆地之间的过渡带，成矿也具有强烈的过渡色彩，由此构筑了该成矿带三类地质环境控制三类成矿作用的基本规律。125～120Ma±以后，引张（伸展）渐占优势，有偏碱性-碱性岩浆活动，伴有铁、铀、钼、金、铜、铅锌等矿化。至早白垩世末，本区进入全面伸展阶段，形成以红盆为特征的盆岭格局，岩浆成矿作用基本绝迹。③安徽沿江地区的重磁数据处理结果，反映由深部到浅部，岩浆活动有由下地壳“中心式”（三个中心）→中地壳“网格式”→上地壳“环带式”的演变趋势，这意味着构造网络系统可能起始于中地壳；庐枞地区的环带状结构是否为火山塌陷成因尚待研究，但它与地表矿化分布却有相当吻合性，值得重视。最有意思的是铜陵—繁昌一带恰夹持于三个岩浆中心之间，两侧北西西线性方向至此均转为东西向，暗示这一块体曾发生过扭动，三大岩浆中心曾围绕它作反时针旋转，同时块体的北、西、南三部分的成矿组合也分别具有相邻岩浆中心的特色，进一步暗示这里可能是岩浆成矿的旋涡中心。④主要矿床富集在晚泥盆-晚石炭海侵序列、中二叠-晚二叠海退序列、晚二叠-早三叠海侵序列及中三叠-晚三叠海退序列有利于矿质交代的岩石组合及部分含矿胚和矿源层的层位中。其中晚泥盆世古铜陵（半）岛周围，尤其是其南侧海侵期半封闭环境中形成的铁的硫化物沉积和中三叠世海退期形成的膏（盐）层沉积具有特别重要的意义。⑤在前人工作基础上，对区内成矿模式进行了比较研究，选取了五种能反映成矿带主要矿床面貌的有代表性的成矿模式：a. 次级隆起区：铜陵-九瑞模式；b. 次级凹陷区：宁芜-庐枞模式（“玢岩铁矿”模式）；c. 隆凹过渡区：大冶模式；d. 主干断裂上无岩体出露区：栖霞山模式；e. 主干断裂外侧：黄梅模式。⑥综合上述各点，总结出成矿物质随时间演化和空间定位而呈现的分布规律：早期铜矿化多沿近东西构造分布、后期铁矿化常产在北北东向构造中，二者相截接时组成近于正立或平卧的“T”形图案，而“T”字线条以外的空白区则为低温铅锌矿化分布范围，被称之为“时空物质综合分布规律”，简称“T”形分带规律。这些认识性成果是对我国一条较典型的陆内成矿带——长江中下游成矿带所作的第一次系统的区域成矿学研究和总结，它凝结了几十年来产学研各条战线上众多地质工作者的辛劳和智慧，也是我国较早的以成矿带为单位的区域成矿学成果，对于构建我国大陆成矿学理论和指导区域找矿部署均有重要价值。

3. 找矿勘探方面

找矿勘探是一项探索性很强的工作，许多矿都不是在研究得一清二楚之后找到的，而是边找矿边研究，找矿的过程也就是调查研究的过程。这就要求地质工作者在地质情况尚朦胧不清时能作出比较接近实际的判断，制定合理的探索方案，选择有效的方法手段，随着调查研究的深入，不断修正认识，调整部署，在少走弯路的情况下实现预期目标。因此，前人曾多次说过，找矿勘探工作不但是一门科学，而且也是一门艺术，它体现在理念的产生和运作的经验上。

常印佛通过多年找矿勘探实践发现，在找矿勘探学研究中，不少学者就科学技术的发展在找矿理念上所产生的影响和变化，把找矿工作的发展划分为若干阶段，如露头找矿、方法（技术）找矿、理论找矿、信息找矿等，这对于指导找矿实践有重要意义。但这些主要还只是从技术层面考虑，而对于找矿对象自身的情况未能充分关注。常印佛尝试从找矿对象的空间分布情况和人们对它们的勘查研究程度出发，将中国固体矿产找矿工作的历史演变划分为三个阶段：第一阶段是建国初期，当时面上矿产情况所知甚少，只能从历史遗留下来的少数已知矿产地起步，逐步向外围推开，他称之为“点上起步、由点到面”阶段。他早年参加的铜官山及外围的勘查工作即属于此类。从技术层面上讲，大体上相当于上述“露头找矿”阶段，但也有相当的理论和技术内容。第二阶段大约自20世纪60年代前期开始，此时大部分地区都开展了区域地质调查，加上大跃进时期大规模的群众找矿报矿运动，有足够多的矿产地信息可以作比较，供选择，找矿工作由此进入“区域展开、重点突破”阶段，一直延续至今。技术层面上它相当于上述方法找矿、理论找矿和部分信息找矿阶段的内容，但露头找矿仍起相当大的作用。第三阶段是他提出来的理念。鉴于中国东部许多地区经过几十年大规模找矿活动，地表及浅部的找矿难度已经很大，所以1985年他在地质矿产部第二次太原普查会议上提出建议，遵循由浅到深、由点到面再到体的地质认识发展规律，我国一些浅部工作程度高的地区可以率先进入一个新的阶段——“深部调查、立体找矿”阶段，技术层面上仍然包括了上述后面三个阶段内容，但显然将更多地依靠新技术、新方法（方法找矿、信息找矿），不过理论找矿也不能忽视。此项建议得到当时部有关领导和国家计委有关部门的支持，于80年代末在长江中下游成矿带铜陵和大冶两矿集区进行立体填图的试点。后来由于地质工作急剧萎缩，中途下马，但所取得的初步进展已显示出它在深部找矿中的意义，如铜陵焦冲中型金矿床，即系根据此次立体填图提供的不完整信息找到的。自20世纪90年代以来，世界上几个矿产大国也沿着这个方向，各自推行宏伟的探测计划，表明这已是大家共同的选择和追求。时至21世纪初，矿产资源已成为中国经济发展的瓶颈，深部找矿又提上议事日程，并选择长江中下游等几个重点片作试点，已取得可喜成果。他深信以“深部调查、立体找矿”为表征的找矿工作第三阶段，代表着找矿史上新的发展方向，将会在中国东部和西部广泛开花结果。

关于勘查理念的具体应用，还可举一个例子。20世纪60年代初，他和合作者将铜官山、狮子山和凤凰山三个矿田的侵入体综合成一个概念模型。狮子山岩体产状以浅成至超浅成的岩墙-岩枝系为特征居上层，铜官山以浅成的岩漏斗或岩镰居中层，凤凰山则可能为岩株居下层。由此形成了一个勘查理念：狮子山具有相对更大的垂直成矿间隔，也就最有找矿潜力，这已为后来的勘查工作所证实。

再以冬瓜山铜矿作为理论（规律）找矿的实例。狮子山矿田位于一个复向斜轴部的次级背斜上，复向斜两侧的铜官山和新桥两个矿田（床）均在上石炭统底部产有厚大的层状矿体，而狮子山矿田浅表三叠系和其下二叠系中均有层状矿产出，作多层楼状，据此他推测狮子山深部也可能有上石炭统层状矿隐伏。1969 年他在队上短期工作时，曾施钻进行探索，因钻孔偏斜过甚，未达目的，几年后才找出这层矿（即冬瓜山），并证实原孔所在位置深部确有矿体赋存。目前冬瓜山铜矿已是安徽省最大的铜矿床。由于矿体埋深大，磁性又弱，地表磁测及化探均难反映，其上有电性屏蔽层（煤系），电法也难奏效，因而根据地质规律进行找矿就成为当时唯一办法。由此可知，理论（规律）找矿今后在深部找矿应用中仍大有可为。

凤凰山矿田药园山矿段又是另一种情况。该矿段地表有厚大的铁帽及磁铁矿。1956 年扬子江队苏联专家看后认为铁帽系黄铁矿氧化物，未布置钻孔。1957 年苏联专家撤走，常印佛从其留下的资料中发现，1953 年有人在铁帽及磁铁矿上取过样品，含铜较高，因而判断其下应有铜矿，经钻探见到了含铜磁铁矿和含铜黄铁矿体。目前该矿段已成为凤凰山矿田的最主要矿段，由此可见捕捉信息的重要性。

（二）瞻前顾后

结缘地质一甲子，犹如白驹过隙弹指间。常印佛一向秉性淡泊，如今更是宠辱不惊，得失俱忘，但对于专业选择，却无怨无悔，只是苦于个人的有效工作时间有限，而探索对象却又大而复杂。古人云，以有涯随无涯，殆已！

地质作用往往是一个漫长地史时间段的演化过程，人们根据其中一些“化石化”的片断遗迹，尝试恢复这一演化链的全貌，但如果链条中有一些关键性的环节未保存下来，或未被观察到，则原貌的恢复必将受到扭曲，犹如盲人摸象，或如古人把不同动物器官组装成龙凤一样。当然，现代地质科研有严密科学思维作指导，成果又经过严格的思辨和检验，出现描龙绣凤或摸象的情况会很少，但也不能完全排除。他本人就不敢保证自己的成果中没有“龙”、“象”成分，如有的话，则坦然希望得到纠正或更新。对其他成果也应当作如是观。

矿床，尤其是内生矿床，由于其规模一般偏小，成矿富集条件又比较苛刻，因此它所面临的问题（特别是与找矿有关的问题）都非常具体并且是小尺度的，而能提供解决问题途径的关键性地质现象（无论是宏观的还是微观的）又不是经常能观察到的，这更增加了研究的难度，但也无捷径可走，只有深入实际，才能找到可靠证据，把认识向前切实推进。40 多年前的一次现场研讨会上，就矿床成因问题展开了激烈的“水”、“火”之争，他的老师冯景兰先生不无感慨地赋诗一首：“既说火成又水成，水成火成大不同，不识矿床真面目，只缘不在矿床中”，道出了其中的艰辛和无奈！说起置身矿床中，还有一点值得一提：矿山开采过程往往可遇到一些重要地质现象，但未及时观察编录，令人深感痛惜，他希望有关方面采取措施，哪怕挽回一部分也好。

关于矿床学的性质，90年代的调查显示，支持基础学科观点者约占2/3，支持应用基础学科观点者约占1/3。其实这种争议大可不必，因为矿床学本身就包含了这两类性质的研究内容。前些年关于成矿的深部过程及其动力学研究甚热门，实际上对矿床学而言，它也只能提供关于成矿物质来源的认识，而深源成矿物质本身并不是矿，只有其中一部分在向上运移过程中由于多种有利因素的耦合才得以富集成矿床。因此，深部过程研究虽然重要，也无须千军万马都奔这条道，从某种意义上说，矿床形成机制的研究才是矿床学的核心所在。以上两项内容都属基础研究范畴。再就是成矿规律研究，它对找矿应用有重要意义，应予重视，但它基本上属于应用基础性质。最后还有成（找）矿预测研究，则属纯应用范畴了。但它们之间又密切交叉，相互促进，因此对于矿床学整体而言，应保持相对的均衡发展，不可偏废。

由于工作和经历的关系，他始终关注着中国的矿产资源能在多大程度上支撑迅猛发展的经济，以及资源瓶颈问题何时才能解决的问题。鉴于改革开放以来的经验教训，这类问题不可能有现成答案，要通过今后的工作来回答。但无论如何，在利用国外资源的同时，应当充分挖掘国内资源潜力，进行资源储备，这关系到国家经济安全。也就是说要找矿，找好矿，找大矿，这是一个长期目标。要实现这个目标，需要两个前提，其一是政策的稳定性和连续性，中途改弦易辙，势必前功尽弃；其二是对现有的地勘单位进行整理或整合，也兼顾商业性地勘单位，建成能打硬仗的地质找矿队伍。

常印佛于1979年加入中国共产党。由于在科技工作中所取得的成就和为国家经济建设所做出的贡献，他曾获得国家科技进步奖特等奖，部级科技成果一等奖、二等奖，省科技成就奖，以及何梁何利基金科学与技术进步奖；援外技术工作中被受援国分别授予Ⅱ级和Ⅰ级劳动勋章。1991年当选为中国科学院学部委员（院士），1994年被遴选为中国工程院首批院士。

在回顾80多年人生历程时，他首先要缅怀他的母亲，她以慈母兼严父又是老师的三重身份抚育他成长，真是“欲报之德，昊天罔极”。他以十分崇敬的心情，感谢在学校和工作岗位上的师长们，他们的教诲培养，终生难忘。他衷心感谢许多年来他的同事、朋友和合作者，他在找矿勘探和科研方面的成就，首先要归功于他们的辛劳、合作、支持和关怀。他还要归功于他的老伴汪德镛对他事业上的支持，特别是“文化大革命”期间，他身在国外，而她承受了巨大的压力，抚育着三个儿女，使他免除了后顾之忧。最后，他特别要怀念他的老领导滕野翔老局长，这是一位水平高、能力强、一身正气、两袖清风的好领导，也是关怀他思想、政治和工作上成长的引路人。

三、常印佛主要论著

常印佛. 1959. 铜官山铜矿勘探方法研究.（内部刊印）

常印佛，刘学圭，王乙长. 1965. 某区内生矿化作用的几个问题. 中国地质，(12)：9-18.

郭文魁，常印佛，黄崇轲. 1978. 中国主要类型铜矿成矿和分布的某些问题. 地质学报，(2)：1-10.

常印佛，刘学圭. 1983. 关于层控式矽卡岩型矿床——以安徽省内下扬子坳陷中一些矿床为例. 矿床地质，(1)：11-20.

常印佛. 1984. 铜陵铜矿的普查工作. 第三届矿床会议论文.（内部刊印）

常印佛，刘学圭. 1985. 安庆—铜陵一带铜矿普查工作的回顾与展望. 地质矿产部固体矿产普查会议（太原）论文.（内部刊印）

常印佛，刘湘培，吴言昌. 1991. 长江中下游铜铁成矿带. 北京：地质出版社.

常印佛，董树文. 1996. 论中—下扬子“一盖多底”格局与演化. 火山地质与矿产，(Z)：1-13

唐永成，吴言昌，储国正等. 1998. 安徽沿江地区铜金多金属矿床地质. 北京：地质出版社.

常印佛，董树文，吕庆田. 2007. 关于深部找矿工作的意见. 国土资源部深部找矿研讨会，合肥.（未刊）

常印佛，周涛发，范裕. 2012. 复合成矿与构造转换——以长江中下游成矿带为例. 岩石学报，28 (10)：3067-3075.

主要参考文献

安徽省地质矿产局. 1990. 关于常印佛的中国科学院学部委员候选人推荐书.（内部铅印本）

吴昭谦. 2002. 两院院士常印佛亮点扫描. 江淮文史，(4)：106-117.

撰写者

李良军（1964～），安徽省固镇县人，安徽省国土资源厅公益性地质调查管理中心正高级工程师。系常印佛院士秘书。

常印佛。

刘宝珺

刘宝珺（1931～），天津人。沉积地质学家。1991年当选为中国科学院学部委员（院士）。1953年毕业于北京地质学院。1956年北京地质学院岩石学专业研究生毕业。先后在北京地质学院、成都地质学院任教。1982年任成都地质矿产研究所所长、教授、博士生导师。曾任四川省科协主席等职。现为四川省科协名誉主席、成都地质矿产研究所名誉所长、成都理工大学名誉校长。他在沉积动力学、岩相古地理学、层控矿床学、成岩成矿、全球变化、盆地分析等方面均有建树，先后出版专著20余部、论文100余篇。他提出的一些新理论、新观点及研究成果多次获国家、省部级奖励，在国内外有较大影响。他还先后翻译了100多万字的国外地质学著作，为引进、传播国外先进理论做出了卓越贡献。曾任国际地科联沉积委员会委员，国际地科联全球沉积地质委员会委员，全球沉积地质计划中国委员会主席，中国地质学会常务理事，中国矿物岩石地球化学学会常务理事。1986年被国家科委等部委授予“国家级有突出贡献的中青年专家”称号，1989年获第一届李四光地质科学奖，1996年在第30届国际地质大会上获国际斯潘迪亚罗夫奖，成为我国第一个获此殊荣的地质学家。

一、简　　历

刘宝珺，1931年9月13日生于天津市。他出生在一个翰墨书香的家庭，父亲是中学特级教师。他出生不久即发生了震惊中外的九一八事变。他父亲是一个有气节的人，当时日本侵占了天津，父亲不愿意给日本人做事，在家中待了8年，这件事对刘宝珺影响很大。从小，父亲就教育他要做一个对社会有用的人，还主张学一门技术，这也是后来刘宝珺选择地质专业的一个重要原因。

1944年至1950年，刘宝珺先后进入河北省立一中和天津南开中学求学。在中学期间，他经历了日本人统治、国民党统治及解放初的新中国时期，激烈动荡的社会，培养了刘宝珺爱憎分明、政治坚定、思维敏捷、作风顽强的时代性格。整个中学时期，父亲工资收入少，要供养他们弟兄三人上学确实很困难，学、宿、餐费都很难筹措，在校的伙食常年是粗粮加蔬菜。但困境锻炼了他不畏艰险、吃苦耐劳、经受得住生活压力与磨难的品质。

1950 年夏，刘宝珺从天津市南开中学毕业，他放弃了校方保送他到燕京大学化学系学习的机会，以第一志愿考进了清华大学地学系。1952 年，清华大学地学系并入新成立的北京地质学院，1953 年夏，刘宝珺成为北京地质学院首届毕业生。毕业后，他主动申请去大西北，在 641 地质队任技术员。他处处以矿床学家宋叔和为榜样，在野外，他跟宋叔和学习工作方法；在室内，他向宋叔和学习显微镜分析的技能，搞矿床储量计算，业务和修养都有很大长进。不久，刘宝珺被任命为白银厂折腰山矿区区长。1954 年，北京地质学院招收研究生，他立即报考，成为苏联专家拉尔钦科教授的研究生。在读研期间，对刘宝珺业务上帮助最大的是冯景兰教授、池际尚教授和王嘉荫教授。

1956 年，刘宝珺研究生毕业，他的毕业论文《甘肃白银厂黄铁矿型铜矿床》被包括中国学者和苏联专家在内的答辩委员会一致评为优秀论文。他的《祁连山一带细碧角斑岩建造》一文，是我国首次从岩石学方面探讨细碧角斑岩特点和成因的论著，其观点一直为同行所引用，他在学术研究上的才能初露头角。

1957 年 10 月，刘宝珺调离北京，前往成都地质学院（现成都理工大学）任教。在此期间，他开设了沉积学课程，从此和这门学科结下了不解之缘。20 世纪 60 年代初，他主编了《沉积岩研究方法》，与代东林、曾允孚等合编了《沉积岩石学》及《沉积相与古地理教程》。这些著作是我国第一批专业沉积岩石学论著，其中关于古地理分析方法、编图程序及规范对以往的方法和程序作了修改，使之更加规范、完善、科学，为我国地质、石油、煤田、冶金工作者广泛采用，影响很大。

在成都地质学院，刘宝珺历任岩石教研室助教、讲师、副教授、教授，并任教研室副主任，系学术委员会主任，学院学术委员会副主任，博士生导师。在此任教 20 多载后，刘宝珺于 1982 年 2 月任地质矿产部成都地质矿产研究所所长、教授、研究员，研究所学术委员会主任，并任成都地质学院兼职教授，中国地质科学院学术委员会常委、博士生导师。1984 年起，刘宝珺任地质矿产部岩相古地理工作协作组组长。1989 年任中国科学院贵阳地球化学研究所矿床学国家重点实验室学术委员会委员。1995 年任油气藏地质及开发工程国家重点实验室学术委员会主任。1997 年任沉积学盆地及流体动力学地质矿产部重点开放实验室学术委员会主任。

同时，刘宝珺念念不忘心爱的教学事业，先后任长春地质学院、江汉石油学院、四川建材学院、华东师范大学、中国石油大学（华东）、同济大学、中国地质大学、西北大学、南京大学、重庆大学、合肥工业大学兼职教授。他为国家培养了大量人才，至今已培养博士生 20 余名，硕士生 30 余名。

1986～1993年，刘宝珺作为国际地科联“全球沉积委员会”领导成员和全球沉积地质计划中国委员会主席，多次出席国际学术会议，组织并参与了国际全球沉积地质研究工作。1986年被国家科委授予“国家级有突出贡献的中青年专家”称号，1989年获第一届李四光地质科学奖，1996年在第30届国际地质大会上荣获国际斯潘迪亚罗夫奖，成为我国第一个获此殊荣的地质学家。1997年由中国科协评为全国优秀科技工作者。

刘宝珺曾任第九届全国政协委员，兼人口资源环境委员会委员，四川省第五届、第七届政协委员，第一、二、三届四川省人民政府科技顾问团顾问。

二、主要科学研究成就与学术思想

刘宝珺早年致力于泥沙运动力学和沉积构造、岩相古地理和层控矿床方面的研究，在有关沉积构造的水动力解释、沉积相动力学分析、河流相模式以及砂岩铜矿形成机制等方面取得了出色的成果。他将沉积成岩、岩相、构造的分析和物理化学热力学结合起来，提出了“沉积期后分异作用与成矿作用”的新理论。20世纪80年代以来，他在沉积学的前沿领域不断取得一系列重要成果，如关于风暴岩的研究，提出了扬子地台陆缘寒武纪磷矿风暴岩沉积模式。他主持了地质矿产部重点攻关项目“中国南方岩相古地理及沉积、层控矿产远景规划”的研究，编制出一套中比例尺岩相古地理图。在该项目中，刘宝珺全面系统地组织了学科间的交叉渗透研究，包括构造岩相分析、沉积作用演化、盆地分析以及成岩成矿作用等方面，取得了开创性成果，是当时国内外少见的大型综合研究的范例。刘宝珺密切注视国际研究动向和趋势，提倡学科间的相互交叉、渗透和综合研究，积极引入新思想、新技术和新方法，重视理论与实践相结合，为促进中国沉积学科学研究水平的提高，做出了重要贡献。已在中外学术刊物上发表论文100多篇，出版著作20余部。

（一）主要科学研究成就

1. *岩石学基础研究*

刘宝珺1953年毕业于北京地质学院后，在甘肃省白银厂641地质队任技术员，在宋叔和的指导下，先后参加了白银厂矿区的1∶10 000地质测图、1∶100 000外围编图工作，以及矿区地质勘探工作，在地质测量和室内研究鉴定方面打下了坚实的基础，并与同事一起发现了四个圈矿床。

1954年考取了北京地质学院研究生班，在导师冯景兰、池际尚教授的指导下，对白银厂铜矿地质的古火山岩进行研究。他首先系统研究并提出了祁连山古生代细碧角斑岩的分类、命名、特征、成因以及古火山喷发旋回、矿产的地质构造。他是我国最早系统全面研究细碧角斑岩及古火山喷发旋回的地质工作者，其成果一直为后来的地质工作所引用。

1956～1957 年参加中国科学院组织的祁连山科学考察队，随池际尚教授在青海茶卡一带做构造岩相方面的工作，在岩石学方面做了许多有益的工作。他所做的带状辉长岩和闪长岩体流动构造的研究，曾被大学统编教材所采用。

1957 年参加了北京十三陵水库的地质勘察前期工作，他和北京地质学院教师邓尔新、牛玉芳共同完成的库区构造岩相地质图（1∶5000），对于水库的建设有重要的参考价值。

2. 对沉积岩石学和岩相古地理工作产生的影响

1957 年刘宝珺在北京地质学院首先开出沉积岩研究方法的课程，并设计了实验课的内容，其理论体系和实验内容虽未脱出当时苏联学派的影响，但是把沉积岩研究方法独立出来作为一门课程来讲授，对沉积岩石学来讲也是一个推动。

20 世纪 50 年代，在我国学术界全面学习苏联学派的大环境下，刘宝珺较深入地研究了苏联学派的学术观点和方法，开始了他的沉积岩石学和岩相古地理的研究工作。他结合我国的研究资料，与戴东林、曾允孚、夏文杰合编了《沉积岩石学》、《岩相古地理学》，并主编了《岩相古地理研究和编图方法》（均为中国工业出版社 1961 年出版）。该书系统叙述了学科的系统内容，反映了当时国内国际的研究水平，特别是关于岩相古地理方面，提出了关于其定义、分类及工作方法的独特见解，作为大学统编教材和各有关部门的重要参考书，对于规范我国沉积学工作和提高研究水平都起了重要作用。

刘宝珺作为大学的沉积岩石学专业学者，还对当时石油、煤田等专业人员的工作作了不少具体指导，促进了我国这一领域研究的进展。

20 世纪末，我国不少人接受了苏联学者萨尔基相关于岩相古地理学的观点和方法。刘宝珺结合我国实际，提出了更符合我国情况的关于岩相古地理的系统分类和方法，为我国广大地质工作者所接受。

3. 从沉积岩石学到沉积学

与其他地质学科类似，早期的沉积岩石学基本上是一门描述性很强的属于观察归纳推理的学科。本身缺乏完整的理论，也不能用实验手段来重现地质过程，科学的逻辑性差。因此有人称之为“不科学”的科学。一些规律性的认识多为直观经验的总结和推测。20世纪60年代初，沉积学者引入的泥沙运动力学，才开始建立了沉积学自己本身的理论，刘宝珺是国内首先引进并发展沉积学理论的实践者和先驱者。他最早在滇中红层的研究取得成功，被同行视为研究的典型，其成果被国内外同行所称赞。随后他在川黔等地的下古生代碳酸盐地层中的重力流沉积也作了开创性的沉积动力学及古地理的研究，促进了我国沉积学理论的发展。

刘宝珺非常重视岩相古地理研究中对露头和岩心的沉积结构和构造分析，从沉积结构和构造特征分析古环境的动力条件，使得对环境和沉积相认识更为深入和准确。他的一套完整的工作方法和思路体现在他所有有关岩相古地理的著作中。由于他的大力提倡，已在我国各部门的相关研究中被广泛应用，推进了我国该领域的研究，影响很大。

4. 沉积成岩、沉积期后分异与成矿作用

刘宝珺很早就十分注意沉积埋藏后的变化及影响变化的各种因素。在多年研究工作的基础上，总结出沉积物埋藏过程中的物理化学变化、特点及阶段的划分。在他的有关沉积岩石学和沉积成岩作用的专著中有详细叙述，为同行广为采用。他的《沉积成岩作用》专著是我国第一本该领域的著作，至今仍是一本重要的参考书。

在岩相古地理和矿床的研究中，他发现一些固体矿产如铜、铅、锌、汞等“热液”矿床与沉积岩相存在密切的空间关系，提出了为什么呈脉状、浸染状的后生矿床会与原生的沉积相环境有密切关系的重要问题。在悉心总结现代潮坪沉积环境与沉积时海水地层溶液与沉积物成岩过程的变化之后，提出了“沉积期后分异与成矿作用”的理论，解决了长期以来未被人们认识的某些“热液”矿床的“岩相控矿”的重要问题。这一理论的提出，不仅是沉积成岩成矿方面的重要突破，而且在指导地质，冶金等部门的找矿工作方面产生了很大影响，为国外一些同行所重视。

5. 事件地质与全球沉积地质的研究

20世纪70年代刘宝珺即已注意到大地构造、盆地与沉积相的关系，他与合作者一起在80年代就提出了“构造控盆、盆地控相、岩相控矿及油气”的观点。他的这一观点是他多年来的实践总结，在理论和实践上有很大意义。他在整个沉积学和岩相古地理以及固体矿床和油气藏的研究中都贯穿了这一思想，得到同行的认可和广泛支持，在实践中获得很好的效果。

他在80年代初即已开始关于事件地质学和全球沉积地质的研究。1980年他在

西藏古错中生代地层中发现等深流沉积，解释了其大地构造及古地理意义。1983年在四川兴文二叠纪碳酸岩地层中发现并详细研究了风暴岩的特征及其古地理意义；此后他提出昆阳磷矿床的风暴成因及其形成、富集与上升洋流的关系。80年代中期他在研究广西下雷锰矿床时，指出锰矿的形成与深水浊积相有关；在研究贵州大塘坡锰矿床时，提出了矿床形成的古地理特点、盆地性质、其形成与海平面上升及上升洋流的关系。这些新论点在国内是首次提出的，具有先驱性，推动了沉积学和矿床学研究的进步。一些研究较之国外的同类研究，甚至更加系统、全面和完善。这些研究也进一步印证了他所提出的“构造控盆，盆控相，相控矿”理论。

刘宝珺代表我国积极参加国际沉积地质领域的活动，担任国际相关组织的职务，较早地接触了如层序地层学、大洋缺氧事件、联合古陆等一些新思想，并积极向国内同行介绍推荐这些新的学说。例如，在他的《中国南方岩相古地理图集》专著中，就有很好的关于层序地层学的研究，这也是我国最早的有关层序地层学的研究著作。

刘宝珺的研究涉及面广，研究中广泛考虑到诸多因素（构造、地层、生物、岩相以及物理化学等）对地质体或矿床形成演化和存在的综合影响，而这些因素（变量）在整个地球发展演化过程中，是不断变化、互相作用、相互影响制约与相互联系的。因此他在70年代提出了统一地质场的概念，得到许多同行的认可和支持。

6. 新一代岩相古地理图研究

20世纪60年代板块构造说崛起，使人们对古地理的研究发生了质的变化，认识到各时代古地理的变化实际上是运动着的地壳块体上的载体古地形的变化，地貌的演变，不是单纯的地壳原地升降引起的地貌变化，而是地壳表面各个块体在运动中造成的古地理变化。王鸿祯教授在80年代首先按照活动论和历史阶段论的原则编绘出中国古地理图，而刘宝珺在1994年出版的《中国南方岩相古地理图集》则又进一步表示了各大地球块体的古纬度位置，及其在不同时代块体运动的离散与拼合位置和岩相古地理面貌，包括古地理中海的性质、沉积物的特点（例如岩相）。这一套图的编成出版，使得古地理的研究大大前进了一步。该套图件和专著，成为至今该领域研究的重要参考文献。

2007年初，刘宝珺接受中石化集团公司的委托，从事全国岩相古地理的研究，按要求需编出各造山带的古地理图，要更详细地恢复已消失的古海洋的性质、位置和特点，特别是要描绘出或恢复现在的造山带的各时代地层的相环境，以及造山带各地质块体在各地质历史时期的古纬度位置和古地理特点。该任务非常艰巨，是目前国内外都没有做过的，但是刘宝珺认为这才是沉积岩相古地理工作者所应追求的目标。

7. 关心南水北调西线工程，关心资源与生态环境

南水北调工程是我国为解决北方缺水问题的大工程，耗资数千亿元，工程延续数十年，这在世界上也是空前的。目前东线和中线已经进行，但西线尚存在不少问题。为了对国家和人民负责，在四川省老科协的组织下，刘宝珺和林凌教授联合了数十位有关专家，深入调查近两年，出版了《南水北调西线工程备忘录》，从地质、水资源、生态环境工程、民族宗教等方面全面讨论了存在的问题，认为目前动工尚有很多不足之处，因此提出“慎之又慎”的观点。该著作出版后，各大媒体纷纷采访、报道，搜狐网评论其为“一本迟来的备忘录”，网上讨论热烈，甚至国外的网上也在热烈讨论。他和同事们的研究更引起了国内各方包括中央政府的关注，大家都十分重视他们所提出的问题和意见，对工程的决策产生了很大影响。刘宝珺说：“这是他一生所做的有重大影响的科学研究。”

20世纪90年代以来，刘宝珺悉心研究全球变化、生态环境、资源和社会经济的可持续发展。他认为正是由于人类过度追求物质享受的短期行为，消耗了大量资源能源，破坏了生态环境，造成灾害频发，人类目前正在自食其果。因此，刘宝珺多年来不遗余力地宣传可持续发展和保护生态环境，从地球的发展演化角度阐述保护环境、珍惜资源的可持续发展原则。在中国科学院、中国环境协会、中国科协等部门的组织下，他已做了数十次报告和演讲，并在报纸、杂志上发表了多篇文章。

（二）学术思想及其影响

刘宝珺勤奋钻研沉积地质学理论，密切注视国际研究的动向和趋势，始终站在学科的前沿领域，提倡综合研究，注重实践，为我国沉积学的发展做出了重要贡献。其开拓性的思路为同行所赞赏，被同行视为我国沉积学的奠基人之一。

刘宝珺在20世纪50年代即赴祖国大西北，通过艰苦的野外和室内工作，对甘肃白银厂细碧角斑岩与矿床的赋存规律提出了新的认识，为白银厂金属矿床的勘探与开发做出了贡献。

刘宝珺在20世纪70年代致力于泥沙运动力学和沉积建造、岩相古地理和层控矿床方面的科学研究，在有关沉积构造的水动力解释、沉积相动力学分析方面取得了出色的成果。在河流相沉积模式以及砂岩型铜矿形成机制方面成就突出。他将沉积成岩、岩相、构造的分析和物理化学热力学结合起来，提出了“沉积期后分异作用与成矿作用”的新理论。

当沉积动力学作为一种新的理论刚刚在美国被提出来的时候，刘宝珺已开始进行沉积动力学研究。他认为，水利工程中的泥沙运动力学研究是泥沙底形的表面形态，而沉积学研究的是随着时间的推移，移动的底形在沉积岩内部留下的构造形象。如果把泥沙运动力学中的某些规律性认识和方法引入沉积学，无疑具有重要意义。他把水槽实验对泥沙底形进行的模拟研究应用于滇中白垩系砂岩，对这些砂岩的成因做出了正确解释，对冲积物的相标志和相模式进行了系统总结。

传统的沉积分异富集，通常是指在同生期发生的作用。在过去的一些研究中，过高地评价了同生期的沉积分异，特别是在解释以沉积岩为围岩的层控矿床的成因时；另外，对于一些具有脉状、浸染、交代产状的矿床，又过分地强调了“岩浆期后热液”作用的重要性。刘宝珺通过对我国南方铜、铅、锌、汞、铀等层控矿床进行的深入细致研究，获得了丰富的实际资料。他从中发现，许多所谓的“热液”成因的矿床都是沉积演化过程中物质分异的结果，而其中最重要的是沉积物埋藏后的成岩、后生期和表生成岩期。因此，他提出“沉积期后分异”的新理论，用以概括沉积物埋藏后（同生期后）发生的各种变化以及所形成的各种矿床的过程。他还特别强调，矿床的形成过程是十分复杂的，除上述分异富集作用外，还有物质的掺合作用，甚至可能有深部物质的带入与掺合。例如，许多硫化物矿床，金属可能来自深部，而硫则来自含矿地层本身的生物硫。如果是由于围岩所含有机质的转化引起介质 pH 值和 Eh 的变化而导致矿质的沉淀富集形成矿床，那么这种矿床也应是沉积期后分异作用的产物，因为它的富集实际与岩浆作用无关，只不过是深部提供了一部分成矿物质而已。此外，即使是在某些火山岩或变质岩中发现了矿床，但矿床的富集并非火山喷发或变质作用的产物，而只是以火山岩或变质岩作为围岩，矿质的富集仍是表生沉积分异作用的结果。

沉积学是研究沉积物与沉积介质之间的关系，以及沉积物质运动规律的科学。沉积动力学条件和沉积流体介质条件决定了沉积物的运动性质。刘宝珺把流体力学与沉积学结合起来研究，首先把风暴流的概念引入我国的沉积学，并以此解释了上扬子地台二叠系风暴流沉积作用。风暴流沉积作用的研究是沉积地质学发展史上的又一进步，它首先在沉积学中促进了突变事件的研究。这一观点的提出，不仅对地层对比、风暴突变事件的全球对比引发了变革，而且改变了对南方二叠纪古地理格架的认识。因为这次风暴突变事件表明，四川盆地西南部和西缘（可能包括邻区）当时并不是碳酸盐台地，而是开阔的陆棚。他通过对扬子地台西缘寒武纪风暴事件的研究指出，扬子地台及邻区海域，在早寒武世—中寒武世早期，风暴活动冲击川滇岛陆及牛首山岛陆的内侧，从而使两个岛陆间的海平面下降，造成外海海水填充并形成上升洋流。富磷海水随着上升洋流运移，为磷质沉积提供了来源。风暴和风暴流作用不仅形成和加速了上升洋流的循环和补给，而且也是磷矿筛选富集的物理驱动力。风暴流向海的流动和上升洋流通过的方向，沿着扬子地台西缘形成了我国重要的磷质富集带与工业磷矿分布区。这项研究成果，对我国南方磷矿的成因和分布规律提出了新认识，为磷矿的找矿勘探提供了科学依据。

20世纪80年代以来，他在沉积学的前沿领域不断探索，取得了一系列重要成果。他主持了地质矿产部重点科技攻关项目“中国南方岩相古地理及沉积、层控矿产远景预测”的研究，编制出一套中比例尺岩相古地理图。在该项目中，他全面系统地组织了学科间的渗透和交叉，在构造岩相分析、层序地层学、沉积盆地分析、沉积作用演化以及成岩成矿作用等领域取得了开创性成果，是目前国内外少见的大型综合研究的范例。

刘宝珺率先在国内倡导集现代沉积学、现代地层学和地震地层学等多学科结合的层序地层学新领域，对我国南方震旦纪—三叠纪海相地层进行层序地层学研究。他与合作者重新认识了扬子南大陆边缘沉积体的等时格架，论述了被动大陆边缘和前陆盆地层序地层的沉积模式，绘制了我国第一条与全球可对比的相对海平面变化曲线。首次论述了扬子南大陆在震旦纪—三叠纪，曾有过与全球相当的两次一级海平面升降周期。海平面主体上升时处于大陆边缘拉张阶段，海平面下降时为挤压造山阶段。地质学家王鸿祯教授曾赞誉这项研究“具有开创意义”。

刘宝珺借鉴当代统一场论的科学思想，提出开展统一地质场研究的指导思想。他认为，在多学科交叉的研究过程中，在解决重要的地质问题时，学科间的联系更加密切，任何地质现象都是许多作用综合的结果。岩石、岩层总是各种地质信息的载体，是长期以来各种地质作用的综合反映。不同专业的学者从不同的专业角度出发，从载体中获取属于自己专业领域内的那部分信息，进行研究、总结，建立了各专业学科的理论和方法，但随之就割裂了各学科之间应有的联系，形成孤立、片面的研究局面。这种研究不可能揭示事物的本质规律。所以，必须把任何一种地质现象都看成是许多作用的综合结果，把研究对象置于古地理、古环境中，进行从现象到本质、从局部到全局的综合研究，即开展大范围的，甚至全球的，统一地质作用场的研究，才能获得深刻的认识及符合科学逻辑的答案。在他主持的“中国南方岩相古地理及沉积、层控矿产远景预测”和“中国西部大型盆地分析和地球动力学”研究课题中，都运用了地质统一作用场的理论，用新的地球观解释地质现象，剖析事物本质，把沉积作用、成矿作用、古生物特征、构造作用、岩浆活动、有机地质作用等都看成是某部分地壳发展演化过程所表现出来的一个侧面，进行统一地质场的研究。

近年来，新的突变论的崛起，以及层序地层学、事件地层学、天文地层学的出现，给予沉积学研究以巨大影响。板块构造学与沉积学的交叉出现了构造地层学，成为活动论的支柱。于是刘宝珺提出，沉积学研究者必须具有新的地球观，以此来研究、分析全球变化、再造古地理和古环境，从整体地壳演化的角度认识盆地的形成、发展与演化。

三、刘宝珺主要论著

刘宝珺. 1957. 祁连山一带下古生代火山岩特点及黄铁矿型铜矿床成因问题. 北京地质勘探学院学报，(2)：105-117.

刘宝珺，夏文杰. 1961. 沉积岩石学附编：沉积岩研究方法及实验指导书. 北京：中国工业出版社.

刘宝珺等（成冶）. 1975. 我国某地区砂岩铜矿床的成因及控矿因素的初步探讨. 地质学报，(1)：28-44.

刘宝珺（成冶）. 1976. 某地区白垩系中的冲积相. 地质科学，(4)：337-353.

Cheng Y. 1977. A Preliminary Discussion on Postsedimentary Differentiation and Its Relation to Mineralization. Beijing：Geology Press.

刘宝珺主编. 1980. 沉积岩石学. 北京：地质出版社.

刘宝珺，王成善. 1982. 珠穆朗玛峰地区侏罗系的等深积岩沉积及其特征. 成都地质学院学报，(1)：1-6.

刘宝珺主编. 1985. 岩相古地理基础和工作方法. 北京：地质出版社.

刘宝珺，张继庆，许效松. 1986. 四川兴文二叠纪碳酸盐岩风暴岩. 地质学报，(1)：55-67，121-122.

刘宝珺，许效松，罗安屏等. 1987. 中国扬子地台西缘寒武纪风暴事件与磷矿沉积. 沉积学报，5（3）：28-39，186.

刘宝珺，叶红专，蒲心纯. 1990. 黔东、湘西寒武纪碳酸盐重力流沉积. 石油与天然气地质，11（3）：235-246.

刘宝珺，肖永林，罗建宁等. 1990. 昆明盆地晚新生代地质与沉积演化. 重庆：重庆出版社.

刘宝珺，张锦泉主编. 1992. 沉积成岩作用. 北京：科学出版社.

刘宝珺，许效松，潘杏南等. 1993. 中国南方古大陆沉积地壳演化与成矿. 北京：科学出版社.

刘宝珺，许效松主编. 1994. 中国南方岩相古地理图集（震旦纪—三叠纪）. 北京：科学出版社.

陆元法，刘宝珺，薛堂荣等. 1994. 狗头金表生金生物成矿作用. 峨眉：西南交通大学出版社.

Einsele G，Liu B J，Dürr S，et al. 1994. The Xigaze forearc basin：evolution and facies architecture（Cretaceous，Tibet）. Sedimentary Geology，90（1/2）：1-32.

Einsele G，Liu B J，Dürr S，et. al . 1996. Neo-Tethyan basin evolution and sediments in the Tibetan Himalayas. Geowissenschaften，14（7/8）：281-284.

刘宝珺. 2005. 西部大开发中的资源与环境. 山东科技大学学报（自然科学版），(1)：1-7.

林凌，刘宝珺主编. 2006. 南水北调西线工程备忘录. 北京：经济科学出版社.

主要参考文献

黄寰．2001．刘宝珺院士从事地质工作50周年座谈会暨学术报告会在成都理工大学举行．中国地质教育，(4)，83-85.

刘宝珺．2001．中国沉积学的回顾和展望．矿物岩石，(3)：1-7.

刘宝珺，李廷栋．2001．地质学的若干问题．地球科学进展，(5)：607-616.

刘宝珺，韩作振，杨仁超．2006．当代沉积学研究进展、前瞻与思考．特种油气藏，(5)：1-3，9，103.

黄寰．2007．刘宝珺院士：中国沉积地质学的开拓者．国土资源，(10)，46-50.

撰写者

黄寰（1977～），四川眉山人，成都理工大学教授，四川省科普作家协会副理事长。主要从事区域科学、资源与环境经济学的研究，并从事科学传播与普及工作。

丁国瑜

丁国瑜（1931～），河北高阳人。地质学家。1980 年当选为中国科学院学部委员（院士），1985 年当选为第三世界科学院院士。1952 年毕业于北京大学地质系，1959 年获莫斯科地质勘探学院地质矿物学副博士学位。1971 年调至国家地震局工作至今。曾任中国第四纪研究委员会副主任，国家地震局副局长、科技委员会主任，中国地震学会理事长，中国地质学会副理事长，国务院学位委员会学科评议组成员，国家自然科学基金委员会学科评议组成员等。他的研究领域主要集中在新构造、活动构造、地震构造。他参加过许多活动断裂带及地震现场的考察与研究，以及国家重点工程中有关地震危险性评估的任务。组织并参加过国际地质对比计划的 IGCP 206 项目——全球主要活断层的对比研究，是该项目主席之一，主编了《中国活断层图集》。进行了活断层速率、活动习性特征、活断层的分段、我国大陆内部地块现代运动等问题的探讨。提倡与推动了古地震的研究。他参加了《中国岩石圈动力学地图集》的编制，并担任副主编和图集说明书的主编。曾获国家科技进步奖二等奖、三等奖，国家自然科学奖三等奖，何梁何利基金科学与技术进步奖。

一、科研经历

丁国瑜 1931 年 9 月 18 日生于河北省高阳县。1937 年抗日战争爆发，全家迁居北平。曾先后就读丁北京实验小学（1938～1944）、汇文中学（1944～1945，时称北京九中）、北京四中（1946～1949），1949 年冬考入北京大学地质系。1952 年因国家建设需要，全国理工科三年级大学生提前一年毕业参加工作，他被分配在新建的北京地质学院做教学工作。1955 年在袁复礼教授和马杏垣教授的推荐下，被选拔赴苏联莫斯科地质勘探学院做研究生，师从新构造地质学家 N. E. 尼古拉耶夫教授。1959 年初完成并通过关于中亚勃勒泰山新构造研究的论文，获苏联地质矿物学副博士学位。1959 年回国后被分配到中国科学院地质研究所刘东生领导的第四纪地质研究室工作，曾任副研究员、第四纪地质研究室副主任。

1959～1970 年在中国科学院地质研究所工作期间，曾参加海南岛第四纪地质、火山、新构造的调查研究，广东新丰江1960年水库地震调查，黄淮海平原第四纪和新构造研究等。1966年4月参加中国地质学会代表团（团长孙殿卿教授）赴日本开展学术访问和交流，并考察城市地面沉降现象和松代地震。从日本回来后“文化大革命”已经开始，各项科研、业务工作已不能正常进行，仅有一些被列入“促生产”或特殊紧迫任务，如地震调查等困难地开展着。当时地质研究所正经历着分所的局面。第四纪地质研究室大部分迁往贵阳，建立中国科学院贵阳地球化学研究所。丁国瑜所在的新构造研究组等留在北京从事地震研究，参加对邢台地震的调查和新构造运动与地震活动关系的研究。1969～1970年，根据铁道部要求，中国科学院派专家协助承担援建坦赞铁路沿线的地震和烈度调查工作。科学院决定由中国科学院地球物理研究所和地质研究所承担这一任务。由丁国瑜、时振梁、应绍奋以及翻译、猎警、司机等组成了地震考察专家组，丁国瑜任组长。在非常艰苦的条件下，他们耐着高温，穿越了人烟稀少、野兽与毒蜂出没的地带，在东非的裂谷、火山地带进行铁路沿线新构造活动与地震活动情况的实地调查，为铁路设计提供了所需的地震和烈度资料。

1966～1976年是我国地震频繁活动的一个时段，破坏性地震（邢台、通海、炉霍、永善、海城、龙陵、唐山、松潘等地震）相继发生，造成了十分严重的灾害。1970年丁国瑜从非洲结束坦赞铁路沿线地震考察工作回国，被调至组建中的国家地震局。1971年8月，国家地震局正式成立，丁国瑜分在了分析预报室。当时的主要任务是收集各种有关震情的资料，组织分析会商，预测震情发展的可能趋势。地震的预测预报是世界上尚未解决的一个科学难题，那时各方面的基础和条件都十分薄弱，他在很困难的情况下，在开创和建立震情分析、会商制度等方面摸索前进，并做出了重要贡献。

1976年结束了“文化大革命”，迎来了科学的春天。科研环境大为改善，极大地激起了广大科技人员的积极性，许多学术组织恢复了活动，国际学术交流也陆续活跃起来。1979年丁国瑜参加了联合国教科文组织在巴黎召开的国际地震预报大会。1980年4～5月，应美国科学院和美中学者交流委员会的邀请，赴美进行学术访问与交流，访问了美国地质调查局、加州理工学院、麻省理工学院、拉蒙特实验室、康奈尔大学等单位的地震研究机构，并考察了多震的圣安德烈斯断裂带，以及K. Seih教授在帕莱特河谷段的古地震研究的开挖现场。1982年在北京举行了大陆地震活动和地震预报国际学术讨论会，有23个国家的104位科学家参加，这是第一次由我国组织的在地震方面的大型国际学术会议。丁国瑜在会上作了“中国的活断层”的报告。1984年他还参加了第27届国际地质大会（莫斯科），作了有关富蕴地震断裂带的学术报告。

这些活动促进了中外学术交流与合作，及时地引进了国际上在地震研究方面的新进展和新思想。1976 年之后，我国大陆上的地震活动也转入了一个相对平静的时段，这给加强地震科学的基础研究，回顾和总结提高前段工作提供了一个较稳定的有利环境。丁国瑜密切结合自己的专业基础，在 1980～1983 年首先以组织研究 1930 年新疆阿尔泰山区富蕴 8 级地震地表破裂带的深入调查和剖析为重点，开始了一系列历史大地震和活断层的现场考察及其活动习性的深入研究。参与了开展我国重点活断层调查研究计划的制订，组织和参加了联合国教科文组织的国际地质对比计划 IGCP 206 项目“全球主要活断层的对比研究”。任项目主席之一及中国国家工作组组长，组织完成了我国六条活动断裂带的研究计划。通过参加这一国际合作项目的活动，我国与国际上该领域的许多科学家建立了密切联系，推动了中美、中日、中法等国科学家之间的深入交流与合作。

20 世纪 80～90 年代，大陆动力学成为地球科学的重点前沿问题之一。这一与地震有着密切关联的重大基础问题自然受到地震学界的高度重视，丁国瑜一直关注着这一方面的动态和趋势。1982～1985 年他参加了马杏垣院士组织领导的《中国岩石圈动力学地图集》的编制及其说明书《中国岩石圈动力学概论》的编辑工作之后，开始进一步探索这一领域中有关地震的问题。他在苏联学习新构造时，就很注意有关定量化地观测与研究现代地壳运动的问题，并一直关注着苏联学者 N. E. 尼古拉耶夫、U. A. 密谢里亚科夫、A. A. 尼科诺夫等专家在这方面的研究成果，关注一年一度的现代地壳运动国际委员会所召开的会议的报道。在 1990 年中国科学院地学部召开的“地学发展若干问题及对策”研讨会上，丁国瑜提出了“开展我国板块现代运动与变形状态的观测与研究”的建议，其报告被列入中国科学院 1991 年呈送的地学部“关于地学发展若干问题及对策的咨询报告”中。1991～1996 年丁国瑜参加了叶叔华院士主持的国家重大基础研究项目（攀登项目）“中国现代地壳运动及地球动力学研究”，担任项目专家组成员。20 世纪 90 年代以来，他还参加了国家自然科学基金重点项目“青藏、华北和华南三大块体结合区第四纪构造变动研究”、科技部重点科技攻关项目“帕米尔东北缘新构造及伽师强震群研究”等研究项目。

丁国瑜曾先后担任过中国科学院地质研究所第四纪地质研究室副主任，国家地震局分析预报室主任、局副局长、局学术委员会（后改为科技委员会）主任，中国地震学会理事长，中国地质学会副理事长，国务院学位委员会学科评议组成员，国家自然科学基金委员会学科评议组成员，国家重点基础研究发展计划第二届资源环境领域专家咨询组成员（2001～2007）等职。1980 年当选为中国科学院学部委员

（院士），1985年当选为第三世界科学院院士。他还是中国共产党第11次（1977）、第12次（1982）全国人民代表大会代表。他对自己的要求是："生活要平易恬淡，工作要严谨认真，待人要谦虚朴厚，治学要锲而不舍"。正是由于他治学严谨、学风正派、谦虚朴厚、平易近人，才一向为人所称道，成为人们尊敬和推崇的学者。

二、主要科学成就与学术思想

（一）科研成果

1. 第四纪地质与新构造方面的研究

丁国瑜在苏联完成关于中亚勃勒泰山新构造方面的研究论文回国后，在20世纪60年代初，曾结合中国科学院当时在支援农业和黄淮海平原治理、华北平原地下水开发利用等综合研究项目的要求下，开展了华北平原第四纪沉积物的地层划分及与周围山区第四系对比等第四纪地质和新构造方面的基础性问题的研究。先后发表了《第四纪沉积物颜色的测定方法及其应用》、《华北平原第四纪沉积物颜色特征及其意义》、《河北平原及太行山东麓的第四纪火山碎屑堆积》和《中国北部第四纪盆地堆积》等论文。对华北平原第四纪地层划分、新构造运动的一些基础问题进行了探讨，对沉积物颜色进行了定量鉴别，在华北平原一些钻孔岩心的不同深度发现了富含火山碎屑的堆积层和埋藏土层，采用盆地周缘和盆地内相关沉积物对比方法对平原中的第四纪沉积开展了地层划分与对比，进行了盆地区沉积幅度和速率的估计。

在刚刚回国的几年，他还介绍了当时苏联新构造研究的动态，翻译了一些新文献，如尼古拉耶夫的《苏联新构造》一书中关于"研究新构造运动的定量方法"、"新构造学及其在苏联研究的若干总结"、"欧亚洲的新构造"等。参加翻译，并组织出版了《苏联新构造研究译文集》等。

1960年参加了广东新丰江水库蓄水后诱发地震的地震地质调查；在对海南岛的第四纪地质和新构造的研究工作中，讨论了北部永兴火山群的多期火山活动，给出了海南岛第四纪地质、地貌和新构造发展的基本轮廓。1966年邢台地震以后，为了阐明邢台地震发生的新构造背景，他将河北平原隐伏断层的活动性与平原地貌的研究相结合，开展了河北平原水系变迁与新构造活动、河流坡降与现代构造运动关系的分析。运用邢台震区附近一带在顺直水利委员会时期与1956年的水准测量资料的比较分析，证明邢台地震区在近期发生过强烈沉降。他还开展了利用航空照片测量该区河床切割深度的变化情况，初步揭露了在邢台地震区一带隐伏断裂的活动特点，编制了河北平原水系与新构造方面的图件。

2. 富蕴地震断裂带和地震断层的研究

1966年邢台地震后，他参加了多次大地震的现场和地震断裂带的考察，进行了地震活动与断裂构造关系的研究。他开展了对线性构造、地壳破裂网络等构造地质学的一些基本问题的探讨。1979～1982年发表《我国地震活动与地壳现代破裂网络》、《线性构造与地震》、《活动构造与地震》、《我国的强震活动与第四纪活动断裂带》、《断错水系与地震》等论文。1980～1983年在丁国瑜的倡导及主持下，与新疆地震局的专家们组织开展了对1930年新疆富蕴8级地震断裂带的专题研究，制定了主要研究内容与计划。在1980年的考察中，通过对断错水系、断错山脊、断塞塘等多种断错地貌和构造的分析，他首先指出了沿此地震断裂带有多期古地震事件的存在和多点破裂的问题，1983年完成了这一专题研究。由丁国瑜任主编，总结出版了《富蕴地震断裂带》一书。该书对这一长176km的右旋走滑断裂的破裂特征、破裂过程、破裂机制、构造环境及动力学等作了全面的分析与阐述，重建了该断裂带最新的变形历史。20世纪80～90年代，我国兴起了开展多条地震活动断裂带研究并出版了一系列专著，这是第一本，在当时起了带头和示范的作用。1983年秋中国地震学会地震地质专业委员会和新疆维吾尔自治区地震局在乌鲁木齐召开了“中国地震断层学术讨论会”，并组织与会代表去富蕴地震现场进行了野外考察。讨论会介绍和交流了富蕴地震断裂带研究工作的成果，对推进地震断层的研究起了积极的作用。会议还由新疆地震局组织出版了会议论文集《中国地震断层研究》，丁国瑜（当时为地震地质专业委员会主任）为论文集撰写了《关于地震断层研究的几个问题》的论文。

“富蕴地震断裂带”的研究成果获得了国家地震局科技进步奖一等奖及国家科技进步奖三等奖。

3. 古地震研究

丁国瑜很重视古地震的研究，并不断地宣传和积极推动这方面的工作。早在1957年他在中亚进行研究生论文的野外工作时，沿塔拉斯费尔甘断裂带看到侏罗纪断陷盆地地层中保留了古地震成因的大量踪迹，此后他开始关心古地震问题。

他在1982年8月在莫斯科参加第11届国际第四纪研究联合会大会时，结识了古地震研究先行者Soloneanko教授，并在会后参加了在贝加尔一带的古地震现场调查研究。

1979年当C. Allen教授送给他刚出版不久的K. Sieh关于加州帕莱特河段圣安

德烈斯断层上古地震研究的那篇论文以后，丁国瑜深感这篇论文的重要性，于是立即向国内同行介绍，并建议学习运用于郯庐断裂带和宁夏中宁一带的研究。1980年在中宁召开的地震地质专业委员会活断层学术讨论会上，专门组织了古地震专题方面的报告，丁国瑜提交了《古地震标志问题》的论文。会议还组织与会代表考察了朱海之、陈建英等对这一带古地震研究的现场，引起了人们的重大关注，对我国古地震研究起了积极的推动作用。在这一段时期他还促成了C. Allen教授和K. Sieh教授与我国云南地震局对红河断裂带古地震的专题合作研究，并与Allen教授一起考察了红河的野外工作现场。

国际岩石圈计划于20世纪90年代在第二项重点领域“现代动力学和深部作用”（ILP-II）下专门设立了“晚全新世的古地震”专题组（ILP-II-3），由R. Yeats教授担任主席，开展了积极的学术交流活动，丁国瑜是这一专题组的成员。1994年在美国加州Marshall，由USGS和ILP-II-3联合组织召开了古地震学研讨会，丁国瑜提交并宣读了《阿尔金活断层的古地震和分段》的论文。该文根据沿阿尔金断裂大量存在的古地震遗迹，将阿尔金断裂划分为11个断裂段，各段的活动时段、强度、复发间隔都有所不同，总趋势是由西向东强度减弱，复发间隔变长。在4500～2200年前，存在一个各段落大震活动都比较活跃的时段。1995年他在为纪念中国地质事业的开拓者孙云铸教授百年诞辰而出版的《中国地质学科发展的回顾》一书中，撰写了《中国古地震研究》的综述性文章，回顾了古地震研究的主要内容、我国主要活动断裂带上古地震研究的概况，提出了当前这一领域的主要研究方向和问题。

4. IGCP 206项目（全球主要活断层的对比研究）

联合国教科文组织主持的“国际地质对比计划”中第206号项目的研究内容是“全球主要活断层的对比研究”。20世纪80年代初，鉴于活断层研究对认识地震及区域构造、提高评价地震危害的能力等方面有重大意义，中国和美国科学家共同建议在国际地质对比计划下建立这一项目，以加强这方面的国际合作、交流与综合研究。这是IGCP接到的第一份论述地震灾害的建议书，得到了IGCP执行局科学委员会的积极支持。1983年2月，IGCP执行局正式批准这一项目，由美国的R. C. Bucknam和中国的丁国瑜、张裕明三人共同担任项目主席，为期5年（1983～1987），后来延至1989年结束。制定的目标和任务是吸引各国相关的科学家参加，对一些主要的活断层活动的习性特征开展研究，各国将成果编成图册，以供开展综合对比研究。约20个国家的科学家参加了这一研究工作。项目进行得很成功，曾先后在中国、日本、新西兰、美国召开过四次大型的工作交流会，会后还对中国的郯庐断层、日本的中央构造线、新西兰的阿尔卑斯断层、美国西部的活断层开展了野外现场考察，各国科学家就取得的对不同活断层活动习性方面的新认识进行了交流，多次获得 IGCP 科学委员会的好评。

1989 年在美国召开的最后一次工作会议上，丁国瑜代表中国工作组提交和展示了《中国活断层图集》。这一图集包括了中国大陆上的郯庐、鄂尔多斯周缘、鲜水河、红河、昌马、二台、阿尔金 7 条活断层的研究结果。在他执笔的绪言和一系列论文中，初步概述了对这些内陆活断层在活动方式、滑动速率、特征滑动、破裂分段、地震破裂事件的群集与迁移等活动习性方面取得的一些新认识。该图集获得了 1992 年国家科技进步奖二等奖。

5. 参加《中国岩石圈动力学地图集》的编制

1982 年马杏垣根据国际上岩石圈研究计划的新动向，倡议以我国近年来在地震、新构造、地壳形变、深部探测等方面所积累的大量观测资料为基础，开展《中国岩石圈动力学地图集》（简称《图集》）的编制，以适应岩石圈的研究和减轻自然灾害、寻找矿产资源、保护环境等多方面的需求，特别是重点为探索地震活动规律和减轻地震灾害服务。当年，国家地震局正式批准下达了这一任务，并确定为“六五”计划期间地震局系统的一个重点科研项目。该项目有 31 个单位近 200 位科研人员参加，由马杏垣任主编，丁国瑜、高文学、张海根、马宗晋、张步春为副主编。《图集》由 6 个图组组成（除了 2 幅序图，还包括 66 幅专题图）：地质基础图组（5 幅），地球物理及地球化学图组（8 幅），新构造变动图组（7 幅），地震活动图组（7 幅），各省、区地震构造图组（29 幅），岩石圈动力学特征图组（10 幅）。这些图组有三个重点，即岩石圈结构、新构造变动和地震活动。丁国瑜分工主编了其中的新构造变动图组，组织了包括有关新构造运动、现代地壳垂直形变、活动断裂及其现代运动、震源断裂类型、现今应力场、现代地壳块体的相对运动和地质灾害等方面内容的 7 幅专题图幅。其中现代地壳块体的相对运动图幅，是由丁国瑜和卢演俦编制的。丁国瑜对这一图集的另一贡献是对图集说明书的编辑。图集说明书《中国岩石圈动力学概论》是在各图幅主要作者分别撰写图幅说明资料的基础上，再进行全面整理编辑而成。编辑组由丁国瑜任主编，蔡文伯、于品清、谢广林任副主编。这是一本涉及中国大陆岩石圈动力学的专题论著，1991 年由地震出版社出版，总计约 96 万字。《图集》的编辑出版，获得了国际岩石圈计划委员会一些专家们的重视与好评，并被作为国际岩石圈计划的出版物，编号为 0125。曾获国家地震局科技进步奖一等奖、国家自然科学奖三等奖、国家优秀图书一等奖。

6. 大陆内部现代地壳运动与动力学的探索

20世纪80～90年代，国际地学界掀起了对大陆动力学研究的热潮。演化过程、地质结构复杂和地震活动强烈的中国大陆是大陆动力学研究的最佳场所之一，这自然引起了中国地学界的积极响应。丁国瑜在研究活断层的基础上，将研究方向扩展到了大陆内部块体间的相互运动与地震活动关系。1982年关于大陆地震的国际讨论会在北京召开，他发表了论文，对中国活断层的分布、位移总量和滑动速率、现代动态和动力来源等进行了综合与分析，编制了中国活断层滑动速率分布概图，为大陆内部活动块体的划分打下了基础。1984年，他与卢演俦编制发表了中国现代板内运动状况的图件和文章，主要是根据新近纪晚期或第四纪晚期以来各主要断裂滑动速率的数据，初步建立了一个中国大陆内部各块体现代运动状况的定性、半定量的地质模型。这一模型得到了人们的关注和引用，国际第四纪研究联合会的《新构造委员会会刊》（1988，No. 11）等也曾予以转载。20世纪90年代以来，他还结合对研究生的培养，开展了运用A. Cox的虚磁极法对鄂尔多斯及其相邻块体间相互运动问题的探索。他参加过一些有关现代地壳运动与动力学方面的研究课题，如“帕米尔东北缘新构造及伽师强震群的研究”，“青藏、华北和华南三大块体结合区第四纪构造变动研究”等课题，发表了《我国大陆的新构造变形与板内现代运动》（1990）、《中国大陆内部新构造块体间的位移规模》（1997）、《青藏高原东北隅似三联点构造特征》（1998）、《青藏高原北缘活断层及其左旋位错规模》（2004）等论文。

（二）学术思想

丁国瑜从参加工作起，在老师的指导下，很快就确定了从事构造地质、第四纪地质的专业方向。工作三年后，去苏联做研究生，学习新构造学，以后一直在这一专业领域中从事研究工作，很幸运没有走过大的弯路，较顺利地打下了较为扎实的基础。

他重视野外现场的调查研究工作，认为这是地学研究的基础和工作过程中最具重要意义的一环，是创新的最重要的源泉。1966年邢台地震以后几年，他从中国科学院调入地震部门，开始了对地震地质的研究。多年来他实地勘查了我国主要的地震活动带、活动断裂带，还勘查了国外在中亚、贝加尔、高加索、新西兰、日本、美国西部等地的一些著名的活动断裂带。他深深感到，这是他一生工作中获得真知灼见的最重要、最有意义的经历，是深入认识地震活动与地质构造和地壳运动与变形之间的关系，是探寻减轻地震灾害的有效途径和基础。

他注意学科领域的研究动态和前沿方向，关注、学习、引进新的学术思想和研究方法。1974 年，他参加中国地震代表团访问美国，带回了一套覆盖全国的卫星遥感影像图，他立即将其应用到我国地震构造的研究中，并在组织我国各省、区的地震构造图的编制工作中及时加以运用。70 年代末期以后，丁国瑜开展了对现代地壳破裂网络与地震活动关系、地震活动与线性构造、活断层与断错水系等方面的探讨。他在对我国大陆西部和东部一些活动断裂带（如可可托海—二台断裂、阿尔金断裂带、鲜水河断裂带、红河断裂带、海原断裂带、郯庐断裂带等）进行了一些勘查研究，特别是通过组织和参加 IGCP 206 项目以后，吸收了国际上在活断层研究方面的新经验，在学术思想上从以鉴别活断层为主转为对内陆活断层活动习性特征进行研究，包括对断层的活动方式、破裂过程、滑动速率、破裂分段、断裂带上破裂事件的群集与迁移等，发表了一系列文章，使断层活动性走向定量化，丰富和加深了对活断层与地震关系的认识。

他强调基础研究的重要性，强调地震研究与其他学科结合，重视开展对典型事件、典型区域的深入研究和高新技术的运用。在这些方面，他积极参与了实践和组织活动。例如：1991 年向国家提出“开展我国板块现代运动与变形观测与研究”的咨询建议；参加国家重大基础研究项目“中国现代地壳运动及地球动力学研究”；主持和研究典型的强震频发的构造结点区；对陕、甘、宁、帕米尔附近等地带的活动构造与地震进行研究；支持新年代学实验室、全国 GPS 网络工程等高新技术的运用和建设项目；参加国家地震基础研究发展规划的制定工作等。

他重视和强调地震研究工作要为减轻地震灾害服务。他所进行的许多研究工作，都与地震预测、地震灾害防御和地震危险性评估的需求密切联系。他曾参加过大坝、核电厂、南水北调等多项重大工程有关地震安全性评价以及地震区划等方面的工作。他在活断层活动习性、古地震、活断层分段等方面的科研成果受到重视与应用。

三、丁国瑜主要论著

丁国瑜．1960．勃勒泰山脉在阿尔卑斯期的继承性发展（俄文）．莫斯科地质勘探学院学报，38：29-40．

丁国瑜．1964．华北平原第四纪沉积物特征颜色测定方法及其应用．科学通报，(3)：1-4．

Ding G Y．1968．Recent crustal rupture field in China and the problem of strong earthquake prediction．J Phys Earth，34（suppl）：265-278．

丁国瑜，李永善．1979．我国地震活动与地壳现代破裂网络．地质学报，53（1）：22-34．

丁国瑜．1982．中国内陆活动断裂基本特征的探讨//中国地震学会地震地质专业委员会编．中国活动断裂．北京：地震出版社：1-9．

丁国瑜．1982．古地震标志问题//中国地震学会地震地质专业委员会编．中国活动断裂．北京：地震出版社：276-281．

丁国瑜. 1984. 中国的活断层//国家地震局科技监测司编. 大陆地震活动和地震预报国际学术讨论会论文集（1982，北京）. 北京：地震出版社：149-163.

Ding G Y，Ma Z J，Mei S R. 1984. Methods of earthquake prediction//Earthquake Prediction：Proceedings of the International Symposium on Earthquake Prediction. Paris：UNESCO：453-466.

丁国瑜等. 1985. 富蕴地震断裂带. 北京：地震出版社.

丁国瑜，卢演俦. 1986. 对我国现代板内运动状况的初步探讨. 科学通报，(18)：1412-1415.

丁国瑜. 1989. 第四纪断层活动的群集与迁移现象. 第四纪研究，(1)：36-47.

丁国瑜主编. 1989. 中国活断层图集. 北京：地震出版社；西安：西安地图出版社（中、英文版）.

丁国瑜. 1990. 全新世断层活动的不均匀性. 中国地震，6 (1)：1-9.

丁国瑜. 1990. 我国大陆的新构造变形与板内现代运动//国际大陆岩石圈构造演化与动力学讨论会——第三届全国构造地质会议论文集（Ⅱ）. 北京：科学出版社：73-85.

丁国瑜主编. 1991. 中国岩石圈动力学概论. 北京：地震出版社.

丁国瑜，田勤俭，孔凡臣等. 1993. 活断层分段、原则、方法及应用. 北京：地震出版社.

Ding G Y. 1994. Paleoearthquakes and segmentation of active Altun fault//Proceedings of the Workshop on Paleoseismology，18-22 September 1994，Marshall，California. Menlo Park：U. S. Geological Survey：53-55.

Ding G Y. 1996. Characteristic behavior of active faults in China. Geol Soc Hong Kong Bull，(5)：1-6.

Ding G Y. 1997. Seismotectonic research in China. Episodes，20 (2)：79-83.

Ding G Y，Chen J，Tian Q J，et al. 2004. Active faults and magnitudes of left laternal displacement along the northern margin of the Tibetan Plateau. Tectonophysics，380 (3/4)：243-260.

主要参考文献

丁国瑜. 1999. “何梁何利基金科学与技术进步奖”申报材料. 北京：国家地震局.

高维明，陈国星，闻立峰. 2001. 求实创新，为国增辉——第四纪地质学家及地震地质学家丁国瑜院士传略//中国地质大学校史编撰委员会编，赵克让主编. 地苑赤子——中国地质大学院士传略. 武汉：中国地质大学出版社：216-221.

中国地震局分析预报中心人事教育处. 2007. 丁国瑜传记.（内部资料）

撰写者

高维明（1935～），上海人，中国地震局地震预测所研究员。主要从事地震学研究，1992年享受国务院特殊津贴。

薛禹群

薛禹群（1931～），江苏无锡人。水文地质学家。1999年当选为中国科学院院士。1952年毕业于唐山工学院。在南京大学地质系（地球科学系）任教至今。其间于1955～1957年在长春地质学院研究生班随苏联教授学习，1982～1984年作为访问学者在美国亚利桑那大学从事研究。先后兼任国家自然科学基金委员会学科评议组成员，专家咨询委员会成员，水处理与水环境修复教育部工程研究中心技术委员会主任，中国地质学会水文地质专业委员会副主任，*Hydrogeology Journal*、《水文地质工程地质》等刊物的编委等职。专长于水文地质学、地下水动力学，长期致力于地下水数值模拟研究。他建立了国内首个三维热量运移模型，在系统揭示海水入侵特点和规律的基础上建立了国内外首个潜水条件下三维海水入侵模型。系统研究了水量、水质模拟，建立了包括卤水、咸水入侵、交换阳离子运移行为、区域地面沉降在内的系列模型，其中很多模型属我国最早出现，有的是在国际上最早出现。同时提出多种算法，如对数插值法、求解对流-弥散方程的混合有限元法、自适应局部网格加密有限元法等，其中不少在国际地下水领域属于首次提出。发表论文158篇，出版专著、教材8种。曾获教育部、江苏省科技进步奖一、二等奖等多项奖励。

一、简　　历

1931年11月2日，薛禹群出生于江苏无锡的一个既普通又有些特殊的家庭。父亲薛唯一（萼林）是普通职员，母亲穆蕴华是蚕桑技术员；大伯父薛萼栽早逝；二伯父薛明剑（萼培）是当时当地小有名气的企业家，曾任当时的国大代表、国民参政会参政员、立法委员，也做过一些对革命有益的工作；叔叔孙冶方（原名薛萼果，经济学家）早年投身革命，1923年任中国社会主义青年团无锡支部第一任书记，1925年1月任中国共产党无锡支部第一任书记，在上海做地下工作时，经常到薛禹群家暂避风险。在这种家庭背景下，薛禹群父母痛恨国民党的贪污腐败，同情革命，但看到弟弟和其他革命同志那种充满风险的生活，既担忧又害怕，所以“不参加任何党派，做个普普通通的百姓”成了他们的生活准则。特别是薛禹群的母亲，她是20世纪20年代无锡仅有的二三个最早从事蚕桑技术的工作人员之一，1924年就在无锡组织幼蚕共育所推广科学养蚕，她不希望自己的长子从事和小叔一样危险的革命工作，从小就鼓励薛禹群好好读书，上大学，走科学救国之路。

1937年，薛禹群进入洛社师范学校的附属小学读书。不久抗日战争爆发，他家的房子被日寇烧掉，全家外出逃难，1938年夏末才到无锡张泾桥外祖父家安居。小学毕业后，薛禹群进入张泾桥中学读初中，由于父亲到外地工作，他一年内先后转了两次学（安镇中学和怀仁中学）。初中毕业后，薛禹群考入县城师资力量较强的私立无锡中学。当时该校有一批来自西南联大、中央大学的年轻老师，他们有朝气，平易近人，课也讲得好，很受学生欢迎。这些老师鼓励学生们努力学习、奋发进取、敢于创新、有理想有抱负，薛禹群深受影响，坚定了他走科学之路的决心。还有一位历史老师，当时是地下党员，帮薛禹群改掉了重理轻文的毛病，使他懂得要走文理科全面发展的道路。在这些老师的鼓励下，薛禹群广泛学习课外知识、探讨各类问题，有问题就向专家请教。他曾大胆地给几位当时北大、清华的全国知名教授写信求教，除了少量有关自然科学的问题外，多数是有关社会科学包括如何做人的问题。这些名教授的回信给颇感意外的薛禹群留下了深刻印象，不仅坚定了他献身科学的决心，还使他从中领悟到一些做人的道理，如什么叫平易近人等。

中学毕业后，薛禹群考入唐山工学院。大学毕业后分配到南京大学工作，直至今日。其间1955～1957年在长春地质学院研究生班随苏联教授克利门托夫学习，1982～1984年作为访问学者到美国亚利桑那（Arizona）大学水文学水资源系进修访问，与Neuman院士一起从事地下水模拟研究。此外，他还多次出国参加国际学术会议及学术考察访问活动，并于1991年4月在南京大学主持召开了“地下水水流和污染模拟国际学术会议”，这是中国水文地质领域第一次在国内召开的国际学术会议，很多国际著名学者如J. Bear等出席了会议，会议取得了极大成功，第一次向国际学术界全面展示了中国学者在地下水模拟领域的研究成果。

薛禹群一直执教于南京大学，由助教、讲师升到副教授、教授、博士生导师，并于1999年当选为中国科学院院士。除了担任过水文地质工程地质教研室副主任外，他没有担任过其他任何行政职务，长期悉心于教学、科研工作。社会兼职也很少，仅兼任过江苏省地质学会水文地质专业委员会主任、中国地质学会水文地质专业委员会副主任、国家自然科学基金委员会学科组专家评议组成员、专家咨询委员会成员，以及*Hydrogeology Journal*、《水文地质工程地质》等几种刊物的编委。

二、主要科学研究成就、学术思想及其影响

薛禹群 50 多年的教学、科研生涯，大致可以分为两段。前 21 年是传统水文地质学，但随着中国加入联合国，大量国外文献的进入，薛禹群发现外面还有一个更精彩的水科学世界。当时国外数值模拟已广泛应用于水文地质领域，但我国还是一片空白，他认定这是水文地质学今后发展的一个主要方向。于是在 1973 年毅然放弃已经做了 21 年的传统方向，转而从事地下水模拟研究。当时改变研究方向的难度非常大。首先是数学上的困难，以前所学数学远远不够，只能边学边干，不断克服工作中遇到的困难；另一个困难是开始几年不被领导、同事理解，他们不理解薛禹群放弃已安排得好好的路不走，偏要去弄什么 xyz，能有什么出路？当时地质系的领导曾多次明确表示不同意他走这条路，要求他还是走传统的水文地质发展道路。但薛禹群思考再三，认为这是为发展中国的水文地质学、追赶世界科学前沿所做出的正确选择，虽有风险，但为中国的水文地质事业探索新东西的“险”值得冒。不去占领新的制高点，就可能会落后，对个人如此，对专业、对学校也是如此。后来的事实证明他当时的选择是正确的，他逐渐得到了领导和同事们的理解。得益于他研究方向转得早，南京大学水文地质至今在这个领域仍走在国内最前列。

薛禹群在地下水模拟领域取得了很多重要进展，将中国地下水模拟研究推进到了一个新的水平。无论是论文被 SCI 收录数，还是论文被 SCI 引用数均居国内水文界前列。概括起来，主要有下列三个方面的成就。此外，他在人才培养、治学方法等方面也形成了较成熟的思想，并做出了优秀的成绩。

1. 率先建立一系列地下水模型，满足生产实际需要，把我国地下水模拟提高到一个新的水平

薛禹群模拟的理论和技术均处于国内领先、与国际同步的地位。所建模型主要包括三维热量运移模型、潜水条件下三维海水入侵模型、高矿化度高温差条件下的三维卤水/咸水入侵模型、描述交换阳离子运移行为的三维模型、越流系统地下水污染模型、区域地面沉降模型等十多个模型。这些模型有下列特点：

（1）从国内实际出发，运用国际上最新理论建立模型。如在充分考虑水-岩间热交换、热对流、热弥散、自然对流、热传导等主要影响因素的基础上，建立了三维热量运移模型；从建立监测网开始，系统观测、揭示了海水入侵的规律、机制和水文地球化学演变规律，在此基础上创建了潜水条件下的海水入侵模型，模型克服了

降雨入渗、潜水面波动对入侵水质影响的困难，能再现海水入侵过程和所发生的水化学变化，改变了当时国际上的模型把潜水当承压水处理的状况。又如近年来针对我国区域地面沉降的复杂性（在同一区域土层存在弹性、塑性、黏弹性、黏弹塑性多种变形，甚至同一地点、同一土层在不同时段呈现不同的变形特点），研制了相应适用的、能反映多种应力-应变关系的土层变形模型，并与建立的能随着沉降不断改变岩层参数的三维变系数地下水流模型充分耦合，构建了适用于大区域（1.7万 km^2）野外实际的区域地面沉降模型，可为区域地面沉降防控提供科学依据。国际上土力学领域已有的黏弹塑性模型涉及的参数太多，在大范围的区域地面沉降模拟中难以取得相关参数，因而无法得到应用。为实现野外区域地面沉降数值模拟，必须构建一种涉及参数少，理论上又比较严密的模型。为此，经多方对比研究，薛禹群等对涉及参数较少的 Merchant 模型进行了修正和改造，使改造后的 Merchant 模型能够刻画弹性、塑性变形，以及黏弹性、黏塑性变形，满足了实际模拟要求。值得一提的是，修正改造后的 Merchant 模型包括了弹性、弹塑性、黏弹性和黏弹塑性模型，也就是说前面三种模型成了修正 Merchant 模型的特例，通过改变模型中有限参数的设置就可以得到几种不同的模型，大大方便了模型的实际应用。薛禹群等还在海水入侵研究的基础上，进一步研究了矿化度比海水高数十倍的卤水/咸水运动，揭示了卤水/咸水入侵的特点和规律，对只适用于淡水和室温条件下的运动方程进行了修正，使之适用于高矿化度、高温差条件下的地下水运动，并建立了相应的三维卤水、咸水入侵模型（1997～1999）。同时，以水-岩间阳离子交换为突破口，构建了海水入侵过程中交换阳离子运移行为的三维模型（1996），为全面研究液体-岩石间物理-化学作用的数值模拟打下了基础。此外，薛禹群等还较早建立了一系列的水量、水质模型，如三维等参有限元渗流模型（1976）、求解多个含水层越流系统的准三维模型（1978）、双重介质地下水流模型（1981）、妥善解决含水层反复疏干与充水、边界移动、垂向岩性变化的二维露天矿疏干模型（1993）、越流含水层系统地下水污染模型（1995）、倾伏构造内深部咸水与浅部淡水混溶三维模型（1996）等。

（2）我国同类模型中出现最早的模型。有的模型在国际上也是首次出现，如潜水条件下海水入侵模型，成果刊于本学科顶级刊物 *Water Resources Research* 上，该篇论文已被 SCI 引用 14 次。描述海水入侵规律的两篇论文刊于 *Ground Water* 上，也已被 SCI 引用 14 次。

（3）模型取得了良好的实际应用效果。如热量运移模型为预测冷、热水运移和含水层贮能提供了科学依据，也为深循环水-热系统研究打下了基础，应用于上海储能、回灌以防止地面沉降取得了良好效果。又如海水入侵模型应用于山东龙口地区海水入侵防治取得良好效果，海水入侵速度从 1989 年的每年约 20km 减少至 20 世纪 90 年代的平均每年 1～2km。

2. 在国内率先开展地下水模型求解方法的研究，取得了一批高水平的成果

其中一些算法达国际先进水平，如：①能反映开采井周围油压面和地下水面形状、井径大小的对数插值法（1980）不仅较国外同类模型早 3 年提出，而且还更完善。当 1984 年国外刚讨论适用于二维承压水稳定流的模型时，薛禹群等的模型早已适用于稳定流、非稳定流、承压水、潜水了。1984 年还建立了适用于解三维模型的对数插值法。②提出利用混合有限元法求解对流-弥散方程和自适应局部网格加密有限元法等新方法，来解决困扰国内外 30 多年的求解溶质运移（水质模型、热量运移模型）中碰到的关键性难题——数值弥散和数值振荡，效果很好，即使 Peclet 数很大时，仍无明显数值弥散。在解决这些问题的同时，也发展了混合有限元法，不仅有助于提高模拟精度和计算速度，还提出了适用于任意域的混合有限元法，以及拓宽该方法的应用范围和求解流速的新方法——三次样条函数等，研究成果刊于 *Water Resources Research* 与 *Advances in Water Resources* 上，获得国内外同行的高度评价。③在大区域地面沉降数值模拟中碰到的难题是水平方向模拟范围很大，可以大到数千、数万平方公里，但垂直方向只有 200～400m，这样就有一个垂直、水平方向尺度比相差过大而引起的单元畸形问题。传统插值函数（基函数）不能反映同一离散计算单元内岩性的变化，所以不同的岩性必须位于不同的单元内，限于计算容量，很难避免单元畸形。为此，薛禹群引入多尺度有限元法的思想，使组成离散计算单元的基函数能反映岩性的变化，从而可以把不同岩性的岩层组合划分在同一个单元内，较好地解决了单元畸形问题。研究成果刊于 *Water Resources Research* 上，获得国外同行的好评。还有一些方法，如特征-交替方向隐式差分法、特征-有限元法等，居国内先进水平。这些数值求解方法有助于提高地下水模型计算精度、克服计算中碰到的一些困难。

3. 积极促进学科交叉，努力推动中国地下水数值模拟快速向前发展

地下水数值模拟是一门通过不同学科交叉发展起来的新兴学科，没有学科交叉就不可能有地下水数值模拟。从天然的地质体、实际的地下水系统或过程转换为概念模型，同时需要物理知识和水文地质知识；从概念模型转换为一组能够刻画实际系统内所发生物理过程的数量关系和空间形式的数学关系式，即数学模型，更需要

数学知识；求解数学模型同时需要计算数学和计算机方面的知识。没有学科交叉，地下水数值模拟很难向前发展。早在20世纪70年代中期，国内地下水数值模拟研究刚刚开始之时，薛禹群就非常重视学科交叉问题。当时“文化大革命”还未结束，人们刚从“但求自保”中走出来，学术界还一片沉寂，各类学会都停止了活动。为了加快国内新兴地下水数值模拟事业的发展，迫切需要几个学科相互交叉合作。学科交叉合作先从交流开始，为此薛禹群和几个国内同行一起自发组织了多次学科交流活动。考虑到当时的情况，人人心有余悸，为方便于活动，并未成立什么具体组织（即便如此，当时已有人开玩笑说他们是“裴多菲俱乐部”），大家不定期地在一起碰个头，达到相互交流的目的就行了。所以决定参加的人不要太多，彼此都是熟人，也不需要由谁专门负责。几个发起人在河北正定原地质部水文地质工程地质研究所讨论决定了交流会参与人的名单，此事得到时任该研究所所长张宗祜研究员（后来成为中国科学院院士和中国工程院院士）的大力支持。参加者除了来自全国主要高校、研究单位从事地下水模拟的学者外，还有来自北京大学、南京大学、山东大学数学系的教授和地质院校的数学教师。每年轮流在一个成员所在地或由该成员选定的地方开一两次交流会，各人谈谈正在研究的具体内容，有什么心得体会或成果，在会上也交流各人所知的国外最新研究进展。这些不同学科的交流活动对我国早期地下水模拟的开展起了很好的促进作用，并奠定了良好的基础，加快了研究的健康发展。进入20世纪80年代中期以后，随着各类正式学术交流活动的增多，这类活动也就没有必要了。活动停止并不影响学科交叉合作，薛禹群始终注意与南京大学数学系的合作，并鼓励两学科年轻人之间的合作，他还招收数学博士来地球科学系从事博士后研究。1980年他和数学系教授谢春红合作出版的中国第一本水文地质数值法著作《水文地质学的数值法》，广受国内同行欢迎，影响了一代又一代地下水数值模拟工作者，对促进我国地下水数值模拟整体水平的提高做出了重要贡献。地下水科学的发展从数学、物理学中吸收了很多营养。事实上，著名的非稳定井流公式——Theis公式就是直接引自热力学的成果。多尺度有限元法的应用这一成果事实上也是薛禹群等把数学上这方面的成果引用、移植到地下水领域中来的，因而很快得到国际水文学界的欢迎。

4. 终生从事水文地质教育工作，为水文地质人才的培养贡献了毕生的力量

薛禹群从早年学习以及以后多年教学实践中领悟到人才培养的关键是打好基础。因而，他身体力行，从1953年起，直到2002年71岁高龄，长期担任本科生专业基

础课《地下水动力学》的教学。时至今日仍继续上硕士研究生的两门专业课《地下水流数值模拟》及《溶质运移和热量运移》。他还主编了基础课教材《地下水动力学》（1979），1986 年该书作为全国通用教材时由他主编进行了较大规模的改写，1997 年再版时又进行了适当精简。该书共重印了 8 次。近 30 年来，全国很多高校都用他主编的教材，在国内影响很大。经常有人对薛禹群自报家门，并说“我是读着您的书长大的”，这给了他无限的鼓励，也让他为自己终生从事的事业感到无限骄傲。如今，新版《地下水动力学》的修编工作已经开始，他又义无反顾地投入到这项工作中，为祖国的水文地质教育事业再做贡献。此外，为了加强研究生的培养，一本涵盖地下水流数值模拟、溶质运移和热量运移，也凝聚他毕生心血的著作《地下水数值模拟》2007 年 9 月也由科学出版社出版了。

5. 在治学过程中，始终坚持“老老实实做人”和“严谨朴实”的学风

老老实实做人、严谨朴实这两句话是他叔叔告诉他的，最终成了他的座右铭。在 50 多年的教学和科研生涯中，他始终老老实实地做学问，不吹嘘、不浮夸，尤其注重“严谨”二字。野外看到的现象是什么就说什么，决不让野外现象去迎合自己主观的结论，合则要，不合则弃。记得多年前他的一个博士生曾经好心地劝他说：“现在不少人都在吹，他们所做的工作远不如你，但在系里却吹得神乎其神，影响很大，似乎做出多大成就似的。你不但不吹，还太过谦虚，这样做是要吃亏的，到时谁知道你，还是学他们适当吹一点的好。”但他不为所动，甘认吃亏，从不违背自己做人的基本原则。最终的事实证明，他这个老实人最后并没有吃亏，严谨的老实人获得了成功和认同。科学是严谨的，来不得半点虚假。

一直以来，薛禹群始终做到“平易近人”，自认作为一名来自基层的教授，即使当选了院士，还是一名普通教师，上课、指导研究生、从事科研工作、参加学术交流、节假日加班等，和普通教授没有什么区别，只是比以前更忙了。不但如此，为了学科的发展，为了年轻人的成长，他还常常不辞劳苦，替年轻教师承担本科生教学任务。正因为如此，有人说他一点院士的架子都没有，是个“平民院士”。

随着生产的发展、人民生活水平的提高以及污染问题的加剧，水在国民经济中的重要性越来越突出。中国是一个水资源不足的国家，水资源已成为许多地方制约国民经济发展的重要因素。薛禹群始终认为，作为一个水资源工作者，有责任为了祖国的富强和人民的幸福生活贡献出自己毕生的精力，为此，他曾为地面沉降问题做了广泛的调研工作，专门提了院士建议，得到曾培炎副总理的批复。

老骥伏枥，生命不止，工作不止！这正是薛禹群院士的写照。

三、薛禹群主要论著

薛禹群，谢春红．1980．水文地质学的数值法．北京：煤炭工业出版社．

Xue Y Q，Xie C H．1984．Logarithmic interpolation for groundwater flow near wells．Proc 5th Inter Conf on Finite Elements in Water Resources，Vermont，USA：89-102．

Xue Y Q．1985．Logarithmic finite element interpolation of flow near wells in phreatic aquifer．Adv Water Resour，8（3）：111-117．

Xue Y Q，Xie C H．1988．A characteristic alternating direction implicit scheme for the advection-dispersion equation．Proc 7th Inter Conf on Computational Methods in Water Resources，MIT，USA，Vol 2：63-68．

Xue Y Q，Xie C H，Li Q F．1990．Aquifer thermal energy storage：A numerical simulation of field experiments in China．Water Resour Res，26（10）：2365-2375．

薛禹群，谢春红，吴吉春等．1992．山东龙口—莱州地区的海水入侵．地质学报，66（3）：280-291．

Xue Y Q，Xie C H，Zhang Z H，et al．1992．A study on the numerical simulation of heat transport in aquifers．Proc 9th Inter Conf on Computational Methods in Water Resources，Denver，USA，Vol 2：461-468．

薛禹群，谢春红，吴吉春等．1993．龙口—莱州地区海水入侵含水层三维数值模拟．水利学报，（11）：20-33．

Xue Y Q，Wu J C，Liu P M，Wang J J，et al．1993．Sea-water intrusion in the costal areas of Laizhou Bay，China：1．Distribution of sea water intrusion and its hydrochemical characteristic．Ground Water，31（4）：532-537．

薛禹群，谢春红，张志辉等．1994．三维非稳定流含水层储能的数值模拟研究．地质论评，40（1）：74-81．

Xue Y Q，Xie C H，Wu J C．1995．A three-dimensional miscible transport model for sea water intrusion in China．Water Resour Res，31（4）：903-912．

Xue Y Q，Wu J C，Xie C H，et al．1996．Modeling contaminant transport in a system of leaky aquifers．Proc 11st Inter Conf on Computational Methods in Water Resources，Cancun，Mexico，Vol 2：227-234．

薛禹群主编．1997．地下水动力学（全国通用教材）．北京：地质出版社．

薛禹群，吴吉春，谢春红等．1997．莱州湾沿岸海水入侵与咸水入侵研究．科学通报，42（22）：2360-2367．

薛禹群，黄海，吴吉春等．2000．内陆单斜构造内咸水入侵淡水含水层三维数值模拟——以山西柳林泉区柳林电厂水源地为例．地质学报，74（4）：235-245．

Xue Y Q，Wu J C，Ye S J，et al．2000．Hydrogeological and hydrochemi-cal studies for salt water intrusion on the south coast of Laizhou Bay，China．Ground Water，38（1）：38-45．

薛禹群，张云，叶淑君等．2003．中国地面沉降及其需要解决的几个问题．第四纪研究，23（6）：585-593．

薛禹群，叶淑君，谢春红等．2004．多尺度有限元法在地下水模拟中的应用．水利学报，（7）：7-13．

Xue Y Q，Zhang Y，Ye S J，et al．2005．Land subsidence in China．Environ Geol，48（6）：713-720．

薛禹群，谢春红．2007．地下水数值模拟．北京：科学出版社．

主要参考文献

无锡县志编纂委员会编，谈汗人主编．1994．无锡县志．上海：上海社会科学院出版社．

王德滋主编. 2002. 南京大学地球科学系史. 南京：南京大学出版社.
薛禹群. 2005. 严谨朴实老实做人//中国科学院院士工作局编，路甬祥主编. 科学的道路（下卷）. 上海：上海教育出版社：1379-1382.

撰写者

吴吉春（1968～），江西上饶人，教授，博士生导师，南京大学水科学系主任，南京大学水资源与水环境研究所所长。一直从事地下水数值模拟和地下水随机理论研究。

孙大中

孙大中（1932～1997），山东威海人。地质学家。1991年当选为中国科学院学部委员（院士）。1955年毕业于北京地质学院。曾任中国地质学会前寒武纪专业委员会主任委员，国际地科联地层委员会前寒武纪分会投票委员，国际地质对比计划（IGCP）217项——“元古地球化学”中国工作组组长、92项——“太古地球化学”中国工作组副组长，太平洋科协中国委员会委员，中国科学院广州地球化学研究所负责人，广东省可持续发展研究会首任会长。他主要从事前寒武纪地质和地球化学研究，对我国最古老岩石出露区——冀东的构造格架、地层划分、成矿规律进行总结，建立了该地区前寒武纪地壳演化模式，对部分麻粒岩成因提出新论点；在中条山，运用综合年代学方法建立新型的前寒武纪年代构造格架，确定其岩浆结晶年龄时限落在全球缺乏岩浆活动记录的2400～2000Ma之间，并厘定中条运动为两幕，结束于1850Ma。提出以火成岩年代-地球化学作为岩石圈“探针”的新方法，建立年代地壳结构模式，从而解剖了中条山前寒武纪重大地质事件和铜矿成矿历史；他总结了中国大陆东部，特别是华北克拉通古老地壳的地球化学特点、增长方式和主要增长阶段等演化规律，指出其时空演化在全球的特殊性。在他生命的最后几年，开拓可持续发展研究，为地学扩展新的研究领域。他出版了专著7部（合著），发表学术论文120多篇。曾获全国科学大会奖、国家自然科学奖二等奖和省部级科技成果一等奖等多项。

一、人生足迹

孙大中，1932年6月20日生于山东威海，1997年5月1日于广州逝世，享年65岁。

孙大中儿时在山和海的怀抱中成长。幼年时全家迁居天津。新中国成立后不久，随经商的父亲到香港，就读于香港南华中学。返回内地后进入天津南开中学学习。高中时在地理老师和高年级同学的影响下对地质学产生了兴趣，考入清华大学地学系，1952年院系调整后进入北京地质学院，由此与地质学结下了一生的情缘。

作为家中的独子，他自然受到家庭的宠爱。他的母亲是家庭主妇，父亲是做进出口贸易的商人。父母虽然希望他多读书，读好书，长大有作为，但并没有给过他任何的压力，也不干涉他的学习，加上那时的学校没有过多的应试教育，宽松的学习环境，自主的学习兴趣，使他由喜欢学习到享受学习，由自主学习进入到自觉学习的状态，而且养成了独立思考的好习惯。从初中到高中，学习成绩崭露头角。

孙大中与山川河流有着与生俱来的情感，对地质学情有独钟。他喜欢启发式的理论联系实际的教学方法，腻味填鸭式的教和啃书本式的学。大学时代，他喜欢埋头于图书馆，也特别钟情野外实习，到大自然中去汲取知识。星期日，他常邀同窗好友到北京西山边游玩边观察地质现象，乐此不疲。寒暑假他也经常随老师在野外度过。1952 年，他随高振西先生率领的野外实习队，跑遍了长江中下游的重要矿区，实习的同时又为新成立的北京地质学院地质陈列馆采集标本。野外工作结束时正值学校放暑假，高振西希望带他到南京地质博物馆作室内研究。他十分珍惜这个机会，充分利用博物馆的条件，潜心观察研究。他后来回忆道："一个多月的时间是短暂的，但我一生都难忘这个暑假。它使我受到一次由野外到室内、由实践到理论的绝好的锻炼，为我后来在结晶学、矿物学、矿床学和地质学发展史等方面的学习和研究打下了基础。"

社会上有人调侃地质人员：远看像个要饭的，近看是个勘探的，十分形象地描绘了野外工作的艰辛，对此他却乐在其中，发现新事物的期望和喜悦压倒了一切。1954 年他参加了马杏垣教授领导的中条山科研队，转年又为做毕业论文独自到中条山进行野外工作。正值 3 月初，北方大地乍暖还寒，中条山白雪皑皑、天寒地冻。白天他深一脚浅一脚地在深山跋涉，不时掉进被雪埋没的探槽中。夜晚就在小油灯下整理资料，破旧的小卖部的柜台就是他的床铺。清晨醒来，发现被子上常盖了薄薄一层雪花。在这样的条件下，他完成了野外地质工作，还草测了一份 1∶5 万的前寒武纪地质图。他的毕业论文被学校推荐为"毕业论文样板"，后发表在《地质学报》上。50 年代的中条山是我国铜矿勘探的重点地区，云集了到此工作的专家，该区前寒武纪地质的一些重大问题引起了热烈的讨论。虽然只是一个学生，但他对该区前寒武纪岩系划分及构造运动幕次提出了自己的见解，这些观点至今仍为大多数研究者所认同。因此在学生时代，他就受到老一辈专家的青睐。这次野外工作使他与中条山结下了不解情缘，由此开始了他研究前寒武纪地质的生涯。

他从青年时代就养成了博览群书、博采众长、兼收并蓄的良好学风。他爱买书，更爱读书。每出差到一地，必定要去新华书店。他的书都是经年累月像淘金一样淘来的，所以十分爱惜，每本书的扉页右上角都写着某年某月某日购于某地，书里面夹满了看过后留下的小纸条。几十年如一日苦读加巧读，博闻强记使他具有过目不忘的记忆力、开阔的眼界和敏锐的思辨能力。也因为掌握了大量资料、信息，他的研究工作起点高，有开拓性，能与国际接轨。

参加工作以后，他的勤奋和钻研精神受到领导的器重和重点培养。他曾先后回母校和中国科学院地质研究所，分别师从苏联专家拉迪什教授和郭承基教授进修地球化学和稀有元素地球化学。紧张的学习之余，他还与同室好友胡受奚先生共同翻译出版了《元素的分布》一书。这些都使他得以将地球化学专长融会于前寒武纪地质研究中，从而取得了可喜的成果。毕业后三年他就破格晋升为讲师。

学校教育是学子成才的重要基础，南开中学孕育了孙大中的多才多艺。年轻时的他喜欢绘画和雕塑艺术，喜欢欣赏古典音乐。大学时代丰富多彩的课余活动，使他的爱好得到培养和发展。北京地质学院校园内众多反映地质队员生活的雕塑群像，就是师生们自己创作的，他就是参加者之一。每当回忆起大学生活，他心中充满了喜悦和自豪。业余爱好充实了他的精神生活，陶冶了他乐观向上的性格，培养了他的观察能力、表现能力以及工作时耐心细致的作风。

清华大学、北京地质学院会聚了众多地学界的泰斗名士，他们学贯东西，治学严谨。孙大中说他一生都感念母校和师长的恩德，他多次回忆道："我在大学阶段和工作后回母校进修期间所受到的良好而系统的教育，众多名师的教诲指导，以及他们严谨的治学态度、献身地质事业的精神给予我的启迪，是终生受用不尽的，也确立了我为地质事业奋斗终生的志向。"

"文化大革命"中他身陷囹圄，受尽皮肉之苦，还长期被剥夺搞科研的权利。他不怨天尤人，不浑浑噩噩，每天照常早早起来看书。他妻子赌气说："都关牛棚了，烧锅炉了，你还看什么书!"他平静地说："知识分子不看书还能做什么?"1972年，他戴着"特嫌"的帽子，在中条山铜矿研究队接受监督改造，他不在乎自己是"黑几类"，倒庆幸有了参加科研的机会。他身处逆境却一心扑在工作上，成了科研队实际上的学术带头人，使中条山地区的前寒武纪地质和铜矿的研究取得了新进展。1978年，他得以彻底平反。随着祖国科学春天的到来，正值壮年的他也迎来了一生的黄金时期。他说他没有时间计较个人所经历的风雨坎坷和得失，只想把蹉跎的年华补回来。这以后的20年是他最忙碌、活得最精彩的时光，一生主要的科研成果和学术专著都是在这一时期完成的。他驰骋在科学的疆场上，激情加责任感迸发出无限的热情，科研思维也空前活跃。

他当选为中国科学院学部委员（院士）后，有人劝他要保养身体，充分享受待遇。可他觉得身上的责任更重了，只感慨时间不够用。90年代初，他敏锐地注意到由于社会经济高速发展，人口不断增长所带来的资源和环境问题的严重性，苦苦地思索地学研究如何更好地服务于社会经济的发展。1992 年国际环境与发展大会的召开和《21 世纪议程》的发表，在他心中激起了波澜。从领导岗位退下来后，已 62 岁的他义无反顾地决定开辟新的地学研究领域，开展可持续发展研究。在他的积极倡导和努力下，从舆论准备、科研机构建立到课题立项等，广东省可持续发展研究蓬勃展开。难能可贵的是，很多工作是在他在癌症晚期后进行的。

孙大中平素极少求医问药，偶染微恙，诸事不误。长期的体力和心力的透支埋下了祸根，1996 年 5 月，他突然病倒在广东省基础研究研讨会上，后来发现竟然已是癌症晚期。但他很坦然，他说："搞科学的人，要正确对待疾病，生死是自然规律。"他以顽强的毅力与病魔作斗争，在半年中开刀三次，却从来不哼一声，每次手术后几天就开始下地工作。当需要他到外地确诊时，他却起早贪黑地起草修改研究项目的立项书。在医生嘱咐的静养待查期间，他却马不停蹄、早晚兼程地出差和作报告。即使当他肠梗阻已经十分严重，晚上疼痛不能入睡时，他仍坚持参加东深供水工程的野外考察，每到一地，就与当地领导讨论可持续发展中水资源和水环境的利用保护。考察期间休息半日，安排游深圳野生动物园，他却到九三学社深圳市委员会作了 3 小时的可持续发展的学术报告。看他精神抖擞的样子，谁都想不到他已病入膏肓。

孙大中很喜欢南宋诗人陆游在《冬夜读书示子律》中的四句话："古人学问无遗力，少壮功夫老始成，纸上得来终觉浅，绝知此事须躬行。"他将此诗写在日记本上，时时提醒自己。去世的前夜，他竭尽全力为自己的一生作了总结。他对守候在身边的亲人说："人不坚强，一事无成；人不勤奋，一事无成；不能团结别人，也将一事无成。我一生努力按这三点处世立命，也希望你们能以此教育下一代。"坚强、勤奋、团结大家共同奋斗，这是孙大中一生的写照。

二、主要研究领域和学术成就

前寒武纪是地球最早期的历史，是指 45 亿年前地球形成以来直至 6 亿年前这一漫长而复杂的演化过程。这一时期又是重要的矿产资源如铁、铜、金、稀土等的主要成矿时期。因此，前寒武纪地质对研究地球的形成和演化有着极其重要的地位，对国计民生也有着直接的关系。由于前寒武纪时间跨度长，历经的构造作用和变质作用多而复杂，认识和恢复前寒武纪的本来面目是地学研究中极具挑战性的工作。孙大中长期担任我国前寒武纪地质专业委员会的领导职务，并在有关的国际组织任职，为促进我国该领域科学研究的蓬勃发展和国际合作做出了积极的贡献。任职期间，他积极组织各种专题的野外考察、多种形式的国内和国际学术研讨会，加强学术和人才交流，引进和推广国外新的学术思想和先进的技术、设备。他参与了国际前寒武纪地层分会讨论和制定全球前寒武纪划分方案的全过程。其间，他充分反映中国的地质情况和研究成果，和其他中国同行（通讯委员）一起，据理力争以1800Ma 和 1000Ma 代替 1600Ma 和 900Ma 作为元古宙三分的年代界线。国际前寒武地层委员会接受了中国代表（和澳大利亚代表）的建议，呈报国际地科联获得批准。目前全球通用的前寒武纪年代划分标准包含了孙大中的努力和心血。

（一）主要研究成果

1. 对中国典型的太古宇发育区的研究成果

冀东是中国早前寒武纪地质发育最典型的地区，也是我国太古宙高级变质岩分布最典型的地区。孙大中曾两次带队在该地区进行科研工作。他（们）提出分别以"综合地层法"和"构造地层法"建立深、浅变质地层层序，并最早将地球化学方法应用于地层研究工作中，对我国前寒武纪地层学的研究有着重要的影响；他们研究得出该区 4 群 10 组的地层划分方案，以及八道河群王厂组基性火山岩是该区金矿的主要矿源层的观点，对该区域成矿预测和找矿工作有重要的指导意义；恢复了该地区早前寒武纪地壳演化历史，提出太古宙早期为陆核，太古宙晚期形成结晶基底，早元古代则为裂谷式带状下陷的观点，这为他后来认识和总结华北陆台，乃至中国东部早期地壳演化规律打下了基础。此外，他还提出花岗岩质岩浆侵位也可形成麻粒岩的新观点。1984 年出版的《冀东早前寒武地质》是我国研究高级变质区较早，较系统的一部重要专著，受到国内外同行的高度重视。

2. 对中条山研究的贡献

中条山是中国元古宇，特别是早元古代地层出露比较完整的地区，又是著名的"中条山铜矿"的产地，孙大中先后在该区进行过三个课题的研究工作。学生时期，他就提出：位于中条系之上的一套属于山间坳陷沉积的磨拉石建造，是中条山地区前震旦纪最后的一次沉积，将其命名为"担山石系"；中条系和担山石系之间的不整合及担山石系与震旦系之间的不整合是同一次地壳运动在不同时间和地点的表现，是地壳运动长期性的反映，因此提出中条山区吕梁运动（在该区称为中条运动）划分为两幕的观点；他（们）详细解剖了区内归属于三个早元古代含铜建造的主要类型铜矿，认为原始成矿时代和成矿作用不同，但具有明显的共性——层控性。经历区域变质后，特别是 1850Ma 左右的中条运动构造-热事件的改造，形成了相似的

“热液成矿”的特征，但没有改变矿床受原岩建造或岩相、岩性控制的特点；对于著名的铜矿峪“斑岩铜矿”，他认为并非单一成因的矿床，原生矿化分别与钾质火山岩（部分火山侵入岩）和钾质基性火山岩有密切的关系，只有与前者有关的含钼铜矿化接近于广义的斑岩铜矿。两种矿化都具有层控性，且经过变质，可同归于“变质火山气液矿床”。修正了单一“斑岩铜矿”的观点。提出找矿时应遵循地层和岩性双重控制的重要原则。1978 年他们出版了《中条山铜矿地质》专著，该书首次对该区区域成矿作用做出比较全面系统的总结，迄今仍为同行肯定和引用，并获得全国科学大会奖。

3. 提出岩石圈探针的新方法，在我国最早开展年代地壳结构模式研究

在系统而翔实的地质研究的基础上，他充分应用地球物理研究的物性和分层资料，并进行深入的同位素年代学和地球化学研究，采用先进的单颗粒锆石 U-Pb 稀释法和高精度离子探针质谱法测年技术，获得出露地表的深成岩和地幔-下地壳包体的结晶年龄、捕获和/或继承锆石年龄，运用综合年代学方法建立中条山地区前寒武纪年代构造格架。提出以火成岩年代-地球化学作为岩石圈探针的新方法，研究地壳结构模式。他将地学研究中三维体系中的“深度维”赋予时间的标志从而扩展为“四维”体系，建立年代地壳结构模式。这项科研成果清楚直观地阐述了研究区前寒武纪重要地质事件，也包括铜和铁的成矿作用的时空演化关系，还填补了全球 2400～2000Ma 期间岩浆活动记录的不足。在此基础上，他提出地质学、地球物理、地球化学相结合进行深部地质和大陆地壳动力学研究的新思路。《中条山前寒武纪年代构造格架和年代地壳结构》一书是这项研究成果的总结，获部级科技成果一等奖。

4. 总结中国大陆前寒武地壳形成方式、地球化学性状和时空演化特征

在长期而系统的由北至南研究的基础上，他总结了我国东部早期大陆地壳的年代构造格架，认为：①华北地块主要由太古宙基底组成，已发现的最古老岩石的年龄为 3800Ma，最重要的地壳生长期在 3000～2800Ma，晚太古代和早元古代分别发生地壳再造，吕梁运动时期最终克拉通化。②扬子地块最老岩石是晚太古代的（2800～2500Ma），代表该地块的陆核，早元古代晚期—中元古代快速生长和广泛的再造，形成大陆基底。华北地块和扬子地块的碰撞发生在加里东期或印支期。③华夏地块基底岩石为早元古代（～1800Ma），中元古代时大规模地壳生长，可能存在未出露的晚太古代地壳。华夏地块和扬子地块在晋宁运动时发生碰撞，大洋和大陆

岛弧增生到扬子地块南缘，伴随有广泛的地壳重熔和一些地幔物质的加入。他根据中国的早期地壳富大半径亲石元素和亏损高场强元素等地球化学特点，推断太古宙地壳为面型板底垫托生长模式，而早元古代地壳为网点型板底垫托生长模式，即早期地壳以垂直生长为主，与澳大利亚和非洲大陆地壳的生长模式相近。华北地块地壳成熟度高，演化时间长而连续。由于生热元素（K、U、Th）含量高，构造活动和变质作用强烈且复杂，使得太古宙地壳经历强烈而滞后的改造，与北半球西部和南半球有明显的不同；早元古活动带独具特色，其早期在地质和成矿作用方面与国外太古宙绿岩带的某些特点相似，但时间滞后，晚期与国外中、晚元古代冒地槽或裂谷的某些特点相似，也形成超大型矿床，但时间上又提前了。以上成果对我国前寒武纪研究战略和成矿预测有着直接的指导意义。

5. 追踪社会发展和科学前沿，开拓可持续发展研究

孙大中认为，人类社会面临着人口、资源、环境和粮食等四大危机，其中许多重大问题都与地学息息相关，因此地学研究面临着新的转变和机遇，地质学家要更好地服务于社会经济发展。20世纪90年代初，“可持续发展”对于许多人来说还是个陌生的名词，开展和推动这项研究工作困难可想而知。他认识到：“实施可持续发展战略是一项全社会的事业，需要决策层、科学家和社会公众共同参与、支持。就可持续发展研究而言，需要自然科学、技术科学和社会科学的互相结合。”他通过各种报告会、研讨会发动各阶层群众。他在各种场合的学术报告和以《可持续发展——具有划时代意义的新概念》为代表的多篇论文，收到很好的宣传效果和极大的社会反响。他最先成立可持续发展研究室和广东省可持续发展研究会，重组科研资源，建立多学科交叉融合的可持续发展研究体系。着手开展珠江流域和珠江三角洲可持续发展研究。他生前就已立项的“珠江三角洲经济可持续发展的重大工程研究”课题，由他的学生和后人顺利完成，获得广东省科技成果一等奖，并出版了专著。可持续发展研究和研究会工作的不断开展，取得了新成果。虽然他只铺了一段路，但作为开拓者，他的功绩不可磨灭。

（二）学术思想

地质学是一门古老的学科。在很长时期内一直以锤子、罗盘和放大镜作为主要的研究手段，显微镜的应用也只是放大了眼睛的观察功能。因此，传统的地质学长期停留在宏观描述的阶段，发展非常缓慢。新中国成立后，国家建设需要科学技术全方位的支持，振兴科学关系到民族兴衰。作为新中国培养的第一代知识分子，孙

大中接受了历史赋予的责任和机遇，以新的学术思想和研究方法赶超世界潮流，为科技兴国做出了应有的贡献。

1. 强调区域地质调查和科学研究相结合

孙大中是坚持区域地质调查和科学研究相结合的典范。他认为，作为地质研究，面上的工作，即区域地质调查是基础，点的详细解剖是重点。如果面上的研究不足而点上的工作有余，或反之，则点面联系不好，其结果都不会好。前者会坐井观天，以偏概全，甚至不知所云，后者则流于肤浅。对于受到多期变质变形和岩浆活动影响而非常复杂的前寒武纪地质的研究，更应点面结合，不能以点代面。一些科研人员认为，区域调查、地质填图是生产部门的工作，不屑去做。他却认为这是地质研究工作最基本的，也是及其重要的手段。他最早认识到不能完全依靠史密斯叠置地层法研究前寒武纪地层，不能仅仅根据一两条地层剖面建立地层层序。需要在区域地质填图的基础上，对区内代表性剖面进行详细的地质测量研究，建立区域地层格架。至于点上的研究，他强调要耐得住，扎得下，要反复实践，不断认识。他在若干工作区所建立的地层格架至今为后人沿用。

2. 强调先进的科学研究方法要与基础地质研究相结合

地学是继承性和实践性极强的学科。深入细致的野外观察和描述是地学研究最基本、最重要的方法。老一代地质学家为后人积累了大量的资料和宝贵的经验。20世纪60年代以后，随着科学技术总体水平的提高，大量新技术、新方法和高精度测试仪器的出现，使地学研究有了突飞猛进的发展。但传统与现代之间发生了碰撞，一些研究人员过于依赖测试手段，到野外蜻蜓点水般转一圈，取几个样品，获得几个数据，绘几张图解，然后就开始做文章。孙大中认为，任何先进的方法、测试手段都有适用的局限性，对其结果的解释存在不确定性或多解性，必须要以翔实的野外地质，特别是区域地质研究为前提，以明晰的地质构造环境格架为基础。否则，任何精确的数据，漂亮的图解都可能只是游戏。他主要从事前寒武纪地质研究，而他又专长地球化学，对同位素年代学和同位素地球化学也有相当的功底。他善于把这些新兴学科的研究成果与系统的前寒武纪基础地质研究结合起来以取得令人信服的成果。例如，他较早将地球化学资料应用于地层划分和地层层序的建立，取得好的结果；他将同位素年代学和同位素地球化学与基础地质研究相结合，作为岩石圈探针的新方法，研究年代地壳结构模式，并取得新成果。

3. 不唯上，不唯书，只唯实

科学的真谛是求实。孙大中认为唯真求实是科学工作者必备的素质和作风。大学时代在中条山实习时，通过深入的野外地质调查和研究，他对该地区前寒武纪划分和构造运动提出自己的看法，大胆修正前辈专家的结论。如今，“铜矿峪斑岩铜矿”早已经成为我国矿床学教科书的经典。20世纪70～80年代，他（们）从原始成矿岩系、成矿时代、成矿作用和后期变质改造等对铜矿峪铜矿进行解剖，对铜矿峪铜矿的成因提出了详尽的修正。其修正的过程，充分体现了新老科学家、师生之间以科学的求实态度对待科学的精神，被传为佳话。孙大中是最早应用先进的同位素测年数据进行前寒武纪地质研究的学者之一。他不死搬硬套，在反复实践中，对若干同位素测年方法进行分析、对比和评估，从地质学角度探讨各种测年方法在前寒武纪地质研究中的适用性和局限性。这对前寒武纪地质工作者和同位素年代学的研究者都不无启示。

4. 认真学习国外先进的理论和方法，但不囿于国外学者的观点

认真学习国外先进的理论和方法，但又不囿于国外学者的观点和结论，是孙大中科研思维的一个闪光点。他认为：“在地学领域，国外确实有许多先进的理论、实验技术和方法值得我们认真地学习和借鉴。但我们不应盲从，更不应妄自菲薄，我们应该也能够为世界地学的发展做出应有的贡献。”20世纪80年代初期，他推荐应用“皮尔斯图解”来恢复变质岩的原岩，确定其构造环境。然而，反复的研究实践表明，这种图解方法具有局限性和不确定性。于是他又强调必须在充分研究地质背景的基础上应用皮尔斯图解。为了引起各国同行的重视，1988年他在天津主持召开“国际元古宙活动带地球化学和成矿作用学术讨论会”。会上，他再一次提出此问题，与国内外学者取得共识，并作为会议成果写进了会议专辑的前言中。20世纪80年代，国际上普遍认为，在2400～2000Ma期间，地球上缺乏岩浆活动的记录，即所谓的岩浆“静谧期”。但孙大中他们通过详细的研究发现，在中条山，这一时期的岩浆活动不但活跃，还形成了大型的铜矿。其他如他认为麻粒岩不全是下地壳高温高压的产物，部分麻粒岩可以由岩浆侵位形成，这一不同于前人的观点，经过野外实地考察后，最终与国外学者取得共识。

5. 调整和改革教育与科研体制，更好服务于社会经济可持续发展

孙大中认为，近代教育与科学技术的缺陷之一是过于突出事物的特性，强调分

解思维，造成社会科学与自然科学的分离、科学与技术的分离，学科、专业的分工过细。面对人类社会发展的重大问题，如人口、资源、环境和灾害等问题，以及很多科学难题，单一的学科，或少数学科就显得软弱无力，甚至束手无策。跨学科的发展，自然科学、技术科学与社会科学的交叉融合，各学科、专业之间的交叉融合，转变某些学科的发展方向，调整或重组学科建设，不但是科技创新的需要，也是教育与科技更好地服务于社会经济发展的必由之路，应该倡导。大学要培养专才，更要造就具有综合观察、分析和解决问题能力的通才。要不断缩小科学技术的理性发展与社会道德理想之间的差距，并逐渐趋于一致，实现人与社会、人与自然的和谐发展。

（三）青年之友

孙大中在哪里工作，都会有年轻人凝聚在他的周围，他们共渡科研难关，同享成功喜悦。他的正直、真诚、执著、身教重于言教和平等待人的人格魅力，使他成为青年人的良师益友。他特别强调：①作为导师或课题负责人，既是运筹帷幄的指挥员，又是一个能打敢冲的战斗员，不做甩手掌柜。有时出差赶上自己病了，他咬牙也要带队出发。钻坑道第一个进洞，下矿井先进罐笼。一是以身作则，二来亲力亲为以取得真知灼见。②认准要做的事，再困难也义无反顾坚决去做，力求做到最好，绝不半途而废，给年轻人以信心、决心和榜样。③对年轻人，工作上严格要求，一丝不苟，不留情面，俨然像个严父。生活中却体贴近人，常常谈谈心，开开玩笑，请他们吃饭聚会，又分明是忘年的朋友。④实实在在地帮助年轻人尽快成才，独当一面。他亲自为他们联系出国进修的导师或实验室，教他们如何申请科研项目。资金不到位时，将自己的科研经费先借给他们使用，以尽快启动实验和研究。每当他接触到新鲜事物，他都在第一时间与年轻人共同探讨学习。1989 年他参加华盛顿第 28 届国际地质大会，会议间隙，他不探亲访友，而是选择了会议举办的两个短训班，其中一个是有关研究变质作用 P-T-t 轨迹的电脑软件程序。回国后，他立即组织人员翻译资料，召开以年轻人为主的讨论会，推广应用这种新方法，并要求他们在应用过程中不断总结改进，以求创新。

孙大中性格鲜明，表里如一，为人正直，也希望学生和一道工作的年轻人为人要正直，不谀上媚俗。他说，这样做人心胸坦荡，不用畏首畏尾。还希望他们不要把金钱、利益看得太重，这样就不会为其所累，就可以轻松地做人，做自己想做的事。心无旁骛，才能有所作为。

三、孙大中主要论著

孙大中，石世民. 1959. 山西省中条山前震旦系地层及构造. 地质学报，39（3）：305-317.

《中条山铜矿地质》编写组. 1978. 中条山铜矿地质. 北京：地质出版社.

Sun D Z，Wu C H. 1981. The principal geological and geochemical characteristics of the Archean greenstone-gneiss sequence in North China. Spec Pubs Geol Soc Australia，7：121-132.

Cheng Y Q，Sun D Z，Wu J S. 1984. Evolutionary megacycles of the Precambrian proto-North China Platform. J Geodyn，(1)：251-277.

孙大中主编. 1984. 冀东早前寒武地质. 北京：地质出版社.

胡维兴，孙大中. 1987. 中条山早元古代铜矿成矿作用及演化. 地质学报，61（2）：152-165.

孙大中. 1987. 对早前寒武高级变质岩地层划分和绿岩带问题的讨论//中国变质地质图编制与研究论文集（第一集）. 北京：地质出版社：52-61.

孙大中，翟安民. 1987. 古华北陆台早前寒武纪地壳演化的几个问题的讨论//中国变质地质图编制与研究论文集（第一集）. 北京：地质出版社：61-78.

孙大中，陆松年. 1987. 华北地台的元古宙构造演化. 中国地质科学院院报，(16)：55-70.

孙大中. 1990. 中国东部太古和元古活动带的构造和地球化学的发展. 中国地质科学院院报，(1)：105-107.

Sun D Z，Hu W X，Tang M，et al. 1990. Origin of Late Archean and Early Proterozoic rocks and associated mineral deposits from the Zhongtiao Mountains，east-central China. Precambrian Res，47（3/4）：287-306.

孙大中. 1991. 中国前寒武纪地壳研究及其地质战略意义. 地质科技管理，(1)：18-23.

孙大中，胡维兴主编. 1993. 中条山前寒武纪年代构造格架和年代地壳结构. 北京：地质出版社.

孙大中. 1996. 可持续发展——具有划时代意义的新概念. 学术研究，(1)：14-17.

孙大中. 1996. 珠江三角洲资源、环境与可持续发展. 珠江三角洲经济，(1/2)：4-7.

孙大中，朱炳泉，赵振华等. 1996. 大陆地球化学动力学//21世纪初科学发展趋势课题组. 21世纪初科学发展趋势. 北京：科学出版社：261-263.

金文山，孙大中主编. 1997. 华南大陆深部地壳结构及其演化. 北京：地质出版社.

孙大中. 1997. 可持续发展与广东省资源环境问题//共同走向科学——百名院士科技系列报告集（下册）. 北京：新华出版社：251-255.

Sun D Z，Li X H，Qiu H L. 1997. Geochronology，accretion and tectonic framework of precambrian continental crust of eastern China//Wang H Z，et al. Proceedings of the 30th International Geological Congress，Volume 26. Utrecht：VSP：97-110.

孙大中. 1999. 华南早期地壳生长及其演化刍议//孙大中文集. 北京：地质出版社：201-210.

主要参考文献

中国科学院学部联合办公室主编. 1993. 中国科学院学部委员（1991）. 杭州：浙江科学技术出版社：231.

孙大中. 1995. 纸上得来总觉浅，绝知此事须躬行//中国科学院学部联合办公室编. 中国科学院院士自述（地学部）. 上海：上海教育出版社：550-551.

《前寒武研究及可持续发展探索——孙大中文集》编委会. 1999. 前寒武研究及可持续发展探索——孙大中文集. 北京：地质出版社.

谈芬大，朱新国. 2001. 热爱祖国，献身事业——前寒武纪地质学家孙大中院士传略//中国地质大学校史编撰委员会编，赵克让主编. 地苑赤子——中国地质大学院士传略. 武汉：中国地质大学出版社：224-230.

撰写者

谈芬大（1939～），江苏武进人，高级工程师。长期从事矿床学和成矿流体包体研究。《前寒武研究及可持续发展探索——孙大中文集》编委和责任编辑。

彭志忠

彭志忠（1932～1986），湖北天门人。矿物学家，矿物晶体结构学家，中国研究矿物晶体结构的开拓者和学术带头人。1952年毕业于清华大学地质系。曾任中国地质大学（北京）教授、晶体结构与晶体化学研究室主任、中心实验室主任，中国地质学会矿物晶体委员会主任、矿物学专业委员会常委，中国新矿物与矿物命名委员会副主任，国家教委学科评议组成员及地质矿产部科学技术委员会委员。1956年测定了葡萄石的晶体结构，突破了国际上布拉格建立的硅酸盐分类体系，是中国人在国内测定的第一个晶体结构。后来又测出了星叶石等矿物的晶体结构，发现了五种新型的硅氧骨干，使这一领域的研究达到当时的世界水平。他领导实验室共测定了50多种矿物的晶体结构，占全国测定总数的70%。单独和协作发现了30多种新矿物和新变种，占全国发现新矿物总数的一半。1986年，他研究"5次对称和准晶态"这一世界性课题并取得重要成果，在世界上首次提出了"准晶体具有分数维结构"的理论和准晶体的两个构筑原理。在国内外发表论文100多篇，出版《结晶学教程》、《晶体测量》、《X射线分析》等多部著作。曾获全国科学大会奖，国家自然科学奖三等奖等。其中论文《准晶体的构筑原理及微粒分数维结构模型》获地质矿产部科技成果特等奖。1984年被国家评为有突出贡献的中青年专家。

一、个人经历

彭志忠，1932年10月13日生于湖北省天门县彭市，1986年3月31日在北京去世，终年54岁。

彭志忠自幼勤奋好学，但求学之路却充满坎坷。他在一所私塾读到三年级时，日寇的铁蹄就踏碎了他家乡的宁静。他从此背井离乡，跟随亲人去逃难，当年，他才7岁。

彭志忠11岁时，考取了湖南永绥国立八中初中部。带着对家乡的依恋，他上了求学的旅途，步行3天之后才到学校。在学校里，他年纪小，个子矮，吃饭抢不过别人，饿得面黄肌瘦。入学不久，他的被子和衣服又被偷了，晚上只能盖床破棉套，冻得直发抖。家里亲人来看他，见此情景不禁心疼万分，要把他带回家去，可他怎么也不愿意退学。艰苦的生活和学习条件，使他养成了吃苦耐劳的习惯和倔强的性格，同时，也使他幼小的心灵萌生出“中华不受辱，只有国富强”的强烈愿望。

日本投降后，彭志忠回到湖北，在大冶省立职业学校上完了初中，接着考入汉口博学中学念高中。他的学习成绩并不突出，多数功课只有80多分，但老师给他的评语却是“聪明过人，知所努力”和“笃实”这样的词句，不难看出老师对这位成绩平平的学生的喜爱之情。

1949年，彭志忠读高中二年级的时候，在华夏土地上燃烧了4年的内战烽火终于熄灭。和平了！解放了！建国了！人民在废墟中重建家园，彭志忠得知地质事业虽很艰苦，但于国家建设十分重要，便报考了清华大学地学系，以求将来能为“国富强”做些事。进入清华之后，他靠助学金维持生活和学习。

开始曾有一段时间，因为听到有人说：“地质科学是不科学的科学”之类的话，他对所学专业的看法一度动摇，想转到物理系去。后来到周口店、十三陵、开平、大同、宣化、张家口和浙江等地实习，他被大自然丰富而又生动的地质现象迷住了。他开始对所学各门专业课程产生了兴趣：在开平盆地实习时找到了许多古生物化石，从此古生物学不再枯燥乏味；听孟宪民教授讲授结晶矿物学，奇妙的矿物标本所反映出的物理化学现象吸引了他；他爱动脑子，镜下鉴定时，不仅很快掌握了实习课上老师教的鉴定方法，自己还摸索出另外的方法测出同样的光学常数；他还经常跑到外系去听课，在听了物理系余瑞璜教授的一次报告后，他对矿物晶体结构发生了兴趣。余瑞璜先生20世纪30年代在英国曾同国际上研究晶体结构的权威布拉格一同作过晶体结构分析，他从原子结构分析出发，解释了矿物为什么会有解理，辉石、角闪石解理的交角为什么不一样，彭志忠听后觉得很有道理。他认识到，所谓“地质学不科学”，是因为我们的研究方法太落后，对地质现象没有深入研究。他到图书馆查阅了有关矿物学的文献，看到上面选用的晶体结构模型全是外国人做出的，他想书上哪怕有一个晶体结构模型是中国人做出的也好呀！

两年半的大学生活，彭志忠过得紧张、愉快、充实。他没有回过一次家，寒假他如饥似渴地阅读课外书籍，暑假就跑野外。1952年9月，年仅19岁的彭志忠从大学毕业了，填分配志愿，他的第一志愿就是新疆，第二是西藏，第三是甘肃，而学校把他留下当了教员。当院系调整时，他到了北京地质学院矿物教研室工作。建校初期，急需标本模型，他设计了上百种晶体模型图样，送木工厂加工了几万块晶体模型。他参加整理、鉴定了上万块矿物标本，配了30套教学标本，还亲自动手做了1套晶体结构模型，及时保证了教学工作之需。后来他回忆说：“那两年我干得很有兴趣，32种晶类深深地印在我的脑子里，对我后来搞晶体结构分析帮助很大。那是我收获最大的一个时期。”

他结合工作学习外文，提高很快。当时要学习苏联的先进技术，急需掌握俄语，教研室派他到校外速成班突击了28天，学了一两千个单词。回校后他边学习边翻译教材供讲课老师用，后来又参加翻译了5本教材。1954年他初次上台讲课，同学们看他还是个年仅21岁的小青年，有点不以为然，他在讲台上笑着说：“我讲得可以，你们就听，讲得不好，你们就轰我下台。”由于他做了大量实际工作，又翻译过那么多教材，讲课效果自然不差。他干一行爱一行，管什么就钻研什么。让他管显微镜，他利用一个暑假看了200多片岩石薄片，把造岩矿物的光学性质掌握得牢牢的；让他管测角仪，他通过自己钻研，22岁时就用这台仪器给苏联专家带的研究生开了“晶体测量”课。由于有了较广泛的书本知识和较丰富的实践经验，他在23岁时就同潘兆橹老师合编了我国第一本《结晶学教程》。这一切，为他向更高的科学领域进发准备了良好的条件。

二、主要科学成就与学术思想

1. 盯准地学前沿

1956年周恩来总理号召向科学进军的时候，彭志忠大胆地选择了一个国内还未搞过的“矿物X射线晶体结构分析”作为自己的研究方向，选择一个国内20多年没有人攻下的难题——“葡萄石的晶体结构分析”作为攻关课题。

矿物晶体结构分析，就是用X射线研究矿物中原子的排列规律。这项研究在20世纪20年代才开始，到50年代也只有少数几个发达国家掌握着这门技术，而中国在此领域里还是一片空白。在地学中，晶体结构是研究矿物学的重要基础，而当时世界上已经测定了几百个矿物晶体结构，没有一个是中国人在国内测定的。彭志忠想，这与中国一个泱泱大国的国际地位很不相称，于是决心用自己的才智与力量改变这种状况。

早在20世纪40年代，在英国工作的物理学家赵松鹤先生测定了长石结构，他采用的物理学与矿物学相结合的方法启发了彭志忠。彭志忠决心闯出一条矿物学与物理学、化学相结合的新路子。他向教研室领导提出要学习用X射线分析矿物的晶体结构，得到领导的大力支持。领导给他半年时间，让他到北京大学化学系，在唐有祺教授指导下学习。到北大后，因测试仪器得到城里的物理所借用，他便在城里新生部找了间房，等人家不用仪器的时候就去做实验。搞晶体结构分析，最难得是要在仪器上找到合适的晶体，彭志忠是第一次做这实验，一切全靠自己摸索，因此进展十分缓慢。他花了1个月时间才找到一个晶体，可这时仪器突然出现故障，好不容易找到的晶体又丢了。他不灰心，又用了一周时间找到了第2个合适的晶体。他用当时的老设备，花了1周时间照相，可惜试验结果因曝光不足而失败了。

半年的进修时间很快就要结束，彭志忠想把这一研究继续搞下去，教研室于是又给他增加了半年进修时间。他继续努力，终于研究出了一些眉目。但在探索晶体结构时，他按照国际传统分类体系提出的多种方案，经多次计算验证都失败了。他开始怀疑经典的布拉格分类体系是否绝对正确可靠，怀疑把硅酸盐矿物的晶体结构分为岛状、链状、层状和架状4种类型是否就一定合适。他根据自己的实践提出，葡萄石的结构类型是介于层状和架状之间的一种“架层状”结构。后经过大量计算验证工作，他的这一猜想得到了完全的证实。1956年，年仅24岁的彭志忠，在唐有祺教授的指导下，与周公度合作，终于攻下了这个世界难题。这一发现，冲破了国际权威布拉格20世纪30年代建立的传统的硅酸盐分类体系，引起了国际结晶学界的重视。当时的国际结晶学权威、苏联科学院院士别洛夫评价说：“这个发现是很不寻常的，之所以不寻常，是因为25年来，我们一直受到布拉格硅酸盐构造体系的束缚。”并说，“这是没有搞清楚的最后一个重要的硅酸盐结构。”这一重要研究成果，填补了我国空白，开创了我国矿物晶体结构和晶体化学的研究方向。

1958年，他测定了我国发现的第一个新矿物香花石的晶体形态，在不到芝麻粒大小的颗粒上，测出了146个晶面，分别确定了它们所属的单形，为5角34面体晶类找到了新的实例。

1959年，他领导几个年轻人，将一台医院用的旧X光机改装成衍射仪，建立了我国第一个矿物晶体结构分析室。

1960年，北京地质学院再次掀起向科学进军的热潮，时年27岁的彭志忠，带领几个年仅20多岁的年轻人，研究一个复杂的包头矿结构。为了克服仪器设备简陋带来的困难，学校安排了几十名师生帮助他们计算。靠打算盘和笔算，他们仅用了35天就完成了这个项目，比苏联某研究机构早半年发表了研究成果。在那年“5·1献礼”展览会上，一位有名的苏联专家看了他们的成果后，不相信是中国人自己搞出来的，解说员沈今川向他介绍了攻关情况，他非常惊讶，称赞彭志忠他们“用落后的设备，完成了第一流的工作”。

1962年，刚晋升为副教授的彭志忠指导研究生马喆生，经过艰苦细致的研究工作，赶在英国和苏联之前，测定了星叶石的晶体结构，又发现了一种新型的硅氧骨干。从20世纪60年代到80年代，国外的许多文章、教科书一直在引用这项重要成果。彭志忠终于实现了“让中国的矿物晶体结构，在世界性的教科书上出现”的夙愿。

1962年，彭志忠还完成了塔菲石的晶体结构分析。苏联科学院院士别洛夫为此在一本送给彭志忠的书的扉页上写道：“你用晶体化学和晶体结构知识对塔菲石做出了出色的解释，我十分钦佩。”别洛夫院士十分喜欢这位有才华的青年结晶矿物学家，在国际性的会议上、书刊里经常介绍彭志忠的研究成果。

勤奋、博学、实干、多思，使彭志忠不断取得新的科研成果，到“文化大革命”前，他领导他的实验室又测定了硼镁石、索伦石、钡闪叶石和斜方闪叶石等20多种矿物的晶体结构，对外发表后，没有一个被否定，使我国研究矿物晶体结构的水平处于世界前列，在国际结晶学界影响很大。彭志忠的名字也因此被列入《世界结晶学家名录》。

彭志忠不仅科研成果突出，而且在教学工作上也做得极为出色。他开出了“X射线分析”、“晶体的测量”、“矿物热分析”、“晶体化学”、“矿物晶体结构分析”、“岩矿学”、“结晶矿物学”以及“岩矿鉴定方法及原理”等许多门地质基础课和专业课，正式出版了《结晶学教程》、《X射线分析》和《晶体的测量》等著作，带出了一批助手、研究生和进修人员，使我国形成了一支有较高水平的晶体结构和晶体化学的研究队伍。因此，他在该学科领域内威信很高，成为我国研究矿物晶体结构和晶体化学的学术带头人。由于他为地质科学的发展做出了重大贡献，他被选为第3届全国人大代表。

1965年，国家科学委员会、高教部、地质部和北京市委组成了联合考察组，对彭志忠的事迹进行考察后，考察组把他领导的实验室列为国家重点科研单位。有关部门奖给他们一台新进口的X光衍射仪，批准他们进口一台高质量的X光照相机，为他们实验室的工作创造了良好的工作条件。

2. 经历坎坷，矢志不渝

中国知识分子历来有“位卑未敢忘忧国”之豪情，但并不总是报国有门。每当国家致力于建设与发展，知识分子便得到重视与重用，而每当国家搞政治运动，知识分子的身价便一落千丈。彭志忠作为广大知识分子一员，其经历颇有代表性。1957年是他做出成绩的一年，而这一年他却因埋头搞研究而被批判为走“粉红色道路”（实际上是“白专”道路）。1958年“大跃进”，他凭一个正直科学家的良知，否定了几处所谓的“铁矿”和“煤矿”，这又被认为是给当时的“大办钢铁”泼了凉水，被批为“右倾保守”。“文化大革命”开始后，对他的批判升级了，批所谓的

“彭志忠道路”。1969年底，学校被迫外迁时，“工宣队”干脆把他安排到湖北丹江参加搞“校办地质队”，让他接受“再教育”。

彭志忠凭着对国家地质事业的坚强信念和对科学的赤诚，始终坚定不移地走自己的路。他对他的研究课题着了迷，虽挨批挨斗，仍放不下书本、扔不下实验。“文化大革命”初期，他白天参加“运动”，晚上则一头钻进实验室同助手一起开机实验。后来他连这点工作权利也被剥夺了。在他接受“再教育”之前，他提出了一个条件：让他的助手沈今川从野外调回来接替他，他才肯离开实验室。他严肃地指出：“仪器是国家的宝贵财产，停机久了仪器是会坏的！”在这个时候，他还在想着国家的事业！

到“校办地质队”后，除参加劳动之外，3个班150名学生的综合地质、结晶矿物、晶体光学和造岩矿物等课程都让他上，野外采回的岩矿标本也让他鉴定。繁重的体力劳动、教学活动和没完没了的“阶级斗争课”，每天都把他累得精疲力竭。他住在一间靠近臭水坑的破房子里，卫生条件极差，加上饮食不好，可怕的肝炎病毒侵入了他的肌体，他病倒了。他发着高烧，吃不下饭，就这样还不允许他回京治病。直到国际上要召开第24届地质大会，要他准备论文，他才有机会回京。

面黄肌瘦的彭志忠回到家时，身上却背着一包沉甸甸的矿石，爱人见了十分心疼。他却指着那包石头高兴地说：“宝贝，这是宝贝啊！”原来，他在丹江时见到一个有1000多名民工采矿的“煤矿”被迫下马，他就主动对矿石进行研究，提出石煤中可能含有国家急需的金属元素——钒。他到北京之后，根本顾不上看病，马上就到实验室进行测试分析，在外单位的配合下，发现石煤中含有40多种矿物，其中钒的含量很高。他高兴极了，假期没完，就提前返回湖北，向湖北省地质局领导作了汇报；然后又同一位化学老师共同研究解决了提钒问题，并指导矿上用土法提炼出钒来。这样，一个大型钒矿就在鄂西北山区建了起来。

1972年，国家地质总局通知彭志忠，要他准备参加第24届国际地质大会学术论文，他立即设法将下放到各地的助手们召集回京，同时使实验室恢复工作，展开对晶体的分析研究。他们顶着“抓科研，压革命”的指责，在有关单位的配合下，又发现了一批新矿物，测定了纤钡锂石、水碳硼石等一批矿物的晶体结构，先后在第24和25届国际地质大会上发表了《星叶石族矿物的晶体化学》、《索伦石的晶体结构》和《纤钡锂石的晶体结构》等研究成果。

3. 改革开放，春风助航

“文化大革命”结束后，迎来了科学的春天。1978年，彭志忠出席了全国科学大会，他领导的实验室被评为先进集体，他个人被评为先进工作者。此时，他的心情与当初要去接受所谓“再教育”时的感触自不可同日而语。1979年以后，随着国家进一步地拨乱反正，他的思想更解放了，他的心情更舒畅了。他领导他的实验室放手大干，取得了一项又一项重大科技成果。党和政府高度重视他所进行的研究，把他的主要助手调集北京，由地质部批准成立了“矿物晶体结构和晶体化学研究室”。上级部门把地质系统引进的第一台四圆单晶衍射仪首先分配给他们，为他们掌握现代测试分析技术和赶超世界先进水平创造了物质条件，使他们加快了结构分析的速度，提高了分析的精度，使矿物晶体结构研究工作进入了新阶段。

彭志忠领导全室同事，利用新设备首先对一些过去已经测定的矿物结构进行了精测，同时测定了河池矿、芙蓉铀矿等一大批新矿物。他还领导实验室广泛开展国际学术交流，经常接待慕名来访的外国专家，同世界上许多国家的学者保持学术联系。1980年，他赴巴黎参加了第26届国际地质大会和第12届国际矿物学大会，发表了4篇论文。他作的“铁橄榄石-高铁铁橄榄石晶体结构中缺席的有序-无序现象及其成因探讨”的学术报告，被国际著名矿物学家分别给予了“讨论的问题十分重要，作者应给以奖励”和“内容极佳”的评语，法国和意大利两家矿物学杂志争相发表。1984年，他担任副团长，和团长唐有祺教授率代表团赴联邦德国出席了国际结晶学大会，报告了“纤钡锂石的结构精测”、“大青山矿的晶体结构”等研究成果，和许多国家的结晶学家进行了学术交流。会上，他被选为国际结晶学会教育部顾问。

彭志忠教授生前的20多年中，领导实验室的同志们，一直坚持不懈地探索着晶体结构的奥秘，共完成或参加完成了50多种矿物的晶体结构测定，占全国测定总数的70%；同有关单位协作，发现或确定了30多种新矿物和新变种，占我国发现新矿物总数的一半。这些成果都得到了国际上的承认。其中获得的重要科学成果有：新发现了几种新型硅氧骨干，发现了塔菲石的8层最紧密堆积，发现了星叶石的多型现象和硅钛铈钇矿族的特殊同质多象现象，发现了氟-稀土硅酸盐的二级（以致多级）超结构，发现了高铁铁橄榄石结构中缺席的有序-无序现象，发现了多种阳离子和阴离子有序化形式，发现了索伦石结构中与硅酸根相结合的氢，以及在河池矿结构中发现了“反剪裁”现象等。在国内外共发表了100多篇科研论文，获得了国内外结晶矿物学界的好评。许多国外学者纷纷来信索要资料，一些成果被引用在他们的著作或教科书中，有的成了世界上瞩目的科研课题。在海外作晶体结构分析的华人学者赵彦奇教授在给彭志忠的信中自豪地写道：“您的著作许多都超过世界水平”，“您的著作之多，在国外也属少见。尤其在10年动乱期间，您仍能从事著述，实在令人钦佩”。这些话，代表了国外许多著名学者对彭志忠学术成就的赞誉。彭志忠和他的实验室，为世界科技事业做出了贡献，为祖国争得了荣誉。他们的研究成果，1982 年获得了国家自然科学奖三等奖和四等奖各一项，后来又得到地质矿产部和一些省区的奖励和表彰。1984 年，彭志忠被国务院批准为有突出贡献的中青年专家之一，破格提升为四级教授。

彭志忠先后担任过中国地质学会矿物晶体委员会主任、中国新矿物与矿物命名委员会副主任、中国地质学会矿物学专业委员会常委、中国教育委员会学会评议组成员、地质矿产部科技委员会委员、地质矿产部学位委员会委员、地质矿产部科技成果评审委员会委员、中国科学院地学部评审委员、中国科学院地质研究所学术委员会委员、中国科学院地球化学研究所学术委员会委员、中国科学院几个开放实验室的学术委员、地质矿产部北京地质教育中心中心实验室主任兼矿物晶体结构和晶体化学研究室主任。自 20 世纪 50 年代以来，彭志忠多次申请加入中国共产党，1983 年他终于实现了这一夙愿。他还当选为第三届、第五届和第六届全国人大代表。

4. 尊老敬贤，助人为乐

自 1957 年攻下葡萄石结构之后，彭志忠因在科研上不断取得突出成就而名扬海内外。他的事迹在几千人的报告会上被表彰，他的成就被写成一篇篇新闻报道传扬四方，他的贡献被拍成电影在国内外放映，他得到了当初他绝对意想不到的荣誉。

一封封祝贺信从国内外向他飞来，但他并没有沉醉在赞誉声中。他把他一切成就的取得首先归功于党和国家的培养、前辈的扶持和同事们的团结合作——而他自己的努力便属其次了——他说他只是对矿物的晶体结构着了迷，有一种赶超世界先进水平的强烈愿望而已。从这句话里我们不难看出中国人历来就有的以谦虚为美德的传统。

彭志忠待人诚恳，尊老敬贤。在学术团体的活动和对外交往中，他甘当老一辈科学家的助手。会见外宾时，他经常把他的老师请来参加。他还十分重视对人才的培养，始终坚持工作在教学第一线，以严谨的治学态度培养了一大批高质量的研究生和大学生。对那些有才华、有发展前途的助手和学生，他总是大力扶持、举荐，迫切希望他们能成为好的学术带头人。让更年轻的人赶上和超越他自己，是国家地质事业的需要，也是他自己的愿望。

彭志忠乐于助人，无论是本单位还是外单位的，无论是认识的还是不认识的同志找他求教，他总是热情接待、耐心指导。由于他知识渊博，学术造诣很深，几乎每天都有人来信来访，有时候多人排队等候向他请教，他无论时间多紧，任务多重，总是尽力使来访者满意而归。经他指导和帮助发表的研究成果，他坚持不署自己的名字。

他从来不搞学术封锁，经常把自己的新课题、新思路、新资料告诉同行们。我国各单位发现的新矿物和测定的矿物晶体结构，大部分都得到过彭志忠的指导，并经他们的实验室帮助做过工作。在彭志忠的言传身教下，他的助手和学生们都努力像他一样对待事业、对待名利、对待同志。彭志忠带出了一个好的创新型研究群体。

5. 生命不息，奋斗不止

1983年彭志忠住院作胆囊切除手术时，医生发现他已患结节性肝硬化，要他注意休养和治疗，不然就有病变的危险。可是彭志忠一心想着工作，他一方面利用武汉地质学院主办的《地质科技情报》杂志以“结构矿物学的新成果”为题连续发表文章，系统总结20多年来取得的研究成果，介绍国内外的新信息；一方面带领大家抢时间多出成果，多培养人才。他选定了5项新的重要前沿课题，带领室内外的同志向新的学术高峰攀登。

1985年，美国一些科学家在快速冷却的铝-锰合金中，发现了具有5次对称而无周期性（平移对称）的物相，是一种准晶态。这一发现立即在自然科学界引起了强烈的反响，它突破了数百年来建立的经典晶体学和建立在这些基础上的固体物理、晶体化学、材料科学、矿物学学科的现有理论基础，开始了从经典晶体学发展到现代结晶学的新阶段。这是当时自然科学的一个前沿领域，其研究结果对整个自然科学将有深远的影响。彭志忠了解到这一情况后，马上给予高度的重视。他带着重病以最快的速度收集资料、精心推导、设计模型，全部身心完全置身在“准晶态”这个学科里，像着了迷一样。有时候他一边刷牙，一边思考问题，在水池旁站上很长时间。夜深人静，他仍然伏在灯下，一只手顶着疼痛的肝区，一只手画图，计算。他终于在“5次对称”发现后不到1年的时间里，在《地质科学》和《地球科学》等杂志上发表了《5次对称轴和准晶态的发现在结晶学、矿物学和地质学中的意义》和《准晶体的构筑原理及微粒分数维结构模型》等4篇有重要价值的论文，在世界上首次提出了“准晶体具有分数维结构”的重要观点和准晶体的分数维模型；首次推导出4种准晶格。有关专家认为，这些重要成果，不仅丰富了几何结晶学的内容，而且在自然观方面做出了贡献。其中，《准晶体的构筑原理及微粒分数维结构模型》一文获地质矿产部1986年度科技成果特等奖。

可是，也就在这个时候，彭志忠的病情明显恶化，医院检查出他的肝病已发生“实质性病变”，组织上要他立即住院检查治疗。一贯思路敏捷的彭志忠教授已经意识到病情的严重性，他要争分夺秒进行最后的冲刺。他对党总支书记说：“我现在研究的课题比过去所有研究成果的总和还要重要得多，要抢时间，哪能停下来呢？”他在给友人的信中写道：我要在能工作期间完成此项工作。为了唤起学术界对这项重要大课题的重视，他不辞辛劳，带重病3次出差长沙、武汉等地，在京内外共作了8场有关准晶态的报告，引起了听众的极大兴趣。他为找到了知音、播下了种子而高兴。但是他出差一次，病情就加重一次，特别是1986年1月9日至13日赴武汉参加部学位委员会会议，他6个晚上没休息好，回家就病倒了。大家永远忘不了，在他生活之火即将燃尽的前夕，他还抱着十分虚弱的身体，参加他的研究生的论文答辩会，当答辩委员一致将该生的研究成果评为“优秀论文”时，他才会心地笑了。

1986年2月13日，是彭志忠教授在学校工作、生活的最后一天。医院通知学校，最后诊断结果是：肝癌晚期，肝硬化晚期，并有腹水和胸水。在组织的坚决要求和爱人的恳求下，他才勉强答应住进了空军总医院。头天晚上，他向室副主任全面交代了工作。临行的时候，他在自己的卧室兼工作室里待了很长时间，整一整桌上的文具，排一排架上的书籍，又摸一摸心爱的模型，对他的事业恋恋不舍，临走时还带上了一包东西。没想到住进医院一个多星期，他的病情就加剧恶化。当他昏迷不醒的时候，在身边守候的助手打开那包东西一看，里面全是关于“准晶态”的参考资料。原来，他还准备在医院里赶写一篇更重要的论文！

1986年3月31日，彭志忠教授英年早逝，时年仅54岁。在正当盛年、正是大有作为的时候，他走了。他带走了对未竟事业的满腔遗憾，而他带不走的是国家给他的那些荣誉，带不走的是人们对他的怀念与景仰。他为我国矿物学特别是矿物晶体结构学的发展鞠躬尽瘁，做出了巨大贡献，留下了宝贵财富。

1986年3月28日，国家科委、地质矿产部联合做出了“关于向著名中年科学家彭志忠学习的决定”。他的事迹在作全国巡回报告。

三、彭志忠主要论著

彭志忠，潘兆橹．1956．结晶学教程．北京：地质出版社．

彭志忠，周公度，唐有祺．1957．葡萄石的晶体结构．科学通报，(11)：330-331.

北京地质学院X光实验室．1960．包头矿的晶体结构．地质科学，(7)：327-337.

彭志忠，马喆生．1963．星叶石的晶体结构．科学通报，(5)：67-69.

彭志忠，张静宜．1963．晶体测量．北京：工业出版社．

彭志忠．1963．X射线分析．北京：工业出版社．

彭志忠．1963．塔菲石的晶体结构．科学通报，(5)：70-71.

彭志忠，张荣英，张光荣．1964．香花石晶体形态．地质学报，44(1)：81-85.

叶大年，全成伟，彭志忠．1973．单斜辉石的X射线粉末法研究．地质科学，(2)：131-144.

湖南230研究所，湖南305地质队，武汉地质学院X光室．1976．我国发现的一种新铀矿物——芙蓉铀矿．地质学报，(2)：203-204.

任英忱，西门露露，彭志忠. 1981. 大青山矿——新发现的一种稀土矿物. 矿物学报，(3)：161-165.

张建洪，彭志忠. 1981. 我国发现的新矿物. 武汉地质学院学报，(2)：85-98.

施倪承，马喆生，彭志忠. 1982. 碳铈纳石的晶体结构. 科学通报，(1)：42-45.

彭志忠. 1983～1984. 结构矿物学新成果（连载）. 地质科技情报.

彭志忠. 1985. 准晶体的构筑原理及微粒分数维结构模型. 地球科学，10 (4)：159-174.

彭志忠. 1986. 准晶体分数维结构的发现及其在自然观方面的意义. 地质科学，(4)：323-329.

彭志忠. 1986. 含五次对称的准晶体的点群和单形. 地球科学，11 (5)：499-506.

彭志忠，王鲜华，西门露露. 1986. 自然界碱性长石调制结构及复结构的研究. 岩石矿物学杂志，5 (3)：236-263.

彭志忠，汪苏，马喆生等. 1987. 骑田岭矿 $Fe_2Nb_2WO_{10}$ 的晶体结构. 科学通报，(10)：759-762.

陆琦，彭志忠. 1987. 蒙山矿的晶体结构. 岩石矿物学杂志，(3)：221-229.

主要参考文献

贺新创. 1962-05-16. 根深叶自茂——访北京地质学院青年教师彭志忠. 光明日报，第2版.

何黄彪. 1988. 燃尽生命化奇花//何黄彪. 中华之光. 武汉：湖北科学技术出版社：177-188.

杨光荣. 1990. 彭志忠//黄汲清，何绍勋主编. 中国现代地质学家传（1）. 长沙：湖南科学技术出版社：557-573.

杨光荣. 1994. 彭志忠//《科学家传记大辞典》编辑组编，卢嘉锡主编. 中国现代科学家传记（第五集）. 北京：科学出版社：497-502.

杨光荣. 2006. 盯准地学前沿 敢为天下先. 中国地质教育，(2)：7-12.

撰写者

杨光荣（1935～），云南大理人，中国地质大学（北京）教授，地质学史研究室原主任，中国地质学会地质学史专业委员副主任。主要从事地质学史研究。

马宗晋

马宗晋（1933～），吉林吉林人。构造地质学家，中国式地震预报程式提出者，中国自然灾害综合研究和减灾系统工程的开拓者。1991年当选为中国科学院学部委员（院士）。1955年毕业于北京地质学院地质系，1960年中国科学院地质研究所研究生毕业。1970年起历任国家地震局分析预报中心副主任，国家地震局地质研究所所长、名誉所长，国家科委国家计委国家经贸委自然灾害综合研究组组长，科技部第一届基础研究科技咨询顾问，国家减灾委员会专家委员会主任，国务院应急办委员会委员，国家汶川地震专家委员会主任。他是国家重大科学工程“中国地壳运动观测网络”和“中国陆态变动监测工程”首席科学家。他长期致力于地质构造、地震预报、全球构造和多种自然灾害综合研究，在这些领域做出了卓越贡献。他提出的长期、中期、短期和临震四个阶段的渐进式地震预报模式和相应工作程序，至今仍是国内预报大地震的主要工作思想和工作程序。他提出的全球三大构造系统和地球双重非对称性以及相应的地球动力学模式，是对全球构造理论的拓展，为灾害和矿产研究提供了部分基础。他提出“灾度”概念、灾害的自然属性和社会属性、综合减灾系统工程的结构框架，推进了全国减灾事业的发展。在国内外发表论文220余篇，撰写或主编书籍20余部。获国家科技进步奖二等奖2项、国家自然科学奖三等奖1项等，1989年获首届李四光地质科学奖。

一、简　　历

马宗晋1933年1月31日生于吉林省长春市，一岁时随家迁居吉林市。

马宗晋出生于旧官吏之家。他的父亲曾是奉系军阀张作霖的部下，吉林卫戍司令部参谋长，后在黑龙江省方正县做过一任县长，日本军阀占领东北后，谢绝仕途，在家赋闲。马宗晋的童年，是在日本侵略者的奴化教育中度过的。1945年日本帝国主义投降，他才知道自己是一个中国人。1951年，他毕业于吉林市第一联合高中，同年考入北京大学地质系。1952年全国院系调整时，北京大学地质系并入北京地质学院。马宗晋1955年毕业后留校任普查系助教。

1957年，马宗晋考入中国科学院研究生部，成为中国科学院地质研究所第一届研究生，在该所客座研究员孙殿卿指导下攻读地质力学。入学不久，按李四光的建议和安排，马宗晋到北京大学高校教师进修班补学了一年数学和物理。1960年，马宗晋研究生毕业，留中国科学院地质研究所工作，在张文佑领导的研究室任构造力学组组长。1961～1963年，他主要研究节理、劈理等小构造和区域性的褶皱联合问题。1964～1966年，他任中国科学院和石油部四川石油管理局联合组建的“缝洞型油气藏研究队”队长，在四川开展石油勘探工作，分析川中和川南缝洞型油气富集带的分布规律，取得一定进展。

1966年河北邢台地震之后，马宗晋转入地震构造和地震预报研究。1967年，他被调入国家科委京津地震办公室（后改为中央地震工作小组办公室），任分析预报组组长。1971年，国家地震局成立，下设分析预报中心，他任中心副主任。1966～1976的十年间，我国境内接连发生了15次$M_S \geqslant 7.0$地震。马宗晋不仅潜心研究地震孕育和活动规律，深入了解灾情和各种异常现象，还经常作为国家地震局代表之一，向周恩来总理等国家领导人汇报震情。1976年7月28日唐山地震发生后的55个日日夜夜里，马宗晋等每天晚上都要到人民大会堂汇报。当时，大半个中国闹地震，约2亿人住地震棚。什么时候才能让这2亿人搬回家住？马宗晋等起草报告，经中央批准，才撤销了中国东部地区的防震预测。

1978年，马宗晋被授予全国劳动模范称号和副研究员职务，同年加入了中国共产党。1982年，晋升为研究员。1986年，被批准为国家级有突出贡献的中青年专家。1988年，他被调入国家地震局地质研究所任所长。同年，在得知第42届联合国大会通过决议，把1991～2000年的10年定为“国际减灾10年”后，他和几个部门的专家向科技部建议成立一个综合的自然灾害研究机构。1989年，“国家科委国家计委国家经贸委自然灾害综合研究组”成立，他被任命为组长。同年，他获首届李四光地质科学奖。1991年当选为中国科学院学部委员（院士）。1996年至今，任中国地震局地质研究所名誉所长。1997年，国家“九五”重大科学工程“中国地壳运动观测网络”工程启动，马宗晋任首席科学家。1998年受聘为国家科技部第一届基础研究科技咨询顾问。2005年，被聘为国家减灾委员会下设专家委员会的主任。2007年，任国务院应急办委员会委员、国家重大科学工程“中国陆态变动监测工程”首席科学家。现为中国社会发展科学研究会常务理事，中国地质学会常务理事，《地震地质》名誉主编，《中国科学》、《科学通报》、《地质学报》等刊物编委，北京大学等多所大学兼职教授，北京大学地球和空间科学学院学位委员会主任。

二、主要科学研究成就、学术思想及其影响

马宗晋不断开拓，勇于创新，为我国的地震预测和综合减灾工作做出了重大贡献。在构造地质、全球构造与地球动力学领域，也卓有建树。迄今为止，他在国内外共发表论文220余篇，专著及主编书籍20余部；培养硕士生3名、博士生10名、博士后8名；获国家科技进步奖二等奖2项，国家自然科学奖三等奖1项，省部级科技进步奖一等奖5项、二等奖3项、三等奖1项。

（一）主要科学研究成就

马宗晋所从事的科学研究领域主要有地震科学研究、自然灾害综合研究和全球构造与动力学研究。他的主要科学研究成就大致可归纳为七个方面。

1. 构造地质

1957～1960年，完成研究生论文《湖北中新生代构造力学分析、兼论三峡坝基稳定性和江汉平原储油构造》，对该区中新生代构造格局、基底断块（条）与盖层变形的关系进行了力学分析，成为该区至今有关区域构造、三峡坝基稳定性、江汉油区构造的主要参考文献。文中对鄂西地区北东东向与北北东向两组褶皱构造的联合变形，首次提出用点阵位移矢量描述大变形位移场的方法，配合多种物理模拟实验，论证了斜菱形褶皱网络的联合作用机制。此项工作结果对构造复合作用的研究在理论和方法上都有所推进。

1961～1966年，先后在三峡、浙西、京西、四川研究盖层褶皱构造和节理、劈理的力学成因。其中关于节理的力学性质、分期、配套的判定原则与方法，被国内广泛采用，并出现在国内多种构造地质教科书中；关于盖层相对基底的滑脱和层间位移差造成多种不协调褶曲的认识，以及不同构造部位产生节理、劈理的几何方位与发育程度的认识，对推动我国小型构造研究以及脉状和缝洞型矿田构造研究都产生了一定的影响。

2. 渐进式地震预报模式

渐进式地震预报，把地震蕴育过程理解为分阶段、由场到源的发展，从而根据各阶段前兆表现特征分出了长期（几年以上）、中期（几年至几月）、短期（几月至几周）、临震（几周至发震）等预报阶段，作为对大地震进行预报的一般性工作程

序。这一研究成果最初是马宗晋在1972年度全国地震工作会议上提出的，报告的题目为“地震的蕴育和预报阶段的划分”。随后在1973～1976年的一系列大地震的预报过程中，得到了初步验证并逐步丰富、改进。

1975年海城7.3级地震的预报，是世界上第一次正式地震预报取得巨大减灾效益的震例。它的预报过程，自1970年至1975年1月发震，是一个充分体现长、中、短、临渐进式地震预报和相应工作程序效能的典型例子。对1973年炉霍地震和1976年龙陵地震的预报也取得一定效果。唐山地震预报的失败，主要是在短期和临震现象的特点、资料收集和判断上，对短、临阶段现象的多样性还缺乏认识。

渐进式地震预报是目前我国预报大地震的主导思想和工作方式，国外有人称之为中国式的地震预报程式。

3. 地震预报基本理论

在地震预报的基本理论研究方面，马宗晋提出了震因学、震史学和震兆学三个地震预报学的主要研究分支，并分别进行了专题研究和论证。

震因学研究地震赖以发生的地体环境，即研究地震成因。它是地震预报的基础和理论指导。在这一方面，马宗晋在国内首先（1975年）揭示了大陆地震集中在地壳中部这一事实，并提出了“多震层”和“易震层”概念；用地震点染法划定地震线，揭示了地震网络系统；提出了“多（应力集中）点场”假说，成为解释地震及其时空非均匀分布的一种区域应力场模式；从震源构造分类入手，推进了地震成因多样性研究，为提高地震预报综合判断能力开辟了一条可以深化的工作途径；提出北半球大陆中低纬度地震带概念，开拓了大陆地震震因学研究。

震史学是研究地震活动历史规律性并发展历史地震预报理论和方法的分支学科。马宗晋通过对中国及全球地震活动历史的对比和分析，划分了千年级的地震活跃世、二三百年的地震活跃期和10～20年的地震活跃幕，提出了地震活动具有多级分层控制的韵律性，为震史学奠定了部分基础。地震幕的判定方法、原则已在全国年度会商会的趋势预报实践中获得验证。此项工作填补了地壳变动从瞬间到万年级之间的空白。

地震蕴育过程在震源及其周围所表现出的各种异常现象，统称之为震兆。震兆学研究地震前后相随现象（前兆和后效）与地震蕴育和发展过程的关系，并发展中期和短、临地震预报理论和方法。在这一领域，马宗晋提出了长、中、短、临各阶段多种震兆地壳变动的综合解释；论证了划定短临预报阶段的客观性。他坚持“专群结合”的预报工作方针，目前还在研究群众所提供宏观异常的真假及其间接物理显示的可用性。

4. 强震危险性判定和地震区划

10～20 年尺度的地震预报，几乎是地震预报工作的空白段，但对于经济建设、防灾减灾措施和地震工作规划的制定，都是非常需要的。1983～1985 年，马宗晋和郭增建作为项目负责人，承担了“华北地区和南北地震带近期强震危险性的判定与研究”项目。经过两年多的工作，该项目划出了华北地区和南北地震带 2000 年以前可能发生 7 级地震的危险区。1988 年云南澜沧—耿马地震，就发生在所划定的危险区内。此项目的工作方法和结果，受到国内与地震有关的部门较广泛的重视，并获国家地震局 1983～1985 年度科技进步奖一等奖。

地震区划是减轻地震灾害的基础和依据，与城市和重大工程建设息息相关。山西临汾地区，是历史强震的多发区，并正好处于又一次强烈地震周期性复发的威胁之下。马宗晋负责的重大研究项目“山西临汾地区地震区划与防震减灾规划”，依据今后 50 年内中强地震重复周期与两次特大地震序列之间的相关关系，认为该区近几十年内不可能发生特大地震，并进行了地震烈度小区划、工程稳定性分析，为该区制定城市发展和城市生命线工程的建设规划和设计方案，提供了科学依据，同时提供了今后 50 年内一套实用性、可操作性强的城市救灾预案。该项目获国家地震局 1995 年度科技进步奖一等奖。

5. 全球三大构造系统和地球的非对称性

1980 年，马宗晋等编制了全球地震分布图，并进行了深入分析，提出全球有环太平洋构造系（以大洋岩石圈向大陆岩石圈的深俯冲为特征）；大洋中脊构造系（以大洋岩石圈内裂谷-转换断层的组合构造为特征）和主要分布在北纬 20°～50°的纬向环带内的大陆构造系。

马宗晋通过去南美考察，对南美俯冲带的分段性进行分析，提出了板条和板舌的概念。该理论能在板块内部划分次级单元和讨论板内变形问题，深化了板块构造理论中假定板块为刚性整体的认识。通过对洋底磁条带的深入分析，提出了洋脊变格和跳位等板块构造理论无法合理解释的问题，并对全球洋底增生区和增生期作了细致划分，对全球洋底增生构造演化的整体特征作了精辟概括。

全球三大构造系在地球坐标系中的展布，清晰地显示了地球岩石圈构造的半球非对称性。这种非对称性，既有南、北半球的非对称，也有 0°（或大西洋）半球与 180°（或太平洋）半球的非对称。如在低阶尺度上北半球是挤压半球，南半球是拉张半球；北半球是较冷半球，南半球是较热半球。1980年以后，地球的非对称性成为马宗晋的重点研究问题之一。1990年以后，通过与国内从事空间大地测量和地球深部探测研究的学者合作，从地球的热流分布、地球内部地震速度结构和地球大地水准面形态等方面，发现了更多的地球非对称性现象和证据。

为探讨地球非对称性的成因，马宗晋提出了解释地球非对称性的地球动力学模式。这一模式是以地壳、地幔多层角差运动为基础的地球自转与热流、重力流联合作用的动力模式。在这一模式中，初步构想为经向流、纬向流和地球转速变化引起的惯性流，构成了地球非对称性的动力学背景，并决定了全球构造系统的格局。它是综合考虑结构非均匀、运动非平稳、构造非对称和岩石圈复杂形变的一种新的全球构造动力模式。

6. 中国重大自然灾害及对策

自1989年以来，马宗晋担任国家科委国家计委国家经贸委自然灾害综合研究组组长。他提出“灾度”概念，统一了多灾种灾情强度的评估标准；提出灾害的自然属性和社会属性的理念，把以往自然灾害科学由单纯研究自然变异，引申到社会承灾能力及灾情风险评估的减灾科学道路，从而带动了减灾科学在我国的全面发展；提出综合减灾系统工程的结构框架，包括监测、预报、防灾、抗灾、救灾、评估、灾后安置与重建、保险与基金、教育与立法、规划与指挥等10个子系统，全面概括了减灾科学工作的基本要素，由此推进了中国减灾事业的全面建设；在完成“中国灾害保险区划”工作基础上，提出我国减灾工作需要采取分级管理和分区制定减灾对策的原则性策略建议。

由马宗晋为主编，该组出版了《中国重大自然灾害及减灾对策》等著作十余册，编制了中国灾害年表及各类灾害图件数百幅；对各省、自治区、直辖市1949年以来的重大农业灾害与地震灾害进行了详细研究，编制了中国农业灾害与城市灾害图；对中国几千年的历史自然灾害进行了综合查证与研究，参加编写了《中国自然灾害史》；对中国各地的抗灾能力与人口、经济的易灾性、承灾能力进行了概括，建立了全国各省市防灾能力、抗灾能力、救灾能力、重建能力的综合评估模型；建立了数百兆数据的自然灾害数据库，包含七大类重大自然灾害；建立了自然灾害信息系统和GIS分析系统；对各类灾害链、灾害群、灾害系统、灾害时空分布及灾害社会、灾害经济进行综合研究，建立了几十个对各类自然灾害强度、概率、灾变指数、灾度指数、风险指数进行评估的综合评估模型；在综合评估的基础上，对每年的自然灾害进行年度综合分析与总结，即对灾害的强度、概率、损失及对社会的影响进行定量-定性的分析，并对来年自然灾害进行趋势判断；对各种自然灾害提出切实可行的减灾对策，对地震灾害研制出震时应急计算机智能管理系统；提出了自然灾害三类地区的划分，制定各类减灾规划、国土利用规划，协助各级政府和企业制定减灾规划。“中国重大自然灾害及减灾对策研究”获 1997 年国家科委科技进步奖一等奖和 1998 年国家科技进步奖二等奖。

7. 中国地壳运动观测网络

马宗晋任首席科学家的国家“九五”重大科学工程“中国地壳运动观测网络”，是以全球卫星定位系统（GPS）观测技术为主，辅之已有的甚长基线射电干涉测量（VLBI）和人卫激光测距（SLR）等空间技术，结合精密重力和精密水准测量构成的大范围、高精度、高时空分辨率的地壳运动观测网络。该项目由中国地震局牵头，总参测绘局、中国科学院、国家测绘局共同承担。网络的科学目标以地震预测预报为主，兼顾大地测量和国防建设的需要，同时可服务于广域差分 GPS、气象和星载干涉合成孔径雷达等领域。它是一个综合性、多用途、开放型、数据资源共享、全国统一的观测网络，具有连续动态监测功能。网络从根本上改善了地球表层固、液、气三个圈层的动态监测方式。网络的建立对中国未来的科学、军事、社会和经济发展有极其重要的作用，为我国众多领域在国际上占有重要地位提供支持。“中国地壳运动观测网络”获 2006 年国家科技进步奖二等奖。

该网络布设了 25 个基准站和 56 个基本站。马宗晋从地质构造和地震预报角度，对这些站点的选址和布局等提出了重要意见；依据网络的观测处理结果，对中国大陆区现今地壳运动状态提出了地质解释，进而对中国及全球地壳运动提出了一些新认识。马宗晋等依据全球 GPS 矢量场对全球板块运动及其与地幔流动和地震活动关系的探索，对全球构造与地球动力学的发展具有重要意义。

“中国地壳运动观测网络”工程的二期工程——“中国陆态变动监测”工程，2007 年底启动。马宗晋仍为该工程的首席科学家。该工程的实施，将会极大地促进我国地球科学及相关的应用科学的发展，将会获得更为丰硕的成果。

（二）学术思想及其影响

1. 注重从“小现象”入手

马宗晋始终牢记李四光的一句名言：“请看科学发展史中，该有多少重大自然现象的发现，是从对渺小事物的粗略认证开始的。”他要求自己绝不放过或忽略任何渺小的现象和动态，要从对小事物的细心观察中找出发现自然奥秘的途径。为了研究小构造的形成机理，他迷上了构造缝，不仅在野外的岩石露头上进行仔细的观察素描，对公园里露出的岩石和办公楼墙上瓷砖的裂纹，也痴迷地观察分析，以致被称为“裂缝迷”。为研究地震活动的构造背景，他面对地震震中分布图，一看就能看2～3小时，其迷恋程度使一起工作的同事为之感动。《中国地震活动图像构造解释图》一书及中国地震震中分布图的构造解释等文章，就是他研究震中分布图的结果。在全球构造研究中，他着迷于全球构造图和全球洋底磁条带图。正是这样如醉如痴的观察分析，才理清了全球三大洋的增生演化史，划分出了它们的增生区和增生期，才发现了洋脊变格、洋脊跳位等板块构造理论未作解释的现象。看来专于“痴迷”而又迷中有思，确是科学建树的必经之路。

2. 强调全球性研究

当过亡国奴的经历和强烈的爱国心，使马宗晋在科研工作中，一直有要与外国人一较高低的气势，有争得中国地学自立于世界科学之林重要一席的雄心。他为20世纪60年代后期中国科学家未能参与全球构造理论创立的大讨论而深感惋惜。1979年，当他能从繁重的地震预报工作中抽出身来的时候，便发出了“取板块构造之精华，列立论之疑点”的呼吁，尔后开始全球构造研究，直到今日。他强调开展全球性研究，是为了挑战现在占统治地位的全球构造理论，参与建立新的理论。

中国的地理位置和地质地貌特征，使其在地球科学研究中处于特别重要的地位。马宗晋认为，我们不能只埋头于中国自身的地学研究，而不开展全球性研究，否则就可能产生仅为外国人创建大理论提供素材的后果。例如，关于青藏高原的研究，他主张我们既要研究青藏高原，也要研究美国的科罗拉多高原和世界其他高原，这样我们才能提出更具普遍意义的高原形成演化理论。

他强调全球性的另一重要原因，是有些地学问题只能放在全球背景下才能弄清楚，不但要研究岩石圈，还要研究地幔、地核，甚至地球的水圈、气圈和外层空间。这是他的地球整体论思想。他在国内发起开展地球多圈层相互作用的研究，主持召开这一课题的香山科学会议，讨论中白垩世的一系列全球性异常事件，提出可用深部热流体的广域穿层效应来解释。

3. 突出并推动多学科交叉

1966年邢台地震发生后，在连连大震形势下，天、地、生、数、理、化等六大自然科学领域都有学者投入地震预报研究。与众多不同学科有关的异常现象纷至沓来。对这些震兆进行分类整理，研究它们与地震蕴育和发展过程的关系，从中筛选提取出可作为地震预报的参考依据，是那段时间地震工作者的日常工作。马宗晋从中深刻认识到开展多学科交叉研究的重要性：只有开展这样的研究，才有可能深入认识像地震前兆这样复杂的自然现象，同时，这样的研究也促进了许多新兴边缘科学的产生，如地震地质学等。

1989 年起，由他任组长的三委自然灾害综合研究组，由地震、气象、海洋、水利、地质、农业、林业等七个部门的专家组成，研究 7 类 25 种主要灾害。虽然大家的研究对象、科学术语、思维方式都有很大差别，但他引导该组开展多灾种、多学科的反复交叉融合，使该组突破部门和学科界限，取得了丰硕成果。

马宗晋不仅在自己负责的工作中突出多学科交叉，还在许多论文和研究项目的评审中以及学术会议上推动多学科交叉。即使在平时，只要有机会，他便会与不同学科的专家讨论他在研究中遇到的问题，虚心求教。因此，他不仅学识广博，还结交了许多不同学术界的朋友。这也使他在负责涉及众多学科的项目或主持学术会议时，能做到驾轻就熟、游刃有余，显示出超凡的协调和综合能力。

4. 不断探寻地球科学发展新方向

马宗晋是既能俯察裂纹之微，又能仰观宇宙之大的科学家。他非常关注科学发展动向，经常思考地球科学该如何发展。他把地学的发展划分为 4 个阶段：蒙昧地学、解析态地学、综合态地学、复杂态地学。面对自然科学学科越分越细，越分越多，而遇到诸如全球气候变化和生态环境恶化等复杂问题时却束手无策的局面，他开始把注意力转向复杂性科学。他指出，21 世纪中后期，将是复杂态地学时代。复杂态地学不是对解析出的成分进行简单的叠加或综合，而是直接从复杂源、复杂体出发对地球进行研究。数字地球是复杂态地学研究的基本模型，借助它有可能可以还原地球的演化，预测地球的未来。

他认为，21 世纪初期的地学结构可初步归纳为地球理学、地球工学和地球社会学三个领域。其中，地球工学是推动地学发展的技术支撑。他曾在“千百万人才首届地学高级研讨班”上指出，中国的地学内部结构和地学教育都是重理轻工，中国要在 21 世纪初期实现从地学大国走向地学强国，关键就要发展中国的地球工学，培养出一批掌握高新技术的地球工学人才。

三、马宗晋主要论著

马宗晋. 1964. 鄂西中生代地质构造的力学分析. 地质科学，(1)：76-90.

马宗晋. 1979. 取板块构造之精华，列立论之疑点. 地震地质，1 (3)：56.

马宗晋，陈章立，傅征祥等. 1980. 亚欧地震系的地震构造特征，中国科学，(9)：883-890.

马宗晋，傅征祥，张郢珍等. 1982. 1966～1976年中国九大地震. 北京：地震出版社.

马宗晋，郭增建. 1984. 近期强震危险性的研究. 北京：地震出版社.

马宗晋. 1986. 地震预报的三个主要研究分支——震因学、震兆学、震史学. 东北地震研究，2（1）：1-8.

马宗晋，陈强. 1988. 全球地震构造系统与地球的非对称性. 中国科学（B辑），(10)：1092-1099.

马宗晋，董德瑜主编. 1992. 中国地震活动图像构造解释图. 北京：中国地图出版社.

马宗晋主编. 1993. 山西临汾地震研究与系统减灾. 北京：地震出版社.

马宗晋主编，高庆华统编. 1994. 中国重大自然灾害及减灾对策（总论）（分论）（资料表）. 北京：科学出版社.

马宗晋，杜品仁. 1995. 现今地壳运动问题. 北京：地质出版社.

马宗晋，李存悌，高祥林. 1998. 全球洋底增生构造及其演化. 中国科学（D辑），28（2）：157-165.

马宗晋，陈鑫连，叶叔华等. 2001. 中国大陆区现今地壳运动的GPS研究. 科学通报，46（13）：1118-1120.

马宗晋，汪一鹏，张燕平. 2001. 青藏高原岩石圈现今变动与动力学. 北京：地震出版社.

马宗晋，宋晓东，杜品仁等. 2002. 地球南北半球的非对称性. 地球物理学报，45（1）：26-33.

马宗晋，任金卫，张进. 2002. ITRF97下空间对地观测站速度矢量显示的全球构造运动. 中国科学（D辑），32（5）：353-357.

马宗晋，杜品仁，洪汉净. 2003. 地球构造与动力学. 广州：广东科技出版社.

马宗晋，高庆华主编. 2003. 中国重大自然灾害与社会图集. 广州：广东科技出版社.

马宗晋，杜品仁，任金卫等. 2006. 低纬度环球剪切带及其与环太平洋大地震的幕式活动. 中国科学（D辑），36（4）：326-331.

马宗晋，杜品仁. 2007. 地球的非对称性. 合肥：安徽教育出版社.

撰写者

杜品仁（1939～），四川夹江人，中国地震局地质研究所研究员。长期从事固体潮、天文因素与地震关系，全球构造与地球动力学研究。

傅家谟

傅家谟（1933～），湖南沅江人。石油有机地球化学与环境地球化学家。1991年当选为中国科学院学部委员（院士）。1956年毕业于北京地质学院地质矿产系。1961年获中国科学院地质研究所硕士学位。现任中国科学院广州地球化学研究所广东省环境资源利用与保护重点实验室主任，上海大学环境与化学工程学院院长兼环境污染与健康研究所所长，中国科学院珠江三角洲环境污染与控制研究中心主任。他1966年主持创建具有一定规模的有机地球化学研究室，并逐步发展成我国第一个有机地球化学国家重点实验室（1991年）。他将有机地球化学理论与方法，成功应用于石油天然气成因研究与勘探实践和区域环境中毒害有机污染物的污染机理与控制研究中，取得重要成果，推动了有机地球化学学科的发展。1993年领导建立了“广东省环境资源利用与保护重点实验室”。在珠江三角洲区域环境中的毒害有机污染物的研究中取得国际关注的重大研究成果，使珠江三角洲成为全球东北亚地区持久性有机污染物（POPs）研究最为系统和深入的地区。他与合作者发表论文近1000余篇，主编和参加主编专著12本，获专利授权10项。曾获国家科技进步奖一等奖和二等奖、国家自然科学奖二等奖、全国科学大会奖等众多奖项。2003年获何梁何利基金科学与技术进步奖，2007年获李四光地质科学奖荣誉奖，2007年获广东省首届科学技术突出贡献奖。

一、简　　历

1933年7月，傅家谟出生在上海。因父亲工作经常变动，他从学生时代起就随着父亲换地方换学校，而且从小学开始就寄宿学校，过集体生活。生活的艰辛磨炼了他坚强的意志。

新中国成立后，百废待兴，国家建设急需矿产资源。1952年10月，傅家谟响应国家号召，放下自己对文学和数学的爱好，怀着开发矿业的远大抱负，毅然以第一志愿考进北京地质学院的地质矿产系，成为这所大学的首届本科生。1954年1月，傅家谟确定以煤田地质及勘探为专业。4年的大学生活紧张、愉快而难忘。良好的校风，浓厚的学习气氛，老师们严谨治学、呕心沥血和开拓创新的精神，对傅家谟产生了潜移默化的影响，引导他踏进了地学的科学殿堂。

傅家谟1956年大学毕业后，考入中国科学院地质研究所攻读沉积学硕士学位，师从叶连俊。叶先生身传言教，常教导学生既要踏踏实实地学习工作，更要善于抓住科学上的关键问题锲而不舍，努力钻研，勤于思考，勇于开拓，勇于创新。导师的教诲，傅家谟终身不忘。傅家谟的硕士论文研究区地处鄂西山区，重峦叠嶂，岩峭谷深，考察条件艰险，傅家谟带着一位民工翻山越岭跑野外，采集标本，观察各种地质现象并测量数据。他勤于勘查，每天早出晚归，不辞辛劳；回所后亲自动手做实验研究，努力按导师的要求写作论文，一丝不苟，决不马虎。在地质所沉积学研究室，他从事过沉积铁矿地质、铀矿地质和地下核试验地质等研究，打下了坚实的理论与野外实践功底。

1966年，由于国家急需石油资源，石油部、地质部、中国科学院联合下达了西南石油大会战任务。在傅家谟的倡导和带领下，开始了以石油为主要任务的有机地球化学的科学研究，经过3年的努力探索，于1969年在中国科学院地球化学研究所建立了国内初具规模的沉积学与有机地球化学研究室。

他在70年代参加的西南海相碳酸岩地层找油找气会战中，经过野外地质调查及对石油演化规律的深入研究，系统总结了海相碳酸岩油气生成演化理论与评价指标方法，在1975年首次提出“我国南方应以找气为主，找油为辅”的勘探方针。他还进一步提出了“碳酸岩生油评价的理论和方法”，建立了10项有机地球化学新方法、新指标。据此，“西南海相碳酸岩地层石油地球化学和有机地球化学指标”成果，获1978年全国科学大会奖与中国科学院奖励；另一项“找油找气有机地球化学新指标、新方法及其应用”成果，1985年获国家科技进步奖二等奖。所提出的新观点、新的评价指标，为我国石油成因理论研究与实践做出了重要贡献。

由于傅家谟领导的研究室在油气地球化学工作中的成绩突出，赢得了联合国开发计划署（UNDP）的两期资助工程“石油有机地球化学研究中心项目”：CPR/80/037，1980～1981；CPR/84/005，1985～1987。傅家谟为两期工程的项目主任。在他亲自主持领导下，高质量地完成了项目文件所规定的预期目标，受到了UNDP及联合国教科文组织巴黎总部的表彰。

坚持理论联系实际，从基础研究入手，特别重视有应用前景的基础研究，为我国能源资源的勘探开发服务，是傅家谟开展有机地球化学研究的一贯指导思想。1982年以来，根据国家计委下达的任务，他参加了国家重点攻关课题——煤成气的研究。1987年，傅家谟作为“中国煤成气开发”项目负责人之一，获国家科技进步奖一等奖。

傅家谟与一批中高级科研人员长期合作，并通过国际合作，特别是中国科学院与英国皇家学会的长期合作研究，在地质体分子标志化合物方面进行了创新性研究，取得重要进展。研究成果曾在英国皇家学会展出，获1989年国家自然科学奖三等奖。

1985年，傅家谟倡导和领导建立了有机地球化学实验室，这是中国科学院首批开放实验室之一，有力地推动了我国有机地球化学与石油地球化学的发展。依托该实验室，他先后负责并出色地完成了国家攻关项目、部委级重大项目、国家自然科学基金项目、联合国资助的工程项目等多项课题，在国家或中国科学院科技奖励中屡获殊荣。

1993年，傅家谟走出已做出了卓著成就的油气地球化学领域，向环保领域进军，并领导建立了中国科学院与广东省第一个院地共建的省级重点实验室——“广东省环境资源利用与保护重点实验室”，把我国在经济快速发展时面临的重大环境问题——毒害有机污染物、微污染物，作为研究重点，在珠江三角洲地区开展环境地球化学研究。他们将分子标志物的概念和理论应用到环境科学研究中，开展环境中毒害污染物的地球化学等前沿研究，并进一步将有机地球化学的方法与原理应用于研究环境中毒害有机污染物，特别是POPs（持久性有机污染物）的环境地球化学行为与迁移转化机制，并取得较大成绩，拓展了我国有机地球化学的学科研究领域。近年来重点研究珠江三角洲地区大气毒害有机物，包括POPs和VOCs，并将分子标志物和单个化合物碳同位素方法应用于有机气溶胶的源解析和过程示踪，获得重要成果。研究成果获2003年广东省自然科学奖一等奖和2006年国家自然科学奖二等奖。

傅家谟十分重视人才的培养。几十年来，他培养了硕士、博士研究生共150多名，其中大多数已成为著名大学和研究所的学科带头人或在政府和管理部门任职。在他的科研团队中，有一位是中国科学院“百人计划”的获得者，另有六位获国家杰出青年基金。

傅家谟1984年被评为中国首批有突出贡献的中青年专家，1989年被评为全国先进工作者。1991年当选为中国科学院学部委员（院士）。1989年8月28日，作为21位有卓越贡献的科学家之一，傅家谟受到党和国家领导人的接见。

二、主要研究领域和学术成就

（一）学术成就

1. 开展石油演化及碳酸岩生油评价理论方法研究

1966～1972年，傅家谟等参与西南石油会战，开展了西南海相碳酸岩石油地球化学的研究。经过野外地质调查和室内实验分析研究，在《石油演化理论和实践（Ⅰ，Ⅱ）》等论文中，首次提出“我国南方找气为主，找油为辅”的勘探战略方针为勘探实践所证实。进一步提出了“碳酸岩生油评价的理论和方法”，建立了10项有机地球化学新方法、新指标。傅家谟与同事共同总结出碳酸岩有机质的存在形式与生油评价方法，首次论述碳酸岩中存在三种形式的分散有机质，强调了晶包有机质、包裹体有机质在生油中的作用，提出碳酸盐矿物对有机质的晶析、催化与保护作用，总结出包裹体、固体沥青等在油气评价中的意义。此外还研究揭示了油气成因与金属矿床成因之间的内在关系等。

2. 在煤成气、煤成油研究方面进行新的探索

1982～1990年近十年间，根据国家计委下达的任务，傅家谟参与了国家重点攻关课题——煤成气的研究。煤系地层产生天然气且能聚集成大气田，是在荷兰发现格罗宁根特大型气田之后才引起广泛关注的，国际上这方面的研究工作起步较晚，我国则更晚。我国煤炭资源丰富，从地史分析，可能有大量的煤成气藏，关键是要探明其形成机制与分布规律。傅家谟等通过大量煤成气、煤成油及各种煤岩组分的模拟实验等研究，提出了煤不仅是形成天然气的源岩，也是生成原油的源岩，还发现生油潜力最大的煤岩组分，也是生成天然气潜力最大的。这些研究成果，打破了高等植物成因的干酪根只能生成天然气的传统观念，从而提出了“煤成气、煤成油的成因模式和评价方法”，为我国煤成烃开发研究提供了新的理论基础。他们还总结出我国产气率和资源量计算的方法及评价煤成烃性能的指标，向中原油田、华北油田、大庆油田和新疆、贵州等有关单位介绍了有关研究成果，主编出版《煤成烃地球化学》专著。

3. 在地质体中发现了大量新生物标志物，并用于油气勘探

1979年开始，傅家谟与英国Bristol大学合作研究生物标志物，在茂名油页岩和江汉膏盐相沉积中，首次发现了葡萄藻烷（烯）、羊毛甾烷、含硫羊毛甾烷、丛粒藻烷、有机含硫化合物、脱羟基维生素E等新生物标志物。这些新化合物的发现在探索沉积有机质的成因、环境变化以及石油演化等方面都有广阔的应用前景。对中国湖相沉积物中的分子标志物作了系统的研究，确定了指示原油和沉积物环境的一系列分子标志物及其参数，研究成果为国际同行所公认，为分子有机地球化学的发展做出了重要贡献。较早发现我国未成熟工业原油的存在，证实高硫未成熟原油来源于生油门限之上的未成熟生油岩，提出重视浅层找油的理论并为生产实践所证实，

推动我国未成熟油新领域的勘探和资源量的增长。证明盐湖沉积环境中产出的高硫未成熟油为非干酪根成因，突破了晚期干酪根成油学说。重要的创新还在于应用生物标志物研究了特低成熟度原油、膏盐相未成熟高硫工业油流、特殊煤成油的成因，以及应用生物标志物判识有机质的沉积古环境等，提出了新的评价指标，对我国陆相石油成因与勘探做出了重要贡献。研究成果被英国皇家学会选为五项重要成果之一，在英国皇家学会正式展出，受到英国女王和政府官员的高度评价。

4. 珠江三角洲沉积记录反映POPs的区域污染历史与社会经济发展的关系

对环境中POPs污染历史与演化趋势的掌握，是制定控制对策、评估相关政策有效性的重要科学基础。利用^{210}Pb测年技术对钻孔中的沉积物进行定年，对包括珠江正干广州河段、狮子洋、珠江口、大亚湾等珠江三角洲重要水体有机氯农药（OCPs）、多氯联苯（PCBs）、多环芳烃（PAHs）、多溴联苯醚（PBDEs）等典型POPs的污染历史、趋势、沉积演化，及其与区域社会经济发展间的关系进行了较为系统的研究。发现珠江三角洲沉积物中的OCPs、PCBs与PAHs均存在显著的表层与次表层富集现象；提出90年代早中期沉积物中DDT与六六六等有机氯农药的增加，是因为区域大规模土地利用使农药污染从土壤向水体发生转移的观点；PCBs在沉积钻孔顶部的富集，与珠江三角洲区域社会指标（GDP、耕地面积变化等）呈现出相关性；PAHs的来源与历史含量变化特征，则还与区域发电量、机动车拥有量等社会经济指标具相关性；PBDEs的组成变化，则反映了相关工业产品的更替。此外，研究还提出，一些POPs在沉积埋藏过程中，可能出现穿层迁移现象。由沉积钻孔所揭示出来的POPs污染演化历史，综合体现了我国经济快速发展地区不断增强的人类活动对区域POPs来源，及其生物地球化学循环的重要影响。

5. 首次圈出了POPs沉积高风险区

POPs对水生生态环境的风险，集中体现于POPs沉积高风险区。对高风险区的界定、成因与演化机制的研究，是正确评估其生态环境影响、制定污染控制策略与受损环境修复的重要科学基础，也是目前国际POPs研究的热点之一。研究通过对珠江三角洲河流及近海水体、沉积物中POPs系统的面上工作，发现珠江正干广州河段（从白鹅潭至黄埔水域）和澳门内港水域沉积物中有机氯农药、多氯联苯和多环芳烃的含量，已超过加拿大和美国佛罗里达的海洋和河口沉积物化学品风险评价标准，初步圈定了两个潜在高风险区的分布范围。在此基础上，通过因子分析和分子标志物示源技术，深入剖析了高污染区沉积物中PAHs的来源、贡献率及输入途径；进一步从水柱剖面中污染物的含量分布及污染物在颗粒相和可溶相中的分配特征着手研究，发现珠江广州河段高污染沉积区主要是本地污染物排放形成的，而澳门内港高污染沉积物除受澳门本地排放外，还明显受控于水动力学条件；提出珠江广州河段是水体中毒害有机污染物的一个“二次污染源”，澳门内港高污染区目前仍然是珠江口地区POPs的一个主要“汇”。这是我国针对沉积POPs高风险区的首次研究，受到粤、澳政府部门，以及国家自然科学基金委员会的高度重视。

6. 电子垃圾处理场所大气POPs高风险区及其人体高暴露

我国现在已经成为世界最大的电子垃圾倾倒场，东南沿海地区有大量自发性的电子垃圾回收和处理场镇。电子垃圾在粗放式处置和回收过程中可能产生大量的毒害有机污染物，对相关从业者的健康和周边环境存在严重影响。以广东贵屿为研究区域，对其电子垃圾粗放式处理过程中产生的毒害有机污染物的种类、排放量和人体暴露水平进行了较为系统的研究，发现电子垃圾焚烧可产生大量的二噁英，且其成分以含氯和含溴二噁英为主要特征，并录得全球最高大气二噁英含量，提示该区存在极高的人体健康风险。*Environmental Science & Technology*（ES&T）专为此文发表了A-page评论，认为国际社会应进一步加强Basel公约的执行力度，阻止电子垃圾等有毒物质由发达国家向发展中国家转移。另外，研究组对电子垃圾处理工人血液样本的分析表明，电子垃圾拆解工人人体血液暴露的毒害污染物十溴联苯醚（BDE-209）居目前报道的最高水平，应该引起政府部门的高度重视。*ES&T* 也同期专为此文发表了A-page评论，呼吁深入研究十溴联苯醚的毒性和人体内代谢降解机理。

7. 区域与城市大气中毒害污染物的分布与区域污染来源

空气毒害物、光化学烟雾是我国东南沿海较发达地区继酸雨沉降等环境问题之后所面临的新的空气污染问题。对珠江三角洲空气中颗粒相和气相中的挥发性和半挥发性有机物的大气浓度水平、变化规律、来源类型、赋存特征以及潜在影响进行了较为系统的研究。对于PAHs等半挥发毒害有机物，不仅分析了其在气相和颗粒相的分配规律，而且更深入地探讨了其在不同粒级颗粒相中的分布，如发现PAHs和OC、EC等主要分布在小于1.5μm的细粒子，16种优控PAHs在小于1.5μm的颗粒物中占的比例达86%以上，Ames实验也表明颗粒物的粒径越小，致突变性越强。这方面研究成果为这些污染物在以珠江三角洲为代表的受季风影响的低纬度地区的干湿沉降、长距离迁移以及人体暴露提供了重要的基础资料；首次报道了我国城市（广州）大气中 PBDEs 新型毒害污染物的组成与含量水平，探讨了其在气相和颗粒相间的分配规律；发现其主要分布在小于 1.5μm 的细粒子上。

在挥发有机物（VOCs）研究方面，与加州大学尔湾分校 F. S. Rowland 教授和 D. R. Blake 研究组合作，对珠江三角洲地区空气毒害物、非甲烷烃（NMHCs）和卤代烃的含量和组成特征取得了较为系统的认识。其中在大气毒害物方面，发现珠江三角洲具有较高的苯系物含量水平，通过组成特征及来源分析，指出存在健康风险，并提出对臭氧生成可能也有相对重要的贡献的观点。首次对区域及城市群大气中的有机硅化合物、羰基化合物及其来源进行了较系统的分析研究。

8. 我国家用燃煤黑炭的排放系数远低于国外学者估算值

燃煤是我国能源结构的主体，也是大气多环芳烃与大气细颗粒物（尤其是黑炭）的重要来源。黑炭可能对全球气候变化具重要影响，其区域排放清单的编制，有赖于更为精确的排放因子的测定。然而，对燃煤电厂的污染排放关注较多，而家用燃煤虽排放因子相对较高，但很少有相关探讨。傅家谟及其研究团队利用所建立的家用燃煤模拟实验装置，测定了一套各种家用燃煤方式下不同煤种燃烧的有机污染物和黑炭的排放系数。其结果较国外学者对中国排放量的估计值低许多，为计算污染物（黑炭）排放清单和相关全球变化研究，提供了关键性基础数据。相关数据已被我国气象部门采用，对我国《京都议定书》履约具重要意义。国家自然科学基金委为此项工作于 2008 年发了内参（2008 年 2 号），中央领导有批示。

9. 有机污染物分子同位素分析技术的开拓

对区域环境中毒害有机污染物的来源与过程的认识，有赖于新技术新方法的研发与应用。傅家谟及其研究团队在国际上首次建立了丙酮、甲醛、乙醛等羰基化合物单体碳同位素分析方法，对更深入研究大气有机污染物的化学转化，具有重要意义；并进一步提出了一种更优良的大气羰基化合物分子同位素分析方法；对 PAHs 的分子碳同位素分析，则攻克了高分子量的净化与预富集难关，为 PAHs 的污染来源与环境过程研究，提供了新的手段。

10. 有机污染物在地质吸附剂上的吸附-解吸动力学

天然有机质是地质吸附剂的重要组成部分，对进入地表系统中 POPs 的环境行为和归宿具有关键控制作用。对天然有机质本身及其与 POPs 作用机理的研究，是当前环境有机污染研究的前沿研究领域与热点之一，集中体现在不同天然有机质的分离、表征以及POPs在其上的吸附-解吸机理研究，是有机地球化学与环境化学的重要学科交叉点。近年来不断取得的进展，认识到天然有机质的复杂性与不均一性，突破了环境科学与工程领域中普遍接受的线性分配/吸附理论，揭示了POPs在一些地质吸附剂上的非线性吸附解吸、解吸滞后与慢吸附-解吸等现象的机理，对于环境有机污染物的生态风险评价和受损环境修复理论，具有深远的影响。

利用有机地球化学学科在天然有机质，尤其是大分子有机质组成与结构研究的方法和手段，傅家谟等在对碳黑、干酪根、腐殖酸以及显微固体有机组分等天然有机质的分离、鉴定、表征，及其与POPs相互作用机制方面，取得了一系列的创新性研究成果。首次从典型土壤和沉积物中成功分离出碳黑物质（BC）和干酪根，发现碳黑是土壤与沉积物中有机碳的重要组成部分，并对其形态特征、元素组成、化学性质和结构等进行了全面表征，揭示碳黑和干酪根对疏水性有机污染物具有比腐殖酸更强的吸附容量和非线性；利用有机岩石学方法，鉴定了低有机碳含水砂和泥炭中的固体显微有机组成及其成熟度，发现沉积物中的碳黑、含水砂中的干酪根、泥炭中的腐殖质与干酪根，分别是导致疏水性有机污染物在其上呈现非线性吸附现象的原因，首次揭示微孔充填机理在干酪根吸附中的重要作用，以及孔扩散对吸附动力学的制约。通过煤的成岩变质作用模拟实验，人为改变干酪根的成熟度，进一步获得了不同成熟度干酪根中疏水性有机污染物吸附-解吸差异的宝贵资料。在研究程度最高、难度最大的腐殖酸研究方面取得了新进展，深入揭示出腐殖酸类地质大分子物质组成和性质的非均一性和复杂性。这些研究成果深化了对天然有机质及其与有机污染物相互作用机制的认识。

11. 有机污染物在环境矿物与纳米矿物上的反应动力学

在厌氧实验条件下，合成与表征了硫化亚铁系列矿物，通过控制条件下的模拟实验，对六六六在以硫化亚铁为代表的自然界沉积物还原体系下的非生物降解进行研究，提出FeS的反应活性中心为Fe，揭示了硫化亚铁还原体系下六六六的非生物降解动力学；首次发现了六六六在非生物降解过程中具有稳定碳同位素分馏现象，建立了其与反应温度之间的定量关系。研究结果可用于厌氧环境下六六六的迁移、转化与归趋预测，对同类研究具有重要的借鉴意义。首次合成和表征了一系列具有光催化性能的纳米级 $TiO_2/ZnO/SnO_2$ 复合氧化物，研究了有机染料污染物在其上的光催化降解动力学，获得了具有潜在应用价值的纳米级新型矿物材料，光催化活性与 $P25TiO_2$ 相当。在有机污染物的光电协同强化非生物降解反应机理方面取得了新进展，研制出一种新型的具良好光电协同效应的三维电极-微管光电催化反应器。

（二）学术影响

傅家谟长期从事有机地球化学研究，并带领全室科研人员始终瞄准能源和环境这两个国家重大需求领域，埋头苦干、开拓进取，特别执著于石油天然气地球化学和环境有机地球化学领域，成绩卓著。1966年，他主持创建具有一定规模的有机地球化学研究室，推动了我国石油地球化学与有机地球化学学科的发展，并逐步发展成为在国际、国内该领域具有很高知名度的国家重点实验室。80年代，他主持并出色完成UNDP和联合国教科文组织资助的国际合作项目，被认为是UNDP资助中国的600余个项目中效益最突出的项目之一。他在陆相沉积分子标志物基础与应用方面做出重要成果；在油气成因成藏新理论、新方法、新技术等领域做出积极贡献；应用石油演化理论率先提出“我国南方勘探应以找气为主，找油为辅”的建议，为勘探实践所证实；建立了10项有机地球化学新方法、新指标，并应用于石油地球化学勘探。他丰富和发展了陆相生油理论，提出煤成烃潜力模式，为煤成油气勘探与开发研究提供了理论基础；发现膏盐沉积相浅层未成熟原油，提出膏盐沉积未成熟生油岩生油理论。他在中国沉积物中首次发现葡萄藻烷（烯）、含硫有机化合物等20多种新生物标志物，并成功应用于判别有机质输入、成熟度、油源对比等。这些成果受到国内外同行的重视，为推动我国石油有机地球化学学科发展、为油气勘探服务做出了重要贡献。

90年代初，在中国科学院与广东省政府支持下，依托于有机地球化学国家重点实验室，他主持建立了广东省第一个院地共建的省重点实验室——广东省环境资源利用与保护重点实验室，围绕珠江三角洲的环境污染现状，研究环境介质中微量毒害有机污染物，特别在POPs/新兴污染物的环境有机地球化学基础理论与修复机理等方面开展研究。近20年来，研究团队在POPs分析新方法、新技术，沉积记录反映的区域污染历史与社会经济发展的关系，POPs沉积高风险区的圈定，电子垃圾处理场所POPs污染和人体暴露，POPs转化产物的发现和结构确认，大气中毒害污染物的分布与迁移，以及家用燃煤黑炭排放系数的研究等方面取得了创新性成果。此外，他在安全饮用水处理方面进行了探索，并创建了“水杯子”企业，推广安全饮水理念与技术。他引进周振博士，组建团队开展以飞行时间质谱为主的高端质谱仪研发。周振博士获2009年“千人计划创业型人才”，其团队和企业已取得重要进展。他廿年来的研究成果促进了我国环境有机地球化学学科的发展，受到了国内外同行的广泛重视。

傅家谟为我国有机地球化学学科的发展倾注了大量心血。他具有很高的学术造诣，几十年来主编和参加主编的专著12本，获专利授权10项，发表国际SCI论文409篇，其中30篇发表于环境科学顶级期刊*Environmental Science & Technology*上，中文期刊论文630余篇。影响因子大于2的论文达244篇，被41种国际SCI刊物他人正面引用达4297次，最高单篇被引用达193次，h指数（h-index）为41。曾任国际期刊*Organic Geochemistry*编委（1986～1993）。曾获1985年国家科技进步奖二等奖（排名第一），1987年国家科技进步奖一等奖（主要参加者），1999年国家自然科学奖三等奖（排名第一），2006年国家自然科学奖二等奖（排名第一），24项省部级奖（含全国科学大会奖）中有11项排名第一。

三、傅家谟主要论著

傅家谟. 1961. 鄂西宁乡式铁矿的相与成因. 地质学报，41（2）：112-128.

傅家谟，史继扬. 1975. 石油演化理论与实践（Ⅰ）——石油演化的机理与石油演化的阶段. 地球化学，（2）：87-110.

傅家谟，史继扬. 1977. 石油演化理论与实践（Ⅱ）——石油演化的实践模型和石油演化的实践意义. 地球化学，（2）：87-104.

Fu J M. 1979. Some characteristics of the evolution of organic matter in carbonate formations//Douglas A G，Maxwell J R. Advances in Organic Geochemistry. Oxford：Pergamon Press：39-50.

中国科学院地球化学研究所有机地球化学与沉积学研究室编（傅家谟等）. 1982. 有机地球化学. 北京：科学出版社.

Fu J M，Dai Y D，Liu D H，et al. 1984. Distribution and origin of hydrocarbons in carbonate rock (Precambrian to Triassic) in China//Palaces J G. Petroleum Geochemistry and Source Rock Potential of Carbonate Rocks (AAPG Studies in Geology，No 18). Tulsa：AAPG：1-12.

Fu J M，Sheng G Y，Peng P A，et al. 1986. Peculiarities of salt lake sediments as potential source rock in China. Organic Geochemistry，10：119-126.

菲尔谱. 1987. 化石燃料生物标志物——应用与谱图. 傅家谟，盛国英译. 北京：科学出版社.

Fu J M，Sheng G Y，Liu D H. 1988. Organic geochemical characteristics of major types of terrestrial petroleum source rock in China//Fleet A J，Kelts K R，Talbot M R. Lacustrine Petroleum Source Rocks (Geological Society Special Publication，No 40). Oxford：Blackwell：279-289.

傅家谟，贾蓉芬，刘德汉等. 1989. 碳酸岩有机地球化学. 北京：科学出版社.

Fu J M，Sheng G Y，et al. 1990. Application of biological markers in the assessment of palaeenvironments of Chinese non-marine sediments. Org Geochem，(4-6)：769-779.

傅家谟，刘德汉，盛国英. 1990. 煤成烃地球化学. 北京：科学出版社.

傅家谟，刘德汉主编. 1992. 天然气运移、储集及封盖条件. 北京：科学出版社.

傅家谟，秦匡宗. 1995. 干酪根地球化学. 广州：广东科技出版社.

傅家谟，徐永昌，郑建京. 2000. 天然气成因及大中型气田形成的地学基础. 北京：科学出版社.

Fu J M，Mai B X，Sheng G Y，et al. 2003. Persistent organic pollutants in environment of the Pearl River Delta，China：an overview. Chemosphere，52（9）：1411-1422.

Chen H Y，Zhang W B，Song R F，et al. 2004. Analysis of DNA methylation by tandem ion-pair reversed-phase high-performance liquid chromatography/electrospray ionization mass spectrometry. Rapid Commun Mass Sp，18（22）：2773-2778.（Corresponding author）

Chen Y J，Sheng G Y，Bi X H，et al. 2005. Emission factors for carbonaceous particles and polycyclic aromatic hydrocarbons from residential coal combustion in China. Environ Sci Technol，39：1861-1867.（Corresponding author）

Wen S，Feng Y L，Yu Y X，et al. 2005. Development of a compound-specific isotope analysis method for atmospheric formaldehyde and acetaldehyde. Environ Sci Technol，39：6202-6207.（Corresponding author）

Yu Y X，Wen S，Feng Y L，et al. 2006. Development of a compound-specific carbon isotope analysis method for atmospheric formaldehyde via $NaHSO_3$ and cysteamine derivatization. Anal Chem，78（4）：1206-1211.（Corresponding author）

主要参考文献

闻立峰. 2001. 奉献绚丽人生 开创我国有机地球化学新领域——有机地球化学家及沉积学家傅家谟院士传略//中国地质大学校史编撰委员会编，赵克让主编. 地苑赤子——中国地质大学院士传略. 武汉：中国地质大学出版社：248-255.

傅家谟等. 2008. 珠江三角洲环境中的毒害有机污染物研究//中国科学院科技创新案例. 北京：科学出版社：143-147.

撰写者

林峥（1969～），福建泉州人，中国科学院广州地球化学研究所高级工程师，兼任傅家谟院士学术秘书。

孙 枢

孙枢（1933～），江苏金坛人。沉积学家，沉积大地构造学家和科学技术管理学家。1989年当选为第三世界科学院院士，1991年当选为中国科学院学部委员（院士），1995年当选为国际欧亚科学院院士。1953年毕业于南京大学地质系。历任中国科学院地质研究所副所长、所长，国家自然科学基金委员会地球科学部主任，中国科学院资源环境科学局局长，国家自然科学基金委员会副主任，中国科学院地学部副主任，中国科学院学部主席团成员、地学部主任。他参与发现湘潭原生碳酸锰矿床；领导中苏合作黑龙江流域综合考察队小兴安岭地质队的考察工作，论述了该区的地质特征；研究磷酸盐岩的成因和形成条件，建立了沉积磷酸盐岩的一个新类型；在国内开拓潮汐和风暴碎屑沉积研究；系统论述华北南部前寒武纪地质演化和古地貌古气候特征，评价富铁矿前景；推动中瑞合作研究板块构造，并完成中国大地构造相图等。从事科研组织、管理和相关领导工作，推动有关科学领域的发展。出版专著4部，主编文集7部，在国内外刊物上发表学术论文和其他文章200余篇。曾获中国科学院科技进步奖二等奖两项、国家自然科学奖二等奖（排名第二），1988年获“国家级有突出贡献的中青年专家”称号，1991年享受国务院政府特殊津贴，1997年获何梁何利基金科学与技术进步奖。

一、简　　历

孙枢1933年7月23日出生于江苏省金坛县金城镇。1944年从金坛县弘化小学毕业后考入金坛县立初中（现华罗庚中学）读书，后在南京市青年会中学和无锡市立中学完成高中学业。1950年9月考入南京大学地质系，1953年7月在国家的安排下提前毕业，被分配到中国科学院地质研究所（以下简称地质所）工作。

在地质所任研究实习员和助理研究员期间，先后参加了对我国南方的锰矿研究，对小兴安岭、完达山和张广才岭的综合地质考察，对四川、云南、贵州等地磷矿的研究，对河北、河南等地富铁矿的前景评价研究。其间，在1957～1960年任中苏合作黑龙江综合考察队小兴安岭地质队队长，团结中苏双方人员，在14万km^2的范围内进行路线地质调查，完成了科考任务；1965～1966年在河南禹县参加“四清”，任工作组副组长；1966～1974年，先后在地质所三室和一室工作，并在中国科学院确山“五七干校”劳动一年；1974～1978年在地质所七室工作，任室副主任，并任冀东富铁矿科研队队长和许昌富铁矿科研队队长，领导由中国科学院地质研究所、地球化学研究所和地球物理研究所，以及北京大学、西北大学和兰州大学组成的科研队的研究工作，在许昌舞阳、鲁山、登封一带开展了详细的地质、地球化学和地球物理综合研究，对古风化壳富铁矿前景作出了客观的评价。

1978～1987年，孙枢先后任地质所副研究员、研究员，副所长、所长。在此期间，孙枢开始从事沉积盆地和沉积大地构造研究，先后对豫陕中、新元古代沉积盆地、中国克拉通区张裂型盆地开展了研究，并被任命为苏北含油气盆地和东濮含油气盆地的地学综合研究队负责人，领导由中国科学院地质研究所、南京地质古生物研究所、南京地理研究所和兰州地质研究所科研人员参加的研究项目，对两个盆地的沉积相、沉积环境、有机地球化学和石油天然气地质开展了综合研究，分析了油气聚集的远景区带。

1985～1999年，孙枢开展中瑞合作大地构造与相关沉积学研究。2000年以后推动CO_2地质埋存和活动论古地理研究，以及参与中亚造山带研究。

1987～1991年，孙枢任中国科学院资源环境科学局局长，同时于1986～1991年兼任国家自然科学基金委员会地球科学部主任；1991～1999年，任国家自然科学基金委员会副主任，其间于1992～1998年兼任中国科学院地学部副主任；2000～2006年，任中国科学院地学部主任、中国科学院学部主席团成员。在此期间，孙枢为我国的地球科学发展、规划与管理付出了大量心血，推动有关科学领域的发展。

孙枢先后担任或兼任了一系列学术和科研管理职务：中国矿物岩石地球化学学会沉积学委员会和中国地质学会沉积地质委员会秘书长、副主任、主任（1979年至今），中国石油学会副理事长（1984～2000），国务院学位委员会第二、三、四届地质地球物理学科评议组召集人（1985～2003），国务院黄金工作领导小组成员（1987～1991），中国矿物岩石地球化学学会副理事长（1987～2000），中国地质学会副理事长（1992～2000），国务院国家减灾委员会委员（1992～1999），国际SCOPE（环境问题科学委员会）中国国家委员会主席（1992年至今），国际太平洋科学协会中国国家委员会副主席（1992年至今），国际地圈生物圈计划中国国家委员会副主席（1995～2000），国家科技奖励委员会委员（1995～2000），第30届国际地质大会组委会副主席暨学术委员会共同主席（1994～1996），国家自然科学奖励委员会副主任（1995～2004），《中国科学》副主编（1995年至今），中国科技期刊编辑学会理事长（1995～1999），中国科协全国委员会委员（1996～2000），国家重点基础研究发展规划专家顾问组成员（1997～2004），*Journal of Asian Earth Science* 编委（1997～2007），《沉积学报》副主编、主编（1998年至今），何梁何利基金评审委员会委员（1998年至今），教育部长江学者计划评审委员会、聘任顾问组成员（1998年至今），国际科学理事会（ICSU）中国国家委员会委员（1999年至今），李四光地质科学奖委员会副主任（1999年至今），中国地质学会黄汲清青年地质科技奖委员会副主任（2002年至今），国际岩石圈计划中国委员会副主席（2002年至今），中国大洋钻探学术委员会主任（2002年至今），国家中长期科学技术发展规划第17专题组组长（2003～2004），国土资源部、国家发改委、财政部新一轮全国油气资源评价项目专家组共同首席专家（2003～2007），《地质学报》副主编（2003年至今），《中国科学》执行主编（2004年至今），国际大陆科学钻探中国委员会顾问组组长（2006年至今），中国地质调查局高级咨询专家（2006年至今），国土资源部科技委员会副主任（2006年至今），中国石油化工总公司海相油气勘探顾问专家（2007年至今）。1997年当选为中国共产党第15次全国代表大会代表。

孙枢出版专著4部，主编文集7部，在国内外发表学术论文和其他文章150余篇。1986年和1987年两度获中国科学院科技进步奖二等奖，1987年获国家自然科学奖二等奖（排名第二），1988年获“国家级有突出贡献的中青年专家”称号，1989年当选为伦敦地质学会荣誉会员，1991年经国务院批准享受政府特殊津贴，1997年获何梁何利基金科学与技术进步奖。

二、主要科学研究成就、学术思想、人才培养

1. 参与发现湘潭原生沉积碳酸锰矿

1953年，孙枢在南京大学地质系毕业，被分配到中国科学院地质研究所，在由地质学家叶连俊任主任的沉积学研究室工作。进所不久，孙枢就接受了研究沉积矿产的任务，跟随侯德封（时任所长）和叶连俊赴南方研究锰矿，在湖南、广西和江西调查了多处锰矿床。我国在新中国成立前没有任何锰矿工业储量，新中国成立后兴起的钢铁工业对锰资源的需求极为突出。当时，国内对锰矿成因的看法来自西方国家主导的矿床学理论，认为锰矿都是风化残留成因，锰矿床原生沉积的概念尚未建立。湖南湘潭的氧化锰矿已经接近采空，矿山面临关闭的危机。孙枢在侯德封和叶连俊两位先生的带领下，进行了详细的野外地质调查。他们发现，湘潭的氧化锰矿向深部延伸幅度不大，消失在晚近地质时期氧化作用所能达到的深度上，并在一

个采坑底部清楚地看到氧化锰矿层沿倾斜方向变成了所谓的“石灰岩”。他们推断，在氧化锰矿石的下延方向可能有震旦纪（现划归成冰纪）沉积成因的碳酸锰矿床。于是，他们当即采样，并在当地进行化验，得到确证。这一认识突破了锰矿多系风化残留成因的传统观念，后经地质队勘探证实为一大型碳酸锰矿床，成为 20 世纪 50 年代初期我国沉积矿床学的一项重大发现，为解决国家急需的锰资源做出了重要贡献。一个濒临关闭的矿山复苏了，该矿山迄今仍是国内重要的锰矿山。在随后的一年多的时间内，孙枢和有关同事继续对上述地区以及北方的凌源、朝阳和平泉等地标本进行室内研究，完成了各种成因类型锰矿床矿石类型、结构构造和矿物成分特征的研究。这是孙枢大学毕业后参与的第一次重大研究工作，为此后的研究工作打下了坚实的基础。

2. 开展黑龙江省东部的区域地质研究

1956 年上半年，孙枢带领两个小组赴贵州研究遵义磷矿和锰矿。野外工作开始后不久，地质所决定派遣孙枢赴苏攻读研究生，电召他回所。在他等待去接受俄语培训期间，根据中苏两国政府在北京签订的协议，开始了以自然资源和生产力发展远景科研工作为目标的黑龙江流域综合考察，在中国科学院黑龙江流域综合考察队中设有小兴安岭地质队。地质所领导遂改变原来的打算，决定派孙枢参加此项由侯德封所长和叶连俊主任领导的工作，并自 1957 年起，任命孙枢担任小兴安岭地质队长，参加工作的有以 Yu. A. 霍达克副博士为首的苏联地质学家，中方有中国科学院地质研究所、黑龙江省地质局和北京地质学院的地质学家。该队的主要研究区位于小兴安岭、完达山和张广才岭，当时这个地区在交通干线以外，通行十分困难，而且在森林密布地带，岩石出露情况比较差，加之地质构造复杂和已有的研究程度很低，工作难度可想而知，每年有四五个月在野外工作，每天跋山涉水二三十公里。这项工作对他一个 20 岁出头、还没太多经验和阅历的年轻地质工作者来说，无疑是一项严峻的考验。孙枢克服各种困难，团结中苏双方人员共同完成了任务，在小兴安岭的苏联一侧考察了前寒武纪和寒武纪地层以及有关矿床，并两度在莫斯科开展室内研究工作，全部考察工作于 1959 年结束。在考察期间，中国科学院副院长竺可桢和水利部副部长冯仲云曾多次听取孙枢的汇报并表示赞赏。

考察中，孙枢带领同事们在 14 万 km^2 的范围内进行了路线地质调查，在前寒武纪和古生代地层、侵入岩、地质构造和大地构造等方面提出了新认识；当时确定该区为海西褶皱带的一部分，而太平沟—双鸭山—依兰—穆棱—牡丹江一带的变质地层构成中间地块；发现矿点和矿化点数十处，同有关部门专家合作完成《中国东北北部地质矿产概况》专著和有关地质图件，主持完成《小兴安岭张广才岭和完达山地区地质》专著，对小兴安岭、完达山和张广才岭的地质状况首次进行了系统总结。张文佑主编的中国大地构造图及时地利用了这些资料，并在苏联重要学术期刊上发表了多篇论文，代表了当时该区地质研究的总结性工作。

3. 发现并确定沉积磷酸盐岩的新类型——铝磷酸盐岩

我国是一个农业大国，对磷矿的需求量很大。孙枢对四川、云南、湖南、湖北和河北等地磷块岩矿床进行过系统的调查，研究其形成条件和分布规律。1962年，地质队刚刚在四川红色盆地西北边缘发现一个新的磷矿层位。孙枢在结束对黑龙江流域的中苏联合科学考察不久，就被派往四川研究那里磷酸盐岩的成因与分布规律。通常，沉积岩含 P_2O_5 达到一定比例就可作为磷矿石开采，并专门称之为磷块岩，其中的磷元素主要呈钙磷酸盐-磷灰石类矿物形式。不过，四川泥盆系含磷岩系中除磷块岩外，还出现一种很少见的矿物。在孙枢进行研究之前，已有地质学家将这一矿物鉴定为硫磷铝锶矿。然而，孙枢通过对矿物的X射线衍射和化学分析提出，该矿物应为磷锶铝石，与水硫磷钙铝石和硫磷铝锶矿形成类质同象系列。他进一步比较了世界上其他地区发现的铝磷酸盐矿物后发现，四川的磷锶铝石是沉积-成岩阶段形成的自生矿物，与苏联乌拉尔的磷锶铝石有所差别。他确定含磷锶铝石的“泥质岩”是一种磷铝质岩，并提出这是沉积磷酸盐岩的一种新类型。

孙枢在20世纪60年代前期开始发表有关研究成果。“文化大革命”期间研究工作被迫中断，70年代重新投入对四川泥盆系磷酸盐岩的成因研究。关于磷块岩的成因，当时已有不少假说问世，如沉积学家叶连俊于1963年提出的陆源汲取成矿说，苏联卡扎柯夫于20世纪30年代提出并于后来被广泛接受的上升洋流说，传统沉积化学分异说等。但川西的磷铝质岩的发育特征却是这些假说所不能解释的。孙枢比较了世界上其他地区发现的磷铝质岩发育特征后指出，川西的磷铝质岩是古风化作用的产物经再沉积作用而形成的。在20世纪80至90年代，他进一步总结了以往的资料，在国际上明确提出，川西磷铝质岩是沉积磷酸盐岩的一个新类型，沉积磷酸盐岩应包括磷块岩和铝磷酸盐岩两类，不能再把磷块岩看做是含磷沉积岩或沉积磷酸盐的同义词。这对认识磷元素成矿作用的过程及规律均有十分重要的意义。

4. 发展古地貌古气候研究方法，科学评价富铁矿找矿前景

1975年末，地质部、冶金部和中国科学院联合开展富铁矿会战。在中国科学院三里河大楼一间不大的会议室里，当时主持中国科学院工作的胡耀邦同志向即将参

与富铁矿会战的地质科学家们进行了动员，孙枢出席了那次会议，从胡耀邦的讲话中体会到地质学家肩头的重任。此后，孙枢先后被任命为冀东富铁矿科研队队长和许昌富铁矿科研队队长，领导由中国科学院地质研究所、地球化学研究所和地球物理研究所，以及北京大学、西北大学和兰州大学组成的科研队的研究工作。

富铁矿可以在不同的地质条件下形成，但不同类型的富铁矿有各自的成因和分布规律，因此，在一个地区找矿必须摸清楚那里的基本地质条件。孙枢带领同事们制定了冀东地区初期的研究计划，在河南地区完成了地质、地球化学和地球物理综合研究，历时四年。通过对矿源层、古风化壳、古地貌、古气候及沉积盖层的相和环境的研究，对当时国内广泛关注的古风化壳型富铁矿的找矿前景作了客观评价，并完成了《华北断块区南部前寒武纪地质演化》专著，全面阐明了华北南部前寒武纪变质基底、沉积盖层和风化壳的组成与演化历史。

在研究古风化壳型富铁矿过程中，孙枢对古地理研究方法做了开拓性发展。人们通常使用比较宏观的古地理和古气候分析方法，研究一个较长时段（以千万年、亿年计）内的古地理变化，这对寻找古风化壳型铁矿而言，总有难解的困惑。于是，孙枢带领同事们开始摸索在小区域内开展古地貌和古气候研究的方法。他们对舞阳地区铁矿层的野外观测表明，在与铁矿角砾岩相当的层位上，发育了一个厚 3～4m 的砂岩层，这一不起眼的地层单位不整合在变质基底上。孙枢敏锐地抓住这一地层单位，详细分析了其厚度变化及在剖面中的缺失和超覆关系，逐步恢复了不整合面被掩埋时的古地貌特征，不仅鉴别出高地、平地和低地等不同的古地貌单元，而且计算出了古高地的坡度和高度。孙枢还依据对该层位顶部发育的一层厚仅 10～50cm 的棕红色硅结层的岩石学研究，可靠地确定了古气候条件。这些研究成果为评价古风化壳型富铁矿前景提供了重要的科学依据，其结论为有关决策部门所采纳。同时，孙枢归纳出的古地貌研究方法受到国内同行的重视，应邀到有关培训班讲课，讲稿被总结进冶金地质会战指挥部编印的《富铁矿找矿理论和方法汇编》。

5. 率先在国内开展潮汐和风暴碎屑沉积研究

在研究含铁岩系上覆岩层的沉积环境时，孙枢发现了一些很特殊的沉积构造，其中除有干裂和泥片外，还有人字形交错层理和泥波层理，以及罕见的梯格状干涉波痕。面对这些特殊的沉积构造组合，孙枢查阅了大量当时国内能够找到的外文资料，提出这些沉积构造组合代表了 13 亿年前形成的潮积岩，即在潮汐起主导作用的地理环境中形成的沉积岩，并建立了该区的潮坪沉积序列，估算了潮差幅度。潮汐沉积的研究始于 20 世纪 20 年代对北海德国海岸潮坪的观测，40 年代以后急速发展，到1975年前后成为国际沉积学中引人注目的研究领域。R. N. 金兹堡于1975年主编的《潮汐沉积》一书是当时的代表性总结著作，该书归纳了四类反映潮汐成因的特征沉积构造。这些沉积构造在舞阳一带云梦山组底段的沉积岩层中基本上均有记录。孙枢还根据自己的观察与研究提出，梯格状干涉波痕以及波峰被削平的平顶波痕能够在舞阳地区大范围地形成和保存，可以作为鉴别潮汐岩的特征标志。

在研究潮汐岩之前，孙枢曾去云南昆明磷矿考察，在磷矿层以上的碎屑岩中发现了当时国内尚未深入研究的另一种沉积层序，看上去很像是浊流沉积，整体上为砂页岩互层，砂岩层底面发育侵蚀面，并有多种底面印痕，但递变层理不发育，而是被一种圆丘状交错层理所取代。人们一度认为这就是一种浊流沉积。孙枢对这种沉积是首次见到，他认为这对国内沉积学的发展有潜在的价值。虽然他很关心这类沉积的研究，不过由于当时有其他研究任务，无法专注于这一问题的研究。但孙枢心中放不下这件事，挤出时间四度到昆阳及邻区反复考察，最终确定为风暴沉积，并阐明了其发育特征和展布规律。孙枢还在此基础上把研究工作扩展到扬子西南缘。孙枢在20世纪70年代对潮汐和风暴碎屑沉积的研究走在了国内前列，对当时国内沉积学的发展起到了实质性的推动作用。但由于其他紧迫工作的关系，他的研究论文到80年代才陆续发表。

6. 促进沉积学和大地构造学的结合

20世纪70年代末，国际沉积学界出现了新的研究热点，这就是沉积盆地分析。孙枢立即投入了这一研究领域。他带领同事们从火山岩岩石化学、沉积岩形成环境入手，对豫陕中、新元古代的沉积盆地开展了沉积大地构造研究。他提出，该盆地是在三支辐射裂谷系的废弃支基础上形成的边缘裂陷槽（拗拉槽），讨论了它与东秦岭前寒武纪构造演化历史的关系。80年代，孙枢又和同事们一起总结了中国克拉通地区张裂型沉积盆地的构造演化问题，全面论述了断陷盆地、裂谷盆地、拗拉槽盆地和被动陆缘盆地的火山岩组合特征、沉积相展布规律，并强调了包括拗拉槽在内的张裂型盆地对寻找金属矿产资源的重要性。

1983年，地质学家许靖华到地质研究所访问，张文佑和尹赞勋建议孙枢与时任苏黎世联邦理工大学（ETH）地质研究所所长的许靖华开展国际合作研究，从板块构造理论出发，促进沉积学和大地构造学的结合，推动中国地质科学的发展。1984年，孙枢应邀到苏黎世联邦理工大学地质研究所进行学术访问。当时国际上继白垩系/第三系界线研究取得重要成果之后，正在对其他重要地层界线开展研究。孙枢把他带领研究生在中国南方震旦系/寒武系界线处采集的样品带往苏黎世，由许靖华的助手进行铱和碳同位素测定后，发现了 Ir-δ^{13}C 双异常。随后，他们发表了关于寒武纪生物大爆发前曾存在死劫难海洋（strangelove ocean）的合作研究成果，在 *Nature* 上发表（后在《地质科学》上转载），受到广泛的注意和引用。

在苏黎世访问工作的三个多月时间，孙枢与许靖华就中国大地构造问题进行了广泛的讨论，并详尽地讨论了 60 年代地球科学革命对大地构造学和沉积学乃至地质学的根本性影响，讨论了理论观念上的彻底革新。他还考察了瑞士阿尔卑斯山脉和意大利亚平宁山脉的地质，并与许靖华商讨了中瑞合作研究计划，这一计划不仅包括对中国大地构造和沉积学问题进行合作研究，而且包括了对中国年轻地质学家的培养。在随后的十多年中，中瑞合作研究进展顺利，双方共同发表了一系列重要成果，其中包括对华南造山带的研究，对秦岭中生代造山带的研究，对内蒙古晚古生代造山带的研究，对中国西北盆地成因的研究，对中国印支造山带的研究，对东特提斯东亚多岛海构造演化的研究等。他同李继亮、林金录一起，较早地提出古特提斯的东亚多岛海模式，1989 年在国际地质大会期间作了有关报告。1998 年，《中国大地构造相图》问世，这是对中瑞合作研究中国大地构造问题的成果总结。

7. 在科研组织管理推动科研发展方面取得显著成绩

在 1978 年以后的 20 多年内，孙枢承担着学术机构和国家科研资助机构的领导和组织管理工作，开展了卓有成效的工作。

1984～1987 年担任地质所所长期间，为充分调动科研人员的积极性和理顺研究所的管理体制，他提出并建立了研究室与若干所直属课题组并立的管理模式；为适应拨款制度改革和稳定基础研究，提出在发挥老科学家作用的同时，大力支持中青年申请院内和国家基金课题，1985 年，中青年在此类课题负责人中占到 70%。在全所范围内广泛总结地质所发展经验和分析当代地质科学发展趋势的基础上，提出把地质所“办成一个具有特色的、能自立于国内外地质学府之林的、向国内外开放的、流动的、能够为国家的现代化建设和地质科学的发展做出重大贡献的地质科学综合研究机构”的战略目标的设想。根据地质所 1978 年以来重大成果数量居当时全院第 15 位的现实情况，提出建设开放型研究所的设想，强调所的研究方向是“运用现代地质学的方法，研究岩石圈与大气圈、水圈和生物圈的相互关系，着重我国大陆和大陆边缘，为认识资源和能源的形成和分布规律、地质灾害的发生规律以及环境保护提供理论基础和科学依据”，若干年后成立的“岩石圈构造演化开放研究实验室”（中国科学院重点实验室）部分地实现了这一设想。

1987～1991 年任中国科学院资源环境科学局局长和国家自然科学基金委员会地

球科学部主任期间，他组织推动中国科学院相关领域的重大研究项目和国家自然科学基金重大项目，并强调岩石圈和全球变化研究的重要性。

1991～1999年任国家自然科学基金委员会副主任期间，他积极组织、推动国家自然科学基金重点和重大项目的资助工作；积极组织、推动中青年人才培养计划；研究国家自然科学基金有关项目的管理经验，组织修订管理办法；组织制订基金委五年计划和长远规划，提出计划、规划的制订原则、方针和目标；强调持续稳定地发展基础性研究，基础研究要瞄准科学前沿和国际水准，纯基础研究与应用基础研究的立项和成果评价标准应有所不同，立项要狠抓创新特别是高层次的创新，充分保证基金项目评审工作的公正性，以及在宽松的学术环境中激发和强化创新能力。

1992～2006年参加中国科学院地学部常委会工作期间，他组织“关于进一步做好我国地球科学、资源与环境科学研究基础资料和数据共享的建议”咨询报告，提出“应在全国范围内不分部门地实行共享”，数据和资料中心“将提供共享服务作为社会公益工作”，同时“按国家有关法规实行知识产权保护”。此项咨询建议对我国科学数据共享工作产生了积极的影响和推动作用。他参与“中国地球科学战略研究组”的工作，该研究于1998年和2002年先后发表了研究报告，在学术界产生了积极、深远的影响。研究报告提出“从地学大国走向地学强国”的战略目标，强调通过长期积累和稳定支持，加强地球科学重大理论问题研究，为实现我国现代化过程中解决资源和环境问题提供科学和技术支撑。研究报告还提出，在继续加强地球科学各分支学科前沿科学问题研究的同时，推进地球系统科学的逐步建立和发展。研究报告提出了实现这些目标的措施，包括提高研究水平保证研究质量、建立和实施大型科学设施和仪器的共建专管共用制度、实施对地观测系统和“数字地球”的共建与数据共享、加强分析测试技术的发展、加强发展新兴科学领域、进一步加强地球科学教育等。

8. 勇于进取 严谨治学

孙枢常常表示，他最喜欢做的是科学研究，尤其是基础研究，而地质学和沉积学中有许许多多的重大问题值得研究，令他心仪神往。他回顾自己的科研生涯时曾提到，他在20世纪80年代以前所承担的研究任务基本上是由上面下达的，他有时会在一开始略有犹豫并表达自己的愿望，但一旦任务确定后就一往直前地去做，并尽力做好，力争通过完成以解决实际问题为目的的应用研究任务，去带动相关学科的基础科学问题研究。在这种情况下，他除了发表一些学术论文外，还完成和提交了未发表的研究和调查报告数十份。他对完成这些任务感到十分充实和自豪。

20 世纪 80 年代以后，本来有了选择自己感兴趣的科学问题进行研究的可能性，但又遇上承担科技领导工作和组织管理任务。他认为要做好这些工作，也要同热爱科研工作一样爱上这些工作。他从自身的情况出发，多出点主意，放手让年轻同志去做科研，他自己则亲自动手研究有关学科领域的国际国内发展方向，推动一些学科前沿和新兴领域的发展。他能够从比较广阔的科学领域去考虑学科发展战略，视野不再限于自己最熟悉的学科，从而为有关科学领域的发展做出了他的贡献。

科学研究工作的精髓是创新。孙枢在几十年的科学研究实践中，始终坚持创新原则。他认为只有坚持创新才有发展，对基础和应用基础研究而言尤为重要。在他所从事研究的领域中，时刻注意国际前沿领域的发展动态。孙枢取得的每项成果都凝聚着他对科研工作的孜孜不倦、勤奋和奉献精神，同时也反映出他合理处理科研工作与繁重的学术组织和管理工作的才能。

地质科学主要是以观察测试为基础的学科。正因为如此，对自然界的实地调查并获得第一手资料是研究工作的起点。孙枢在学生时代就听教授讲过“工作假说”的概念。数十年来，他对任何科学问题的研究都坚持科学的工作方法。首先是充分研究分析国内外的已有研究成果，形成对问题的工作假说；第二步是进行野外观察和调查，在此基础上进行室内的测试工作，在此过程中不断检验、修正甚至推翻原先的工作假说；第三步提出模式并再进行野外观察和室内测试进行验证，直到提出新的假说、理论。孙枢十分重视野外工作。例如黑龙江东部区域地质调查和华北断块南部的富铁矿工作，先后分别历时 4 年和 3 年，每年野外工作 2～4 个月，累计步行不下数千千米。从区域面积上说，他可以在数万平方千米的范围内进行路线调查，也可以在数十平方千米的范围内对几十米的岩层进行沉积构造和沉积序列的详细研究。他在实验室内用显微镜研究过的岩石和矿石薄片达数千片。他坚持认为，没有坚实的野外和室内研究，难以取得任何新的认识。由于他自己长期从事科研工作，因此在科研管理和领导工作中他坚持强调按科学研究规律办事。例如他主张，管理和领导工作是为科研和科学家服务的工作，创新首先是科学家的创新，管理工作也要创新，但创新的目的是更好地为科学家的创新创造条件。他在长期的管理和领导工作中，对科学家不论年长、年轻，都充分地尊重和平等相待，这是他的作风，也是同他接触过的科学家的感受。

1978 年首批招收研究生以来，孙枢先后培养了二十名硕士、博士和博士后。他对自己研究生的学习要求十分严格，尽管自己的工作很忙，仍挤出时间从学术上对这些学生加以指导。他对研究生的生活也十分关心，总是在生活中给予他们热忱的帮助。如今，孙枢的研究生已经走上国内外不同的工作岗位，成为科研和教学的学术骨干和学科带头人，甚至是国际国内的知名学者。每当他们有机会聚在一起时，对孙枢老师都是交口称赞，为有幸作为他的学生而自豪。

现代社会的和谐发展需要个体间高效有序的分工合作，现代科研同样需要科学家们的勤奋、奉献与真诚合作。孙枢做到了这些，并赢得了大家的尊重。他在科研工作、国内外学术活动以及科技领导和组织管理工作中所取得的成就与他勇于攀登科学高峰、奋进、奉献、严谨治学、对事业的热爱和负责的精神是分不开的。

三、孙枢主要论著

孙枢，Yu A，霍达克等. 1963. 小兴安岭、张广才岭和完达山地区地质//中国科学院黑龙江流域考察队. 黑龙江流域及其毗邻地区地质（第一卷）. 北京：科学出版社.

孙枢. 1966. 沉积岩中的含硫和钙的磷锶铝石. 地质科学，(1)：22-31.

孙枢，陈其英，陈开惠. 1973. 川西磷酸岩. 地质科学，(3)：196-216.

孙枢，陈志明，黄育才等. 1981. 河南舞阳附近十三亿年前的古地貌与古气候//中国科学院地质研究所编. 沉积岩石学研究. 北京：科学出版社：75-87.

孙枢，陈志明，侯奎等. 1981. 河南舞阳鲁山云梦山组底段潮汐沉积//中国科学院地质研究所编. 沉积岩石学研究. 北京：科学出版社：109-119.

孙枢，从柏林，李继亮. 1981. 豫陕中-晚元古代沉积盆地（一）. 地质科学，(4)：314-322.

孙枢，陈志明，王清晨. 1982. 豫陕中-晚元古代沉积盆地（二）. 地质科学，(1)：5-12.

叶连俊，孙枢，郭师曾等. 1982. 华南晚震旦世磷块岩沉积与成因//中国科学院地质研究所编. 中国科学院地质研究所地质科研成果选集（第一集）. 北京：文物出版社：103-112.

孙枢，李继亮. 1984. 我国浊流与其他重力流沉积研究进展概况和发展方向问题刍议. 沉积学报，2（4）：1-7.

孙枢，张国伟，陈志明. 1985. 华北断块区南部前寒武纪地质演化. 北京：冶金工业出版社.

Hsu K J，Oberhansli H，Gao J Y，Sun S，et al. 1985. Strangelove ocean before the Cambrian explosion. Nature，316：809-811.（中译文：许靖华，奥伯亨斯利，高计元，孙枢等. 1986. 寒武纪生物爆发前的死劫难海洋. 地质科学，(1)：3-8.）

Yeh L T，Sun S，et al. 1986. The phosphorite deposits of Kunyang，Yunnan，China//Phosphate Deposites of the World：V. 1，Proterozoic and Cambrian Phosphorites. Cambridge：Cambridge University Press：149-154.

孙枢，陈海泓. 1987. 浊流沉积与等深流沉积//张炳熹主编. 当代地质科学动向. 北京：地质出版社：73-77.

孙枢，范德廉，陈海泓等. 1987. 中国地台区张裂盆地沉积. 沉积学报，5（3）：6-18.

Hsu K J，Sun S，Li J L. 1988. Huanan Alps，not South China Platform. Sci Sin Ser B，(1)：110-119.

Sun S，Li J L，Chen H H，et al. 1989. Mesozoic and Cenozoic sedimentary history of South China. AAPG Bull，73（10）：1247-1269.

Sun S，Li J L，Lin J L，et al. 1991. Indosinides in China and the consumption of eastern Paleo-tethys//Muller D W，et al. Controversies in Modern Geology：Evolution of Geological Theories in Sedimentology，Earth History and Tectonics. London：Academic Press：364-384.

许靖华，孙枢，王清晨等. 1998. 中国大地构造相图. 北京：科学出版社.

孙枢. 2002. 中国地质科学的过去、现在和未来——庆祝中国地质学会成立 80 周年. 地质论评，48（6）：576-584.

孙枢. 2005. 中国沉积学的今后发展：若干思考与建议. 地学前缘，12（2）：3-10.

主要参考文献

孙枢. 1986. 关于“六五”工作总结及今后任务安排——贯彻 1986 年院工作会议精神.（会议报告）

孙枢等. 1986. 申请地质所作为开放研究所的报告（初稿）.（内部报告）

孙枢. 1996. 述职报告.（内部报告）

田兴有. 2003. 地质学家孙枢//中共常州市委党史工作委员会主编. 龙城骄子——常州籍院士. 北京：方志出版社：275-290.

孙枢，安芷生，陈颙等主编. 2005. 地学与社会：学部的视野. 济南：山东教育出版社.

撰写者

王清晨（1950～），中国科学院地质与地球物理研究所研究员，现任国际岩石圈计划执行局委员、国际岩石圈计划中国国家委员会秘书长、世界石油大会中国国家委员会委员。

钟大赉

钟大赉（1933～），江苏无锡人。构造地质学家。2001年当选为中国科学院院士。1954年毕业于北京地质学院。1959～1963年赴苏联列宁格勒矿业学院主攻矿田构造专业，获副博士学位。1986年起任中国科学院地质研究所研究员，博士生导师，并先后任构造地质研究室主任（1986～1989）、中国科学院岩石圈构造演化开放研究实验室主任（1989～1997）。现为中国科学院地质与地球物理研究所研究员。他长期从事构造地质学研究，致力于将大地构造与中小（微）构造相结合，多学科交叉研究深部构造对浅部构造、深部物质运动对地壳演化的制约。他主持了多项国家重大研究项目，参加编制了新中国第一张1∶400万大地构造图，研究矿田构造、断裂和褶皱的形成条件，开创系统研究我国西南地区古特提斯造山带的先河。对新生代印度大陆与欧亚大陆碰撞前缘变形的三维调节形式和多阶段运动过程的研究，为青藏高原及其周缘新生代地质构造格局和环境演变建立了时空框架。已发表学术论文百余篇，出版专著3部，主编论文集1部。曾获国家自然科学奖二等奖两项、全国科学大会奖一项、中国科学院自然科学奖一等奖一项。

一、成长与磨砺

1933年8月11日，钟大赉出生在山东青岛一个职员家庭。父亲在青岛一电报局里做报务员工作。1937年抗日战争爆发，父亲随电报局迁往甘肃，母亲带着年幼的钟大赉和妹妹回到老家江苏无锡，与祖父母一起生活。祖父既务桑农，又是一个自学成才的专科中医大夫，他虽长在农村，却是一个有思想、有长远目光的睿智老人。祖父深刻洞察到知识的力量和后辈接受教育的重要性，曾在家庭拮据、经济困难时不惜借款送子女到上海等地读书和学习技术，鼓励年轻人用读书改变命运和人生。钟大赉学龄前的启蒙主要受祖父的影响，祖父教他识字、练毛笔字、背三字经与千字文、心算和拨算盘，这为他后来漫长的求学和科学研究生涯中的良好习惯打下了重要的基础。70多岁的祖父在种田、养蚕时，也总是带着钟大赉参加田间劳动，在劳动中潜移默化地培养他诚实劳动、吃苦耐劳的品质，以及积极面对生活艰辛和困难的心态。全家除了种少量旱田外，靠一年两期的养蚕和部分行医收入，在兵荒马乱的日占沦陷区勉强糊口。

祖父去世后，由于家庭条件的种种限制，钟大赉难以继续学业。1949 年，初中毕业的钟大赉被上海市的某所知名中学录取，因无力支付学费，他放弃了继续求学的机会。根据当时的境况，通过就业争取家庭经济上的自立，似乎是少年钟大赉唯一的出路。

在人生的十字路口，不知所措的钟大赉因偶然机缘见到了免收学费的上海国立同济大学附属高中的招生广告，好学的钟大赉重新燃起了求学的信念。有幸通过考试被录取的钟大赉在同济中学经历了一个少年成长的关键转折期。尽管学校在郊区，校舍简陋，生活条件清苦，伙食差，但当时的同济中学是一所有着悠久文化传统和优良学风的中学，拥有一支学识深厚、教学经验丰富的教师队伍，有健康的校园文化和精神生活。在三年朝夕相处的寄宿生活中，同学间的相互帮助和激励，大大促进了钟大赉知识的增进、眼界的开阔，使得他的求学动力发生了深刻变化：求学不再以个人生存需求和改善家庭条件为目标，而是与新中国培养的大多数优秀知识分子一样，求学是为了学到更多知识，为国家、人民和社会做出更大的贡献。

在这种求学信念的支撑下，钟大赉于 1952 年从同济中学毕业，随后进入北京地质学院地质勘查专修科学习。在高中学习时，钟大赉对化学课特别感兴趣，老师教的化学反应式，有规律可循，也容易记，所以他当时的理想是学化学或化工专业。但临到高考，共和国即将开始第一个五年计划，国家建设需要寻找有用矿产和开发矿业。在祖国的号召下，钟大赉选择了地质志愿。1954 年，他被分配到中国科学院地质研究所工作。1954 年 10～11 月，参加工作不久的钟大赉随张文佑教授到山西中条山铜矿区和秦岭宝成线沿线做工程地质考察。1955～1956 年春参加中国科学院石油工业部柴达木石油综合研究队工作。1956～1957 年参加中苏黑龙江流域综合考察队小兴安岭和乌苏里江区域地质特征和矿产调查。同时，在室内参加张文佑教授领导下的我国第一张 1∶400 万中国大地构造图编图和《中国大地构造纲要》专著的编写。其间，在 1956 年春天，全国掀起“向科学进军”的热潮，在中国科学院向科学进军青年代表会上，钟大赉有机会聆听到华罗庚教授讲授治学成才的心得，其中的一句话“搞研究要锲而不舍”道出了一个自学成才的大数学家成功的秘诀，使钟大赉终生难忘，这也成为他投身科学研究时信奉的一个准则。探索未知是一个艰苦漫长，从不知、浅知到深知的过程。尤其是地球科学，这是一个复杂的系统工程，研究它需要一个长期野外观察、综合、积累的过程。这要求搞科研的人要有耐得住一时出不了成果的寂寞，要学会坐冷板凳，更要有经得起挫折和困难乃至失败的心理承受能力。否则，思想上就会动摇而打退堂鼓。锲而不舍这句话常常支持他要坚持下去。只要认准的方向是正确的，相信投入了精力和时间，总会取得进展和成果的。50多年后，钟大赉经常与他身边的年轻学者交流，反复强调一个真正的科学工作者除了要有坚定正确的信念和坚实的积累外，还要能为信念付出努力、承受苦难、耐得住寂寞。

野外地质调查是地质学研究的基本立足点，野外工作赋予了地质学家与其他学科所不同的艰辛，那就是与自然合作，到人迹罕至的地域开展工作。在当时，由于条件的限制，野外艰苦程度难以言表。1957年夏，受中国科学院地质研究所的指派，钟大赉作为一名中苏联合考察队队员赴乌苏里江地区进行地质填图和矿产普查，穿越完达山的地质路线是工作的重要部分。那时的完达山是一个原始森林，树木遮天蔽日，人烟稀少，没有路，没有给养，没有可靠的地形图，只有沼泽、草甸、熊狼等猛兽、传染疾病的蚊虫和蜱虫等。由于工作路线不能在一两天内穿越成功，钟大赉就和一名带着猎枪的朝鲜族向导，背着行李、干粮和岩石标本一路前行。天不时地下雨，10月的深秋昼夜温差变化大，特别到了晚上，钟大赉只有一件羊皮大衣御寒，露宿在野外，他们在身体连续极度疲乏的情况下艰难地完成了科研任务。在钟大赉漫长的科研生涯中，完达山的经历只是一个小插曲，这样的经历实在太多了。他喝过柴达木盆地的苦碱水，爬过喜马拉雅山的冰川，翻越过云南的峡谷，也曾在川东南40℃以上的高温环境下进行野外构造地质填图。从山东丘陵到青藏高原，在祖国的山山水水之间，到处留下了他不断探索、艰苦攀越、矢志追求的足迹。

1958～1959年经国家考试，钟大赉被录取为留苏研究生，在北京俄语学院留苏预备部学习俄语一年。1959年10月～1963年6月他在苏联列宁格勒矿业学院地质系矿床教研室，师从矿床地质学家卡拉金教授，主攻矿田构造专业。卡拉金教授在指导研究生过程中，只规定一个研究方向或者一个研究问题，至于如何完成，要靠学生自己阅读文献，独立摸索解决问题的方法和途径。钟大赉的副博士论文选题定在西伯利亚阿尔丹地台人迹稀少的列别琴大型金矿区，距离列宁格勒有10天的火车车程。在没有合作者协助、人生地不熟的情况下，钟大赉独自一人钻矿洞，观测和记录地质现象，采集研究标本。为了不漏掉刚开挖出来的地质断面，他每天在矿洞里工作12～14小时。有一次，为了追索一个有意义的地质构造现象，钟大赉进入一个废弃的矿井里开展工作。由于矿区内矿井纵横交错，矿碴在坑道内杂乱堆垛，加上没有电源照明，废弃的坑道标识面目全非，难以辨认。工作一段时间后，由于沉浸在地质现象的观测中，钟大赉在废坑道里迷了路。这是非常危险的，因为废弃的矿井是没有人进去工作的，还会遇到如落石、不明竖井等危险因素。在忙乱了一两小时后，钟大赉仍找不到出口。在四周一片漆黑、孤立无援的情况下，他定下心来，冷静地分析矿井的格局，细细地追忆进入坑道后迷失方位的过程，认真做好标记，从矿井内点点滴滴的物件和现象寻找通向出口的线索。在经过一次次失败和成功的交替之后，半夜时分，他终于走出了矿井。回忆起这段终生难忘的插曲，钟大赉感到，矿井迷路重生的经历不正是科学研究的探索过程吗？

在西伯利亚矿区工作期间，钟大赉发现岩石物理力学性质变化对成矿作用具有较明显的控制作用。为了证实这一点，他独自一人在矿区岩心库，把每件几十千克的岩心盒用蚂蚁搬家的办法从堆放的库房一一搬出来，进行编录和采样。这是一个强度非常大的脑力和体力劳动，几乎每一天他都累得趴下。也许是从小养成的坚韧品格使然，钟大赉一个人顽强地按照设计的研究方案，从整个岩心库中系统采集了样品，坚持在室内处理制作样品，一直到利用岩石力学实验中获得的系列数据资料证明了自己的发现。这一发现成为其博士论文的一个重要亮点。其中，关于白云岩和石灰岩物理力学性质差异造成的构造破碎是成矿流体的通道并可沉积成矿的认识，至今仍然是碳酸盐岩中预测金属矿床的指导原则之一。1963 年夏，钟大赉在获得副博士学位后回到中国科学院地质研究所构造研究室工作。1963～1964 年他在广东新丰江水库地震研究任务中承担区域构造断裂特征研究。1965～1967 年到云南大理一带和贵州镇远金刚石矿区研究区域地质格架和含矿岩体构造特征。1970～1973 年参加由地质部、石油部、中国科学院组织的西南石油综合研究项目，负责川南燕山期含油气构造分析和川东北构造特征野外调查。1975～1977 年参加中国科学院富铁研究队，承担河南舞阳铁矿矿田构造研究任务，进行滇黔桂燕山期构造形成条件总结。1978～1981 年作为英国伦敦帝国理工学院地质系构造地质教研室高级访问学者，考察了苏格兰地区 MOINE 走滑-推覆构造和西南威尔斯变质典型构造区。1983～1986 年进行滇西、桂西区域构造预研究。1986～1993 年主持国家自然科学基金重大项目“滇川西部特提斯带岩石圈构造演化”和中法“哀牢山—红河新生代走滑断裂”合作研究。1993～2001 年主持基金重点项目“藏东、滇西北新生代碰撞三维构造样式运动学、年代学及其深部制约研究”。与此同时，积极参与国际地质对比计划 IGCP 224 项“东亚前侏罗纪地质演化”、IGCP 321 项（1991～1995）“冈瓦纳离散和亚洲增生”中国工作组的组织工作和中国地质学会构造地质专业委员会活动。

作为新中国培养的一代知识分子，钟大赉怀着报效祖国的诚挚情感，在国家建设的需求中兼顾研究志趣，将几十年科研追求中的艰苦与寂寞化作淡定与执著，将看似平淡的每一阶段的研究作为精彩的片断，积累到日渐丰满的学术思想里。

二、主要学术成就与学术思想

（一）主要学术成就

1. 参加新中国第一张1∶400万大地构造图的编制

20世纪50年代张文佑教授领导了运用地质力学分析和地质历史分析相结合的方法，编制新中国第一张大比例尺的《中国大地构造图（1∶400万）》和《中国大地构造纲要》的研究工作，钟大赉作为主要成员之一，负责华北、东北地区的构造研究。通过对研究区内的大地构造轮廓、构造单元划分、构造特征及其发育历史、矿产等进行综合分析研究，发现鲁西、胶东间地质演化上差异很大，引入当时国内有争议的深大断裂观点，结合地质部航磁成果分析，确认其间存在一条深大断裂，张文佑遂于1957年撰文将其命名为鲁中深断裂，即现今郯庐断裂带，开创了研究中国深大断裂的先河。专著中指出了中国东部中、新生代沉积盆地的油气远景和郯庐断裂带存在含金刚石超基性岩体的可能性，这些均为尔后的地质实践所证实。图和专著于1958年正式出版，从多方面阐述了中国大地构造发展规律，各地质时期的大地构造发育情况，特别是中国东部古生代和中生代沉积岩系的发育，还概述了各构造区的岩浆活动和矿产情况，讨论了一些大地构造基本问题，受到国内外学者高度评价和广泛引用。苏联莫斯科国立科技出版社于1962年全文翻译出版了此成果，认为这是“中国地质科学发展的重大里程碑”。该成果获国家自然科学奖二等奖(1982)。

2. 开展矿田构造和褶皱形成条件研究

20世纪60～70年代钟大赉在我国较早地运用中、小、微构造研究相结合的方法，研究矿田构造，进行断裂和褶皱形成的历史分析和力学分析，是中国这一领域研究的开拓者之一。如论证苏联西伯利亚阿尔丹地台列别琴大型金矿田的成矿断裂系统，是多期水平挤压和拉张应力场交替转换形成的观点，而不同于当时苏联学者强调的地台变形以垂直运动为主的观点。还提出了脉状金矿是在多次拉张条件下形成的，层状金矿则受层间滑动面和小尺度背斜轴部的控制等观点。

首次查明了广东新丰江水库区及其周缘（主要为花岗岩）的断层岩展布（前人定为石英脉）、断裂系统、运动学和区域应力场，为研究该水库地震形成机理提供了区域构造背景。采用历史分析和力学分析相结合、野外构造调查与室内模拟相结合的方法，研究了深层和浅层构造的关系。提出我国西南地区深层控制浅层构造的主要因素是深层结构、构造和形态存在不均一性，尤其是深层中存在的断块、断裂控制了黔桂一带晚古生代—三叠纪各时期构造-沉积-剥蚀演化格局：断块上形成碳酸盐岩台地，沿断裂形成碎屑-硅泥质沉积海槽；同生断裂控制了沉积-剥蚀地貌的形成发展。总结了不同型式的深层构造（或界面）控制浅层构造剖面样式、平面样式及其形成的力学条件。提出由于深层构造是长期地质发展的结果，具有不同方向和不同的组合形式，因而平面上不同方向的浅层构造的复合是普遍现象。例如，通过区域构造的历史分析和力学分析、典型构造节理野外填图以及室内物理模拟，论证了川南地区燕山期构造发育的两组构造线北北东（近南北）和东西向的局部构造明显受两组构造线的复合控制，其相汇之处十分协调，自然地迁就和转弯，没有横跨交切现象。它们是受深层不同方向的断块控制，在燕山期受同一区域应力下同期形成的。根据两组构造线组成的“棋盘格式”图案，在川南预测了几个隐伏穹窿背斜构造，部分已为生产实践所验证，为阐明该区油气富集因素和勘探方向提供了构造背景，也为发展断块构造理论做出了贡献，其成果丰富了断裂体系与断块构造学说，是 1978 年全国科学大会奖的主要作者之一。

3. 开创了系统研究我国西南古特提斯造山带的先河

特提斯作为一个研究课题，已有一百多年历史了，无论从全球特提斯构造带的整体看，还是从中国境内的特提斯构造带看，过去的研究大多限于侏罗纪以来的地质历史，此外，对于侏罗纪以来中国部分的构造发展也很少从整体构造框架并联系重、磁、地热等深部地球物理特征进行分析。钟大赉和他的合作者以活动论为指导，应用地质、地球化学和地球物理的综合方法，选择了全球古特提斯发育典型的滇川西部，研究古生代特别是晚古生代至三叠纪时期各陆块、大陆边缘和洋盆的地层沉积记录、岩浆活动、变质作用、构造变形及运动学，特提斯构造的演化离散、汇聚、迁移等，获得一系列的重要发现（包括在滇东南发现了晚古生代洋壳残片和滇桂一带的二叠—三叠纪岛弧型火山岩）。他与合作者一起采用多学科方法，系统地论证了东特提斯带演化经历了三大阶段，即原特提斯、古特提斯和新特提斯。我国西南地区的古特提斯是在原特提斯深水盆地的基础上发展起来的，它是一个开阔的大洋体系，位于中南纬的亲冈瓦纳（南）大陆和赤道附近的亲扬子（北）大陆之间，类似现今西南太平洋，由晚古生代—中三叠世多个地块及其间的多洋盆（包括陆间洋盆、陆内洋盆）、多岛弧组成的多岛洋格局；主洋盆的残迹在藏东碧土—滇西昌宁—孟连一带，其中发现了全球罕见的泥盆纪—中三叠世洋盆沉积记录，经历了以威尔逊旋回为特征的演化过程；其他洋盆如金沙江—墨江、甘孜—理塘等是亲扬子地块间的陆内小洋盆；确定了古洋盆的后退式俯冲消减，多陆块、多阶段的俯冲-碰撞板块运动程式；从古特提斯俯冲、碰撞构造的几何学、运动学出发，结合深部地球物理资料，提出研究区碰撞造山带的特征剖面是鳄鱼构造。据此建立的东古特提斯构造格架和古板块演化模型成为全球古生代板块构造研究的一个新的典型案例，丰富了全球特提斯研究宝库。其代表论著《滇川西部古特提斯造山带》（1998）被誉为“研究古板块构造的优秀范本和立典著作”和“为从陆上板块构造研究全球性地学问题做出了重要贡献”。相关成果以第一作者获 1994 年中国科学院自然科学奖一等奖和 2001 年国家自然科学奖二等奖。另外还在第 30 届国际地质大会、国际地质对比计划 IGCP 224、321、441 项的历届国际学术会议上，进行了交流。他还组织三次（1991、1996、1999）由中外学者参加的国际会议地质考察参观路线，展示了典型的地质记录，均获得很高的评价。

4. 新生代大陆碰撞构造研究

近年来，钟大赉带领研究生，在印度大陆与欧亚大陆碰撞前缘——青藏高原东南部，发现了新生代高压麻粒岩（下地壳）地体。他系统地研究了具有全球意义的哀牢山—红河断裂的运动学、年代学，提出板块尺度的走滑断裂是陆内变形的重要方式。确立了高原东部两大陆陆碰撞变形和岩石抬升是一个多阶段过程，即构造活跃期与相对稳定期交替呈幕式发展。空间上正向碰撞构造（藏南，逆冲-推覆-走滑构造）和斜向碰撞（滇川西部，走滑和块体旋转）是一个准同时（而不是前后）形成的三维调节变形图案。通过构造与地震层析图像对比，揭示了斜向碰撞区（滇川西部）的岩石圈呈多向层架构造型式，表壳构造是以中、上地壳间的滑脱面为界，由不同尺度和不同方向的走滑断裂和不同右旋的次级块体组成的巨型剪切带，类似于浮冰块运动；刚性岩层地幔保留老的构造框架，而易变形的软流层常代表“新”构造。提出了高原周缘岩石圈板片的俯冲、裂离或相向俯冲导致了软流层上涌，引起岩石圈结构变异，制约了研究区新生代岩浆活动。上述成果不同于国外学者 20 世纪 80 年代在描述青藏高原东南部碰撞构造时（基于模拟实验或数学模拟），仅考虑岩石圈的黏性板片连续缩短、增厚（推土机式连续变形）或刚性块体挤逸。这为高原新生代构造发展和气候环境演变的耦合关系建立了时间框架，并在从岩石圈尺度研究大陆碰撞效应的关键问题上，向前推进了一步。他的主要论著：《大型走滑断裂——碰撞后陆内变形的重要形式》（1989），*The Ailao-Shan-Red River metamorphic belt*（1990），《青藏高原的隆升过程及其机制探讨》（1996），《造山带岩石层多向层架构造及其对新生代岩浆活动制约》（2000），被国内外广泛引用。

（二）主要学术思想

地质学是一门包罗万象的学科，讲述了地球上沧海桑田的巨变历史和纷繁的地质作用现象，讨论了从几千千米尺度到微米尺度的地球物质和从几十亿年至今的变异现象。正如恩格斯所言，“按性质来说，地质学主要是研究那些不但我们没有经历过而且任何人都没有经历过的过程，所以要挖掘出最后的终极的真理就要费很大的气力，而所得是极少的”。作为个人能力来说只不过是沧海一粟，探寻它的奥秘，只能在前人工作基础上再做一点工作。在科研生涯中，钟大赉遵守一个原则：与其伤其十指，不如断其一指。即用有限的力量，选择一两个有重要意义的科学问题研究，如能做出一点成绩，就算完成了个人对社会服务的使命。因此在每一阶段，钟大赉承担的研究项目一般只有一两个，目的是使自己有可能全身心地投入到关键科学问题上，做些较深入的工作。一方面，有所为有所不为，抓住关键科学问题进行重点突破；另一方面，钟大赉坚持在研究思路上要活跃，要善于汲取不同学科的最新研究成果，在研究方法上要利用不同的技术方法证明或探索真理。

多少年来，在构造地质学领域，钟大赉始终坚持大地构造与中小（微）构造相结合的学术思想。他认为不同尺度的构造现象虽有差异，但是应该归属同一构造体系，无论是中国东部大地构造和深大断裂的研究，还是青藏高原东南部的大地构造变形研究，不同尺度的构造只有得到相互印证，并能够统一于同一构造体系时，才能证明其具有可靠性。钟大赉坚持地壳深部构造和浅部构造相互关系、地理各圈层相互作用研究。早在20世纪70年代，他就在川南预测了几个隐伏弯窿背斜构造，认为这是地壳基底对应的盖层变形样式，是深部构造样式控制表壳构造样式的结果，得到了石油地质勘探的验证。近期针对青藏高原东南部的变形，他还提出岩石圈多向层架构造的概念。在复杂地质问题的研究中，钟大赉还坚持地球科学不同学科的优势整合和综合研究，利用地震三维层析技术和同位素示踪与定年技术等，结合传统地质学研究方法，多学科综合研究地壳变形和地貌演化等问题，探源其深部动力学过程。在学习和借鉴国际前沿的理论问题中，他坚持汲取和发展并举的学术思想，如在特提斯构造域的研究中，一方面汲取板块构造的新理论和方法，另一方面针对我国西南古特提斯演化的实际提出了多岛洋的模型，拓宽了研究思路，丰富了板块构造理论。迄今为止，所有这些学术思想仍然是构造地质学，甚至是固体地球科学的重要学术方向。

“学会从前人的结论中找出问题”、“敢于创新，敢于打破旧观念、旧框框”。钟大赉鼓励年轻人在科研工作中，要根据新事实，提出新想法，发展新理论。他常说：

搞科学研究，不能被前人的认识、观点或结论所束缚，要有敢于怀疑或冲破传统认识的逆潮流精神，才能在探索过程中有所发现和发明；如果总相信书本上或文章上写的都是对的，那么后人还搞什么研究？具备了怀疑和冲破传统认识的思想准备，才能在工作中推动自己去观察新现象、发现新事实、萌发新思维，才不会在与新东西相遇时擦肩而过；当已为人师时候，要善待不同学术意见，在新事实、新现象面前，敢于修正和改正自己作出的认识、观点、结论；要相信长江后浪推前浪，青出于蓝而胜于蓝，要鼓励年轻人在探索未知过程中，不断创新，乐于看到有人超过自己；由于人们主观意识和客观条件和环境的局限，科学研究中遇到挫折，以致失败常常是不可避免的，因此要有敢冒风险和失败的思想准备，关键是要从失败的阴影中，尽量及时总结经验教训，调整自己的思路。他还说："回顾我走过的科研道路，真正体会到学海无涯，个人只能锲而不舍，敢于创新，才有可能做出有新意的成果。"

"锲而不舍，追求创新"，这八个字是钟大赉科学研究生涯的最好写照。

三、钟大赉主要论著

张文佑，常承法，钟大赉等. 1959.《中国大地构造图（1∶400万)》和《中国大地构造纲要》. 北京：科学出版社.

钟大赉. 1963. 苏联中阿尔丹列别琴金矿床矿田构造. 苏联列宁格勒矿业学院.（副博士学位论文）

钟大赉，马福臣，钟嘉猷. 1983. 浅层构造形成条件和某些构造地质问题讨论//张文佑主编. 断块构造文集. 北京：科学出版社：7-35.

钟大赉，马福臣，钟嘉猷. 1983. 川南地区燕山期复合构造的历史分析与力学分析//张文佑主编. 断块构造文集. 北京：科学出版社：36-74.

钟大赉. 1985. 堆砂砂粒间的隐蔽对称纹现象. 科学通报，30（9）：691-692.

钟大赉，Tapponnier P，吴海威等. 1989. 大型走滑断层——碰撞后陆内变形的重要形式. 科学通报，34（7）：526-529.

Tapponnier P，Lacassin R，Leloup P H，et al. 1990. The Ailao Shan/Red River metamorphic belt：Tertiary left-lateral shear between Indochina and South China. Nature，343：431-437.

Zhong D L，Wang Y. 1991. Paleo-Tethys，tectonic evolution in western Yunnan// Ren J S，Xie G L. Proceedings of First International Symposium on Gondwana Dispersion and Asian Accretion—Geological Evolution of Eastern Tethys. Beijing：China University of Geosciences：280-285.

钟大赉，丁林. 1995. 西藏南迦巴瓦峰地区发现高压麻粒岩. 科学通报，40（14）：1343.

钟大赉，丁林. 1996. 青藏高原的隆升过程及其机制探讨. 中国科学（D辑），26（4）：289-295.

Liu Y，Zhong D L. 1997. Petrology of high-pressure granulites from the eastern Himalayan syntaxis. Metamorph Geol，15：451-466.

汤懋苍，钟大赉，李文华等. 1998. 雅鲁藏布江“大峡弯”是地球“热点”的证据. 中国科学（D辑），28（5）：463-468.

钟大赉，吴根耀，丁林. 1998. 藏东新生代陆内变形特征//潘裕生，孔祥儒主编. 青藏高原岩石圈结构演化和动力学. 广州：广东科技出版社：335-364.

钟大赉，吴根耀，季建清等. 1998. 滇东南发现蛇绿岩. 科学通报，43（3）：1365-1370.

钟大赉等. 1998. 滇川西部古特斯造山带. 北京：科学出版社.

钟大赉，季建清，胡世玲. 1999. 新特提斯洋俯冲时间——变质洋壳残片$^{40}Ar/^{39}Ar$年龄. 科学通报，44（16）：1782-1785.

Zhong D L, et al. 2000. Paleotethysides in West Yunnan and Sichuan, China. Beijing: Science Press.

钟大赉，丁林，刘福田等. 2000. 造山带岩石层多向层架构造及其对新生代岩浆活动制约——以三江及邻区为例. 中国科学（D辑），30（Z）：1-9.

Ding L, Zhong D L, Yin A, et al. 2001. Cenozoic structural and metamorphic evolution of the eastern Himalayan syntaxis (Namche Barwa). Earth Planet Sci Lett, 192: 423-438.

钟大赉，丁林，季建清等. 2001. 中国西部新生代岩石圈汇聚和东部岩石圈离散的耦合关系与古环境格局演变的探讨. 第四纪研究，21（4）：303-312.

主要参考文献

李四光地质科学奖委员会编. 2005. 第八次李四光地质科学奖获得者主要科学技术成就与贡献. 北京：地质出版社：17-23.

中国科学院院士工作局编. 2005. 科学的道路. 上海：上海教育出版社：1242-1243.

撰写者

季建清（1968～），江苏海门人，北京大学地球与空间科学学院。主要从事构造地质学、岩石学和同位素地质学研究和教学工作。1995年师从钟大赉攻读博士学位，并作为研究助手和合作者至今。

袁道先

袁道先（1933～），浙江诸暨人。岩溶学家，岩溶动力学理论的创建者。1991年当选为中国科学院学部委员（院士）。1952年毕业于南京地质探矿专科学校。曾任中国地质科学院岩溶地质研究所所长，中国地质学会岩溶专业委员会主任，中国第四纪研究会副主席，中国科学院地学学部第11、12、13届常务委员会委员。申请获准执行国际地质对比计划IGCP 299、IGCP 379、IGCP 448、IGCP 513，并任国际工作组主席，获得的成果使岩溶学成为当代全球变化研究的支柱学科之一，并将中国的岩溶地域优势转化为学术优势，推动了国际岩溶研究的进展，为“国际岩溶研究中心”落户中国桂林打下了坚实的基础；中国西南岩溶生态系统、石漠化综合治理的研究和示范，对国家编制《岩溶区石漠化综合治理规划大纲》和岩溶地下水生态安全保护发挥重要的科技支撑作用。1988年获地质矿产部全国1∶20万综合水文地质普查奖，1996年获“中国地质科学院先进工作者”称号，同年获国际水文地质学家协会主席奖，1998年获“全国优秀科技工作者”称号，2004年获澳大利亚湿地委员会国际岩溶研究特别贡献奖，2005年获美国国家洞穴学会终身会员奖，2007年7月当选为国际第四纪联合会荣誉委员。鉴于国际地质对比计划IGCP 379“岩溶作用与全球碳循环”及国内相关配套项目实施所取得的成绩，2002年获国土资源部科学技术奖一等奖。

一、成长足迹

1. 老一辈的言传身教，打下学习勤奋、工作扎实的品质

袁道先1933年8月24日出生于浙江省诸暨市，汉族。父亲袁哲是教育工作者，曾任复旦大学教育系教授，母亲傅至柔是小学教师。

童年时代，正值日寇侵略中国，袁道先跟随父母辗转于浙、湘、黔、川各省，经历了惊涛骇浪的生活与社会现实。他说：“这不仅使我痛恨帝国主义，热爱中华，又养成能吃苦、不怕挫折的性格，但同时也使我的小学课程学得不好。”

1944年，他在重庆进入中央大学附属中学（后该校迁回南京）。该校师资力量很强，老师的素质很高，许多老师后来都调到大学任教。让他记忆犹新的是化学老

师韩金鉴先生，韩老师的讲课引人入胜，不但讲授化学原理，指导学生自己动手做实验，而且穿插介绍许多著名化学家的生平及有关的学术思想演变。中学时代，由于中文教材的短缺，多数课程采用英文教材，老师也就用英文授课，因此，袁道先得到了很好的中等教育，尤其是打下了很好的英文基础。

1950 年，袁道先念完高三上学期的课，考入南京地质探矿专科学校。当时新中国刚成立，旧中国留下的地质人员仅 200 多人，远远不能满足新中国建设的需要，谢家荣先生在党和人民政府及当时在南京的地质学家支持下，办起了南京地质探矿专科学校，招收了 100 名学子，为应急需，学制 2 年。该校十分注重学生的素质，入学后对每一位学生都进行面试，考察其英文能力和综合素质，同时十分强调教学质量。当时的教学分成两个阶段，第一阶段系统学习地质理论，为 3 个学期，学习相当紧张；第二阶段，到野外地质队实习，每个队 10 人左右，其中矿专的学生 2～4 名，带队的都是造诣很深的地质学家。因此，袁道先得到了许多经验丰富的老师较深入的指导和在实践中学习地质的好机会。

在就读南京地质探矿专科学校期间，他有幸得到诸如徐克勤、郭文魁、张文佑、业治铮和陈旭等许多地质学家的教诲。这使袁道先不仅学到当时最新的地质学理论，还汲取了老一辈地质学家的治学经验。1951～1953 年，在地质野外队实习期间，得到业治铮、贾福海、宋叔和诸先生手把手传授野外地质工作的方法：测剖面、找化石、追断层及填各种比例尺的地质图和水文地质图。有时老师的一些小的做法，也会成为日后工作中终生伴随的习惯。

1951 年在由西安到兰州的班车上，袁道先看到陈庆宣先生一路记下看到的地质现象，还背着一个气压计不时打开看高程。之后，袁道先不论是乘汽车、火车、轮船或飞机，只要是第一次走的路线，他都坚持做记录，不聊天，不打瞌睡，以免遗漏，带着浓厚的兴趣观察窗外。1955 年，袁道先随国务院勘察队乘汽车由成都经昌都去拉萨，走了一个月，当时乘的是一辆盖着帆布篷而没有窗户的卡车，为了能够看到外面，他宁愿坐在车尾吃灰尘的地方，沿途观察地质、地貌、水文和植被。一路的现象丰富多彩，他记录了整整一大本。他说："地质工作者一生能够承担的项目，并作详细工作的地区是很有限的，而通过旅途的观察，却能够帮助我们将点线面联系起来，扩大视野，增加知识积累，从全国乃至世界的角度系统地看地球。"

1990 年，在土耳其国际岩溶水文地质大会后考察帕木卡尔温泉口钙华时，他顾不上旅游观光，而是沿泉口到钙华坝脚系统地分段进行有关指标的测试，当时引起英、美、法、德、南及东道主同行的好奇，当袁道先将观测结果以示意剖面图的形式展现在他们面前时，大家都恍然大悟，饶有兴趣地索抄数据，同时对袁道先这种敬业精神表示称赞。他说："有些科学道理，往往是在平凡的实践中被揭示，而有目的地进行大量实验观测工作和数据的积累，将孕育某一领域的突破。"正是他这种始终如一的敬业精神和善于在实践中发现问题、解决问题的工作方法，使他保持着敏捷的科学思维。

2. 持之以恒，从第一线做起，坚持理论来源于实践

毕业后，袁道先参加国务院工程勘察队去西藏工作，承担拉萨第一座水电站从勘察、设计到施工建设的全部地质工作，还察勘了雅鲁藏布江和贵州乌江沿线的水能资源及黄河三门峡坝址的勘探工作，为后来进一步开发水电站（如羊卓雍湖水电站、乌江渡、梭筛水电站等）打下基础。由于他在西藏建设工作中的出色表现，1955年被共青团中央授予"全国青年社会主义建设积极分子"称号。1956年他加入中国共产党。

60～70年代，他先后担任山东、云南、广西地质局水文地质大队的技术负责人。在成昆铁路金沙江以南200km的线路上，调查了几百个工点（隧道、桥梁和路基），查清了地质隐患，为保证其顺利建设和通车做出了贡献；为解决农田灌溉水源问题，开展了大量的中小型水库的工程地质和农田水文地质勘探，特别是在广西地质局工作的12年，为开发岩溶地下水，爬深洞、下竖井、趟暗河，在实践中逐渐认识到岩溶水文地质的特殊性，并积累了大量第一手资料、数据。1988年获地质矿产部全国1∶20万综合水文地质普查奖和广西地质局贵县找水奖。

1978年，他调任中国地质科学院岩溶地质研究所所长。80年代中后期，主持中法合作研究，在桂林典型岩溶峰丛洼地区建成了岩溶水文地质试验场，进行了水动力场、温度场、化学场的系统监测研究；建立了包气带地下水运动机制、调蓄功能的数学模型，为我国南方岩溶地区水资源评价提出新的技术方法。同期总结了我国区域岩溶的基本特征，对岩溶地球化学进行了探索，系统总结了我国开放系统、半开放系统和半封闭系统岩溶发育的地球化学机制，并用岩溶地球化学场及示踪技术验证趵突泉的补给途径，进而把地球系统科学引入岩溶学，提出了岩溶环境学。

1991年他当选为中国科学院学部委员（院士），同年享受国务院政府特别津贴。

1997年他筹建了地质矿产部岩溶动力学开放研究实验室。2004年经国土资源部科技司专家组的考察评估，成为国土资源部第一批重点实验室，并更名为"国土资源部岩溶动力学重点实验室"。2005年，岩溶动力学重点实验室被吸收为广西壮族自治区重点实验室的行列。

袁道先不知疲倦地一直活跃在我国岩溶研究的第一线。他现为国土资源部、广西壮族自治区岩溶动力学重点实验室主任，西南大学岩溶环境与石漠化治理研究所

所长。曾任中国地质学会岩溶专业委员会主任，中国第四纪研究会副主席，中国科学院地学学部第 11、12、13 届常务委员会委员，第三届国际地圈-生物圈计划中国委员会（CNC-IGBP）委员。

3. 将中国岩溶的地域优势转化为学术优势：国际岩溶研究中心落户中国桂林

进入 90 年代，袁道先为把地球系统科学引入现代岩溶学做出了不懈努力，他的学术思想伴随着连续 4 个国际地质对比计划的执行，取得了国际岩溶学术界认可的研究成果。自 1990 年以来，袁道先连续提出申请并主持实施了 4 个国际岩溶对比计划项目。这 4 个项目分别是 IGCP 299“地质、气候、水文与岩溶形成”（1990～1994），IGCP 379“岩溶作用与碳循环”（1995～ 1999），IGCP 448“岩溶地质及其相关的生态系统全球对比”（2000～2004）和 IGCP 513“岩溶含水层与水资源全球研究”（2005～2009），为国际岩溶学术界（含 IAH，IGU，UIS 的岩溶委员会）提供了共同解决最紧迫的岩溶资源环境问题的平台，形成了一个强有力的国际合作群体，推动了国际和我国岩溶学科的发展。

IGCP 299 将岩溶形态组合与岩溶形成环境条件建立对应关系，解决了异质同象、同质异象这一令岩溶学者迷惘的问题，并提出地球系统科学的岩溶观，从全球视野探索岩溶发育规律。1994 年 9 月总结大会在英国牛津大学举行，在大会上，IGCP 执行局主席、地质学家 M. Brown 勋爵（英国皇家学会会员）亲临致词祝贺，赞扬 IGCP 299 是执行得最富有成果的项目之一，并亲自撰文在联合国教科文组织（UNESCO）刊物 *Nature and Resources* 上作了详细介绍。

IGCP 379 的执行，将岩溶学引入全球变化研究，一方面把岩溶作用与全球碳循环紧密地联系在一起，首次估算了我国和全球因碳酸盐岩溶蚀回收大气 CO_2 的量，中国全国为 1.77×10^7 tC/a，而全球为 6.08×10^8 tC/a；另一方面，也推动了岩溶地区古环境重建的研究工作，并利用洞穴石笋建立了我国南方第一个 3.6 万年来古气候变化模式。袁道先等撰写了这方面最新研究成果并发表在美国《科学》杂志上（2004 年 4 月 23 日）。在此研究的基础上，建立起岩溶动力学理论。

1996 年，由于成功地完成了 IGCP 299 及国内相关配套项目实施所取得的成绩，他荣获“中国地质科学院先进工作者”称号；同年荣获国际水文地质学家协会主席奖（这是该协会的最高奖，每 2～3 年只授予一位国际知名学者）。1997 年，他领导的集体荣获地质矿产部“先进科技集体”称号；1998 年鉴于他在我国岩溶学科方面的贡献，全国科协授予他“全国优秀科技工作者”称号。

IGCP 448将岩溶地质过程与生态学联系在一起，将现代岩溶学理论的研究推向应用，与生产实践相结合，对比获得了全球不同岩溶生态系统的结构、功能和特征。其中根据中国国家工作组研究成果编著的《受地质条件制约的中国西南岩溶生态系统》，被认为对国家编制《岩溶区石漠化综合治理规划大纲（2006～2015）》具有重要的参考价值。

鉴于IGCP 379及国内相关配套项目实施所取得的成绩，袁道先2002年荣获国土资源部科学技术奖一等奖。

基于以上3个国际合作项目及进展，2003年11月，时任IGCP 448项目主席的袁道先提出了建立世界岩溶研究中心（IRCK）的设想，在中国IGCP全委会的支持下，正式向UNESCO提交了在中国桂林建立国际岩溶研究中心的申请书。主要目的是从全球视野把握岩溶系统，为全球最脆弱的环境系统之一的岩溶区的可持续发展提供科学技术支撑，解决岩溶区发生的各种资源和环境问题。2004年2月IGCP科学委员会在第32届会议上全票通过了该项建议。2006年，中国地质科学院通过国土资源部向UNESCO再次提出建立国际岩溶研究中心的申请。最终经UNESCO第177届执行局会议和第34届大会审议获得批准。2008年2月11日，中国政府代表与联合国教科文组织总干事在巴黎签署协议。这是UNESCO在中国建立的第一个地质科学研究中心。

2004年，袁道先获得澳大利亚湿地委员会授予的国际岩溶研究特别贡献奖，2005年获得美国国家洞穴学会终身会员奖，2007年7月当选为国际第四纪联合会荣誉委员。

与美国西肯塔基大学联合执行IGCP 513也已取得可喜的成果。

二、主要研究领域和学术成就

（一）科学发现和理论贡献

1. 水文地质方面

袁道先根据岩溶地区的多年实践，认为岩溶地下水最基本的特征是其含水介质的不均匀性，而在不同的地区，这种不均匀性存在着程度的差别。由于岩溶水存在于不同规模、不同形状及其不同连通程度的地表地下岩溶形态中，因而受地质、地形、气候及其综合反映的水动力条件所制约。不均匀性程度不同，岩溶水资源的预测、勘探、评价及开采方式也不同。为了生产实践的需要，袁道先先后撰写了论文《论岩溶水的不均匀性》、《岩溶地区供水水文地质工作方法》，起草了《岩溶地区区域水文地质普查规程》，为岩溶地区在复杂的水文地质条件下因地制宜地抓住最关键的问题，为保证水文地质普查勘探工作的质量起了积极的作用。

2. 环境地质方面

袁道先将环境科学、地质学和岩溶学相结合，提出了岩溶环境学。与蔡桂鸿合作发表了专著《岩溶环境学》，认为岩溶环境系统的特点是：其大气圈、水圈、生物圈都具有地表、地下双层结构，富钙的岩石圈和以碳、水、钙的循环为其物质和能量的转换的主要形式。从全球角度划分了岩溶环境系统的类型，阐明了岩溶地区各种特有的环境地质问题的发生、发展、分布规律和防治措施。根据以上基本观点，袁道先多次在国际及国内学术会议上作主旨讲演。尤其是2001年2月，鉴于他对国际岩溶学的贡献，国际地科联IGCP执行局邀请他在巴黎召开的第30届年会上作主旨报告“岩溶地质学、岩溶水文学与社会进步”。

3. 地球化学方面

袁道先对岩溶地球化学的研究的对象和特点作了规定，认为它是岩溶学的基础理论之一，明确其研究对象是以开放系统中碳酸盐在天然水中的三相平衡，低温低压条件下现在还在进行的地球化学作用为主，而且常常是研究低矿化度的溶液；阐明了岩溶地球化学的几个理论问题；对我国岩溶地下水的水化学特征的形成和分布规律作了总结，以实践指出应用地球化学方法作为岩溶地质勘探手段的前景和应注意的问题。IGCP 379“岩溶作用与全球碳循环”就是岩溶地球化学在全球变化研究中的应用。2003年由科学出版社出版《碳循环与岩溶地质环境》。

4. 岩溶学方面

通过野外定位观测，建立了岩溶发育与地质、气候、水文条件的定量关系，撰写了《论峰林地形》的论文，对热带岩溶地貌的峰林峰丛两个亚类的分布规律和各自的发育条件提出新的看法。受中国地质学会岩溶专业委员会委托，组织我国岩溶学界进行了统一岩溶学术名词的工作，对国内外岩溶学方面近20年的新认识、新发现作了系统概括，主编出版了《岩溶学词典》，在此基础上完成了国家标准《岩溶地质名词术语》(GB12329-90)，并由国家标准局颁发。他还主编并出版了《全球岩溶对比》(1998年英文版）和《中国岩溶学》(1991年英文版，1993年中文版)，以地球系统科学理论为指导，研究全球和中国岩溶，并从全球角度阐明了中国岩溶的特色及其发育的地球化学机理。他提出的我国大陆岩溶的四大特点：坚硬古老的碳酸盐岩、新生代的大幅抬升、水热配套的季风气候和未受末次冰期大陆冰盖刨蚀，成为 2007 年我国南方岩溶成功申报世界遗产地的学术基础。2002 年由地质出版社出版《中国岩溶动力系统》。

（二）学术思想和人格标志

1. 为解决石山地区贫困问题做贡献

袁道先对地学的偏爱，使他不满足于地质、地貌条件对岩溶发育控制的描述，而是以地球系统科学为指导思想，从自然界物质、能量转换、运动规律中去探索岩溶形成机理。袁道先当选院士以来，他的工作安排都是以小时、分钟计算，但他仍念念不忘哺育自己在学术上成长的岩溶石山地区人民。

1999 年，在国土资源部实施的新一轮国土资源大调查中，他提出了 4 项工作目标和 9 项具体的工作部署原则。

1994 年，他向中国科学院地学部建议组织院士到南方石山地区考察，得到地学部的支持。后来，袁道先与其他 6 位院士到岩溶石山地区考察，访贫问苦后向国务院写了依靠科技帮助石山地区人民脱贫的建议，该建议被中央有关部门所采纳。2002 年，在“西部地区生态环境建设与可持续发展”重大咨询项目统一安排下，2002 年、2003 年中国科学院学部组织了近 40 位院士与专家在广西、贵州岩溶石漠化严重地区进行考察，完成了“关于推进西南岩溶地区石漠化综合治理的若干建议”的咨询报告。

2007 年，根据西南岩溶区地下河水资源的开发和饮用水生态安全，由袁道先提出，薛禹群、傅家谟、郑度、汪集旸、林学钰、陈梦熊等六位院士联合署名的“‘关于防止我国西南岩溶区地下河变成下水道’的对策与建议”，呼吁保护地下河的建议刊登在《中国科学院院士建议》2007 年第四期，并上报国务院。同时实地到贵州省考察岩溶地下水的开发利用和生态安全保护问题。

他常说“石山地区贫困问题一天不解决，我们岩溶工作者就一天没有尽到责任”。虽然他的足迹遍布祖国大地，考察了 35 个国家的岩溶，但他只要有可能就会背上岩溶地质工作者的旧三件（铁锤、罗盘、放大镜）、新三件（pH 计、CO_2 检测仪、碱度计），与年轻人一起爬山、钻洞，亲自掌握第一手野外数据。

2. 坚持真理、团结协作

袁道先治学严谨，在从事科研和评审成果中均一丝不苟。遇有差错，不管来自什么权威，均能直接指出。如美国权威刊物 *Science* 在 1997 年 6 月 20 日这一期，竟把岩溶洼地地貌说成了火山口，袁道先看到后立即以电子信函致函该刊编辑部提出批评，对方次日即回函表示歉意和感谢，并于下一期公开更正。与此同时，他在科学技术活动中有很强的团结协作精神。他组织过许多国内外重大科技项目，如IGCP 299、379、448、513共有30～40个国家101～187位国际同行参加。又如20世纪70年代南方岩溶水文地质编图，有6个省地质局参加；80年代统一岩溶名词术语和制定国标，有30多个单位参加；90年代编写的《中国岩溶学》，有10位同行参加；地质矿产部“八五”重点项目有10个单位参加。他不但能提出自己的学术思想、诲人不倦，还能贯彻“双百”方针，坚持真理，修正错误，求同存异，因此他领导的项目均能顺利进展，并获得可喜的成果。

3. 高瞻远瞩，关注青年岩溶科技工作者的成长

青年人是国家的未来，民族的希望，科学事业进步的关键。袁道先把培养年轻科技人才作为他工作中的重要组成部分。他常说：“我们的生命是有限的，但岩溶科技的发展是无限的，我们必须要后继有人。”他以自己的实际行动，培养青年人深入实践、艰苦奋斗的学风，同时也在学术上诲人不倦，百忙中常亲自逐字逐句为青年人修改论文、研究报告和项目申请书等。几十年来，和他在不同单位共过事的不同时代的青年人，有许多都在全国不同地区担任技术领导工作，他们在回忆同袁道先共事的日子里，常常为之自豪和动情。通过他联系出国深造的优秀青年，现大都学成回国服务。有时为送优秀青年出国学习，他还亲自为他们办理各种手续。近年来为了岩溶学科的发展所需，他特别注重岩溶学与相邻学科交叉的人才培养，已培育出岩溶地区土壤学、岩溶地区国土规划等方面的人才。

三、袁道先主要论著

袁道先，蔡桂鸿．1988．岩溶环境学．重庆：重庆出版社．

Yuan D X，Zhu D H，Weng J T，et al．1991．Karst of China．Beijing：Geological Publishing House．

袁道先．1995．岩溶与全球变化研究．地球科学进展，10（5）：471-474．

袁道先．1995．岩溶作用对环境变化的敏感性及其记录．科学通报，40（13）：1210-1213．

Yuan D X．1997．Rock desertification in the subtropical karst of South China．Z Geomorph N F，108（suppl）：81-90．

Yuan D X．1997．The carbon cycle in karst．Z Geomorph N F，108（suppl）：91-102．

袁道先．1997．我国西南岩溶石山的环境地质问题．世界科技研究与发展，19（5）：40-43．

袁道先．1997．现代岩溶学与全球变化研究．地学前缘，4（1/2）：17-24．

Yuan D X．1998．Contribution of IGCP 379 “karst processes and carbon cycle” to global change．Episodes，21

(3)：198.

Yuan D X，Liu Z H. 1998. Global Karst Correlation. Beijing：Science Press；New York：VSP BV.

袁道先. 1999. “岩溶作用与碳循环”研究进展. 地球科学进展，14（5）：425-432.

袁道先. 2000. 对南方岩溶石山地区地下水资源及生态环境地质调查的一些意见. 中国岩溶，19（2）：103-108.

袁道先. 2001. 全球岩溶生态系统对比：科学目标和执行计划. 地球科学进展，16（4）：461-466.

袁道先，刘再华，林玉石等. 2002. 中国岩溶动力系统. 北京：地质出版社.

Yuan D X. 2002. On the karst ecosystem. Acta Geol Sin，75（3）：336-338.

Yuan D X. 2002. Geological environments and human health in China. Environ Health Persp，110（9）：500.

Yuan D X，Zhang C. 2002. Karst Processes and the Carbon Cycle. Beijing：Geological Publishing House.

袁道先，刘再华，蒋忠诚等. 2003. 碳循环与岩溶地质环境. 北京：科学出版社.

Yuan D X，Cheng H，Edwards R L，et al. 2004. Timing，duration，and transitions of the last interglacial Asian monsoon. Science，304：575-578.

袁道先. 2006. 现代岩溶学在中国的发展. 地质论评，52（6）：733-736.

主要参考文献

章程. 2004. 站在全球岩溶研究的前沿——记连续三个国际地质对比计划项目主席袁道先院士. 中国岩溶，23（4）：290-291.

水文地质工程地质编辑部. 2006. 中国科学院院士袁道先（封面人物）. 水文地质工程地质，33（2）：扉页.

曹建华. 2007. 心系中国西南岩溶石山区、攀登世界岩溶科技高峰. 老年知音，(10)：12-15.

撰写者

曹建华（1963～），江苏海安人，研究员，博士生导师。从事岩溶生态系统、岩溶区生物地球化学循环研究。

章程（1965～），浙江诸暨人，研究员，硕士生导师。从事地下水生态安全、岩溶区土地利用与土地覆被研究。

马　瑾

马瑾（1934～），江苏如皋人。构造地质与构造物理学家，中国构造物理学研究的学术带头人之一。1997年当选为中国科学院院士。1956年毕业于北京地质学院普查勘探系，1962年毕业于苏联科学院大地物理研究所，获副博士学位。1978年起历任国家（中国）地震局地质研究所副研究员、研究员、研究室主任、所学术委员会主任，中国地震局构造物理开放实验室主任，地震动力学国家重点实验室学术委员会主任等职。曾长期担任中国地震学会常务理事、中国岩石力学与工程学会常务理事。她长期致力于构造物理学研究，从野外调查、实验模拟及理论分析等多方面研究构造变形的物理机制及与此相关的实际问题。在褶皱形成机制及应力场、构造变形与地震活动关系等方面开展的一系列实验研究，在我国构造地质学和实验地震学的发展中具有开创性。基于实验结果和野外调查，在区域构造的控震作用、水库地震机制、地震前兆类型等方面提出了新认识和新观点，并在地震预报实践中发挥了作用。领导建立了可研究地壳和上地幔物质物理力学性质、变形过程及其物理响应的构造物理实验室，带动了我国构造物理和高温高压岩石力学等学科的发展。她的研究成果被国内外学者广为引用，在学术界有重要影响。在国内外刊物发表论文150多篇，出版著作多部。获部级以上科技奖励10项。

一、简　　历

马瑾，祖籍江苏省如皋县，1934年11月27日出生于上海。小学就读于上海中国小学，受日本侵占上海的影响，曾辗转于南通实验小学求学。初中和高中分别就读于上海民立女子中学和中国中学。中学时受地理课老师讲述的“大陆漂移学说”和“沧海变桑田”等地质知识的影响，她憧憬当一名地质科学家。高中毕业填报高考志愿时，她响应国家号召，选择地质专业作为第一志愿。1952年她如愿考入北京地质学院。在大学期间，她刻苦学习基础和专业知识，并特别重视野外基本功的训练。大学毕业实习期间在北京西北部开展的地质填图和研究，使她对构造地质学产生了更浓厚的兴趣。1956年她以优异的成绩毕业于北京地质学院普查勘探系，并被选拔为留苏预备生。

1956 年至 1958 年，马瑾进入中国科学院地质研究所，在构造地质学家张文佑的指导下从事构造地质研究，同时为留苏攻读研究生做准备。1958 年，她前往苏联科学院大地物理研究所攻读研究生，师从构造物理学家格佐夫斯基，从事褶曲形成机理的研究。在此期间，她通过大量的野外地质调查和模拟实验，在褶曲类型和形成机理方面取得了新结果，以优异成绩获得副博士学位。

1962 年研究生毕业后，马瑾回到中国科学院地质研究所，任助理研究员。1962～1966 年，她先后筹建相似材料和光弹实验室，除继续开展地质构造形成机理的实验研究外，还结合油气资源的勘探开发，对四川地区含油构造进行了研究及模拟实验。1966 年邢台地震后，为响应周恩来总理的号召，中国科学院地质研究所把地震研究作为主要方向，马瑾也从此开始了地震构造物理学的研究。从 1966 年到 1978 年，她先后奔赴邢台、通海、唐山等多个大地震现场进行科学考察和研究，赴新丰江水库地震现场开展观测与研究，并利用相似材料和光弹实验开展地震构造与应力场的实验研究工作，同时筹建岩石力学实验室。

1978 年，为适应我国地震工作的需要，以中国科学院地质研究所从事地震研究的力量为基础，组建了国家地震局地质研究所。此后，马瑾一直在国家（中国）地震局地质研究所工作，历任副研究员、研究员、研究室副主任、主任、所学术委员会主任等职。在这里，她把全部精力投入到地震研究中，从野外调查、实验研究、数值模拟等多方面研究构造变形与地震活动的关系。她领导建立了构造物理与高温高压岩石力学实验室，并担任中国地震局构造物理开放实验室主任。2003 年以构造物理开放实验室为基础，组建了地震动力学国家重点实验室，马瑾担任实验室学术委员会主任。

马瑾曾长期担任中国地震学会常务理事、构造物理专业委员会主任，中国岩石力学学会常务理事、高温高压岩石力学专业委员会主任，为我国构造物理学和高温高压岩石力学的学科建设、学术交流和人才培养做出了重要贡献。由于她在科学研究上的突出贡献，1988 年被国家人事部授予“有突出贡献的中青年专家”称号，1991 年 7 月获国务院政府特殊津贴，1994 年被授予“中央国家机关巾帼建功标兵”称号，1996 年被国家地震局和人事部授予“全国地震系统先进工作者”称号，1997 年当选为中国科学院院士。

马瑾曾任第八、九届北京市人大代表，第九届全国政协委员。

二、主要研究领域和成就

马瑾在我国率先把构造物理研究系统引入传统构造地质学中，结合矿田构造、油气开发、地震预报等问题，研究构造变形过程和机制，发展了构造物理理论和方法，取得了一系列创新性的成果。她先后在国内外学术刊物上发表论文 150 多篇，并著有《构造物理学概论》等多部著作，获部级以上科技奖励 10 项。领导建立了构造物理实验室，为地震动力学国家重点实验室的建立奠定了基础。培养了一批优秀的青年人才，为相关学科的建设和发展做出了突出贡献。

1. 褶曲和断裂形成机制

1962 年马瑾回国后，继续其在苏联的研究工作，与同事们在野外调查的基础上，利用模拟实验系统研究了褶曲和断层的形成条件、形成机制及应力场。这一工作在我国实验构造地质学的发展中具有开拓意义，其成果曾被国内高校构造地质学教科书长期采用，并被苏联和日本等国学者所引用。在四川石油会战中，她把构造地质学的相关理论和实验技术应用于裂隙型含油气构造的研究中，先后对四川中部威远构造、川南古隆起含油构造等进行了研究及模拟实验，提出岩性组合决定构造变形组合特征的新认识，总结出含油气层的有利储集部位。这一成果不仅加深了对构造变形规律的认识，并在油气构造研究中起到了指导作用，受到有关部门的表彰。

2. 地震孕育发生过程与构造变形

1966 年及其后的十多年间，我国华北和西南地区发生了一系列强震。马瑾深入地震现场开展调查和观测，针对观测资料提出的问题开展构造物理实验和理论研究，对地震孕育发生及其与构造变形的联系进行了多方面的研究，提出了一些新认识，并在地震实践中发挥了一定的作用。其中包括：①基于对我国大陆强震迁移的分析和构造模拟实验结果，提出构造线在空间上的控震作用，归纳出地震迁移的准则和类型。②通过对新丰江水库地震进行现场观测和实验研究，论证了地震震源机制与断层错动的关系，其中把水库地震分为由蓄水直接引起的地震和库水诱发的地震，指出大震前第二种类型的地震增多。这一工作在推动我国水库地震研究方面发挥了积极作用。③提出地震前兆和后效的概念，从构造变形演化角度首先论证唐山地震后全国许多地方出现的异常现象属于地震后效，短期内无大震。该意见当时直接向国家领导人汇报，对避免虚报、安定民心起到一定的作用。④将前兆类型和构造类型联系起来，分析了海城地震有前震、唐山地震无前震及龙陵地震等为双震的原因，从地质构造角度解释了地震活动及前兆现象的多样性。

3. 断层几何结构与物理场演化

强震的发生与断层的活动相关，而断层的几何结构常常是复杂多样的。从 20 世纪80年代至今，马瑾领导其同事和学生围绕断层几何结构对断层运动的影响问题，对平直断层、雁列断层、拐折断层、共线非连续断层、“入”字型断层等多种断层组合的变形破坏过程进行了实验研究和数值模拟，通过对变形过程中声发射（微破裂）活动时空分布、应变场演化、断层位移分布、热场演化的观测，分析了不同断层组合的失稳条件和机制、成核过程以及前兆特征，为地震机理与地震预测研究提供了实验基础。同时还结合断层活动习性研究，开展了断层带宽度与断层错距、断层摩擦增温与断层最后活动年代的实验研究。马瑾及其研究集体在此方面的实验研究被国内外学者认为是很有特色的工作，研究成果被广为引用。

4. 断层相互作用与块体运动

地壳被不同方向、不同尺度的活动断层所切割，形成活动块体。断层之间的相互作用和块体运动对地震活动的影响是马瑾始终关注的问题之一。她领导学生围绕断层相互作用和块体运动问题，开展了交叉断层、平行断层及其围限的块体运动的实验研究，通过对实验过程中应力-应变演化的观测，提出了断层相互作用的可能型式，分析了块体运动对断层失稳分布的影响，为应力触发地震和地震复发规律等研究提供了基础。同时，她把室内实验、数值模拟与野外观测资料的分析相结合，探讨了缝块系统变形对地震活动的控制作用。20世纪90年代初，马瑾提出共轭断层系的旋转与交替活动模型，对北京及邻区第四纪沉积盆地的分布、地球物理资料、现代形变测量以及现代地震活动给予了统一解释。1999年，她论证了活动块体在地震活动中的作用，明确提出了地震机理研究从断层中心论向块体中心论转变的观点，随后指导研究生对鄂尔多斯块体、川滇块体的运动和强震的关系进行了研究。

5. 断层物质与断层滑动失稳

断层带不仅具有复杂的几何结构，而且在介质成分上也是复杂多样的。断层物质的多样性无疑会影响断层的滑动性状，从而影响地震活动性。20世纪80年代初，马瑾与美国学者合作开始了与此相关的实验工作，随后领导学生在国内继续开展实验研究，较系统地研究了这一问题。通过大量高温高压实验，论证了断层物质对断层运动的影响。其中包括：实验研究了不同类型断层物质发生粘滑失稳的条件，以及温度、压力、孔隙压力等不同物理因素的交叉影响问题，分析了断层宏观力学性状与微观变形机制和相变之间的关系，讨论了预存断层面对脆性和塑性变形的影响。这一成果对认识地震发生条件和地震成因机制具有重要意义，其中有关变形显微构造的实验结果对构造地质研究也有重要意义。此项研究是国内高温高压岩石摩擦以及实验岩石变形显微构造方面最早的研究成果，在推动国内相关研究中发挥了积极作用，研究成果被国内外许多同行所引用。

6. 热红外信息与活动断层的关系

近年来空间对地观测技术的发展为地震科学的发展注入了新的活力，一些观测资料已被广泛应用于构造变形和地震活动的研究中，卫星热红外信息是其中的一种。针对卫星热红外信息应用于地震研究中存在的一些关键科学问题，马瑾及其研究集体开始了对卫星热红外信息与活动断层关系的探讨。即通过热红外遥感信息分析，查明热红外辐射异常图像时空演化，提取断层现今活动判别指标；通过岩石变形实验，探讨不同变形阶段热红外异常的机理；在此基础上分析断层现今活动习性及相互作用。他们已在地震与断层活动的热红外异常分析方面发展了若干实用的技术与方法，并且在热红外异常机理方面提出了一些新的认识。目前，她和其研究集体正通过室内实验、野外观测、卫星资料分析相结合的综合性方法，继续这一领域的研究和探索。

7. 构造物理实验室建设

以实验研究为重要基础的构造物理学，科学研究上的创新需要实验技术的不断发展。因此，马瑾始终把建设构造物理实验系统作为一项重要任务，领导同事和学生，根据研究工作的需求不断建设和发展实验设备和技术。20 世纪 60～70 年代，筹建相似材料实验室，把光弹和重力离心机等相似材料实验装置引入地学研究，70 年代后期开始建设岩石力学实验室，80 年代领导实验室发展高温高压岩石力学和岩石物理实验设备，90 年代领导实验室对主要加载系统进行全面数字化改造、研制新的实验加载系统、发展数字化物理场观测系统，从而形成了可研究地壳和上地幔物质物理力学性质、变形过程及其物理响应的构造物理实验室。

在马瑾等实验室创建者和随后进入实验室的一批科技骨干的共同努力下，几十年来构造物理实验室在技术创新方面取得了一系列成果，其中包括：研制了国内最早的固体介质和气体介质高温高压三轴岩石力学实验装置，先后研发了三代适用于岩石变形破坏研究的多通道数字化全波形声发射测量系统及声发射三维定位技术，研发了三代多通道数字应变仪及分析系统等。实验技术的不断发展和创新，保障了实验室在构造物理研究方面的不断深入和开拓创新，并带动了国内相关学科和实验室的发展。该实验室研发的多项设备和技术先后被国内十多家教学、科研和生产单位所采用。鉴于构造物理实验室在国内相关领域的带头作用和在国际上的影响，90

年代，中国地震局选择该构造物理实验室作为第一个正式对外开放的部门重点实验室。2003年，经国家科技部批准，以构造物理实验室为基础组建了我国地震研究领域第一个国家级实验室——地震动力学国家重点实验室。

在开展科学研究和建设实验室的过程中，马瑾非常重视青年人才的培养。1978年以来，她先后培养博士后、博士和硕士研究生近30名。这些学生大都成为国内外相关研究领域的骨干力量。此外，作为国家地震局地质研究所大地构造物理学专业第一位博士生导师，她为该所相关学科建设和导师队伍的培养建设做出了贡献。在青年人才的培养中，她鼓励创新思维和学术争鸣，努力创建宽松和谐的学术氛围，并尽力为年轻人创造学习和交流的机会。对于一个涉及地质和地球物理研究、机械和电子技术的实验室，团结协作的集体是最重要的。因此，她强调团队精神的培养，并以身作则，努力建设一个人格上人人平等、工作上各尽所能、学术上鼓励争鸣、生活上相互关心的研究集体。她正派的学风、诲人不倦的治学态度及甘当人梯的精神，受到学生们的尊敬和爱戴。构造物理实验室在几十年的发展历程中始终后继有人，得益于马瑾在青年人才培养方面的贡献。

脚踏实地、严谨求实，是马瑾始终崇尚和追求的治学风格。这一点从两个方面得以体现。第一，她的研究以实验室工作为主，为了使实验和理论研究不脱离实际，她十分重视野外调查，曾多次深入国内外多个典型褶皱区、活动构造区和强震现场开展野外调查和观测，并由此形成了特有的研究风格。第二，她极为重视第一手资料的获取，对于承担的每一项课题，始终坚持参加从原始数据获取、到资料计算处理、再到结果分析讨论的全过程。即使对研究生论文的审查，她也是从最原始的资料开始进行，对每个研究生，她都要抽时间参加其实验或计算等实际工作。直到今天，仍能在构造物理实验室看到马瑾亲自参加实验工作的场景，这正是她治学风格的真实体现。

三、马瑾主要论著

马瑾，钟嘉猷．1963．几种构造变形体的光弹性模拟实验研究//中国科学院地质研究所构造地质研究室．构造地质问题．北京：科学出版社：31-46.

中国科学院地质研究所破裂与震源力学组，广东省科技局新丰江地震总结组．1974．新丰江水库区微震震源力学的初步研究．地质科学，(3)：234-245.

中国科学院地质研究所四室模拟组．1974．地震前兆形变异常的实验研究．地震战线，(5)：234-245.

马瑾，张渤涛，袁淑荣．1980．唐山地震与地震危险区．地震地质，2 (2)：43-54.

马瑾，张渤涛，许秀琴等．1983．断层交汇区附近的变形特点与声发射特点．地震学报，5 (2)：195-206.

马瑾，莫尔，萨默斯等．1985．温度、压力、孔隙压力对断层泥强度及滑动性质的影响．地震地质，7 (1)：

15-24.

Ma J，Du Y J，Liu L Q. 1986. The instability of en-echelon cracks and its precursors. J Phys Earth，34（suppl）：141-157.

马瑾. 1987. 构造物理学概论. 北京：地震出版社.

Ma J，Ma S L. 1987. The role of fault material in fault movement and seismological significance. Earthq Res China，1（3）：361-376.

Ma J，Ma S L，Lei X L. 1989. Geometry and its relationship with seismicity in the Xianshuihe Fault Zone. Phys Chem Earth，17：131-142.

高文学，马瑾主编. 1993. 首都圈地震地质环境与地震灾害. 北京：地震出版社.

Ma J，Chen K P，Li Q Z，et al. 1993. Deformation of fault-block system and seismicity in Beijing area//Continental Earthquakes. Beijing：Seismological Press：423-430.

马瑾，马胜利，刘力强等. 1996. 断层几何结构与物理场的演化及失稳特征. 地震学报，18（2）：200-207.

Ma J，Ma S L，Liu L Q. 1997. Spatial distribution of anomalies in different stages before an earthquake//Proceedings of the 30th International Geological Congress，Volume 5. Utrecht：VSP：203-210.

马瑾. 1999. 从断层中心论向块体中心论转变——论活动块体在地震活动中的作用. 地学前缘，6（4）：363-370.

Ma J，Ma S L，Liu L Q，et al. 2002. Experimental study on patterns of fault interaction. Progr Nat Sci，12（10）：759-765.

马瑾，陈顺云，刘培洵等. 2006. 用卫星热红外信息研究关联断层活动的时空变化——以南北地震构造带为例. 地球物理学报，49（3）：816-823.

Ma J，Wang Y P，Chen S Y，et al. 2006. Insights into correlation between satellite infrared information and fault activities. Progr Nat Sci，16（4）：394-402.

马瑾，刘力强，刘培洵等. 2007. 断层失稳错动热场前兆模式：雁列式断层的实验研究. 地球物理学报，50（4）：1141-1149.

主要参考文献

陈树岩，马胜利. 2001. 在科学创新道路上不懈奋斗的女科学家——构造物理学家马瑾院士传略//中国地质大学校史编撰委员会编，赵克让主编. 地苑赤子——中国地质大学院士传略. 武汉：中国地质大学出版社：282-285.

马瑾. 2001. 我的第一志愿//中国科学院院士工作局编. 科学的道路. 上海：上海教育出版社：956-958.

撰写者

马胜利（1960～），陕西乾县人，中国地震局地质研究所副所长、研究员。主要从事地震构造物理学研究。曾师从马瑾攻读硕士和博士学位，并一直随马瑾从事科研工作。

任纪舜

任纪舜（1935～），陕西华阴人。地质学家。1997年当选为中国科学院院士。1955年毕业于西北大学。曾任中国地质科学院地质研究所大地构造研究室主任，中国地质学会构造地质学专业委员会秘书长、副主任、主任，中国地质学会常务理事，IGCP 321项“冈瓦纳裂离与亚洲增生”国际工作组组长；现任世界地质图委员会副主席，《地质论评》主编。长期从事中国大地构造和区域地质研究：确认华南为一加里东褶皱带，推论南中国海原为一前寒武纪地块；提出滇西为印支褶皱带，确立了从青藏高原到马来半岛这一世界上规模最大的印支造山带。首次在中国大地构造图上详细标绘了中国境内的板块缝合带，主笔《中国大地构造及其演化》，对中国大地构造进行了新的理论概括，发展了多旋回构造理论。研究中国东部滨太平洋域构造，撰写《中国东部及邻区大陆岩石圈的构造演化与成矿》等著作。主持中国大陆构造的多学科研究，出版1∶500万中国及邻区大地构造图及其简要说明，提出中国显生宙之构造演化集中体现为冈瓦纳裂解，亚洲增生，古亚洲、特提斯和滨太平洋三大构造域的形成。自2005年起组织亚欧20个国家的地质学家联合编制1∶500万国际亚洲地质图——亚洲第一幅带数据库的海陆地质图。发表论著200余篇（种）。曾获国家自然科学奖一、二等奖，李四光地质科学奖。

一、成长历程

时代给了他机遇，环境给了他空间，理想给了他动力，阅读给了他启迪。

任纪舜1935年2月6日出生于陕西华阴渭河平原一书香之家。父亲早年就职于北洋政府，后因不满官场腐败，弃官回乡，笃信佛教，在西安与友人联合开办慈善医院，扶弱济贫，并以“耕读、厚德”立为家训。任纪舜出生时正值抗日战争前夕，日本侵略者虽最终也未能渡过黄河占领他的家乡，但处于危难之中的中国国民无不被重重的危机感所包围，就连儿童也不例外。任纪舜永远不会忘记，他听到的第一首歌是《大刀进行曲》，看到的第一条标语是“还我河山”，映入眼帘的第一则校训是“礼义廉耻”，背诵的第一首诗是“白日依山尽，黄河入海流。欲穷千里目，更上一层楼”，认识的第一、二个字是刻在他家二门上的“耕读”。时代背景和生存环境决定了他和许多同龄人一样，从小就具有一种忧国忧民的意识和奋发图强的内动力，在他的潜意识里，爱国情绪始终在萌动着、活跃着。“读好书，学好本领”，“天下兴亡，匹夫有责”是他幼小年纪对祖国的最初承诺。任纪舜从小学一年级起年年学业优秀，他除了读书似乎没有更多的爱好。就读于农村小学的他，在800人报考只招收40余名的陕西省立西安一中，轻松取胜，3年后又因成绩优异被保送直接进入本校高中。任纪舜性格朴实，沉静好思，生长在华山脚下的他，从少年时代起对大自然就情有独钟。初中阶段，听地理老师讲水利专家李仪祉兴修泾惠渠、洛惠渠的故事，他曾有过长大后学水利治理黄河的梦想。可一本《中国地图集》却让他改变了航向：看到图上中国矿产分布东部星星点点，西部却空白一片。他不相信矿就只产在东边，他第一次萌生了要在西部有所发现的强烈愿望。20世纪50年代，全国上下欢欣雀跃，热气腾腾，建设时期的“游击队员”、“地下尖兵”成了有志青年向往的目标。时代的召唤，学校的教诲，再加上自己的理想与爱好，任纪舜理所当然地踏上了地质之路，西北大学（简称西大）很自然地成了他寻梦的起点。是西大，第一次从专业角度向他展示了何谓地球、何谓宇宙、何谓岩石和矿产、何谓河流和山川；是西大，向他打开了窥视地球奥秘之门。尽管所学知识还是浅显的、书本上的，但已使他激动不已：“我选择了地质，太好了!”他期盼头顶蓝天、脚踩戈壁的野外生活。中学时在地图上看到的西部那一大片空白是他挥之不去的情结，因此，毕业时他的志愿除了西北、西北，还是西北。但因工作需要，他却只在甘肃北山和河西走廊享受了3个月的野外生活；一纸调令，他到了北京地质部矿产普查委员会，不久即成了黄汲清先生的助手和学生。

有人说任纪舜机遇好，一出校门就遇到了知识渊博、道德高尚的科学巨匠。他自己更深知“经师易求，人师难得”的含义。先生虚怀若谷，直言不讳，思想开放，学风民主，对祖国不言二，做学问只崇真，成了任纪舜做人做事的行为准则。黄汲清对这位学生也倍加爱护，亲自指导，精心安排研究方向，并指派其去大学聆听王鸿祯等学养有素的老师授课，以夯实理论基础，拓展思维空间，丰富知识宝库。“读万卷书，行万里路”。多兵种的野外练兵，更是必修之课，重中之重。1956年，黄汲清让任纪舜随矿床学大师谢家荣、前寒武纪专家王曰伦到广西、贵州等海相碳酸盐岩分布区，考察石油天然气地质。1957年，他随老师黄汲清到中苏合作南岭区域地质测量队，进行野外填图等地质基本功训练。1958年，他随构造学家张文佑、陈国达陪同苏联学者赴湘粤赣闽进行野外地质考察。他实地领略了前辈们的工作作风，目睹了他们的工作方法——腿勤、眼快、手到、心细。边走边看边画边记，所见一切尽在图上，绝不搞事后“回忆录”。“用事实说话”这一优良学风和“时时刻刻注意观察”这一良好习惯，正是他从先辈们的工作实践中学来的。此期间，他还有幸接触了李四光、孙云铸、张伯声、别洛乌索夫、扬申等国内外众多顶级地质学家，他们对地质现象锐敏而准确的洞察，对地质问题高屋建瓴的思考，无不给他留下深刻印象。在某种程度上说，此时的他接受的是地质大师们全方位、多角度、高层次的指导和熏陶，任纪舜也正是在这一背景下开始了他的地质生涯。

时代车轮由五六十年代直至21世纪。50年来，任纪舜在国内足迹遍及20余个省（区），几乎跑遍了除喜马拉雅和藏北以外的中国各主要构造单元；在国外，他多次到日本和东南亚进行野外调查，考察了西伯利亚地台、俄罗斯地台、北美地台、阿尔卑斯、阿巴拉契亚和科迪勒拉造山带等世界著名的地质单元。50年来，他广纳博吸，从恩格斯的《自然辩证法》到毛泽东的《矛盾论》、《实践论》，从李四光的地质力学到板块构造学说，无不在他的研读之列。50年来，他也由一名青年学子发展成为黄汲清研究集体的中坚，并领导这一集体求真务实、一步一个脚印地前行。任纪舜本人曾用图表式的语言演绎了他的科研历程：研究中国大地构造从区域到全国，即从局部到整体，反复几个来回。20世纪50～60年代，研究华南，初涉全国，参加1∶300万中国大地构造图和1∶100万中国一套地质图件之编制；60～70年代，从川西、滇西到全国，主持编制1∶400万中国大地构造图，主笔说明书；80年代，中国东部万里行，撰写有关中国东部第一部构造专著，对该区构造提出了一系列新的理论构思；90年代，在总结70年代以来的最新研究成果的基础上，出版新一代中国大地构造图及《从全球看中国大地构造》；提出冈瓦纳裂离与亚洲增生的科学命题，作为国际工作组组长，成功地领导了IGCP 321项之执行。此后，又重点研究中国东部中生代构造、滇藏特提斯构造和秦岭多旋回。2005年开始，主持由亚欧20个国家100多位地质学家参加编制的1∶500万国际亚洲地质图。这是由世界地质图委员会（CGMW）倡议和组织编制的第一幅亚洲地质图，也是任纪舜一次更大范围的综合研究和科学实践。由区域到全国，再拓展到整个亚洲，是他半个多世纪的科研路径，也是他在科学崎岖道路上向上攀登的基石和台阶。

任纪舜以主要成员参与的1∶100万一套综合地质图件作为“中国地质图类和亚洲地质图”项目的重要组成部分，1982年获国家自然科学奖一等奖。1∶300万和1∶400万中国大地构造图，《中国大地构造基本特征》、《中国大地构造及其演化》作为“中国大地构造基本特征”项目的主要组成部分，1982年获国家自然科学奖二等奖。1995年，任纪舜以其优异的大地构造研究成果，获李四光地质科学奖。

二、主要研究领域和学术思想

“我这个人就适合搞地质”无疑是任纪舜的由衷之言。和他共事半个世纪的学长姜春发研究员曾风趣而中肯地评价任纪舜的治学学风：“说得好听叫执著，说白了叫一根筋。”他的老师黄汲清1985年在博士生导师推荐书上对其评价是：“能用锐利而敏捷的眼光分析地质成果，达到去粗取精、去伪存真的目的，对重大科学问题能深入探讨，穷追不放，必须达到水落石出。”几相对照，不仅形象而深刻地印证了任纪舜对事业的执著、虔诚与专一，而且道出了他执著的真谛、成功的源泉。

早在青年时期，任纪舜即根据在南岭、三江峡谷和松潘—甘孜地区的野外调查和专题研究，对华南和东特提斯构造提出了自己的见解：确认华南为一加里东褶皱带，纠正了当时对中国地质界影响很大的“前震旦纪地台”的错误认识；推断今日海水滔滔的南中国海曾经是一前寒武纪古陆，是华南早古生代沉积碎屑物质的供应基地；发现滇西为一印支褶皱带，向南延入印支半岛，向北进入川西、藏东，从而最终确立了从青藏高原北部经滇西到马来半岛这一世界上规模最大的印支造山带。这些发现当时曾引起国内外地学界广泛注意，论文1968年和1970年被美刊译成英文在 *International Geological Review* 转载，现已为数十年来进一步的科学实践所证实和肯定。任纪舜在对印支运动孜孜不倦的探索中，终于在70年代初揭示其深刻的内涵：印支运动揭开了全球中新生代构造发展阶段的帷幕，是一次具有划时代意义的构造运动，是地壳构造发展史上一个伟大的转折点。这一研究成果为黄汲清倡导的印支旋回提供了充分的理论依据。

70年代，他主持编制1∶1000万和1∶400万中国大地构造图。将原属中朝准地台的桐柏—大别山（淮阳地盾）划归秦岭造山带，对中国东部构造单元划分作了重大修正，之后高压-超高压变质带的发现为此做了验证；率先在1∶400万大地构造图上详细标绘了中国境内各时代的板块缝合带。主笔《中国大地构造基本轮廓》和《中国大地构造及其演化》，用多旋回和板块构造相结合的观点，全面论述了中国的构造旋回、构造单元、深断裂和深层构造，建立了构造演化模式，对中国大地构造进行了新的理论概括。

（1）从地质与地球物理、深层与表层构造的结合上，探讨了大陆与大洋、活动带与稳定区及其转化。指出由活动带转化为稳定区的过程，实质上就是壳-幔构造日益均一的过程，物质运动由活跃日趋缓慢的过程；反之，由稳定区向活动带的转化，则是壳-幔构造由均一走向不均一，物质运动由缓慢走向活跃的过程。

(2) 从全球构造和全球动力学角度出发，将黄汲清1945年提出的中国及邻区的三种构造型式发展为古亚洲、特提斯和滨太平洋三大构造域。提出大陆边缘活化带的概念，科学地解释了中国东部中生代构造-岩浆活化现象和中国西部新生代复活山系。指出中国东部大陆边缘经历了古生代大西洋式、中生代安第斯式到新生代岛弧-边缘海式的演化过程，中国西部则经历了从中生代特提斯海到新生代喜马拉雅山系和青藏高原形成的过程。

(3) 指出晚中生代以来，中国东部地形由高变低，地壳由厚变薄；中国西部则相反，地形由低变高，地壳由薄变厚，从而判断莫霍面并不是一个固定不变的界面，壳—幔之间不时发生物质的运移与转化。中国的莫霍面是喜马拉雅旋回以来逐步形成的，与新构造格局相吻合。

(4) 将中国大地构造演化概括为：古元古代中条（吕梁）旋回后，中朝准地台形成；新元古代扬子旋回后，古中国地台形成；兴凯旋回后，从中寒武世开始，古中国地台解体，中国古生代构造格局逐步形成；华力西旋回后，古亚洲大陆形成；印支旋回开始，古亚洲部分解体，中国中新生代构造格局逐步形成；新生代喜马拉雅旋回，现代构造地貌形成。

(5) 指出地壳构造的多旋回发展，是指构造运动及与之相关的各种地质作用的总和与集成，它的实质是陆洋两大基本构造单元相互作用和相互换化的必然结果。单纯的大陆增生论是不正确的，实际情况是，既有增长，也有破坏。一些地方大陆增生，另一些地方大陆遭受破坏；一个时期以大陆增长为主要趋势，另一些时期大陆破坏又占主导地位。

《中国大地构造及其演化》是在总结新中国地质工作近30年丰硕成果的基础上写成的一部系统著作，被誉为是继黄汲清1945年《中国主要地质构造单位》之后影响最大、最受欢迎的大地构造著作之一。出版后受到国内外高度评价，构造学家马杏垣称“蓝皮书[①]是中国地质学家必备的案头读物”。1980～1985年科学出版社曾连续4次印刷，印数达18 000余册；1986年和1987年由日本筑地书馆和科学出版社与Springer-Verlag分别出版日文版和英文版。地质学家毕庆昌来函（1990）称：“其影印本在台湾地学界广为流传，享有盛誉”。

80年代，任纪舜及其研究集体辗转于中国东部13个省（区），一年中有近半年时间跋涉在崇山峻岭之中，实地调查和研究我国东部滨太平洋构造域。与此同时，作为IGCP 224项目中国工作组组长，参与并组织“东亚前侏罗纪地质演化”研究，多次考察日本、东南亚和北欧亚地质。出版《中国东部及邻区大陆岩石圈的构造演

① 《中国大地构造及其演化》一书中文版的封面为蓝色，故有此称。

化与成矿》专著及《论中国南部的大地构造》、《论秦岭造山带》等10余篇论文，提出了关于中国和东亚大地构造新的理论构思。

(1) 提出中国东部及邻区诸陆块间多旋回缝合的思想。洋盆消失、陆-陆碰撞并不意味着陆块在动力学上已连为一体，陆块间的聚合一般都经历了由“联而不合”到完全“焊合”的过程。因此，中国东部的几条造山带都不是单一的碰撞造山带，而是多旋回复合造山带。蒙古—兴安和秦岭造山带，都是从加里东开始到燕山才最终完成其全部造山作用过程的。印支期，秦岭并不是洋盆消失后的陆-陆碰撞造山，而是海盆消失后大陆陆壳之间的叠覆造山。

(2) 从印支开始到燕山达到顶峰的中生代造山运动，一方面标志着中国东部各造山带多旋回造山之结束和诸陆块多旋回缝合作用之完成，另一方面更显示了环太平洋造山之兴起。这是我国东部显生宙最重要的构造动力体制转换时期，也是我国东部最重要的构造-岩浆成矿阶段。

(3) 根据日本列岛及其邻近海域的地质、地球物理资料分析，提出西太平洋古陆的推想。指出白垩纪初，由于西太平洋古陆与亚洲大陆碰撞，亚洲东部边缘曾经有过一个宏伟的燕山造山带和陆缘活化带。中晚白垩世以来，随着西太平洋古陆的裂解、沉没，新太平洋的形成，亚洲东部发生大规模的裂陷，形成边缘海盆和大陆裂陷盆地系统。因此，现今亚洲东缘并不是大陆正在增生的地区，而是原有大陆地壳正在裂解的地带。

(4) 中国东部地壳块体以秦岭—大别和天山—阴山两条深层构造带为界，分为华南、华北和蒙古三块，构造带总体呈近东西走向，与中国古生代构造格架一致；上地幔和地壳表层则以大兴安岭—太行山—武陵山重力梯度带为界分为东西两个大带，构造总体呈近南北走向，与中国东部中生代，特别是中晚白垩世以来的构造格架一致。这种地壳—上地幔不同层次的非耦合关系，即立体交叉态势，生动地反映了中生代以来这一地带构造格局的大改组和动力体系的大转变，即由古亚洲、特提斯体系向太平洋体系的转变。

(5) 印度次大陆与亚洲大陆碰撞而产生的碰撞-挤压型动力学体系，其构造应力主要影响四川、鄂尔多斯盆地以西地区，形成著名的青藏高原和中国西部复活山系；新太平洋及其裂解作用形成的引张-裂陷型动力学体系，其构造应力主要影响四川、鄂尔多斯盆地以东地区，形成中国东部裂谷盆地系统和西太平洋沟-弧-盆体系。四川、鄂尔多斯、蒙古以及北亚广大地区则是不受或少受两大动力学体系影响的地区，属于现今欧亚克拉通的主体。

(6) 提出到大洋中寻找丢失的大陆的科学命题。既要恢复消失在山脉中的海洋，也要力求寻找已经裂解、沉没于海洋中的大陆，只有尽可能同时追寻到地质历史中已经消失的洋盆和陆块，才能更准确地进行全球古构造的再造。提出不仅要注意水平方向的物质运动，更要研究垂直方向上固体地球各圈层间物质的运动和转化，以及能量的积累和消散，从而使任纪舜成为我国最早注意到用地球系统科学思想指导大地构造研究的学者之一。

黄汲清教授（1988）看了《中国东部及邻区大陆岩石圈的构造演化与成矿》一书手稿后十分兴奋，写道“作者收集、分析、消化了许多新资料，提出了许多新见解；气壮胆大，可喜可贺!”王鸿祯和马杏垣两教授审阅该书手稿后也同声称赞：“是一部多方面的地质基础理论与丰富实际资料相结合，具有大量创新见解而又形成一个较完整体系的重要学术论著。以构造为主，几乎包括了大地构造学中所有科学命题。”“非常有气势!”地球物理学家冯锐读后给作者来信说，“本书有很强的系统性和先进性，具有动态的运动的观点，把握住了从演化的角度研究构造的生命线，死板的、僵化的大地构造在本书中变成了东方巨龙。”该书在1990年出版即销售一空，1993年科学出版社又再次印刷，以满足读者需求。

90年代，他主持中国大陆构造和动力学的多学科研究，领导IGCP 321项目“冈瓦纳裂离与亚洲增生”，主编1∶500万中国及邻区大地构造图，撰写《从全球看中国大地构造》。“横看成岭侧成峰，远近高低各不同。不识庐山真面目，只缘身在此山中。”在新一轮中国大地构造研究的科学思路上，任纪舜特别强调要跳出中国，把中国放在全球构造的总框架中，从全球整体上看中国；在科学理论上，强调固体地球多圈层的相互作用，用渐变与突变相结合的螺旋式向前发展的旋回演化论作为指导思想，对中国以至亚洲的构造演化提出了更为深刻的见解。

（1）现今之中国大陆位于欧亚板块东南部，东侧为西太平洋贝尼奥夫带，南侧为印度板块北侧的消减带，这两条界线正是收缩的太平洋半球和膨胀的大西洋半球、收缩的北半球和扩张的南半球的交界线。在地质历史上，以中朝、扬子、塔里木为主体的中国大陆位于冈瓦纳与西伯利亚—北美（后来的劳亚）两个巨型大陆的交接过渡地带，属二者之间的转换构造域：古生代期间，位于古亚洲洋之南，属冈瓦纳大陆结构复杂的北部边缘；中生代时，位于特提斯之北，属劳亚大陆结构复杂的南部边缘。正是这种独特的大地构造位置，控制了中国的构造轮廓和资源环境的地质背景。

（2）与以一个大型或巨型克拉通为主体建造的世界其他大陆相比，中国所在的东亚大陆是由一些小克拉通、众多微陆块和造山带组合而成的复合大陆，是在显生宙才逐步形成的。因此，显生宙形成和再循环的大陆地壳，在中国占有特别重要的地位。按构造属性和发展历史，这些微陆块可分为亲西伯利亚、古中华和亲冈瓦纳三个陆块群。

(3) 显生宙期间，中国及邻区依次受古亚洲洋、特提斯—古太平洋、印度洋—太平洋三大全球性动力体系之控制，形成古亚洲、特提斯和滨太平洋三大构造域，以及相应的三大断裂体系。三大动力体系的依次作用、三大构造域以及三大断裂体系的复合叠加，使同一地区在不同构造阶段经受不同构造动力体制之作用，故中国的构造带一般都不是单一时代的单旋回构造带，而是多旋回复合构造带。昆仑—秦岭造山带即是一典型：加里东—华力西旋回，属古亚洲洋动力体系；印支—燕山旋回，属特提斯—古太平洋动力体系；新生代，它又成为印度与欧亚碰撞所形成的中国西部复活山系的一分子，从而使由康西瓦、昆中、商丹等断裂带组成的昆仑—秦岭主缝合带成为中国大陆上一条十分重要的多旋回缝合带，长期构成中国南北之间的地质分界线。由于构造动力体制的转换，同一地区的构造性质也随之转化。以渤海湾地区为例，古生代，它是中朝克拉通的重要组成部分；中生代，转化为中国东部滨太平洋陆缘活化带的一部分；新生代，它又成为渤海湾裂谷盆地。至于一些重要的断裂带，其性质转化就更为常见。正是这种构造体制的多次转换、叠加、复合，使中国大陆显示出十分醒目的镶嵌式结构，造成地壳—上地幔不同层次间的非耦合关系，使中国成为全球构造最复杂的一个区域。

(4) 显生宙中国及邻区大地构造演化，总体表现为冈瓦纳北部边缘的裂解和西伯利亚或后来的劳亚大陆的向南增生。在古亚洲洋闭合过程中，西伯利亚南缘为主动边缘，处于挤压背景之中；冈瓦纳北缘为被动边缘，处于拉张环境之下。古亚洲洋消失后发生的华力西造山作用，并不是两个巨型陆块直接相遇的硬碰撞、强造山作用，而是其复杂大陆边缘的软碰撞、弱造山作用。软碰撞后，陆块间并未立即焊合，只有经过特提斯—古太平洋和印度洋—太平洋动力体系的叠加、复合，经过多旋回缝合，它们才在动力学上连为一体。因此，软碰撞、多旋回缝合以及由此而产生的多旋回复合造山带、多旋回叠合盆地和多旋回构造-岩浆成矿作用，成为中国大地构造的突出特征。

(5) 在软碰撞、弱造山阶段一般并不产生超越构造带的大规模的逆掩断层和推覆构造，只有到了中新生代，北美大陆、西太平洋古陆、印度冈瓦纳与亚洲大陆依次碰撞，才发生强烈的大规模的逆掩断层和推覆构造。根据地质和古地磁资料判断，在北美大陆与亚洲大陆碰撞时，北美大陆是主动的，前者向后者推挤，使西伯利亚、中朝等陆块依次向南逆冲，其间地壳大规模缩短；在西太平洋古陆与亚洲碰撞时，西太平洋古陆是主动的，使中国东部遭受挤压和强烈的构造-岩浆活化；在印度冈瓦纳与亚洲碰撞时，印度次大陆是主动的，不仅形成了宏伟的特提斯山系，而且使东亚大陆整体发生顺时针旋转。

1∶500万中国及邻区大地构造图在第30届国际地质大会展出时，受到国内外地质界高度重视。CGMW构造图分会主席哈因称赞："该图充分体现了构造图的编图原则和编图方法。"前国际地科联（IUGS）主席Robin Brett书面致贺："版面编排非常合理、美观。在有限的小空间里承载了大量信息。说明书很详细，写得非常好，您有各种理由为此骄傲!"构造地质学家马宗晋评述："本图把黄汲清先生多旋回思想广泛地与板块构造核心思想结合，力求探索一条革新道路。深感其中有许多发现，是一种跳跃式的发展。"石油地质学家李德生来函称："多旋回叠合盆地的观点现已为中国半个世纪以来大规模的石油勘探实践所证实。此项研究成果将会促进中国含油气盆地与盆山耦合关系的深入研究。"

在大地构造研究中，任纪舜始终保持与矿产地质学家的密切联系，注意中国及邻区成矿地质背景的研究。石油是任纪舜在大学苦读苦研的专业，毕业后又参与中国第一轮石油普查，对其自有一份难以割舍的情怀和牵挂。早在1982年和1984年，他曾两次上书地质矿产部和中国石油学会，提出大陆石油普查战略西移的重要建议；21世纪初向国土资源部提交了加强我国油气工作的建议；最近他又根据中国与世界主要含油气区大地构造比较分析，特别指出，中国大陆上海相地层的油气勘探重点应放在塔里木、四川、鄂尔多斯三大多旋回叠合盆地，在海相地层直接暴露地表的地区，如滇、黔、桂等地，难以找到有较大经济价值的油气田。

目前任纪舜受CGMW委托，在中国地质调查局的大力支持下，正以CGMW副主席的身份，联合北欧亚分会、中东分会、海底图分会和亚欧20个国家的地质学家编制1∶500万国际亚洲地质图。这是CGMW首次主持编制的亚洲地质图，也是第一幅带数据库的亚洲海陆地质图。此次合作，虽然大家都有一个强烈的愿望和共同的目标——通过编图和综合研究把亚洲地质推向大陆地质和海底地质整体性研究的新阶段，但如何统一编图思路？如何协调各国科学家的工作？如何具体实现这一宏伟目标？凡此等等，不能不说是这一国际合作项目主持者所面临的重大挑战。任纪舜深知其难度和高度，但没有高起点，哪有超越和突破？他说："我几次承担重大任务，开始都往往是我力所难及的。但正是这一'难及'催我探索，促我更新，不敢懈怠，不畏艰辛。收获的除了经验和知识的积累，就是意志和能力的锤炼。"这是任纪舜对过去工作的回盼，也是他对新任务的应战。——"路漫漫其修远兮，吾将上下而求索!"

三、任纪舜主要论著

任纪舜. 1960. 试论中国东南部的大地构造性质. 地质评论，20（3）：132-133.

任纪舜. 1964. 中国南部泥盆纪前几个大地构造问题的初步探讨. 地质学报，44（4）：418-431.

任纪舜. 1965. 扬子准地台//地质部地质科学研究院主编. 中国大地构造基本特征——1∶300万中华人民共和国大地构造图说明书. 北京：中国工业出版社：57-90.

任纪舜，曲景川. 1966. 滇西兰坪维西一带印支地槽褶皱带之确定. 地质学报，46（2）：182-200.

黄汲清，任纪舜，姜春发等. 1977. 中国大地构造基本轮廓. 地质学报，（2）：117-135.

中国地质科学院地质研究所构造地质研究室（黄汲清教授指导，任纪舜主持编制）. 1979. 中国大地构造图（1∶400万）. 北京：地质出版社.

任纪舜，姜春发，张正坤等. 1980. 中国大地构造及其演化——1∶400万中国大地构造图简要说明. 北京：科学出版社.

黄汲清，任纪舜. 1982. 关于大地构造研究的几个重要问题//中国地质学会构造地质专业委员会编. 构造地质学进展. 北京：科学出版社：1-3.

任纪舜. 1984. 印支运动及其在中国大地构造演化中的意义. 中国地质科学院院报，第9号：31-34.

任纪舜. 1989. 中国东部及邻区大地构造演化的新见解. 中国区域地质，（4）：289-300.

任纪舜，陈廷愚，牛宝贵等. 1990. 中国东部及邻区大陆岩石圈的构造演化与成矿. 北京：科学出版社.

任纪舜. 1990. 论中国南部的大地构造. 地质学报，64（4）：275-288.

任纪舜，张正坤，牛宝贵等. 1990. 论秦岭造山带//叶连俊等主编. 秦岭造山带学术讨论会论文选集. 西安：西北大学出版社：99-110.

任纪舜. 1991. 论中国大陆岩石圈构造的基本特征. 中国区域地质，（4）：289-293.

Ren J S，Xie G L. 1991. Proceedings of First International Symposium on Gondwana Dispersion and Asian Accretion—Geological Evolution of Eastern Tethys. Beijing：China University of Geosciences.

任纪舜. 1994. 中国大陆的组成、结构、演化和动力学. 地球学报，（3/4）：5-13.

任纪舜，王作勋，陈炳蔚等. 1999.《中国及邻区大地构造图（1∶500万）》及简要说明《从全球看中国大地构造》. 北京：地质出版社.

任纪舜，牛宝贵，刘志刚. 1999. 软碰撞、叠覆造山和多旋回缝合作用. 地学前缘，6（3）：85-93.

任纪舜，肖黎薇. 2004. 1∶25万地质填图进一步揭开了青藏高原大地构造的神秘面纱. 地质通报，23（1）：1-11.

任纪舜，邓平，肖黎薇等. 2006. 中国与世界主要含油气区大地构造比较分析. 地质学报，80（10）：1491-1500.

主要参考文献

马秀兰. 1999. 地质科技研究者奖获得者：任纪舜//李四光地质科学奖委员会编. 1995年李四光地质科学奖获得者主要科学技术成就与贡献. 北京：地质出版社：175-181.

任纪舜，王作勋，陈炳蔚等. 1999.《中国及邻区大地构造图（1∶500万）》及简要说明《从全球看中国大地构造》. 北京：地质出版社.

撰写者

唐述楷（1936～），四川营山人。中国地质科学院地质研究所译审。

戴金星

戴金星（1935～），浙江温州人。天然气地质和地球化学家，中国煤成气的奠基者，无机成因气的开拓者之一。1995年当选为中国科学院院士，2011年当选为国际欧亚科学院院士。1961年毕业于南京大学地质学系。初期在江汉油田从事石油勘探，1972年以后在中国石油勘探开发研究院从事天然气地质和地球化学研究及勘探工作。曾任中国科学院地学部第八、九、十届常委，中国石油学会常务理事、北京市科协常委、AAAPG理事、国务院学位委员会学科评议组成员和国家自然科学基金委员会学科评议组成员等。1983～1998年任国家天然气重点科技攻关项目四任项目长（首席科学家）和副项目长，是我国天然气学科的主要带头人。在建立和发展中国煤成气理论、开辟煤成气勘探新领域、各类气鉴别理论、无机成因气及其气藏形成条件、大中型气田形成和控制条件及有利区预测诸方面贡献显著，对我国7个储量千亿立方米以上的大气田均在发现前数年就提出过科学预测，为中国天然气工业快速发展做出了重大的理论贡献。1986年、1991年和1996年先后三次获得国家科技攻关先进个人奖。1987年和1997年两次获国家科技进步奖一等奖，并先后多次获部级科技进步一、二等奖。2001年获何梁何利基金科学与技术进步奖，2010年获国家自然科学奖二等奖。

一、简　　历

1935年3月19日，戴金星生于浙江瑞安县霞川村（现划入温州市）一教师家庭。父亲戴在仁是乡村小学教师，当时工资仅每月50kg稻谷，由于家中人口众多，负担很重。因此，父亲还曾想过让他放弃读书，到温州三角城头一家铁工厂当学徒工。新中国成立后，戴金星才进了中学。戴金星的小学就读于霞川村小学和温州市九小（现瓦市小学）。在九小一次地理课上，林景晖老师要求同学们用石膏制作一个全国主要煤、铁、铜等矿产分布图，戴金星认真地做了一个，尽管做得很粗糙，却得到了老师的表扬，从此他萌发了为祖国寻找矿藏的想法。今天他之所以从事天然气地质、地球化学研究，就是受林老师的影响所致。

1961 年，戴金星从南京大学地质学系大地构造专业毕业后，分配在北京石油部石油科学研究院，仅待了半年，由该院组队到湖北的江汉油田工作。在这里，他发现天然气与石油相比，没有受到同等的重视，在国内几乎找不到全身心投入、系统研究探索天然气的人。于是他决定选择天然气地质和地球化学专业作为自己的专业目标和方向。在江汉油田的十年中，他把江汉油田图书馆的油气专业的藏书几乎读了个遍，从而为从事天然气研究和勘探奠定了基础。

1972 年，戴金星回到北京新组建的中国石油勘探开发研究院工作，决定以煤成气地质和地球化学为主攻重点。其间曾任天然气研究室主任。

1981 年，由他主笔的“煤成气概况”报告，被批作中央政治局会议参阅文件（1982）2 号的附件，这对国家决定在 1983 年把“煤成气的开发研究”列为“六五”（我国第一批）重点科技攻关项目，起到了至关重要的推进作用。由此，戴金星成为“煤成气的开发研究”攻关项目的技术负责人，并组织石油部、地质矿产部、中国科学院等部门力量协同攻关，使天然气新增探明储量 1335 亿 m^3，取得了显著的经济社会效益。

随后的“七五”、“八五”到“九五”计划，天然气都被列为国家科技攻关的优先项目。在这些项目的组织和带动下，以戴金星为首的课题组经过 20 多年艰苦卓绝的研究探索，解决了一系列制约天然气勘探的理论认识和技术难题。在起点比国外落后 20～30 年的情况下，推动我国天然气探明储量增长了 10 倍，取得了丰硕成果和巨大效益。

1983～1998 年，作为我国天然气学科的主要带头人，戴金星连续四次担任国家天然气重点科技攻关项目的首席科学家（项目长）和副项目长。通过 30 多年的天然气地质和天然气地球化学研究，他在建立和发展中国煤成气理论、开辟煤成气勘探新领域、各类天然气鉴别理论、无机成因气及其气藏形成条件、大中型气田形成和控制条件及其有利区预测诸方面，都有重大建树和贡献。对我国 7 个储量千亿立方米以上的大气田的发现，他在 4～15 年之前就提出科学预测，为“西气东输”提供了资源基础，为中国近期天然气工业快速发展做出了重大的理论贡献。

迄今为止，我国天然气探明储量中的 70%应归功于煤成气理论的建立，煤成气理论至今仍然在指导中国天然气的勘探。戴金星正是这项科学理论的奠基人，因此他被誉为中国“煤成气先驱”和“天然气之父”。

1995 年，戴金星当选为中国科学院院士，2011 年当选为国际欧亚科学院院士。他是全国政协第九届委员会委员，中国科学院地学部第八、九、十届常委，国务院学位委员会第四届学科评议组成员，国家自然科学基金委员会第七、八届学科评议组成员，中国石油学会常务理事，北京市科协常委，AAAPG 理事，中国地质学会地质学史研究会副会长，南京大学、浙江大学、中国科技大学、西北大学、中国石油大学和中国海洋大学兼职教授，天然气地球化学国家重点实验室学术委员会副主任，《石油勘探与开发》和《天然气地球科学》主编，《石油学报》编委会主任，《中国科学（D辑）》和《天然气工业》等6种杂志编委。现为中国石油勘探开发研究院教授级高级工程师、博士生导师，中国石油大学（北京）双聘院士和中国石油化工股份公司石油勘探开发研究院高级科技顾问，享受国务院政府特殊津贴。

二、主要科学研究成就、学术思想及其影响

戴金星长期从事天然气地质和地球化学研究，在国内外刊物上发表论文270多篇，先后出版《天然气地质学概论》、《中国天然气地质学》等专著26部。

（一）主要科学研究成就

1. 奠定了我国煤成气理论

在戴金星主持国家“七五”重点科技攻关项目期间，揭示了我国大中型煤成气田天然气组分和同位素特征，通过模拟实验研究了烟煤显微组分的成烃特点，在此基础上对煤系的倾气倾油性、煤成大中型气田形成的地质条件等进行了综合研究，并指出了后续有利勘探方向。

20世纪70年代，我国石油地质学家对煤成气还不很了解，只有少数学者开展探索研究。1987年第一次全国油气评价预测时，预测我国煤成气的资源量为$10.8\times10^{12}m^3$，当时对此还有不同认识和疑虑。戴金星凭借多年的知识积累和对该领域国际前沿的把握，适时提出煤可以成气，并且能够形成大中型气田的论断。煤成气理论提出的意义在于发展了天然气成因新理论，提出新思路，开拓新领域，使中国指导勘探天然气的理论，从一元论进入二元论（油型气和煤成气），大力推动了我国天然气事业的发展。

戴金星较全面地揭示了煤系及其与烃类有关的有机地球化学特征，对我国煤系烃类有机地球化学形成和发展起到了推动作用。他根据大量实测资料综合研究，导出了我国煤成气和油型气甲烷碳同位素和成熟度的关系回归方程，这个定量指标为有效鉴定我国煤成气提供了重要基础。他提出的一套鉴别煤成气的综合指标，比国外一般仅从天然气组分及其有关同位素鉴别指标，有了很大发展。1983年，他提出要把气源岩及其衍生物作为一个有机整体研究，从而扩大了指标项目和范畴，提出了鉴别煤成气的系列组合性指标。

2. 建立了系统的天然气成因类型鉴别理论和方法

天然气是目前世界三大能源支柱之一，是重要的燃料和化工原料。烷烃气是天然气具有工业效用的精髓，是天然气中用途最广泛、含量最多、最常见的组分。世界包括我国具有工业价值的天然气，绝大部分以具有高含量烷烃气为特征。鉴别各类烷烃气，可确定天然气的成因从属，是油气运移、气源对比的一种研究方法，为探索天然气富集规律及勘探方向提供依据，对生产和科学研究均具有重要意义。

戴金星密切关注国内外研究动态，通过“六五”和“七五”计划期间的攻关研究，提出了鉴别各类成因（有机的、无机的、生物气的、油型气的、煤成气的）烷烃气和二氧化碳的 4 类 21 个指标，从而达到判别各类成因天然气的目的。他概括出的多指标综合鉴别标准，可用来鉴别天然气组分来源，以及天然气的成因属类，比单一指标鉴别更可靠。他还强调一定要把用指标识别气的成因类型与具体地质条件结合起来。相关的研究成果，具有世界先进水平，其中一些指标为世界领先。

3. 揭示了大中型气田形成的主控因素和分布规律

“八五”计划期间，戴金星主持了国家重点科技攻关项目“大中型天然气田形成条件与分布规律”，系统剖析了大中型气田形成的主控因素和分布规律。一是生气中心及其周缘有利于大中型气田的形成；二是成气区内与大型古隆起有关的圈闭易形成大中型气田；三是潜伏的低、中阶煤系中或与其关联的上、下大中型圈闭是大中型气田发育的有利场所；四是成藏期晚期形成大中型气田概率高；五是生气区内大面积孔隙型储集层发育有助于形成大中型气田；六是良好区域盖层有利于大中型气田形成和保存。这些理论有效地指导和推动了中国天然气的勘探和开发进程，如生气中心及其周缘（生气强度大于 20 亿 m^3/km^2）控制大中型气田的形成和分布，至今仍在指导我国天然气的勘探。

4. 提出了无机成因天然气理论的科学鉴别依据

无机成因油气论是指油气的组成元素是非生物源的，其形成与生物作用无关，而是无机化学作用的结果。无机成因油气田是指其中占绝对优势的组分或各组分均是无机成因的。从 18 世纪中叶无机成因油气论产生至 20 世纪 70 年代，是以地质为主，特别是以大地构造臆测为基础的古典无机成因油气论阶段，其特征是不主要从油气本身地球化学角度来定量研究油气无机成因，而多以地质推论来阐明油气无机成因，从而导致无机成因油气论处于兴短衰长的被动局面。

戴金星提出存在无机成因的天然气。他探讨了烷烃气和二氧化碳的死亡温度，说明在高温的地球深处有无机成因气存在，研究并提出了鉴别有机成因和无机成因烷烃气、鉴别有机成因和无机成因二氧化碳的指标。分析了我国各主要含油气盆地中无机成因气及其气藏，认为我国中西部主要含油气盆地缺乏形成无机成因烷烃气和二氧化碳气的基本条件，而东部裂谷带含油气盆地中的高含二氧化碳气藏均属无机成因，部分烃类气藏也是无机成因的，其成藏与断裂构造及新近纪地质时期火山活动密切相关，如近年来发现的松辽盆地徐深大气田。

5. 提出了高硫化氢气田勘探和研究方案

含硫化氢天然气已成为我国天然气资源的重要组成部分，我国目前已在四川盆地、渤海湾盆地、塔里木盆地和准噶尔盆地发现了许多含硫化氢气藏。

随着我国对能源，特别是对绿色能源天然气的需求日益增长，对高硫化氢气田的勘探开发逐渐被提到日程上。由于硫化氢剧毒，当吸入浓度 1000mg/m^3 的 H_2S 时（相当天然气中含硫化氢 0.064%），会在数秒钟内发生闪电型死亡；同时硫化氢化学性质很活泼，会对钻井的钻杆、套管、集输管线产生强烈的腐蚀作用，形成“氢脆”，导致重大安全事故。而四川盆地中 2/3 的气田均含硫化氢。因此，研究如何安全高效勘探开发硫化氢气藏是当务之急。

针对高硫化氢天然气勘探开发的需要，戴金星于 2004 年明确提出科学安全勘探开发高硫化氢天然气田的建议。通过他带领的课题组几年的攻关，深化了对高硫化氢气藏形成机理的认识，这对预防和避免硫化氢天然气勘探开发中存在的安全问题具有重要意义。

（二）学术思想及其影响

戴金星治学态度严谨，密切关注国内外研究的发展动态，始终站在学科的前沿领域，在天然气基础理论和指导勘探实践方面做出了重大贡献。他以其渊博的学识、敏锐的洞察力和辛勤的劳动，不断开拓天然气研究的前沿领域和油气勘探的精细与深化。他严谨治学的学术态度和谦和可亲的风范时刻影响着他人。

1. 中国“煤成气先驱”

油气资源关系到国民经济的命脉。20 世纪 70 年代，当时由于“要油不要气”，天然气研究得不到重视。而且大多数学者认为天然气无非是甲烷、乙烷、丙烷、丁烷，比较简单，不像石油那样复杂，有大文章可做。在这样的氛围下，中国天然气的勘探和科研都被排斥在议事日程之外。

“当时选择天然气做研究实属不易”，戴金星感慨地说，“特别是当时学术界对煤成气存在争议，相当一部分学者认为煤成气成不了工业规模的气藏，缺乏工业价值，这是最大的屏障。”

但在深入调研和分析我国沉积盆地含煤地层后，戴金星满怀信心地认为，煤成气不仅可以形成工业规模的气藏，而且可以形成大气藏。在“文化大革命”后期，他率先提出了“煤成气”概念，随后发表了《成煤作用中形成的天然气和石油》（1979）和《我国煤系地层含气性的初步研究》（1980）两篇开创性的学术论文。从此，在他的倡导和推动下，中国“煤成气”这个重要而崭新的领域被掀开。

2. 中华气样第一人

伴随戴金星的是堆积如山的各种资料，萦绕他脑海的是许许多多的科研课题，常挂在他嘴边的是作为座右铭的“勤字八诀”：勤作、勤读、勤思、勤创。

“勤作”是实践的基础，也是他取得翔实第一手资料的根基。多年来，他以“山岳为书本，化石为文字，惟为神州好，立意读天书”这首诗作为自勉，到野外考察和取样。他先后取油气田气、瓦斯气、生物气、火山气和幔源气样1600多个，积累了近3万个气组分及同位素数据，为各类天然气鉴别和碳、氢、氦、氩同位素研究奠定了基础，被誉为“中华气样第一人”。

“勤读”是继承和启迪，使人了解前人的研究成果，选定创新的方向。而他的勤读，近乎“痴情”。20世纪50年代，他就是南京大学阅览室“著名”的占座位“积极分子”；60年代，他是五七（江汉）油田图书馆“第一科技读者”；70年代至今，他是石油勘探开发研究院图书馆，特别是期刊室的“常务读者”。凡是到过他办公室的人，均被他丰富而齐全的油气地质书籍所吸引。

如今，他收集了《石油学报》、《石油勘探与开发》、《石油与天然气地质》、《天然气工业》、《天然气地球科学》与《化石》等从创刊以来的整套合订本。他以畅游在书山刊海中为快，为此，他还做诗抒怀：“书刊为粮，钢笔作筷；读好书，三天三。摘记似林，资料如山；好读书，永无闲。”

“勤思”，是勤作和勤读的升华，也为他的“勤创”诞生灵感。对于“勤创”，他主张“论文主执笔者就是第一作者”，并视其为优良传统。对此，他率先垂范。至今，在他公开发表的论文中，有168篇均是他主笔，同时也以第一作者署名。戴金星经常对他的学生说，作为一名硕士、博士或者博士后，实现主执笔者同时又是第一作者署名并不难，不管以后学术地位怎么变化、职位怎么变化，都要保持这一传统美德。

至今，他已公开发表272篇论文和26部著作。2006年他的论著被CSCD引用267次，在中国科技论著引用排名中居第三。他的论著被CSCD引用3620次，其中他引3186次；被CSI引用1406次，其中他引1171次，是我国油气地质界论文被引用频次最高者。

3. 严谨治学的作风

戴金星压缩了他所有的人生爱好，全身心地投入到科学研究中。他是勤者，更是智者。他秉承了既大胆又审慎，既脚踏实地又富有创新精神的作风。

戴金星认真执著的优良作风，体现在工作的每一个细节。写文章时，他认真核对每一个数据，甚至连每一句话、每一个标点符号都不放过。对于参考文献这样的细节，他从不马虎，必到图书馆一一查文献核实，力求做到毫厘不差。他经常跟学生说，发表论文和著作要重视文献，这既尊重了前人的成果，又便于读者对某个观点进行深入的研究和检索。

对于别人在学术文章中的错误，他也很关注。某学术期刊曾刊出一位知名专家的文章，他读后发现几处错误，于是就打电话给该刊编辑部问事情缘由，发现稿件未外审，他就强调："任何专家的稿件都应该严格审评，专家也会有错误，审其稿并避免万一错误，其实是对专家最好的爱护。"每次为他人书稿写序，他都会认真通读书稿，并及时纠正书中的错误，然后再作序。当然，这也成了他平时最耗费精力和时间的工作之一。

对于学术腐败，他一向深恶痛绝。他曾揭露过一些评审考核鉴定中的不正之风：评委要熟人、老同学、老同事；评价要高水平，不是"国际先进水平"就是"国内领先"；评论要赞扬者；不要会提意见的评委；不要科学态度严谨的评委；不要不同意见的人等。另外，近年来，许多"攻硕"、"攻博"的领导干部，入学大都不需经过统一考试，一般是经过各校单独命题考试被"单招"的。因此他建议，国家在提拔干部时要综合考虑学历、能力和品德，领导干部更要讲真才实学，起模范带头作用。

4. "布衣院士"的君子风范

戴金星从不宣扬自己，也从不为别人不理解他而恼怒。谦虚使他积聚了更加雄厚的人格魅力和君子风范。他始终视自己为一布衣，"布衣院士"的称号由此而生。确实，他并没有在研究院任过要职，是地地道道的"平民院士"。

在拥有一流水平和一流师名的同时，他依然保持磊落的胸怀和可贵的谦逊。无论什么场合，他都没有一点架子，尊重他人，与广大科技工作者融为一体。

在生活上，他和老伴过着淡泊、俭朴的生活。他从不喝酒，也不抽烟，只喝清茶，更没有别的嗜好。对于社会弱者和公益事业等，他却总是慷慨解囊。有一次他搬家，在得知搬运工搬一趟才 6 元钱，而搬家费大部分被搬家公司老板赚走后，他毫不犹豫地另给了每个搬运工 100 元钱。他对学生更像对自己的孩子，总是给予慈父般的关心爱护。不少学生家里的被褥、家具等，都是他赠予的。

在学术上，他也乐于助人。当他发现一位同事发表论文不多时，就主动把自己积累的第一手资料给他，当论文发表时让该同事为第一作者。他为学生提供第一手天然气碳、氢同位素资料的事例则更多，当学生在期刊上发表论文时，他常不同意署他的名。

5. 青年一代的良师益友

地质勘探具有高风险、长周期的特点，往往需要几代地质学家的努力，才能赢得一个发现或突破。因此，戴金星认为，对石油地质勘探的认识，“江山代有人才出”尤为重要。有人说，他对待学生，就像农民对待自己的庄稼地一样，棵棵苗子都充满希望，而株株都要精心培育。

在培养年轻人方面，他采取“让、争、推”，希望学生都能成为栋梁之材。他先后两次把美国学者邀请他参加 AAPG 年会的机会让给同事和学生；他指导几位崭露头角的年轻学者申请国家重点科技攻关专题、973 项目专题等；他为年轻人争取国家青年自然科学基金修改申请书……为了推动年青一代学者走向世界，他经过周密细致的调研，并结合专业特点，为他们争取参加“The Society for Organic Petrology”（有机岩石学学会）年会的机会。

桃李不言，下自成蹊。与众多已经大名鼎鼎的科学家相比，戴金星算是一颗沉默的“金”。正是这种沉默，创造着光辉。回首戴金星所走过的人生之旅，是一条锲而不舍、不断艰辛探索的路，更是一条心系国家能源需求，想油气、盼油气、为国家能源可持续发展做贡献的路。

三、戴金星主要论著

戴金星．1979．成煤作用中形成的天然气和石油．石油勘探与开发，(3)：10-17.

戴金星．1980．我国煤系地层含气性的初步研究．石油学报，1 (4)：27-37.

戴金星．1985．中国含硫化氢的天然气分布特征、分类及其成因探讨．沉积学报，(4)：109-120.

戴金星，戚厚发，宋岩．1985．鉴别煤成气和油型气若干指标的初步探讨．石油学报，(2)：31-38.

Dai J X，Qi H F，Song Y，et al. 1987. Composition，carbon isotope characteristics and the origin of coal-bed gases in China and their implications. Sci China Ser B，30（12）：1324-1337.

戴金星，裴锡古，戚厚发主编. 1992. 中国天然气地质学（卷一）. 北京：石油工业出版社.

戴金星. 1992. 各类烷烃气的鉴别. 中国科学（B辑），(2)：187-193.

戴金星，陈英. 1993. 中国生物气中烷烃组分的碳同位素特征及其鉴别标志. 中国科学（B辑），23（3）：303-310.

戴金星，李先奇. 1995. 中亚煤成气聚集域东部气聚集带特征. 石油勘探与开发，22（5）：1-7.

Dai J X，Song Y，Dai C S，et al. 1996. Geochemistry and accumulation of carbon dioxide gases in China. AAPG Bull，80（10）：1615-1626.

戴金星，王庭斌，宋岩等. 1997. 中国大中型天然气田形成条件与分布规律. 北京：地质出版社.

戴金星，宋岩，张厚福等. 1997. 中国天然气的聚集区带. 北京：科学出版社.

Dai J X，Song Y，Zhang H F. 1997. Main factors controlling the foundation of medium-giant gas fields in China. Sci China Ser D，40（1）：1-10.

戴金星，戚厚发，王少昌等. 2001. 我国煤系的气油地球化学特征、煤成气藏形成条件及资源评价. 北京：石油工业出版社.

戴金星，胡见义，贾承造等. 2004. 科学安全勘探开发高硫化氢天然气田的建议. 石油勘探与开发，31（2）：1-4.

Dai J X，Xia X Y，Qin S F，et al. 2004. Origins of partially reversed alkane $\delta^{13}C$ values for biogenic gases in China. Org Geochem，35（4）：405-411.

Dai J X，Li J，Luo X，et al. 2005. Table carbon isotope compositions and source rock geochemistry of the giant gas accumulations in the Ordos Basin，China. Org Geochem，36：1617-1635.

Dai J X，Yang S F，Chen H L，et al. 2005. Geochemistry and occurrence of abiogenic gas accumulations in the Chinese sedimentary basins. Org Geochem，36：1664-1688.

Dai J X，Li J，Ding W W，et al. 2007. Geochemical characteristics of natural gas at giant accumulations in China. J Pet Geol，30（3）：275-288.

Dai J X，Zou C N，Qin S F，et al. 2008. Geology of giant gas fields in China. Mar Pet Geol，25：320-334.

主要参考文献

戴金星. 1998. 天然气地质和地球化学论文集（卷一）. 北京：石油工业出版社.

戴金星. 1999. 中国煤成气研究二十年的重大进展. 石油勘探与开发，26（3）：1-10.

戴金星. 2002. 天然气地质和地球化学论文集（卷三）. 北京：石油工业出版社.

戴金星. 2005. 勘探的盛世、研究的丰年——中国国家天然气科技攻关20年学术研讨会论文专辑序言. 石油勘探与开发，32（4）：1-2.

戴金星. 2005. 天然气地质和地球化学论文集（卷四）. 北京：石油工业出版社.

撰写者

陶士振（1966～），安徽阜阳人，教授级高级工程师，博士后。主要从事油气成藏机理与分布规律综合研究。

朱光有（1975～），河南南阳人，高级工程师，博士后。主要从事天然气地质地球化学和沉积储层研究。

欧阳自远

欧阳自远（1935～），江西上饶人。天体化学和地球化学家，中国天体化学的开拓者。1991年当选为中国科学院学部委员（院士），2003年当选为第三世界科学院院士。1956年毕业于北京地质学院，1960年中国科学院地质研究所研究生毕业。主要从事地球化学、天体化学、空间科学的研究。曾任中国科学院地球化学研究所所长、中国科学院资源环境科学局局长、德国马普核物理研究所客座研究员等职；现任中国绕月探测工程首席科学家、应用专家委员会主任，天津理工大学、贵州大学名义校长等。1960年开始，在我国率先系统开展各类地外物质（陨石、宇宙尘、月岩、玻璃陨石）和比较行星学研究，开创了中国的天体化学，建立了铁陨石成因的假说、吉林陨石形成演化模式与多阶段宇宙射线照射历史的理论；在国际上首次发现了地质体中消融型宇宙尘并提出判据系列，进而划分了宇宙尘成因类型；对太阳星云化学不均一性与化学演化过程，行星模式丰度，行星与地球大气圈、水圈及内部圈层的起源与演化，地球能源与演化阶段等研究领域提出了一系列新模式、观点与理论；论证了中国白垩系/第三系界面撞击事件，建立了地外撞击诱发古气候旋回的假说，以及新生代6次巨大撞击地球事件诱发气候环境灾变与生物灭绝效应等理论观点；建立了地球原始组成的非均一性与演化的非均变性理论框架；制定了我国月球探测工程分三个发展阶段的科学规划及其科学目标和探测任务要求。曾获全国科学大会奖、国家自然科学奖三等奖、中国科学院自然科学奖一等奖、中国科学院重大科技成果奖等。

一、成长历程

1935年10月9日，欧阳自远出生于江西吉安（旧称庐陵）一个以开药房为生的普通家庭。巍峨雄伟的井冈山，苍松翠竹，山泉清澈，大自然鬼斧神工的创造，对童年时代的他产生了深刻的影响。童年的欧阳自远尽管生活在动荡年代和不富裕的家境，但因叔叔在学习上的特别关爱，让其受益终身。叔叔深受庐陵文化的熏陶，许多典章名篇烂熟于心，尤其是一手好字，铁划金钩、形神兼具，自然就成为了童年的欧阳自远的启蒙老师：日日东方拂晓，叔叔都会在硬板纸上写上二三十个字，让欧阳自远认识、记住，要求其在字形上比较、在字义上揣摩；每天都留下几道算术题让欧阳自远自行学习、完成，临睡前则一一检查。欧阳自远回忆道："让我终生难忘的正是叔叔对我学习上的细心指导、谆谆教导和严格督导，使我自小养成了自觉自律、独立思考的习惯。"

在中学学习地理时，他对天文学产生了浓厚的兴趣。夏夜，望着满天繁星，脑海里浮现出"嫦娥奔月"、"牛郎织女"的故事、传说，冥想着其中的奥秘。1952年高中毕业时，正值国家开展大规模的经济建设，需要大批地质工作者去探明地下的宝藏，国家提倡和鼓励学生报考地质专业，历史的使命感使他违背了父母希望他学医的愿望，也与他少年意欲"上天"的遐想相悖，他以第一志愿报考了北京地质学院。

对科学如饥如渴的4年大学生活，积淀了他丰厚的知识本底，拓宽了他思维的触觉，陶冶了他对地球科学的浓厚兴趣，培养了他分析问题、解决问题的初步能力。20世纪50年代，一篇论据充实、准确而独具见解的《寿王坟夕卡岩型铜矿的成因》的毕业论文，揭开了他遨游科学世界的第一页。

正是出于对地质学的浓厚兴趣，大学毕业后，他报考了以学风严谨著称的矿床地球化学家涂光炽教授的研究生，从事长江中下游铜、铁矿床成矿规律的研究。研究生毕业后，在侯德封教授指导下从事核地质学等研究工作。两位严师科学的治学方法和谆谆教诲对他以后的科研道路和治学态度的形成产生了重大的影响。如"设想要海阔天空，观察要全面细致，立论要有根有据"，"在科学上要敢于标新立异，还要有毅力沿着新的方向坚持下去"，"根深才能叶茂，基础要打好，果实才丰满"。每每回忆起这段往事，他都深有感触。他常对周围的同事说："如果说我在科学事业方面有所建树的话，那都是与前辈的亲切关怀和指引分不开的。"

正是在严师的言传身教下，欧阳自远在学生年代就养成了严于律己的行为风范、敏于思考的工作风格和标新立异的思维方式，而这种风范、风格和方式也伴随了他走过后来的50多年的风风雨雨。

二、主要科学成就和学术思想

1. 历史责任感——开创天体化学新学科

1957年，苏联发射了人类历史上第一颗人造地球卫星。当时，正在攻读矿床学专业研究生的欧阳自远，就敏锐地意识到人类的"太空时代"即将来临，30年甚至50年以后的地质学，必然与探测太阳系的研究成果相联系。他冷静地分析了当时地质学的研究状况后发现，地质学并不深究地球的起源和各圈层的形成演化过程，也不研究元素及元素丰度的起源及其在地球上不均匀分布的起因，更不理睬地球作为太阳系的一员与其他行星演化上的共性与特性；一些局部的认识无限制地被扩展到全球，而缺少整体性、综合性的深刻理解。要加深对上述问题的理解，就必须“脱离”地球去研究地球，“跳”出地球，把地球当成天体中的一个成员，才能看清地球。空间科学的发展将使人类在更大的时空尺度里整体性地加深对地球的认识，这是地球科学发展新的生长点。他深感要开拓这片科学的处女地，必须抓紧时机，着手准备，打好基础，开展前期研究。

在开始调研这个领域的进展时，他深感当时的知识领域不够宽广，无法适应将要开展的研究领域的需要。于是开始自学天文学、物理学、空间科学等领域的有关知识，同时把研究的触角伸向“天外来客”——陨石。20 世纪 60 年代中期，为了打破两个超级大国的核垄断，国家于 1964 年初组织了一支多种学科相结合的综合研究队伍，承担我国地下核试验场和试验前后的地质综合研究。他们提出了地下核试验场的地质地球化学条件，确立了我国第一个地下核试验场。随之，他和他的小组相继参与了第一次、第二次地下核试验、高空核爆炸、触地核爆炸试验等方面的重要研究任务，为祖国争得了荣誉。

通过这些国家项目的研究，加深了他对地球能量与地球演化之间关系的认识。同时，也为他今后从事有关合成矿物学、核爆岩石学、冲击变质学、元素地球化学、核素地球化学、水文地质学、岩石力学、实验地球化学和核子地质学等方面的研究，提供了有效的知识储备。在十几年工作积累的基础上，他于 1973 年出版了《核转变能与地球物质演化》专著。该书在严格的核物理理论的约束下，对地球演化的能量体系提出了一个定量表征的框架。指出地球物质的演化取决于地球内能的产生、传输、积累与释放的过程；地球的内能来源于重力调整、物质相变和核转变（核衰变、重核裂变和低能核反应），核转变能是地球演化的主要能源。同时，根据他的计算，在专著中作出了两点成功的预测：①根据元素起源理论，地球形成初期天然铀中 ^{235}U 的丰度比 ^{238}U 高，在有适当的中子慢化剂存在的条件下（水、碳质）可以产生链式反应。经计算，距今 18 亿年前天然铀具备产生链式反应的条件，有可能在 18 亿年前古老的地质体中发现天然核反应堆，越老的富铀地质体中，天然铀的 ^{235}U 丰度越高，形成天然核反应堆的几率就越大。后来，在非洲加蓬共和国发现的 18 亿年前的奥克洛天然核反应堆证实了计算的可能性。②根据元素起源理论的计算，地球形成初期存在着大量短、中寿命的核素，现今已灭绝。通过地壳中的核反应过程，在自然界可能存在如锝（Tc）、钷（Pm）、镎（Np）、钚（Pu）、锔（Cm）甚至镅

(Am) 等“自然界不存在”的元素。后来，不少学者从事这方面的探索，在自然界发现了一系列的“人工元素”。

世界上规模最大的一次陨石坠落事件——1976 年吉林陨石雨事件，给地质工作者提供了极好的研究时机，我国组织了以欧阳自远为首的由全国有关研究单位及高等院校参加的一个全国性联合科学考察组，对吉林陨石进行了深入而系统的综合研究。考察组研究内容涉及岩石学、矿物学、化学组成、有机质、年代学、同位素组成、热变质、宇宙线辐射、天体力学、碰撞演化史等方面，并先后与美国、德国、瑞士和日本等国进行合作，发表了一系列具有国际先进水平的论文。经过多年的探索，欧阳自远在国际上首次提出了吉林陨石多阶段宇宙线暴露模式和吉林陨石形成演化模式，该模式已成为陨石学研究领域上的一个模式，被国外科学家广泛引用。在系统研究陨石的基础上，顺应科学技术发展的节奏与规律，先后开展了高空 (33～38km)、海底和地层中的宇宙尘，以及月球岩石等地外物质的研究，进而结合太阳系各行星的探测成果，进行比较行星学的理论研究和实验模拟。随着全球变化研究的深入进行，又开展了地球历史中地外物体撞击诱发气候和环境灾变与生物灭绝过程的研究，并从地球原始不均一性的形成与演化探讨全球构造演化与成矿控制。这些自成体系的研究工作，为其后来构筑起我国天体化学的理论框架打下了坚实基础。随着研究工作的深人和继续，又及时地进行了理论总结和升华。1988 年，他完成了代表性著作《天体化学》。国际同行专家评价道：“从世界范围的观点来看，这部《天体化学》是独一无二的”，“在西方，还没有在广度和权威性方面可以与之相媲美的著作出版”。

仔细回顾欧阳自远所走过的科研道路，不难发现，他始终有一条主线贯穿着自己的科学研究生涯，即把自己的研究兴趣与国家社会需要和科学发展的趋势相结合，充分地发挥自己的科研潜力。

2. 展示马克思主义哲学的魅力——构筑“两非论”理论框架

长期的科研工作使欧阳自远在对待科学问题时形成并遵循这样的一种思维方式：观察、积累、分析、推断、争论、结论与验证、修改、补充、完善，是任何一个科学理论体系形成的必经步骤，而争论则是在这些步骤中最为关键的一环，只有争论，理论体系的完善才可得以实现、难题才可得以解决。

欧阳自远坚持学习马克思主义唯物论和辩证法，自觉地运用自然辩证法来指导自己的科学实践，尤其对前提、假设有着一种特殊的偏爱。他常把地质学这一学科比喻为一棵正在生长着的大树，诸如地球的初始化学成分组成是均一的，地球的地质格局是演化的和均变的，这样少数的几个前提、假设构成了地质学这棵大树的树根，它们的牢固程度决定了这棵大树的生长、发育和寿命。这些前提、假设是地质科学的基础问题，任何时期它们都占据着地质学的前沿位置。这些前提、假设的每次变化，都标志着人类对地球的认识前进了一大步。但这些前提、假设在地学中往往是作为一种“不证自明”的公理形式出现；学者们自觉不自觉地把它们作为逻辑的起点、科学的信条进行推论和思维。在科学实践活动中，由于对权威的过分崇拜、专业的过分细化、“直线式”的思维习惯及传播知识系统的“填鸭”式操作方式等，大多数科研人员缺乏“逆向”思维和“批判”精神。研究选题的目的往往是为了验证别人的理论和假说，或者是拓宽别人的理论的应用范围，很少有人关注前人进行科学推论和思维的逻辑起点、前提假设的正确与否。他认为这种研究倾向严重地阻碍着学科的发展。任何一个从事基础科学研究的人员，都应时刻关注着本学科的前提假设：它们是学科发展的最大前沿问题，一旦突破，将对本学科的发展产生全局性的影响。

20 世纪 90 年代，欧阳自远在剖析当代固体地球科学的重大进展时，发现地球科学的两个前提假设——地球的初始化学成分是均一的和板块模式是地球构造的唯一模式，遇到了前所未有的挑战。例如：①通过来自地幔岩石的钕、锶、铅、氧同位素组成及不相容元素的比值与丰度的系统研究，证实了全球岩石圈与上地幔的化学组成在空间上具有不均一性，用单一的初始地幔或多端元地幔组分的混合、交代过程理论难以解释不均一性，应寻求新的理论模式。②地壳化学组成的时空不均一性与地幔化学组成的继承性和互补性的发现，难以用现有的理论来解释其原因。③全球的矿产时空分布极不均匀，地球上分布着众多的同一矿种或多种矿种组成的成矿密集区，全球的超大型矿床具有点型分布特征；相似的成矿作用在不同区域形成不同类型的矿床或不成矿，而同一区域不同时代的、不同的成矿作用形成不同成因的同一矿种；需要探索新的成矿机制分析上述特征。④板块构造运动模式在运用于大陆内部研究并向古生代、元古宙，甚至太古宙延伸，企图解释大陆内部的构造演化和地球的构造演化历史时遇到了重重困难。他深刻地意识到这些问题的症结可能不在于固体地球科学理论本身，而在于建立理论的基础前提假设。

通过深入的思考和研究，结合几十年的知识积累，他构筑了“地球原始的非均一性及地球演化的非均变性及其对成矿和构造演化制约”的理论框架。该理论详细地论述了地球的初始化学成分是不均一的；地球内部热演化具有明显的阶段性，板块运动不能概括地球自形成以来真实的演化格局，地球的演化是非均一和非均变的。从不均一化学组成的星子吸积形成原始不均一的地球出发，结合核、幔、壳的形成过程，从地幔、地壳的化学不均一性，结合构造格局的演化和矿产的不均一性分布，提出了反演地球整体演化的新思路；从地球整体上作为具有相互联系与发展继承性的统一系统出发，从地球的起源过程论述了后期成矿与构造演化的成因联系。

3. 一生的情结——与月球有个“约会”

从少年时期开始，欧阳自远就对宏大古老的宇宙产生强烈的好奇与遐想。从四年大学、两年研究生，到后来参加工作的各个时期，他从未中断过对宇宙的好奇、探索与研究。从好奇到利用多年沉淀的知识去研究宇宙的本质、了解宇宙的结构、分析宇宙的变化和探寻宇宙的起源，则代表了他从感性走向了理性。

20世纪60年代初，美、苏空间争霸战空前激烈。凭借扎实的地学基础和开阔知识面，欧阳自远敏锐地认识到：尽管当时的中国还没有能力开展空间探测活动，但了解这方面的进展并开展相关领域的前瞻性研究，作为未来知识与技术储备是极为必要的。考虑到自己专业范畴，他大胆地向科学家侯德封教授提出自己的看法及建议，并在侯德封的启发与同意下，开始涉足核子地质学、陨石学、天体化学、月球样品等的研究工作。可以说，今天的欧阳自远得以信步于我国月球探测工程科学规划的构筑、科学目标的制定，无不得益于其长期追踪性调研、分析、研究而积累的知识底蕴；也可以说，多年点点滴滴科学知识的积累，使欧阳自远得以在丝丝缕缕的思维中抽象出精华，进而制定出独具特色、具有前瞻性的中国探月工程的科学目标。

20世纪90年代初，国际月球探测活动沉寂了近18年后，一个“重返月球”的热浪席卷而来，特别是1994年Clementine号和1998年Lunar Prospector号月球探测器的成功发射，标志着一个以月球探测为主旋律的又好又快又省的深空探测高潮的开始。

从20世纪90年代初开始，在洞悉国际月球探测历程、现状与大发展态势下，经过对我国开展月球探测工程必要性、可行性、紧迫性近10年的分析、论证和研究，欧阳自远认为：“中国目前（2000年）有能力、目前正是开展月球探测工程的最佳时机”，提出了我国开展月球探测三个阶段的科学规划，并制定了首次月球探测工程的科学目标，这一研究成果也于2000年8月通过了由王大珩、杨家墀、王希季、孙鸿烈、涂光炽、刘振兴、王水、朱能鸿、姜景山等9位院士和总装备部、科技部、中国科学院、航天科技集团、高等院校等单位的5位专家组成的具有广泛代表性的科学家和航天专家的审核，并得到充分的肯定，一致认为：“中国科学院所提出的我国月球探测计划与科学目标先进、明确，意义重大，合理可行，是对国际上已有的月球探测结果的重要发展；各项技术指标先进合理，均有创新特点，作为目标探测的重要起步，能获得有重大意义的新结果，又符合我国国情，在现有条件下可以实现。”这一重要的研究成果不但提出了现今被广泛接受并作为立项目标的“绕落回”三步走（绕月卫星探测、软着陆探测、月球取样返回）的科学规划，具体制定出了我国首次月球探测工程即绕月探测工程的科学目标和有效载荷研制总要求。

首次月球探测工程科学目标通过专家的评审后，从2001年开始，欧阳自远以超前的意识，又率领他的研究团队组为核心，并组织了全国相关学科的专家，对月球探测二期工程的科学目标、探测指标、有效载荷需求及配置方案等进行更为深入与广泛的分析、论证与研究，负责制订了月球探测二期工程的科学探测目标。同时，此项研究成果完全被已于2008年2月通过国务院批准立项的探测二期工程综合立项报告所采纳。

对于如何开展像月球探测工程这样的科学系统工程科学探测目标的论证，欧阳自远提出了凝炼、独特的见解：“中国月球探测应该从有所作为、有所不为的战略出发开展规划的制订，科学目标的论证就应该在对解决月球科学难题上有所作为，对月球科学研究上有所突破，对后续科学探测计划上有所贡献上着力思考、深入分析；论证时，首先应该考虑的它的科学性、创新性、特色性和可行性，以最优的组合和实现科学探测内涵的最大化为目的，提出符合我国实际技术能力与水平又能体现月球科学的最迫切需求和有特色的科学目标。”

作为我国月球探测工程的倡导者、参与者与组织者，无论是在组织工程的综合论证、推动工程的立项进程、确保工程的有序实施，还是组织开展科学探测数据的应用研究的各个阶段，古稀之年的欧阳自远，仍以昂扬的斗志、科学的态度、奉献的精神，一直战斗在科研的第一线。

2004年2月，绕月探测工程立项后，他随即被任命为工程的首席科学家，这在中国的50年航天体制中是第一次。同样，作为工程的突出贡献获得者，他参加了2008年12月12日在人民大会堂组织召开的我国首次月球探测工程取得圆满成功的庆功大会。

4. 立人才与成果统一观——面向未来，培养优秀学术新军

欧阳自远十分重视人才的培养。他提出人才与成果是统一的，不可分割的。他强调第一流的研究所要出第一流的成果，出第一流的人才。因此，他总是从繁忙的工作中挤时间给科研人员作学术报告，讲授地学领域的新理论、新思潮，以提高在职人员的理论水平；到兼职的院校给教师和同学上课；亲自指导硕士生、博士生和

博士后完成学业和从事科研工作。

他对学生和青年科研人员期望殷切，要求他们基础扎实，根深叶茂；要求他们善思考、有闯劲、有创见；要求他们在实践中训练正确思维，提高分析、综合与表达能力。他经常结合自己的科研经历，与青年科研人员一起座谈科学研究方法论。他说："要想成为一个有成就的科学家，是否存在着一些先决性的条件？回答是肯定的。我认为科学研究中具有决定意义的不在于精良的仪器设备，也不在于是否有聪明的头脑，而在于如何使用头脑。""一个人一生的科研道路与自己选择的进取方向关系非常密切，现在最时髦的东西将来也许是过剩的，要看到今后10年、20年科学发展的方向。对于一些比较成熟的学科，前人已构筑好了框架，甚至已经很充实了，我们很难再去填充什么。我们应该争取去创建新的框架，打开一些新的路子。有些人虽然会考虑问题，能提出自己的见解，但不一定会做工作，我希望大家既能提出设想，又能给出证据，只有这样才能做出好的成绩来。""在科学研究的发明和发现上，'歪打正着'或'正打歪着'的现象并不鲜见。妨碍一个人汲取知识的一个很大障碍就是企图强化自己的（或自己信奉的）观点，并试图解释一切，恰似宣扬'普天之下，莫非王土'，而不是从各个角度观察问题，注意采纳别人的观点，全方位地研究事物，从而丧失掉发展和开拓的良机。只有认真分析研究别人的观点，取其精华，弃其糟粕，才能得出比较正确的认识。只有了解各门相关学科的发展，才能更好地驾驭自己的学术思想，多来一点'歪打正着'。""一个人不一定要精通两门外语，但最好学两门专业，在专业边缘的结合处，恰恰会有新的东西有待发现；我主张有条件的话，大家都转行，如果一个人有两门扎实的专业知识，我相信他一定非常有出息。转行、转单位、转系、转导师等都是行之有效的方法，不要受一个人的影响太深，要多途径汲取营养，因转行而获益匪浅者，古今中外不乏其例。"这些发自肺腑、毫无说教的诚恳之言，使他赢得了青年科技人员由衷的尊敬与爱戴。

从20世纪70年代起，他先后为国家培养了硕士、博士和博士后共50余名，有的已成为我国研究、教学和生产的骨干力量，有的已成长为包括地球化学、空间科学等研究领域在内的学术带头人。

5. 社会责任感——发挥参与科技组织与管理的作用

欧阳自远不仅是知名地球科学家、天体化学家，而且也是我国杰出的科技组织者与管理家。他不仅长期担任科研部门的领导职务，而且长期担任一些学会的领导职务，曾任中国矿物岩石地球化学学会理事长、中国空间科学学会副理事长。他还兼有多种学术职务：长期担任《环境科学》、《中国科学》、《科学通报》、《中国人口、资源、环境》、《空间科学学报》、《地球化学》、《矿物学报》、《地质地球化学》、《矿物岩石》、《地质论评》、《科学》、《黄金科技》、《大地构造与成矿》、《矿物岩石地球化学通报》等十余种学术期刊的主编、副主编和编委；兼任北京大学、南京大学、中国科技大学、浙江大学、上海大学、中国地质大学、吉林大学、成都理工学院、南昌大学、中山大学、华南理工大学和哈尔滨工业大学等多所大学的客座教授，贵州大学和天津理工大学名誉校长。他为了我国地球科学、空间科学的成长与发展，孜孜不倦、呕心沥血、不辞劳苦、辛勤工作。

从 1993 年起他又兼任贵州省人大常委会副主任、贵州省科协主席，对贵州省科学事业的发展和西南地区人民脱贫致富事业倾注了满腔的热情。在不同场合，他积极呼吁政府有关部门应对目前中国岩溶集中分布的西南地区所面临的水土流失、石漠化等严重的生态危机，以及贫困人口集中分布等社会问题引起足够的重视。对这一问题，他进行了较长时间的思考和研究。从科学的角度，他认为这一问题的研究，应充分利用遥感技术动态监测岩溶山区的国土资源与国土环境的变化，采用地理信息系统技术综合国土资源与国土环境的多元信息和社会经济信息，建立国土资源与国土环境的基础空间信息数据库，并进一步形成遥感-地理信息系统-全球定位系统一体化的业务运行系统，为岩溶山区的生态重建、资源合理开发与综合利用，以及脱贫致富提供决策支持。计算机网络与通讯技术的发展，使得信息交流和信息资源共享极为便利。应充分发挥网络技术优势，加强岩溶山区的国土资源与国土环境空间信息的科学管理，深入开展岩溶山区跨地区多源信息的综合研究，进一步提高岩溶山区生态环境治理的科学性和实用性。

三、欧阳自远主要论著

欧阳自远，佟武，周景良．1964．三块铁陨石的矿物成分及形成条件的研究．地质科学，(3)：241-258.

侯德封，欧阳自远，于津生．1974．核转变能与地球物质的演化．北京：科学出版社.

欧阳自远主编．1977．月质学研究进展．北京：科学出版社.

Ouyang Z Y，et al. 1978. Mineralogy and petrology of the Kirin meteorite and its formation and evolution. Sci Sin，1 (6)：805-822.

Ouyang Z Y，Wang D D，Qiti G. 1979. Thermal metamorphism of the parent body of the Kirin meteorite and its cooling process. Meteoritics，(4)：570.

欧阳自远．1981．吉林陨石的形成和演化过程．空间科学学报，(4)：326-327.

欧阳自远，霍依兹．1982．重建通过地球大气层前的吉林陨石．科学通报，(18)：1133-1135.

欧阳自远，Heusser G，Hübner M 等．1983．吉林陨石的宇宙成因核素与两阶段辐照历史．中国科学（D 辑），(11)：1039-1049.

Ouyang Z Y，Heusser G，et al. 1984. ^{26}Al, ^{60}Co, ^{53}Mn and ^{22}Na profiles in the Jilin drill cores. Meteoritics，(4)：237-238.

Heusser G，Ouyang Z Y，et al. 1985. Conditions of the cosmic ray exposure of the Jilin chondrite. Earth Planet Sci Lett，72 (2/3)：263-272.

欧阳自远. 1988. 宇宙尘的收集、鉴别、成因分类与地质意义//中国科学院地学部第二次学部委员大会文集. 北京：科学出版社：179-182.

欧阳自远. 1989. 陨石、宇宙尘研究对认识地球演化的几点启示. 地球科学进展，(5)：1-4.

欧阳自远. 1989. 天体化学. 北京：科学出版社.

欧阳自远，黄伯钧，傅平秋等. 1991. 平流层尘粒的收集与研究. 中国科学（D辑），(4)：434-441.

李春来，欧阳自远，刘东生等. 1992. 黄土中微玻璃陨石和微玻璃球的发现与意义. 中国科学（D辑），(11)：1210-1224.

欧阳自远，张福勤，林文祝等. 1995. 华北克拉通基底构造格架及形成模式. 科学通报，40 (8)：734-736.

欧阳自远，张福勤，林文祝等. 1995. 地球铅同位素早期不均一性及其起源. 科学通报，40 (16)：1480-1482.

欧阳自远. 1997. 小天体撞击与古环境灾变——新生代六次撞击事件的研究. 武汉：湖北科学技术出版社.

欧阳自远等. 2005. 月球科学概论. 北京：宇航出版社.

欧阳自远，李春来，邹永廖等. 2010. 绕月探测工程初步成果. 中国科学（D辑），40 (3)：261-280.

撰写者

邹永廖（1964～），广东汕头人，中国科学院月球与深空探测总体部副主任，国家天文台研究员、台长助理。主要从事行星科学和探月工程任务的研究与研制工作。

王世杰（1966～），浙江温岭人，中国科学院地球化学研究所副所长、研究员。主要从事天体化学、环境地球化学、喀斯特地貌地球化学等的研究工作。

汪集旸

汪集旸（1935～），江苏吴江人。地热学家，中国地热研究体系的创立者与开拓者。1995年当选为中国科学院院士。1956年毕业于北京地质学院。曾任国际热流委员会（IHFC）委员，国际地热协会（IGA）主席团成员，中国能源研究会地热专业委员会专家委员会主任。他是我国地热科学工作者的杰出代表，在30余年的地热科研工作中取得了一系列的重要成果。最早在中国开展大地热流测试，总结得出了我国大陆地区的大地热流-地热背景具有“东高西低”、“南高北低”的观点。确定了我国第一个“热流省”，将我国岩石圈热结构划分为五种类型。研究矿山的地热特征，提出了矿山地温类型划分方案及矿山热害防治的措施。研究含油气盆地古地温演化，提出我国大中型含油气盆地地热特征及构造-热演化模式，从地热角度对油气资源潜力作出评价。研究水热型地热资源，总结出我国构造隆起区发育的中低温对流型地热系统形成机理和模式，并撰写出全面阐述该类地热系统的国内外第一部专著。他率先将中国地热学研究成果介绍到国外。已发表论文100余篇，出版著作6部。曾获国家科学技术进步奖二等奖1项（2005），中国科学院及其他部委级科学技术奖一等奖4项，李四光地质科学奖荣誉奖（2003）和何梁何利基金科学与技术进步奖（2006）。

一、成长经历

汪集旸1935年10月11日生于江苏省吴江县严墓镇（现铜锣镇）。其父1932年毕业于东吴大学经济系，后在杭州的两浙盐务管理局任职。汪集旸虽然生在书香门第，却因外敌入侵，度过了乱世童年。1937年，汪集旸因抗日战争随父母移居云南省昆明市，后在市立景星小学上学。由于战乱，学习经常被打断，上课时经常要躲避日本飞机的轰炸，因此他从小就对日本军国主义非常痛恨。

1945年抗战胜利后，汪集旸随父母回到杭州市，在私立宗文中学上学，但是念了不到三个月就得了一场伤寒症，休学一年。那时他的母亲带着他的两个弟弟在老家乡下居住，考虑身体健康，父母决定让他留在母亲身边就读。他上了江苏省吴江县震泽镇育英中学（现震泽中学）。他的母亲毕业于苏州女子师范，曾在严墓镇小学教书并当过校长，对子女的教育十分重视。这一段时间可谓母爱加良校教育，对于汪集旸的启蒙教育产生了深刻影响。

1950年，汪集旸随父母从家乡迁往杭州，考入浙江省省立杭州高级中学（杭高），杭高是新中国成立前江南四大著名中学之一，具有优良的校风和学习风气。凡考入该校的无论是本市还是外地生都一律住校，吃一样的伙食，有统一的作息时间。一般早自习都要大声朗读英文，晚自习做数理化习题。杭高重理轻文，毕业生通常到北方上清华大学，或在南方上上海交通大学，学医学文的为数很少。在这种环境熏陶下，汪集旸也就由原来初中时的“喜文”变为“重理”。作为这所名校的高材生，汪集旸渐渐产生了对地学、生物学的偏爱。

1952年，汪集旸考取北京地质学院，成为院系调整后这所号称“地质黄埔”的第一期学生，学习水文与工程地质专业。说起选择地质专业，汪集旸认为舅父对他的影响是主要因素。他的舅父朱庭祜先生是我国自己培养的第一批地质学家，新中国成立初期在浙江大学地质系任教，汪集旸对地质的兴趣正是在与舅父的交往中形成的。

1956年，汪集旸大学毕业后进入俄专（北京外国语学院前身）留苏预备部学习俄语，并于1958年底受国家公派前往苏联莫斯科地质勘探学院攻读副博士学位。导师是地下水资源评价专家普罗特尼可夫教授，同时受到同在水文地质教研室的水文地质学家奥夫钦尼可夫的影响。当时，导师正在从事一项工业利用溴、碘地下水资源的科研项目，因此汪集旸的论文也就围绕这一课题进行。1962年6月，他通过了题为“西西伯利亚自流水盆地溴、碘地下水资源分布”的论文答辩，取得副博士学位，并于同年7月回国。

1962年10月，汪集旸到中国科学院地质研究所水文地质工程地质研究室从事科研工作。一开始他从事的是四川省自贡的卤水与钾盐研究。然而工作不到两年，由于“四清”、“社教”和随后的“文化大革命”运动，他被派往中国科学院湖北广化寺“五七干校”劳动，被迫中断研究工作长达7年。1972年，他得以回到所里开展科研工作。

从1972年回到研究所之后，他开始了地热研究。先后参加了广东丰顺地热田的前期调研工作，平顶山煤矿的矿井深部地温预测及热害防治研究，以及全国煤矿地温调查。通过这些工作，在解决生产实际问题的同时，他和同事们掌握了一大批地温数据及岩石热物理性质参数，为以后的理论地热学研究打下了基础。

汪集旸于1979～1981年作为我国首批公派访问学者赴美国进修两年。第一年他在弗吉尼亚理工大学地学系，参加了美国能源部资助的美国东部大西洋沿岸中低温地热资源评价的项目研究，他将美国东部与我国华北盆地地热资源分布作了对比研究。第二年转到位于旧金山市南面门罗公园（Menlo Park）的美国地质调查局西部总部地热部研修，得到国际知名理论地热学家、美国国家科学院院士拉根布鲁克博士和美国地质调查局西部总部地热地球化学家、美国国家科学院院士怀特博士的指点，受益良多。

1981年10月，汪集旸回国后继续开展地热研究工作。在理论地热研究方面，他先后参与了攀西古裂谷、三江滇藏特提斯、东南岩石圈演化、GGT地学大断面等项目，对我国大地热流分布基本特征、岩石圈热结构、地壳上地幔热状态和热演化，以及热历史等方面的基础性理论问题开展了研究。在应用地热研究方面，他研究了辽河油田的地温，不仅研究了今地温，还研究了油气形成时的古地温，恢复重建了含油气盆地的热历史。至今，油田地热仍然是汪集旸地热研究的一个主要领域。

二、主要科研成就和治学方略

（一）主要科研成就

1. 大地热流研究

在李四光、张文佑等老一辈科学家的大力倡导下，20世纪70年代我国兴起了地热研究的热潮。以汪集旸为代表的地热学者对我国大地热流进行了深入系统的研究。地热基础研究，通俗地说，包括以下几个方面：一个是“源”，另一个是“流”，再加上“历史演化”。大地热流研究解决的是“流”的问题。汪集旸等在国内最早开展了大地热流的研究，于1979年在《地震学报》上发表了我国第一批大地热流数据。随后，他们先后对青藏地区、华北盆地、辽河盆地、攀西古裂谷、东南沿海地区等地进行大地热流测试研究。在攀西古裂谷地区确定出我国第一个“热流省（区）”。在研究不同地区的大地热流之后，他们开始对全国的大地热流数据进行汇编和综合分析，编制出《中国大陆地区大地热流分布图》以及《中国莫氏面温度分布图》和《中国热岩石圈厚度图》（1∶1200万）等地热图件。在此基础上，汪集旸总结得出了我国大陆地区的大地热流-地热背景具有“东高西低”、“南高北低”的观点。其成果在国内外发表（1992，1994，1996）后产生了广泛影响。

2. 岩石圈热结构研究

热结构的研究是解决“源”的问题。汪集旸对于深部地热和岩石圈热结构研究情有独钟，并且率先在华北盆地开展了深部地热研究。他采用分层剥离的方法，算出了华北盆地地壳各层的热贡献，从而恢复了华北盆地中—新生代地热演化史，于1986年发表了《华北盆地地幔热流》。紧接着在辽河盆地开展大地热流研究，就辽河盆地的热结构在国际上发表文章 *Thermal structure of the crust and upper mantle of the Liaohe Basin*，*North China*（1988）。随后，他将研究重点转向裂谷型地热区，在四川省攀枝花地区西部开展大地热流和热结构研究，建立了该地区岩石圈热结构模式（1998）。在国家自然科学基金的资助下，他主持了我国东南沿海地区碰撞造山带地热研究，发现国外学者提出的热流-生热率线性相关律在这里并不成立，提出了新的认识。他结合大地构造特点，将我国岩石圈热结构划分为五种类型，其中藏南为“热壳冷幔”，而华北盆地为“冷壳热幔”型的岩石圈热结构。

3. 地热资源研究

20世纪70年代，国际上由于能源（石油）危机的出现，各国都兴起了探寻新能源，包括地热（温泉、热水）的热潮。汪集旸70年代起参加了广东丰顺地热田的前期调研工作，提出我国地热资源形成分布的构造-热背景。1979～1981年，他作为中国科学院首批派出的访问学者，在美国参加了关于美国东部大西洋沿岸中低温地热资源评价的项目。在开展我国东南沿海区域大地热流研究的同时，他主持了福建省漳州盆地地热系统的实例研究，提出了地质、地球物理、地球化学相结合的研究思路。基于对该地热系统的综合研究，特别是利用地热温度计资料和其他相关资料推算地下热水的循环深度，对东南沿海地区水热系统属性提出不可能赋存高温地热资源的观点。在此基础上，他牵头总结了构造隆起区发育的中低温对流型地热系统形成机理，撰写出该类系统成因分析的第一部专著《中低温对流型地热系统》（1993）。近年来，汪集旸及时把握了国内外对于浅层地热能的开发利用的热潮和地热理论研究滞后于市场的现实，积极普及地热学知识，推动我国浅层地热能开发利用，出版《地热利用技术》（2005）。

4. 矿山地热研究

从20世纪70年代起，汪集旸参加了平顶山煤矿的矿井深部地温预测及热害防治研究，以及全国煤矿地温调查。通过这些工作，在解决生产实际问题的同时掌握了一大批地温数据及岩石热物理性质参数。基于调查结果，他提出了我国矿山地温类型划分方案及矿山热害防治的地质-工程措施。这些工作一方面为解决生产实际问题提供了科学依据，另一方面，也掌握了大批地温数据及岩石热物理性质参数，为此后的理论地热学研究打下了基础。其“矿井地温测定”成果荣获煤炭工业部科学技术进步一等奖（1983）。

5. 含油气盆地古地热研究

通过研究中国大中型含油气盆地地热特征及构造-热演化模式，他从地热角度对油气资源潜力做出了评价。他首次将岩石圈热结构概念引入含油气盆地研究，并指出东部“热”盆，西部“冷”盆产生的深部地热背景，提出了油田地热研究的基本原则：今、古地温并举；盆地地热历史与区域构造热演化相结合；地质、地球物理、地球化学三位一体。这些研究理论和方法，对于油气盆地地热研究至今仍然具有重要指导意义。

（二）治学方略及学术思想

汪集旸之所以在科学研究上取得重大成就，关键因素除了儿时良好的家庭教育、名师名校的环境熏陶之外，还与他个人的勤奋刻苦等品质及思想是分不开的。

（1）勤奋刻苦。他年富力强的时候，几乎天天晚上加班工作，周末很少休息。当时，各方面的支撑条件不是很好，实验条件很差，他白天总是要应付不少事务性的工作，只好利用晚上的时间加班做学问。不积细流，难成大海，学问就是靠一点一滴不断累积起来的。

（2）团队精神。他从美国进修回国以后，担任地热研究室主任。当时，研究所对地热研究高度重视，研究室也拥有一批甘于奉献的科研人员。他注重发挥每个人的特长，为他们选定主攻方向，使大家各有所专。在汪集旸的努力和带领下，团队的整体科研实力和学术影响力得到提高，形成了一个既有合作又有竞争的科研环境与氛围。他常说，地热室是一个非常团结合作和积极向上的集体，为了我国的地热事业，许多人默默无闻地奉献了一辈子，研究室的每一项科研成果都凝聚着每个人的心血。如果没有老前辈的鼓励和支持，如果没有这样一个优秀的科研集体，他获得今天的成就是难以想象的。

（3）把科学研究与国家需求、实际应用密切结合起来。他信奉的原则是“以任务带学科”，“在实际应用中发挥学科优势”。在紧跟世界科技发展潮流，看清学科发展生长点的同时，他密切关注国民经济发展的需求，针对实际问题组织科学研究。理论和应用并举，从两个方面推动地热学科向前发展。我国煤矿众多，热害问题严重。如河南省平顶山煤矿就出现过井下热害，在平八矿巷道中涌出一股38℃的热水，严重地影响了生产。当时燃料工业部（包括煤炭、石油、化工三大部）向中国科学院求援，希望能配合进行有关研究工作。汪集旸带领新组建的地热研究组抓住了这次机遇，及时开展了研究工作。在油气盆地热体制与热演化研究中，他密切关注石油天然气产业的实际需求，及时组织各项研究，得到产业界的高度认可和不断的科研经费投入，为古地热研究带来良好的发展势头。

（4）注重基础科研数据积累。汪集旸除了紧紧抓住热流测试工作不放之外，还及时收集、整理他人发表的热流数据，汇集成册并不定期发布。他在国内先后发表了好几个版本，深受地球物理学界的欢迎，得到广泛应用。同时，参与国际数据共享，让国际地热学界了解中国地热研究进展和中国地热概貌。

（5）十分重视国际合作。在我国改革开放初期，国内学者对世界科技发展状况的了解比较有限。他利用赴美国进修的机会，广交朋友，并多看、多听、多学，及时地掌握国际学术前沿动态。回国以后，作为学术带头人，他组织同事们开展相关研究工作，使我国地热理论水平逐渐赶上世界潮流。

汪集旸一贯重视培养年轻科技人才。迄今为止，他培养了 35 名博士，3 名硕士，指导的博士后已出站 4 人。1991 年、1993 年他曾两度被评为中国科学院优秀博士生导师。2004 年荣获全国优秀博士生学位论文指导教师称号，并获得中国科学院优秀博士生导师奖。在研究生培养和科研工作中，汪集旸放手让年轻人独立承担科研任务，在实践中锻炼他们的科研能力。同时，重视学生们外语能力的培养，创造条件，使他们能够在地热研究中放眼世界，与国际接轨，做高水平的科研。“勤奋学习，诚信为人”是他常常教导年轻人的座右铭。

三、汪集旸主要论著

Wang J Y. 1981. Geothermal studies in China. J Volcanol Geotherm Res，9（1）：57-76.

汪集旸. 1986. 华北盆地地幔热流. 科学通报，31（23）：1811-1814.

Wang J Y，Wang J A. 1988. Thermal structure of the crust and upper mantle of the Liaohe Basin，North China. Tectonophysics，145：293-304.

Wang J Y，Xiong L P. 1989. Groundwater flow and geotemperature pattern//Beck A，Garven G，Stegena L. Hydrogeological Regime and Their Subsurface Thermal Effects. Washington：American Geophysical Union：87-99.

汪集旸，熊亮萍，庞忠和. 1990. 利用地热资料确定地下热水循环深度，科学通报，35（5）：378-380.

Wang J Y，Huang S P. 1991. The thickness of the thermal lithosphere in the Panxi Paleo-rift Zone，southwestern China//Cermak V，Rybach L. Terrestrial Heat Flow and the Lithosphere Structure. Berlin：Springer-Verlag：308-316.

Wang J Y, Wang J. 1991. Geothermal characteristics of sedimentary basins in continental area of China and their relationship to oil-gas generation//CCOP/TP. 24, 25th Anniversary Volume of CCOP Technical Publication Series. Bangkok: CCOP Technical Secretariat: 217-227.

Wang J Y, Chen M X, Xiong L P, et al. 1992. Geothermal systems in continental area of China//Kharaka Y, Maest A. Water Rock Interaction: Proceedings of the 7th International Symposium on Water-Rock Interaction (WRI-7). Rotterdam: A A Balkema: 1371-1374.

Wang J Y, Huang S P. 1992. Preliminary classification on types of thermal structure of lithosphere in the continental area of China//Wang S J, Zhou Y S. Advances in Geosciences (2), IGAS Contribution to 29th International Geological Congress. Beijing: China Ocean Press: 233-340.

汪集旸，熊亮萍，庞忠和主编. 1993. 中低温对流型地热系统. 北京：科学出版社.

陈墨香，汪集旸，邓孝. 1994. 中国地热资源——形成特点和潜力评估. 北京：科学出版社.

Wang J Y, Chen M X, Xiong L P, et al. 1995. Geothermal resources and development in China//Barbier E, Frye G, Iglesias E, Palmason G. Proceedings of the World Geothermal Congress, Volume 1. Florence: International Geothermal Association: 75-80.

Wang J Y, Huang S P. 1995. Heat flow pattern and its implication for tectonics in the continental area of China//Gupta M L, Yamano M. Terrestrial Heat Flow and Geothermal Energy in Asia. New Delhi: Oxford & IBH Publishing Co: 367-378.

汪集旸等. 1996. 中国大地热流分布图（及说明书）//袁学诚主编. 中国地球物理图集. 北京：地质出版社：188-191.

Wang J Y. 1996. Geothermics in China. Beijing: Seismological Press.

汪集旸. 1997. 近年来我国地热学的进展与展望//刘光鼎主编.《地球物理学报》纪念中国地球物理学会 50 周年专刊，第 S1 期. 北京：科学出版社：249-256.

汪集旸，黄少鹏. 1998. 中国大陆地区大地热流分布及岩石圈热结构//朱光亚，周光召主编. 中国科学技术文库（院士卷）3. 北京：科学技术文献出版社：2664-2667.

Wang J Y, Hu S B, He L J. 1999. Geothermics and digital Earth//Xu G H, Chen Y T. Towards Digital Earth-Proceedings of International Symposium on Digtal Earth. Beijing: Science Press.

汪集旸，马伟斌，龚宇烈. 2005. 地热利用技术（可再生能源丛书）. 北京：化学工业出版社.

主要参考文献

汪集旸. 1989. 李四光教授倡导的中国地热研究. 第四纪研究，3：279-285.

朱新国. 2001. 肩负地质“黄埔一期”的历史使命——地热学家汪集旸院士传略//中国地质大学校史编撰委员会编，赵克让主编. 地苑赤子——中国地质大学院士传略. 武汉：中国地质大学出版社：314-320.

汪集旸. 2007. 从我的经历看中国地热研究的发展//中国地球物理学会编，王水主编. 辉煌的历程——中国地球物理学会 60 年. 北京：地震出版社：297-300.

汪集旸. 2009. 张文佑所长亲自教我们研究地热//纪念张文佑院士诞辰 100 周年. 北京：科学出版社：39-40.

汪集旸. 2009. 傅承义先生支持并鼓励我们搞地热//中国地球物理学会编. 纪念傅承义先生诞辰 100 周年文集. 北京：地震出版社：60-62.

撰写者

庞忠和（1961～），江苏盱眙人，中国科学院地质与地球物理研究所研究员，博士生导师，国际地热协会理事，中国地球物理学会地热专业委员会主任。从事水循环与水岩相互作用理论及其在水资源、地热资源、环境等方面应用的研究。系汪集旸指导的第一位博士生（1985～1988），我国第一位地热学博士。

林学钰

林学钰（1937～），福建福州人。水文地质与环境地质学家。1997年当选为中国科学院院士。1957年毕业于长春地质学院水文地质与工程地质专业。现任吉林大学水资源与环境研究所所长，北京师范大学水科学研究院教授，国际水文地质学家协会和国际水文科学委员会委员，中国矿物岩石地球化学学会第六届理事会副理事长，生物地质与环境地质、河口海岸学国家重点实验室学术委员会副主任，环境污染过程与基准教育部重点实验室学术委员会主任，《吉林大学学报（地球科学版）》主编，*Journal of Transport in Porous Media* 与《水文地质工程地质》等期刊编委。早年主要从事地下水管理模型的理论与方法研究，使中国地下水管理工作进入系统化、模型化、定量化的新阶段。在区域和城市地下水资源评价、水流模拟、预报研究方面取得多项成果，建立了我国最早的一批地下水水质模型。近年来在地下水污染修复与控制的理论和方法方面进行了系统研究，是中国最早从事环境水文地质和地下水资源管理研究的学者之一。先后主持完成国家、部（省）级科研生产项目60多项。荣获国家科技进步奖二等奖1项、三等奖2项，省部级科技成果一等奖3项、二等奖4项。共出版学术专著19部，在国内外学术期刊上发表学术论文200余篇。

一、成长足迹

林学钰1937年3月6日出生于上海市一个普通家庭。抗日战争爆发后，她随母亲回到了祖籍福建省福州市。经过插班和跳级，小学总共学了两年。初中在福州第一女中就读。1953年，16岁的林学钰以优异的成绩高中毕业。紧接下来的高考，又使她面临着人生道路的选择。她的班主任十分喜欢这个品学兼优的学生，为她设计了考医科大学、当一名医生的蓝图。然而，这时的林学钰已在心中为自己描绘了另一番前景，那就是响应党的号召，到祖国最需要的地方，到最艰苦的地方，做一名地质工作者，为祖国寻找地下宝藏。她的志愿填写了东北地质学院（现吉林大学）并如愿考取。1953年10月她从福建乘闽江的轮船出发，又换乘长途汽车到了江西上饶，然后是坐火车，经过漫长的旅程，终于来到了影响她一辈子的学府——东北地质学院。

开学伊始，面临专业分派时，按林学钰当时的想法，背着地质包，手拿地质锤、放大镜，走在崇山峻岭，才是真正意义上的地质队员。可是当学校把她分到新中国成立后新建的水文地质与工程地质专业时，她也并不知道这个专业将来究竟要做什么，可是一想既然国家设立这个专业就说明国家一定需要这方面的人才，于是她就抱着“国家需要什么，我就学什么”的朴素想法开始了大学四年的学习生活。

林学钰在刻苦和勤奋中度过了四年的大学时光，四年间她涉足更多的是工程地质。她的本科毕业论文是个不俗的选题，就是为建设刘家峡电站选坝址轴线。在工程地质学家刘国昌先生的指导下，她在一个叫红柳沟的地方研究了几个月，选定了坝址。后来刘家峡水库坝址在设计时虽几经变更，但最后还是建在了她论证并选定的位置上。1957年9月，林学钰以全优的成绩毕业。当时，祖国建设的热潮正召唤着热血青年，正当林学钰怀着满腔报国之心要求到生产建设第一线去的时候，学校决定让她留校任教，她二话没说，服从组织决定。她当了助教，参加了地下水动力学教学小组，开始了她一辈子所从事的水文地质学的教学和研究事业。

20世纪50年代后期到60年代，林学钰带领百余名师生，先后参加和领导江苏宁镇山脉地区水化学找矿，松辽平原和皖北、皖南地区的1∶20万水文地质测绘，以及唐山市雷庄供水等生产实践工作。特别是在松辽油田大会战中，负责一个科研组进行油水界面运移的研究工作，受到大庆油田指挥部的表扬。1959年在苏、皖搞教育和生产劳动相结合时，安徽发生了百年不遇的旱灾，林学钰带领学生边实习边利用水文地质手段，帮助农民打井抗旱。当看到饱受干旱之苦的农民见到水井出水时的喜悦时，她开始认识到作为一名水文地质工作者的意义。

1980年10月至1982年12月，林学钰受国家委派到美国爱达荷大学和宾夕法尼亚州大学进修。在两年的学习中，她接触到了地下水资源管理这个在美国刚刚兴起、在世界也属前沿的全新理论研究。计算机技术在地下水资源管理的大量应用，使她大开眼界，她如饥似渴地利用一切机会在知识的海洋中遨游。其间，林学钰曾为宾州大学研究生开设“Fortran语言与地下水资源模拟和预报程序设计”讲座，参加美国俄勒冈州西部世纪工程公司的“本德市地下水管理”的研究，显示出一名杰出科学工作者的天赋和能力。她的勤奋和聪慧受到了美国同行们的高度赞誉。留学后期，面对导师的盛情挽留和在美亲人们的竭力劝说，林学钰想得更多的是祖国的召唤，于是毅然按时回国。回国后直至90年代，她开始了地下水资源管理模型的理论与方法研究，并取得了一系列重要成果，使中国地下水管理工作开始进入系统化、模型化、定量化的新阶段。后来她在区域和城市地下水资源评价、水流模拟、预报研究方面取得多项成果。这期间，她于1983年任水文地质与工程地质系主任；1985年任长春地质学院副院长，并兼任地质矿产部学位委员会委员；1990年被聘任为中国首批水文地质专业博士生导师。

1990年4月，已经是长春地质学院副院长、教授的林学钰在澳大利亚科学工业研究院（CSIRO）任高级访问学者。在参与澳大利亚的一个地下水和环境治理的课题研究中，林学钰深深地体会到，地下水资源的研究与环境的结合非常紧密，地下水的研究不是孤立的，而是在大的生态环境和社会环境之中。它不仅应该是多学科交叉的，包括计算机、化学、生物、水文、工程、经济、法律等学科，而且应加强对水质的研究。正当林学钰如饥似渴地吸纳着新理念的时候，由于国内工作需要，林学钰带着一大堆的问题、一大堆的资料以及一个新的科研观念于当年10月提前回国。澳大利亚的短暂访问，使林学钰产生了全新的研究理念，就是要在中国开展地下水污染修复与控制研究，这也成为她20世纪90年代后一个崭新的研究方向。在经费严重不足的情况下，她带领学生在地下室建立了实验室，到处搜罗仪器设备，如旧的烘箱、冰箱、瓶瓶罐罐，还请木匠做了一个简易的无菌操作台。从这个简陋的实验室开始，林学钰和她的研究集体建立了中国最早的一批地下水水质模型，为后来的地下水污染修复与控制理论和方法的系统研究打下了基础。

二、主要研究领域和学术成就

（一）主要科学研究成就

林学钰长期从事水文地质学的教学和科研工作，是中国最早从事环境水文地质和地下水资源管理研究的学者之一，在同行中具有较高的声望。在中国现代水文地质学的发展历程中，林学钰按照学科本身的特点和规律，强调水文地质学为实际生产服务，并身体力行，不断开拓和指导水文地质学的众多研究工作。她密切注视国际研究动向和趋势，提倡学科间的相互交叉、渗透和综合研究，积极引入新思想、新技术和新方法，重视理论与实践相结合，为促进中国水文地质科学研究水平的提高，做出了重大贡献。她所从事的科学研究涉及水文地质学的各个领域。

1. 地下水模拟与区域地下水资源评价

从20世纪70年代开始，随着中国城市和工业农业生产的迅速发展，水资源和环境问题日益引起重视。因三废排放对水资源的污染以及地下水超量开采造成的一系列环境地质问题，严重地影响了大众健康和国民经济建设的发展，尤以中国北方干旱、半干旱地区的生活和工农业缺水问题和岩溶矿区的供、排水矛盾更为突出。针对这些实际问题，林学钰于1978年在河北峰峰矿区，为解决开采下三层煤的奥灰水的突水问题，参加了“王凤煤矿一次疏放降压抽水试验设计及水文地质计算”研究（煤炭部国家重点科研项目），首次将水文地质模型、数值法求解和计算机技术引进水文地质领域，成功地进行了七个井组（每组4～5个水井）、抽水总量为1.46m³/s、持续32天的大型抽水试验，为王凤煤矿水下采煤的疏干降压设计提供了依据，受到煤炭部地质总局的表扬。

20世纪80年代留学回国后，她在吸取国外最新理论的基础上，围绕水文地质学的前沿问题，努力进行创造性的科学研究。她在积极发展地下水非稳定流理论的同时，引进系统工程学的原理和方法，并与现代应用数学、应用化学、计算机技术相结合开展地下水模型的研究。例如，她所引进和发展的用有限差特征值法求解的地下水水质运移模型，是中国最早水质模型之一——“济宁地下水水质模拟及其污染趋势预测研究”的主干内容和基础；1983年为进一步深入研究地下水污染组分运移规律，她运用弥散理论在石家庄市首次开展了潜水含水层弥散参数的室内和野外试验、观测和计算等系列科研工作，提高了该市地下水水质模拟和预报的精度；继而，她所领导的科研组，在开展地下水污染的自净试验和地下水环境容量研究的基础上，用聚类分析法成功地建立了地下水的污染分析与污染质排放的优化控制模型；1987年她指导研究生在济宁、石家庄地区首次将最优化理论运用于地下水水质污染的改善与控制模型的研究，并获成功。

在进行地下水质模型研究的同时，她还根据中国不同地区、不同地质条件，采用不同数学方法，开展了不同类型的地下水流模拟模型和地下水水位、水量预报模型的研究。为了提高这些模型的精度，在山东朱刘店地区采用了功率谱分析和灰色关联协调分析法建立起地下水动态因素关联分析的预报模型，以提高该区地下水渗流场模拟的仿真度和预报的准确性；在河南平顶山地区，首次引进气象、水文动态模拟与预报所采用的灰色系统预测理论——拓扑预测法和皮尔逊III型模型进行降水量预测和未来降水与水库来水量的随机生成研究，提高了地表水与地下水动态预报和联合管理模型的精度；在开封和石家庄地区还建立了人工调蓄条件下的地下水多年均衡与有限单元法相结合的数学模型，以及在山西平朔地区运用黑箱法建立的地下水天然资源量评价与水位预报模型，等等。

自20世纪90年代起，在国家自然科学基金和国家重点基础研究发展规划项目（973计划）的资助下，林学钰致力于地下水资源评价与合理开发利用等方面的研究工作，对区域地下水系统划分、地下水资源评价方法、地下水可更新能力的定量评价、地下水合理开发利用模式、水文地质编图等一些重要的基础性问题进行了深入研究，取得了重要学术成果。

1995～1998年，林学钰与水文地质学家陈梦熊院士一起在完成《东北地区地下水开发模式和系列编图》项目研究中，以松嫩盆地为典型研究区，根据潜水包气带的厚度、土层渗透性、地下水补给强度以及水力坡度等因素，应用综合模糊评判方法，对全区地下水环境脆弱性进行了分析与评价，并按综合指标对脆弱度进行了定量化的分级，划分了区域环境脆弱带分区，为实行地下水的保护和科学管理，提供了科学依据；以地下水系统理论为基础，综合多种水文地质计算方法，进行了天然地下水资源量、可利用水资源量、剩余水资源量等的计算和综合评价，并开展了地下水质量分级和趋势预测。在此基础上，以地下水资源可持续利用为宗旨，建立了环境生态脆弱区的地下水开发模式，创立了地下水资源合理开发模式的新概念和新分类系统，以及新的定量评价指标体系，在中国该领域的同类研究中一直起到指导作用。此外，为提高中国水文地质编图水平，开展了松嫩盆地地下水开发模式和系列编图的示范研究工作，按照国际最新的编图理论并结合中国的实际情况，编制了《松嫩盆地地下水系统与地下水资源分布图》、《松嫩盆地地下水水质图》、《松嫩盆地地下水水环境脆弱程度图》、《松嫩盆地生态环境地质图》和《松嫩盆地地下水开发模式图》等系列图件。这些图件以反映地下水资源和环境为主要内容，具有四维特征和预测功能，并全部实现了编图工作的计算机化。尽管由于受原始水文地质资料不足的限制，图件的内容不尽完善，但此项工作标志着中国水文地质编图工作进入了国际水文地质编图的新历程。

1999～2004年，在完成国家重点基础研究发展规划项目“黄河流域地下水可再生能力变化及其维持机理”课题研究中，林学钰率领她的科研集体，通过多学科交叉和联合攻关，在区域地下水系统划分、地下水循环模式、地下水可更新能力定量评价、地下水合理开发利用等方面取得一系列重大成果。根据黄河流域次级水系分布特点、地表水与地下水的循环交替特征，以及区域地质构造、水文地质条件上的差异，对全流域地下水系统进行了重新划分，取得了系列重要成果。首次发现黄河流经青海省共和盆地段，地表水和地下水流域边界不一致。明确提出鄂尔多斯高原北部的地表水内流区内存在深部和浅部两个地下水循环系统，深部循环系统不存在内流区的问题，而浅部循环系统（潜水）存在内流区，但范围要比地表水内流区小。采用同位素技术和水文地质条件相结合的方法，确定了黄河下游地上悬河段黄河水对地下水补给影响宽度。基于上述认识，确定黄河流域地下水系统总面积为82.87万km^2；各类资源量也相应有所增加，其中地下水补给资源量增加约39亿m^3/a；

系统开展了全流域干、支流的基流计算。基流量计算成果，对于确定地下水对黄河水的贡献、计算地表水与地下水的重复量，分析基流量的时空变化特征以及深化对流域水循环规律的认识，识别地下水变异驱动因子，提供了科学依据；采用水量均衡法、数值法、解析法、水文分割法等多种方法计算和评价了黄河流域地下水资源量，对比以往各部门的研究成果，地下水补给资源量共增加了38.96亿m^3/a；利用同位素技术查明了黄河干流不同河段河水和地下水之间的转换关系，建立了流域内典型地下水系统的水循环模式；计算了典型地区浅层和深层地下水的更新时间和循环速度，定量评价了区域地下水的可更新能力；在获得大量数据和资料基础上，编制了黄河流域水循环图系，反映了黄河流域地下水与地表水之间的水循环规律。明确了黄河流域地下水资源的构成体系；流域内不同地段地下水对黄河水的贡献程度；在科学界定黄河流域变异条件和识别地下水变化主要驱动因子的基础上，通过建立天然、人为和各种变异条件下黄河流域地下水演化的仿真模式，揭示了各种主要驱动因子以及地下水变化与生态环境效应之间的关系，提出了黄河流域地下水可再生维持途径。上述研究成果为黄河流域水资源的合理开发、恢复和维持健康黄河提供了重要科学依据，也为变异条件下流域水资源应急方案的制订，提供了重要的决策依据。

2. 地下水优化管理

地下水优化管理研究是20世纪80年代后期国际水文地质界的一个重要研究热点，即研究如何合理开发利用和保护地下水资源，使之处于对人类健康和生产的最佳状态。这不仅涉及水文地质学的各个领域，而且涉及与地下水开发利用有关的自然环境、社会环境和技术经济等各个方面。通过地下水流模拟模型和最优化模型的耦合建立地下水管理模型，是最终实现地下水优化管理目标的最重要研究手段。早在1982年，林学钰就敏锐地洞察到地下水管理研究的重要作用，并为之开展了长达数十年的潜心研究，以她为首的科研集体在这个领域的研究中始终走在国内研究的前面。她运用系统工程学的原理和方法，针对中国不同典型地区的水文地质条件和管理目标，建立了不同类型的地下水管理模型。例如，在河西走廊石羊河流域所建立的为满足工农业、生活用水的多目标规划管理模型；在平顶山地区建立的地下水和地表水联合优化调度管理模型；峰峰矿区岩溶地下水资源供、排结合模型研究；以及在石家庄、济宁、新乡、开封、呼和浩特、平顶山、郑州等以城市供水为目标的水资源调度和分质供水的管理模型和经济效益分析模型等。这些模型所涉及的地下水类型，含水层岩性、结构、水动力条件和边界条件的类型等均较齐全，对于推动中国地下水管理的深入研究具有典型的指导意义。

此后，她考虑到在建立地下水管理模型中不但要包含有易于定量化的水量、水位、水质等目标，还应包含环境质量、经济分析和属于专家经济判断的知识（如概化的水文地质条件、参数选取）等大量难以定量化的问题。为此，她和研究组成员又创造性地运用了层次分析法和数量化理论，将上述定性变量的描述变为可以“计算”的，而后结合到地下水模拟、预报和管理模型中去。这大大拓宽了地下水模型的内涵，提高了管理模型的适用性。

林学钰在这一领域内取得的主要成果有“石家庄市地下水资源科学管理研究”，“河南省开封市水情预报和地下水资源管理模型研究”，“济宁市地下水水质模拟及管理研究”，“甘肃省石羊河流域水资源管理模型研究”和“地下水资源模拟、预报和管理软件包”等几十项研究技术报告，它们都属于中国在这一研究领域中最早一批的研究成果，并得到国内同行专家的肯定，相继获得过国家科技进步奖二等奖、三等奖，地质矿产部科技成果一等奖、二等奖等多项奖励。这些成果已经并正在产生着明显的社会和经济效益。如“石家庄市地下水资源科学管理研究”是中国最早完成并具有代表性的关于管理模型的研究成果之一，它按照系统化、模型化、最优化的总体构想，以水文地质模型为基础，把水量、水质模型和优化模型融为一体，从而为控制石家庄市地下水降落漏斗的发展，防止地下水质恶化，提供了切实可行的综合治理决策方案，且决策方案中的某些部分已被石家庄市计划委员会所采纳，作为该市城市规划的依据。又如“开封市水资源综合调蓄研究”成果经开封制药厂和禹王台公园等城建部门采纳应用，不仅控制了市内已有降落漏斗的发展，而且在“一水多用”的决策方案指导下解决了禹王台多年缺水的面貌，年节水量 180 万 t，并供出二级水 540 万 t，加上减免污水排放费等直接创造经济效益达 240 多万元。在甘肃省武威地区还采用了当时还不多见的多目标规划法，建立了以经济产值最大为目标的农业用水分析模型和跨流域调水模型，并就金昌地区水质管理建立了水质多目标管理模型。专家们认为，这对西北干旱地区条件类似的山前平原进行水资源管理的研究，具有指导意义。林学钰在地下水管理领域所取得的系列成果被内蒙古、河南、河北、山东等省区地矿局、水利局、城建局的水文地质生产部门推广应用。她为提高计算机技术在中国水文地质领域中的应用做出了贡献。与此同时，作为中国参与国际水文计划（IHP）“水资源开发的环境效应与管理”的专题研究的重要组成部分，林学钰在地下水管理领域的研究成果于 1988 年由国际水文科学协会公开出版，获得国际上的较高评价。

1980 年以来，林学钰先后出版了《地下水管理》、《地下水流向井的非稳定流原理和计算方法》、《地下水水量、水质模拟及管理程序集》、《实用地下水管理模型》和《国家标准——地下水资源管理工作基本要求》等十多部专著，从理论和实际方面为地下水管理作为一门边缘学科奠定了完整的知识体系。其中《地下水资源管理工作基本要求》是在系统总结中国地下水资源问题的基础上编著的中国第一部有关地下水方面的国家标准。1983年林学钰在中国首先设置和讲授了“地下水管理”课程，经过多年实践，现已作为中国地下水科学与工程专业高级人才培养的必修课程。她还建立了地质矿产部第一个“水资源评价与管理系列模型开放研究实验室”。

地下水管理学在中国的诞生和发展与同时代新兴的其他水文地质分支学科一起，使水文地质学从定性研究进入到定量研究的现代水文地质学阶段，为此，林学钰做出了突出贡献。

3. 地下水、土污染控制与修复

地下水、土污染的修复和治理是近年来水资源和环境领域的研究重点和热点。由于地下水、土污染具有隐蔽性、复杂性等特点，在中国一直没有引起足够的重视，地下水、土环境保护方面存在着立法不健全、执法不力的问题，明显与中国地下环境日益严重污染的态势很不适应，而且在治理方法和技术研究以及应用方面与国外发达国家或地区相比存在很大的差距。自20世纪90年代初起，林学钰就对此给予广泛关注，密切追踪国际该领域的发展态势，除了多次在国内学术会议和咨询会议上积极呼吁加强这方面的立法工作，积极倡导尽快开展中国地下水土污染修复和控制的科学研究外，她和她的团队还开展了长达十多年的潜心研究。在高等学校博士点基金项目和自然科学基金项目的资助下，林学钰带领她的科研团队在国内率先开展了浅层地下水中人工微生物除氮、农药在地下水中的迁移机理及污染治理、有毒有机污染物对地下水的污染机制及其治理等方面的研究工作，在地下水中的污染物迁移转化机理、地下水土污染的微生物修复和治理等领域取得了一系列重要成果，发表多篇学术论文和出版学术专著。在林学钰的推动下，她所领导的科研团队目前正在开展国家“863计划”和重大科技专项的地下水、土污染场地修复的示范研究工作，力图在地下水、土污染的修复理论和技术方面，向工程实践应用迈出关键的步伐。

4. 新技术、新方法在水文地质学中的应用

创新一直是林学钰长期科学研究思想的灵魂，这不仅体现在她的水文地质学基础理论研究方面所取得的创新成果，还集中体现在她不断地将新技术、新方法应用

到水文地质学的研究中。特别是20世纪90年代以来，随着信息技术的迅猛发展和逐渐普及，林学钰越来越强烈地认识到将信息技术应用于水文地质学研究的必要性。信息技术的应用可以使地下水形成机理的模拟、运移状态的预报、合理开发利用与管理以及环境负效应的防止与治理等决策过程，具有可视、可听性和易于操作的功能，只有这样才能更好地服务于教学、科研和生产，才能将有关地下水理论研究的成果转换为生产力，由生产部门应用于实践，付诸实施。为此，她积极组织研究队伍将地理信息系统技术、遥感技术和多媒体技术等应用于水文地质学中，先后开展了“地下水资源信息管理系统研究”、“GIS在合理开发利用地下水及防治环境负效应中的应用研究”、“核废物地质处置水-环境管理决策支持系统”、“郑州市水资源环境决策支持系统”等项研究工作，为数字水文地质学的创立和发展奠定了坚实的基础。

尽管如此，林学钰在21世纪初注意到，传统计算机技术在水文地质研究成果表达中，仍存在着三维静态表达的局限以及不能真实地反映水文地质信息相关因素之间的联系等不足，而虚拟现实技术（VRT技术）作为一门成熟的技术，已在军事演练、工程建筑设计、医学、文化远程教育、地球科学等领域得到广泛应用，在虚拟三维自然场景构建、地学信息的三维可视化表达等方面具有不可比拟的优势，因此林学钰率领她的科研集体，针对地面沉降机理研究和防治工作的实际需求，首次将虚拟现实技术应用到地面沉降研究中，并以苏锡常地区为例，建立了苏锡常地区地面沉降地质结构三维可视化模型虚拟现实系统。该系统真实地表达了该地区三维地层结构特征，逼真地再现了地面沉降模型所预测的地下水流场、地面沉降发展变化过程，并虚拟表现出地面沉降可能造成的后果，为苏锡常地区地面沉降机理及预测研究提供了一个全新的三维可视化平台。

（二）国际学术交流

林学钰积极参与国际学术活动，先后出访美国、英国、芬兰、澳大利亚、俄罗斯、保加利亚、韩国、日本等多个国家，多次参加并主持重要国际性学术会议，曾受第28届和第30届国际地质大会邀请，分别担任“Geological environment and human health”和“Evaluation and management of groundwater resources and public information and education”专题分会的联合召集人。

为配合联合国教科文组织（UNESCO）的国际水文计划（IHP-VI），于1998年召开了“未来地下水危机国际会议”，她是学术委员会主席和组织委员会的副主席。她还积极组织国际合作的科研课题：1996～1998年与俄罗斯学者合作进行自然科学基金课题“东北地区地下水开发模式与系列编图”研究；1997～2000年与韩国合作进行“图们江流域土地规划利用和浅层地下水脆弱性研究”；1999～2002年与英国皇家协会合作开展“黄河流域水资源可持续管理”（R778）的中英国际合作项目研究。她所进行的这些国际学术活动，对促进国际学术交流、提高中国在国际的学术地位做出了重要贡献。

（三）教学和研究生培养

林学钰在教育战线上辛勤耕耘50余年，为国家培养了大量高质量人才。特别是国家恢复研究生培养制度以后，作为国家水文地质学首批硕士生导师和博士生导师，迄今已经和正在培养博士生55名（包括3名外籍博士生）、硕士生58名、博士后21名。在林学钰的指导下，他们在水文地质学科的多个前沿研究领域取得了显著的成就。他们中有20人被晋升为博士生导师，40多人被晋升为教授。所培养的伊朗博士生Manouchehr Chistsazan是中国最早培养的理工专业的外国博士生之一。在向学生传授知识的同时，林学钰尤其注重培养学生良好的科学研究道德和做人的品质。她认为，作为教师，学生就是产品，产品首先要合格，然后才能打出品牌。在这个岗位上就应该培养出合格的学生，否则就会觉得问心有愧。十年树木，百年树人。林学钰认为，教书育人，在自己的领域里培养出成材的学生是教师的天职。这些学生不仅要会做学问，更要会做人。在国家利益、集体利益和个人利益之间找到平衡是很重要的。林学钰对学生言传身教，她最关心的也是自己的学生。有的学生家庭贫困，她就自己出钱帮助学生完成学业。学生要参加学术会议和论文答辩，她就一次又一次地给学生传授经验。论文发表的时候，学生把她的名字放在了最前面，她却只要求做第二作者、第三作者，甘为人梯的崇高师德，跃然于字里行间。

三、林学钰主要论著

林学钰，李生彩等. 1985. 地下水运移数学模型手册. 长春：吉林科学技术出版社.

林学钰，焦雨等. 1987. 石家庄市地下水资源科学管理研究（摘要）. 长春地质学院学报，(4)：478-480.

林学钰，侯印伟等. 1988. 地下水水量、水质模拟及管理程序集. 长春：吉林科学技术出版社.

廖资生，曹玉清，林学钰. 1989. 中华人民共和国国家标准《地质矿产术语分类代码》(中册，水文地质部分). 北京：中国标准出版社.

杨悦锁，林学钰. 1992. 实用地下水管理模型. 长春：东北师范大学出版社.

赵勇胜，林学钰. 1994. 地下水污染模拟及污染的控制和处理. 长春：吉林科学技术出版社.

王兆馨，林学钰等. 1994. 中华人民共和国国家标准《地下水资源管理模型工作要求》. 北京：国家标准出版社.

林学钰，廖资生. 1995. 地下水管理. 北京：地质出版社.

宫辉力，林学钰等. 1996. 城市水资源——环境管理决策支持系统. 西安：西安地图出版社.

赵林，林学钰. 1996. 地下水氮污染控制与治理的人工微生物技术理论与方法. 西安：西安地图出版社.

Yang Y, Lin X, Zhou L, et al. 1999. Sustainable groundwater management under the impacts of urban growth in a developing county-a case study in the city of Shijiazhuang, China. Environ Manag Health, 20 (1): 18-30.

Moon J W, Moon H S, Woo N C, et al. 2000. Evaluation of heavy metal contamination and implication of multiple sources from Huchun basin, northeastern China. Environ Geol, 39 (9): 1039-1052.

林学钰，陈梦熊等. 2001. 松嫩盆地地下水资源与可持续发展研究. 北京：地震出版社.

Yang Y S, Kalin R M, Zhang Y, et al. 2001. Multi-objective optimisation for sustainable groundwater resource management in a semi-arid catchment. Hydrol Sci J, 46 (1): 55-72.

Yang Y S, Lin X Y, Elliot T, et al. 2001. A Natural-gradient field tracer test for evaluation of pollutant-transport parameters in a porous-medium aquifers. Hydrogeol J, 29 (3): 313-320.

Gnansounou D R, Lin X Y. 2004. Evaluation and optimization of water resources in Guangrao County of China. T Nonferr Metal Soc, 14 (1): 1-7.

Lin X Y, Wang X S, Liao Z S. 2004. Engineering scheme for geothermal water wells development in Kaifeng Area of China. T Nonferr Metal Soc, 14 (1): 8-13.

林学钰，廖资生等. 2005. 现代水文地质学. 北京：地质出版社.

林学钰，王金生等. 2006. 黄河流域地下水资源及其可更新能力研究. 郑州：黄河水利出版社.

Lin X Y, Tabouré A, Wang X Y, et al. 2007. Use of a hydrogeochemical approach in determining hydraulic connection between porous heat Kaifeng area, Henan, China. Appl Geochem, 22 (2): 276-288.

撰写者

苏小四（1971～），安徽巢湖人，吉林大学水资源与环境研究所副所长，教授，博士生导师。主要从事地下水资源评价与管理。水文地球化学研究。林学钰院士的学生和学术助手。

王铁冠

王铁冠（1937～），广东澄海人。石油地质学家，地球化学家。2005年当选为中国科学院院士。1956年毕业于北京石油地质学校，1965年在北京石油学院本科毕业。1983～1986年先后在美国特拉华大学地质系和俄勒冈州立大学任研究学者、客座副研究员。1994年后任中国石油大学（北京）教授、博士生导师，兼任油气资源与探测国家重点实验室学术委员会主任、煤炭资源与安全国家重点实验室学术委员会副主任、有机地球化学和油气藏地质及开发工程两个国家重点实验室学术委员、中国石油油气地球化学重点实验室学术委员会副主任、“大型油气田及煤层气开发”国家重大专项技术副总师。他是我国分子有机地球化学学科领域首位发现和命名新生物标志化合物，并为国际权威机构承认的中国学者，非常规油气（煤成油、低熟油气）成因理论的探索者，油藏地球化学新科研方向的拓荒者。已发表论文近250篇，专著、译著近20部，其中60余篇论文为SCI、EI所收录。曾获国家自然科学奖二等奖1项，国家科技进步奖三等奖1项，省、部级科技进步奖10项，以及“李四光地质科学奖”地质研究者奖，中国科学技术发展基金“孙越崎能源大奖”，中国石油天然气总公司“铁人科技成就奖”银奖等。

一、求学之路

王铁冠1953～1956年在北京石油地质学校（江汉石油学院、长江大学前身）石油地质专业学习，因成绩优异而留校任教。在教学过程中，他经常带领学生参加野外地质实践，喜欢追根溯源，对野外的地质现象总想找出圆满的答案，不断增多的疑问激发了他继续求学的渴望。1961年，他有幸作为一名“调干生”，经工作单位选送，脱产到北京石油学院学习，王铁冠带着56元的月工资开始了新的求学之路。

由于经历过4年的教学与野外地质实践，王铁冠有了一定的专业理论和阅历基础，他怀着抓紧时间完成学业，早点返回原单位工作的朴素想法，找到主管教学的贾皋副院长，提出免修某些专业课程的申请。当时，刚刚创建8年的北京石油学院第一次遇到这样的事情，作为特例，他的申请得到了批准，部分课程课前由任课老师出考题，经考试合格后可免修。由于几门课程免修，他跳到了地60级。王铁冠对所有的课程都表现出浓厚的兴趣，每门课程都是满5分，哲学课也不例外。

1964年下半年，北京石油地质学校给他安排了正常的讲课任务。是放弃学业还是知难而上？王铁冠决定和时间赛跑，拿出了4个月的工资买了辆自行车，开始走读。一周两个来回，从东郊到西北郊，几乎穿过大半个北京城，往返于两校之间，边读书、边教书。来回一趟需要4个多小时，一跑就是半年多。为了不影响学业，他抄录了同学大量的课堂笔记，对于不懂的问题再虚心向老师请教。半年多的辛勤学习和工作换回了丰硕的果实。他以优异成绩与60级同学一起完成了学业。

1981年，教育部开始实行以EPT英语水平考试的方式选拔出国留学人员。怀着对知识的渴求，44岁的王铁冠通过首届EPT考试，排在了出国留学预备人员的行列，于1983年春由教育部派出到美国留学。在选择留学方向时，他看准了当时国外最热门的新学科"分子有机地球化学"作为自己的研修方向，尽管大学阶段没有学过，但他决定接受这一挑战。1983年，他在美国特拉华大学地质系任研究学者，1984年在俄勒冈州立大学任客座副研究员。通过全面的文献调研、资料收集、阅读学习，以及在实验室的系统实践，为他以后的科学研究打下了坚实的基础。

二、科学贡献与思想

地球科学学科众多，峰峦林立，探访这一领域的科学家成千上万，各领风骚。王铁冠选择的是一条称之为"分子有机地球化学"的道路。分子有机地球化学是以地球上沉积有机物质的化学组成、演化为研究对象。在沉积物中，凡是反映有机物质来源及其演化过程的化合物都是"分子标志物"；其中可以指示某种特定生物来源的分子，称作"生物标志物"或"分子化石"。探索这些有机分子，可以为研究地质科学与环境科学中的基础理论与实际应用问题提供分子级水平的依据。这是一门探寻石油天然气的新兴边缘科学，是一条崎岖而艰辛的开拓之路。王铁冠在这条道路上默默跋涉了40多年，如同他的名字一样，"以铁人的精神奋勇夺冠"，他既取得了丰硕的科研成果，也培养了一代又一代科学人才。

1. 我国命名新生物标志化合物的第一人

1978年，王铁冠参加燕山野外地质勘查，一次在元古宙地层出露区，意外地捡到一块砂岩滚石，放大镜下可见砂粒间充填着沥青颗粒。因为石油地质学家常把天然沥青看作油苗，所以他当即选点进行人工槽探，挖出了黑色的含沥青石英砂岩层。

通过有机地球化学分析和同位素年龄测定，确定这个沥青砂岩层原来是新元古代时期的油藏，在6.73亿年（31年后的2009年，经王铁冠进一步研究，修订为13.27±2Ma）前因遭受岩浆活动的高温烘烤而蚀变成固体沥青。这是在国内发现的最老的古油藏。

1986年王铁冠回国后，他在实验室运用气相色谱-质谱仪，从这个沥青砂岩中检测到一个国际文献中尚未报道的新化合物系列。他按照国际惯例，运用阿根廷化学家Rurede赠送的合成标样，在国内实验室首次实现了人工标样的色谱-质谱共注分析，对这个新化合物系列作出结论性的鉴定，将其命名为“13α（正烷基）-三环萜烷”。迄今为止这仍然是由中国学者鉴定和命名的唯一生标化合物。1991年，王铁冠在《中国科学》（英文版）发表了这一研究成果后，收到美国信息科学研究所（ISI）来函，告知该所文献库拟收录这种新发现的化合物，以供国际同行检索，还要求王铁冠对录入资料进行审核，并签名确认。此外，王铁冠还在贵州水城的藻煤中发现、鉴定出前人未知的甲基三环萜烷和甲基四环萜烷两个新的生标化合物系列。有关的论文在国际上发表后，被SCI等几大国际检索系统收录。

在对化石燃料分子组成的探索中，王铁冠先后检测出98个新的异构体或同系物，从而补充、发展和完善了文献中已知的7个生标化合物系列。这些工作，均属国际有机地球化学界的前沿性科研成果。

在分子标志物理论研究中，王铁冠先后在国际上建立了树脂二萜类、13α（正烷基）-三环萜烷、8β（H）-补身烷，以及8,14-断藿烷等4类生标化合物的成因机理模式。相关论文发表后，单篇论文的SCI最高他人引文数达103篇次。

在方法学研究上，20世纪80年代后期，王铁冠首创了运用生标化合物组合，确定沉积有机质生源构成百分比的方法，从一个岩石或原油样品中，可以获得多达550个化合物的综合信息。1997年《科学通报》的署名文章认为，这无疑对于从事油气成因理论和技术方法研究的科研和生产人员都是值得借鉴的。

王铁冠非常注重探索分子标志物在地质科学相关领域的应用前景。例如，李四光1931年在南京命名上、下二叠统之间的地壳运动为“东吴运动”；1990年王铁冠在苏北通过对古生代地层沉积有机物的系统研究，不仅为“东吴运动”事件地层学的研究提供了分子级水平的可靠依据，而且首次提出“东吴运动”期间，存在着岩浆热液活动的地内热事件。研究华南二叠系事件地层学的专家、中国科学院院士殷鸿福认为，王铁冠的研究成果为“东吴运动的研究补充了岩浆活动的研究内容”。同时这项研究又开拓了运用有机地球化学手段研究地内事件地层学的先例。

2. 非常规油气成因理论的探索者

20 世纪 50 年代至 80 年代前期，传统的石油地质学观念认为，煤和石油是两种不同类型的沉积环境下不同演化过程的产物。1975 年王铁冠到湖北秭归作野外地质调查，在侏罗纪煤系地层中发现众多固体沥青产地，而且在砂岩中见到沥青脉分叉、穿插现象，表明这些沥青曾是液态流动状态的石油。王铁冠研究煤系固体沥青的成因后，明确提出“成煤过程中也可伴随有‘生油’过程”，这些沥青是煤或高等植物成因的液态烃类衍生物，沥青脉的分叉与合并现象“正是具有次生流动运移的确证”等论点，对煤成油作出了重要的论证。

“七五”期间，王铁冠发扬分子地球化学与煤岩学两个学科的优势，最早发展了一套生物标志物分析与煤岩显微组分镜鉴相互渗透、紧密结合的烃源岩研究方法。通过对全国 55 个矿区 130 个代表性烃源岩样品的精细剖析，得出了一系列富有创见的研究成果，在此基础上参与撰写的《煤成油的形成和成烃机理》(1995) 专著获得国家自然科学奖二等奖。

在石油地质学中，经典的干酪根晚期生烃理论揭示了成熟烃源岩晚期生成常规石油与天然气的机理，有效地指导了世界各地的油气勘探实践。但是在相当长一段时间内，人们忽略了烃源岩早期生烃的贡献，这类早期的烃类即为“低熟油气”。

“七五”至“八五”期间，王铁冠的课题组对 9 个典型沉积凹陷和 5 个中小型盆地的原油、岩石样品作了系统的剖析，从显微层次和分子级水平上，成功地确立了木栓质体、树脂体、细菌改造陆源有机质、生物类脂物和富硫大分子 5 种母质早期生烃的机理和模式，1995 年撰写了《低熟油气形成与分布》理论专著，弥补了国际上盛行 25 年之久的“干酪根晚期热降解生烃理论”在早期生烃方面的缺憾。石油地质学家李德生院士在专著的序言中指出，该书“发展了我国陆相生油和煤成烃的理论和工作水平”，“拓展了我国石油地质学和有机地球化学的研究领域，也为油气勘探工作者提供了新的思路和机遇”。

3. 油藏地球化学新科研方向的拓荒者

20 世纪 90 年代以来，王铁冠积极引进国际上的油藏地球化学新理论、新技术，开拓新的科研方向。他于 2000 年在中石油股份公司的支持下，为国内三大石油公司的科技人员，举办了首届油藏地球化学培训班，既包含理论教学，又组织现场技术人员的实验、实习。还多次在校内和各油田作油藏地球化学讲学，推动各油田的油藏地球化学科研与实践应用，取得良好效果。

在科研实践中，他致力于探索分子标志物新参数，首次论证二苯并噻吩类作为新分子标志物示踪石油运移的机理，用以反演石油运移优势通道，展现油藏充注途径；并集成流体包裹体测温、单井数值模拟和单井 R_0 剖面三项技术，建立精确厘定油气成藏期次与时间的一套方法。先后在塔里木、珠江口、松辽、海南岛等地区不同地层的油藏中，重建油田的成藏历史，预测烃源灶方位，确定有利的勘探方向。

特别是近 12 年来，他对国内最大的海相油田——新疆塔里木盆地塔河油田的成藏过程示踪的研究，不仅具有深远的石油地质学理论意义，而且有效指导了勘探实践，预测了油田南部的找油方向。据中石化西北油田分公司的效益证明，已有多口探井获重大突破，预计可探明 2 亿吨石油储量，产生显著经济效益。此外，该项研究还采用全油气相色谱的特殊处理技术，创新性地计算出塔河油田单口井早、晚两期充注石油的比例，对于油田实施整体控制、择优探明的部署方案提供了重要依据，预计优化设计成本，可获上亿元的经济效益。

4. 分子有机地球化学学科建设的领路人

凡熟悉王铁冠教授的人，都对他有一个共同的评价：无论是做学问还是为师、为人，他都堪称表率。几十年来，他先后指导过博士后 6 名、博士生 24 名、硕士生 57 名。这些学生们无一不对他严谨务实、勇于探索的精神留有深刻印象。

1986 年，王铁冠在国内高等院校中，率先为研究生讲授《分子有机地球化学》课程。他在教学中不断体现相关文献中的最新进展，保证课堂教学内容的前瞻性。他的课程先后吸引了 6 所高校的年轻教师、博士后、研究生和 10 个科研院所的研究人员在校借读或旁听。

注重地质实践，是王铁冠教学的另一个特点。他曾带领学生从事 8 年的野外地质调查，与青年教师及研究生共同进行 26 年有机地球化学科研。他要求每个研究生都学会到野外或现场采集样品，学会在实验室做具体的实验工作，学位论文要有一定的实物工作量，主要数据都要自己从实验样品中获得，不作空头论文；也不容许随意剔除或人为更改实验数据。

在科研成果署名问题上，王铁冠历来有一条原则：凡他没有参与过工作的论文，他从不署名；凡不是他执笔的论文，他绝不署名第一作者。相反，倒有一些论文确实是由他执笔完成的，而他却不是第一作者。例如，1990 年他在一项国际合作的交叉学科研究中，先后完成了 4 篇系列论文。其中第一篇是有机岩石学成果，显微镜鉴定工作是在赵师庆教授指导下，由两位年轻同事完成的。王铁冠将原始鉴定资料带到美国，作进一步的综合性合作研究。虽然论文是王铁冠在美国执笔用英文撰写的，而且赵师庆教授还来信执意让王铁冠署名第一作者，但是论文在英国 *Fuel* 杂志上发表时，王铁冠坚持将自己署名列为第五作者。

在学科建设上，王铁冠非常重视课程与实验室建设，多次调整自己的研究方向，开拓新研究领域。近几年来，他发挥自己在分子有机地球化学的专长，涉足大气飘尘有机污染物的研究，亲自动手建设了 100 级洁净实验室，开拓大气飘尘中可吸入颗粒物有机成分的新研究方向，并具体指导和参与建设环境科学本科新专业。正是由于王铁冠和同事们在学科与实验室建设以及调整科研方向上持续不断的努力，中国石油大学（北京）的地球化学与环境科学学科点才日益发展兴旺，形成了本科生—硕士生—博士生的完整人才培养序列。

“青山高而望远，白云深而路遥”。如今王铁冠已经登上了地球科学的一座峰峦，多年来他共计在国内外发表学术论文近 250 篇，撰写科研报告 40 余份，出版专著、译著近 20 部。论文被 SCI 收录 33 篇，论著被 SCI 引用 300 多次，EI 收录 31 篇。他的科研成果也多次获奖，其中包括国家自然科学奖二等奖和国家科技进步奖三等奖各 1 项，省、部级科技进步奖 10 项，以及“李四光地质科学奖”地质研究者奖，中国科学技术发展基金“孙越崎能源大奖”，中国石油天然气总公司“铁人科技成就奖”银奖等。然而，登高远望，他感到路途仍旧遥远，他表示还要不懈地开拓，再开拓。

三、王铁冠主要论著

Wang T G，Fan P，Swain F M. 1988. Geochemical characteristics of crude oils and source beds in different continental facies of four oil-bearing basins，China//Fleet A J，Kelts K，Talbot M R. Lacustrine Petroleum Source Rocks（Geological Society Special Publication，No 40）. London：Blackwell：309-325.

王铁冠等. 1990. 生物标志物地球化学研究. 北京：中国地质大学出版社.

Wang T G，Simoneit B R T. 1990. Organic geochemistry and coal petrology of Tertiary brown coal in the Zhoujing mine，Baise Basin，South China：2. Biomarker assemblage and significance. Fuel，69（1）：12-20.

Wang T G. 1991. A novel tricyclic terpane biomarker series in the Upper Proterozoic bituminous sandstone，eastern Yanshan region. Sci China Ser B，34（4）：479-489.

Wang T G. 1991. Geochemical characteristics of Longtangou bituminous sandstone in Lingyuan，eastern Yanshan region，North China-Approach to a Precambrian reservoir bitumen. J Southeast Asian Earth Sci，5（1-4）：373-379.

Wang T G，Simoneit B R T. 1991. Organic geochemistry and coal petrology of Tertiary brown coal in the Zhoujing mine，Baise Basin，South China：3. Characteristics of polycyclic aromatic hydrocarbons. Fuel，70（7）：819-829.

Wang T G，Sheng G Y，Cheng J H，et al. 1994. Newly proposed methyltricyclic and methyltetracyclic terpane series in the Shuicheng boghead coal，China. Org Geochem，22（3-5）：727- 737.

王铁冠等. 1995. 低熟油气形成机理与分布. 北京：石油工业出版社.

Wang T G，Simoneit B R T. 1995. Tricyclic terpanes in Precambrian bituminous sandstone from the eastern Yanshan region，North China. Chem Geol，120（1/2）：155-170.

Wang T G，Zhong N N，Hou D J，et al. 1995. On bacterial role in hydrocarbon generation mechanism，Banqiao Sag. Sci China Ser B，38（9）：1124-1134.

王铁冠，张枝焕. 1997. 油藏地球化学的理论与实践. 科学通报，42（19）：2017-2025.

Wang T G，Hou D J，Zhong N N，et al. 1997. Early hydrocarbon generation of biological lipids in non-marine lacustrine basins-a genetic mechanism of immature oil. Sci China Series D，40（1）：54-64.

Wang T G，Zhong N N，Hou D J，et al. 1997. Genetic Mechanism and Occurrence of Immature Hydrocarbons. Beijing：Petroleum Industry Press.

Wang T G. 2000. Immature oils and their genetic mechanisms in China. Acta Geol Sin，74（3）：632-640.

Wang T G，Bao J P，Simoneit B R T. 2002. Organic geochemical evidence for a regional stratigraphic thermal event in East China. J Asian Earth Sci，20（8）：913-920.

Wang T G，He F Q，Li M J，et al. 2004. Alkyl-dibenzothiophenes：molecular tracers for filling pathway in oil reservoirs. Chin Sci Bull，49（22）：2399-2404.

Wang T G，Li S M，Zhang S C. 2004. Oil migration in the Lunnan region，Tarim Basin，China based on the pyrrolic nitrogen compound distribution. J Petrol Sci Eng，41（1-3）：123-134.

Zhou J B，Wang T G，Huang Y B，et al. 2005. Seasonal variation and spatial distribution of polycyclic aromatic hydrocarbons in atomospheric PM10 of Beijing，People's Republic of China. Bull Environ Contam Tox，74（4）：660-666.

Zhou J B，Wang T G，Huang Y B，et al. 2005. Size distribution of polycyclic aromatic hydrocarbons in urban and suburban of Beijing，China. Chemosphere，61（6）：792-799.

Wang T G，Li M J，Wang C J，et al. 2008. Organic molecular evidence in the Late Neoproterozoic Tillites for a palaeo-oceanic environment during the snowball Earth era in the Yangtze region，southern China. Precambrian Res，162（3/4）：317-326.

主要参考文献

周文斌. 2002-09-08. 攀登地球科学高峰——记石油大学（北京）教授王铁冠. 光明日报.

陈勇. 2005-12-20. 中国石油大学（北京）教授王铁冠当选中国科学院院士. 中国石油大学（北京）校报，第1-3版.

张乐勇，张卫东，王树勇等. 2007. 石油地质和地球化学家王铁冠院士//院士与创新. 东营：中国石油大学出版社：103-109.

撰写者

钟宁宁（1960～），广东省佛冈县人，中国石油大学（北京）地球科学学院教授，博士生导师，享受国务院政府特殊津贴。

邓起东

邓起东（1938～），湖南双峰人。地质学家。2003年当选为中国科学院院士。1961年毕业于中南矿冶学院地质系。曾任国家地震局地质研究所副所长，学位评定委员会主任、荣誉主任。现任中国地震局科学技术委员会副主任，中国地震预报评定委员会委员，国家地震安全性评定委员会委员，中国地震局活动构造与火山重点实验室学术委员会主任，南京大学、浙江大学兼职教授，中南大学荣誉教授。长期从事构造地质学、活动构造学、地震地质学、地球动力学、地震区划和工程地震研究，对我国活动构造和地震构造有深入的研究。对走滑、挤压和拉张等不同类型构造的几何学、运动学和形成机制有创造性发展；建立和发展了活动构造大比例尺填图技术，发展了古地震学研究，领导了全国活动构造地质大比例尺填图和研究工作，推进和发展了定量活动构造学研究；系统编制了我国活动构造图，总结了我国活动构造和应力场特征，提出了新的运动学和动力学模式；主编完成了我国第一份经国家批准使用的地震烈度区划图，成为全国抗震设防标准；完成了大量城市和大中型工程活动构造及地震安全性评价工作，为经济持续发展做出了重要贡献。截至2012年，先后在国内外发表论文250余篇，出版专著13部。有16项科研成果先后20次获国家级和省部级科学技术奖，其中国家级科技进步奖二等奖2项、三等奖1项，省部级一等奖3项、二等奖6项。1991年获李四光地质科学奖。

一、简　　历

邓起东1938年2月23日出生于湖南省双峰县滩头湾世祜堂。幼时曾在家乡私塾读书，1949年插班长沙市豫章小学五年级，初中就读于长沙市雅礼中学，高中毕业于长沙市第七中学。高中期间，王希恩老师讲授的地理课程和参加地理课外小组活动使他对地学发生了浓厚的兴趣。1956年，怀着对大自然的迷恋和为祖国寻找宝藏的少年壮志，报考了中南矿冶学院地质系。大学期间有幸得到陈国达等名师教导，学业优异，1960年被学校选调到地质系任助教，在研究室进行科研工作。

1961年完成大学学业后，他跨进了向往已久的中国科学院地质研究所，一直在张文佑院士领导的研究室工作。他一方面学习断块构造理论，另一方面开始在构造破裂理论方面进行探索。1963年，他参加了中国地质科学院地质力学研究所由地质力学创始人李四光院士亲自主持的第一届地质力学进修班学习，直接聆听院士和专家们的讲授和指导。此时，正是地球科学板块构造理论创建和大发展时期，他及时学习到国际上正在发展的新理论。虽然由于1966年“文化大革命”开始，他失去了一次去国外进行研究生学习的机会，但他在青年时期有幸从大师们的教导中吸收新知识，学习不同的理论，在多方面经受锻炼，为一生在科学道路上探索打下了最重要的基础。60年代初期，他开始进行褶皱和断裂形成机制研究，并发表了关于剪切破裂带形成机制的论文。

1966年3月，河北邢台7.2级地震发生后，他响应国家号召，把自己的研究方向转移到最新构造活动与地震的研究上，从此开始了几十年的地震地质和活动构造研究。河北邢台和河间地震后，他参加了第一份华北平原地震构造图的编制，并在北京和山西地区开展地震地质调查和地震基本烈度评定工作。1967年他开始领导山西地震带的地震地质调查工作，逐一研究带内每个盆地，每一条断裂的活动和每一个大地震的发震构造，直到1970年工作结束。当时我国对地震地质和活动构造的认识还处于初期阶段，山西地震带的工作既为全国范围内活动构造早期调查提供了一个良好的范例，也为70～80年代他们在华北和鄂尔多斯地区开展张性构造研究，并完成鄂尔多斯周缘活动断裂带研究打下了基础。这项经过长期努力获得的工作成果，1991年获得了国家科技进步奖二等奖。

1975年，辽宁海城发生7.3级强震，邓起东负责地震灾害和地震地质调查工作。他发现海城地震的发震构造是一条走向北西西向的新破裂，与地表北东方向断裂不一致，因此提出了该区最新构造“北东向成条，北西向分块”的活动样式，指出了海城地震发生于一个北东向和北西向断裂汇而不交的构造部位，并提出了一个水平力和垂直力联合作用模式来解释海城地震的动力学成因。

70年代初期，为满足国家建设规划和抗震设防的需求，国家要求编制全国地震区划图，当时年仅三十二三岁的邓起东担任了全国编图组的组长，主持这一工作。他们总结我国地震活动和地震地质的特点，提出了反映地震活动时空不均匀性的区划新思想。1977年完成了我国地震区划图，成为我国第一份得到国家批准作为全国建设规划和抗震设防标准使用的地震区划图，结束了我国没有地震区划图使用的历史。

1973～1979年，邓起东开始总结我国活动构造和地震地质特征，先后主持完成了中国活动性构造和强震震中分布图（1∶300万，1976年）、中国地震构造图（1∶400万，1979年）和中国新生代构造应力场图（1∶600万，1978年）等全国性图件，出版了相关论文。这是我国最早出版的有关活动构造和地震构造的图件和著作。2007年，在我国活动构造定量研究获得大量成果后，他又主持编制了新的中国活动构造图（1∶400万），汇集了数千个活动构造定量参数，进一步总结了我国活动构造特征，这是防震减灾的一份重要基础图件。

从1980年开始，邓起东将自己的研究方向集中在活动构造的定量研究上，并将研究方向由张性构造转向了走滑断裂。他选择了青藏高原东北缘，并将1920年发生海原8.6级大地震的海原断裂带作为走滑断裂研究的突破口。与此同时，还参加了新疆阿尔泰1931年富蕴8级地震剪切型地震破裂带及其他一些走滑断裂的研究工作。他率先把区域地质填图方法应用到活动构造研究中，建立了活动构造定量研究特有技术，最早出版了活动构造大比例尺地质图和专著。在走滑断裂几何学、运动学和形成机制方面有许多新的认识，在理论和技术上都有新的发展和创造，促进了地震危险性评价工作。1992年荣获国家科技进步奖二等奖。海原活动断裂带的研究带动了全国活动构造定量研究工作，以此为基础，我国制定了活动构造填图规范，邓起东作为专家组组长和项目负责人领导了全国活动构造带大比例尺地质填图和定量研究工作。

80年代末期，当海原活动断裂带工作完成后，继完成对张性和剪切活动构造和地震研究工作，他又把研究目标转向挤压型活动构造与挤压型地震问题研究，开展了天山活动构造研究工作，再一次取得突破性进展，并于2000年出版了我国第一部挤压型活动构造专著。

90年代末，邓起东在花甲之年开始了我国海域活动断裂探测的新探索，21世纪初即在渤海、北黄海等海面取得首批成果，开辟了活动构造研究的一个新领域，2009年获得了山东省科技成果奖。

21世纪初，他与年轻科学家们共同努力，把经过几十年奋斗开辟的定量活动构造学研究应用于城市环境安全评价和防灾减灾，并担任“大城市活断层探测”这一国家项目的总监理，完成了我国第一批20余个大城市活动断裂探测与地震危险性评价工作。

他积极把地震科学研究服务于国民经济建设，几十年来，先后主持完成了数十项城市和大中型工程活动构造及地震安全性评价工作，为工程建设和经济发展的地震安全做出了重要贡献。

二、主要科学研究成就、学术思想及影响

(一) 主要科学研究成就

1. 剪切破裂带理论研究

60年代初期，邓起东开始了褶皱和断裂形成机制研究。他和同事们奔走于三峡水利枢纽、四川油田、北京西山等不同地区，开展深入的野外观察和实验室模拟实验，对不同性质断裂的几何学和运动学特征进行对比、分析，甚至即使在北京的公园和现代化建筑物里，面对岩石台阶和墙面上的裂缝也要仔细揣摩。辛勤的工作使他们在剪切破裂带方面形成了新的思想，提出了剪切破裂带羽列的新概念，对剪切破裂带形成机制进行了新的论述。他们先后发表了有关论文，并在“文化大革命”开始前的最后一期《地质科学》期刊上发表了《剪切破裂带的特征及其形成条件》，对剪切破裂带的结构和构造组合进行了新的研究，对剪切破裂带内不同结构面的力学机制和形成机理进行了理论分析。其相关内容被选编入构造地质学大学教材，也为以后研究走滑断裂打下了良好基础，成为国际期刊相关专集的约稿论文。

2. 山西断陷带研究——剪切拉张成因、断裂分段活动

控制中国华北地区强震的地质构造是具有拉张和剪切共同作用的活动断裂。这类断裂的活动特征是什么？其活动的动力机制是什么？是当时急需解决的关键问题。邓起东在对华北平原地震构造研究的基础上，1966年底开始了对山西地震带开展研究，并于1967年开始领导这一工作，直到1970年工作结束。此时，正值“文化大革命”最混乱的时期，邓起东与他的同事们在社会情况十分复杂的条件下研究了山西断陷盆地带和强震活动带。在4年的野外工作中，他们北起大同盆地，南至运城和灵宝盆地，对发生在断陷盆地带中每一个大地震进行了详细的实地考察和深入的理论分析，终于使一条鲜活的活动断裂带和地震带呈现在人们眼前。他们纠正了当时认为山西断陷盆地带是挤压性构造盆地的说法，证实是正断层控制的张性盆地，发现了后期正断层与前期逆断层的构造反转，研究了大地震与活动断陷盆地的关系，确定了带内大地震的发震构造，对断陷盆地带内地震活动的时空不均匀活动图像和地震活动趋势作出了分析和判断。这些研究奠定了这一地区地震地质工作的基础，推动了我国的活动构造和地震地质工作。论文在1973年复刊后的第一期《地质科学》上发表后，美国地震学会主席 C. R. Allen 认为这是一篇非常好的地震地质学论

文，该文在美国被全文翻译。此后，他们又不断对山西断陷盆地带深入开展研究，有了一系列新发现，确认这是一条右旋剪切拉张带，中段为北北东向以右旋剪切为主的活动断裂控制的断陷盆地带，南北两端为北东东向正断层控制的盆地-山岭构造组成的尾端拉张构造区，剪切段走滑断层的地震活动水平和最大潜在地震震级要大于尾端拉张区的正断层及断陷盆地。这种活动构造带分段活动特征和地震活动强度差异是活动断裂分段性最早期的研究成果。在山西活动构造带得到的断裂滑动速率和古地震及其复发间隔等参数，也是我国最早得到的活动构造定量研究成果。

3. 海城地震及其发震构造模型

1975年2月4日晚，辽宁海城发生了7.3级地震。邓起东作为工作队成员，当晚即登上了专机，2月5日凌晨即赶到海城。作为宏观调查队的负责人，他主要负责灾害评估和发震构造调查。由于海城地震实现了成功预报，人员伤亡大大减少，但建筑物破坏依然严重。时值严寒的东北地区，滴水成冰，加之有余震威胁，震后开始几天物资供应困难，每晚只能露宿广场，天寒地冻，调查工作十分不易。然而，在考察队员的努力下，科学调查工作不断取得进展，地震破坏状况不断得到统计，等震线图逐渐完整，宏观地震前兆不断被研究，北西西向地震地表破裂带被发现，震区构造逐渐得到认识。宏观调查结束后，他们又对海城震区地震构造进行了进一步研究，广泛汇集了区域活动构造、深部构造、现代地壳形变、地震活动序列和各种宏观、微观前兆的时空分布资料，1976年提出了海城地震的发震构造模型：区域构造背景为北北东向构造成条，北西西向构造分块，地震发生于北北东向和北西西向断裂汇而不交的构造部位，发震断层为一条北西西向新生破裂，破裂由东向西扩展，终止于一条北北东向断裂；深部构造条件是震区位于深部莫霍面和上地幔高导层隆起之上；区域应力场作用的水平力和深部物质运动产生的垂直力的联合作用孕育了海城地震。此外，他们还根据各类地震前兆的时空分布提出了地震孕育和发生过程。

4. 华北活动构造和动力学研究

在华北平原、山西断陷盆地带、邢台地震和海城地震等大地震研究的基础上，邓起东把眼光瞄准了华北区域活动构造及其动力学问题研究。

早在20世纪70年代，邓起东就研究了中国新构造应力场特征及其与板块运动的关系，对我国大陆板块内部不同构造区的应力场进行了总结，对它们与我国周缘板块运动的关系进行了分析。其中，华北断块区区域构造应力场的主压应力方位为北东东向，主张应力方位为北北西向。在这一应力场的控制下，区内北北东向断裂具有右旋走滑特征，北西向断裂则表现为左旋走滑断裂，但同时这些断裂均具有正断裂倾滑分量，控制张性断陷盆地。从深部构造特征来看，华北平原区和山西等断陷盆地带的莫霍面和上地幔高导层顶面均发生上隆，显示深部物质的上涌流动。从整个华北断块区来看，断裂水平运动分量仍然大于垂直运动分量，单一的动力作用不能解释活动构造的这种复合运动性质。1984年，在大陆地震与地震预报国际会议上，邓起东提出了区域应力场的水平力与上地幔深部物质运动产生的垂直力的联合作用模式。这一动力学模式为更好地认识华北活动构造提供了一个新思路。

在上述研究工作的基础上，邓起东在20世纪80年代初倡议对华北和鄂尔多斯地区的活动构造及其动力学进行综合研究，并亲自主持了从1983年开始的鄂尔多斯活动构造总结工作。不幸的是，由于长期劳累，1985年，年仅47岁的他突患脑血栓，不得不由其他同事来继续组织完成，但他仍作为负责人之一，继续参与组织工作和实际工作，直到专著完成。1985年邓起东发表论文，总结鄂尔多斯地区的活动构造，提出了在青藏高原的推挤作用下，鄂尔多斯地区活动构造的共轭剪切及水平力和垂直力联合作用模式。1988年，鄂尔多斯周缘活动断裂系专著出版，并于1991年荣获国家科技进步奖二等奖。

5. 经国家批准使用的我国第一份地震区划图

国家建设工程需要按照一定标准来进行抗震设防，这可通过地震区划来实现。我国虽然在20世纪50年代曾对地震区划进行过探索，但始终没有国家批准的地震区划图。20世纪70年代初，全国地震区划图任务下达，国家地震局组织全系统的研究所和各省地震局共同完成这一任务，还成立了全国地震烈度区划编图组来领导这一工作，邓起东担任组长，主持这一工作。经过对我国地震活动的总结，一方面证实我国地震活动在空间上是不均匀的，不同地震区和地震带地震活动水平不同，不同地区和不同地点的地震危险性不同，发震构造的尺度和性质与地震震级、地震类型和发震地点等密切相关，因而发震构造是确定地震危险区的重要标志；另一方面，地震活动的时间分布也是不平稳的，时起时伏，同一条地震带在地震活动活跃期和平静期地震活动的频度和强度不同，在一个地震活动周期不同阶段的地震危险性也不相同。针对中国地震活动在时间和空间上不均匀的特性，他和同事们提出在地震区划中根据地震活动时空不均匀性来划分地震区带，估计不同地震区带的未来地震活动水平，根据地震发生的发震构造条件来划分地震危险区，估计未来地震活动强度。在这种地震区划思想和原则的指导下，他们在1977年完成了中国地震烈度区划图，成为第一份经国家批准的全国建设规划和抗震设防的标准，结束了我国没有法定地震区划图的历史，为国家改革开放以来大规模的经济建设提供了服务。

6. 古地震研究

古地震研究是通过保存在晚第四纪沉积物中的位错及其他与地震有关的地质和地貌证据来识别史前地震事件及其发生的年龄、频率与强度，是认识断裂长期活动习性和研究强震活动规律的重要内容，被认为是 20 世纪 70～80 年代活动构造研究和地震危险预测中最有成就的前缘领域。邓起东与同事们从 70 年代末期、80 年代初期就开始注意和引进有关古地震研究的理论和方法，并根据大陆内部不同性质活动断裂的特点研究古地震识别标志和古地震活动历史。1981 年在研究新疆 1931 年富蕴地震破裂带时，发现走向滑动断裂水平错动对水系堵塞所形成的古断塞塘及其伴随的沉积物和断裂古沟槽沉积物，提出了古断塞塘沉积及古地震沟槽堆积形成的楔状堆积可作为古地震的识别标志。1982 年在研究宁夏 1739 年平罗地震破裂带时，他敏锐地认识到探槽中近断层处的粗颗粒堆积就是美国科学家刚刚开始讨论的代表古地震事件的“崩积楔”，并利用该标志对古地震事件进行了划分。与此同时，他根据正断裂和走滑断裂的运动特征，提出了“充填楔”、“构造楔”等新的古地震识别标志。90 年代初，他又对新疆北天山山前逆断裂的古地震开展了研究，提出利用断裂多次活动形成的不协调褶皱及逆断裂崩积楔等作为识别古地震事件的新标志。他还提出要用多探槽对比来研究古地震及其活动历史，并应用这些标志和方法对宁夏海原走滑断裂和新疆北天山逆断裂的古地震开展了系统研究，发现了北天山古地震的复发间隔，分析了不同构造段的地震危险性；海原断裂带上的古地震具有丛集特征，古地震事件主要发生在距今 1000～3000 年和 5000～7000 年的两个时段内，丛集期外很少发生；而且在丛集期开始和结束的时候，往往是整个断裂带都发生破裂，丛集期内则只是某一、两个段落破裂。因此，提出多重破裂概念，断层破裂和错动的历史是一幅多重破裂的历史。这些研究推动了我国古地震学研究，对认识强震复发规律、评价活动构造的地震危险性具有重要意义。

7. 海原活动断裂带、拉分盆地、构造转换及平衡

海原活动断裂带是青藏高原东北缘的一条主干断裂，1920 年沿该断裂带发生了 8.6 级强烈地震。作为走滑断裂研究最重要的实例，邓起东从 1981 年开始组织了海原断裂带的系统研究工作，通过大比例尺地质填图，对断裂带几何学、运动学和拉分盆地进行了研究，对断裂带分段和各断层段全新世 1 万年以来的滑动速率进行了

测定，对古地震开展了研究，对海原地震地表破裂带及同震位移分布进行了测量等。他们最早完成了1∶5万比例尺活动断裂带地质图，发现海原断裂带早期以向北北东方向逆冲为主，上盘形成背驮式褶皱和向南逆冲的反向断层系统；在早更新世晚期转变为北西西走向的左旋走滑断裂，实现了断裂带演化过程中的转换；在海原走滑断裂带东南端形成近南北向逆断裂和挤压褶皱组成的尾端挤压构造区，其变形幅度和变形时代与走滑断裂的演化密切相关。他们定量地研究和对比了走滑断裂带走滑量与断裂带尾端挤压区缩短量的平衡关系，这是中国对构造转换平衡问题最早也是最好的研究实例；他们研究了海原走滑断裂带的结构和几何学特征，确定了海原走滑断裂带由多条次级剪切断层组成，这些次级剪切断层与整个断裂带走向有极小的交角，羽列排列是其基本特征；发现在不连续次级剪切断层之间的拉分阶区形成拉分盆地，在挤压阶区形成推挤构造；他们通过填图，详细研究了带内多个拉分盆地，在拉分盆地内发现了盆地内部张剪切断层，这是随着沿断裂带走滑位移不断积累，拉分盆地被贯穿消亡时产生的一种新的类型的构造，据此提出了拉分盆地的形成新模式。这是我国第一次研究拉分盆地，也是研究得最好的一批拉分盆地。他们研究了海原活动断裂带及带内各次级剪切断层的运动学定量参数，即断裂全新世滑动速率，得到海原活动断裂带全新世左旋走滑速率小于10mm/a，而且，断裂带各段的滑动速率不同，具有分段活动特点。这是国际上最早给出青藏高原主要走滑断裂的低走滑速率数据，不仅与以后查明的青藏高原主要走滑断裂全新世活动水平一致，也与20年后利用GPS获得的断裂现今滑动速率一致。通过多探槽对比和三维组合探槽研究，他们研究了海原活动断裂带的全新世古地震及其活动历史，不但发现了断裂带古地震的丛集活动特征，分析了丛内和丛间古地震活动间隔不同，还提出了海原活动断裂带的古地震具有多重破裂的特征。根据古地震重复间隔的不同，海原活动断裂带可分为3个破裂段，有时在一次古地震事件中只是其中的一个断层段或两个断层段发生破裂，有时是全带3个断层段同时破裂，前两种破裂事件的震级要小于后者，后者是活动断裂带上震级最高的大破裂，在海原活动断裂带内发生在地震活动丛的最后阶段。这是我国最早利用多探槽对比和三维组合探槽研究古地震，最早发现古地震丛集和断裂多重破裂特征的研究实例。海原活动断裂带研究，给出了一个走滑断裂带最典型的实例，是定量活动构造学的奠基性工作，是对构造地质学和活动构造学研究的重要贡献，引起了国内外的重视，被国际杂志走滑断裂专集约稿，其专著被专家称为“范本”和“经典”（毕庆昌语），而且荣获1992年国家科技进步奖二等奖。

8. 青藏高原运动学特征与块体低速率有限滑动模型

海原活动断裂带大比例尺地质填图及所取得的成果推动了我国活动构造定量研究工作，相继在全国近 20 条主要活动构造带上开展了大比例尺填图和定量研究。邓起东领导了这一工作，并在这一定量研究的基础上，进一步研究了青藏高原范围内多条北西西向活动走滑断裂带的活动特征及其间的北西西向条状块体的运动特征。指出：高原断块区被多条活动断裂带划分为多个次级断块，断块区和次级断块边界的活动构造带既是主要的应变释放带，也是强震活动带；这些边界活动断裂的滑动速率是一种低速率的滑动，从海原断裂带向南，直至青藏高原中部的鲜水河断裂，北西西向断块边界断裂均作左旋滑动，其滑动速率由北向南逐渐加大，由每年几毫米加大到每年十几毫米，说明高原内部次级块体的东向滑动速率由北向南加大，至鲜水河—玛尼断裂以南的羌塘—川滇块体滑动速率最大；正是由于青藏高原中部该块体向东南运动最快，因此该块体南侧的红河断裂带和班公错—嘉黎断裂带转变为右旋走滑断裂，其滑动速率与鲜水河断裂的速率相当；高原和高原内部次级块体的这种块体运动主要来源于印度板块向北碰撞和推挤，这种挤压作用在东西喜马拉雅构造结地区形成强烈楔入，引起楔体周围地区强烈的变形，高原和高原内部次级块体则以不同的速度向东南滑动，其中以中部羌塘—川滇块体滑动速度最大。这些关于青藏高原晚第四纪活动断裂和块体运动学的认识，在 1984 年喜马拉雅地质学国际讨论会上发表后，受到欢迎，也为邓起东提出青藏高原和高原内部块体的运动学模型——低速率有限滑动模型打下了基础。该模型指出：作为板块构造的一个组成部分，大陆内部是由多级别、多层次的块体组成的，即断块区和断块，其边界由不同规模的活动构造带组成，成为主要应变释放带和构造活动带，断块内部可能有一定水平的构造活动，但其强度小于块体边界构造带；陆内块体的运动是一种有限制的滑动，即小运动量、低速率的块体运动；下地壳、上地幔的流变与上地壳的脆性变形有着紧密关系，板块驱动的水平作用力与陆内深部物质运动产生的垂直力的联合作用共同控制着板块内部的变形和构造活动。多级别、多层次块体变形和块体低速率有限滑动模型，可以更好地理解青藏高原前述构造活动和运动学特征。

9. 天山活动逆断裂和活动褶皱、板内新生代再生造山带研究

横跨中亚大陆腹地的天山是地球上最典型的大陆内部新生代复活再生造山带，目前仍在持续隆起并向两侧扩展，不断形成新的活动逆断裂和褶皱带，并伴随着强烈地震的发生。邓起东等在完成海原走滑断裂带研究后，把新的研究转向了这一条

再生造山带，对天山挤压型活动构造进行了研究。他们发现，天山的新生代构造变形以山前向南北两侧盆地的扩展为特征，使得两侧新生代地层逐渐褶皱成山，形成多排逆断裂-褶皱带。北天山山前逆断裂-褶皱带的形成年龄由南向北越来越新，南天山则由北向南迁移，天山的新生代构造活动是一种双向逆冲增生过程。他们还发现，天山山前逆断裂-褶皱带由前展式断裂扩展褶皱所组成，并对断裂扩展褶皱的二维和三维几何学、形成机制及其与滑脱面-断坡系统的关系进行了研究。这些褶皱的发育受深部活动着的滑脱断裂和前缘逆断层断坡控制，随着深部逆断裂的演变和空间扩展，它们中的一些出露地表，另一些则仍然隐伏于地下呈“盲逆断裂”状态。1906年玛纳斯7.6级地震即是沿北天山山前逆断裂-褶皱带产生的一次盲断裂型“褶皱地震”。由于震源发生在深部盲断坡上，盲断坡向上的滑动通过近水平滑脱面向北传递，以致震中区只发生地表破坏而不产生地表构造变形，而在其北远离震中区的活动逆断裂-背斜带形成褶皱隆起和破裂出露地表形成断层陡坎。这是中国大陆首次发现和研究的“褶皱地震”事件。他们还研究了天山晚更新世和全新世阶地的年龄及其变形，包括最新断裂活动和最新褶皱作用，计算了晚更新世和全新世活动逆断裂-褶皱带的变形速率，计算了天山不同构造段最新缩短速率及其分段变化。有关天山新生代构造变形的研究，不仅对于阐明这条板内再生造山带的地球动力学有重要意义，还对天山两侧沉积盆地的油气资源勘探起着指导作用。

10. 系统编制全国活动构造图

活动构造图是确定未来强震可能发生地点的重要依据，也是地震灾害防御、区域建设规划制定和建筑抗震设计不可缺少的基础资料。早在1976年邓起东就在当时全国活动构造初步调查和研究的基础上，主编完成了我国第一张中国活动构造图（1∶300万），1978年完成了中国新生代构造应力场图（1∶600万），1979年完成了中国地震构造图（1∶400万），发表了有关论文。这些图件和论文不断深入地揭示了中国活动构造、构造应力场和地震构造活动图像和特征，在促进我国地震灾害防御和科学研究上发挥了很大作用。最近20多年来，中国的活动构造进入了定量研究阶段，并取得了很大进展。2007年邓起东又及时总结这些定量研究结果，重新编制和出版了新的1∶400万中国活动构造图，详尽地表示了活动断裂、活动褶皱、活动盆地、活动块体、活动火山和强烈地震及地震地表破裂带等不同类型的活动构造及其运动学参数，总结了中国活动构造的基本特征。他们指出，喜马拉雅和台湾现代板块活动边界构造带变形强烈，断裂滑动速率大于20mm/a；大陆板块内部地区的构造活动以断块运动为特征，可以划分出不同级别的地壳和岩石圈块体，其中以青藏、新疆和华北断块区的现代构造活动最为强烈；不同区域内 200 多条活动构造带的 2000 余个运动学参数表明，大陆板内构造活动是一种有限制的低速率块体运动，断块边界构造带的水平滑动速率一般小于 10mm/a，我国活动构造的实际资料不支持高速率、大滑动量的刚性块体逃逸理论。

11. 城市和工程的活动构造和地震安全性评价

邓起东几十年来不仅活跃在构造地质学理论研究战线上，而且还根据国家建设的需要，积极把理论研究成果应用于城市和工程抗震工作。他与同事们先后完成几十个大城市和几十项大中型工程的活动构造和地震安全性评价工作。既有核电等电力建设工程，又有长线状输油、输气管道工程；既有大城市活动断裂探测与地震危险性评价工作，又有大中型工程的地震安全性评价工作。他在这些活动构造应用研究中，结合工程建设的要求和城市构造环境特点，把活动构造理论研究成果与建设工程的实际需要结合起来，提出新方法，解决新问题。1991 年，他在最早从事我国长线状输油输气管道活动断裂安全性评价工作中，根据工程需要对活动断裂未来错动量作出预测的要求，应用定量活动构造学理论研究成果，提出多种活动断裂未来错动量评价方法，为工程，特别是长线状工程抗震和抗断设计提供了必需的参数，为活动断裂安全性评价开辟了新的途径。在大城市隐伏活动断裂探测与地震危险性评价工作中，他不但明确地提出了这项工作的核心科学问题和技术路线，成为完成这一工作的指导思想，而且还针对不同阶段工作中遇到的实际问题提出解决的关键技术和方法，先后发表了多篇有关城市活动断裂探测技术和方法的论文，用以指导对城市直下型活动断裂和直下型地震的探测和评价工作。

12. 严于律己，积极培养人才

邓起东既是一位为人热情，平易近人的人，又是一位严于律己，踏实肯干的人。他既善于组织和协调各方面的力量开展大科学项目的综合研究，又总是亲力亲为、亲身参与实际工作，并在实践中形成新的思想，提出新的认识。他能敏锐地发现线索，并积极思索，根据发现的问题，调整自己的研究方向和研究重点，不断探索，使认识达到一个新的高度。他积极参与国内外科学交流，开展深入的合作研究，所以，他能使其科研工作站在活动构造学发展的前列。他著述丰富，却并不漂浮，要求其著作能代表新水平、新高度。这种积极努力和严格要求正是他能走上成功之路的原因。

邓起东总是热情帮助同事和年轻学子。他不仅与他们共同开展野外调查，还与他们开展深入的学术讨论。他可以放弃自己去国外工作的机会和缩短在国外考察的时间，而使年轻同事和研究生得到出国锻炼的机会。他努力创造条件送学生们出国深造，并鼓励他们学成回国为祖国贡献力量。他至今已先后培养了20多名博士和硕士，绝大多数都已成为科研和生产工作中的骨干或组织者，有的成为973项目和国家级科学工程的首席科学家，有的走上了研究所所长、副所长、司局长等领导岗位，更多的作为研究员、副研究员成为科研的骨干力量，不断创造新的科研成果。

（二）学术思想及影响

1. 构造系统论

构造变形有连续变形和非连续变形，虽然本身非常复杂，但每一个个体都不是孤立存在的，它们是在一定力学环境下形成彼此有机联系的一个整体。在进行构造变形分析时，必须从系统论的角度对它们进行评价，而不能孤立地去分析各个体。邓起东在走滑断裂带研究中，从剪切作用条件下去认识整个走滑断裂带的变形，包括次级剪切断层的形成、拉分和推挤阶区的变形、不连续阶区的发展、变形的集中和断裂的贯通、走滑断裂的枢纽作用及其引起的断裂两侧的变形、破裂的发生和发展、尾端破裂的扩展等不同方面，对整个走滑断裂系统进行全面的分析，对该系统在空间上的变形关系及时间上发展演化进行整体分析。在活动断裂与活动褶皱关系研究中，他抓住断裂和褶皱活动引起最新河流和冲洪积扇的变形，通过变形实测和年龄测定，既获得逆断裂的最新活动参数，也获得了活动褶皱变形的运动学信息，对二者的相互关系作出了深入的研究。把这种思想应用于大陆构造和区域构造研究，从不同类型构造及其相互关系分析和运动学研究出发，认识板块构造和板内断块构造的关系，认识中国大陆活动构造的断块构造特征，并特别研究了构造活动在不同时段的反转及空间上的转换。

任何构造活动过程都不会是一成不变的，会随着时间的发展而变化，在一个阶段表现为挤压型逆断裂作用，在另一个阶段，由于应力状态的变化，力学性质可能发生变化，既可以转变为张性正断裂，也可转变为走滑断裂，变化是常态，而不变是相对的。他在研究复杂的构造活动过程时，特别注意构造的反转。在20世纪60年代，当他们在研究山西断陷盆地带时就发现该构造带早期的挤压构造在后期反转为张性构造，后期正断裂切断早期逆断裂、逆掩断裂和推覆构造，并于70年代初期发表了构造反转的著名地质剖面，从而对山西断陷盆地带带来了全新的认识。后来的进一步研究说明，这种构造反转存在于鄂尔多斯，乃至整个华北构造区，从而引起人们的更加重视。80 年代，他们在海原活动断裂带研究工作中，发现了构造转换。这次是海原活动断裂带在早更新世早中期一条逆冲断裂及其控制的背驮式背斜，但在早更新世晚期，断裂带性质发生了变化，反转为一条左旋走滑断裂，开始了新的活动阶段。这种转换后来在青藏高原多条活动断裂带的研究中被发现，只是不同地区构造转换的具体情况可能有所不同。

构造转换及其相互平衡关系是构造地质学中另一个重要问题。在空间上一幅繁复的构造活动图像中，不同构造带或不同构造段之间的转换是常见的。但相互间应该是平衡的，不平衡是不合理的。20 世纪 80 年代，他们在青藏高原东北边缘地区北西西向海原左旋走滑断裂带的东端发现了近南北向的六盘山和马东山等以逆断裂和褶皱为特征的挤压构造带，通过活动构造地质填图，计算了走滑断裂的走滑量和逆断裂-褶皱带的地壳缩短量，二者是平衡的。以后人们在阿尔金走滑断裂带东北端和鲜水河断裂东南端都发现了这种转换和平衡关系。即使是在区域构造研究中，人们也经常碰到同样的问题。

由此可见，构造变形总是由不同种类和不同级别的个体组成一个有机联系的系统，构造活动在时间过程中的反转和在空间关系上的转换平衡是整个构造系统中重要一环，是一个构造地质学家和活动构造学家必须面对的重要问题。

2. 板块构造和板内断块构造

板块构造是全球大地构造新的理论，但大陆地区经历复杂的活动历史和构造作用，具有更加不均匀的物质成分，其构造活动图像和运动性质也更加复杂，因此，板块构造常被指为不适合理解大陆内部繁复的板内构造活动。其实，中国科学家早年提出的断块构造就是解释大陆板块内部构造活动的很好的理论。邓起东等根据张文佑院士提出的断块构造理论，对中国大陆地区不同级别、不同层次的活动断块区和断块及其构造和地震活动特征，不断深入地进行总结，多次发表出版了中国活动构造和地震构造图件及相关论文、专著。他们还根据全国活动构造带的运动学定量参数，提出了板内断块区和断块的运动状况和模式。这些活动构造研究成果，不仅为理解我国大陆内部构造活动和地震活动提供了理论基础，也为进一步提出板内低速率有限制的块体运动模型提供了构造框架。

3. 联合作用的动力学模式

构造运动和构造活动的动力学问题是构造地质学和活动构造学中的一个核心问题。人们常常根据各自掌握的资料和对资料的理解，提出对动力学的回答：有的人从板块运动、区域应力场作用等出发，认为印度板块对欧亚板块，对中国大陆的碰撞和推挤作用成为中国构造活动的主要动力来源；有的人强调太平洋板块和菲律宾海板块在中国大陆东部的俯冲成为中国大陆，尤其是东部地区构造活动的动力因素；有的人认为裂谷来源于区域水平应力场作用和破裂的产生，深部物质的均衡调整，即所谓的被动裂谷型；有的人强调深部物质垂直作用引发地壳的破裂和断陷作用的发生，即所谓的主动裂谷作用。邓起东等研究了中国的盆地和大地震形成的地震构造特征及深部构造背景，在研究1975年海城7.3级地震发震模型时，率先提出了区域构造应力场水平作用力和深部构造向上隆起，深部物质向上运动产生的垂直力的联合作用控制了海城地震的发生。他还把这一联合作用动力学模式推广到鄂尔多斯盆地带和华北平原盆地区，提出这些新构造时期形成的盆地区是在这种联合作用动力学模式控制下发展形成的。这一模型阐明了张性构造区盆地形成、大地震孕育和发生的动力学条件。

4. 变形局部化与地震孕育、发生和发震构造

板块构造和板内断块构造控制着地震活动和地震带的分布。地震带发生于不同性质的现代板块和现代板内断块的边界活动构造带。这些边界活动构造带可以由活动断裂带、活动盆地带和活动褶皱带组成，它们是现代活动板块和现代活动断块在运动过程中应力积累和集中释放的地带。我国大陆地区绝大多数7级以上地震及大多数6级地震都发生于Ⅰ级断块区和Ⅱ级断块活动边界构造带，它们是地震的发生带。在边界活动构造带上还可以发现地震常孕育、发生于其中某些特殊的构造部位，据此人们总结出各种大地震的发震构造条件和发震构造模型。邓起东等根据不同性质边界活动构造带的具体条件，提出在不同条件下应力在活动构造带上集中和释放，变形在不同性质断裂带上局部化，从而为块体活动边界构造带上认识发震构造和强震危险区创造了条件。如对海城地震区的共轭剪切破裂，由于深部物质上隆减低地壳上部破裂面上的正应力而发震；在活动走滑断裂带上，由于走滑断裂带或走滑断裂带内次级剪切断层的枢纽作用，在枢纽轴部挤压作用持续增强，应力不断集中而形成一种所谓“运动闭锁”，当走滑作用进一步发展，枢纽轴部被突破，即沿走滑断裂发生大位移，爆发大地震；对于一条复杂的走滑断裂系统，次级剪切断层的枢纽作用控制着大地震的发生，是主要的发震构造和发震构造段，拉分阶区常常发生中等强度地震，其发震构造性质和规模与次级剪切断层不同；对活动逆断裂—褶皱带等挤压构造而言，深部盲逆冲断坡是控制大地震的发震构造，而近地表的浅部前锋断坡和活动褶皱的震级会小于深部盲断坡。

5. 定量活动构造学的建立和发展

20 世纪 70 年代及其以前的活动构造学是一种定性研究，以鉴定活动构造是否存在为主要工作，即处在一种普查阶段。然而，科学研究的发展过程总是从定性研究走向定量研究的过程。早在 70 年代初期，我国地震地质学家就提出地震地质和活动构造研究要贯彻“由老到新，由浅入深，由静到动，由定性到定量”的原则。70 年代后半期和 80 年代初，国际和国内的活动构造学都走上了定量发展的道路。当邓起东及其同事们开始进行海原活动断裂带研究时，就在思考应该如何开展活动构造定量研究，如何获得广泛的、可靠的反映构造最新活动的定量资料。他们决定把区域地质填图方法应用到活动构造研究中，建立活动构造定量研究所特有的技术；用 7 年左右的时间完成了海原活动断裂带大比例尺地质填图，实测了基础地质、地貌和活动断裂几何学、不同时期的位移分布以及 1920 年海原地震的同震破裂、同震位移及其分布，进而研究了这条活动断裂带的演化过程和转换平衡关系，得到了 1 万年以来这条活动断裂带及其各次级断层段的滑动速率，发现了多次古地震事件，计算了其复发间隔，研究了这条活动断裂带分段破裂过程等。根据这些定量数据，可以更好地评价这条活动断裂带未来地震危险性。这是第一次完成比例尺为 1∶5 万的活动断裂带地质图，取得了活动断裂的各种定量数据，促进了地震危险性评价工作，推动了我国活动构造定量研究。作为我国活动构造定量研究的开拓者，他后来进一步领导了全国活动构造带大比例尺地质填图和定量研究工作，奠定了我国现代定量活动构造学的基础。其成果在地震预测和防震减灾中长期发挥着重要作用。

6. 科学研究为社会服务，为工程建设服务

邓起东从 20 世纪 60～70 年代起就在基础研究的同时注意将研究成果不断应用于经济建设，进行国家大中型工程的地震基本烈度评定工作。70 年代我国现代活动构造研究刚刚起步时，他们根据中国大陆地震活动具有时空不均匀性特征，开始将这一特点用于与经济建设直接相关的地震区划中，并提出发震构造的尺度和性质与地震震级、地震类型和发震地点等均密切相关，因而发震构造是确定地震危险区的重要标志。这正是现代地震区划理论的核心问题。20 世纪 90 年代初期，国家重大工程石油和天然气长输管线需要对数千千米线路所跨过的活动断裂进行鉴定，并且评价未来一定时间内可能发生的位移量。面对这个重大难题，邓起东充分发挥了他在活动构造前沿领域从事科学研究的优势，把活动断裂定量研究理论和方法应用于断裂活动未来位移量评价，提出了多种方法，求取了活动断裂未来的位错量，满足

了工程设计的需要，同时也将活动构造定量研究推进到了一个新的高度。这种理论与实践相结合、基础与应用相结合的研究，为活动构造研究本身开拓了更广阔的发展空间。

（三）结束语

一个科学家走过的路总是不平坦的。它既要求敏捷的思维，又要求脚踏实地努力。科学探索的道路是艰苦的，它要求一种忘我的精神，一种长期坚忍不拔的精神。邓起东的一生是在一条不断探索的长期艰苦奋斗的道路上走过的，每一小步的进展都付出了艰苦的努力。他个人，他的科研团队，他的家庭都在这一艰苦的努力中付出了代价。由于工作劳累，他47岁患脑血栓，尚未痊愈就继续工作，一边打点滴，一边完成专著《海原活动断裂带》；他58岁患冠心病，不得不做动脉支架手术，还因心脏动脉造影发生造影剂过敏，以致得了肾病并引发癌变，在59岁时不得不切除了左肾，但他仍继续坚定地开展野外工作，进行科学研究。现在他已年过70。他走过的是一条不懈勤奋耕耘的科学道路，又是一条顽强和病魔抗争、忘我奋斗的道路，至今仍在努力学习和工作，要求自己不断进取，在新的领域里做出新的努力。他说，他不敢有过高要求，只希望这棵老树还能以五年为一期站立着，继续做一些力所能及的事情。这就是作为科学家的邓起东。

三、邓起东主要论著

邓起东，钟嘉猷，马宗晋. 1966. 剪切破裂带特征及其形成条件. 地质科学，(3)：227-237.

邓起东，王克鲁，汪一鹏等. 1973. 山西隆起区断陷地震带地震地质条件及地震发展趋势概述. 地质科学，(1)：37-43.

邓起东，王挺梅，李建国等. 1976. 关于海城地震震源模式的讨论. 地质科学，(3)：195-204.

国家地震局（邓起东，张裕明，环文林等）. 1976. 中国活动性构造和强震震中分布图（1∶300万）. 北京：国家地震局.

国家地震局（邓起东，张裕明，环文林等）. 1977. 中国地震烈度区划图和说明书. 北京：地震出版社.

Teng C T, Chang Y M, Ksu K L, et al. 1979. Tectonic stress field in China and its relation to plate movement. Phys Earth Planet In, 18：257-273.

国家地震局地质研究所（邓起东，许桂林，范福田等）. 1979. 中华人民共和国地震构造图（1∶400万）及说明书. 北京：地图出版社.

邓起东. 1984. 断层性状、盆地类型及其形成机制（连载）. 地震科学研究，(1)：59-64；(2)：57-64；(3)：56-64；(4)：58-64；(5)：58-64；(6)：51-59.

邓起东，汪一鹏，廖玉华等. 1984. 断层崖崩积楔及贺兰山山前断裂全新世活动历史. 科学通报，(9)：557-560.

Molnar P，Deng Q D. 1984. Faulting associated with large earthquakes and the average rate of deformation in central Asia. J Geophys Res，89 (B7)：6203-6277.

Deng Q D，Wu D N，Zhang P Z，et al. 1986. Structure and deformation character of strike-slip fault zone. Pure Appl Geophys，124 (1/2)：203-223.

国家地震局鄂尔多斯周缘活动断裂系课题组（汪一鹏，邓起东，范福田等）. 1988. 鄂尔多斯周缘活动断裂系. 北京：地震出版社.

国家地震局地质研究所，宁夏回族自治区地震局（邓起东，张维岐，汪一鹏等）. 1990. 海原活动断裂带和海原活动断裂带地质图（1989，1∶50000）. 北京：地震出版社.

Deng Q D，Feng X Y，Zhang P Z，et al. 1996. Paleoseismology in the northern piedmont of Tianshan Mountain，northwestern China. J Geophys Res，101 (B3)：5895-5920.

邓起东，冯先岳，张培震等. 2000. 天山活动构造. 北京：地震出版社.

邓起东. 2002. 城市活动断裂探测和地震危险性评价问题. 地震地质，24 (4)：601-605.

邓起东，张培震，冉勇康等. 2002. 中国活动构造基本特征. 中国科学（D辑），32 (12)：1021-1030.

Deng Q D，Zhang P Z，Ran Y K，et al. 2002. Basic characteristics of active tectonics of China. Sci China Ser D，46 (4)：356-372.

王志才，邓起东，晁洪太等. 2006. 山东半岛北部近海海域北西向蓬莱—威海断裂带的声波探测. 地球物理学报，49 (4)：1092-1101.

邓起东，冉勇康，杨晓平等. 2007. 中国活动构造图（1∶400万）. 北京：地震出版社.

主要参考文献

张祥. 1992. 在地震地质科学中不断攀登高峰的人——记荣获第二届李四光地质科学奖的地质学家邓起东//刘业翔主编. 群星灿烂——中南工业大学校友荟萃. 长沙：中南工业大学出版社：19-27.

刘英楠. 2002-01-13. 预警地球灾害有了“地图”帮手. 科学时报.

王继红. 2003. 面对地球的颤抖. 科学中国人，(9)：44-45.

中国科学院. 2004. 新院士主要科学成就. 中国科学院院刊，19 (1)：13.

邓起东. 2008. 求索//杨敬东主编. 三湘院士科学人生自述集. 长沙：湖南科学技术出版社.

撰写者

张培震（1955～），河南淮滨人，中国地震局地质研究所所长。主要从事地震地质和新生代构造地质研究。

张国伟

张国伟（1939～），河南南阳人。构造地质学家，前寒武纪地质学家。1999年当选为中国科学院院士。1961年毕业于西北大学地质系并留校任教。现任西北大学教授、校学术委员会主任、学位评定委员会主席和教育部高等学校地球科学教学指导委员会主任等职。长期从事地质科学的教学和科研工作，先后主持完成国家自然科学基金及国家相关部委的重大、重点科学研究项目8项，国家自然科学基金、地质矿产、石油、冶金等部门科研项目20余项及国际合作研究项目9项。多次应邀赴欧美等十多国进行合作研究与交流。在大陆造山带与前寒武纪地质研究，特别在秦岭与中央造山系和相关盆地、华北地块南部及冀东迁安等早前寒武纪地质、中国南方中上扬子大陆构造与海相油气、国内外主要造山带对比与大陆动力学方面，取得了富有创造性的系统科学成就。总结提出华北地块南部早前寒武纪复杂变质变形花岗-绿岩带和高级区及其以不同构造单元复合结构为特征的地壳演化模式；构建秦岭造山带不同阶段不同构造体制下的细节造山过程与其两侧的盆山转换、耦合关系及其岩石圈三维结构“立交桥式”模型；重建中国南方大陆中上扬子陆块三阶段物质与构造精细演化过程以及与油气关系。曾获国家自然科学奖二等奖、教育部科技进步奖一等奖等8项国家及部委奖励，为我国地球科学发展和人才培养做出了重要贡献。

一、简　　历

张国伟1939年1月1日生于河南南阳。儿时的张国伟便与书籍结下了不解之缘。父亲是当地新华书店职员，他放学后就一头扎在书店里，把自己埋在书堆中。那时的他通读了许多中外通俗社会政治、经济、哲学书籍，包括古希腊和古罗马的一些哲学类书籍以及范文澜等著的中国和世界通史。中国古代的诗经、唐诗、宋词以及一些欧洲的作家如普希金、契诃夫、果戈理、托尔斯泰、但丁、莎士比亚、拜伦、席勒、巴尔扎克、歌德等的著作都对他产生了巨大的影响。1957年高中毕业报考大学时，对文学艺术的热衷和对自然科学的向往使他在专业选择上踌躇了。几经思考，报考了建筑设计和地质学专业，后被西北大学地质学专业录取，从此踏上了为地质科学献身的道路。在4年的大学生活中，张国伟全身心地投入到专业学习中，孜孜不倦地探索地球与生命起源、演化的奥秘。他毕业论文的题目是“关中盆地第四纪地质与新构造运动”。1961年张国伟以优异的成绩毕业并留校任教。正如他后来讲到的：“如果说我今天取得了一些成绩的话，那与我早年广泛涉猎文学、史学、美术、哲学是分不开的。自然科学与社会科学是相辅相成的，将形象思维和抽象思维有机融合，视野开阔了，思考才会更周密、全面、深刻，研究才能登上一个新的高度。”

张国伟1978年升为讲师，1980年升为副教授，1986年升为教授，1988～1992年任西北大学地质系主任，1990年任博士生导师，1999年当选为中国科学院院士。

1961～1972年，张国伟除了承担重要的教学任务外，同时也参加了多项科研任务。他作为骨干成员参加王永焱教授主持的“西北黄土研究”项目，1978年获得了全国科学大会奖。

1972～1974年，张国伟还是助教（“文化大革命”期间职称评定停止），就担当起负责地质矿产部重点项目“秦岭构造体系与成矿作用”研究重任。1975～1980年，他参加主持了国家“富铁矿研究（河南中部富铁矿研究）”攻关项目，带领西北大学50多名师生参加了这场被命名为“富铁大会战”的科研活动，在嵩山—箕山地区和豫西秦岭山地艰苦卓绝地转战5年。经研究表明，华北南部与秦岭北缘地带虽无可以大规模开采的风化壳型面状富铁矿，但可从根本上揭示没有富铁矿的原因，也取得了关于早期地壳形成与演化等一系列新的认识与见解。研究成果“华北南部前震旦系研究”1979年获陕西省政府科技成果二等奖，“河南许昌富铁矿会战区基础地质研究”1981年获陕西省政府科技成果二等奖。

1982～1985年，张国伟主持承担了陕西省重点研究项目“华北地块南部早期地壳形成与演化研究”。1984～1991年，他主持承担国家自然科学基金“华北地块南部前寒武纪地质研究”、“北秦岭前寒武纪褶皱带的形成与演化”和“秦岭造山带商丹主断裂边界地质体的综合研究”3个项目，负责了地质矿产部“七五”重点攻关项目“秦巴地区重大基础地质问题及主要矿产成矿规律研究”子课题。上述研究取得了一系列可喜成果，其中“华北地块南部早前寒武纪地壳组成及演化”研究成果获1987年国家教育委员会科技进步奖二等奖，“秦岭造山带形成及其演化”研究成果1991年获国家教育委员会科技进步奖二等奖。

1992～1997年，张国伟主持国家自然科学基金“八五”重大项目“秦岭造山带岩石圈结构、演化及其成矿背景”，带领全国由150余名科学家组成的研究群体，采用地质、地球化学、地球物理等多学科紧密相结合方法进行近5年研究，获得一批宝贵的高精度科学数据，取得了一系列重要创新成果。该成果 1998 年获国家教育部科技进步奖一等奖，1999 年获国家自然科学奖二等奖。

1998～2001 年，张国伟主持国家自然科学基金“九五”重点项目“秦岭勉略构造带组成、演化及其动力学特征”，厘定了勉略构造带与勉略古缝合带的形成演化过程，建立了秦岭—大别造山带现今三维构造几何学格架模型，探讨了中国大陆构造与大陆动力学基本问题等。

2003～2006 年，张国伟主持国家自然科学基金“十五”重点项目“西秦岭—松潘构造结形成演化与大陆动力学研究”，构建了西秦岭—松潘构造结现今结构的构造几何学模型，揭示了构造结形成演化、不同构造交接转换关系和中新生代陆内构造与动力学特征。

2006～2012 年，张国伟主持中国石油化工集团重大地质基础理论研究项目“中国南方（中上扬子）大陆构造与海相油气前景研究”，合同经费达 1.5 亿元。作为项目首席科学家，他组织并带领全国多个单位 100 余名科学家进行多学科综合研究，取得了备受国内外关注的一系列创新性成果。

20 世纪 80 年代以来，张国伟主持与美国密执根大学、耶鲁大学，德国美茵茨大学、哥廷根大学，英国威尔士大学、英国地质调查所和日本熊本大学等开展了 9 项国际合作研究。他多次出访美国、德国、英国、瑞士、奥地利、加拿大、伊朗等国进行考察与学术交流。他先后负责承担完成了“汉中盆地形成与演化及含油气评价研究”（1993～1995）、“秦岭—大别造山带与南北两侧盆地地质-地球物理综合解释基干剖面”（1994～1995）、“伊犁盆地地质构造及其演化研究”（1995～1996）、“秦岭—扬子—华南油气地质地球物理综合解释大剖面研究”（1996～1997）、“扬子中段及周邻盆山关系与油气勘探潜力研究”（2000～2001）、“天山造山带古生代构造格架研究”（2001～2003）、“塔里木东北缘及邻区构造演化及油气评价研究”（2002～2004）、“东秦岭—大别山北缘构造演化特征（2002～2004）”、“昆仑—秦岭—大别造山系两侧推覆带构造与盆地演化研究（2003～2005）”等 10 余项中石油、中石化、地矿和冶金等部门研究课题，研究成果被生产部门和研究机构采用与引用。

目前，张国伟兼任着国家自然科学基金重大研究计划“华北克拉通破坏”的专家组副组长、国家自然科学基金重大项目“东亚 Pangea 重建”的学术顾问，以及多项国家 973 重大基础研究前瞻项目的咨询跟踪专家。同时还承担着众多项目的研究与学术指导。他还正在与一些科学家筹划着“华南大陆再造”等重大科学研究计划的立项事宜。

近年来，张国伟在承担大量教学和繁重科研的同时，还参与了众多社会学术活动：应邀在全国性学术会议作报告 80 多次；组织召开全国学术与教学研讨会议 20 余次；参与教育部、科技部、国家自然科学基金、中国科学院等重大研究计划与重大项目的立项建议和咨询建议数十份；参加国家及部委的各类项目和奖励评审 500 多份（次）；为高校师生、企事业单位、党政团体以及中小学生作科学讲座和科普报告 30 余场次；为陕西省政府提交决策咨询建议报告多份，其中“关于申报秦岭北麓世界地质公园的建议”等 3 份被评为优秀咨询建议并为申报成功做出了贡献。

张国伟先后出版著作 7 部，国内外发表论文 350 余篇。他非常重视学科的发展、研究梯队、实验室的建设和人才的培养。他带领的西北大学构造地质学科 1998 年首批获准设置长江学者特聘教授岗位，2001 年成为国家重点学科。由他倡导并创建的西北大学大陆动力学实验室 2005 年进入国家重点实验室行列。他先后为本科生和研究生担任固体力学、构造地质学、前寒武纪地质学和板块构造等 8 门课程的教学。指导培养硕士生 27 名、博士生 26 名、博士后人员 12 名和多名青年教师。他 1986 年被评为国家级有突出贡献中青年专家，1989 年被评为陕西省有突出贡献专家，1989 年被评为全国优秀教师，1991 年获得国务院政府特殊津贴，1995 年获陕西省科技战线劳动模范称号，2000 年被国务院授予全国先进工作者称号，2004 年被评为全国师德先进个人。

张国伟现任西北大学造山带地质研究所所长，西北大学第六届学术委员会主任和第九届学位评定委员会主席，大陆动力学国家重点实验室学术委员会主任，教育部高等学校地球科学教学指导委员会主任和地质与地球物理专业分委员会主任，中国地质学会名誉理事，国际岩石圈中国委员会委员，陕西省地质学会名誉理事长，陕西省政府决策咨询委员会特邀咨询委员。曾任国务院学位委员会第四届学科评议组成员，教育部科技委员会委员，中国地质学会常务理事等职。先后受聘为南京大学、中国地质大学、中国海洋大学和中国石油大学等十余所高校的兼职教授或名誉教授。担任《西北大学学报》编辑委员会主任，《高校地质学报》副主编，《中国科学》、《地质论评》、《地学前缘》和 *Acta Geologica Sinica* 等 10 多个学术刊物编委。

二、重要科学研究成就、学术思想及其影响

（一）主要科学研究成就

张国伟长期以中国秦岭造山带及两侧盆地为研究基地，采用地质、地球化学、地球物理等多学科结合的方法进行综合探索研究，取得了一系列创新性成就。

1. 秦岭造山带与中央造山系研究

横亘于中国大陆中部的秦岭造山带与中央造山系，在中国大陆构造研究中占有重要地位，也为世界地学界所关注。张国伟与他的同事们从20世纪70年代开始，南北横穿、东西纵贯秦岭造山带与中央造山系，考察研究行程达10万千米以上，测试分析数据数万件，历经艰险，获得许多新发现，提出许多新观点和新认识，被誉为“秦岭专家”、“秦岭王”。他的主要成果概括为：①重新厘定并新提出了秦岭造山带主要由三大套构造岩石地层单元组成，经历三大演化阶段。②首次建立了秦岭造山带岩石圈现今结构框架为具流变学分层的“立交桥”式三维结构模型。揭示了秦岭壳幔非耦合关系的三维结构，及其作为大陆不易返回地幔，长期保存演化的重要方式。建立秦岭造山带地壳现今呈华北与扬子相向、向秦岭之下作大规模俯冲，秦岭则沿南北边界反向向外逆冲推覆，内部呈多层推覆构造，包含多期不同样式的挤压、走滑、伸展构造复合的不对称扇形造山带的三维结构构造模型。③恢复重建了秦岭古板块构造基本格局和造山细节过程。发现和厘定了秦岭勉略—花山第二个板块主缝合带及其东西延伸，综合论证秦岭原属东古特提斯北侧分支洋盆，经长期演化，从板块俯冲造山到最终以扬子、秦岭、华北三板块沿商丹和勉略二缝合带，通过点接触、线形面接触到最后全面碰撞造山而形成，详细确定划分了秦岭主造山期的造山细节过程。④综合论证了中央造山系的组成、结构、区划、属性及其形成演化。重点论证了中新生代秦岭陆内造山过程及构造演化趋势与特点。提出秦岭是现今仍处于深部地幔调整，上部地壳滞后响应，正在急剧隆升，并趋于裂解为大别、东、西秦岭三块的活跃山脉，论证了其对我国环境、灾害的重要控制作用。⑤合作出版《秦岭造山带与大陆动力学》专著（约130万字），主编出版秦岭第一套地质、地球化学、地球物理综合图件——秦岭造山带造山过程和岩石圈三维结构图丛（中、英文版）。⑥进行了秦岭及两侧盆地的盆山耦合关系综合研究，提出反复演变的山盆转换与耦合关系等新观点。张国伟通过秦岭—大别造山带与其两侧盆山构造系统研究和世界主要造山带的综合对比，到整体中央造山系和中国南北大陆尤其南方大陆构造与海相油气前景的探索，重点进行大陆构造与大陆动力学及其资源、能源、灾害、环境效应地球系统科学的综合研究，为构建包括板块构造在内的新地球构造观和大陆构造理论系统做出新的不懈努力。

2. 早前寒武纪地质研究

20世纪70年代以来，张国伟及研究群体全面开展了以嵩山、箕山、鲁山、舞阳、蚌埠和秦岭—大别山为基地的，包括燕山冀东地区的早前寒武纪地质研究，系统地提出了华北地块南部早前寒武纪地壳构成与演化等系列新观点、新认识。主要成果概括为：①建立了华北地块南部早期岩群多期复合的构造几何学模型和综合构造演化序列。重新厘定和建立了登封杂岩的绿岩带层序和太华高级区表壳岩与深成杂岩的组合关系及层序。新建安沟群，填补了嵩箕地区下元古界下部层位的空缺。②确定了登封杂岩为新太古代高度变质变形的花岗-绿岩区，太华群为高级片麻岩区。二者代表了该区早期陆壳的两类基本构造单元，并以推覆叠置关系构成统一克拉通地块，成为中国早期大陆地壳的基本组成部分。③概括了华北地块南部早期地壳的形成演化特征、成因及动力学特征。提出了在以太华高级片麻岩区下部为代表的先存硅铝质陆壳基础上，由于太古宙地幔的非均匀性和分异，导致热物质对流，形成裂谷型登封小绿岩系，于新太古代的嵩阳热-构造事件中，通过早期克拉通化，构成新太古代统一克拉通，而后转入古元古代新的大地构造演化阶段。④根据我国多期深变质变形小绿岩系特征，系统地提出了大比例尺面积法典型构造解剖筛分与物质组分恢复重建相结合的综合研究思路与方法，深化了早前寒武纪地质研究。⑤恢复重建了冀东曹庄杂岩早期复杂的变质变形构造演化史，探讨了我国最古老陆壳的构造特征。⑥研究提出秦岭造山带前寒武纪构造基本特征及其在早期拼合基底基础上，多块体洋陆兼杂的从扩张裂谷系到非均一、非同期复合封闭的形成演化模式。

3. 造山带构造综合研究和广泛的国际合作对比研究

多年来，张国伟与同事们一直与美、英、德、加（拿大）、瑞（士）等多国进行广泛的国际合作研究，开展了对国内外主要典型造山带及相关盆地的实际考察和综合研究，取得的主要成果概括为：①开展了大别—秦岭—昆仑—祁连等中央造山系与两侧及相关盆地为主的综合调查研究，包括横穿我国西部和青藏高原与喜马拉雅、天山及其南北盆地、横断山系、阴山—燕山、东南沿海及皖湘鄂等中下扬子、云贵、四川、鄂尔多斯等盆地的系统地质考察及一些关键部位的详细研究，综合对比了秦岭与东特提斯关系，探索研究了中国造山带与盆地的大地构造特点。②通过对阿巴拉契亚、科迪勒拉和五大湖区、阿尔卑斯、中德海西带及两侧盆地、莱茵地堑、波希米亚地块、英国西海岸加里东与海西带、中东扎格罗斯等世界主要典型造山带与相关盆地及前寒武纪地块的系统地质考察研究，综合对比了秦岭和中国大陆构造，探索中国大陆构造在全球构造中的地位与特征。③在国内外以造山带为主的大陆地质与造山带对比综合研究基础上，以新的构造学术思想研究，划分出现今中国大陆大地构造为三大构造体系（即特提斯、西太平洋、古亚洲与环西伯利亚构造体系），两大构造带（即中国中央造山系和贺兰—川滇南北构造带），四个构造区块（即华北—东北、华南、青藏、新疆—北山）。④综合国内外造山带与大陆地质对比研究，深入探讨了中国大陆与造山带及盆地在全球共性中的区域个性，概括提出中国大陆是全球非稳定状态下保存演化的大陆，中国大陆构造在全球构造中具有突出的三大特征，即中小多块体拼合大陆、长期多期构造活动性、长期处于全球古大陆边缘与巨型构造动力学体系交接转换带的特殊构造部位。进一步阐述了该大陆在全球构造中的特殊构造背景与动力学状态，以及中国大陆多块体洋陆兼杂混生的独特洋陆作用动力学与构造成因，系统研究与探索了大陆动力学基本问题，提出大陆的洋陆、壳幔、陆内的多种垂向、侧向加积增生、消减保存方式和中国大陆作为全球非稳定状态下保存演化的大陆动力学的独特特征与其成因机制等新观点。

4. 造山系与含油气盆地的盆山关系综合研究

20世纪80年代以来，张国伟先后对华北南部南阳盆地、周口盆地、合肥盆地、汉中盆地、中上扬子、江汉盆地、新疆伊犁盆地、塔东北盆地等含油气盆地进行了以地质结合地球物理为主的多学科综合研究，取得了以下主要成果：①提出秦岭等中央造山系与其两侧盆地的长期盆山转换与耦合关系及其地球动力学机制。通过寿县—大治、周口—宜都、洛阳—秭归和华阴—常德四条横穿造山带及盆地的地质地球物理综合剖面实际考察、编制与相关盆地系统研究，探索秦岭—大别及相关盆地的同、晚、后造山期，在不同构造背景下长期反复演变的山盆转换与耦合关系，并深入探讨了扬子、华北与秦岭长期相互作用的盆山关系和热动力学机制。②提出天山造山带中伊犁盆地的形成演化模型。通过对东、中、西三条南北向横穿天山造山带的地质综合剖面观察研究和对伊犁盆地、耆焉盆地、塔里木盆地东北孔雀河斜坡、巴音布鲁克盆地等周缘山地实际调研与盆内地质地球物理综合研究，提出天山造山带及其与之相关的含油气、煤盆地的形成演化模式与综合评价。③提出我国南方海相油气地质研究新思路。通过长期对秦岭、天山及其两侧相关盆地和中上扬子区含油气盆地的地质、地球物理、地球化学综合研究，并概括当代地学最新发展与我国大陆地质在全球共性中的特异性，即中国大陆具东特提斯中小洋陆多块体拼合板块构造体制及其地幔动力学特征，认为我国碳酸盐岩等海相油气地质和油气成藏与保存相对于全球典型海相碳酸盐岩的油气地质，应是一个复杂地质体中相对极端条件下的特殊科学问题，提出应面对中国大陆地质实际，建立中国大陆海相油气地质理论，重新评价认识中国南方海相油气地质的本质特征与特殊规律，以新的学术思路进行新的评价研究。

（二）学术思想及其影响

在长达半个世纪的科学探索和学术生涯中，张国伟坚持从中国大陆的地质实际出发，以当代国际地球科学的先进理论为指导，从事大量实际调查研究和多学科综合研究，坚持持续稳定的基地解剖研究，放眼全球的对比综合分析研究，形成了自己系统的构造地质学术思想。这些思想充实丰富了中国地质科学思想宝库，并对当今中国构造地质学界产生了重要的影响。

自20世纪70年代至今，张国伟坚持运用板块构造理论研究、解析现今中国大陆中的板块构造。与此同时，长期大陆地质研究实践中不断发现的非经典板块构造的“特异”大陆构造问题，促使其潜心思考大陆地质的独特性和复杂性。这一过程孕育着他独具特色的学术思想的形成。他认为行星地球表层的大陆起源较早、历时较长，在地球与地壳长期演化中扮演着极其重要的角色。板块构造虽能合理解释大洋板块的形成和演化以及大陆中的部分构造现象，却难以完全说明繁复的大陆地质构造中的所有问题。例如，大陆长期漂浮不返回地幔，大陆不参与大洋的物质增生与消减的循环系统，大陆的宽泛弥散性构造变形，洋、陆岩石圈在物质组成、结构、流变学与深部热构造过程等方面的巨大差异，超大陆的周期性聚散等全球构造尺度的重要地质构造现象。因此，张国伟在长期的探索中提出大陆构造变动和演化除板块构造驱动力外，应具有自身的独特动力学机制即大陆动力学机制。这一机制自其诞生之日就可能业已存在，并且在漫长的地球演进中，与板块构造一起主宰着地球外壳的洋陆构造演化。所以可以概括为，大陆构造应是包括板块构造及其远程效应和非板块构造的大陆内在的深部动力学背景下，不同陆块相互作用形成的陆内构造，是两者的总和效应。近年来张国伟进一步深入探索研究大陆构造和大陆动力学，并选择中国大陆地质与大陆构造作为最佳的研究场所。其原因在于中国大陆具有长期地质演化历史、丰富多样的大陆构造现象及其全球构造共性中的特殊性中所赋存的丰富的大陆普适性信息。以下6项研究的学术思想与成果分别反映了张国伟运用板块构造理论和大陆构造思想指导下所取得的崭新科学建树。

1. 秦岭造山带岩石圈现今壳幔三维结构模型

利用地震层析三维成像，结合地震测深、大地电磁测深、大地热流测量以及区域卫星重磁数据和地壳构造岩石学与地球化学模型，综合分析秦岭地表、地壳和深部地幔的结构与状态，张国伟构建了秦岭造山带岩石圈具流变学分层的“立交桥”

式壳幔三维结构框架模型。

秦岭现今结构的突出特点是浅层为脆性-韧性的上部地壳构造变形层，以保存的古东西构造为主，中下地壳则是水平流变的过渡带，而深部地幔是最新流变调整所成的南北向异常结构状态。它们总体反映秦岭造山带现今结构从上部东西走向构造经中部水平流变过渡层到深部南北向地幔流动结构近于直交或斜交关系，构成具流变学分层的“立交桥”式壳幔三维结构几何学框架模型。这是中国东部大陆东西向造山带现今所具有的独特结构，不同层次、不同时代、不同结构表现上下圈层非耦合关系，而中国东部介于造山带间的克拉通地块和盆地则呈上下一致的圈层耦合关系。正是这两者在深部过程背景下的统一，构成并控制了中国东部大陆现今的基本结构和构造演化。

通过分析，张国伟认为秦岭造山带现今的“立交桥”式三维结构，正是秦岭历经长期演化，在现今所处的大地构造环境中所形成的独特东亚大陆构造，是大陆长期保存演化的一种重要方式与途径，它的形成必然有其区域大地构造背景和深部地球动力根源。

（1）前中新生代时期，秦岭长期受冈瓦纳、劳亚和古特提斯构造系的控制，形成东西向为主的主造山期构造。而中新生代以来它又位于太平洋板块、印度板块和欧亚板块内西伯利亚地块三个构造动力学系统的汇交复合部位，尤其东部更多受太平洋系的影响，显然使之正处于先后两期不同动力学系统调整转换时期与过程之中。因此秦岭发生从深部地幔动力学、壳幔圈层耦合与非耦合关系到上部地壳结构新的调整变动，是必然的。

（2）中国华北地块从古生代至今，岩石圈根消失了百余千米，这是中国东部和东亚大陆演化的一个突出地学问题。秦岭造山带三维“立交桥”式结构的形成过程，正是这一岩石圈去根作用研究的天然窗口。在全球动力学演进中，区域地幔动力学的演化与变动，必然引起岩石圈的调整变化，秦岭现今结构正是这种调整的产物。原秦岭中华北、扬子、秦岭三板块俯冲碰撞造山形成的岩石圈根，在中新生代新的地幔动力学系统中，东部地幔流动型式与方向发生向太平洋系的近南北向物理场结构与状态的调整转换，引起秦岭岩石圈地幔拆沉作用，流变减薄，软流圈急剧抬升，幔源物质、热流体上涌，发生强烈壳幔物质交换，中下地壳加热，部分融熔，强烈伸展流变，形成水平流变的壳内流体软层和新的莫霍面，造成显著的岩石圈减薄去根作用。显然水平流变变形层容纳了深部地幔调整的能量与应变，导致上部地壳的伸展抬升，但因固结硬化的上地壳，应变滞后，未得以新的充分调整，故其更多保存了先期古东西向构造，造成秦岭现今上下不协调的近乎直交的“立交桥”式三维结构几何学模型。

(3) 秦岭西部受喜马拉雅板块碰撞造山动力学体系的显著影响，岩石圈根向西加厚，深部结构出现平行青藏东北外围的北北西—北西向的异常状态，并与地表西秦岭的近东西向构造线方向上下交切呈非耦合构造关系。沿 107°E～108°E 东西秦岭差异分界地带，正是东西两个动力学体系复合转换地带，也正是我国贺兰—川滇南北构造带横跨复合地带，深部结构出现从东部的北北东—近南北向，经该带的南北向至西部的北北西向的变化。上部地壳也正是扬子地块挤入，秦岭强烈收缩并向东西逃逸的构造变换地带。显然，综合东、西秦岭特征，总体形成了统一而又纵横差异的“立交桥”式三维结构框架模型。

(4) 秦岭造山带现今的三维结构反映其深部是最新的结构状态，而上部则主导保存古构造。这就充分表明新的地幔动力学过程正控制影响着秦岭的现今结构构造，同时说明引起岩石圈结构调整变动的动力源在深部。新的研究与探测业已证明地球物质随深度发生力学性质与强度的变化，导致岩石圈发生流变学分层。从深部到上部结构调整有一个时序过程，当深部得以调整时，上部地壳尚未变动。因此秦岭深部结构新而上部结构老，构成时空四维圈层非耦合关系的复杂组合。这也充分反映了历经多次变动过程中，长期漂浮不回地幔的大陆是如何适应地幔动力学演化和圈层关系变化等地球的复杂多变的物理化学过程，而发生新的物质与结构的调整，并得以长期保存和演化，形成了复杂独特的大陆结构。

2. 中国大陆地质：全球共性中的特殊性和特殊性中的普适性信息

在详尽研究中国大陆地质并与全球地质对比的基础上，张国伟提出中国大陆属于全球复杂独特的陆壳构造区，集中凸显全球独有和少有的地质现象。这些在全球复杂地质系统中极端条件下形成的中国大陆地质和大陆构造，反映了大陆性状与行为及其深层次的全球构造和动力学问题。

张国伟指出，中国大陆是多块体拼合的大陆。该大陆具有长期和多期活动性与相应的深部过程。全球大陆保存演化存在稳定和非稳定两种状态。前者如北欧波罗的、北美、澳大利亚和俄罗斯大陆，后者以中国大陆为代表。中国大陆的构造独特性和非稳定性，归咎于它长期处于全球巨型大陆间如南北方大陆间拼合或裂解的交接部位和全球不同的巨型构造动力学体系的交接部位，如特提斯、太平洋及古亚洲与中新生代环西伯利亚等全球巨型构造动力学体系的复合地带。

他认为，中国大陆代表了全球最广阔弥散型的陆壳构造变形域和宽广的地表活动带及中新生代板内变形最活跃地区。青藏高原的隆升与地壳加厚造就了全球最高山地、最大高原和最厚的地壳；中国大陆出露了全球规模最大的超高压构造带；具有规模宏伟的克拉通岩石圈减薄作用；广泛存在的壳内与壳幔流变学分层构造的非耦合关系与状态；复杂独特的地质作用造成相应的构造岩相古地理与生态环境，进而导致生命起源和生物演化的特异过程；中国独特地质条件下构造-岩浆-成矿作用和陆相、海相油气成藏及其最后定位。

因此，中国大陆无疑是当代地球科学寻求整体地球观和构造观突破的天然实验室。

3. 秦岭—大别带印支期造山运动：中国大陆完成主体拼合的主导构造运动

20世纪90年代中期，对于加里东运动还是印支运动主导中国南北大陆主体拼合存在严重分歧。张国伟在他主持的国家自然科学基金重大项目、重点项目和面上项目支持下，对以秦岭造山带为代表的中央造山系进行了长达10年之久的研究，提出了中国大陆于印支期沿秦岭—大别南缘勉略带完成主体拼合，并形成统一的现今中国大陆基本格架的论点。

这一认识来自于对秦岭的商丹和勉略缝合带的系统研究。商丹缝合带原是在秦岭先期中新元古代构造基础上，早古生代已是分隔华北与华南两板块间的商丹洋盆，于奥陶纪中晚期开始，华南向华北板块消减，至志留纪中晚期，洋壳几近消减完毕。但由于区域古特提斯洋域的扩张打开，使之未能发生陆-陆全面碰撞造山（即未发生加里东期碰撞造山运动），代之在秦岭南缘与华南（扬子）板块北部被动陆缘后侧间打开新的勉略洋洋盆，形成新的秦岭洋陆构造格局，即尚无完全消减拼合的商丹残留洋与新打开的勉略洋，分割出华北与华南间的秦岭微板块，构成秦岭三（板）块二洋（盆）的新格局。所以早古生代（即加里东期）不是秦岭的陆-陆全面碰撞造山，而只是俯冲造山，之后经点、线、面的拼合过程，伴随勉略洋闭合，最后同期而稍早于勉略带共同于印支中晚期（T_2—T_3）完成了秦岭的板块陆-陆全面碰撞造山。关于勉略洋盆与缝合带的恢复重建，具体内容涵盖了勉略古洋盆的确认与恢复，古大陆边缘与前陆盆地的重建，古俯冲碰撞构造与相关变质岩、岩浆活动和古缝合带的恢复，古勉略洋盆与古缝合带的形成时代等综合研究成果。

张国伟认为，古勉略洋是东古特提斯洋域的北侧分支。东古特提斯域表现为洋陆兼杂的洋陆格局，勉略洋与商丹残留洋共属东古特提斯域中分隔华北板块与华南（扬子）板块的构造界线。该洋盆开启时间是从勉略带中6个地段的区域地质与对比和地层岩石物质记录古生物化石时代的标定，以及代表洋壳残余的蛇绿岩岩石组合及其中获得的 345～200 Ma 同位素年龄与硅质岩中化石所综合厘定的。其俯冲及陆陆碰撞时限则由一系列岛弧火山岩和碰撞型花岗岩的综合地质与同位素年代学研究（242～192 Ma）确定。勉略洋 P_{1-2}开始俯冲消减，P—T_{1-2}发育被动陆缘沉积体系，T_2 发育海相前陆沉积，T_2—T_3 勉略带全面陆-陆碰撞造山，印支期与商丹残留洋一起最后完成了秦岭造山带板块俯冲造山到碰撞造山的过程。

研究证明自秦岭—大别等印支造山运动后，主体统一的中国大陆便进入了中新生代主导在大区域板块围限下的陆内构造演化的新时期。所以他提出秦岭与中央造山系，具体为勉略带和商丹带，是中国大陆完成主体拼合的中国大陆构造主要板块构造结合带，也是现今中国大陆中横贯东西、分割南北的最主要构造分界带。

4. 抓住机遇，发展大地构造理论，加强大陆构造流变学研究

在张国伟几十年的科研历程中，统治中国地学界的大地构造理论有 20 世纪六七十年代的槽台说和八九十年代的板块构造理论。尽管现今板块构造理论依然主宰着固体地球科学领域，但张国伟凭敏锐的学术嗅觉感知到一场新地球观的革命正在到来。他以高度的热情鼓励、倡导超越板块构造的新思维和新理念，推动国内地学界积极投身到深化发展板块构造、探讨大陆构造的后板块时代新构造理论的创建中去。他指出，由于政治的原因，我国与 20 世纪 60 年代板块构造理论的创建失之交臂，在今天这么好的学术环境下，再也不能错失良机了。同时指出，如何不失时机地抓住机遇，瞄准关键科学问题，充分发挥和利用我国区位优势和已有的科学积淀，参与国际地学界创建新的地球科学理论的竞争，是地学界当前值得悉心思考的问题。

他强调，中国具有得天独厚的地域优势，具有突出的全球地质共性中的独特区域个性及其所赋存的当代地学发展前缘的大量特殊科学信息。因此，他提出，面对当代地球科学前沿的发展和我国社会发展的需求，地学的研究应从中国实际出发，对比全球与宇宙，聚焦当代地学发展前沿并能满足国家重大需求的关键科学问题，从共性中重点解剖个性和独特性，并从特性中提取普适性和普遍规律，从而有所新发现、新认识，提出新观点、新理论，发展地学，参与国际地学发展与竞争。并认为我国已有完善配套的地学建制、装备和研究队伍，并有长期的科学研究积累，中国已经为新的创造性研究奠定了良好基础。

由于中国大陆具有全球最广阔的弥散型陆壳变形域。因此，张国伟建议不失时机地开展立足于中国大陆地质实际，在对比全球，重新审视研究中国大陆构造基础上，突出加强进行流变构造学研究已是紧迫战略任务。他就此提出了三项具体建议，旨在加强：天然大陆流变构造的观测、分析和积累研究，实验研究与模拟，有关流

变学基础理论研究与人才培养。

当前大陆构造研究的关键之一是大陆动力学与大陆流变学问题。大陆是地球物质流变学研究的信息库和展览馆。应开展不同尺度大陆构造流变学的观察、分析研究，首先是重点重新审视研究天然岩石变形构造，从宏观到微观揭示和探索地球不同尺度、不同构造层次的流变构造与行为，用连续介质力学方法思考和解决问题，并过渡和拓展到非连续介质流变学方法。在天然岩石流变研究中，应加强数理计算机模拟和与实验模拟的结合，以求相互约束与验证，深化研究，探索规律。并在此基础上扩展到区域岩石圈流变学的综合分析研究，进而进行大陆岩石圈和地球流变学的探索，从而加深对地球圈层结构、大陆深部构造、造山带地质、区域构造本质与机制的理解，为构建流变构造学奠定可靠的客观基础。

加强实验岩石学研究也是基本任务。岩石流变学以研究岩石力学性态的时效特征为基本内容，即研究在地球不同地质环境中，包括流体（熔体）参与下不同组成、结构与从深部到浅层不同物理、化学、生物条件下，岩石的变形、流动与强度的时间效应与行为规律。方法上，除天然岩石观测研究外，重要是实验研究，即通过实验与理论分析建立流变模型（力学模型和物理模型）和本构方程。探讨研究岩石流变机理与影响因素，揭示岩石流变特征与规律，并与天然岩石流变学研究相结合，认识与解读地质构造，进而认识大陆构造，探索大陆动力学。

5. 造山带与造山作用的本质

造山带是大陆的主要构造单元之一。对造山带及造山作用的研究一直是地质科学中人们追捧的古老而又年轻的课题。说其古老是因为对其的研究可以追溯至17世纪以前，而言其年轻因为对其的探索永无止境，仍是当前研究的前沿与热点。张国伟半个世纪的地质生涯是在以造山带为主要研究对象中度过的。无论是华北地块南缘前寒武纪登封花岗-绿岩带和太华高级片麻岩区的确立，还是以秦岭为代表的中央造山系的演化发展史及其与全球典型造山带的探索研究，都围绕着这一永恒的主题。张国伟经常问他的同事和学生，造山带和造山作用的实质是什么？实际上他在不断追问自己并寻求新的答案。

张国伟认为造山带是研究岩石圈和地壳形成、演化、成因及其动力学最重要的地带。如果把地球当做一个复杂的物理、化学、生物作用的综合体系，造山带就是这一体系长期发展演化、剧烈变动的集中体现，是岩石圈和地壳中最强烈的活动带，因此成为岩石圈和地壳形成演化信息储存和记录最多的关键地带。造山带是地球上部由岩石圈构造运动所造成的狭长强烈构造变形带；同时，造山带通常具有空间上的流变学分层，地壳浅部表现为脆-韧性构造，中下地壳则是水平流变过渡带，深部地幔是最新调整形成的异常结构状态。长期上部岩石圈与地壳的地质演化变动过程，在特定时空区间地域，可以使三者统一平衡，但常常会呈现演进过渡期的“立交桥”式的三维结构构造，例如秦岭造山带。这是地球深部动力学背景下，岩石层圈相互作用演化的动态过质过程与途径，也是大陆长期保存演化的一种方式。概括而言，造山带主要是地壳的强烈构造活动带，是地壳挤压收缩线性变质、构造岩浆的活动带，而中国大陆就是世界上最广阔的弥散型构造变形变动带，成为理想的大陆构造研究的天然实验室与基地。

张国伟指出，造山运动是在地球深部构造动力学背景下所发生的上部岩石圈剧烈构造变动和其物质与结构的重新组建的复杂地质过程，造成岩石圈横向收缩和垂向增厚，最后隆升成山。同时伴有流体、岩浆活动与变质作用。造山作用或造山运动是形成造山带的复杂的地质过程，可以形成不同属性与类型的造山带。从全球范围看，造山运动并非简单的全球性同步幕式发生，而往往是不同地域空间上此起彼伏。就具体地区而言时间上又有阶段性、周期性，并以相对和缓平静与剧烈的量变到质变的不同形式“阵发”，是一个地壳和岩石圈成分重组、结构重建的复杂的物理、化学、生物的漫长连续地质作用过程，绝不只是单单指隆升成山的作用。地貌上隆起成山，是造山作用的表现形式之一，并不代表造山作用全貌和本质。地貌上成山不成山不应成为判别造山作用的唯一标准。站在大陆动力学的高度看待造山作用，张国伟认为“造山”实际上是深部动力学背景下，上部岩石圈层与块体的物理化学地质作用与过程的产物，是地球内部与其固体外壳的垂向与水平运动的构造联合复合作用结果，总之是地球动力学从深层到地表的表现与结果和记录，是人类研究认识地球的主要对象与途径。

6. 加强大陆构造研究，构建大陆构造理论系统

历经五十余年的地质研究生涯，张国伟的科学思想日臻深入系统，他的科学研究已经到了探索机理、构建系统理论的状态。新阶段的主攻目标是加深对大陆地质和构造的理解，其实质是探索大陆地质与板块构造的关系，推动板块构造的深入发展，构建新的包容大陆动力学在内的构造观。这是基于张国伟多年对中国大陆地质特殊性及其与全球构造的对比研究的深刻理解，对造山带与造山作用本质的全面认识和对后板块构造时代特征以及地质研究新使命的强烈意识和敏锐嗅觉，缺少这些科学思想和时代意识的深厚积淀作为基础，就无从谈起对大陆地质和大陆构造深层次的探索。

张国伟认为，通过板块构造登陆的实践，发现大陆和大洋岩石圈，包括深部地幔，在物质组成、结构构造、行为属性方面存在显著差异，这是铁板钉钉的事实。那么，问题在于这些差异如何转化为大陆与大洋岩石圈动力学机制方面的差异？如何制约和影响两者的构造行为？大陆的起源与演化的实质究竟是什么？板块构造与大陆形成演化之间的关系及规律是什么？需要构建什么大陆构造理论系统？

在2009年于西北大学举办的“大陆地质与大陆构造国际研讨会”（International Discussion Meeting on Continental Geology and Tectonics）上，张国伟提出了大陆构造可概括为四大类型：①现发育保存在大陆内的古板块构造遗迹；②现今正在发生进行中的板块边界动力学引起的大陆中的各类板块构造及其在陆内的远程效应与深部背景；③非板块边界动力学机制所引起的各类真正的大陆陆内（大陆板内）构造及其深部过程，包括有陆块构造、陆内造山带、陆内盆地、陆内构造变形，以及陆下地幔深部结构与状态及过程；④上述各类构造在不同时空条件下的复合及其结构构造。上述四类构造共同构成现今大陆的拼盘基本结构构造图案，控制影响与反映着大陆过去与正在发生着的从深部到地表的过程与效应。在上述四种类型的大陆构造中，张国伟极其注重的是有无第三类即非板块边界动力学机制所引起的各类真正的大陆陆内（大陆板内）构造及其深部动力学过程。

他明确地提出了大陆起源、形成与发展有自身的机制，并后又与板块构造双重复合机制运行的科学问题。同时认为，大陆实质是与大洋具有共性中特殊个性的、长期演化漂浮于地球外壳并与板块运动并行或稍早的固态分异运动拼合体，是地球外壳长期形成演化的特殊基本地质综合体。应具有属于地球动力学子体系的相对独立的大陆动力学形成保存演化机制。大陆自形成以来，可能始终有自身机制的演化，而且大陆构造的机制发端可能早于板块构造。正因为这一机制的存在，出现了诸如大陆长期漂浮不回地幔，不参与大洋物质生灭循环系统，超大陆的周期性聚散以及大陆内广阔弥散性变动变形等客观存在，并且与板块构造复合共同塑造了大陆构造。

张国伟根据国内外大陆构造例证认为大陆内的非板块边界构造动力学机制可以引发大陆板内的陆内构造。这一非板块边界构造动力学机制应属于大陆深部动力学和陆内不同陆块间的动量非平衡状态所造成。依目前研究水平思考，其动力学原因可归结为陆下岩石圈及其地幔的重力与热体制和整体地球动力学的派生。当然，真正解决尚需进一步探索研究。

非板块构造机制的大陆陆内构造研究不是简单地提出问题，而是具体和实在的深刻思考与实践研究。张国伟认为像中国大陆这类地球上长期活动而非稳定状态保存演化的大陆，因其独特复杂性，故而包含有更丰富的信息，应是研究上述问题的最佳场所。因此，他立足于中国大陆实际与问题，面向全球，凝聚重大关键科学问题，提出重点应是当代地学发展前沿的大陆构造问题，以求探索回答板块构造不能解决的大陆基本问题。据此，他概括提出了当前大陆构造研究的 6 个基本科学问题：①大陆起源与早期演化；②大陆生长与再造及超大陆聚散；③大陆构造与大陆流变学；④大陆与生命和环境协同演化；⑤大陆构造过程与资源、能源、灾害、环境效应；⑥大陆地质与大陆构造和大陆动力学。同时又针对性地向有关部门建议，筹划推动和提出除了已经或正在进行研究的诸如青藏、中亚、华北克拉通破坏等重大科学项目外，还需对以下重大科学问题开展研究：中国大陆中新生代东、西构造差异演化与地表系统反转演变及其深部统一动力学过程，贺兰—川滇南北构造带形成演化及其深部动力学背景，华南大陆构造与大陆动力学，西太平洋构造演化与中国大陆东部海陆交接转换，天然岩石流变学研究等。他带领团队重点选取了中新生代秦岭造山带和华南雪峰构造带的陆内构造作为典型进行解剖研究，试图作为切入点取得实质意义的突破与进展，现正在研究探索中。

张国伟常说，“人生最大的价值，莫过于把自己的聪明才智，最大限度地贡献给祖国与人类!”已年逾七十的他，如今仍带领着研究群体以国家重大需求和科学前沿发展为目标，进行新的科学探索与研究，攀登着新的科学高峰。

三、张国伟主要论著

Zhang G W, Bai Y B, Sun Y, et al. 1985. Composition and evolution of the Archaean crust in central Henan, China. Precambrian Res, 27 (1-3): 7-35.

张国伟等. 1988. 秦岭造山带形成及其演化. 西安：西北大学出版社.

Zhang G W, Yu Z P, Sun Y, et al. 1989. The major suture zone of the Qinling orogenic belt. J Southeast Asian Earth Sci, 3 (1-4): 63-76.

张国伟，张宗清，董云鹏. 1995. 秦岭造山带主要构造岩石地层单元的构造性质及其大地构造意义. 岩石学报，11 (2): 101-114.

Zhang G W, Meng Q R, Lai S C. 1995. Tectonics and structure of Qinling orogenic belt. Sci Sin Ser B, 38 (11): 1379-1394.

Zhang G W, Xiang L W, Meng Q R. 1995. The Qinling orogenic and intracontinental orogenic mechanism. Episodes, 18 (1/2): 36-39.

Zhang G W, Guo A L, Liu F T, et al. 1996. Three-dimentional architecture and dynamic analysis of the Qinling orogenic belt. Sci China Ser D, 39 (suppl): 1-9.

Zhang G W, Meng Q R, Yu Z P, et al. 1996. Orogenesis and dynamics of the Qinling orogen. Sci China Ser D, 39 (3): 225-234.

Zhang G W, Zhang B R, Yuan X C, et al. 1996. Atlas of Orogenic Processes and Three-Dimension Lithospheric

Framework of Qinling Orogenic Belt. Beijing：Science Press.

张国伟，柳小明. 1998. 关于“中央造山带”几个问题的思考. 地球科学，23（5）：443-448.

张国伟，李三忠，刘俊霞等. 1999. 新疆伊犁盆地的构造特征与形成演化. 地学前缘，16（4）：203-214.

张国伟，于在平，董云鹏等. 2000. 秦岭区前寒武纪构造格局与演化问题探讨. 岩石学报，16（1）：11-21.

张国伟，张本仁，袁学诚等. 2001. 秦岭造山带与大陆动力学. 北京：科学出版社.

张国伟，董云鹏，姚安平. 2002. 关于中国大陆动力学与造山带研究的几点思考. 中国地质，29（1）：7-13.

张国伟，郭安林，姚安平. 2004. 中国大陆构造中的西秦岭—松潘大陆构造结. 地学前缘，11（3）：23-32.

Zhang G W，Dong Y P，Lai S C，et al. 2004. Mianlue tectonic zone and Mianlue suture zone on southern margin of Qinling-Dabie orogenic belt. Sci China Ser D，47（4）：300-316.

Zhang G W，Guo A L，Yao A P. 2006. Thoughts on academic studies of China continental geology and tectonics. Progr Nat Sci，16（10）：1022-1026.

张国伟，郭安林. 2007. 关于加强流变构造学研究的建议. 地质科学，42（1）：10-15.

张国伟，郭安林，董云鹏等. 2009. 深化大陆构造研究 发展板块构造 促进固体地球科学发展. 西北大学学报（自然科学版），39（3）：345-349.

张国伟，郭安林，董云鹏等. 2011. 大陆地质与大陆构造和大陆动力学. 地学前缘，18（3）：1-12.

主要参考文献

张国伟，张本仁，袁学诚等. 2001. 秦岭造山带与大陆动力学. 北京：科学出版社.

张国伟，郭安林，姚安平. 2006. 关于中国大陆地质与大陆构造基础研究的思考. 自然科学进展，16（10）：1210-1215.

张国伟，郭安林. 2007. 关于加强流变构造学研究的建议. 地质科学，42（1）：10-15.

张国伟，郭安林，董云鹏等. 2009. 深化大陆构造研究 发展板块构造 促进固体地球科学发展. 西北大学学报（自然科学版），39（3）：345-349.

撰写者

姚安平（1955～），陕西淳化人，西北大学工程师。张国伟院士秘书。

郭安林（1949～），陕西西安人，西北大学教授，博士生导师。从事构造与地球化学研究和教学。

叶大年

叶大年（1939～），广东鹤山人。矿物学家。1991年当选为中国科学院学部委员（院士）。1962年毕业于北京地质学院地质系岩石学和矿物学专业。同年考入中国科学院地质研究所当研究生，师从何作霖教授攻读晶体结构分析。从1966年起在中国科学院地质研究所工作，历任研究实习员、副研究员、研究员、研究室副主任、主任，研究所学位委员会主任，所研究生部主任，中国矿物岩石地球化学学会副理事长。叶大年长期从事矿物光学性质与晶体内部结构之间关系的研究，从晶体结构和离子构型两个层次上揭示出许多定性和定量的规律，出版了专著《结构光性矿物学》。他解决了“用X射线粉末法同时鉴定斜长石的成分和结构状态”、“单斜辉石的成分”等矿物学难题，著有《X射线粉末法及其在岩石学中的应用》。他通过3T型多硅白云母和C类榴辉岩的研究，证明秦岭—大别山是一条高压变质带。在矿物材料科学方面造诣很深，解决了铸石学、陶瓷学和水泥的一系列理论和技术问题，主编了《铸石》和《铸石研究》；提出富勒烯笼化学结构式的平面展开方法和限制其结构单元数目的不定方程。在宏观和微观颗粒的随机堆积研究方面成果丰硕，发现随机堆积的多种常数和地球各圈层氧离子平均体积守恒律。在城市地理学方面，他发现城市的地理分布有对称性，体现为格子状分布和靶形分布，不同等级城市空间分布有分形特征，著有《地理和对称》和专著《城市对称分布与中国城市化趋势》。曾获中国科学院自然科学奖二等奖、国家科技进步奖三等奖。

一、简　　历

叶大年1939年7月21日出生于香港，祖籍广东省鹤山市。祖父叶贵全原是船工，往返于广西和香港之间运送劈柴。后来被同乡、香港大资本家李石朋雇佣，到“南和行”米店当账房先生，从此在香港定居。父亲叶勉之原来在家乡念私塾，到了香港后改上“洋学堂”，1938年毕业于广州中山大学土木工程系。叶大年深受父亲影响，自小立志要当土木工程师。

抗战时期，他们一家辗转于云南、四川、贵州和广西。1946年起在贵阳安顿下来，小学、初中和高中都是在贵阳读的。由于兄弟姐妹有7人，全靠父母的工资为生，家境清贫和家庭教育理念使叶大年养成了艰苦奋斗和学习上永争第一的品质，他们兄弟姐妹的学习成绩在学校里总是名列前茅。1957年叶大年从贵阳六中高中毕业，虽然当年高考成绩在贵州省名列前茅，但是受某件政治事件的牵连，他被不公正地除名了。升学受到挫折，叶大年不得不在家自修一年，这不平常的一年对他日后政治理念的成熟和业务上自学能力的提高都有极大的好处。父亲鼓励他学华罗庚自学数学成才。在这一年里，他写了一篇“论文”，题目是“二元二次联立不等式的图解法”，从而激发了对数学的兴趣。

1958年他考上了北京地质学院（现中国地质大学）地质系岩石学和矿物学专业，虽说这不是自己理想的学校，但终归是有大学可上，比名落孙山强多了。由于当数学家的愿望不能实现，不免产生了“专业思想”，情绪很消沉。父亲看到这种情况很是着急，就用李四光和陈国达的实例激励叶大年要努力学好地质学，将来做一个有用的人才，不一定非要学数学。叶大年情绪很快稳定下来，暗暗下定决心要奋斗一辈子，一定要在地质学上有所发现、有所发明、有所创造、有所前进。在大学的四年里，他的专业课、专业基础课、基础课每一门成绩都很优秀。叶大年特别爱好结晶学、物理化学和无机化学。他的毕业论文《河北滦平中生代的火山岩地层及岩石学研究》，曾是学校公开答辩作文的示范。1962年叶大年以优异的成绩考上中国科学院地质研究所的研究生，师从何作霖院士攻读矿物学。

在研究生期间，叶大年把自己希望从事晶体光学性质与晶体结构之间关系研究的想法告诉导师何作霖，这是他在大学时就想研究的问题，导师批准了他的学习和研究计划。为了深入了解晶体结构，他到北京地质学院彭志忠教授那里学习晶体结构分析，同时随导师学习矿物光学性质的研究方法。他在三年的学习期间发表了7篇结构光性矿物学的论文，其中一篇《氧离子的最紧密堆积构造和矿物的折光率之间的关系》，是用中文和英文分别发表的。1965年8月至1966年8月，叶大年参加了河南省禹县的社教工作团，通过在农村一年的“四清”运动，他接触了农村、接触了社会，感到有巨大的收获，终生受益匪浅。1966年因为“文化大革命”开始，“四清”运动随之告停，叶大年的研究生学习也“毕业”了。

十年“文化大革命”期间，他被下放到天津军垦农场劳动一年半。从军垦农场回来后以研究实习员的身份参加工作，自己选定的研究方向是工艺岩石学，具体说是研究铸石学（即岩石铸造学）。直到1975年冬的前后8年，他不停地到北京市、大连市、延吉市、吉林市、沈阳市的工厂，夜以继日地在高温窑炉旁工作。1975年冬，全国开展了“富铁矿大会战”，中国科学院组织了几个研究队，叶大年被任命为许昌队的变质岩分队队长，在铁矿队干了 3 年后，仍旧回归研究工艺岩石学和矿物学。1978 年他晋升为副研究员，1985 年晋升为研究员。历任研究室主任、研究所研究生部主任、学位委员会主任等职，曾主持中国科学院“非金属矿物材料”的专题研究。从 20 世纪 80 年代开始，叶大年又把注意力转向颗粒的随机堆积以及统计晶体化学问题。从 90 年代起，他潜心研究城市空间分布的规律。1991 年叶大年当选为中国科学院学部委员（院士）。曾任中国矿物岩石地球化学学会副理事长。

叶大年 1985 年因“结构光性矿物学研究”获中国科学院自然科学奖二等奖，1986 年因“沸石在水泥中的应用”获国家科技进步奖三等奖。

他曾任第七、八、九、十届全国政协委员，第八、九、十届全国政协常务委员，中国民主同盟中央常务委员和北京市民盟副主委。

二、主要科研成就、学术思想

叶大年的研究领域很宽同时又很窄。“宽”是指研究领域涉及矿物学、结晶学、岩石学、地球化学、材料科学和城市地理学等不同的二级学科甚至一级学科；“窄”是指具体的研究领域都是运用他熟悉的晶体结构学、物理化学、无机化学以及矿物学和岩石学的基础知识在上述学科之间的结合部做一些工作。他是既研究基础理论，又研究应用问题的两栖型科学家。

1. 开拓结构光性矿物学新领域

光性矿物学是地质学领域的一门技术性的基础课，内容是描述透明矿物在偏光显微镜下的特性，对于岩石矿物学专业的人员来说，这是一门看家本领，但是光性矿物学教程里居然没有一点理论说道，这是最令叶大年大惑不解的，于是他暗暗地下决心，一定要建立光性矿物学的理论体系。早在 20 世纪 20 年代初，科学家尼格里就说过：“总有一天人们能够从晶体结构计算出它的光学性质来，这是基础性的工作，希望物理学家、化学家和矿物学家来一个竞赛，看谁最先解决这个问题。”真有一批科学家参加了这项“竞赛”。例如，美国矿物学家拉尔森把格拉斯顿-代尔定律引进矿物学，根据矿物化学成分可以算出折射率，但是不能说明与结构有什么关系；美国化学家法杨斯建立折射度理论，可以从结构计算出有机晶体的折射率；诺贝尔物理奖获得者、英国晶体学家 W. L. 布拉格从电场理论出发，解决了从晶体结构出发计算方解石和文石的折射率的问题；英国晶体物理学家伍斯特，提出了无机晶体光学异向性与晶体结构之间的定性关系。紧接着的 30 多年，这个课题几乎无人问津。叶大年就把这个难题作为自己的研究方向，前后断断续续干了25年，终于取得了一些显著的成绩。

氧离子最紧密结构是一种极为重要的结构类型，在许多晶体物理、结构化学和矿物学的名著里都指出，这类结构晶体都有相近的折射率1.7，但是并没有更深入的分析。叶大年研究结构光性矿物学就从最紧密堆积结构开始。1964年，他揭示出氧离子最紧密堆积的晶体的折射率，是氧离子平均占有体积、四面体和八面体孔隙充填率、阳离子成分和阴离子聚合度等因素的线性函数，并且给出这个函数关系的表达式，用这个表达式可以精确地计算出所有氧离子最紧密结构晶体的折射率，而且精确到小数点后第三位。1965年彭志忠教授在进行硅锂铍石的晶体结构分析时，叶大年用他的公式预测该锂离子的配位数应该是4而不是6，最终分析结果证明他是正确的。

架状结构的硅酸盐有较低的折射率是人所共知的事实。1974年叶大年指出架状硅酸盐的折射率是四面体平均占有体积和类质同象替代类型的线性函数，他用这个关系式计算各种架状硅酸盐矿物和玻璃的折射率，精确度也达到小数点后第三位。

1921年美国矿物学家拉尔森给出组分的格拉斯顿-代尔常数，然后用格拉斯顿-代尔定律就可以计算矿物折射率。1974年加拿大矿物学家曼达雷诺指出，经过50年的实践表明，拉尔森给出的格拉斯顿-代尔常数是精确的，基本上不需要修正。但是拉尔森和曼达雷诺都没有说明格拉斯顿-代尔常数与原子（或离子）构型有什么关系。1983年叶大年把拉尔森的以氧化物形式给出的格拉斯顿-代尔常数转化为格拉斯顿-代尔离子折射度，把这种离子折射度填写到门捷列夫元素周期表上，一系列的离子折射度与离子的电子构型的定性和定量的关系就浮现出来了。例如，各主族元素的离子折射度与原子序呈严格的线性关系；第一过渡族元素二价、三价离子折射度与3d电子数呈现“双驼峰曲线”关系；稀土族三价、四价离子折射度与4f电子数呈线性关系，由于镧系收缩的缘故，斜率是负值；具有$1s^22s^22p^6$电子构型的离子即氖型离子，全由氖型离子组成的化合物，被叶大年称之为氖型离子化合物，这种化合物的折射率与密度成正比，与成分和结构无关；依据折射度和离子半径数据，用数学证明15种稀土元素的等结构化合物的折射率为恒定值等。

1982年叶大年建立光性异向指数和离子团极化率椭球半径的概念，从而使矿物折射率异向性的理论计算大大简化，计算结果有很高的精确度。他用新矿物碳铈钠石的光学数据，计算出碳铈钠石晶体结构中两组碳酸根的交角应为52°，与施倪承的结构分析结果完全一致。说到这里有个故事。在一次全国性的X射线结晶学会议上，他作大会报告时说：“一种规律发现，其意义不仅仅在于它能说明以往的实际，更重要的是在于能预测未知，或被证明是正确的，如同门捷列夫周期表那样，今天在这里当着120多位同行，预测碳铈钠石晶体结构中两组碳酸根的交角应为52°，如果正确，你们就会相信结构光性矿物学确实是一门有用的学问，如果不对，那就证明我在吹牛。”当时施倪承插话：“两周后，我一定会把验证的结果告诉你。”

前面说过伍斯特提出过五条晶体光学异向性与晶体结构关系的原则，但是总有些例外。叶大年基于辩证的自然哲学思想补充了三条原则，使之完善。

叶大年从晶体结构和离子的电子构型两个层次上研究矿物光学性质与其内部结构之间的关系，经过25年的努力，揭示出许多定量和定性的规律。1988年他完成了《结构光性矿物学》专著，终于实现了大学生时的夙愿——为地质学做出一点创造性的贡献。

2. 工艺岩石学的研究

叶大年根据自己的专长选择了工艺岩石学（即矿物材料科学），他研究过铸石、陶瓷、水泥、耐火材料、冶金炉渣、黏结剂、保鲜剂、除臭剂等。

铸石是用玄武岩（或辉绿岩）经过熔化、浇铸、结晶和退火几道工序生产的材料。叶大年认为研究铸石，实际上就是进行实验岩石学研究，自己岩石学的专长用得上，能够有所作为，而铸石的研究中还可以反馈地质学有用的信息，是一个一举多得的上好课题，于是他组织了“铸石研究组”。他从事铸石研究有8年之久，解决了铸石学的一系列技术问题。例如，适度过冷却结晶的工艺路线，提出余硅指数的配料计算法，离心浇铸管材过程中结晶温度曲线的测定办法，铸石结晶程度的测定方法，铸石显微结构和矿物成分的鉴定法，以及结晶中心数目的测定等。叶大年和同事们的努力，使中国铸石学的研究赶上了当时苏联和捷克斯洛伐克的水平，他还主编了《铸石》（1971）和《铸石研究论文集》（1978）。在铸石特别是废品的研究中，涉及许多与岩石学和矿物学密切相关问题，这些问题的解决产生了重要的理论反馈。例如，通过适度过冷却结晶实验，表明过冷却结晶作用抑制了玄武岩岩浆中斜长石的结晶，扩大了单斜辉石的析晶区域，这种现象与平衡状态下高压条件下结晶作用结果相似，叶大年将它称为“铸石效应”——一种假高压效应；在冶金炉渣的研究中，他发现橄榄石晶体一改常见的粒状习性，竟然呈现长柱状平行而相间地分布在玻璃体中，这种情形与自然界的科马提岩中的鬣刺结构完全相同，证明鬣刺结构的成因不是岩浆的流动，而是远离平衡态的过冷却结晶作用。铸石的废品中常常有一些深黑色的小球体，它具有周期性的同心球结构，分别由相间的斜长石层和辉石互层构成，这是一种物理化学上称之为“李泽根环”的结构，其成因是对流扩散。有时这些小黑球核心是一个斜长石晶体，外面是辉石，有学者在大洋中脊的玄武岩发现过这种小球，表明它们是在过冷却条件下形成的。后来他在大港油田的岩心的玄武岩薄片中发现这种小球时，非常敏感地指出，大港油田的地层中海底喷发的玄武岩对油田地质是有重要意义的。在研究国内几个工厂铬渣铸石时，他发现有一种富含铬铁矿和铝的团块，分别对团块内和团块外作成分分析，证明两液相共存时，物理化学中的亨利定律在起作用，使 Cr_2O_3 被萃取到富铝的液相中，而且把铬渣铸石的观察及实验结果和铬铁矿矿床的成因联系起来。对 $CaMnSi_2O_6$-$CaAlSiAlO_6$体系的实验研究，证明 $CaMnSi_2O_6$中钙契尔马克分子 $CaAlSiAlO_6$ 的最大固溶极限是分子浓度 25%。如此等等的收获，使叶大年尝到“任务带学科”的甜头。

叶大年曾经组织过沸石水泥、硅灰石陶瓷、耐热的锂辉石骨瓷以及瓷釉等的研究，多有成果。

3. 造岩矿物学研究

1975 年冬，叶大年奉上级指示参加“富铁矿大会战”，他的任务是在河南寻找高品位变质铁矿。其间，他尝试用变质相系的观点编绘了河南省变质相与变质带图，指出伏牛山是一个“热背斜”。1976 年他通过 3T 型多硅白云母和 C 类榴辉岩的研究，证明秦岭—大别山是一条高压变质带，为李春昱院士的观点即秦岭—大别山是华北板块和扬子板块的缝合带提供了直接的岩石学证据。尔后地质学家们在大别山又发现超高压变质作用。在这些科学实践中，他和好友从柏林、李继亮常常研讨如何让造岩矿物学、岩石学和沉积学研究为大地构造研究服务的问题。他们读了大量的文献，翻译了一些好文章。在这场学习运动中河北省地质局起了重要作用，举办了学习班，单单是讲义就铅印了 25 000 套，发送全国地质工作者，叶大年编写的《造岩矿物学概论》就是其中之一。

4. X 射线粉末法及其在岩石学中的应用

在旧中国，地质研究部门没有 X 射线那样的仪器设备，直到 20 世纪 70 年代，X 射线照相机和衍射仪才逐步地武装起来。叶大年认识到它们对中国地质矿产事业有重大作用，有必要推广这种技术，但最重要的是要告诉地质工作者 X 射线粉末法能解决什么具体问题。他和金成伟共同编著了《X 射线粉末法及其在岩石学中的应用》(1987)。自从伦琴发现 X 射线以来，中国老一辈物理学家、化学家和矿物学家在这个领域做出过贡献，但其中的 X 射线粉末法仅仅被作为鉴定物相的工具而已，很少有人问津方法的研究。叶大年从最主要造岩矿物斜长石、辉石、角闪石、石榴子石、云母和橄榄石等入手，经过艰苦的努力，终于取得了突破。单斜辉石是很复杂的一类矿物，它们的衍射图都非常相似，很难区分，更不用说鉴定其成分了。他发表了《单斜辉石的X射线粉末法研究》的长篇论文，解决了这一难题。斜长石在岩石学研究中是非常重要的矿物，它既有成分变化，又有结构状态的变化，欧洲、美国、苏联长石专家都研究过，但没有人能在进行X射线粉末衍射法同时测定斜长石的成分和结构状态。叶大年看准了这个问题的重要性，让自己的研究生研究这个问题，在他们师生两人夜以继日的努力下，用了两个月的时间，彻底解决了问题，并把结果分别寄给美国、英国、德国和日本的十个世界著名的长石专家评审，受到同行一致的高度评价。

5. 晶体化学及其他研究

20世纪90年代，叶大年开展了晶体化学，特别是统计晶体化学的研究，建立离子和离子团拓扑体积新概念后，发现了一系列新的规律。例如，表生条件下形成含氧盐的分子体积等于组成的离子和离子团的拓扑体积之和乘以结构常数（即分子体积的可加和定律），每一类矿物有自己固有的结构常数；等结构矿物的分子体积是离子半径的四次函数而不是想当然的三次函数；同构系列的有机化合物的分子体积等于其组成的官能团的拓扑体积之和；玻璃的分子体积等于其组成离子拓扑体积之和；提出岩石中每个氧离子平均占有体积的概念，计算了数以千计的岩石数据，得出构成地壳的主要岩石每个氧离子平均占有体积是守恒的结论。

在硅酸盐晶体化学方面，叶大年发现变质反应过程中，硅氧键长的总平均值会随温度升高而缩短，随压力加大而增长。他指出在某些钛锆铝硅酸盐中，在特殊条件下，会出现配位多面体的功能性替代，即八面体替代四面体。

颗粒的随机堆积问题是材料科学、沉积学、石油地质学、水工学关注了一两百年的老问题，叶大年从结晶学中的配位数和布拉维格子的思路出发，用实验和数学模型证明随机堆积并不是没有规律可循的，而是存在着一系列的堆积常数，与颗粒的比重和形态在一定范围内无关，超出范围外就有异常关系出现。

80年代发现C_{60}是自然界存在的第三种碳元素的单质，在世界上引起了研究“富勒烯笼”的热潮。叶大年和赫伟从六边形的配位环境、IPR法则（五边形回避法则）和欧拉定律出发，提出了富勒烯态结构的不定方程，又和研究生一起建立富勒烯笼化学结构式的平面表示方法。

6. 城市地理学研究

1995年叶大年将晶体学里的对称、等效点系、格子状构造等概念引入城市地理学中，考虑到地质、地理和人文社会科学之间的关系，从而发现城市在地图上是对称分布的，表现为城市沿交通线近等距离分布，在一定范围内呈格子状分布，以一个城市为中心，周围的城市呈靶形分布关系。城市是分等级的，同级的城市空间上是对称分布关系，不同级别的城市分布在空间上是分形结构关系。城市的对称是有“破缺”的，这种破缺是城市化的动力。2000年他出版了小册子《地理与对称》，2011年他出版了专著《城市对称分布与中国城市化趋势》。

三、叶大年主要论著

叶大年. 1964. 氧离子的最紧密堆积构造和矿物的平均折光率之间的关系. 科学通报，(11)：1010-1012.

金成伟，叶大年. 1974. 铸石结晶过程中球体的发育特征. 地质科学，(3)：227-233.

叶大年. 1974. 结构光性矿物学研究——再论最紧密堆积构造与折射率的关系. 科学通报，(3)：130-133.

叶大年. 1974. 论氖型结构离子的化合物的折射率. 地质科学，(1)：34-42.

叶大年，金成伟，彭志忠. 1975. 单斜辉石的X射线粉末法研究. 地质科学，(2)：132-149.

石玉泉，叶大年，郭竞雄. 1977. $CaMnSi_2O_6$-$CaAlSiAlO_6$ 系统的实验研究. 地质科学，(4)：343-354.

郑学正，叶大年. 1978. 一种过冷却结晶效应——不平衡状态下的假高压效应. 中国科学，(4)：442-451.

叶大年，李达周，董光复等. 1979. 河南信阳变质的3T型多硅白云母和C类榴辉岩. 科学通报，(5)：217-220.

叶大年. 1980. 一个与铬铁矿富集有关的巨型实验. 地质科学，(1)：1-10.

苏树春，叶大年. 1981. 同时鉴定斜长石成分和结构状态的X射线粉末法. 中国科学，(1)：61-66.

叶大年. 1983. Thompson定律在地质学及硅酸盐工学中的重大意义. 硅酸盐学报，11 (2)：159-164.

叶大年，金成伟. 1984. X射线粉末法及其在岩石学中的应用. 北京：地质出版社.

叶大年. 1988. 结构光性矿物学. 北京：地质出版社.

叶大年. 1988. 原子团极化率椭球与矿物光性异向指数间的关系. 中国科学（B辑），(8)：870-880.

Ye D N，Zhang J M. 1990. Constant volumes per oxygen of the Earth's layers. Sci China Ser B，(7)：885-896.

Zhang J M，Ye D N. 1990. Molecular volumes of salts with triangular radicals. Sci China Ser B，(4)：485-494.

叶大年. 2000. 地理与对称. 上海：上海科技教育出版社.

Ye D N，Ai D S，He W，et al. 2000. The planimetric unfold method of fullerene cage structure. Chin Sci Bull，45 (20)：1893-1896

Ye D N，Xu W D，He W，et al. 2001. Symmetry distribution of cities in China，Sci China Ser D，44 (8)：716-725.

Ye D N，Li Z，He W. 2001. Variation of the grand mean value of Si-O distances in metamorphic reactions. Chin Sci Bull，46 (8)：702-704.

主要参考文献

叶大年. 1996. 叶大年//中国科学院学部联合办公室编. 中国科学院院士自述. 上海：上海教育出版社：520.

陈宝国，朱新国. 2001. 梅花香自苦寒来——矿物学家叶大年院士传略//中国地质大学校史编撰委员会编，赵克让主编. 地苑赤子——中国地质大学院士传略. 武汉：中国地质大学出版社：327-337.
叶大年. 2002. 我的科学生涯. 合肥：安徽教育出版社.

撰写者

叶大年。

李曙光

李曙光（1941～），陕西咸阳人。地球化学家。2003 年当选为中国科学院院士。1965 年毕业于中国科学技术大学地球化学专业。1983～1986 年，在美国麻省理工学院地球与行星科学系进修。现任中国科学技术大学教授。20 世纪 70 年代参加国家富铁矿科研会战，他应用趋势面分析成功预测出鞍本弓长岭矿床深部富矿体，并钻探验证成功；应用 C 同位素证明弓长岭富磁铁矿石中的石墨为菱铁矿变质分解成因，据此提出该富铁矿床成因的新模型，该成果获得 1982 年中国科学院科技进步奖二等奖。自 1983 年以来，他长期从事变质同位素年代学及造山带化学地球动力学研究：最早发现超高压榴辉岩的白云母含大量过剩氩；证明了超高压变质与退变质矿物之间存在同位素不平衡；较早发现在低级变质条件下稀土元素可活动，且 Sm-Nd 体系可被重置；首次精确测定了榴辉岩中金红石的 U-Pb 年龄。他最早通过测定大别山榴辉岩年龄获得华北与华南陆块在三叠纪碰撞的结论；系统测定了北、南秦岭一系列蛇绿岩及岩浆岩的同位素年龄，为秦岭造山带多陆块拼合模型的建立提供了重要的依据。他首次测定出大别山超高压岩石的二次快速冷却曲线，并通过对不同岩片的精确定年和同位素填图揭示了俯冲陆壳内的多层次拆离和解耦，及大别山超高压变质岩的多岩板、多阶段折返出露过程与机制。近年来，他还系统研究了华北克拉通南、北缘造山带中生代的岩浆岩系列，揭示了山根的去根过程和机制。2005 年获何梁何利基金科学与技术进步奖。2010 年获国家自然科学奖二等奖。

一、简　　历

李曙光，祖籍河南清丰县，1941 年 2 月 15 日生于陕西咸阳市的一个职员家庭。父亲李培仁年轻时就离开河南清丰县，到河北大名第七师范学校和北平大成职业学校读书，毕业后到陕西中国农民银行任小职员，并与当时逃难到咸阳在纱厂打工的张瑞霞（河南清丰人）结婚。母亲虽然只有小学文化，但明事理，对孩子的教育培养起了很大作用。抗日战争胜利后，1946 年父亲调入天津中国农民银行，于是举家移居天津。1948 年，天津解放后，父亲留用转入中国人民银行工作至退休。李曙光是长子，还有一个妹妹和一个弟弟。由于母亲身体不好，一直没有工作，全家五口只靠父亲一人工资生活，家境比较清贫。李曙光的小学、中学是在天津度过的。小学一至三年级为了选择学费低的学校，李曙光频繁换了3个私立小学就读。李曙光幼时智力发育较晚，小学四年级以前尽管读书很用功，但成绩不好，每次考试成绩都是“丙”（刚及格），直到四年级因骨折休学半年，留了一级，突然开窍，感到功课都变容易了，小学五六年级成绩上升至班级第三名。

1954年，李曙光考入天津第十七中学，在那里就读6年直到高中毕业。中学阶段李曙光对自然科学产生了浓厚的兴趣，经常阅读《知识就是力量》、《科学画报》等科普刊物，并长期参加天津“少年之家”的航模组活动，为能从中获得一些教科书以外的知识而欣喜，并对航空事业产生了极大的兴趣。在学习中，李曙光重视对自己独立思考和解决问题能力的培养，6年中他坚持所有作业都独立完成。他认为做作业是一种思维能力的训练，遇到难题通过独立思考，找到解题方法，就得到了一次很好的训练。而一旦由别人告知了答案，这道题的训练作用就会大打折扣。正是这种从中学到大学一直坚持独立思考的学习方法，使李曙光获得了很好的科学思维能力。中学阶段，李曙光注重自身德智体的全面发展。除学习成绩优异外，还承担了大量社会工作，积极参加各种社会活动。初二寒假，他与几个志同道合的同学到天津北郊农村（双口），与农民同吃、同住、同劳动，体验农村生活。这些工作和活动使他提高了社会主义觉悟和工作能力。1958年和1959年，他分别被评为天津市建设社会主义青年积极分子和学校青年积极分子，1960年6月高中毕业前就加入了中国共产党。中学阶段他还积极参加各种体育锻炼活动，如踢球、长跑、体操、举重、射击、航模，既健壮了身体，又锻炼了意志品质。

1960年，李曙光考入中国科学技术大学（科大），被分配到地球化学专业学习，这与他所希望的航空理想志愿差距很大，报到第一天产生了很大的失落感。但李曙光很快调整了自己的情绪，想通了：航空、地球化学都是国家的需要，作为一名共产党员应当服从国家的需求，过去对航空的兴趣无非是中学参加航模活动培养的，只要努力今后也可以培养对地球化学的兴趣。地球化学专业很重视数理化基础课程，这为他后来工作能快速适应地球化学的发展打下了很好的基础。大学期间，他仍坚持全面发展，学习成绩优秀，并先后担任了系、校学生会主席工作；他还是系舞蹈队、校武术队队员。1963年，李曙光被评为中国科学技术大学第一届优秀学生。1964年暑假，他到位于北京的中国科学院地质研究所做毕业论文，指导老师是涂光炽先生，王道德和王玉荣老师则具体指导他做Sn在成矿热液中的迁移形式的高温高压实验研究。可惜1965年上半年李曙光被抽调到北京四季青公社、香山大队参加

“四清”工作队，没能最终完成毕业论文。

1965年7月，李曙光本科毕业后留校任教，在近代化学系地球化学教研室从事教学研究工作。由于毕业后受“四清”运动和“文化大革命”影响，直到1972年李曙光才开始接触业务工作，参加了教研室集体承担的铜陵铜官山铜矿的尾砂综合利用研究。1973年科大地化专业开始招收工农兵学员，李曙光先作为助教参加了矿物岩石鉴定方法课程的教学和实验室建设，后来又领导建设了硅酸盐岩石化学分析实验室并开设了相关课程。当时科大刚下迁合肥，百废待兴，为了追回“文化大革命”浪费的8年时间，李曙光如饥似渴地学习。除了花大量时间做实验室建设工作外，还开始跟广播重新学习英语。因为他中学、大学都学的俄语，大学“二外”虽学了一点英语基础知识，但已无法适应新形势下的大学教学科研工作。那时李曙光还对数学在地质学中的应用很感兴趣，为此花了大量时间补习大学未学过的“线性代数”、“多元统计”和“计算机语言”课程。1976～1980年，李曙光与科大地化教研室大部分教师一起参加了国家富铁矿会战科研工作，被任命为中国科学院鞍（山）—本（溪）科研队弓长岭黑富矿科研组组长（队长刘若新，副队长黎彤），负责“弓长岭大型富磁铁矿矿床的形成条件、找矿标志和成矿预测”研究工作。1981年，李曙光结识了第一次到中国进行讲学的澳大利亚华人地球化学家孙贤术博士，孙博士后来成为他一生中最重要的学术挚友。1982年，李曙光晋升为讲师。

1983年9月至1986年2月，李曙光被中国科学院公派到美国访问进修。他在涂光炽和孙贤术先生的推荐下赴麻省理工学院（MIT）地球与行星科学系，在地球化学家S. R. Hart教授（美国科学院院士）的研究组学习同位素年代学和地球化学。这次留学经历是李曙光科学研究生涯的重要转折点。初到美国时所见中美发展水平的巨大差距使他充分理解了改革开放的意义，激发了他学成回国，尽快建设祖国的愿望。他推掉了朋友介绍的为石油公司翻译培训教材赚取外快的好意，全力以赴地学习同位素地球化学理论与技术。他常说赴美留学最大的收获有三条：一是开阔了眼界，知道了什么是一流的基础研究，了解了世界上顶尖科学家都在关注研究什么；二是见识并学到了严肃的科学态度和严格、严密的科学方法，真正体会到地球化学是一门十分精确、严密的科学；三是提高了英语水平，获得了了解国际动态并与国际同行进行交流的能力。这对他后来在超高压变质岩年代学研究方面跻身于国际前列起到了重要作用。在MIT进修期间，他分析研究了夏威夷火山岩的Sr-Nd-Pb同位素地球化学，并在美国AGU会议上报告交流（*EOS*，1985），对我国华北太古宙绿岩带和秦岭—大别山镁铁-超镁铁岩石进行了Sm-Nd同位素定年和Sr-Nd同位素地球化学研究。

李曙光进修期满回国后，继续在中国科学技术大学任教，并立即参加了新疆305项目（1986～1988），负责北疆西部阿拉套山地区的区域地球化学专题研究。同时，根据在留美期间所学，为研究生开设了两门新课："痕量元素地球化学"和"地幔地球化学"。为培养研究生学会批判地从文献中学习知识和发现问题的能力，提高专业英语阅读能力，两门课程均采用讨论英文文献为主、讲授为辅的教学方法。1987年，李曙光申请了他第一个国家自然科学基金项目"华北-华南陆块的碰撞时代——Sm-Nd同位素定年方法"并获得资助（项目执行时间：1988～1990年）。1988年，李曙光晋升为副教授。此后，他多次被聘为国家自然科学基金委员会评审组成员。1989年，大别山因发现超高压变质成因的含柯石英榴辉岩而成为国际研究热点，李曙光也抓住机遇，在国家自然科学基金委员会的持续资助下，对大别—苏鲁带超高压变质岩的年代学和地球化学进行了持续深入的研究。除了独立承担的国家自然科学基金面上项目外，他还参加了从柏林主持的基金重点项目、科技部"973"大陆深俯冲项目，以及孙枢主持的国家自然科学基金重大项目。此外，还与张国伟教授合作对同一造山带的秦岭蛇绿混杂岩进行了年代学和地球化学研究。

1993年，李曙光晋升为教授，1994年获得博士生导师资格。李曙光在超高压变质岩年代学研究的卓越表现引起了国际同行的重视，德国马普化学所同位素地球化学家E. Jagoutz博士主动来函要求进行合作研究。1994年和1996年，他两次共9个月到德国马普化学所宇宙化学研究室开展合作研究。1999年11～12月，李曙光应邀到香港大学地质系进行访问。2001～2003年又两次共5个月到德国马普化学所地球化学研究室进行访问，从事大别山花岗岩锆石U-Pb年代学研究。2003年，李曙光当选为中国科学院院士。2004年起先后任中国科学技术大学学术委员会主任、学位委员会常务副主任。2005年，李曙光获何梁何利基金科学与技术进步奖。2010年获国家自然科学奖二等奖。

二、主要研究领域和成就

李曙光的研究领域在赴美留学前后有较大变化。出国前及在美访问前期主要从事太古宙铁矿和绿岩带的地球化学和年代学研究，在美访问后期和回国后主要从事变质同位素年代学和造山带化学地球动力学研究。主要成就可概括为以下5个方面。

1. 太古宙铁矿和绿岩带的地球化学和年代学研究

（1）寻找富铁矿曾是我国20世纪70年代提出的一项战略任务。鞍山弓长岭铁矿是我国唯一一座大型富磁铁矿矿床。李曙光在承担的“弓长岭富磁铁矿矿床的形成条件、找矿标志和成矿预测”研究工作中，应用多元统计方法对弓长岭中央区和西北区富铁矿体的展布规律进行了趋势面分析，据此预测东南区深部存在富铁矿体，并对其赋存部位进行了定量预测。这项预测报告向冶金部会战指挥部汇报后当即批准进行钻探验证，并在预测部位打到13m厚的磁铁富矿。此外，李曙光及其课题组还应用C同位素证明弓长岭富磁铁矿石中的石墨为菱铁矿变质分解成因，据此提出该富铁矿床成因的新模型。这项成果获1978年全国科学大会奖和1982年中国科学院科技进步奖二等奖。

（2）源自上地幔的太古宙绿岩带镁铁质岩石是探索地球早期上地幔亏损和板块运动起始时代的重要研究对象。铁矿科研会战结束后，80年代前半期，李曙光对此作了初步探索。他较早地测定了华北太古宙清源群、登封群的Sm-Nd年龄，并发现在28亿～25亿年前，华北太古宙上地幔保持弱亏损状态，εNd（t）值稳定在+2左右。李曙光还在国内较早应用痕量元素地球化学原理，研究了太古宙绿岩带拉斑玄武岩与现代岛弧拉斑玄武岩Cr、Ni含量的差异，指出太古宙绿岩带的形成构造背景与现代岛弧有差异。

2. 变质过程的同位素体系及变质年代学理论基础研究

精确测定地壳运动中发生的变质作用时代可恢复地壳运动的温压变化历史，这对大陆动力学研究非常重要。然而变质作用精确定年的成功与否还在于对变质过程中同位素地球化学行为是否有正确的了解。李曙光在该领域，尤其对超高压变质作用中同位素体系做出了许多开拓性工作。

（1）90年代初，西阿尔卑斯和大别山的超高压变质定年研究中存在的一个重大争议，就是所报道的超高压榴辉岩多硅白云母Ar-Ar年龄总是比Sm-Nd年龄或锆石U-Pb年龄老。李曙光针对这一问题设计了一个实验，选取两个采自苏鲁地区的含多硅白云母榴辉岩，同时进行Sm-Nd、Rb-Sr和Ar-Ar定年，以比较其定年结果。结果Sm-Nd与Rb-Sr法给出了一致的三叠纪年龄（228～219Ma），而Ar-Ar法给出了反常的元古宙老年龄（900～800Ma），从而较早发现并证明造山带榴辉岩中的白云母含大量过剩氩，指出这是导致大别山和阿尔卑斯山榴辉岩氩同位素年龄偏老的主要原因，这为正确进行超高压变质岩定年做出了决定性贡献。这一发现得到国际同行的承认和高度评价。该成果论文发表在*Chemical Geology*（1994）上。此后多硅白云母过剩氩研究成为国际上氩年代学研究的新热点，相关论文SCI他人引用138次（截止到2010年1月统计，以下同）。

（2）为了获得超高压变质岩的高精度 Sm-Nd 与 Rb-Sr 年龄，李曙光详细研究了超高压变质岩的 Sm-Nd 与 Rb-Sr 同位素体系，证明了超高压变质矿物之间 Nd 同位素达到平衡，但退变质过程是开放体系，在高压矿物与退变质矿物之间存在 Sr 与 Nd 同位素不平衡，从而指出含有退变质矿物的全岩参与 Sm-Nd、Rb-Sr 等时线年龄测定会导致偏差。这为正确进行高压变质定年提供了理论基础。该成果是 1998 年第 9 届国际同位素地质大会特邀报告的重要组成部分，论文发表在 *International Geology Review*（1999）上，SCI 他人引用 76 次，居该杂志当年引用率第二名。

（3）在对五台群新太古代绿岩的研究中，揭示了稀土元素在低级变质条件下可活动，较早发现了太古宙低级变质火山岩的全岩 Sm-Nd 同位素体系可以像 Sr 同位素一样被重置，从而获得变质年龄。这对正确解释变质岩 Sm-Nd 年龄有重要意义，也成为近年来人们质疑古太古代 Nd 同位素值示踪价值的依据。该成果论文发表在 *Precambrian Research*（1990）上，SCI 他人引用 19 次。

（4）90 年代初，学术界对扬子陆块北缘和大别山蓝片岩的形成时代曾存在元古宙和三叠纪之争，全岩 Rb-Sr 等时线给出元古宙年龄，而蓝片岩的多硅白云母给出三叠纪 Ar-Ar 年龄。李曙光应用扩散动力学计算了早期绿片岩相变质作用及叠加的蓝片岩相变质作用各自的 Sr 同位素均一化尺度，从理论上解决了全岩 Rb-Sr 年龄与单矿物年龄的矛盾，以及扬子陆块北缘蓝片岩形成时代的争议，证明蓝片岩相变质发生在三叠纪。该成果论文发表在 *Chemical Geology*（1993）上。

（5）李曙光指导研究生李秋立首次精确地测定了榴辉岩中金红石的 U-Pb 年龄，并建立了用绿辉石 Pb 扣除金红石普通 Pb 的定年方法，为精确测定榴辉岩冷却史提供了新途径。该成果论文发表在 *Chemical Geology*（2003）上，SCI 他人引用 15 次。

3. 华北-华南陆块碰撞时代与拼合过程

中国东部大陆由华北和华南陆块碰撞拼合而成，查明其碰撞时代与拼合过程及秦岭—大别造山带演化是中国大陆动力学研究的关键课题。李曙光最早应用变质同位素年代学解决了这一大陆动力学的重要科学问题，取得如下重要成果：

（1）由于造山带高压榴辉岩是陆-陆碰撞的产物，因此测定其形成时代可获得大陆碰撞发生时代的关键证据。李曙光最早（1989）对大别山饶拔寨石榴辉石岩进行了 Sm-Nd 定年，首次用同位素年代学方法证明华北和华南陆块的碰撞时代为三叠纪早期，解决了中国地质史一个有重大争议的问题。1993 年，李曙光在 *Chemical Geology* 上系统发表了他对大别—苏鲁带超高压变质岩的 Sm-Nd 定年结果，并通过

Sr与Nd同位素证明该带含柯石英榴辉岩是陆壳俯冲成因，从而获得华北与扬子陆块在三叠纪最终碰撞的结论。这些定年结果被国内外同行在后来的研究工作中所证实，并被广泛引用。相关三篇论文SCI他人引用频次达407次。其中发表在*Chemical Geology*（1993）上的论文的单篇SCI他人引用已达290次，成为该研究领域的经典论文。

（2）秦岭与大别山属同一碰撞造山带，为了全面认识华北和华南陆块的碰撞过程，李曙光与西北大学张国伟教授合作，系统测定了北秦岭丹凤群及二郎坪群古生代岛弧岩浆岩结晶和变质年龄；查明南秦岭勉略构造带古洋壳削减发生在石炭纪，古洋盆闭合时代为早三叠纪。这些工作为秦岭造山带两条地缝合线的厘定及多陆块拼合模型的建立提供了重要依据。研究成果发表在《中国科学》（1989，1996，2003）、《地质学报》（1993）、*The Journal of Geology*（1996）、*Journal of Asian Earth Sciences*（2002）上，并受到广泛引用。相关论文SCI他人引用33次。

（3）为了解决大别造山带构造框架问题，李曙光首次在大别山西北部定远组发现了可与东秦岭丹凤群对比的古生代岩浆弧，它代表了华北陆块南部的活动陆缘，为判定大别山地缝合线位置提供了重要证据。该成果发表在《地质科学》（1998）和*Physics and Chemistry of the Earth*（2001），SCI他人引用23次。

（4）大别山低温榴辉岩的年代学研究程度低，且存在分歧。此外，大别山还缺乏陆陆碰撞前的洋壳俯冲证据。李曙光与孙卫东合作，对大别山西北部与定远组相邻的浒湾带低温榴辉岩和南侧红安地体低温榴辉岩进行了详细的年代学研究。该研究将锆石微量元素、包裹体矿物成分和高精度离子探针U-Pb定年结合起来进行系统研究，证明了北部浒湾带低温榴辉岩的高压变质时代为石炭纪，变质岩的原岩为古生代俯冲洋壳及相关的岛弧玄武岩；而南侧红安地体低温榴辉岩的高压变质时代为三叠纪。该工作解决了国内该类榴辉岩形成时代的争议，发现了大陆碰撞前的洋壳俯冲成因榴辉岩，找到了洋壳俯冲转化为陆壳俯冲的连接点。该成果论文发表在*Journal of Metamorphic Geology*（2002）上，SCI他人引用57次。

4. 陆壳深俯冲过程及超高压变质岩折返机制的化学地球动力学研究

陆-陆碰撞导致陆壳深俯冲和超高压变质岩的形成。含柯石英或金刚石的超高压变质岩是在陆壳俯冲深度超过90km时，经过超高压变质形成的。它是如何从大于100km的深度快速折返到地表已成为大陆深俯冲研究的著名科学问题，对这一问题的深入研究有助于理解大陆地壳深俯冲过程。国外流行观点是俯冲陆壳整体一次快速折返，李曙光及其领导的研究组通过系统工作提出了多岩板三阶段折返模型及相关证据。主要证据是：

（1）李曙光利用到德国马普化学所宇宙化学研究室开展合作研究的机会，利用 Jagoutz 博士的高灵敏度质谱计研究大别山超高压变质岩及其围岩的冷却历史，测定其抬升过程的冷却温度-时间曲线。该成果精确测定了大别山超高压变质岩的峰期变质时代为（226±3）Ma。后来，李曙光又指导研究生将锆石微量元素、包裹体矿物成分和高精度离子探针 U-Pb 定年结合起来，精确测定了超高压变质岩峰期变质时代为（227.4 ± 3.5）Ma，验证了上述 Sm-Nd 法测定的峰期变质年龄的正确性（科学通报，2005）。此外，利用该成果首次测定出大别山超高压岩石及其围岩具有相同的二次快速冷却曲线，据此提出超高压岩石多阶段快速抬升的折返机制，并为解决超高压岩石与围岩关系提供了重要的年代学制约。1998 年，李曙光应邀在第 9 届国际同位素地质大会上作特邀报告，并将成果发表在地球化学最有影响力的学术刊物 *Geochimica et Cosmochimica Acta*（2000）上，单篇他人 SCI 引用达 177 次，在该杂志当年发表论文引用次数中排名第一，是近年来该领域的高引用率（Top 1%）论文。

（2）2000 年以来在北大别带先后发现榴辉岩和其中所含的微粒金刚石，证明了除已知的南大别带外，北大别带也是一个超高压变质带。李曙光敏锐地洞察到了这一发现的意义，即折返到地表的超高压岩石不是铁板一块，而是由若干岩片组成，查明这些岩片的性质和俯冲-折返历史的差异就成为下一个主要的研究目标。李曙光指导他的博士研究生刘贻灿和王水炯测定出北大别超高压变质岩的形成时代和麻粒岩相及角闪岩相退变质时代，证明了北大别带也是华南俯冲陆壳的一部分，但与南大别超高压带属于不同的岩片，它们在折返过程、峰期变质时代和退变质历史等方面均存在明显差异。这为超高压变质岩的多岩板折返机制的确定提供了重要证据。该成果论文先后发表在 *Science in China*（Series D）（2000），*Journal of Asian Earth Sciences*（2005）和 *Lithos*（2007，2012）上。

（3）在查明北大别带也是华南俯冲陆壳一部分的基础上，李曙光及其研究组开展了南、北大别带的 Pb 同位素填图和苏北超高在变质带科学钻探 5000m 岩心的 Pb 同位素研究。该研究揭示出，已折返到地表的南大别超高压变质岩和苏北上岩片具有上地壳特征，而北大别片麻岩及苏北下岩片具有下地壳特征，并据此提出在俯冲过程中俯冲陆壳内部可发生多层次拆离、脱耦作用，形成多个岩片相继逆冲折返的模型。这一模型修正了国外学者的俯冲陆壳整体折返模型。成果发表在中国科学（D 辑）（2001）和 *Techtonophysics*（2009）。

（4）李曙光对与俯冲板块断离有关的南秦岭同碰撞花岗岩进行了系统的锆石

U-Pb年龄测定，获得它们的形成时代（225～205Ma）与大别山超高压变质岩第一次快速冷却时代的（226±3）Ma～（219±7）Ma一致，从而证明超高压岩石第一次快速抬升与俯冲板块断离有关，并指出秦岭地区俯冲板片断离深度较浅。该成果论文发表在*Journal of Geology*（2002）上，SCI他人引用45次。

（5）李曙光发现了与超高压变质岩第二次快速抬升有关的二期多硅白云母，并测定了其Rb-Sr年龄为（182.7±3.6）Ma，给出了第二次快速抬升的准确时代。综合上述成果，改进了超高压变质岩冷却曲线，并提出了大别山超高压变质岩的多岩板三阶段折返模型，相关论文发表在《科学通报》（2001）和《岩石学报》（2005）上。

（6）通过对大别山罗田穹隆的惠兰山基性麻粒岩的年代学研究，证明罗田穹隆是早白垩世受上涌地幔的热作用而发生麻粒岩相变质作用，并随后与罗田穹隆一起发生快速抬升形成的。该研究揭示的山体快速抬升与碰撞后大规模岩浆作用的时代耦合关系是发生山根去根作用的有力证据，并据此提出超高压变质岩第三次快速抬升是早白垩世岩石圈伸展作用及山根拆离的结果。该成果论文发表在《中国科学（D辑）》（2005）上。

5. 华北陆块及其两侧造山带中生代岩浆岩的年代学和地球化学研究

华北陆块及其两侧造山带中生代岩浆作用非常强烈，并伴有岩石圈减薄和造山带去根作用，以及大规模成矿作用。目前，其发生机制尚不清楚，已成为国内外关注的重要科学问题。近年来，李曙光开始关注这一研究领域，并取得如下初步成果。

（1）李曙光很早就注意到超高压变质岩代表的深俯冲陆壳与上地幔相互作用问题。早在20世纪80年代，他在美国MIT进修期间就测定了大别山祝家铺碰撞后辉石辉长岩侵入体的Sr-Nd同位素组成，这一来自地幔的岩石却显示出典型的古老下地壳特征。但是，华北陆块内部远离碰撞带的中生代镁铁质岩石也有类似的Sr-Nd同位素组成，因此很难将其与华南俯冲陆壳联系起来。最近，李曙光及其领导的研究组发现，大别山祝家铺碰撞后辉石辉长岩较华北陆块内部中生代镁铁质岩浆岩有较高的$^{208}Pb/^{204}Pb$组成，而与大别山超高压变质岩类似，因此证明了祝家铺碰撞后镁铁质岩浆岩的地幔源区受到再循环华南俯冲陆壳的影响。该成果论文发表在*Lithos*（2007）上。

（2）李曙光指导研究生深入研究了大别山及中国东中部的埃达克质花岗岩类，给出了一组判断加厚下地壳熔融的地球化学判据，揭示了先发生加厚下地壳部分熔融才能诱发其拆沉的规律，证明了大别山山根垮塌发生在130百万年前，长江中下游与铜-金矿床有关的埃达克质岩与洋壳俯冲有关。相关论文发表于地球化学顶级刊物 *Geochimica et Cosmochimica Acta*（2010，2011）和 *Chemical Geology*（2008）上。

（3）对于华北陆块的中生代镁铁质岩浆岩所表现出的下地壳同位素特征，前人多解释为是来自富集的岩石圈地幔。李曙光依据某些同位素与微量元素的耦合特征，如 EMI 同位素特征与低 Ce/Pb 耦合不能用交代富集地幔解释，指出这种特征是下地壳物质沉入地幔与上地幔混杂的结果。该论文被收录到由英国伦敦出版的 Geological Society 特别出版物专著中。

（4）李曙光指导研究生对辽西中生代火山岩地层开展了精细的地层年代学研究，厘定出 4 期火山岩事件：兴隆沟组（177Ma），蓝旗组（166～153Ma），义县组（125～122Ma），张老公屯组（106Ma）。成果分别在国际刊物 *Cretaceous Research*（2007）和 *Lithos*（2008）上发表。此外，对华北克拉通的南缘蚌埠地区中生代岩浆岩研究发现了与大别山去根过程类似的低镁埃达克岩-镁铁质岩浆岩-普通花岗岩系列，证明华北南缘加厚下地壳的存在，揭示了其减薄过程。成果发表在 *Lithos*（2012）上。

上述成果共发表论文 161 篇（第一作者及通信作者 96 篇），其中 SCI 论文 63 篇（第一作者及通信作者 50 篇）。据美国科学信息研究所（ISI）2005 年 1 月统计，第一作者 33 篇论文的 SCI 总引用频次为 667 次，平均单篇引用 20.21 次，在世界地球科学领域前 2000 名科学家中排名 914 名，2010 年 1 月 51 篇论文 SCI 他引 1420 次。由于李曙光在超高压变质年代学研究的卓越贡献，2005 年获何梁何利基金科学与技术进步奖。2010 年获国家自然科学奖二等奖。

李曙光和国内其他超高压变质研究领域同行的工作，使大别—苏鲁超高压变质带研究成为国际地球科学研究最活跃的前沿领域。2005 年相关论文 SCI 引用率列全球地球科学研究第 6 名，固体地球科学研究第 1 名，大大提升了我国基础地质科学研究在国际上的地位。

三、李曙光主要论著

李曙光，Hart S R，郑双根等．1989．中国华北、华南陆块碰撞时代的钐-钕同位素年龄证据．中国科学（B辑），32（3）：312-319.

Li S G，Hart S R，Wu T S．1990．Rb-Sr and Sm-Nd isotopic dating of an Early Precambrian spilite-keratophyre sequence in the Wutaishan area，North China：Preliminary evidence for Nd-isotopic homogenization in the mafic and felsic lavas during low-grade metamorphism．Precambrian Res，47（3/4）：191-203.

Li S G，Xiao Y L，Liu D L，et al．1993．Collision of the North China and Yangtse Blocks and formation of coesite-bearing eclogites：Timing and processes. Chem Geol，109：89-111.

Li S G，Wang S S，Chen Y Z，et al. 1994. Excess argon in phengite from eclogite：Evidence from dating of eclogite minerals by Sm-Nd，Rb-Sr and $^{40}Ar/^{39}Ar$ methods. Chem Geol，112（3/4）：343-350.

李曙光，孙卫东，张国伟等. 1996. 南秦岭勉略构造带黑沟峡变质火山岩的年代学和地球化学——古生代洋盆及其闭合年代的证据. 中国科学（D辑），26（3）：223-230.

Li S G，Jagoutz E，Lo C H，et al. 1999. Sm-Nd，Rb-Sr and ^{40}Ar-^{39}Ar isotopic systematics of the ultrahigh pressure metamorphic rocks in the Dabie-Sulu belt，central China：A retrospective view. Int Geol Rev，41：1114-1124.

Li S G，Jagoutz E，Chen Y Z，et al. 2000. Sm-Nd and Rb-Sr isotopic chronology and cooling history of ultrahigh pressure metamorphic rocks and their country rocks at Shuanghe in the Dabie Mountains，central China. Geochim Cosmochim Acta，64（6）：1077-1093.

Li S G，Huang F，Nie Y H，et al. 2001. Geochemical and geochronological constraints on the suture location between the North and South China Block in the Dabie Orogen，central China. Phys Chem Earth（A），26（9/10）：655-672.

Sun W D，Li S G，Chen Y D，et al. 2002. Timing of synorogenic granitoids in the South Qinling，central China：Constraints on the evolution of the Qinling-Dabie orogenic belt. J Geol，110：457-468.

Li Q L，Li S G，Zheng Y F，et al. 2003. A high precision U-Pb age of metamorphic rutile in coesite-bearing eclogite from the Dabie Mountains in central China：A new constraint on the cooling history. Chem Geol，200：255-265.

Huang F，Li S G，Dong F，et al. 2007. Recycling of deeply subducted continental crust in the Dabie Mountain，central China. Lithos，96（1/2）：151-169.

Liu Y C，Li S G，Xu S T. 2007. Zircon SHRIMP U-Pb dating for gneisses in northern Dabie high T/P metamorphic zone，central China：Implications for decoupling within subducted continental crust. Lithos，96（1/2）：170-185.

Huang F，Li S G，Yang W. 2007. Contributions of the lower crust to Mesozoic mantle-derived mafic rocks from the North China Craton：Implications for lithospheric thinning//Zhai M G，et al. Mesozoic Sub-continental Lithospheric Thinning under Eastern Asia（Geological Society，London，Special Publications 2007，v. 280）. London：Geological Society：55-75.

Huang F，Li S G，Dong F，et al. 2008. High-Mg adakitic rocks in the Dabie orogen，central China：Implications for foundering mechanism of lower continental crust. Chem Geol，255（1/2）：1-13.

Yang W，Li S G. 2008. Geochronology and geochemistry of the Mesozoic volcanic rocks in Western Liaoning：Implications for lithospheric thinning of the North China Craton. Lithos，102（1/2）：88-117.

Li S G，Wang C X，Dong F，et al. 2009. Common Pb of UHP metamorphic rocks from the CCSD project（100-5000m）suggesting decoupling between the slices within subducting continental crust and multiple thin slab exhumation. Tectonophysics，475（2）：308-317.

Liu S A，Li S G，He Y S，et al. 2010. Geochemical contrasts between early Cretaceous ore-bearing and ore-barren high-Mg adakites in central-eastern China：Implications for petrogenesis and Cu-Au mineralization. Geochim Cosmochim Acta，74（24）：7160-7178.

He Y S，Li S G，Hoefs J，et al. 2011. Post-collisional granitoids from the Dabie orogen：New evidence for partial melting of a thickened continental crust. Geochim Cosmochim Acta，75（13）：3815-3838.

Liu S A，Li S G，Guo S S，et al. 2012. The Cretaceous adakitic-basaltic-granitic magma sequence on south-eastern margin of the North China Craton：Implications for lithospheric thinning mechanism. Lithos，134-135：163-178.

Wang S J，Li S G，An S C，et al. 2012. A granulite record of multistage metamorphism and REE behavior in the Dabie orogen：Constraints from zircon and rock-forming minerals. Lithos，136-139：109-125.

撰写者

李曙光。

安芷生

安芷生（1941～），安徽六安人。第四纪地质学家。1991年当选为中国科学院学部委员（院士），2001年当选为第三世界科学院院士。1962年毕业于南京大学地质系。1966年中国科学院地质研究所、地球化学研究所研究生毕业。曾任中国科学院西安分院院长、陕西省科学院院长、黄土与第四纪地质国家重点实验室主任、中国科学院地球环境研究所所长。他以中国黄土及其他第四纪沉积物为主要研究对象，系统地研究了黄土的堆积、演化及其与古气候、古环境的关系，与刘东生院士等将黄土与深海沉积序列进行了成功对比；他率先将第四纪磁性地层学引入中国，测定了蓝田猿人和澳洲沙漠化年代；他所领导的研究集体，系统地提出了控制东亚古环境变化的季风控制理论，研究了晚新生代以来不同时间尺度东亚季风气候的历史与变率，重建了最近2万年以来中国环境变化图景，指出了东亚季风气候不稳定性、周期性和穿时性特征；对古季风变迁机制进行了系统讨论，指出东亚季风气候变迁可视为太阳辐射条件下，海-陆-气相互作用在东亚下垫面的体现；论证了亚洲季风演化与青藏高原阶段性隆升的耦合关系，揭示了东亚季风变迁与地球轨道参数、冰量变化和包括南北半球气候相互作用在内的气候系统内部联系有关。他密切关注国家需求，以多年研究成果为基础，在西部生态环境保护与恢复的科学决策和北方城市颗粒物污染治理等方面做出了重要贡献。曾获国家自然科学奖二等奖、李四光地质科学奖、中国科学院自然科学奖一等奖、陈嘉庚地球科学奖等众多奖项。

一、奋斗历程

年少时就失去父亲的安芷生是由大学毕业的母亲一手带大。他母亲用中学教员五六十元的月薪独自支撑并抚养、教育四个儿女，这种奋斗精神和不服输的劲头，给他留下了深刻的印象，使他形成了坚强不屈的性格。从小好学的安芷生在南师附中一直名列前茅，高考成绩也很好。然而受所谓“复杂”的家庭出身的影响，他却不能够和其他人一样平起平坐地得到大学录取通知书。“只要有大学上就行，管他什么大学”，母亲开导和支持的话，成为他接受南京地质学院的录取通知书，开始学地质的动力。一年后，南京地质学院解散，学生并入南京大学，他意外地成为了南京大学的学生。大学毕业后，成绩依然出色的安芷生起初却没有继续学习和深造的奢望，虽然在他的脑海里，学习、研究新事物总是占第一位。"安芷生，你为什么不报考研究生"，大学辅导员王锡银的一句话，促使安芷生报考了研究生，并成为5名考生中唯一被录取的学生。自此他师从刘东生先生，开始了学术研究的生涯。

在刘东生的严格要求下，安芷生在不同的实验室接受了从考古学到地球化学，从哺乳动物鉴定到孢粉数目统计的基本训练，他的地层学的时间概念和环境演化过程的思想在那时就基本形成。他最初在刘东生的指导和带领下接触和研究黄土，但在读研究生过程中却选择了内蒙古的盐湖堆积作为研究对象，因为他认为与湖相淤泥相间出现的盐湖沉积忠实地记录了气候干湿变化的历史。"文化大革命"中，他参加了成昆铁路地质调查，在调查过程中，他发现隧道基础地层中，钙芒硝遇施工用水会发生膨胀，从而使隧道基础破裂的奥秘，解决了包括法拉隧道在内的几个隧道的工程地质病害问题。后来又参加了黄河口古河道调查，认为当时黄河口没有必要进行改道。他还在黑龙江省克山县参加了克山病、大骨节病的生物地球化学调查。"文化大革命"后，他迅速地回到黄土研究队伍，与卢演俦一起首先提出了中国黄土-古土壤序列的概念，并共同在我国首次进行末次间冰期以来黄土-古土壤序列与深海沉积 $\delta^{18}O$ 记录的正确对比；后又在陕西洛川进行黄土钻探，所取样品和剖面用于刘东生和 Friedrich Heller 教授在瑞士进行的磁性地层学研究，建立洛川250万年黄土磁性地层学框架。

1979年冬，安芷生随刘东生组团去澳大利亚访问，开始第一次接触世界。1981年受中国科学院地球化学研究所派遣去澳大利亚国立大学参加中澳第四纪合作，在那里一年，开始接触 Jim Bowler 教授等西方学者。在澳期间，他通过磁性地层学研究，在实验过程中纠正了古地磁学家 N. Opdyke 教授的实验误差，共同建立了澳大利亚晚新生代的代表性磁性地层序列，并发现澳大利亚沙漠化是距今60万年前开始发育的。他首次在国外期刊 *Paleogeography, Palaeoclimatology, Palaeoecology* 上发表的论文被澳大利亚同行视为一篇代表性著作。自澳回国后，他在刘东生的指导下，在北京友谊宾馆住了半年，组织中国科学院地球化学研究所（贵阳）和地质研究所的科学家集体撰写《黄土与环境》一书，于1985年完成并出版。通过亲自执笔这本书的多个章节，他深受教育，同时协助刘东生将黄土研究推向"黄土与环境"研究的新阶段，并与刘东生等共同进行了最近250万年中国黄土-古土壤序列与深海沉积的成功对比研究。

1984年，仍为中国科学院地球化学研究所助理研究员的安芷生，带领8位年轻研究人员，从贵阳来到西安，受命组建中国科学院黄土与第四纪地质研究室，开始了艰苦而执著的创业历程，也开启了中国黄土与第四纪地质研究的一次新的飞跃。虽然经历过用人力板车拉运设备的艰苦创业阶段，但在安芷生的领导下，这个研究室的迅速成长令人惊叹：1987被列为中国科学院开放实验室，1993年建设国家重点实验室，1995年一次性通过验收，此后在科技部组织的历次评估中，该实验室连续5次获得优秀实验室称号。1999年，由安芷生提议，并在路甬祥院长、陈宜瑜副院长和秦大河院士（当时为中国科学院资环局局长）支持下，该研究室由中国科学院党组讨论通过并经中央编制委员会审批通过，升格为地球环境研究所。

黄土室建设以后十余年，用安芷生的话讲，“就做了一件事”。他充分发挥开放实验室的作用，团结当时中国第四纪的一批优秀中年科学家，与年轻人一起，通过大量的资料分析、野外实践和室内实验研究，提出了东亚环境变迁的季风控制假说。

从2001年开始，安芷生积极开拓黄土、第四纪地质与全球变化研究新的突破口。他领导并组织了中国环境科学钻探工程，申请并获得国际大陆科学钻探委员会的资助，在我国不同环境单元获取了大批珍贵的环境变化记录，在构造、轨道和千年尺度突变事件等不同时间尺度上，开展东亚大陆环境演化的历史和规律研究，进一步丰富并系统论述了东亚环境变迁季风控制学说，取得了一系列具有重大国际影响的成果。例如，在系统论述东亚环境变化季风控制论的基础上，揭示晚中新世以来东亚季风气候的历史与变率；在我国开拓了粉尘与生物地球化学循环结合研究的新方向，为国家西部生态环境治理和北方城市颗粒污染物治理等提出实质性的咨询意见和建议。他有力地推动了黄土与第四纪地质研究室、中国科学院黄土与第四纪地质开放实验室、黄土与第四纪地质国家重点实验室、中国科学院地球环境研究所的三次跨越式发展；为推动由周卫健研究员主持的西安加速器质谱中心的建设做出重要贡献；在路甬祥院长和陈宜瑜副院长等的大力支持下，他领导组织了我国的大陆环境科学钻探工程，为发展享有国际声誉、进行大陆环境研究的地球环境研究所做出了不懈努力。

他先后在*Nature*、*Science*、《中国科学》、《科学通报》等国内外重要期刊上发表文章100余篇（其中在*Nature*、*Science*、*PNAS*和*Nature*子刊共发表9篇文章），被同行高度评价和大量引用，截至2012年7月，已被SCI引用超过1万次，其中1996～2007年发表论文被引次数在国际地球科学领域中排名第16位。先后荣获国家自然科学奖二等奖、三等奖、中国科学院自然科学奖一等奖、陕西省科技进步奖一等奖等科技奖励多次。2008年又获得国家自然科学奖二等奖（晚中新世以来东亚季风气候的历史与变率）。由于他的突出贡献，1991年，他当选为中国科学院学部委员（院士），2001 年当选为第三世界科学院院士。1999 年当选为国际第四纪联合会副主席，2001 年被推选为国际地圈生物圈计划（IGBP）科学委员会委员，2003 年被推选为 IGBP 科学委员会副主席（目前我国学者在此机构中的最高任职）；先后被授予匈牙利地理协会 Loczy 奖章、李四光地质科学奖、何梁何利基金科学与技术进步奖、陈嘉庚地球科学奖和美国沙漠研究所“杰出国际科学家奖”等。

二、主要科学发现与研究成就

（一）主要科学研究成就

1. 引入第四纪磁性地层学测定地质生物事件年龄

1975 年安芷生率先将考克斯磁性地层年表引入国内，与李华梅一起首先开展中国黄土的磁性地层学研究。通过研究公王岭蓝田猿人遗址黄土—古土壤序列的磁性地层学，确定了蓝田猿人距今约为 115 万年，为研究中国长江以北发现的古猿人化石提供了一个较可靠的年代。1979 年，他根据北京顺 5 孔记录的早松山期海侵，后来还结合风成堆积中红黏土到黄土的转变、早更新世华北河湖沉积相和哺乳动物化石组合的变化、第四纪大冰期的开始和球外天体冲击事件发生等标志的气候急剧变化的地质事件，在我国最早明确提出松山/高斯界面的 250 万年可作为第四纪/第三纪的界限。

2. 提出并认识中国黄土-古土壤序列的气候环境意义

70 年代末，他与卢演俦一起，首先提出了中国黄土-古土壤序列的概念，这一概念一直沿用至今，为中国黄土的气候地层划分奠定了坚实基础。80 年代，他首先指出黄土高原黄土-古土壤序列中黄土堆积与成壤作用是同时进行的，黄土形成时期以风尘堆积为主，成壤风化作用仍在进行，而古土壤发育时期以成壤作用为主，但风尘堆积并未终止，这就是黄土-古土壤序列之所以成为良好气候记录的原因，并指出 S_{5-1} 古土壤可视为黄土高原更新世气候最佳期的记录。他提出了中国黄土堆积年龄的模式，对黄土的堆积量和堆积速率进行了计算，指出了它们对环境的影响和它们与侵蚀速率的关系。较早指出中国黄土的形成不但与蒙古高压有关，还与西风环流、青藏高原隆升有关。

3. 中国黄土-古土壤序列与深海沉积气候记录的成功对比

1984 年他与卢演俦将末次间冰期以来的北京黄土-古土壤序列与深海沉积 $\delta^{18}O$

记录进行了首次成功对比。在《黄土与环境》一书中，他还和刘东生等一起将250万年的中国黄土-古土壤序列与深海沉积记录进行了成功对比。在这一对比中他起到关键作用，解决了 S_5 古土壤层与深海氧同位素阶段13、14和15对比的难题，清楚地证明了黄土-古土壤序列为环境变化提供了一个第四纪的大陆风成记录，为黄土成为与海洋沉积、极地冰芯相媲美的了解古气候和古环境变化的三大支柱之一做出了基础性贡献。

4. 系统提出东亚环境变化的季风控制论

90年代初，以他为首的研究集体创造性地提出东亚古环境变化的季风控制论。他的研究小组从土壤发育特征、植物花粉和蜗牛化石组合出发，并结合现代气象观测、历史尘暴记录和戈壁、沙漠和黄土的空间分布特征，从气候动力学角度提出最近250万年我国黄土高原黄土-古土壤序列记录了以干冷的西北—北风为主的冬季风优势期和暖湿的东南—南风为主的夏季风优势期相互交替的季风气候变化历史，指出磁化率和粒度可分别作为夏、冬季风气候变化的代用指标。同时，根据我国陆地和海洋不同类型地质、生物记录和历史文献的季风变迁证据，论述了东亚古环境变化受东亚季风变迁控制，不同时间尺度东亚冬、夏季风气候优势期的相互交替是东亚季风变迁的主要特征，过去东亚季风变迁受太阳辐射和包括全球冰量、海洋和海陆分布格局等下垫面因素变化的影响。

东亚古环境变化的季风控制理论紧紧抓住了东亚环境变化自身最鲜明的动力学因素，为探索东亚环境变化的机制提供了新思路；解释了过去东亚环境变化的一系列现象，如巨厚的黄土堆积、黄土和古土壤层的交替序列、沙漠的进退、湖面的波动、南海海面温度的变化、林线和雪线的移动、哺乳动物群和生物-气候带的迁移等问题，使得过去分散的地质生物记录通过季风这条主线联系起来，让人们看到了一个东亚环境变迁的完整图景。更重要的是它将地质记录和大气动力学研究结合起来，将东亚环境变化置于全球变化的框架之下，对东亚地区过去全球变化和第四纪研究产生了重大的影响和推动作用。这一理论自20世纪90年代初提出至今，一直是东亚过去全球变化研究的热点和中外学者所专注的研究对象。

2011年，他在*Science*发表了有关印度季风动力学的文章，指出了半球间穿越赤道气压梯度对于印度季风的主控作用，向传统的印度古季风理论提出挑战，明确提出了南北半球气候相互作用对亚洲季风的重要影响。他的研究集体通过青海湖研究，指出了影响干旱区的西风气候与亚洲夏季风气候在轨道和冰期千年尺度上的反相位关系。

5. 重建了晚中新世以来不同时间尺度东亚季风气候变迁的历史、变率与动力学

根据黄土高原风尘堆积序列的研究，安芷生明确提出东亚季风至少自 9～7Ma 前发育的证据，重建了最近 7Ma 以粒度和磁化率反映的东亚冬、夏季风气候变迁序列，在此基础上揭示了晚中新世以来不同时间尺度东亚季风和内陆干旱气候变率及其驱动机制。在构造尺度上，对最近 7Ma 赵家川等剖面粒度、磁化率和粉尘通量序列进行分析，指出东亚季风和内陆干燥度在 7～3.6Ma 变率较小，3.6～2.6Ma 快速变化，2.6Ma 以后变率显著增大，这与青藏高原隆升以及北半球大冰期发生和冰期-间冰期旋回振荡密切相关；从地质生物记录和模拟的角度论证了东亚季风区全新世最佳期的空间变率和穿时性特征，提出轨道尺度季风变迁与太阳辐射和冰量变化密切相关；在千年尺度上，系统提出了末次冰期旋回东亚季风气候不稳定性的证据，指出高北纬的冷空气活动、南北半球气候的穿赤道气流乃至越赤道气压梯度和低纬大洋的 ENSO 活动对季风气候变化的影响。

6. 重建东亚季风区黄土高原 C_4 植被扩张的历史

通过将黄土高原现代植被同位素示踪与环境关系的研究应用于过去环境记录的研究，安芷生等发现黄土高原地区 C_4 植被的增加与半干旱地区暖季节季风降水呈正相关，与 CO_2 浓度关系不突出。在此基础上，高分辨地恢复了最近 7Ma 以来受季风气候影响的黄土高原 C_3/C_4 植被的演替历史，明确提出东亚 3Ma、1.1Ma、0.6Ma C_4 植物的多次扩张事件，而不仅仅是国际上通常认为的 7Ma 北半球发生的 C_4 扩张事件。与同剖面的磁化率夏季风代用指标对比，指出晚中新世以来东亚 C_4 植被扩张与暖季节降水标志的夏季风气候增强密切相关，并非主要受大气 CO_2 浓度变化控制，提出黄土高原 C_3/C_4 植被演替的季风控制假说，向 C_4 植被演替的大气 CO_2 浓度主控学说提出了挑战。

7. 揭示亚洲季风演化和青藏高原阶段性隆升的耦合关系，从高原环境效应反演隆升阶段

通过中国黄土高原与亚洲内陆、青藏高原、印度洋和北太平洋气候记录的对比，在地质、生物记录和数值模拟综合集成研究的基础上，安芷生发现 3.6～2.6Ma 东亚季风冬、夏季风和内陆干旱化同时增强，并与全球冰量增加一致。根据全球冰量的增加将导致夏季风的减弱，上述同时增强的现象只能用这一时段高原的显著隆升

来解释，他反演了高原在这一阶段的有意义隆升，相应的构造地质证据和数值模拟检验则确认了这一结论。随后他又进一步指出，这一隆升事件奠定了近代东亚气候的基本格局。中国黄土-红黏土自8Ma前开始堆积，标志着东亚季风系统已经发育，阿拉伯海上涌流放射虫和磁化率通量记录了9～8Ma印度夏季风加强，北太平洋沉积记录显示源于亚洲内陆的粉尘堆积速率在8～7Ma显著增大，巴基斯坦土壤碳酸盐同位素记录指示在8Ma左右季节性凸显和夏季降雨增加，安芷生等认为这些事件的同时发生也是青藏高原在9～7Ma一次重要隆升的环境响应。这一研究提出了高原生长环境效应反映隆升事件，通过气候和环境变化记录可以间接研究高原隆升事件的新思路，并在2007年三亚中美双边讨论会上提出北半球大冰期发生的动力学概念模型，有力地推动了青藏高原构造演化以及构造与气候的耦合演化研究。

8. 提出亚洲季风-干旱环境耦合系统的概念

安芷生和他的学生还提出了黄土粉尘通量的计算模式，建立了最近13万年乃至7Ma黄土高原风尘堆积沉积通量变化所反映的内陆干旱化的演化序列，发现晚中新世以来亚洲内陆干旱化逐步增强的趋势和有意义的干湿波动；提出它们既与青藏高原隆升有关，又与轨道尺度的冰期旋回气候波动有关；我国黄土堆积既记录了东亚冬、夏季风气候变迁的历史，也记录了亚洲内陆干旱化的历史，进而提出了我国季风-干旱环境耦合系统的概念，指出将东亚季风环境研究扩展到亚洲季风-干旱环境耦合系统整体研究的必要性，探索了不可分割的季风-干旱环境这一系统的演化与青藏高原生长和全球环境变化的耦合关系。

（二）学术思想及其影响

安芷生密切关注国际研究的动向和趋势，与时俱进，将中国自然条件的特点与国际学术界的前沿研究相结合，不断开拓新的学科领域和方向，强调野外调查、原始材料和实验数据的严肃性和重要性，坚持团队合作和不同学科的综合集成研究，强调基础研究与国家需求的紧密结合，为推动我国第四纪地质与全球变化科学的发展和水平的提高做出了突出贡献。

季风控制论不但完美地解释了东亚环境变化的一系列现象，受到国内外学者的关注，而且在季风控制学说的理论指导下，安芷生等根据中国西部自然环境背景和变化规律，明确提出西部生态与环境治理要以恢复其自然面貌为原则的科学思想，强调西部地区的植被重建必须遵循自然植被分带和生物多样性的原则；指出年降水量200～400mm的半干旱环境敏感带和黄土高原应视为西部生态治理的重点地区。

通过野外考察和室内分析，他的研究集体在80年代后期就向陕西省政府提出黄土高原塬面植被重建和恢复应以草本和灌木为主，河谷地和边坡可以木本为主。2000年以来，在中国西部生态环境治理策略众说纷纭的背景下，安芷生和他人一起先后向中央政府递交了《西部大开发中的生态环境建设和产业结构调整咨询意见》、《自然过程和人类活动对我国西北地区生态环境的影响》、《关于进一步在黄土高原地区贯彻中央退耕还林（草）方针的若干建议》等系列报告，指出西部生态治理应遵循自然规律，以自然植被恢复为主，建议国家退耕还林（草）的方针要根据地形和地貌条件，因地制宜，宜林则林、宜草则草，对中央政府西部环境治理与恢复的科学决策产生了实质性影响。

安芷生非常注重科学研究的原始创新和研究材料的积累。2002年，在路甬祥院长和陈宜瑜副院长大力支持下，他担任我国大陆季风-干旱环境系统发展过程的科学钻探研究项目首席科学家。这是我国首次实施较大规模的大陆环境科学钻探，也是东亚环境变迁研究的深化与发展。他所领导的大陆环境科学钻探，在我国不同环境单元获取了大批珍贵的环境变化记录，为研究不同时间尺度东亚大陆环境演化的历史和规律，保存表层地球环境变化的自然档案做出重要贡献。他随后又申请并获得国际大陆钻探计划（ICDP）的资助，在青海湖开展了国际环境科学钻探，是当时环境科学钻探国际申请得分最高的项目，也是我国获得国际资助的第二个大陆钻探项目。

安芷生敏锐地把握国际研究前沿，积极开拓新的研究方向，在我国推动粉尘大气化学的研究，进而开展粉尘生物地球化学过程的研究。在担任国际地圈生物圈计划（IGBP）科学委员会副主席期间，他首先提出并负责了全球粉尘/铁联系的快速追踪计划。通过2003～2005年全球10多个国家近20名国际知名科学家的通力合作，系统地阐述了沙漠粉尘、海洋生物地球化学和全球气候变化之间的全球铁联系，描述了内陆粉尘通过大气环流搬运增加海洋生物生产力，吸收CO_2引起气候变化的全球生物地球化学过程，指出沙尘暴虽然对区域环境有负面影响，但对全球CO_2的减少有重要贡献。他较早地注意到洞穴石笋在古气候研究中的重要性，资助并参与中国在国际上最有影响的几项石笋研究工作，他所参与的石笋记录的研究，高分辨率地建立了最近23万年亚洲季风气候事件的绝对年代标尺，这一年代标尺和气候曲线正逐渐代替冰芯标尺而成为全球气候和环境变化对比的标准曲线和年代框架。

安芷生还领导由张小曳研究员等具体执行的联合国开发计划署（UNDP）“西安大气颗粒物控制”的306项目，查明了西安城市颗粒污染物的主要来源，向西安市政府提交了《西安市大气颗粒污染物污染控制》的报告，指出人类活动是西安等北方城市大气颗粒物污染的主要来源，指出控制城市人类活动污染源的重要性和可行性，其治理建议被陕西省和西安市环保部门采用，对改善古都西安的环境具有重要意义，获得了陕西省科技进步一等奖。

安芷生非常注重实验室的建设。1985年在刘东生、施雅风、李振声和杨文景的倡导下，经时任中国科学院副院长叶笃正和孙鸿烈批准，安芷生在刘东生的指导下组织建设中国科学院黄土与第四纪地质研究室，后建成为国家重点实验室。在任实验室主任期间，安芷生建议刘禹和刘晓东研究员分别建设树木年轮和古气候模拟这两个当时在国内尚不多见的实验室。他还不断完善国家重点实验室的基础实验设施和运行机制，切实推行“开放、流动、联合、竞争”的方针，与国际上一流科学家开展实质性合作，吸引了国内外优秀中青年科学家来室研究，形成国内外两个优秀的研究群体，使黄土与第四纪地质国家重点实验室成为在国际上有重要影响的研究实验室。在国家组织的五次评审中，实验室均名列前茅，是为数不多的连续五次获得优秀称号的国家重点实验室。2003年，在中国科学院路甬祥院长、陈宜瑜副院长、科技部刘燕华副部长、陈佳洱和欧阳自远院士的支持下，他全力支持周卫健研究员主持建设的高精度加速器质谱计实验平台。根据郑南宁校长和他的提议，中国科学院地球环境研究所和西安交通大学合作建成西安加速器质谱中心。这一平台在2005年建成验收通过，成为国家大型仪器中心之一。黄土与第四纪地质国家重点实验室多年来的成功和加速器质谱中心的建成运行，标志着中国科学院地球环境研究所正朝着成为我国大陆环境变化研究中心的目标迈进，也体现了安芷生用多年来的努力和心血换来的成功。

安芷生非常注重研究所的学科发展和战略调整。作为中国科学院地球环境研究所的战略科学家，安芷生多次在研究所的会议上说：“如果科学研究，特别是地球科学研究不注意和国家需求相结合，不考虑社会的发展和变化，那么它就没有生命力，很难得到长久的发展。”他明确指出，中国科学院地球环境研究所要生存并继续发展，研究方向要实现三个转变，也就是从“过去全球变化研究”到“过去与现代相结合的全球变化研究”的转变；“从季风环境到季风-干旱环境乃至区域与全球相结合研究”的转变；“从自然过程到自然与人类相互作用过程”的转变。他身体力行，全力推动地球环境研究所开展“青海湖流域生态和环境治理技术集成与试验示范”科技部支撑项目的立项。这一超前的眼光和思路，为地球环境研究所今后的战略发展指明了方向。

安芷生一直坚持多学科综合和多单位的合作研究，注重在过去成果的基础上深入探索和新发现。在他领导的黄土与第四纪地质研究室，充满了自由、民主的学术气氛。这种宽松的气氛吸引了国内外各个学科的优秀科学家高兴地前来担任客座教授及开展合作。例如，S. Porter，G. Kukla，R. Bradley，J. Kutabach，Jef Vanderberg，J. Dodson 和 N. Shackleton 教授等。当别人谈到东亚季风控制论时，安芷生总是谦逊地提到前辈学者，包括最早认识到东亚季风变迁影响的北京师范大学周廷儒教授，以及后来对古季风现象颇有研究的李吉均院士和张林源、杨怀仁教授等。他强调“我们的研究成果是在前人研究的基础上才取得的。我们的贡献不过在于根据黄土-古土壤序列，把它系统化了”。他每次也都念念不忘自己的合作者——已故的原地质矿产部地质力学研究所吴锡浩教授，这位在地理、气候以及中国第四纪地质等领域具有广博知识的学者，在这项研究中做出了重要贡献。还有在形成东亚环境变迁季风控制学说中发挥重要作用的中国地震局地质研究所卢演俦教授、中国科学院南京地理与湖泊研究所王苏民教授、中国科学院兰州沙漠研究所董光荣教授和黄土与第四纪研究室的年轻科学家群体。

（三）人才培养

安芷生非常重视研究生教育和青年科学家的成长。硕士研究生，他会安排向国内相关学科的知名学者和专家学习直至出国培养；博士研究生，基本都会送到国际知名实验室进行培训和交流；青年科学家，他都会帮助联系与国际顶尖的科学家进行合作和交流。他鼓励青年人多出去走走，学习外面的先进技术和经验，掌握国际研究的动态和前沿。他非常爱惜人才，即使是外单位的青年人才，只要工作认真、严谨，有创新思想，他都会全力支持，替他们想办法，解决问题，把自己的想法毫无保留地告诉他们。他以身作则，教育学生作研究要严谨，对于已有的进展和成果要正确引用和评价。多年来，在他的培养和指导下，已有三名学生获得全国百篇优秀博士论文，三名学生获得中国科学院优秀博士论文，九名青年科学家成为国家杰出青年基金获得者，多名曾经受他指导和帮助的年轻人已经成为多个不同领域的学术带头人并活跃在国际学术舞台上。

三、安芷生主要论著

安芷生，卢演俦. 1984. 华北晚更新世马兰期气候地层划分. 科学通报，29（2）：228-231.

安芷生. 1985. 黄土磁性地层学，距今240万年的黄土时间序列及地质事件，古土壤与微形态，黄土的堆积量、堆积速率及环境，洛川黄土-古土壤序列（关于黄土剖面特征，地质气候事件与黄土地层系列划分，气候事件的多旋回性与华北布容期地层），黄土高原长期气候变迁，黄土古土壤系列的谱分析//刘东生等编. 黄土与环境. 北京：科学出版社.

An Z S, Bowler J M, Opdyke N D, et al. 1986. Paleomagnetic stratigraphy of Lake Bungunnia：Plio-Pleistocene precursor of aridity in the Murray basin, southeastern Australia. Paleogeogr Paleoclimatol Paleoecol, 54：219-239.

An Z S, Ho C K. 1989. New magnetostratigraphic dates of Lantian Homo erectus. Quat Res, 32：213-221.

An Z S, Liu T S, Lu Y C, et al. 1990. The long-term palaeomonsoon variation recorded by the loess-palaeosol sequence in central China. Quat Int, (7/8)：91-95.

An Z S, Kukla G, Porter S C, et al. 1991. Late Quaternary dust flow on the Chinese Loess Plateau. Catena, 18 (2)：125-132.

An Z S, Kukla G, Porter S C, et al. 1991. Magnetic susceptibility evidence of monsoon variation on the Loess Plateau of central China during the last 130 000 years. Quat Res, 36：29-36.

An Z S, Wu X H, Wang P X, et al. 1991. Paleomonsoons of China over the last 130 000 years-Paleomonsoon records. Sci China Ser B, 34 (8)：1007-1024.

Porter S C, An Z S. 1995. Correlation between climate events in the North Atlantic and China during the last Glaciation. Nature, 375：305-308.

An Z S, Porter S C. 1997. Millennial-scale climatic oscillations during the last interglaciation in central China. Geology, 25 (7)：603-606.

An Z S. 2000. The history and variability of East Asian monsoon climate. Quat Sci Rev, 19：171-187.

An Z S, Porter S C, Kutzbach J E, et al. 2000. Asynchronous Holocene optimum of the East Asian monsoon. Quat Sci Rev, 19：743-762.

An Z S, Kutzbach J E, Prell W, et al. 2001. Evolution of Asian monsoons and phased uplift of the Himalaya-Tibetan plateau since Late Miocene times. Nature, 411：62-66.

An Z S, Zhang X Y, Cao J J, et al. 2001. Particulate pollution control in Xi'an//United Nations Development Programme & China International Center of Economic and Technology Exchange. Urban Air Pollution Control in China. Beijing：China Science & Technology Press：76-88.（Report to UNDP)

Wang Y J, Cheng H, Edwards R L, et al. 2001. A high-resolution absolute-dated Late Pleistocene monsoon record from Hulu Cave, China. Science, 294：2345-2348.

An Z S, Huang Y S, Liu W G, et al. 2005. Multiple expansions of C_4 plant biomass in East Asia since 7Ma coupled with strengthened monsoon circulation. Geology, 33：705-708.

Jickells T D, An Z S, Andersen K K, et al. 2005. Global iron connections between desert dust, ocean biogeochemistry, and climate. Science, 308：67-71.

安芷生，张培震，王二七等. 2006. 中新世以来我国季风-干旱环境演化与青藏高原的生长. 第四纪研究，26 (5)：678-693.

An Z S, Clemens S C, Shen J, et al. 2011. Glacial-interglacial Indian summer monsoon dynamics. Science, 333：719-723.

An Z S, Colman S M, Zhou W J, et al. 2012. Interplay between the Westerlies and Asian monsoon recorded in Lake Qinghai sediments since 32 ka. Sci Rep, 2：619.

主要参考文献

夏培卓. 1993-07-09. 黄土. 科技日报.

King C. 2007. Research from the ground up. Science Watch，18 (4).

李晓明. 2008-06-26. 在季风里书写东亚环境变迁史——记陈嘉庚科学奖获得者安芷生. 科学时报.

撰写者

蔡演军（1974～），陕西武功人，中国科学院地球环境研究所副研究员。从事洞穴石笋古气候和古环境变化、生态环境综合治理研究。安芷生指导的博士。

刘嘉麒

刘嘉麒（1941～），辽宁北镇人。地质学家。2003 年当选为中国科学院院士。1965 年毕业于长春地质学院地球化学专业，1986 年获中国科学技术大学地层古生物专业博士学位。历任中国科学院地质研究所助研、副研、研究员、研究室主任和所长，英国开放大学、日本东北大学客座教授，中国第四纪科学研究会理事长，国际第四纪研究联合会地层委员会副主席，太平洋科学协会固体地球科学专业委员会秘书长，亚洲湖泊钻探科学指导委员会副主席，《地质科学》主编。现为中国科学院地质与地球物理研究所研究员，中国科普作家协会理事长，中国矿物岩石地球化学学会副理事长，中国火山学专业委员会名誉主任，国际第四纪研究联合会地层与年代学专业委员会常委。主要从事火山地质与第四纪地质环境研究，系统研究了中国火山的地质特征，活动规律，资源与灾害；开拓了中国玛珥湖高分辨率古气候研究的新领域；建立了中国新生代火山幕和晚第四纪以来高分辨率的时间序列；发现黄土中游离温室气体高异常；推进了火山岩油气藏的勘探开发，引领玄武岩纤维及其复合材料的研制与应用；参与了振兴东北和发展新疆的战略研究，为国家和地方的社会发展献计献策。发表论著 6 部，论文 280 余篇。为研究生授课 25 载，培养硕士、博士 30 余名。获国家自然科学奖和科学技术进步奖二等奖各一项，中国科学院自然科学奖和科技进步奖一等奖各一项，国家海洋局科技进步奖特等奖以及首届侯德封奖等奖项。2001 年被中国科协授予“全国优秀科技工作者”称号。

一、命运多舛，奋斗不止

刘嘉麒，满族，1941 年 5 月 29 日出生于辽宁省鸭绿江畔丹东市的一个普通市民家庭。上有两姐，下有一弟。1946 年冬，东北处于战乱年月，在外难以谋生，父亲便携家眷回到故乡辽宁省北镇县（现北镇市），定居在医巫闾山脚下的石佛村，务农养家。

1949 年初，锦州战役结束，家乡解放了，年近 8 岁的刘嘉麒第一次背上书包，进入本村小学读书，头一堂国语课读的是“开学了，上课了，穷孩子也能上学了”。

时过一年，当他正沉浸在童年幸福的时候，父亲却因病去世，母亲带着他们姐弟 4 人，大姐才 13 岁，全家生活陷入困境，刚刚升入二年级的刘嘉麒面临失学的境地。好在他天资聪颖，学习勤奋，成绩优秀，深受老师和乡俚们喜爱，也给处于生活煎熬中的母亲增添了一点安慰和希望。在学校和亲友的帮助下，母亲咬紧牙关，想尽办法，没有让他辍学。他顺利读完小学，考上初中。1957 年初中毕业时，正值全国“反右”，中学生学习当时的知青徐建春、邢燕子回乡务农，高中招生紧缩，全班 58 名学生只有 6 人考上高中，他榜上有名。

1960 年，刘嘉麒高中毕业，是全校仅有的几名全优生之一。在报选志愿时却遇到困惑，他的兴趣是文科，但当时的流行语是“学好数理化，走遍天下都不怕”；他所在的北镇高中在全省有一定名气，为实现“超锦高（锦州一中），赶实验（沈阳实验中学），争取全省第一名”的高考目标，也要求学习好的学生必须报考一类（理工）院校。他回家问母亲考什么学校？母亲无奈地说：“什么学校花钱少就考什么学校”。由于当时就读师范或地质院校不花钱或少花钱，懂事的刘嘉麒按照母亲和学校的意愿，填报了长春地质学院地球化学专业，并被录取，从此开始了他的地质生涯。入学不久，便赶上了中国经济最困难的时期，在学校吃不饱饭，一些来自大城市的同学忍受不了学校生活的艰苦而相继退学。刘嘉麒在农村长大，从小吃惯了苦，能克服当时的困难，坚持上课，努力学习，成绩一直名列前茅。1965 年毕业前被选拔考研究生，当时考研可谓过五关斩六将，百里挑一，刘嘉麒如愿以偿地考上了研究生，人生萌发着转机。学院对新录取的 8 名研究生约法三章：“又红又专，身体健康，禁谈恋爱”。

正当刘嘉麒踌躇满志向“金字塔”顶攀登的时候，1966 年“文化大革命”爆发了，学校停课闹革命，学子们攀登的脚步被迫停止，并卷入动乱之中。1968 年刘嘉麒被发配到辽宁一个地质队接受工人阶级“再教育”。“再教育”的形式主要是变脑力劳动为体力劳动，这对于能吃苦耐劳的刘嘉麒来说并不为难，但他对“读书无用”和“读书越多越蠢”的论调感到费解，精神陷入茫然……那动荡不安的岁月，荒芜了他最好的人生年华，十年的无奈，他一直枕戈待旦。终于，1978 年“科学的春天”到来了，时已 36 岁的刘嘉麒一跃而起，发誓要 40 当做 30 过，把浪费的十年夺回来，把十年造成的科学断层弥补上。尽管他当时在单位已是年轻的研究室主任，受到组织和领导的器重，但他深知“山中无老虎，猴子称大王”是不行的，决心再考研究生，真正从科学上接受“再教育”。在激烈的竞争中，他又幸运地一举中的，导师是地质学家侯德封。考取后，他抛家舍业，背井离乡，只身一人从长春来到北京，开始人生的新征程。在中国科学院研究生院，他和同学 8 个人挤在一间宿舍，生活学习条件都比较差，但经过“文化大革命”洗礼后重新步入课堂的这批研究生，都很珍惜这来之不易的学习机会，不计较条件的好坏，聚精会神学功课。刘嘉麒在研究生院读书时遇到的最大压力是英语，因为他之前学的是俄语，入学外语考试也考的俄语，还学过德语、日语，就是没学过英语，但研究生院要求每个学生必须以英语为第一外语，于是他开始英语扫盲，从ABC到公共英语（大学本科课本）、蓝皮书、白皮书（更高一级的英语课本），直到最后与所有研究生一样通过英语过关考试。其间只有一年半的时间，还要学多门其他课程，可想而知，这要付出多大的努力？功夫不负有心人，他以较好的成绩一举通过了英语过关考试，也为他以后独立访问40余个国家，参加数十次国际学术会议，同国际同行进行广泛学术交流奠定了基础。

结束研究生院的课堂学习，刘嘉麒回到研究所学专业、做论文。研究所的生活条件比研究生院还差：在研究生院住的是楼房，虽然挤一点，但洗漱上厕所还算方便；来到研究所，住的是简陋的地震棚（1976年唐山地震时留下的），不仅冬冷夏热，蜂窝煤烧得烟熏火燎，洗漱上厕所不方便，还要遭受苍蝇、蚊子、老鼠等的严重骚扰和侵袭，且一住就住了8年，其艰辛是现代人难以想象的。与他有类似经历的有数十人，他们被称为“地震棚养育的博士”。

在做学位论文的过程中，他选择了当时认为很难攻克的年轻的同位素地质年代学为主攻方向。在查阅大量文献的基础上，虚心学习他人的经验和技能，努力改进实验技术，仪器连“昼”转，人也连“昼”转，他常常是端着饭盒，边吃边观测，夜里困了，就在椅子或行军床上打个盹。经过一年多的努力，他用同位素稀释法成功地测出一批高水平年轻的钾-氩地质年龄。其成果直到现在仍为国内外同行所认可、所引用。

1981年，刘嘉麒以优秀成绩通过了学位论文答辩，获得硕士学位。这时他原来所在的吉林冶金系统领导专程来京动员他回去工作，并允诺给予优厚待遇，可是他没有被名利所吸引，在感谢领导关心和器重的同时，坚持走深造的路，决心报考博士研究生。原导师侯德封先生已经去世，他就拜另一位地质学家刘东生先生为师，成为新中国培养的第一批博士生。

1984年，刘嘉麒还在攻读博士学位的时候，出于工作和生活的需要，被派到新疆做支边工作，负责建立放射性碳同位素测年实验室。那时的新疆让人感到格外遥远，乘火车要走四天四夜。他带着所有能带的资料和工具，独自来到陌生的乌鲁木齐，一干就是三年。他一边上班工作，一边撰写尚未完成的博士论文，用夜晚和节假日完全靠手写手画（那时还没有计算机）完成了数万字像刻印一样工整的博士学位论文，字里行间不仅闪烁着丰富的研究成果，也凝聚了道不尽的艰辛和煎熬。七年多的背井离乡，寒窗苦读，铸就了一篇沉甸甸的博士学位论文。该论文最后以优异成绩通过了答辩。1986 年，他因博士论文及其相关工作“在中国东北地区新生代火山岩年代学研究中做出卓越成就”，被中国矿物岩石地球化学学会授予首届侯德封地球化学奖。一个学生能首先获得以他导师命名的奖励，这对师生来说都是莫大的幸事；1990 年，他又被国家教委和国务院学位委员会授予“做出突出贡献的中国博士学位获得者”称号。

在完成学位论文的同时，他和新疆同事共同建成的新疆第一个放射性碳定年实验室，也通过验收，并获得新疆维吾尔自治区科技进步奖 4 等奖；还承担完成了国家自然科学基金项目和加速新疆矿产资源勘查攻关项目（305 项目），为寻找新疆的矿产资源、研究新疆的环境演变做出了突出贡献，获得中国科学院科技进步奖一等奖，他也被评为中国科学院新疆分院先进工作者和优秀党员。

二、主要科学成就与学术思想

（一）献身科学，勇于实践

刘嘉麒从事地质工作 40 多年，始终坚持实践第一，奋斗在科研第一线。他曾十余次登上长白山，五六次闯进大、小兴安岭，四下三江（金沙江、澜沧江、怒江），六上青藏高原，跑遍了天山南北，踏遍了黄土高原，跨越了台湾海峡和琼州海峡……南极留下了他的身影，北极印刻着他的名字。他的足迹遍及全国 34 个省、区、市和全球七大洲、四大洋（太平洋、印度洋、大西洋、北冰洋）。他曾率队考察过人迹罕至的西昆仑、东昆仑、可可西里、色林错和喜马拉雅，对青藏高原上的新生代火山和第四纪沉积物进行了比较系统的调查研究；带领学生几度深入极端干旱的塔克拉玛干沙漠和罗布泊秘境，对沙漠和绿洲的形成演变、古丝绸之路的兴衰，都有独到的研究和建树；在南极，他是第一位两次考察欺骗岛现代火山的中国科学家，在冰芯和湖泊岩心中发现多层火山灰，研究了火山活动与冰川形成及气候变化的相互关系；在北极，他和他的同事在冰川湖中打下了中国学者的第一钻，为研究全球气候变化获取了宝贵资料；在西伯利亚，他驰骋山河五千余公里，对中国北方近邻的资源环境有一个比较深入的了解；在地中海沿岸，他与意大利同行合作，对著名的维苏威火山及正在喷发的埃特纳火山、斯特朗伯利火山进行了现场考察和测量，亲身领悟火山资源的保护利用和火山灾害的监测防御；在东非大裂谷，年过六旬的他和年轻人一样，冒着 40 多摄氏度的高温，考察了全球唯一的岩浆湖，对西方有的学者认为东非大裂谷将分裂为新大陆和新大洋的观点提出疑义。

刘嘉麒的地质生涯，贯穿着实践第一的理念，充满着传奇色彩。他认为地质工作离开了野外调查就成了无源之水、无本之木，即使在高新技术（如“3S”技术）发达的今天，离开实践也等于纸上谈兵。为了查明中国新生代火山岩的时空分布特征，他踏遍了全国绝大部分火山分布地区，在大兴安岭，东、西昆仑山和可可西里等地区新发现多处火山和地质现象，获得大量实际资料，采集了许多宝贵样品。有时为了获取第一手资料，采集合适的样品，登高山、攀陡崖、涉急流，即使有生命危险也去做。一次他的同事病了，为了抢时间，他一人闯入大兴安岭，使当地的边防战士为之震惊，因为从未有人会到那样的深山老林去工作，而他知道越是偏僻的地方越是需要加强地质工作。1990 年秋，中日联合考察可可西里时，由于原队长发生强烈的高山反应不能进山，他临时受命带领 11 辆车近 30 人向青藏高原腹地进发，越过东昆仑、向阳湖，直达可可西里主峰冈扎日脚下，从 5000m 以上的山上采集了宝贵的样品，获得了丰富资料。那是无人问津，根本无路可寻的秘境，在无现代通信工具，也无空间定位系统（如 GPS）的情况下，稍不留神就有迷失方向的危险。一次在转移营地的过程中，后勤车走失了，他凭借丰富的野外工作经验，在漆黑的夜晚，经过七八个小时，硬是把陷入另一道山谷的车找了回来，又在大雪盖地，难以辨路的情况下，把考察队平安带回山下大本营，完成了一次惊险的考察历程，令同行的日本学者佩服不已。

刘嘉麒把青藏高原看做是地质学的百科全书，以致花甲之年还去那里考察，对青藏高原隆升提出新见解，并为青藏高原和中国西部的开发献计献策。他生活在中国东部，却把大部分工作时间花在中国西部，不怕困难，不畏艰险，勇于探索，勤于实践，他用顽强的拼搏奉献精神和求实创新精神，用篝火和星光，谱写了一路辉煌。

（二）开拓创新，成就斐然

在长期的地质生涯中，刘嘉麒主持完成多项科研任务，包括国家科委的攻关、攀登（如新疆 305 项目）和重大基础研究项目（如“973”），国家自然科学基金面上、重点和重大项目，中国科学院的重大、重点项目，以及同美国、德国、比利时、英国、意大利、日本、朝鲜、韩国、俄罗斯等的国际合作项目，在同位素地质年代学、火山地质与资源灾害、第四纪地质与环境、极地地质与环境等方面做了大量开创性工作，取得了多项创新性成果。

1. 在新生代地质年代学领域做出优异成绩

在中国，刘嘉麒率先用同位素稀释法成功地测出一批高水平年轻的钾-氩地质年龄，受到了国内外同行的高度关注和赞赏，并在中国东北地区新生代火山岩年代学研究中做出卓越成就而获得首届侯德封奖；还和学生及其他同事一道建立了火山灰定年方法和新疆第一个放射性碳定年实验室；深入研究了中国第四纪地层层序，代表中国提出了确定第四纪地位的原则，得到国际同行的广泛赞同；在渭南黄土地层剖面建立了150Ka来的高分辨率时间标尺，把末次间冰期（晚第四纪）的起始时间定在128Ka，与后来国际第四纪地层委员会确定的127.2 Ka几乎相等。

2. 开拓了玛珥湖研究的新领域

玛珥湖是一个特殊的火山口湖，其水体和沉积物是记录气候环境的理想载体。刘嘉麒首先发现并确定了中国存在的玛珥湖，开展了玛珥湖沉积物高分辨率纹层年代学和气候环境记录研究，把湖泊沉积物记录的气候演变时间分辨率提高到年际先进水平，拓展了高分辨率古气候研究的新领域。研究被纳入国际湖泊钻探计划，成为国际古气候研究的一个亮点。在德国、瑞典、日本、中国等地举办的国际学术研讨会上，他多次作为中国的唯一代表，被邀请作大会报告，并出任亚洲湖泊钻探科学指导委员会副主席。

3. 发现黄土中游离温室气体高异常

他和他的同事最早通过打钻采集了黄土中游离气体，分析发现其中的CO_2、CH_4等温室气体的丰度含量高异常，为进一步探讨温室气体的源和汇的问题提供了重要线索。

4. 全面系统地研究了中国新生代火山

他几乎跑遍全国，全面调查研究了中国新生代火山的时空分布规律和岩石地球化学特征，新发现多处火山，确定了中国现存的活火山，划分了新生代火山幕，纠正了以往的一些错误认识，论证了东亚大陆裂谷系的形成演化以及火山活动与青藏高原隆升的关联，指出在强调印度板块和欧亚板块南北向碰撞是青藏高原隆升的主要机制的同时，不能忽视来自西部板块俯冲的作用；并根据火山喷发多发生在气候温暖的间冰期，而很少发生在气候寒冷的冰期这一规律，提出了火山活动与构造气候旋回的新观点，认为火山活动是引起气候变化的重要因素，他的这种观点较西方学者提出得早。

在广泛开展基础理论研究的同时，刘嘉麒努力探索科学的应用和国家的需求，他认为，科学是大公无私的，任何科学的最终归属，都应促进社会的进步，造福于人类；每个科学工作者都应时刻想想自己到底为社会、为人类做了哪些有益的事情。他是这样想的，也是这样做的。

5. 积极倡导火山岩油气藏开发的新领域

以往，在油气勘探领域常常把火山岩视为禁区，近年来，刘嘉麒与油气部门密切合作，努力探索火山作用与油气成藏的关系，认为火山作用对油气的形成、运移、储存和圈闭都有有利的影响，处于一定地质环境的火山岩，可以作为油气的很好储层，是寻找油气藏的重要靶区。他的这些认识，开拓了油气勘探的新思路、新领域，促成国家重大基础研究项目的设立，促进了油气事业的发展。

6. 引领玄武岩纤维及其复合材料的研制与开发

玄武岩纤维被称为21世纪新兴的绿色高科技材料，用它制作的复合材料和产品，可以适应航天、航空、军事、消防、建筑、交通、医疗、体育等领域的一些特殊需要，具有广阔的发展前景。目前，国际上只有极少数国家掌握这种技术，中国仅处于萌芽起步阶段。刘嘉麒以其多年的工作积累和科学的洞察力，深感这一事业的深远意义，积极开展国际合作和科学研究，推进玄武岩纤维工业在中国生根发展，被认为是这一领域的重要领路人。

7. 积极推进火山资源的保护与开发

他深入研究火山灾害的监测与预防、火山资源的开发与利用，积极支持和参与建立国家和世界地质公园及自然保护区的行动，保护自然遗产，保护生态环境。由他倡导和支持建立的火山监测站和国家、世界地质公园就有十几个，如黑龙江五大连池、镜泊湖，广东湖光岩，福建漳州，山东山旺，吉林靖宇，内蒙古阿尔山，云南腾冲等。这些地质公园的建立，不仅提升了地质遗迹的价值，也有力地推动了地方经济的发展。

刘嘉麒在广泛开展火山地质学、岩石学、年代学、地球化学和地球动力学等理论研究的基础上，密切联系火山灾害、火山资源、火山活动对气候环境的影响，以及玛珥湖沉积物高分辨率的气候记录等方面研究，进而探索火山资源的应用、火山能源的开发，形成一个完整的研究体系。

8. 为振兴东北和发展新疆出谋划策

近年来，刘嘉麒参加了由中国工程院主持的“东北地区有关水土资源配置、生态与环境保护和可持续发展的若干战略问题研究”和“新疆可持续发展中有关水资源的战略研究”。他广泛深入地调查了东北三省和内蒙古东部地区，以及新疆的广大地区，对东北和新疆地区的环境演变、气候变化以及人类活动的影响进行了较深入地研究，为这些地区的可持续发展提出了宝贵意见和建议，受到国家和有关部门领导的重视。

（三）勤勉奉献，热心育人

刘嘉麒不仅个人工作认真负责，还能热心辅佐师长，帮助同事，培育学生，团结他人。他从课题组长、研究室主任、研究所所长，到学会理事长，总是想着如何把他所在的集体搞好。他认为，一个人要把工作做好，除了能力，还得有亲和力，除了必要的物质条件，还得有一点精神，这种精神就是奉献，就是集体主义和爱国主义。诚然，“精英”的作用不容忽视，但没有好的群体很难培养出杰出人才，犹如贫瘠的土地长不出好的庄稼。他的人格魅力使他的周围总有一帮人愿意同他一道工作，他所在的群体都曾走进先进的行列，涌现出一批优秀人才和骨干，在国内外同行中很有影响力和吸引力，使一些学有成就的人愿意来他这里工作，国外同行也愿意同他合作。多年来，他所在学科组的国际合作一直不断。

刘嘉麒学识渊博，学风正派，得到了国内外同行的广泛认同，使他在许多学术组织中任要职。这是一种奉献型的工作，要耗费许多时间和精力。他深知，国家的荣誉、团队的作用，远远高于个人的得失。他曾四次率团出席国际第四纪研究联合会（INQUA）大会，多次负责组织全国性的科学大会，为促进国内外的学术交流与合作做出了突出贡献。同时，妥善地解决台湾加入国际学术组织问题，维护了国家尊严和统一。

1991 年，第 13 届国际第四纪研究联合会大会在中国举行，这是“六四”风波之后在中国举行的第一个大型国际会议，遭到国际上一股反华势力的抵制和反对，筹办过程连台电脑和移动电话都没有，遇到许多困难，但在各方面的大力支持和帮助下，会议获得了圆满成功，中国科学家首次在这个重要国际学术组织中担任主席。刘嘉麒作为这次大会组委会的常务副秘书长，呕心沥血，努力工作，花费了三年多的时间，为大会的成功举办做出了应有的贡献。

刘嘉麒廉洁自律，诚恳待人，他经常讲“正人先正己，己不正何以正人?”在他当所长的时候，一直要求领导班子“团结、廉洁、公正、奋进”——团结增力量，廉洁得人心，公正长威信，奋进出成绩。他关心广大职工的疾苦，努力为青年人成长创造好的环境；首先倡导并实施了产、学、研三结合培养人才的途径，为生产部门培养一大批杰出的人才；他要求研究生要做好学问，首先要做好人，他时常与学生座谈、谈心，帮助他们解决学习和生活中的困难，关心他们的成长；他亲自为研究生讲课，已在中国科学院研究生院授课25载，他主讲的两门课程，深受学生们的青睐，听课人数居高不下，被评为优秀课程，他也被评为“杰出贡献教师”。

2007年，刘嘉麒被选为中国科普作家协会理事长，这是一项全新的工作，尽管他的科研任务繁重，却仍然尽职尽责，他说，自己的科学知识来源于民众、来源于社会，理所当然地要回报给民众、回报给社会，这是每个科学家的社会责任。

三、刘嘉麒主要论著

刘嘉麒，袁宝印. 1997. 中国第四纪地质与环境. 北京：海洋出版社.

Liu J Q, Zhong H, Liu D S. 1997. Preliminary study of greenhouse gases in loess in Weinan, Shaanxi Province. Chin Sci Bull, 42 (11): 921-924.

刘嘉麒，郭正府. 1998. 火山活动与构造气候旋回. 第四纪研究，(3)：222-228.

Liu J Q, Ma Z B. 1998. U-series dating on late Quaternary sediments from Balikun Lake. Chin Sci Bull, 43 (17): 1434-1441.

刘嘉麒. 1999. 中国火山. 北京：科学出版社.

刘嘉麒，Negendank J F W，王文远等. 2000. 中国玛珥湖的时空分布与地质特征. 第四纪研究，20 (1)：78-86.

刘嘉麒，刘强. 2000. 中国第四纪地层. 第四纪研究，20 (2)：129-141.

刘嘉麒，吕厚远，Negendank J 等. 2000. 湖光岩玛珥湖全新世气候波动的周期性. 科学通报，45 (11)：1190-1195.

Liu J Q, Lu H Y, Negendank J, et al. 2000. Periodicity of Holocene climatic variations in the Huguangyan maar lake. Chin Sci Bull, 45 (18): 1712-1717.

Liu J Q, Negendank J F W, Wang W Y, et al. 2000. Geological characteristics and distribution of maar lakes in China. Terra Nostra, 6: 264-273.

Liu J Q, Sun J M, Chen R, et al. 2000. Chronology of loess-paleosol sequences at Weinan section, central China. Geologos, 5: 165-174.

刘嘉麒，倪云燕，储国强. 2001. 第四纪时期的气候事件. 第四纪研究，20 (2)：129-141.

Liu J Q, Han J T, Fyfe W S. 2001. Cenozoic episodic volcanism and continental rifting in Northeast China and possible link to Japan Sea development as revealed from K-Ar geochronology. Tectonophysics, 339: 381-397.

刘嘉麒，张雯华，郭正府. 2002. 南极南设得兰群岛中—新生代火山作用与地质环境. 极地研究，14 (1)：1-11.

Liu J Q, Taniguchi H. 2002. Active volcanoes in China. 東北ァジア研究，第6号：173-189.

刘嘉麒主编. 2007. 东北地区有关水土资源配置、生态与环境保护和可持续发展的若干战略问题研究：自然历史卷. 北京：科学出版社.

Liu J Q, Chu G Q, Han J T, et al. 2009. Volcanic eruptions in the Longgang volcanic field, northeastern China, during the past 15 000 years. J Asian Earth Sci, 34 (5): 645-654.

刘嘉麒. 2009. 绿色高新材料——玄武岩纤维具有广阔前景. 科技导报,(9): 3.

刘嘉麒，孟凡超. 2009. 火山作用与油气成藏. 天然气工业，29 (8): 1-4.

刘嘉麒，孟凡超，崔岩等. 2010. 试论火山岩油气藏成藏机理. 岩石学报，26 (1): 1-13.

主要参考文献

王忠源. 2002. 从火山到冰原——记全国优秀科技工作者，中国科学院地质与地球物理研究所研究员刘嘉麒博士. 科学中国人,(8): 12-13.

林秋雁. 2004. 从研究生到中国科学院院士——记新当选院士刘嘉麒. 中国科技信息,(8): 6-8.

赵围. 2006. 火山岩中找油气——访中国科学院院士刘嘉麒. 中国石油石化,(14): 38-39.

贾宝余. 2007. 创新是科学的本质——中国科学院地质与地球物理研究所刘嘉麒院士谈研究生教育//隋红建主编. 推开另一扇窗——中国科学院研究生教育访谈录. 北京：科学出版社: 64-72.

新竹. 2008. 坚持实践 乐于奉献——访刘嘉麒院士. 科学与无神论,(3): 5-6.

撰写者

陈晓雨（1981～），辽宁海城人，中国科学院地质与地球物理所博士后。主要从事火山岩岩石地球化学研究。师从刘嘉麒院士。

刘嘉麒。

贾承造

贾承造（1948～），河北蔚县人。石油地质与构造地质学家，石油天然气勘探家。2003 年当选为中国科学院院士。1975 年毕业于新疆工学院地质学系，1987 年获南京大学构造地质与地球物理专业博士学位。1989～2000 年任中国石油天然气集团公司塔里木石油勘探开发指挥部副总地质师、总地质师、副总经理等职。2000 年 7 月至 2008 年任中国石油天然气股份有限公司总地质师、副总裁，其间，兼任中国石油勘探开发研究院院长。贾承造长期投身于油气资源勘探和盆地构造研究，他确定了塔里木盆地的类型与性质是由古生代克拉通盆地和中新生代前陆盆地组成的叠合复合盆地；创造性地应用断层相关褶皱理论和盐构造分析方法，解决了库车等西部前陆冲断带复杂构造解析问题，为著名的克拉 2 大气田的发现奠定了理论基础，为国家“西气东输”工程的启动做出了重要贡献。他从中国陆上油气勘探实践和理论研究出发，提出了新一代石油地质理论，为其发展和完善做出了重大贡献，并直接指导实现了我国陆上前陆冲断带油气藏、岩性地层油气藏、叠合盆地中下组合和成熟盆地精细勘探等主要领域的重大油气发现。他的研究成果和学术思想，对我国盆地构造和石油地质理论的发展产生了重大影响，揭示了我国陆上油气勘探的战略方向，推动了陆上油气勘探的大突破和勘探新高潮。曾获国家科技进步奖一等奖等众多奖项。

一、简　历

1948 年 3 月 10 日，贾承造生于甘肃省兰州市，祖籍河北省蔚县。他 1972 年 9 月进入新疆工学院地质学系区域地质与矿产普查专业学习。1975 年 9 月毕业分配到地质矿产部新疆地质矿产局第七地质大队。5 年内他在新疆北部出色地完成了各项野外地质调查工作，是哈图金矿的主要发现者之一。艰苦的区域地质调查和矿产勘查工作实践为他以后的学术研究和勘探打下了坚实的基础。

1980 年 9 月至 1987 年 2 月，贾承造考入南京大学地质学系构造地质与地球物理专业学习，师从郭令智院士攻读博士学位，逐渐显露出他的构造地质研究才华。在攻读博士学位期间，他将板块构造理论应用于我国大陆典型造山带东秦岭大地构造研究，提出东秦岭是华北板块南部和扬子板块北部两个大陆边缘碰撞造山形成的新模式，多次在国内外学术会议上宣读论文，显示其扎实的理论基础和良好的研究创新潜力。

1987年3月，贾承造分配到中国石油天然气总公司石油勘探开发研究院工作。1987年中国石油天然气总公司开始在塔里木盆地进行油气勘探，贾承造积极参加了塔里木盆地的石油会战，并一直在塔里木勘探一线工作到2000年6月。他长期从事塔里木盆地石油地质、构造地质研究和油气勘探生产组织工作。先后任塔里木石油勘探开发指挥部地质研究大队大队长，指挥部总地质师、副指挥、副总经理兼中国石油勘探开发科学研究院副院长等职。1996～1997年贾承造作为高级访问学者在美国Exxon公司工作一年，国际大石油公司先进的技术与管理理念，对他产生了重要的影响。

他对塔里木盆地石油地质与构造地质特征进行了长期系统的深入研究，跑遍了盆地周缘的地质露头，观察盆地内的重点探井岩心，研究地震剖面。作为项目主要负责人，主持了“八五”、“九五”国家重点科技攻关项目“塔里木盆地油气资源”和“塔里木盆地石油天然气勘探”，查明了塔里木盆地的类型与构造特征，揭示了盆地的油气分布规律，确定了塔里木盆地的类型与性质是由古生代克拉通盆地和中新生代前陆盆地组成的叠合复合盆地；提出特提斯构造带北缘盆地群是一个统一的大气区的观点，指导了盆地的油气勘探。特别是在库车、塔西南等冲断带的天然气勘探中，他直接指导部署了天然气勘探，创造性地引进并完善断层相关褶皱理论，解决了复杂构造地质建模难题，为克拉2大气田的发现和国家西气东输工程的实施做出了突出贡献。他作为该成果的主要完成人之一荣获2001年度国家科技进步奖一等奖。“塔里木盆地油气资源”研究成果被国家计委评为“八五”期间对国民经济贡献巨大的全国十大攻关项目之首。出版了学术界影响深远的中英文版专著《中国塔里木盆地构造特征与油气》(1997)和《特提斯北缘盆地群构造地质与天然气》(2001)，迎来了他学术生涯的第一个高峰。

2000年7月至2008年，贾承造先后任中国石油天然气股份有限公司总地质师、副总裁，分管公司的油气勘探与科技工作。其中2002年12月至2005年兼任中国石油勘探开发研究院院长。在21世纪来临之际，他从中国油气勘探实践和理论研究成果出发，提出新一代石油地质理论和我国陆上油气勘探战略；指出我国剩余油气资源丰富，特别是天然气处于大发现期；剩余油气资源主要勘探方向在岩性地层油气藏、前陆盆地冲断带、叠合盆地中下组合（深层）及成熟盆地精细勘探；海洋有巨大的油气资源潜力。

2000年以来，他主持组织了全国第三轮油气资源评价工作和岩性地层油气藏、前陆盆地冲断带、叠合盆地中下组合及成熟盆地精细勘探四个重大预探领域的科技攻关，在石油地质理论创新中取得重大进展。在岩性地层油气藏研究中指出了四类盆地的岩性地层油气藏分布规律，前陆盆地研究中提出了“环青藏高原盆山体系”的概念，并划分了四种前陆盆地类型，这两项成果分别获国家科技进步奖一、二等奖。他出版了专著《21世纪初中国石油地质理论问题与陆上油气勘探战略》(2005)，对我国石油工业界与石油地质学界产生重大影响，迎来了他学术生涯的第二个高峰。与此同时，在他指导与部署下，四大领域油气勘探取得重大进展，中国石油勘探进入新的储量增长高峰期，天然气勘探在四川、塔里木、准噶尔、松辽等盆地发现新的大气田。他以极大的热情组织南海深水风险勘探，积极推动地震勘探技术进步，完善勘探组织管理，使中国石油勘探工作进入新的历史阶段。

贾承造热爱石油地质事业，长期工作在科研和勘探第一线，科研工作中坚持实事求是，坚持野外地质实践。他尊重前辈，学风严谨，深受同行好评。在国内外公开发表论文近百篇，出版专著17部。荣获国家科技进步奖一等奖2项、二等奖3项、三等奖1项。1995年被评为陆上石油工业特等劳动模范和杰出科技工作者，1999年获中国石油天然气集团公司科技铁人成就奖银奖，2000年荣获第九届孙越崎能源大奖，2002年被中组部、人事部评为全国50名杰出专业科技人才之一。他长期担任美国石油地质家协会（AAPG）高级会员和中国石油学会石油地质专业委员会副主任。他已培养博士后4人，博士生9人。

二、主要科学研究成就、学术思想及其影响

贾承造既是杰出的构造地质学家、石油地质学家，又是重要的石油天然气勘探家。经过20年不断探索和研究实践，逐渐形成了具有鲜明时代特色与实践特色的构造地质、石油地质理论体系，主要包括塔里木盆地构造、中国中西部盆地基本类型、中西部前陆盆地与前陆冲断构造及其动力学、特提斯北缘盆地群与特提斯构造演化，以及新一代石油地质理论等。同时，他将这些理论应用于中国石油的油气勘探实践，指导勘探部署，获得重大油气发现成果，为中国构造地质学和石油地质学，以及中国石油工业的发展做出了重要贡献。

（一）构造地质与盆地构造

1. 塔里木盆地类型与构造特征

1987年塔里木盆地的类型与构造特征，国内外众说纷纭，严重制约着油气勘探

的部署。贾承造领导并组织了“八五”国家重点科技攻关专题“塔里木盆地构造特征”的国内多学科联合攻关：首次提出“叠合复合盆地”概念，查明塔里木盆地是一个具有前震旦纪古老陆壳基底，由古生代克拉通盆地和中新生代前陆盆地组成的大型叠合复合盆地，盆地核心部分为海相古生代克拉通，上叠的为库车、阿瓦提、塔西南、塔东南 4 个陆相中新生代再生前陆盆地，而不是古生代洋壳残余弧后盆地。指出塔里木板块是一个独立的小型古老大陆板块，经历了震旦—早古生代陆壳伸展分裂阶段、晚古生代板块周缘聚合阶段和中新生代板内演化阶段；塔里木古生代克拉通发育塔中稳定古隆起、塔北残余古隆起、塔东残余古隆起、巴楚活动古隆起以及塔南活动古隆起等 3 类 5 个古隆起及斜坡构造。塔里木中新生界发育 4 个再生前陆盆地、3 个再生前陆冲断带以及塔东南走滑构造带。并特别指出，盆地内古生代克拉通古隆起和周缘中新生代前陆盆地与前陆冲断带控制了塔里木盆地油气分布和富集。上述认识不仅基本建立了塔里木盆地构造的理论基础，丰富了我国盆地构造地质理论，同时对盆地油气勘探提供了坚实的理论基础和科学依据。1997 年出版了学术界影响深远的中英文版专著《中国塔里木盆地构造特征与油气》一书。

2. 叠合复合盆地：中国中西部盆地基本类型与构造特征

我国中西部盆地勘探程度较低，肩负着发现大油气田的希望和责任。20 世纪 80～90 年代，国内外对中国中西部盆地的基本类型和结构特征的认识还不十分清晰，在国外学者的盆地分类中，将中国中西部盆地统称为“中国式盆地”。贾承造在精细解析塔里木盆地构造的基础上，系统研究了中国中西部主要盆地的构造沉积特征，认为我国中西部的塔里木、柴达木、准噶尔、鄂尔多斯、四川等主要盆地，是由古生代小型克拉通盆地与中新生代前陆盆地及冲断带组成的叠合复合盆地，一般都有一个稳定的大陆地壳基底，四周被海西—喜马拉雅期多期活动的巨大造山带所环绕。古生代小型克拉通为海相沉积，构造平缓，岩浆活动少，断裂不发育，无明显褶皱或变质作用，发育了多期不整合界面和大型的古隆起及其斜坡构造；中、新生代在这些小型克拉通边缘叠加了前陆盆地，一般为陆相沉积，盆地边部发育强烈变形的前陆冲断带。指出中西部盆地自下而上发育克拉通下部层序、克拉通上部层序、前前陆层序，前陆层序。划分为 4 个构造演化阶段：①寒武—志留纪，各自漂离于大洋中的小型克拉通块体；②泥盆—二叠纪，小型克拉通块体陆续漂移拼贴增生在欧亚大陆板块南部；③三叠—古近纪，受特提斯洋关闭影响，逐渐成为欧亚大陆内部拼贴的小块体，属大陆内部构造；④新近纪以来，随着新特提斯洋的关闭、印度板块与欧亚板块碰撞及其发生的远距离效应，青藏高原隆升，并逐步向北推挤，在盆地边缘形成再生前陆盆地。这一论断解决了中国中西部盆地的基本类型问题，为我国中西部盆地油气勘探开阔了视野，并提供了坚实的理论依据。

3. 中国中西部前陆盆地与前陆冲断构造

美国科学院院士、普林斯顿大学J. Suppe教授等1983年发表的断层相关褶皱理论，是构造地质学的重要进展。自1991年开始，贾承造等在塔里木盆地库车前陆冲断带构造解析中首次引进国外断层相关褶皱理论，在山地地震和详细野外地面地质和构造调查的基础上，利用地震资料开展断层相关褶皱的几何学和运动学分析，以及构造地质建模工作，使库车前陆冲断带上的克拉2等重点构造勘探获得了极大成功。

2000年以来，贾承造系统对比了我国中西部前陆盆地与世界上其他典型前陆盆地的差异，指出我国中西部前陆盆地均发生在大陆板块内部，是受印藏碰撞远距离效应统一应力机制控制下的前陆盆地。首次提出了“中西部叠合式前陆盆地”概念。将中西部中新生代前陆盆地划分为中生代早期周缘或弧后前陆盆地和新生代再生前陆盆地两期前陆盆地。他根据构造演化、沉积充填和盆地构造变形特征，将中新生代前陆盆地分为叠加型、早衰型、改造型和新生型四种类型，并研究了两期、四类前陆盆地构造特征及其对油气聚集成藏的控制作用。研究取得突破性进展，成果填补了中西部前陆盆地构造研究的空白，并在准噶尔盆地南缘冲断带、酒泉盆地南缘（祁连山北缘）冲断带、川西前陆盆地冲断带推广和应用，为中西部前陆盆地石油天然气勘探发挥了重要的作用。

4. 特提斯北缘盆地群与特提斯构造演化

位于欧亚大陆与冈瓦纳大陆之间的特提斯构造带，是地球上岩石圈结构最复杂、造山带类型最丰富的构造域，控制着该构造域及其邻区含油气盆地的形成演化。1996年以来，贾承造等首次提出了“特提斯北缘盆地群”的概念，将与特提斯构造带有成因联系的沉积盆地划分为特提斯北缘盆地群、特提斯内部盆地群和新特提斯周缘前陆盆地群，并认为在地质历史时期，中亚的滨里海盆地、卡拉库姆盆地、塔吉克盆地等与我国的塔里木盆地、准噶尔盆地、柴达木盆地、四川盆地等都属于特提斯北缘盆地群，中新生代以来它们有着相似的构造背景、沉降沉积历史与构造变形史；北缘盆地群的沉积特征、构造特征及盆地类型，都受到特提斯造山带形成和演化及特提斯洋海侵的控制；北缘盆地群的演化可以分为晚二叠世—三叠纪的弧后前陆盆地发育阶段、侏罗纪—古近纪早期的弧后伸展断陷和坳陷盆地阶段与古近纪晚期以来的再生前陆盆地。指出特提斯北缘盆地群是世界上重要的巨型天然气聚集区，塔里木盆地是该聚集区的一部分，具有广阔的天然气勘探前景。特别提出库车、南天山南缘西段、塔西南冲断带组成的盆地西部新月形富集带，是塔里木盆地今后天然气勘探的主要方向。

5. 环青藏高原盆地群与喜马拉雅造山运动

贾承造一直思考着一个重要的科学问题：控制与影响中国中西部新生代以来的盆地构造发育和油气分布规律的关键动力学机制是什么？在全球构造与地球动力学系统分析基础上，贾承造认为，喜马拉雅造山运动和青藏高原的隆升，以及太平洋板块的俯冲，是影响和控制我国现今大地构造格局的关键动力学机制。在此基础上，他从盆地构造发育规律和指导油气勘探入手，把我国境域喜马拉雅期的构造格局划分为4个不同的构造域：青藏高原隆升域、环青藏高原盆山体系域、稳定域和西太平洋裂谷活动域等。其中环青藏高原盆山体系域，是由塔里木盆地、准噶尔盆地、柴达木盆地、四川盆地、鄂尔多斯盆地和天山、昆仑山、阿尔金山、祁连山、秦岭、贺兰山等山系组成的一个巨型构造体系。随着喜马拉雅碰撞造山过程的持续推挤与青藏高原的隆升扩展，环青藏高原盆山体系中古造山带复活并向相邻盆地扩展形成前陆盆地及冲断带系统。而这一盆山体系正是我国中西部油气资源主要分布区，“环青藏高原盆山体系”这一概念的提出与应用，回答了中国中西部盆地的变形过程与演化规律等统一的动力学机理问题，对进一步研究我国中西部盆地油气成藏规律具有深远的影响。

6. 东秦岭板块构造与地体构造

在我国大陆古板块构造研究中，20世纪80年代中期贾承造将板块构造理论应用于我国大陆典型造山带东秦岭大地构造研究，提出一个新的华北板块南部和扬子板块北部两个大陆边缘碰撞造山形成东秦岭的模式，并提出一系列新观念和结论：特提斯型造山带构造在时间上分为碰撞前、碰撞期和碰撞后构造，在空间上可根据缝合线构造划分出两个板块陆缘体系；大陆板块的碰撞是一个长期复杂的地球动力学过程，可分为短暂强烈的初始碰撞和随后的长期拼贴缝合过程，后者包括走滑、推覆、残余盆地的沉积闭合、花岗岩活动等。显示了他早期在我国构造地质学研究中的才华。

（二）石油地质理论

每一次有特色的石油地质理论的创新，都带来油气勘探的大突破和勘探高潮。

进入21世纪，国家对油气资源需求日益扩大，且随着油气勘探程度的提高，我国油气勘探的对象发生了根本变化。新形势下如何尽快形成新一代的石油地质理论指导油气勘探实践，是贾承造一直思索的重大问题。他从当前中国陆上油气勘探实践和研究实际出发，首次大胆地提出了新一代石油地质理论的内涵和时代特点，并在其发展和完善中做出了重大贡献。

1. 新一代石油地质理论的提出

贾承造在出版的《21世纪初中国石油地质理论问题与陆上油气勘探战略》专著中，认为新一代石油地质理论目前正在逐步形成与发展中，并称之为“21世纪初我国岩性、前陆、深层油气勘探理论”，包括：①岩性地层油气藏石油地质与勘探理论，包括我国不同类型（陆相坳陷盆地、陆相断陷盆地、陆相前陆盆地和海相盆地）沉积盆地；②我国中西部油气盆地石油地质与勘探理论；③陆相前陆盆地冲断带石油地质与勘探理论，包括盆地类型与构造解析、沉积储层、油气成藏等；④叠合盆地中下部组合（深层）油气成藏规律与勘探理论，包括有机地球化学与成藏及油气分布规律、储层描述与预测等；⑤天然气地质与富集理论，包括煤系生烃、晚期成藏等；⑥非常规油气资源地质与勘探开发理论，包括煤层气、油砂、油页岩、生物气-低熟气、天然气水合物等；⑦油气资源评价与分布预测。其核心是岩性地层油气藏石油地质与勘探理论和中西部盆地石油天然气地质及勘探理论。新一代石油地质理论应该具有以下特点：①应该是对我国东部陆相湖盆生烃理论与复式油气聚集带理论的继承与发展；②新一代石油地质理论应是油气勘探综合理论，能够体现中国油气盆地的多样性、复杂性及现阶段的勘探针对性，而不仅是单一学科或单一学说的反映；③应该面对和回答21世纪初我国油气勘探提出的地质理论新挑战、新问题；④应该集中近年我国东、西部在岩性、前陆和深层油气勘探实践的新发现、新认识；⑤吸取近年石油地质基础研究的重大进展，包括盆地构造、沉积与储层、层序地层、有机地球化学等基础学科的研究进展；⑥应该是我国石油勘探与科研人员智慧的共同结晶。

2. 油气资源评价与分布预测

对我国剩余油气资源量估算及其分布领域的预测，是一项极其重要的研究工作，2001年贾承造带领300余人的研究队伍，采用新的评价思路、评价方法体系与参数标准，利用新的理念、新的技术和新资料，对我国陆上28个主要含油气盆地的油气地质资源量和可采资源量进行了新一轮评价工作，取得重要成果。对陆上主要含油气盆地剩余油气资源的数量、质量与分布进行了科学、系统的研究和预测，取得了重要认识和结论：我国剩余油气地质资源仍然比较丰富，尤其是天然气处于勘探初期，剩余油气资源主要分布在松辽、塔里木、渤海湾、鄂尔多斯和准噶尔五大含油气盆地中；剩余油气资源主要分布于岩性地层油气藏、前陆盆地、叠合盆地中下部组合以及成熟盆地精细勘探等四大勘探领域中。这些结论指导了中国当前油气勘探部署和勘探战略的制定，对国家中长期发展规划与战略的制订有十分重要的意义。

3. 岩性地层油气藏石油地质理论

贾承造在科学分析我国最新油气资源评价结果的基础上，借鉴国外成熟盆地勘探经验，提出了岩性地层油气藏是我国陆上21世纪初期油气勘探的重要接替领域。组织了“岩性地层油气藏地质理论与勘探技术”重大科技项目，通过攻关研究，初步建立了岩性地层油气藏石油地质理论框架。即系统建立了岩性地层油气藏区带、圈闭与成藏地质理论，揭示了不同类型盆地（陆相坳陷盆地、陆相断陷盆地、陆相前陆盆地和海相盆地）岩性地层油气藏的富集规律。创建了岩性地层油气区带就是“构造-层序”成藏组合概念及14种模式，首次建立了岩性地层油气藏区带划分标准；发展了“六线、四面”圈闭成因理论，并认为最大洪泛面、不整合面、断层面控制了岩性地层油气藏区域展布。该重大科技项目的顺利实施，推动了中国石油岩性地层油气藏的大规模勘探，取得了重大勘探发现，实现了从构造油气藏勘探向岩性地层油气藏勘探的战略转移。该项目科研成果荣获2007年度国家科技进步奖一等奖。

4. 前陆盆地冲断带石油地质与勘探理论

早在20世纪90年代，贾承造对塔里木盆地周缘的库车、塔西南两个中新生代前陆盆地冲断带构造特征和石油地质给予了特别关注，他与研究集体逐步建立和总结了以库车煤成烃坳陷前陆冲断带为代表的超高压大气田的地质理论：中生界煤系有巨大的天然气资源潜力而形成强大的生气中心，晚期成藏、古近纪与新近纪膏盐盖层和强烈的构造水平挤压和抬升，是形成超高压大气田的基础等。上述理论有力地指导了油气勘探，并于1998年发现了超高压克拉2大气田（平均压力系数为1.95～2.20），突破了国外前人认为“超高压条件（＞1.8）不能形成大气田”的结论。该项目科研成果荣获2001年度国家科技进步奖一等奖。

在库车前陆冲断带油气地质研究和勘探实践的基础上，贾承造及其集体将研究范围扩大到中国中西部前陆盆地，形成了以“叠合型、改造型、早衰型、新生型”

等四种组合类型前陆盆地为核心的中西部前陆盆地石油地质理论。将中国中西部叠合式前陆盆地沉积体系划分为前陆层序和非前陆层序；将我国中西部前陆盆地划分为“近源自生、远源它生”两大成藏体系，建立了前陆盆地的“四种油气聚集模式”，揭示了构造带控制下的前陆盆地内部油气分布规律。该项目的实施推动了我国中西部前陆盆地油气勘探，对奠定西气东输的天然气资源基础及发展我国西部地区经济，具有十分重要的意义。该成果荣获2006年度国家科技进步奖二等奖。

5. 叠合盆地中下部组合（深层）石油地质理论

叠合盆地中下组合主要指位于叠合盆地深层的，晚期原型盆地覆盖和后期构造叠加改造的，发育于早期沉积构造层的油气勘探层系，是我国21世纪初期油气勘探的重要新领域之一。贾承造根据盆地动力学特征和盆地充填层序叠合方式，把中国叠合盆地划分为两类：奠基在古生代小型克拉通盆地碳酸盐岩沉积地层之上的叠合盆地和覆盖在早期中生代断陷盆地之上的叠合盆地。相应地把中国陆上叠合盆地中下含油气组合划分为3种组合形式：元古宇—下古生界为主的克拉通下部组合，上古生界为主的克拉通上部油气组合和中生界深层油气组合。他还进一步指出了3种叠合盆地中下部组合具有不同的油气地质特征与油气分布规律，认为叠合盆地深层油气系统主要有3类：一是深层、浅层各自独立的油气系统，如松辽盆地北部，深层以天然气为主的油气系统保存条件较好，具有形成大气田的条件；二是深层早期为独立油气系统，后期开启或受到破坏与浅层油气系统连通，主要形成稠油等复杂油藏，如塔里木的塔河-轮南油田；三是深层与浅层是一个油气系统，如渤海湾盆地上生下储的古生界潜山，也可形成大油气田。贾承造等提出的叠合盆地中下部组合（深层）石油地质理论，已经在勘探实践中得到检验。

6. 中西部盆地油气分布规律

我国中西部盆地勘探程度较低，是中国陆上油气预探的主要目标。贾承造通过塔里木盆地叠合复合盆地性质的认识，对塔里木盆地的油气分布规律进行了系统阐述，首次提出盆地油气分布受古生代克拉通古隆起及其斜坡构造和中新生代前陆冲断带控制。2000年以来，贾承造通过对整个中西部盆地类型与特征的研究及油气分布规律的认识，提出中西部盆地的油气聚集具有叠合复合含油气系统特征，油气分布受小型克拉通盆地中的古隆起、大面积岩性控制和前陆盆地中的冲断带构造控制，具有多油源、多含油层系、多期成藏的叠合复合含油气系统的特点。中西部盆地油气勘探应以前陆盆地、克拉通区大型隆起和大面积岩性油气藏3个领域为主要勘探方向。这些认识指导了中西部盆地的油气勘探，对扩展勘探领域与勘探思路，具有重要意义。

（三）油气勘探实践

贾承造长期指导管理中国石油勘探工作，是一位亲力亲为，集地质研究、工程技术、生产管理于一身的油气勘探家，为科学的勘探战略思想奠定了良好基础，在油气勘探实践中发挥了重要作用，为中国石油天然气勘探的大发现、储量的快速增长做出了重要贡献。

1. 克拉 2 大气田的发现与西气东输源区资源的确定

早在 1994 年，贾承造提出了塔里木盆地油气勘探要坚持“四个并举”的建议，即“油气并举、前陆与克拉通并举、中新生界与古生界并举、碎屑岩与碳酸盐岩并举”，并特别建议要重视库车坳陷天然气的勘探。“九五”期间在国家重点科技攻关项目研究中又提出了库车—阿瓦提—巴楚—塔西南新月形天然气聚集带的新见解，并逐步形成了塔里木盆地以库车煤成烃坳陷前陆冲断带为代表的超高压大气田的新认识。

他对塔里木盆地库车坳陷的研究、勘探部署与井位的落实，以及实施全过程都倾注了大量心血。他利用地震资料开展断层相关褶皱的几何学和运动学分析，进行构造地质建模工作，解决了在复杂构造变形带准确地确定地质模型和落实圈闭这一关键问题，在准确落实克拉、迪那、吐兹洛克、大北等圈闭构造中发挥了重要作用。他深入研究了库车坳陷的石油地质条件，经过对地质露头详细踏勘，提出了库车坳陷主要勘探目的层是盐膏层下的白垩系砂岩，以及“打盐下”的勘探战术方针。在克拉 2 大气田发现过程中，1998 年 3 月在克拉 2 井钻探进入关键时刻，他来到现场，现场报告井下钻到的是泥岩，未见气层，当时他通过对录井两粒岩屑的观察和显示情况，判断已进入含气砂岩层段，做出立即取芯的决定，果然取出了一筒又一筒含气砂岩，终于发现了克拉 2 特大型优质气田。勘探实践证明，贾承造关于对库车坳陷勘探潜力与理论认识是正确的。

克拉 2 大气田的发现是中国天然气勘探的一次重大突破，现在克拉 2 已建成年产 120 亿 m^3 天然气的“西气东输”主力气田。塔里木盆地已成为具有 10 000 亿 m^3 天然气储量的天然气基地，成为我国的四大气区之一。

2. 指出 21 世纪初中国陆上油气勘探战略方向和勘探部署原则

进入 21 世纪以来，我国石油工业勘探面临新的形势，剩余油气资源在哪里，油气勘探战略方向是什么，成为石油工业领导和地质学家面临的重大问题。贾承造作为中国石油勘探主要负责人之一，在历年的勘探年会和学术会议上，多次强调21世纪初中国陆上油气勘探战略方向和勘探部署问题。他在科学分析我国陆上剩余油气资源分布和总结新时期石油地质理论的基础上，结合油气勘探实际，指出岩性地层油气藏、前陆盆地冲断带、叠合盆地中下部组合及成熟盆地精细勘探等四大预探领域，是我国21世纪初期陆上油气勘探的战略方向。提出我国陆上油气勘探的部署原则是石油勘探以岩性地层油气藏为重点，加强东部，加快西部，强化老油田；天然气勘探以前陆冲断带、叠合盆地中下部组合为主，加强寻找大气田；积极探索新区、新领域，加大风险勘探。通过他对四个重大预探领域的科技攻关，指导了中国石油的油气勘探实践，支持了中国石油勘探进入新的储量增长高峰期，天然气储量进入快速增长期，使中国油气勘探进入新的历史发展阶段。

贾承造组织攻关研究的岩性地层油气藏地质理论与勘探技术，推动了一批大型或特大型岩性地层油气田的发现，推动了中国石油从构造油气藏勘探向岩性地层油气藏勘探的重要转变。2004～2006年，中国石油中低丰度岩性地层油气藏勘探领域共获得探明石油地质储量10.7亿t，探明天然气地质储量5633.2亿m^3。

中西部前陆盆地石油地质理论和前陆冲断带断层相关褶皱理论的推广和应用，使中西部前陆盆地油气勘探取得良好的成效。他力主在祁连山冲断带下钻探窿8井，取得重大成功，发现了冲断带下盘的白垩系背斜油田，使多年无重大油气发现的玉门油田重新焕发青春。准噶尔盆地南缘、川西、柴达木盆地北缘等多个盆地的油气勘探都取得了进展。

贾承造认为，我国由古生界海相碳酸盐岩和深层火山岩组成的叠合盆地中下部组合确有大油气田，在未来的发现中将占有重要地位。2004年4月在“松辽盆地深层天然气勘探研讨会”上，贾承造指出大庆油田在深层也同样存在大气田，要整体部署，加速勘探，统筹松辽盆地深层天然气的发展，要尽快找到主力气田。2006年，在“准噶尔盆地天然气勘探研讨会”上，指出要加强陆东—五彩湾地区石炭系火山岩的勘探。通过近几年的实施，在松辽盆地深层断陷发现了深层火山岩大气田——徐深气田，初步开辟了我国陆上“第五大气区”；陆东—五彩湾地区石炭系火山岩的勘探取得突破性进展，已初步落实千亿方储量规模。同时四川盆地、塔里木盆地海相碳酸盐岩的勘探亦取得可喜的成效。

贾承造认为勘探技术的进步是制约成熟盆地精细勘探的关键。他积极倡导和推动在成熟盆地实施二次高精度三维地震勘探和大面积三维连片处理工程，以及定向井、低阻油层测井识别和MDT技术，在成熟盆地油气勘探中取得巨大成功，在渤海湾盆地冀东南堡凹陷发现了储量在10亿t以上的南堡大油田。

3. 积极推动和实施油气风险勘探，取得一批具战略意义的重大发现

油气风险勘探是在研究和勘探程度较低、技术困难大、具有战略发现意义的新区实施钻探，具有高风险、高回报的特点。贾承造根据油气勘探的特点和工作实际，积极倡导和实施风险勘探，强调积极探索新区、新领域、新类型、新层系，力争在四新领域获得大的勘探突破。2004年11月中国石油决定计划单列10亿元资金用于风险勘探。风险勘探在他亲自组织和实施三年来，取得一批有战略意义的油气勘探大发现。长岭凹陷长深1井实现了松辽盆地南部深层火山岩天然气勘探的重大突破；在四川盆地部署的龙岗1井在开江—梁平海槽西侧的礁滩体天然气勘探取得重大发现等。

贾承造还指出，21世纪初在加强常规油气资源勘探的同时，要重视煤层气、油砂矿、油页岩、天然气水合物等非常规油气勘探与新资源的发展，包括加强煤层气的勘探与开发，推动煤层气的工业化利用；加强油砂资源的调查评价与开发生产技术准备；加强油页岩的调查与评价，积极探索经济采炼方法与技术；积极开展浅层生物气-低熟气研究与评价，不断扩大找气新领域；积极开展天然气水合物（可燃冰）的跟踪研究工作，为今后的利用储备技术。

4. 重视石油地质综合研究和勘探技术发展

贾承造指出，加强地质综合研究工作要注意3个问题：一是研究工作的着力点要聚焦在全盆地油气分布规律的深化认识，聚焦在可能的勘探新领域、新油气藏类型、新区带、新目标上；二是研究工作要能敏锐地抓住勘探中的新发现、新苗头、新问题，及时地组织调整研究方向；三是要解放思想，开拓思路，勇于创新，善于学习，特别是要善于借鉴国内外油气盆地的勘探经验，善于学习利用新理论、新观点。要充分重视与当前主要油气勘探领域有关的盆地构造、油气地球化学、沉积储层、油气成藏及其他基础学科的单项研究，因为只有单项基础学科发展了，地质综合研究才有深度，才能取得油气勘探的大进展。同时，他积极推广层序地层学理论、断层相关褶皱理论、油气系统理论和以经济评价与风险分析为核心的风险分析评价理论等四套先进理论。这些管理措施与要求，统一了勘探界的思想，逐步解决了油气预探领域与有利预探区带及目标准备不足的问题，使勘探工作跃上了一个新台阶。

贾承造认为，强化勘探主导新技术应用是勘探工作突破的根本出路。强调必须针对今后面临的主要油气勘探领域，大力发展和应用地震、综合物化探、钻井、测

井等新技术，形成和完善主导勘探技术。针对岩性地层油气藏、叠合盆地中下部组合勘探领域，他指出要大力发展和应用高分辨率三维地震勘探与储层预测、欠平衡与地质导向及水平井钻井、成像与核磁测井、储层酸压改造等主导勘探技术。针对前陆盆地冲断带勘探领域，大力发展和应用山地地震勘探与圈闭描述、高温高压钻井与防斜打快及空气钻井、超高压油气层测试等主导勘探技术。他为中国石油主体勘探技术的形成与完善，为保障勘探工作的顺利进行做出了突出贡献。

三、贾承造主要论著

贾承造，施央申，郭令智．1988．东秦岭板块构造．南京：南京大学出版社．

贾承造，魏国齐．1996．塔里木盆地古生界古隆起和中、新生界前陆逆冲带构造及其控油意义//童晓光，梁狄刚，贾承造主编．塔里木盆地石油地质研究新进展．北京：科学出版社：225-234．

贾承造主编．1997．中国塔里木盆地构造特征与油气．北京：石油工业出版社．

Jia C Z，et al．1997．Tectonic Characteristics and Petroleum，Tarim Basin，China．Beijing：Petroleum Industry Press．

贾承造主编．2000．前陆冲断带油气勘探．北京：石油工业出版社．

贾承造，胡云杨，田作基等．2001．塔里木盆地库车坳陷大气田勘探．北京：石油工业出版社．

贾承造，杨树锋，陈汉林等．2001．特提斯北缘盆地群构造地质与天然气．北京：石油工业出版社．

贾承造，周新源，王招明等．2002．克拉2气田的发现及勘探技术．中国石油勘探，7（1）：79-88．

贾承造．2002．中国西部沉积盆地的石油地质特征与勘探新发现//中国工程院，环太平洋能源与矿产资源理事会，中国石油学会编．中国石化论文集：21世纪中国油气勘探国际研讨会．北京：地质出版社：27-33．

贾承造．2002．中国中西部前陆盆地冲断带油气资源潜力及勘探对策//中国石油勘探与生产分公司编，贾承造主编．中国中西部前陆盆地冲断带油气勘探文集．北京：石油工业出版社：3-8．

贾承造，魏国齐．2002．塔里木盆地构造特征与含油气性．科学通报，47（Z）：1-8．

贾承造，魏国齐，李本亮等．2003．中国中西部两期前陆盆地的形成及其控气作用．石油学报，24（2）：11-15．

贾承造．2004．美国SEC油气储量评估方法．北京：石油工业出版社．

贾承造，何登发，陆洁民．2004．中国喜马拉雅运动的期次及其动力学背景．石油与天然气地质，25（2）：121-125．

贾承造，池英柳．2004．中国岩性地层油气藏资源潜力与勘探技术//李丕龙，庞雄奇等．隐蔽油气藏形成机理与勘探实践——第三届隐蔽油气藏国际学术研讨会论文集．北京：石油工业出版社：1-11．

贾承造，宋岩，魏国齐等．2005．中国中西部前陆盆地的地质特征及油气聚集．地学前缘，12（3）：3-13．

贾承造．2005．21世纪初中国石油地质理论问题与陆上油气勘探战略．北京：石油工业出版社．

贾承造．2005．陆上主要含油气盆地油气资源潜力与勘探领域//贾承造．21世纪初中国石油地质理论问题与陆上油气勘探战略．北京：石油工业出版社：25-33．

贾承造．2005．我国陆上叠合盆地中下部含油气组合的地质特征与勘探方向//贾承造．21世纪初中国石油地质理论问题与陆上油气勘探战略．北京：石油工业出版社：106-118．

贾承造，魏国齐，李本亮．2005．中国中西部小型克拉通盆地群的叠合复合性质及其含油气系统．高校地质学报，11 (4)：479-492.

撰写者

郭召杰（1963～），山东单县人，北京大学地球与空间科学学院教授，博士生导师，北京大学石油与天然气研究中心副主任。长期从事构造地质学和石油地质学的教学与研究。

魏国齐（1964～），河北乐亭人，教授级高级工程师，中国石油勘探开发研究院廊坊分院副院长兼总地质师。长期从事塔里木盆地构造、前陆盆地构造、石油天然气地质研究与勘探工作。

20 世纪中国地质学大事记

1902 ·8 月，清政府颁布《钦定京师大学堂章程》，规定大学豫（预）备科之艺科之课程中设“地质及矿产学”，3 年中均有此课；政科之课程中设“中外舆地”，其内容包括“地质学大概”。

1903 ·周树人（鲁迅）著《中国地质略论》，署名索子，刊于《浙江潮》。这是我国近代地质学上启蒙性的文献。

·虞和钦发表《中国地质之构造》一文。

1904 ·1 月，清政府颁布《奏定大学堂章程》，规定大学堂分为八科，格致科大学分六门，其中有地质学门。

1905 ·纂成《中国矿务正章》。1907 年颁布，并定于 1908 年施行，名为《大清矿务章程》。1909 年又订立《大清矿务正章》，但缘于辛亥革命之故并未施行。

1906 ·2 月，清政府派驻墨西哥参赞梁询作为政府代表参加在墨西哥召开的第 10 届国际地质大会。这是我国首次派员参加国际地质会议。

·顾琅、周树人（鲁迅）合著《中国矿产志》一书，并附中国矿产全图和地质时代一览表。这是中国首部记述矿产资源的专著。

1907 ·陕北延长第一口油井钻成并获原油。

1908 ·张相文所著的《最新地质学教科书》出版。

1909 ·京师大学堂（北京大学前身）创设地质学门，王烈等 5 人入学，聘请德国人梭尔格（Solgar）等授课。这是我国高等学校中培养地质人才的肇始。

·9 月 28 日，“中国地学会”在天津成立，张相文被推举为会长。

1910 ·中国地学会创办的《地学杂志》在天津出版。创刊号上发表了邝荣光编的第一幅区域地质图《直隶地质图》、《直隶矿产图》以及我国第一张古生物图版《直隶石层古迹》。

·章鸿钊发表《世界各国之地质调查事业》一文，介绍国外地质情况以开国人对地质学作用之认识。

1911 ·章鸿钊留学日本期间撰写了毕业论文《杭州府邻区地质》。这是我国地质学者撰写的第一篇区域地质论文。同年 6 月，毕业回国。

·4 月，丁文江在英国取得地质学和动物学双科毕业文凭后回国。

- 美籍女地质学家麦美德所著的《地质学》一书印行。该书用中文写成。

1912 · 1 月，南京临时政府实业部矿务司下设地质科，章鸿钊任科长。我国始有从事国内地质矿产调查的专门机构。

1913 · 翁文灏在比利时取得博士学位后，1913 年初回到国内，1914 年被聘为地质研究所专任教员。

- 6 月，工商部设地质研究所，章鸿钊任所长，开始培养中国地质科学应用型人才。同时改地质科为地质调查所，丁文江任所长。

1916 · 7 月 14 日，地质研究所举行毕业典礼，由我国自己培养的第一批地质人员毕业。

- 《农商部地质研究所师弟修业记》编成。这是我国自己编写的第一本区域地质学论著。

1917 · 北京大学地质学门恢复招生，1919 年改称地质学系。

1919 · 农商部地质调查所编印的不定期刊物《地质汇报》及《地质专报》创刊。

- 翁文灏所著的《中国矿产志略》由地质调查所印行。

1920 · 春，李四光从英国回来，任北京大学地质系教授。美国地质学家葛利普应聘来华，任北京大学地质系教授，兼地质调查所古生物研究室主任。

- 10 月，“北京大学地质研究会”成立，为我国第一个研究地质学的学术团体。杨钟健为第一任会长。
- 叶良辅所著的《北京西山地质志》由地质调查所印行，并附有 1∶10 万地质图。为我国首部区域地质志专著。
- 12 月 16 日，甘肃海原发生 8.5 级大地震。1921 年翁文灏、谢家荣、王烈等前往调查。翁文灏于 1923 年发表《中国地质构造对地震分布区之影响》一文，文中有一张中国地震分布图。

1921 · 丁文江、翁文灏所编的《中国矿业纪要》由地质调查所出版。

- 东南大学（南京大学前身）成立地学系，内设地理、气象、地质三个组，竺可桢任系主任。

1922 · 1 月，中国地质学会在北京成立。章鸿钊任会长，翁文灏、李四光任副会长。

- 8 月，翁文灏参加在比利时举行的第 13 届国际地质大会，并向大会提交了 4 篇论文。这是我国地质学家首次参加国际地质会议。

1923 · 1 月，中国地质学会第一届年会在北京举行。

- 6 月，中国地质学会举行常会。会上李四光宣读的《蜓科鉴定法》一文，是我国学者最早关于䗴科研究的论文。

• 河南省地质调查所成立。这是我国各省区中最早成立的省级地质调查所。

• 清华大学设立地学系。1931 年地学系添设地质组。

1924 • 谭锡畴编制完成我国第一幅 1∶100 万的地质图“北京—济南幅”。

• 谢家荣编写的教科书《地质学（上编）》出版。

• 广东大学（中山大学前身）下设矿物地质系。

1925 • 1 月，翁文灏在北京天文学会作题为“惠氏大陆漂移说”的讲演。这是我国学者第一次介绍魏格纳的大陆漂移说。

1927 • “中瑞西北科学考察团”组成，考察历时 8 年。

• 2 月，翁文灏在中国地质学会第五届年会的演说中，首次提出了“燕山运动”的概念。

• 7 月，丁道衡等在内蒙古白云鄂博发现铁矿。

1928 • 1 月，中央研究院地质研究所成立，李四光任所长。

• 中华矿学社在南京成立，《矿业周报》同时创刊。

• 葛利普编著的《中国地层》上下两册由地质调查所出齐（上册于 1924 年出版）。该书为建立中国地层系统奠定了基础。

1929 • 李四光在英国《地质学杂志》上发表《东亚一些典型构造型式及其对大陆运动问题的意义》。文中提出了构造体系的概念，创造性地运用力学方法来解释东亚大地构造。

• 4 月，农矿部地质调查所成立新生代研究室。

• 8 月，中国古生物学会在北平（现北京）成立。

• 12 月 2 日，裴文中在周口店发现一个保存完好的中国猿人头盖骨化石。

• 清华大学设地理系，分地理、地质、气象三科，翁文灏任系主任。1932 年改名为地学系。

1930 • 赵亚曾、黄汲清在秦岭、大巴山、四川盆地进行地质调查，发表了《秦岭山及四川之地质研究》，测出了多幅 1∶20 万路线地质图，出版了《秦岭地质图》和《秦岭·大巴山地质志》。

• 5 月，《中华民国矿业法》公布。

• 9 月，地质调查所地震研究室北平鹫峰山地震台建成。这是我国自己设立的第一个较为完善的地震台。

• 农矿部地质调查所成立土壤研究室，出版《土壤专报》、《土壤特刊》等刊物。

1931 · 李毓尧、李捷、朱森等所著的《宁镇山脉地质》由中央研究院地质研究所出版。

1932 · 秋，中国西部科学院地质研究所成立。

1933 · 葛利普提出“脉动学说”。

1935 · 谭锡畴、李春昱所著的《四川西康地质志》由地质调查所印行。

1936 · 1月5日，丁文江在长沙去世。中国地质学会筹募基金设立纪念奖金。

· 秋，地质调查所成立中国地质图编纂委员会，负责编纂1∶100万的中国地质图。

1937 · 由葛利普、章鸿钊、谢家荣、杨钟健等设计，张海若绘制的“山水土石”中国地质学会会徽，开始使用。

· 秋，北京大学、清华大学、南开大学组成长沙临时大学，设地质地理气象学系。1938年迁至云南昆明，更名为西南联合大学。

1939 · 李四光所著的《中国地质学》在伦敦用英文出版。这是第一本阐明中国地质特征的著作。

· 7月，西北联合大学分设的西北大学，将原设的地理系扩充为地质地理系。

1940 · 10月11日，中央资源委员会西南矿产测勘处宣告成立。

1941 · 潘钟祥在《美国石油地质学家协会通报》(*AAPG Bull*)上发表《中国陕北和四川白垩系非海相生油》一文，明确提出我国陆相地层也可以生油，并能形成油田。在此前后，谢家荣(1935)在文章中指出“陕北油田……属陆相”，黄汲清等(1943)著文指出“新疆的石油是非海相成因的”。谢、潘和黄独立提出的见解成为陆相生油说的主要倡导者。此后，多位科学家为陆相生油理论的建立和发展做出重要贡献。

· 11月，陕甘宁边区成立地矿学会，负责人为武衡。

1942 · 9月，资源委员会西南矿产测勘处扩大为全国性机构——资源委员会矿产测勘处。

· 冬，黄汲清等人去新疆调查，著有《新疆油田地质调查报告》。

1943 · 南延宗在广西富(川)贺(县)钟(山)区发现磷酸铀矿、脂状铅铀矿和沥青铀矿等3种含铀矿物。这是我国第一次发现铀矿物。

1944 · 4月24日，许德佑、陈康、马以思在贵州调查地质时被土匪杀害。中国地质学会筹款设立纪念奖金。

1945 · 黄汲清所著的《中国主要地质构造单位》出版。对中国大地构造特征进行了总结，提出多旋回构造说。

·台湾回归祖国，马廷英任台湾大学地质系主任。

·在黄汲清组织下，按国际分幅编制了14幅1：100万地质图，在此基础上编制了首幅1：300万中国地质图。编图工作持续到1948年，并于1948～1952年陆续印刷出版。

1946 ·1月，台湾省地质调查所在台北成立，毕庆昌任所长。

·3月20日，葛利普在北平病逝。

1947 ·7～8月，中国石油公司与美孚、德士古、亚细亚三家公司联合组成西北地质考察团，在玉门、洱泉、永昌、青土井等地进行石油地质考察。

·孙健初发表《发展中国油矿计划纲要》一文，并绘制了一张“中国石油理想分布图”。

1948 ·中央研究院选出院士81人，其中地质学家6人：黄汲清、李四光、翁文灏、谢家荣、杨钟健、朱家骅。

1950 ·2月17日，毛泽东主席题词“开发矿业”。

·3月17日，在南京创办的华东军政委员会重工业部地质探矿专修学校开学。

·8月25日，中国地质工作计划指导委员会成立，李四光为主任委员。9月8日，中国地质工作计划指导委员会矿产地质勘探局成立。11月，中国地质工作计划指导委员会扩大会议在北京召开。

1951 ·3月，西藏工作队随同中国人民解放军首次进入西藏，进行路线地质和矿产地质调查，历时10个月，著有《西藏东部地质及矿产调查资料》一书。

·4月，政务院公布《中华人民共和国矿业暂行条例》。

·5月，中国科学院古生物研究所和中国科学院地质研究所在南京成立。

·9月6日，章鸿钊在南京逝世。

·10月，全国地质工作会议在北京召开。

·全国300多名地质工作者组成84个地质队，分赴全国从事地质调查工作。

1952 ·8月，中央人民政府地质部成立，李四光任部长。

·秋，北京地质学院和长春地质学院先后成立。

1953 ·1月，地质部第一次派出代表团赴苏联访问。

·7月31日～8月14日，地质部召开首次地质教育工作会议，讨论确定了地质教育工作的方针任务。

·11月20日，全国矿产储量委员会成立。

1954 ·1月，全国地质普查委员会成立。

• 2月，新中国成立后，中国地质学会第一次全国会员代表大会召开。

1955 • 春节前后，地质部在北京召开第一次石油普查工作会议，组成5个石油普查大队，与燃料工业部共同进行大面积石油普查。

• 春，中国科学院成立学部委员会。尹赞勋、乐森璕、田奇㺠、许杰、孙云铸、李四光、杨钟健、何作霖、武衡、孟宪民、张文佑、侯德封、俞建章、黄汲清、谢家荣、程裕淇、斯行健、裴文中等地质学家被推选为学部委员。

• 地质部决定开展1∶20万区域地质调查。1955年秋天在新疆成立“地质部中苏技术合作地质测量队”，对阿尔泰、柯坪和西昆仑等地区进行1∶20万区域地质调查。1956年又相继组成3个中苏合作队，分别在南岭、秦岭和大兴安岭地区进行了1∶20万区域地质调查。

• 秋，北京大学地质地理学系地质学专业恢复招生，1978年分设为地质学系。

1956 • 1月24日～2月4日，由中国科学院、石油工业部和地质部联合召开的全国石油勘查会议在北京举行。

• 成都地质学院成立。1993年更名为成都理工学院。

• 地质力学研究室成立。1958年改为地质力学研究所。

• 地质部地质研究所，地质部矿物原料研究所，水文地质工程地质研究所成立。

• 中国和苏联两国科学院分别组成黑龙江流域综合考察队，自1956～1960年共同进行了黑龙江流域的综合考察。

• 1956～1958年，中国科学院地质研究所、兰州地质研究所、地质古生物研究所和北京地质学院等为主体组成祁连山考察队，对祁连山地层、古生物、岩石、构造和矿产进行了全面调查。考察成果以《祁连山地质志》出版。

• 陈国达创立地洼学说。有关论著《中国地台“活化区”的实例并着重讨论华夏古陆问题》、《地台活化说及其找矿意义》以及按地洼理论绘制的中国大地构造图相继问世。

1957 • 年初，地质部作出石油地质工作战略东移的决定，把找油的重点从西部向东部各盆地转移，加强了东部平原覆盖区的找油力量。

• 4月，全国第一次区调普查工作会议在北京召开。

• 地质部地质研究所组织修编了1∶100万北京、太原等11幅国际分幅地质图，并编制1∶300万中国地质图、大地构造图、内生金属成矿规律略图等一套综合性地质图件，历时3年，于1960年出版。

1958 ·9月，第一届全国矿产会议在北京召开。

·在张文佑主持下，中国科学院地质研究所编制了第一幅1∶400万中国大地构造图，并出版《中国大地构造纲要》一书。

·黄蕴慧、杜绍华等在湖南发现新矿物香花石。

1959 ·3月31日，地质部地质科学研究院成立，许杰副部长兼任院长。1975年更名为中国地质科学院。

·9月26日，黑龙江大同长垣高台子构造钻获工业油流，成为大庆油田的第一口发现井。9月29日，吉林扶余构造钻获工业油流。

·10月28日～11月21日，第一届全国地层会议在北京召开。

1961 ·10月20日～11月4日，全国地质局（厅）长会议讨论制订了《地质队工作条例（草案）》。

1962 ·4月，南方区域地质测量和矿产普查工作会议在广州召开。

·李四光《地质力学概论》内部刊印，进一步完善了由他在20世纪40年代提出的大地构造地质力学理论。1973年正式出版。

·张伯声提出大地构造波浪镶嵌构造学说。1965年发表的《从镶嵌构造观点说明中国大地构造的基本特征》对这一学说进行了系统阐述。

1963 ·11月27日，毛泽东、刘少奇、朱德和中共中央其他负责同志接见第一届矿物、岩石、地球化学学术年会全体代表。

1964 ·1月1日，毛泽东与李四光交谈了石油问题，李四光向毛泽东汇报了石油地质工作的新进展。

1965 ·3月，第一届全国水文地质工程地质学术会议在北京召开。

·3月，第一届全国构造地质学术会议在北京召开。

·9月，首次全国金矿地质工作会议在河北迁西召开。

·12月，国务院批准发布地质部制订的《矿产资源保护试行条例》。

·山东八〇九队找到我国第一个具有工业价值的金刚石原生矿脉——红旗一号金伯利岩脉。

1966 ·4月，地质部颁布《1∶20万比例尺区域地质测量工作暂行规定（草案）》。

1967 ·6月14日，石油工业部在渤海钻成“海1井”。这是我国第一口海上工业油气井。

1971 ·1月27日，翁文灏在北京逝世。

·4月29日，李四光在北京逝世。

1972 ·3月6日～4月13日，全国地质工作会议在北京召开。

· 河北地质学院成立。

· 尹赞勋先后发表一系列板块构造方面的文章，将板块构造学说引进我国。

1973 · 4月18日～5月9日，区域地质调查和矿产普查工作会议在苏州召开。

1974 · 中国地质科学院主编的《中华人民共和国地质图集》（第一版）出版。

· 张文佑等发表《中国大地构造基本特征及其发展的初步探讨（附1∶1000万中国大地构造轮廓图）》，提出中国大地构造的断块构造学说。

1975 · 7月4日，藏北羊八井地区发现地热蒸汽田。

· 中国地质科学院主编的1∶500万《亚洲地质图》、1∶400万《中华人民共和国地质图》和1∶400万《中华人民共和国构造体系图》出版。

1976 · 8月16日～25日，中国地质代表团赴澳大利亚悉尼出席国际地质科学联合会（IUGS）第五届理事会第二次会议和第25届国际地质大会。这是我国恢复在联合国合法席位后，首次出席有关国际学术会议。

1977 · 1977年12月27日～1978年1月26日，国家地质总局在上海同时召开区域地质、矿产普查，铁矿地质，海洋地质调查三个会议。

1978 · 3月18日～31日，全国科学大会在北京召开，有众多地质科学成果获得大会奖励。

· 秋，国际地质科学联合会代表团访华，签署了若干中国参与国际地科联及下属组织机构活动的协议。

· 10月15日～11月5日，国家地质总局在成都召开教育工作会议。

1979 · 6月，地质部水文地质工程地质研究所主编的《中华人民共和国水文地质图集》出版。

· 9月，青藏高原地质科学讨论会在拉萨召开。

· 10月，中法"关于喜马拉雅山地质构造和地壳上地幔的形成和演化的合作研究会议纪要"在北京签署。次年7～10月，中法地质及地球物理科学家约百余人次赴喜马拉雅山一带进行地质调查研究。1981年4月在巴黎交流考察成果。

· 11月，第二届全国地层会议在北京召开，编著了《中国地层》，建立了中国统一的地层分类和各地区的地层划分、对比系统。

· 12月，中国地质科学院编制的1∶400万《中国大地构造图》和1∶400万《中国构造体系与地震图》出版。

1980 · 3月，石油地质国际会议在北京举行。

· 4月11日，中国地质学会地质学史研究会在北京成立，首任会长为夏湘蓉。

· 5月，青藏高原科学讨论会在北京举行。

· 地质部青藏高原地质研究所主编的我国第一幅1∶150万《青藏高原地质图》出版。

· 8月，地质部决定在总结1∶20万区调工作的基础上，以省、自治区、直辖市为单位编写《中国区域地质志》，并公开发行。

1982 · 8月，中国地质学会成立60周年庆祝活动在北戴河举行。

· 李春昱主编的1∶800万《亚洲大地构造图》出版。

· “大庆油田发现过程中的地球科学工作”获国家自然科学奖一等奖。

· “中国地质图类及亚洲地质图”获国家自然科学奖一等奖。

1983 · 11月，全国1∶5万区域地质调查工作会议在北京召开。

1984 · 6月，在中法合作基础上，“喜马拉雅地质科学国际讨论会”在成都召开，会后50余名专家赴西藏进行地质考察。

· 7月，在云南澄江县发现澄江动物群。2003年，“澄江动物群与寒武纪大爆发”获国家自然科学奖一等奖。

· 中国地质科学院编制的1∶250万《中华人民共和国及其毗邻海区构造体系图》出版。

1985 · 1∶200万《南海地质-地球物理图集》出版。

· 9月27日，许杰出席联邦德国地质学会年会，并接受了该会授予的最高科学奖——莱奥波尔德-冯·布赫奖。

· 王鸿祯主编的《中国古地理图集》出版。

1986 · 6月23日，第19届南极研究科学委员会（SCAR）会议在美国圣地亚哥举行，中国被接纳为该委员会正式成员国。同年，中国成为《南极矿产资源活动管理公约》签字国之一。

· 地质矿产部海洋地质调查局编制的1∶450万～1∶250万《东海石油地质图集》出版。

· 9月，“海洋4号”科学考察船在南海试航，首次发现锰结核。

· 中国地质科学院和中国科学院地质研究所在南极菲尔德斯半岛长城站一带填绘了大比例尺的地区地质图，这是有史以来第一幅由中国地质学家实测的南极地质图。

· 董申保主编的1∶400万《中国变质地质图》（中、英文）出版。

1987 · 武汉地质学院更名为中国地质大学（武汉）。

· “青藏高原隆起及其对自然环境与人类活动影响的综合研究”获国家自然科学奖一等奖。
· “中国层控矿床地球化学”获国家自然科学奖一等奖。

1989 · 李四光地质科学奖建立。
· 马杏垣主编的《中国岩石圈动力学地图集》出版。

1990 · 6 月 28 日～7 月 3 日，第 15 届国际矿物学协会（IMA）会议在北京举行。
· 10 月，第 15 届国际地质科学史讨论会在中国地质大学（北京）举行。

1991 · 4 月，“加速查明新疆矿产资源的地质、地球物理、地球化学综合研究”（简称国家 305 项目）通过国家验收。

1993 · 11 月，地质矿产部地质研究所编制的 1∶500 万《南极洲地质图》通过评审。

1995 · 1 月 12 日，在首届“何梁何利基金”颁奖大会上，黄汲清和王鸿祯分别荣获“何梁何利基金成就奖”和“何梁何利基金科学与技术进步奖”。

1996 · 2 月 6 日，国际大陆科学钻探计划组织（ICDP）正式成立，中国是发起国，也是首批三个成员国之一。
· 4 月 23 日，中国派员参加在德国举行的国际北极科学委员会会议，会议接纳中国为正式成员国。
· 8 月，第 30 届国际地质大会在北京召开。
· 国际地质科学联合会认可以浙江长兴煤山的“牙形石化石”作为划分古生界和中生界的标准化石。

1997 · “大别—苏鲁超高压变质带大陆科学钻探选址国际研讨会”把苏北东海县南部地区作为第一口中国大陆深井钻的靶区。
· 李廷栋主编的 1∶500 万《亚欧地质图》出版。

1998 · 由地质矿产部、国家土地局、国家海洋局、国家测绘局共同组建中华人民共和国国土资源部。

2000 · 国土资源部实施了“中国岩石圈三维结构”专项研究计划，项目持续到 2006 年结束，《中国岩石圈三维结构丛书》陆续出版。

2001 · 黄汲清青年地质科学技术奖设立。

2003 · 刘东生获得国家最高科学技术奖。

2006 · 李廷栋主编的 1∶250 万《中国西部及邻区地质图》出版。

2008 · 中俄蒙哈韩五国合作编制的 1∶250 万《亚洲中部及邻区地质图系》出版。

（陈宝国）

(P-2349.0101)

ISBN 978-7-03-036211-7

9 787030 362117 >